Canada

West Indies

마틴 루터 킹 목사

미국 로데오 경기

미국 뉴욕 맨하탄 마천루

미국 워싱턴 D. C. 백악관

워싱턴 D. C.의 베트남전 참전용사 기념비

미국 국회의사당

미국 캘리포니아주 헐리우드 상징물

뉴욕 라디오 씨티 뮤직홀(록펠러센터에 위치)

미국 야구경기 장면

요세미티 국립공원(미국 캘리포니아)

뉴욕 리버티섬 자유의 여신상

미국 와이오밍주의 옐로스톤 국립공원

미국 워싱턴 D. C. 링컨대통령기념관의 동상

뉴욕 링컨센터

1969년 7월 21일 달착륙모습

워싱턴 D. C. 미국 국방부(펜타곤)

뉴욕 맨하튼 브루클린교

미국 그랜드캐니언

미국 인디언 보호구역의 인디언

미국 미시시피강

미국 애리조나주와 네바다주 경계의 후버댐

미국 사우스다코타주, 러쉬모어산의 대통령 조각상

워싱턴 D. C. 국립미술관

뉴욕 센트럴공원

엘리자베스 1세

다이아나비

세이스피어

영국 옥스퍼드 대학

영국 런던 대영박물관

런던 성바울성당

영국 런던 햄프턴궁전

영국 윔블던 테니스 경기대회

영국 런던 템즈강 타워브릿지

영국 솔즈버리 평원 스톤헨지

비틀즈

영국 왕실 근위병

영국 템즈강

영국 런던 노팅힐

영국 왕실

영국 런던 증권거래소

영국 왕실 문양

퀸 엘리자베스 2세 호(號)

호주 시드니 오페라 하우스

호주 캥거루

캐나다 토론토 CN타워

미국과 캐나다 국경의 나이아가라 폭포

뉴질랜드 더니든의 라나크 성

남아프리카 국가 문양

현대 영어권 문화사전

A Dictionary of Modern Culture in English

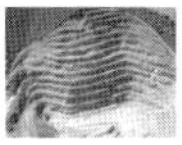

A Dictionary of Modern Culture in English

현대 영어권 문화사전

한국 영미문화학 회장 정정호 편저

신아사

머리말

최근 문화(culture)라는 말은 우리 일상생활에서 가장 중요한 핵심어로 떠올랐다. 문화연구, 문화학교, 문화전쟁, 문화주의, 문화유산, 국어문화, 지역문화, 문화관광, 문화자본, 문화재산권, 문화대중주의, 복합문화주의, 문화상대주의, 영상문화, 소비문화, 반문화, 문화콘텐츠, 문화경영, 교통문화, 음주문화, 하위문화, 문화민족주의, 문화적대전환, 문화유물론, 사이버문화, 선진문화, 군사문화, 시위문화, 입시문화, 문화해독력, 문화제국주의, 문화다양성협약, 문화연대 등 문화라는 말을 접두어나 접미어로 붙이는 것이 아주 흔한 일이 되었다. 20세기 영국의 대표적인 문화연구가인 레이먼드 윌리엄즈가 이미 "영어에서 가장 정의 내리기 어려운 두세개 단어중의 하나"라고 언명한 바 있듯이 "문화"라는 말은 그 의미와 개념의 영역이 분명하거나 엄격하지 않다. 윌리엄즈는 문화의 개념을 가장 포괄적인 문화의 의미로 "문화는 예술과 학문에서 뿐만 아니라 제도권과 일상적 행위에서의 어떤 의미도 가치들을 표현하는 어떤 특정한 삶의 방식" 이라고 설명하였다. 본 사전에서는 문화에 대한 이와같은 복합적인 정의를 따를 것이다.

영국문화와 미국문화는 이미 우리 생활속에서 우리가 거의 느끼지 못할 정도로 우리에게 엄청나게 영향을 주었으며 어떤 것은 이미 우리 생활의 일부가 되었다. 무역, 경제, 국제정치, 군사, 대중문화, 예술, 학문 등 거의 모든 영역에서 세계언어로서의 영어의 위상이 점점 더 올라가고 있다. 컴퓨터와 인터넷이라는 고도의 전자 매체 정보시스템 안에서도 영어의 강세는 더욱 심화되고 있다. 세계화시대에는 영미문화뿐 아니라 호주, 남아공, 캐나다 등 영어권 문화(culture in English)의 중요성도 점점 커지고 있다. 최근에는 국내 대학의 교과과정에도 문화와 관련된 과목들이 많이 개설되고 있다. 나아가 문화연구관련 과정이 연계과정 또는 협동과정으로 속속 설립되고 있는 추세이다.

"문화"라는 말은 그 범위를 영어공부나 영어교육에서도 이제는 매우 중요한 요소가 되었다. 그동안 영어의 언어적 측면만을 고려한 영어교육이 수행되어 왔지만 이제는 좀 더 넓은 다양한 문화적 맥락속에서 영어라는 언어를 배우고 익히고 교육해야 된다는 것은 상식이 되었다. 언어는 문화의 가장 중심적인 영역이 아닌가? 이 사전을 만들게 된 동기도 일차적으로 여기에 있다. 다시 말해 매우 실용적이고 교육적인 동기이다. 물론 요즈음은 인터넷 때문에 사전이 별로 필요 없는 시대가 되었다. 언어사전이건 어떤 주제별 사전이건 또는 문화사전이건 간에 온라인상에서 웬만한 항목들에 대한 정보나 지식들을 쉽게 얻을 수 있기 때문이다. 그럼에도 불구하고 굳이 이 사전을 꾸미게 된 이유는 영어를 배우거나 가르치는데 관심을 가진 분들에게 다시 말해 초 · 중 · 고학생들이나 일반 독자들이 컴퓨터라는 기계와 인터넷이라는 정보시스템을 통하지 않는 장소나 상황에서도 언제 어디서나 손쉽게 참고할 수 있는 사전을 제공하기 위해서이다. 이런 의미에서 이 사전은 필요할 때만 가끔 참고하는 책이라기보다는 곁에 항상 두고 수시로 읽고 즐기는 사전이 되었으면 한다. 이 사전의 구성은 간단하다. 모든 "표제어"(entry word)를 영어 자모순인 알파벳순으로 나열하였다. 또한 한글로만 알고 있는 독자들을 위해 "찾아보기"(Index)에서 한글 가나다순으로 영어표제어와 함께 실어 독자들의 편의를 도모하였다 표제어에서 서양사람 이름은 성(姓, surname, family name)을 앞에 두어 알파벳 순서로 배열하였다.

이 사전을 만들기 위해 편저자는 수년전 영어전문출판사인 영어포럼사 대표인 정연재 선생과 함께 기획 단계부터 긴밀히 작업했다. 정선생은 본문 집필에서 작업을 많이 하였기에 거의 공편저자라고 해야 할 것이다. 영어포럼사에서 일단 출간되었으나 이번에 사정에 의해 출판사를 옮겨 개정판을 내게 되었다. 이 사전은 이제 시작이다. 이 사전의 제목이 『현대영어권 문화사전』이지만 미진하고 부족한 부분이 많아 아직은 그 이름값을 못하고 있다. 앞으로 호주, 캐나다, 남아공, 뉴질랜드 등에 관련된 표제어의 수를 대폭 늘리는 등 계속 보완해 나가고자 한다. 독자 여러분들의 많은 양해와 성원을 부탁드린다.

본 사전 준비단계에서부터 여러 가지로 도와준 송호대학의 신진범 교수에게 감사드리고 또한 원고정리와 교정을 도와준 중앙대학교 대학원의 김가희, 김미숙, 송은영 선생들에게도 고마움을 전하고 싶다. 끝으로 이 사전 출간을 위해 크게 힘써주신 신아사의 정현걸 사장님과 편집부의 여러분께 감사드린다.

2007. 6.

편저자

목차

A

A Chorus Line 〈코러스라인〉

브로드웨이 쇼에 진출하기를 꿈꾸는 무용수들에 관한 내용의 뮤지컬로 1975년 작품이다. 1985년에는 영화화되기도 했다. 마빈 햄리시Marvin Hamlisch가 곡을 만들고 에드워드 클레반Edward Kleban이 가사를 쓴 〈코러스라인〉은 퓰리처상(Pulitzer Prize)과 토니상(Tony Award)을 받았다. 1975년부터 1990년까지 총 6,137회나 공연하여 당시 최장기 공연 기록을 수립했다.

A Christmas Carol 〈크리스마스 캐럴〉

1843년에 나온 찰스 디킨스Charles Dickens의 단편소설이다. 돈은 많지만 남에게 베풀 줄도 모르고, 즐겁게 살 줄도 몰랐던 '스크루지 영감'(Ebenezer Scoorge)이 과거 크리스마스 유령과 현재 크리스마스 유령, 미래 크리스마스 유령을 만나 혼이 나고서야 어려운 이웃과 함께 하는 진정한 크리스마스의 의미를 깨닫고 그것을 실천에 옮긴다는 이야기다.

A level (Advanced level) 에이 레벨 시험

영국의 고등학교 졸업 시험이다. 정식 명칭은 'General Certificate of Education Advanced level'이나, 일반적으로 'A level'이라 한다. 대학에 가려는 학생들은 서너 과목을 치는데, 좋은 성적으로 통과해야 한다. 이 결과에 따라 대학 진학 여부가 결정되는 중요한 시험이다.

A Midsummer Night's Dream 《한여름밤의 꿈》

1595년 초연 작품으로 추정되는 윌리엄 셰익스피어William Shakespeare의 희극이다. 아테네 근처의 숲을 배경으로 현실과 마법 속의 캐릭터들이 뒤섞여 이야기를 전개하고 있다. 아테네의 디수스Theseus와 히폴리타Hippolyta의 결혼식이 임박했을 때, 마을 처녀 허미아Hermia는 부친이 정해준 사랑하는 라이샌더Lysander와 함께 아첸스의 숲에 몸을 숨긴다. 디미트리우스Demetrius는 그녀의 뒤를 따라 숲으로 들어가고, 디미트리우스의 옛 애인 헬레나Helena도 숲으로 들어간다. 숲에는 많은 요정들이 살고 있다.

결국 디미트리우스와 헬레나, 라이샌더와 허미아, 디수스 공작과 히폴리타는 함께 결혼식을 올리고, 마을사람들의 우스꽝스러운 비극이 상연되며 모든 일이 즐겁게 끝난다. 아테네의 귀족과 서민들, 요정이라는 3부류의 세계가 숲에서 한데 모여 서로 친근한 관계를 맺으면서, 낭만적이고 몽환적인 세계가 전개된다.

A Passage to India 《인도로 가는 길》

영국 소설가 E. M. 포스터E. M. Foster가 1924년 간행한 소설이다. 영국 식민지 치하의 인도에서 영국인들과 인도인들 사이의 문화적 차이를 다룬 작품이다. 동양의 신비적인 사상에 대한 관심도 깊이 표현하였다. 1984년에 영화로도 제작되었다.

A Place in the Sun 〈젊은이의 양지〉

성공을 꿈꾸며 도시로 나간 시골 청년의 비극적 삶을 그린 1952년 미국 영화이다. 시어도어 드라이저Theodore

Dreiser의 소설 《아메리카의 비극》*An American Tragedy*(1925)을 원작으로 하여, 조지 스티븐스George Stevens가 감독하고, 몽고메리 클리프트Montgomery Clift와 엘리자베스 테일러Elizabeth Taylor가 주연한 작품이다. 시골 청년 조지 이스트먼George Eastman은 도시로 나가 성공할 것을 꿈꾸어 오다가, 숙부의 수영복 제조공장에 일자리를 얻고, 상류사회에 출입하게 된다. 거기서 안젤라 Angela를 만나 사랑에 빠진다. 한편, 공장에서 일하는 동안 앨리스 트립Alice Tripp이라는 여공과 친해져 두 사람은 육체관계까지 맺었고, 앨리스는 조지에게 자신의 임신을 알린다. 조지는 고민 끝에 죽일 것을 결심, 앨리스를 호수로 불러낸다. 배 위에서 말다툼을 하다가 배가 뒤집혀 앨리스는 익사하고, 조지에게는 살인범의 형이 선고된다. 살의를 품었던 조지는 사실과 다른 판정이었지만 신의 뜻으로 받아들인다. 1952년 오스카 영화상 6개 부문을 수상하였다.

A Rake's Progress 〈방탕자의 여정〉

18세기 영국의 화가 윌리엄 호가스William Hogarth가 그린 8편의 연작 회화이다. 런던의 베들럼Bedlam 정신병원에서 사망한 어느 방탕자(rake)의 이야기를 그린 그림이다. 그는 판화로도 제작하여 인기를 누렸다. '방탕자의 여정'(rake's progress)이라는 말은 방탕한 삶으로 자신을 망치는 사람을 가리키는 말로 여전히 쓰이고 있다.

A Streetcar Named Desire 〈욕망이라는 이름의 전차〉

미국 극작가 테네시 윌리엄스Tennessee Williams의 1947년 초연 작품이다. 미국 남부의 몰락한 지주의 딸 블랑쉬 Blankchc는 연애결혼에 실패한 여자이다. 창부적인 기질을 가지고 있으면서도 사그라져 가는 과거의 교양과 전통에 얽매어서 욕정을 억누르며 귀부인답게 행동하려고 애쓰며 현실 도피의 꿈속에서 외롭게 살아간다. 뉴올리언스에 사는 여동생 스텔라Stella를 찾아갔을 때, 야성적이며 현실적인 동생의 남편 스탠리Stanley에게 사실을 폭로당하고 겁탈을 당하자 감추어졌던 욕정에 몸을 내맡기지 않을 수 없었다. 결국 블랑쉬는 정신병원에 보내진다. 여자의 성의 좌절과 분열을 그린 작품이다. 이 작품은 퓰리처상을 수상했고, 1951년에 엘리아 카잔Elia Kazan이 감독하고 말론 브란도 Marlon Brando와 비비안 리Vivien Leigh가 주연하여 영화화되었다.

A Tale of Two Cities 《두 도시 이야기》

19세기 영국의 소설가 찰스 디킨스Charles Dickens의 1859년 소설이다. 프랑스혁명을 배경으로 런던과 파리를 무대로 쓴 역사 소설이다. 의사 마네트(Dr. Manette)는 한 프랑스 귀족의 비밀을 우연히 알게 된 죄로 18년 간이나 바스티유 감옥에 갇혀 있다가 석방되어 런던으로 건너간다. 그의 딸 루시 마네트Lucie Manette를 사랑하는 찰스 다니 Charles Darney는 그 프랑스 귀족의 조카였으며, 잔인 무도한 프랑스의 귀족제도가 싫어서 영국으로 건너와 영국식 이름으로 바꾸고 지내던 청년이다. 루시를 남몰래 사랑하고 있던 또 다른 한 청년, 주정뱅이 변호사 시드니 카튼Sidney Carton은 사랑하는 사람을 위하여 혁명 정부에 의해서 처형당하게 된 다니를 대신하여 죽는다. 특별히 명확한 정치적 입장이나 역사관에 입각하여 혁명을 묘사한 것은 아니지만, 파란만장한 플롯과 긴박한 파리와 런던의 정경 묘사가 뛰어난 작품이다.

AA (Automobile Association) 영국 자동차협회

운전자들의 단체로, 회원들의 자동차가 고장났을 때 도움을 주고, 자동차 여행 안내나 보험 서비스도 제공한다.

Aaron, Hank (1934~) 아론, 행크

미국의 유명한 흑인 야구 선수로 애틀랜타 브레이브스 Atlanta Braves와 밀워키 브루어스Milwaukee Brewers에서 23년 간 뛰면서 755홈런이라는 대기록을 수립하였다. 1982년에 '야구 명예의 전당'(the Baseball Hall of Fame)에 선정되었다.

ABC (American Broadcasting Company) ABC 방송

1943년에 6개 라디오 방송국으로 출범한 미국 3대 메이저 TV 방송사이다. 현재 월트 디즈니사Walt Disney Company가 소유주이다.

Abdication crisis 왕위계승 포기사건

1936년 차기 영국 왕 에드워드Edward 8세가 미국의 이혼녀 월리스 심슨Wallis Simpson과 결혼하기 위해 왕위를 포기한 사건이다. 당시 영국 사회는 이혼녀를 왕비로 받아들일 수 없다는 여론이 컸다. 에드워드는 왕위 계승을 포기하고, 프랑스로 가서 그녀와 결혼하였다. 왕위는 동생인 조지George 6세가 이어받았다.

Abolitionism 노예폐지론

1800년대 미국 남부의 흑인 노예들을 해방하자는 운동. 시인 존 그린리프 휘티어John Greenleaf Whittier와 작가 해리엇 비처 스토우Harriet Beecher Stowe 여사로 대표되는 노예폐지론자들(abolitionists)은 흑인들을 숨겨주거나 열차편 탈주를 도와주기도 하였다.

abortion 낙태

영국은 1967년부터, 미국은 1973년에 '로우와 웨이드 재판'(Roe vs. Wade case)에 대한 연방대법원의 판결이 나온 다음부터 허용되었다. 낙태가 살인이라는 주장과 여성이 낙태에 대한 권리를 가지고 있다는 찬반 양론이 아직도 팽팽하다. Roe vs. Wade case 참고.

Abortion Acts 낙태법

1967년 영국 자유당 의원 데이비드 스틸(David Steel)에 의해 발의되고 1968년 4월에 영국, 웨일즈, 스콧트랜드에서 발효된 법으로 반드시 필요한 상황에서의 낙태를 법으로 허용하는 것이 핵심 조항이다. 여기에서 낙태를 허용하는 상황이란 임신으로 산모의 정신적 · 육체적 건강 및 태아의 건강이 위험하다고 두 명의 의사가 진단을 내리는 경우이며 산모의 사회 · 정치적 및 심리적 상황 또한 고려되어야만 한다. 1967년 법안에서는 낙태허용기간이 임신 28주까지였으나 1990년 개정된 법안에서는 24주로 줄어들었다. 도덕적인 관점에서 이 법은 산모의 생명을 구하기 위해 태아의 생명이 희생된다는 모순을 갖고 있어 사회적으로 많은 논란이 있는 게 사실이다. 낙태법이 영국에서 낙태의 합법적인 권한을 주장하는 것으로 인식되어지는 것은 아니지만 최소한의 조건이 되는 경우 선택적인 낙태가 항상 허용되고 있는 것 또한 사실이다.

Absolutely Fabulous 《앱솔루틀리 패뷸러스》

1990년대 초에 영국에서 유명했던 텔레비전의 코미디 프로그램. 극중에 출연하는 제니퍼 손더스Jennifer Saunders가 극본을 썼다. 의류 업체에서 일하는 패치Patsy와 애드나 Edina는 술 마시고, 담배 피고, 마약이나 복용하면서, Edina의 착한 딸을 흉보며 지낸다.

abstract expressionism 추상적 표현주의

1940년대 미국 잭슨 폴락Jackson Pollock이나 마크 로스코Mark Rothko 같은 화가들이 발전시킨 회화 양식이다. 사물이나 장면을 재현하기보다는 형태나 색을 사용하여 자신의 감정을 표현하였다.

Academy Award 아카데미상

오스카 영화상(Oscar Film Awards)이라고도 한다. 배우, 감독, 제작자, 영화기술자들이 회원인 '영화아카데미'(the Academy of Motion Picture Arts and Sciences)가 매년 3월, 로스앤젤레스에서 수여하는데, 1929년에 더글라스 페어뱅크스Douglas Fairbanks가 처음 수상하였다. 역대 최다 수상자는 32개의 월트 디즈니Walt Disney가 최고이고, 최다 수상작은 11개씩을 받은 1959년의 〈벤허〉*Ben-Hur*와 1998년의 〈타이타닉〉*Titanic*이다.

Accent 액센트

어떤 언어가 국가나 지방, 사회 계급에 따라 특별하게 발음되는 '억양'을 말한다. 영국과 미국 등, 출신 국가의 지방과 민족에 따라 다양한 억양이 존재하는데, 이 다양한 억양이 바로 'dialect'라고 하는 '방언' 또는 '지역 사투리'가 된다. 영어가 영국 영어(British English)와 미국 영어(American English)로 나눠는 것도, 다르게 쓰이는 어휘가 약간 있기도 하지만, 크게 accent 차이라고 봐야 한다.

British English는 지역이나 교육 수준, 계급에 따라 accent가 다양하다. 그래서 영국의 라디오나 TV에서는 소위 'BBC English'라고 하여, 전통적으로 남부 지역의 교육받은 중산층이 쓰는 영어를 표준어(standard English)로 써왔는데, 요즘은 다양한 액센트의 영어를 들려주고 있다. 미국은 사람들의 사회 계급이나 교육 수준보다는 출신 국가와 현재 살고 있는 지역에 따라 어휘나 액센트가 조금씩 다르다. 민족에 따라 흑인 영어(Black English)나 스페인 영어(Hispanic English), 유태인 영어(Jewish English) 등으로 불리는 억양들이 있지만, 서로 못 알아들을 정도로 심하지는 않다. 미국 방송들은 중서부(midwestern) 액센트를 표준어로 방송하고 있다.

Accenture 어센츄어

기업과 정부기관에 경영 컨설팅, 기술 서비스 및 아웃소싱을 서비스하는 미국의 글로벌 기업이다. 1989년에 기술 컨설팅과 시스템 통합 기업으로 창업하였다.

Acheson, Dean (1893~1971) 애치슨, 딘

미국의 외교관으로 제2차 세계대전이 끝난 뒤 마샬플랜 Marshall Plan을 세워 유럽을 도왔다. 트루먼Truman 대통령 정부에서는 국무 장관(Secretary of State)으로 1949년 북대서양조약기구(North Atlantic Treaty Organization) 수립에 공헌하였고, 저서 *Present at the Creation: My Years in the State Department*로 퓰리처상(Pulitzer Prize)을 수상하였다.

acid house 애시드 하우스

단순한 가사에 빠른 템포, 고음의 전자 팝 음악이다. 1986년 마샬 제퍼슨Marshall Jefferson이 '애시드 트랙스'Acid Trax를 발표하면서 유행하기 시작하여 영국으로 건너갔다. 마약이 음역을 증폭시키고 주위의 음향에 민감하게 만든다는 생각으로, 주로 큰 건물이나 야외에서 엑스터시Ecstasy

같은 마약(drug)을 복용하며 벌이는 '애시드 하우스 파티'acid house parties에서 연주된다. 'acid'는 환각제인 LSD(lysergic acid diethylamide)를 가리키는 슬랭slang이다.

acid jazz 애시드 재즈

1990년대에 유행한 댄스 뮤직이다. soul, jazz, hip hop style이 결합된 양식으로 랩 가수, 재즈 악기, 빠른 리듬이 특징이다. 브랜드 뉴 히브스Brand New Heavies가 대표 그룹이다.

acid rock 애시드 록

1960년대 유행한 록 음악이다. 당시 많은 연주자들과 청중들이 마약을 복용했다 하여 붙여진 이름이다. 그레이트풀 데드Grateful Dead와 제퍼슨 에어플레인Jefferson Airplane 등이 대표 그룹들이다. 마약의 때문인지 노래가 미스터리했고 전자기타가 사용되었다.

ACT (American College Test) 미국 대학입학시험

미국의 대학에 진학하려는 학생들이 치르는 시험이다. 영어와 수학, 과학 등을 본다.

Act of Settlement 왕위계승법

1701년에 제정된 영국의 왕위 상속을 규정한 법률이다. 명예혁명 때 권리장전(Bill of Rights)에 윌리엄 3세와 메리Mary의 사망 후 왕위 계승 순위를 정해놓았으나, 제2 순위인 앤Anne 여왕에게서 왕자가 끊겼기 때문에 가톨릭교도인 제임스 에드워드James Edward에게로 왕위가 넘어갈 우려가 생겼다. 그래서 제임스 1세의 손녀딸에 해당하는 하노버 왕가의 소피아Sophia의 자손에게 왕위를 전함으로써 기독교도 계통으로 왕위를 계승시키고자 한 것이 이 법률이다. 이 법률에 의하여 앤 여왕이 죽은 뒤 하노버 왕가(House of Hanover)의 조지George 1세가 즉위하였다.

Act of Supremacy 수장령

1534년 영국교회(Church of England)의 수장을 국왕 헨리Henry 8세로 하는 의회의 법령이다. 이로써 교황은 영국에서 권한을 상실하였다.

Act of Union 연방법

1707년 최초의 연방법은 공식적으로 영국(England)과 스콧트랜드(Scotland)를 합쳐 대 브리튼(Great Britain)이라 명시하고 런던의 의회가 통치하였으며 그 후 1800년 아일랜드까지 합쳐 대 연방제국(United Kingdom of Great Britain and Ireland)이라 부르게 된다.

action painting 행동회화

'작업 중인 잭슨 폴락'

잭슨 폴락Jackson Pollock 같은 추상적 표현주의 화가들이 사용한 전위적인 회화 양식이다. 화가의 무의식적인 감정을 직접 표현하는 방법으로 붓을 사용하지 않고 캔버스에 물감을 던지거나 뿌리기도 했다.

Actors' Studio 액터스 스튜디오

뉴욕의 전문 배우 학교이다. 1947년에 엘리아 카잔Elia Kazan, 로버트 루이스Robert Lewis, 체릴 크로프드Cheryl Crawford 등이 함께 설립하였다. 리 스트라스버그Lee Strasberg가 감독으로 있으면서 방법론 연기(method acting)의 중심지가 되었다. 영화 배우 말론 브란도Marlon Brando가 이곳 출신이다.

Acuff, Roy (1903~1991) 에이컵, 로이

'컨트리 뮤직의 왕'(King of Country Music)이라고 일컬어지는 미국 가수이다. '컨트리 음악 명예의 전당'(Country Music Hall of Fame)에 최초로 오른 가수이다. 히트곡은 *The Great Speckled Bird, Wabash Cannonball, Night Train to Memphis* 등이다.

Adam Bede 《애덤 비드》 (1859)

조지 엘리어트George Eliot의 첫 소설이다. 목공인 Adam Bede가 아름다운 한 여자를 사랑하지만, 그녀는 다른 남자와 비극적 사랑을 한다. Adam은 착하고, 조신한 그녀의 4촌과 결혼한다는 이야기다.

Adam Smith Institute 애덤 스미스 연구소

영국 정부와 외국 정부, 기타 경제 단체에 경제 자문을 해주는 기구로 1977년에 설립되었다. 명칭에서 알 수 있듯이 18세기 경제학자 Adam Smith의 사상을 이어받고 있다. 1980년대와 1990년대 영국 보수당 정부와 특히 관계가 깊었다.

Adams Family 애덤스 패밀리

1935년 찰스 애덤스Charles Addams가 잡지 New

Yorker에 기고한 만화의 주인공 가족이다. 같은 이름으로 텔레비전 연속극(1964~1966)과 영화(1991)로도 제작, 방영되었다.

Adams, Jane (1886~1935) 애덤스, 제인

미국의 기독교 평화주의 여성 사회사업가였다. 사회 사업과 정치운동을 통하여 폭넓은 활동을 하였으며, 1887년에 시카고의 슬럼가에 미국에서는 처음으로 사회사업관(settlement house)을 설립하였다. 특히 아동과 여성의 8시간 노동 준수, 이민 여성 보호, 위생 관념의 보급, 공립 학교 개선, 여성 지위 향상, 최초의 소년 재판소 설립 등의 운동을 펼쳐 1931년에 노벨 평화상을 수상하였다.

additives 식품첨가제

특히, 식품의 맛과 색을 좋게 하는 물질(substances)이나, 방부제(preservatives) 같은 식품첨가제를 말한다. 첨가제를 넣은 경우에는 흔히 포장지에 E-numbers를 써서 표기하고, 넣지 않은 경우에는 'Contains no additives'라고 표기한다. E-numbers는 다음과 같이 표기한다. Ingredients: Pork, Salt, Bread crumbs (with Colour E150c), Preservatives E252, E254.

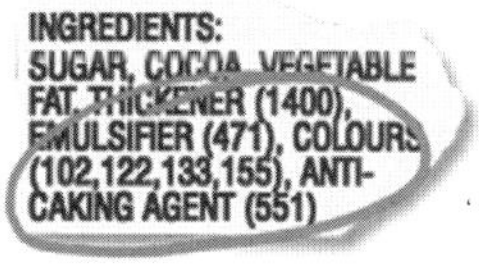

'E-numbers의 예'

adult education 성인 교육

정규 제도권 교육 밖에서 일반인을 대상으로 하는 성인 교육(= continuing education)을 말한다. 영국에서는 거의 모든 대학들이 지역 사회의 일반인들을 위한 다양한 강좌를 개설하고 있고, 성인 교육을 전담하는 기관만도 1,500여 곳이 있다. 학위 취득 과정, 직업 교육, 교양 교육 등이 주를 이루고 있다.

대부분의 미국 대학들, 특히 주립 대학들은 일반인을 위한 교육기관을 설치하여 많은 강좌를 열고 있다. 실제로 아주 많은 사람들이 이 과정을 통해 전문 학위를 취득하거나 다양한 분야의 직업 교육 또는 교양 교육을 받고 있다. 한국의 대학들이 사회 교육원이나 평생 교육원을 세워 학위 취득 과정을 개설하고, 지역 주민들을 위한 다양한 교육을 실시하고 있는 것이나, 지방 정부에서 동사무소나 지역 문화 센터를 통해 다양한 교양 강좌를 개설하고 있는 것 등이 바로 adult education인데, 영미에서는 오래 전부터 활성화되어 있다.

adultery 간통

영미 양국에서 모두 간통이 범죄(crime)는 아니지만, 도덕적으로는 좋지 않은(wrong) 일이다. 그래서 많은 부부가 혼외 정사로 인해 이혼을 하고 있다. 혼외 정사를 영어로 흔히 'having an affair'라고 한다.

Advent 강림절

11월 30일에서 가까운 일요일(Advent Sunday)부터 크리스마스 전까지의 시기를 말한다. 그리스도가 세상에 오시기 직전의 시기를 의미하며 "Advent"라는 말은 "강림(coming)"이란 뜻의 라틴어이다.

The Adventures of Huckleberry Finn 《허클베리 핀의 모험》

미국 소설가 마크 트웨인Mark Twain의 1884년 소설이다. 형식상으로는 《톰 소여의 모험》(1876)의 속편이지만, 내용에서는 더 우수하다. 더글러스라는 미망인에게 의탁하여 살고 있는 허크Huck는 숨막힐 것 같은 평범한 일상생활과 주정뱅이 아버지에게서 벗어나려고 도망쳐 나와 흑인 노예 소년 짐과 함께 미시시피강을 따라 뗏목을 타고 내려간다. 두 소년이 때때로 육지에 올라가서 본 젊은이들의 슬픈 이야기, 불량배들의 싸움, 악당들의 사기 등에서 허크의 활약이 펼쳐진다. 톰 소여의 큰어머니에게 팔려간 짐Jim을 허크가 톰의 도움으로 구출하는 데서 끝난다. 미국 서부의 자유인 의식을 가진 허크라는 인물을 창조하고, 어른들의 사회적 인습과 위선에 대한 통렬한 풍자, 웅대한 자연을 배경으로 구가하는 자유찬가, 방언의 구사, 문체 등으로 미국 문학의 걸작으로 평가된다.

The Adventures of Tom Sawyer 《톰 소여의 모험》

Mark Twain의 1876년 소설이다. 상상이 풍부하고 활발한 악동 톰Tom은 태양이 내리쬐는 여름 대자연의 강과 숲을 배경으로 허크Huck와 해적 놀이를 하고, 살인 사건에 개입하여 범인을 체포하기도 하며, 동굴의 보물 찾기에 나서는 등, 소년들의 마음을 설레게 하는 이야기들로 구성되었다. 《허클베리 핀의 모험》(1884)과 자매편으로 문명 사회와 어른들의 허식과 위선에 반발하는 소년의 심정을 잘 표현한 작품이다.

advertisements 광고

약자로 ads(영국은 adverts). 많은 사람들이 광고에 대해 부정적이지만 그 영향력은 막강하다. 광고비는 그대로 제품 가격에 반영되고, 어린이들은 광고의 영향을 바로 받는다. 정치에서도 광고는 매우 중요한 선전매체가 되었다. 광고 자체가 하나의 거대한 산업으로 부상하였다. 대부분의 광고가 신문이나 잡지에 실리지만, 옥외 광고판(영국 hoardings, 미국 billboards)이나 포스터(poster), 전단지(fliers/flyers) 등도 큰 역할을 한다. 무엇보다 큰 영향력은 TV나 라디오를 통한 광고인데, 이 광고를 흔히 '커머셜'commercials이라고 한다. 영국의 국영 방송인 BBC는 광고를 하지 않지만, 그외 모든 상업방송들과 미국의 방송들은 'commercial break'라고 하여 매 15분마다 광고를 내보낸다.

Aesthetic Movement 예술운동

19세기 후반 영국에서 시작된 예술운동이다. 예술은 종교나 국가를 위한 것이 아니라 예술 자체로 존재해야 한다는 신념에 바탕을 둔 운동이었다. '예술을 위한 예술'(art for art's sake)이라는 말이 여기서 나왔다. 새뮤얼 T. 코울리지Samuel Taylor Coleridge, 윌리엄 모리스William Morris, 오스카 와일드Oscar Wilde 등이 주요 멤버들이다.

Aetha, Inc. 에트나

미국 최대의 건강 관리 보험 회사이다. 대기업 고객들을 위해 다양한 퇴직금, 연금 운용도 서비스하고 있다. 1982년에 미국 보건 시스템(United States Health Care Systems, Inc.)이라는 이름으로 창업하였고, 1996년에 에트나 생명보험(Aetna Life & Casualty)에 인수되어 계열사로 활동하기 시작했다. 모회사인 에트나 생명보험이 1998년에 인수한 뉴욕 생명보험(New York Life Insurance Company)의 건강 관리 사업 부문, 1999년 인수한 아메리카 프루덴셜 보험(Prudential Insurance Company of America)의 건강 관리 사업 부문과 합쳐서 현재로 독립하였다.

Affirmative action 소수파 우대정책

대학 입학과 채용에서 여성이나 유색 인종 등 미국 사회의 소수파를 보호하여 선발하도록 하는 미국 정부의 방침을 말한다. 1960년대부터 시행되고 있는데, '역차별'(reverse discrimination)이라는 말이 있을 정도로 반대하는 사람들도 많다. 영국에서는 'positive discrimination'이라고 하여 여성과 유색 인종 등을 보호하는 관행이 있다.

AFL-CIO (American Federation of Labor and Congress of Industrial Organizations) 미국 노총

1955년 미국 노동연맹(AFL)과 산업체회의(CIO)가 통합하면서 생긴 미국 최대의 노동자 단체이다. 78개 산별 노조(trade unions)의 1천 4백만 명이 회원으로 가입되어 있다. 정치적으로 민주당을 지원하고 있다.

African American 아프리칸 아메리칸

미국 흑인을 가리키는 신조어이다. 17세기에서 19세기까지 노예로 아프리카에서 미국으로 끌려와 인구의 12%를 차지하는 흑인을 가리키는 말로서, 1990년대부터 새로 유행한 말이다. 피부색을 가리키는 '흑인'(black Americans)이라는 말보다는 '아프리카 출신 미국인'이라는 표현이 정치적으로도 바른(politically correct) 말이라 하여 널리 쓰이게 되었다.

Afro-Caribbean 아프로 카리브비안

영국에서 카리브해 출신의 흑인들을 가리키는 말이다.

AFT (American Federation of Teachers) 미국 교사연맹

1916년에 설립된 미국의 교사들의 조합으로 NEA (National Education Association, 전국교육연합)과 함께 미국 양대 교원노조이다. 미국 노동조합연맹에 가입되어 있는 노동조합으로 전문 직원들이 운영한다. 회원은 100만 명 정도이다.

afternoon tea 애프터눈 티

영국에서 오후 4시경 차를 마시면 샌드위치나 케이크 등 간단한 식사를 하는 시간을 말한다.

Aga 아가 (오븐)

영국 오븐의 상표명으로 전통적인 디자인을 고수하지만 매우 유행하는 인기 제품이다. 부유한 영국 중산층 삶을 그린 소설을 아가 사가(Aga Saga)라고도 부른다.

age of consent 허용 연령

성관계가 법률적으로 허용되는 나이이다. 영국에서 '이성간의 성관계'(heterosexual sex)가 허용되는 나이는 16세, 남성의 '동성관계'(homosexual sex)는 18세이다. 미국에서는 주마다 다르지만 대개 16세에서 18세 사이이다.

age of discretion 분별 연령

청소년들이 재산의 소유, 계약, 유언 등 자신의 일을 스스로 할 수 있는 연령이다. 영국에서는 14살이고, 미국에서는 주마다 다르다.

Age of Enlightenment 계몽의 시대 (= Age of Reason 이성의 시대)

18세기 유럽에서 많은 지식인들이 '이성'(reason)과 '과학적 논증'(scientific proof)에 의거 왕과 교회의 권위 같은 기존의 신념들에 의문을 제기하던 시기를 말한다. 모든 사람이 동등한 가치와 권리를 가지고 있다는 사상으로 발전한다.

age of steam 증기의 시대

제임스 와트James Watt와 조지 스티븐슨George Stephenson 같은 사람들이 증기기관을 발명하여 발전시켰던 영국의 18-19세기를 가리키는 말이다. 증기 기관의 동력을 공장과 선박, 열차 등에 이용하기 시작하였다.

당시의 '증기기관차'

Agency of International Development (AID) 국제개발국

개발도상국에 경제적으로 원조를 보내는 일을 하는 미국 정부의 기관이다. 특히 농업과 교육, 보건 분야에 집중된다. 재난을 당한 국가에도 원조가 보내진다.

Agent Orange 고엽제

베트남 전쟁 당시 미군이 밀림에 다량 살포한 245-T계 제초제를 가리킨다. 미국은 밀림을 없애 게릴라전을 막고 군량의 보급을 차단할 목적으로 고엽제를 사용하였다고 한다. 하지만 1969년 미국은 동물 실험에 의하여, 245-T계 제초제를 합성할 때 함유하는 미량의 불순물인 다이옥신이 인체에 들어간 뒤 5~10년이 지나면 각종 암과 신경계 마비를 일으킬 수 있다고 밝히고 이 약제의 사용을 중지하였다. 베트남전이 끝나고 참전 미군들도 약 6만 명이 고엽제로 인한 질병을 호소하였고, 1994년 6월 베트남 정부는 군인과 민간인 약 2백만 명이 고엽제 후유증으로 고통받고 있다고 발표하였다. 한국의 베트남 참전 용사들 중에서도 상당수가 두통, 현기증, 가슴앓이, 피부의 혹 등의 고엽제 질환으로 고통을 겪고 있다.

Air Force One 미 공군 1호기

1944년 루스벨트(Franklin D. Roosevelt) 대통령에게 처음 지급된 미국 대통령 전용 비행기로 '날으는 둥근 집무실'(flying oval office)이라고도 한다. 'Air Force One'이라고 불리게 된 것은 1961년 케네디(John F. Kennedy) 대통령에게 지급된 것이다. 현재는 US Air Force VC-25A라고 한다.

AWACS (airborne warning and control system) 공중경보체제

적국의 비행기나 미사일을 찾아 추적하는 미국 비행기의 공중경보체제를 말한다. 공중 경보기는 10시간을 재급유 없이 계속해서 비행할 수 있는데, 날개 위의 둥근 접시가 달려 있는 것이 특징이다.

공중 경보기

Alabama 앨라배마주

미국 남부의 주이다. 주도는 몽고메리 Montgomery이고 가장 큰 도시는 버밍햄Birmingham이다. 1861년 남북 전쟁으로 다른 남부 10주와 함께 합중국에서 이탈하였다가, 1865년에 연방 복귀를 선언하고 노예제도를 폐지하면서, 1868년 다시 미합중국에 가맹하였다. 앨라배마주는 전형적인 목화 재배 주로 알려져 있다. 풍부한 흑인 노동력과 온화한 기후, 광대한 토지를 이용하여 플랜테이션을 하였다. 또 하나의 주요 산업은 제철업이다. 버밍햄 부근에 철광석, 석탄, 석회암 등이 분포되어 남부 최대의 제철공업 지역이다. 인구의 28%가 흑인인 데다, 주의 중앙부에는 흑인 수가 백인 수를 웃도는 지방자치단체도 적지 않아서 인종 차별 문제가 심각하다.

Aladdin 알라딘

《아라비안 나이트》*The Arabian Nights*에 나오는 중국 소년이다. 알라딘이 마술사에게 고용되어 요술램프를 찾고, 램프에서 나오는 요술정령 genie의 도움으로 부자가 되어 술탄의 딸과 결혼을 하는 것으로 이야기가 전개된다. 영국에서 크리스마스 즈음 어린이들을 위한 동화극 '팬터마임'pantomime으로 흔히 공연되어 유명하다.

Alamo 알라모

현재의 텍사스주 샌안토니오San Antonio에 있었던 알라모 요새(fort)를 말한다. 1836년 이 요새를 방어하던 187명의 텍사스인들이 멕시코 군대에 의해 몰살당했다. "알라모를 기억하자!"(Remember the Alamo!)는 말이 멕시코로부터 텍사스의 독립을 외치는 유명한 구절이 되었다. 1960년에 존 웨인John Wayne이 알라모 전투에 관한 영화《알라모》The Alamo를 연출하고 직접 출연하였다.

Alaska 알래스카주

얼음과 눈으로 덮힌 추운 지역으로 '마지막 개척지'(the last

frontier)라고도 하는, 미국에서 면적이 가장 큰 주다. 원래 1741년에 러시아 탐험가들이 알래스카에 먼저 진출하여 약 130여 년을 통치해 왔는데, 1867년에 미국이 720만 달러를 주고 샀다. 과거에는 사람들이 황금을 찾아 몰려갔으나, 오늘날은 고래와 빙하를 보러 몰린다. 석유를 많이 생산하여 '알래스카 송유관'(Alaska pipeline)을 통해 수송하고 있다. 주도는 주노Juneau이고, 가장 큰 도시는 앵커리지Anchorage이다.

Alaska pipeline 알래스카 송유관

알래스카 북부에서 생산된 원유를 프루호 만(Pruehoe bay)에서 남쪽 발데즈 항(Valdez: 미국 최북단의 얼지 않는 항구로 앵커리지 아래에 있다.)까지 수송하는, 길이 796마일(1,270km)의 송유관이다. 환경 파괴의 위험이 있어서 많은 반대가 있었지만, 1977년에 완공하였다.

Albee, Edward (1928~) 올비, 애드워드

미국의 극작가이다. 20세 때 가출하여 여러 직업을 전전하면서 시와 소설을 습작하였다. 현대인의 고립을 그린 희곡《동물원 이야기》*The Zoo Story*(1950)가 뉴욕의 '오프-브로드웨이'off-broadway에서 상연되어 호평을 받았다. 계속해서《베시 스미스의 죽음》*The Death of Bessie Smith*(1951),《모래상자》*The Sandbox*(1952) 등을 발표했고, 현대 미국 중류 사회의 무기력한 자기만족과 불모의 생리를 '부조리극'(absurd drama)의 수법으로 그린《아메리칸 드림》*The American Dream*(1961)과 중년인 대학 교수 부부의 부부싸움을 그린 최초의 단막극《누가 버지니아 울프를 두려워하랴?》*Who's Afraid of Virginia Woolf?*(1962)의 성공으로 명성을 떨친다.《미묘한 균형》*Delicate Balance*(1966)과《바다 경치》*Seascape*(1975)로 두 번이나 퓰리처상(Pulitzer Prize)을 받았다.

Albert Hall 앨버트홀

Royal Albert Hall이라고도 한다. 앨버트 공을 기념하여 지은(1871년에 완공), 영국 런던에 있는 콘서트 홀이다. 다양한 음악회나 스포츠 대회가 열리지만, 여름철 무도회(promenade concert)가 열리는 곳으로도 유명하다.

Albertson's 알버트슨스

미국의 식품잡화 판매 회사이다. 1939년 조지프 A. 앨버트슨Joseph A. Albertson이 조그만 식료잡화점으로 시작하여 독특한 아이디어와 노력으로 점포망을 확대시켰다. 1999년에 애크미Acme, 주얼Jewel, 럭키Lucky 등의 체인과 약국 체인인 오스코Osco와 세이브온Sav-on 등의 브랜드를 가진 아메리칸 스토어스(American Stores Company)를 매입함으로써 크로거사(The Kroger Company)의 뒤를 이어 미국 제2위의 슈퍼마켓 체인이 되었다.

Albright, Madeleine (1936~) 올브라이트, 마덜린

미국 최초의 여성 국무 장관(Secretary of State)이었다. 체코 프라하 태생으로 1948년에 미국으로 이민을 왔다. 1997년에 클린턴 정부의 국무 장관으로 임명되기 전까지 4년 간 UN 주재 미국 대사로 근무하였다.

Alcatraz 알카트레즈

샌프란시스코 만에 있는 작은 섬이다. 영화《더록》The Rock에서 알려진 대로, 알 카포네 Al Capone를 비롯한 미국 최고의 흉악범들을 수용한 감옥으로 유명하다. 1933년에서 1963까지 감옥으로 사용되었는데, 지금은 관광지로 인기다.

알카트레즈 섬과 감옥 전경

Alcoa, Inc. 알코아

미국의 세계적인 알루미늄 제조 기업이다. 1888년에 찰스 M. 홀Charles M. Hall이 알루미늄을 상업적으로 생산하기 위하여 피츠버그 리덕션 컴퍼니(The Pittsburgh Reduction Company)라는 이름으로 설립하였다. 알루미늄이 은보다 귀한 귀금속이었던 당시 거의 독점이다시피 성장을 거듭하였으며, 1901년에 지금의 이름으로 변경하였다. 알코아 휠스Alcoa wheels, 레이놀즈 랩Reynolds Wrap, 알루미늄 포일 앤 바코aluminum foil and Baco 등의 브랜드를 통하여, 항공기, 자동차, 음료수 캔, 화학제품, 스포츠 및 레크리에이션 관련 제품, 그리고 산업용품 등의 제조에 사용되는 알루미늄을 생산하여 공급하고 있다.

Alcoholics Anonymous (AA) 미국 금주운동단체

1935년 미국 시카고에서 시작된 알코올 중독자들의 국제적인 금주운동 단체이다.

Alcott, Louisa May (1832~1888) 앨코트, 루이사 메이

《작은 아씨들》*Little Women*을 쓴 미국 작가. 남북 전쟁 때 육군 간호원으로 복무하고 그때의 경험을 글로 썼다.

Alfred the Great (849~899) 알프레드 대왕

웨섹스Wessex의 왕으로, 871년에서 899년까지 재위했다. 대부분의 지역이 덴마크의 지배를 받고 있었는데, 이를 물리친 것으로 유명하다. 흔히 최초의 영국 왕으로 간주된다. 해군을 창설하고, 교육과 영어 사용을 장려하였다.

Ali Baba 알리 바바

《아라비안 나이트》*The Arabian Nights* 가운데 〈알리바바와 40인의 도적〉*Ali Baba and the Forty Thieves*에 나오는 주인공. 훔친 보물들을 감춰둔 동굴의 문을 열기 위해 도둑들이 열려라 참깨!(Open Sesame!)라는 주문(magic word)을 말하는 것으로 유명하다. 알리 바바가 그들의 보물을 훔치는 것으로 이야기가 전개된다. 영국에서는 동화극 판토마임Pantomime으로 공연되어 어린이들에게 인기가 있다.

Ali, Muhammad (1942~) 알리, 무하마드

1964년에서 1967년까지와 1974년에서 1978년까지 세계 헤비급 챔피언 타이틀을 가지고 있었던 사상 최고의 흑인 권투 선수. 흑인 무슬림에도 가입하였다. 1967년에는 베트남 전쟁을 기피한 이유로 타이틀을 박탈당했었다.

Alice in Wonderland 《이상한 나라의 엘리스》

1865년에 나온 루이스 캐럴Lewis Carroll의 동화. 엘리스가 하얀 토끼를 따라 구멍에 들어가 이상한 나라에 도착하게 되는데, 이상한 사람들, 상상의 동물들과 연속적으로 모험을 하게 된다. 원제는 《이상한 나라에 간 엘리스의 모험》*Alice's Adventures in Wonderland*이다.

alien abduction 외계인의 의한 지구인의 납치

미국에서는 외계인에게 납치되어 우주선으로 끌려가 여러 가지 검사와 실험을 받은 후 지구로 되돌려보내졌다고 믿는 사람들이 있다.

Alka-Seltzer 알카셀츠

과음이나 과식으로 인한 위장 장애를 치료하는 소화제 종류로 바이엘Bayer의 약품이다. 물에 타 거품을 내서 마신다.

All Saints Day (All Hallows) 제성절

기독교에서 전통적으로 모든 성인(saint)들에게 예배드리던 날이다. 11월 1일이다. 'All Hallows Eve'라고 하는 하루 전날 밤을 할로윈Halloween이라고 한다.

all-American 올 아메리칸

여러 가지 의미가 있는데 우선, 외형적으로나 정신적으로 '전형적인 미국적 가치를 가지고 있다'는 뜻이다. 영국인들에게 'all-American man/woman'이라고 하면 젊고, 매력적이며, 부유하고, 성공 지향적이지만, 진지하지 못하고, 똑똑하지 못한 이미지가 있다. 미국인들은 all-American man/woman을 전통적으로 내려오는 미국의 가치를 대표하는 백인 중산층으로 본다. 또 다른 의미로는, 미식축구나 농구 등의 스포츠에서 국가대표급 특히, 대학 선수 가운데서 뽑힌 선수를 가리킨다.

Allen, Paul (1953~) 앨런, 폴

친구인 빌 게이츠Bill Gates와 함께 컴퓨터 회사인 마이크로소프트사(Microsoft Corporation)를 창립한 사람이다.

Allen, Woody (1935~) 앨런, 우디

영화 각본을 쓰고, 배우로 직접 출연도 하는 미국의 유명 영화 감독이다. 그의 작품은 현대 도시인의 애환을 코믹하게 그린다. 〈애니 홀〉*Annie Hall*(1977)로 오스카 각본상과 감독상, 〈한나와 자매들〉*Hannah and Her Sisters*(1986)로 오스카 각본상을 받았다. 한국계 입양아인 순이 프레빈Soon Yi Previn과의 관계로 인해 오랜 연인이었던 미아 패로Mia Farrow와 1992년 헤어진다. 순이Soon Yi와는 1998년에 결혼하였다.

allotment 대여 농지

개인이 채소나 꽃을 재배하기 위해 지방 정부에서 빌릴 수 있는 조그만 땅을 말한다. 이 농지들은 대개 큰 농장으로 모여 있어서, 여기서 일하는 것이 여가의 한 방법이 되었다. 19세기나 제1, 2차 세계대전 때는 많은 사람들이 여기서 농사를 지어 생계를 꾸렸다.

all-star game 올스타 경기

2003년 농구 올스타 MVP인 Kevin Garnett

야구와 농구 등에서 최우수, 최고 인기 선수로 선발된 선수들이 팀을 이루어 경기를 벌이는 것을 말한다. NBA All-Star Game, East-West All-Star Game 등이 있다.

alma mater 모교

앨마 메이터Alma Mater로도 쓴다. 'fostering mother'(= generous mother)라는 뜻의 라틴어이다. 동창회(alumni association)가 활발한 미국인들에게 각별한 말이다.

Alta Vista 알타비스타

미국의 인터넷 검색엔진이다. 1995년부터 서비스를 시작한 알타비스타는 뛰어난 검색 속도와 정확성, 광범위한 검색 범주, 연산자 및 필드 검색 등을 지원해 가장 뛰어난 검색엔진으로 평가받고 있다. 225,000개의 서버에서 3천만 개의 웹 페이지를 보유한 데이터베이스 규모를 자랑한다.

AEEU (Amalgamated Engineering and Electrical Union) 기계전기연합 노동조합

영국의 대표적인 산업별 노동조합(trade union) 가운데 하나로, 기계와 전기 분야의 노동조합이다.

Amateur Athletic Association (AAA / three A) 아마추어 체육협회

영국의 아마추어 체육 선수들을 관리하는 단체이다. 1880년에 남자 선수들만을 대상으로 구성되었는데, 1991년에 '여자 아마추어 체육협회'(Women's Amateur Athletic Association)와 통합되었다.

Amateur Athletic Union (AAU) 아마추어 체육연맹

미국 아마추어 스포츠를 지원하는 단체이다. 1888년에 설립되어, 해마다 미국에서 최우수 아마추어 선수에게 제임스 E. 설리번상(James E. Sullivan Award)을 수여한다.

Amazon.com 아마존닷컴

세계 최대의 인터넷 서점이자 쇼핑몰이다. 어느 곳에도 서적 판매를 위한 매장을 갖고 있지 않다. 데이터베이스 검색엔진으로 고객이 원하는 책을 자유자재로 찾을 수 있도록 시스템을 구비하였고, 인터넷을 통한 주문은 바로 시애틀 교외와 동부 델라웨어주에 있는 창고로 전달되어 포장 배달된다. 책값을 무려 최고 40%까지 할인해 팔 수 있어 가격 경쟁력을 갖추고 새로운 비즈니스 모델 창출하였으나, 한동안 수익을 내지 못하였다. 다양한 쇼핑몰을 운영하며 사업 다각화를 모색하고 있다.

Ambassador 앰배서더

스카치 위스키의 한 종류이다. 테일러 앤 퍼거슨사(Taylor & Ferguson Ltd.)가 제조한다. 20세기 초 영국 주재 각국 대사가 위스키 산업의 중심지인 스코틀랜드 글라스고우에 모여서, 수많은 위스키 중에서 영국을 대표하는 위스키를 선발하였는데, 그때 이 위스키가 선발되었다. 이때부터 이 회사는 앰배서더Ambassador(대사)라는 이름을 사용하게 되었다. 수출 전용 제품이다.

amendment 헌법 수정

미국의 민주주의는 헌법을 수정하는 역사를 거치면서 발전해 왔다고 할 수 있다. 미국 헌법 사상 최초의 '10조항 수정안'(ten amendments)을 '권리장전'(Bill of Rights)이라 부른다. 통상 미국의 헌법 수정안은 50개 주의 75%가 찬성해야 통과된다.

Amerasian 애머레이지언

American과 Asian의 합성어로, 미국인과 아시아인의 혼혈아이다. 주로 미군과 아시아 여성 사이에 태어난 사람을 말하는데, 베트남 전쟁 중에 태어난 아이들이 가장 많다.

America 아메리카

1499년에 유럽인으로는 처음으로 남미 지역(오늘날 브라질 지역)에 도착한 이탈리아 탐험가 아메리고 베스푸치 Amerigo Vespucci의 이름을 딴 것이다. 흔히 아메리카라고 하면 아메리카 대륙 전체와 미국 두 가지를 가리킨다. 우선, 아메리카 대륙은 북미(North America)와 남미(South America)로 구분할 수 있는데, 가운데 지역을 따로 중미(Central America)라고도 부른다. 북미에는 미국과 캐나다, 멕시코가 속한다. 중남미는 주로 스페인어와 포르투갈어를 쓰는 라틴계 국가들인 데서 흔히 라틴 아메리카Latin America라고도 부른다.

다음, 미국은 1776년 13개 주가 '독립 선언'(Declaration of Independence)을 할 때 'the thirteen united States of America'라고 표기하면서 'the United States of America'가 공식 명칭으로 자리잡았는데, 그냥 America를 포함하여 the USA, the United States, the US, the States 등이 모두 미국을 가리키는 표현이다. 미국인들이 해외에서 본국을 가리킬 때는 'Stateside'라고 부른다. 이밖에

the land of the free, the land of liberty, God's country, the melting pot 등의 별명이 있다. 흔히 미국인을 American이라고 하는데, 영국인들이 'Yanks'라고 비하하여 부르기도 했다. 유럽인들이 건너오기 전에 미국 대륙에 살던 인디언들은 'Native Americans'라고 한다.

American Academy of Dramatic Arts 미국 연극 아카데미

1884년에 뉴욕에 설립된 연극 학교이다. 미국에서 가장 오래되었다.

American Airlines 아메리칸 항공

미국의 항공사이다. 1921년 미주리주에서 종합 항공 제조업체로 설립되어, 우편 배달 항로를 처음으로 취항하였는데, 첫 비행의 조종사가 바로 찰스 A. 린드버그Charles A. Lindbergh였다. 이후 여러 항공사를 통합하여 발전하면서 지금의 이름을 얻었다. 1970년대부터 1990년대까지 크게 확장되었으며, 현재는 미국 국내를 비롯하여 캐나다, 하와이, 멕시코, 중남미, 카리브해 국가, 유럽, 서태평양의 여러 도시를 운항하고 있다. 1982년 설립된 모회사이자 지주회사인 AMR(AMR Corporation)에서는 요식업, 숙박업, 공항 내 지상 운송 및 수하물 용역, 공항 관리업, 기타 관련 사업 등에도 지분을 갖고 있다. 본사가 텍사스주 달라스에 있다.

American Automobile Association (AAA / Triple A) 미국 자동차협회

1902년에 시작된 미국과 캐나다 운전자들의 단체로, 회원이 현재 2천 5백만에 달한다. 회원들의 자동차 여행을 도와주거나 긴급 구조 활동을 한다.

AAA 마크

American Bar Association (ABA) 미국 변호사협회

1878년에 결성되어 시카고에 본부가 있다. 법률을 연구하고 사법제도의 향상을 도모하고 있다.

American breakfast 미국식 아침 식사

다소 푸짐하다. 주스와 시리얼cereal, 햄, 베이컨bacon, 계란, 팬케이크pancakes, 토스트, 해시 브라운hash browns 등이 식탁에 오른다.

American drcam 아메리칸 드림

미국이 자유롭고 평등한 삶, 성공적인 삶의 기회를 제공한다는 미국인들의 믿음을 가리키는 말이다. 미국은 바로 이 '아메리칸 드림'을 꿈꾸며 전세계에서 모여든 이민자들이 건설한 나라로서, 많은 미국인들이 자부심을 가지고 있다.

American eagle (= bald eagle) 아메리칸 이글

미국을 상징하는 흰머리독수리이다. 문장(the Great Seal of the United States)에 새겨진 독수리는 입에는 'e pluribus unum'(one out of many)라는 글귀를 물고 있고, 양쪽 발에는 전쟁을 상징하는 화살과 평화를 상징하는 올리브 나뭇잎을 함께 잡고 있다.

미국의 상징인 흰머리독수리

American Electric Power (AEP) 아메리칸 일렉트릭 파워

미국의 전력 생산 업체로 11개 주에 전력을 공급한다. 발전 용량 면에서 미국 최대의 전력 생산 기업이다. 1906년에 뉴욕주에서 아메리칸 가스 앤 일렉트릭American Gas and Electric이라는 이름으로 창업되었다.

American English 미국 영어

영국 영어(British English)와의 차이는 이디엄(idiom)과 어휘(vocabulary)가 달리 쓰이는 것들이 좀 있기도 하지만, 기본적으로 억양(accent)의 차이라고 보아야 한다. 미국은 사람들의 사회 계급이나 교육 수준보다는 출신 국가와 현재 살고 있는 지역에 따라 어휘나 액센트가 조금씩 다르지만, 서로 못 알아들을 정도로 심하지는 않다. 미국 방송들은 중서부(midwestern) 액센트를 표준어(General American English, GAE)로 방송하고 있다.

영국식 영어와 달리 쓰이는 대표적인 어휘들과 표현으로는 color/colour(영), flavor/flavour(영), center/centre(영), theater/theatre(영), traveler/traveller(영), dreamed/dreamt(영), learned/learnt(영), He is in the hospital./He is in hospital.(영) 등이 있다.

발음의 차이로는 첫째, 철자대로 발음되는 경향의 영국식 영어와는 달리 철자 t가 거의 /d/나 /r/로 발음된다. latter가 ladder로, letter가 lerrer로 발음되는 것들이다. 둘째는 철자 a가 /a/대신 /æ/로, 철자 o가 /ou/대신 /a/로 발음되는 경향이 있다. castle(캐쓸) path(패쓰)와 body(바디), not(낫트) 등이 대표적인 예이다.

American Express (AmEx) 아메리칸 익스프레스

1859년에 설립되어 전세계에 지사를 두고 있는 신용카드(American Express Card) 서비스 업체로, 여행자수표(traveler's cheques) 판매, 외환 업무 등도 취급하고 있다.

American Football Conference (AFC) 미식축구 아메리칸 컨퍼런스

National Football Conference(NFC)와 함께 미국 프로 미식축구연맹(National Football League, NFL)을 구성하는 두 컨퍼런스 가운데 하나로, 동부 그룹(Eastern Division)의 버팔로 빌스Buffalo Bills, 인디애나폴리스 콜츠Indianapolis Colts, 마이애미 돌핀스Miami Dolphins, 뉴잉글랜드 패트리어츠New England Patriots, 뉴욕 제츠New York Jets, 중부 그룹(Central Division)의 볼티모어 레이븐스Baltimore Ravens, 신시내티 뱅갈스Cincinnati Bengals, 휴스턴 오일러스Houston Oilers, 피츠버그 스틸러스Pittsburgh Steelers, 잭슨빌 재규어스Jacksonville Jaguars, 서부 그룹(Western Division)의 댄버 브롱코스Denver Broncos, 캔사스시티 칩스Kansas City Chiefs, 오클랜드 레이더스Oakland Raiders, 샌디에고 차저스San Diego Chargers, 시애틀 시호크스Seattle Seahawks 등, 15개 팀이 소속되어 있다. 정규 시즌이 끝나고 각 그룹의 우수 2개팀씩 6개 팀이 경기를 벌여 최종 우승 팀을 뽑고, AFC의 우승 팀은 National Football Conference(NFC)의 우승 팀과 겨루는 슈퍼볼Super Bowl 경기에 나간다.

American Forces Network (AFN) 미군 방송

해외 주둔 미군을 위한 TV와 라디오 방송이다.

American Gothic 미국 고딕

미국화가 그랜트 우드(Grant Wood)의 1930년도 작품으로 갈퀴를 든 농부와 아내로 보이는 한 여인이 농장 앞에 서 있는 그림이다. 작품 속의 두 사람은 슬퍼 보이고 이 그림은 익살스러운 광고에 종종 사용된다.

American Indian 아메리카 인디언

유럽인들이 아메리카 대륙에 건너오기 전에 이미 살고 있던 사람들을 말한다. 콜럼버스가 신대륙을 인도의 일부로 착각하여 원주민을 인디오Indio(스페인어로 인도인)라고 불렀는데, 나중에 아시아의 인도인과 구별하기 위하여 아메리카의 인도인이라고 아메리카 인디언American Indians이라 부르게 되었다. 북미와 중남미에도 원주민들이 있었지만, 특히 북미에 살던 인디언들을 가리켜 토착 미국인Native American이라 한다. 미국에서는 유럽인들이 정착하면서 인디언들을 서부로 내쫓아 대부분 '인디언 보호구역'(Indian reservations)에서 살고 있다.

American International Group 아메리칸 인터내셔널 그룹

미국의 손해보험사이다. 1967년에 미국 내의 여러 기업들의 지주회사로 설립되어, 1970년에 국제적인 보험 대리 회사인 AIU(American International Underwriters)와 그 산하 회사들을 계열사로 거느렸다. 1970년대와 1980년대에 성장을 거듭하여 전세계의 대표적인 보험 회사의 하나가 되었다. 대기업을 위한 위기 관리 서비스를 시작한 최초의 보험사 가운데 하나이기도 하다. 1970년대와 1980년대에 항공보험, 담보보장보험, 배상 관리, 직업 훈련 및 재활 서비스, 건강 관리 등을 전문으로 하는 특수 사업 부문을 새로 조직하거나 외부에서 인수하기도 하였다. 본사가 뉴욕에 있다.

American Kennel Club (AKC) 미국 애견클럽

애견의 종(種)을 포함한 공식 기록을 보유하고 있는 미국의 단체이다. 1884년에 설립되어 전국에 약 500개의 지역 클럽이 있으며, 매년 수많은 애견 쇼를 주최하기도 한다.

American League 아메리칸리그

내셔널리그National League와 함께 미국 프로 야구의 양대 연맹의 하나이다. 캐나다 팀을 포함하여 14개 팀이 속해 있으며 National League 우승 팀과 월드 시리즈World Series에서 경기를 갖는다. 동부 그룹(Eastern Division)에는 볼티모어 오리올스Baltimore Orioles, 보스턴 레드삭스Boston Red Sox, 디트로이트 타이거스Detroit Tigers, 뉴욕 양키스New York Yankees, 토론토 블루제이스 Toronto Blue Jays(캐나다), 중부 그룹(Central Division)에는 시카고 화이트삭스Chicago White Sox, 클리블랜드 인디언스Cleveland Indians, 캔자스시티 로열스Kansas City Royals, 밀워키 브루어스Milwaukee Brewers, 미네소타 트윈스Minnesota Twins, 서부 그룹(Western Division)에는 캘리포니아 엔젤스California Angels, 오클랜드 애슬레틱스Oakland Athletics, 시애틀 마리너스Seattle Mariners, 텍사스 레인저스Texas Rangers 등의 팀들이 소속되어 있다.

American Medical Association (AMA) 미국 의학협회

미국 최대의 의사 협회이다. 1847년에 창립되어, 시카고에 본부를 두고 있다. 의학 교육의 향상, 연구, 진료 등을 지원하며, 정치적 영향력도 막강하다.

American National Standards Institute (ANSI) 미국 표준연구원

제품과 수량의 표준을 개발하고 기업의 국제 경쟁을 도와주는 단체이다. 1921년에 설립되어 현재 1,300여 기업이 회원으로 가입되어 있다.

American Plan 아메리칸 플랜

객실 요금, 음식 요금, 서비스 요금 등을 포함한 미국 호텔의 요금 시스템을 가리키는 말이다.

American Revolution (1775~1785) 미국 독립 전쟁

'미국 혁명 전쟁'(American Revolutionary War)이라고도 한다. 1607년부터 영국은 북미 대륙에 식민지를 건설하고 프랑스와 스페인의 공격을 막기 위해 군대를 주둔시켜 왔다. 주둔 비용 충당 등을 이유로 영국이 식민지에 세금을 부과하자, 세금만 내고 주권이 없는 데에 불만을 품고 독립을 원하는 사람들— 이들을 애국자(patriots) 또는 자유의 아들(sons of liberty)이라고 부른다. — 이 많아지고, '자치권 없이는 세금도 없다'(No taxation without representation)라는 슬로건slogan을 들고 일부 주들이 영국으로부터 독립을 외치기 시작하였다. 1770년에는 보스턴Boston 시위에서 영국군들이 5명의 미국 식민지 주민들을 살해하는 사건(Boston Massacre)이, 1773년에는 식민지 주민들이 차를 실은 선박에 올라가 차를 바다에 던져버리는 사건(Boston Tea Party)이 일어나며 독립 전쟁이 촉발된다.

1774년에 13개 주 가운데 조지아Geroge주를 제외한 각 주 대표들이 필라델피아에 모인 '대륙의회'(Continental Congress)는 군대를 일으키기로 합의한다. 1775년에 영국군과 식민지군의 전투가 시작되고, 1776년에 드디어 대륙의회는 필라델피아Philadelphia에서 '미국 독립선언'(Declaration of Independence)을 알리는 '자유의 종'(Liberty Bell)을 울린다. 1781년에 전쟁이 끝나고, 1778년에 평화조약이 체결된다. Continental Congress, Declaration of Independence, Liberty Bell 등을 참고할 것.

독립 전쟁의 한 전투 장면을 묘사한 그림

American Standard Version (ASV) 미국 표준판 성경

킹 제임스판(King James Version) 성경을 미국 학자들이 번역한 것을 가리킨다. 1991년에 출간되었다. 영국에서 개정판(Revised Version)을 도운 미국 학자들이 출간하였다 하여 미국 개정판(American Revised Version)이라고도 한다.

American Stock Exchange (AMEX) 미국 증권거래소

미국에서 '뉴욕 증권거래소'(New York Stock Exchange) 다음으로 큰 증권 거래소이다. 뉴욕의 금융가에 있으며, 700여 기업이 등록되어 있다.

Amis, Kingsley (1922~1995) 에이미스, 킹슬리

영국의 소설가이자 시인이다. 옥스퍼드 대학을 졸업하고, 제

2차 세계대전에 종군하였다. 처녀작 《럭키 짐》*Lucky Jim*(1954)은 지위가 불안정한 젊은 대학 강사인 짐 딕슨Jim Dixon이 시골 대학에서 주위 사람들의 눈치를 보면서도 유쾌하게 실패를 거듭하는 모습을 직선적인 필치와 희극적인 플롯으로 묘사한 새로운 형식의 피카레스크 소설로, 일약 그의 이름을 유명하게 하였다. 보통 제2차 세계대전 후의 작가 집단인 '성난 젊은이들'(the angry young man)의 일원으로 꼽힌다. 그밖에 장편 《어떤 불확실한 감정》*That Uncertain Feeling*(1955), 《여기가 좋아》*I Like it Here* (1958), 《너와 같은 아가씨를》*Take a Girl like You* (1960), 《어떤 뚱보 영국인》*One Fat Englishman* (1963), 《반사동맹(反死同盟)》*The Anti-Death League*(1966), 《녹색인간》*The Green Man*(1966), 《강변 주택가 살인사건》*The Riverside Villas Murder*(1973), 《러시아식 숨바꼭질》*Russian Hide-and-Seek*(1980) 등이 있고, 시집 《마음의 틀》*A Frame of Mind*(1953), 《견본상자》*Case of Samples*(1956) 등이 있다. 1986년에 《올드 데블스》*The Old Devils*로 영국의 유명한 문학상 북커상Booker Prize을 받았다.

Amish 에이미시교파

한때 주요 개신교파 가운데 하나인 메논교(Mennonite)의 일파였다. 주로 펜실바니아주, 오하이오주, 인디애나주에서 농사를 지으며 살고 있다. 전통 의상에 마차를 이용하고, 자동차나 전화, 전기 등을 소유하지 않는 등, 엄격하고 소박한 생활을 하는 것이 특징이다.

마차를 타고 가는 Amish 교도 가족

Amnesty International 국제사면위원회

사상이나 종교, 민족, 인종 등의 문제로 감옥에 갇혀 있는 사람들의 사면을 돕는 일을 하는 국제 단체이다. 1961년 영국에서 창설되어 세계 70여 개 나라에 회원을 두고 있다. 특히, 고문(torture)이나 사형(capital punishment)에 반대하고 있다.

Amtrak 미국 철도공사

1970년에 공기업으로 설립된 철도 회사로, 공식 명칭은 National Railroad Passenger Corporation이다. 미국인들의 1% 정도만이 Amtrak의 철도를 이용하고 있어, 해마다 적자 운영을 하고 있다.

Amtrak 로고

Amway 암웨이

다단계식의 상품 판매 방식으로 유명한 미국 회사이다. 주로 화장품이나 세제 등의 생활용품을 취급한다.

An American Tragedy 《아메리카의 비극》

미국의 작가 시어도어 드라이저Theodore Dreiser의 1925년 장편소설이다. 《젊은이의 양지》*A Place in the Sun*라는 제목으로 영화화되었다. 광적이고 가난한 전도사 부부의 아들인 주인공 클라이드 그리피스Clyde Griffiths는 성공의 꿈을 안고 도시로 나가 호텔의 보이가 된다. 그후 부유한 큰아버지를 만나서 뉴욕주에 있는 그의 공장에 취직한다. 여공 로버타Roberta와 가까이 지내던 중에 부잣집 딸 손드라Sondra와도 가까워진다. 로버타가 임신 중임을 알리자 클라이드는 고민하다가 로버타를 산중의 호수로 꾀어낸다. 살의는 있었으나 결단을 내리지 못하고 있을 때, 우연히 보트가 뒤집히어 로버타는 익사한다. 그는 곧 체포되어 오랜 재판 끝에 전기의자에서 죽는다. 실제 살인사건에서 소재를 땄다고 한다. 클라이드의 죄는 사회에 책임이 있으며, 19세기 말 자본주의 미국의 비극이라고 생각하였다.

Anderson, Sherwood (1876~1941) 앤더슨, 셔우드

미국 소설가. 단편집 《와인스버그, 오하이오》*Winesburg, Ohio*(1919)가 유명한데, *Poor White*(1920), *Dark Laughter*(1925) 등의 소설도 있다.

Andrews, Julie (1935~) 앤드류스, 줄리

영국 여배우. 오스카상을 받은 영화 〈메리 포핀스〉*Mary Poppins*(1964)와 〈사운드 오브 뮤직〉*The Sound of Music*(1965) 등으로 유명해졌다. 영화에서 착하고, 밝고, 건강한 모습으로 세계인들을 사로잡았다.

Andy Capp 앤디 캡

영국의 연재만화 『거울』(*The Mirror*)의 익살맞은 주인공으로 게으른 술주정뱅이이며 아내 플로(Flo)에게 거짓말도 잘한다. 전통적인 영국 노동자 차림에 빵떡모자를 쓰고 다니며 항상 담배를 물고 있는 것이 특징이다.

Anglican Communion 성공회

영국과 해외에 있는 영국국교(Church of England)를 중심으로 역사적으로 영국국교와 관계를 가지고 있는 스코틀랜드교회, 웨일즈교회, 아일랜드교회, 미국성공회 등을 아우르는 조직이다. 캔터베리 대주교(Archbishop of Canterbury)가 수장이고, 10년마다 성공회 주교들이 대주교가 있는 램버스Lambeth에서 회의를 가진다. 영국인들은 설사 교회에 나가지 않는 사람일지라도 자신들을 '앵글리칸'Anglican(성공회교인 또는 영국국교도)이라 한다.

Anglo-American 앵글로아메리칸

미국인 특히, 영국계 미국인을 '앵글로아메리칸'이라 부른다.

Anglo-Irish Agreement 앵글로-아이리시협정

1985년 영국과 아일랜드 사이에 맺은 협정. 아일랜드 정부가 북아일랜드 문제 협상에 참가하도록 합의하였다.

Anglo-Irish War 앵글로-아이리시 전쟁

1919년에서 1921년까지 영국과 아일랜드 사이에 있었던 분쟁을 가리키는 공식 표현이다. 아일랜드공화군(IRA)과 영국 경찰 사이의 무력 충돌이 있었으나, 아일랜드의 독립을 인정하는 '앵글로-아이리시조약'(Anglo-Irish Treaty)으로 끝을 맺는다.

Anglo-Saxon 앵글로색슨

여러 가지 뜻이 있다. 첫째, 5세기경 로마가 영국을 떠나고 1066년 노르만 정복(Norman Conquest) 때까지 영국을 지배하고 살던 앵글로족(the Angles)과 색슨족(the Saxons)을 가리킨다. 둘째, 노르만 정복 이전에 쓰던 말. 올드 잉글리시Old English를 말한다. 셋째, 일반적으로 현대의 영어를 가리킨다. 넷째, 일반적으로 영어를 쓰는 백인을 가리킨다.

angry young men 성난 젊은이들

정치 집단 또는 사회 집단을 강하게 비판하는 젊은이들을 가리키는 말이다. 1950년대 영국에서 존 오스본John Osborne의 연극 〈성난 얼굴로 돌아보라〉*Look Back in Anger*가 성공을 거둔 뒤에 언론에서 쓰기 시작한 말이다. 구체적으로 이들은 존 오스본John Osborne, 킹슬리 에이미스Kingsley Amis, 케니스 타이넌Kenneth Tynan 등 당시 영국의 젊은 작가들을 가리킨다.

Animal Farm 《동물농장》

조지 오웰George Orwell의 1954년 소설. 러시아혁명과 스탈린과 트로츠키의 권력 투쟁을 돼지들이 리더를 하고 있는 동물농장으로 풍자한 내용이다.

Animal Liberation Front 동물해방전선

1970년대에 결성된 집단이다. 동물을 학대한다고 생각되는 단체를 공개적으로 비판하고 공격한다. 기업 연구실의 실험용 동물을 훔치거나 기물을 손상시키기도 한다.

Anthony, Susan (1820~1906) 앤서니, 수전

미국의 여성 인권 지도자였다. 퀘이커교도 집안에서 태어나 교사가 되었다가 금주, 노예제 폐지 등의 사회개혁운동에 참여하게 되었다. 남북 전쟁 후에는 여성참정권운동에 힘을 쏟았으며, 1870년대부터 여성 투표권을 주장하며 여성참정권운동을 시작하였다. 미국 여성참정권운동협 회장을 지내기도 했다. 1979년에 발행한 1달러 동전에 초상이 새겨졌다.

그의 초상이 새겨진 1달러 동전

antiques 골동품

골동품은 보통 50년 이상 된 것으로 보는 사람들도 있고, 100년 정도로 보는 사람들도 있다. 흔히 귀한 물건들이 골동품이 되지만, 미국인들은 오래된 것 중에 흔하지 않거나, 수공품이거나, 흥미로운 것들을 antique라고 본다. 가구나 도자기, 시계, 카펫, 유리 제품, 은 제품, 귀금속, 자수, 장난감 등이 모두 골동품이 될 수 있는데, 증명 서류가 있으면 가치가 더 높아진다.

1980년대부터 영국에는 골동품 수집이 인기가 많아, 골동품점(antique shop)이나 고물상(junk shop) 또는 중고품점(second-hand shop) 등지를 찾는 사람들이 많았다. 골동품 전시회가 자주 열리기도 한다. 크리스티Christie's나 소더비Sotheby's 등 유명 경매소들을 통해 거래되기도 한다. 미국에서는 주로 노인들이 많이 찾는다. 벼룩시장(flea market), 창고 세일(garage sale) 등으로 통해서 골동품을 수집하기도 한다.

antitrust legislation 독점금지법

시장에서 특정 기업이 독과점을 하는 것을 방지하거나 통제하도록 하는 목적으로 미국에 도입된 법률이다. 초기에 의회에서 통과된 중요한 반독점법으로는 1890년의 셔먼 반독점법(Sherman Antitrust Act)과 1914년의 클레이턴 반독점법(Clayton Antitrust Act) 등이 있다.

Any Questions? 〈애니 퀘스천?〉

일반 시민들이 정치인이나 유명 인사들에게 뉴스에 나온 주요 현안들에 대해 질문하는 영국의 라디오 프로그램이다. BBC가 1948년부터 방송해오고 있다. 1979년부터는 텔레비전에서도 같은 프로그램이 방영되고 있다.

AOL (American On Line) 에이오엘

온라인 통신 서비스와 정보 제공(IP), 소프트웨어 개발 보급 등을 하는 미국 기업이다. 1985년 창립 때부터 시작한 온라인 통신은 전세계적으로 1천 8백만 명의 고객을 확보하고 있다. 또 인터넷 홈페이지(www.aol.com)를 통해 금융, 여행, 레저, 스포츠, 부동산, 경제, 사회 등 전 분야에 걸친 정보도 제공하며 홈쇼핑 사업을 벌이고 있다.

AOL-Time Warner 에이오엘-타임워너

미국에 있는 세계 최대 규모의 미디어 및 연예 기업이다. 2000년 1월에 타임워너(Warner, Inc.)와 인터넷 서비스 회사인 AOL(America On Line 아메리카온라인)이 합병하여 탄생하였다.
타임워너는 타임 출판사(Time Inc.)와 미디어 기업 워너 커뮤니케이션스(Warner Communications Inc.)가 1989년에 합병하였던 기업이다. 합병 후에도 타임 출판사와 워너 커뮤티케이션, AOL 등은 각각의 사업 부문에서 활발히 사업을 전개하고 있다.

AP (Associated Press) 연합통신

1848년에 설립된 미국 최대, 최고 뉴스 서비스 업체이다. 비영리 언론사로, 많은 신문사와 TV・라디오 방송사들이 회원으로 되어 있다. 회원사들이 수집한 뉴스를 AP는 모든 회원사에 배포해 준다.

Apache 아파치

미국 남서부에서 살던 인디언으로 19세기 코차이스Cochise, 제로니모Geronimo 등 유명한 추장들을 중심으로 미국 기병대와 싸우다가 전멸한 최후의 인디언 부족이다. 오늘날 많은 아파치족들이 Arizona, Oklahoma, New Mexico 등지의 인디언 보호구역에서 살고 있다.

Apollo program 아폴로 계획

달에 사람을 보낸 미국의 우주 프로그램. 1961년 케네디 대통령에 의해 시작되어 1969년에 최초로 Apollo 11호가 달에 착륙하는 결실을 보았다. 닐 암스트롱Neil Armstrong과 버즈 알드린Buzz Aldrin이 달에 최초로 발을 디딘 사람이 되었다.

Apollo 11호의 발사장면

Appalachia 애팔래치아

미국 남부의 애팔래치아 산맥 지역을 지칭하는 말이다. 대부분 백인들이 사는 13개 주에 걸쳐 있다.

Appalachian Mountains (= the Appalachians) 애팔래치아 산맥

캐나다 뉴펀들랜드에서 앨라배마주까지 이어지는 미국 동북부의 산맥이다. 'Appalachian National Scenic Trail'이라는 세계 최장의 '산악 하이킹 코스'가 개발되어 있다.

Appeasement 유화책

제2차 세계대전이 발발하기 전에 영국이 히틀러Hitler나 무솔리니Mussolini와 좋은 관계를 유지하기 위해 보인 정책을 가리키는 말이다. 그러나 여론은 너무 나약한 정책이라 생각했다.

Apple (Apple Mac) 애플

실리콘밸리Silicon Valley 소재 컴퓨터 회사로 매킨토시 Macintosh 컴퓨터가 유명하다. 1976년 스티븐 잡스 Steven Jobs와 스티븐 우즈니악Stephen Wozniak 두 사람이 창업하였다. IBM 컴퓨터와 호환되지 않는 유일한 메이저 컴퓨터 업체이다.

apple pie 애플파이

영미인들이 특히 좋아하는 식품이다. '훌륭한 주문'이라는 뜻의 'apple pie order'라는 이디엄이 있고, 미국에는 '어머니와 애플파이보다 좋은 것은 없다'(Nothing is better than mom and apple pie.)는 표현이 있을 정도로 미국인들은 애플파이를 좋아한다.

Apportionment 의석 배분

미국 의회의 하원(House of Representatives)의 의석(number of seats)을 배분하는 방식을 말한다. 하원은 '인구 비례'로 의석을 배분한다.

April Fool's Day 만우절

4월 1일이다. 전세계 많은 나라에서 이날 서로 거짓말로 장난을 친다. 거짓말에 당한 사람을 April Fool이라 한다.

Arapaho 아라파호족

미국 인디언 부족의 하나이다. 원래 대평원(Great Plains) 일대에서 버팔로buffalo를 사냥하고 살았다. 지금은 오클라호마주나 와이오밍주의 인디언 보호구역에서 살고 있다.

Arbor Day 식목일

미국 사람들이 나무를 심는 '식목일'이라고 할 수 있다. 각 주마다 날짜가 다르지만, 대체로 봄이다. 일부 남부 주들은 겨울이기도 하다.

Archbishop 대주교

영국국교(Church of England)에는 캔터베리 대주교(Archbishop of Canterbury)와 요크 대주교(Archbishop of York), 두 명의 대주교가 있다. 면전에서 부를 때는 '성하'(Your Grace)라는 말을 붙인다.

Archbishop of Westminster 웨스트민스터 대주교

영국에 있는 로마가톨릭교의 수장이다.

Archie Bunker 아치 벙커

미국 텔레비전의 인기 코미디극인 〈올 인 더 패밀리〉*All in the Family*(1971~1976)의 주인공이었다. 성질이 고약하고, 다른 인종이나 다른 계층 사람들에 대한 구시대적인 사고방식을 가지고 있는 캐릭터로서, 미국의 백인 노동자계급을 묘사한 인물 유형이다.

area code (시외 전화의) 지역 번호

미국의 전화번호 가운데 앞부분의 3자리 숫자로, 지역을 확인할 수 있는 번호이다.

Arendt, Hannah (1906~1975) 아렌트, 한나

독일에서 태어나 유태교도가 되고, 나치독일을 탈출하여 1933년에 파리로 가서 살다가, 1941년에 미국에 정착한 여류 작가이자 철학자이다. 《인간조건》*The Human Condition*(1958), 《마음의 생활》*The Life of the Mind* (1977) 등의 작품이 있다.

aristocracy 귀족

영국은 아직도 엄격한 계급제도가 있다. 우선 최상위 계급으로 왕족(royal family)이 있고, 공작(duke), 후작(marquis), 백작(earl), 자작(viscount), 남작(baron)으로 이어지는 피어리지peerage라는 귀족 계급이 있다. peerage는 세습이 되는데, 5번째 남작은 귀족원인 '상원'(House of Lords)에 들지 못한다. 그 아래에 다양한 '기사 작위'(orders of knighthood)가 있다. 중세 때 지역 귀족들의 사병이었던 기사는 오늘날 국왕이 그 작위를 수여한다. 각 분야에서 뛰어난 업적이 있는 사람에게 기사 작위를 수여하는데, 작위를 받은 이는 자신의 이름 앞에 Sir(여자인 경우는 Dame)를 붙이게 된다. 영국에서 귀족들은 특별한 지위가 없더라도 지역 귀족으로 간주되고, 정치 사회적으로 비교적 보수적인 관념을 보이며, 말에서도 흔히 귀족 억양(accent)을 보인다. 귀족을 흔히 'blue-blooded'라고 부르는데, 노동을 하지 않아서 희고 창백한 피부에 나타나는 핏줄이 파래보이는 데서 나온 말이다. 오늘날 귀족 계급에 대한 영국민들의 정서는 비판적이다.

미국에는 헌법상 계급제도가 없다. 하지만 부(富)를 기반으로 한 계급이 있다. 재산이 많은 사람이나 고액 연봉자 등이 미국의 귀족 그룹을 형성하고 있다.

Arizona 애리조나주

미국 남서부의 주로 주도는 피닉스Phoenix이다. 19세기까지 인디언 아파치Apache 부족이 살았다. 그랜드캐년 Grand Canyon, 오색 사막(Painted Desert) 등의 놀라운 자연 경관이 있는 곳이다.

Ark Royal 영국 해군의 항공모함

영국 해군은 중요한 함대에 아크 로얄Ark Royal이라 이름 붙이는 전통이 있다. 스페인 무적 함대 아마다Armada와 전투를 했던 영국 해군의 주력 함대가 최초의 아크 로얄이었고, 두 번째 아크 로얄은 제2차 세계대전 때 침몰하였다.

Arkansas 아칸소주

미국에서 유일한 다이아몬드 광산이 있는 주이다. 유명한 핫스프링스 국립공원(Hot Springs National Park)이 있다. 주도는 리틀록Little Rock이다.

Arkwright, Richard (1732~1792) 아크라이트, 리처드

영국의 방적기계 발명가로, 면 방적 공업의 창시자이다. 일찍이 이발사와 가발 직공으로도 일했다. 1769년 무명방직기에 관한 첫 특허를 얻어 친구들과 회사를 창립하고, 1771년부터 수력을 동력으로 하는 방적 공장을 각지에 세웠다. 그의 기계는 수력방적기(water frame)라 하여, 면 방적 공업에 혁신적인 역할을 하였다. 1786년 기사 작위를 받았다. 50만 파운드나 되는 유산을 남겼다.

Arlington National Cemetery 알링턴 국립묘지

1864년에 세운 미국 최대의 국립묘지로 무명 용사 묘역을 비롯해 John F. Kennedy를 비롯한 정치인, 유명 인사 등 160,000여 명이 묻혀 있다.

Armada 스페인 무적 함대(= Spanish Armada)

1588년에 스페인이 영국을 공격하면서 129척의 전함으로 구성하여 출정시킨 연합 함대이다. 하워드 에핑컴 경(Lord Howard of Effingham)이 이끄는 아크 로얄Ark Royal 함대와 프랜시스 드레이크Francis Drake의 리벤지 Revenge 함대의 연합 함대에게 영국 해협에서 패전한다. 해군 전사에 보기 드문 대규모 함대이다.

Armistice Day 제2차 세계대전 휴전 기념일

11월 11일이다. 전쟁이 완전히 끝나고 영국은 현충일(Remembrance Sunday)로, 미국은 재향 군인의 날(Veterans' Day)로 개칭하였다. 오전 11시에 사람들은 하던 일을 멈추고 2분 간 묵념한다.

Armstrong, Louis (1900~1971) 암스트롱, 루이

미국 최고의 재즈 음악인으로 여겨진다. 트럼펫을 연주하고 거친 목소리로 노래를 불었다. 50여편의 영화에 출연하였고, 미 국무부의 특사로 전세계를 돌며 공연하였다.

Armstrong, Neil (1930~) 암스트롱, 닐

1969년 7월 20일 아폴로 11호를 타고 인류 최초로 달에 발을 디딘 사람이다.

Arnold, Matthew (1822~1888) 아놀드, 매튜

영국의 시인이자 비평가이다. 시말고도 영국의 교육 · 사회 · 정치적 문제에 많은 에세이를 썼다. 〈도버해변〉*Dover Beach*, 〈집시학생〉*The Scholar Gypsy* 등이 잘 알려진 시이다.

Art deco 아르 데코

아르데코 양식의 시계

1920년대와 1930년대 미술, 디자인, 건축 분야에 유행했던 양식으로, 단순한 디자인과 밝은 색상이 특징이다. 크롬이나 플라스틱 같은 현대적인 재료를 많이 사용하였다. 크라이슬러 빌딩Chrysler building, 록펠러 센터 Rockefeller Center 등 뉴욕의 유명한 건물들이 아르데코 양식의 영향을 받았다고 한다.

Art Nouveau 아르누보

19세기 말에 미국과 유럽에서 유행한 미술, 디자인, 건축의 한 양식이다. 꽃과 나뭇잎 등에서 딴 곡선의 형태를 많이 사용하였다. 오브리 비어드슬리Aubrey Beardsley, 찰스 레니 매킨토시Charles Rennie Mackintosh, 윌리엄 모리스 William Morris 등이 대표적인 예술가들이다.

아르누보 양식의 문

Arts and Crafts Movement 예술공예운동

19세기 후반에 윌리엄 모리스William Morris, 존 러스킨 John Ruskin 등의 주도로 일어났던 영국의 예술사회운동이다. 산업혁명의 영향으로 모든 제품이 기계로 만들어지던 것에 대한 반감으로, 이들은 제품을 손으로 만들어야 용도뿐 아니라 아름다움도 갖출 수 있다는 주장을 하였다.

Arts Council 영국 예술위원회

예술 활동을 장려하고 대중화시키기 위해 예술 프로젝트에 기금을 보조하는 영국의 단체이다. 잉글랜드와 웨일즈, 스코틀랜드, 북아일랜드에 있다. 예를 들어, 어떤 극단에 보조금을 지급하면, 공연 티켓을 싸게 공급할 수 있고, 더 많은 사람들이 예술 공연을 관람할 수 있다는 취지이다.

Ash Wednesday 성회례(聖灰禮)일

개신교의 사순절(Lend)의 첫째 날이다. 참회의 표시로 머리에 재를 뿌린 관습에서 비롯되었다.

Ash Wednesday 성회일

사순절(부활주일 전 40일간의 기간)의 첫 번 째날. 이날 교회에 가서 죄에 대한 회개의 표시로 이마에 재를 뿌리는 카톨릭 전통이 미국에서 오늘날까지 지켜지고 있으며 재는 저절로 없어질 때까지 지우지 않으며 이마의 재에 관해서는 물어보지 않는 것이 예의이다.

Ashcroft, Peggy (1907~1991) 애쉬크로프트, 페기

영국의 여배우이다. 1960년대와 70년대에 잉글리시 스테이지 극단(English Stage Company), 로얄 셰익스피어 극단(Royal Shakespeare Company) 등의 극단에서 작업하였다. 1980년대에는 텔레비전과 영화의 배우로도 출연하였다. 대표 영화는 〈인도로 가는 길〉*A Passage to India*이다. 1952년에 남자의 기사 작위에 해당하는 데임dame 작위를 받았다.

Ashe, Arthur (1943~1993) 애쉬, 아서

미국의 흑인 테니스 선수로 1968년과 1975년에 각각 US Open과 Wimbledon에서 우승한 최초의 흑인 선수이다.

Asian American 아시아계 미국인

중국, 일본, 베트남, 한국 등지의 출신이 많고, 로스엔젤리스나 샌프란시스코 등 주로 미국의 서부 해안 지역에 많이 살고 있다.

Asimov, Isaac (1920~1992) 아시모프, 아이작

과학 소설을 주로 쓴 미국 소설가. 소설 *Foundation*(1951)과 단편집 *I, Robot* (1950) 등이 있다. 자신의 소설에서 '로봇공학'(Robotics)이라는 말을 지어 썼다.

Assay Office 시금소(試金所)

황금이나 백금, 은 등의 순도를 확인 분석하고, 검증인(hallmark, 檢證印)을 새겨주는 일을 하는 영국의 정부기관이다. 영국의 시금소는 런던London과 버밍햄 Birmingham, 셰필드Sheffield, 에딘비러Edinburgh 등, 네 곳에 있다.

AT&T (American Telephone and Telegraph) 미국 전신전화

1885년 뉴욕에서 필라델피아까지 전화선을 개설하면서 설립된 미국 최대의 정보통신 기업이다. 새로운 국제 통신 기업을 만들기 위해 1998년에 영국 통신 BT와 제휴하였다.

Athenaeum 영국 문학예술과학협회

1824년에 결성된 영국의 문학인, 예술인, 과학자들의 클럽이다. 고대 그리스 사람들이 모여 학문을 토론하던 '아테네 신전'(Athenaeum)에서 이름을 땄다.

Atlanta 애틀랜타

미국 Georgia주의 주도이다. 미국 남동부의 상업 중심지이고, 마르틴 루터 킹Martin Luther King 목사의 흑인 인권운동이 시작된 곳이다. 1996년에 하계 올림픽 경기가 열렸다.

Atlantic Charter 대서양헌장

1941년에 영국 처칠Churchill 수상과 미국 루스벨트

Roosevelt 대통령이 함께 발표한 공동성명으로, 국가의 권리와 국제 관계에 관한 정의를 담고 있다. 목적은 나치 독일을 비난하는 것이었는데, 1942년에 미국이 참전을 선언하는 근거가 된다.

Atlantic City 애틀랜틱시티

미국 뉴저지New Jersey주의 해안 도시. 카지노가 많아 관광객이 많이 찾고, 매년 미스 아메리카 선발 대회가 열린다.

Atlantic Monthly 《월간 애틀랜틱》

문화와 현대 생활에 대한 지적인 글을 많이 싣는 유명 월간지. 1857년에 문학 · 예술 · 정치 · 과학 잡지로 출발하였다. 1927년 헤밍웨이가 그의 첫 단편을 내기도 했다.

ATM (automated teller machine) 현금인출기

Attorney General 영국의 법무 장관

미국의 법무부(Department of Justice) 장관과 검찰 총장이기도 하다. 미국은 검찰 총장이 법무 장관을 겸하고 있다.

Auden, Wystan Hugh (1907~1973) 오든, 와이스턴 휴

영국의 시인이다. 옥스퍼드 대학을 졸업하고, 1930년대에 과격한 언어와 실험적 시법의 개척으로 알려진 이른바 '1930년대 시인'의 중심 인물로서 영국 시단에서 크게 활동하였다. 특히 스티븐 스펜더Stephen Harold Spender, 프레더릭 맥니스Frederick Louis MacNeice 등은 작품의 내용이나 시풍, 개인적인 친분 등이 오든과 어울려 '오든 그룹'Auden Group으로 불렸다. 영국 시절의 대표작에는 〈시집〉*Poems*(1930), 〈연설자들〉*The Orators*(1932), 〈보라, 여행자여!〉*Look, Stranger!*(1935) 등이 있다. 감성적으로 좌파였고, 프로이트에 대한 관심도 컸다. 제2차 세계대전 중에 미국의 국적을 취득한 후로는, 영국성공회에 귀의하여 작품도 현저하게 종교적 색채를 더해 갔다. 이후의 작품에는 〈새해의 편지〉*New Year Letter*(1941), 〈한동안〉*For the Time*(1945), 〈불안의 시대〉*The Age of Anxiety*(1947), 〈아킬레스의 방패〉*The Shield of Achilles*(1955), 〈클리오의 찬가〉*Homage to Clio*(1960) 등, 다수가 있다.

Audubon Society 오브던 학회

조류를 연구한 자연주의자 존 제임스 오브던John James Audubon을 기념하여 만든 조류 및 야생동물과 그 서식지를 보호하는 활동을 하는 단체이다.

August Bank Holiday 여름 공휴일 (= Summer Bank Holiday)

영국에서 에딘버러 페스티벌Edinburgh Festival이나 노팅 힐 카니발Notting Hill Carnival 같은 행사들이 벌어지고, 많은 사람들이 해변으로 가는 8월의 마지막 월요일을 공휴일로 하고 있다. bank holiday는 일요일이 아닌 법정 공휴일을 말한다.

Augustan Age (영국) 문예전성기

18세기 초 앤Anne 여왕 때 조나단 스위프트Jonathan Swift와 알렉산더 포우프Alexander Pope 등이 활동하던 영문학의 융성기를 말한다. 버질Virgil이나 호라스Horace 등이 극을 쓰고 고전 문학이 융성했던 로마 황제 시저(Augustus Caesar)시대에 견주어 지은 말이다.

Auld Lang Syne 〈올드 랭 자인〉

이별의 노래로 유명한 스코틀랜드 민요이다. 한해를 보내고 새해를 맞이하는 밤에 많이 애창하고 있다.

Austen, Jane (1775~1817) 오스틴, 제인

19세기 초 영국 중상류층 사람들의 사생활과 사회생활을 섬세하게 묘사하여, 영국 소설의 발전에 큰 영향을 미쳤다. 34세 때인 1809년에 고향 근처 마을에 정착하여 소설을 썼다. 첫 장편 《센스 앤 센서빌리티》*Sense and Sensibility*(1811)를 비롯하여, 《오만과 편견》*Pride and Prejudice*(1813), 《맨스필드 공원》*Mansfield Park*(1814), 《엠마》*Emma*(1816) 등의 소설이 빛을 보았으나 유명하다. 사후에 출간된 《설득》*Persuasion*(1818)을 탈고한 16년경부터 건강을 해쳐 이듬해에 42세의 나이로 죽었다. 평생을 독신으로 지냈는데, 담담한 필치로 은근한 유머를 담은 그녀의 작품은 특히 20세기에 들어서면서 높이 평가되었다.

Australia 오스트레일리아

1770년에 제임스 쿡James Cook 선장이 온 후, 18~19세기에 영국의 죄수들을 보내는 귀양지로 이용되었다. 인구의 1.5%인 원주민을 제외하고는 대부분이 영국계 백인들이다. 영국으로부터 독립하였으나 영연방(Commonwealth) 국가로 남아 있다. 국민들은 대부분 동남부 해안 지역에 몰려 산다. 〈네이버〉*Neighbour* 같은 호주 연속극이 영국 텔레비전에 등장하는 등, 호주의 문화는 영국에서 인기가 있다. 흔히 호주를 '다운언더'Down Under라고 부르기도 한다.

Authorized Version (AV) 《킹 제임스판 성경》 (= *King James Version*)

제임스 1세의 명령으로 번역한 영문판 성경으로 1611년에 출간되었다. 20세기에 현대 영어로 번역한 것이 나왔지만, 성공회에서는 이 AV판을 계속 사용하고 있고, 많은 사람들이 고어체로 된 좀 더 문학적인 AV판을 선호한다.

Avon 에이븐

영국 남서부의 강 이름이다. 이 강이 스트레트포드-어폰-에이븐Stratford-upon-Avon을 흐르기 때문에, 이곳이 고향인 셰익스피어를 '에이븐의 시인'(Bard of Avon)이라고 부른다.

B

B & B (bed and breakfast) **비엔비**

아침을 함께 제공하는 호텔이나 pub, 민박(private house) 등의 숙소를 말한다. 영국에 가면 어디서나 B & B를 흔히 볼 수 있는데, 일반 호텔보다 저렴하고 친근한 분위기에다 '영국식 아침 식사'(English breakfast)를 맛볼 수 있어 좋다.

Babbitt 속물

미국 소설가 싱클레어 루이스Sinclair Lewis의 동명 소설에 나오는 주인공이다. 주로 돈벌이와 물질소유에만 가치를 둔 편협한 속물 실업가를 가리킨다.

Baby Ruth 베이비 루스

미국에서 인기 있는 땅콩으로 만든 초콜릿 바.

bachelor 독신남

독신남자(총각)라는 뜻과 학사학위를 소지한 남녀의 뜻이 함께 있다. 전자의 독신남자는 대개 30세 전후의 독신을 즐기는 남자라는 의미가 강하다.

Back bencher 백 벤처

영국 하원에서 뒷자리에 앉는 평의원을 가리킨다. 내각에 참여한 장관들 뒤쪽에 앉는다고 해서 붙여진 이름이다.

Back to the basics 기본으로 돌아가라

1990년대 초 영국 총리 존 메이저John Major가 도덕심을 회복하고, 법을 준수하며, 가족과 사회에 대한 책임을 국민들에게 강조하면서 자주 했던 말이다. 미국에서는 교육의 질 저하를 우려하는 사람들이 이 말을 하곤 했다.

***Back to the Future* 〈백 투더 퓨처〉**

당시의 포스터

미국 SF 코미디 영화로 마이클J. 폭스Michael Fox를 스타로 만들었다. 1985년에 1편이 개봉되어 히트를 쳤는데, 1989년과 1990년에 2, 3편이 나왔다. Michael J. Fox가 계속 출연하는데, 세 편 모두 로버트 제미키스Robert Zemeckis가 감독하였다.

bacon and eggs 베이컨 앤 에그

튀긴 베이컨과 계란 후라이로 전통적인 영국식 아침 식사의

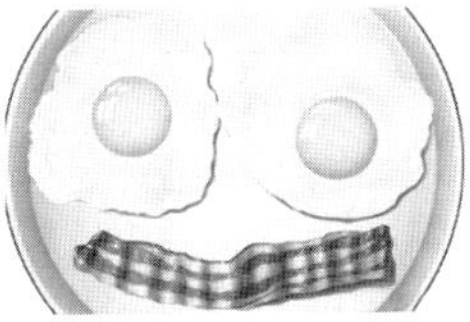

일부이다.

Bacon, Francis (1561~1626) 베이컨, 프란시스

영국의 유명한 철학자이다. 법률가, 정치가로도 성공하여 제임스 1세 때인 1618년에 대법관(Lord Chancellor)에까지 오르지만, 뇌물을 받은 혐의로 감옥에 갔다 온 뒤로는 공직에 오르지 못한다. 1856년부터는 셰익스피어의 학문적 배경이나 교육이 그 위대한 희곡들을 쓸 정도가 되지 못한다고 생각하는 일부 사람들이 셰익스피어 희곡들의 실제 저자가 베이컨이라고 주장하기도 한다. 그의 저서 《지식의 진보》*The Advancement of Learning*(1605)은 세상에 대한 과학적 지식을 보여주고 있다.

badlands 배드랜즈

미국 South Dakota주와 Nebraska주 북부에 있는 황무지 이름이다. 배드랜즈 국립공원(Badlands National Park)으로 지정되어 있다.

Baez, Joan (1941~) 바에즈, 조운

미국의 포크 가수이다. 어릴 때부터 포크송에 흥미를 가지고 독학으로 기타와 노래를 배웠는데, 맑고 시원한 목소리로 저항적인 가사의 노래를 많이 불렀다. 기타를 치며 작곡을 하기도 하였다. '포크송의 여왕'으로 불리게 되었다.

BAFTA (British Academy of Film and Television Arts)

영국 영화아카데미

영국에서 매년 영화와 텔레비전의 배우나 제작자들에게 상을 수여하는 단체이다. 1959년부터 시작되었다.

bagpipes 백파이프

영국 스코틀랜드 지방에서 주로 연주되는 파이프 악기. 음색이 특이해서 댄스에도 연주되지만, 장례식 같은 엄숙한 행사에도 연주된다. 연주자를 파이퍼piper라고 한다.

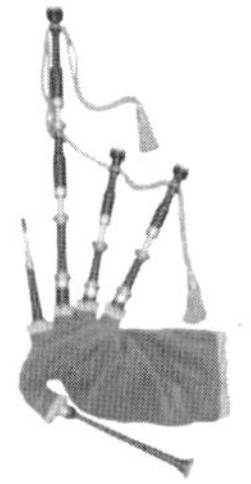

Bahamas 바하마 군도

미국 플로리다주 아래쪽 서인도 제도(West Indies)의 독립국으로서 약 700여 개의 섬들로 이루어져 있다. 관광지로 유명하다. 영연방 회원국으로 수도는 나소Nassau이다.

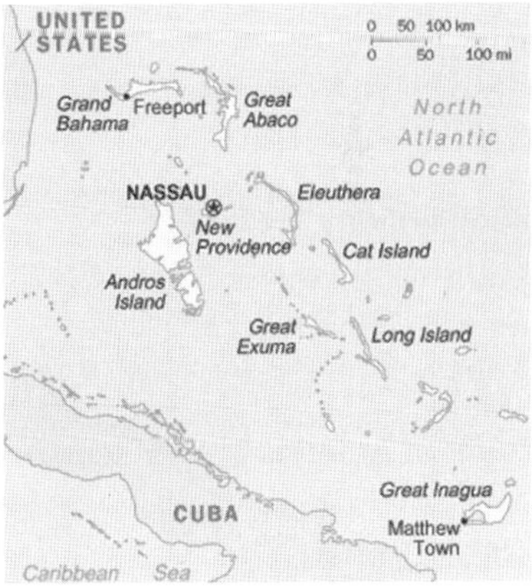

바하마 군도의 위치

baker's dozen 베이커스 다즌

수 13을 가리키는 이디엄이다. 옛날에 빵을 열두(a dozen) 덩어리를 주문하면 빵 장수들이 덤으로 한 덩어리 더 주었다는 이야기에서 나온 말이다. 혹시 빵이 적게 들어 있어서 처벌을 받을까 염려해서였다고 한다.

Bakke decision 배키 판결

1978년에 있은 미국 대법원의 한 판결이다. 앨런 배키

Allan Bakke라는 사람이 자신이 백인이라는 이유로 취업이 거절되었다고 소송을 내었다. 법원은 사업주가 그를 고용하지 않은 것은 불법이지만, 사업주가 직원을 고용할 때 인종을 고려할 권리는 있다고 판결하였다.

balaclava 밸라클라바

눈과 코만 내놓고 얼굴과 목까지 덮어쓰는 털모자이다. 크리미아 전쟁(Crimean War) 때 군인들이 처음 썼다.

bald eagle 북미산 흰머리독수리

미국을 상징하고 있어 '아메리칸 이글'American eagle이라고도 한다. American eagle 편을 참고할 것.

Ballentine's 발렌타인

스카치 위스키의 이름이다. 1827년 스코틀랜드인 조지 발렌타인George Ballentine이라는 사람이 자신의 이름으로 에딘버러Edinburgh에서 식료품 가게를 열었고, 그의 아들이 글래스고Glasgow에 지점을 내고 위스키를 블렌딩해서 판매하면서 회사 이름을 조지 발렌타인 앤 선(George Ballentine & Son)으로 지으면서, 그 위스키의 이름이 되었다.

Band-Aid 벤드 에이드

1921년 존슨 앤 존슨 회사에서 만든 밴드 타입의 반창고 이름이었으나 현대 미국인들 사이에서 일반적인 반창고를 통틀어 부르는 단어가 되었다.

bank holiday 영국의 공휴일

토요일이나 일요일 외에 은행이나 우체국 등, 공공기관들이 문을 닫는 법정 공휴일을 말한다. 미국에서는 정부의 특별한 지시로 은행들이 문을 닫는 기간을 말한다.

Bank of America 뱅크 오브 아메리카

미국의 상업 은행이다. 처음에는 '뱅크 오브 이탈리아'Bank of Italia란 이름으로 샌프란시스코의 이탈리아인 거주 지역에 설립되었다가, 1930년에 '뱅크 오브 아메리카'로 개칭하였다. 제2차 세계대전 중에 캘리포니아의 군수 산업 경기를 타고 급성장하여, 종전 때에는 미국 최대 은행이 되었다. 1969년에 거대화한 그룹의 통괄을 위해 지주회사 '뱅크 아메리카'(Bank America Corp.)를 설립하였다. 일찍부터 소비자 금융을 적극적으로 추진한 은행이다.

Bank of England 영국 은행

영국의 중앙 은행이다. 은행들의 은행으로 정부의 금융 정책에 자문을 하고, 화폐를 발해하는 정부 은행의 역할을 하고 있다.

Bannister, Roger (1929~) 배니스터, 로저

육상 경기의 1마일 경기에서 최초로 4분 이내에 달린 선수이다. 1954년 당시 25세의 영국 옥스퍼드 대학의 의과 대학생이던 그가 1마일을 3분 59.4초에 달린 것이다. 1975년에 기사 작위를 받았다.

Baptist 침례교도

미국 최대의 개신교단. 전세계에 3천 8백만이 넘는 교도들이 있다. 영국에도 일부 존재한다. 침례를 받을 때 물 속에 완전히 들어가게 하는 의식을 행한다. 어린이들은 침례의식을 이해하지 못한다 하여 그들은 침례교를 성인들을 위한 교파라고 생각한다.

the Bar 영국의 변호사 집단

법정에서 흰 가발을 쓰고, 검은 법복을 입는다.

bar billiards 당구

영국에서는 흔히 펍pub의 한쪽에 자리잡고 있어서 누구나 칠 수 있다. 그래서 흔히 당구(billiards)라는 말에 bar라는 말을 붙여 쓴다.

bar snack 바 스넥

영국의 펍pub에서 사먹을 수 있는 간단한 식사를 말한다. 샌드위치, 샐러드, 파이 같은 것이다.

Barbados 바베이도스

카리브해 동쪽의 섬으로, 1966년에 독립한 영연방 회원국이다. 수도는 브리지타운Bridgetown이다.

Barbie doll 바비 인형

예쁜 옷을 입은 여자 인형이다. 미국에서 지적이지는 않으면서 예쁘고 옷 잘 입은 여자를 가리켜 'Barbie doll'이라 한다.

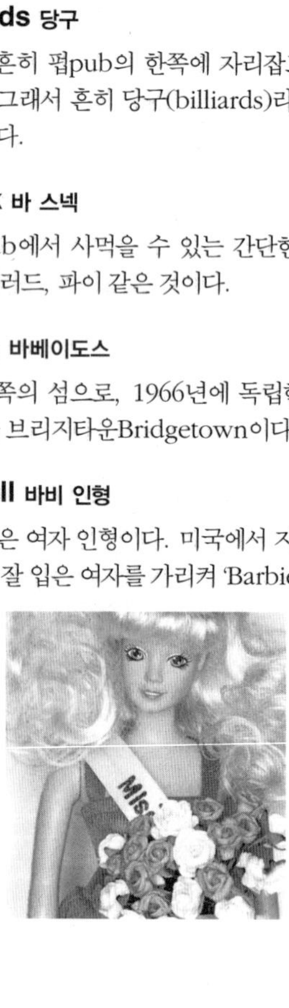

Barclays Bank 바클레이스 뱅크

영국의 4대 은행 가운데 하나로 1896년에 설립되었다. 영국의 거의 모든 도시에서 지점을 볼 수 있다.

bard 바드

시인(poet)을 가리키는 옛말이다.

barmaid 바메이드

펍pub의 바bar 안쪽에서 술을 따라주는 '여성 바텐더'(female bartender)를 말한다. 흔히 짙은 화장에 명랑하고 친절한 여자로 묘사된다.

Barnes and Noble 반스 앤 노블

미국 최대의 서점 체인이다. 단일 서점으로도 세계 최대의 서점이다. 미국 뉴욕시 5번가에 있다. 이 서점은 미국 서적 판매 시장의 15%를 점유하며 1,000여 개의 지점을 가지고 있다. 아마존닷컴의 등장으로 온라인 인터넷 서점도 운영하고 있다.

Barnum, Phineas Taylor (1810～1891) 바넘, 피네아스 T.

'지상 최대의 쇼'(Greatest Show on Earth)라고 하는 유랑 서커스단을 운영하던 미국 최고의 흥행가(showman 쇼맨)였다.
라이벌이던 베일리(J. A. Bailey)와 합병하여 '바넘 앤 베일리 서커스단(Barnum and Bailey's Circus)을 만들었다. 톰썸(Tom Thumb)이나 점보코끼리(elephant Jumbo) 같은 쇼를 펼쳐서 인기를 끌었었다.

baron 남작

영국 귀족 계급(peerage) 가운데 5번째 계급의 남자이다. 세습이 되고 Lord(부인은 Lady)라는 호칭을 갖게 되지만 귀족원인 상원(House of Lords)에 들지 못한다. 부인은 'baroness'라 한다.

baronet 준남작

남작과 기사 사이의 영국 계급이다. 부를 때는 Sir(여, Lady)를 붙이지만, 귀족에 속하지는 않는다.

BART (Bay Area Rapid Transit) 샌프란시스코 지하철

미국 샌프란시스코의 지하철 이름이다. 샌프란시스코 만(San Francisco Bay)을 지나 오클랜드Oakland와 버클리Berkeley까지 간다.

Bart's 바트

런던의 유명한 '성 바돌로뮤 병원'(St. Bartholomew's Hospital)을 흔히 부르는 이름이다. 병원의 역사가 12세기까지 거슬러 올라가는 오래된 병원이다.

baseball 야구

미국의 국가적인 스포츠이다. 19세기 중반에 영국의 크리켓 cricket에서 발전하여, 1992년에는 올림픽 정식 종목으로 채택되었다. 미국인들이 좋아하는 또 다른 스포츠인 미식축구(American football)가 힘이 좋아야 하고, 농구(basketball)는 키가 커야 하지만, 야구는 쉽게 할 수 있어서 많은 미국인들이 좋아한다. 두 팀이 하루에 두 번 연이어 경기를 하는 더블헤더double-header가 있는 일요일에는 많은 미국인들이 가족과 함께 야구장을 찾는다. 미국에는 '메이저리그'Major league라는 프로 야구 리그가 있어서, 매년 4월부터 10월까지 경기가 계속된다. American league와 National league 양대 리그로 이루어져 있는데, 두 리그의 우승 팀이 World Series에서 4선승제로 경기를 벌여 최종 우승 팀 World Champions을 가린다.

Basic English 기초 영어

1920년대에 외국어로서 영어를 배우는 사람들과 그들을 가르치는 교사들을 위해 두 명의 캠브리지 대학 강사에 의해 만들어진 단순한 형식의 국제영어로서 850개의 단어만을 사용하는 간이영어이다. Basic은 British American Scientific International Commercial의 머리글자를 딴 것이며 영어의 basic(기초적인)이라는 뜻과도 상통한다.

Basinger, Kim (1953～) 베신저, 킴

1980년대 섹스 심벌sex symbol로 등장한 미국의 영화배우이다. 영화 〈나인하프위크〉 *9½ Weeks*로 유명해졌다.

basketball 농구

미국 어느 도시에 가도 젊은이들이 농구를 하고 있는 것을 볼 수 있을 정도로 최고의 인기를 누리는 스포츠이다. 1891년에 미국에서 창안되었다. 미국 프로농구협회인 NBA(National Basketball Association)는 1949년에 조직되어 현재 29개 팀이 동부 연맹(Eastern Conference)과 서부 연맹(West Conference)으로 나뉘어 있다. 11월부터 6월까지 경기를 하는데, 양대 연맹에서 각각 우수 8개 팀이 최종적으로 NBA Championship에서 경기를 벌이고 나면 시즌이 끝난다. 마이클 조던Michael Jordan을 비롯한 NBA의 우수 선수들은 각종 광고료를 포함해서 세계 스포츠 선수들 가운데 가장 돈을 많이 벌고 있다. 영국에서도 전국

규모의 농구 리그가 있어서 경기를 하고 있지만, 축구에 비해 그리 인기가 없다.

Bass Pale Ale 베이스 페일 에일

영국에서 생산되는 맥주의 하나이다.

Bates, Alan (1934~) **베이츠, 앨런**

영국의 연극 · 영화 · 텔레비전 배우이다. 연극 〈성난 눈으로 돌아보라〉*Look Back in Anger*으로 데뷔하였다. 주요 출연 영화로는 〈우먼 인 러브〉*Women in Love*(1969), 〈햄릿〉*Hamlet*(1990) 등이 있다.

Bath 바쓰

잉글랜드 남서부의 유명한 온천 도시이다. 매년 5~6월에 바쓰 페스티벌Bath Festival이 열리고, 로마시대의 목욕탕들과 고풍스런 건물들이 인상적이다. 1987년에 영국 최초의 세계문화유산(World Heritage Site)이 되었다.

Bathing machine 이동 탈의차

18,19세기에 영국에서 사용된 해수욕장에 설치된 바퀴달린 탈의차로 그 안에서 옷을 갈아입고 그것을 끌고 바다에 들어가 해수욕을 즐겼다.

Batman 배트맨

미국 텔레비전과 영화로 상영된 유명한 만화영화 주인공이다.

Battle of Gettysburg 게티스버그 전투

미국 남북 전쟁 막바지 1863년 7월 1일에서 3일까지 펜실바니아주 게티스버그에서 벌어진 가장 치열한 전투이다. 남부군의 로버트 E. 리Robert E. Lee 장군이 참패를 기록한 전투이다. 남부연방의 리 장군이 7만여 명이 넘는 군대를 이끌고 대담하고 공격적인 전략을 수립하고 있었지만, 북부연합군의 조지 미드George Mead 장군의 2개의 기병여단이 선제 공격을 개시한다. 결국 남부연방군은 참패를 당하고 이 전투에서만 양측 모두 4만3천 명의 병사가 목숨을 잃었다.

The Battle of Hastings 헤이스팅스 전투

1066년 윌리엄 정복왕(William the Conquror)이 해롤드 2세(Harold II)를 무찌르고 영국의 왕이 된 영국사에서 유명한 전투 중 하나로 영국 남부 해안에 있는 헤이스팅스 근처에서 벌어졌다.

Battle of Midway 미드웨이 해전

제2차 세계대전 중에 미군이 일본군에 승리를 거둔 해전이다. 일본 해군 함정들이 태평양 상의 미드웨이 섬에 있는 미국 해군 기지를 공격하면서 시작된 전투이다.

Battle of Waterloo 워털루 전투

1815년 6월 나폴레옹 1세의 지배를 결정적으로 종식시킨 영국과 프랑스의 전투이다. 나폴레옹이 이끈 프랑스군 12만여 명은 워털루 남쪽 교외에서 웰링턴 공(Duke of Wellington)이 지휘하는 영국군 9만여 명과 프로이센 Prussian군 12만여 명의 연합군을 맞아 전투를 시작하였다. 나폴레옹은 프로이센군을 격파하고 퇴각시킨 다음, 영국군에게 총 공격을 개시하였으나, 또 다른 프로이센군의 지원으로 4만 전사자를 내고 패배하였다. 이 전투의 패배로 나폴레옹은 세인트헬레나 섬으로 유배되었다.

Bay City 베이 시티

샌프란시스코를 달리 부르는 이름.

***Baywatch* 〈베이워치〉**

캘리포니아 해안의 구조대원들의 생활을 그린 미국 텔레비전의 인기 연속극이다. 남녀 배우 모두 몸매가 매력적인 것으로 유명한데, 그중에 파멜라 앤더슨Pamela Anderson이 특히 유명하다.

Bazooka 바주카 풍선껌

미국에서 판매된 풍선껌 이름이다. 야구나 농구 선수들의 사진을 넣은 카드를 넣어서 아이들이 수집하는 재미로 구입하기도 한다. 오래된 카드는 가치가 높아진다.

BBC (British Broadcasting Corporation) **비비씨 방송**

세계적으로 유명한 영국의 텔레비전과 라디오 방송. 1927년에 정부가 설립한 공영 방송이지만, 프로그램 편성의 자율권은 보장되어 있다.

BBC English 비비씨 영어

BBC 방송의 아나운서가 사용하는 영어를 말한다.

BBC World 비비씨 월드

BBC 방송이 위성 텔레비전으로 전송하는 국제 뉴스 프로그램.

Beach Boys 비치보이스

1960년대 인기 있었던 미국 팝 그룹이다. 서핑과 수영 등,

주로 캘리포니아 해변 생활을 노래하였다. 초창기 멤버였던 칼 윌슨Carl Wilson이 죽었지만, 아직 활동하고 있다. 히트곡으로는 〈아이 겟 어라운드〉 *I Get Around*, 〈굿 바리브레이션스〉 *Good Vibrations* 등이 있다.

Beacon Hill 비컨 힐

미국 매사추세츠주 보스턴에 있는 부촌(富村)으로 부자들과 정치인들이 많이 살고 있다.

bear market 베어 마켓

주가가 급속히 떨어지는 상황을 말한다. 사람들이 현재의 보유 주식을 팔아서 나중에 싼값에 다시 사려고 한다. 이들을 베어스bears라고 한다.

beard 턱수염

영국에 'beards and sandals'라는 말이 있는데, 흔히 턱수염을 기르거나 샌들을 잘 신는 대학 교수들을 가리키는 말이다. 또 환경운동가, 평화주의자, 유기농산물 애호가들을 빗대어 쓰기도 한다. 턱수염을 길러 사람들에게 좋은 인상을 준 사람은 미국의 링컨(Abraham Lincoln) 16대 대통령이 있다.

beat generation 비트 세대

1950년대와 1960년대 초, 시대의 사회적 가치를 거부하던 미국의 젊은 작가와 예술가들을 지칭한다. 새로운 생활양식과 동양의 종교나 새로운 작품 양식을 추구하였다. 잭 케루악Jack Kerouac과 앨런 진스버그Allen Ginsberg 등이 대표적인 비트 세대 작가들이다.

Beatlemania 비틀 매니아

1969년대 비틀즈에 열광하던 열성 팬들을 지칭하는 말이다.

Beatles 비틀즈

1960년대 세계 최고 인기를 누렸던 영국의 팝 그룹이다. 존 레넌John Lennon, 폴 메카트니Paul McCartney, 조지 해리슨George Harrison, 링고 스타Ringo Starr 등 4명의 멤버들로 리버풀Liverpool에서 음악 활동을 시작한다. 1962년에 첫 음반 《플리즈 플리즈 미》*Please Please Me*가 히트를 친 다음, 발표하는 음반마다 영국과 미국에서 모두 넘버원 히트를 기록하여 영국 최고의 인기 록 그룹이 된다. 비틀즈의 음반은 미국에서도 선풍을 일으켜 '비틀 매니아'Beatle Mania를 낳을 만큼 미국을 휩쓸었다.

비틀즈의 음반이 싱글, 앨범 모두 100만 장 이상 팔리며 상업적으로 성공을 거두자, 이들은 자유로운 음악 형식과 편곡을 시도한다. 발라드풍의 〈예스터데이〉 *Yesterday*를 비롯하여 복잡한 리듬의 〈페이퍼백 라이터〉 *Paperback Writer*, 동요풍의 〈옐로우 서브머린〉 *Yellow Submarine*, 사회적 메시지를 담은 〈엘러너 릭비〉 *Eleaner Rigby* 등 다양한 형식의 노래를 선보인다. 1966년에 마지막 공연을 가진 비틀즈는 1971년에 해체하고 각자 따로 활동하게 된다. 이들은 엘리자베스 2세로부터 훈장을 받았다. 이들 가운데 John Lennon은 음악 활동을 계속하던 중 1980년 뉴욕에서 암살되었으며, George Harrison도 2001년에 사망하였다. 비틀즈는 젊은 팬들을 사로잡았을 뿐 아니라, 클래식 애호가들로부터도 큰 호감을 받았고, 많은 다른 뮤지션들에게도 영향을 주어 팝 음악의 발전에 크게 영향을 주었다.

Beatty, Warren (1937～) 비티, 워렌

미국의 영화배우 겸 감독. *Bonnie and Clyde* (1967), *McCabe and Mrs Miller* (1971) 등 많은 영화에 출연하거나 감독하였다. 영화 *Reds* (1981)로 감독상을 받았다. 많은 여배우들과의 염문으로도 유명하다. 영화 *Love Affair*에 함께 출연했던 아네트 베닝Annette Bening과 결혼하였다.

***Beauty and the Beast* 《미녀와 야수》**

예쁜 소녀가 마술에 걸린 야수를 사랑으로 구해 주고, 마술에서 풀려 왕자로 변신한 그는 소녀와 결혼한다는 전통적인 동화이다. 남자 파트너에 비해 여자가 훨씬 매력적일 때 흔히 쓰는 표현이다. 1991년에 미국 월트디즈니사에서 만화영화로 만들었다.

Beckett, Samuel (1906～1989) 베케트, 사무엘

아일랜드 출신의 극작가이자 시인, 소설가이다. 더블린의 트리니티 칼리지Trinity College를 졸업하고, 파리의 고등사범학교에서 영어 교사로 있다가 귀국하여 모교의 프랑스어 교사로 근무하였다. 1938년 이후 프랑스에 살면서 영어와 불어로 전위적인 소설과 희곡을 발표하였다. 처음에는 영어로 시집 《호로스코프》*Whoroscope*(1930), 소설 《머피》*Murphy*(1938) 등을 발표하였고, 1945년 이후는 프랑스어로 썼다. 희곡 《고도를 기다리며》*En attendant Godot*

(Waiting for Godot)(1952)의 성공으로 유명해졌고, 앙티 테아트르Anti-Thtre(반연극)의 선구자가 되었다. 3부작 소설 《몰로이》*Molloy*(1951), 《말론은 죽다》*Malone meurt*(1951), 《이름 붙일 수 없는 것》*L'Innommable*(1953) 등은 누보로망nouveau roman의 선구적 작품이며, 그 외에 희곡 《승부의 끝》*Fin de partie*(1957), 《오, 아름다운 나날》*Oh! Les beaux jours*(1963) 등이 있다. 1969년에 노벨 문학상을 받았다.

Bedales 비데일즈

영국에서 가장 오래된 남녀 기숙 학교이다. 1893년에 설립되었고, 햄프셔Hampshire에 있다.

Bedlam 베들럼 병원

런던에 있는 '베들레헴의 성모마리아 병원'(Hospital of St. Mary of Bethlehem)을 가리키는 말이다. 1274년에 작은 수도원으로 설립되어, 14세기에는 정신 병원으로 사용되었다.

bedsit (= bedsitter) **베드시트**

원룸으로 된 작은 아파트(flat)이다. 큰집을 여러 개의 bedsit로 개조해서 독신자나 학생들에게 세를 놓는 경우가 많다.

the BeeGees 비지스

배리 깁(Barry Gibb), 로빈 깁(Robin Gibb), 모리스 깁(Maurice Gibb), 세 명의 형제로 구성된 영국의 3인조 밴드이다. 성공한 음반으로는 『마세추세츠』 *Massachusetts*(1967), 『전할 메시지가 있어요』 *I' ve Gotta Get a Message to You*(1968), 『깊은 당신의 사랑』 *How Deep is Your Love*(1977), 『당신이 다시 이겼어요』 *You Win Again*(1987) 등이 있으며 영화 『토요일 밤의 열기』 *Saturday Night Fever*(1978)의 사운드트랙음반으로 큰 인기를 얻기도 하였다. 이들은 1997년 '록큰롤 명예의 전당' 과 '작곡가 명예의 전당' 에 이름을 올리기도 하였다.

Beecham, Thomas (1879~1961) **비첨, 토머스**

런던 필하모닉과 로얄 필하모닉 등, 런던의 교향악단을 2개나 창단한 영국 지휘자이다. 1916년에 기사 작위를 받았다.

Beecham's pills 비첨 약

영국 사람들이 감기나 두통 같은 작은 질병에 먹는 약이다. 1847년 토마스 비첨Thomas Beecham의 할아버지가 처음 제조하였다.

beef war 쇠고기 전쟁

1990년대 광우병(BSE)이 영국에서 발생한 이후, 유럽연합 국가들이 영국의 쇠고기 수입을 거부한 데 대해서 영국과 유럽 국가들 사이의 논쟁을 일컫는 말이다.

beer 맥주

영국의 식당이나 pub 등지에서 사람들이 맥주를 마시는 것을 흔히 볼 수 있다. 영국인들이 흔히 마시는 맥주는 비터 bitter 또는 스타우트stout라고 하여 갈색이 나는 가장 독한 맥주이다. 주로 생맥주(draft) 타입으로 판다. 미국을 비롯한 대부분의 나라에서 비어beer라고 하는 것은 맑고 노란색이 나는 것으로 영국인들이 라거lager라고 부르는 맥주이다. 가스가 비교적 많이 첨가된 것으로, 주로 병이나 캔으로 유통된다.

beer garden 비어가든

날씨 좋은 날 손님들이 나와 앉아서 식사를 하고 맥주를 마시는 영국 pub의 뜰을 말한다. 미국에서는 야외 행사에서 맥주를 마실 수 있는 곳을 가리킨다.

Beerbohm, Max (1872~1956) **비어범, 맥스**

유명 예술인들의 커리커쳐caricature를 잘 그린 것으로 유명한 영국 소설가이다. 소설 중에는 《줄레이카 돕슨》*Zuleika Dobson*(1911)이 알려졌고, 1939년에 기사 작위를 받았다.

Beetle 비틀

독일의 소형 자동차 폭스바겐Volkswagen의 영국 이름이다. 미국에서는 '버그' bug라고 했다.

Belfast 벨파스트

북아일랜드의 주도이다. 조선업과 항공 산업이 발달하였다. 로마 가톨릭교도들과 개신교도들 간의 분쟁이 끊이지 않아 불안한 도시이다.

Belize 벨리즈

카리브해에 있는 섬나라로서, 브리티시 온두라스British Honduras라는 이름의 영국 식민지였다가 독립하여 1881년에 영연방에 가입하였다. 관광지로 유명하다.

bell 종

영국이나 미국에서 오래되거나 큰 교회에는 모두 큰 종을 가지고 있다. 일요일에 신도들에게 예배가 시작됨을 알리기 위해 종을 울린다. 간혹, 결혼식이 있거나 성직자가 사망했을 때 종을 울리기도 한다.

Bell South 벨 사우스

미국의 국제적인 통신 회사이다. 1984년 설립되었다. 남미의 전기통신 사업에 주력하고 있다. 남동부 9개 주에 걸쳐 2,400만 가입자에 대한 지역 전화 서비스가 매출액의 60% 이상을 차지하고 있으며, 지역 전화 사업자로는 미국 제3위이다. 초고속 ADSL(비대칭디지털회선)을 통하여 80만 명에 달하는 고객에게 인터넷 서비스를 제공하고 있다. 조지아주 애틀랜타에 본사가 있다.

Bell, Alexander Graham (1847~1922) **벨, 알렉산더 그래함**

전화를 발명한 과학자이다. 스코틀랜드 태생인데 1872년에 미국으로 이주를 했다. 벨 전화사(Bell Telephone Company)를 설립하여 미국의 대기업으로 만들었다.

Bella 《벨라》

건강, 미용, 패션, 음식 등을 다루는 영국의 유명 여성 주간지이다. 1987년에 창간되었다.

Bellow, Saul (1915~) **벨로, 솔**

캐나다 출생의 유태계 미국 작가이다. 그의 작품은 주로 유태인의 숙명을 통해서 현대 개인의 존재라는 의미가 가지는 문제를 추구하였다. 현대 미국 문학의 지적 성향을 대표하는 한 사람이다. 《허공에 매달린 사나이》*Dangling Man*(1944), 《희생자》*The Victim*(1947), 《오기마치의 모험》*The Adventures of Augie March*(1953), 《비의 왕 헨더슨》*Henderson the Rain King*(1959), 《허조그》*Herzog*(1964), 《새믈러씨의 혹성》*Mr. Samler's Planet*(1970), 《오늘을 잡아라》*Seize the Day*(1956), 《험볼트의 선물》*Humboldt's Gift*(1976), 《학장의 12월》*Dean's December*(1982) 등, 수많은 작품을 썼다. 1976년 노벨 문학상을 받았다.

Ben Gay 벤 게이

근육통과 관절의 통증에 바르는 미국의 파이저(Pfizer) 회사가 만든 연고로 의사의 처방전 없이 구입할 수 있다.

Bench 벤치

법정(court)에서 판사(judge)가 앉는 자리를 말하는데, 통상 재판관들을 지칭하는 말이기도 하다.

Ben-Hur 〈벤허〉

기독교의 초기를 다룬 루 월러스Lew Wallace의 1880년 작 동명 소설을 영화화한 것이다. 찰튼 헤스턴Charlton Heston이 주연한 1959년 작 〈벤허〉는 오스카 영화상 11개를 휩쓸었다.

Benson and Hedges 영국의 담배 회사

크리켓cricket이나 스누커snooker 당구 대회 같은 행사들을 지원한다.

Bentley 벤틀리

영국의 자동차 회사 롤스로이스Rolls-Royce사가 만든 고급 자동차이다.

Bentley and Craig 벤틀리와 크레이그사건

1952년에 드렉 벤틀리Derek Bentley와 크리스토퍼 크레이그Christopher Craig라는 두 소년이 런던의 한 지붕 위에서 경찰에 잡혔다. 그때, Bentley가 '쏴!'(Let him have it!)라고 말하자, Craig가 경찰 한 명을 총 쏘아 죽였다. 당시는 영국에도 사형제(capital punishment)가 있었다. 정신연령이 11로 나온 19살 Bentley는 사형 판결을 받았고, 16세 Craig는 감옥에 갔다. Bentley의 가족은 끈질기게 항소를 제기하였고, 1998년에 항소법원은 그를 사면했다.

Beowulf 〈베오울프〉

약 8세기경에 고대 영어Old English로 쓰여진 장시(長詩)이다. 라틴어 말고 다른 언어로 쓰여진 유럽 최초의 시이다.

Bergman, Ingrid (1915~1982) **버그먼, 잉그리드**

스웨덴 출신의 미국 여배우. 1942년 〈카사블랑카〉*Casablanca*가 출세작이다. 이탈리아 영화 감독 로베르토 로셀리니Roberto Rossellini의 아이를 갖기 위해 남편과 헤어져 미국 사회를 놀라게 하였다. 이후 유럽에서 활동하였다.

Bering Strait **베링 해협**

알래스카와 러시아 사이를 흐르는 해협이다. 태평양의 최북단인 베링해(Bering Sea)와 북극해(Arctic Ocean)를 이어준다. 18세기 덴마크 탐험가 Vitus Jonassen Bering의 이름을 따서 지었다.

Berkeley **버클리**

샌프란시스코 근처에 있는 도시로, 캘리포니아 주립 대학의 큰 분교(U.C. at Berkeley)가 있다. 1960~70년대 버클리 학생들의 시위가 미국 전역에 퍼졌다.

Bermondsey **버먼지**

런던 남동부 템즈 강 남쪽 지역의 이름인데, 전통적으로 노동자 계급 사람들이 모여 사는 가난한 지역으로 알려져 있다. 이들은 주로 부두에서 일하며 선박의 하역 작업을 하고 살았다.

Bermuda Triangle **버뮤다 삼각지대**

대서양 상의 영국령 버뮤다 군도, 미국 플로리다주와 푸에르토리코를 잇는 삼각 지역이다. 선박과 항공기들이 이 지역에서 원인 모르게 행방불명되어 수수께끼의 위험한 지역으로 인식되어 있다.

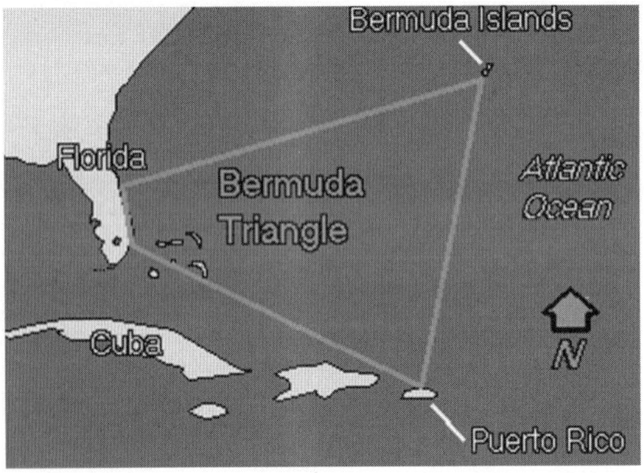

Bernstein, Leonard (1918~1990) **번스타인, 레너드**

미국의 유명 지휘자이자, 작곡가, 피아니스트이다. 하버드 대학에서 작곡을 배우고, 졸업 후에는 세르게이 쿠세비츠키 Sergei Koussevitzky에게서 지휘법을 배웠다. 1943년에 뉴욕 필하모닉의 부지휘자가 되었다. 지휘자로서 미국과 유럽을 순회하는 한편, 작곡가, 피아니스트, 음악 해설가로도 명성을 떨쳤고, 1957년 뉴욕 필하모닉의 상임지휘자, 이듬해 음악 감독으로 취임하였다. 작품으로는 그의 첫 교향곡 〈에레미야〉*Jeremiah*(1942), 오든Auden의 시를 작곡한 피아노와 관현악곡 〈불안의 시대〉*The Age of Anxiety*(1949), 발레 음악 〈팬시 프리〉*Fancy Free*(1944), 뮤지컬 〈거리에서〉*On the Town*(1944), 〈웨스트사이드 스토리〉*West Side Story*(1957), 영화 음악 〈워터프런트〉*On the Waterfront* 등이 있으며, 음악에 관한 저서로는 《음악의 즐거움》The Joy of Music(1959)이 있다.

bestbuy **베스트바이**

미국의 전자제품, 컴퓨터, 오락용 기기 및 소프트웨어 전문 소매 회사이다.

Beverly Hills **비벌리 힐스**

미국 캘리포니아주 Los Angeles 지역에 있는 유행의 도시로, 주로 영화배우들이 많이 살고 있는 유명한 부촌이다.

BFI (British Film Institute) **영국 영화원**

영국의 영화인들의 영화 제작을 지원하는 업무를 주로 하는 단체이다. 영화 제작비를 지원하고, 시나리오와 영화에 관한 도서관을 보유하고 있다. 영국 국립영화관(National Film Theatre)을 운영하기도 한다.

Big Apple **빅 애플**

뉴욕시를 다르게 부르는 말이다. 기회나 성공을 의미하며 재즈 뮤지션들이 처음 사용했다.

Big Bang **빅뱅**

1986년 10월 27일, 런던 주식거래소에서 일부 규제가 해제되고, 새로운 거래 방식이 시행되는 등, 중요한 변화가 있었던 일을 일컫는 말이다.

Big Ben **빅벤**

런던에 있는 영국 하원의 시계탑이다. 텔레비전과 라디오 등에서 빅벤의 시계소리를 이용해서 잘 알려져 있다.

Big Brother **빅브라더**

조지 오웰George Orwell의 소설 《1984년》에 나오는 주인공이다. 국민들의 자유를 억제하면서 항상 감시하고 통제하는 통치자이다. 이런 정치 지도자나 단체를 Big Brother라고도 한다.

big daddy 빅 대디

테네시 윌리엄스Tennessee Williams의 희곡 《뜨거운 양철지붕 위의 고양이》*Cat on a Hot Tin Roof*(1955)에 나오는 가족의 무서운 아버지를 부르는 말이다. 부와 힘을 모두 가지고 있어서, 모든 사람이 그를 위해 일하고 그에게 의존하는 인물 유형이다. 흔히 가장(家長)처럼 행동하는 남자를 Big Daddy라고 부른다.

***Big Issue* 《빅이슈》**

1991년에 창간된 영국 잡지이다. 노숙자들이 거리에서 구걸하는 대신 이 잡지를 판매하고 생활비를 벌게 하면서, 동시에 다른 사람들에게 노숙자들의 처지를 알리자는 목적이 있다. 노숙자와 실업에 관한 기사 외에 음악, 영화, 연극 등의 소식들도 싣고 있다.

Big Mac 빅맥

맥도널드 햄버거의 한 종류이다. 일반 햄버거보다 고기를 더 많이 넣은 큰 햄버거이다.

Big Man on Campus (BMOC) **캠퍼스 킹카**

대학 캠퍼스에서 인기 있는 남학생을 가리키는 말이다. 주로 학생회장이나 유명한 미식축구 선수 아니면 농구 선수들이다.

Big Muddy 빅 머디

1. 미시시피 강(Mississippi River)의 별칭이다. 2. 베트남전에 참전한 군인들이 베트남을 가리키는 말이다.

Big Smoke 빅 스모크

런던의 별칭이다. 공장에서 배출하는 매연으로 뒤덮인 도시라는 뜻이다.

bill 빌

1. 영수증 2. 의회에 상정되는 법률 초안

Bill of Rights 권리장전

영미 역사에서 권리장전이 두 가지 있다. 1689년 영국에서 '권리선언'(Declaration of the Right)을 확인하고 왕위 계승의 순위를 규정한 법률을 통칭하는 것이 하나이고, 미국 헌법 사상 최초로 1791년에 통과된 10개 조항의 수정안이 또 하나이다. 주요 수정안을 살펴보면, 첫 번째 수정안이 종교의 자유, 언론출판의 자유를 인정하고, 두 번째 수정안은 현재 많은 논란을 안고 있는 총기 소유권을 인정하였다. 세 번째는 정당한 이유 없이 체포와 수색 받지 않을 권리를, 네 번째 수정안은 피의자의 권리 곧, 자신에게 불리한 진술을 말하지 않을 권리를 인정하였다. 다섯 번째는 즉시 재판을 받을 권리를, 여섯 번째는 배심원제를, 일곱 번째 수정안은 고문을 받지 않을 권리를 규정하고 있다. 여덟 번째와 열 번째 수정안은 개인과 주정부, 연방정부의 권리들을 규정하고 있다.

***Billboard* 《빌보드》**

주간지로 발행되는 미국의 음악 잡지이다. 매주 가장 인기 있는 곡이나 음반, 비디오의 리스트를 발표하는데, 이것을 '빌보드 차트'the (Billboard) Charts라고 한다.

Billingsgate 빌링스게이트

런던의 템즈 강(Thames River) 북쪽에 있는 유명한 수산 시장이다. 사람들의 험한 말씨로도 유명하다. 1982년에 독크랜드Docklands 지역으로 옮겼다.

Billy the Kid 꼬마 빌리

미국 서부시대에 윌리엄 라이트William Wright로 알려진 유명한 살인범 윌리엄 보니William H. Bonney의 별명이다. 12살 때 살인을 하기 시작하여 18살까지 21명을 살해하였다. 보안관 패트 개러트 Pat Garrett에 의해 총살되었다. 그의 이야기는 나중에 《빌리 더 키드》*Billy the Kid*(1930), 《텍사스 키드》*The Kid from Texas*(1950) 등의 영화로 만들어지기도 했다.

bingo 빙고게임

영국과 미국에서는 주로 노인들의 오락으로 여겨진다.

Birmingham 버밍햄

영국 중서부에 있는 산업 도시로, 18세기 후반부터 상공업의 중심지로 부상하였다. '매직시티'Magic City라고도 불리는 미국 앨라배마주에서 가장 큰 도시이기도 하다. 철강업의 중심지로서 비슷한 영국의 Birmingham을 따서 이름 지었다고도 한다. 1960년대에는 흑인들의 인권운동 중심지이기도 하다. 1963년에 마틴 루터 킹Martin Luther King이 버밍햄에서 체포된다.

Birmingham Six 버밍햄 식스

1974년 영국 Birmingham의 두 펍pub에 폭탄을 투척한 혐의로 종신형을 선고받은 여섯 명의 아일랜드인들을 가리키는 표현이다. 이 폭발로 21명이 사망했지만, 이들은 혐의를 부인했다. 1980년대 들어서 새로운 과학적 실험으로 이들에 대한 증거가 신빙성이 없는 것으로 드러나 이들은 석방되었다. 하지만 수사를 잘못한 경찰에 대한 책임을 묻지 않았다. 아일랜드인들이나 흑인들에 대한 경찰의 편향을 의심하게 하는 사건이었다.

birthdays 생일

영국에서나 미국에서나 어른 아이 할 것 없이 모두 생일을 크게 축하해 준다. 아이들은 흔히 집에서 생일 파티를 하는데, 풍선으로 집안을 장식하고, 축하 카드를 주고받으며 게임을 하고 놀며, 케이크나 젤리, 아이스크림 등을 먹는다. 어른들은 가정이나 직장에서 흔히 '깜짝 파티'(surprise party)를 해주기도 한다. 18살이나 21살, 30살, 40살, 50살, 60살 등 특별한 나이에는 생일 파티를 크게 해주기도 한다.

Bishop 주교

로마가톨릭이나 성공회, 그리스정교 등에서 대주교(archbishop) 아래의 책임자이다. 1989년에 미국성공회에서는 여성 주교가 탄생하였으나, 영국성공회에서는 여성이 주교나 대주교가 될 수 없다.

black 블랙

영미인들은 전통적으로 장례식에 갈 때 애도의 표시로 검은 옷을 입는다. 소설이나 영화에 보면, 나쁜 인물은 주로 검은 옷을 입고, 좋은 인물은 흰옷을 입는 등, 검정에 대한 이미지는 슬프거나, 어둡고, 나쁜 것을 나타낸다. black을 포함해서 colored, negro, negress 등의 표현이 오랫동안 흑인을 지칭하는 말이었으나, 피부색을 기준으로 한 차별과 그 표현의 부당함이 널리 공감을 받아 요즘은 '아프리칸 아메리칸'African American이라고 한다.

Black and Tans 블랙 앤드 탠스

1919년에 시작된 아일랜드 분쟁 때 진압을 목적으로 현지에 파견된 영국의 특수경찰대를 가리키는 말이다. 검은색과 카키색의 제복을 입었다는 데서 나온 말이다. 이 표현은 또 이 경찰대의 잔인한 진압을 일컫는 말이기도 하다.

Black Beauty 블랙뷰티

안나 소웰Anna Sewell의 동명 소설에 나오는 주인공인 검은 말의 이름이다. 검은 말이 여러 주인들과 겪는 경험을 소재로 한 이야기이다. 영화와 텔레비전 프로그램으로 만들어졌다.

Black country 블랙 컨트리

영국 중부의 두들리Dudley를 중심으로 한 산업 지역이다. 18세기에 이 지역의 많은 공장들이 언제나 검은 연기를 내뿜고 있어서 이런 이름이 붙었다.

Black Death 흑사병

1348년에서 1351년까지 유럽에서 발생한 치명적인 질병이다. 감염자는 피를 토하고, 몸에 고통스런 검은 반점들이 생겨 죽어갔다. 전 유럽 인구의 1/3이 죽었다고 한다.

Black English 흑인 영어

미국에서 백인들이 쓰는 영어와 달리 흑인들만이 쓰는 영어를 가리키는 말이다. 예전에는 저속한 언어이거나 방언쯤으로 여기는 것이 일반적인 태도였으나, 흑인 인권에 대한 태도가 나아지면서 요즘은 많이 인정받고 있다. 흑인들의 영어가 백인들의 그것과 다른 이유는, 그들이 본래 서로 다른 말을 쓰는 아프리카의 여러 다른 나라에서 노예로 미국으로 끌려와 고생하면서 같은 부족이었던 사람들끼리 의사소통이 필요했고, 거기서 영어와 결합된 자신들만의 억양과 어휘, 발음이 생기게 된 것이다.

백인들의 영어와 다른 부분은 주로 어휘나, 발음 등에 있다. 대표적인 것들을 보면, 'bad'라는 단어를 정반대인 'good'의 의미로 쓰거나, 'cool'이나 'hot' 등을 'excellent'의 뜻으로 쓰는 것 등이 있다. 발음에서는 help를 /hep/로,

self를 /sef/로 발음하는 등, /l/음을 생략하는 예도 있고, 복자음이 줄어드는 경우도 있는데, desk나 test를 /des/와 /tes/로 발음하는 것 등이다. 또, 발음이 어려운 /ð/음을 아예 쉬운 /d/로 발음하기도 한다. this와 that을 /dis/와 /dæt/로 발음하는 것이다.

이러한 흑인들만의 영어는 자연히 백인들의 영어에도 적잖이 영향을 미쳤고, 많은 호의적인 백인들에 의해 공유하게 되었다. 하지만 논란은 여전하다. 자신들의 언어로 공부해야 학습 능률이 높다는 것을 인정하고 학교에서도 흑인 영어에 너그러워야 한다는 사람들이 있는 반면, 미국 사회에서 취업을 하고, 성공하기 위해서는 다수인 백인들이 말하는 방식을 배우는 것이 필요하다는 사람들이 있다.

한편, 지역과 계층마다 억양이 다양한 영국에서는 흑인 영어를 지역 방언쯤으로 여긴다. 대부분 1950년대 카리브해에서 영국으로 이민 온 흑인들이 쓰는 영어로, 또는 서인도제도 주민들의 영어로 생각한다.

Black Monday 검은 월요일

1987년 10월 19일 월요일, 전세계적으로 주식 거래 가격이 갑자기 떨어지기 시작한 날을 가리킨다. 연 나흘 간 런던의 '파이낸셜 타임스 지수'(Financial Times Index)가 25%, 뉴욕의 '다우존스 지수'(Dow-Jones Index)가 33%나 떨어졌다.

Black Muslim 흑인 무슬림

1930년에 결성된 이슬람교를 믿는 미국 흑인 단체의 회원을 가리키는 말이다. 단체의 공식 명칭은 이슬람국가(Nation of Islam)이다. 회원 가운데서 잘 알려진 사람으로 말콤 엑스Malcolm X와 무하마드 알리Muhammad Ali가 있다. 1977년에는 Lost-Found Nation of Islam이라는 새로운 단체가 결성되었다.

흑인 무슬림의 지도자 일라이자 무하마드
Elijah Muhammad

Black Panther 블랙팬더

1966년에 결성된 흑인 과격 단체 블랙팬더당(Black Panther Party)의 회원을 말한다. 흑인의 지위 향상을 위해 폭력적 지원을 포함한 모든 지원을 하는 단체이다. 주요 지도자가 앨드리지 클리버Eldridge Cleaver이다.

black power 블랙파워

1960년대와 1970년대의 미국 흑인들의 인권과 정치 권력을 쟁취하기 위한 운동을 일컫는 말이다. 블랙팬더들이 쓴 말이다.

black pudding 블랙 푸딩 (= blood sausage)

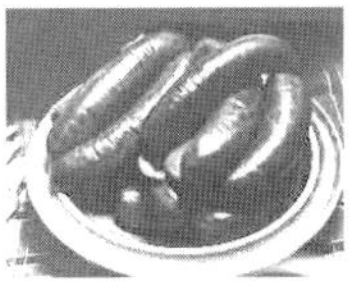

흔히 블러드 소시지blood sausage라고 한다. 돼지고기와 그 피를 섞어 만드는 검은 색이 도는 소시지이다.

Black Tuesday 검은 화요일

1929년 10월 29일 화요일, 뉴욕 증권거래소 사상 최초로 90억 달러라는 엄청난 손실을 보면서 대공황(Great Depression)이 시작된 날이다. 뉴욕 증권거래소 사상 두 번째의 손실은 Black Monday라고 하는 1987년 10월 19일 월요일이다.

Black Wednesday 검은 수요일

1992년 9월 14일 수요일. 영국 재무 장관(Chancellor of the Exchequer)이던 노먼 레이먼트Norman Lamont가 외환 시장에서 영국 파운드의 가치를 올리기 위해 금리를 이날 하루에 5%나 올려 혼란을 가져온 날이다.

Blackbeard 검은 수염

1717년에서 1718년까지 카리브해와 미국 동해안 일대에서 활약하던 해적 선장이다. 에드워드 티치Edward Teach라고 알려져 있다. 1718년 영국 해군 함정 2척과의 전투에서 사망하였다.

Blackfoot 블랙푸트 부족

미국 인디언의 한 부족이다. 검은 가죽 신발을 신은 데서 붙인 이름이다. 담배를 재배하고 살았다.

Blackpool 블랙풀

영국 북서부 랭커셔Lancashire의 해안 도시이다. 7마일(11km)이나 되는 긴 해변과 볼거리, 즐길 거리가 많이 있어 인기다. 특히 파리의 에펠 탑과 같은 철제로 건축한

158m의 탑이 유명하다.

Blackpool tower와 해변의 야경

Blackshirt 블랙셔츠

1932년에 오스왈드 모슬리Oswald Mosley가 창당한 영국 파시스트연맹(British Union of Fascists)의 당원들을 부르는 이름이다. 이들은 모두 검은 옷을 입는다. 1936년에 런던의 유태인 지구에서 소요를 일으킨 이후, 새로운 공안법(Public Order Act) 아래서는 정치 집단으로서 제복을 입는 것이 불법화되었다.

Blair, Tony (1953~) **블레어, 토니**

1994년에 노동당(Labour Party) 당수가 되고, 1997년 3월의 선거에서 영국 노동당이 집권하면서 총리가 되었다. 신노동당(New Labour)의 기치를 내걸고, 개인적인 부의 축적, 교육과 의료보험에 대한 개인의 다양한 선택을 허용하는 등, 그동안 노조에 좌우되던 노동당의 오래된 이미지를 벗었다.

Blake, William (1757~1827) **블레이크, 윌리엄**

영국의 시인이다. 어린 시절부터 신령한 존재와의 대화나 비전(visions: 꿈과 같은 종교적 체험) 등을 주장하여, 그의 시에는 종교적인 상징이 가득하다. 가장 유명한 시집이 《순수와 경험의 노래》*Songs of Innocence and Experience* (1794)이다. 유명한 시로는 〈예루살렘〉*Jerusalem*와 〈호랑이〉*The Tyger*이다.

Blenheim 브레넘

두 가지 뜻이 있다. 하나는 Blenheim Palace(궁宮)라는 뜻으로, 영국 옥스퍼드 근처에 있는 Marlborough 공작의 저택이다. 1874년 처칠(Winston Churchill) 경이 태어난 곳으로, 1987년에는 세계문화유산(World Heritage Site)에 지정되었다. 둘째는 브레넘의 전투(Battle of Blenheim)라는 뜻으로, 1704년 바바리아Bavaria의 Blenheim시(市)에서 말보로Marlborough 공작이 프랑스 루이14세의 군대를 물리친 전투를 가리키는 말이다.

Bligh, Captain William (1754~1817) **블라이, 윌리엄 함장**

영국 해군의 함장이었는데, 1789년 태평양 상에서 자신의 부하들이 반란을 일으킨 것으로 유명하다. 블라이 함장은 부하 18명과 함께 보트에 태워졌고, 7주일 뒤에나 육지에 도착하였다. 그후 1805년에 그는 호주의 New South Wales에 주지사가 된다. 1808년에 또다시 그곳 병사들이 자신에게 반란을 하여 그를 2년 간이나 감옥에 가둔다. 그러나 영국 정부는 그를 처벌하지 않고, 1811년에 제독이 된다.

Blind Date **〈블라인드 데이트〉**

영국에서 인기 있는 남녀 짝짓기 텔레비전 프로그램이다. 한 사람이 스크린 뒤에 있는 반대 성의 세 명에게 질문을 하여 마음에 드는 짝을 고른다. 이들은 며칠 함께 시간을 보낸 다음, 다시 프로그램에 출연하여 상대에 대한 자신들의 생각을 방청객들에게 밝힌다. 이 프로는 1985년에 시작되었는데, 미국에서도 1949년에서 1953년까지 같은 제목의 프로그램을 방영했었다.

Blondie **〈블론디〉**

1930년에 미국에 처음 선보인 신문 연재 만화이다. 똑똑한 Blondie와 어벙한 남편 대그우드 붐스테드Dagwood Bumstead가 주인공들이다. 라디오와 텔레비전의 드라마로 만들어지기도 했다.

Blondie 블론디

1974년에 결성된 미국 팝 그룹. *Heart of Glass*(1978), *The Tide is High* (1980) 등의 앨범이 성공했다.

Blood Sunday 피의 일요일

1972년 1월 30일 일요일, 북아일랜드의 Londonderry에서 억류에 항의하며 행진하던 군중에게 영국 군인들이 발포를 하여 13명이나 사살한 날이다. 군인들이 처벌을 받지 않아, 북아일랜드에 더 많은 폭력사태를 불러왔다. 이로 인해 영국이 직접 통치하게 된다.

Bloodless Revolution 무혈혁명

1688년 구교(가톨릭)였던 영국 James II세가 왕위를 박탈당해 자신의 딸이었던 메리Mary와 그녀의 남편 William III세(오렌지공 윌리엄 William of Orange)에게로 넘어가면서 제임스가 가족과 함께 프랑스로 망명한 사건을 말한다. 이로써 사실상 입헌군주제가 수립된다. 제임스 2세의 개신교 관리들이 대부분 윌리엄 편에 가담하는 바람에 유혈 충돌 없이 수립된 혁명이라 하여 '명예혁명'(Glorious Revolution)이라고도 한다.

Bloody Mary 피의 메리

메리Mary 1세의 재위 기간에 너무 많은 사람들이 종교적으로 박해를 받아 죽은 데서 붙은 말이다. 부왕인 헨리 8세와 그 형의 미망인 캐서린Catherine과의 사이에 난 딸이다. 메리Mary는 억울하게 이혼당한 어머니 캐서린의 운명을 옆에서 함께 겪어야 했고, 아버지 헨리 8세의 무관심 속에 스페인 유모의 손에서 자라난 열렬한 가톨릭 신자였다. 헨리 8세가 앤 볼린Anne Boleyn과 결혼하기 위해 국교를 가톨릭에서 성공회로 바꾸었으나, 메리 여왕은 다시 가톨릭으로 바꾸었고, 스페인 황태자와 결혼하였다. 이에 성공회가 반발하는 등, 반란과 폭동이 일어나자 메리 여왕은 이들을 무자비하게 사형에 처했다. 당시 신교인 청교도 세력도 상당히 왕성했었는데, 1555년부터 1558년까지 3년 동안 성공회와 청교도에 대한 메리 여왕의 무자비한 탄압은 계속되었다. 수만 명의 신교도가 화형장에서 죽어나가고, 화형장의 불길은 하루도 꺼지지 않을 정도였다고 하여 여왕은 '피의 메리'(Bloody Mary)라는 악명을 얻게 되었다. 결국 그녀도 정신병 환자가 되어 아무도 돌보지 않는 외로운 침대에서 1558년 세상을 떠났다.

Bloomingdale's 블루밍데일 백화점

뉴욕시의 대형 백화점이다. 고급 의류와 가구, 식품을 판매한다. 시카고, 보스턴, 로스앤젤레스 등지에 분점이 있다.

Bloomsbury 블룸스브리

런던의 중심가이다. 영국 박물관과 런던 대학의 주요 건물들이 있다. E. M. 포스터E. M. Forster, 버지니아 울프 Virginia Woolf 등, 많은 유명 인사들이 이곳에 살았다.

Bloomsbury Group 블룸스브리 그룹

런던 블룸스브리Bloomsbury에 자주 모여 예술을 사랑하고 우정을 나누며, 빅토리아시대를 거부하고 사회 개혁을 주장하던 20세기 초의 예술가, 작가들을 지칭한다. 버지니아 울프Virginia Woolf, E. M. 포스터E. M. Forster, 메이너드 케인즈Maynard Keynes 등이 포함된다.

BLT 비엘티

영국이나 미국에서 샌드위치를 만드는 데 흔히 들어가는 베이컨bacon, 양배추lettuce, 토마토tomato 등, 세 가지 채소의 약자이다.

blue 블루

영미인들은 푸른색을 좋아하기로 유명하다. 우선 남자 아기에게 주로 연한 푸른색의 옷을 사 입히는데 이 색을 'baby blue'라고 한다. (이에 반해, 여자 아기는 핑크색 옷을 입혀 baby pink라고 한다.) Oxford와 Cambridge 대학을 나타내는 색 역시 blue이다. 미국에서 남북 전쟁 때 합중국 군대를 나타내는 색 역시 blue이다. 합중국을 지향하고 노예제를 반대하는 북군은 푸른 옷을 입고, 남군이 회색 옷을 입었던 것을 의미하는 '더 블루 앤 그레이'The Blue and the Gray라는 표현이 있다.

Blue book 청서(靑書)

영국의 의회나 정부가 발행하는 공식 보고서로, 표지가 푸른색이라 하여 붙여진 이름이다.

Blue Cross 블루 크로스

미국 최대의 의료보험 회사이다. 1997년에만 회원이 6천 6백만 명에 달했다. 1929년에 창립되었고, 1982년에는 라이벌 회사인 블루 쉴드Blue Shield와 합작하여 시카고에 본사를 두고 있다.

Blue ensign 예비함기

푸른색의 깃발에 영국의 국기 유니언 잭Union Jack을 상단 한 쪽에 그려 놓은 것이다. 주로 영국 함대에 사용하는 깃발이다.

blue law 푸른법

미국에서 일요일에 장사나 스포츠, 음주가무 같은 활동을 금지하는 법이다. 식민지시대 뉴잉글랜드New England에서 처음 발표될 때 푸른 종이에 인쇄되었기에 붙은 이름이다. 요즘에 와서 다른 많은 지역에 널리 퍼졌다. 일요일에 문을 여는 상점들이 많지만, '푸른법'의 영향으로 술을 팔지는 않는다.

blue plaque 푸른 명판

런던 시내에서 유명한 사람이 살았던 집을 기념하기 위해 벽면에 붙이는 푸른색의 둥근 명판을 말한다.

찰스 디킨스의 명판

Blue Riband 블루 리번드

대서양을 가장 빠른 시간에 횡단한 선박에 부여하는 타이틀이다.

Bluebird 블루버드

말콤 캠벨Malcolm Campbell과 데이비드 캠벨David Campbell 부자가 사상 최고 속도의 주행을 목표로 만든 자동차와 보트의 이름이다.

blues 블루스

느리고 슬픈 재즈 음악의 일종이다. 미국 남부의 흑인들이 고단한 일상과 핍박받는 삶의 애환을 표현하면서 만든 음악 장르인데, 세월이 가면서 rhythm and blues(R&B)로, rock and roll로, soul로 발전하게 된다.

BMA (British Medical Association) **영국 의학협회**

영국 의사들의 권익을 대변하는 의사조합과 같은 단체이다. 진료나 윤리의 문제를 논의하거나 이익집단으로서의 행동을 협의하기도 한다.

BMX (bicycle moto-cross) **비엠엑스**

바퀴가 작고 단단하게 디자인되어 울퉁불퉁한 도로를 달리도록 만들어진 자전거이다. 점프나 묘기를 연습하는 청소년들에게 특히 인기가 있다.

Boat Race 보트 경주

런던의 템즈 강에서 옥스퍼드 대학과 캠브리지 대학 선수들이 노를 저으며 벌이는 보트 경주이다. 1829년에 시작된 이 경기는 텔레비전에서 중계를 하기도 하고, 많은 사람들이 관전한다.

Bob-a-job 밥-어-잡

영국의 어린이들이 용돈을 구하러 남의 집의 잔디를 깎으러 간다거나 기타 아르바이트하러 갈 때 쓰는 말이다. 전통적으로 보이 스카우트 대원들이 이렇게 용돈을 버는데, 특별히 이런 일을 하는 'Bob-a-job week'라는 기간이 있기도 하다.

Bodleian Library 보들리언 도서관

1602년에 세워진 옥스퍼드 대학의 중앙도서관으로, 세계 최대의 도서 및 정기간행물 소장 도서관 가운데 하나이다. 350만 권이 넘는다고 한다. 이 가운데는 직접 수기(手記)로 제작된 것들도 아주 많다.

Body Shop 바디 숍

목욕용품이나 피부와 모발 보호 제품들을 파는 체인점이다. 동물 실험을 거치지 않은 천연제품을 판매하는 것으로 유명하다. 영국에서 시작된 이 사업은 세계의 많은 나라에 체인점이 있다.

Boeing 보잉

미국 시애틀Seattle에 본사를 두고 있는 항공기 제작 회사. 윌리엄 보잉William Boeing(1881~1956)이 1917년에 창업하였다. 보잉 707, 737, 747(점보제트) 등의 여객기가 유명하다.

Boer War 보어 전쟁(1899~1902)

남아프리카 전쟁(South African War)라고도 한다. 영국과 보어인들(the Boers: 아프리카 네덜란드 출신 백인들)과의 전쟁. 보어인들이 지금의 남아프리카공화국을 건설하였는데, 영국이 이 전쟁에서 승리함으로써 남아공화국 전지역을 지배하게 된다.

Bogart, Humphrey (1899~1957) **보가트, 험프리**

Bogey라고 불리며 인기를 끌던 미국의 영화배우였다. 그가 출연한 주요 영화로는 〈몰타의 매〉 *The Maltese Falcon*(1941), 〈카사블랑카〉 *Casablanca*(1942) 외에 오스카 영화상을 수상한 〈아프리카 여왕〉 *The African Queen*(1951) 등이 있다.

Bogside 보그사이드

북아일랜드의 Londonderry에 로마 가톨릭교도들이 많이 살고 있는 지역이다. 특히 이곳에서 개신교도들과의 분쟁으로 폭력 사태가 자주 일어난다.

Boleyn, Ann (1507~36) **블린, 앤**

헨리 8세의 두 번째 왕비이며 엘리자베스 1세 여왕의 어머니이다. 교황의 반대에도 불구하고 헨리는 앤과 결혼하는데 이 사건으로 영국은 로마 가톨릭과 결별하고 영국국교(Church of England)를 창시한다. 그러나 앤이 아들을 낳지 못하자 헨리의 관심은 멀어지고 그녀는 다른 남자와 정을 통했다는 이유로 고발되어 처형당한다.

***Bonanza* 〈보난자〉**

1959년부터 1972년까지 미국 텔레비전 연속극으로 인기를 끌었던 서부극이다.

Bond Street 본드가(街)

런던의 서쪽 끝에 있는 거리로, 고가의 명품점과 화랑들이 있는 곳으로 유명하다.

Bond, James 본드, 제임스

이안 플래밍Ian Fleming의 소설을 원작으로 만든 유명한 첩보 영화 007 시리즈의 매력적인 주인공으로 영국의 비밀 첩보원이다. 그의 첫 소설 〈카지노 로열〉 *Casino Royale*이 나온 것이 1953년인데, 이후 계속 시리즈로 영화가 만들어져 오늘날까지 인기를 누리고 있다. 2003년에 기사 작위를 받았다.

Bonfire Night 본파이어 나이트 (= Guy Fawkes Night)

영국인들은 해마다 11월 5일에 영국사의 유명한 '화약음모사건'(Gunpowder Plot: James 1세가 재위 중이던 1605년 11월 5일 구교도들이 의회 지하에 화약을 장치하고 이것을 폭파하려던 음모를 꾸몄으나, 그들 중 한 명인 가이 포크스Guy Fawkes가 잡혀 발각되고, 음모가 수포로 돌아간 사건)을 기념하는 날이다. 본래는 구교에 대한 신교의 승리를 기념하는 날인데, 어린이들은 헌 옷과 신문지, 짚 등으로 Guy Fawkes의 형상을 만들어 밤이 되면 모닥불(bonfire)에 불태운다. 횃불을 들고 행진을 하거나, 폭죽을 터트리며 이날을 기념한다. '가이 포크스 나이트'Guy Fawkes Night라고도 한다.

Bonnie and Clyde 보니와 클라이드

미국 서부의 두 젊은 흉악범 보니 파커Bonnie Parker(1911~1934)와 클라이드 배로우Clyde Barrow(1909~1934)를 가리킨다. 이들은 1932년에 만나 루이지애나Louisiana에서 경찰에 의해 사살될 때까지 은행을 털고 12명이나 살해한다. 이들의 이야기는 1967년에 *Bonnie and Clyde*라는 이름으로 영화로 만들어진다. 페이 더너웨이Faye Dunaway와 워렌 비티Warren Beatty가 주연하였다.

boogie (= boogie-woogie) **부기/부기우기**

피아노로 연주되는 강한 비트의 블루스 음악의 한 장르로 1930년대에 유행하였다. 부기우기는 '지루박 댄스'jitterbug dance의 초창기 이름이기도 하다.

Book of Common Prayer 성공회 기도문

영국성공회에서 가장 널리 쓰이는 기도서로 1549년에 처음 출간되어 1622년에 개정되었다. 기도문이 너무 아름다워서 많은 사람들이 좋아한다.

Book of the Month Club 월간 북클럽

회원들에게 할인된 가격으로 도서를 판매하는 미국의 북클럽이다. 1926년에 시작하여 현재 인터넷 북클럽도 운영하고 있다. 독자들은 매달 북클럽에서 발행하는 안내 잡지를 보고 도서를 주문한다.

Booker Prize 부커상(賞)

해마다 영국에서 최고의 소설을 출간한 소설가에게 주는 상이다. 북 트러스트Book Trust에서 심사를 하고, 식품 회사인 Booker사가 상금 20,000파운드를 낸다.

Boone, Daniel (1734~1820) **분, 다니엘**

전설 같은 미국의 개척자이다. 인디언들과 싸워 두 번씩이나 잡히기도 하며 애팔래치아 산맥을 넘어 켄터키주를 개척하는 데 이바지하였다. 나중에는 켄터키 주지사가 되기도 하였다.

Boone, Pat (1934~) **분, 팻**

1950년대 인기 있었던 미국 가수이자 배우. 〈에인트 댓 어 셰임〉*Ain't That a Shame*(1955) 같은 로컨롤 음악으로 가수 활동을 시작하였다. 종교적이고 도덕적인 이미지로 많은 사람들에게 인기가 있었는데, 말년인 1997년에 헤비메탈 heavy metal 음악으로 이미지를 바꾸었다.

Born-again Christians 거듭난 기독교인

깊은 영적 체험을 통해서 예수를 새롭게 받아들이고, 새로운 종교적 삶을 시작한 기독교인을 말한다. 이들은 가정이나 성 문제 등에 전통적인 관념을 가지고 있으며, 다른 사람들에게 열정적으로 전도를 한다. 대체로 복음주의 교회(evangelical church)들에 많다.

Boston 보스턴

매사추세츠주의 주도인 항구 도시이자, 30여 개의 대학이 있는 교육문화 도시이다. 미국에서 가장 오래된 지하철도 있다. 1630년경부터 정착하기 시작하여 미국 독립에 중요한 역할을 한 도시이다. 1897년부터 '보스턴 마라톤 대회'(Boston Marathon race)가 해마다 열린다. 19세기 후반에는 아일랜드계 이민의 중심지였다.

Boston College 보스턴 대학

미국 매사추세츠주 체스트넛힐(Chestnut Hill)에 있는 사립 대학이다. 1864년 예수회 성직자인 존 맥켈로이(John McElroy)가 보스턴에서 개교했다. 1913년에 현재의 위치인 체스트넛힐로 캠퍼스를 이전했다. 뉴잉글랜드 지방에서 처음으로 설립된 로마가톨릭 대학으로, 예수회 소속이다. 신입생의 49%, 재학생의 48%가 각종 장학금을 받는다. 재학생의 73%가 기숙사를 이용하고 있다.

Boston Massacre 보스턴 학살사건

1770년 3월, 보스턴Boston에서 영국으로부터의 독립을 외치며 시위를 하던 미국 식민지인들에게 영국군들이 발포하여 5명을 살해하는 사건을 말한다. 이 사건으로 반 영국 감정을 격화되고 급기야 미국 독립 전쟁으로 이어진다.

Boston Pops 보스턴 팝스

인기 있는 클래식 음악이나 팝 음악을 주로 연주하는 오케스트라이다. 아서 피들러Arthur Fiedler가 50여 년 이끌어왔다. 단원들 대부분이 보스턴 교향악단(Boston Symphony Orchestra) 단원들이다.

Boston Tea Party 보스턴 차사건

미국 독립 전쟁이 발발하기 2년 전인 1773년 12월 16일에 일어났다. 차에 세금을 부과하는 영국 정부에 항거하며 미국인들이 차를 싣고 보스턴 항구에 정박해 있던 영국 선박 3척에 올라가 차(정확히 342상자)를 바다에 던져버리는 사건이 일어나며 독립 전쟁이 촉발된다.

Botany Bay 보터니 만(灣)

1770년 쿠크 선장(Captain Cook)이 도착한 오스트레일리아 동부 해안에 있는 곳이다. 1787년부터 영국 정부가 죄수들을 보내기 시작하여 영국에서 건너온 죄수들이 수감되는 장소로 알려지게 되었다.

Boundary Commissions 선거구위원회

영국에서 선거구를 결정하는 '4개 주'(England, Scotland, Wales, Northern Ireland) 정부를 말한다. 1개 선거구는 대략 7만 명 정도를 유지하도록 하고 있다.

Bourbon Whiskey 버본 위스키

미국의 위스키를 가리키는 말이다. 미국에서 처음으로 위스키가 켄터키주 버본에서 만들어지기 시작해서 미국 위스키의 대명사가 버본 위스키가 되었다. 에반 윌리암스Evan Williams, 짐빔Jim Beam, 아이 더블유 하퍼I. W. Harper, 컨츄리 페어Country Fair 등의 제품들이 있다.

BSE (bovine spongiform encephalopathy) **광우병**

4~5년 된 소에서 주로 발생하는 전염성 뇌질환이다. 증상은 소의 뇌에 구멍이 생겨 갑자기 미친 듯이 포악해지고 정신 이상과 거동 불안, 난폭함 등의 행동을 보인다. 1996년에 영국의 보건부 장관이 광우병이 인간에게 감염될 가능성을 인정하면서 세계 육류 업계에 커다란 타격을 입혔다. 영국의 의학계는 광우병에 감염된 쇠고기를 먹는 인간이 감염될 수 있는 야곱병이 전에는 노인들에게 나타나는 병이라고 생각되었으나, 새로운 종은 젊은이에게도 걸릴 우려가 있다고 경고하였다. 흔히 'mad cow disease'라고도 부른다.

Bowie, David (1947~) **보위, 데이비드**

영국의 팝 가수이다. 작곡에다 배우로도 활동하였다. 그는 음악과 이미지를 잘 조화시키는 가수로 유명하다. 1969년 자신의 첫 히트곡 〈스페이스 오디티〉*Space Oddity*에서 '메이저 톰'Major Tom이라는 캐릭터character를 만들어

내고, 1970년대에 와서는 노래와 공연에서 '지기 스타더스트'Ziggy Stardust라는 캐릭터를 만들어냈다. 지기ziggy 캐릭터로 그는 '글램 록'glam rock 또는 '글리터 록'glitter rock이라는 자신의 스타일을 만들어냈다.

bowl game (= bowl) **보울 게임**

미식축구 시즌이 끝나는 12월과 1월에 대학 미식축구 팀들이 경기를 벌인다. 'bowl game'이라는 말은 경기장이 '보울 모양'(bowl shape)이라는 데서 나왔다. 미국 대학 최고의 미식축구 팀들이 출전한다. 캘리포니아 파사데나 Pasadena에서 열리는 로즈 보울 게임Rose Bowl game, 뉴올리언즈New Orleans의 슈퍼 보울 게임Super Bowl game, 마이애미Miami의 오렌지 보울 게임Orange Bowl game, 달라스Dallas의 코튼 보울 게임Cotton Bowl game 등이 유명하다.

Boxing Day 복싱 데이

크리스마스 다음날인 12월 26일을 말하며, 공휴일이다. 영국이나 캐나다에서 전통적으로 우체부나 종업원, 하인들에게 '크리스마스 상자'(Christmas boxes)라는 선물이나 돈을 넣은 상자를 주는 날이다. 요즈음은 친구나 친척들을 찾거나 크리스마스에 쌓인 피로를 풀고 조용히 쉬면서 보낸다.

Boy Scouts of America 미국 보이 스카우트

미국 보이 스카우트는 1910년에 결성되어 영국에 본부를 두고 있다. 회원이 5~6백만 명에 달한다. 미국 보이 스카우트는 전통적으로 캠프를 통해 다양한 경험을 쌓는다. 최우수 대원은 '이글 스카우트'(Eagle Scout)로 '기장'(Eagle Scout badge)을 달아준다. 주요 그룹으로는 타이거 커브스Tiger Cubs(6세), 커브 스카우트Cub Scouts(7~10세), 보이 스카우트Boy Scouts(11~18세), 익스플로러Explorers(19~20세) 등이 있다. 스카우트 편을 참고 할 것.

Boys' Clubs 보이스 클럽

각종 스포츠나 요트 타기, 등산 같은 야외 활동을 즐기려는 영국 청소년들의 클럽이다. 전국 각지에 약 2,000개 정도나 있다.

BP (British Petroleum) **영국 석유회사**

북해(North Sea)의 유전을 개발하여 석유와 가스를 생산하는 세계적인 석유 회사이다. 영국 전역에 주유소를 보유하고 있다. 영국 정부가 최대주주였으나 1980년대에 들어서 민영화되었다.

Bradbury, Malcolm (1932~) **브래드브리, 말콤**

대학 교수이며 소설가이다. 1975년에 출간된 소설 《히스토리 맨》*History Man*은 텔레비전 드라마로 만들어졌다.

Bradford 브래드포드

영국 요크셔Yorkshire 지역에 있는 공업 도시이다. 중세 때부터 양모 거래와 섬유 생산의 중심지였다. 현재 아시아인들이 많이 모여 살고, 사진 · 영화 · TV 박물관이 있다.

Brain of Britain 영국의 두뇌

1967년부터 계속된 영국 BBC 라디오 퀴즈 프로그램으로 프로그램이 우승자는 그 해의 '영국의 두뇌' 로 불리운다.

Branch Davidians 브랜치 다비디언스

예수가 곧 재림한다고 믿었던 미국의 종교 집단이다. 데이비드 코레시David Koresh가 지도자로, 텍사스 와코Waco에 본부를 두고 있었다. 1933년에는 본부 건물이 50여 일씩이나 경찰에 의해 폐쇄되자, 스스로 불을 질러 신도가 82명이나 사망하였다.

Brando, Marlon (1924~) **브랜도, 말론**

미국의 연극 · 영화배우이다. 1947년 연극 〈욕망이라는 이름의 전차〉*A Streetcar Named Desire*(1947)로 데뷔하여, 이 작품의 영화에도 출연하였다. 영화 〈해안선〉*On the Waterfront*(1954)과 〈파리에서의 마지막 탱고〉*Last Tango in Paris*(1972)로 오스카 영화상의 최우수 연기자상을 받았다.

brass band 브라스밴드

관악기(brass instrument)로만 연주하는 밴드이다. 본래 영국에서 브라스밴드는 주로 북부의 공업지역에서 발달하였는데, 주로 공장이나 광산 노동자들이 연주자들이었다.

Brave New World 《신세계》

앨더스 헉슬리Aldous Huxley가 1932에 쓴 미래과학 소설이다. 과학적으로는 많이 진보하였으나 개인의 자유가 없어진 미래를 다루었는데, 오늘날을 정확히 예측하였다.

bread-and-butter pudding 빵과 버터 푸딩

빵과 버터를 건포도나 설탕, 우유, 달걀 등과 함께 만든 푸딩이다.

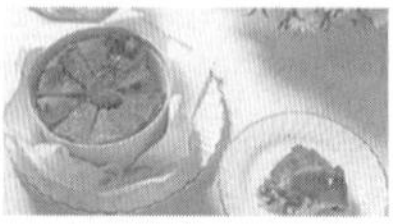

Brer Rabbit 브러르 래빗

미국 작가 조엘 챈들러 해리스(Joel Chandler Harris)의 『리무스 아저씨』(*Uncle Remus*)에 나오는 동물 주인공이다. 'Brer' 란 일부 남부 미국인들이 'brother' 대신 쓰는 말이다.

bright young things 똑똑한 젊은것들

원래는 1920년대 파티에나 쫓아다니고 어른들이 보기에 탐탁하지 않은 젊은 부자들을 냉소적으로 가리키던 말인데, 요즈음은 똑똑하고 야망 있는 젊은이들을 냉소적으로 가리킨다.

Brighton 브라이튼

영국 남부의 서섹스Sussex 동부 해안의 휴양 도시이다. 로얄 파빌리언Royal Pavilion, 팔레스 피어Palace Pier 등 19세기 초의 건축물들이 많이 있다.

Brighton car rally 브라이튼 자동차 경주 (= Brighton run, London to Brighton Veteran Car Run)

1905년 이전에 제작된 오래된 자동차로 해마다 런던에서 브라이튼Brighton까지 달리는 경주이다. 오래된 자동차 소유자들이 많이 참가하며, 이 자동차 경주를 보기 위해 많은 관광객들이 브라이튼에 온다.

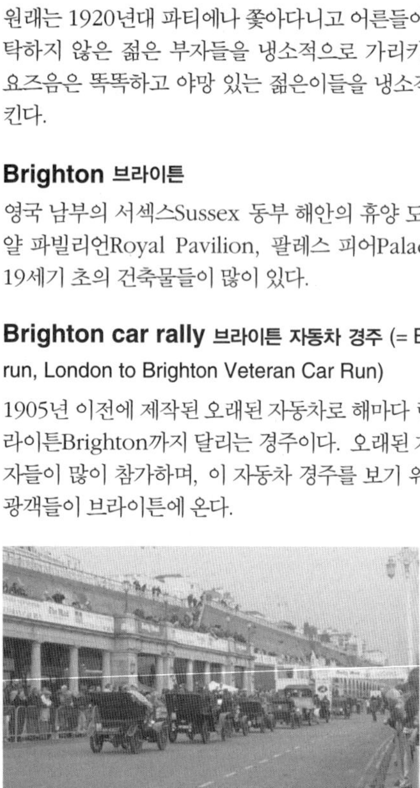

경주에 참가한 오래된 자동차들

Brinkley, David (1920~) 브링클리, 데이비드

미국의 유명한 방송 언론인이다. 체트 헌틀리Chet Huntley(1911~1974)와 공동으로 NBC 방송에서 〈헌틀리-브링클리 리포트〉*The Huntley-Brinkley Report*라는 뉴스 프로를 1955년에서 1971년까지 진행한 것으로 유명하다. 현재 ABC 방송에서 〈디스 위크 위드 데이비드 브링클리〉*This Week with David Brinkley*를 진행하고 있다.

Bristol 브리스톨

영국 남서부의 항구 도시. 17~18세기 노예 무역에 중요한 항구였다. 1990년대에 들어서는 대중문화의 중심 도시가 되기도 하는데, 매시브 어택Massive Attack이나 보티스헤드Portishead 같은 팝 그룹들은 세계적으로 유명하다. '트립합'trip-hop이라고 하는 그들의 음악 스타일은 '브리스톨 사운드'Bristol sound라고 부르기도 한다.

Britain and the US 영국과 미국의 관계

현재 영국과 미국의 관계는 아주 가까운 관계를 유지하고 있다. 1775년에서 1783년까지 미국은 영국의 식민지였는데, 전쟁을 거쳐 미국은 독립을 하게 된다. 두 나라의 관계는 제1, 제2차 세계대전을 통해 가까워져, 포클랜드 전쟁, 걸프전 등을 거치면서 양국의 정책은 더욱 가까워진다.

이렇게 가까운 관계의 배경에는 몇 가지 원인이 있다. 우선, 미국의 뿌리가 영국 쪽에 많이 있다는 점이다. 영국 조상들을 가진 미국인이 많다는 것이다. 둘째, 양국이 영어를 함께 쓰고 있어, 서로의 문화를 공유하고 있다. 셋째, 미국의 정치체제는 영국에 바탕을 두고 있다는 사실 등이다.

Britannia 브리태니아

Britannia는 Britain을 가리키는 라틴어 이름으로, 영국 화폐의 몇몇 동전에 새겨진 여자의 모습을 가리킨다. 삼지창을 들고 투구를 쓰고 있는 모습이다.

British Academy 브리티시 아카데미

문학, 역사, 철학을 진작시키기 위해 1901년에 설립된 영국 학자들의 한림원이다. 대학들의 주요 연구 프로젝트에 정부 지원금 지급을 결정한다. 정식 명칭은 the British Academy for the Promotion of Historical, Philosophical and

Philological Studies이다.

British Aerospace 영국 항공사

민간기와 군용기 등 항공기뿐 아니라, 무기나 우주통신 시스템 등을 제작하는 영국 최대의 항공사이다. 1977년에 공기업으로 출발하여 1981년에 민영화되었다.

British Airway (BA) 영국 항공

1974년에 군소 항공사들의 연합하여 창업된 영국 최대의 항공사로 정부 소유였다가, 1987년에 민간에 넘겨졌다. 부정한 경영으로 인해 국제적인 오명을 쓰고 있다.

British Board of Film Classification 영국 영화심의위원회

영화나 비디오의 등급을 심사하여 결정하는 영국의 기관이다. 연령별로 시청 가능 등급을 매긴다.

British Coal 영국 석탄공사

영국의 석탄 탄광을 관리하는 기관이었다. 석탄이 국가 기간 산업이었을 때는 기관 명칭이 전국석탄위원회(National Coal Board)였으나, 많은 탄광이 폐쇄되면서 1980년대에 영국 석탄(British Coal)으로 바뀌었고, 1994년에 민영화되었다.

British Council 영국 문화원

외국에 영국과 영어, 영국 문화를 널리 제대로 알리기 위해 1934년에 설립된 영국 정부기관이다. 세계 많은 나라에 문화원과 도서관을 가지고 영국 영화 상영, 전시회 개최, 영국 작가나 예술가 초청, 유학 안내, 어학 강좌 개설 등의 일을 전개하고 있다.

British Empire 대영제국

제1차 세계대전이 있었던 1920년대만 해도 '해가 지지 않는 나라'라는 별명이 있을 정도의 대제국을 자랑했으니, 전세계 인구와 영토의 25%가 제국의 지배 아래 식민지(colonies)로 있었다. 제1차 세계대전이 끝나고 1930년대에 캐나다와 오스트레일리아, 뉴질랜드, 남아프리카 등이 독립을 하고, 인도와 많은 아프리카 국가들을 포함한 대부분의 식민지 국가들도 제2차 세계대전이 끝나고 차례차례 독립을 한다. 이때 1950년대부터 이민이 자유로웠던 1960년대까지 남아시아와 카리브해 지역으로부터의 이주민이 영국으로 밀려들어와 공동체를 형성하고 있기도 하다. 1997년에 홍콩이 중국으로 돌아가면서 최후로 독립을 하게 되지만, 버뮤다Bermuda, 세인트 헬레나St. Helena 등 몇몇 섬나라는 영국령으로 남아 있다. 독립한 국가들도 대부분 1931년에 결성된 영연방(Commonwealth)에는 그대로 남아 있으면서 영국과의 연계성을 유지하고 있다.

British English 영국 영어

'British English'라는 말은 American English(미국 영어), Australian English(호주 영어), South African English(남아프리카 영어) 등, 영어를 쓰는 다른 나라와 구별하여 영국 본토에서 쓰는 영어를 가리키는 말이다. 좁게는 잉글랜드England 지방의 말 특히, 잉글랜드 남동부의 중상류층이 쓰는 영어로 간주된다. 영국 영어는 잉글랜드 북부, 웨일즈, 스코틀랜드 등의 '지역'에 따라, 또 '계급'에 따라 발음과 어휘, 문법에서 다른 점이 많다. 18세기에 들어서 표준영어에 대한 논란이 많았으나, 대체로 1775년에 발간된 새뮤얼 존슨Samuel Johnson의 사전을 표준으로 받아들였다.

표준 영어(standard English)는 Queen's/King's English 또는 BBC English라고 한다. 이 표준 영어의 발음은 대개 '표준 발음'(Received Pronunciation, RP)에 따른다. '유음화 현상'이 강한 미국 영어와 달리 철자의 원래 발음 그대로 발음하면 된다. later/léitər/('리어러'가 아닌 '레이터'), letter/létər/('레러'가 아닌 '레터'), peter/pítər/('피러'가 아닌 '피터'), water/wɔtər/('워러'가 아닌 '워터') 등이 좋은 예다. 모음의 발음 역시 철자대로 발음하면 된다. 예를 들어, bath(바쓰), body(보디), castle(카쓸), not(놋트), path(파쓰), waite(와이트) 등이 흔한 예가 된다.

미국 영어의 영향으로 영국 영어가 점점 직설적이 되어 가는 모습도 보인다. 모든 공식으로 사용되는 영어를 어렵고 애매한 표현 대신 쉬운 영어로 쓰자는 운동이 다수의 영국인들에게 환영받는 것은 영국 영어의 하나의 발전이다. Plain English Campaign(쉬운영어운동) 참조.

British Gas 영국 가스

가정과 기업에 가스를 공급하는 영국 최대의 가스 공사였다. 1986년에 민영화되었다.

British Grand Prix 브리티시 그랑프리

영국 실버스톤Silverstone에서 해마다 열리는 세계적인 자동차 경주 대회이다. 또 하나, 더비Derby 근처 더닝턴 파크Donington Park에서 매년 열리는 오토바이 경주 대회이기도 하다.

British Library 영국 도서관

본래 영국 박물관에 함께 있었는데 1990년대에 영국 북쪽에 건물을 새로 지어 나왔다.

British Library

British Lions 브리티시 라이온스

잉글랜드와 웨일즈, 스코틀랜드, 북아일랜드의 최우수 럭비 선수들로 구성된 대표팀이다.

British Museum 영국 박물관

1753년에 설립된 박물관으로, 로제타석(Rosetta Stone) 파르테논 신전의 대리석(Parthenon marbles) 등의 고대 유적과 세계적인 문화유산이나 예술품들을 많이 소장하고 있다. 한때 영국 도서관 자리에 있는 큰 원형 독서실이 유명했다. 이 독서실(reading room)에서 영국의 많은 유명 작가들이 책을 읽고 글을 썼다고 한다.

British Open Golf Championship 영국 오픈 골프 선수권대회

세계에서 가장 오래된 골프 대회로 프로와 아마 선수들이 함께 참가한다. 1860년에 시작되었다. 전세계 골프의 규칙을 관장하는 로열 앤 에인션트Royal & Ancient 골프 클럽이 주관하는 이 대회는 아놀드 파머Arnold Palmer가 1960년 그랜드 슬램Grand Slam을 달성하면서 최고의 대회로서의 입지를 굳혔다. 아놀드 파머와 함께 잭 니클라우스Jack Nicklaus, 톰 왓슨Tom Watson 등이 이 대회에서 여러 차례 우승하였다.

British Rail 영국 철도

1990년대까지 영국의 철도 교통을 운영하던 공기업이었으나, 민간에 분할 매각되었다.

British Steel 영국 제철

영국의 제철 회사로 공기업이었다가, 1988년에 민영화되었다.

British Summer Time (BST) 영국 서머타임

낮이 긴 3월에서 10월까지 영국에서 실시하고 있는 서머타임이다. 그리니치 표준시보다 1시간 빠르다.

Broadcasting Standards Council 방송표준위원회

영국의 텔레비전과 라디오 방송이 지나치게 폭력과 성을 다루는지 감시하는 기관이다.

Broadway 브로드웨이

미국 뉴욕의 거리 이름인데, '미국 극장가'의 대명사이다. 뉴욕 맨해튼Manhattan 서쪽 41번가(街)에서 57번가까지 이어지는 이른바 '극장가'(theater district)에 36개의 극장이 밀집해 있다.

그중에서도 가장 유명한 극장들은 타임스 광장Times Square 근처 44번가와 45번가에 집중해 있다. 브로드웨이를 벗어난 뉴욕의 다른 극장들은 오프 브로드웨이off-broadway 또는 오프오프 브로드웨이off-off-broadway 라고 부르는데, broadway 극장들보다 소규모에다 전위적이고 실험적인 연극들을 상연한다. 영화산업이 발전하기 전 1920년대 브로드웨이 전성기 때는 극장이 80여 개나 있었다. 최장기 공연작인 앤드류 로이드Andrew Lloyd의 〈캐츠〉Cats를 비롯해서 〈남태평양〉*South Pacific, Guys and Dolls,* 〈마이 페어 레이디〉*My Fair Lady,* 〈코러스 라인〉*A Chorus Line* 등이 브로드웨이에서 장기 공연한 대표적 뮤지컬들이 있고, 〈세일즈맨의 죽음〉*Death of a Salesman,* 〈밤으로의 긴 여행〉*Long Day's Journey into* Night, 〈누가 버지니아 울프를 두려워하랴〉*Who's Afraid of Virginia Woolf?* 등의 연극들은 토니상(Tony award)을 받았다. 더스틴 호프만Dustin Hoffman, 로버트 레드포드Robert Redford, 엘리자베스 테일러Elizabeth Taylor, 리자 미넬리Liza Minneli, 리처드 버튼Richard Burton, 제레미 아이런스Jeremy Irons, 매기 스미스Maggie Smith 등, 많은 유명 배우들이 브로드웨이 출신이다.

Brokaw, Tom (1940~) 브로코, 톰

1982년부터 미국 NBC 방송의 뉴스 프로그램인 〈나이틀리

뉴스〉*Nightly News*를 진행한 인기 언론인이다.

Brontë sisters 브론테 자매

19세기 소설 《제인 에어》*Jane Eyre*를 쓴 샬롯 브론테 Charlotte Brontë, 《폭풍의 언덕》*Wüthering Heights*을 쓴 에밀리 브론테Emily Brontë, *Tenant of Wildfell Hall*을 쓴 앤 브론테Anne Brontë 세 자매를 가리킨다. 목사였던 아버지와 함께 영국 요크셔Yorkshire의 작은 마을 하워드Haworth에 살며 소설을 썼다. 이들은 모두 자신들의 작품이 빛을 보기 전에 세상을 떠났다.

Bronx 브롱스

뉴욕의 5개 자치구 가운데 하나로, 할렘Harlem가 북쪽에 있다. 가난한 지역으로 각종 범죄와 마약이 성행하는 곳이다.

Brooklyn 브룩클린

맨해튼 남쪽으로 브룩클린 다리에 의해 연결되는 뉴욕의 항구 지역이다. '브룩클린 언덕'(Brooklyn Heights) 지역은 뉴욕에서도 가장 아름다운 지역이다.

Brooklyn Bridge 브룩클린 다리

뉴욕시의 East River 위로 브룩클린과 맨해튼을 연결해주는 다리이다. 1595feet(486m) 길이로 1883년에 개통하였다.

Brown University 브라운 대학

미국 로드아일랜드Rhode Island주의 주도 프로비던스 Providence에 있는 사립 종합 대학이다. 1764년 영국 식민지 의회의 인가를 받아 침례교 계통의 남자 대학 로드아일랜드 대학으로 개교하였다. 1770년에 프로비던스로 이전하고, 1804년에 거액을 기증한 니콜라스 브라운Nicholas Brown의 이름을 따서 브라운 대학으로 학교명을 바꾸었다. 1971년에 남녀공학이 되었다. 아이비리그Ivy League에 속하는 동부의 명문 대학이다.

Brown vs. Board of Education 브라운 대 교육위원회 재판

1954년 미국 공립 학교에서의 흑백 분리를 불법으로 판결한 대법원 재판이다. 캔자스Kansas주 토피카Topeka의 한 백인 학교가 린다 브라운Linda Brown이라는 흑인 여자아이를 입학시키지 않은 데 대한 판결이었다. 이 판결로 흑인 인권운동이 탄력을 받게 된다.

Brownie 브라우니 (= Brownie Guide)

영국에서 7~11세 소녀들의 단체인 가이드Guide의 회원을 가리킨다. 운동 경기나 학습을 위해 정기적인 모임을 가지기도 한다. 미국에서는 6~8세의 소녀들의 단체인 브라우니 걸스카우트Brownie Girl Scouts 단원을 가리킨다.

Browning, Robert (1812~1889) **브라우닝, 로버트**

영국의 시인이다. 1846년에 엘리자베스 바레트Elizabeth Barrett와 몰래 결혼하여 이탈리아로 가서 살았다. 〈나의 전처〉*My Last Duchess*, 〈이역에서의 고향 생각〉*Home Thoughts from Abroad*(1845) 등의 시가 유명하다.

Brunei 브루나이

동남아시아 보르네오 섬 북부 해안에 있는 작은 국가. 1888년부터 영국의 식민지였다가, 1984년에 독립하고 영연방으로 남았다. 석유와 가스를 대량 생산하고 있으며, 브루나이 국왕은 세계에서도 손꼽히는 부자이다.

BSI (British Standards Institution) **영국 표준협회**

의복이나 공구, 용기 등, 영국에서 생산되는 모든 공산품의 표준 규격을 설정하는 기관이다. 전기 제품이나 장남감 등의 위험성도 감독하고 있다. BSI의 시험을 거친 제품에는 'Kitemark'(연 모양 마크)라는 라벨을 붙인다.

BT (British Telecom) **브리티시 텔레컴**

영국 최대의 전화 회사. 우체국(post office)으로 시작해서

브룩클린 다리와 뉴욕시의 야경

영국 내 전화 서비스를 제공하다가, 1984년에 민간 기업 British Telecom에 인수되었다. 영국에서 최초로 민영화된 공기업으로, 1991년에 BT로 상호를 바꾸었다. 많은 국민들이 국민주로 주식을 구입하여 차익을 벌기도 했다.

BTA (British Tourist Authority) **영국 관광청**

영국 내 외국인 관광 안내 업무를 서비스하는 잉글랜드 관광위원회(English Tourist Board), 스코틀랜드 관광위원회(Scottish Tourist Board), 웨일즈 관광위원회(Welsh Tourist Boards) 등의 총괄 기관이다.

BTEC (Business and Technology Education Council) **경영기술교육위원회**

기업 경영과 디자인, 공학기술, 행정 등에 관한 다양한 교육과정을 교육하고, 자격을 부여하는 영국 기관이다. 실제 교육은 대학을 포함한 각종 학교에서 실시한다.

bubble and squeak 버블 앤 스퀵

감자와 양배추를 함께 튀긴 영국 요리이다. 주로 영국식 아침 식사의 하나로 포함된다. '버블 앤 스퀵'이라는 이름은 튀길 때 나는 소리를 따서 붙인 말이다.

bubblegum 버블검

어린이들을 위해 만든 쉬운 음악이다. 풍선껌을 씹는 스타일에서 따온 말로서, 1960~70년대 미국과 영국에서 유행하였다.

Buck, Pearl S. (1892~1973) **벅, 펄**

1938년 노벨 문학상을 수상한 미국 작가로, 오랫동안 중국에서 살면서 중국을 소재로 소설을 썼다. 태어나자마자 장로회 선교사인 부모를 따라 중국으로 건너가, 10여 년 간 어머니와 중국인 노파의 보살핌 속에서 자랐다. 펄 벅은 1910년에 미국으로 돌아와 대학을 졸업하고 다시 중국으로 돌아갔다. 미국인이라는 입장에서 제2의 조국 중국에 대한 애착을 평생 간직하고 지냈다. 1930년에 중국에서의 동서양 문명의 갈등을 다룬 장편 《동풍: 서풍》*East Wind: West Wind*을 펴냈다.

이어 유명한 장편 《대지》*The Good Earth*(1931)를 펴내 명성을 날렸다. 이 작품은 《아들들》*Sons*(1933), 《분열된 일가》*A House Divided*(1935)와 함께 3부작 《대지의 집》*The House of Earth*(《대지》로 총칭함)을 이룬다. 이 《대지》 3부작으로 1938년에 미국의 여성 작가로는 처음으로 노벨 문학상을 받았다. 제2차 세계대전 후에는 '펄 벅 재단'을 설립하여 전쟁 중에 미군으로 인해 아시아 여러 국가에서 태어난 사생아 입양 알선 사업을 벌였고, 1967년에는 이 사업에 700만 달러를 희사하였다.

한국 전쟁 후에는 한국의 수난사를 그린 《갈대는 바람에 시달려도》*The Living Reed*(1963)를 쓰기도 했다. 이외에도 아버지의 전기인 《싸우는 천사들》*Fighting Angels*(1936), 어머니의 전기인 《어머니의 초상》*The Exile*(1936), 《애국자》*Patriots*(1956), 《서태후》*Imperial Woman*(1956), 《나의 다양한 세계》*My Several Worlds*(1954) 등의 작품을 남겼다.

Buckingham Palace 버킹검 궁전

런던 중심가에 있는 영국 왕실의 궁전이다. 많은 관광객들이 밖에서 '근위병 교대식'(the ceremony of Changing the Guard)을 관람하기도 하는데, 1993년부터 궁전 내부의 일부가 일반인에 공개되었다.

Buckingham Palace

Budweiser 버드와이저

미국의 맥주 이름이다. 체코 출신의 창업주 아돌프 부쉬 Adolphus Busch가 고향 마을 이름인 '버드와이저'를 따서 맥주 이름으로 정했다. 1876년에 처음으로 버드와이저를 만들었다.

Buffalo Bill (1846~1917) **버팔로 빌**

본명이 윌리엄 코디William Cody로 미국의 개척자이다. 수많은 버팔로를 죽여 철도를 건설하는 노동자들을 먹인 것으로 유명하다. 1870년대에 '와일드웨스트 쇼'Wild West Show를 만들어 흥행 사업을 벌이기도 했다.

Buffet, Warren (1930~) **버핏, 워렌**

금융인으로, 미국 최고 부자의 한 사람이다. 증권 세일즈맨이었던 아버지에게서 태어난 그는 콜롬비아 대학 경영 대학원을 졸업했다. 주식 투자로 350억 달러(약 41조 원)를 벌었다. 《포춘》*Fortune*지로부터 '미국 제1의 파워 경제인', '미국인들에게 가장 큰 영향력을 미치는 인물'이라는 소리를 들었다.

Bugs Bunny 벅스 바니

미국의 만화 영화의 주인공 토끼이다. 1940년 워너브라더스 Warner Brothers사의 텍스 에이버리Tex Avery가 만들었다. 1997년에 만화 영화 주인공으로서는 미국 최초로 우표에 실렸다.

Buick 뷰익

미국 자동차 회사 GM(General Motors Corporation)사가 만든 자동차 이름이다.

bull market 불 마켓

주식 시장에서 주가가 오르고 있는 상황을 말한다. 주식 값이 더 오르기를 기대하며 시세 차익을 노리는 많은 사람들이 주식을 구매하게 되어 상승세가 이어진다.

bulldog breed 불독브리드

불독

영국인 또는 영국군을 가리키는 말이다. 불독bulldog은 목과 다리가 짧지만, 힘이 세고 사나운 종으로 영국을 대표하는 개로서, 용감하고, 충성심이 강하며 결단력이 있는 영국인을 나타낸다고 한다.

bullying 불링

학교에서 힘이 세거나 능력 있는 학생들이 작거나 힘이 약한 학생들을 때리고 겁을 주며 괴롭히는 문제를 이르는 말이다. 이렇게 괴롭히는 아이들을 '불리스'bullies라고 부른다.

bungalow 방갈로

대개 집안에 계단이 없는 단층으로 된 단독주택을 말한다. 영국에서는 대체로 도시 외곽 지대에 집단으로 건설되어 있다. 주로 퇴직한 노인들이 거주한다.

Bunker, Archie 방커 아치

미국 TV 코미디 시리즈 『가족이야기』 *All in the Family*(1971~76)에 나오는 주인공으로 심술궂고 낡은 사고방식의 소유자로 특히 자신과 다른 인종과 사회적 계급에 편견을 가진 사람이다. 이 코미디 시리즈는 미국 백인 노동자 계급의 전형적인 태도를 비꼬기 위해 만들어졌으며 방커라는 인물은 영국 TV물의 주인공 알프 카렛(Alf Garhett)을 모방하여 탄생하였다.

Bunyan, John (1628~1688) **번얀, 존**

《천로역정》*Pilgrim's Progress*의 저자이다. '청교도혁명'(Puritan revolt)으로 이어지는 '내란'(English Civil War, 1642~1651)에서 존 번얀은 의회(Parliament) 편에서 싸우지만, 나중에 영국국교에 반하는 비국교적인(nonconformist) 연설을 한 죄로 11년 간 감옥에 갇힌다. 이때 감옥에 있으면서 쓴 책이 바로 *Pilgrim's Progress*이다.

Burberry 버버리

값비싼 고급 제품으로 유명한 영국산 레인코트의 이름이다.

Burger King 버거킹

햄버거와 기타 패스트푸드를 식당 그룹으로, 1954년에 창업하여 현재 전세계에 8,000여 군데가 넘는 체인점을 가지고 있다. 1989년 이후 영국 기업 그랜드 메트로폴리탄Grand Metropolitan의 소유가 되었다.

Burk and Hare 버크와 헤어

19세기 초, 에딘버러Edinburgh에 살았던 두 아일랜드인 범죄자의 이름이다. 이들은 무덤에서 시체를 훔쳐내어 의과대학 등지에 실습용으로 팔았다. 심지어 시체를 팔기 위해 산 사람을 죽이기까지 했다. '시체 도둑'으로 영국 전역에서 유명했다.

burlesque (= burlesk) **블레스크**

미국에서 한때 유행한 버라이어티쇼variety show이다. 1860년대에 시작될 때는 가수와 무희, 코미디언 등이 출연하는 소극(笑劇)으로 온 가족이 함께 즐길 수 있는 쇼였으나, 1920년대 영화 산업이 발달하여 관객이 줄어들면서 스트립쇼striptease가 포함되었다.

Burne-Jones, Edward (1833~1898) **번-존스, 에드워드**

영국의 19세기 라파엘 전파(前派)(Pre-Raphaelite) 화가이다. 전설 속의 장면들을 그림으로 많이 그렸다. 공예가 윌리엄 모리스William Morris와 함께 공예 디자인을 하기도 했다.

Burns, Robert (1759~1796) **번즈, 로버트**

영국의 시인이다. 스코틀랜드 출신으로 스코틀랜드의 방언으로 시를 썼다. 주로 사랑과 스코틀랜드 자연, 농부들의 삶

등을 노래하여 스코틀랜드의 국민 시인(national poet)으로 사랑받고 있다. 〈올드 랭 자인〉*Auld Lang Syne*이나 〈고지의 메리〉*Highland Mary* 등은 시를 잘 읽지 않는 사람들도 좋아한다. 스코틀랜드에서는 그의 탄생일인 1월 25일을 '번즈 나이트'Burns Night라고 하여, 전국에서 기념 축제를 벌인다.

Burton, Richard (1925~1984) **버튼, 리처드**

영국 웨일즈 출신의 배우이다. 셰익스피어 연극배우로 유명해져, 1960~70년대에는 영국과 미국의 영화에도 많이 출연하였다. 여배우 엘리자베스 테일러Elizabeth Taylor와 두 번씩이나 결혼하고 이혼하였다. 〈클레오파트라〉*Cleopatra*, 〈누가 버지니아 울프를 두려워하랴?〉*Who's Afraid of Virginia Woolf?* 같은 영화에 둘이 함께 출연하기도 했다.

Bush, George (1924~) **부시, 조지**

미국 41대 대통령(재임 기간 1989~1993)이다. 로널드 레이건Ronald Reagan 대통령 정부의 부통령을 지냈다. 1991년 걸프전을 승리하여 미국인들에게 인기가 있었으나 경제 후퇴로 재선에 실패하였다. 43대 대통령 George W. Bush의 아버지다.

busing 버싱 (= bussing)

어린이들을 가정에서 먼 데에 있는 학교까지 버스로 태워다 주는 미국 시스템을 말한다. 이 제도는 주로 흑인 자녀들을 백인 학교에 보내서 함께 공부하게 하기 위해 1954년부터 실시되어, 1971년에는 대법원에서도 합법 판결을 내린 제도이다. 이 시스템을 싫어하는 많은 백인들은 도시로부터 이사를 가기도 하였다.

busking 버스킹

공공장소에서 노래를 부르거나 공연을 해서 돈을 버는 행위를 말한다. 런던의 코벤트 가든Covent Garden 같은 데는 버스킹을 위한 구역을 지정해두었다. 버스킹이 허용되지 않는 런던 지하철(Underground)역 같은 데서는 버스커들 buskers이 경찰에 의해 제지당하는 모습을 쉽게 볼 수 있다.

노래하는 한 버스커를 사람들이 구경하고 있다.

By-election 영국의 보궐 선거

총선(general election)에 상대되는 말로, 영국 하원(House of Commons)의 개별 의원(Member of Parliament)이 사망하거나 사임했을 때 치러진다.

By-law (= bye-law) **바이로우**

영국의 시의회(town council) 같은 지방 정부가 자체적으로 제정한 법률을 말한다. 중앙 정부가 제정한 법률과 달리, 해당 지역에서만 발효된다. 미국에서는 기업이나 클럽 같은 각종 사회단체가 자체적으로 만든 규정을 말한다. 당연히 해당 단체에서만 적용된다.

C

Cabinet 내각/국무회의

영국 내각은 국무총리(Prime Minister)가 지명하는 20명의 장관(minister)들로 구성되는 국무위원회이다. 내각제이므로 모두 여당 의원들로 구성된다. 이들은 1주일에 한 번씩 다우닝가(Downing Street)에 모여 국정을 협의하고, 만장일치로 의결한다. 회의 내용은 사전에 누설하지 않는 것이 의무이다. 국무총리는 개각(Cabinet reshuffle)을 통해 장관을 교체하기도 한다. 야당 역시 집권을 대비해 예비내각(shadow cabinet/ministers)을 준비하고 있다.

미국에서는 연방정부를 구성하는 14개 부처의 장관(secretary)들로 내각이 구성되는데, 대통령이 소속 정당의 인사 가운데서 임명한다. 대통령제이므로 장관은 의원이 아니다. 미국 주정부(state government)의 내각 역시 연방정부와 비슷하게 구성되어 있다.

Cadillac 캐딜락

미국산 고급 승용차 이름. 캐딜락을 가진다는 것은 부와 성공을 상징한다. 1903년에 캐딜락 자동차사(Cadillac Motor Car Company)가 처음 생산하였는데, 지금은 GM사(General Motors Corporation)가 생산한다.

Caesar Salad 시저 샐러드

주로 상추, 치즈, 달걀로 만드는 미국식 샐러드이다. 1903년 줄리어스 시저라는 이름을 가진 시카고의 이탈리아계 미국인 요리사에 의해 처음 만들어졌다.

Cafe Royal 카페로얄

런던 리젠트가Regent Street에 있는 유명한 식당이다. 19세기에는 예술가와 작가들이 많이 모였던 명소였다.

Cage, John (1912~) 케이지, 존

미국의 현대 음악 작곡가이다. 색다른 음색을 만들기 위해 일반적인 소음이나 별도로 만든 피아노를 사용하기도 했다. 〈4분 33초〉 *Four Minutes 33 Seconds*(1952)가 대표곡이다.

Cage, Nicolas (1964~) 케이지, 니콜라스

미국 영화배우이다. 영화 〈라스베가스를 떠나며〉 *Leaving Las Vegas*(1995)로 오스카 영화상과 골든 글로브상(Golden Globe Award)을 받았다. 감독 프란시스코 포드 코폴라Francisco Ford Coppola의 조카이다. 〈와일드 하트〉 *Wild at Heart*(1990), 〈더록〉 *The Rock*(1996), 〈콘에어〉 *Con Air*(1997) 등에 출연하였다.

Cajun 케이준

미국 루이지애나 주에 정착한 아카디언(Acadians)이라 불리우는 프랑스계 캐나다인의 후손들이다. 영국이 1755년 캐나다의 아카디아 즉 노바 스코샤(Nova Scotia) 주를 공격한 후 루이지애나 주로 이주하였다. 그들은 프랑스어를 사용하며 그들의 쾌활한 음악과 맵고 톡 쏘는 음식이 유명하다.

Calais 칼레

영국 도버Dover 해협에서 가장 가까운 프랑스 항구 도시이다. 100년 전쟁 때인 1347년에 점령하여 1558년까지 프랑스 내의 영국 땅이었다. 영국인들이 자국보다 세금이 싸기 때문에 술이나 담배 등의 물품을 구입하러 온다.

칼레 항구

Caledonian Canal 칼레도니아 운하

대서양에서 스코틀랜드를 가로질러 북해까지 이어지는 운하이다. 산업 운송용으로 18세기에 건설되었는데, 현재는 관광객들이 주로 이용한다.

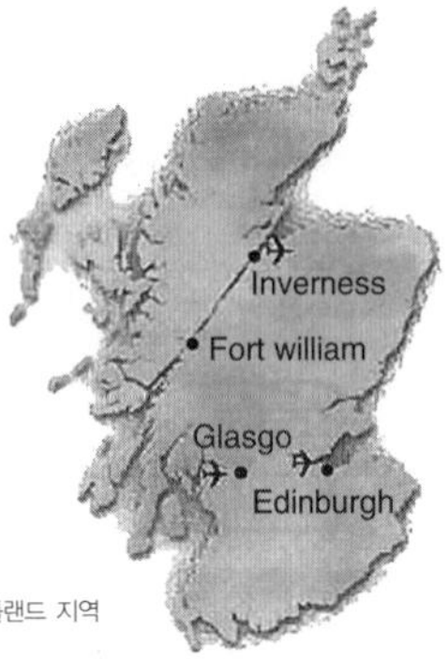

스코틀랜드 지역

California 캘리포니아주

미국 서부 태평양에 접해 있는, 주로 '골든 스테이트' Golden State라고 불린다. 미국에서 인구가 가장 많고, GDP 또한 가장 많은 주이다. 가장 큰 도시인 Los Angeles는 영화 산업으로 유명하고, Disneyland가 있고, 미국 정보 산업의 중심지인 실리콘 벨리Silicon Valley가 있으며, 농업, 군수 산업 등이 발달하였다.

Callas, Maria (1927~1977) 칼라스, 마리아

그리스 태생의 세계적으로 유명한 미국 오페라 가수이다. 강렬한 목소리와 개성이 그녀의 오페라를 더욱 인기 있게 하였다. 세계적인 선박왕 아리스토틀 오나시스Aristotle Onassis와 오래 친분을 유지하였다.

Cambridge 캠브리지

영국과 미국 모두 캠브리지라는 도시가 있다. 첫째는 세계적으로 명문인 캠브리지 대학으로 유명한 영국 도시이고, 둘째는 하버드 대학과 매사추세츠 공과 대학(Massachusetts Institute of Technology, MIT) 등으로 유명한 미국 동부의 도시이다.

Cambridge Certificate 캠브리지 자격증

캠브리지 대학이 주관하는 외국인을 위한 두 가지 영어 시험을 말한다. 초급의 명칭은 'First Certificate in English'이고, 고급은 'Certificate of Proficiency in English'이다.

Cambridge mafia 캠브리지 마피아

영국 보수당 중진 정치인들 가운데 1960년대 캠브리지 대학을 함께 다녔던 사람들을 언론이 지칭한 표현이다.

Cambridge spies 캠브리지 스파이

구 소련에 영국의 기밀을 제공했던 영국인 스파이들을 말한다. 그들은 1930년대 캠브리지 대학을 함께 다녔고, 공산주의가 파시즘에 맞설 수 있는 유일한 길이라고 믿었다. 이들은 1950년대와 1960년대, 1970년대에 한두 사람씩 차례로 적발되었다.

Cambridge University 캠브리지 대학

영국에서 두 번째로 오래된 대학이다. 1284년에 세워진 피터하우스Peterhouse를 비롯해서 코퍼스 크리스티Corpus Christi, 킹스Kings, 매그댈린Magdalene, 퀸스Queen's, 트리니티Trinity 등, 많은 단과 대학으로 구성되어 있다. 1534년에 출판을 시작하여 세계에서 가장 오래된 출판사 '캠브리지 대학 출판사'(Cambridge University Press) 또한 유명하다.

Camel 카멜

미국 담배의 하나이다.

Camelot 카멜롯

영국 전설 속의 아서 대왕(King Arthur)과 원탁의 기사들(Knights of the Round Table)이 살았던 곳이다. 지금의 윈체스터Winchester에 있었다는 주장과, 웨일즈Wales의 서머셋Somerset 또는 콘월Cornwall 등지에 있었다는 주장들이 분분하다.

Camp David 캠프 데이비드

매릴랜드 주 카톡틴 산(Catoctin Mountains)에 있는 미국 대통령 산장이다. 1942년 프랭클린 루즈벨트(Franklin D. Roosevelt) 대통령이 처음 사용했을 때는 '샹그리라(Shangri-La)'라고 불렀으나 1953년에 아이젠하워(Eisenhower) 대통령이 자신의 손자 데이비드(David)의 이름을 따 '캠프 데이비드'라 이름을 바꾸었다. 1978년 이곳에서 이집트와 이스라엘 간 평화협정(Camp David Agreement)이 체결되기도 하였다.

Campbell, Glen (1936~) **캠벨, 글렌**

미국의 컨트리 가수이다. 노래 〈젠틀 온 마이 마인드〉*Gentle on My Mind*(1967)와 앨범 《바이 더 타임 아이 겟 투 피닉스》*By the Time I Get to Phoenix*(1968)로 '에미상'(Emmy award)을 수상하였다.

Campbell, Naomi (1970~) **캠벨, 나오미**

세계적으로 유명한 영국의 패션 모델이다.

Campbell's soups 캠벨 수프

미국의 식품 회사 캠벨수프사Campbell Coup Company가 생산하는 수프 제품의 시리즈로, 깡통에 넣어 판매한다. 1897년에 처음 생산하여 두 아기를 내세워 오랫동안 광고를 하였다.

Candid Camera **〈몰래 카메라〉**

1950~60년대 영국과 미국에서 인기 있었던 텔레비전 몰래 카메라 프로그램이다. 유명 인사들을 만나 몰래 촬영하여 재미있고 당황한 상황을 만들어 놀래주는 프로그램으로, 1990년대 한국 텔레비전의 몰래 카메라 프로그램도 이것을 본 딴 것이다.

cannibal 식인종

남미의 어느 식인종

영국과 미국의 만화 같은 데는 고정된 식인종의 이미지가 있다. 대체로 머리는 묶고, 코에 뼈를 꿰어 달고 있으며, 짚으로 만든 치마를 입고, 큰 솥에다 탐험가나 선교사를 넣어 요리하는 모습이다.

Canterbury 캔터베리

영국 켄트Kent 지방에 있는 도시로, 오래된 건축물들이 많은 유서 깊은 곳이다. 특히 영국 국교인 성공회의 본당인 캔터베리 대성당(Canterbury Cathedral)이 있다. 이 성당은 1170년 헨리 2세의 친구이자 캔터베리 대주교였던 토마스 베케트Thomas Becket가 순교한 곳이라서, 많은 순례자들과 관광객들이 찾는다. 캔터베리 대성당은 1988년에 세계문화유산으로 지정되었다.

캔터베리 대성당

The Canterbury Tales **〈캔터베리 이야기〉**

제프리 초서Geoffrey Chaucer의 장시(長詩)이다. 성 토마스 베케트(St. Thomas Becket)를 추모하여 런던에서 캔터베리로 가는 순례자들의 이야기로 구성되어 있다. 성(sex)을 유머러스하게 표현하기도 하였다.

Cape Canaveral 케이프 커내버럴

NASA(미국 항공우주국)의 우주선이나 로케트가 발사되는 기지로서, 플로리다주 대서양 해변에 있다.

Cape Cod 케이프 코드

미국 매사추세츠Massachusetts주에 있는 여름 휴양지이다. 1620년에 '필그림스 파더스'Pilgrims Fathers라고 하는 청교도들(Puritans)이 도착한 곳이다.

capital punishment 사형제도

'death penalty'라고도 한다. 영국에서 사형제는 1965년에 공식으로 폐지되었다. 미국에서는 현재 38개 주에서 아직 사형제도가 시행되고 있다. 이들 주에서 사용하는 사형 방식으로는 교수형과 총살형, 가스실 투입, 전기의자, 약물주사 등이 있다.

Capital Radio 캐피탈 라디오(수도 라디오 방송)

영국 런던에 있는 대중음악과 광고를 내보내는 상업적 라디오 방송국이다. 이 회사는 영국 남부에 지역 라디오 방송국을 몇 개 더 소유하고 있으며 1960년대와 70년대 대중음악을 틀어주는 방송국 캐피탈 골드(Capital Gold)도 소유하고 있다.

the Capitol 캐피톨

워싱턴에 있는 미국 연방의회(Congress) 건물의 이름이다. 상원(Senate)은 건물의 북쪽을, 하원(House Representatives)은 남쪽 건물을 쓴다. 1793년에 지었으나, 1814년에 영국군이 불태워서 1863년에 재건하였다.

Capitol Hill 캐피톨 힐

워싱턴의 미국 연방의회 건물(Capitol)이 있는 언덕(hill)을 말한다. 흔히 미국 연방의회를 지칭하는 대명사로도 사용된다.

Capone, Al (1898~1947) 카포네, 알

미국에서 금주법(Prohibition)이 시행되던 1920년대에 시카고를 중심으로 활약하던 범죄 조직 마피아의 두목으로, 별명이 '스카페이스'Scarface였다. 그가 1929년 발렌타인데이에 라이벌 범죄 조직 두목 7인을 살해한다. 이 사건을 발렌타인데이 대학살(St. Valentine's Day Massacre)이라 한다. 경찰은 혐의를 찾지 못해 그를 체포하지 못하다가, 1931년에 탈세 혐의로 체포한다. 알 카포네는 11년형을 선고받고 알카트레즈Alcatraz 감옥에서 복역한다. 1939년에 형을 마치고 출소한 후, 팜 아일랜드Palm Island의 집에서 조용히 살다가 1947년에 심장마비로 사망한다.

Capote, Truman (1924~1984) 카포티, 트루먼

《티파니에서 아침을》*Breakfast at Tiffany's*(1958), 논픽션 《인 콜드 블러드》*In Cold Blood*(1966) 등으로 유명한 미국 소설가이다. 두 작품 모두 영화화되었다.

Captain Ahab 아합 선장

허먼 멜빌Herman Melville이 쓴 소설 《백경》*Moby-Dick*에 나오는 주인공으로 거대한 흰 고래 모비딕Moby-Dick를 잡는 것이 목표이다. 인생에서 자신이 가치가 있다고 생각한 그 한 가지를 얻기 위해 미친 듯이 모든 것을 거는 사람의 전형으로 유명하다.

Captain Cook (1728~1779) 쿡 선장

18세기에 태평양을 세 번씩이나 항해한 영국의 선장으로, 본명은 제임스 쿡James Cook이다. 유럽인으로는 최초로 호주 동부 해안에 도착하여 호주와 뉴질랜드 등지의 지도를 그렸다. 하와이에도 유럽인 최초로 도착했는데, 원주민과 싸우다 죽었다.

Captain Hook 후크 선장

제이 엠 배리J. M. Barries의 연극 〈피터팬〉*Peter Pan*에 등장하는 해적 두목이다. 한쪽 팔에 손 대신 갈고리(hook)를 끼고 있다.

Captain Kidd (William Kidd, 1645~1701) 키드 선장

스코틀랜드의 해적 선장이다. 인도양에서 많은 선박을 공격한 죄로 잡혀 런던에서 교수형에 처해졌다. 노략질한 많은 보물들을 숨겼는데 아무도 찾지 못했다는 말이 전해온다.

Captain Scott (1868~1912) 스코트 대위

영국 해군 장교이자 탐험가였다. 본명은 로버트 팰콘 스코트Robert Falcon Scott이다. 남극을 두 번씩 탐험하면서 유명해졌다. 그의 두 번째 남극탐험 때 남극점에 다다른 것은 노르웨이 탐험가인 로널드 아문젠Ronald Amundsen이 최초로 남극점에 간 지 한 달 뒤였다. 스코트와 동료 4명은 돌아오는 길에 사망하였다. 그의 탐험 기록이 1912년에 발견되어 이듬해 출간되었다.

car boot sale 카 부트 세일

넓은 공터에서 테이블이나 자동차 트렁크 위에 물건을 올려

놓고 세일을 하는 임시 장터이다. 책이나 옷, 장난감 등, 주로 쓰던 물건들이 나온다. 훔친 물건이나 불법으로 복제된 음반이나 비디오, 컴퓨터 프로그램 등이 거래되기도 한다. 영국에서는 아주 인기가 있어서 전국의 많은 곳에서 이 장터가 선다.

cardboard city 판자촌

잘 데 없는 사람들이 지내도록 만든 도시의 한 지역이다. 주로 판지(cardboard) 조각들로 거처와 침대를 만들었다. 런던의 South Bank의 다리 아래에 이 cardboard city가 있다.

Cardinal Health 카디널 헬스

1971년에 창업한 미국의 약품 유통 업체이다. 주요 사업은 약품과 건강 관리 상품 판매이다. 미국의 건강 관리 업체, 약국 체인, 병원 등에 약품 및 의료 상품 등을 공급하고 있다. 오하이오주 더블린에 본사가 있다.

Cardinal Wolsey (1474~1530) **울시 추기경**

헨리 8세 재위 전반에 최고의 정치적 영향력이 행사했던 영국의 추기경이었다. 울시 추기경이 첫 왕비 캐서린(Catherine of Aragon)과의 이혼 허락을 교황으로부터 받아내지 못하자, 헨리 8세는 수장령(Act of Supremacy)을 발표하여 영국국교를 설립하고는 그를 처형하였다.

CARE (Cooperative for American Relief Everywhere) **캐어**

제2차 세계대전이 끝나고 유럽인들에게 구호품(CARE package)을 보내기 위한 협회로 설립된 미국의 자선 단체이다. 오늘날 이 구호품은 난민이나 재난을 당한 사람들에게 보내진다. 미국에서는 집을 떠나 있는 자식들에게 보내는 소포를 가리켜 농담으로 'CARE package'라고 말하기도 한다.

Carey, Mariah (1970~) **캐리, 머라이어**

뛰어난 가창력을 자랑하는 미국의 인기 팝 가수이다. 그녀의 최고 앨범으로 《백일몽》*Daydream*(1995)이 있다. 〈어느 달콤한 날〉*One Sweet Day*은 1995년에 16주 연속 빌보드 싱글차트 1위를 차지하면서 히트를 쳤다.

the Caribbean 카리브 지역

중앙아메리카의 카리브해(Caribbean Sea) 연안 지역을 가리키는 말이다. 쿠바Cuba, 자마이카Jamaica, 푸에르토리코Puerto Rico, 트리니다드Trinidad, 토바고Tobago, 바르베이도스Barbados 등, 대부분 영연방(British Commonwealth)에 속하는 서인도 제도(West Indies) 국가들이 이 지역에 있다.

이 지역 주민들은 대체로 원래 영국에 의해 노예로 끌려온 아프리카 흑인들의 후손들이다.

Carnegie Hall 카네기홀

1891년 뉴욕 최대의 콘서트 홀로 개장되었다. 처음에는 단순히 '뮤직홀'Music Hall로 불렸으나, 1898년 철강왕 카네기의 출자로 개축된 이래 '카네기홀'로 불리게 되었다. 1962년에 규모가 큰 링컨 센터Lincoln Center가 개장됨에 따라 존폐의 위기에 처해 있었으나, 아이작 스턴 등 저명한 음악인들의 노력으로 존속하게 되었다. 메인홀은 약 3,000석 규모이다.

Carnegie, Andrew (1835~1919) **카네기, 앤드류**

스코틀랜드 출생으로 1848년 가족과 함께 미국의 펜실베이니아주 피츠버그로 이주하였다. 1853년 펜실베이니아 철도 회사에 취직하여 1865년까지 근무하는 동안, 각종 투자로 큰 이익을 얻었다.

1865년 철강 수요의 증대를 예견하여 독자적으로 철강업을 경영하기 시작하다가 1892년에 카네기 철강 회사를 설립하였는데, 이 회사는 당시 세계 최대의 철강 트러스트로서 미국 철강 생산의 4분의 1 이상을 차지하였다. 1901년에는 미국 철강 시장의 65%를 지배하는 US Steel사를 탄생시켰다. 이를 계기로 카네기는 실업계에서 은퇴하고, 교육과 문화 사업에 몰두하였다.

'카네기 재단'을 설립하여 사회 · 문화 · 인도적 차원에서 교육과 학술 연구 등의 진흥에 이바지하게 되는데, 카네기 국제평화기금, 카네기 영웅자금, 카네기 공과 대학(현재의 카네기멜론 대학), 카네기 협회 등의 설립이 그것이다. 전국에 수많은 도서관을 짓고 카네기홀을 건축하였다. 출생지인 영국에도 카네기 영국재단, 스코틀랜드 대학교 카네기 재단 등이 있어 교육 사업을 원조하고 있다.

Carnegie-Mellon University 카네기멜론 대학

미국 펜실베이니아주 피츠버그Pittsburgh에 있는 사립 단과대학이다. 앤드류 카네기Andrew Carnegie가 기증한 100만 달러와 피츠버그시에서 내놓은 토지를 기금으로 1905년에 카네기 공업 학교로 개교하였다. 1912년에 카네기 공과 대학(Carnegie Institute of Technology, CIT)으로, 1967년에 멜론 연구소와 합병하여 카네기멜론 대학으로 개칭하였다. 직업 전문 교육에 중점을 두고 있다.

carols 캐럴

예수 그리스도의 탄생을 기리면서 크리스마스가 되기 전에 부르는 전통의 노래이다. 14세기경에 처음으로 불렸다고 한다. 악보가 있는 최초의 캐럴은 1521년의 *Boar's Head Carol*로 알려져 있는데, Queen's College, Oxford University 등의 학교에서 불렀다고 한다. 〈만 백성 기뻐하여라〉 *God Rest You merry, Gentlemen*이나 *While Shepherds Watched Their Flocks by Night* 등도 이 시기에 불리기 시작했다고 한다. 이런 캐럴은 계속 구전되어오다가 19세기 들어와 수집되고 인쇄되는데, 이때 민요(folk song)에서 따온 것들도 있고, 새로 작곡되기도 한다. 〈참 반가운 신도여〉 *O Come, All Ye Faithful*, 〈천사 찬송하기를〉 *Hark! the Herald Angels Sing*, *Good King Wenceslas*, 〈그 어린 주 예수〉 *Away in a Manger*, 〈오, 베들레헴 작은 골〉 *O Little Town of Bethleham* 등이다. 어린이들이 좋아하는 〈루돌프 사슴〉 *Rudolph, the Red-Nosed Reindeer*이나 *Frosty the Snowman* 같은 현대적인 캐럴들도 있다.

19세기부터 영국에서는 집집마다 방문하면서 캐럴을 불러주는 관습이 있었다. 이 전통은 오늘날까지 이어지고 있다. 미국에서는 이런 캐럴링caroling의 모습을 흔히 볼 수 없지만, 가정에서 캐럴을 부르고 크리스마스트리를 장식한다.

Carrey, Jim (1962~) **캐리, 짐**

캐나다 출신의 미국 배우이다. 주연 영화로는 〈에이스 벤츄라〉 *Ace Ventura: Pet Detective*(1994), 〈케이블 맨〉 *Cable Man*(1997) 등이 유명하다.

Carroll, Lewis (1832~1898) **캐럴, 루이스**

19세기 영국의 동화작가이자 수학자이다. 옥스퍼드 대학에서 수학을 가르치며 동화를 썼다. 동화 《이상한 나라의 앨리스》 *Alice in Wonderland*(1865)와 속편 《거울 나라의 앨리스》 *Through the Looking-Glass*(1871)를 써서, 근대 아동문학을 확립하였다. 다른 작품으로 《스나크 사냥》 *The Hunting of the Snark*(1876), 《실비와 브루노》 *Sylvie and Bruno*(2권, 1889~1893) 등과 시집이 있다. 그는 성직자의 자격을 얻었음에도 내성적인 성격과 말을 더듬어 평생 목회에 나서지 않고, 아이들을 사랑하면서 독신으로 살았다고 한다.

Carson, Johnny (1925~) **카슨, 자니**

미국 NBC 방송에서 30년 간 〈투나잇쇼〉 *The Tonight Show*를 진행해 온 방송인이다.

Carson, Rachel (1907~1964) **카슨, 레이철**

미국 과학자이자 작가이다. 화학 제품이 동물에 미치는 악영향을 다룬 《사일런트 스프링》 *The Silent Spring*(1963)을 써서, 농장에서의 화학 제품 사용법을 바꾸게 하기도 했다.

Carte, Richard D'Oyly (1844~1901) **카트, 리차드 도일리**

런던의 사보이 호텔Savoy Hotel을 세운 사람이다. 길버트(W. S. Gilbert)와 설리반(Sir Arthur Sullivan)으로 하여금 '사보이 오페라'Savoy Opera 시리즈를 쓰게 하고, 자신의 사보이 극장(Savoy Theatre)에서 공연하여 성공하였다.

Carter Family **카터 패밀리**

미국 컨트리 음악 가수 가족이다. 1927년에 앨빈 P. 카터Alvin P. Carter가 아내 사라Sara, 4촌 여동생 메이블Maybelle과 함께 결성하여 1941년까지 활동하였다. 1971년에 '컨트리 음악 명예의 전당'(Country Music Hall of Fame)에 오른다. 나중에 Maybelle이 세 딸과 함께 2대 패밀리를 이루어 활동을 한다.

Carter, Angela (1940~1992) **카터, 안젤라**

영국의 소설가이다. 작품으로는 《서커스의 밤》 *Nights at the Circus*(1984), 《똑똑한 아이들》 *Wise Children*(1991) 등, 불가능한 상황을 현실감 있게 묘사하는 작품을 주로 썼다.

Carter, Jimmy (1924~) **카터, 지미**

미국 민주당 출신의 39대 대통령(재임 기간 1977~81)이다. 도덕적 원칙을 강조한 것으로 잘 알려져 있다. 1979년 이집트와 이스라엘 간에 캠프데이비드 평화협정을 성사시켰다. 퇴임 후에는 국제 분쟁에서 미국 대표로 조정 역할을 자주 하고 있다.

Carver, Raymond (1938~1988) **카버, 레이몬드**

미국의 단편소설 작가이자 시인이다. 짤막하고 단순한 문장으로 가난한 미국 노동자들에 관한 소설을 썼다. 단편집으로 《대성당》 *Cathedral*(1983)과 《울트라마린》 *Ultramarine*(1985)이 있다.

Casablanca **〈카사블랑카〉**

제2차 세계대전 때 북아프리카의 도시 Casablanca를 배경으로 만든 영화이다. 험프리 보가트Humphrey Bogart와 잉그리드 버그만Ingrid Bergman이 주연하였다. 최고 영화상(Best Picture)을 포함하여 오스카 영화상을 3개나 받았다.

Cascades **캐스케이즈**

미국 캘리포니아 북부에서 캐나다 브리티시 컬럼비아British

Columbia까지 이어지는 산맥이다.

Cascades 산맥에 있는 St. Helens 산

Casey Jones 〈캐시 존스〉

미국의 용감한 열차 기관사 John Luther(Casey) Jones (1864~1900)에 대한 노래이다. 캐시는 자신이 운전하는 열차가 충돌하게 되자 속도를 늦추면서 끝까지 운전대를 지켜 승객들을 살리고 자신은 죽었다. 가사가 다음과 같다.

Casey said just before he died,
'There's two more roads that I'd like to ride.'
The fireman said what could they be?
'The Southern Pacific and the Sante Fe.'

캐시가 죽기 전에 말했어,
가보고 싶은 길이 두 갈래 더 있다고.
어떤 길이냐고 화부(火夫)가 묻길래,
남대평양과 산타페라고 말했지.

Cash, Johnny (1932~) 캐시, 자니

미국의 컨트리 가수이다. 항상 검은 옷을 입고 다녀서 '맨인 블랙'The Man in Black이라고 부른다. 앨범 《아메리칸 레코딩스》*American Recordings*로 1994년에 그래미상(Grammy award)을 받은 것을 비롯해 여러 차례 그래미상을 수상하였다. 아내와 딸도 컨트리 가수이다.

cat 고양이

고양이에 대한 영미인들의 의식을 알아보자. 고양이가 좋아하는 음식은 우유와 크림, 생선 등이라고 고정되어 있다. 만화에서는 대개 개에게 쫓기고, 생쥐를 쫓아다니는 모습으로 자주 묘사된다. 또, "고양이는 목숨이 아홉 개나 된다"는 말이 있을 만큼 위험한 상황에서도 죽지 않고 살아남는다고 생각한다. 검은 고양이가 앞을 지나가는 것을 영국 사람들은 재수 좋은 것으로, 미국 사람들은 재수 나쁜 것으로 생각한다.

Catch-22 《캐치-22》

미국 소설가 조셉 헬러Joseph Heller가 1961년에 쓴 소설이다. 1970년에 영화화되기도 하였다. 제2차 세계대전 당시 전투기를 타기 싫어하는 미공군 조종사에 관한 이야기이다. 1960년대 젊은이들 사이에 인기가 있었다. 'Catch-22'는 진퇴양난의 어쩔 수 없는 상황을 의미하는 신조어가 되었다.

Catcher in the Rye 《호밀밭의 파수꾼》

미국 소설가 샐린저Jerome D. Salinger의 1951작품이다. 주인공 홀든 코울필드Holden Caulfield가 학교를 뛰쳐나와 방황하면서 어른들의 세계가 거짓과 위선으로 차 있음을 발견하는 내용이다. 1950년대 미국 학생들 사이에 인기가 대단하였으며, 성장 소설의 전형인 작품이다.

Caterpillar, Inc. 캐터필러

미국의 농업 설비 및 건설 장비 제조 기업이다. 제1차 세계대전 발발 전에 'Caterpillar'라는 상표로 트랙터를 제작하던 캘리포니아의 농기구 제작 회사 홀트 제작사(Holt Manufacturing Company)와 C. L. 베스트 트랙터사(C. L. Best Tractor Company)가 1925년 합병하여 캐터필러 트랙터사(Caterpillar Tractor Company)라는 이름으로 출발하였다. 농업 기계 제조 회사로 출발하였으나, 사업을 다각화하여 건설 기계와 벌목, 광산, 석유 개발, 산업용 창고, 공공사업 등에 사용되는 다양한 기계들을 제작하였다. 이 회사의 불도저가 제2차 세계대전 중에 태평양 전역에서 활약한 이야기는 유명하다. 1986년 지금의 이름으로 회사명을 바꾸었다. 본사는 일리노이주 피오리아Peoria에 있다.

Cather, Willa (1876~1947) 카터, 윌라

교사로 시작해 언론인을 지낸 미국의 소설가이자 시인이다. 주로 미국 서부에 관한 작품을 썼다. 작품으로는 *O Pioneers!*(1913), *A Lost lady*(1923), *Death Comes for the Archbishop*(1927) 등이 있다.

Catherine of Aragon (1485~1536) 아라공의 캐서린

1509년에 영국 헨리 8세의 첫 번째 부인이 된 스페인 공주로 캐서린은 6명의 아이들을 낳았으나 모두 죽고 메리 1세만 살아남았다. 헨리 8세는 왕위를 이을 아들을 원해서 교황의 반대에도 불구하고 캐서린과 이혼하였고 그 결과 영국종교개혁을 일으켜 영국국교를 만들어 그 수장(首長)이 되었다.

Cats 〈캐츠〉

뮤지컬. T. S. Eliot의 시집 《지혜로운 고양이가 되기 위한 지침서》*Old Possum's Book of Practical Cats*를 토대로 앤드루 로이드 웨버Andrew Lloyd Webber가 작곡하여 1981년 런던 웨스트 엔드West End의 New London 극장

에서 초연되었다.

다양한 캐릭터의 고양이를 인생에 비유해 화려한 춤과 음악, 환상적인 무대 메커니즘으로 즐거움을 주는 뮤지컬이다. 전세계 5,000만 명을 감동시키면서 그 어떤 뮤지컬도 이루지 못한 진귀한 기록을 세우며, 뮤지컬의 역사를 바꾼 작품이다. 전세계 30여 개 국, 300여 개가 넘는 도시에서 10개 국의 언어로 번역돼 상연된 'Cats'는 1983년 토니상 7개 부문을 휩쓸었다.

'Cats'는 West End에서는 2002년 5월까지 21년 간 8,950회 공연을 기록하고, Broadway에서는 1982년부터 2000년 9월까지 18년 간 7,485회로 Broadway나 West End에서 올려진 수많은 뮤지컬 가운데 가장 장기 공연한 작품으로 기록되고 있다.

Catskill Mountains 캣츠킬 산맥 (= the Catskills)

미국 동부 뉴욕주 남쪽에 있는 작은 산맥으로, 애팔래치안 산맥(Appalachian Mountains)의 지류이다. 휴양지로 인기가 있다.

caucus 코커스

미국의 각 정당의 당원들이 모여 대통령 후보나 의원 후보, 각종 공직 후보를 뽑는 예비 선거 또는 예비 선거를 하기 위한 당원 대회를 가리키는 말이다. 미국의 선거제도는 복잡해서 각 당의 공직 후보가 되기 위해서는 이런 예비 선거를 거쳐야 한다. 또, 의회에서 당의 정책을 결정하기 위한 의원 총회를 말하기도 하는데, 의회에서는 코커스caucus라는 말 대신 컨퍼런스conference라고도 한다.

Cavaliers 왕당파

영국 내란(English Civil War) 때 Charles 1세 편에 선 왕당파를 말한다. 원래의 뜻은 기마병(soldiers on horses)이라는 뜻이었다. 반대편인 청교도들은 머리를 짧게 깎았다 하여 라운드헤드Roundheads(의회파)라고 하였다.

CBS (Columbia Broadcasting System) 씨비에스 방송국

ABC와 NBC 등과 함께 미국 3대 방송사의 하나이다. 1927년에 라디오 방송으로 시작하여 1950년대에 텔레비전 방송을 하였다.

CDMA (Code Division Multiple Access) 코드분할 다중접속방식

미국 퀄컴Qualcomm사가 주파수 대역 확산 기술을 응용하여 개발한 부호분할 다중접속방식의 디지털 셀룰러 시스템 Digital Cellular System으로, 여러 사용자가 시간과 주파수를 공유하면서 신호를 송수신할 수 있는 시스템이다. 여러 사용자가 동일한 주파수를 동시에 사용하므로 가입자 수용용량을 그만큼 늘릴 수 있다. CDMA 방식의 디지털 이동전화 시스템의 상용화 기술은 최근에 나온 기술이지만, 그 이론은 1950년대에 이미 정립되어 있었고, 1960년대부터는 군용 통신으로 사용하였다. 도청 방지가 중요한 군사 통신에서 CDMA 방식의 기술적 근간이 되는 대역 확산(Spread Spectrum) 기술이 군사 통신의 도청 방지에 적용되었던 것이다.

celebration 축하

영미인들은 인생에서 중요한 어떤 일을 이룰 경우에 파티를 열어 축하해 준다. 학교 졸업이나, 생일, 결혼, 결혼 기념일(특히, 10주년, 25주년, 50주년 등) 등에 파티를 열어 카드나 선물을 주면서 축하를 해준다. 미국에서는 곧 결혼하게 되는 여자나 임신한 여자에게 필요한 선물을 주면서 축하하기도 한다. 이때의 결혼 축하 파티를 'bridal shower', 임신 축하 파티는 'baby shower'라고 한다.

Celtic cross 켈트 십자가

아일랜드 묘지에 많은 십자가이다. 십자가 가운데가 원형으로 되어 있다.

Celtic Twilight 켈트의 박명

아일랜드인과 요정, 유령 이야기를 포함한 아일랜드 문학에서 연상되는 로맨틱하고 신비한 분위기. W. B. Yeats의 민화집 제목에서 유래하였고 가끔은 아이러니하게 사용된다.

Celts and Celtic culture 켈트족과 켈트 문화

켈트족의 정체는 신비에 싸여 있다. 그들의 기원에 대해 거의 알지 못한다. 그리스로마시대의 고고학적 유물과 기록을 보면 켈트족이 당시 그들의 세계에 잘 알려져 있었음을 보여준다. 그리스인들에게 켈토이Keltoi라 알려진 민족이 그 시대에 살았는데, 그들이 켈트족(the Celts)의 전신일 것으로 추측된다.

기원전 4000-3000년경 에게해를 중심으로 발전한 문명이 후에 유럽을 가로질러 이동하여 켈트족이 되었다는 주장이 신빙성이 강하다. 그들이 기원전 1000년경 처음으로 서유럽에 모습을 드러냈다. 브리튼Britain의 켈트족과 아일랜드Ireland의 켈트족이 모두 그리스인들과 접촉했다고 한다. 켈트족이 Britain에 이주하기 오래 전부터 그 지역에는 원주민이 살고 있었다는데, 비밀 속에 묻혀 있다. 아일랜드 신화시대의 역사를 기록한 《침략서》*The Book of Invasions*는 켈트인들이 기원전 1472년경 아일랜드에 이주해 왔다고 기록하고 있다.

기원전 500년경 켈트족은 포르투갈에서 러시아, 그리고 스페인 남부에서 스코틀랜드 북부에 이르는 방대한 지역을 장악하고 있었다. 런던London, 파리Paris, 더블린Dublin(아일랜드의 수도), 그리고 밀라노Milano 등의 도시명과 도버Dover, 켄트Kent, 템즈Thames 등의 지명 모두가 켈트족의 언어에서 파생된 것이 그것을 말해주고 있다. 기원전 1,000년경에는 오스트리아 지방에도 켈트족이 거주했으며, 염전까지 만들었다는 고고학 자료가 있다.

켈트족의 예술은 기원전 700~500년경 시작되었다고 한다. 이 시기는 보통 '할슈타트期'(The Halstatt Period)라고 불린다. 그후 '라텐느 양식'(La Tene Style)이 나타나서 기원전 400~100년경까지 지속된다. 이렇게 보면, 켈트족은 유럽에 널리 퍼져 있었으며, 인구가 많았고, 생활 수준도 높았을 것으로 보인다. 기원전 2세기경부터 켈트족은 유럽 각지로 흩어져 쇠락해 간 것으로 보인다.

켈트족은 독립된 인종이었고, 언어와 문화, 종교도 타 유럽인들과 뚜렷이 구별되었다. 그들의 인종·문화·종교적 특징은 18세기까지 면면히 이어져왔으며, 일부 지역에서는 오늘날까지 남아 있다. 현재 켈트어를 모국어로 삼는 인구는 200만이 넘는다.

고대 켈트족은 풍요롭고 예술적인 문화를 향유했다. 그들의 삶에는 사나운 전사(戰士)들의 명예로운 전투와 자연을 사랑하고 생명을 존중하는 종교적 가르침이 공존했다. 외경과 신비를 간직한 민족이다.

Cenotaph 세노타프

런던의 화이트홀White Hall에 있는 1, 제2차 세계대전 때 전사한 사람들을 추모하기 위해 만들어 놓은 현충 석탑이다.

center-fold girl 센터폴드 걸

미국의 대중 잡지 한 가운데에 접어서 넣은 페이지에 컬러로 된 거의 나체인 사진으로 실리던 젊은 여성을 가리키는 말이다. 요즘은 인기가 시들해져 싣는 잡지가 별로 없다.

Centers for Disease Control and Prevention (CDC) 질병관리 및 예방센터

각종 질병을 예방하고 관리하는 미국 보건복지부(Department of Health and Human Services) 소속의 기관이다. 전염병을 예방하고, 각종 질병의 정보를 수집하고, 연구하여 국민들에게 알리는 일을 한다.

Central Park 센트럴 파크

뉴욕의 맨해튼에 있는 공원이다. 면적이 3.4㎢인 세계에서 가장 유명한 도시 공원이다. 숲과 연못, 잔디, 정원, 동물원, 시립 미술관 등이 있어서 시민들의 휴식처가 되고 있다. 1850년 시장 선거 때부터 공원 건설의 움직임이 활발해져, 1960년대에 완성되었다.

Central Standard Time (CST) 미국 중앙표준시간

미국 중부에서 10월 하순에서 4월 초순까지 쓰는 시간이다. 영국 '그리니치 표준시'(Greenwich Mean Time)보다 6시간 빠르다.

Ceremony of the Keys 런던탑 근위병 교대식

영국의 런던 탑(Tower of London)에서 보초를 서는 근위병들이 밤 10시에 암호(secret passwords)와 열쇠(Keys)를 주고받으며 근무를 교대한다.

Cerne Giant 센 자이언트

영국 도르셋Dorset의 센 압바스Cerne Abbas 근처 언덕에 그려진 거대한 인물 그림이다. '센 압바스 자이언트'Cerne Abbas Giant라고도 한다. 손에 연장을 들고 있는 남자의 모습인데, 고대에 그려진 것으로 보인다. 바닥이 석회로 되어 있어서 주위의 풀밭과 대비되어 하얗게 보인다.

chain gang 체인 갱

발목에 체인으로 줄줄이 묶여 작업을 하는 죄수들을 이르는 말이다. 특히 미국에서 쓰는 말이다. 잔인해서 1960년대에 중지되었으나, 1996년 앨라배마주와 남부 주들에서 다시 시작되었다.

Challenger 챌린저호

미국의 왕복 우주선으로 1986년 1월 28일, 공중에서 폭파되어 7인의 우주 비행사들이 모두 사망하였다. 이 장면이 텔레비전으로 사람들에게 보여졌고, 그뒤 2년 동안 유인 우주선의 발사가 중지되었다.

chamber of commerce 상공회의소

지역 사회의 기업을 육성하고 보호하는 취지로 결성된 미국 기업인들의 모임이다.

Chamberlain, Wilt (1936~) 챔벌린, 윌트

미국의 유명 농구 선수이다. 키가 2.13m나 되는 보기 드문 장신 선수였다. Kansas 대학 선수로 시작해서 15년 간의 프로 생활 통산 31,419점을 기록했다. 1978년에 농구 명예의 전당에 올랐다.

champion jockey 챔피언 기수

영국 승마 대회에 우승한 기수를 말한다. 해마다 승마 우승자는 2명이 나온다. 겨울철의 장애물 대회와 여름철의 경주 대회에서 각각 한 명씩이다.

Changing the Guard 근위병 교대식

영국 왕실 건물을 지키는 근위병들의 전통적인 근무 교대식을 말한다. 여름철에는 매일, 겨울철에는 이틀에 한 번씩 버킹검 궁 밖에서 식을 한다. 관광객들에게 인기가 높다.

Channel Five 채널 5

게임이나 코미디, 영화 등 주로 오락 중심의 인기 프로그램을 방영하는 영국 상업 방송국이다. 1997년에 방송을 시작하여 영국 전역에서 볼 수 있다.

Channel Four 채널 4

1982년에 방송을 시작한 영국 상업 방송국이다. 오페라, 외국 영화, 다큐멘터리 등의 문화 관련 프로그램과 카리브 흑인이나 양성애자들을 위한 프로그램을 주로 방영한다. 영화를 직접 제작하기도 한다.

Channel Tunnel 채널 터널

영국과 프랑스 사이에 있는 영국 해협(English Channel) 해저에 건설한 철도 터널을 말한다. 19세기부터 양국이 터널의 건설을 합의하였으나 여러 가지 문제로 지연되어 오다가, 1980년대에 와서야 공사를 시작하여 1994년에 개통되었다. 유로스타 철도(eurostar train)가 운행된다.

chapel of rest 영안실

영국의 영안실이다. '채플'chapel이라고 하지만 종교와는 관계없는 곳이다. 시신을 매장하기 전에 가족이나 친지들의 문상(問喪)을 위해 잠시 안치하는 곳이다. 대개 장의사(undertaker's)에 설치된다.

Chaplin, Charlie (1889~1977) 채플린, 찰리

영국 출신으로 미국에서 주로 활동한 영화배우이자 감독, 제작자이다. 콧수염과 헐렁한 바지, 코트, 지팡이 등, 자신만의 개성을 창조하여 세계적인 희극배우가 되었다.

눈물과 웃음, 유머와 페이소스가 있는 무성 영화(silent cinema)란 것이 채플린 희극(comic films)의 특징이었다.

유성 영화시대에도 〈키드〉*The Kind*(1921), 〈시티라이트〉*City Light* (1931), 〈모던 타임스〉*Modern Times*(1936) 등을 무성 영화로 제작하였으나, 1940년의 〈위대한 독재자〉*The Great Dictator*에서는 유성 영화로 전환하여 히틀러와 그의 파시즘을 세계 인류의 적으로 과감

히 탄핵하였다.

이어 〈살인광 시대〉*Monsieur Verdoux*(1947)에서는 제국주의 전쟁의 범죄성을 파헤쳤다가 미국 보수 세력이 그를 공산주의자로 몰아 박해하기에 이르렀다. 1972년 미국 영화 아카데미는 그의 공로에 대해 아카데미 특별상을 수여하였다. 1975년에는 영국에서 기사 작위를 받게 된다.

Charing Cross 채링 크로스

Charing Cross 역

런던의 중심가 이름이다. 1290년 에드워드Edward 1세의 아내 캐스타일의 엘리노어(Eleanor of Castile)가 죽어 웨스트민스터 사원(Westminster Abbey)에 묻히기 전에 하룻밤을 묵어 간 곳이다. 장례 행렬이 웨스트민스터로 가기 전에 묵은 12곳 가운데 한 곳이다. 왕은 그곳들을 기념하여 아내의 이름을 딴 엘리노어 십자가(Eleanor Cross)를 세웠는데, 채링 크로스Charing Cross가 그중 한 곳이다. 현재 런던의 주요 역의 하나인 Charing Cross station 앞에 그 모형이 서 있다.

Charing Cross Road 채링 크로스 로드

유명한 서점이 많이 있는 런던의 중심가이다. 특히 헌책방이 많이 있다.

Chariot of Fire 〈불의 전차〉

영국의 육상 선수 해럴드 아브라함스Harold Abrahams가 육상 100m 경주에서 금메달을 받은 1924년 올림픽 경기에 관한 영화이다. 오스카 영화상을 여러 개 받았고, 영국인들에게 자부심을 주고, 사랑을 받은 작품이다. 제목은 영국 시인 윌리엄 블레이크William Blake의 시 〈예루살렘〉*Jerusalem*에 나오는 표현을 빌린 것이다.

Charles I (1600~1649) 찰스 1세

영국, 스콧트랜드, 아일랜드의 왕(1625-1649). 찰스 1세는 의회와 잦은 의견 충돌을 빚다가 1629년 의회를 해산하였으나 1640년 스콧트랜드와의 전쟁 자금을 조성하기 위해 의회를 소집하였다. 그러나 장기의회(Long Parliament)는 찰스 1세의 요청을 거절하였고 이로 인해 영국은 내전을 치르게 되었으며 결국 1647년에 찰스 1세는 크롬웰의 공화파에게 체포되어 2년 후 처형당했다.

Charles II (1630~1685) 찰스 2세

영국, 스콧트랜드, 아일랜드의 왕(1660-1685). 찰스 1세의 아들로 영국 내전 동안 대부분의 시간을 프랑스 등 해외에서 지냈으며 올리버 크롬웰이 죽은 후 의회의 요청으로 영국에 돌아와서 왕이 되었다. 찰스 2세는 인생을 즐기며 살았고 넬 그윈(Nell Gwyn)을 포함하여 많은 여인들과 염문을 뿌린 것으로도 유명하다.

Charles, Ray (1930~) 찰스, 레이

피아노를 치며 노래하는 미국의 흑인 맹인 가수이자 작곡가이다. 블루스, 컨트리, 가스펠, 재즈 등 다양한 장르의 음악을 두루 즐겼다. 〈아이브 갓 어 워먼〉*I've Got a Woman*(1955), 〈내 마음의 조지아〉*Georgia on My Mind*(1960), 〈크라잉 타임〉*Crying Time*(1966), 〈송 포 유〉*A Song for You*(1993) 등의 노래는 유명하다. 그래미상(Grammy Award)도 여러 번 수상하였다.

Charleston 찰스턴

미국 사우스캐롤라이나South Carolina주의 아름다운 해안 도시이다. 1861년 남북 전쟁이 여기서 시작되어, 남군이 '섬터 요새'(Fort Sumter)를 장악하였다.

Charlie Brown 찰리 브라운

미국 인기 연재 만화 Peanuts의 주인공이다. 야구도 못해 친구들이 자기를 싫어 할까 봐 걱정하고, 좋아하는 여자 친구에게 말도 못하는 아이이다.

Charlton, Bobby (1937~) 찰튼, 보비

영국의 축구 선수로 맨체스터 유나이티드Manchester United와 잉글랜드 팀에서 뛰었다. 1994년에 기사 작위를 받았다.

Charterhouse 차터하우스 (= Charterhouse school)

1961년 런던의 '카르투지오 수도원'(Carthusian monastery)이 있던 자리에 세워진 명문 사립 고등학교이다. 그래서 학생들을 '카르투지오'Carthusians라고 부른다. 1972년에 Surrey에 교사를 지어 옮겼다. 1972년까지는 남학생만 받았다.

Chartist 차티스트

1830년과 1840년대 영국에서 '국민헌장(People's Charter)운동'(이 운동을 가리켜 Chartism이라 한다.)을 벌이던 사람들을 가리키는 말이다.

성인이 투표할 수 있는 권리와 비밀로 투표할 권리, 토지를 소유하지 않고도 의원에 피선될 권리 등을 요구하였다. 300만 명이 넘는 사람들이 헌장에 서명하였으나, 변화는 훨씬 나중에 이루어진다.

Chase Manhattan Bank 체이스맨해튼 은행

뉴욕에 본사를 두고 있는 미국 최대 은행 가운데 하나이다. 역사가 200년이나 된다.

chat show 좌담 프로(미, talk show 토크쇼)

텔레비전이나 라디오에서 유명인을 초대하여 다양한 주제를 가지고 좌담을 하는 프로그램이다.

Chaucer, Geoffrey (1343~1400) 초서, 제프리

영국 시의 아버지라고 불리는 시인이다. 라틴어나 불어가 아닌 영어로 시를 쓴 최초의 주요 시인이다. 유명한 〈캔터베리 이야기〉 *The Canterbury Tales*가 그의 작품이다.

Checker, Chubby (1941~) 체커, 처비

1960년대 인기 있었던 미국 가수이다. 트위스트 댄스를 유행시킨 그의 노래 The Twist(1960)로 유명하다.

Checks and balance 견제와 균형

상호 통제함으로써 권력의 균형을 유지하게 하는, 미국의 정치체제가 가지고 있는 원칙이다. 대통령은 의회가 통과시킨 법안에 대한 거부권이 있고, 의회는 거부된 법안을 재통과시킬 수 있고, 심지어 대통령의 잘못을 조사하여 탄핵할 수도 있게 하였다.

cheers 갈채

누가 훌륭한 일을 했거나 축하할 일이 있을 때, 'Three cheers!'를 한다. 우리의 '만세삼창'과 비슷할 것이다.

한 사람이 'Hip hip!'이라고 선창하면 다른 사람들이 'Hurray!'라고 외치는데, 이것을 세 번 반복하는 것이 'Three cheers'이다.

Cheever, John (1912~1982) 치버, 존

미국 소설가이다. 사회적으로 성공한 가족들이 안고 있는 문제를 주제로 소설을 썼다.

《왑샷 연대기》*The Wapshot Chronicle*(1957), 《왑샷 스캔들》*The Wapshot Scandal* (1964), 《팰코너》 *Falconer*(1977) 등의 작품이 있다. 잡지 《뉴요커》*The New Yorker*에 많은 단편을 발표했는데, 그의 단편집 《존 치버 단편집》*The Stories of John Cheever* (1978)으로 퓰리처상Pulitzer Prize을 받았다.

chef's salad 셰프 셀러드

고기와 양배추, 때로는 달걀, 치즈, 감자 등으로 만든 샐러드이다. 양이 많아서 흔히 바로 식사로도 먹는다.

Chelsea 첼시

런던 웨스트민스터의 템즈Thames 강 북쪽에 있는 지역이다. 19~20세기에 예술가들이 많이 살아서 예술인 마을로 유명했다. 지역 예술인들의 모임인 첼시 아트 클럽Chelsea Arts Club이 있다. 지금은 유행의 거리이자 호화로운 지역이다.

Cherokee 체로키 부족

아메리카 인디언의 한 부족이다. 주로 농사를 짓고 살던 부족이다. 1838년에 조지아Georgia주에서 오클라호마 Oklahoma주로 강제 이주를 시켰는데, 이주 도중에 많은 사람들이 사망하였다. 현존하는 일부는 동부의 그레이트 스모키 산맥(Great Smoky Mountains)에 살고 있다.

Chesire Cat 채셔 캣

루이스 캐럴(Lewis Carroll)의 소설 『이상한 나라의 앨리스』(*Alice in Wonderland:* 1865)에 나오는 고양이로 사라질 때면 항상 웃음만 남는 것으로 유명하다. '채셔 캣처럼 웃는다' 라는 표현은 입을 크게 벌려 고정시킨 채 웃는 것을 뜻한다.

Chevrolet 시보레

미국 자동차 회사 General Motors사가 생산하는 유명 자동차 이름이다. 1911년 루이스 시보레Louis Chevrolet와 윌리엄 듀란William Durant이 처음 만들었다. 가족이 함께 탈 수 있는 대형 밴van이나 트럭이 주류를 이룬다.

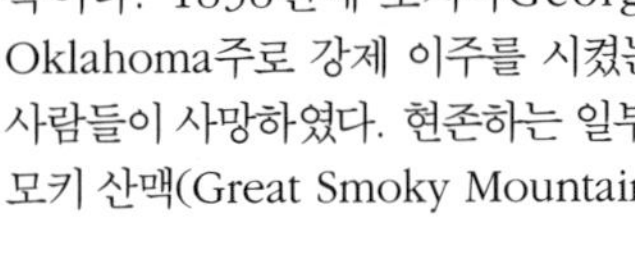

Chevrolet 자동차의 한 모델

Cheyenne 샤이엔 부족

대평원에 살던 아메리칸 인디언의 한 부족으로 미국과 전투를 많이 벌인 부족이다. 현재 주로 오클라호마주나 몬태나

주의 보호구역에 살고 있다.

Chicago 시카고

일리노이Illinois주에 있는 도시로 미국에서 세 번째로 큰 도시다. 미국에서 가장 높은 건물 '시어스 타워'Sears Tower가 있고, 미국 중서부의 중심지이다. 금주법이 실시되던 시절에 알 카포네Al Capone를 비롯한 갱들이 많이 활동한 도시로 유명하다.

Chicana 치카나

멕시코계 미국인 여성을 부르는 말이다.

Chicano 치카노

멕시코 출신 미국인을 부르는 말이다. 본래는 그들을 부르는 욕이었다가 대명사가 되었다.

chicken 치킨

암탉을 'hen'이라 하고, 수탉은 'cock'(영국 영어) 또는 'rooster'(미국 영어)라고 한다. 미국인들은 '닭고기 수프'(chicken soup)가 몸에 좋다고 생각하고 있어, 아픈 사람에게는 흔히 닭고기 수프를 끓여준다.

child benefit 아동보조금

영국 정부가 16세 미만 자녀를 가진 가정에 지불하는 양육 보조금이다.

Chinatown 차이나타운

미국의 샌프란시스코 · 뉴욕, 영국 런던 등의 도시에 중국계 이민자들이 모여 사는 곳을 일컫는 말이다. 한자로 씌어진 중국 식당이나 상점들이 밀집해 있다. 표지판의 Chinatown은 한자와 병기해 쓰기도 한다.

샌프란시스코의 차이나타운

Chippendale 치펀데일

18세기에 토마스 치펀데일Thomas Chippendale이 디자인하여 유행했던 로코코Rococo 양식의 가구를 가리킨다. 그는 화려한 장식의 로코코Rococo 양식을 외국에 널리 알렸다.

로코코 양식의 의자

the Chippendales 치펀데일 그룹

몸매 좋고 매력적인 젊은 남성들로 구성된 쇼 그룹으로, 관객들이 대체로 여성들인 공연에서 스트립쇼를 펼친다. 미국에서 시작되었으나 영국에도 이런 그룹이 생겼다.

Chivas Regal 시바스 리갈

영국 시바스 브라더스Chivas Brothers사의 위스키이다. 원액을 엄선하여 블랜딩한 제품으로, 빅토리아 여왕을 위해 왕실에 진상되었으며, 200년 전통의 프리미엄 위스키이다.

Chomsky, Noam (1927~) 촘스키, 노암

미국 언어학자이다. 펜실바니아주에서 태어나 펜실베이니아 대학에서 구조언어학을 배웠다. 1951년에 학위를 받고 하버드 대학에 초청되어 독자적인 '변형생성문법'(Transformational Generative Grammar) 이론을 수립하였다. 1955년부터 MIT 대학의 언어학과 교수로 있다. 그는 저서 《통사론적 구조론》*Syntactic Structures*(1957)에서 인간은 선천적으로 언어 능력, 또는 언어습득기제(言語習得機制)를 가지고 태어나며, 이러한 선천적인 언어 능력은 전에 한 번도 들어 보지 못한 문장을 포함하여 무한히 많은 수의 문장을 생성하고 이해할 수 있다는 사실을 설명하고 있다.

언어학 외에도 그는 정치나 사회에 대해서도 관심이 많아, 베트남 전쟁에서부터 걸프전 그리고 현재까지 미국 정부의 정책들에 대해 비판의 목소리를 내고 있다.

Christian Aid 기독교 구제재단

영국 교회들에 의해 지원되는 개발도상국에 대한 원조, 구제 활동을 펼치는 영국의 자선단체로 1949년에 설립되었다.

Christian Science Monitor 《크리스천 사이언스 모니터》

크리스천 사이언티스트들이 펴내는 신문이다. 1908년에 창간되었다.

Christian Scientist 크리스천 사이언티스트

1879년 메리 베이커 에디Mary Baker Eddy가 창시한 기독교의 한 종파인 크리스천 사이언스Christian Science를 믿는 사람이다. 마음이 실재하는 유일한 것이고, 실제 세계는 환상이라는 것이다. 이들은 죽음과 고통은 기도를 통해서만 극복할 수 있다고 믿고 있어, 아파도 약품을 복용하거나 병원에 가지 않는다. 목사는 없고, 예배도 간단하다. 성경을 읽고, 찬송을 부르고, Mary Baker Eddy의 어록을 읽고, 병을 치료한 사람들의 간증을 듣는다.

Christie, Agatha (1890～1976) 크리스티, 애거서

세계적으로 유명한 영국의 탐정 소설 작가이다. 67권의 소설과 16편의 희곡이 세계 많은 나라에 번역되었다. 《스타일즈 저택의 죽음》*The Mysterious Affair at Styles*(1920), 《애크로이드 살인 사건》*The Murder of Roger Ackroyd*(1926), 《오리엔트 특급 살인》*Murder on the Orient Express*(1934), 《나일강의 죽음》*Death on the Nile*(1937), 《살인 예고》*A Murder Is Announced*(1950) 등의 소설을 통해 그녀는 탐정 에르큘 포와로Hercule Poirot와 미스 마플Miss Marple이라는 인물을 창조해 냈다. Hercule Poirot는 첫 장편소설인 *The Mysterious Affair at Styles*에서 처음으로 선을 보인 애거서 크리스티 최고의 탐정이고, 독신 할머니 탐정 Miss Marple은 《목사관 살인 사건》*The Murder at the Vicarage*(1930))에서 처음 등장한다.

그녀의 희곡 《쥐덫》*The Mouse Trap*은 런던의 극장가 West End에서 1952년부터 계속 공연되고 있다. 1941년에 그녀는 남자의 기사 작위(knight)에 해당하는 데임dame 작위를 받는다.

Christie's 크리스티 경매 회사

런던과 뉴욕을 거점으로 하는 세계적인 미술품 및 골동품 경매 회사이다. 전세계 100여 군데에 지사를 두고 있다. 서적 경매를 시작한 소더비Sotheby's와 달리 제임스 크리스티 James Christie는 1776년 런던에서 미술품 경매로부터 출발하였다. 현재 미술품을 비롯하여 조각품, 고가구, 골동품 등 다양하다. 라이벌인 소더비와 함께 세계 경매 시장의 80%를 점유하고 있다.

Chrysler 크라이슬러

미국 자동차 회사인 크라이슬러사가 만든 자동차이다. 이 회사는 월터 크라이슬러Walter Chrysler가 1925년에 창업하였다.

Chrysler Building 크라이슬러 빌딩

뉴욕 42번가에 있는 고층 건물로, 1930년 완성될 때는 세계 최고층 건물이었다. 디자인이 멋있는 건물이다.

church 교회

영국과 미국에서 교회는 일요일마다 예배를 드릴 뿐 아니라, 부활절(Easter)이나 성탄절(Christmas)에 특별 예배를 드린다. 교인들은 이런 예배 외에도, 결혼이나 세례(Christening), 장례(funeral) 때 교회에 나가며, 교인이 아니더라도 이런 행사 때는 교회에 간다.

Church Army 성공회군(聖公會軍)

노인들이나 노숙자들, 가난한 사람들을 돕기 위한 취지로 1882년 윌슨 찰리Wilson Charlie가 조직한 영국교회 내의 단체이다.

Church of England 영국국교 또는 성공회 (= Anglican Communion)

영국국교의 공식 명칭은 영국개신교이다. 16세기 로마가톨릭교회에서 독립한 것이다. 헨리Henry 8세 때 '수장령'(Act of Supremacy: 로마 교황의 권리를 부인하고 영국 왕이 영국의 정치, 종교 양면의 주권자로 하는 법령)을 발표하면서 오늘날까지 영국국교는 이어지고 있다. 'Church of England'는 스코틀랜드성공회(Episcopal Church of Scotland), 웨일즈교회(Church in Wales), 아일랜드교회(Church of Ireland), 미국성공회(Episcopal Church in the US: 신도는 약 250만 명) 등을 모두 아우르고 있다. 현재 영국에는 13,500여 개의 교구가 있고, 1992년에 여성도 영국교회의 신부가 될 수 있도록 하였다. 전세계에 신도는 7천만 명 정도가 있는데, 각 성공회 교회의 대표들은 10년에 한 번씩 캔터베리 대주교가 있는 영국 램버스Lambeth에 모여 램버스 회의(Lambeth Conference)를 가진다.

Church of Jesus Christ of Latter-Day Saints **말일성도 예수그리스도교회**

몰몬교(Mormons)라고도 한다. 1830년 조셉 스미스 Joseph Smith에 의해 시작된 교파이다. 신·구약 성경 외에 스미스가 하나님의 계시에 따라 만들었다는 《몰몬경》을 기본 경전으로 삼고 있다.

몰몬교도는 12세가 지나면 안수를 받는데, 전문적인 성직자는 없다. 1843년 스미스는 계시에 따라 일부다처제를 인정하여 곳곳에서 중혼을 규탄하는 여론이 비등하였다. 1844년에 그는 군중에 의해서 살해된 데 이어, 상당수의 교인이 살해되거나 피신하는 사태를 빚었다. 중혼 문제는 미국 대법원이 개입하여 이를 금하였고, 교회에서도 1895년 중혼을 금지하는 결의를 함으로써 일단락되었다. 스미스의 후계자가 된 브리검 영Brigham Young이 1847년 본부를 유타Utah주 솔트레이크시티Salt Lake City로 옮긴 후 30년 간 교세를 크게 확장하여, 유타주는 몰몬주로 불릴 만큼 인구의 70% 이상이 신자가 되었고, 1858년 미국 내의 신자 수는 100만을 넘었다. 현재 전세계 144여 개국에 1,000만 명 정도의 교도가 있다.

Church of Scotland **스코트랜드 장로교회** (= the Presbyterian Church of Scotland)

1560년 존 녹스John Knox와 앤드류 멜빌Andrew Melville이 스코틀랜드에서 시작한 교회로, 1690년에 공식 교회로 받아들였다. 영국교회와 같은 주교(bishop)도 없고, 신부인 pricsts 대신 'ministers'가 있다. 남녀 모두 minister가 될 수 있다. 스코틀랜드교회는 이들 ministers들과 'elders'라고 하는 '장로들'이 운영한다. '장로교'(Presbyterianism)로 알려져 있다.

Churchill, Winston (1874~1965) **처칠, 윈스턴**

영국의 최고의 정치가에다 위대한 웅변가이다. 1940~45년과 1951~55년에 두 번 총리를 역임했고, 제2차 세계대전 중에 위대한 국가 지도자로 활약했다.

처칠은 육군사관학교를 졸업하고, 1895년에는 명문인 제4 경기병 연대에 입대하여, 1896년 제4 경기병 연대의 사관으로서 인도에서 근무하는 동안 에드워드 기본Edward Gibbon의 역사서를 비롯하여 철학·경제학·정치학의 고전을 가까이 했다. 폴로 경기를 잘했으며, 공부도 열심히 했다. 군인으로서 얻은 대중적인 명성으로 그는 정계에 진출하게 되는데, 1900년 10월에 하원의원으로 당선되어 정치인의 길을 걷는다.

제1차 세계대전을 거쳐 긴 세월을 정치인으로서 화려한 경력을 쌓은 뒤, 1940년에는 드디어 총리에 취임하여 제2차 세계대전을 성공적으로 지휘한다. 독일 폭격기가 영국의 도시들을 파괴할 동안 처칠이 피폭 지역을 시찰하고 연설하면서 그가 보여준 승리의 'V'자 사인과 굵은 시가를 입에 문 모습은 유명하다.

1953년에 처칠은 기사 작위를 받고, 같은 해 노벨 문학상도 수상했다. 1955년에 총리직을 사임한 후에도 84세의 고령의 나이에 하원에 당선되었고, '의회의 아버지'라고 불리게 되었다. 1963년에는 미국 의회가 결의하여 명예 미국 시민이 되었다. 1965년 1월 24일 런던에서 죽었을 때, 그의 장례식은 왕족 이외에는 금세기 최초로 국장으로 거행되었으며, 세계의 모든 나라에서 조사를 보냈다.

CIA (Central Intelligence Agency) **미국 중앙정보부**

1947년에 설립되어 외국 정부에 관한 정보를 수집하는 미국 정부기관이다. 1960년대 들어 외국 정부를 제거하는 등의 영향력을 행사하는 것에 비판이 일자 운영의 변화를 꾀하기도 했다. 버지니아주 랭글리Langley에 본부가 있다

CID (Criminal Investigation Department) **영국 범죄수사부**

강력 범죄를 수사하는 경찰관들로 구성된 영국 경찰청의 한 부서이다. '스페셜 브랜치'Special Branch, '프로드 스쿼드'Fraud Squad 등은 영국인들에게 잘 알려진 CID의 수사대들이다.

Cinderella **《신데렐라》**

유럽에서 예부터 구전되는 대표적인 의붓자식 이야기로, 프랑스 동화 《상드리용》*Cendrillon*(1697)을 번역한 것이다. 신데렐라 즉, 상드리용은 '재를 뒤집어쓰다'는 뜻으로 항상 부엌 아궁이 앞에 앉아 일을 한다고 지은 이름이다. 전처의 딸 신데렐라는 구박을 받으면서 힘든 집안 일을 한다.

어느 날 왕자가 무도회를 열자, 계모의 두 딸은 화려하게 차려입고 간다. 신데렐라도 가고싶어 울고 있을 때, 선녀가 나타나 마술지팡이로 호박으로 마차를, 생쥐로 말을, 큰 쥐로 마부를 만들고 옷도 아름답게 차리게 한 후 12시가 되면 원래의 모습이 된다고 알려준다. 무도회에서 왕자와 춤을 추다가 12시가 되어 급히 집으로 돌아오다가 한쪽 유리구두를 잃어버린다. 왕자는 유리구두가 맞는 아가씨를 아내로 삼겠

다고 발표한다. 누구에게도 맞지 않던 구두가 신데렐라에게 꼭 맞고, 선녀의 요술로 다시 아름다운 공주의 모습이 되어 왕자와 결혼한다. 이 같은 이야기는 유럽에만도 500가지가 넘는데, 영국에서 아동극 판토마임으로 인기 있다.

Cisco Systems 시스코 시스템스

미국의 네트워크 통신설비 회사이다. 데이터 처리에 뛰어난 통신 회사로, 1986년에 첫 제품을 출시하였고, 1990년에 기업을 공개하였다. 세계에서도 기업 가치가 높은 통신 회사로 꼽힌다. 네트워크를 접속시켜 인터넷을 가능하게 하는 장비로 세계 시장의 3분의 2를 석권하고 있다. 또 전화 접속 서버 및 네트워크 관리 소프트웨어도 제작하고 있다. 캘리포니아주 산호세San Hose에 본사가 있다.

Citadel 시터들

사우스캐롤라이나South Carolina주 찰스턴Charleston에 있는 유명한 육군사관학교이다. 1842년에 설립되었지만, 1996년에야 처음으로 여생도를 4명 입학시켰다.

Citigroup 시티그룹

세계 최대의 상업 은행인 시티 은행(Citibank)의 지주회사이다. 1812년 내셔널 어소시에이션 뉴욕 시티 은행(National Association New York City Bank)으로 출발하였다. 1915년 인터내셔널 뱅크(International Bank)를 합병하고, 1955년에는 퍼스트 내셔널 뱅크 오브 더 시티 오브 뉴욕(First National Bank of the City of New York)을 합병하고, 1968년에 사명을 퍼스트 내셔널 시티 은행(First National City Bank)으로 바꾸었다가, 1976년 다시 시티 은행(Citibank)으로 개명하였고, 1998년에 그룹명을 시티그룹Citigroup으로 하고 시티 은행은 자회사로 하였다. 양도성예금증서(CD), 변동이율제대출 등을 타 은행에 앞서 도입했다. 증권 투자, 외환 업무, 신탁 업무, 경영 상담 등의 업무를 하고 있다. 세계 90여 개 국에 300여 지점을 개설하고 있다. 본사는 뉴욕에 있다.

Citizen Kane 〈시민 케인〉

모든 영화평론가들이 격찬하는 미국 영화이다. 오손 웰즈Orson Welles(1915~1985)가 각본을 쓰고, 연출·제작·주연한 1941년 작품이다. 오손 웰즈는 이 영화로 오스카 영화상에서 최우수 감독상과 최우수 남자배우상을, 작품은 최우수 영화상을 받았다. 이야기는 당시 언론 재벌이던 윌리엄 랜돌프 허스트William Randolph Hearst(1863~1951)의 일생을 다루고 있다. 주인공 Kane은 부유하지만 도덕적이지 못하여 말년에 슬프고 고독해지는 이야기다.

영화 〈시민 케인〉은 모더니즘 영화의 새장을 열었고, 영화의 백과사전이며, 전례가 없는 실험 영화였다. 그러나 당시 언론 재벌이던 William Randolph Hearst는 자신의 스캔들을 소재로 삼았다는 이유로, 이 영화를 수단 방법을 가리지 않고 매장하였다. 영화는 흥행에 참패하였고, 오손 웰즈는 평생 그 빚에 허덕였다.

당시의 포스터

Citizen's Charter 시민헌장

1991년 영국 총리 John Major가 실시한 행정 개혁 프로그램이다. 행정의 표준을 개선하고 정책을 국민들에게 소상하게 알리는 것이 기본 목표였다.

City Challenge 시티 챌린지

영국의 각 도시를 일하기 좋고 살기에 쾌적한 곳으로 만들고자 했던 정책이다. 지방정부들은 지역 기업이나 단체들과 협의하여 지역을 위한 새로운 계획을 수립하였고, 중앙정부는 심사를 통해 예산을 지원해 주었다.

Civil Rights Act of 1964 1964년 시민인권법

미국 남부에서 백인들만이 드나들던 식당이나 호텔에 흑인도 들어갈 수 있게 한 법안이다. 이 법안은 극장이나 열차, 버스 등에서 흑인과 백인이 각기 다른 장소를 분리하여 이용하던 관행을 종식시켰다. 1950~60년대의 흑인 인권운동(civil rights movement)의 결과이고, 린든 존슨Lyndon Johnson 대통령의 강력한 지원에 힘입은 것이었다. 이듬해는 흑인투표권법안(Voting Civil Act)이 통과되기에 이른다.

civil rights movement 흑인 인권운동

1950년대와 1960년대 흑인들의 인권운동을 말한다. 마르틴 루터 킹 목사가 이끈 1963년 '워싱턴 행진'(march to Washington)이 절정이었다. '1964년 시민인권법'(Civil

Rights Act of 1964)이나 '1965년 흑인투표권법'(Voting Rights Act of 1965), 흑인 어린이들을 백인 학교에 버스로 태워다 주는 '버싱'bussing정책, 대학 입학이나 취업에서 여성이나 유색 인종 등 미국 사회의 소수파를 보호하여 선발하도록 한 '소수파 우대정책'(affirmative action) 등이 모두 이때의 흑인 인권운동 결과로 얻어진 것이다.

1963년의 워싱턴 행진

Civil servant 공무원

어느 나라나 마찬가지겠지만, 영국에서도 공무원은 답답한 사람들로 인식되어 있다. 근엄하게 보이려고 짙은 색 복장을 하거나, 하찮은 규정에 집착하면서, 정작 필요한 일은 하지도 않는 지겨운 사람들로 생각한다.

Civil War 미국 남북 전쟁

미국 남부와 북부가 1861년에서 1865년까지 벌였던 전쟁이다. 노예제도의 존속 여부를 놓고 미국 남부와 북부의 긴장이 고조되어가던 1860년 대통령 선거에서 노예 반대론자인 링컨이 북부의 압도적인 지지로 당선되어 대통령에 취임하였다. 이에 남부 11개 주(South Carolina, Mississippi, Florida, Alabama, Georgia, Louisiana, Texas, Virginia, Arkansas, Tennessee, North Carolina)가 반발하여 분리독립을 선언하고, 1861년에 Alabama주의 몽고메리Montgomery에서 대표자회의를 개최하였다. 이들은 수도를 Virginia의 Richmond에 두는 아메리카연합(Confederate States of America; Confederacy)을 결성한 다음, 노예제를 인정하는 헌법을 제정하고 제퍼슨 데이비스Jefferson Davis를 대통령으로 선출하였다.

1861년 4월에 남부가 섬터 요새(Fort Sumter)를 공격함으로써 내란이 시작되었다. 당시의 군사력으로 보자면 북부가 월등히 우세하였다. 북부는 남부 9백만의 두 배가 넘는 2천 2백만의 인구를 가지고 있었고, 우수한 공업 생산력과 해군력을 보유하고 있었다. 또한 1863년 1월 1일에 링컨 대통령이 노예해방령을 발표한 이후에 남부의 많은 흑인 노예들이 북부로 도망갔고, 남부는 커다란 타격을 입었다.

남북 전쟁의 최대 격전은 게티스버그Gettysburg 전투였다. 여기서 남군은 전 병력의 3분의 1에 해당하는 2만8천여 명이 전사 혹은 부상당하였고, 북군도 2만3천여 명이라는 인명 손실을 입었다. 이 전투 이후에 행한 링컨 대통령의 '게티스버그의 연설'(Gettysburg Address)은 유명하다. 전쟁이 막바지에 다다른 1865년 1월에 링컨은 미국 전역을 대상으로 노예제를 폐지하고, 4월에는 남부의 수도인 리치먼드를 함락시키고 전쟁을 종결시킨다.

전쟁을 승리로 이끈 링컨 대통령은 미국의 통합을 위하여 노력하였으나, 1865년 4월 14일에 노예해방 반대론자인 부스Booth에 의하여 암살당하였다. 그러나 남북 전쟁 이후에 10년 간 군정이 실시된 남부의 사회경제구조에는 많은 변화가 있었다. 대규모 노예 농장이 소규모로 바뀌고, 북부의 자본가들이 남부에 투자하여 섬유, 담배, 제철 등의 공업이 발달하였고, 석유나 석탄 등의 자원도 활발하게 개발되었다. 1860년과 1870년 사이에 미국 전체로 보아 공업 생산이 두 배로 증가하는 등, 미국의 자본주의는 남북 전쟁을 계기로 하여 급속한 발전을 이루었다.

하지만 노예제의 존폐 문제로 표면화된 인종 문제는 남북 전쟁이 종식된 이후에도 완전히 해결되지 않았다.

Clancy, Tom (1947~) 클랜시, 톰

미군의 군사 작전과 스파이에 관한 소설을 주로 쓴 미국 소설가이다. CIA의 잭 라이언Jack Ryan이라는 주인공이 주로 등장한다. 《붉은 10월》*The Hunt for Red October*(1984), 《패트리어트 게임》*Patriot Games* (1987), 《긴급명령》*Executive Orders*(1996) 등이 유명하다. 여러 편이 영화화되었다.

Clapton, Eric (1945~) 클랩튼, 에릭

뛰어난 기타 실력으로 유명한 영국의 록 가수이자 기타리스트이다. 야드버드Yardbirds, 크림Cream 등의 하드록 밴드와 연주를 한 뒤로, 수많은 히트곡을 취입했다. 최근에는 앨버트홀Albert Hall에서 정기적으로 연주를 하고 있다.

Class 계급

계급을 결정하는 요소는 부(富)와 집안 그리고 직업이다. 영국에는 상류층(upper class)과 중산층(middle class), 하류층(lower class)으로 나뉘는 세 계급이 있다. 상류층은 역사적으로 왕족과 연결되어 있는 귀족(aristocracy)들이 대부분인데, 영국 인구의 약 3% 정도를 차지하고 있다. 이들은 저택과 많은 토지를 세습적으로 소유하고 있으며, 자녀들을 이튼 스쿨Eton School을 거쳐 Oxford나 Cambridge 대학으로 보낸다. 주로 승마나 필드 스포츠를 즐기고, 파티를 즐긴다.

인구의 16% 정도 되는 중류층은 수입과 직업에 따라 중상류와 중하류로 나눌 수 있다. 이 계급은 18세기 산업혁명(Industrial Revolution) 때 형성되었다. 공장을 운영하고, 무역을 하고, 기업을 경영하는 등 영국 사회를 크게 변화시켰다. 이들은 세습된 신분이나 부가 아니라, 자신의 능력으로 성공한 집단이다. 그 부를 바탕으로 집과 자동차를 소유하고, 자녀들에게 대학 교육을 시키고, 의사나 교직 등의 전문직을 갖게 하여, '화이트칼라 노동자'(white-collar workers) 계급을 형성하고 있다. 소위 부르조아bourgeois 계급이다.

하류층은 전통적으로 하인이나, 농장 일꾼, 시장 상인 등으로 구성되어 있었는데, 오늘날에는 공장 노동자, 건설 노동자, 청소원, 시장 상인 등이 주를 이루고 있다. 소위 '블루칼라 노동자'(blue-collar workers)계급인 것이다. 이들은 보통 고등학교 정도를 마치고, 비전문적인 기술로 취업을 한다. 중류층의 생활양식(lifestyle)을 즐기는 경향이 있다. 실업률도 높은 편이다. 최근에는 많은 실업자들과 노숙자들로 구성된 극빈층이 새롭게 인식되기도 하였다.

미국은 짧은 역사 때문이기도 하겠지만, 집안 대신, 부(富)와 직업을 기반으로 한 계급이 존재한다. 재산이 많은 사람이나 고액 연봉자 등이 미국의 상류 계급을 형성하고 있다. 이들은 대개 열심히 일해서 재산을 모으거나 전문직에 종사하는 자수성가한 사람들이다. 미국인들은 대체로 자신들을 중산층이라고 여기는 경향이 있다. 그래도 1980년대 들어 빈부 격차가 심해졌다. WASP(White Anglo-Saxon Protestant: 영국계 개신교 백인)들에게 좀 더 많은 기회가 주어지고, 흑인과 히스패닉인(Hispanics)들에게는 여전히 차별이 존재한다.

Clean Air Act 대기정화법

영국에서 대기 중에 매연을 산출하는 연료를 사용하지 못하도록 1956에서 1968 사이에 만들어진 일련의 대기정화법이다. 이 법안이 제정되기 전에는 석탄 연소에서 나오는 매연과 겨울철의 습한 공기가 합쳐져 수천 명을 죽게 한, 그 유명한 '런던 스모그'London smog를 만들었다.

Clementine 〈클레멘타인〉

1849년 금광을 찾아 일확천금을 꿈꾸며 서부 캘리포니아로 몰려왔던 포티나이너forty-niner들에 의해 만들어진 노래이다. 열악한 환경에서 가혹한 노동에 시달리던 이들은 영양실조와 인디언의 습격 등으로 많이 목숨을 잃었다. 또, 자신들이 캐낸 황금이 뉴욕이나 샌프란시스코에 있는 자본가들의 배만 불려준다는 사실을 알고 허탈감에 빠져 부른 이후 널리 퍼져나갔다.

Oh my darling, oh my darling,
Oh my darling, Clementine;
You are lost and gone forever,
Dreadful sorry, Clementine.

오 나의 사랑, 나의 사랑,
오 나의 사랑, 클레멘타인;
영영 사라져 가버렸구나,
너무도 애석하구나, 클레멘타인.

Cleopatra's Needle 클레오파트라의 바늘

고대 이집트시대에 태양신앙의 상징으로 세워진 기념탑인 오벨리스크Obelisk의 다른 이름이다. 하나의 거대한 석재로 만들어 단면은 방형이고 위쪽으로 갈수록 가늘어지며 정상이 피라미드형으로 되어 있다. 기둥면에 상형문자로 국왕의 공적이나 그밖의 명문, 또는 도안이 새겨져 있다. 런던의 Thames강변에, 그리고 뉴욕의 Central Park에, 파리의 Concord 광장에도 서 있다.

런던 템즈강변에 서있는 오벨리스크

Cleveland 클리브랜드

클리브랜드는 영국과 미국, 두 군데 있다. 영국에서는 1974년에 형성된 영국 북동부에 있는 도시이고, 미국에서는 오대호의 하나인 Erie호 연안에 있는 오하이오Ohio주의 가장 큰 도시이다. 록펠러(John D. Rockefeller)가 1870년에 자신의 회사 '스탠더드 오일'Standard Oil을 창업한 곳이고, 미국 대도시 가운데서 최초로 흑인 시장이 탄생한 곳이기도 하다.

Clinton, Bill (1946~) 클린턴, 빌

미국 민주당 출신의 42대 대통령이다. 아칸소Arkansas 주지사를 지냈다. 재임 중 정보 산업 덕분에 미국의 경제가 호황을 누렸고, 북미자유무역협정(North American Free Trade Agreement)을 이루어냈다. 캠프데이비드협정(Camp David Agreement)으로 중동 평화를 이끌고, 데이튼협정(Dayton Agreement)으로 보스니아 전쟁을 종식하는 데 이바지하였다. 백악관 여직원과의 성추문에 대한 위증으로 탄핵을 받았으나, 상원에서 무죄를 인정했다.

close season (미, closed season) 수렵 금지 기간

동물이나 새, 물고기 등을 잡는 것을 금지하는 기간을 말한다. 물고기들은 산란기인 겨울철이 되고, 동물이나 새들은 주로 봄이나 여름철이 된다.

closed shop 클로즈드 숍

노동조합원만 고용하는 사업장을 말한다. 영국에서는 1980년대에 불법화되었다. 미국에서는 1947년 '태프트-하틀리 법안'(Taft-Hartley Act)에 따라 불법화되었다가, 1951년에 다시 합법화되었다.

clothes 의복

오랫동안 의복은 그 사람의 사회적 신분이나 부를 나타내었다. 중세 이전에는 영국에서도 모두 소박한 양모 의상을 입었다. 기본적으로 튜닉tunic을 벨트로 매어 입고, 클로크cloak라는 망토를 걸쳤다. 11-12세기 들면서 귀족과 평민들의 옷이 눈에 띄게 차이가 난다. 귀족 여성들의 드레스는 치맛자락이 땅에 끌렸고, 소매도 길게 늘어지는 등, 모양과 멋을 내기 시작했다 cloak에는 가죽이 장식되기도 한다. 기사들이 십자군 전쟁에서 돌아오면서 중동에서 새로운 옷감과 유행을 들여오는데, 색깔 있는 tunic을 입고, 스타킹에 신발은 뾰족해졌다

15세기부터는 귀족들이 스타킹에 튜닉이 투피스로 나뉜 모양에 가죽으로 장식한 가운gown을 입었다. 남자들의 옷은 누벼지고, 수(embroidery)를 놓거나 보석으로 화려하게 장식된다. cloak은 짧아지고, 모자는 보석이나 깃털로 장식되었다. 남녀 모두 옷깃을 세워 입었다. 귀족 여성들은 수를 놓은 속치마가 드러나도록 앞섶이 갈라진 우아한 벨벳velvet 가운을 입었다. 이때 여성들은 대부분 몸매를 위해 코르셋corset을 입었다.

17세기 중반에 들어서는 귀족 남자들이 짧은 재킷과 무릎 정도 오는 브리치breech라는 바지를 입고, 박차가 달린 하이힐 부츠를 신었다. 옷깃에 레이스를 붙이고, 챙이 넓고 긴 깃털로 장식한 모자를 썼다. 여성들의 옷은 더 부드러워지고 늘어졌다. 청교도들은 소박하게 검은 옷을 주로 입었다고 한다. 남자들은 검은 모자에 하얀 목 칼라를 했다. 17세기 후반부터 남자들은 오늘날의 정장과 비슷한 형태인 breech 바지에 조끼, 그 위에 긴 코트를 입었다. 여성들의 드레스는 목선이 내려가기 시작했다.

18세기에는 부유층 남자들은 조끼에 breech 바지를 입고 스타킹을 신었다. 그 위에 프록코트frock coat를 입었다. 여성들은 페티코트petticoat를 입고 앞치마를 입었고, 남녀 모두 흰색의 가발에 화장을 했다고 한다. 18세기 후기로 오면서 귀족 부인들은 실크 드레스를 땅에 끌리도록 입었는데, 농민 부인들은 소박한 양모 드레스를 입었고, 농부들은 스목크smock라는 헐렁한 셔츠로 만족해야 했다.

19세기 초에는 여성들이 목선이 더 파지고 허리가 올라간 무슬린muslin(옥양목)으로 된 드레스를 입었다. 남자들은 몸에 꼭 맞춘 재킷을 입고, 발목까지 내려오는 바지(trousers)를 입었다. 미국에서는 독립 전쟁이 끝나자 유럽의 최신 패션이 곧바로 소개되었다. 미국 여성들도 커다란 후프스커트hoop skirt를 입었다. 그러나 후프스커트와 코르셋이 건강에 좋지 않다는 의식이 생기면서 좀 더 느슨한 의상을 입게 되었다.

빅토리아시대에는 남성들이 재킷과 바지를 입고, 나비넥타이(bow tie)를 맸다. 여성들은 다시 긴 드레스를 입었다. 19세기 말로 가면서 여성들의 스커트는 더욱 좁아지고, 코르셋에 투피스를 입기 시작했다. 보닛bonnets이라는 모자를 쓰기도 했다.

제1차 세계대전 중에 영국이나 미국의 많은 여성들이 군대 간 남자들을 대신해 직장에 다녔고, 의복도 실용적인 것이 필요했다. 맨다리에 좀 더 짧은 치마를 입기 시작했다. 이어서 바지(trousers)도 입기 시작했다. 1920년대에는 패션을 첨단을 달리던 여성들의 '플래퍼 스타일flapper style'이 등장하기도 한다. 이 시기 남자들의 정장에서도 넥타이가 길어진다.

1960년대에는 여성들이 미니스커트miniskirt를 입고, 청바지jeans와 티셔츠T-shirt가 남녀 모두에게 인기를 얻는다. 여성들의 신발도 컬러와 모양이 아주 다양해진다. 오늘날은 패션이 아주 빨리 변하고, 젊은이들은 최신 스타일을 입고 있다.

17세기 퓨리턴의 복장

Clubs and societies 클럽과 소사이어티

클럽은 사회에서 정기적으로 만나거나 스포츠를 함께하는 사람들의 모임을 말한다. 동창회(alumni club)나 각종 스포츠 클럽들이 여기에 해당된다. 특히 미국의 학교 생활에서는 클럽이 중요한 부분을 차지한다. 우리나라 대학 생활에서 동아리와 같다.

이에 비해, 소사이어티는 음악, 연극, 영화, 역사, 사진 등

특정한 취미나 관심을 함께하는 동호회 성격의 협회라고 할 수 있다. 이들은 회원들에게 정기적으로 소식지나 잡지를 보내고, 지역 사회에서 가끔씩 행사를 개최하기도 한다.

CMS Energy 씨엠에스 에너지

미국과 세계 18개 국을 대상으로 천연가스와 전기 등의 에너지를 공급하는 미국의 에너지 회사이다.

CNN (Cable News Network) **씨엔엔 방송**

전세계에 24시간 위성으로 뉴스와 정보를 제공하는 미국 텔레비전 방송이다. 1980년에 테드 터너Ted Turner가 설립하였다. 본사는 Georgia주 애틀랜타Atlanta에 있다. 1991년에 걸프전(Gulf War) 독점 방송으로 유명해졌다.

coca-cola 코카콜라 (= Coke)

세계에서 가장 많이 팔리는 청량 음료이다. 1886년 약사였던 존 S. 펨버튼John S. Pemberton 박사가 복통과 두통을 치료한다며 만들었다. 처음에는 코카인cocaine으로 만들었으나, 1906년부터 카페인caffeine으로 대체되었다.

coffee 커피

미국인들은 커피를 특별히 좋아한다. 직장에서도 잠시 쉬면서 커피를 마시는 '커피 브레이크'Coffee break가 있을 정도로 커피를 많이 마신다. 술을 많이 마신 다음에 블랙커피 Black coffee(우유나 크림을 타지 않은 커피)가 술을 깨게 하는 데 도움이 된다고 믿는 사람들도 있다.

Cold War 냉전

제2차 세계대전이 끝나고 미국과 서유럽 중심의 자본주의 국가들과 구 소련과 동유럽을 중심으로 한 공산주의 국가들이 정치적, 군사적으로 대치하며 긴장관계를 유지하던 것을 말한다. 양측은 많은 군대를 보유하여 전쟁을 준비하고, 핵무기를 개발하여 서로를 위협하고, 스파이들을 이용하여 상대편의 비밀을 캐내는 일을 하였다. 양측이 전면전을 하지는 않았지만, 미국과 소련의 지원 아래 한국 전쟁 같은 국지전이 많이 있었다. 1990년대 들어 소련이 붕괴되고, 상호 무기 감축에 합의하면서 냉전은 끝나게 된다.

Cole, Nat King (1919~1965) **코울, 냇 킹**

부드러운 목소리로 사랑 노래를 많이 부른 미국 흑인 가수이다. 뛰어난 피아노 실력도 가지고 있었다. 라디오와 텔레비전에 자신의 프로그램을 가지고 있었던 최초의 흑인이었다. 〈모나리자〉*Mona Lisa*(1950), 〈램블링 로즈〉*Rambling Rose*(1965) 등의 히트곡들이 있다.

Coleridge, Samuel Taylor (1772~1834) **코울리지, 새뮤얼 테일러**

영국의 낭만주의 시인이다. 윌리엄 워즈워스William Wordsworth와 함께 낭만주의 시작을 알리는 시집 《서정담시》*Lyrical Ballards*(1798)를 출간하였다. 유명한 시로는 〈노수부의 노래〉*The Ancient Mariner*, 〈쿠블라 칸〉*Kubla Khan* 등이 있다.

Colgate-Palmolive Co. 콜게이트-파몰리브

미국의 가정 용품, 목욕 용품 제조 및 유통 회사이다. 1908년 비누와 양초를 제조하던 윌리엄 콜게이트William Colgate가 뉴욕에서 자신이 만든 제품을 팔기 시작한 것이 회사의 기원이다. 1908년에는 세계 최초로 튜브에 든 치약을 만들어 판매하였다. 1928년에는 비누 생산 업체였던 파몰리브 피트 컴퍼니Palmolive-Peet Company를 합병하였다. 1953년에 지금의 회사명을 바꾸었다. 현재 가정 용품과 목욕 용품 생산에 주력하면서 일반 식품, 건강 보조 식품, 스포츠 용품, 레저 용품 등도 함께 생산하여 판매하고 있다. 뉴욕에 본사가 있다.

Collins, Judy (1939~) **콜린스, 주디**

맑은 목소리의 미국 포크 뮤직 가수이다. 1960년대 미국의 베트남 전쟁을 반대하고, 흑인 인권운동도 지원하였다. 클린턴 대통령은 딸의 이름을 그녀의 노래인 *Chelsea Morning*(1972)에 따서 Chelsea라고 지었다. *Amazing Grace*(1970), *Send in the Clowns*(1975) 등이 히트곡이다.

Collins, Michael (1890~1922) **콜린스, 마이클**

영국의 지배로부터 아일랜드의 독립을 위한 운동을 이끈 지도자이다. 1916년 더블린Dublin의 '부활절 집회'(Easter Rising)에서 투쟁하기도 했다. '아일랜드공화군'(Irish Republican Army, IRA) 창설에 일조를 하였다. 1921년 '아일랜드 자치주'(Irish Free State) 수립에 이바지하여 '아일랜드 자치군'(Irish Free State forces)을 지휘하였고, 자치주의 대표를 하다 열흘만에 그를 반대하는 사람에게 죽는다.

Collins, Wilkie (1824~1889) **콜린스, 윌키**

19세기 영국의 소설가이다. 법학을 배웠으나 1851년에 문호 찰스 디킨스Charles Dickens와 친교를 맺고 그가 편집하는 주간 잡지에 관계하면서 소설을 쓰기 시작하였다. 수수께끼를 담은 복잡한 줄거리의 구성이나 괴상한 사건을 교묘하게 그려내는 재능이 디킨스에게도 영향을 주었다고 한다. 대표작 《흰옷을 입은 여자》*The Woman in White*(1860), 《월장석》*The Moonstone*(1868) 등은 발표와 동시에 선풍적인 인기를 끌었다. 이 작품들은 20세기의 심리사회 미스터리 작가의 원조라고 할 수 있다.

Colonel Bogey 〈보기 대령〉

제1차 세계대전이 시작될 때 만들어진 행진곡으로, 제2차 세계대전 때도 불렸다.

Colorado River 콜로라도 강

미국 콜로라도주 북부 로키 산맥에서 발원하여 그랜드캐넌 Grand Canyon을 지나 캘리포니아 만(灣)으로 흘러간다. 총 연장 2,330km나 된다.

Colors (영, Colours) 색깔

색깔에 대한 영미인들의 이미지를 알아보자. 우선, 피부색(skin color)에 대한 이미지로, black은 아프리카 출신 흑인을 가리키고, white는 백인들을 가리킨다. 백인들이 선탠 suntan을 통해 피부가 구릿빛으로 변한 경우에는 bronze 또는 brown이라 한다. 그들이 건강함을 나타낼 때 pink(or rosy)로 표현하고, 건강이 좋지 않으면 grey로 표현한다. 또, blue-blooded 또는 blue blood는 귀족을 나타낸다. 파란 핏줄이 보일 정도로 창백한 피부를 가진 사람들이라 뜻이다. blond는 영미인들이 가장 매력적으로 생각하는 머리색이다. redhead는 약간 붉은 빛이 나는 머리색이다. 성격이 급하다는 인식이 있다.

둘째, 각 색깔에 대한 감정을 알아보면, red는 불과 열, 화(anger), 사랑(love)의 감정을 상징한다. purple은 화(anger)를, blue는 불행이나 충성(loyalty)과 신뢰(faithfulness)를 나타낸다. green은 순수함이나 질투(jealousy)를 나타낸다. yellow는 공포(fear)나 비겁함(cowardness)을 나타낸다.

셋째, 전통적으로 영미인들은 남자아이들에게 푸른색의 옷을 잘 입힌다. baby blue라고도 한다. 여자아이는 pink색 옷을 잘 입힌다. 그리고 장례식에는 검은 옷을 입거나 검은 넥타이를 맨다. white는 순결을 상징하고 있어서 결혼식에 신부가 입는다.

넷째, 관습 속에서의 색깔이 상징하는 것을 알아보자. red는 위험(danger)과 잘못(trouble), 금지(prohibition), 강조(emphasis)를 나타낸다. 그래서 교통신호의 멈춤(stop) 신호에 붉은 신호등을, 우체통이나 전화부스를 붉은 색으로 한다. black은 나쁜(bad) 것과 연관이 있다. 그래서 나쁜 일이 일어난 날을 흔히 black day라고 한다. green은 허용(permission), 자연(nature), 환경(environment) 등을 나타낸다. yellow는 경고(warning)의 의미가 있다. 축구경기에서 yellow card가 '경고'를 의미하고, 미국 학교의 스쿨 버스는 노란색이며, 전쟁에 나간 사람이 있는 집에는 나무에 노란 리본을 달아놓기도 하는 것 등이 그러하다. blue는 높은 가치(value)를 나타낸다. blue chip이 주식에서 '우량 종목'을 말하는 것이 좋은 예다.

다섯째, 경축일도 그것이 상징하는 특별한 색이 있다. 성탄절(Christmas)은 red와 green, 할로인(Halloween)은 black과 orange, 발렌타인데이(St. Valentine Day)는 pink와 red가 상징하고, 미국 독립기념일(Independence Day)에는 성조기의 색깔인 red, white, blue가 사방을 장식한다.

Coltrane, John (1926~1967) 콜트레인, 존

미국의 재즈 색소폰 연주자이다. 1955년부터 마일스 데이비스Miles Davis의 캄보 밴드combo band에서 연주하여 주목을 끌기 시작했으며, 1960년 이후로는 자기의 캄보 밴드를 이끌고 활약하여 전위 재즈의 최첨단을 가는 음악가로서 독특한 경지를 개척하였다. 재즈의 역사에 크게 공헌하였다. 대표 앨범으로 《거대한 걸음들》Giant Steps(1959)이 있다.

Columbia 컬럼비아호

1981년에 처음 발사된 미국 우주 왕복선이다. 이때 존 영 John young과 로버트 크리픈Robert Crippen, 두 우주 비행사가 탑승하였다. 1996년까지 20회나 비행하였다.

Columbia Pictures 컬럼비아 영화사

1924년에 설립된 미국 헐리우드의 영화사이다. 컬럼비아사가 제작한 작품으로 〈아라비아의 로렌스〉*Lawrence of Arabia*(1962), 〈이지 라이더〉*Easy Rider*(1969), 〈크레이머 대 크레이머〉*Kramer vs. Kramer*(1979), 〈마지막 황제〉*The Last Emperor*(1987) 등이 유명하다.

Columbia University 콜롬비아 대학

뉴욕시에 있는 사립 대학이다. 1754년에 킹스 칼리지 King's College로 설립되어 1896년에 콜롬비아 대학으로 되었다. 의학 · 언론학 · 교육학 분야에서 강세이다.

Columbo 〈형사 콜롬보〉

1971년부터 1993년까지 방영된 텔레비전 연속극이었다. 주인공인 L. A. 경찰청 형사 Columbo는 피터 포크Peter Falk가 열연하였다. 낡은 코트와 낡은 자동차가 시청자들의 기억에 오래 남아 있다.

Columbus Day 콜럼부스 데이

크리스토퍼 콜럼부스가 미국을 발견한 것을 기념하는 미국 공휴일이다. '디스커버리 데이'Discovery Day라고도 한다. 뉴욕주에서 1792년 처음으로 기념한 데 이어, 대부분 주에서 10월 둘째 주 월요일로 정하고 있다.

Columbus, Christopher (1451～1506) 콜럼부스, 크리스토퍼

이탈리아 탐험가로서 1492년 미국을 발견한 최초의 유럽인이다. 스페인 국왕의 지원을 받아 아시아로 가는 바닷길을 찾아 대서양을 건넜고, 지금의 카리브 지역 해안에 도착하였다. 그는 이곳을 죽을 때까지 아시아의 해안으로 생각하였다고 한다. 몇 번 더 미국을 찾았으나, 돈벌이가 되지 않아, 가난 속에 죽어갔다.

Comanche 코만치

미국 남서부의 대평원 지대에 살았던 미국 인디언의 한 부족이다. 용맹한 부족으로 1870년대까지 텍사스에 백인들이 들어오지 못하게 하였다.

Comic Relief 코믹 릴리프

불우이웃을 위한 성금을 마련하기 위해 코미디 배우들이 시작한 영국의 자선 단체이다. 2년에 한 번씩 3월이 되면 텔레비전에 코미디 프로그램을 방영하면서, 사람들에게 자선 기금을 기부할 의사를 묻기도 한다. 그 날 일반 시민들은 기금 마련을 위해 빨간 코의 분장을 사서 쓰고 즐거운 이벤트를 벌인다.

Commandos 코만도

영국 해군의 특수 부대이다. 유사시 적진 내부에 있는 목표에 침투하여 공격할 수 있는 부대이다.

Commission for Racial Equality 인종평등위원회

모든 인종은 교육과 취업에서 평등한 기회를 부여받아야 한다는 취지로 1976년에 발표된 '인종관계법'(Race Relation Acts)에 따라 생긴 영국의 정부 기구이다.

Commission on Civil Rights 인권위원회

모든 미국인들의 인권을 위한 일을 하는 미국 정부의 독립 기구이다. 인권 침해 사항을 조사하여 대통령과 의회에 알리고, 국민들에게 인권에 관한 정보를 제공한다.

Common Entrance 공통입학시험

예비 학교(preparatory school)에 다니는 12～13세 남자 아이들이 치는 영국의 사립 학교 입학 시험이다. 여자아이들은 10세 때에 이 시험을 친다.

Common Law 관습법 (= case law)

의회가 만든 법안이 아니고, 관습이나 판례로부터 발전한 법률을 말한다.

common law marriage 사실혼 또는 동거

법률적으로 혼인을 하지는 않았지만, 아내와 남편으로 인지되는 사실상의 혼인관계로 일정기간 살아온 것을 말한다.

common law wife/husband 사실혼 관계의 아내 또는 남편

The Commonwealth 영국연방/영연방

1. 영국을 제외한 회원국: 오스트레일리아Australia (1931), 캐나다Canada(1931), 뉴질랜드New Zealand (1931), 남아프리카South Africa(1931), 인도India (1947), 파키스탄Pakistan(1947), 스리랑카Sri Lanka (1948), 가나Ghana(1957), 말레이지아Malaysia(1957), 키프러스Cyprus(1961), 탄자니아Tanzania(1961), 자메이카Jamaica(1962), 우간다Uganda(1962), 케냐 Kenya(1963), 말라위Malawi(1964), 몰타Malta(1964), 잠비아Zambia(1964), 싱가포르Singapore(1965), 감비아The Gambia(1965), 나이지리아Nigeria(1966), 가이아나Guyana(1966), 바베이도스Barbados(1966), 보츠와나Botswana(1966), 스와질랜드Swaziland(1968), 피지Fiji(1970), 통가Tonga(1970), 서사모아Western Samoa(1970), 방글라데시Bangladesh(1972), 마하마군도Bahamas(1973), 그레나다Grenada(1974), 파푸아 뉴

기니Papua New Guinea(1975), 도미니카Dominica(1978), 솔로몬군도Solomon Islands(1978), 세인트루시아St. Lucia(1979), 세인트빈센트St. Vincent(1979), 짐바브웨Zimbabwe(1980), 벌라이즈Belize(1981), 몰디브Maldives(1982) 등, 총 54개 국이다. 괄호 안의 숫자는 가입 연도이다.

2. 성립과 발전: 회원국 중에서 캐나다 · 오스트레일리아 · 뉴질랜드 등은 자치령(Dominion)이라 불리었다. 자치령은 원래 영국 본국의 식민지였으나, 제1차 세계대전이 일어나기 전에 내정의 자치를 획득하였으며, 전후에는 대외 관계에서도 독립하는 경향이 뚜렷해졌다. 1931년의 '웨스트민스터헌장'(Statute of Westminster)은 자치령의 독립적 지위를 법적으로 인정하여 제1차 Commonwealth가 성립하였다. 그러나 제2차 세계대전 후에 아시아, 아프리카, 오세아니아 및 카리브해의 영국령 식민지들이 독립하여, 동질성과 충성이 사라진 제2차 Commonwealth가 이루어졌다.

3. 지위와 성격: 영국 국왕이 영연방 회원국의 수장이라는 특별한 지위를 가지지만, 각 회원국의 원수가 아니며, 자유로운 결합의 상징일 뿐이다. 그러나 회원국들이 영국과 대등한 주권 국가이지만, 구(舊) 영국제국의 식민지에서 독립한 나라들이기 때문에 다른 독립국가에서는 볼 수 없는 특수한 관계로 맺어져 있나. 회원국 중에는 오스트레일리아 · 뉴질랜드 · 캐나다와 같이 영국과 국왕을 같이하는 군주제 국가도 있고, 인도 · 가나와 같이 공화제 국가도 있어 엄밀한 의미에서는 연방이라는 표현이 정확하지 않다. 그 결합은 매우 자유로우며, 우호협력 관계와 실리(實利)를 기초로 하는 클럽과 같은 성격으로, 경제 원조와 개발 투자가 커다란 역할을 하고 있다. 신생 독립국이 영연방에 가입하는 것은 이익이 있기 때문이다. 모두 영어를 공통어로 사용하며, 의회제도를 비롯하여 영국식 사회제도와 사회 관습을 가진다는 공통점이 있다. 영연방 회원국의 공동 문제를 협의하기 위하여 '영연방 총리회의'(Commonwealth Conference)가 2년마다 열린다.

Commonwealth Day 영연방의 날

영국 여왕 엘리자베스 2세의 공식 생일을 영국을 제외한 영연방 일부 국가들이 공휴일로 택하고 있다. 1966년 이전에는 Victoria 여왕의 생일로 했고, 1958년 이전에 '제국의 날'(Empire Day)이라고 불렀다.

Commonwealth Games 영연방 경기 대회

영연방 국가들의 스포츠 대회이다. 1930년 캐나다에서 처음 열린 후, 4년마다 열린다. 1970년 이전에는 '대영제국 경기대회'(British Empire Games)라고 했다.

Commonwealth Institute 영연방 교육문화센터

영국 런던에 본부를 두고 있으면서 회원국들을 위한 각종 교육문화 행사나 전시회를 개최한다.

Communism 공산주의

영미인들에게 공산주의는 구 소련과 중국의 체제로 인식되어 있다. 1991년 구 소련의 붕괴는 그동안 미국과 소련 간에 지속적으로 핵전쟁(nuclear war)의 위협을 주던 냉전의 종식이었다. 1950년대와 1960년대에 미국에는 공산주의자(communist)들에 대한 두려움이 많았다. 그들이 미국에 위험한 존재로 널리 인식되어 있었다. 상원의원이던 조셉 매카시Joseph Mccarthy 의원이 선봉에 서서 공산주의자들과 그들에 협조하는 자들은 색출하고 무자비하게 처벌하였으니, 소위 '매카시즘'(Mccarthyism)에 의해 공산주의자로 몰린 많은 사람들이 직장을 잃거나 구속되었다.

Communist Party of Great Britain 영국 공산당

영국 공산당은 1920년에 창당되어 지금까지 의회에서 2석 이상을 얻지 못할 정도로 인기가 없다. 1960~70년대에 소련으로부터 정치 자금을 지원받아 문제가 되기도 했다. 1991년에는 당명을 '민주좌파'(Democratic Left)로 바꾸었다.

Communist Party of the United States 미국 공산당

1921년에 '미국 노동당'(the Workers Party of America)이라는 이름으로 창당하여 1929년에 지금의 '미국 공산당'으로 당명을 바꾸었다. 1950년대에 의회가 공산당의 권리를 많이 제약하여 활동이 위축되었으나, 1960년대 들어 다시 공개적인 활동을 시작하였다.

community college 커뮤니티 칼리지

미국의 특정 지역에 있는 학생들을 위한 지역 사회 대학이다. 지방 정부로부터 재정을 지원받아 실제적인 직업 과정에 중점을 두고 있어서, 성인 학생들이 많이 다닌다.

commuting 출퇴근 또는 통근

집에서 직장까지 먼 거리를 오가는 말이다. commuting(커뮤팅)이란 말은 원래 'communication ticket'에서 따온 말이다. 통근자를 'commuter'(커뮤터)라고 한다. 영국에서 통근자들의 이미지는 정장을 입고, 아무와도 말 없이 열차 또는 지하철 안에서 신문을 읽고 있는 모습이다. 미국에서는 특히 백인 통근자들이 많은데, 대체로 열차나 승용차를 이용한다. 복잡한 도시에서 빠져나와 조용하고 쾌적한 환경의 교외에 주거를 정하고 싶어서이다. 이곳을 베드타운(bedroom community)라고 한다. 이들이 대도시 직장에서 멀리 떨어진 교외에 주거를 정한 또 다른 이유는, 1960년대 흑인 인권운동의 영향으로 도시에 흑백 분리 학교가 없어지면서 흑인들이 거의 살지 않는 교외로 백인들이 대거 이사를 갔다. 장거리 출퇴근자들이 많아지면서 '출퇴근 시간'(rush hour)이 많이 붐비고, 그 '교통 체증'(traffic jam)을 피해서 이른 아침에 출근하거나, '승용차 함께 타기'(car pooling)도 한다.

Como, Perry (1912~)코모, 페리

부드럽고 여유 있는 목소리를 가진 유명한 미국 대중 가수이다. 주로 1950년대에 활동하였는데, 텔레비전에서 〈페리코모쇼〉*The Perry Como Show*를 하기도 했다. 《노 아더 러브》*No Other Love*(1953)와 그래미상을 받은 《캐치 어 폴링 스타》*Catch A Falling Star*(1958) 등이 히트 앨범이다.

Compaq Computer 컴팩 컴퓨터

미국의 컴퓨터 사무기기 회사이다. 1981년 텍사스 인스트루먼츠(Texas Instruments Inc.)에서 기술자로 일하던 조지프 R. 캐니언Joseph R. Canion과 짐 해리스Jim Harris, 빌 머토Bill Murto가 함께 설립하여, 현재 세계 최대의 PC 생산 업체이다. 1982년에 첫 제품으로 컴팩 포터블 피씨Compaq Portable PC를 선보여 널리 호평을 받았다. 이후 기업을 위한 업무용 PC도 공급하였다. 텍사스주 휴스턴Houston에 본사가 있다.

comprehensive school 종합 학교

영국에서 1965년부터 실시된 학교 시스템이다. 이전에는 영국 어린이들이 11살 때 일레븐 플러스Eleven Plus라는 시험을 보아서 통과한 어린이들이 인문 교육 중심의 문법 학교(Grammar School)에 진학하고, 떨어진 어린이들은 실업 교육 중심의 'Secondary Modern School'에 들어갔다. 종합 학교 시스템이 도입된 이유는 11살이라는 어린 나이에 학교를 분리한다는 것이 부당하다는 여론이 높았기 때문이다. 지금은 대부분의 학생들이 종합 학교에 다닌다. 그래도 문법 학교가 약간 남아 있다. 여전히 문법 학교의 교육이 종합 학교 교육보다 우월하다고 생각하는 부모들이 있기 때문이다.

ConAgra 콘아그라

미국의 식품 제조 회사이다. 1919년에 네브래스카Nebraska주에 있던 네 개의 제분 공장이 합병하여 네브래스카 콘솔리데이티드 밀스Nebraska Consolidated Mills(NCM)라는 이름으로 탄생하였다. 1971년에 지금의 상호를 얻었다. 여러 회사들이 콘아그라의 산하에 들어와 오늘날 간편하게 조리할 수 있는 식품들로부터 식재료, 냉동식품, 식료품과 농사에 필요한 물품들에 이르기까지 다양한 제품을 생산하였다. 1990년에는 치즈 생산 회사인 비트리스사(Beatrice Company)를 인수하여 다양한 치즈를 생산하면서 세계적 규모의 식품 회사로 성장하였다. 본사는 미국 네브래스카주 오마하Omaha에 있다.

Concord 콩코드

미국 매사추세츠주 보스턴에서 북서쪽으로 2마일쯤 떨어진 곳에 있는 작은 마을이다. 나다니엘 호돈Nathaniel Hawthorne, 랠프 왈도 에머슨Ralph Waldo Emerson, 헨리 데이비드 쏘로우Henry David Thoreau, 루이사 메이 엘코트Louisa May Alcott 등 유명 문인들이 살던 곳으로 유명하다.

Concord Group 콩코드 그룹

1830~1850년대 미국의 사상계를 휩쓸던 초절주의자(超絶主義者, transcendentalist)들에 대한 총칭이다. 그들이 주로 매사추세츠주의 동부 도시인 콩코드Concord에 살았기 때문에 이같은 이름으로 불렸다. 에머슨Emerson, 쏘로우Thoreau, 엘코트Alcott 등을 중심으로 계간지 《다이얼》*The Dial*을 발행하고, 인간 내면에 존재하는 신과의 합일이나 인간의 무한성을 주장하였다.

Concorde 콩코드

음속보다 빨리 비행한 최초의 초음속 항공기 이름이다. 영국과 프랑스가 공동 제작하여 1969년에 처음 시험 비행을 하여 1974년부터 상용에 들어갔다. 런던과 파리, 뉴욕을 운항하였다. 항공료가 매우 비싼 것으로 알려져 있다.

condom 콘돔

1980년대 들어 후천성면역결핍증(AIDS)이 확산되면서, AIDS를 포함한 다른 성병을 예방하고 안전한 섹스를 하기 위해 콘돔의 사용이 장려되고 있다.

Coney Island 코니 아일랜드

뉴욕시 브룩클린 남쪽에 있는 해변 유원지이다. 섬이 아니다. 1880년대부터 유명해져서 지금도 사람들이 많이 찾는다. 'hot dog'가 여기서 창안되어, 핫도그를 '코니'coney라고도 부른다.

confederate flag 미국 남부연방기

미국 남북 전쟁 당시 남부 11개 주 연방이 사용하던 국기이다. 남부 사람들은 아직도 남부에 대한 자부심이 있고, 그것을 나타내기 위해 또는 백인들이 흑인들보다 우월하다는 것을 나타내기 위해 이 깃발을 쓰기도 한다. 11개의 별은 11개 주를 상징한다.

Confederate States 미국 남부연방 (= Confederacy)

미국 남북 전쟁 직전 남부 11개 주가 차례로 합중국(Union)을 이탈하여 따로 건설한 연방의 이름이다. 정식 명칭은 The Confederate States of America이다. 초대 대통령은 제퍼슨 데이비스Jefferson Davis이고, 수도는 처음에 Alabama주 몽고메리Montgomery였다가, 나중에 Virginia주 리치먼드Richmond로 옮겼다. South Carolina, Mississippi, Florida, Alabama, Georgia, Louisiana, Texas, Virginia, Arkansas, Tennessee, North Carolina 등, 11개 주가 차례로 합류하였다.

Congress 미국 의회

미국의 입법기관인 의회는 양원제(bicameral)로서, 상원(Senate)과 하원(House of Representatives)으로 나뉘어 있다. 의회가 법률을 제정하여 통과하면, 대통령의 동의를 거치도록 되어 있다. '경제와 균형'(checks and balances)이라는 삼권분립의 정신에 따라 행정부와 입법부가 서로 견제하고 균형을 맞춘다.

Congress of Racial Equality (CORE) **흑인인권협회**

평화적인 방법으로 흑인의 인권을 지지하는 미국의 시민 단체이다. 1942년 시카고에서 제임스 파머James Farmer가 설립하였다. 1960년대 흑인 인권운동으로 유명해졌다.

Congreve, William (1670~1729) **콩그리브, 윌리엄**

왕정 복고 희극(Restoration comedy)의 대표 극작가이다. 《세상의 풍습》*The Way of the World*(1700)이 대표작이다.

conjugal right 부부 관계의 권리

혼인 상태인 부부간에 성관계를 가질 수 있는 권리를 말한다. 영국에서 1991년 법률이 바뀌기 전까지는 남편이 아내와 성관계를 가질 권리가 있어서, 강제로 관계를 가졌다고 해서 성폭행 죄가 성립되지 않았다.

Connery, Sean (1930~) **코너리, 숀**

스코틀랜드 출신 영화배우. 007 시리즈 영화의 제임스 본드 James Bond 역할을 해서 유명해졌다. 〈장미의 이름〉*The Name of the Rose*(1986), 〈떠오르는 태양〉*Rising Sun*(1993) 〈더록〉*The Rock*(1996) 등의 작품에서 주연하였다. 60세가 넘는 나이에 미국의 여성 잡지 독자들의 설문 조사에서 여성들에게 가장 매력 있는 남자 배우로 꼽히기도 한다.

Connors, Jimmy (1952~) **코너스, 지미**

미국의 테니스 선수로, 1974년과 1983년 사이에 U.S. Open 대회를 다섯 번이나 석권했고, 1974년과 1982년에 윔블던Wimbledon 대회를 석권했다. 1998년에 국제 테니스 명예의 전당에 올랐다.

Conoco 코노코

미국의 석유 회사이다. 아이삭 E. 블레이크Isaac E. Blake가 1875년 미국 서부 최초의 석유 판매 회사의 하나인 콘티넨털 오일 앤 트랜스포테이션(Continental Oil and Transportation Co.)을 설립하였다. 이것이 오늘날 세계적인 종합 에너지 회사의 시초가 되었다. 원유와 천연가스, 액화천연가스를 탐사하고 채굴, 생산, 판매하는 부문이 있고, 다른 한 부문은 정유 및 석유화학 제품 생산, 원유 및 정유 제품의 생산 및 판매, 석유 제품의 운송, 배급, 판매 등을 맡고 있다. 텍사스주 휴스턴Houston에 본사가 있다. Conoco는 Continental Oil Company(콘티넨털 오일)의 약자 회사명이다.

The Conquest 노르만 정복 (= Norman Conquest)

Norman Conquest편에서 찾을 것.

Conrad, Joseph (1857~1924) 콘라드, 조셉

영국의 소설가이다. 폴란드에서 태어나 17살 때 고향을 떠나 배를 타고 많은 모험을 겪은 뒤에 영국선박의 선원이 된다. 그는 이름을 바꾸고, 1886년에 영국 시민이 된다. 《로드 짐》*Lord Jim*, 《암흑의 오지》*Heart of Darkness*, 《노스트로모》*Nostromo* 등, 그의 많은 소설은 세계를 돌아다니며 겪은 일들이다. 외국 출신이지만, 영국인들은 그를 뛰어난 영국 소설가로 인식하고 있다.

Consequences 릴레이 글쓰기 게임

한 사람이 먼저 종이에 한 줄을 쓰고, 다음 사람이 보지 못하게 접어서 넘기면 다음 사람은 또 한 줄을 쓰고 접어서 다음 사람에게 넘기는 게임이다. 이렇게 모두 쓴 다음 펴서 읽어보면 황당하고 재미있는 이야기가 된다. 각자 문장을 마칠 때는 항상 '그래서 결론은 …'(And the consequence was …)라고 맺는다.

conservation area 보존 지역

법률적으로 보호하고 보존할 가치가 있는 자연이나 역사적인 지역을 가리킨다. 원형을 파괴할 수 있는 건물 신축이나 건설 공사 등이 제한된다.

Conservative Party 보수당 (= the Conservatives)

1830년대 영국의 토리당(Tory Party)에서 발전한 영국 정당의 하나이다. 아직도 'Tory'라는 말이 가끔 쓰이기도 한다.

자본주의와 자유 기업 원칙을 고수하는 우익 정당이다. 1979년에서 1999년까지 총리 마거릿 대처Margaret Thatcher와 존 메이저John Major를 낳은 여당이었다.

constitutional monarchy 입헌군주제

국왕이 상징적인 국가의 수장이지만, 실제로 법률로 그 권한을 제한하고 있는 정치체제이다. 영국의 정치체제가 바로 이것이다. 영국 여왕이 국가의 수장이지만, 실제로는 총리를 중심으로 한 행정부와 의회에 정치 권한이 주어져 있다. 17세기에 권리청원(Bill of Rights)이 발표되고 '1832년 개혁법안'(Reform Act of 1832)이 실시되면서 입헌군주제가 발전한다.

Consumer Reports 《소비자 리포트》

비영리 단체인 미국 소비자연맹(Consumers Union)이 제품을 시험하여 질과 가치를 측정하고 발표하는 월간지이다. 잡지에 어떤 광고도 싣지 않는다.

Consumers' Association 영국 소비자협회

모든 제품의 질을 측정하여 매월 *Which?*라는 협회지에 결과를 발표하여 소비자들의 권익을 보호한다. 1954년에 설립되어 회원이 100만 명이나 된다.

continental breakfast 유럽식 아침 식사

유럽 국가들에서 주로 먹는 아침 식사이다. 일반 가정에서보다는 호텔이나 식당에서 쓰는 표현이다. 버터나 잼, 커피를 곁들인 롤빵이나 크라상croissants 등으로 간단하게 구성된다.

continental breakfast

Continental Congress 대륙의회

영국의 식민지였던 미국 13개 주의 최초 회의체이다. 나중에 합중국(United States)으로 발전한다. 1774년 필라델피아Philadelphia에서 처음 열려서 영국에 여러 가지 권리를 요구하였고, 이듬해인 1775년 회의에서는 독립선언(Declaration of Independence)을 통과시킨다.

Continental Divide 대륙 분할 (= Great Divide)

북미 대륙을 크게 동부와 서부로 나누는 로키 산맥(range of Rocky Mountains)을 말한다. 로키 산맥을 기점으로 강들이 동부로 흐르기도 하고 서부로 흐르기도 하기 때문이다.

로키 산맥을 나타낸 선

Continental Oil Company 콘티넨털 오일 (= Conoco 코노코)

continuing education 평생 교육

성인들을 위한 각종 교육을 말한다. 영국에서는 '지방 교육 당국'에서 다양한 학습 과정을 다양한 장소에서 제공하고 있다. 주로 각종 기술 교육이나 문화 관련 교육 과정들이 많다. 미국에서는 많은 대학들이 일반인들을 위한 각종 교육 과정을 개설하고 있다.

contraception 피임

로마가톨릭에서는 인간의 탄생은 하나님이 결정한다는 신념에 따라 주기법(rhythm method) 외에는 피임을 종교적으로 옳지 않다고 규정하고 있다. 하지만, 세계적으로 많은 사람들이 피임을 하고 있다.

convention 컨벤션

미국의 정당 대회를 말한다. 미국에서 정당 대회는 4년마다 각 당의 대통령과 부통령 후보를 선출하기 위해서 열린다. 당 대회에서 자기 당의 정책을 협의하기도 한다.

Cook, Thomas (1808~1892) **쿡, 토마스**

19세기 영국의 여행 전문가이다. 세계 최초로 패키지 여행(package tour)을 만들었다. 현재 Thomas Cook이란 이름은 세계 유수의 여행사가 되었다.

Co-op 소비조합 매점

영국의 '소비(협동)조합'(Cooperative Wholesale Society)에서 운영하는 매점이다. 영국 대부분의 도시와 마을에 있다. 식품이나 가정 용품, 가구, 전자 제품 등을 판매한다.

Cooper, Gary (1901~1962) **쿠퍼, 게리**

미국 영화배우이다. 서부 영화에서 총 잘 쏘고 과묵한 주인공으로 잘 알려져 있다. 유명한 영화 〈백주의 결투〉*High Noon*(1952)에서 주연하여 오스카 영화상을 받았다.

Cooper, James Fenimore (1789~1851) **쿠퍼, 제임스 페니모어**

미국 문학 사상 최초의 성공적인 장편 소설가이다. 주로 미국 인디언과 개척자들에 관한 소설을 썼다. 1823년에 미국 문학 사상 최초의 소설다운 소설인 《개척자》*The Pioneers*를 발표하였는데, 이 작품은 그의 5부작인 《가죽 각반 이야기》*Leatherstocking Tales*의 주인공 내티 범포Natty Bumppo를 처음으로 내세운 작품이다. 그가 창조한 Natty Bumppo는 가장 미국적인 신화적 인물로 '아메리칸 아담 'American Adam으로 불리기도 한다. 이 시리즈의 두 번째 작품인 《최후의 모히칸족》*The Last of the Mohicans*은 1826년에 발표되었고 영화로도 널리 알려져, 미국 서부 영화의 진수를 보여주는 대표적인 영화로 꼽히기도 한다.

7년씩 유럽 여행을 하고서 《대초원》 *The Prairie*(1827)을 집필하였다. 1833년에 미국으로 돌아온 그는 당시의 국내 정치 행태에 관해 보수적인 비평가의 위치에서 활약하면서 소설 작품보다는 사회 비평에 관한 저서를 열성적으로 펴냈다. 《미국 민주주의자》*The American Democrat*(1838)라는 책은 그의 사회·정치에 관한 풍자를 담고, 언론을 공격하기도 한다. 이어서 Leatherstocking Tales의 후속 작품으로 《사냥길 안내자》*The Pathfinder* (1840)와 《사슴 사냥꾼》*The Deerslayer* (1841)를 계속해서 발표하였다.

미국 프런티어frontier 문학을 대표하게 된 그의 5부작 'Leatherstocking Tales'는 19세기 미국뿐만 아니라 세계적으로 널리 인기를 끌어 20세기에 들어 새로운 관심과 주목의 대상이 되었다.

Co-operative Movement 협동조합운동

19세기 영국에서 시작된 세계적인 소비자 협동조합 운동이다. 제품을 공동으로 생산하고, 구매하고, 판매하여, 이익을 공유하는 것이 기본 목적이다. 19세기 영국의 가난한 노동자들이 돈을 조금씩 모아서, 식품이나 의복을 여럿이 공동으로 구매한 것이 협동조합의 시작이었다. 혼자 구매하는 것보다는 여럿이 함께 구매하는 것이 훨씬 절약이 되기 때문이었다.

Co-operative Wholesale Society (CWS) **소비협동조합**

영국 전역에 Co-op라는 매점을 운영하고 있는 소비조합이다. Co-op을 통한 판매뿐 아니라, 은행 사업도 하고 있다.

Coors 쿠어스 맥주

미국 콜로라도주 덴버Denver에 있는 아돌프 쿠어스사 Adolph Coors Company가 만드는 고급 맥주이다. 로키산맥의 물로 맥주를 만든다고 광고를 한다. 한국의 한 주류회사가 이 회사와 합작하여 'Cass'라는 상표의 맥주를 만들기도 하였다.

Copperfield, David (1956~) **카퍼필드, 데이비드**

미국 마술사이다. 자유의 여신상을 사라지게 하거나 중국 만리장성을 건너가는 등, 대규모의 이벤트를 벌였다.

Coppola, Francis Ford (1939~) **코폴라, 프란시스 포드**

영화 〈대부 1, 2, 3〉 *The Godfather I, II, III*(1972, 1974, 1990) 등으로 잘 알려진 미국 영화 감독이다. 이 영화로 3개 부분에서 오스카 영화상을 받았다. 영화배우 니콜라스 케이지Nicholas Cage의 삼촌이다.

copyright library 영국의 중앙도서관

영국에서 출판되는 모든 도서에 대해 무상으로 납본을 요구할 수 있는 6개 도서관을 말한다. 영국 도서관(British Library), 보들리안 도서관(Bodleian Library), 캠브리지 대학 도서관(Cambridge University Library), 스코틀랜드 국립 도서관(national library of Scotland), 웨일즈 국립 도서관(national library of Wales), 더블린의 트리니티 칼리지 도서관(Trinity College Library, Dublin) 등이다.

Corn Belt 콘 벨트

미국 옥수수의 대부분을 생산하는 중서부를 가리키는 이름이다. 아이오와Iowa주, 일리노이Illinois주, 인디애나Indiana주 등이다.

corn circles 콘 서클 (= crop circle)

영국 옥수수 밭에 곡식이 누워서 나타난 큰 원형의 형상들이다. 1980년대에 나타났는데, 외계의 존재가 그랬다, 바람이 이상하게 불어 그랬다, 사람들이 일부러 그렇게 만들었다는 등, 설이 분분하다.

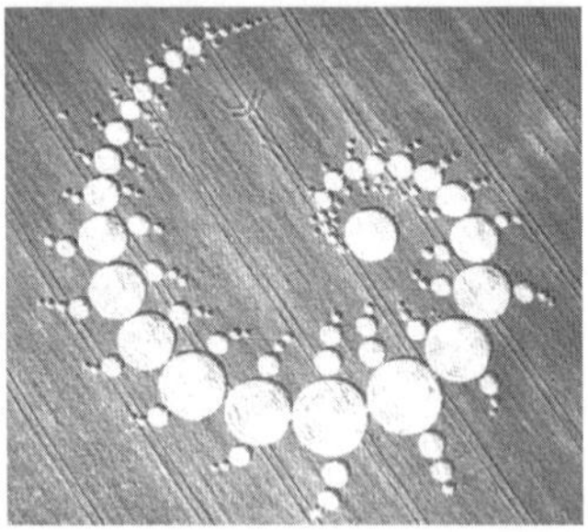

the Corn Laws 곡물법

중세시대에 영국 내 곡물의 양을 조절하기 위해 처음 도입된 곡물거래와 수출입규제에 관련된 법을 말한다. 19세기 곡물의 양이 부족해지자 이 법은 인기가 없어졌고 곡물 가격은 높게 책정되었다. 농경지를 소유하고 있던 수많은 의원들은 높은 곡물 가격으로 인해 많은 이윤을 얻었다. 1846년 반곡물법동맹의 압력으로 정부는 이 법을 개정했다.

Cornell University 코넬 대학

뉴욕주에 이타카Ithaca에 있는 아이비리그에 속하는 명문 사립 대학이다. 1868년에 개교하였다. 재학생은 1만 3,000여 명의 학부생과 대학원 재학생은 5,000명이 있다. 신입생의 5%가 1학년 때 탈락하고, 졸업생은 입학자의 90%에 못 미친다고 한다.

corner shop 구멍가게

골목에서 식품이나, 담배, 술 등, 간단한 상품을 판매하는 가게이다. 영국에서는 주로 인도나 파키스탄 출신들이 가게를 운영하고 있다. 미국에서는 기업에서 운영하는 편의점(convenience store) 등이 대부분이다. 다른 상점보다 오랜 시간 영업을 하는 것이 특징이다.

Corning Ware 코닝 웨어

음식을 넣고 끓일 수 있는 도자기로 만든 냄비이다.

Coronation 대관식

영국 왕이나 여왕이 즉위할 때 거행하는 행사이다. 웨스트민스터 사원(Westminster Abbey)에서 거행한다. 종교의식 뒤에 왕관이 씌어지고 권력과 부를 상징하는 물건들이 수여되면, 정식으로 왕과 여왕이 된다. 대관식 날은 공휴일이 되어 전국에서 경축한다.

여왕 엘리자베스 1세의 대관식 복장

Coronation Chair 대관식 의자

대관식이 거행되는 동안 왕이나 여왕이 앉아 있는 의자이다. 에드워드 1세 때 만들었다.

***Coronation Street* 〈코로네이션 스트리트〉**

영국에서 인기 있는 텔레비전 연속극으로, 세계 최장수 TV 프로그램으로 기록되고 있다. 1960년에 방영을 시작하여, 1989년부터는 일주일에 3번 방영한다. 맨체스터의 노동자들이 많이 사는 Coronation Street 지역에 살고 있는 사람들의 이야기를 다루고 있다.

corporal punishment 체벌

오늘날은 영국이나 미국 학교에서도 체벌은 금지되어 있다. 옛날에는 학교에서 주로 남학생들이 회초리로 손바닥을 맞거나 채찍이나 혁대로 엉덩이를 맞았다.

correspondence college 통신 대학

교재나 학습 과제를 학생들에게 우편으로 보내고, 학생들은 그것을 받아 집에서 학습하고 그 결과물을 대학으로 보내면 성적이 기록되는 방식의 통신 대학을 말한다

Corvette 코르벳

미국 자동차 회사 시보레Chevrolet사가 만든 명품 스포츠카이다. 1953년에 처음으로 생산 판매되었다. 전국에 코르벳 소유자들의 클럽만 700여 개 있다. 1994년에는 켄터키주에 코르벳 박물관이 문을 열기도 했다.

Cosby, Bill (1937~) **코스비, 빌**

미국의 인기 흑인 코미디 배우이다. 그가 출연한 인기 프로는 〈아이 스파이〉*I Spy*(1965~68), 〈코스비 쇼〉*The Cosby Show*(1984~1992) 등이다. 에미상도 여러 번 수상하였다.

cosmetic surgery 성형 수술

영국보다는 미국에서 조금 더 많이 하는 것 같다. 영미의 일반인들 가운데도 일부 허영심이 있는 사람들이 하는 것으로 생각하는 사람들도 있고, 연예인들이 많이 하는 것으로 생각하는 것 같다.

***Cosmopolitan* 《코스모폴리탄》**

미국과 영국에서 월간으로 발간되는 젊은 여성들을 위한 잡지이다. 1972년에 창간되어 처음으로 성을 공개적으로 다룬 여성 잡지로 알려져 있다. 요즘은 좀 시대에 뒤쳐진 느낌이다.

Costner, Kevin (1955~) **코스트너, 케빈**

미국 영화배우로 직접 영화를 연출하기도 한다. 다소 진지하고 도덕적인 이미지의 배역을 많이 하였다. 작품으로 〈꿈의 구장〉*Field of Dreams*(1989), 〈늑대와 함께 춤을〉*Dances with Wolves*(1990), 〈워터월더〉*Waterworld*(1995), 〈포스트맨〉*The Postman*(1997) 등이 있다. *Dance with Wolves*로 오스카 감독상을 받았다.

Cotton Club 코튼 클럽

뉴욕시 할렘Harlem가에 있었던 유명한 재즈 클럽이다. 흑인뿐 아니라 백인들에게도 인기가 많았다. 1920년대에 전성기를 누렸다. 이 클럽을 소재로 프랜시스 F. 코폴라Francis F. Coppola 감독이 영화 *The Cotton Club*(1984)를 만들기도 했다.

Council for the Protection of Rural England (CPRE) **영국 농촌보호협회**

영국의 시골에 건축물의 신축을 막고, 농촌 지역을 보존하자는 취지의 시민 단체이다.

council house 공공임대 주택

지방 정부에서 저렴한 임대료로 공급하는 주택을 말한다. '공공임대 아파트'(council flat) 역시 마찬가지다. 이런 주택들은 주로 저소득층을 위한 것이다. 현재까지도 많은 사람들이 이런 주택에서 살고 있으나, 1980년부터는 사람들이 이 주택들을 지방 정부로부터 구입하기도 한다.

***Countdown* 〈카운트다운〉**

영국에서 인기 있는 방송 프로그램으로, 참가자들이 단어와 숫자로 게임을 한다. 1982년부터 방영되는 장수 프로그램이다.

Country Life 『컨트리 라이프』(전원 생활)

영국의 월간지로 주택, 정원, 전원 스포츠와 사교생활 등에 관한 내용을 싣는다. 1897년 처음 발간되었으며 많은 사람들이 이 잡지를 전원주택을 소유한 부유층들의 삶과 연관시켜 생각한다.

country music 컨트리 뮤직 (= country and western music)

미국 남부와 서부에서 불리던 미국 백인들의 전통 음악이다. 애팔래치아 산맥 일대에서 살던 가난한 백인 농부들이 고단한 삶의 시름을 달래던 노래인 힐빌리hillbilly 음악과 서부의 카우보이들이 부르던 노래로 이루어졌다. 미국의 라디오

컨트리 뮤직 밴드

방송들은 다른 장르의 음악보다 이 컨트리 음악을 더 많이 내보낸다. 테네시Tennessee주의 내쉬빌Nashville이 컨트리 음악의 본고장이다.

Countryside Commission 영국 농촌위원회

영국의 농촌을 보존하는 일을 하는 정부기관이다. 지방정부를 지원하여 국립공원 또는 지방공원을 지정하고 관리하게 한다.

County 카운티

카운티county는 미국에서 주(state)를 구성하는 하위의 자치단체이다. 우리나라에서 광역시나 도(道)를 구성하는 하위 단체인 시(市), 군(郡), 구(區) 정도의 단위라고 보면 된다. 미국에는 약 3,000여 개의 카운티가 있는데, 주의 크기에 따라 카운티의 수도 다르다. 델라웨어Delaware주는 카운티가 3개밖에 없지만, 텍사스Texas주는 254개나 된다. 코네티컷Connecticut주나 로드아일랜드Rhode Island주는 카운티가 아예 없다.

영국에서는 카운티가 미국의 주(state)와 같은 큰 자치단체이다. 옛날에는 shire라고 했다. 지명에 -shire가 붙은 것들을 많이 볼 수 있을 것이다. Yorkshire라고 하면 the County of York가 되는 것이다.

County Code 카운티조례

시골에서 자연환경을 해치는 행위를 금지하는 일련의 영국 법안이다. 예를 들면, 개를 함부로 놓아 기르지 못하게 하며, 배설물을 방치하지 못하게 하는 것들이다.

Court of Appeal 상소법원

영국과 웨일즈의 사법 구조상 고등법원(The High Court of Justice), 형사법원(The Crown Court)과 함께 '최고법원'(The Supreme Court of Judicature)을 구성하는 법원이다. 영국의 입법기관인 상원이자 동시에 사법기관을 겸하는 귀족원(House of Lords)과는 별개인 영국의 최고 사법기관이다. 상소법원은 일반법원에서 유죄 판결을 받은 피의자가 재심을 청구할 수 있는 법원이다.

Covent Garden 코벤트 가든

런던의 중심가의 하나이다. 이탈리아 정취가 물씬 풍기는 이곳은 17세기까지 벽으로 둘러싸인 광대한 정원이 있어서 붙은 이름이다. 그후 건축가 잉고 존스Ingo Jones가 이곳을 이탈리아 풍의 저택과 함께 개방해서 광장으로 다시 만듦에 따라, 시장으로서 번잡해졌다. 오드리 헵번이 주연한 My Fair Lady의 무대로, 원래는 꽃 · 채소 시장이었으나 지금은 패션의 중심지가 된 곳이다. 같은 이름의 국립오페라 하우스도 있다.

covered wagon 포장마차

미국 서부로 이주하던 사람들이 가족과 함께 이삿짐을 싣고 이동하던 마차이다. 두꺼운 천으로 덮여 있고, 말 대신 나귀나 소가 끌기도 했다.

coward 겁쟁이 또는 비겁자

서구 남자들이 가장 듣기 싫어하는 말이다. 흔히 노란색은 겁쟁이를 상징하여, coward를 'yellow' 또는 'yellow-bellied'라고도 한다.

Coward, Noel (1899~1973) 코워드, 노엘

영국의 극작가이자 배우이다. 세련된 외모에 지적인 유머로 유명했다. 《소용돌이》*The Vortex*(1924), 《헤이 피버》*Hay Fever*(1925), *Private Lives*(1930) 등의 희곡을 썼고, 영화 〈짧은 만남〉*Brief Encounter*(1945)의 시나리오도 썼다.

cowboy 카우보이

미국 서부에서 소 떼를 몰던 목부들이다. 소를 키우는 목장이 번성하던 19세기에는 카우보이들이 중요한 몫을 담당했다. 미국인들은 청바지를 입고, stetson이라는 모자를 쓴 모습의 카우보이에 대해서 정직하고, 독립심이 강하고, 힘이 강한 사람이라는 좋은 이미지를 가지고 있다. 이것은 실제 생활에서보다는 영화에서 받은 이미지가 크다. 오늘날도 카우보이들은 서부에 일부 존재하고 있으며, 로데오rodeo 경기에 참가하기도 한다. 미국인들은 휴가 때 카우보이들이 사는 곳으로 관광을 가기도 한다.

cowboys and Indians 카우보이와 인디언 놀이

미국 어린이들이 카우보이와 인디언을 가장해서 서부 영화에서 본 것처럼 서로 전투를 벌이는 놀이이다.

Crane, Stephen (1871～1900) 크레인, 스티븐

시인이면서 사실적인 소설을 쓴 미국 언론인이다. 1879년 영국으로 이주해 3년만인 28살에 죽었다. 16세 때부터 신문 통신원이 되어 기고를 하면서 단편을 쓰기 시작했다. 21세 때 뉴욕시의 빈민가의 실태를 알고서 첫 장편《거리의 여인 매기》*Maggie: A Girl of the Streets*(1893)를 출판하였다. 이어서 남북 전쟁 때의 병사를 소재로 한 소설《붉은 무공훈장》*The Red Badge of Courage*(1895)을 발표하면서 그는 영국과 미국에서 유명해졌다. 결핵으로 29세의 짧은 일생을 마쳤다.《조지의 어머니》*George's Mother*(1896),《괴물》*The Monster and Other Stories*(1898) 등의 작품이 더 있다.

Crawford, Michael (1942～) 크로포드, 마이클

영국의 코미디 배우이다. 주로 텔레비전에서 활동했는데, 〈오페라의 유령〉*The Phantom of the Opera*(1986) 같은 뮤지컬에 출연하여 명성을 얻는다.

Crayola 크레욜라

미국 어린이들이 쓰는 크레용 제품이다. 펜실바니아 Pennsylvania주 이스턴Easton에 본사를 둔 비니 엔 스미스Binney & Smith사가 1903년부터 생산하는데, 2000년이 되기 전에 1천억 개가 넘게 팔렸다고 한다.

Crazy Gang 크레이지 갱

1932년에 처음으로 '뮤직홀쇼'(music hall)를 함께 공연했던 영국 코미디언 멤버들이다. 이후 30년 간 함께 공연을 하였다.

Crazy Horse (1849~1877) 크레이지 호스

아메리카 인디언 수Sioux족의 추장이었다. 1876년 리틀 빅혼Little Bighorn 전투에서 미국의 쿠스터Custer 장군의 부대를 쳐부수었으나, 1년 뒤에 잡혀 감옥에 갔고, 탈출하다 죽었다. 사우스다코타South Dakota주의 썬더헤드 Thunderhead 산에는 말을 타고 있는 그의 모습을 조각한 대형 기념상이 서 있다.

cream tea 크림 티

오후에 차와 빵을 먹는 영국 전통의 간단한 식사이다. 이 빵은 크림과 잼을 발라먹도록 만든 작은 케이크 같은 것이다. 영국을 방문하는 관광객들에게 인기 있다.

credit card 신용카드

미국 시카고의 사업가 '프랭크 맥나마라'Frank McNamara가 친구 '랄프 슈나이더'Ralph Schneider와 함께 (사전- 주요 신용카드들) 1949년 세계 최초의 신용카드인 '다이너스(클럽) 카드'Diners Club Card를 만들었다.

이때의 가맹점들이 모두 식당들이어서, 디너Dinner에서 유래된 'Diner'와 동료 또는 멤버쉽의 의미를 담고 있는 '클럽'Club이란 말을 결합하여 만든 것이다. 현재 국제적으로 사용되는 카드로는 Diners Card 외에 VISA, MasterCard, American Express 등이 있다.

Credit Union 신용협동조합

미국의 신용협동조합은 회원들의 주식으로 운영되며 회원들에게 낮은 이자로 돈을 빌려준다. 대부분의 신용협동조합은 병원이나 대학 등의 공동유대관계를 기반으로 만들어진다.

Cree 크리 부족

본래 캐나다 지역에서 사냥을 하며 살던 인디언 부족이다. 일부는 아직도 캐나다 지역에 살고, 일부는 남으로 내려와 미국 몬태나Montana주에 살고 있다.

Creek 크리크 부족

아메리카 인디언의 한 부족이다. 원래 앨라배마Alabama주와 조지아Georgia주 등지에서 농사를 짓고 살았는데, 1814년 앨라배마주의 호스슈 벤드Horseshoe Bend 전투(1814)에서 패한 뒤에 서부로 이주를 하여 지금은 주로 Oklahoma에 살고 있다.

Creole 크리올

프랑스나 스페인 출신으로 남부의 New Orleans 일대에 살았던 사람들을 가리키는 말이다. 불어, 스페인어, 영어가 섞인 말을 쓴다.

Crichton, Michael (1942～) 크라이튼, 마이클

미국의 베스트셀러 소설가이자 영화 시나리오 작가이다. 과학 소설을 주로 썼다. 《콩고》*Congo*(1980), 《스피어》*Sphere*(1987), 《쥬라기공원》*Jurassic Park*(1990), 《떠오르는 태양》*Rising Sun*(1992), 《잃어버린 세계》*The Lost World*(1995) 등, 그의 많은 작품이 영화화되어 성공을 거두었다.

cricket 크리켓

우리에게 생소한 경기라 자세히 기록하였다. 크리켓은 영국에서 만들어진 야구와 비슷한 스포츠 경기이다. 신사들의 경기라고 하는 만큼, 규정을 잘 지키고 비신사적인 행위를 하지 않는 것이 중요하다. 영국과 영연방의 국가들에서 주로 행해진다. 여러 대회 중에도 영국, 스코틀랜드, 오스트레일리아, 인도, 뉴질랜드, 파키스단, 남아프리카 등의 영연방 국제 시합이 크고 인기가 있다. 그중에도 영국 대 오스트레일리아의 시합은 크리켓의 꽃이라 하며, 프로 선수는 '플레이어'player라 하고, 아마추어 선수는 '젠틀맨'gentleman이라 한다. 큰 시합에서는 팀마다 프로 선수가 주가 되며 2～3명의 아마추어가 참가한다. 선수들은 모두 하얀색 셔츠와 긴 바지를 입는다. 경기 시간이 길어서 점심시간이나 티타임도 있다.

크리켓은 주로 잔디에서 하는 경기이지만, 그라운드의 넓이에 관한 규정은 따로 없다. 명문 팀의 구장은 정규 육상 경기장만큼 넓다. 공은 코르크의 심(心)에 마사(麻絲)를 감고 쇠가죽을 씌운 것으로, 둘레 23cm 이하, 무게 120g 이내이다. 배트는 너비 10cm 정도의 평평한 나무판에 손잡이가 있다. 경기장 중앙에 1.25m의 나무막대기(stump) 위에 베일스bails라는 나무를 얹은 위켓wicket을 20m 간격으로 마주보게 세운다.

게임은 1조 11명으로 편성된 두 팀이 대전한다. 수비측은 wicket 바깥쪽에 볼러(bowler: 투수)와 다리에 방호구를 부착하고 가죽으로 만든 글러브를 낀 포수(wicket keeper)를 두고, 나머지 9명은 적당한 수비 위치에 선다. 공격측 11명이 아웃되면 1이닝inning이 종료되고, 공수 교대하여 2이닝이 끝나면 시합이 종료되지만, 타자는 좀처럼 아웃이 되지 않으므로 장시간 게임이 계속되며, 2～3일 걸리기도 한다. 영연방 국제시합(테스트 매치)에서는 한 시합에 5일 간을 예정하고 있으며, 득점도 200～300점까지 오르는 수도 있다. 시합 중 6점의 장타가 3회 연발되는 경우는 '핫 트릭hot trick'이라 하여 관중들이 열광한다. 야구에서의 홈런과 같은 것이다.

Crimean War 크림전쟁

1853년에서 1856년 사이에 우크라이나의 크림 지역을 둘러싸고 러시아에 대항해 영국, 프랑스, 터키 연합군이 싸운 전쟁. 러시아는 터키를 지배할 군대를 원했고 영국과 프랑스는 흑해에 관한 러시아의 간섭이 없어지기를 원했다. 대부분의 군사적 충돌은 러시아 해군기지 세바스토폴(sebastopol) 주변에서 일어났다. 전보의 발명 이후 처음 발발한 전쟁으로 전쟁이 시작되자마자 유럽의 대중들이 참전할 수 있었던 최초의 전쟁으로 기억된다.

Criminal Justice Bill 공안법

심각한 사회 문제들을 해결하기 위해 1995년에 영국이 제정한 일련의 '범죄방지 공공질서법안'으로, 정식 명칭은 'the Criminal Justice and Public Order Act'이다. 이 법안은 테러를 방지하고 어린이들의 교육기관을 보호하고, 대규모 불법 집회나 시위, 소요를 막도록 경찰에게 많은 권한을 부여하고 있다. 묵비권을 빼앗기고, 시민의 권리가 부당하게 제한된다고 생각한 많은 젊은 층에서 거부 반응을 보였다.

Cromwell, Oliver (1599~1658) **크롬웰, 올리버**

영국의 정치가이다. 영국의 시민혁명인 '청교도혁명'을 승리로 이끌었다. 상류 가문에서 태어나 1628년 하원의원에 당선되어 정치에 입문했다. 1642년 찰스 1세가 의회를 해산하자 청교도들과 혁명파 의원들이 혁명을 일으켰다. 그는 혁명파에 가담해 의회군의 지도자로서 '철기병'을 이끌었다. 왕권신수설을 신봉하는 왕당파를 몰아내고 찰스 1세를 공개 처형한 후 집권하여, 공화정(Commonwealth)을 선포했다. 1653년 이후 그는 의회를 해산하고 군 장교들이 기초한 헌법에 의해 스스로 종신 임기에 세습까지 되는 '호국경'(Lord Protector of England, Scotland and Ireland)의 지위에 오르는 등 독재정치를 폈다. 엄격한 청교도였던 크롬웰은 너무 지나친 탄압 정책과 욕구 억제를 강요함으로써 인기를 잃었고, 이 때문에 말년에는 국민들의 원성을 샀다. 1657년 왕위에 오르라는 권유를 받았지만 그는 이를 거절했다. 1658년 9월 3일 크롬웰이 59세의 나이로 말라리아 malaria에 걸려 죽었다.

크롬웰이 죽은 뒤 영국 국민들은 다시 왕정을 원했고, 찰스 1세의 아들인 찰스 2세가 프랑스에서 와서 즉위한다. 왕위에 오른 그는 크롬웰과 그를 따르던 의원들의 시신을 다시 꺼내 참수시키고 사형장의 교수대 밑에 처박는다.

항해조례를 통해 영국의 산업을 보호하여 영국의 공업과 무역의 발달에 크게 이바지했다.

croquet 크로케

야외에서 나무망치(mallet)와 나무 공으로 하는 구기 경기의 하나이다. 15세기경부터 프랑스에서 시작되어 17세기에 영국에 전해진 경기이다. 영국에서는 펠멜pall-mall로 불러왔으나 1861년 프랑스 사람 J. 자크가 경기 지도서를 영어로 출판하면서 지금의 크로케croquet로 정착되었다. 오늘날은 레크리에이션 게임으로 보급되고 있는데, 미국에서는 로크roque라는 이름으로, 일본에서는 게이트볼gate ball이라는 이름으로 변형, 성행되고 있다. 영국, 뉴질랜드, 오스트레일리아, 미국 등에서 4개국 정도에서 하고 있다. 영국에서는 croquet가 상류층이 즐기는 게임으로 인식되어 있고, 미국에서는 잔디 위에서 가족들이 아이들과 함께 하기도 한다.

경기 방법은 지면에 철주문(hoop)를 9개 세우고 나무로 만든 공을 나무망치로 때려 그 사이로 통과시켜 반환주를 지났다가 다시 되돌아오는데, 스피드를 겨루는 경기이다. hoop는 9개이지만, 출발주에서 출발하여 반환주를 돌아 다시 출발주까지 오기 때문에 18개의 hoop를 통과하는 셈이 되며, 그것으로 한 게임을 치른 것이 된다. 경기는 개인전, 또는 8~10명을 2개조로 나누어 단체전을 치르기도 한다. 또한 각자의 공에는 색깔이 정해져 있다. 순번을 따라 출발주부터 치기 시작하는데, 1타로 1문을 통과하면 한 번 더 칠 수 있고, 1타로 2문을 통과하면 두 번 더 계속해서 칠 수 있다. 또는 상대방 공을 맞추어도 계속 공을 칠 권리가 주어진다. 그런 경우, 상대방의 공을 다음 관문과 다른 방향으로 튕겨 나가도록 하여 진로를 방해할 수 있다.

참고로, croquet의 변형인 일본의 gate ball은 1980년대 초반부터 일본 관광객을 통해서 자연스럽게 한국에 전파되었다. 1982년 경주 코오롱 호텔 잔디구장에서 일본으로부터 용구 5세트를 기증 받고 경기를 한 것이 한국에서의 첫 경기로 기록되어 있다. 1986년부터는 세계게이트볼 선수권대회에도 선수를 파견했으며, 최근에는 생활 체육의 한 분야로서 특히, 노년층을 중심으로 활성화되어 있다.

Crosby, Bing (1904~1977) **크로스비, 빙**

미국의 가수이자 영화배우였다. 부드럽고 편안한 목소리로 세계인들을 사로잡았다. 1942년에 발표한 앨범《화이트 크리스마스》*White Christmas*는 최고의 베스트셀러로 기록되었다. 영화 *Going My Way* (1944)로 오스카 영화상을 받았다.

crosswords 크로스워드 퍼즐 (= crossword puzzles)

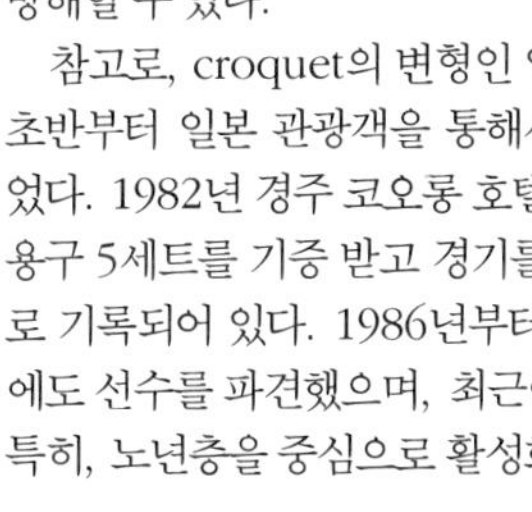

바둑판처럼 생긴 네모 칸에 힌트를 보고 가로와 세로로 글자를 채워 넣어 말이 연결되게 하는 퍼즐이다. 글자를 넣는 칸은 흰색, 넣지 않은 칸은 검은색이다. 세로 또는 가로의 글자는 어디선가 교차한다. 따라서, 어떤 글자가 잘 풀리지 않는다 해도, 교차하는 다른 글자가 실마리가 되어 해답을 얻을 가능성도 있다.

크로스워드가 미국에 등장한 것은 20세기 초반이다. 1913년경에 New York World가 일요판에 크로스워드를 연재하였고, 이것이 폭발적인 인기를 얻어 세계로 퍼져 나갔다. 그것을 또 Simon & Schuster 출판사가 1924년에 연필이 달린 단행본으로 만들어 출시하자, 한 날이 못 되어 베스트셀러가 되었고, 1930년까지 60권을 출판, 모두 약 75만 부가 팔렸다.

영국에서도 지적 유희로서 환영받아 수많은 신문과 잡지에서 다루었으며, 현상 퀴즈로서 폭발적인 인기를 얻었다. Observer, New Statesman and Nation 등, 지식계급이 읽는 주간지들을 포함해 많은 잡지가 크로스워드 퍼즐을 취급한다.

크로스워드에는 힌트가 문장으로 되어 있는 것, 스포츠나 문학 분야로 출제 범위가 한정되어 있는 것, 모양이 네모가 아닌 것 등, 가로 세로 15개의 작은 네모를 가진 4각(角)의 기본 형태에서 벗어난 여러 가지의 변형이 있다. 단어의 시작이나 마지막, 때로는 중앙을 이어서 다른 말을 만들어내는 어크로스틱acrostic이나 말 속의 한 자씩을 차례로 바꾸어 다른 단어가 되게 하는 애너그램anagram도 크로스워드를 변형한 퍼즐이다. 영국의 《타임스》*The Times*나 미국의 《뉴욕타임스》*The New York Times*의 크로스워드가 가장 어려운 것으로 정평이 나 있다.

Crow 크로우족

지금의 미국 몬태나Montana주와 와이오밍Wyoming주인 지역에서 살았던 아메리카 인디언 부족이다. 주로 사냥을 하고 담배를 재배하고 살았는데, 수Sioux족에 대항해 미군에 협조했던 부족이다. 지금은 몬태나주 남부의 인디언 보호구역에 살고 있다.

Crown 왕권 또는 영국 정부

'왕관'이라는 뜻이지만, 영국에서는 왕 또는 여왕으로 대표되는 국가권력 즉, 정부를 가리키는 말이다.

Crown Colony 영국령 (= overseas territory)

오늘날까지 영국령으로 남아 있는 해외의 영국 식민지를 말한다. 대부분이 섬으로 포클랜드Falkland, 지브롤터Gibraltar, 세인트 헬레나St. Helena 등이 대표적인 영국령이다.

Crown Estate 왕실 부동산

영국 왕실 소유의 부동산과 그 부동산에서 발생하는 부(富)를 말한다. 1760년 국왕 조지George 3세가 이 부동산에 대한 권리를 포기함에 따라, 의회는 왕실부동산관리관(Crown Estate Commissioners)으로 하여금 왕실 부동산을 관리하게 하고, 발생하는 금액을 매년 왕실에 지급한다.

Crown Jewels 왕실 귀금속

영국 왕이나 여왕이 특별한 행사 때 걸치는 귀금속이나 보석을 말한다. 왕관(crown)이나 홀(笏, sceptre), 검(sword) 등이 여기에 속하는데, 국민들이 볼 수 있도록 런던 탑(London Tower)에 보관된다. 이밖의 많은 귀금속들은 크롬웰의 공화정 때 파괴되었다고 한다. 일반적으로 'crown jewels'라는 말이 '너무 귀해서 가격을 매기지 못하는 것'이라는 의미로도 쓰인다.

Cruise, Tom (1962～) 크루즈, 톰

미국의 인기 영화배우이다. 주요 출연 영화로는 〈탑건〉*Top Gun*(1986), 〈7월 4일생〉*Born on the Fourth of July*(1990), 〈미션 임파서블〉*Mission Impossible*(1996), 〈제리 맥과이어〉*Jerry McGuire*(1997) 등이 있다. 〈7월 4일생〉으로 골든 글러브상(Golden Globe Award)을 받았다. 여배우 니콜 키드먼Nicole Kidman과 결혼했다가 이혼했다.

Crusades 십자군

중세 때인 11세기부터 14세기까지, 무슬림의 손에 들어간 지금의 이스라엘, 팔레스타인, 요르단, 이집트 등의 기독교 성지(Holy Land)를 되찾자고 유럽 각국이 군대를 모아 만든 원정군대를 말한다. 영국으로 보면 리차드Richard 1세 때이다. 십자군이 성공을 거두지는 못했지만, 결과적으로 보면 유럽에 많은 긍정적인 변화를 가져 왔다. 새로운 세계에 대한 생각이 열리고, 교역이 증가하여, 설탕이나 목화 같은 물품이 유럽에 처음 소개되기도 했다.

Crystal Palace 크리스털 궁전

1851년 세계 최초의 무역 박람회인 런던 'Great Exhibition'을 위해 Joseph Paxton이 설계하여 유리와 철제로 하이드 파크Hyde Park에 건축한 대형 건축물 이름이다. 6개월이 걸려 완공하였다. 박람회가 끝나고 다른 공원으로 옮겨졌다가 1936년에 불타버렸다.

Cuban missile crisis 쿠바 미사일 위기

1959년 피델 카스트로Fidel Castro가 쿠바에 공산정권을 수립한 3년 뒤인, 1962년에 구 소련이 쿠바에 핵미사일 기지를 건설하려는 상황이 발생하였다. 카리브해(Caribbean Sea)에서도 가장 큰 섬나라인 쿠바는, 미국 Florida주 코앞에 있는 공산주의 국가로, 미국에 상당한 위협이 될 뿐더러, 자존심이 걸린 문제였다. 냉전시대였던 당시로 보면, 미소간에 핵전쟁이 일어날 수도 있는 상황이었다. 미국 시민들뿐 아니라, 전세계가 놀라고 두려움에 휩싸였다. 미국 대통령이던 존 F. 케네디John F. Kennedy는 군사적 조치를 취할 것이라는 경고와 함께, 소련 정부의 니키타 후루시초프

Nikita Khrushchev에게 기지를 철수할 것을 강력히 요구한다. 다행히 며칠 후에 소련은 핵미사일 기지를 철수하기로 하여, 쿠바의 미사일 위기는 무사히 끝이 났다.

cum laude 쿰 라우드

'우수하다'(with praise)는 뜻의 라틴어로, 미국의 대학에서 우등 졸업생들에게 주는 상 가운데 하나이다. 3개의 우등상(숨마 쿰 라우드summa cum laude, 마그나 쿰 라우드 magna cum lause, 쿰 라우드cum laude) 가운데 맨 아래의 상이다.

Cumberland sausage 컴벌랜드 소시지

영국의 북부 지방에서 전통적으로 만들어 먹던 소시지이다. 아주 길고, 양념이 풍부하다. 기다란 소시지를 말아서 요리한다.

Cup Final (영국 축구 연맹배 쟁탈의) 결승전

영국에서 매년 열리는 중요한 축구대회로 축구연맹 FA(Football Association)컵과 웸블리(Wembly) 결승 진출팀들이 경기를 한다. 스콧트랜드 컵 결승전(Scottish Cup Final)은 따로 진행된다.

curry 카레

인도를 비롯한 서남아시아 국가들에서 먹는 음식의 하나이다. 영국에는 젊은이들이 인도 식당에 가서 카레를 먹으면, 펍pub에서 술을 많이 마신 때문이라고 농담하기도 한다.

Custer, General George (1839~1876) 쿠스터, 조지 장군

미국 남북 전쟁 때 북군(the Union)의 장군으로 명성을 날렸다. 긴 머리 스타일에 외모가 준수했다고 한다. 1876년 리틀 비혼Little Bighorn 전투에서 인디언 샤이엔Cheyenne 부족과 수우Sioux 부족을 상대로 싸우다 병사들과 함께 전사하였다.

Cutty Sark 커티 사크

1869년에 건조된 유명한 영국 선박이다. 중국에서 차(tea)를, 호주에서 양모(wool)를 실어 날랐다. 나중에는 영국 해군의 훈련선으로 사용되었다. 1957년부터는 그리니치 Greenwich에서 관광객들에게 개방되고 있다. 'cutty sark'라는 이름은 스코틀랜드 시인 로버트 번즈Robert Burns의 시 〈샨터의 탬〉 *Tam o' Shanter*에 나오는 한 마녀가 입은 '짧은 셔츠'(short shirt)인 'cutty sark'을 따서 지었다고 한다.

위스키의 상표로 세계에 알려져 있는데, 위스키의 자연색 그대로 간직하고 있으며, 노란색과 초록색의 독특한 상표와 병이 특징이다. 영국의 베리 브로스 앤 러드Berry Bros & Rudd사가 1923년부터 제조 판매하고 있다.

CVS Corporation 씨브이에스

미국의 의약, 화장품, 잡화의 소매점을 운영하는 회사이다. 1963년 매사추세츠Massachusetts주의 컨수머 밸류 스토어Consumer Value Store(CVS)라는 잡화 판매상이 발전하여 여러 곳에 회사를 세웠다. 1968년에 의약품 부문을 추가하여 1990년 피플스 드럭(Peoples Drug), 1997년에 레브코 D.S.(Revco D.S., Inc.), 1998년에 아버 드럭스(Arbor Drugs, Inc.)를 차례로 흡수하여 미국에서 가장 큰 규모의 의약품 체인점이 되었다.

D

D. Rockefeller, John (1839~1937) **D. 록펠러, 존**

미국의 사업가였다. 클리블랜드Cleaveland에 정유소를 설립한 것이 번창하여, 1870년 자본금 100만 달러의 주식회사 형태를 갖추어 오하이오 스탠더드 석유 회사(Ohio Standard Oil Company)를 설립하였고, 급속히 사업을 확대하여 나갔다. 1882년에는 미국 내 정유소의 95%를 지배하는 스탠더드 오일 트러스트Standard Oil Trust를 조직하였다. 1899년에 오하이오의 주법원으로부터 셔먼독점금지법(반트러스트법) 위반의 판결을 받아, 지주회사(holding company)를 법적으로 인정하고 있던 뉴저지주에 지주회사 뉴저지 스탠더드 석유 회사(New Jersey Standard Oil Company)를 설립하여 실질적으로 석유업계의 지배를 계속하여, 미국 내뿐만 아니라 해외에도 유전과 정유소를 소유한 거대한 회사로 성장하였다. 그러나 1911년 미국 연방대법원으로부터 반(反)트러스트법 위반으로 해산 명령을 받고 해체되었다. 그후 록펠러는 재계에서 물러나 자선 사업에 몰두하였다. 시카고 대학 설립을 위해 6,000만 달러 이상을 기부하고, 그후에도 3억 5,000만 달러를 기부하였다. 록펠러 재단과 일반 교육 재단, 록펠러 의학연구소 등을 설립하였다.

daffodil 수선화

수선화는 영국 웨일즈를 상징하는 꽃이다. 웨일즈의 공휴일인 성데이비드의 날(St. David's Day)에는 사람들이 코트에 수선화를 달기도 한다.

Daily Mail **《데일리메일》**

1896년에 창간된 영국의 타블로이드판(tabloid format) 대중 신문이다. 정치적으로 우익의 견해를 보인다.

Daily Worker **《데일리워커》**

1930년에 창간된 영국 공산당 신문이다. 1966년에서 1992년까지는 《모닝스타》*Morning Star*라고 불렀다.

Daimler 다임러

영국의 로버Rover사가 생산하는 고급 승용차이다. 독일인 엔진 제작자 고트프리드 다임러Gottfried Daimler의 이름을 따서 붙였다. 주로 영국의 상류층들이 탄다.

Dakotas 다코타주

South Dakota와 North Dakota를 통칭해서 부르는 말이다. 원래 다코타는 몬태나Montana주와 와이오밍Wyoming주, 네브래스카Nebraska주 일부를 포함하고 있었다. 다코타라는 말은 인디언 부족 수Sioux족을 부르는 말이었다.

Dallas 댈러스

미국 텍사스주에서 가장 큰 도시로 비즈니스 중심지다. 1963년 케네디Kennedy 대통령이 이곳에서 암살되었다.

Dallas **〈댈러스〉**

1978년부터 1988년까지 미국에서 인기 있었던 텔레비전 연속극이다. 돈과 섹스에 탐닉하는 정유사 사람들의 생활을 그린 프로였다.

dame 데임

국가에 공훈을 세운 여성에게 수여하는 영국 작위로 남자의 기사(Knight) 작위에 해당한다.

dance 댄스

영미인들은 댄스를 아주 좋아한다. 각종 파티마다 댄스가 빠지지 않는다. 학교마다 학생들의 댄스 파티나 디스코 파티가 반드시 있다. 미국 학교에는 학년이 끝날 때마다 공식적으로 댄스 파티가 있기도 하다. 영국에서는 자선단체나 대학들이 'Balls'(무도회, dance)라고 하는 공식 무도회를 종종 여는데, 여성들은 긴 드레스를 입고, 남성들은 디너 재킷dinner jacket을 입고 참석하여 댄스를 즐긴다. 젊은이들은 친구들과 나이트 클럽에 가서 댄스를 즐긴다. 소위 '라인 댄스'line dance라고 하는 춤은 영국에서 대단히 인기가 있어서 모든 연령층에서 즐긴다.

Dance Theater of Harlem 할렘 무용단

뉴욕의 할렘에서 1971년에 창단된 무용단으로 주로 흑인 댄서들이 대부분이다.

Danes 덴마크 사람들

9세기경에 영국 동북부 지역을 침공해 정착한 덴마크 출신의 바이킹족을 일컫는 말이다. 이들이 1013년에서 1042년에 영국 전역을 다스렸다.

Darby and Joan 더비와 조안

행복한 결혼 생활을 한 노부부를 지칭하는 말이다. 영국에는 자선 단체들이 운영하는 노인들을 위한 클럽인 '더비와 조안 클럽'Darby and Joan Club이 있다.

darts 다트

실내 놀이의 한 가지로, 시계의 눈금처럼 점수가 매겨진 '원형의 과녁'(dart board)에 작은 '금속 화살'(다트, steel dart)을 던져 맞춘 점수로 승패를 가린다. 한가운데 작은 원을 '불스 아이'bull's eye라고 하여 점수가 가장 높다. 영국에는 펍pub에서, 미국에서는 바bar에서 이 다트놀이가 인기가 있다.

다트보드(dart board)

Darwin, Charles (1809~1882) 다윈, 찰스

영국의 생물학자로 생물진화론을 정립하였다. 1831년 22세 때 해군 측량선 비글Beagle호에 박물학자로서 승선하여, 남아메리카, 남태평양의 여러 섬과 호주 등지를 두루 항해하고 탐사하여 1836년에 귀국하였다. 이때 동식물의 상(相)이나 지질(地質) 등을 널리 조사하여 후에 진화론의 기초가 되는 자료를 모았다.

수 년 간의 연구를 마치고, 다윈은 1859년《종(種)의 기원》*On the Origin of Species by Means of Natural Selection*이라는 저작에 진화론을 발표하였다. 골자는 제목과 같이 자연선택설(natural selection)이다. 자연선택설은 생물의 어떤 종(種)의 개체간에 변이가 생겼을 경우에, 그 생물이 생활하고 있는 환경에 가장 적합한 것만이 살아남고, 부적합한 것은 멸망해 버린다는 견해이다.

다윈의 진화론은 물리학에서의 뉴턴 역학과 더불어 사상의 혁신을 가져와 인류의 자연관과 세계관의 형성에 큰 영향을 끼쳤다.

Date Protection Act 자료보호법

컴퓨터에 저장된 개인 정보의 사용을 제한하는 영국의 법률이다. 개인 정보를 사용하려는 기관 · 단체는 당국에 신고하고, 특정 목적으로만 사용할 것을 정하고 있다.

Daughters of the American Revolution 미국 독립의 딸들

미국 독립을 위해 투쟁하였거나 협조를 했던 사람들의 여성 자녀들 모임이다. 1890년에 설립되었다. 상당히 보수적인 성격의 단체라서 미국의 국익에 도움이 되는 것으로 생각되는 것이라면 무엇이든 지원한다.

David Copperfield 《데이비드 코퍼필드》

찰스 디킨스Charles Dickens가 1850년에 발표한 소설이다. Dickens 자신의 어린 시절의 추억과 고난을 담고 있어서 주인공 데이비드David는 작가의 분신이라 생각할 수 있다. 유복자로 태어난 David가 어머니의 재혼으로 인해 불행하게 되며, 갖가지 고통을 참고 견뎌내며 소설가로서 대성하는 과정을 그렸다. Dickens 자신이 가장 좋아했던 작품이다.

Davis Cup 데이비스컵

1900년부터 시작된 국제 남자 테니스 대회이다. 대회를 만든 드와이트 데이비스Dwight Davis의 이름을 따서 붙였다.

Davis, Bette (1908~1989) **데이비스, 베티**

50년 이상을 활동한 미국의 유명 영화배우이다. 〈데인저러스〉*Dangerous*(1935), 〈지즈벨〉*Jezebel*(1938) 등으로 오스카 영화상을 받았다. 이밖에도 자신이 주연한 〈이브의 모든 것〉*All About Eve*(1950), 〈제인에게 일어난 일〉*Whatever Happened to Baby Jane?*(1962) 등의 영화가 유명하다.

Davis, Jefferson (1808~1889) **데이비스, 제퍼슨**

미국 남북 전쟁 당시 남부연합의 대통령이었다. 남북 전쟁에서 남부가 패배하여 2년 간 구속되기도 했다.

Day, Doris (1924~) **도리스 데이**

건강하고 행복한 이미지로 알려진 미국의 가수 겸 배우이다. 『베게 밑 송사』 *Pillow Talk* (1959)를 포함해서 히트한 코미디 영화 몇 편에 록 허드슨과 함께 출연했다. 그녀는 『될대로 되라지』 *Whatever Will be, will Be(Que sera sera)*(1956)라는 노래로 오스카상을 받기도 했다.

Day-Lewis, Daniel (1958~) **데이-루이스, 대니얼**

영국의 유명 영화배우이다. 영화 〈나의 왼발〉*My Left Foot*(1989)로 오스카 영화상을 받았다. 〈전망 좋은 방〉*A Room with a Vieu*(1985), 〈모히칸의 최후〉*The Last of the Mohicans*(1992), 〈크루서블〉*The Crucible*(1996) 등이 주요 출연 영화들이다.

D-Day 디데이

제2차 세계대전 당시 연합군이 프랑스의 노르망디Normandy에 상륙한 1944년 6월 6일이다. '노르망디 상륙작전'(Normandy landings)이라고 불렀던 이 작전은, 미국의 아이젠하워Eisenhower 장군의 지휘로 해안을 방어하던 독일군을 물리치고 상륙에 성공한다. 이후 계획한 중요한 일을 성사시키는 날을 가리키는 말로 널리 쓰이게 되었다.

De Mille, Cecil B. (1881~1959) **드 밀, 세실 B.**

미국의 영화 감독 겸 제작자이다. 제작비를 많이 들인 대작 영화를 감독한 감독으로 유명하다. 〈삼손과 데릴라〉*Samson and Delilah*(1949)를 연출하고, 〈십계〉*The Ten Commandments*를 1923년과 1956에 두 번이나 만들었다.

De Niro, Robert (1945~) **드 니로, 로버트**

다양한 연기의 폭과 강렬한 스타일로 유명한 미국 영화배우. 그는 1974년 『대부II』 *The Godfather PartII*와 1979년 『성난 황소』 *Raging Bull*로 오스카상을 두 번 받았다. 〈택시 드라이버〉*Taxi Driver*(1976), 〈디어헌터〉*The Dear Hunter*(1978), 〈미션〉*The Mission*(1986), 〈좋은 친구들〉*Good Fellas*(1990), 〈형사 매드독〉*Mad Dog and Glory* (1993), 〈프랑켄슈타인〉*Frankenstein*(1994), 〈히트〉 *Heat*(1995), 〈위대한 유산〉*Great Expectations*(1998) 등, 다양한 작품에 출연하였다.

De Quincey, Thomas (1785~1859) **드 퀸시, 토마스**

영국 낭만주의 시인인 워즈워스Wordsworth와 코울리지Coleridge의 친구였던 작가이다. 그는 스스로 마약을 정기적으로 복용하여 그 반응을 책에 기술하였다. 그 책이 바로 《어느 아편 복용자의 고백》*Confessions of an English Opium-Eater*(1821)이다.

Dean, James (1931~1955) **딘, 제임스**

기성세대와 권위에 저항하는 젊은이의 표상이 된 미국의 유명 영화배우였다. 자동차 사고로 사망하기까지 〈에덴의 동쪽〉*East of Eden*(1955), 〈이유 없는 반항〉*Rebel with a Cause*(1955), 〈자이언트〉*Giant*(1956) 등, 세 편의 영화에 주연하였다. 그의 모습이 담긴 영화 포스터들은 아직도 젊은이들에게 유명하다.

dean's list 딘스 리스트

매년 미국의 모든 대학이 발표하는 각 전공별로 최우수 성적을 올린 학생들의 명단이다. 지역 신문에 실린다.

***Dear Abby* 〈디어 애비〉**

주로 사랑이나 가족 문제에 대한 독자들의 질문에 대한 답글 형식으로 기고하는 미국 신문의 칼럼이다. 1956년에 애비게일 밴 뷰런Abigail Van Buren이 시작하였는데, 현재 앤 랜더스Ann Landers도 함께 쓰고 있다.

Dear John letter 디어 존 레터

여자가 남자와 헤어지고 싶을 때 보내는 편지이다.

Death 죽음

우리와 마찬가지로 영미인들도 사람의 죽음에 대한 표현으로 '죽었다(died/dead)'고 직접적으로 표현하기를 꺼린다.

그래서 passed away 또는 passed on, gone, no longer with us 등의 우회적인 표현을 쓴다.

수명을 다하여 사망한 경우에도 우리가 흔히 '호상(好喪)'이라고 말하는 것처럼, 'She/He was a good age.'라는 말을 하기도 한다. 젊은 나이에 아깝게 죽은 것은 비극(tragedy)으로, 자살은 충격(shock)으로 받아들인다.

죽음에 이르는 치명적인 질병에 걸려 사망 선고를 받은 경우, 더 이상의 고통의 덜고 편안하게 죽을 수 있게 하는 안락사에 대해서 영국과 미국에서도 논쟁이 많다. 미국에서는 오리건Oregon주에서만 안락사를 돕는 것이 허용되고 있고, 영국은 아직 불법이다.

Death of a Salesman 《세일즈맨의 죽음》

미국의 극작가 아서 밀러Arthur Miller가 1949년에 발표하여 퓰리처상을 받은 희곡이다. 보통 사람을 주인공으로 내세운 점이 문학사적으로 의의가 크다. 인생이 실패했다고 생각한 주인공 윌리 로먼Willie Loman이 끝내 자살하는 이야기이다. 1951년에 영화화되기도 했다.

Death Valley 죽음의 계곡

미국 캘리포니아California주와 네바다Nevada주의 사막 지대를 말한다. 실제로 이 지역은 섭씨 50도를 오르내리는 더위에나, 해발 86미터밖에 안 되는, 서반구에서 가장 낮은 지대라고 한다. 국립공원으로 지정되어 있다.

Debrett 《드브렛》

영국 귀족들과 왕가의 명단과 정보를 싣고 있는 책이다. 정식 제목은 *Debrett's Peerage*《드브렛 피어리지》이다.

Debs, Eugene V. (1855~1926) 뎁스, 유진

미국의 사회주의 정치가이자 노동조합 지도자였다. 1893년에 철도 노조를 설립하였고, 1897년에는 미국 사회민주당의 창당에 일조를 하였다. 1900년에서 1920년까지 5번이나 대통령에 출마하였는데, 그 사이 제1차 세계대전에 참전하려는 정부 결정에 반대하여 구속되기도 했다.

Decca 데카

1929년 영국에서 설립된 음반 회사로, EMI에 이어 세계에서 두 번째 규모를 자랑하고 있다. 1980년에 폴리그램 Polygram에 인수되었다.

Declaration of Independence 미국 독립선언문

미국 독립선언문은 서구사회에서 상당히 중요한 의미를 가진다. 바로 인간의 평등권, 생명 존중과 자유와 행복의 추구를 천부적 권리로 인정하고 있는 것이다. 토마스 제퍼슨 Thomas Jefferson이 기초하여 완성한 독립선언문은 1776년 7월 4일(미국 독립기념일)에 당시 대륙의회(Continental Congress)의 승인을 받아 발표되었다.

The Decline and Fall of the Roman Empire 《로마제국쇠망사》

영국의 역사학자 에드워드 기번Edward Gibbon이 로마사에 대해 쓴 6권의 책이다. 로마의 초기 1세기부터 콘스탄티노플(Constantinople)이 멸망하는 1453년까지 1,500년 로마의 전 역사를 기술하고 있다. 정식 제목은 *The History of the Decline and Fall of the Roman Empire*이다.

Deep Purple 딥퍼플

1968년에 결성된 영국의 팝 그룹이다. 1976년에 해체하였다가 1984년에 재결성하였다. 《딥퍼플 인 록》*Deep Purple in Rock*(1970), 《디피스트 퍼플》*Deepest Purple*(1980) 등의 히트 음반이 있다.

Deep South 미국 남부

미국의 남동쪽에 위치한 주들을 가리키는 말이다. 앨라배마 Alabama, 플로리다Florida, 조지아Georgia, 루이지애나 Louisiana, 미시시피Mississippi, 사우스캐롤라이나South Carolina, 텍사스Texas 동부 등이 속한다. 옛날에 노예제도가 있었고, 남북 전쟁 당시 남부연합 지역이었다. 지금도 보수적인 정치 성향이 강하고 인종 문제가 여전히 상존하고 있다.

Deep throat 「딥 스로우트」 (밀고자)

성인영화 제목에서 따온 재미난 이름으로 『워싱턴포스트』(*Washington Post*)지 기자 칼 번스타인(Carl Bernstein)

과 밥 우드워드(Bob Woodward)가 워터 게이트 사건의 진짜 정보원의 실명을 밝히지 않고 그 사람을 지칭할 때 사용한 이름이다.

The Deer Hunter 〈디어헌터〉

1978년 마이클 치미노Michael Cimino 감독이 연출한 영화이다. 펜실바니아Pennsylvania주의 어느 마을에서 3명의 젊은이가 징병되어 베트남 전쟁에 파병되고, 지옥의 전쟁터에서 끔찍한 경험을 겪게 되는 이야기이다. 미국에 어두운 그림자를 드리웠던 베트남 전쟁의 상처를 사실적으로 영상화하는 데 성공한 작품으로, 오스카 영화상 작품상 · 감독상 · 남우조연상 · 음향상 · 편집상 등을 수상하였다. 로버트 드니로Robert De Niro, 메릴 스트립Meryl Streep 등이 출연하였다.

Defender of the Faith 신앙의 수호자

16세기 영국 국왕에게 부여된 타이틀이다. 마르틴 루터Martin Luther의 종교개혁에 반대하고 로마가톨릭의 신앙을 지킨 헨리Henry 8세에게 교황 레오Leo 10세가 처음 부여하였다. 그러나 헨리 8세가 로마가톨릭을 떠나자 이 타이틀은 박탈되었고, 대신 그는 의회로부터 '영국교회의 수호자'(Defender of the Church of England)라는 타이틀을 부여받는다.

Defoe, Daniel (1660~1731) 디포우, 대니얼

《로빈슨 크루소》*Robinson Crusoe*(1719)의 작가로, 영국 최초의 소설가로 인정되고 있다. 그는 60세가 다 되도록 소설을 전혀 쓰지 않고, 정치 논객으로 살았다. 《몰 플랜더스》*Moll Flanders*(1722)도 그의 소설이다.

Del Monte 델몬트

과일 통조림이나 주스를 제조 판매하는 세계적인 기업이다. 직원이 직접 농장을 방문하여 과일을 확인하는 광고 전략이 널리 알려져 있다.

Delaware 델라웨어주

미국 동부의 작은 주이다. 인디언 부족의 이름을 따서 붙였다. 미국이 형성될 때 13개 식민 주의 하나이고, 미국 헌법을 최초로 받아들여 미국 최초의 주라고도 부른다.

Dell Computer 델 컴퓨터

컴퓨터와 사무기기를 제조하는 미국 기업이다. 1984년 마이클 S. 델Michael S. Dell이 창업하였다. 주요 사업은 데스크톱 컴퓨터, 노트북, 서버, 워크스테이션, 소프트웨어, 컴퓨터 주변기기 등의 사무기기 제조 및 판매이다. 본사는 미국 텍사스주에 있다.

Delphi 델피

세계적인 미국의 자동차 부품 기업이다. 미국을 포함하여 세계 53개 국에 170여 개 제조 공장을 운영하고 있다.

Delta Airline 델타 항공

1928년 미국 루이지애나Louisiana주 먼로Monroe시에서 창업한 항공사이다. 미국 동부 지역과 서부 지역 노선 등 국내 항공으로 시작하였다. 1934년에 보스턴에서 캐나다 몬트리올을 잇는 국제 노선 취항을 시작하였다. 1950년에는 시카고 앤 서던 항공(Chicago and Southern Airlines), 노던 항공(Northern Airlines)과의 합병을 하며 성장을 계속하였다. 매일 전세계 5여 개 국 330개 도시에 5,000회 이상을 운항하고 있다.

Delta Force 델타 포스

테러리스트terrorists와 게릴라guerrillas들을 상대로 편성된 미국 육군의 특수 부대이다. 영국의 SAS 같은 특수 부대로 조직되었고, SAS와 함께 훈련받기도 한다. 베트남, 이란 등지의 전투에 참가하였다.

Democratic Party 민주당

미국의 양대 정당 가운데 하나이다. 1792년에 창당되었다. 상대당인 공화당(Republican Party)에 비해 상대적으로 자유주의적이라서, 소수 인종이나 노동조합들로부터 강한 지지를 받는다. 토마스 제퍼슨Thomas Jefferson, 앤드루 잭슨Andrew Jackson, 우드로 윌슨Woodrow Wilson, 프랭클린 루스벨트Franklin D. Roosevelt, 존 F. 케네디John F. Kennedy, 지미 카터Jimmy Carter, 빌 클린턴Bill Clinton 등의 대통령들이 민주당 출신이다. 당나귀(donkey)가 상징이다.

Dench, Judi (1934~) 덴치, 주디

'로열 셰익스피어 극단'(Royal Shakespeare Company)과 함께 주로 셰익스피어 작품에 주연으로 출연한 영국의 연극 배우이다. 영화에도 출연하였으니, 〈전망 좋은 방〉*A Room with a View*(1986), 빅토리아 여왕 역을 연기한 〈미세스 브라운〉*Mrs. Brown*(1997) 같은 영화 작품이 있다.

Denny's 데니스

미국의 패스트푸드 레스토랑의 하나이다. 1994년에 흑인에게 음식을 팔지 않았다가 벌금을 4천 6백만 달러를 물었다.

요즘은 흑인들을 고객으로 등장시킨 광고를 하기도 한다.

Denver 덴버

미국 로키 산맥에 가까운 콜로라도Colorado주의 주도이자 최대 도시이다. 1870~80년대 이 지역 금광으로 사람들이 몰려들었다. 1995년에 북미 최대의 공항을 열었다.

Denver, John (1943~1997) 덴버, 존

세계적으로 인기가 있는 미국의 포크 및 컨트리 가수였다. 부드러운 목소리에 미국 농촌의 모습이 물씬 나는 이미지로 사랑받았다. *Take Me Home Country Roads*(1971)는 한국인들에게도 널리 사랑받은 노래이다.

departments of government 행정부의 부처

영국은 국왕이 법적으로 행정부의 수장(Head of Executive)이나, 1215년 수장령(Act of Supremacy)이 발표된 이래, 권한이 의회로 넘어가 '군림하나 통치하지는 않는 존재'이다. 그래서 실제 통치는 '여왕폐하의 정부'(Her Majesty's Government)라고 하는 행정부가 한다.

흔히 내각이라고 하는 행정부는 하원의 다수당 지도자를 국왕이 임명하는 총리(Prime Minister)를 수반으로 하여 22개 부처의 장관들로 구성된다. 총리는 재무부 수석장관(First Lord of Treasury)과 공무원 장관(Minister for Civil Service)을 겸직한다. 각료의 대부분은 하원의원 중에서 임명되나 상원의원도 일부 있다. 각 부처(departments)의 장관은 흔히 'Secretary of State'라고 부르지만, 농무부 장관(Minister of Agriculture)이나 재무 장관(Chancellor of the Exchequer) 등은 전통적인 명칭으로 불리기도 한다.

미국 행정부는 연방정부(federal government)로서 정, 부통령과 14개의 부처로 구성된다. 선거로 선출되는 대통령(President)이 국가의 원수이자 행정부의 수반이 되고, 파트너로 함께 선출되는 부통령(Vice President) 역시 내각의 일원이다. 행정부 각 부처의 장관(Secretary)은 상원의 인준을 받아 대통령이 임명한다. 내각은 국무부, 재무부, 국방부, 법무부, 내무부, 농무부, 상무부, 노동부, 보건후생부, 주택도시개발부, 교통부, 에너지부, 교육부, 보훈부 장관 등 14개 부처 장관이 기본 구성원이지만, CIA 국장, 경제자문위원장, 마약통제 국장, 미주담당 특사, 예산 국장, 주UN 대사, 백악관 비서실장 등이 내각에 포함되기도 한다.

Derby 더비시(市)

영국 중부의 한 도시이다. 크라운 더비 도자기(Crown Derby china)와 롤스로이스Rolls-Royce 자동차, 항공기 엔진 등을 생산하는 도시로 유명하다.

detective story 형사 추리 소설 (= detective novel)

살인 사건이나 강력 범죄가 발생하고 형사가 그것을 해결하고 범인을 찾아내는 과정을 그리는 소설의 한 장르이다. '형사 소설'(detective fiction) 또는 '범죄 소설'(crime fiction)이라고도 한다. 영국의 형사 추리 소설가들로는 아서 코난 도일Arthur Conan Doyle, 아가사 크리스티 Agatha Christie, 루스 렌덜Ruth Rendell 등이 유명하다. 미국의 소설들은 경찰이나 사설 탐성들의 활약상이 강조되고, 좀더 폭력적이며 사실적이다. 레이먼드 챈들러 Raymond Chandler, 엘모어 레너드Elmore Leonard 등이 유명하다.

Detroit 디트로이트

미국 미시간Michigan주의 최대 도시이다. 1701년 프랑스와의 교역으로 건설되기 시작하여, 오늘날 미국 자동차 산업의 중심지로 널리 알려졌다.

devil 악마

영미인들에게 악마의 전형적인 이미지는 불과 관련이 많아 피부는 붉은 색이고, 머리에는 뿔이 나 있으며, 엉덩이에는 꼬리가 달려 있고, 손에는 삼지창을 들려 있다.

devils-on-horseback 데블스 온 호스백

영국에서는 자두를 베이컨에 말아 요리한 음식이다. 후식으로 나오기도 한다. 미국에서는 베이컨 속에 자두 대신에 굴(oyster)을 넣어 요리하여 소스를 쳐서 토스트와 함께 나오기도 한다. 이것은 영국식과 달리 흔히 식전 요리로 나온다.

Dewey decimal system 듀이 십진도서분류체계 (= Dewey decimal classification, DDC)

미국 도서관 사서였던 멜빌 듀이Melvil Dewey가 1873년에 고안한 도서분류법이다. 모든 지식을 10가지 카테고리로 나누고, 그것을 세부적으로 다시 십진식으로 분류하고 있다. 이 분류법에 따르면 모든 도서를 10개의 카테고리로 분류하고 각 카테고리에 100단위의 숫자를 붙인다. 예를 들면, 철학은 100대, 사회과학은 300대로 분류하는 식이다. 각 카테고리는 다시 주요한 10단위의 하위 장르로 나뉜다. 이 분류법에 따라 모든 도서는 항상 3자리의 숫자가 붙는다.

듀이가 암허스트 대학(Amherst College) 도서관에서 사용하기 위해 처음 만들어, 현재까지 21번이나 개정되고 있다. 도서를 숫자로 분류하면 어떤 책이 어떤 분류에 속하며 어디에 꽂혀 있는가를 금방 알 수 있다.

diamond 다이아몬드

영미인들은 흔히 결혼할 때 신랑이 신부에게 다이아몬드를 끼워준다. "다이아몬드는 영원히"(Diamonds are forever.)라는 말이 있듯이, 다이아몬드는 결혼과 부(富)를 상징한다.

Diamond, Neil (1941~) **다이아몬드, 닐**

미국의 팝 가수이자 작곡가이다. 우리에게는 〈스위트 캐럴라인〉 *Sweet Caroline*(1969)으로 잘 알려져 있다.

Diana, Princess of Wales (Princess Diana, 1961~1997) **다이애나 왕세자비**

본명은 다이애나 프랜시스 스팬서(Lady Diana Frances Spencer)이다. Spencer 가문은 찰스 2세와 제임스 2세 등의 왕가에서 내려온 귀족 가문으로, 그녀의 아버지는 백작(Earl)이다. 20살 때 찰스Charles 왕세자를 만나 1981년에 결혼했고, 왕자 윌리엄William과 해리Harry를 낳았다. 그녀의 수줍은 모습은 영국과 전세계인들의 이목을 사로잡았고, 역대 가장 인기 있는 왕세자비가 되었다. 10여 년의 결혼 생활 끝에 찰스와 다이애나는 불화에 이어, 1996년 이혼하게 된다. 이혼 후에도 다이애나는 이전부터 해오던 자선활동 등을 계속했고, 언론과 대중의 주목은 이어졌다. 이혼 후 1년만인 1997년에 프랑스에서 교통사고로 사망하게 된다. 그녀의 장례식은 결혼식만큼이나 세계인의 주목을 받으며 거행되었다.

DiCaprio, Leonardo (1974~) **디카프리오, 레오나르도**

아버지가 이탈리아계이고 어머니가 독일계인 미국 영화배우이다. CF 모델로 출발하여 세계적인 인기 배우가 되었다. 주연작으로 〈디스 보이스 라이프〉 *This Boy's Life*(1993), 〈타이타닉〉 *Titanic*(1998), 〈아이언 마스크〉 *The Man in the Iron Mask*(1998) 등이 있다.

Dick Tracy 〈딕 트레이시〉

1931년에 미국에서 연재를 시작한 만화로, 아직도 이어지고 있다. Dick Tracy는 범죄자들과 싸우는 형사이다. 라디오와 텔레비전 프로그램으로 제작 방영되기도 했고, 1990년에는 영화로도 제작되었다.

Dickens, Charles (1812~1870) **디킨스, 찰스**

영국의 19세기 빅토리아시대 소설가이다. 그의 소설의 대부분은 빅토리아시대상, 가난한 사람들의 비참한 생활상을 사실적으로 그리고 있다. 소년시절부터 가난해서 학교에도 거의 다니지 못하고, 12세 때부터 공장에서 일을 하였다. 15세 때 변호사 사무실의 사환으로 일하였고, 이듬해 법원의 속기사, 그리고 신문사의 통신원이 되어 풍속의 견문 스케치를 써 보내는 일을 하게 되었다. 이런 것들을 모아 단편집 《보즈의 스케치》 *Sketches by Boz*를 1836년에 출판함으로써 소설가로 출발하게 되었다. 이듬해인 1837년에는 전작의 확대판이랄 수 있는 《피크위크 페이퍼스》 *Pickwick Papers*를 출간하고, 이어 《올리버 트위스트》 *Oliver Twist*(1838)로 폭발적인 인기를 얻어 작가의 위치를 확고히 굳혔다. 그후 《니콜라스 니클비》 *Nicholas Nickleby*(1839), 《골동품 상점》 *The Old Curiosity Shop*(1841), 《크리스마스 캐럴》 *Christmas Carol*(1843), 《바나비 러지》 *Barnaby Rudge*(1841), 《돔비와 아들》 *Dombey and Son*(1848) 등의 장편과 중편을 발표하여 더욱 유명해진다. 모두 그가 몸소 체험하여 알게 된 사회 밑바닥의 생활상과 그들의 애환을 생생히 묘사하는 동시에, 세상의 모순과 부정을 용감하게 지적하면서도 유머를 섞어 비판한 데에 독자들의 공감이 컸다.

1850년에 발표된 자전적인 작품 《데이비드 코퍼필드》 *David Copperfield*와 설화적 구성인 《쓸쓸한 집》 *Bleak House*(1853)은 약간 경향이 다르지만, 계속해서 공장 직공의 스트라이크를 다룬 《어려운 시절》 *Hard Times*(1854), 프랑스혁명을 무대로 한 역사 소설 《두 도시 이야기》 *A Tales of Two Cities*(1859), 《위대한 유산》 *Great Expectations*(1861), 《우리들의 친구》 *Our Mutual Friend* (1965) 등의 작품을 계속 발표하였다.

1858년에는 20년 이상 함께 살면서 10명의 아이를 낳은 부인 캐서린Catherine과 별거하는 등 정신적인 고통도 겹쳐, 1870년 6월 9일 《에드윈 드루드》 *Edwin Drood*를 미완성으로 남긴 채 세상을 떠났다. 그가 죽은 지 1세기가 넘었지만 그의 작품들은 세계 각국의 언어로 번역되어 읽히고, 많은 작품이 영화로도 제작되어 세계에 방영되는 등, 셰익스피어 못지 않은 명성을 누리고 있다.

Dictionary of National Biography 영국 전기 사전

고대부터 현재까지 유명한 영국인들의 전기를 담고 있는 사전으로 1900년 옥스퍼드대학출판부에서 처음 발행했다. 이 사전은 몇 년을 단위로 최근에 죽은 인물을 내용에 첨가해 새 판을 출판한다.

Didrikson, Babe (1913~1956) **디드릭슨, 베이브**

야구, 농구, 골프, 테니스 등에 두루 능했던 만능 스포츠 우먼으로 유명하다. 본명은 밀드렛 엘라 디드릭슨Mildred Ella Didrikson이다. 1932년 올림픽 경기에서 창던지기에서 43.7m를 던져 올림픽과 세계 신기록을 세웠고, 80미터 허들 부문에서도 11.7초로 올림픽과 세계 신기록을 동시에 수립했다. 1938년에 결혼한 뒤에도 1947년에는 프로 골퍼로 입문하여 미국 여자오픈대회(U.S. Women's Open)를 세 번이나 석권하였다.

diet 다이어트

영어 diet에 해당하는 우리말로는 '음식'이라는 뜻인 '식단'이다. 우리가 흔히 말하는 '다이어트 식품'을 제대로 말하면, 'a healthy diet' 곧, '건강 식단'이 된다. 요즘 영미인들도 건강 식단을 위해 각종 식품첨가물(additives)에 많은 신경을 쓰고 있다. 우리들이 흔히 말하는 '다이어트 한다'도 영어로 표현할 때는 'go on a diet'라고 해야 한다.

dime novel 삼문(三文) 소설

19세기에 미국에서 인기 있었던 싸구려 소설의 양식이다. 20세기에도 1920년대와 40년대에 인기가 있었다. 문장이 조잡하고 스토리 전개가 빠른 것이 특징이다. 흔히 미국 개척자들이나 전쟁에서 싸우는 미군들이 주인공이다. 20세기에 와서는 사랑과 범죄, 공포를 다루기도 한다.

dinner 디너

하루 중에 가장 잘 먹은 식사를 말한다. 점심이 될 수도 있고 저녁이 될 수도 있다. 영국에서 디너는 계급이나 출신에 따라 다양한 의미로 쓰이지만, 흔히 영국에서 디너 파티 dinner party라고 하면 저녁 식사에 손님들을 초대하여 함께 식사를 하고 술을 마시는 경우를 말한다.

Dinners Club 다이니스 클럽

세계 최초의 신용카드인 다이너스 (클럽) 카드Diners Club Card를 운영하는 기업이다.

Dire Straits 다이어 스트레이트

1977년에 결성된 미국 팝 그룹이다. 히트 음반이 1978년에 낸 《다이어 스트레이트》*Dire Straits*로 우리나라에도 소개되어 인기를 얻었다.

Dirty Harry 〈더티해리〉

1971년에 나온 돈 시겔Don Siegel 감독의 미국 영화이다. 해리 캘러핸Harry Callahan이라는 샌프란시스코 경찰청 형사의 이야기다. 클린트 이스트우드Clint Eastwood가 Harry역으로 연기하였다. 당시 각종 범죄로 떨고 있던 미국 사회의 분위기로 인해 인기가 있었다.

Disney World 디즈니월드

디즈니가 캘리포니아 Disneyland에 이어 플로리다주 올랜도Orlando에 개장한 놀이공원이다. Disneyland보다 훨씬 더 클 뿐 아니라, 세계에서 가장 큰 놀이공원이다.

Disney, Walt (1901~1966) **디즈니, 월트**

미국의 만화 영화 제작자였다. 미키마우스Mickey Mouse, 도널드 덕Donald Duck 등의 캐릭터를 창조했고, 〈백설 공주와 일곱 난쟁이〉*Snow White and the Seven Dwarfs*, 〈환타지아〉*Fantasia*(1942), 〈밤비〉*Bambi*(1942) 등, 최초로 장편 만화 영화를 만들었다. 만화 영화뿐 아니라, 〈보물섬〉*Treasure Island*(1950), 〈메리 포핀스〉*Mary Poppins* 같은 영화들과 자연 다큐멘터리도 제작하였다. 생애에 수십 번 오스카 영화상을 수상하였고, 놀이 공원 디즈니랜드Disneyland를 건설하였다.

Disneyland 디즈니랜드

월트 디즈니가 1955년 캘리포니아주 애너하임Anaheim에 건설한 놀이공원이다. 호텔과 식당, 극장 등을 갖추고 있다. 이 캘리포니아의 디즈니랜드를 시작으로 1971년에는 플로리다에 Disney World, 1983년에 도쿄 Disneyland, 1992년에 파리 Disneyland를 차례로 개장하였다.

Disraeli, Benjamin (1804~1881) **디즈레일리, 벤자민**

두 번씩이나 총리직을 지낸 영국 보수당 정치인이다. 사회 변혁에 대한 소설을 쓰기도 했다. 당대의 빅토리아Victoria 여왕과도 절친한 친구로 지냈다. 총리로 있으면서 수에즈 운하의 절반을 사들이는 등, 영국의 국제적 영향력을 넓힌 것이나, 가난한 사람들을 위해 도시에 많은 주택을 건설한 것들이 역사에 남는다. 1876년에 백작(Earl)이 되었다.

Dissolution of the Monasteries 수도원 해산

헨리 8세가 영국국교의 수장이 된 이후인 1536년에서 1541년 사이에 종교단체에 속해있던 건물이나 토지를 파괴하거나 매매한 사실을 말하는 것으로 헨리 8세는 로마가톨릭교회의 권력을 빼앗고 돈도 벌기 위한 목적을 가지고 있었다. 그 당시 많은 사람들은 교회가 지나치게 부유하고 낭비한다고 느꼈기 때문에 비록 오래되고 훌륭한 건물들이 파괴되더라도 헨리 8세가 교회의 부를 취하는 것에 대해 크게 반대하지 않았다.

district attorney 미국 지방 검사

미국 연방정부 또는 주정부를 대표하여 특정 지역을 담당하는 검사를 말한다. 지방 검사들 가운데 업무 수행이 뛰어난 사람들은 지역의 행정가 또는 정치인으로 출세하기도 한다.

district council 영국 구(區)의회

영국의 타운town 의회나, 시티city 또는 카운티county를 구성하는 구(區)의 의회를 말한다. 지역 주민 가운데 선출되며 4년의 임기로 일한다. 주로 지역의 도로, 교통, 공원, 도서관 등의 업무를 관리한다.

District of Columbia (DC) 미국의 수도

미국의 수도 워싱턴Washington 전 지역을 가리키는 말이다. 이 지역은 원래 Virginia주와 Maryland주의 일부였다가 출연하여 연방정부 소속이 되었다. 1790년 의회의 승인으로 건설하여 현재 수많은 행정부 건물들이 들어차 있다. DC 지역 주민들은 1961년까지 대통령 선거에 투표를 하는 것이 허용되지 않았다고 한다.

divine right of kings 왕권신수설

절대주의 국가에서 왕권은 신으로부터 주어진 것으로, 왕은 신에 대해서만 책임을 지며, 인민은 왕에게 절대 복종하여야 한다는 정치사상이다. 영국에서는 내전으로 왕권이 의회로 넘어가 입헌군주제가 되기 전에 찰스Charles 1세가 마지막으로 절대 왕권을 행사했던 국왕이다.

divorce 이혼

오늘날 영국과 미국에서 이혼은 합법이다. 영국에서는 이혼율이 40%, 미국은 거의 50%라고 한다. 전통적인 이혼의 원인은 대체로 배우자의 부정이나 가정 폭력 등 배우자의 과실이 많았지만, 요즈음은 배우자의 과실보다 성격 차이 등 합의에 의한 이혼이 많아졌다. 그래서 이혼 시에 미국에서는 법원이 자녀 양육에 관한 결정을 내려주기도 하고, 영국에서는 CSA(Child Support Agency)가 자녀 양육비를 산정해 주기도 한다.

Dixie (Dixieland) 딕시랜드

미국 남동부 주들을 비공식적으로 가리키는 말이다. Dixie라는 노래에서 비롯되었다는 말도 있으나 확인되지 않았다. 북부와 남부를 가르는 가상의 선인 '메이슨-딕슨 라인'Mason-Dixon line을 가리키기도 한다.

Dixie 〈딕시〉

미국 남북 전쟁 당시 남부군의 행진곡이다. Daniel Emmett가 1859년에 *Dixie's Land*라는 제목으로 썼는데, 나중에 남부연합 국가(Confederate national anthem)가 되어 분개하였다고 한다. 북부 링컨(Abraham Lincoln) 대통령의 애창곡이었다는 것 또한 재미있다.

Dixieland (Dixieland jazz) 딕시랜드 재즈

소규모 밴드로 연주하는 미국 재즈 음악 양식이다. 멤버들은 노래 중간에 각자 즐겁고 자유롭게 연주한다. 19세기 남부에 시작되었는데 뉴올리언스New Orleans 등지에서는 아직도 인기가 있다. 잘 알려진 노래가 바로 〈성자의 행진〉*When the Saints Go Marching*이다.

DIY (do-it-yourself) 디아이와이

각종 생활 용품의 수리나 가구 조립, 페인트 칠 등, 전문가의 손을 빌리지 않고 스스로 하는 작업을 말한다. 특히 영국 사람들은 DIY를 중요한 여가 활동의 하나로 여길 정도로 즐겨한다. 어딜 가나 DIY 상점이 있을 정도이다.

D-notice 기사화 금지 통지

영국 정부가 국방 또는 국익에 해가 될 수 있는 정보를 언론에 기사화 못하게 요구하는 공식 통지를 말한다. 이때 D자는 Defence(국방)를 뜻한다.

Doctor Dolittle 닥터 두리틀

영국의 아동문학가 휴 로프팅Hugh Lofting이 쓴 동화 시리즈의 주인공이다. 첫 권이 《닥터 두리틀 이야기》*The Story of Doctor Dolittle*이라는 제목으로 1920년에 출간되었다.

Doctor Faustus 《닥터 파우스투스》

영국 극작가 크리스토퍼 말로Christopher Marlowe가 1590년경에 쓴 것으로 알려진 희곡이다. 원제는 《닥터 파우스투스의 비극》*The Tragical History of Dr. Faustus*이다. 평생 학문과 예술을 공부해 온 학자가 세상에 더 이상 공부할 것이 없다고 느끼자, 마법을 연구한다. 그는 24시간 동안 즐겁게 지낼 수 있는 능력을 얻는 조건으로 악마에게 영혼을 판다. 24시간을 쾌락으로 보내지만 끝내 악마에게 끌려가는 비극을 그리고 있다.

Dodge city 다지시(市)

캔자스Kansas주의 도시이다. 19세기만 해도 이 도시는 음주와 도박이 판을 치고, 싸움과 총질이 끊이지 않는 무법천지로 악명을 얻었다.

dodgems 범퍼카 (= dodgem cars, bumper cars)

놀이공원에서 흔히 볼 수 있는 범퍼카의 다른 말이다.

doggy bag 더기 백

식당에서 손님이 다 먹지 못한 음식을 집에 가져가려 할 때 싸주는 종이 가방을 말한다. 영국보다는 미국의 일반적인 관습이다. 영국에서는 파티가 끝났을 때 손님들에게 음식을 싸주기도 한다.

Dolby 돌비시스템

녹음 테이프나 영화에서 깨끗한 음향을 만들기 위해 소음을 줄여주는 전자 장치이다. 녹음 기사인 레이 돌비Ray Dolby(1933~)가 개발하여 그의 이름을 붙였다.

Domino's Pizza 도미노 피자

미국 최대의 피자 배달 체인 업체이다. 1960년에 창업하였는데, 미국과 세계 50여 개 국에 모두 6000여 곳의 체인점이 있다. 배달이 지연되거나 고객이 불만을 가지면 피자 값을 받지 않는 회사 방침으로 알려진 기업이다.

Donald Duck 도널드 덕

월트 디즈니(Walt Disney)사의 만화 주인공. 도널드는 『현명한 작은 암닭』 *The Wise Little Hen* (1934)에서 처음 등장한 활발하지만 때로 심술을 부리는 오리 캐릭터이다. 그의 목소리는 알아듣기 어렵고 데이지(Daisy)라는 여자친구가 있으며 휴이(Huey), 듀이(Dewey), 루이(Louie)라는 조카들이 있다.

donkey 당나귀

영미인들에게도 당나귀는 고집이 세고, 힘이 좋으며, 열심히 일하는 동물로 인식되어 있다. 그래서인지 미국 민주당(Democratic Party)의 상징이 당나귀이다.

Donne, John (1572~1631) 던, 존

17세기 영국의 '형이상학 시인'(metaphysical poets)이다. 주로 사랑과 종교에 관한 시를 썼다. 만년에는 1615년에 성직자에 임명되었고, 몇 해 뒤에 성 바울 대성당(St. Paul Cathedral)의 사제장(Dean)이 되어 죽을 때까지 봉직한다. 르네상스의 변동기에 살았던 생애에 어울리게 그의 시도 젊은 시절의 연애시(love poems)와 만년의 종교시(religious poetry)로 대별할 수 있다. 17세기 영국의 형이상학 시인의 대표자로서 T. S. 엘리어트T. S. Eliot나 W. B. 예이츠W. B. Yeats 같은 20세기 현대 시인들에게 깊은 영향을 끼쳤다.

Dos Passos, John (1896~1970) 도스 패소스, 존

미국의 소설가이다. 20세기 미국 현대 사회의 좌절을 묘사하는 소설을 썼다. 그의 대표작 《유에스에이》*USA*는 《북위 42도선》*42nd Parallel*(1930), 《1919년》*1919*(1932), 《빅머니》*The Big Money*(1936) 등으로 이어지는 세 편의 연작소설이다.

double header 더블헤더

야구에서 같은 두 팀이 하루에 연속적으로 두 번 경기를 하는 경우를 말한다. 주로 일요일에 경기를 한다.

double jeopardy 더블 제퍼디

"개인이 같은 죄목에 대하여 두 번 이상 재판과 처벌을 받지 않는다"는 '미국 수정헌법 제5조'(Fifth Amendment of the US Constitution)를 말한다.

Douglas, Frederick (1817~1895) 더글러스, 프레더릭

노예 생활에서 탈출한 흑인으로 자신의 노예 생활을 책으로 썼다. 영국으로 건너갔다가 지인들이 돈을 마련해주어서 미국으로 돌아가 자유를 샀다. 미국에서 흑인노예제를 폐지하는 데 주도적인 활동을 하였다. 뉴욕에서 《노스 스타》*North Star* 신문을 창간하기도 하였다.

Douglas, Kirk (1916~) 더글러스, 커크

미국의 영화배우이다. 주연 영화로는 〈오케이 목장의 결투〉 *Gunfight at the O.K. Corral*(1957), 〈스파르타쿠스〉 *Spartacus*(1960) 등이 있다.

Douglas, Michael (1944~) 더글러스, 마이클

커크 더글러스Kirk Douglas의 아들로 역시 인기 영화배우이다. 주연 영화로는 〈월스트리트〉 *Wall Street*(1987), 〈장미의 전쟁〉 *The War of the Roses*(1989), 〈원초적 본능〉 *Basic Instinct*(1992) 등이 있다.

Dover 도버

영국의 현관이라고도 하는 남부 켄트Kent주의 항구 도시이다. '하얀 절벽'(White Cliffs)이 유명하다. 이곳은 영국 바다의 현관으로, 희고 아름다운 모습으로 여행객을 손짓한다. 도버는 프랑스와 가장 가까운 지역으로 35km밖에 떨어져 있지 않아서 날씨가 좋으면 프랑스 땅이 보이며, 프랑스로 가는 연락선의 선착장이 있다.

옛날에는 프랑스에 대한 전략적 요충지여서, 프랑스의 침공에 대비해 쌓은 도버 성도 있다. 제2차 세계대전 때에는 독일군의 공습에 시달리기도 했다.

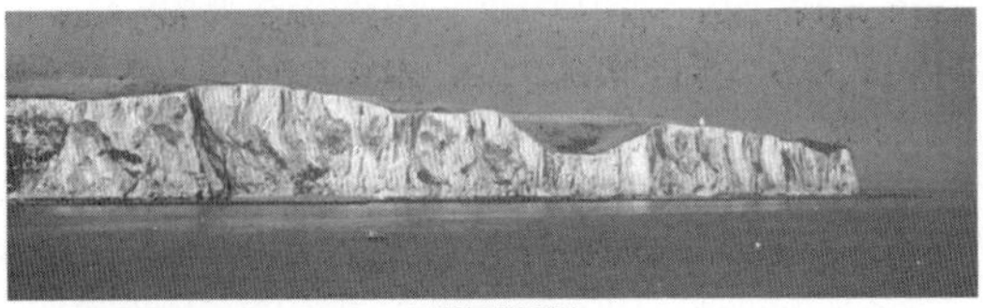

도버의 하얀 절벽

Dow Chemical 다우 케미컬

미국의 종합 화학 기업이다. 1897년 소금물에서 할로겐 원소의 하나인 브롬bromine(Br)을 추출해내는 방법을 발견한 허버트 헨리 다우Herbert Henry Dow가 창업하였다. 염소, 가성소다를 비롯한 각종 화학 제품, 의약품, 포장 용품, 알루미늄, 마그네슘, 천연가스 채굴 등, 폭넓은 사업을 벌이고 있다. 1960년대부터는 유럽과 캐나다부터 세계로 적극 진출하여, 1980년대에는 해외 매출이 52%가 되었다.

Dow-Jones Average 다우존스지수 (= Dow-Jones Index)

뉴욕 증권거래소(New York Stock Exchange)에서 하루에 거래되는 주가의 지수를 말한다. 1884년 《월스트리트저널》 *Wall Street Journal*의 발행인 찰스 다우Charles Dow와 출판인 에드워드 존스Edward Jones가 처음 도입했다. 다우존스사에서 매일 발표하는 4종류 주가의 평균을 산출해 발표한다.

공업주 30종, 철도주 20종, 공공주 15종 등, 모두 65종의 평균으로 되어 있다. 다우존스지수는 65종의 평균으로서 상장주 전반의 움직임을 모두 반영하지 못한다는 비판도 있지만, 역사가 길고 세계적인 대기업을 대상으로 하고 있으며, 《월스트리트저널》에는 매시간, 다른 신문에는 매일 발표되고 있어서, 미국 증권 시장의 동향을 알려주는 대표적인 주가지수이다.

Downing Street 다우닝가(街)

영국 정부의 청사와 관저들이 몰려 있는 런던의 거리이다. 외무부와 내무부 등이 있고, 10번지에는 총리(Prime Minister) 관저, 11번지에는 재무 장관(Chancellor of the Exchequer) 관저가 있다. 영국 내각제가 확립된 18세기부터 총리 관저가 이곳에 있었으므로, 다우닝가는 영국 정부의 대명사로 유명한 거리이다. 다우닝가라는 명칭은 하원의원이던 조지 다우닝George Downing이 여기에 건물을 지어 재무부에 대여한 데서 유래한다.

다우닝가에 있는 총리 관저

Downtown 다운타운

뉴욕의 맨해튼Manhattan 지역 34번가(34th Street) 남쪽을 가리킨다. 월스트리트Wall Street, 체이스맨해튼 은행Chase Manhattan Bank, 그리니치 빌리지Greenwich Village, 소호Soho 등이 있고, 2002년까지 세계무역센터(World Trade Center)도 있었다. 일반적으로 downtown이라 하면, 대도시의 비즈니스 중심지를 말한다.

Doyle, Arthur Conan (1859~1930) 도일, 아서 코난

형사 셜록 홈즈Sherlock Holmes라는 인물을 창조한 스코틀랜드 작가이다. 원래는 의사였으나, 첫 탐정 소설 《주홍빛 연구》 *A Study in Scarlet*(1887)이 성공하자, 의사를 그만 두었다. 역사 소설이나 과학 소설도 썼다. 1902년에 기사 작위를 받았다.

Dr. Jekyll and Mr. Hyde 《지킬 박사와 하이드》

스코틀랜드 작가 로버트 L. 스티븐슨Robert Louis Stevenson이 1886년에 쓴 소설이다. 주인공 지킬 박사는 선과 악이라는 인간의 본성에 관심이 많던 차에, 둘을 분리하는 약을 개발한다. 스스로 그 약을 먹을 때 일시적으로 악한이 되는데, 이런 자신을 하이드라고 불렀다. 이 위험한 실험을 더해 갈수록 본래의 자신으로 돌아오기 힘든 비극으로 떨어진다. 이 내용은 자주 영화화되었다.

Dracula 드라큘라

아일랜드 작가 Bram Stoker(1847~1912)의 소설 《드라큘라》*Dracular*(1897)에 등장하는 주인공 흡혈귀(vampire 뱀파이어)이다. 밤에만 활동하며 사람의 피를 빨라먹는 귀신으로 알려져 있다. 이후 많은 서구 공포 영화에 주인공으로 등장하였다.

draft beer 생맥주 (= draught beer)

맥주를 잘 아는 사람들은 일반적으로 병맥주나 캔맥주보다 생맥주가 좋다고 생각한다.

DreamWorks SKG 드림웍스

스티븐 스필버그Steven Spielberg, 제프리 카젠버그Jeffrey Katzenberg, 데이비드 게펜David Gefen 등이 1994년에 설립한 영화사이다. 〈피스메이커〉*The Peacemaker*(1997), 〈쥬라기공원: 잃어버린 세계〉*The Lost World: Jurassic Park*(1997) 등의 영화를 제작하였다.

Dred Scott Case 드레드 스콧 판결 (= Dred Scott Decision)

1857년에 미국 연방대법원(U.S. Supreme Court)이 드레드 스콧Dred Scott이라고 하는 흑인 노예를 미국 시민으로 인정하지 않는 판결을 내렸다. 아울러 연방의회가 어느 주에도 노예 소유를 금지할 수 없다고 덧붙였다. 이 판결은 노예폐지론자들을 비롯해 많은 사람들을 격분시켰고, 남북 전쟁을 촉발시켰다.

Dreiser, Theodore (1871~1945) 드라이저, 시어도어

미국의 자연주의적 사실주의를 대표하는 소설가이다. 인디애나 대학을 중퇴하고, 시카고에서 신문 기자 생활을 시작하면서 발자크와 졸라 등의 작품을 읽었다.

1894년 뉴욕으로 이주하면서 점차로 창작에 손을 대고, 처녀작 《시스터 캐리》*Sister Carrie*를 1900년에 출간하였다. 그러나 가난한 여자가 운명에 농락되어 타락해 가는 과정을 그린 것으로 반도덕적이라는 이유 때문에 출판이 금지되었다. 이후에 잡지 편집자로서 성공하면서 《제니 게르하르트》*Jennie Gerhardt* (1911)를 발표하고, 계속하여 미국의 전형적인 성공자의 경력을 그린 《자본가》*The Financier*(1912)와 《거인》*The Titan*(1914) 등을 발표한 후, 1925년에 필생의 대작 《아메리카의 비극》*An American Tragedy*을 출간하였다. 19세기로부터 20세기에 이르는 자본주의 상승기에 미국의 적나라한 모습을 보여주고 있다.

dress, formal and informal 복장- 정장과 평상복

영국인들이나 미국인들 모두 평상시에는 진jeans 바지 또는 코르덴cords 바지에 셔츠 또는 T셔츠, 스웨터를 주로 입는다. 좀 나이가 들어가면서 단정하게 입게 되는데, 여성들은 긴 드레스나 스커트에 블라우스blouse를, 남성들은 셔츠에 재킷을 입고, 바지 차림이 일반적인 모습이다. 여름에 반바지를 입는 사람들이 많지만, 아직도 많은 사람들은 해변에서나 입는 것이라고 생각하고 있으며, 아주 더울 때 웃옷을 벗는 것도 많은 사람들은 좋게 보지는 않는다. 파티나 레스토랑 등에 갈 때 영국인들은 제대로 차려 입는다. 어떤 식당은 넥타이를 매지 않으면 입장을 허가하지 않는 곳도 있다. 극장에서는 반드시 정장을 요구하지는 않는다.

미국인들은 영국인들보다 정장을 덜 입는 경향이 있다. 동부보다는 서부가 옷차림이 좀더 자유롭다. 옷차림보다는 행동으로 사람을 평가하는 면이 강하다고 볼 수 있겠다. 식당에서도 청바지를 입고 있는 경우를 많이 볼 수 있다. 그런 미국인들도 직장에서는 '비즈니스 정장'(business suit)이라고 하여 정장을 입는 경우가 많다.

결혼식 같은 특별한 날에는 남자들이 'morning dress/wear'라고 하는 연미복을 입고, 여자들은 예쁜 드레스와 모자를 쓰기도 한다. 저녁에 파티 같은 행사가 있으면, 남자는 evening dress/wear 또는 white tie라고 하여 연미복에 하얀 셔츠와 나비넥타이(bow tie)를 하고, 여자는 긴 드레스를 주로 입는다.

evening dress로 차려 입은 가족

drink driving 음주 운전

영국과 미국에서 음주 운전은 매우 심각한 범죄로 인식된다. 벌금을 물거나, 운전면허가 취소되기도 하고, 구속되기도 한다. 음주 운전이 심한 크리스마스에서 신년까지의 기간에는 음주 운전에 대한 경고의 홍보를 많이 한다.

drive-in 드라이브인

자동차 전용 극장

자동차에 앉아서 각종 서비스를 즐기는 것을 말한다. 1930년대 미국의 영화관들이 '자동차 전용 극장(drive-in theater)'으로 시작하였는데, 이후 식당(drive-in restaurant)이나 은행(drive-in bank) 등도 이 서비스를 시작하였다.

driving licence 운전면허

미국에서는 16세, 영국에서는 17세가 넘어야 운전면허를 취득할 수 있다. 영국에서는 대개 개별적으로 운전 연습을 하지만, 미국에서는 대부분의 고등학교가 운전 교육 강좌를 개설하고 있다.

drugs 마약

영국과 미국에서 마약은 심각한 사회 문제가 되어 있다. 미국이 특히 심각하다. 마약 중에도 헤로인heroin, 크랙crack, 코카인cocaine 등은 중독성이 강한 마약으로, 'hard drugs'라고 한다. 한편, 마리화나cannabis, 엑스터시ecstasy, LSD 등은 중독성이 비교적 약해서 'soft drugs'라고 한다. soft drugs는 피해가 심각하지 않다고들 생각하여 많은 사람들이 즐기는 편이다. 흔히 'E'라고 하는 엑스터시ecstasy는 1990년대 미국 젊은이들 사이에 인기가 많아 나이트 클럽에서 애용되었다. 각성제 역할을 하여 취하지 않고 오래 춤추고 놀 수 있어서라고 한다. 영미 양국에서 여전히 가장 많이 애용되는 것은 마리화나이다.

Dryden, John (1631~1700) 드라이든, 존

17세기 영국의 시인이자 극작가이다. 1668년 찰스 2세 때 '계관시인'(Poet Laureate)이 되었다. 가장 유명의 희곡은 셰익스피어의 《앤터니와 클레오파트라》*Anthony and Cleopatra*를 개작한 《사랑을 위하여 모든 것을》*All for Love*이다. 이외에도 《압살롬과 아키토펠》*Absalom and Achitophel*이 있다.

education in Britain 영국의 교육

영국의 교육제도는 중앙과 지방이 협력 관계를 유지하는 것이 특색이다. 교육과학부(Department of Education and Science)는 직접 교육기관을 관리하지 않고, 장학 행정이나 재정적 원조 등을 통하여 지방 교육 당국의 교육 계획에 국가적 견지에서 지도, 감독한다. 스코틀랜드와 북아일랜드는 별도의 교육 행정 계통과 학교제도를 가지고 있다.

1947년부터 초등 교육(5~11세)과 중등 교육(11~15세)을 의무 교육으로 실시하다가 1972년부터 중등 교육까지 포함하여 11년으로 연장하였다. 초등 교육은 5~7세까지의 인펀트 스쿨infant school과 7~11세까지의 주니어 스쿨junior school로 나누어진다. 취학 전 교육인 보육 학교(nursery school)는 2~5세까지의 유아를 대상으로 한다.

중등 교육기관으로서는 문법 학교(grammar school), 기술 학교(technical school), 모던 스쿨(secondary modern school) 등, 세 가지가 있다. grammar school은 인문계 학교로 고전, 외국어, 자연과학 등을 공부하여 대학 진학을 준비한다. 실업계 고등학교인 technical school은 농업, 공업, 상업 등의 직업 교육을 한다. secondary modern school은 인문 교육과 기술 교육을 함께 공부한다. 영국 어린이들은 11세에 초등학교를 졸업하면 '일레븐 플러스 시험'(eleven-plus examination)을 통해 grammar school 또는 technical school 등에 입학하고, 그밖의 학생은 자동적으로 secondary modern school에 입학하게 되어 있다.

또 이 세 학교를 종합한 '종합 학교'(comprehensive school)가 1960년대에 등장하였는데, 이 학교는 일레븐 플러스 시험을 거치지 않고 초등 교육 수료자는 누구든 입학할 수 있어서 많이 증가하였다. 일레븐 플러스 시험 역시 응시자가 많이 줄어들었다고 한다.

한편, 정부의 재정적 지원을 받지 않는 사립 학교가 있는데, 이들 가운데는 오랜 전통을 가지고 있는 퍼블릭 스쿨public school도 있으나, 빈약한 학교도 많아 이를 규제하기 위하여 1944년부터 교육부의 강력한 감독을 받고 있다. 또, 15세까지 의무 교육을 마치고 grammar school이나 technical school에 진학하지 않는 청소년들을 위한 과정인 계속 교육(further education)이 있다. 계속 교육기관으로는 공업 학교, 상업 학교, 농업 학교, 기술 대학, 공업 대학 등이 있다.

고등 교육기관은 중세부터의 전통을 가진 옥스퍼드 대학교와 캠브리지 대학교로 대표되는 대학들과, 19세기 이후에 발족한 런던 대학교 등 많은 대학들이 있다. 이밖에 초등 교원의 양성 기관인 3년제 사범 대학(training college)이 있다. 중등 교원은 대학의 학부 졸업 후 1년 간 교직 과정을 거쳐 양성되고 있다.

The Duchess of Malfi 《맬피 공작 부인》

17세기 영국 극작가 존 웹스터John Webster가 쓴 희곡이다. 오빠들 때문에 자신의 의사에 반해 결혼하는 불운한 여성에 관한 이야기를 다룬 비극이다.

Duchess of York (1959~) 요크 공작 부인

Sarah Ferguson(사라 퍼거슨) 편을 읽으시오.

dude ranch 주말 목장

도시인들이 휴일에 방문하여 캠프를 하며 말을 타거나 서부의 목장 일을 체험하는 미국 서부의 체험 목장을 말한다. dude는 도시인 특히, 동부 사람들을 말한다.

duke 공작

영국의 귀족 가운데 가장 높은 작위이다. 왕가(royal family)에 속해서 로얄 듀크royal duke라고도 한다. '콘월 공작'(Duke of Cornwall), '에딘버러 공작'(Duke of Edinburgh), '요크 공작'(Duke of York) 등이 있다. 부인을 'Duchess'라고 한다.

Duke Energy 듀크 에너지

미국 전역과 해외에 전기와 천연가스를 공급하는 미국의 종합 에너지 회사이다. 1899년 제임스 B. 듀크James B. Duke가 창업한 아메리칸 개발사(The American Development Company)가 모체이다. 1924년에 듀크는 다른 사업가들과 함께 듀크파워 에너지(Duke Power Energy Company)를 설립했다가 이듬해에 사망했다. 그뒤로 계속 발전하다가, 1997년 팬 에너지사(Pan Energy Corporation)와 합병한 뒤에 지금의 이름으로 바꾸었다. 전기 사업, 천연가스의 수송, 판매 및 마케팅, 전세계적인 자산 개발, 기타 에너지 서비스, 부동산 등의 사업을 벌이고 있다. 본사는 노스캐롤라이나주 샬롯Charlotte에 있다.

Duke of Edinburgh 에딘버러 공작

현재의 영국 여왕 엘리자베스 2세의 남편인 필립Phillip 공에게 주어진 직함이다. 그의 아버지는 그리스 왕자 앤드류 Andrew였다. 그는 영국에서 교육받았고, 제2차 세계대전 때는 영국 해군(Royal Navy)에 근무했다. 1947년에 당시 Elizabeth 공주와 결혼하였다.

Duke of Wellington 웰링턴 공작

영국의 군인이자 정치인이었다. 아일랜드 출신으로 이튼 스쿨과 사관학교를 거쳐, 보병 소위에 임관하였다. 1794~1795년 네덜란드에서 프랑스군과 싸우고, 1797년부터 8년간 인도에서 전투를 지휘하였다. 1809년에 포르투갈 원정군 사령관이 되어 나폴레옹의 프랑스군에 대항하였고, 1812년 나폴레옹의 러시아 원정을 계기로 프랑스군을 이베리아 반도에서 몰아내었다. 그후 나폴레옹이 엘바 섬에서 탈출하자, 연합군 사령관으로서 워털루 전투(Battle of Waterloo)에서 승리를 거두고 나폴레옹을 세인트 헬레나 St. Helena 섬으로 유폐시켰다. 그후로는 정치가로서 활동했는데, 외교 사절로서 여러 나라에 부임하였고, 1828년에는 보수당의 총리가 되었다. 총리로서 그는 1829년에 '가톨릭교도 해방령'을 수립시켰다.

Duke of York (1960~) 요크 공작

영국에 요크 공작이 여럿 있다. 우선 최근의 사람으로는 영국 엘리자베스 여왕의 셋째 아들 앤드류Andrew가 있다. 그는 사라 퍼거슨Sarah Ferguso과 결혼하여 두 딸을 낳고, 1992년에 이혼하였다. 그앞에는 19세기 초 조지George 3세의 둘째 아들이 이 명칭을 가졌고, 그리고 1474년 이전에는 국왕의 둘째 아들들에게 요크 공작이라는 칭호를 붙였다. 에드워드Edward 4세의 아들과 헨리Henry 8세의 아들이 요크 공작이라는 이름을 받았다.

Duke University 듀크 대학

미국 노스캐롤라이나주 더럼Durham에 있는 명문 사립 종합 대학이다. 1924년에 세계적인 담배 제조 회사 소유주인 제임스 뷰캐넌 듀크James Buchanan Duke가 아버지 워싱턴 듀크Washington Duke를 추모하기 위해 기존의 트리니티 칼리지Trinity College를 인수하여 종합 대학교로 새로 설립하였다. 트리니티 칼리지는 1892년 워싱턴 듀크의 재정 지원을 받아 더럼으로 이전하였다.

Duncan, Isadora (1878~1927) 던컨, 이사도라

현대 무용을 크게 발전시킨 미국의 무용수이다. 주로 유럽에서 활동을 했던 그녀는 특히 고대 그리스 예술의 영향을 받아 고대 그리스 의상에 맨발로 춤을 추었다.

현대 무용의 어머니라고 불리는 그녀 자신의 인생은 불행하였다. 독신을 고집하던 그녀는 1906년에는 런던의 무대 디자이너 고든 크레이그Gordon Graig에게서 첫 딸을 낳고, 1910년에는 미국의 백만장자 유진 싱어Eugene Singer에게서 아들을 낳았다. 그러나 1913년에 두 아이는 자동차 사고로 프랑스 세느강에서 익사한다. 1920년에 모스크바에서 17세 연하의 천재 시인 세르게이 에세닌Sergei Esenin을 만나 결혼한다. 하지만, 두 사람은 미국에서 '볼셰비키'로 낙인찍혀 유럽으로 돌아갔고, 에세닌이 혼자 러시아로 돌아가 1925년 자살한다.

그녀 자신은 프랑스 니스에서 드라이브를 하기 위해 승용차를 출발하다, 평소 자주 두르던 긴 숄shawl이 바퀴에 말려 들어가면서 목이 졸려 즉사했다. 사랑하는 자녀들의 죽음, 예술가로서의 좌절, 남편의 자살 등, 비운으로 얼룩졌던 그녀의 말년은 그렇게 비극적으로 끝났다.

The Dunciad 〈던시아드〉

알렉산더 포우프Alexander Pope가 쓴 장시(長詩)이다.

Dunhill 던힐

영국의 담배 회사이자 그 제품 이름이다.

Dunkin' Donuts 던킨 도너츠

세계 최대의 도너츠 판매 업체이다. 전세계 20여 개 국에 약 4,000개의 점포가 있다고 한다.

Dunlop 던롭

자동차 타이어와 고무 제품을 생산하는 영국 기업이다. 고무 타이어를 개발한 스코트랜드인 존 던롭John Dunlop의 이름을 그대로 썼다.

DuPont 듀퐁

석유와 섬유, 플라스틱 등의 화학 제품을 생산하는 세계적인 화학 기업이다. 1802년 미국 델라웨어Delaware주에서 화약을 생산하던 중소기업으로 출발하였다.

Duracell 듀라셀

미국의 세계적인 건전지 제조 판매 기업이자, 건전지 제품 이름이기도 하다. 디지털 카메라, 초소형 컴퓨터, 이동 전화 등과 같은 각종 첨단 전자 제품용 건전지들을 생산하고 있다.

Durham Miners Gala 더럼 탄광 축제

영국의 탄광 도시 더럼Durham에서 매년 7월 둘째 주 토요일에 광부들이 밴드와 함께 거리를 행진하며 벌이는 축제 행사이다. 영국 노동당이나 탄광 노조 지도자들이 대거 참가하여 퍼레이드를 이끈다.

행진에 나온 시민들

Dylan, Bob (1941~) 딜런, 밥

미국의 유명 팝 가수로, 포크와 록 음악을 작곡하기도 하였다. 저항적인 노래로 1960년대 미국 젊은이들을 열광시켰다. 우리에게 잘 알려진 히트곡 〈노킹 온 헤븐스 도어〉 *Knocking on Heaven's Door*(1973)가 그의 노래이다.

Dynasty≪다이너스티≫

세계에서 방영된 미국 TV드라마. 덴버의 부유한 석유사업가 가족에 관한 이야기로 배우들의 의상에 엄청난 돈을 쓴 것으로도 유명하다. 알렉시스 캐링톤(Alexis Carrington) 역의 조안 콜린스(Joan Collins) 그리고 그녀의 전남편 블레이크 캐링톤(Blake Carrington) 역에 존 포시드(John Forsythe)가 열연했다.

E

E. E. Cummings (1894~1962) 커밍스

미국 시인이자 소설가이다. 순전히 알파벳 소문자로만 쓰는 등, 독창적인 언어와 특이한 표기 방식으로 시를 썼다. 시집으로《튤립과 굴뚝》*Tulips and Chimneys*(1923), 소설은 *The Enormous Room*(1922)이 있다.

Eagle Scout 이글 스카우트

미국 보이 스카우트에서 최우수 성적을 거둔 대원으로, '이글 스카우트 배지'Eagle Scout Badge를 달아준다.

이글 스카우트 배지

Earhart, Amelia (1898~1937) 에어하트, 애밀리아

1932년에 혼자서 대서양 횡단 비행을 한 미국 여자 비행사이다. 동료 비행사 프레드 누난Fred Noonan과 함께 세계일주 비행을 하다 태평양 상공에서 실종되어 아직 미스터리로 남아 있다.

earl 백작

영국의 백작으로 후작(marques) 아래, 자작(viscount) 바로 위의 작위이다. 공작이나 후작의 맏아들에게 주어진다. 백작 부인을 'countess'라고 한다. 백작을 유럽에서는 'count'라고 한다.

Earl Grey 얼 그레이

특별한 향이 있는 중국차. 영국의 정치지도자 얼 그레이(Earl Grey)(1764-1845)가 중국으로부터 선물로 받은 후에 영국에 이 차를 들여와 보급하였다.

Earp, Wyatt (1848~1929) 어프, 와이어드

서부개척시대 무법지대였던 다지시(Dodge City)에서 보안관을 지냈다. 유명한 1881년 툼스톤Tombstone의 오케이 목장(O.K. Corral)에서 결투를 벌인 것으로 알려져 있다. 그의 이야기는 책이나 영화로, 텔레비전 연속극으로도 많이 만들어졌다.

East Coast 이스트 코스트

공식적으로는 미국 동부 해안에 접해 있는 주(state)들을 가리키지만, 일반적으로는 수도 워싱턴 북쪽에서 캐나다 국경까지의 지역을 가리킨다. 동부의 대표적인 대도시 뉴욕New York, 필라델피아Philadelphia, 보스턴Boston 등과 전통적인 생활양식을 많이 간직하고 있는 메인Maine주, 버몬트Vermont주 등이 East Coast의 대표 지역이다. 이 지역 사람들은 다른 지역 사람들보다 교육 수준이 높고, 문학이나 예술 등 문화에도 관심이 많은 것으로 여겨진다.

East End 이스트 엔드

런던의 템즈 강 북쪽으로 런던 탑(Tower of London)까지의 동부 지역을 말한다. 옛날부터 선착장들이 있고, 여기서 일하는 노동자들이 모여 살아, 가난하지만 친근하고 활기찬 지역으로 알려져 있다. 재개발로 인해 요즘은 주거 환경이 많이 달라졌다고 한다.

East India Company 동인도 회사

1600년부터 영국, 프랑스, 네덜란드 등이 동인도(인도를 본거지로 자바와 보르네오 등, 동남아의 섬들도 포함된다)에 대한 독점적인 무역권을 확보하기 위해 설립한 회사들이다. 영국의 동인도 회사는 1600년에 설립하여 18세기까지 자체 군대와 정치권력까지 가지고 인도를 통치하였다. 19세기에는 싱가포르를 건설하여 1826년에 식민지화한다.

1858년에 세포이의 반란 이후 영국 정부가 직접 통치하게 되어, 동인도 회사는 기능을 정지한다. 동인도 회사는 중상주의시대의 전근대적 독점 상업 조직으로, 자본주의의 세계적 확산과 산업자본의 지배가 확립되면서 그 역할이 끝나지만, 독점 무역에 따른 이윤으로 유럽 국가들의 자본 축적에 크게 이바지하였다.

East of Eden 《에덴의 동쪽》

미국 소설가 존 스타인백John Steinbeck이 1952년에 쓴 소설이다. 작가의 고향인 캘리포니아주 살리나스 계곡(Salinas Valley)을 배경으로 아일랜드에서 이민 온 해밀턴Hamilton 일가와 트라스크Trask 일가의 몇 대에 걸친 이야기이다. 중심 인물은 Trask가의 아담Adam이다. 동생 찰스Charles와의 불화, 악녀 캐시Cathy와 결혼하여 얻은 쌍둥이 형제 아론Aron과 케일럽Caleb 사이의 숙명적인 싸움을 대비시켜 이야기가 전개된다. Cathy는 갈보집을 운영하고 있다.

1955년에 엘리아 카잔Elia Kazan 감독이 제임스 딘James Dean을 주연으로 영화화하였다. 제임스 딘으로서는 이 작품이 첫 주연작이다.

Easter 부활절 또는 부활주일

예수가 죽은 뒤에 다시 부활한 것을 기념하는 축제로, 춘분(3월 21일)이 지난 다음 처음 오는 만월(滿月, 음력 보름 즉, 15일) 다음 일요일을 부활주일로 지낸다. 이를테면, 춘분이 지나고 첫 음력 보름이 4월 5일, 수요일이라면 4월 9일, 일요일이 부활주일이다.

영국에서는 예수가 십자가에 못 박힌 금요일(Good Friday)부터 토요일(Easter Saturday), 그리고 예수가 다시 부활한 일요일(Easter Sunday)과, 월요일(Easter Monday)까지 부활절 휴일(Easter holidays)로 공휴일로 지정되어 있다. 영국이나 미국 모두 부활주일에는 평소에 교회에 잘 가지 않는 사람들도 교회에 간다. 부활절 모자를 쓰기도 하고, 달걀에 알록달록 색칠하여 서로 나누어주는 등 여러 가지 전통들이 내려오고 있다. 부활절은 서구인들에게 봄과 새로운 삶의 의미를 준다.

Easter Rising 부활절 봉기

1916년 부활절 더블린(Dublin)에서 영국의 식민통치에 반대하여 일어난 봉기. 백 명의 영국 군인들과 450명의 아일랜드인들이 4일간의 전투에서 죽었으며 몇몇 봉기지도자들은 후에 사형되었다.

Eastern Daylight Time (EDT) 미국 동부 시간

미국 동부 주(州)들에서 4월 초부터 10월 말까지 적용하는 시간이다. 동부 표준시보다 1시간 빠르다.

Eastern Standard Time (EST) 미국 동부 표준시

미국 동부 주들에서 10월 말부터 4월 초까지 적용하는 시간이다. '그리니치 표준시'(Greenwich Mean Time)보다 5시간 빠르다.

Eastwood, Clint (1930~) 이스트우드, 클린트

미국의 유명 영화배우 · 감독 · 제작자이다. 텔레비전으로 시작하였으나 서부영화들에 출연하여 세계적인 인기 배우가 되었다. 〈더티해리〉*Dirty Harry*(1971)에서 Harry역으로 강인한 인상을 남기기도 했다. 1992년에는 영화 〈용서받지 못한 자〉Unforgiven를 연출하여 오스카 영화상 감독상을 받는다. 〈메디슨카운티의 다리〉*The Bridge of Madison County*(1995), 〈엡솔루트 파워〉*Absolute Power*(1997) 등에 주연하였다.

Easy Rider 〈이지 라이더〉

1969년 작 미국 영화이다. 로스엔젤리스에서 뉴올리언스New Orleans로 오토바이를 타고 가는 히피hippy들에 관한 이야기를 다루고 있다. 1960년대 자유를 갈망하던 미국 젊은이들의 폭발적인 인기를 얻었다. 데니스 호퍼Dennis Hopper 감독을 비롯해, 주연 배우 잭 니콜슨Jack Nicholson, 피터 폰다Peter Fonda 등을 스타로 만들었다.

eBay 이베이

1995년에 설립된 세계 제일의 미국 온라인 쇼핑 기업이다. 현재 약 3,000만 명의 등록 회원을 보유하고 있으며, 인터넷에서 가장 인기 있는 쇼핑 사이트인 것으로 알려져, 인터넷에서 가장 성공한 기업으로 평가받고 있다.

ebookers 이북커스

영국에서 시작한 유럽 최대의 온라인 여행사이다. 인터넷을 통해 여행에 필요한 항공기와 호텔 예약을 비롯한 모든 여행 서비스를 저렴하게 제공하고 있다.

Edinburgh 에딘버러

스코틀랜드의 주도(主都)이다. 1995년에 세계문화유산(World Heritage Site)으로 지정된 관광 도시로 많은 고성(古城)들과 박물관, 미술관, 동물원 등이 상당한 볼거리다. 18세기에는 '북구의 아테네'(Athens of the north)라고도 했을 정도로 거리와 건물들이 관광객들의 발길을 끌고 있다.

Edinburgh Festival 에딘버러 축제

1947년부터 매년 여름 Edinburgh에서 열리는 국제적인 음악, 무용, 연극 축제이다. 3주 간 계속되는 축제 기간 동안 많은 관광객들이 각종 공연과 콘서트를 보러 몰려온다. 공식적인 공연이나 콘서트 외에도 수많은 비공식 행사들이 열리는 데, 이것 역시 에딘버러 축제의 중요한 부분이다.

Edison Co. 에디슨

미국의 전등 회사이다. 토마스 에디슨Thomas Edison의 백열등 시스템 완성과 기업화로 1878년에 창업되었다. 30만 달러의 자본금으로 이후 5년 간에 걸쳐 에디슨의 발명품 일체를 양도받는 권리를 취득함과 동시에 3년 간 약 15만 달러를 지출하여 멘로파크Menlo Park 연구소에서의 에디슨의 실험을 뒷받침하였다.

에디슨이 백열등의 시험 제작에 성공한 1879년 이후는 특허권 보유 회사의 성격을 강화하고, 조명장치의 제조를 에디슨 전등 회사가 맡게 되었다. 1889년에 에디슨 각 계열사가 합병하였고, 1892년에 다시 톰슨 휴스턴Thomson Houston과 합병하여 현재의 제너럴일렉트릭General Electric(GE)이 되었다.

Edison, Thomas (1847~1931) 에디슨, 토마스

세계적으로 널이 알려진 미국의 발명가이다. 그가 한 "천재는 1%의 영감과 99%의 노력이다"는 말은 오늘날도 많은 사람들이 인용하고 있다. 정규 학력으로는 초등학교 3학년이 전부인 그는 1876년에 멘로파크Menlo Park 연구소를 열어 발명을 시작한 이래 음반, 축음기, 백열전구, 영사기, 축전지 등, 1,300건이 넘는 발명 특허를 얻어 최후의 발명왕이라 불린다.

education in the US 미국의 교육

미국 교육제도의 특징은 건국 때부터 연방정부가 관여하지 않고, 교육을 각 주(州)에 일임해 온 점이다. 연방정부의 교육부는 국가 전체의 교육에 관한 조사와 연구, 보조금 행정 등을 취급하지만, 교육을 통제하는 권한은 가지지 않는다. 주 역시 교육 행정의 많은 부분을 지방 교육 당국에 위임하고 있다. 미국은 교육에 있어서 전형적인 지방 분권주의를 취하고 있다. 교육의 기회를 균등하게 부여하기 위하여 사회 계급에 따라 교육제도를 구별하지 않는 단선형 제도를 가진 것도 특색이다.

취학 전 교육기관으로서는 유치원(kindergarten)과 보육 학교(nursery school)가 있다. 대부분의 유치원은 공립이지만 보육 학교의 대부분은 사립이다. 초등학교제도는 현재 전환기에 있지만, 대다수의 학교는 6·3·3제의 원칙에 따라서 6년제의 초등학교(elementary school)로 개조되어가고 있으나, 아직도 8·4제에 의한 8년제의 초등학교가 많이 있다. 또 최근에는 6·3·3제에 불만을 가지고 5·3·4제 또는 4·4·4제를 채택하고 있는 곳도 있다. 의무연한에 대하여 연방정부는 어떤 규정도 설정하지 않고, 각 주의 법률로써 정하고 있다. 일반적으로 6년의 초등학교와 3년의 중학과정을 의무로 하는 9년제가 가장 많다.

중등 교육기관으로는 4년제의 하이 스쿨high school과 3년제인 주니어 하이 스쿨junior high school과 미들 스쿨 middle school이 있다. 19세기부터 이어져온 하이 스쿨은 차차 상·하 2단계로 개조되는 경향에 있다.

직업 교육은 연방정부 교육부에 직업교육국이 설치되어 농업과 교사, 상업과 교사, 공업과 교사, 가정과 교사 등의 양성을 위해 국고 보조를 하고 있다. 많은 주가 14세부터 16~18세까지의 계속 교육(further education)을 의무제로 하고 있다.

고등 교육기관으로는 주립 대학과 사립 대학이 함께 있는데, 영국과는 달리 사립 대학이 훨씬 많다. Harvard, Yale, Princeton, Columbia, Pennsylvania 등 역사 깊은 대학들은 모두 사립이다. 대학 입학자의 교양 수준을 끌어올리기 위하여 만든 교육기관으로 주니어 칼리지junior college도 있다. 이 단기 대학은 영국에는 없는 미국 특유의 교육기관이다. 대부분 하이 스쿨 또는 주립 대학에 부속되어 있으며, 2년제로서 문과와 이과의 교양 과정을 부여하여 하이 스쿨의 중등 교육을 보충하고 있다.

Edwards, Blake (1922~) 에드워즈, 블레이크

미국의 영화 감독이자 제작자이다. 코미디인 〈핑크 팬더〉 *Pink Panther* 시리즈의 시나리오를 쓰고 감독하고, 〈티파니에서 아침을〉 *Breakfast at Tiffany's*(1961)을 감독하여 유명해졌다.

egg-end-spoon race 수저로 달걀 옮기기 게임

수저 위에 달걀을 얹어서 떨어뜨리지 않고 운반하는 게임이다. 주로 어린이들 사이에 인기가 있어서 각종 어린이 행사에 많이 등장한다.

800 number 888 무료 전화

800 또는 888로 시작하는 미국의 무료 전화이다. 대부분 기업들이 자사 제품의 판매나 홍보를 위해 고객들에게 서비스하는 전화이다. 영국에서는 0800으로 시작한다.

Einstein, Albert (1879~1955) 아인슈타인, 앨버트

독일 출신의 미국 물리학자이다. 20세기 최고의 과학자로 인정되고 있다. 1905년에 발표한 '특수상대성이론'(special theory of relativity)은 당시까지 지배적이었던 갈릴레이나 뉴턴의 역학을 송두리째 흔들어 놓았다. 종래의 시간, 공간 개념을 근본적으로 변화시켰으며, 철학사상에도 영향을 주었다. 몇 가지 뜻밖의 이론, 특히 질량과 에너지의 등가성 발견은 원자폭탄의 가능성을 예고한 것이었다.

1913년에 베를린 대학 교수로 취임하였고, 1914년 제1차 세계대전이 일어났으나, 그동안 자신의 상대성이론을 중력이론이 포함된 이론으로 확대하고자, 1916년 '일반상대성이론'(general theory of relativity)을 발표하였다. 여기서 그는 강한 중력장 속에서 빛은 구부러진다는 현상을 예언하였다. 이것은 영국의 일식 관측대에 의하여 확인되었다. 그는 광전 효과 연구와 이론물리학에 기여한 업적으로 1921년에 노벨 물리학상을 받았고, 일반상대성이론을 '통일장이론'((unified theory of field)으로 확대하려고 시도하였다. 독일에서 히틀러가 정권을 잡고 유대인 추방이 시작되자, 1933년 독일을 떠나 미국의 프린스턴 대학 고등연구소 교수로 취임, 통일장이론 개척에 힘을 기울였다. 제2차 세계대전 중에 독일이 원자폭탄 연구에 몰두하자, 미국의 과학자와 망명 온 과학자들은 원자폭탄을 가질 필요성을 통감하여 당시 대통령 F. D. 루스벨트에게 그 사정을 알리고, 미국에서 원자폭탄 연구인 맨해튼계획을 수립하기에 이른다. 유대인 출신인 그는 유대민족주의와 시오니즘운동을 지지하고, 평화주의자로서 활약하였다. 1952년에 이스라엘의 대통령직을 제안받았으나 거절하였다.

Eisenhower, Dwight D. (1890~1969) 아이젠하워, 드와이트

미국 공화당 출신의 34대 대통령이다. 아이크Ike라는 별명으로 널리 알려져 있다. 제2차 세계대전 중에 연합군 총사령관으로 연합군의 노르망디 상륙작전인 D-day를 지휘하였다. 한국전을 휴전시킨 대통령이기도 하다.

El Paso Energy 엘파소 에너지

미국의 에너지 회사이다. 1928년 텍사스 휴스턴Houston에서 변호사를 하고 있던 폴 케이저Paul Kayser가 텍사스주 엘파소El Paso에 연료를 공급할 목적으로 '엘파소 내추럴가스'El Paso Natural Gas라는 소규모 회사를 차린 것이 그 시초이다. 이때 새로 건설한 파이프라인으로 가스를 공급하면서 '엘파소 필드 서비시스'El Paso Field Services를 창업하였다. 현재 엘파소 에너지는 미국 남부와 멕시코 만 지역에 천연가스를 공급하는 중간 단계의 서비스를 제공하며, 엘파소 필드 서비시스는 24개 공장, 1만 200마일에 이르는 채굴 시스템, 여러 주에 걸쳐 1,500마일에 이르는 공급 파이프라인 등을 소유하고 있다. 여전히 텍사스주 휴스턴에 본사가 있다.

election in the UK 영국의 선거제도

영국은 입헌군주제로 국왕은 상징적인 존재이고 사실상은 하원의 다수 의석을 확보한 정당이 내각을 구성하여 행정을 담당하는 내각제를 채택하고 있다. 영국의 의회는 형식상 상하 양원제도이다. 하지만 세습 귀족들, 일대 귀족들, 두 명의 대주교, 영국성공회 소속 24명의 주교 등으로 구성되어 있는 상원은 현재 약 1,200명의 의원 중, 300명 정도가 통상적으로 출석하여 상원 업무에 관여할 뿐이다. 실질적으로 하원이 법제와 행정을 주도하고 있다. 영국의 선거제도란 바로 하원의원(Members of Parliament, MPs)을 선출하는 제도인 것이다. 현재 하원은 659개의 선거구에서 659명의 하원의원을 선출한다. 하원의 모든 의석을 새로 선출하는 총선은 적어도 5년에 한 번 있다.

유권자의 선거권은 18세 이상, 피선거권은 21세가 되어야 한다. 출마자들이 출마하는 선거구에 반드시 거주할 필요는 없으나, 제안자와 찬성자를 포함하여 열 명 이상의 유권자 추천장이 필요하다. 투표의 결정 방식은 단순 다수결 제도로서, 과반수의 득표를 얻지 못하더라도 최다 득표자가 결정된다.

출마자는 500파운드를 예치해야 한다. 총득표 수의 5% 이상을 득표한 후보자라야 이 예치금을 되찾을 수 있다. 후보자 개인이 라디오 및 TV에 유료 광고를 내보내는 것은 금지되는 대신, 중앙당 차원에서 광고를 집행하고, 대중매체들 역시 적극적으로 선거 방송을 실시한다. 선거 기간 동안 여론조사와 그 결과의 공표는 자유이며, 대다수의 언론은 자체 여론조사를 빈번하게 실시한다. 전통적으로 보수당은 농어촌 지역에서, 노동당은 도시 지역에 지지층이 많다.

election in the US. 미국의 선거제도

대통령제를 채택하는 미국의 선거제도는 대통령 선거와 연방의원 선거로 나누어 알아야 한다. 선거권은 모두 18세 이상으로 거주지가 일정한 사람들에게 주어진다.

대통령 선거는 간선제로 일반인은 대통령 선거인단에 투표하고 선거인단이 대통령에 투표한다. 주민들은 특정 대통령 후보에 투표할 상하원 수와 같은 수의 선거인단(electors)을 뽑고, 주에서 뽑힌 선거인단이 한 후보에게 표를 몰아주는 방식이다. 이 방식은 미국인 다수의 지지를 받지 않고도 대통령에 선출될 수도 있는 일이 발생하기도 한다. 35세 이상이라야 대통령에 출마할 수 있다. 2000년 제43대 George W. Bush 대통령이 당선된 것처럼 주민들의 투표에서 패배해도 선거인단 투표로 승리한 경우가 미국사에 몇 차례 있었다.

다음, 연방의회(Congress)는 상하 양원으로 구성되어 있다. 총 100명으로 구성되는 상원(Senate)은 각 주별로 2명씩 선출한다. 피선거권이 30세 이상에 미국 시민이 된 지 9년 이상, 자기 주에 반드시 거주해야 한다. 임기는 6년으로 2년마다 선거로 1/3씩 교체한다.

하원(House Of Representatives)은 총 435명으로, 임기가 2년이고, 피선거권은 25세 이상이다. 미국 시민이 된 지 7년 이상이어야 하며, 자기 주에 반드시 거주하는 사람이어야 한다. 상원 및 하원의원 후보가 되기 위해서는 정부통령 후보 선출 때와 마찬가지로 당내에서 후보 지명 예비 선거(Nominating Primary)를 통과해야 한다.

Electoral College 미국 대통령 선거방식

미국의 정부통령을 선출하는 방식을 말한다. 미국인들은 대통령을 선출하기 위해 직접 투표하지 않는다. 간접선거 방식이다.

각 주의 주민들은 특정 대통령 후보에 투표할 상하원 수와 같은 수의 선거인단(electors)을 뽑고, 주에서 뽑힌 선거인단이 한 후보에게 표를 몰아주는 방식이다. 이 방식은 미국인 다수의 지지를 받지 않고도 대통령에 선출될 수도 있는 일이 발생하기도 한다. 상당수의 미국인들은 이 방식이 구시대적이라 개정되어야 한다고 생각하고 있다.

electric chair 전기 의자

미국의 일부 주에서 사형수에게 사형을 집행할 때 앉히는 의자이다. 사형수를 의자에 묶은 채, 강력한 전류를 흘러보내 사망하게 한다. 1890년에 뉴욕주의 한 교도소에서 처음 사용했다고 하는데, 현재도 미국 9개 주에서 사용하고 있다고 한다.

eleven plus 일레븐 플러스

영국 어린이들이 11세에 초등학교를 졸업하고 보는 시험이다. 정식 명칭은 'eleven-plus examination'인데, 이 시험을 통해 분류된 어린이들은 문법 학교(grammar school) 또는 기술 학교(technical school) 등에 입학하고, 그밖의 학생은 자동적으로 모던 스쿨(secondary modern school)에 입학한다. 1960년대 말, 이 '일레븐 플러스' 시험과는 상관없이 위의 세 학교를 통합하여 교육하는 종합 학교(comprehensive school)가 설치되면서, 이 시험은 응시자가 줄어 중단 위기에 놓여 있다고 한다.

Eliot, George (1819~1890) 엘리엇, 조지

영국의 19세기 빅토리아시대의 소설가인 메리 앤 에반스 Mary Ann Evans의 필명이다. 여성이면서 필명을 남성 이름으로 썼다. 19세기 여성으로서는 드물게 결혼하지 않고 수년 간 동거를 했으며, 동거 남자가 죽자 20년 연하의 남성과 결혼하기도 했다. 그의 소설은 주로 당시의 사회 생활이나 가정 생활에 관한 이야기들이다. 《아담 비드》*Adam Bede*(1859), 《플로스강의 방앗간》*The Mill on the Floss*(1860), 《사일러스 마너》*Silas Marner*(1861), 《미들마치》*Middlemarch*(1872) 등의 소설이 있다.

Eliot, T. S. (1888~1965) 엘리엇, 티 에스

미국 출신의 영국 시인이자 극작가, 비평가이다. 절친했던 동료 시인 에즈라 파운드Ezra Pound의 권유로 1927년 영국으로 귀화하고 영국국교도로 개종까지 하였다. '4월은 잔인한 달'이라는 구절이 담긴 〈황무지〉*The Waste Land*(1922)로 우리에게 잘 알려진 시인이다. 이 작품은 정신적인 메마름, 인간의 일상적 행위에 가치를 주는 믿음의 부재, 생산이 없는 성(性), 그리고 재생이 거부된 죽음에 대한 시이다. 〈황무지〉와 함께 엘리엇의 시는 세계의 '현대시'를 지배하였고, 그의 평론 역시 신비평을 태동케 하여 1960년대까지 세계 문학론을 압도했다. 1948년에 노벨 문학상을 받았다.

Elizabeth I (1533~1603) 엘리자베스 1세

헨리 8세와 앤 볼린Ann Boleyn의 딸로서, 영국사에서 가장 위대한 국왕의 한 사람으로 기록되는 여왕이다. 평생 결혼하지 않고 처녀 여왕(Virgin Queen)으로 불린다. 강인하고 현명하여 당대의 어려운 정치적, 종교적인 문제들을 노련하게 잘 처리하며 통치하였다. 그의 통치 기간에 영국의 경제가 발전하여 국력이 강성하였고, 문학예술도 최고로 융성하여, 세계에서 영국의 위치를 굳건히 다졌다. 그의 통치시대를 엘리자베스시대라고 부른다.

Elizabeth II (1926~) 엘리자베스 2세

아버지 George 6세가 죽고, 1953년에 즉위하여 현재까지 영국 여왕으로 재임하고 있다. 1947년에 그리스 왕자 필립Phillip 공과 결혼하여 찰스Charles와 앤드류Andrew, 에드워드Edward 왕자, 앤Anne 공주 등 4명의 자녀를 두고 있다. 영국뿐 아니라 영연방 국가들로부터 사랑받고 있는 여왕이다.

Elizabethan 엘리자베스시대 또는 엘리자베스 스타일

16세기 영국의 국운이 융성했던 엘리자베스 1세의 통치 기간을 가리키는 말이다. 또 다른 뜻으로, 엘리자베스시대의 건축 양식을 가리키기도 한다. 창문이 크고, 장식이 있는 회벽에 나무 판자를 댄 것이 특징이었다.

Elle 《엘르》

1985년 프랑스에서 처음 발행된 패션 월간 잡지로, 영국과 미국 등지에도 발행된다.

Ellington, Duke (1899~1974) 엘링턴, 듀크

미국의 유명 흑인 재즈 뮤지션이다. 피아노를 치고 많은 노래를 작곡하기도 했다. 뉴욕 할렘Harlem가의 유명한 재즈 클럽 코튼 클럽Cotton Club에서 연주하여 알려지게 되어, 나중에는 카네기홀Carnegie Hall에서 연주회를 갖기도 했다. 작곡한 노래가 2,000여 곡이나 된다. 1969년에 '미 대통령 자유의 메달'(Presidential Medal of Freedom)을 받기도 했다.

Ellis Island 엘리스섬

1891년에서 1943년 사이, 대부분의 미국 이민사들의 공식적인 첫 관문인 맨해턴(Manhattan)에 있는 작은 섬. 약 2천만명의 사람들이 이 곳을 통해 미국으로 들어왔는데 여기에서 입국이 거부되는 사람들도 있었기 때문에 '눈물의 섬' 이라고도 불리워진다. 현재 이곳은 '엘리스섬 이민 박물관' 이 되었다.

Ellison, Ralph (1914~1994) 엘리슨, 랠프

《투명인간》*The Invisible Man*(1952)으로 유명한 미국 흑인 작가이다. 이 작품으로 내셔널 북 어워드National Book Award를 수상하였다. 이 작품에서 그는 미국에서 살아가는 흑인들의 정체성 문제를 유머와 슬픔으로 그려냈다.

Elmer Gantry 《엘마 겐트리》

미국 작가 싱클레어 루이스Sinclair Lewis가 1927년에 발표한 소설이다. 미국 중서부에서 목회자로 성공하는 사기꾼의 이야기이다. 1960년에 만들어진 영화에서 버트 랭카스터 Burt Lancaster가 주인공 Elmer Gantry로 연기하여 오스카 영화상을 받았다.

Emancipation Proclamation 노예해방령

1863년에 미합중국 대통령 아브라함 링컨이 흑인 노예를 해방하면서 내린 포고령이다. 실질적으로 흑인 노예들을 해방할 수 있는 힘은 없었지만, 전국에 흑인 노예해방을 공론화시키는 큰 파장을 일으켰다. 이것은 또 남북 전쟁에서 흑인들이 북군에 많이 가담하게 하여 북측이 승리하는 데 큰 도움이 되었다.

emblems of the UK and the US 영국과 미국의 엠블럼

엠블럼은 국가나 기업, 단체의 상징으로서 각종 문장에 널리 쓰인다. 예부터 내려오는 영국의 상징은 몇몇 영국 동전 화폐들에 새겨져 있는 삼지창을 들고 투구를 쓰고 있는 여자의 모습인 브리태니아Britania가 있다. 영국의 각 주들도 나름의 엠블럼이 있다. 동식물이 주를 이룬다. 잉글랜드의 공식 엠블럼은 붉은 장미(red rose)인데, 불독bulldog 역시 널리 사랑받는다. 웨일즈는 수선화(daffodil), 스코틀랜드는 엉겅퀴(thistle)이다. 클로버(shamrock)는 아일랜드의 엠블럼이다.

영국 정부의 공식 엠블럼은 쇠창살 성문(portcullis)이다. 미국 정부는 흰머리독수리(bald eagle)이다. 양국 정부는 이 엠블럼들을 각종 공식 문서에 표시하고 있다. 미국의 각 주들도 각종 동식물들로 나름대로의 엠블럼들을 가지고 있다. 미시건Michigan주의 경우, 울새(robin), 송어(trout), 사과꽃(apple blossom), 잠자리(dragonfly) 등을 상징으로 한다.

Emerson, Ralph Waldo (1803~1882) 에머슨, 랠프 왈도

하나님의 본성이 모든 인간과 사물에까지 다 깃들어 있다는 초절주의(Transcendentalism) 사상으로 19세기 미국의 종교와 철학에 큰 영향을 끼친 사상가이자 시인, 수필가이다. 목사가 되어 매사추세츠주 콩코드Concord에 정착하여 쏘로우Henry David Thoreau 등과 함께 지내며 사상을 설파하고 실천하며 살았다. 1836년에 펴낸 《네이처》*Nature*에서 초절주의를 설명하고 있다.

EMI (Electric and Musical Industries) 이엠아이 음반사

1931년 미국의 그라모폰사(The Gramophone Company)가 영국의 컬럼비아 그라모폰사와 합병하여

EMI(Electric & Musical Industries)를 발족시켰다. 1980년 전기 회사 손Thorn과 결합하여 Thorn-EMI가 되었고, 음악 부문 투자가 줄어들며 경영상태가 나빠졌지만, 이후 영국의 버진Virgin, 크리샐리스Chrysalis 음반사 등을 합병하여 세계 제1의 음반 회사가 되었다. 본사는 영국 런던에 있다.

eminent domain 미국의 토지수용권

도로를 건설할 때처럼 공공의 목적을 위해 사유지를 수용할 수 있는 정부의 권리를 말한다. 이 경우 당연히 적절한 보상이 주어진다.

Emma 《엠마》

영국 소설가 제인 오스틴Jane Austen이 1816년에 발표한 소설이다. 여주인공 엠마 우드하우스mma Woodhouse는 아름답고 명랑한 21살의 아가씨이다. 타고난 복과 자신의 재질에 대한 자만심으로 시골 아가씨와 목사와의 혼담을 계획하는 등, 여러 가지 짓궂은 일을 꾸민다. 그러나 그녀의 계획은 하나하나 실패로 돌아가고, 분별 있는 중년 신사 나이틀리Knightley에게서 충고를 받고 그와 결혼을 한다. 19세기 젊은 처녀의 정신적 · 인격적 성장을 주제로 한 소설이다. 1996년 같은 제목으로 영화로 만들어졌는데, 기네스 팰트로우Gwyneth Paltrow가 주연하였다.

Emmy 에미상(賞)

미국 텔레비전 아카데미가 1949년부터 해마다 최고 작품과 배우에게 수상하는 상이다. 영화 분야의 오스카상과 같다.

Emory University 에모리 대학

미국 조지아주 애틀랜타Atlanta에 있는 명문 사립 대학교이다. 1836년 감리교회 계통에서 설립하였다. 1953년 남녀공학으로 전환했다. 많은 외국 대학들과 교환 학생 또는 유학 프로그램을 가지고 있다.

Empire State Building 엠파이어스테이트 빌딩

뉴욕의 맨해튼에 있는 이 빌딩은 1931년에 완공되었고, 102층(약 381m) 높이로 1971년, 지금은 파괴된 세계무역센터World Trade Center가 생길 때까지 세계에서 가장 높은 건물이었다. 지금도 뉴욕시의 명소이다. 영화 《킹콩》King Kong에 등장하여 널리 알려졌다. Empire State는 뉴욕시의 별명이다.

Encyclopaedia Britanica 브리태니카 백과사전

세계에서 가장 유명한 영어 백과사전이다. 1768년 스코틀랜드에서 출간되어 1928년부터는 미국으로 넘어와 현재 시카고 대학에서 출간되고 있다. 영미인들 뿐 아니라 세계 많은 사람들이 신분의 상징으로 소장하기도 한다.

Endeavor 인데버호

NASA에 의해 사용된 우주왕복선의 이름. 1992년에 처음 발사되었으며 1993년에 허블 우주 망원경(Hubble Space Telescope)을 수리하는 목적으로 사용되었다.

engagement 약혼

영국이나 미국에서도 말 그대로 결혼을 약속하는 관습이다. 전통적으로 남자가 여자에게 다이아몬드가 박힌 금반지를 사준다. 약혼 기간은 본래 결혼 경비를 마련하고 신혼집을 마련하는 등, 결혼 준비를 하는 기간이다. 그러나 요즘은 결혼 전에 먼저 동거를 하거나 약혼식을 하지 않기도 한다.

English breakfast 영국식 아침 식사

베이컨bacon과 달걀 요리, 과일주스, 시리얼cereal, 버터나 잼을 곁들인 토스트toast, 차나 커피 등이 나오는 푸짐한 아침 식사이다. English breakfast는 호텔 같은 숙박업소에서 제공되고, 이 표현 또한 일반 가정에서는 잘 쓰지 않는다. 또 일반 가정에서 이렇게 많이 차려놓고 아침을 먹는 영국인들은 거의 없다.

English Civil War 영국 내전

1642년에 국왕이던 찰스Charles 1세와 의회(parliament) 간에 정치적, 종교적 이유로 전쟁을 벌인 영국의 내란을 말한다. 청교도혁명(Puritans Revolution)의 과정에 일어난 내전이다. 찰스 1세 편인 왕당파는 국교도들이 많았고, 주로 기마병으로 구성되어 기사당(騎士黨, Cavaliers)이라고도 하였다. 반대편인 의회파는 청교도들이 많았는데, 머리를 둥글고 짧게 깎았다 하여 원정당(圓頂黨, Roundheads 라운드헤드)이라고도 하였다. 초기에는 왕당파가 우세하였으나, 의회파도 토마스 페어팩스Thomas Fairfax와 올리버 크롬웰Oliver Cromwell의 지휘 아래 청교도인 자유 농민을 주축으로 기병대를 조직한다. 이들은 1644년 왕당파를 마스턴 무어Marston Moor 전투에서 격파한데 이어, 1645년 '신형군대'(New Model Army)를 편성하여 네이스비Naseby 전투에서도 승리한다. 체포된 국왕 찰스 1세는 1649년에 처형되고, 이후 11년 간 영국은 Cromwell이 이끄는 공화정(Commonwealth)이 시행된다. 공화정 아래 민심을 잃은 크롬웰이 죽자, 더 이상 공화정은 계속되지 못하고, 찰스 1세의 아들이 왕좌를 이어 찰스Charles 2세에 즉위하면서 '왕정이 복고'(Restoration)된다.

English Channel 영국 해협

프랑스 북부에서 영국 남부 사이의 해협을 말한다. 불과 32km 정도로 좁은 지역이라 사람이 수영해서 건널 수도 있다. 영국과 유럽의 실제적 국경 역할을 한다.

English disease 영국병

1960~70년대에 영국 노동자들의 생산성이 낮고, 파업이 자주 일어나는 등, 영국 사회의 여러 가지 문제점들을 가리킨 표현이다. 1980년대에는 영국의 축구 훌리건hooligans들의 난동이 심할 때도 쓰였다.

English Heritage 잉글리시 헤리티지

영국 내 400여 주요 문화유적이나 건물들을 보존하기 위해 1984년에 발족된 정부기관의 별칭이다. 정식 명칭은 '영국문화재위원회'(Historic Buildings and Monuments Commission for England)이다. 이 기관은 등록된 건물들을 보호하고 관광객을 유치하여 영국의 역사를 이해하도록 하는 것에도 힘쓰고 있다.

English language 영어

영어는 이제 영국인과 미국인 등 영어를 모국어로 쓰는 사람들만의 언어가 아니다. 전세계 사람들이 영어를 국제어(international language, global language)로 사용하고 있다. 영어가 현재와 같이 국제어의 지위를 얻은 데는 역사적·문화적인 배경이 있다. 17세기에 영국인들이 미국 대륙으로 이주하고, 18세기와 19세기를 거치면서 대영제국(British Empire)이 확장되면서 영어가 세계로 널리 퍼져나갔다. 그리고 많은 식민지 국가들이 국제 경쟁력을 위해 독립 후에도 영어를 공용어로 유지하고 있다. 20세기에는 미국의 정치·경제·군사적 영향력 또한 영어의 확산에 큰 기여를 하였다. 20세기 후반에 오면서 영어가 유엔과 같은 많은 국제 기구들의 공식 언어가 되고, 미국과 영국이 세계 비즈니스와 과학기술, 통신, 문화의 중심이 되면서 각국의 비즈니스맨들을 비롯해 모든 지식인들은 영어를 알아야 자신들의 일에서 성공할 수 있게 되었다.

영국과 미국도 영어 교육(ELT, English Language Teaching)에 많은 투자를 하고 있다. 영국은 각국에 영국문화원(British Council)을 두고 영국 문화를 알리고, 영어 학습을 지원하고 있다. 미국도 각국에 미국 문화원(United States Information Agency)을 두고 도서관과 문화 프로그램을 개설하고 있다. 영국은 BBC 국제방송(BBC World Service)으로, 미국은 미국의 소리(Voice of America) 방송을 통해 영어 뉴스와 정보를 세계에 보내고 있다. 영어 교육(ELT)은 하나의 거대한 산업이 되었다. 수많은 어학원들이 세계에서 영어를 가르치고 있고, 수많은 출판사들이 영어 교재를 만들어내고 있다.

English National Ballet 잉글리시 내셔널 발레단

1950년에 앨리샤 마르코바Alicia Markova와 앤턴 돌린Anton Dolin 등이 발족한 발레단이다. 처음에는 페스티벌 발레단Festival Ballet으로, 다음에는 런던 페스티벌 발레단London Festival Ballet으로 불리다가, 1990년부터 현재의 이름으로 쓰고 있다. 영국 전역의 많은 극장에서 전통 발레와 현대 발레를 모두 공연한다.

English National Opera (ENO) 잉글리시 내셔널 오페라단

1931년에 발족한 오페라단으로 1970년대까지도 새들러 웰즈 오페라단Sadler's Wells Opera으로 알려져 있었다. 주로 잉글랜드 지역을 순회하며 영어로 공연을 하고 있다.

English Only Movement 영어전용운동

미국의 공식 언어로 영어만을 쓸 것을 주장한 미국 일부 단체들의 캠페인이다. 주로 'English First'라는 단체와 'US English'라는 두 단체가 지원하고 있다. 이들이 1981년에 미국에서 영어만을 쓸 것을 주장하는 법안을 연방의회에 제출하기도 했으나, 의회는 아무도 투표하지 않았다. 그래도 21개 주가 영어만을 공식 언어로 쓰기로 결정하였다.

The English Patient 〈잉글리시 페이션트〉

1996년에 출시된 앤서니 밍겔러Anthony Minghella가 감독한 영화이다. 제2차 세계대전 중에 영국 여성과 사랑에 빠졌던 일을 회상하는 헝가리 남자의 이야기이다. 마이클 온다체Michael Ondaatje의 베스트셀러를 영화화하였다. 랠프 파인스Ralph Fiennes, 줄리엣 비노쉬Juliette Binoche, 크리스틴 스콧 토마스Kristin Scott Thomas 등이 주연하였는데, 오스카 영화상을 7개나 수상하였다.

English rose 영국의 장미

전통적인 외모에 착한 마음씨를 가진 매력적인 젊은 영국 여성을 가리키는 말이다.

English-Speaking Union (ESU) 잉글리시 스피킹 유니언

1918년에 영국과 미국의 우호증진을 도모하는 사람들이 모여 만든 사회 단체이다. 현재는 영연방과 전세계 영어권 국가들의 사람들까지 가입하여 있다. 젊은이들을 위한 학습, 강연회, 여행 같은 각종 행사를 지원하고 있다.

Enron Corporation 엔론

미국의 에너지 회사이다. 1985년에 휴스턴 내추럴가스(Houston Natural Gas)와 인터노스사(InterNorth Corporation)가 합병하면서 탄생하였다. 천연가스, 전기, 커뮤니케이션 등과 관련된 제품 및 서비스를 공급한다. 엔론 홀세일(Enron Wholesale Services), 엔론 브로드밴드(Enron Broadband Services), 엔론 에너지(Enron Energy Services), 엔론 운송(Enron Transportation Services) 등의 계열사를 가지고 있다. 본사는 텍사스주 휴스턴에 있다.

enterprise zone 기업 지구

영국 정부가 기업들에게 사무실과 공장을 허가해 주고, 세금 감면을 포함한 각종 혜택을 주는 특별 지역을 말한다. 주로 경제적으로 열악한 도시들에 건설되어 일자리를 창출하게 한다.

environment friendly 환경 친화

요즈음은 사람들이 모두 환경에 관심이 많아서, 인간의 모든 활동이나 인간이 쓰는 제품이나 기계 등이 환경을 해치지 않기를 요구한다. 환경을 해치지 않는 모든 활동 방식이나 제품들을 '환경 친화적'이라고 표현한다.

Environment Protection Agency(EPA) 미 환경보호국

대기오염 등의 문제로부터 환경을 보호하기 위한 규칙이나 기준을 만들기 위해 1970년 설립한 미국의 정부조직이다.

Episcopal Church 미국성공회 (= Protestant Episcopal Church)

본래 영국성공회의 일부였으나 미국 독립 때 분리되었다. 교인들 중에 미국 사회의 부유층이나 저명 인사들이 많은 것으로 알려져 있다. 미국성공회교인들은 'Episcopalian'이라 한다.

Equal Employment Opportunity Commission (EEOC) 고용평등위원회

기업들의 부당한 고용 사례를 조사하는 미국 정부기관이다. 1964년 인권법(Civil Rights Act)에 의해 설치되었다. 위원회는 기업들이 고용에 있어 인종이나 성, 출신 국가, 연령, 종교 등에 대한 편견을 보이는 것을 법률로 금지하고 있다. 위배될 때에는 고용주는 법률로 심판받게 된다.

Equal Opportunities Commission 기회균등위원회

1975년에 발족된 영국 정부기관으로, 기업이나 대학들이 남녀에게 동등한 기회를 줄 것을 장려하고 있다. 특히, 같은 직종에 있는 남녀에게 같은 급여를 줄 것을 독려하고, 성차별법(Sex Discrimination Act)과 급여균등법(Equal Pay Act) 등의 준수를 강제하고 있다.

Equal Rights Amendment 미 남녀 평등 헌법 수정안

여성에게 남성과 동등한 권리를 주어야한다는 미 헌법 수정안. 1923년 국회에서 처음 발의되었고 1972년 최종적으로 통과되었다. 법으로 인정하기 위해 50개의 주 중 38개 주가 1982년까지 승인서를 제출해야하는데 35개 주만이 제출해 이 수정안은 법으로 제정되지 못했다.

Eskimo 에스키모

북미주 알래스카 지역에 살던 이누이Inuit족의 옛 이름이다. 자신들은 'Eskimo'라는 말을 싫어하여, 요즘은 에스키모란 말을 쓰지 않는다. 전통적으로 이들은 모피(fur) 옷을 입고, 얼음 집인 Igloo에서 살며, 얼음을 깨고 물고기를 잡아먹고 살았다. 물론 요즘은 이렇게 살지 않는다. inuits편 참조

ESPN 이에스피엔

미국을 비롯하여 세계의 주요 스포츠 행사들을 주로 방영하는 미국의 케이블 텔레비전 방송이다. 1979년 코네티컷Connecticut주의 지역 텔레비전 방송으로 시작했는데, 현재는 ABC 방송 소유이다.

Esq 님/귀하

에스콰이어Esquire의 약칭으로 님 또는 귀하라는 의미의 경칭이다. 주로 편지에서 성명 다음에서 붙여 썼다. 요즘은 잘 쓰지 않고, 그냥 Mr.를 널리 쓴다. esquire는 본래 중세 기사(knight)의 시종(侍從)이었다.

Esquire 《에스콰이어》

1933년 미국에서 창간된 남성 잡지이다. 주로 20대에서 40대 사이의 남성들을 대상으로 예술, 스포츠, 패션, 비즈니스

등의 기사를 주로 다룬다.

Essex girl 에섹스 걸

머리에 든 것은 없고, 옷차림도 세련되지 못하면서, 큰소리에 교양 없이 말하며, 몸을 쉽게 허락하는 그런 유형의 젊은 영국 여자를 가리키는 말인데, 주로 농담으로 쓰는 말이다. 영국 동부의 Essex 지방에 그런 여자들이 많을 것으로 생각해서 일 것이다.

Essex man 에섹스 맨

큰 목소리에 교양 없이 말하고, 술을 많이 마시며, 문화예술에는 아는 것이 없고, 오로지 자신에게만 관심이 있고, 보수당에 투표하는 영국 남자를 가리키는 말이다. 주로 농담으로 하는 말인데, Essex 지방에 그런 남자들이 많은 것으로 생각해서 일 것이다.

ET 〈이티〉

스티븐 스필버그Steven Spielberg 감독의 1992년 영화인데, 세계적으로 대히트를 기록했다. ET는 Extraterrestrial(외계인)을 줄인 말이다. 실수로 지구에 온 외계인이 무사히 돌아갈 수 있을 때까지 세 어린이가 돌봐준다는 이야기이다. 오스카 영화상도 여러 개를 수상하였다.

Eton 이튼 스쿨 (= Eton College)

이튼 스쿨의 전경

1440년 헨리 6세 때 설립한 영국의 대표적인 사립 고등학교이다. 해로우 스쿨Harrow School과 함께 영국의 양대 사립 학교이다. 주로 영국의 귀족들이나 부유층 아들들이 다니며, 영국 지도층 대부분이 이 학교에서 교육을 받았다.

ETS (Educational Testing Services) 미국 교육평가원

1947년에 설립된 미국의 교육 평가기관이다. 대학 입학에 필요한 SAT(Scholastic Aptitude Test)나 대학원 입학에 필요한 시험인 GRE(Graduate Record Examinations), 경영 대학원 입학 시험인 GMAT(Graduate Management Admission Test) 등의 문제를 개발하여 출제하고, 시험을 주관한다. 이후 외국인 학생들을 위한 TOEFL(Test of English as a Foreign Language), TOEIC(Test of English for International Communications) 등의 시험 문제도 개발하여 주관하고 있다.

Eureka 유레카

그리스어로 'I found it!'(찾았다!)라는 뜻이다. 본래 그리스 과학자 아르키메데스Archimedes가 목욕하다가 갑자기 질량을 측정하는 방법을 생각해내고 'Eureka'라고 소리쳤다는 데서 유래한다. 미국인들은 1840년대 골드러시gold rush 때 캘리포니아로 몰려간 사람들이 강물이나 산에서 황금을 발견했을 때 Eureka라고 많이 소리쳤다고 한다. 우리나라의 심마니들이 산삼을 발견하고 '심봤다'고 소리친 것과 같다고 할 수 있겠다.

euro 유로

유럽연합(EU, European Union)의 공식 단일 통화 단위로, 1999년 1월 1일부터 유통되었다. 유로가 사용되면서 유럽연합 국가들은 자국의 화폐를 폐지하였다. 영국은 아직 이 화폐의 사용을 미루면서 자국의 파운드pound화를 계속 사용하고 있다.

European Cup 유럽컵

유럽 각국의 축구 리그에서 참가하는 메이저 축구 팀들이 모여 겨루는 유럽 축구 대회이자, 이 대회 우승 팀에 주어지는 컵을 말한다. 대회는 매년 열린다.

The European Union (EU) 유럽연합

본부는 브루셀Brussels에 있어서, 영국인들은 EU를 흔히 Brussels라고 부른다. EU에 대한 영국인들의 생각은 둘로 나뉘어 있다.

한쪽은 영국이 EU의 회원국인 사실에 거부감을 가지고 있다. 이들은 영국이 자국의 정치·경제적 문제를 제대로 해결하지 못할 것이라는 것과, 전통적인 영국식 생활양식이 없어지고 유럽화될 것을 우려하고 있다. 특히, EU의 단일 통화인 유로euro 사용도 강력히 반대하고 있다. 한편, 그 반대편의 사람들은 영국이 좀더 적극적으로 EU에 참여하고, 단일 통화 유로 사용도 적극 고려할 것을 주장한다. 이들은 EU 가입은 영국 산업에도 도움이 될 뿐더러, 경제를 더 튼튼하게 해준다고 믿고 있다.

Eurostar 유로스타

영국에서 영국 해협의 해저 터널(Channel Tunnel)을 거쳐 유럽의 프랑스와 벨기에까지 운행하는 열차를 말한다.

Eurotunnel 유로터널

영국과 프랑스의 기업들이 모여 채널터널을 건설하기 위해 1986년에 설립한 회사이다. 현재는 셔틀 열차를 운행하고 있다.

Eurovision Song Contest 유로비전 송 콘테스트

매년 유럽 각국의 가수들이 모여 경연을 벌이는 행사이다.

Eurythmics 유리스믹스

1980년에 결성된 영국의 팝 그룹이다. 《스위트 드림스》 *Sweet Dreams*(1982)가 히트 음반이다.

evangelical 복음주의자

1970년대 미국에서 발전한 교파의 교인이다. 이들은 성경을 통한 믿음으로만 하나님께 갈 수 있다고 믿고, 다른 사람을 전도하는 것이 기독교인의 의무라고 생각한다. 여러 곳을 돌아다니며 목회를 열어 사람들에게 복음을 전도하는 사람을 복음전도사(evangelist)라고 한다.

Evans, Walker (1903~1975) **에반스, 워커**

미국의 사진 작가이다. 대공황 때 남부의 가난한 가족들을 찍은 사진으로 널리 알려졌다.

Everly Brothers (= Everlys) **에벌리 브라더스**

미국의 돈 에벌리Don Everly와 필 에벌리Phil Everly라는 두 형제 가수의 이름인데, 1950~60년대에 인기가 있었다. 〈바이바이 러브〉 *Bye Bye Love*(1957), 〈웨이크업 리틀 수지〉 *Wake Up Little Susie*(1957) 등, 주로 컨트리 뮤직 country music과 로크롤rock & roll이 결합된 노래를 불러 인기를 모았다.

evolution 진화

진화론(theory of evolution)은 찰스 다윈Charles Darwin이 1859년에 출간한 《종(種)의 기원》*On the Origin of Species*이라는 책에서 자연선택설(natural selection)을 설명하면서 발전시켰다. 자연선택설은 생물의 어떤 종(種)의 개체간에 변이가 생겼을 경우에, 그 생물이 생활하고 있는 환경에 가장 적합한 것만이 살아남고, 부적합한 것은 멸망해 버린다는 견해이다. 이 이론에서 다윈은 인간도 원숭이에서 진화되었다고 주장하였다. 당시에는 많은 사람들이 이 주장을 전혀 받아들이지 않았다. 오늘날에도 창조론(creation)을 믿는 기독교인들은 진화론을 받아들이지 않고 있으며, 미국에는 학교에서 진화론을 가르치지 못하게 하는 법률을 가진 주들도 있다.

Ewry, Ray (1873~1937) **어리, 레이**

미국의 전설적인 육상 선수이다. 1900년 제2회 올림픽 경기에서 소아마비를 앓았던 그가 도움닫기도 없이 제자리도약에서 연속 3회나 출전하여 놀라운 기록으로 육상 3관왕을 차지함으로써 올림픽 역사상 빛나는 인간 승리의 표상을 이룩하였다. 1900년과 1904년, 1908년 올림픽에서 높이뛰기, 멀리뛰기 등, 육상 경기의 필드 종목을 휩쓸어 금메달 10개를 받은 만능 육상 선수였다.

exams in the UK 영국의 각종 시험

영국은 세계 어느 나라보다 시험이 중요하다. 특히 어린 시절에 진로를 결정지어 버리는 '일레븐 플러스'eleven plus 같은 경우가 그렇다. 잉글랜드와 웨일즈의 어린이들은 7살과 11살, 14살 때 전국적으로 SAT(standard assesment tasks)라는 일제 고사를 친다. 전국적으로 학업 성취도가 비교되는 시험이다. '일레븐 플러스'는 중등학교(secondary school)를 어떤 학교로 갈 것인지를 결정짓는 중요한 시험이다. 이 시험을 통해 분류된 어린이들은 문법 학교(grammar school) 또는 기술 학교(technical school) 등에 입학하고, 그밖의 학생은 자동적으로 모던 스쿨(secondary modern school)에 입학한다. 1960년대 말, 이 '일레븐 플러스'와는 상관없이 위의 세 학교를 통합하여 교육하는 종합 학교(comprehensive school)가 설치되면서, 이 시험은 응시자가 줄어 중단 위기에 놓여 있다고 한다.

또 하나 중요한 시험은 중등학교 5학년인 16세 때 보는 '학력고사' 성격의 GCSE(General Certificate of Secondary Education)라는 시험이 있다. 성적은 A에서 G까지 매기고, 대부분의 학생들이 7~8개 과목을 본다. 대학에 진학하려는 학생들은 여기서 성적이 좋아야 2년 뒤에 'A level'이라는 시험을 칠 수 있다. 'A level' 시험에서 역시 성적이 좋아야 원하는 대학에 진학할 수 있다. 어떤 학생들은 'S level' 시험을 치기도 한다. GCSE가 자신이 없는 학생들은 GNVQ(General National Vocational Qualification)라는 '취업자격시험'을 보기도 한다. 스코틀랜드에서는 GCSE에 상응하는 Scottish Certificate of Education라는 시험이 있다. 대학에서는 매 학기마다 기말고사인 finals 가 있다.

exams in the US 미국의 각종 시험

미국은 영국과 달리 초등학교나 중등학교 과정에서 학업 성취도를 측정하는 전국적인 시험이 없다. 대신 학교별로 학기가 끝나면서 간단한 시험을 보고서 A에서 E 또는 F까지의 학점(grade assesment)을 준다. 대학에서도 이런 시험이 있는데, 중간고사(midterms)와 기말고사(finals)를 보고서 학점을 받는다.

그렇지만, 대학에 진학하려는 학생들은 SAT(Scholastic Aptitude Test)나 ACT(American College Test) 같은 시험을 봐야 하고, 대학원에 진학을 원하는 학생들은 GRE(Graduate Record Examination)를, 법과 대학원 진학 시에는 LSAT(Law School Admission Test), 의과 대학원 진학 시에는 MCAT(Medical College Admission Test), 경영 대학원 진학 시에는 GMAT(Graduate Management Admission Test) 등을 보아야 한다. 또, 외국인이 미국 대학에 입학하려고 할 때는 반드시 TOEFL (Test of English as a Foreign Language)을 봐야 한다.

Excalibur 엑스칼리버

영국 전설 속의 아서Arthur 대왕의 신비의 검이다. 어린 시절, 아무도 뽑아 내지 못하던 바위에 박힌 그 검을 아서가 뽑아 들었다.

executive privilege 미국 대통령의 특권

미국 대통령이 통치상의 기밀을 유지하도록 부여받은 특권이다. 대통령은 의회 등의 조사에 공적인 정보를 말하지 않을 권리가 있다. 닉슨Nixon 대통령이 워터게이트Watergate사건 때 이 특권을 이용했으나, 연방대법원(Supreme Court)이 전화 통화 녹취 같은 일부 항목은 이 특권의 보호를 받지 않는다고 판결한 바 있다.

expressway 고속도로 (= freeway, superhighway)

도시와 도시를 연결하는 주요 간선도로는 대개 고속도로로 되어 있다. 고속도로는 기본적으로 양쪽 2차선씩 4차선으로 되어 있다. 또 고속도로는 교차로를 만들지 않는다. 다른 도로가 가로질러 가야 할 경우에는 고가차도를 만들어 위로 건너거나, 터널을 만들어 지하로 지나가야 한다.

Exxon Mobil 엑슨모빌

미국 최대의 석유 회사이다. 존 D. 록펠러John D. Rockefeller가 1882년 스탠더드오일 앤 트러스트 (Standard Oil Company and Trust)의 일부로 창업했고, 1899년에는 뉴저지 스탠더드 석유 회사라는 이름으로 이전까지 트러스트에 속해 있던 모든 회사들의 지주회사가 되었다. 1888년에는 영국에서 석유를 판매하기 위해 '에소 석유'(Esso Petroleum Co.)의 전신인 앵글로아메리칸 오일 컴퍼니(Anglo-American Oil Co.)를 설립하였다. 1926년부터 에소Esso라는 상호를 여러 제품과 계열사들에 사용하기 시작했는데, 다른 스탠더드오일 회사들이 거부하는 바람에 '엑슨'(Exxon Corporation)으로 바꾸었고, 계열사들도 이 이름을 사용하였다. 그러나 영국 지사는 에소Esso라는 이름을 그대로 쓰고 있다. 20세기 말에 같은 스탠더드오일 후예 기업의 하나인 '모빌'mobil을 흡수하여 지금의 이름으로 재탄생하면서 세계 최대의 석유 기업이 되었다. 현재도 엑슨Exxon, 에소Esso, 모빌Mobil의 브랜드를 통해 세계 118개 국 4만 5000개의 주유소를 운영하고 있다. 텍사스주 달라스 교외의 어빙Irving에 본사가 있다.

Exxon Valdez 엑손 발데즈

미국 석유 회사 Exxon사 소유의 원유 수송선으로, 미국 사상 최악의 원유 참사를 일으켰던 선박이다. 1989년 3월에 이 배가 알래스카 해안의 암초에 부딪혀 심하게 파손되는 사고가 일어났다. 이 사고로 1천만 갤런(약 4천만 리터)이 넘는 원유가 바다에 유출되어, 수많은 조류와 어류, 동물들이 죽고, 해안이 황폐해졌다. Exxon사는 바다의 원유를 제거하는 데 엄청난 돈을 들였을 뿐 아니라, 연방정부와 알래스카주에 2000년까지 10억 달러를 지불해야 했고, 자사를 상대로 한 많은 소송들이 아직도 진행 중이다.

F

fête **페이트 축제**

여름철에 영국에서 열리는 야외 축제이다. 전통적으로 교회들에서 열리는 미국의 바자Bazaar와 비슷하다. 각종 스포츠, 게임, 경연들이 열리고, 모인 사람들 중에는 자기들이 만들어온 잼이나 과자 같은 물건들을 판매하기도 한다. 흔히 자선 단체나 학교, 교회 등의 기금을 마련하기 위해 열린다. 시골 작은 도시들에서는 중요한 행사이다.

F-1 Visa **에프 원 비자**

미국 학교에 공부하러 오는 외국 유학생들에게 발급하는 미국 정부의 공식 비자를 말한다.

FA Cup (Football Association Challenge Cup) **영국 축구 대회**

매년 영국 축구 협회가 주최하는 축구 대회로 영국에서 가장 오래되고 중요한 대회이다. 영국의 양대 축구 리그 프리미어 리그Premier League와 풋볼 리그Football League 소속 프로팀들 뿐 아니라, 리그에 소속되지 않은 팀들, 프로가 아닌 팀들까지도 참가한다. 매년 이 FA Cup 우승 팀은 다음 시즌 유럽에 열리는 주요 대회에 참가한다. 시골 중소도시 팀들이 Premier League 소속 팀과 맞붙어 경기를 펼치는 일도 많아 이 대회는 인기가 있다.

the Fabian Society **페이비언 협회**

영국을 점진적으로 사회주의 국가로 변화시킬 목적으로 유명한 좌파 정치인들과 조지 버나드쇼(George Bernard Shaw) 등의 작가들에 의해 1884년 결성된 정치조직. 노동당 창건에 핵심역할을 했으며 여전히 많은 중요한 멤버들을 보유하고 있지만 노동당에 미치는 영향력은 과거에 비해 훨씬 약해졌다.

The Faerie Queen **〈선녀 여왕〉**

16세기 영국 시인 에드먼드 스펜서Edmund Spencer의 장시로, 그의 최고 작으로 꼽힌다. 엘리자베스 여왕(Elizabeth I)을 칭송하는 내용인데, 문체와 운율이 이후 영국 시의 발전에 큰 영향을 끼쳤다.

fair **페어/놀이공원** (= funfair)

'fair'라고 하면 전통적으로 시장 또는 전시회를 말하는데, 흔히 '펀페어'funfair라고 하는 '놀이공원'이라고 생각하면 된다. 영국 옥스퍼드Oxford의 세인트 가일스 펀페어St. Giles funfair, 노팅햄Nottingham의 구스 펀페어Goose funfair 등은 역사가 수백 년 된다. 영국의 fairs들은 본래 전국의 도시를 유랑하며 가축들이나 물품들을 거래하고 놀이기구를 운영하는데, 회전목마(merry-go-round 또는 carousel), 목표물을 쏘아 맞히면 선물을 받는 '사격대'(shooting gallery), 솜사탕(candy floss), 핫도그(hotdog) 등이 주로 등장하였다. 세월이 흐르면서 놀이기구들도 발전하여 회전바퀴차(big wheel), 청룡열차(roller coaster), 범퍼카(dodgems) 등, 새로운 탈것들과 게임들이 많이 등장하였다. 요즘에는 도처에 놀이공원(fairground)이나 테마파크(theme park)가 건설되어 있는데, 이는 각종 펀페어들을 한곳에 모아 놓은 셈이다.

미국도 펀페어의 역사는 길다. 주로 여름철에 모였는데, 마치 축제나 장날 같은 모습이었다. 펀페어가 들어선 곳에서는 각종 경연이 열리고, 물건들이 거래되며, 오랜만에 사람들을 만나는 곳이기도 했다. 미국 역시 오늘날에는 도처에 놀이공원(amusement park)이나 테마파크(theme park)가 대체하였다.

오늘날에는 각종 박람회나 전람회에 페어fair라는 말을 많이 붙인다. 무역 박람회(trade fair), 도서 전시회(book fair)에서처럼 fair라는 말은 전시회(show)와 같이 쓰인다.

옥스퍼드의 St. Giles funfair 모습

Fair Isle 페어아일 (= Fair Isle sweater)

스웨터의 일종으로 서로 다른 색깔의 털실과 디자인으로 무늬를 만든 것이 특징이다. 원래 셰틀랜드 군도Shetland Islands의 한 섬인 Fair Isle 사람들이 만들어 입었다고 해서 이런 이름이 붙었다고 한다.

Fairbanks, Douglas (1883~1939) **페어뱅크스, 더글러스**

무성 영화시대 미국 최고의 인기 배우였다. 아내 Mary Pickford 등과 함께 할리우드에 United Artists라는 영화사를 설립하였다. 출연작으로 무성 영화 〈조로〉*The Mask of Zorro*(1920), 〈로빈후드〉*Robin Hood*(1922) 등이 있다. 유성 영화에도 출연하였으나 성공을 거두지 못했다. 그는 사후에 오스카 영화상 특별상을 수상하였다. 같은 이름의 그의 아들도 영화배우로 일하고 있다.

Faldo, Nick (1959~) **팔도, 닉**

1990년대에 날렸던 영국 출신 골퍼다. 영국 오픈(British Open)에서 세 번, 미국 마스터스 토너먼트(US Masters Tournament)에서 두 번씩이나 우승하였다.

Falklands War 포클랜드 전쟁

1982년 남미 아르헨티나 근처에 있는 포클랜드Falklands 섬에서 일어난 영국과 아르헨티나 간의 전쟁이다. 19세기 이후 양국은 이 섬의 영유권 문제를 두고 합의를 보지 못하다가 1982년에 아르헨티나가 이 섬에 상륙한 것이다. 이에 마가렛 대처Margaret Thatcher가 수상으로 있던 영국 정부는 전쟁을 선포했고, 두 달 후에 섬을 손에 넣었다. 이 전쟁으로 영국은 고무되었고, 이듬해 대처 수상의 보수당을 선거에 이기게 해주었다. 하지만, 이 전쟁으로 1,000여 명의 영국군이 사망하여 후유증이 심했다.

Falstaff, Sir John 팔스태프

세익스피어의 연극 『헨리 4세』 *Henry IV* 2부와 『윈저의 즐거운 아낙네들』 *The Merry Wives of Windsor*에 나오는 뚱뚱하고 탐욕스러우며 부정직한 등장인물. 술주정뱅이지만 항상 익살맞고 유쾌한 인물로 『헨리 4세』 1부에서 어린 왕자 할(Hal)의 친구로 유명하다. 베르디 오페라 『팔스태프』 *Falstaff*의 주인공이기도 하다.

family 가족

영미의 전통적인 가족 개념은 아버지와 어머니, 그리고 자녀들로 구성되는 핵가족(nuclear family)이었다. 아버지는 직장에 나가고, 어머니는 가족과 가정을 돌보는 모습이었다. 그러나 이제는 결혼한 여성들도 대부분 직장을 가지고 있고, 이혼이나 결혼을 하지 않은 채 자녀를 가지는 경우가 많아서 편모 또는 편부 가족들이 많다. 이혼에 이은 재혼으로 가족은 더욱 복잡하게 되었다. 또, 동성간에 함께 사는 가족들도 많이 생겨났다. 이렇게 가족의 형태는 매우 다양해지고, 가족에 대한 개념도 많이 바뀌었다. 조부모와 부모, 심지어 사촌들까지 함께 사는 대가족(extended family) 개념도 있으나, 영국이나 미국에는 매우 드물다.

family credit 가족 수당

자녀가 있는 저소득층 가족에 지급되는 영국의 가족 수당이다. 자녀의 수와 소득에 따라 지급 액수가 다르다.

Fannie Mae 패니 메이

미국의 종합 금융 그룹이다. 1938년 경제공황기 때 주택 산업을 부양하기 위해 미국 의회에 의해 공기업으로 창립되었다. 창립 당시 연방주택국(Federal Housing Administration, FHA)의 일부로서 FHA가 보증하는 대출 증서를 매입하여 대출 은행의 자금 유통을 원활하게 하는 기능을 하였다. 1968년에 민영화되었고, 전통적인 정부 융자 한도를 초월한 담보 대출 증서를 매입하는 기능까지 확대하였다. 현재 일체의 정부 보조 없이 이윤을 창출하며, 더 많은 미국인들에게 주택을 소유할 수 있는 기회를 주고 있다. 본사는 워싱턴에 있다.

Fantasia 〈판타지아〉

월트디즈니사가 1940년에 만든 영화이다. 디즈니사의 여러 캐릭터를 등장시키며 클래식 음악을 해설하였다. 음악을 해설하는 방식이 적절하지 못하다는 지적에도 불구하고 오랫동안 인기가 있었다. 2000년에 개정판이 나왔다.

Far from the Madding Crowd 《광란의 무리를 떠나서》

19세기 영국 소설가 토마스 하디Thomas Hardy의 1874년 소설이다. 시골 농장에서 일하는 농부 가브리엘 오크Gabriel Oak와 그 농장 소유주인 배쉬바 에버딘Bathsheba Everdene의 러브스토리다. Gabriel이 Bathsheba와 결혼하기를 원하지만, 그녀는 자신에게 청혼하는 다른 남자들에게 관심을 보이다가 끝내는 둘이 결혼한다는 이야기다.

Faraday, Michael (1791~1867) 패러데이, 마이클

영국의 화학자이자 물리학자이다. 1813년에 왕립연구소(Royal Institute)의 실험 조수가 되고서 화학 연구를 시작하여, 염화질소 연구로부터 여러 가지 특수강 연구(1819~1824), 염소의 액화 연구(1823), 벤젠 발견(1825) 등, 실험화학의 뛰어난 연구를 하였다.

1824년에 왕립학회(Royal Society) 회원, 다음 해 왕립연구소의 수임이 되었다. 그는 또 물리학 특히, 전자기학에 흥미를 가지고 전류의 자기작용을 연구하여, 1821년 연쇄적 회전(전자기회전)을 만들어내는 데 성공하였다. 1831년에는 전자기유도(electromagnetic induction)를 발견하고, 이후 맴돌이전류(eddy current)와 지구자기의 응용도 성공했다. 이후 전기화학의 기초를 만든 전기분해법칙(패러데이 법칙 Paraday's Law)의 발견, 자기장에 의한 편광면의 회전(패러데이 효과 Faraday effect)의 발견, 반자성의 발견 등, 중요한 공헌이 많다. 그의 강연집 《양초의 과학》 *Lectures on the Chemical History of a Candle*은 오늘날에도 읽혀진다.

Farewell Address 고별 연설

미국 초대 대통령 조지 워싱턴George Washington이 대통령직을 퇴임하면서 국민들에게 한 연설이다. 직접 연설은 하지 않았고, *American Daily Adviser*라는 신문에 실렸다. 다른 나라와 가능하면 정치적으로 연결되지 말 것과 정당이 국민들을 분열시킬 위험성을 경고하였다.

Farnborough Air Show 판보로 에어쇼

영국 남부의 판보로Farnborough에서 2년마다 열리는 국제적인 항공기 전시회이다. 세계의 모든 항공사들이 자사의 새로운 항공기들을 선보인다. 공중에서 에어쇼를 펼치기도 한다.

Farrow, Mia (1945~) 페로, 미아

미국 영화배우로, 가수 프랭크 시나트라Frank Sinatra와 클래식 작곡가이자 지휘자인 안드레이 프레빈Andre Previn과 차례로 결혼하였다. 자녀가 17명이나 되고, 그중에 12명이 입양아들이다. 〈로즈마리의 베이비〉*Rosemary's Baby* (1968), 〈한나의 자매들〉*Hannah and Her Sisters* (1986) 등이 그녀의 주연 영화들이다.

Fashion 패션

오늘날 세계의 패션은 유명 패션 디자이너들(fashion designers)과 그들이 주도하는 패션쇼(fashion shows), 슈퍼 모델(super models), 유명 패션 잡지(fashion magazines) 등이 주도하고 있다. 패션 디자이너들은 조르지오 아르마니Giorgio Armani, 유고 보스Hugo Boss, 다나 캐런Donna Karan, 캘빈 클라인Calvin Klein, 랠프 로렌Ralph Rauren, 입생로랭Yves Saint-Laurent 등이 유명하고, 잡지로는 《엘르》*Elle*, 《보그》*Vogue*, 《코스모폴리탄》*Cosmopolitan* 등이 선두에 있다. 유명 디자이너들이 만든 고급 옷은 입는 사람들이 세계에서도 극히 한정되어 있다.

대신 유행에 관심이 많은 젊은이들을 대상으로 하는 하이스트리트high-street(도시의 번화가) 패션이 세계적으로 유행을 이끌고 있다. 이 high-street fashion은 컬러나 디자인, 옷감 등이 모두 새롭고 독특해야 하고, 치마길이와 모양도 늘 바뀐다. 편하고 실용적인 측면에서 만들어진 미국의 청바지(jeans)는 티셔츠(T-shirt)와 함께 남녀노소 모두에게 여전히 인기가 있다. 최근에는 헤어스타일(hairstyle)과 화장(makeup), 액세서리(accessories), 신발(shoes) 등도 패션의 주요한 부분이 되었고, 피부에 가하는 문신(tattoos)이나 피어싱(piercing) 또한 남녀 모두에게 패션의 하나로 확산되고 있다.

영국과 미국이 서로 다르게 쓰는 의복 용어들이 몇 가지 있다. 예를 들면, 남성 조끼 waistcoat(영)/vest(미), 속옷 vest(영)/undershirt(미), 바지 trousers(영)/pants(미), 속바지 · 내의 pants(영)/underwear(미), 스타킹 tights(영)/pantyhose(미), 남성 재킷 dinner jacket(영)/tuxedo(미), 목욕 가운 dressing gown(영)/bathrobe(미), 운동화 trainers(영)/running shoes(미) 등이다.

fast food 패스트푸드

햄버거나 프라이드치킨 같이 쉽고 빨리 조리해 먹을 수 있는 음식으로, 패스트푸드만 판매하고 간단히 먹을 수 있는 패스트푸드점들이 전세계에 많이 퍼져 있다.

Father of the Constitution 미국 헌법의 아버지

미국 헌법(American Constitution)의 초안을 주도적으로 마련하고 작성한 제임스 매디슨James Madison을 부르는 말이다. 나중에 권리장전(Bill of Rights)을 형성하는 헌법 수정을 제안하기도 했다.

Father's Day 아버지날

6월 셋째 일요일이다. 전통적으로 아버지에게 카드나 선물을 준다. 영국에서는 어머니날(Mother's Day)보다 중요하게 생각하지 않으며, 요즘은 잘 모르기도 한다. 미국에는 20세기 시작되었다.

Faulkner, William (1897~1962) 포크너, 윌리엄

20세기 미국의 위대한 소설가의 한 사람이다. 주로 몰락한 남부의 부유층 가족들 이야기를 썼다. 문체가 어려워서 읽기가 어렵다고 하지만 뛰어나다. 처녀작 《병사의 보수》*Soldier's Pay*(1926)를 시작으로, 풍자 소설 《모기》*Mosquitoes* (1927), 남부 귀족 가문 이야기인 《사토리스》*Sartoris*(1929)와 《음향과 분노》*The Sound and the Fury*(1929), 《성당》*Sanctuary*(1931), 《8월의 빛》*Light in August*(1932) 등의 작품을 차례로 발표하면서 이름이 알려졌다. 이후 《압살롬, 압살롬!》*Absalom, Absalom!* (1936), 《야생 종려나무》*The Wild Palms*(1939), 《무덤의 침입자》*Intruder in the Dust*(1948), 《우화》*A Fable* (1954, 퓰리처상 수상), 《읍내》*The Town*(1957), 《저택》*The Mansion*(1959), 《자동차 도둑》*The Reivers*(1962, 퓰리처상 수상) 등의 장편소설을 계속 발표하였다. 《곰》*The Bear*을 비롯한 몇 권의 단편집도 있다. 1949년에 노벨 문학상을 수상하였다.

FBI (Federal Bureau of Investigation) 연방수사국

나라의 안전을 위해 국가적 또는 국제적인 심각한 범죄를 수사하는 미국 연방정부의 경찰 조직이다. 1908년에 법무부 소속으로 창설되었다. J. 에드가 후버J. Edgar Hoover가 1924년부터 1972년까지 국장으로 재직했는데, 말년에 일반 시민에까지 불법적인 정보를 수집하여 비난을 받기도 했다.

FCC (Federal Communications Commission) 연방방송통신위원회

텔레비전, 라디오, 유선방송, 위성방송 등 방송통신에 관한 문제를 심의하는 미국 연방정부기관으로, 1934년에 설립되었다. 방송국을 허가하고 주파수를 부여하며, 방송 프로그램들의 유해성을 감시하는 일들을 하고 있다.

FDA (Food and Drug Administration) 식품의약국

1928년에 설립된 미국 연방정부 보건후생부(Department of Health and Human Services) 소속의 기관이다. 모든 식품과 의약품의 기준을 만들어, 그 안전성을 검사하고, 과장 광고 등을 규제하는 일들을 하고 있다. 식품과 의약품의 기준과 안전성 검사가 까다롭기로 유명해 다른 나라들의 기준이 되기도 한다.

Federal Express 페더럴 익스프레스 회사

1973년 4월에 사업을 시작하여 현재 전 세계 210개국 이상에서 서비스를 제공하는 세계최대의 미국 특급운송회사로 본사는 테네시(Tennesse)주 멤피스(Memphis)시에 있다.

Federal Government in the US 미국의 연방정부

미국 연방정부의 특징은 한마디로 '견제와 균형의 시스템'(System of checks and balances)이라고 할 수 있다. 행정부와 입법부, 사법부가 서로 견제하여 균형을 유지하는 정치제도를 말한다.

먼저 행정부(executive branch)는 대통령(President)과 부통령(Vice-president) 그리고 14개의 부처(departments)로 구성된다. 대통령은 군 통수권자이자, 행정부의 수반으로 정부 각 부처 장관과 기타 정부 주요 기관장을 임명한다. 하지만 이런 임명권도 상원의 인준을 받아야 한다. 의회가 제정한 법률을 거부할 수 있고, 의회에 법안을 제출할 수도 있다. 부통령은 대통령의 유고 시에 대통령직을 이어받는 외에 큰 임무가 없다. 각 행정부처의 장관(Secretary)들로 구성되는 내각(cabinet)은 국무부, 재무부, 국방부, 법무부, 내무부, 농무부, 상무부, 노동부, 보건후생부, 주택도시개발부, 교통부, 에너지부, 교육부, 보훈부 장관 등 14개 부처 장관이 기본 구성원이지만, CIA 국장, 경제자문 위원장, 마약통제 국장, 미주 담당 특사, 예산국장, 주UN 대사, 백악관 비서실장 등이 내각에 포함되기도 한다.

입법부(legislative branch)는 양원제(bicameral)로서, 상원(Senate)과 하원(House of Representatives)으로 나뉘어 있다. 흔히 캐피톨 힐Capitol Hill이라고 한다. 법률을 제정하고, 세금을 결정하고, 외국과의 각종 조약을 비준하고, 대통령을 포함하여 행정부의 공직자들을 탄핵할 수 있는 권한이 있다. 상원은 50개 주가 각각 2명씩 선출하여 100명으로 되어 있고, 하원은 인구 비례로 선출하므로 전체 435명이나 된다. 상하원의원들 모두 많은 위원회에 소속되어 입법 과정에 중요한 역할을 하고 있다.

사법부(judicial branch)는 연방지방법원, 연방고등법원, 연방대법원 등, 3단계로 구성되어 있다. 대법원에는 대법원장 밑에 대법관이 8명 있다. 대법원장과 대법관은 상원의 승인을 얻어 대통령이 임명하며 임기는 종신이다. 연방법원 약 95개의 연방지방법원이 여러 도시에 있다. 지방법원 위에는 연방고등법원이 13개 있고, 그 위에 대법원이 있다. 지방법원의 판결은 고등법원에 항소할 수 있으며, 고등법원의 판결은 대법원에 상고할 수 있다. 연방법원은 헌법과 연방법을 적용하여 사건을 판결한다. 연방법원의 판사들은 대통령이 상원의 승인을 얻어 임명하며 임기는 종신이다.

Federal Housing Administration (FHA) 연방주택공사

저소득층이나 소외 계층에 주택을 공급하거나, 주택 저당금융을 보증 지원하는 미국 연방정부의 기관이다. 1934년에 설립되어 주택 건설을 지원하고 있다.

Federal Reserve Bank (FRB) 연방준비은행

미국의 연방준비제도(Federal Reserve System)에 따른 중앙 은행으로, 여러 지역에 12개의 은행이 있다.

Federal Reserve System (FRS) 연방준비제도

통화와 국가 경제를 관리하는 미국의 중앙 은행 제도이다. 1913년에 설립되었다. 전국의 모든 은행은 이 시스템에 가입해야 한다. 각 지역에 시중 은행들을 관리하는 연방준비은행(FRB)들을 12개 두고 있다. 대통령이 지명하는 FRS 의장은 경제 대통령이라 할 만큼 중요한 인물이며 권한과 책임도 크다. 1987년부터 앨런 그린스펀Alan Greenspan이 의장을 맡고 있다.

FedEx (Federal Express) 페더럴 익스프레스

미국의 우편물 및 화물 배송 회사이다. 세계적으로 우편, 소포, 화물 등을 운송하는 회사로서, 1947년에 로버츠 카티지Roberts Cartage가 오하이오Ohio주 애크런Akron에 설립한 것이 기원이다. 1997년에 페덱스 익스프레스(FedEx Express)와 다른 여러 회사, 즉 페덱스 그라운드 패키지 시스템(FedEx Ground Package System, Inc.), 페덱스 글로벌 로지스틱스(FedEx Global Logistics, Inc.), 페덱스 커스텀 크리티컬(FedEx Custom Critical, Inc.), 페덱스 트레이드 네트웍스(FedEx Trade Networks, Inc.), 바이킹 프레이트(Viking Freight, Inc.) 등을 거느린 지주회사이자 모회사가 되었다. 여러 회사로 통합된 비즈니스 솔루션을 제공하고 있으며, 페덱스 서비스(FedEx Corporate Services, Inc.)라는 자회사를 통해 여러 회사들의 전략을 수립하고 조정한다. 2001년에는 아메리칸 프라이트웨이스(American Freightways)를 흡수하여 자회사 페덱스 프라이트(FedEx Freight)를 만들었다. 본사는 테네시주 멤피스Memphis에 있다.

feminism 페미니즘

여성의 사회적 · 정치적 · 법률적인 모든 권리의 확장을 주장하는 사상으로 여권주의 또는 여성주의라고 한다. 19세기 중반에 시작된 서구의 여성 참정권 운동에서 비롯되었다. 페미니즘의 시작은 자유주의에 근원을 두고 있다. 자유주의적 페미니즘은 여성의 사회 진출과 성공을 가로막는 관습적 · 법적 제한을 여성의 남성에 대한 종속의 원인으로 보았다. 그래서 여성에게도 남성과 동등한 교육 기회와 시민권이 주어진다면 여성의 종속은 사라진다고 했다.

마르크스주의 페미니즘은 자유주의적 페미니즘을 비판하면서 사적 소유가 존재하는 한 참된 기회균등은 이루어질 수 없다고 한다. 엥겔스는 여성 억압이 생산수단의 사적 소유로부터 시작되었으며 자본주의가 바로 여성 억압의 근원이라고 주장하였다. 이에 대해 급진적 페미니즘은 가부장제에 기초한 법적 · 정치적 구조와 사회 · 문화적 제도가 여성 억압을 가능하게 하는 것 외에 생물학적인 성(性)이 여성의 정체감과 억압의 주된 원인이며, 여성 해방은 출산이나 양육 같은 여성 역할에 대한 근본적인 변혁을 통해서 가능하다고 하였다. 또, 사회주의적 페미니즘은 마르크스주의 페미니즘이 남녀의 성별 특성을 간과했다고 지적하였다. 여성의 억압은 노동자 억압과 마찬가지로 자본주의와 가부장제를 같은 개념으로 분석하여야 한다고 주장하였다.

페미니즘은 영어에도 많은 변화를 가져왔다. 사람을 가리키는 말에 man이 붙은 단어의 변화가 가장 눈에 띈다. 우선 남녀 구분이 불확실한 3인칭에 대해 종래 he를 많이 쓰던 관행이 많이 사라지고, he/she로 쓰던 것도 (s)he로 쓰는 예가 많아졌다. 여성을 Miss와 Mrs.로 구별해서 쓰던 것을 요즘은 ms로 통일해서 쓴다. 이밖에 policeman(경찰관)이 police officer로, chairman(회장)이 chair person으로, stewardess(스튜어디스)가 flight attendant(승무원)로 바뀌는 등, 직업을 가리키는 단어들도 많이 바뀌었다.

Ferguson, Sarah (1959~) 퍼거슨, 사라

1986년에 엘리자베스 여왕의 셋째 아들인 앤드류Andrew 왕자와 결혼한 영국 여성이다. 영국인들에게는 영국 왕실에 어울리지 않는 행동으로 유명하다. 두 딸을 낳고, 1992년에 이혼하고 아동 도서의 작가로 활동을 시작하여 미국 텔레비전 프로그램으로 방영되기도 하였다.

festivals in the UK and the US 영국과 미국의 페스티벌

야외 페스티벌에 참가하는 젊은이들

페스티벌은 주로 문화 예술 분야의 축제이다. 영미권의 페스티벌로는 영국 스코틀랜드의 에딘버러 페스티벌Edinburgh Festival이 가장 유명하다. 음악·연극 분야의 세계적인 작품들이 선보인다. 미국에는 캘리포니아의 몬테레이 재즈 페스티벌Monterey Jazz Festival, 음악·무용·연극·문학 축제인 카멜 공연예술제Carmel Performing Arts Festival 등이 유명하고, 클래식 음악제인 애스핀 음악제Aspen Music Festival도 알려진 축제이다. 영국에서는 웨일즈의 시인 대회 겸 음악제인 아이스테드포드 eisteddfods, 벤자민 브리튼Benjamin Britten이 시작한 음악제 알데버러 축제Aldeburgh Festival, 런던에서 열리는 클래식 음악제 프롬스the Proms 등도 유명하다.

또 영국의 대중음악 축제로 글래스턴베리 페스티벌 Glastonbury Festival, 리딩 록 페스티벌Reading Rock Festival, 더닝턴 록 페스티벌Donnington Rock Festival 등의 록 페스티벌들이 있고, 미국의 대중음악축제들로는 애플 록 뮤직 페스티벌Apple Rock Musical Festival, 위스콘신주의 록 페스트Rock Fest 등의 록 페스티벌, 멤피스 Memphis의 빌스트리트 뮤직 페스티벌Beale Street Music Festival, 켄터키Kentucky주 헨더슨Henderson의 W.C. 핸디 블루스 바비큐 페스티벌W. C. Handy Blues and Barbecue Festival 같은 블루스 페스티벌 들이 유명하다.

영화제로는 미국이 많아서, 영화 배우 로버트 레드포드가 유타주에서 시작한 선댄스 영화제Sundance Film Festival, 할리우드에서 열리는 할리우드 영화제 Hollywood Film Festival, 동부 보스턴의 보스턴 유태인 영화제Boston Jewish Film Festival, 서부 L.A.의 L.A. 아태영화제Los Angeles Asian-Pacific Film Festival 등이 있고, 영국에서도 런던 국제영화제London International Film Festival이 열린다.

이 밖에 극작가 테네시 윌리엄스Tennessee Williams의 문학 축제인 뉴올리언스 문학 축제New Orleans Literary Festival, 유타주의 음악, 연극, 요리 축제인 유타 예술제 Utah Arts Festival 등이 미국에서 열리고, 영국에서는 헤이온와이 문학 축제Hay-on-Wye literary festival, 스트레트포드-어폰-에이븐 문학 축제Stratford-upon-Avon poetry festival 등의 문학 축제가 열린다.

Fiddler on the Roof 〈지붕 위의 바이올린〉

조지프 스타인Joseph Stein 작, 제로 모스텔Zero Mostel 주연의 뮤지컬로, 러시아혁명 이전에 우크라이나 지역의 시골 마을에 살던 가난한 유태인 가족의 삶을 노래하고 있다. 1964년부터 1972년까지 브로드웨이에서 총 3,242회 공연 기록을 가지고 있다. 1965년에는 토니Tony상도 여러 개 수상하였다. 1971년에 영화로 만들어지기도 했다.

Fiedler, Arthur (1894~1979) 피들러, 아서

1930년에 보스턴 팝스 오케스트라Boston Pops Orchestra를 창단하여 50여 년 간 이끌었던 작곡가이다.

field sports 야외 스포츠 (= outdoor sports)

영국의 야외 스포츠(field sports)는 주로 사냥(hunting/shooting), 낚시(fishing)이다. 이것들은 전통적으로 주로 영국 상류층의 스포츠이다.

사냥과 사격에는 유명한 여우 사냥(fox hunting)과 일부 지역에서 하고 있는 사슴 사냥(stag hunting), 토끼 몰이 (hare coursing), 조류 사냥 등이 있다. 동물이나 조류 사냥은 동물보호협회 등의 반대가 심하고 찬반 논란도 분분하여 클레이사격(clay-pigeon shooting)을 즐기는 사람들도 많다. 낚시(fishing)는 앵글링angling이라고도 하는데, 주로 fly fishing, coarse fishing(잡았다 다시 풀어주는 낚시), sea fishing 등, 세 가지가 주를 이룬다. 전국에 앵글링 클럽angling club들이 많이 있다.

미국에서는 개인의 총기 소유를 허용하고 있어서 세계 어느 나라보다 사냥 단체가 많이 있다. 미국 동물보호협회들의 힘도 다른 나라에 비해 상대적으로 미약하다. 미국인들은 야외 스포츠를 field sports라고 하지 않고, outdoor sports라고 한다. 광활한 자연을 가진 미국에서는 사냥(hunting)이나 낚시(fishing) 외에도, 캠핑(camping), 워킹(walking), 보트타기(boating) 등의 야외 스포츠가 세계에서 가장 활발하다.

낚시하는 사람들

Fielding, Henry (1707~1754) 필딩, 헨리

18세기 영국의 소설가이다. 1728년부터 연극 《사랑의 갖가지 형태》*Love in Several Masques*를 시작으로 극작을 시작하여 1730년부터 20여 편에 달하는 희곡을 썼으나, 정치를 풍자하는 내용이 정부를 자극시켜 검열제(censorship)가 시작되고 극장들이 폐쇄되자, 그는 극작을 그만두고 법률 공부를 시작하여 1748년부터 런던에서 판사로 일하였다.

1742년에 첫 소설인 《조지프 앤드루스》*Joseph Andrews*를 발표하고, 1749년에는 대표작 《톰 존스》*Tom Jones*를 발표하여 소설가로서 명성을 얻었다.

film rating 영상물 등급제 (= film certificate)

영화나 비디오 같은 영상물의 시청 허용연령을 결정하는 제도를 말한다. 영국과 미국을 차례로 알아보자.

영국) U (Universal): 모든 연령층 시청 가능
PG (Parental guidance): 부모의 시청 지도 요함
12 (Certificate 12A): 12세 미만 어린이 시청은 보호자의 동반 요함
15 (Certificate 15): 15세 이상 시청 가능
18 (Certificate 18): 18세 이상 시청 가능
R18 (Certificate R18): 18세 이상 제한 시청

미국) G (General audience): 모든 연령층 시청 가능
PG (Parental guidance): 부모의 시청 지도 요함
PG13 (Parental guidance for children under 13): 13세미만 어린이 시청은 부모의 시청 지도 요함
R (Restricted): 17세 미만 어린이나 청소년 시청은 보호자 동반 요함
NC17 (No children-17): 17세 미만 청소년 제한 시청
X: 17세 미만 시청 불가

The Financial Times (FT) 《파이낸셜 타임스》

영국에서 가장 영향력 있는 경제금융 일간지이다. 기업이나 주식, 채권 등에 관한 뉴스를 주로 다룬다. 한국의 일부 신문처럼, 핑크빛 신문지를 사용하고 있는 것이 특색이다.

Financial Times Indices 파이낸셜 타임스지수

파이낸셜 타임스에 매일 실리는 런던 증권거래소(London Stock Exchange)의 거래 지수이다. 영국 금융 시장의 동향을 알려준다.

Finnegans Wake 《피네간의 경야(經夜)》

아일랜드의 작가 제임스 조이스James Joyce가 1922년에 출간한 장편소설이다. 아일랜드의 수도 더블린Dublin의 한 남자와 그의 아내, 친구들이 하루 동안 생활하고 생각하는 것들을 '의식의 흐름'(stream of consciousness) 수법으로 전개하고 있다. 역사와 신화, 문학에 관한 폭넓은 지식을 담고 있으며, 실험적인 문장과 문체(style), 직접 만들거나 다양한 외국어에서 차용한 수많은 어휘들을 구사하고 있어서 영문학자들 사이에도 읽기가 어려운 작품으로 널리 알려져 있다.

Fire of London 런던 대화재 (= Great Fire, the Great Fire of London)

1666년 런던에서 발생한 대형 화재로 이틀 간이나 계속되었다. 성 바울 대성당(St. Paul's Cathedral)을 비롯해 많은 건물들을 파괴한 엄청난 화재였다.

fireside chats 노변정담(爐邊情談)

미국 대통령이었던 루스벨트Franklin D. Roosevelt가 1932년에 자신의 뉴딜정책(New Deal) 등을 국민들에게 설명했던 라디오 프로그램 시리즈이다. 자신의 의견을 라디오로 직접 국민들에게 설명한 첫 대통령으로 기록되어 있다. 'my fellow Americans'라는 말로 마치 친구들과 대화를 하듯이 설명한 것으로 잘 알려져 있다.

Firestone 파이어스톤

미국의 대형 자동차 타이어 회사이다. 하비 S. 파이어스톤Harvey S. Firestone이 1900년에 창업했으나, 1988년에 일본의 브리지스톤Bridgestone사가 매입하여, Bridgestone/Firestone Inc.로 이름을 바꾸었다.

First Amendment 수정헌법 제1조

미국의 수정헌법 제1조이며 권리장전 17개 중의 하나이다. "의회는 표현의 자유, 출판의 자유를 제한하는 어떤 법률도 제정할 수 없다."고 명시해 언론, 종교의 자유 및 출판, 집회의 자유를 보호한다. 이 법안은 언론인들이 정보원을 보호하거나 대법원이 공격적인 언론을 제한할 수 없는 이유로 종종 사용된다.

First Division 영국 축구 1부 그룹

영국 축구 리그(Football League) 소속 24개 팀으로 구성된 잉글랜드에서 두 번째인 그룹이다. 시즌마다 상위 3개 팀이 다른 시즌의 프리미어리그Premier League로 옮겨간다. 1990년대 초까지만 해도 영국 축구에서 첫째가는 그룹이었으나, 상위 클럽들이 Premier League로 옮겨가는 바람에 이름과는 달리 2위 그룹이 되었다.

First Folio 최초 2절판

윌리엄 셰익스피어William Shakespeare의 희곡이라고 판단되는 36편의 희곡을 모아 최초로 출판한 전집을 말한다. 1623년에 출간되었다. 먼저 출간되었거나 4절판(quarto)도 포함되어 있고 오류도 많이 있지만, 최초의 필사본으로 희귀본이다.

First Lady 영부인

미국 대통령 부인이나 주지사 부인을 가리키는 말이다. 대통령 가족을 '퍼스트 패밀리'First Family라 하기도 한다.

first reading 퍼스트 리딩

영국의 하원에서 어떤 법안이 처음 논의되는 것을 말한다. 일반적으로 법안은 first reading에서 처음 발표되고, second reading이나 third reading에서 좀더 자세히 논의된다. 미국에서도 법안이 하원(House of Representatives)이나 상원(Senate)에서 처음 소개되는 것을 말한다.

first school 퍼스트 스쿨

영국 일부 지역의 초등학교(primary school)를 가리키는 말이다. 만 5세부터 8세까지 다닌다. 8세나 9세에는 중학교(middle school)에 간다.

firstborn son 맏아들

과거에는 우리나라와 마찬가지로 영미에서도 맏아들은 가족 중에서 가장 중요한 자식으로 여겨졌다. 특히, 부모가 사망할 때 맏아들이 재산의 대부분을 상속받았기 때문에 부잣집이나 상류층일수록 더했다.

first-footing 퍼스트 푸팅 / 첫 손님

새해 첫날 자신의 집을 방문하는 첫 손님을 기다리는 스코틀랜드의 전통이다. 전통적으로 이날 사람들은 땔감으로 석탄을 가져가거나 먹고 마실 것으로 음식이나 위스키를 가지고 이웃집을 방문한다.

fish and chips 피시 앤 칩스

영국에서 아주 인기 있는 간편식이다. 미국식 패스트푸드점 같이 아주 값싸고 편리해서, 가정에서 요리해 먹기보다 fish and chip shop에서 사 먹는 경우가 많을 정도로 보편화되어 있다. 봉지에 싸 가지고 나와 밖에서 먹거나 집에 가져가 먹기도 한다.

fish and chips

Fitzgerald, Francis Scott (1896~1940) 피츠제럴드, 프랜시스 스코트

자신이 직접 명명한 재즈시대(Jazz Age)에 관한 소설을 쓴 미국 작가이다. 1920년에 첫 소설 《낙원의 이쪽》*This Side of Paradise*으로 인정을 받고, 계속해서 단편집 《말괄량이와 철학자》*Flappers and Philosophers*(1920), 장편 《아름답고 저주받은 것》*The Beautiful and Damned*(1921), 단편집 《재즈시대의 이야기》*Tales of the Jazz Age*(1922), 장편 《위대한 개츠비》*The Great Gatsby*(1925), 《밤은 아름다워》*Tender Is the Night*(1934) 등, 많은 작품을 썼다. 그의 대표작《위대한 개츠비》 *The Great Gatsby*는 당시 상류층의 속물적이고 비도덕적인 행태들을 묘사하는 수작으로, 영화화되기도 했다.

Five Civilized Tribes 인디언 다섯 부족

미국 남부 지역에 살았던 5개 인디언 부족을 가리킨다. 체로키Cherokee, 촉토Choctaw, 치카소Chickasaw, 크리크Creek, 세미놀Seminole 등이다. 이들은 모두 인디언 보호구역으로 이주해야만 했다.

five-and-ten 파이브 앤 텐 스토어 = five-and-ten store, five-and-dime

값싼 물건들을 판매하는 미국의 대형 점포 형태를 말한다. 1879년에 F. W. 울워쓰F. W. Woolworth라는 사람이 처음 문을 열고, 5센트나 10센트 정도 가격대의 물건들을 팔았다. 월마트Wal-Mart 같은 대형 할인점에 고객을 뺏기는 바람에 1997년에 마지막 점포를 폐쇄하였다.

Flag Day 성조기의 날

미국 독립시기에 대륙의회(Continental Congress)가 성조기Stars and Stripes를 미국의 국기로 제정한 날인 6월 14일이다. 이날 미국인들은 성조기를 단다.

flag of the UK 영국의 국기

흔히 유니언 잭Union Jack이라고 알려진 영국 국기는 잉글랜드와 스코틀랜드가 합쳐지던 1603년부터 사용되었다. 이때는 잉글랜드를 상징하는 붉은 십자와 스코틀랜드를 상징하는 푸른 바탕에 흰색 대각선 십자형을 합친 것이었다. 이후 아일랜드가 합쳐지면서 붉은 대각선 십자형이 첨가되었다.

웨일즈는 형식상 잉글랜드 왕자가 다스리는 공국(公國)이므로 유니언 잭에 상징이 포함되지 않았다. 영국인들은 잉글랜드와 스코틀랜드, 웨일즈, 북아일랜드 등, 각 주의 국기가 있어서 미국이나 다른 나라에 비해 애착이 덜하다. 최근에는 영국에서도 푸른 바탕에 황금색 별들이 원형을 이루는 유럽연합 국기가 자주 눈에 띈다.

영국 국기과 스코틀랜드 · 잉글랜드 · 북아일랜드 국기

flag of the US 미국의 국기

미국의 국기는 성조기(the Stars and Stripes)라고 한다. 독립 전쟁 때 조지 워싱턴George Washington이 병사들의 사기를 위해 국기를 제작하게 하였다. 당시 13개 주를 상징하는 13개의 줄(7개의 붉은 줄과 6개의 흰색 줄)과 위쪽 귀퉁이에 푸른 바탕에 흰색 별을 13개 넣은 국기를 만들었다. 독립 이후에 주들이 점차 늘어나면서 별의 숫자가 오늘날처럼 늘어난 것이다. 오늘날 미국 정부는 모든 관공서에 성조기를 게양하고, 많은 의식 행사에서 성조기를 국가 상징물로 사용하고 있다. 웬만한 가정에는 모두 하나씩 가지고 있고, 어린이들은 학교에 입학하면서 '국기에 대한 맹세'(Pledge of Allegiance)를 하고 있다. 미국의 각 주들 역시 꽃이나 조류, 기타 상징물로 된 자신들의 기를 가지고 있지만, 영국의 스코틀랜드나 잉글랜드처럼 강한 의미를 가지지 못한다.

flapper 플래퍼

활발하고 첨단 패션을 좇았던 1920년대 미국의 젊은 여성들을 가리킨 말이다. 주로 단발머리에 짧은 스커트를 입고, 술 마시고, 담배 피며, 춤을 좋아했다. 당시 사람들은 이들을 조신하지 못하다고 생각했지만, 지금에 와서는 현대적이고 독립적인 여성들이었다고 보고 있다.

당시 플래퍼들의 스타일

Fleet Street 플리트 가

영국의 주요 신문사 본사들이 모여 있는 런던의 중심가이다. 1980년대 대부분의 신문사들이 새로운 인쇄기술을 사용하기 위해 다른 곳으로 옮겨갔으나 많은 사람들이 아직 이 거리를 영국의 신문의 거리로 인식하고 있다.

Fleetwood Mac 플리트우드 맥

1967년에 결성된 영국의 팝 그룹이다. 록과 블루스를 결합한 음악을 주로 연주하였다. 〈돈 스탑〉*Don't Stop*(1977), 〈리틀 라이스〉*Little Lies*(1987) 등의 히트곡이 있다.

Fleming Companies, Inc. 플레밍

미국의 도매 업체이다. O. A. 플레밍O. A. Fleming과 칼 버넌Carl Vernon, 아이크 버넌Ike Vernon 형제가 1915년 캔자스주에서 럭스 머캔타일(Lux Mercantile Co.)이라는 도매 상점으로 창업하였다.

1918년에 회사 이름을 플레밍-윌슨Fleming-Wilson으로 바꾸었고, 1921년에 네드 플레밍Ned Fleming이 경영에 참여하면서 크게 발전하였다. 1941년에 지금의 이름으로 바꾸었으며, 제2차 세계대전이 끝날 무렵에는 미국 전체에 알려지게 되었다. 유명 브랜드 식품을 비롯한 각종 상품을 슈퍼마켓, 약국, 전문점, 그리고 프렌차이즈 업체인 IGA와 피글리 위글리Piggly Wiggly 양판점 등, 약 3,000개의 유통 업체에 공급하고 있다.

Fleming, Ian (1903~1964) 플레밍, 이안

영화로 전세계에 유명해진 비밀 첩보원 제임스 본드James Bond를 창조한 영국의 작가이다. 실제로 그는 제2차 세계대전 때 영국 해군의 정보 부서에서 근무한 경험이 있는 것으로 알려졌다. 이때의 경험을 그대로 제임스 본드 소설에 담은 것이라 한다.

The Flintstones 〈플린트스톤 가족〉

선사시대 한 가족을 다루는 미국 텔레비전 만화 명화 시리즈이다. 1960년에 처음 방영했는데, 아직도 전세계 어린이들에게 사랑받고 있다. 1990년대에 영화화되기도 했다.

floor leader 원내총무 또는 원내대표

미국의 공화당과 민주당 내 의원들의 대표이다. 양당이 상하 양원에 각기 한 명씩을 뽑으므로, 총 4명의 floor leader가 있다. 당을 대변하고 법안을 처리하는 것이 주 임무이다.

Florida 플로리다주

미국 동부에서 가장 남쪽에 있는 주(州)로 대서양과 멕시코만(Gulf of Mexico)과 접해 있다. 더운 날씨와 넓은 해변들로 유명해서 선샤인 스테이트Sunshine State라는 별칭이 있다. 가장 큰 도시는 마이애미Miami지만 주도는 탤러해시Tallahassee이다.

Florida Keys 플로리다 키즈

미국 플로리다주 남서쪽으로 길게 일렬로 이어진 20여 개의 섬들을 가리키는 말이다. 이 섬들을 이어주는 256km나 되는 세계 최장의 해상 도로가 명물이다. 낚시를 즐기려는 관광객들이 많이 찾는다.

플로리다 키즈의 해상 도로

flower children 플라워 피플 (= flower people)

베트남 전쟁이 한창이던 1960년대에 전쟁을 반대하고 사랑과 평화를 믿었던 세계 여러 나라의 젊은이들을 가리키는 말이다. 이들은 자신들의 신념을 나타내기 위해 꽃을 들고 다니거나 머리에 꽂고 다녔다. 많은 반전운동에 참가하기도 했다.

flower girl 화동(花童)

결혼식에서 신부가 입장할 때 그 앞에서 꽃을 들거나 꽃잎을 뿌려주기도 하고, 때로는 신부의 드레스를 잡아주는 어린 여자아이를 가리키는 말이다. 양가 식구 중의 한 여자아이가 맡는다. 영국에서는 거리에서 꽃을 파는 소녀를 가리키는 말이다.

화동들의 모습

flower power 플라워 파워

1960년대 '플라워 피플'(flower people 또는 flower children)들이 군사력이나 경제력보다 사랑과 평화가 더 강하고 중요한 것이며, 전쟁은 중단되어야 하고, 세상은 살기 좋은 곳이 되어야 한다고 믿었던 신념을 말한다.

folk dance 포크 댄스

포크 댄스는 민속 무용 또는 향토 무용이다. 포크 댄스는 대개 어느 민족의 고유한 춤을 말하지만 반드시 민족 단위는 아니고, 지방의 향토 무용일 수도 있다. 자연발생적인 생활 감정의 표현이기도 하고, 작자도 작곡가도 없이 민요와 함께 내려왔으나, 나중에는 가사가 없어지고 멜로디만의 반주로 춤을 추게 되었다.

영국의 포크 댄스는 주로 컨트리 댄싱 클럽country dancing club에 소속된 사람들이 마을회관에서 열리는 댄스 모임인 반 댄스barn dances 등에서 추고 있다. 마을마다 morris dancing팀이 있어서 메이데이May Day부터 여름까지 펍pub 등지에서 춤을 춘다. 전통 행사인 메이폴 댄스maypole dance와 향토 춤들인 퍼리 댄스Furry Dance, 플로랄 댄스Floral Dance 등이 있다.

스코틀랜드에는 남자 혼자서 추는 '하이랜드 플링' Highland fling과 칼춤인 '소드 댄스'sword dance 등의 전통 춤들이 있다. 또, 아일랜드에는 하체만을 이용한 아이리시 댄스Irish dance가 유명하다. 구두 굽으로 무대를 때려 소리를 내며 추는 '클로그 댄스'clog dance도 있다.

미국은 '라인 댄스'line dance가 발생한 곳인데, 정작 영국에서 꽃을 피웠다. 미국은 여러 민족이 모여 이룬 국가라서 다양한 춤들이 있지만, 유명한 춤은 영국에서 비롯된 스퀘어 댄스square dance이다. 이 춤은 사람들이 서부로 몰려가던 시대에 생활의 아주 중요한 일부였다.

folk music and song 포크 음악과 노래

포크 음악은 말 그대로 민속 음악 또는 전통 민요를 가리킨다. 그런데 현대에 와서는 민요뿐 아니라 당대의 시대상을 반영하는 노랫말에 민요(포크 음악)적인 분위기를 간직하는 멜로디를 담은 노래들로 이어지며, 미국에서는 여전한 인기를 누리고 있다.

영국의 민요는 전통적으로 민중들의 삶이나 사랑과 자연을 노래하고 있다. 오늘날까지도 〈푸른 옷소매〉 *Greensleeves*, 〈애쉬 그로브〉 *The Ash Grove*, 〈올드 랭 자인〉 *Auld Lang Syne* 등의 일부 민요들은 학교에서도 가르치고 있다.

미국 민요들은 대개 유럽 쪽의 것들이 건너와 미국 민요로서 정착되었던 것이다. 미국 초기부터 불려지는 〈바바라 앨런〉 *Barbara Allen* 같은 노래는 영국에서 14세기부터 전해 내려오는 민요이고, 〈푸른 옷소매〉 *Green Sleeves* 역시 16세기적 영국 민요이다. 또 〈놀라운 은총〉 *Amazing Grace* 같은 민요는 찬송가로도 너무 유명하다.

19세기에 미국인 존 로맥스John Lomax와 앨런 로맥스Alan Lomax 부부가 약 1만여 곡의 민요를 수집하여 미국이 포크 음악을 계승하고 발전하는 데 큰 이바지를 하였다. 드보르작Dvorak 같은 작곡가는 미국 포크 음악(American folk music)을 교향곡 〈신세계〉 *From the New World*(1893) 작곡에 쓰기도 했다. 20세기 들어서는 카터 패밀리Carter Family가 1920년대 미국에 포크 음악을 유행시켰다. 1950년대 들어서 녹음 기술이 발달하면서 포크 음악은 상업적으로도 성공을 거두고 미국 전역에 포크 클럽들이 많이 생기게 된다.

1960년대 들어서 포크 음악은 컨트리country music나 록rock 등과 결합되면서 변화를 겪는다. 많은 포크록folk-rock 그룹들이 도시인들의 애환을 노래하면서 소위, '도시 포크 음악'urban folk music이 탄생된다. 1960년대 포크 음악은 반전운동, 히피운동, 흑인 인권운동 등을 전개하며 사회 변화를 원하던 많은 젊은이들의 사랑을 받으면서 대중음악의 한 장르가 된다. 이때 존 바에즈Joan Baez, 밥 딜런Bob Dylan, 리차드 톰슨Richard Thompson 같은 포크 뮤지션들이 등장하고, 포크 페스티벌Folk Festival들이 생기기 시작하여 오늘날까지 이어지고 있다.

folk rock 포크 록

1960~70년대 전통의 포크 음악이 록 음악과 만나면서 생긴 포크 음악의 새로운 장르이다. 포크 음악의 전통 악기인 플루트flute 또는 바이올린에다 록의 대표 악기인 전자기타가 어우러져 비트가 강해진 것이 특징이다.

전통적인 포크 음악의 멜로디에다 반전평화, 인권 등, 당시의 사회상과 삶의 문제를 담은 노랫말을 주로 불렀다. 존 바에즈Joan Baez, 밥 딜런Bob Dylan 등이 대표적인 가수들이다.

Fonda, Henry (1905~1982) 폰다, 헨리

40여 년 간 100여 편의 영화에 출연한 할리우드의 대표적인 배우이다. 오스카 영화상은 그의 마지막 영화 〈황금 연못〉 *On Golden Pond*으로 받았다. 〈분노의 포도〉 *The Grapes of Wrath*(1939), 〈미스터 로버츠〉 *Mister Roberts*(1955) 등의 주연 영화가 있다.

Fonda, Jane (1937~) 폰다, 제인

헨리 폰다의 딸로 역시 할리우드의 유명 배우이다. 베트남전에 강력 반대해 온 뚜렷한 정치적 소신으로 강한 인상을 남긴 여배우이다. 아버지와 함께 〈황금 연못〉 *On Golden Pond*에 출연하기도 했다. 방송사 Turner Broadcasting System과 CNN을 설립한 테드 터너Ted Turner와 결혼하였다.

Fonda, Peter (1939~) 폰다, 피터

헨리 폰다의 아들로 영화 배우이자 감독이다. 영화 〈이지 라이더〉 *Easy Rider*로 유명해졌다. 그의 딸 브리짓 폰다Bridget Fonda 역시 영화배우를 하고 있어, 할리우드의 대표적인 스타 가족이다.

Fonteyn, Margot (1919~1991) 폰테인, 마고

20세기 최고의 발레리나로 꼽히는 영국의 발레 댄서이다. 구소련 출신으로 프랑스 망명사건으로 유명한, 역시 20세기 최고의 남성 발레 스타로 꼽히는 루돌프 누레예프Rudolf Nureyev와 함께 공연한 것으로도 유명하다.

food in America and Britain 영국과 미국의 음식

호박파이

우리는 흔히 미국의 음식을 생각할 때, 미국 고유의 음식이 없고 세계 각국에서 온 이민자들이 자신들의 고유의 음식을 먹거나 패스트푸드를 먹는 것으로 생각하기 쉬우나, 미국 음식이 실제로 있다. 미국 음식이라고 할 수 있는 것은 옥수수(corn) · 호박파이(pumpkin pie), 추수감사절(Thanksgiving)에 빠질 수 없는 칠면조(turkey) · 햄버거 · 샌드위치 등이다. 샌드위치는 영국에서 온 음식이지만 미국에서 다양하게 발전하였다.

영국 역시, 유럽의 다른 나라들에 비해 음식이 다양하지 못한 것이 사실이다. 영국 음식은 목축업이 발달하여 주로 쇠고기나 돼지고기 등의 육류와 우유나 치즈 같은 유제품, 달걀 등이 영국 음식의 주류를 이루고 있는 가운데, fish and chips가 점심 메뉴로 사랑받고 있다. 식후에는 주로 푸딩pudding을 먹는다.

food stamp 푸드 스탬프

미국 정부가 실업자와 영세민들에게 나누어주는 일종의 식권으로, 상점에서 식품으로 바꿀 수 있다.

Football Association (FA) 영국 축구협회

1863년 영국에서 축구 경기의 규정을 제정하기 위해 만든 단체이다. FA Cup 대회를 비롯한 영국의 모든 축구 대회를 주관하고, 프리미어 리그Premier League를 운영한다.

football hooligan 축구 훌리건

영국의 축구장에서 싸움을 하거나 기물을 파손하는 등, 난동을 부려 경기를 방해하는 젊은이들을 가리키는 말이다. 축구 클럽들이 경기장에 술을 들이지 못하게 하거나, 관중석에서 각 팀의 팬들을 분리하여 배치하는 등의 노력을 하고 있어 과거보다는 문제를 일으키는 경우가 적다.

football in the UK and the US 영국과 미국의 축구

영국에서 축구는 가장 인기 있는 스포츠이다. 축구 시즌은 8월부터 5월까지인데, 남자들은 대부분 좋아하는 팀을 하나씩 가지고 응원을 한다. 프로 축구는 축구 협회(Football Association, FA)와 축구 리그(Football League), 두 단체가 주관하고 있다.

잉글랜드와 웨일즈에서 축구 팀들은 프리미어 리그Premier League, 1부 리그(1st Division), 2부 리그(2nd Division), 3부 리그(3rd Division) 등, 4개 리그로, 스코틀랜드에는 프리미어 리그, 1부 리그, 2부 리그 등, 3개 리그로 나뉘어 있다. 이 팀들은 시즌 내내 다른 팀들과 경기를 펼치고, 시즌이 끝날 때 최다 득점팀이 해당 리그의 챔피언이 된다. 리즈Leeds, 리버풀Liverpool, 멘체스터 유나이티드Manchester United, 아스날Arsenal, 첼시Chelsea 등은 유명한 프로 팀들이다.

미국에서 축구라고 하면 '미식축구'(American football)라고 하여 럭비와 비슷한 경기이다. 미국인들에게 대단한 인기를 누리고 있다. 프로 경기는 NFL(National Football League)이 운영하고 있는데, 시즌이 8월에서 1월까지 계속된다. 각 팀들은 시즌 동안 NFL 산하의 AFC(American Football Conference)와 NFC(National Football Conference) 두 대회로 나뉘어 경기를 펼치고, 1월에는 양 대회의 우승 팀이 슈퍼볼Super Bowl 대회에서 최종 챔피언을 가린다. 슈퍼볼은 모든 국민들에게 대단한 관심거리다.

미국 대학들의 축구 경기 또한 인기가 대단하다. 전국 대학 체육 협회 NCAA(National Collegiate Athletic Association)가 대회를 주관하고 있다. 대부분의 프로 선수들이 대학 팀들에서 배출되고 있다.

미국에도 우리가 알고 있는 축구(football) 경기가 시행되고 있다. 미식축구(American football)와 구별하여 사커(soccer)라고 한다. 1994년에 미국에서 처음으로 월드컵World Cup 경기가 열린 후로 축구에 대한 붐이 일어났다. 1996년에는 축구 협회 MLS(Major League Soccer)가 창설되어 전국 규모의 축구 대회를 운영하고 있다. 남녀 축구 국가대표팀도 보유하고 있다.

Football League 영국 축구리그

영국 FA가 프로 팀의 참가를 허용하지 않을 당시 1888년에 창설된 축구 대회이다. 1992년에 상위 팀들이 FA Premier League로 떠나기 전까지는 영국 최고의 축구 대회였다.

For Whom the Bell Tolls 《누구를 위하여 종은 울리나》

미국 소설가 어네스트 헤밍웨이Ernest Hemingway가 1940년에 발표한 소설이다. 스페인 내전(Spanish Civil War)에 참전한 한 미군이 죽을 때까지 한 여인을 사랑하고, 스페인 사람들과 우정을 나누는 이야기다. 1943년에 영화로 만들어지기고 하였다.

Ford Foundation 포드 재단

포드 자동차 창업자인 Henry Ford가 설립한 세계 최대의 공익 재단이다. 1936년에 설립되어 1950년대에 들어 국제적인 단체가 되었다. 1997년까지 세계의 평화, 교육, 문화 예술, 과학, 언론 분야에 80억 달러가 넘는 돈을 기부하였다.

Ford Motor Company 포드 자동차사

1903년에 헨리 포드Henry Ford가 미국 디트로이트 Detroit에 설립한 자동차 회사이다. 1908년에 최초 모델 T 카를 시작으로, 1922년부터 링컨Lincoln, 1938년부터 머큐리Mercury 등을 차례로 생산하고 있다. 세계 최대의 렌터카 회사인 허츠사(Hertz Corporation)를 소유하고 있다.

Ford, Harrison (1942～) 포드, 해리슨

영화 〈스타워즈〉*Star Wars*의 *Han Solo*와 인디애나 존스 Indiana Jones 등으로 주연하여 세계적인 스타가 된 미국 배우이다. 〈도망자〉*The Fugitive*(1997), 〈에어 포스 원〉*Air Force One*(1997) 등의 영화에서 주연하였다. 1994년에는 '20세기 최고의 스타'로, 1997년에는 '영국인이 가장 좋아하는 영화배우'로 뽑히기도 했다.

Ford, Henry (1863～1947) 포드, 헨리

미국 포드 자동차사의 창업주이다. 1903년에 포드 자동차사(Ford Motor Company)를 설립하고, 최초의 Model T

자동차를 생산하였다. 자동차 공장에서 생산라인의 분업화라는 획기적인 생산방식을 도입한 것으로 유명하다.

Ford, John (1895~1973) 포드, 존

미국의 유명한 영화 감독이다. 〈분노의 포도〉*The Grapes of Wrath*(1941), 〈나의 계곡은 푸르렀다〉*How Green Was My Valley*(1941) 등으로 오스카 영화상을 받았다. 생전에 모두 125편의 영화를 만들었다. 주로 존 웨인John Wayne을 주연으로 서부 영화를 많이 만들었다. 〈역마차〉*Stagecoach*(1939), 〈황야의 결투〉*My Darling Clementine*(1946), 〈아파치 요새〉*Fort Apache*(1948), 〈수색자〉*The Searcher*(1956) 등이 그 영화들이다.

Foreman, George (1949~) 포맨, 조지

1994년 45살의 나이에 헤비급 세계 챔피언을 지낸 미국 권투 선수이다. 이는 세계 챔피언 최고령 기록이다. 1968년에 올림픽 경기에서 금메달을 딴 뒤, 1973년에서 1974년까지 헤비급 세계 챔피언을 지냈다.

Forrest Gump 〈포레스트 검프〉

톰 행크스Tom Hanks가 정신지체아 Forrest역을 맡고, 로버트 저멕키스Robert Zemeckis가 감독한 1994년 미국 영화이다. 오스카 작품상, 주연상, 감독상 등을 수상하였다. 주인공인 정신지체아 Forrest의 성장과 성공기를 통해 정직과 단순한 삶이 진정한 행복을 가져다 준다는 것을 보여주었다.

Fort Knox 포트 녹스

미국 금괴보관처(US Gold Bullion Depository)가 정부 금괴를 보관하고 있는 켄터키주의 군사 지역이다. 철통같은 보안으로 입장이 어려운 곳으로 유명하다.

Fort Sumter 섬터 요새

사우스캐롤라이나South Carolina주의 찰스턴Charleston 항에 있는 작은 섬으로, 미국 남북 전쟁이 발발한 곳이다. 1861년 남부군이 이 섬을 공략하면서 전쟁을 시작하여 1885년에 가서야 북군이 이곳을 회복하게 된다. 지금은 박물관으로 일반인들에게 개방되고 있다.

the Fortune 500 포춘 500대 기업

미국의 경제 전문지 《포춘》*Fortune*이 매년 선정하는 미국의 상위 500대 기업의 명단으로, 각 기업의 매출과 영업이익이 공개된다. 기업들은 '포춘 500대 기업'(Fortune 500 company)에 들기 위해 애쓴다.

42nd Street 〈42번가〉

세계적으로 유명한 미국의 뮤지컬 영화이다. 버스비 버클리 Busby Berkeley가 안무를 맡고, 로이드 베이컨Lloyd Bacon이 감독한 1933년 작품이다. 미국 공연예술의 중심지인 뉴욕 맨해튼 42번가 이름을 딴 것으로, 브로드웨이의 극단 세계를 소재로 한 영화이다. 1980년에 연극으로 만들어져 역시 히트를 쳤다.

forty-niners 포티 나이너스

1849년의 골드러시Gold Rush 때 황금을 찾아 캘리포니아로 간 사람들을 가리킨다.

foster 양육

수양부모를 '포스터 페어런트'(foster parent)라고 한다. 여러 가지 이유로 친부모가 아이를 키우고 보호할 수 없을 때, 아이는 다른 부모에게 양육된다. 이때, 수양부모는 일정 금액의 양육비를 지급받는다. 대신 아이는 나중에 친부모에게로 돌려보내질 수 있으므로, 아이에 대한 친권은 없다.

Foster, E. M. (1879~1970) 포스터, 이 엠

영국의 소설가이다. 주로 영국 상류층의 삶을 소재로 썼다. 알려진 작품으로는 《하워즈 엔드》*Howards End*(1910)와 《인도로 가는 길》*A Passage to India*(1924)이 있다. 두 작품 모두 영화화되기도 했다.

Foster, Jodie (1962~) 포스터, 조디

미국의 유명 여배우이다. 〈택시 드라이버〉*Taxi Driver*(1976)에서 아역으로 연기를 시작해, 〈피고인〉*The Accused*(1988)과 〈양들의 침묵〉*The silence of the lambs*(1991) 등에 주연하여 오스카 영화상을 수상하였다. 이밖에도 〈써머스비〉*Sommersby*(1993), 〈넬〉*Nell*(1994), 〈메버릭〉*Maverick*(1994), 〈콘택트〉*Contact*(1997), 〈애나 앤 킹〉*Anna and the King*(1999), 〈패닉 룸〉*Panic Room*(2002) 등의 출연작들이 많이 있다.

Founding Fathers 미국 건국의 아버지들

1787년 필라델피아에서 미국 헌법(American Constitution)을 제정하고 서명한 미국 정부 수립에 주도적인 역할을 한 사람들을 가리키는 말이다. 조지 워싱턴George Washington, 토마스 제퍼슨Thomas Jefferson, 벤저민 프랭클린Benjamin Franklin, 알렉산더 해밀턴Alexander Hamilton, 존 애덤스John Adams, 제임스 매디슨James Madison 등이다.

Four Freedoms 4대 자유

1941년 미국의 프랭클린 D. 루스벨트Franklin D. Roosevelt 대통령이 의회에 보낸 연설문에서 싸워 지킬 가치가 있는 인간의 기본적인 자유 4가지이다. 언론과 표현의 자유(freedom of speech and expression), 신앙의 자유(freedom of worship), 궁핍으로부터의 자유(freedom from want), 공포로부터의 자유(freedom from fear)를 의미한다. 제2차 세계대전이 끝나고 창설된 국제연합(United Nations)헌장에 포함되어 그 기본 사상이 되었다. 특히, 공포로부터의 자유는 세계가 함께 군비 축소에 공동 노력할 것을 호소한 것으로 주목할 만하다.

Four Quartets 〈네 개의 4중주곡〉

20세기 최고의 시인 엘리엇T. S. Eliot이 쓴 연작시이다. 〈번트 노튼〉*Burnt Norton*(1935), 〈이스트 코커〉*East Coker* (1940), 〈드라이 샐비지스〉*The Dry Salvages* (1941), 〈리틀 기딩〉*Little Gidding*(1942) 등의 4부로 되어 있다. 종교적 메시지와 함께 시간과 자연, 역사, 인간의 경험 등을 다루고 있다. 각각의 제목은 시인 자신의 인생과 기독교에서 의미가 있는 지명들이다.

Four Weddings and a Funeral 〈네 번의 결혼식과 한 번의 장례식〉

휴 그랜트Hugh Grant가 주연한 1994년 영국 영화이다. 미국에서 인기를 누려 휴 그랜트를 스타로 만들었다.

four-letter word 4글자 단어 또는 욕설

shit, fuck 등, 욕설로 쓰이는 성기나 배설과 관련된 표현들인데, 주로 4글자로 된 데서 이르는 말이다. 실제로 많이 쓰는 말이지만 신문이나 잡지 같은 인쇄매체들은 s-t, f*** 또는 the f-word라고 표현한다. TV나 라디오 같은 방송매체에서는 이 표현이 나올 때 기술적으로 지우면서 내보낸다.

fox hunting 여우 사냥

말을타고 여우 사냥에 나서는 사람들

영국에서 매년 11월에서 3월초까지 벌어지는 여우 사냥이다. 주로 넓은 토지를 소유한 상류층의 스포츠이다. 영국의 많은 사람들은 잔인한 스포츠에 대해 의회가 금지법안을 만들어줄 것을 요구하고 있으나, 여우의 수를 조절하는 데 도움이 된다는 의견도 만만치 않다.

Fox, George (1624~1691) 폭스, 조지

17세기 영국의 종교 지도자로, 1659년대에 퀘이커교(the Quakers)를 창시하였다. 퀘이커교는 '친우회'(Society of Friends)라고도 하는데, 하나님은 모든 사람들 마음 속에 내재해 있으며, 내면의 하나님을 찾을 것을 설파하였다. 이런 신념으로 자주 구속되는 핍박을 받기도 했다.

Fox, Michael J. (1961~) 폭스, 마이클 제이.

캐나다 출신의 미국 배우이다. 어려 보이는 외모로 청소년 역으로 많이 출연하였다. 영화 〈백 투 더 퓨처〉*Back to the Future* 1, 2, 3편에 출연하여 세계적인 배우로 알려졌다. 〈미국 대통령〉*The American President*(1995), 〈화성 침공〉*Mars Attacks!*(1996) 등의 영화에 출연하였다.

Frankenstein 《프랑켄슈타인》

영국의 유명한 낭만 시인 퍼시 비쉬 셸리Percy Bysshe Shelley의 부인이자 소설가인 메리 셸리Mary Shelley가 1818년에 발표한 공상과학 소설이다. 주인공인 스위스 과학자 Frankenstein이 시체 조각들을 모아 인조 인간을 만들고 생명을 불어넣었다가, 결국 자신이 만든 피조물 때문에 목숨을 잃는다는 이야기이다. 이것을 원작으로 한 보리스 카를로프Boris Karloff가 괴물 역을 맡은 영화 《프랑켄슈타인》*Frankenstein*(1931년)이 대단한 성공을 거두자, 이후 많은 프랑켄슈타인류(類)의 영화들이 만들어졌다. 프랑켄슈타인이라는 괴물이 영화계에 끼친 영향은 매우 컸는데, 이를 계기로 《가위손》, 《터미네이터》, 《로보캅》 등과 같은 많은 괴물 영화들이 나오게 되었다.

Franklin, Benjamin (1706~1790) 프랭클린, 벤저민

미국 건국의 아버지들 가운데 한 사람이다. 미국 독립선언문(Declaration of Independence)과 미국 헌법(American Constitution) 작성에 참여하였고, 프랑스에 가 미국 독립을 도와 군자금과 군대를 보내줄 것을 호소하기도 하였다. 폭풍이 칠 때 연을 날려 번개가 전기라는 것을 증명한 과학자이기도 하였다.

fraternity 미국 남자 대학생들의 사교 클럽

사전의 뜻으로는 '우애'인데, 미국 대학의 남학생들 사교 클럽이다. 자선 활동도 하지만, 난잡한 파티 등으로 비난을 받기도 한다. 여학생들의 사교 클럽은 소로리티sorority라고 한다.

Frazer, James (1854~1941) 프레이저, 제임스

스코틀랜드 출신의 인류학자(anthropologist)이다. 민속학, 고전문학의 자료를 비교하고 정리하여 주술과 종교의 기원과 진화의 과정을 연구하였다. 인류의 관습과 종교를 연구한 《황금가지》*The Golden Bough* 12권(1890~1915)을 써서, 영국뿐 아니라 세계의 민속학 발전에 크게 이바지하였다.

Free Church 자유교회

영국국교나 로마가톨릭에 속하지 않는 개신교파들을 일컫는 말이다. 장로교(Presbyterians), 침례교(Baptists), 감리교(Methodists) 등이다. 이들은 교리에 엄격하며 음주를 하지 않고 일요일에는 일하지 않는다.

free paper 무료 신문

영국과 미국의 자치 단체들이 발행하는 신문으로, 지역 소식과 각종 광고를 함께 실어 매주 가정으로 배달된다. 주민들은 달가워하지 않는다.

free trade 자유무역

서로 다른 국가들 사이에 특별한 관세를 붙이지 않고 자유롭게 거래하는 무역 시스템을 말한다. 19세기 말 '옥수수법'(Corn Law)이 끝나고서 영국은 이 자유무역을 선호하였으나, 대공황(Depression) 때부터 자국의 산업을 보호하기 위해 수입품에 대해 관세를 부과하는 보호무역체제로 전환하였다. 20세기에 와서는 다시 영국도 유럽연합(EU) 같은 자유무역체제에 가입하였다.

미국은 대체로 보호무역 자세를 견지해 왔으나, 제1차 세계대전 이후부터는 자유무역을 선호하고 있다. 1994년에는 캐나다, 멕시코 등과 '북미자유무역협정'(North American Free Trade Agreement)을 체결하였다.

Freedom and rights 자유와 권리

개인의 자유는 서구 문명의 중요한 특징 가운데 하나이다. 자유는 바로 권리로 표현된다. 영국인들은 자유를 쟁취하기 위해 목숨 바쳐 싸워왔고, 미국인들은 '자유의 땅'(land of the free)을 찾아 고난의 여정을 거쳤고, 목숨을 걸고 자유국가(free country)를 건설하였다.

인간에게 기본이 되어야 하는 자유와 권리는 권리장전(Bill of Rights)이라고 하는 미국의 최초 헌법 수정안에서 기틀이 잡히는데, 종교의 자유(freedom of religion), 표현의 자유(freedom of expression)인 언론출판의 자유(freedom of speech and the press), 궁핍으로부터의 자유(freedom from want), 공포로부터의 자유(freedom from fear) 등이 현재까지 영국과 미국 사회의 기본 가치를 형성하고 있다. 자유에 따른 권리들로 정당한 이유 없이 체포와 수색 받지 않을 권리, 피의자가 자신에게 불리한 진술을 말하지 않을 권리(피의자의 묵비권 right to remain silent), 즉시 재판을 받을 권리, 고문을 받지 않을 권리 등이 있다. 영미 사회는 무엇보다 프라이버시에 대한 권리(right to privacy)를 가장 중요하게 생각하며, 미국에서 인정하고 있는 총기소유권은 현재도 많은 논란을 안고 있다.

freefone 프리폰

영국 통신(BT)이 공급하는 무료 전화 서비스인데, 주로 기업들이 자사 제품의 정보에 대해 소비자들이 무료로 통화하며 알아볼 수 있는 전화로 이용한다. 0800으로 시작한다.

Freemasonry 프리메이슨 조직

중세의 숙련 석공조합 길드guild에서 유래된 제도이며, 공제와 우애를 목적으로 한 비밀결사 단체인 Free and Accepted Mason에서 비롯한다. 17세기로 오면서 길드는 부유층에게도 환영받으며 점점 비밀 조직으로 발전한다. 1717년에 런던에 Grand Lodge라는 중앙회가 설치되면서 전국에 많은 지회(branch/lodges)들이 생겨난다. 현재 영국에는 8,000여 개의 지회가 있고, 750,000여 명의 회원 Mason들이 있다. 미국을 비롯한 다른 나라에도 지회들이 있다.

오늘날 Mason들은 대부분 전문직이나 중산층에 속하여, 변호사, 고급 공무원, 기업인, 또는 귀족들까지 포함하고 있다. 자선 활동이나 사회 봉사 활동 등을 많이 하고 있지만, 자신들만의 정체성을 유지하려 하고, 비밀 조직의 성격 때문에 배타적인 모습으로 비쳐진다. 이 때문에 사회 문제가 생겼을 때 '프리메이슨 조직'(Freemasonry)이 의심을 받는 경우가 자주 있다. 심지어 이들 중 중요한 위치에 있는 사람들은 다른 사람들에게 배타적인 불이익을 줄 수도 있다고 생각되기도 한다.

미국에서는 Freemasonry에 대해 좀더 관대하다. 미국의 슈라이너스Shriners라고 하는 프리메이슨 조직은 자선 모금을 위해 서커스 공연을 하고, 병원을 운영하고 있는 것으로 알려져 있다.

freeway 프리웨이(고속도로)

정지 신호나 진입로를 제한하여 자동차들이 시내를 고속으로

달릴 수 있게 만든 미국의 도로체계이다. 간선도로 개념인 하이웨이highway보다는 빠른 속도로 달릴 수 있게 하였다.

French Quarter 프렌치 광장

루이지애나(Louisiana)주 뉴올리온즈(New Orleans)의 역사 깊은 지역으로 이 지역 사람들은 오래된 광장(Vieux Carre′ :Old Square)라고 부르기도 한다. 미시시피 강 옆에 있으며 부르봉가(Burbon Street), 램파트가(Rampart Street), 잭슨 광장(Jackson Square) 및 프랑스 시장(French Market)등이 있다. 이 지역은 재즈와 고유한 음식으로 유명하며 철 발코니로 장식한 스페인과 프랑스식의 빌딩들이 있어 관광객들이 많이 찾아온다. 지난 2005년의 거대한 태풍으로 인해 도시의 반 이상이 물에 잠기는 대참사를 겪었다.

Friedan, Betty (1921~) **프리단, 베티**

미국의 페미니즘 작가이다. 1966년에 여성 단체 '전국여성단체'(National Organization for Women)을 만들어 1970년까지 회장으로 일했다. 저서 《여성의 신비》*The Feminine Mystique*(1963)는 여성해방운동(women's lib movement)에 큰 영향을 끼쳤다.

Friends 프렌즈

1994년 시작한 미국 뉴욕에 사는 여섯 명의 친구들(모니카Monica, 레이첼Rachel, 피비Phoebe, 챈들러Chandler, 로스Ross, 조이Joy) 이야기를 다룬 미국의 인기 TV코미디 시리즈이다. 사랑의 기쁨, 고민, 일 및 우정에 관한 여섯 친구들의 경험을 내용으로 한다.

Friends of the Earth 지구의 친구들

미국에서 시작된 환경 단체로 환경 파괴를 줄이기 위해 개인과 기업, 정부를 상대로 활동하는 국제적인 단체이다. 열대우림의 보호, 수질 보호 등의 활동을 벌였다.

Friends' Meeting House 친구들의 집 (= meeting house)

퀘이커교도들이 예배를 드리기 위해 모이는 집을 말한다.

From Here to Eternity 〈지상에서 영원으로〉

미국 소설가 제임스 존스James Jones의 1951년 작품이다. 일본군의 공격을 받기 전 하와이 진주만(Pearl Harbor)에 주둔하고 있는 미군들의 생활을 그리고 있다. 1953년에 영화로 만들어져 오스카 영화상을 여러 개 받고 히트를 쳤다. 프레드 지네만Fred Zinnemann이 감독상을, 프랭크 시내트라Frank Sinatra와 도나 리드Donna Reed가 남녀 조연상을 받았다.

frontiersman 개척자

미국 역사에서 개척자들(frontiersmen)은 특별히 중요하다. 이들이 18세기와 19세기에 서부로 가서 개척하고 살면서 미국의 영토를 확장하는 데 크게 이바지한 것이다. 데이비 코로킷Davy Crockett, 대니얼 분Daniel Boone, 키트 카슨Kit Carson, 버팔로 빌Buffalo Bill 등의 개척자들은 많은 사람들에게 기억되고 있다.

Frost, Robert (1874~1963) **프로스트, 로버트**

주로 미국 뉴잉글랜드New England의 자연과 농부들의 삶을 노래한 전원 시인이다. 미국인들이 가장 좋아하는 시인으로 알려져 있다. 퓰리처상을 받기도 했다. 〈가지 않은 길〉*The Road Not Taken*, 〈눈 내리는 밤 숲가에 서서〉*Stopping By Woods On A Snowy Evening* 등의 시로 우리나라 사람들에게도 잘 알려져 있다. 《표식나무》*A Witness Tree*, 《이성의 가면》*A Masque of Reason* (1945), 《자비의 가면》*A Masque of Mercy* (1947) 등의 시집이 있다.

다음은 많이 애송되는 〈눈 내리는 밤 숲가에 서서〉*Stopping By Woods On A Snowy Evening*의 마지막 구절이다.

The woods are lovely, dark and deep,
But I have promises to keep,
And miles to go before I sleep,
And miles to go before I sleep.

숲이 아름답고 깊지만,
나는 지켜야 할 약속이 있으니,
잠들기 전에 몇 십리를 더 가야한다.
잠자기 전에 몇 십리를 더 가야한다.

Fulbright scholarship 풀브라이트 장학금

미국 아칸소 대학 총장을 지낸 풀브라이트Fulbright가 제안하여 1946년에 설립된 장학금이다. 미국 정부가 재래식 무기나 잉여 농산물을 외국에 판매하여 얻은 수익금을 현지 국가에 적립해 두었다가 양국의 교육문화 교류에 사용하도록 하였다. 한국에서도 1960년에 재단 지부가 설립되고 교육 교환계획에 의해 교수, 교사, 학생 등을 유학 또는 시찰하게 하고 있다. 풀브라이트 장학금을 받고 유학한 전세계의 지식인들은 약 120개 국 10만여 명으로, 한국에도 1,000여 명이 넘는다.

The Full Monty 〈풀 몬티〉

1997년에 개봉되어 인기를 얻은 영국 영화이다. 제철소가 문을 닫고 실업자가 된 남자들에 관한 이야기를 담고 있다. '풀 몬티'full monty는 영국에서 '모든 것'(everything)이라는 뜻으로 쓰는 구어(informal phrase)이다.

full moon 보름달

서구인들에게 보름달에서 느끼는 감정은 우리와 달리 좋지 않다. 보름달이 뜰 때는 사람들이 이상해지거나 위험해진다는 의식이 남아 있다. 소설이나 영화에서 보름달이 뜰 때 사람들이 늑대로 바뀌는 이야기를 자주 다룬다.

fundamentalism 근본주의

미국의 남부와 중서부 일부 지역 개신교단들의 신앙인데, 오로지 성경 말씀만을 진리로 여기는 것이다. 이들은 진화론을 결코 받아들이지 않는다.

funeral 장례

영국이나 미국에서 장례식은 대개 교회에서 거행된다. 시신을 관(棺 coffin)에 입관하여 검은 색의 운구차(hearse)로 교회에 운반하는데, 가족이나 친지들이 뒤를 따른다. 영국에서는 대개 관을 닫아두지만, 미국에서는 장례식이 시작될 때까지 사람들이 시신을 볼 수 있도록 관 뚜껑을 열어두는 경우도 있다. 장례식에는 찬송과 기도, '망자(亡者)를 보내는 칭송의 말'(eulogy) 등이 이어진다. 장례식이 끝나면 시신은 묘지(cemetery)에 안장되거나, 화장장(crematory)에서 화장된다. 관이 묘지에 안장되면서 잠깐의 예배와 함께 참석자들은 흙을 한줌씩 던져 넣는다. 화장의 경우에는 화장이 끝나면 재(ashes)가 가족에게 인계되는데, 가족들은 좋은 곳에 흩뿌린다. 장례식에서는 사람들이 대개 검은 옷을 입고, 관 주위에 꽃을 놓기도 한다.

장례식이 끝나면, 사람들은 상가나 상가에서 마련한 식당 또는 호텔에 초대되어 음식을 대접받는다. 부고(obituary)는 대개 지역 신문에 실리는데, 조문을 하려는 사람들은 따로 초대를 받지 않아도 된다. 조의(condolence)는 예를 들어, 'I was sorry to hear about your mother/father.'(어머님/아버님 일은 참 안됐습니다)라고 먼저 표현하면서, 망자에 대한 좋은 기억을 이야기하면 된다.

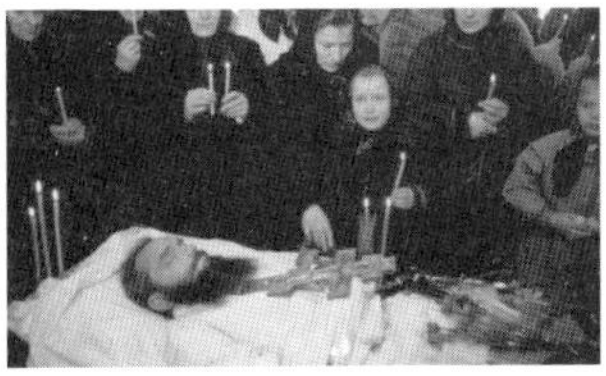

fusion 퓨전

록과 재즈가 융합된 음악의 장르를 일컫는 말이다. 주로 1970년대에 유행하였다.

G

G and S 지 앤 에스

오페라 작가 길버트와 설리번Gilbert and Sullivan을 줄여 쓰는 약어이다. 흔히 이들의 오페라를 가리킬 때 쓴다.

g and t 지 앤 티

흔히 마시는 칵테일 술인 진 토닉gin and tonic을 줄인 약자이다. 영국에서는 주로 나이든 중산층 사람들이 마신다고 한다.

G7 (Group of Seven) **서방 선진 7개국**

세계에서 가장 부자 나라인 7개국 정상들의 모임이다. 7개국은 영국(Britain), 캐나다(Canada), 프랑스(France), 독일(Germany), 이탈리아(Italy), 일본(Japan), 미국(the U.S.) 등이다.

Gable, Clark (1901~1960) **게이블, 클라크**

영화 〈바람과 함께 사라지다〉*Gone with the Wind*에 출연하여 1930~1940년대 세계적인 스타였던 미국 배우이다. 다양한 직업을 거쳐 영화배우가 되었다. 우람한 체격과 넉살 좋은 성격으로 많은 인기를 얻었고, 여성 관객들 사이에는 할리우드 제1의 성적 매력을 가진 남자 배우라는 평을 받았다. 〈어느 날 밤에 생긴 일〉*It Happened One Night*(1934)에 주연하여 오스카 영화상을 받은 이후 오랫동안 할리우드의 왕자로 군림하면서 많은 대작에 출연하였다.

주연 작품으로는 〈바운티호의 반란〉*Mutiny on the Bounty*(1935), 〈모감보〉*Mogambo*(1950), 〈거친 말[馬]과 여자〉*The Misfits* (1960) 등이 있다.

Gaelic 게일어(語)

아일랜드와 스코틀랜드에서 쓰는 켈트어(Celtic language)이다. 스코틀랜드에서는 하이랜드Highlands라는 고지대와 서해안 쪽에서 7만여 명 정도만 쓰고 있고, 아일랜드에서는 학교에서 영어와 함께 공용어로 배운다.

Galahad (= Sir Galahad) **갤러해드**

전설 속 아서 대왕의 원탁의 기사(knights of King Arthur's round table) 가운데 한 명이다. 전설에는 원탁의 기사들 가운데서도 가장 순수하고 도덕적인 기사였던 것으로 묘사되어 있고, 그래서 그가 성배(聖杯 Holy Grail)를 찾게 된다. 영국인들은 가끔 점잖고 친절한 사람을 'Sir Galahad'라고 부르기도 한다.

Galbraith, John Kenneth (1908~) **갈브레이스, 존 캐니스**

캐나다 출신의 미국 경제학자이다. John F. Kennedy 대통령 때 자문역을 했고, 인도 대사를 지냈다. 정부는 가난한 사람들과 실업자들을 도와야 한다고 했고, 다국적 기업의 권력과 끊임없는 성장 욕구를 비판했다.

주요 저서로는 《풍요로운 사회》*The Affluent Society*(1958), 《새로운 산업국가》*The New Industrial State*(1967), 《권력의 해부》*The Anatomy of Power*(1983) 등이 있다.

Gallipoli 갈리폴리

연합군이 1차 세계대전 중에 점령하고자 했던 터키에 있는 반도. 호주 및 뉴질랜드 군인들을 포함한 연합군이 갈리폴리에 상륙해 용감하게 싸웠으나 점령에 실패했으며 이 전투에서 20만 명 이상의 연합군이 전사했다.

gallon 갤런

우리가 언론에서 석유의 판매 단위로 자주 접하게 되는 말이다. 미국에서 액체 측정의 표준 단위로 사용되고 있다. 가솔린gasoline이나 우유, 물, 아이스크림 등은 갤런이나 하프 갤런half gallon 단위로 판매된다. 영국에서도 옛날에는 갤런을 사용했으나, 지금은 리터litre가 액체 측정의 표준 단위이다.

Gallup Poll 갤럽 여론조사

전체 국가를 대신해 표본집단을 선정해서 여론을 조사하는 방식을 말한다. 주로 선거 결과를 예측하는 데 활용된다. 이 조사 방식을 발명한 미국 통계학자 G. H. Gallup의 이름을 따서 붙였다.

Galsworthy, John (1867~1933) 골스워시, 존

소설 《포르사이트 전설》*The Forsyte Saga*로 잘 알려진 영국의 소설가이다. 주로 다큐멘터리 소설을 썼는데, 파업에 관한 소설 《투쟁》*Strife*(1909), 교도소 제도에 대한 비판서 《정의》*Justice*(1910) 등이 있다.

gambling 도박

미국에서 라스베가스Las Vegas와 애틀랜틱시티Atlantic City를 빼고는 모든 주가 도박을 불법으로 하고 있다. 이 두 도시에 가면 도박을 할 수 있는 카지노casino가 많다. 하지만 판돈이 적은 빙고bingo 게임은 대부분 허용된다. 영국에서도 카지노가 있는 곳이 있으나, 미국과 달리 가는 사람들이 매우 적다.

gamesmanship 게임스맨쉽

게임에 이기기 위해 반칙은 하지 않는 대신 상대를 비열하게 이용하는 수법을 말한다. 상대의 주의를 흩뜨리거나 기분을 상하게 하는 것들이다. 영국 작가 스티븐 포터 Stephen Potter(1900~1969)가 자신의 저서에 처음 만들어 썼다.

Gang of Four 4인의 갱

1981년에 영국 사회민주당(Social Democratic Party)을 창당하면서 노동당(Labour Party)을 떠난 4명의 정치인 로이 젠킨스Roy Jenkins, 데이비드 오웬David Owen, 윌리엄 로저스William Rogers, 셜리 윌리엄스Shirley Williams 등을 가리키는 말이다.

gangs 갱단

갱단(gangs)이라는 말은 원래 미국에서 서부로 몰려가던 노동자들 또는 죄수들의 무리를 지칭하였는데, 범죄를 일삼는 사람들을 가리키는 말로 변질되었다.

제1차 세계대전이 끝나고 1920~30년대 미국에서 도시가 급속히 팽창하고, 총기류가 발달되고, 금주법이 시행되어, 마피아Mafia가 도시로 확대되면서 갱들은 체질을 변화시켜 조직적 범죄 집단이 되면서 갱스터gangster라고 불리게 되었다. 시카고의 암흑가에서 군림했던 알 카포네Al Capone가 전형적인 예라고 할 수 있다. 1930년대에 금주법이 철폐되자, 미국 중서부를 중심으로 유괴와 은행 강도를 일삼은 군소 갱단들이 생겨났다. 존 델린저John Delinger가 그 대표적인 인물이다.

시카고의 알 카포네와 뉴욕에서 매춘업과 마약 밀매로 막대한 이익을 챙기는 럭키 루시아노Lucky Luciano 등은 기업적인 갱단으로 활동하고, 존 델린저 같은 소규모 갱들은 지난날 서부의 무법자처럼 앞뒤를 가리지 않는다. 전자(前者)에는 이탈리아계(系) 이민 2세가 많았고, 후자(後者)에는 순수한 미국인이 많았다.

조직적인 갱단이 힘을 기를 수 있는 이유는 정계나 경찰권력 등과 결탁되어 있기 때문이다. 이들을 주인공으로 갱단의 내막을 다룬 소설, 영화 등이 많이 만들어졌다. 헤밍웨이의 《살인자》*The Killers*(1927), 버닛W. R. Burnett의 《범죄왕 리코》*Little Caesar*(1929) 등의 암흑가 소설이나, *Little Caesar*가 영화화된 것이나, 《워터 프론트》*Waterfront*, 《대부》*The Godfather* 등의 갱 영화들이 많이 있다.

GAP 갭

미국의 의류 전문 소매 회사이다. 1969년 도널드Donald와 도리스 피셔Doris Fisher가 샌프란시스코에서 의류 매장을 열며 시작하였다.

성인 의류, 캐주얼 의류, 어린이 의류, 유아 의류, 액세서리 등을 판매한다. 갭Gap, 갭키즈GapKids, 베이비갭 babyGap, 바나나 리퍼블릭Banana Republic, 올드 네이비Old Navy 등의 브랜드를 보유하고 있다. 본사는 미국 캘리포니아주 샌프란시스코에 있다.

garage sale 차고 세일 (= yard sale)

오래되었거나 더 이상 필요 없는 물건들을 집 앞이나 차고 앞에 놓고 판매하는 것을 말한다. 주로 새집으로 이사갈 때 한다. 'yard sale'이라고도 한다.

garden of England 잉글랜드의 정원

잉글랜드 남동부 켄트Kent 카운티를 다르게 부르는 말이다. 여러 가지 과일과 채소를 많이 재배한다.

garden party 가든 파티

매년 영국 여왕은 버킹검 궁Buckingham Palace에서 가든 파티를 연다. 주로 좋은 일을 많이 한 사람이나 업적이 뛰어난 사람들이 초대되고, 사람들은 큰 영광으로 생각한다.

gardens and yards 정원과 뜰

영국인들은 아파트(flat)보다는 단독주택에 사는 것을 선호한다. 그 이유는 단독주택들이 대개 정원(garden)을 가지고 있기 때문이다. 가족의 휴식 공간으로서 중요한 역할을 한다. 정원은 대개 건물의 앞이나 뒤에 잔디(lawn)로 덮여 있고, 나무를 비롯한 각종 식물과 꽃들이 심어진 꽃밭(flower bed)이 있다. 많은 영국인들이 가지치기(trimming)나 잔디 깎기(mowning) 등, 정원 가꾸기(gardening)를 취미로 한다. 영국식 정원(English gardens)라는 말이 있을 정도로 영국들은 정원을 좋아하며, 개인 주택뿐 아니라 전국의 공원마다 정원을 잘 가꿔놓고 있다. 조경(landscaping) 기술과 함께 정원이 잘 발달된 대표적인 나라이다.

잘 가꾼 영국식 정원

미국에서도 단독주택에는 대개 뜰(yard)을 가지고 있다. 미국은 꽃이나 채소를 키우는 경우만 'garden'이라 하고, 일반적으로는 'yard'라 한다. 뜰(yard)에는 대개 잔디가 깔려 있고, 나무와 관목(bush), 꽃들이 있다. 또 그네(swings)를 비롯한 아이들의 놀이 기구들이 준비되어 있어서, 가족 모두에게 중요한 생활 공간이다.

Gardner, Ava (1922~90) 가드너, 애바

한 때 '세계에서 가장 아름다운 여인'으로 불렸던 미국의 영화배우. 특히 1950년대와 60년대에 대성공을 거뒀으며 그녀의 대표작으로는 『모감보』 *Mogambo*(1953), 『맨발의 콘테사』 *The Barefoot Contessa*(1954), 『북경의 55일』 *55 Days at Peking*(1963) 등이 있다. 그녀는 영화배우 미키 루니Mickey Rooney, 밴드리더 아티 쇼Artie Shaw, 가수 프랑크 시나트라Frank Sinatra와 세 번 결혼했다.

Garrick Club 게릭 클럽

영국 런던의 중심가에 있는 클럽이다. 1831년에 남성들과 배우들을 위한 클럽으로 당시의 유명 연극배우 데이비드 게릭David Garrick의 이름을 따서 설립하였다. 오늘날도 회원들은 연극과 텔레비전 등에 관련된 사람들이 많다. 여성들은 회원이 될 수 없다.

Gates, Bill (1955~) 게이츠, 빌

세계적인 컴퓨터 회사인 마이크로소프트사(Microsoft Corporation)의 창업주이다. 변호사의 아들로 태어났다. 하버드 대학 2학년인 19세의 나이이던 1975년에 학교를 중퇴하고 폴 앨런Paul Allen과 함께 마이크로소프트사를 설립했다.

개인용 컴퓨터(PC)의 성장을 예측하고 첫해 컴퓨터 언어 프로그램인 'basic'을 개발하였다. 1990년대 초에 그래픽 환경을 지원하는 Windows 3.1의 성공으로 MS사는 세계적인 컴퓨터 소프트웨어 업체가 되었다. 이후 windows95, 98, 2000, XP 등, 컴퓨터 운영체제를 개발하여 시장을 독점한 MS사는 지난 10년 간 연평균 수익 성장률이 39%를 기록할 정도로 고속성장을 거듭했다.

Gatorade 게토레이드

스포츠 선수들을 위한 음료이다. 땀을 많이 흘리는 몸 속으로 물을 신속하게 공급하고 탄수화물을 보충해 준다. 1965년 플로리다 대학University of Florida이 자기 학교의 미식축구팀을 위해 개발하였다. 이 대학 축구팀 이름 Gators를 음료 이름으로 붙였다. 현재 퀘이커 오트사Quaker Oats company가 생산하고 있다.

gay 게이

동성애자를 지칭하는 단어로서, homosexual보다 훨씬 널리 쓰이는 말이다. 동성애자 본인들도 homosexual보다는 선호하는 말이다. 남성에게만 쓰는 표현이다. 소위 게이 우먼gay woman은 레즈비언lesbian이라고 한다.

Gay Times 《게이타임스》

영국 최대의 양성애자들(homosexuals)을 위한 월간 잡지이다. 1984년에 창간하면서 《게이뉴스》*Gay News*라고 하였으나 중간에 바꾸었다.

Gay, John (1685~1832) 게이, 존

19세기 영국의 시인이자 극작가이다. 사회 풍자적인 작품을 많이 써서, 그의 최고 작품 《거지 오페라》 *The Beggar's Opera*는 극장에서 공연이 금지당한 적도 있었다. 헨델Handel의 오페라에 극을 써주기도 했다.

Gaye, Marvin (1939~1984) 게이, 마빈

미국의 흑인 가수이자 쏘울soul 뮤직의 작곡가이다. 〈하우 스위트 이트 이즈〉 *How Sweet It Is*(1964), 〈에인트 댓 퍼티큘러〉 *Ain't that Particular*(1965) 등의 노래를 불렀다.

Gayle, Crystal (1951~) 게일, 크리스털

미국 컨트리 음악 여가수이다. 언니인 로레타 린Loretta Lynn 역시 컨트리 가수이다.

GB plate 영국 자동차 표지판

자동차 뒤에 영국에서 온 차라는 것을 보여주는 표지판이다. 하얀 바탕에 검은 글씨로 되어 있다. 유럽으로 갈 때 붙이곤 한다. GB는 Great Britain(영국)의 약자이다.

GCSE (General Certificate of Secondary Education) 학력고사

영국의 학생들이 중등학교 5학년인 16세 때 보는 '학력고사' 성격의 시험이다. 성적은 A에서 G까지 매기고, 대부분의 학생들이 7~8개 과목을 본다. 대학에 진학하려는 학생들은 여기서 성적이 좋아야 2년 뒤에 'A level'이라는 시험을 칠 수 있다.

Gehrig, Lou (1903~1941) 게릭, 루

미국의 유명한 야구 선수로 뉴욕 양키스New York Yankees에서 뛰었다. 2,130게임 연속 출장한 기록으로 철인(iron man)이라 불렸다. 당시로선 희귀한 질병이던 근육병에 걸려 사망하였다. 그의 이름을 붙여 루게릭병(Lou Gehrig disease)라고 부른다. 1939년 '야구 명예의 전당'에 흉상이 건립되었고, 양키스 구단은 그의 공로를 기려 등번호 4번을 비워두고 있다.

Gemini program 제미니 우주 계획

아폴로 우주 계획(Apollo program)을 위한 예비 프로그램이었다. 아폴로 11호의 우주선의 닐 암스트롱Neil Armstrong도 제미니 우주 비행사였다.

General American English (GAE) 미국 표준 영어

미국의 표준 영어(standard English of the US)는 중서부(midwestern) 지방에서 쓰는 말인데, 오늘날 대부분의 공중파 방송에서 들을 수 있다.

영국의 표준 영어인 RP(Received Pronunciation)와 GAE의 중요한 차이점은, RP가 특정 사회 계급의 발음을 기준으로 삼고 있는 데 비해, GAE는 특정 지역의 발음을 기준으로 삼고 있다는 것이다.

General Electric (GE) 제너럴 일렉트릭

많은 전기전자 제품과 항공기 엔진 등을 생산하는 미국 회사이다. 토마스 에디슨Thomas Edison의 에디슨 제너럴 일렉트릭Edison General Electric과 톰슨-휴스턴 일렉트릭Thomson-Houston Electric이 합병하여 1892년에 설립되었다. NBC 방송도 소유하고 있다.

General Motors Corporation (GM) 제너럴 모터스

1908년에 윌리엄 듀란William Durant이 설립한 세계 최대의 자동차 회사로, 본사가 미국 디트로이트Detroit에 있다. 시보레Chevrolet, 올드모바일Oldsmobile, 캐딜락Cadillac, 뷰익Buick, 폰티악Pontiac 등의 유명 자동차를 생산하고 있다.

gentleman 신사

본래 영국 귀족 계급의 하나인 젠트리gentry에 속하는 사람을 가리키는 말이다. 교육을 많이 받은 부유한 사람들이다. 일반적으로 명예롭게 행동하고 점잖고 친절한 남자를 가리키는 말인데, 그냥 남자를 지칭하여 연설을 시작할 때 흔히 'Ladies and gentlemen'(신사 숙녀 여러분)이라고 시작한다.

gentlemen's clubs 젠틀맨 클럽

사업가나 정치인 또는 상류층 출신들이 주로 이용하는 영국의 사교 및 비즈니스 클럽이다. 클럽들은 흔히 식당이나 바, 도서관 등에 간혹 침실 등을 갖춘 곳도 있다. 주로 남성 회원들만의 고급 사교장으로서 여성들은 게스트로 입장이 허용된다.

회원이 되는 것도 까다로워서 입회 신청 후에도 기존 회원들의 동의가 있은 후에나 입회가 가능하다. 복장이나 행동도 조심스럽고, 나름의 규정도 있다.

이들 클럽은 18세기 커피하우스coffee house에서 출발하였다. 처음에는 특정 직업군의 사람들끼리 이곳에서 술을 마시거나 도박을 하는 정도였으나, 세월이 흐르면서 다양한 직업의 많은 사람들이 이곳을 이용하면서, 다양한 문제들에 관심을 가지게 되었다. 차나 커피, 초콜릿 등을 먹으면서 비즈니스 협상이나 문학, 과학, 정치 등의 토론을 벌이게 되었다. 오늘날은 젊은 사람들의 관심이 이들 클럽에서 멀어지면서 문을 닫는 곳이 늘고 있다.

Geordie 조디 사람

잉글랜드 동북부 뉴캐슬Newcastle 지역 출신자를 가리키는 말이다. 영국 표준어와는 상당히 다른 억양에 유머 감각이 있고, 친근한 성격들로 잘 알려져 있다.

George Cross 조지십자 훈장

위험을 무릅쓰고 다른 사람을 구하는 등, 용감한 일을 한 시민들에게 수여되는 영국 최고의 훈장이다. 십자 모양의 은제(銀製) 메달로, 수여가 남발되지 않아 받은 사람은 대단한 영광으로 여긴다. 1940년 조지George 6세 때 처음 수여되었다.

George Medal 조지 훈장

용감한 시민에게 수여되는 은제(銀製) 원형 훈장이다. '조지십자 훈장'(the George Cross)보다는 격이 떨어지지만 수상자에게는 큰 영광이다.

Georgetown 조지타운

워싱턴 D.C.의 최고 번화가이다. 시내에서 가장 역사가 오랜 지역으로, 포토맥 강(Potomac River)이 흐르고 있으며, 미국의 최고 명문 대학에 속하는 조지타운 대학(Georgetown University)이 이곳에 있다.

Georgian 조지왕조시대

18세기에서 19세기 초까지 조지George 1, 2, 3세가 재위한 시대를 일컫는 말이다. 이 시기에 영국은 건축, 가구, 은공예품 등이 뛰어났다. 영국의 각 도시에는 이때 지어진 단순하지만 우아한 건축물들이 많이 있다.

Georgian Poets 조지왕조시대 시인들

조지George 5세 재위 당시 20세기 초반에 활동한 시인들을 가리킨다. 루퍼트 브룩Rupert Brooke, 월터 델라 메어Walter de la Mare, 에이 이 하우스만A. E. Houseman, 존 메이스필드John Masefield 등이다. 윌리엄 워즈워스William Wordsworth의 영향을 받아 자연과 전원 생활에 관한 시를 많이 썼다.

Georgia-Pacific 조지아 퍼시픽

세계의 대표적인 종이와 건축재료의 생산 및 공급 업체이다. 1927년 오웬 R. 치텀Owen R. Cheatham이 조지아주에 조지아 하드우드 럼버(Georgia Hardwood Lumber Co.)라는 이름으로 창업하였다.

1951년에 오하이오주의 C.D. 존슨 럼버(C.D. Johnson Lumber Corp.)를 인수하고, 1956년에 쿠스 베이 럼버(Coos Bay Lumber Co.) 등, 몇몇 회사를 인수한 후 지금의 이름으로 변경하였다. 엔젤 소프트Angel Soft, 스파클Sparkle, 코로넷Coronet, 엠디MD, 딕시Dixie, 브로니Brawny, 퀼티드 노던Quilted Northern 등의 세계적인 브랜드를 가지고 있다. 1999년에 미국의 대표적인 인쇄, 사진 용지 업체인 유니소스 월드와이드(Unisource Worldwide, Inc.)를 인수하였고, 2000년에 포트 제임스사(Fort James Corp.)를 인수하였다. 현재 본사는 조지아주 애틀랜타에 있다.

Gere, Richard (1948～) 기어, 리처드

미국의 인기 영화배우이다. 중국의 티벳Tibet 문제에 관심이 많은 배우이다. 〈아메리칸 지골로〉*American Gigolo* (1980), 〈사관과 신사〉*An Officer and a Gentleman* (1982), 〈귀여운 여인〉*Pretty Woman* (1990), 〈프라이멀 피어〉*Primal Fear*(1996), 〈뉴욕의 가을〉*Autumn in New York*(2000), 〈시카고〉*Chicago* (2002) 등의 영화에 주연하였다.

Gershwin, George (1898～1937) 거쉰, 조지

클래식 음악에 재즈와 팝의 요소를 도입하여 미 음악계에 새로운 바람을 일으키며, 가장 미국적인 음악을 작곡한 천재 작곡가이다. 〈랩소디 인 블루〉*Rhapsody in Blue*(1924), 〈포기와 베스〉*Porgy and Bess*(1935) 등으로 우리에게 잘 알려져 있다. 뮤지컬로는 〈레이디 비 굿〉*Lady Be Good* (1924), 〈스트라이크 업 더 밴드〉*Strike up the Band* (1927), 퓰리처상을 받은 〈오브 쓰리 아이 싱〉*Of Three I*

Sing(1931) 등이 있다.

Gesture 제스처

서양 사람들은 대화를 할 때 많은 제스처를 함께 표현한다. 이리저리 손짓을 하거나, 웃거나 혹은 찡그리는 다양한 얼굴 표정을 지으며 말을 한다. 영미인들이 표현하는 몇 가지 대표적인 제스처를 알아보자. 우선, 머리를 앞으로 끄덕이면 yes, 좌우로 저으면 no를 뜻한다. 엄지를 올리면 동의(approval), 허가(permission) 또는 성공(success)을, 내리면 실패(failure)를 나타낸다. 검지(index)는 사람이나 사물을 가리키는 것이지만, 사람을 가리키면 공손하지 못한 표현이다. 중지를 내미는 것은 우리가 익히 알고 있는 무례한 표현이다. 검지와 중지를 모아서 들어 보이면 행운을 빈다는 뜻이다. 손가락 하나를 이마의 한쪽에 대고 돌리면 누가 미쳤다는 표현이다. 검지를 입술에 대면 '쉬!'Sh!라고 조용히 하라는 뜻이다. 두 손가락으로 코를 잡으면 냄새가 고약하다는 뜻이고, 귀를 막으면 시끄럽다는 뜻이다. 검지와 중지로 만드는 V자는 승리(victory)를 나타낸다. 손가락을 책상이나 탁자에 대고 계속 두드리는 것은 조급하다는 의미이다. 손을 흔드는 것은 일반적으로 작별(goodbye)을 나타내는데, 유명인이 흔들면 인사(greeting)를 나타낸다. 손을 들어올리는 것은 주의를 끄는 것과 동시에 찬성(agreeing)을 나타낸다.

그리고, 고개 한쪽을 기울이면서 두 어깨를 실룩거리면 어떤 일에 대해 잘 모르거나 무관심을 나타낸다. 바닥에 발을 반복적으로 구르면 조급하고 화가 났음을 나타낸다.

또, 윙크(winking)는 서로 비밀을 가지고 있다는 사적인 신호이다. 눈썹을 치켜올리며 눈을 크게 뜨는 것은 놀라움이나 충격을 나타낸다. 얼굴을 찡그리는 것은 흔히 불쾌감이나 동의하지 않음을 나타내지만, 집중을 나타내기도 한다.

Gettysburg Address 게티스버그 연설

미국 남북 전쟁 중 게티스버그 전투가 끝난 지 4개월 뒤인 1863년 11월 19일에 링컨이 전쟁의 전환점이 된 격전지 게티스버그를 방문하여 전몰자 국립묘지 봉헌식에 참석하고, 그 식전에서 행한 2분 간의 짧은 연설이다. 원문으로 총 266 단어의 이 연설문은 다음날 게티스버그 신문에 실리고 미국사의 기념비적 텍스트의 하나로 전해지게 된다.

연설의 마지막 구절 "인민의, 인민에 의한, 인민을 위한 정부는 이 지상에서 결코 사라지지 않을 것입니다"(government of the people, by the people, for the people, shall not perish from the earth.)라는 표현은 너무도 유명하다.

ghost 유령

영미인들이 가지고 있는 유령의 이미지가 몇 가지 있다. 얼굴은 두 눈이 비어 있는 무형(shapeless)의 하얀 모습에 '우~' 소리를 내는 것으로 알려져 있다. 그래서 어린이들이 종이로 유령을 만들 때는 흔히 두 눈 자리를 오려낸다. 다른 유형으로는 보이지 않으면서 사물을 움직이게 하거나 물건을 던질 수 있는 것이 있고, 또 다른 이미지는 차가운 느낌에 사물을 통과하는 것이 있다.

ghost town 유령의 도시

사람이 거의 살지 않는 황폐된 타운을 말한다. 미국 서부의 금광 근처에 타운이 건설되었다가, 금광들이 폐광되고 사람들이 떠나가면서 '유령의 도시'가 많이 생겨났다.

GI 지 아이 (= GI Joe)

'미군'이라는 말이다. 제2차 세계대전 때부터 나온 말이다. 당시 미군의 군수 장비들에 찍혀 있던 'Government Issue'(정부 지급품)의 머리글자를 딴 말이다.

giant redwood 자이언트 세콰이어 나무 (= giant sequoia)

미국 캘리포니아주의 레드우드 국립공원(Redwood National Park)와 세콰이어 국립공원(Sequoia National Park)에 있는 세계에서 가장 큰 나무인 '자이언트 세콰이어' 나무들을 가리킨다. 이 나무들은 너무 크고 웅대하여 각자의 이름이 있을 정도이다. 제너럴 셔먼(General Sherman의 경우에 높이가 87m이며, 지상 1.8m에서의 나무 둘레는 24m, 총 무게는 2,000톤으로 추정된다. 레드우드 국립공원 Redwood National Park)는 세계자연유산(World Heritage Site)으로 지정되어 있다.

Gibbon, Edward (1737~1794) 기번, 에드워드

영국의 역사학자이다. 유명한 역사서 《로마제국쇠망사》*The Decline and Fall of the Roman Empire*의 저자이다. 부유한 지주계급 출신으로, 집에서 초등교육을 받았고, 16세 때 옥스퍼드 대학에 입학했으나 가톨릭교에 관여한 것이 문제가 되어 1년만에 퇴학당했다. 그후 스위스 로잔에 유학했으며, 평생을 독신으로 지냈다. 1763년부터 유럽을 여행하고 로마 역사 집필을 구상하였다. 1776년에 《로마제국쇠망사》 제1권을 내고, 1788년까지 전 6권을 완성하였다. '계몽주의시대'(Age of Enlightenment)의 주요 사상가이자 작가로 꼽힌다.

Gibson, Mel (1956~) 깁슨, 멜

호주 출신으로 할리우드의 스타가 된 영화배우이다. 1980년대 영화 〈매드맥스〉*Mad Max* 시리즈, 1980~90년대 〈리셀 웨폰〉*Lethal Weapon* 시리즈, 자신이 주연하고 직접 감독한 1995년의 〈브레이브하트〉*Braveheart* 등의 영화들이 있다.

Gideon Bible 〈기드온 성경〉

미국의 기독교 단체인 기드온협회(the Gideons)가 호텔 객실이나, 병원의 병실, 교도소 등에 놓아두는 성경을 말한다. 세계 많은 나라의 호텔 객실에서 이 성경책을 볼 수 있다.

Gilbert, William S. (1836~1911) 길버트, 윌리엄 에스.

영국의 연극, 오페라 작가이다. 아서 설리반Arthur Sullivan과 함께 오페라 작업을 한 것으로 잘 알려져 있다. 길버트Gilbert와 설리반Sullivan 두 사람은 함께 흔히 사보이 오페라Savoy Operas라고 불리는 14편의 오페라들을 썼다. 《미카도》*The Mikado*, 《펜잔스의 해적들》*The Pirates of Penzance* 등의 오페라들은 아직도 영국에서 정기적으로 공연되고 있다.

Gillette 질레트

면도날과 면도 용품, 전기면도기 등을 생산하는 세계적인 기업이다. 킹 C. 질레트King Camp Gillette가 1901년에 창업하였다. 2000년에는 여성용 면도 용품과 두발 기구 등의 분야에서도 세계 1위를 차지하였고, 필기 용품과 수정 용품, 치약, 구강 관리 용품, 알칼라인 건전지 등 다양한 제품을 생산 및 판매하고 있다. 본사는 미국 매사추세츠주 보스턴에 있다.

Ginsberg, Allen (1926~1997) 긴즈버그, 알렌

1950년대 비트 세대의 미국 시인으로 1960년대 히피와도 밀접한 연관이 있다. 그는 불법마약 및 동성애의 권리를 지지했으며 베트남 전쟁을 반대했다. 미국의 가치를 비판한 「포호」 "Howl"(1956)과 「캐디시와 다른 시편들」 "Kaddish and Other Poems"(1961) 가 들어 있는 긴즈버그 시집이 있다.

Girl Scouts 걸 스카우트

1912년에 조직된 미국 여학생들의 단체이다. 5-6살의 대이지 걸 스카우트Daisy Girl Scouts, 6-8살의 브라우니 걸 스카우트Brownie Girl Scouts, 8-11살의 주니어 걸 스카우트Junior Girl Scout, 11-14살의 카데트 걸 스카우트 Cadette Girl Scouts, 14-17살의 시니어 걸 스카우트 Senior Girl Scouts 등이 주요 걸 스카우트 그룹이다.

Glamour 〈글래머〉

1939년에 창간된 미국의 여성 잡지로 세계 최대의 패션 · 미용 · 건강 잡지를 자랑하고 있다. 실제로 독자가 1천만 명이 넘었다고 한다. 여성 관련 기사 외에도 비즈니스, 정치, 여행, 식품 등의 기사도 함께 다룬다.

Glasgow 글래스고우

스코틀랜드 남서부의 산업 도시로, 스코틀랜드 최대의 도시이다. 조선업의 중심 도시였으나 20세기 후반으로 오면서 관련 산업들이 쇠퇴하면서 실업과 마약, 범죄의 도시로 전락하였다. 1990년대에 오면서 다시 문화예술, 교육의 중심지로 발전하여 '유럽의 문화 도시'(European City of Culture)라는 이름을 얻었다.

Glaxo Smith Kline 글락소 스미스 클라인

영국의 제약 회사이다. 1830년 존 K. 스미스John K. Smith가 약국을 개업하면서 설립하였다. 400여 가지의 약품을 제조하여 판매하며, 건강 프로그램도 운영하고 있다. 2000년에 세계적 제약 회사인 그락소 웰컴Glaxo Wellcome과 대등한 합병을 통하여 지금의 회사명과 조직을 갖추게 되었다. 현재 세계 제약 시장의 약 7%를 점유하고 있으며 감염성 질환, 중추신경계 질환, 호흡기 질환, 소화기 질환 등의 치료 약품과 일반 의약품, 칫솔, 치약, 건강 음료 등을 취급한다.

Glenn, John (1921~) 글렌, 존

우주 비행사와 상원의원을 지낸 미국인이다. 1962년 미국의 '머큐리 우주 계획'(Mercury program)의 프렌드쉽 Friendship 7호를 타고 지구를 3바퀴나 비행한 최초의 미국인이다. 1974년부터 오하이오Ohio주에서 민주당 상원의원으로 당선되어 의회에서 일하게 된다. 1998년에는 77세의 나이에 다시 우주 비행을 하였다.

the Globe 글로브 극장

셰익스피어의 주요 연극들이 초연된 런던의 유명한 극장이다. 1599년에 배우였던 리차드 버기지Richard Burgage가 런던의 템즈강 남쪽에 건립하였다. 3층 구조의 객석과 무대 앞쪽이 입석으로 되어있었다. 1642년 청교도혁명 때 폐쇄되

년 발간하는 책이다. 세계 모든 분야의 최고나 또는 모든 활동에서 최고를 기록한 사람들에 관해서 싣고 있는 책이다. 1955년에 처음 발간했는데, 인기가 있어서 40개 국의 언어로 번역 출간된다.

Guinness Stout 기네스 스타우트

2백 40년 역사의 아일랜드를 대표하는 흑맥주이다. 부드러운 향과 풍부한 거품이 특징이다.

Gulf of Mexico 멕시코 만(灣)

미국 남동부와 멕시코, 쿠바 사이에 있는 바다이다. 따뜻한 기후와 넓은 해변으로인해 관광객들이 많이 찾는 곳이지만, 허리케인Hurricane이 발생하는 지역이기도 하다.

Gulf War 걸프전

1990년 8월 이라크가 쿠웨이트를 침략한 것이 계기가 되어, 1991년 1월부터 한 달여 기간 동안 미국과 영국 등, 유엔의 다국적군이 이라크를 상대로 전개한 전쟁이다. 사상 최초로 CNN 방송으로 생중계되기도 하였다. 이라크군은 42개 사단 중 41개 사단이 무력화되고, 15만 명의 사망자를 낸 끝에 패퇴하였으며, 다국적군은 125명의 전사자를 냈다. 또한 쿠웨이트의 많은 유전이 파괴되면서 걸프 지역의 환경이 크게 오염되었다.

걸프 전쟁의 결과 중동은 미국의 절대적 영향하에 새로운 질서로 재편되는 계기를 맞게 되었고, 미국에게는 그동안 개발하여 실전에서 실험하지 못한 하이테크 병기의 실험장이었으며, 텔레비전이라는 대중매체를 이용하여 여론을 조작한 전쟁이라는 특징이 있다.

Gulf War Syndrome 걸프전 증후군

걸프전 참전 군인들 사이에 생겨난 원인을 알 수 없는 각종 질병을 말한다. 만성피로와 피부발진, 탈모, 두통, 근육통, 신경마비, 불면증, 우울증, 정신착란, 기억상실, 호흡장애, 위장질환, 심장혈관, 생리이상 등, 확실한 원인이 밝혀지지 않은 갖가지 증세의 질환들이 확인되었다.

미군의 경우 70여만 명의 참전 군인들 중에 무려 30만 명이 이런 증세에 시달리고 있다고 한다. 이 중 미국 보훈처에서 장애등급 판정을 받은 사람도 18만 3천명으로, 미군 전체 참전 군인의 26%에 달한다. 이 증후군으로 사망한 참전 군인은 400명이 넘고, 퇴역한 군인들도 적지 않은 것으로 알려지고 있다.

걸프전 증후군의 원인은 화학 무기 사용과 관련이 높은 것으로 강력히 추정되지만, 영국과 미국 정부는 이런 사실을 솔직하게 인정하지 않고 있다.

Gulliver's Travels 《걸리버 여행기》

18세기 영국 소설가 조나단 스위프트Jonathan Swift가 1726년에 발표한 풍자 소설이다. 주인공 걸리버Gulliver가 항해 중에 난파하여 소인국과 대인국, 하늘을 나는 섬나라, 말(horse)의 나라 등지로 표류해 다니면서 기이한 경험을 하는 내용이다. 자유분방한 상상력 때문에 지금도 세계 여러 나라에서 애독되고 있다. 모두가 당시 영국의 사회를 통렬히 풍자한 작품으로, 그런 면에서 마지막 '말의 나라'편은 가장 뛰어나다. '말의 나라'에서는 이성을 가지고 나라를 지배하는 존재가 말(horse)이며, 인간에 해당하는 야후(Yahoo)라는 동물은 말에게 사육되는 종이든, 야생이든 모두 추악하고 비열하며, 불결하고 뻔뻔스러운 종족으로 그려져 있다.

Gun laws 총기법

총기류의 판매와 사용을 제한하는 미국의 법안이다. 1933년에 제정되었다. 많은 범죄로 인해 미국인 다수는 총기류의 개인 소지에 반감을 가지고 있지만, 한편에서는 미국 헌법이 보장하는 총기 소지의 권리를 주장하고 있다. 영국은 1997년에 권총의 개인 소지를 금지하는 법안을 제정하였다.

Guy Fawkes Night 가이 포크스 나이트 (= Bonfire Night)

Bonfire Night(본파이어 나이트) 편을 읽을 것.

Gwyn, Nell (1650~87) 그윈, 넬

배우 출신으로 찰스 2세의 총애를 받은 여인이다. 낮은 계급의 출신으로 읽고 쓸 줄도 몰랐으나 찰스 왕의 아들을 낳았다. 사람들은 코번트 가든(Covent Garden)극장에서 오렌지를 팔았던 쾌활하고 매력적인 여인으로 그녀를 기억한다.

Gypsies 집시

집시들은 유럽 각국에 흩어져 살고 있는데, 전통적으로 한 곳에 정착해서 살지 않고 포장마차를 타고 이곳저곳을 유랑하며 산다. gypsy라는 말은 그들이 본래 Egypt 출신이라고 생각해서 Egyptian에서 따온 말이다. 사실 요즘은 인도에서 왔다는 것이 정설이다.

미국에서는 Roma라고 불리며 아주 적은 수가 살고 있는데, 민족의 정체성이 아주 강하다. 영국에는 약 5만여 명이 살고 있는데, 로마니Romany 또는 트레블러traveller(떠돌이)라고 불린다.

영국인들은 집시들에게 좋은 인상을 갖고 있지 않다. 불결하다고 생각하거나 위험한 사람들로 의심을 하기도 한다.

금속공예품이나 옷가지, 여러 중고품 등의 행상을 하거나, 거리에서 꽃을 팔거나, 음악을 연주하고 노래를 하기도 하며, 점술이나 손금을 봐주며 사는 것이 집시들 삶의 전형적인 모습이다.

H

Habeas Corpus Act 인신보호법

1679년 부당한 구금에 따른 인권 침해를 방지하기 위배 제정된 영국의 법률이다. 헤이비어스 코퍼스habeas corpus란 '법원 출두'라는 뜻의 라틴어로, 구속되어 있는 피의자를 구속적부의 심사를 받노록 법원에 출두시키는 영장(writ)을 말한다.

영국에서는 일찍이 이유 없는 구금이나 장기간의 구류를 막기 위하여 피구금자를 재판소에 출두시켜 신속하게 재판을 받게 하는 '인신 보호 영장'이 있었다. 그런데 17세기에는 국왕의 특권재판소가 이 영장이 미치지 못하는 지역에 구금하며 인권을 침해하였으므로, 그와 같은 폐단을 없애기 위하여 제정되었다.

이에 따라 이유를 명시하지 않은 체포는 위법으로 간주되고, 반드시 인신 보호 영장을 받는 동시에 피구금자는 신속히 재판을 받게 되었으며, 부당한 체포나 구금이 금지되어 인권의 보장에 큰 진전을 가져왔다. 미국의 인신보호법도 영국의 이 '인신보호법'에 기초하고 있다.

Hadrian's Wall 헤이드리안 성벽(城壁)

스코틀랜드 남쪽과 잉글랜드 북부의 경계에 가로로 길게 쌓은 로마시대의 성벽(城壁)이다. 로마 황제 헤이드리안Hadrian시대 122년부터 127년 사이에 북쪽의 오랑캐들을 막기 위해 쌓았다고 한다. 로마제국의 최북단 국경 역할을 하였다.
북해 쪽의 동부 타인Tyne 강의 월센드Wallsend에서 아일랜드 방향인 서쪽 솔웨이Solway해의 보우니스Bowness까지, 5m 정도 높이의 성벽이 120km나 이어진다. 아직도 많은 부분이 그대로 남아 있어 관광객들의 발길을 끌고 있다. 1987년에 세계문화유산(World Heritage Site)으로 지정되었다.

헤이드리안 성벽

haggis 해기스

양이나 송아지의 심장, 허파, 간 등을 양의 위장으로 만든 주머니에 넣고 삶은 스코틀랜드의 유명한 요리이다. 전통적으로 스코틀랜드인들은 국민 시인인 로버트 번즈Robert Burns의 탄생일(1월 25일)을 기념하는 '번즈 나이트'Burns

Night에 이 해기스haggis 요리를 먹는다고 한다.

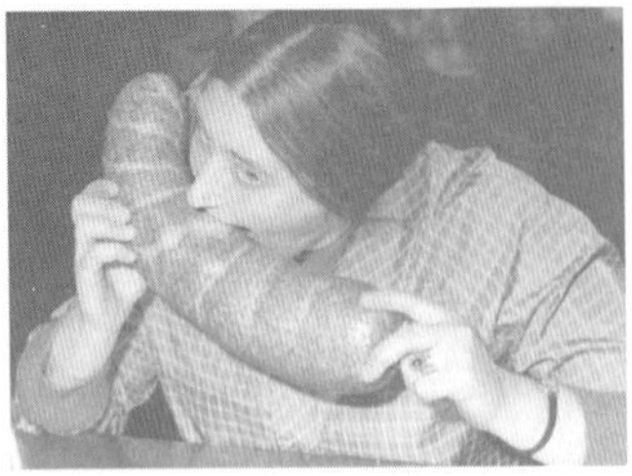

half-and-half 하프 앤 하프

미국에서 흔히 시리얼cereal 등에 우유와 크림을 적당히 섞어 넣은 것을 말한다.

Hall of Fame 명예의 전당

특정 분야의 직업이나 사회 활동에서 훌륭한 업적을 쌓은 공로로 선정되는 사람들의 집단이다. '야구 명예의 전당'(Baseball Hall of Fame)이나 '로큰롤 명예의 전당'(Rock and Roll Hall of Fame)처럼 자체 건물이 있는 경우도 있다. '명예의 전당'(Hall of Fame)이란 본래 유명 인사들을 기리기 위해 1900년 뉴욕에서 문을 연 건물의 이름이었다.

Hall Orchestra 할 관현악단

독일 지휘자 찰스 할 경(Sir Charles Hall)이 1858년 맨체스터Manchester에서 창단한 오케스트라이다.

Hallelujah Chorus 할렐루야 합창

헨델Handel의 오라토리오oratorio 〈메시아〉*Messiah*에 나오는 유명한 합창이다. 1743년 〈메시아〉의 런던 초연 때, 당시 국왕이던 조지 2세가 할렐루야 합창이 시작되자 감동하여 자리에서 일어나서 듣자, 모든 청중이 일어나서 합창이 끝날 때까지 서서 들었다고 한다. 이를 계기로 할렐루야 합창 때 청중들이 기립하는 전통이 생겼다.

Halley, Edmond (1656~1742) 핼리, 에드먼드

18세기 영국의 천문학자이자 수학자이다. 자신의 이름을 딴 핼리 혜성(Comet Halley)을 발견한 사람이다. 그는 핼리 혜성이 밤하늘에서 육안으로 보일 만큼 76년마다 주기적으로 지구에 가까이 돌아온다는 것을 정확히 예측하였다. 마지막으로 온 것이 1986년이었다.

핼리 혜성

Hallmarks 홀 마크(검증인 檢證印)

홀 마크는 원래 황금이나 백금, 은 등의 순도를 증명하기 위해 새겨주는 공식 마크였다. 영국에서 모든 금속 제품은 판매되기 전에 '검증인'인 홀 마크를 받게 되어 있다. 영국의 Hallmark는 1300년경에 도입되어 시금소(Assay Office 試金所)에서 관리해 왔다.

오늘날 홀 마크는 대개 제작처를 표시하는 '스폰서 마크'(sponsor's mark)와 금속의 순도를 표시하는 '스탠더드 마크'(standard mark), 검사처를 밝히는 '시금소 마크'(Assay Office mark), 검사 날짜를 밝히는 '날짜 마크'(date mark) 등, 4가지로 되어 있다. 'sponsor's mark'로는 제작처의 로고나 상징이 찍히고, 금속의 순도를 밝히는 standard mark는 번호로 새겨지는데 예를 들면, 황금 916번은 22carat(미, karat)를 의미한다. '시금소 마크'는 영국의 4군데의 상징물이 새겨지는데, 런던London 시금소는 사자, 버밍햄Birmingham 시금소는 닻(anchor), 셰필드Sheffield 시금소는 장미, 에딘버러Edinburgh 시금소는 성(castle) 등이 새겨진다. 날짜를 밝히는 date mark는 강제성이 없어서 찍혀 있지 않은 것들도 많다.

미국에는 18세기 말에서 19세기 초에 소개되었는데, 대개 sponsor's mark와 standard mark만 새겨진다.

영국의 hallmarks의 예

Hallowe'en 할로윈 (= All Hallows Eve)

전통적으로 유령들이 나온다는 10월 31일 밤이다. 미국에서 비롯된 전통으로 이젠 영국에서도 일반화되었다. 어린이들이 파티를 벌이고, 마녀나 유령 복장에 '잭 어 랜턴'Jack O'Lantern이라는 호박 속을 파내고 초를 넣은 등(燈)을 들고 집집마다 다니며 'trick or treat'(트릭 오어 트리트)라고 말하면 집주인은 과자 같은 것을 '대접'(treat)해야 하고 그렇지 않으면 '장난'(trick)을 치는 놀이를 한다.

할로윈의 호박등

Hamlet **《햄릿》**

셰익스피어의 비극 가운데 최고 걸작품이고, 또 그 주인공이기도 하다. 덴마크의 왕자 햄릿은 아버지가 죽고, 삼촌 클로디우스Claudius가 어머니 거트루드Gertrude와 결혼하고 왕위에 오르자 슬픔에 잠긴다. 아버지의 유령이 나타나 그에게 삼촌이 자신을 죽였다고 일러주고, 햄릿은 복수를 다짐한다. 하지만 우유부단하게 복수를 너무 오래 지체하면서 연극은 길어지고 복잡해진다. 결말은 햄릿과 그의 연인 오필리아Ophelia를 비롯한 모든 주인공들이 무대 위에서 죽는 유혈극으로 끝난다. 햄릿의 "To be or not to be: that is the question."(사느냐 죽느냐, 그것이 문제로다)이라는 대사는 유명하다.

Hammer, Armand (1898~1990) **해머, 아먼드**

미국 옥시덴탈 석유 회사(Occidental Petroleum company)의 사장으로, 1921년부터 구 소련과 거래를 하여 레닌Lenin을 비롯한 소련 정치 지도자들에게 영향을 준 미국 사업가이다. 그는 미국과 소련 사이에 비공식 채널의 역할을 하기도 하였다. 러시아의 체르노빌Chernobyl 참사 때 많은 의사들을 보내기도 했다.

Hammett, Dashiell (1894~1961) **해미트, 대쉴**

미국의 소설가로, 소위 하드보일드 소설(hard-boiled fiction)이라는 범죄 소설의 개척자이다. 《붉은 수확》*Red Harvest*(1929), 《몰타의 매》*The Maltese Falcon*(1930), 《유리열쇠》*The Glass Key*(1931) 등의 작품이 있다. 레이먼드 챈들러Raymond Chandler 같은 본격 하드보일드 작가들에게 많은 영향을 주었다. 매카시즘 선풍이 일던 1950년대에 구속되기도 하였다.

Hampton Court 햄튼 코트 궁(宮)

런던에서 서쪽으로 24km 떨어진 템즈강변에 있는 거대한 궁전이다. 헨리 8세 때 고문으로 있던 울시Wolsey 추기경이 왕의 총애를 유지하기 위해 1515년에 건설한 궁전이다. 건축물도 훌륭하지만 미로(maze)로 만들어진 정원으로 유명하다. 현재 일반인들에게 개방되어 있다.

햄튼코트 전경

Hancock, Herbie (1940~) **핸콕, 허비**

미국의 재즈 뮤지션이다. 12살 때 시카고 교향악단(Chicago Symphony Orchestra)과 피아노 협연을 하였다. 1968년에 자신의 이름으로 6인조 밴드를 시작하였고, 《헤드헌터》*Headhunters*(1973), 《퓨처 쇼크》*Future Shock*(1983), 《뉴 스탠더드》*The New Standard*(1996) 등의 히트 앨범이 있다.

Hancock, John 핸콕, 존

대륙의회(Continental Congress) 의장을 지낸 미국 독립운동의 지도자였다. 독립선언문(Declaration of Independence)에 맨 먼저 그리고 당시 영국 왕 조지 3세가 알아볼 수 있도록 가장 큰 글씨로 서명하였다.

Handel, George Frideric (1685~1759) **헨델, 조지 프리드릭**

독일 출신의 영국 작곡가이다. 독일에서 태어나 1712년부터 사망할 때까지 영국에 살았다. 헨델의 음악은 영국인들이 아주 좋아한다. 그는 40여 곡의 오페라와 30여 곡의 오라토리오oratorio를 작곡하였다. 특히 오라토리오 〈메시아〉Messiah는 유명하다. 그는 조지George 1세의 궁정에서 주로 궁정음악을 만들었다. 〈수상음악〉*Water Music*(1717), 〈왕궁의 불꽃놀이〉*Music for the Royal Firework*(1749) 등이 대표적이다. 1751년부터는 시력을 잃으면서 작곡을 하지 못했다. 사후에는 웨스트민스터 대성당(Westminster Abbey) 묘지에 안장되었다.

Hanks, Tom (1956~) **행크스, 톰**

미국의 유명 영화배우이다. 〈필라델피아〉*Philadelphia*(1993), 〈포레스트 검프〉*Forrest Gump*(1994) 등의 영화에 주연하여 오스카 영화상을 받았다. 〈시애틀의 잠 못 이루는 밤〉*Sleepless in Seattle*(1993), 〈그린 마일〉*The Green Mile*(1999), 〈캐스트 어웨이〉*Cast Away*(2000) 등의 주연영화들이 있다.

Hanna and Barbera 해나와 바버라

50년 이상을 함께 작업해 온 미국의 만화 영화 작가 빌 해나Bill Hanna와 조 바버라Joe Barbera이다. MGM사의 만화영화 주인공 톰Tom과 제리Jerry를 그렸다. 1957년에는 둘이 함께 해나 앤 바버라 프로덕션Hanna and Barbera

Production을 설립하여 〈허클베리 하운드〉*Huckleberry Hound*나 〈플린트스톤 가족〉*The Flintstones* 등의 텔레비전 만화를 제작하였다.

happy hour 해피아워

직장인들이 퇴근하는 시간인 오후 5시부터 7시 정도까지, 펍pub이나 바bar 등에서 맥주나 술을 싸게 파는 시간을 말한다. 어떤 곳은 간단한 스낵도 무료로 내놓기도 한다.

Hard Rock Caf 하드록 카페

1971년부터 영업을 시작하여 전세계에 지점이 개설되어 있는 패스트푸드 식당이다. 팝 음악 관련 자료나 악기들이 실내에 전시되거나 장식되어 있는 것이 특징이다. 가끔 유명 배우나 팝 뮤지션들이 찾기도 한다.

뉴욕의 하드록 카페

Hard Times 《어려운 시절》

찰스 디킨스Charles Dickens가 1854년에 발표한 소설이다. 19세기 산업사회의 구조에서 힘없는 노동자의 비참한 생활상을 적나라하게 그리면서 사회제도란 가난한 노동자를 위해 존재하는 것이 아니라는 것을 말하고 있다. 또한 디킨스는 당시 팽배했던 공리주의 이념도 정면으로 비판하고 있다. 공리주의를 신봉하는 주인공 도마스 그래드그라인드 Thomas Gradgrind는 두 자녀를 철저한 공리주의 원칙에 따라 키워나갔지만 그 결과는 완전한 실패로 끝난다. 개인의 행복과 사회 통합을 가져오는 것은 효용성을 산술적으로 따지는 물질주의적 사고가 아니라, 서로를 아끼는 따스한 사랑의 감정과 믿음이라는 대안을 디킨스는 이 작품에서 제시하고 있다.

Hardball 하드볼

야구(baseball)를 다르게 부르는 말이다. 또 'play hardball'이란 말은 '정치나 사업에서 강공책을 쓰다'는 뜻이다.

hardcore 하드코어

1990년대 영국에서 유행하였던 대중 음악의 장르이다. 아주 빠른 비트에 가사가 거의 없는 전자 음악으로, 테크노 techno 음악과 비슷하다.

Hardy, Thomas (1840~1928) 하디, 토마스

19세기 영국의 소설가이다. 대표작으로 《광란의 무리를 떠나서》*Far from the Madding Crowd*(1874), 《귀향》*The Return of the Native*(1878), 《캐스터브리지 시장》*The Mayor of Casterbridge*(1886), 《테스》*Tess of the d'Urbervilles*(1891), 《비운의 주드》*Jude the Obscure*(1895) 등이 있다.

이들 작품은 모두 그가 태어나 살았던 웨섹스Wessex 지방을 무대로 하고 있다. 하지만 그의 작품은 지방색만을 내세운 문학이 아니고, 인간의 의지와 그것을 파괴하는 운명과의 투쟁을 비극적으로 그리고 있다. 당시 영국 사회의 인습과 편협한 종교를 공격하고, 남녀간의 사랑을 성적(性的)인 면에서 대담하게 그렸기 때문에 많은 비난을 받은 후, 그는 Jude the Obscure를 끝으로 장편소설 집필을 단념하였다. 그러나 만년에는 영국 문단의 원로로 자타가 인정하는 존재가 되었다. 사후에는 웨스트민스터 사원에 묻혔는데, 그의 심장만은 자신의 뜻에 따라 고향에 있는 부인의 무덤 옆에 묻혔다.

Harlem 할렘

뉴욕의 북부 110번가에서 162번가까지의 빈민 지구를 가리키는 말이다. 원래는 네덜란드 사람들의 마을이었으나, 지금은 거의 흑인들이 거주하고 있다. 여행자들에게 위험한 지역으로 알려져 있다. 할렘 르네상스Harlem Renaissance라고 하는 1920년대에 미국 남부 지역의 흑인들이 대거 할렘으로 몰려들어 흑인 문화의 중심지를 형성하였다. 할렘 동쪽은 푸에르토리코Puerto Rico인들이 많이 살고 있어, 할렘과 구분하여 '스페인 할렘'(Spanish Harlem)이라고 부른다.

Harlem Renaissance 할렘 르네상스

1920년대 미국 전역의 흑인들이 뉴욕의 흑인 밀집 거주지역인 할렘으로 모여들면서 시작된 문화운동이다. 문학, 음악, 미술, 연극 등의 분야에서 미국 흑인 문화의 정체성을 확립하고 그 구심점이 되었다. 카운티 컬런Countee Cullen, 진 투머Jean Toomer, 조라 닐 허스튼Zora Neale Hurston

조라 닐 허스턴

등의 작가들과 뮤지션 듀크 엘링턴 Duke Ellington 등이 대표 인사들이다.

Harley-Davidson 할리 데이빗슨

1백년의 역사를 자랑하는 미국의 오토바이(motorcycle) 제조업체이다. 오토바이 자체뿐 아니라, 오토바이 부품을 비롯해 각종 오토바이 관련 액세서리와 복장 등도 생산 판매하고 있다.

Harrier 해리어

영국 최초의 수직 이착륙 비행기였다. 1969년에 영국 공군이 첫 선을 보였다.

Harrison, John (1693~1776) 해리슨, 존

영국의 시계 기술자로 근대적 시계를 발명한 사람이다. 잉글랜드 요크셔Yorkshire주에서 목수의 아들로 태어나 독학으로 기계를 배웠다. 1715년에 나무로 시계를 만들었고, 1726년에는 격자형의 진자(振子)를 고안하여, 온도에 관계없이 진자의 길이를 일정하게 하였다. 1762년에는 정밀도가 높은 항해용 시계 크로노미터chronometer를 만들었다.

Harrods 해로드 백화점

런던의 나이츠브리지Knightsbridge 지역에 있는 유명한 고급 백화점이다. 1861년에 헨리 해로드Henry Harrod가 설립하였다.

Harry Potter Series 〈해리 포터 시리즈〉

영국의 작가 조앤 K. 롤링Joanne K. Rowling이 쓴 연작소설이다. 1997년에 제1권인 《해리 포터와 마법사의 돌》 *Harry Potter and the Sorcerer's Stone*이 영국에서 출간된 것을 시작으로, 1998년에 제2권 《해리 포터와 비밀의 방》 *Harry Potter and the Chamber of Secrets*, 1999년에 제3권 《해리 포터와 아즈카반의 죄수》*Harry Potter and the Prisoner of Azkaban*, 2000년에 제4권 《해리 포터와 불의 잔》*Harry Potter and the Goblet of Fire*, 2003년에 제5권 《해리 포터와 불사조기사단》*Harry Potter and the Order of Phoenix* 등이 차례로 출간되어 세계의 초대형 베스트셀러가 되었다. 시리즈는 7권까지 이어진다. 영화로도 제작되어 전세계에서 역시 인기를 끌었다.

주인공 해리 포터는 부모를 마왕에게 잃고 친척집에서 온갖 천대를 받으며 자라다가 11세에 자신이 마법 능력을 지녔음을 깨닫고 마법사 양성 학교인 호그와츠Hogwarts에 입학한 후, 그를 죽이려는 마왕에 대항하여 친구들과 함께 갖가지 모험을 펼친다. 작고 마른 체구에 늘 헐렁한 옷을 걸치고 스카치테이프로 붙인 안경을 끼고 다니는 해리 포터는 부엉이가 우편물을 배달하고 온갖 환상적인 인물들로 가득한 마법 학교에서 마법약 제조법, 요술지팡이 사용법 등의 마법을 배우면서 모험을 즐긴다.

다른 아동 도서와 달리 구성이 복잡하지만, 해리 포터 시리즈의 매력은 강한 현실감이다. 소설의 배경은 현대의 런던이며, 옆집의 평범한 아이가 혹시 마법사일지도 모른다는 생각을 하게끔 생동감 있게 형상화되어 있다.

Harvard classics 하버드 클래식

1869년에서 1909년까지 하버드 대학 총장을 지낸 찰스 W. 엘리엇Charles W. Eliot(1834~1926)이 선정하고 편찬한 50편의 고전문학 작품집이다. 1909년에서 1910년까지 50권 모두 출간되었다.

Harvard University 하버드 대학교

미국 매사추세츠Massachusetts주 캠브리지Cambridge시에 있는 미국 최고의 명문 대학이다. 1636년에 설립되었는데, 많은 유산과 도서를 기부한 영국 출신의 청교도 목사 존 하버드John Harvard의 이름을 따서 대학 이름을 지었다 법학과 경영학이 우수하며, 도서관은 미국에서 가장 오래되었고 규모 또한 최대이다. 대학 내 97개의 도서관은 약 1,410만 권의 도서와, 10만 종의 정기간행물을 자랑하고 있다. 대학 졸업생 또는 교수를 지낸 사람 가운데 노벨상을 수상한 사람이 38명에 이른다.

hash browns 해시브라운

감자를 잘게 썰어 튀긴 요리이다. 주로 아침에 먹는다.

hat-trick 해트트릭

스포츠에서 한 게임에 3골을 넣거나, 연속해서 3게임을 이기는 경우를 말한다. 크리켓cricket에서 처음 사용된 말이다.

Hawaii 하와이

알래스카Alaska에 이어 1959년에 마지막으로 미국에 편입된 50번째 주(state)이다. 북태평양 상에 있는 섬들로 이루어져 있고, '알로하 스테이트'Aloha State라는 별명을 가지고 있다. 1778년에 제임스 쿡James Cook 선장이 발견하여, 1900년부터 미국이 식민지로 통치하였다. 인구는 120만이며, 주도(州都)는 호놀룰루Honolulu이다. 하와이 전역의 기후가 열대에 속하여 미국에서 열대성이 가장 강한 주이다.

원주민은 갈색 피부의 폴리네시아Polynesia계 민족('하와이안'이라고도 한다)이다. 하와이주는 아시아계 주민이 절반을 차지한다는 점에서도 특별한 주이다. 그래서 하와이 주립 대학에 '동서(East-West) 문화센터'가 있어서 동서양 문화의 연구와 교육에 이바지하고 있다. 진주 만(Pearl Harbor)의 해군 기지를 비롯해, 주 전역에 미군 시설이 있어서 군사 전략적으로도 중요한 역할을 하고 있다. 수많은 화산, 따뜻한 해변, 푸른 바다, 야자수, 이색적인 음식, 하와이 여인들의 훌라춤 등, 많은 것들이 관광객들을 끌고 있다.

Hawaiian Punch 하와이언 펀치

미국에서 생산하는 붉은 과일 주스의 제품명이다. 어린이들이 좋아하는 음료이지만, 어른들도 술과 섞어서 마시기도 한다.

Hawking, Stephen (1942~) 호킹, 스티븐

영국의 천체물리학자이다. 1962년 옥스퍼드 대학을 졸업하고, 캠브리지 대학 대학원에서 물리학을 전공했다. 대학원에서 박사학위 준비를 하고 있던 1963년, 몸 속의 운동신경이 차례로 파괴되어 전신이 뒤틀리는 근육 위축병인 루게릭Lou Gehrig병에 걸렸다는 진단과 함께 1~2년밖에 살지 못한다는 시한부 인생을 선고받았다. 그러나 그는 이때부터 우주물리학에 몰두하여, 1973년 블랙홀black hole은 검은 것이 아니라, 빛보다 빠른 속도의 입자를 방출하며 뜨거운 물체처럼 빛을 발한다는 학설을 내놓아, 블랙홀은 강한 중력을 지녀 주위의 모든 물체를 삼켜버린다는 종래의 학설을 뒤집었다.

1974년에 영국 왕립학회 회원이 되고, 1980년에는 캠브리지 대학 석좌 교수가 되었다. 1985년 폐렴으로 기관지 절개수술을 받아 가슴에 꽂은 파이프를 통해서 호흡을 하고, 휠체어에 부착된 고성능 음성합성기를 통해서 대화를 하고 있다. 세계 물리학계는 물리학의 계보를 갈릴레이, 뉴턴, 아인슈타인 다음으로 그를 꼽게 되었다. 1990년에는 휠체어를 타고 한국을 방문하여 서울 대학교 등에서 강연을 하였다.

Hawthorne, Nathaniel (1804~1864) 호돈, 나다니엘

19세기 미국의 소설가이다. 매사추세츠주 세일럼Salem에서 태어나 자랐다. 청교도시대 뉴잉글랜드를 배경으로 하는 소설을 주로 썼는데, 《주홍글씨》*The Scarlet Letter* (1850), 《일곱 박공(膊栱)의 집》*The House of the Seven Gables*(1851) 등의 장편이 있고, 단편집 《케케묵은 이야기》*Twice-Told Tales*(1837)도 있다.

Haydn, Joseph (1732~1809) 하이든, 조지프

18세기 후반의 빈고전파를 대표하는 오스트리아의 작곡가이다. '교향곡의 아버지'로 불린다. 100곡 이상의 교향곡, 70곡에 가까운 현악4중주곡 등으로 고전파 기악곡의 전형을 만들었다. 말년에는 많은 미사곡과 〈천지창조〉*Schpfung* (1798), 〈사계〉*Die Jahreszeiten*(1801) 등 오라토리오 대작을 남겼다. 그의 교향곡들은 영국인들이 특히 좋아하는데, 말년의 교향곡 12작품은 런던에서 처음 연주되어 런던교향곡(London Symphonies)으로 불린다.

HBOS 에이취비오에스

영국계 은행 그룹이다. 일반 은행 업무 외에도 고객 자산관리 등 다양한 금융 서비스를 제공한다. 핼리팩스(Halifax)와 스코틀랜드 은행(Bank of Scotland)의 합병으로 탄생하였다.

Heaney, Seamus (1939~) 히니, 시머스

아일랜드의 시인으로 1995년에 노벨 문학상을 받았다. 예이츠William Butler Yeats이후 아일랜드의 가장 뛰어난 시인으로 평가를 받는다. 1966년 첫 시집 《어느 자연주의자의 죽음》*Death of a Naturalist*을 발표하면서 등단하였다. 아일랜드인이면서 영국식 교육을 받아야 했던 유년의 체험이 어두운 상상력의 근저를 이루고 있다. 초기에는 조국의 비극적 역사를 직시한 작품을 많이 발표하였으나, 이후 서정성을 노래하면서 문학성을 인정받았다. 그의 시는 사물 자체의 음악성을 찾아 깊이 있게 표현하고 있다. 주요 시집으로 《어느 자연주의자의 죽음》*Death of a Naturalist*(1966), 《겨울나기》*Wintering Out*(1972), 《들일》*Field Work*(1979), 《스테이션 아일랜드》*Station Ireland* (1983) 등이 있다. 1989년부터 옥스퍼드 대학 교수가 되어 시학을 강의하고 있다.

Hearst, William Randolph (1863~1951) **허스트, 윌리엄 랜돌프**

20세기 초에 신문, 잡지, 라디오 방송, 영화사 등을 소유했던 부유한 미국의 언론인이었다. 판매를 늘리기 위해 신문에 '옐로우 저널리즘'Yellow Journalism을 쓴 것으로 유명하다. 1890년대에 그의 신문 *New York Journal*은 조지프 퓰리처Joseph Pulitzer 소유의 *New York World*와 치열하게 경쟁하며, 두 신문 모두 판매를 위해 미국-스페인과의 전쟁을 지지하기도 했다. 오손 웰스Orson Welles 감독의 영화 〈시민 케인〉*Citizen Kane*(1941)은 바로 그의 삶을 다루고 있다.

The Heart of Darkness **《암흑의 핵심》**

영국 소설가 조셉 콘래드Joseph Conrad가 1902년에 펴낸 작품이다. 19세기 말 제국주의에 유린당하는 식민지 국가 콩고를 배경으로 하는 이 소설은 영화 《지옥의 묵시록》*Apocalypse Now*의 원작 소설이다. 영화가 전쟁의 처참함과 인간군상의 잔혹성을 재현하고 있다면, 소설은 주인공 말로Marlow가 상아무역(ivory trade)을 하는 커츠Kurtz를 찾아 나서면서 겪게 되는 미묘한 의식의 변화에 이야기의 초점을 맞추고 있다.

Heathrow 히드로 공항

1946년 런던 서부에 건설된 국제 공항으로 영국에서 가장 크다. 본래 터미널이 3개였으나 1986년에 4번째 터미널을 증설하였다.

Heaven 천국

영국이나 미국에서도 여전히 많은 사람들이 천국은 하나님이 천사들과 살고 있는 하늘에 있다고 생각한다. 천사들은 흰옷을 입고 하프를 연주하는 모습이다. 사람들이 죽으면 천국의 문 앞에 가게 되고, 문 앞에는 성 베드로(St. Peter)가 열쇠를 가지고 서서, 이들에게 살아 생전에 좋은 일을 많이 했는지, 악한 일을 많이 했는지 묻는다고 한다. 만일 착한 일을 많이 했다면 천국으로 올려보내고, 악한 일을 많이 했다면 지옥(hell)으로 보낸다는 것이다.

heavy metal 헤비메탈

기타와 드럼, 보컬 등의 톤이 무겁고 강한 록 음악의 한 장르이다. 1970년대 초 딥 퍼플Deep Purple, 레드 제플린Led Zeppelin 등의 록 그룹을 지칭하면서 처음 쓴 말이다. 뎁 레퍼드Def Leppard, 건즈 앤 로지스Guns N' Roses 등도 유명한 헤비메탈 밴드들이다. 연주자들이나 팬들 모두 긴 머리에 가죽재킷을 입고, '헤드뱅'headbang이라고 하여 리듬에 맞춰 머리를 앞뒤로 심하게 흔들며 춤을 추거나, '음악을 들으며 기타를 치는 흉내'(air guitar)를 내는 것 등이 특징이다.

hedge fund 헤지펀드

100명 미만의 소수 투자가들로부터 개별적으로 자금을 모집하여 각종 투자기법을 이용하여 자금을 운용한 뒤 투자 실적에 따라 배당하는 펀드를 말한다. 국제적 투기성 단기 부동자금인 핫머니hot money의 대표격으로 꼽히는 것이 헤지펀드hedge funds이다. 1949년에 알프레드 존스Alfred Jones가 처음으로 미국에 헤지펀드를 설립하였다. 헤지펀드는 본래 시장 위험 최소화를 통한 안정적 투자를 중시하였으나, 최근에는 주식, 채권, 파생 금융상품 등의 금융자산뿐 아니라, 원유나 귀금속 같은 실물자산에도 투자하는 등, 고위험·고수익을 추구하는 경향을 보이고 있다. 현재 전세계에 약 4,000여 개가 넘는 헤지펀드가 활동하고 있는 것으로 알려져 있다.

Hefner, Hugh (1926~) **헤프너, 휴**

1953년에 《플레이보이》*Playboy*를 창간하고 Playboy Clubs를 설립한 사람이다.

Heinz 하인즈

미국의 식품 가공 회사이다. 헨리 J. 하인즈Henry J. Heinz가 1869년에 펜실베이니아주 샤프스버그Sharpsburg에서 작은 상점으로 시작하였다. 주요 제품인 피클pickle을 비롯해서 토마토케첩, 식용유, 참치 통조림, 냉동식품, 채소 절임, 식초 등, 100종이 넘는 식품을 제조, 판매하며 세계 각지에 진출해 있다. 허빙거사(The Hubinger Company)가 계열사이다. 본사는 펜실베이니아주 피츠버그Pittsburgh에 있다.

Hell 지옥

서구인들의 생각에 지옥은 지하에 있으며, 사탄과 그 추종자들이 살고 있는 깊고 어두운 불구덩이다. 살아생전에 나쁜 짓을 많이 한 사람이 죽으면 이곳 불구덩이에서 영원히 아비규환의 고통을 받는다.

Hemingway, Ernest (1899~1961) **헤밍웨이, 어네스트**

미국의 소설가이다. 짧고 쉬운 문장의 문체로 유명하다. 1954년에 노벨 문학상을 받았다. 제1차 세계대전 때 위생병으로 참전했고, 제2차 세계대전과 스페인 내전 때는 종군 기자로 프랑스와 스페인에서 각각 기자로 일했다. 그의 작품들은 주로 이때 경험한 것들을 바탕으로 하고 있다. 주요 작품으로는 《태양은 다시 떠오른다》*The Sun Also Rises* (1926), 《무기여 잘 있거라》*A Farewell to Arms* (1929), 《누구를 위하여 종은 울리나》*For Whom the Bell Tolls*(1940), 《노인과 바다》*The Old Man and the Sea*(1952) 등이 있다. 만년에 그는 병이 들자 총을 쏘아 자살하였다.

Hemlock Society 헴록협회

불치병 환자의 안락사를 지지하는 미국의 의사들이 1980년에 만든 단체이다. 미국 80여 개의 지부에 3만 명에 가까운 회원들이 있다.

Hendrix, Jimi (1942～1970) 헨드릭스, 지미

미국의 흑인 팝 뮤지션이다. 당대 최고의 기타 연주자의 한 사람으로 꼽힌다. 1966년에 베이스 기타리스트 노엘 레딩Noel Redding, 드러머 미치 미첼Mitch Mitchell과 함께 3인조 록 밴드 지미 헨드릭스 익스피어리언스Jimi Hendrix Experience를 결성하고, 앨범 《경험했나요?》*Are You Experienced?*를 발표하였다. 이 앨범에서 그는 충격적인 하드록 사운드를 연주하여 화제가 되었고, 기타 연주 역사에 길이 남을 만한 걸작 앨범들을 잇달아 발표하여 음악성을 인정받았다.

1969년 캘리포니아 몬테레이 팝 페스티벌Monterey Pop Festival에서 공연을 마치며 기타를 불태운 것이나, 때로는 치아로 기타를 연주하고, 기타를 등 뒤로 돌려 연주하는 등, 열정적인 무대 매너로도 유명하다.

1970년 초에는 집시 밴드(Band of Gypsys)를 결성하여 잠시 활동하다가 해체하는 등, 공연과 녹음 활동을 계속하다가, 1970년 27세의 젊은 나이에 약물 과다복용으로 사망하였다. 히트곡 〈헤이 조〉*Hey Joe*(1967)와 함께, 《일렉스릭 레이디랜드》*Electric Ladyland*, 《사랑의 외침》*The Cry of Love* 등의 앨범을 남겼다.

Henry I 헨리 1세 (1068～1135)

1100년에서1135년까지 재위한 노르만 왕조의 잉글랜드 국왕이다. 윌리엄 1세의 막내아들이다. 형들과 대립하여 박해를 받던 청년 시절을 보낸 뒤, 둘째 형 윌리엄 2세가 죽고 맏형 로버트Robert가 십자군으로 부재중인 틈을 타서 왕위에 올랐다. 재위 중에 왕정청을 개혁하고 순회재판제도를 창설하는 등, 행정 · 사법제도의 강화와 왕권 신장의 업적을 세웠다. 대외적으로는 형 로버트와 싸워 승리하여 노르망디공국을 병합하였다.

Henry IV 《헨리 4세》

1597년에 초연된 윌리엄 셰익스피어William Shakespeare의 사극이다. 인물과 장소, 풍부한 언어, 표현 형식 등이 셰익스피어 작품 가운데서도 특별한 위치를 차지한다.

작품에서 헨리 4세는 주인공이 아니고, 주인공은 오히려 아들인 할Hal 왕자이다. 이상적이고 민중과 친숙한 지배자로, 뒤에 헨리Henry 5세가 되는 왕자 Hal이 작품의 중심을 이룬다. 헨리 4세는 1399년 합법적이지만 무능한 국왕 리처드 2세로부터 왕위를 빼앗고 그를 살해한다. 이 사건은 성공한 반란으로 합법화되지만 셰익스피어의 사극과 튜더 왕조 역사에는 왕위 찬탈로 기록된다. 셰익스피어의 사극은 당시 영국 국민들의 역사책으로 사용되었고, 반란을 일으켜 신의 질서를 무너뜨리는 행위에 대한 경고이기도 했다.

Henry IV 헨리 4세 (1366～1413)

에드워드 3세의 손자이자, 존 오브 곤트John of Gaunt의 맏아들이다. 랭커스터 왕가(House of Lancaster)의 시조이다. 1399년에서 1413까지 잉글랜드 왕으로 재위한다. 당시 국왕 리차드Richard 2세의 반대파로 1398년에 프랑스로 추방되었다. 이듬해 아버지가 죽자 귀국하여 거병하여 왕군을 무찌르고 리차드 2세를 퇴위시킨 뒤 의회의 추대를 받아 즉위하였다.

재위 중에는 대외적으로 프랑스, 스코틀랜드와 전쟁을 치르고, 대내적으로 웨일즈Wales의 반란 진압에 바빴다. 그러나 의회를 존중하여 어려움을 잘 극복함으로써, 의회 발달 사상 주목할 만한 체제를 구축하였다.

Henry V 《헨리 5세》

1599년에 초연된 윌리엄 세익스피어William Shakespeare의 사극이다. 랭커스터Lancaster 왕가와 요크York 왕가의 장미 전쟁(Rosenkrieg) 시기를 그리고 있다. 헨리 5세는 프랑스에 전쟁을 선포하고 직접 전쟁을 지휘한다. 프랑스의 아쟁쿠르Agincourt 전투에서 승리하여 프랑스 왕 샤를Charles 6세의 딸 카트린Catherine과 결혼하고 평화를 맺는다. 작품의 특징은 에피소드적 구조와 합창단을 사용하고 있다는 점이다. 각 장면에서 헨리 5세는 정의감과 엄격함, 의무감, 개인적인 관심과 인간관계를 판단하는 정치적 능력, 탁월한 전쟁 수행 능력 등, 다양한 성격적 특징을 보여준다. 셰익스피어는 헨리 5세를 이상적인 군주상으로 여겼다고 한다.

Henry V 헨리 5세 (1387～1422)

헨리 4세의 맏아들로 그의 뒤를 이어 1413년에서 1422년까지 잉글랜드 왕으로 재위한다. 헨리 4세 때의 웨일즈반란(1400～1408)을 토벌하고, 부왕의 만년에는 그를 대신하여 정무를 보았다. 치세 초기에는 봉기와 역모의 위협을 받았으나 가차없이 진압하였다.

선왕시대 내치의 혼란을 경험한 그는 국외로 민심을 돌리려고 휴전 중이던 '백년 전쟁'(Hundred Years War)을 재개하는데, 1415년에 직접 군사를 거느리고 프랑스에 상륙하여 아쟁쿠르Agincourt 전투에서 대승한다. 1420년에는 프랑스 왕 '샤를Charles 6세'의 딸 카트린Catherine을 왕비로 맞아들이는 조건의 트루아조약(Treaty of Troyes)을 맺고 프랑스 왕위계승권을 인정받는다. 그러나 프랑스의 다수 귀족들은 반항을 계속함으로써 전쟁을 계속하다가 프랑스 진중에서 병사하였다.

Henry VI 헨리 6세 (1421~1471)

재위 기간이 1422~1461, 1470~1471인 잉글랜드 국왕이다. 헨리 5세와 프랑스왕 샤를Charles 6세의 딸 카트린Catherine 사이의 아들이다. 1422년 8월 생후 9개월에 왕위에 즉위하고, 그 해 10월 프랑스 왕 샤를 6세가 죽자 트루아조약(Treaty of Troyes)에 따라 프랑스 왕을 겸하였다. 당시 백년 전쟁 말기의 프랑스에서는 잔 다르크Jeanne d'Arc의 출현으로 열세를 만회한 프랑스가 샤를 7세의 대관식을 올리자, 그도 1431년 프랑스 왕으로서 파리에서 대관식을 올렸다. 그러나 1453년에 칼레Calais 이외의 영토를 모두 잃고 대륙에서 추방되어 '백년 전쟁'(Hundred Years War)은 끝난다.

1455년부터는 요크 왕가(House of York)와 이른바 '장미 전쟁'(Wars of the Roses)이 시작된다. 1461년 마침내 요크 왕가의 에드워드Edward가 랭커스터 왕가(House of Lancaster) 군사를 무찌르고 헨리 6세를 구속하여 런던 탑에 유폐한다. 에드워드가 왕위에 오르지만, 랭커스터파가 에드워드군을 격파하여 프랑스로 몰아내고, 헨리 6세는 1470년에 왕위에 복귀한다. 하지만, 이듬해 에드워드가 세력을 만회하여 귀국하고, 헨리 6세는 다시 잡혀 런던 탑 안에서 요크파에게 살해되었다.

Henry VI, part 1, 2 and 3 《헨리 6세》 1부, 2부, 3부

헨리 6세 때의 '장미의 전쟁'(Wars of the Roses)을 배경으로 하는 셰익스피어의 사극 3편이다.

Henry VIII 《헨리 8세》

셰익스피어가 마지막으로 쓴 사극이다. 1613년에 초연되었다. 헨리 8세가 왕비 캐서린과의 이혼을 둘러싼 많은 일들을 그린 연극이다.

Henry VIII 헨리 8세 (1491~1547)

튜더 왕조(House of Tutor)를 시작한 헨리 7세의 둘째 아들이다. 형이 요절하자 아버지의 뒤를 이어 1509년에 즉위하여 1547년까지 재위하였다. 형의 미망인인 왕비 캐서린Catherine과의 사이에 아들이 없어서, 궁녀 '앤 볼린'Anne Boleyn과 결혼하려고 하였으나, 로마교황이 이를 인정하지 않아 로마가톨릭교회와 결별하기로 하고, 1534년 수장령(Acts of Supremacy)을 발표하여 영국국교회를 설립하였다.

종교정책 이외에도 왕권 강화에 힘썼으며, 웨일즈Wales, 아일랜드Ireland, 스코트랜드Scotland 등의 지배와 방어를 강화하고, 여러 차례 대륙에 출병하였다. 여섯 왕비 중 두 왕비와 울시Wolsey, 크롬웰Cromwell, 모어More 등의 공신을 처형하는 무자비한 면도 있었으나, 통치는 국민의 이익을 크게 배반하지 않고, 절대왕정을 더욱 강화하였다.

영국 역사에 헨리 8세만큼 많은 이야기를 남긴 국왕도 없다. 그만큼 강력한 왕권을 휘두른 왕도 없었거니와, 영국 기독교의 역사를 바꾸었으며, 6명의 아내 중에서 2명을 사형에 처하는 등, 영국사에 숱한 뒷이야기를 남긴 국왕이다. 국교를 바꿔가면서 결혼한 앤 볼린Anne Boleyn은 딸 하나를 낳고 아들을 사산하게 된다. 아들을 못 낳은 앤은 왕비의 책임을 못 다했다는 죄로 목이 잘리고 말았다. 비극의 왕비 앤 볼린의 딸, 그녀가 바로 엘리자베스 공주로, 훗날 영국을 강성대국으로 만든 위대한 여왕 '엘리자베스 1세'가 된다.

O' Henry (1862~1910) 오 헨리

〈마지막 잎새〉The Last Leaf, 〈현자의 선물〉The Gift Of The Magi, 〈크리스마스 선물〉A Chaparral Christmas Gift 등의 단편으로 유명한 미국의 소설가이다. 본명은 윌리엄 시드니 포터William Sydney Porter이다. 아버지는 지방의 유명한 의사였고, 어머니는 문학적 재능이 뛰어났지만, 어려서 양친을 잃어 학교 교육을 거의 받지 못했다.

1887년 25세에 17세의 소녀와 결혼하였고, 1891년에는 텍사스 오스틴의 은행에 근무하는 한편, 아내의 내조로 주간지를 창간하고, 지방신문에 기고를 하는 등 문필 생활을 시작하였다. 1896년에는 전 직장인 은행에서의 공금 횡령 혐의로 3년 간 감옥 생활을 하는데, 이때 체험을 소재로 단편소설을 쓰기 시작하고 훌륭한 작가로 성장한다. 석방 후 뉴욕으로 나와 본격적인 집필에 들어갔다.

《캐비지와 왕》*Cabbages and Kings*(1904), 《서부의 마음》*Heart of the West*(1907), 《4백만》*The Four Millions*(1906), 《도시의 목소리》*The Voice of the City*(1908), 《운명의 길》*Roads of Destiny* (1909) 등의 단편집을 차례로 발표하면서 인기 작가로서 지위를 굳히고, 불과 10년 남짓한 작가 생활 동안 300편의 단편소설을 썼

다. 그의 작품은 소박하고 문학사적으로 큰 위치를 갖지는 못하지만, 따뜻한 휴머니즘과 깊은 페이소스를 담고 있으며, 독자의 의표를 찌르는 결말이 뛰어나다.

Henry, Patrick (1736~1799) **헨리, 패트릭**

"자유가 아니면 죽음을 달라"(Give me liberty or give me death.)는 말로 유명한 미국 독립운동의 지도자였다. 대륙의회(Continental Congress) 의원과 버지니아 주지사를 지냈다.

Hepburn, Audrey (1929~1993) **헵번, 오드리**

벨기에 출신의 영국 영화배우였다. 전후 런던에서 발레리나 수업 중에 영화에 단역으로 출연하였고, 이후 미국 브로드웨이에서 공연한 것을 계기로, 윌리엄 와일러William Wyler 감독의 〈로마의 휴일〉*Roman Holiday*(1953) 주연으로 뽑혔다. 이 작품으로 그녀는 오스카 여우주연상을 받아 세계적인 스타가 되었다. 〈티파니에서 아침을〉*Breakfast at Tiffany's*(1961), 〈마이 페어 레이디〉*My Fair Lady*(1964) 등에서 주연하여 순수하고 맑은 현대의 요정이라는 평을 받았다. 영화배우로서의 화려한 삶을 정리하고, 만년에는 유니세프UNICEF 대사로 빈곤에 허덕이는 어린이들을 위해 일하였다.

Hepburn, Katherine (1909~2003) **헵번, 캐서린**

미국 코네티컷Connecticut주 출신의 심리학 박사학위를 가진 이색적인 여배우이다. 연극 무대에서의 성공을 거쳐 영화에 데뷔하였다. 〈모닝글로리〉*Morning Glory*(1933)로 오스카상을 처음 받은 데 이어, 〈아프리카 여왕〉*The African Queen*, 〈초대받지 않은 손님〉*Guess Who's Coming to Dinner*(1967), 〈겨울의 라이언〉*The Lion In Winter*(1968), 〈황금 연못〉*On Golden Pond*(1981) 등으로 3번이나 오스카 여우주연상을 받았으며, 12번 오스카상에 후보로 올랐다. 오랫동안 파킨슨병을 앓다가 2003년에 세상을 떠났다.

heraldry **문장(紋章)** (= coat of arms)

가문이나 조직의 계보 또는 권위를 상징하는 장식적인 문양으로, 오늘날 세계의 모든 국가나 단체들이 나름의 문장을 가지고 있다. 고대 그리스나 로마에도 국가나 왕의 문장이 있었지만, 본격적으로는 중세 유럽에서 시작되었다. 중세 기사들이 전투에서 피아(彼我)를 식별하기 위해 방패나 갑옷 투구에 문장을 새기면서 시작되었다. 영국에서는 'coat of arms'라고도 하는데, 영국의 문장은 세계에서도 그 수가 가장 많고 또 유명하다. 특정한 도안을 사용하여 국왕이나 기사, 많은 개인이나 가문, 단체들이 문장을 보유하고 있다. 문장을 연구하는 대학도 있다. 미국에서도 유럽에 뿌리를 둔 많은 사람들이 조상들의 문장을 찾으려 애쓴다. 그들의 문장을 컵이나 걸게 그림으로 만들어 집안을 장식하기도 한다.

영국의 문장

Herbert, James (1943~) **허버트, 제임스**

영국의 인기 소설가이다. 주로 공포 소설을 썼고, 많은 작품이 영화로 만들어졌다. 《쥐》*The Rats*(1974), 《안개》*The Fog*(1975), 《어둠》*The Dark*(1980), 《흉가》*Haunted*(1988) 등이 있다.

Hereditary peer **세습 상원의원**

영국의 상원(House of Lords)의원으로 봉직하는 귀족들 가운데, 특히 세습되는 귀족들을 가리키는 말이다.

Hershey bar **허쉬 초콜릿**

미국에서 가장 오래된 초콜릿이다. 1894년에 밀턴 허쉬Milton Hershey가 처음 만들었다. 제2차 세계대전이 끝나고 유럽에서 미군들이 가지고 다니며 어린이들에게 주었다. 한국 전쟁에 왔던 미군들도 그랬다.

Hertz **헤르츠**

1918년에 시작한 세계 최대의 렌터카 업체이다. 주로 공항이나 터미널 근처에서 지사를 볼 수 있다. 포드 자동차사(Ford Motor Company)가 소유하고 있다.

Heston, Charlton (1924~) **헤스턴, 찰튼**

영화 〈벤허〉*Ben-Hur*(1959)로 우리에게 너무도 유명한 미국 영화배우이다. 〈십계〉*The Ten Commandments*(1956)에서 모세Moses 역으로 나왔고, *Ben-Hur*에 주연하여 오스카상을 받았다. 1968년 프랭클린 J. 샤프너Franklin J. Schaffner 감독의 〈혹성탈출〉*Planet of the Apes*과 2002년 팀 버튼Tim Burton 감독의 〈혹성탈출〉 *Planet of the Apes/The Visitor*에도 출연하였다. 이외에도 〈툼스톤〉*Tombstone*(1993), 〈트루 라이즈〉*True Lies*(1994)에 출

연하였다. 보수적인 성향으로 미국 총기협회(National Rifle Association)의 부회장을 역임하기도 했다.

High Church 고(高)교회

로마가톨릭 교인들과 밀접한 연대가 있는 성공회 내의 전통을 말하는 것으로 고교회의 의식은 성모 마리아를 중요시하고 향을 피우는 등의 로마 가톨릭 의식과 유사하다.

High Noon 〈백주의 결투〉

프레드 지네만Fred Zenneman 감독의 1952년 흑백 영화이다. 게리 쿠퍼Gary Cooper와 그레이스 켈리Grace Kelly가 주연하였다. Gary Cooper는 이 영화로 오스카 주연상을 받았다. 임기를 끝낸 서부의 보안관 윌 케인Will Kane이 아내와 결혼식을 올리고 거리를 막 떠나려 한다. 그때 5년 전 이 마을에서 체포된 흉악범 밀러Miller가 형을 마치고 정오에 도착한다는 소식이 왔다. 곧 정오였다. 케인Kane은 유서를 써 놓고 죽은 듯이 조용한 거리로 나선다. 이글이글 내리 쬐는 황야에 무법자들이 모여든다. 숨막히는 총격전을 끝낸 케인이 보안관 배지를 집어던진 후 아내와 함께 마차를 타고 떠난다.

Highgate Cemetery 하이게이트 묘지

런던 북부의 묘지로, 칼 마르크스Karl Marx, 조지 엘리엇George Eliot, 마이클 페러데이Michael Faraday 같은 유명한 인물들이 묻혀 있는 곳으로 유명하다. 마르크스의 묘에는 큰 두상(頭像)이 만들어져 있다.

두상이 있는 마르크스의 묘

Highland dress 하이랜드 드레스

스코틀랜드 남자들이 전통적으로 공식 행사나 군인 복장으

로 입는 복장이다. 무릎까지 오는 체크 무늬의 '타르탄 킬트'tartan kilt라는 치마와 그 앞에 매다는 스포란sporran이라는 모피 주머니, 작은 칼 등으로 이루어진다.

Highland fling 하이랜드플링 댄스

혼자서 활발하게 추는 스코틀랜드의 민속춤이다. 대개 남자 혼자 춘다. 하이랜드 게더링Highland Gathering이라는 축제에서 주로 춘다.

Highland Gathering 하이랜드 게더링 축제 (= Highland Games)

하이랜드 고지 외에도 스코틀랜드 전역에서 해마다 열리는 야외 축제이다. 음악과 춤, 각종 스포츠 행사들이 펼쳐진다.

the Highlands 하이랜드

스코틀랜드에서도 특히 북부의 산악 지대를 가리키는 말이다.

highway 하이웨이

미국에는 고속도로가 여러 가지 있다. 하이웨이highway는 도시와 도시를 연결하는 간선도로로서, 보통 편도 2차선으로 되어 있다. 도시에 가까워지면 3차선, 4차선으로 늘어나기도 한다. 이런 3~4차선 이상의 넓은 도로는 슈퍼하이웨이superhighway라고 한다. highway 중에는 통행료를 내야 하는 곳도 있다. 인터스테이트 하이웨이interstate highway는 서로 다른 주(州)의 도시들을 연결하는데, 여러 주의 도시들을 달리기도 한다. 프리웨이freeway는 정차 없이 고속으로 달릴 수 있도록 만든 시내 도로인데, 대개 편도 3차선 이상이다. 익스프레스웨이expressway 역시 시내 또는 시권역을 달리는 도로인데, freeway와 함께 통행료가 없다. 하지만, 턴파이크turnpike나 톨웨이tollway 같은 고속도로는 아주 멀리까지 운행하며 통행료를 내야 한다.

영국에서는 모터웨이motorway라고 하는 고속도로 많이 있는데, 대도시를 연결하는 편도 2~3차선의 도로이다.

Highway Code 하이웨이 코드

영국의 도로 교통에 관한 규정이다. 운전면허시험에 이 규정들이 문제로 나온다.

Hill, Benny (1925~1992) 힐, 베니

1950년대 중반에서 80년대까지 인기 있었던 영국의 코미디 배우이다. 베니 힐 쇼(The Benny Hill Show)의 대본을 직접 썼는데 주로 섹스에 관한 재치 있는 시각적 유머와 농담을 내용으로 한다. 그의 여성과 섹스에 대한 보수적인 태도를 좋아하지 않은 사람들도 있었지만 영국 뿐 아니라 세계적으로 유명한 인물이다.

Hill, George Roy (1922~) 힐, 조지 로이

미국의 영화감독이다. 미네소타주 출신으로 예일 대학에서 음악을, 더블린Dublin의 트리니티 칼리지Trinity College에서 문학을 공부하였다. 제2차 세계대전과 한국 전쟁 때 해군 비행기 조종사로 복무하였다. 방송사에서 작가와 연출가로 일하다가 마흔 살에 영화감독으로 데뷔하였다. 폴 뉴먼Paul Newman과 로버트 레드포드Robert Redford가 주연한 〈내일을 향해 쏴라〉*Butch Cassidy and the Sundance Kid*(1969)가 히트를 치면서 오스카상을 4개나 수상하였고, 세계적으로도 성공을 거두었다. 이후 〈스팅〉*The Sting* (1973) 역시 오스카상을 수상하면서 전성기를 누렸으나, 후속 작품들이 실패를 거듭하자, 말년에는 예일 대학에서 강의만 하였다.

hillbilly 힐빌리

미국의 중남부 애팔래치아Appalachia 산맥 지역에 사는 가난한 농민들 또는 이들 사이에서 발생한 민요를 가리키는 말이다. 이 지방 사람들을 시골뜨기라는 뜻으로 hillbilly라 불렀고, 그들의 노래 역시 사투리가 강해서 hillbilly라고 했는데, 오늘날에는 웨스턴 뮤직의 대표적인 이름이 되었다. 소박한 멜로디와 가사가 특징이며 많은 사람들에게 사랑을 받고 있다.

Hilton 힐튼

미국의 호텔 체인이다. 1919년 콘래드 N. 힐턴Conrad N. Hilton이 텍사스주에서 매입한 모블리 호텔Mobley Hotel로부터 시작하여 1929년 지금의 힐튼 호텔 체인이 되었다. 경제공황으로 1931년 파산 지경에 이르렀으나, 윌리엄 L. 무디 2세(William L. Moody, Jr.)를 비롯한 여러 투자자들의 도움으로 회생하였다. 1938년에 샌프란시스코의 서 프랜시스 드레이크 호텔Sir Francis Drake Hotel을 인수하고, 1940년대부터 해외로 확장하였다. 미국 내 270개 이상의 호텔이나 여관이 힐턴의 이름으로 운영되고 있다. 현재 본사는 텍사스주 달라스Dallas에 있다.

hip hop 힙합

1980년대 미국에서부터 유행하기 시작하여 유럽과 전세계에서 볼 수 있는 다이내믹한 춤과 대중 음악을 총칭하는 말이다. 본래는 1970년대 후반 뉴욕 할렘에 거주하는 흑인 청소년들의 새로운 문화 전반을 가리키는 말이었다. 그래서 힙합을 '미국에서 독자적으로 만들어진 유일한 문화'라고 평하기도 한다. 주로 전철이나 건물의 벽면, 교각 등에 에어스프레이 페인트로 그린 그림인 '그래피티 아트'graffiti art(낙서미술), 비트가 빠른 리듬에 맞춰 가사를 말하는 '랩 뮤직'rap music, 랩에 맞춰 곡예 같은 춤을 추는 '브레이크댄스'(break-dancing) 등이 특징이다. LP 레코드판을 손으로 앞뒤로 움직여 소리내는 스크래치scratch도 힙합 문화에서 나왔다. 1990년대에 들어서면서 전세계의 신세대들 사이에서 힙합은 '힙합 스타일'hip hop style이라 하여, 자유스럽고 즉흥적인 스타일의 패션 · 음악 · 댄스 · 노래, 나아가 의식까지도 지배하는 문화 현상이 되었다.

힙합 스타일의 패션

hippie 히피 (= hippy)

1960년대와 1970년대에 미국 샌프란시스코에서 젊은이들을 중심으로 탈사회적 운동을 하던 사람들을 가리키는 말이다. 이 운동은 곧바로 로스앤젤레스, 버클리, 뉴욕, 워싱턴 등지의 미국뿐 아니라, 유럽의 파리와 런던까지 퍼져나갔다. 히피hippie라는 말에 대해서는, happy에서 나왔다는 설, 엉덩이나 재즈 용어, 응원 소리인 hip에서 나왔다는 설, hipped(열중한다)에서 나왔다는 설 등, 여러 설이 있다. 자신의 행복에 가장 큰 관심을 두고, 물질문명에 대해서 분노를 터뜨리며, 재즈에 황홀해지고, 항의 집회에서 열정적으로 기세를 올리며, 벌거벗고 인간성을 찾는 시위를 하므로, 어느 설이든 hippie의 성격이 포함되어 있다. 그들은 무엇보다도 자유와 사랑을 찾고, 비둘기의 힘, 꽃의 힘을 사랑하며, 자신을 위해서 살려고 하였다. 그래서 'flower children'이라고도 불렀다. 남자들은 장발과 수염을 기르고 목걸이와 굵은 벨트에 부츠를 신었고, 여자들도 긴 머리에 미니스커트를 입고, 샌들을 신거나 맨발 차림이었다. 그들은 대도시 안에서나 교외에 히피 빌리지를 형성하였는데, 젊은이들의 탈사회적 생활 방식에 공감하는 사람들의 기부금 등으로, 일하지 않고도 지낼 수 있는 시설까지 마련되어 있었다. 또, 인간성을 파괴하는 물질문명이나 국가 사회의 제도로부터 개인을 해방시키기 위해 징병을 기피하고, 반전운동을 하거나, 인종주의에 반항하는 등의 캠페인을 벌이기도 했다.

히피들의 모임

Hirst, Damien (1965～) **허스트, 데미언**

잘린 동물의 시체를 담은 포르말린formaldehyde 유리관을 전시장으로 들여오면서 1990년대 세계 미술계를 떠들썩하게 했던 영국 미술가이다. 그는 1995년에 암소와 송아지를 절반씩 잘라 유리관에 담은 작품 〈암소와 송아지〉Mother and Child Divided(Cow and Calf)로 터너상 Turner Prize를 수상하였다. 그에 대해서는 찬사와 냉담한 평가가 엇갈리고 있다.

데미언 허스트의 작품

Hispanic 히스패닉

스페인어를 말하는 라틴아메리카 출신을 말하는데, 특히 미국에 거주하는 사람들을 가리킨다.

History of Britain 영국 역사 개괄

고고학적으로 영국의 역사는 기원전 12,000년 전인 석기시대까지 올라간다. 하지만 기록상으로는 기원전 4,000년 정도이다. BC 55년에 로마군이 켈트족을 쳐부수고 들어와 브리태니아Britannia 지역을 개척하고 지배하였다. 5세기 초에 독일과 스칸디나비아 반도 지역의 앵글로-색슨Anglo-Saxons인들이 영국에 진출하여 영국에 있던 족속들을 웨일즈나 잉글랜드 서부, 스코틀랜드 남부 지역으로 몰아낸 후, 잉글랜드 전 지역에 여러 왕국들을 건설하였다. 8세기부터는 바이킹Vikings들이 영국을 침략하지만, 이들을 잉글랜드 북부의 일부 지역인 데인로Danelaw로 물리쳐 몰아내고, 10세기까지 바이킹들의 데인로를 제외한 잉글랜드 전 지역이 웨섹스 왕(King of Wessex)이 지배하는 단일 왕국으로 건설된다.

1066년은 노르만 정복(Norman Conquest)을 당하는 영국사에 중요한 해이다. 프랑스의 노르망디 공(duke of Normandy) 윌리엄(William the Conqueror 정복자 윌리엄)이 영국을 침공하여 국왕이던 헤럴드Harold 2세를 쳐부수고 윌리엄 1세로 잉글랜드의 왕이 되어 노르만 왕조를 열었다. 그는 전국적인 토지 조사를 실시하고, 노르만 왕조 중심의 봉건제도를 확립하며, 유럽 대륙과 문화 교류를 하는 등, 중세 영국의 기초를 닦았다.

영국의 역사는 국왕의 연대기가 기본 틀을 이루고 있지만, 13세기부터는 왕권이 약화되기 시작한다. 1215년에 존John 왕은 마그나 카르타Magna Carta(대헌장)에 서명하여 귀족들에게 많은 권력을 이양하게 되었다. '의회'라고 하는 parliament는 국왕이 귀족(barons)들과 만나 회의한다는 뜻으로 사용되었다. 국왕은 또 세금을 인상하기 위해서 지역 대표들과도 만나야 했으니, 귀족들은 상원(House of Lords)이 되었고, 지역 대표들은 하원(House of Commons)이 되었다.

국왕들 가운데서 헨리Henry 8세는 역사적으로 단연 유명하다. 그는 로마교황청의 반대를 무릅쓰고 첫 왕비와 이혼을 하면서 수장령(Acts of Supremacy, 1534)을 발표하여 로마가톨릭교회와 단절하고, 국왕이 영국 교회의 수장이 되는 '영국국교회'(Church of England)를 수립한다. 하지만 그의 뒤를 이은 메리Mary 여왕은 스페인의 힘을 빌려 가톨릭교회의 복귀를 꾀한다. 이것이 스페인과의 전쟁으로 이어지고, 스페인의 무적 함대(Spanish Armada)가 침공하는데, 헨리 8세의 딸인 엘리자베스Elizabeth 1세가 즉위하여 무적 함대를 물리치면서 영국을 국제 무대의 강국으로 올려놓는다. 그녀의 재위 기간에 영국은 국방력과 함께 경제와 문화예술이 활짝 꽃피는 국운의 융성기를 맞는다.

1642년에는 찰스 1세가 의회를 해산하자 청교도들과 혁명파 의원들이 혁명을 일으켰고, 올리버 크롬웰Oliver Cromwell이 혁명파의 지도자로서 왕당파를 몰아내고 찰스 1세를 공개 처형한 후 집권하여, 공화정(Commonwealth)을 선포한다. 1653년 이후에는 '호국경'(Lord Protector of England)이 되어 독재정치를 폈다. 그가 죽자 국민들은 왕정을 원했고, 찰스 1세의 아들이 찰스 2세로 왕위에 오른다. 이후에도 종교 갈등은 계속되다가 1689년의 권리장전(Bill of Rights)에서 영국국교로 왕권이 확립된다.

18세기 들어서 정당정치가 중요해지고, 1832년에 선거법수정안(Reform Act)이 마련되면서 더 많은 사람들에게 투표권을 주려는 시도가 있었다. 하지만 20세기에 들어와서야 모든 성인남녀가 투표권을 가지게 된다.

엘리자베스 1세 시대에 해외 탐험과 무역이 장려되면서 17세기 초에는 미국과 카리브해 지역에 최초의 영국 식민지가 건설된다. 1783년에 미국 식민지를 잃었지만, 곧 인도와 오스트레일리아를 대영제국의 식민지로 편입시킨다. 19세기에는 다른 유럽 국가들과 아프리카 여러 나라를 식민지로 나눠 가진다. 대영제국은 영국 자존심의 원천이자 부의 상징이었다. 국내적으로 산업혁명이 한창이었고, 식민지들은 산업 원료의 공급원이자 생산된 제품 판매의 훌륭한 시장이었다. 이런 가운데 제국의 라이벌이었던 독일 등과 여러 원인으로 제1차 세계대전을 벌이기도 했다.

제2차 세계대전이 끝나고 1950년대와 1960년대에는 식민지였던 많은 나라들이 독립을 하여, 이 국가들과는 영연방(Commonwealth)으로 유대관계를 유지하고 있다. 1956년 이집트가 영국과 프랑스가 소유권을 가지고 있던 수에즈Suez 운하를 국유화하는 과정에서 영국과 프랑스 같은 제국주의가 얼마나 영향력을 잃었는지 보여주었다. 이후 영국은 국제 무대에서 미국의 지원에 많이 의존하고 있다. 유럽 국가들과도 연대를 공고히 하여, 1973년에 유럽경제공동체(Europe Economic Community)에 가입하여 현재 유럽연합(European Union)에 이르고 있다.

History of the U. S. 미국 역사 개괄

미국은 인디언들이 원주민으로 살고 있던 북아메리카 땅에 서유럽인들이 건너와 정착하고, 잇따라 이주민이 들어와 건설되었다. 1607년에 버지니아나주 제임스타운Jamestown에 첫 영국의 식민지가 건설되었고, 1620년에는 영국의 청교도들이 메이플라워Mayflower호를 타고 건너와 매사추세츠주 플리마우스Plymouth에 도착했다. 이후 18세기 후반까지 13개 주가 영국의 식민지로 있었다. 이 13개 식민지 주가 독립선언문을 발표하면서 1775년부터 독립 전쟁에 돌입하였고, 1781년에는 드디어 영국의 항복을 받아낸다. 1787년에 건국의 아버지라 불리는 조지 워싱턴George Washington, 토마스 제퍼슨Thomas Jefferson, 벤저민 프랭클린Benjamin Franklin 등이 헌법을 마련하면서 미합중국이 출발하게 된다.

이후 미국은 북미에서 영토를 확장해 나간다. 1803년에는 현재 미국의 북서부 지역에 있던 많은 프랑스의 영토를 루이지애나 구매(Louisiana Purchase)를 통해 구매한다. 이어서 멕시코와는 전쟁을 벌여서 남서부 지역을 빼앗고, 원주민인 인디언들을 한 곳으로 몰아내어 국토를 더욱 확대한다. 한편, 많은 개척민들이 새로운 땅을 찾아 서부로 진출해 갔고, 황금을 찾아 캘리포니아로 몰려갔다. 행정부의 공권력과 멀리 떨어진 서부에서 힘든 생활을 하면서 개척한 것이 결과적으로 미국의 국토를 동부 해안에서 서부 해안까지, 북미 대륙 전체로 확장시킨 것이었다.

국토 문제가 정리되자 이제는 노예 문제가 국가적으로 중요해졌다. 남부 지역에서는 목화 농장(cotton plantation)에서 흑인 노예들이 중요한 노동력을 담당하고 있었지만, 공업 지대였던 북부에서는 노예제가 금지되었다. 자연히 노예제에 대한 남북 지역의 감정은 골이 깊어갔다. 1861년에 남부는 미합중국에서 탈퇴하여 남부연방(Confederated States of America)을 수립하고, 북부인 미합중국과 남북전쟁을 벌인다. 1865년에 북부의 승리로 남부는 다시 미합중국으로 편입되고, 노예제도는 미국 전역에서 불법이 된다. 전쟁이 끝났지만 남부에는 여전히 남은 감정이 느껴지고 있다.

남북 전쟁에서 공업 지역이 많은 북부가 승리하자 공업은 더욱 발전하였고, 많은 공장 노동자들이 필요했으며, 대부분의 이민자들이 이들 공장의 일손을 매워갔다. 더 나은 삶을 꿈꾸며 온 이들의 노동 환경은 매우 열악했고, 위험하기도 했다. 그러나 20세기 초까지는 노동조합들이 더 나은 임금과 노동 환경을 쟁취하게 된다. 대공황(Great Depression)이 시작되기 전까지 자본가들은 축적된 자본으로 시카고와 뉴욕에 거대한 마천루들을 새로 건설하고, 여유가 생긴 많은 사람들도 자동차를 구입하였다.

대공황이 끝나고, 미국은 제2차 세계대전에 참전한다. 전쟁이 끝나고 병사들이 귀향하자 많은 것이 달라져 있었다. 전쟁 중에 군수물자를 생산하는 많은 공장과 여타 일터에서 일하던 여성들은 전쟁이 끝나도 일자리를 계속 가지려 하였다. 또 백인 병사들과 함께 전투에서 싸웠던 흑인과 인디언들도 동등한 권리를 요구하기 시작했다. 대외적으로는 소련을 비롯한 공산국가들과 냉전(cold war)을 벌이게 되어, 미국의 젊은이들은 공산주의를 억지하기 위해 1950년에 한국전에, 1962년에는 베트남전에 투입되었다.

1960년대는 미국에 많은 변화가 있었던 시기이다. 여성운동, 인권운동, 베트남전 반대운동 같은 많은 사회적인 요구가 표출되고 있었다. 1963년에 존 F. 케네디John F. Kennedy 대통령이 암살되었고, 흑백 차별을 금지하는 법안이 제정되었다. 1972년에는 베트남에서 철수하면서 전쟁을 끝냈다. 20세기 말에 동구권의 공산정권들이 붕괴되고 냉전이 종식되면서 미국은 세계 유일의 초강대국이 되었고, 21세기에 들면서 미국 사회는 평등한 인권과 균등한 기회, 폭넓은 개인의 자유를 상당한 정도 누리고 있다.

Hitchcock, Alfred (1899～1980) 히치콕, 알프레드

런던에서 출생하였고, 런던 대학교에서 미술을 전공하고, 1920년 영화사에 입사하여 시나리오를 쓰고 미술감독을 거쳐 1925년 영화감독이 되었다. 유성 영화가 도입될 무렵 〈협박〉 *Blackmail* (1929)을 제작하여 주목을 끌었고, 〈너무 많이 안 사나이〉 *The Man Who Knew Too Much*(1934), 〈39계단〉The Thirty-Ni*ne Steps*(1935) 등에서 심리적 불안감을 교묘하게 유도하는 독자적인 연출 방법을 창출하였다. 1939년 초청을 받고 미국으로 건너가 〈레베카〉 *Rebecca*(1940), 〈의혹〉 *Suspicion*(1941), 〈도망자〉 *Saboteur*(1942), 〈의혹의 그림자〉 *Shadow of a Doubt* (1943) 등으로 정력적인 활동을 계속하여 '스릴러'thrillers라는 영화 장르를 확립하였고, 그 분야의 제1인자가 되었다.

그후의 작품으로 〈나는 고백한다〉 *I Confess*(1953), 〈다이얼 M을 돌려라!〉 *Dial 'M' for Murder*(1954), 〈해리의 수난〉 *The Trouble with Harry*(1955), 〈현기증〉 *Vertigo*(1958), 〈북북서로 진로를 돌려라〉 *North by Northwest*(1959), 〈사이코〉 *Psycho*(1960), 〈새〉 *The Birds*(1963), 〈암호명 토파즈〉 *Topaz*(1969) 등이 있다. 모든 작품은 공포와 불안을 순수하게 추구하는 스릴러 영화이다. 1980년에 기사 작위를 받았다.

hitchhike 히치하이크

히치하이킹은 도로 가에서 종이에 행선지를 써서 들고 있거나 손을 들어 차를 얻어 타는 것을 말한다. 배낭 여행을 하는 젊은이들이 주로 하는데, 요즘은 영국이나 미국에서 히치하이킹이 위험한 범죄로 이어지는 경우가 많아서 상당히 줄어들었다.

HMO (health maintenance organization) 미국 건강보험공단

미국의 의료보험 체제로, 자체적인 병원과 의사를 확보하고 있다. 고객들이 정기적으로 일정 금액의 보험금을 불입하고, 이곳의 병원과 의사들로부터 의료 서비스를 받게 된다. 약 800만에 가까운 회원을 확보하고 있다.

Hobbes, Thomas (1588~1679) 홉즈, 토머스

사회와 인간의 행동에 관한 이론을 발전시킨 17세기 영국의 철학자이다. 그는 신을 믿지 않았다. 개인 상호간의 합의로 공동의 이익을 추구하는 이른바 '사회계약론'을 주장하였다. 공동의 이익을 위해 개인의 권리를 양도한다는 공리적 입장에서 사회의 기원을 주장하였다. 이기적인 개인들은 사회를 통해 자신들의 이익을 보전한다는 것이다. 사회란 일종의 '인위적 조직체'이며 개별적인 '이기심의 총합'인 것이다. 그러나 홉즈는 이기적인 인간의 '신뢰'를 믿기보다는 계약을 이행하지 않을 경우, 이를 응징할 수 있는 '절대국가'와 '절대군주'의 필요성을 주장하였다. 그의 저서 《리바이어던》 *Leviathan*(1651)에 잘 나타나 있다.

Hobson's choice 홉슨의 선택

주어진 것을 가질 것인가 말 것인가의 선택이다. 고를 것이 없는 경우를 말한다. 17세기 영국의 말(horse) 대여업자였던 토마스 홉슨Thomas Hobson이라는 사람이 말을 빌리러 온 사람들에게 말을 고르지 못하게 한 데서 온 말이다.

hockey 하키

영국에서 하키hockey라고 하면 필드에서 하는 필드하키 field hockey로, 각각 11명으로 구성되는 두 팀이 스틱 stick으로 볼ball을 쳐서 상대편의 골에 넣어 점수를 올리는 경기이다. 하키는 BC 2000년 전부터 했다고 하는데, 근대 하키의 시작은 1887년 영국에 하키 협회가 창립되면서이다. 영국을 중심으로 하는 유럽의 하키는 국제 시합을 벌이면서 1924년 파리에서 국제하키연맹(Federation Internationale d'Hocky, FIH)를 설립하였다. 유럽 이외의 지역 중 인도에 하키가 발달한 것은 영국의 식민지였던 인도에 영국군이 전파하였기 때문이다.

미국에서 하키hockey라고 하면 흔히 빙상에서 하는 아이스하키ice hockey라고 생각한다. 그만큼 미국에는 필드하키 field hockey보다 아이스하키ice hockey가 널리 알려져 있다. 빙상에서 6명으로 구성된 두 팀이 스틱stick으로 퍽puck을 쳐서 상대팀의 골에 넣는 경기이다. 스케이트를 타고 경기를 하기 때문에 매우 빠르고 박진감이 있다. 위험해서 헬멧(helmet / head gear)과 장갑, 패드pad를 착용한다. 아일랜드의 국기라고 하는 헐링hurling과 스코틀랜드의 국기로 인정받는 밴디 bandy라는 빙상 경기가 이 지역 출신 이주민과 영국군들에 의해 캐나다로 전해져 아이스하키로 발전하였다고 한다. 아이스하키는 캐나다의 국기로까지 발전하였고, 근대 아이스하키는 캐나다를 중심으로 발전하였다. 1908년에 파리에서 국제아이스하키연맹(International Ice Hockey Federation, IIHF)이 결성되었다. 1910년에는 유럽선수권대회를, 1920년에는 세계선수권대회를 창설하면서 국제 대회를 열기 시작하였으며, 1924년 프랑스 샤모니Chamonix에서 열린 제1회 동계 올림픽경기대회부터 정식 종목으로 채택되었다. 1999년에는 53개국이 IIHF에 가입하여 인기 동계스포츠 종목으로 각광받고 있다. 프로 아이스하키는 1917년 미국과 캐나다 팀들로 북미 아이스하키리그(National Hockey League, NHL)를 결성하였고, 현재 전체 26개 팀이 2개군(Eastern Conference, Western Conference)으로 나누어 경기를 치르고 있다.

Hoffa, Jimmy (1913~1975) 호파, 지미

미국의 노동운동가로, 국제운송노조(International Brotherhood of Teamsters) 회장을 지냈다. 남미 출신 이민자로 잡역부를 시작으로 밑바닥 생활을 전전하던 호파는 '운송노조'(International Brotherhood of Teamsters)의 회장이 되어 카리스마적 지도력과 탁월한 협상 능력으로 조합원을 100만 명이 넘는 거대 조직으로 성장시킨다. 이 과정에 마피아와 거래를 하고 유흥업에 투자하기도 한다. 당시 법무 장관이던 로버트 케네디Robert Kennedy가 마피아와의 거래를 수사하여 그를 구속하였다. 1971년에 석방된 뒤 1975년에 실종되어 아직 발견되지 않고 있으나, 모두 살해되었을 거라 추측하고 있다. 1992에는 그의 이야기를 다룬 영화 《호파》*Hoffa*가 출시되기도 했다. 노동운동가로 성공해 정치권의 음모로 몰락하는 그의 생애를 그리고 있다.

Hoffman, Dustin (1937~) 호프만, 더스틴

미국의 유명 배우이다. 다양한 배역에 자신을 몰입시키는 연기파 배우로 유명하다. 뉴욕의 연극 무대에서 연기하던 그를 눈여겨보았던 마이크 니콜스Mike Nichols 감독이 호프만을 〈졸업〉*The Graduate*(1967)의 주인공에 캐스팅하고, 이 데뷔작으로 그는 바로 스타 대열에 들어선다. 이후 메릴 스트립Meryl Streep과 공연한 로버트 벤튼Robert Benton 감독의 〈크레이머 대 크레이머〉*Kramer vs. Kramer*(1979)에 주연하여 처음으로 오스카상을 받는다. 그리고 배리 레빈슨Barry Levinson 감독의 〈레인맨〉*Rain Man*(1988)으로 또 오스카상을 받는다. 이외에도 〈작은 거인〉*Little Big Man*(1970), 〈빠삐용〉*Papillon*(1973), 〈대통령의 음모〉*All the President's Men*(1976), 〈딕 트레이시〉*Dick Tracy*(1990), 〈후크〉*Hook*(1991), 〈슬리퍼스〉*Sleepers*(1996) 등의 작품이 있다.

Hogan, Ben (1912~1997) 호건, 벤

미국의 골프 선수이다. U. S. Open 네 번, PGA 두 번, 마스터스Masters 두 번, 브리티시 오픈British Open 한 번 등, 메이저 대회를 60여 차례나 우승한 대선수였다.

Hogarth, William (1697~1764) 호가스, 윌리엄

18세기 영국의 화가이다. 런던의 베들럼Bedlam 정신병원에서 사망한 어느 방탕자(rake)의 이야기를 그린 회화 작품 〈방탕자의 여정〉*A Rake's Progress*(1733~1735)으로 유명하다.

Hogmanay 호그머네이

새해 전야(New Year's Eve)인 12월 31일 밤, 섣달그믐날 밤의 스코틀랜드 말이다. 스코틀랜드 사람들은 이날 밤 축하 파티를 열고 자정이 되면 올드 랭 자인Auld Lang Syne을 부르고, 이웃집들을 방문하여 '첫 손님'이 되는 '퍼스트 푸팅'first footing이라는 전통 행사를 갖는다. 이 전통은 영국 전역 뿐 아니라, 미국과 전세계 모든 나라에 퍼져서 새해 전야에 많은 사람들이 거리에 나와 송구영신의 축제를 벌이는 모습을 TV로 볼 수 있다.

새해 전야에 횃불을 들고 도심 거리에 모인 스코틀랜드 사람들

Holiday Inn 홀리데이 인

세계 최대의 호텔 회사인 미국 홀리데이인사(Holiday Inns, Inc.) 소유의 호텔이다. 전세계 60여 개 국가에 2,000여 개의 호텔을 가지고 있다.

Holiday, Billy (1915~1959) 홀리데이, 빌리

미국의 흑인 재즈 가수이다. 가난하여 소녀 시절부터 비참한 생활을 해왔고, 음악 교육도 제대로 받지 못하였다. 1929년 뉴욕의 클럽에서 노래 솜씨를 인정받고, 1933년 베니 굿맨Benny Goodman과 처음으로 취입한 노래가 히트하여 세상에 알려지게 되었다. 독특한 스타일의 천재 가수로서 모든 재즈 가수에게 큰 영향을 끼쳤다. 블루스의 가창에서 그녀의 특기를 찾아볼 수 있으며, 현재까지도 그녀의 창법을 따르고 있는 가수들이 적지 않다. 〈내 남자〉*My Man*, 〈빌리의 블루스〉*Billie's Blues*, 〈이상한 과일〉*Strange Fruit* 등의 노래가 있다. 앨범으로는 《노래집》*Songbook*(1952), 《공단을 두른 귀부인》*Lady in Satin*(1968) 등이 있다.

holidays 공휴일

holiday은 신년일(New Year's Day)나 미국 독립기념일(Independence Day)같이 '노는 날'(휴일)들과 발렌타인 데이(St. Valentine's Day)나 그라운드호그 데이(Groundhog Day)와 같이 '놀지 않는 날', 소위 '기념일 또는 명절'(celebration days)이 모두 holiday에 포함된다. 하지만 일반적으로 holiday는 '노는 날'(휴일)이다. 영국에서는 휴일인 holiday를 bank holidays나 public holidays라고 한다. 미국에서 holiday라고 하면 일반적으로 휴가/휴일(vacation)의 의미를 가진다. 그래서 가장 길게 노는 Christmas holiday(s)를 Christmas vacation이라고도 한다.

영국 잉글랜드의 공휴일(bank/public holidays)을 살펴보면, 신년일(New Year's Day, 1월 1일), 성금요일(Good Friday, 부활절 전 금요일), 부활절 월요일(Easter Monday, Good Friday부터 Easter Monday까지 4일이 연휴가 된다.), 노동절(May Day, 5월 첫 월요일), 봄 공휴일(Spring holiday, 5월 마지막 월요일), 8월/여름 공휴일(August/Summer holiday, 8월 마지막 월요일), 성탄절(Christmas Day, 12월 25일), 복싱데이(Boxing Day, 12월 26일) 등이다.

미국의 공휴일(holidays/vacations)은, 신년일(New Year's Day, 1월 1일), 마르틴 루터 킹 탄생일(Martin Luther King's Birthday, 1월 셋째 월요일), 조지 워싱턴 탄생일(George Washington's Birthday, 2월 셋째 월요일), 현충일(Memorial Day, 5월 마지막 월요일), 독립기념일(Independence Day, 7월 4일), 노동절(Labor Day, 9월 첫째 월요일), 콜럼부스 데이(Columbus Day, 10월 둘째 월요일), 재향 군인의 날(Veterans Day, 11월 11일), 추수감사절(Thanksgiving Day, 11월 넷째 목요일), 성탄절(Christmas Day, 12월 25일) 등이다. 이상은 미합중국의 공휴일이고, 각 주마다 독자적으로 다른 공휴일도 정하여 기념하고 있다. 우리가 잘 아는 부활절(Easter)이나 할로윈(Hallowe'en) 등은 중요한 '명절'(celebration days)이긴 하나 공휴일은 아니다.

Hollywood 할리우드

미국 캘리포니아주, 로스앤젤레스Los Angeles에 있는 영화의 중심지이다. 로스앤젤레스 중심부에서 북서쪽으로 13km 되는 지역으로, 1910년에 로스앤젤레스시에 편입되었다. 1920년에 영화 촬영소들이 설립되면서 발전하였다. 미국의 주요 영화사의 중앙 배급소와 영화 박물관들이 있어 미국 영화계의 총 본산일 뿐 아니라 세계 영화 산업을 선도하고 있다. 1919년에 건설된 야외 극장 할리우드 보울 Hollywood Bowl과 그리피스 공원(Griffith Park)에 있는 원형 극장, 콘크리트 앞뜰에 많은 배우들의 손바닥 또는 발바닥 도장이 찍혀 있는 극장 맨스 차이니즈 시어터 Mann's Chinese Theater, 영화 촬영소인 파라마운트 스튜디오Paramount Studio, 유니버설 스튜디오Universal Studio 등이 유명하다. 미국 영화 아카데미(Academy of Motion Picture Arts and Science)가 수여하는 세계 최대의 오스카 영화상 시상식이 해마다 이곳에서 거행된다. 유명 영화배우들과 부자들이 많이 살고 있는 비벌리 힐스 Beverly Hills 역시 할리우드 근처에 있다.

Hollywood Blacklist 할리우드 블랙리스트

제2차 세계대전 이후 미국을 휩쓴 매카시즘McCarthyism 광풍에 공산당으로 지목된 41명의 할리우드 영화인들의 명단을 말한다. 반미 활동을 했다는 이유로 많은 작가와 감독, 배우들이 할리우드에서 축출되었고, 이중 10명은 1년 가까이 투옥되기도 했다.

Hollywood Bowl 할리우드 보울

1920년에 건축된 할리우드 북쪽에 있는 하얗고 둥근 콘서트 전용 야외극장이다. 객석이 17,000석이나 되고, 오페라나 연극, 콘서트 등이 열린다. TV나 영화 속에도 가끔 등장해 유명하며, 비틀즈도 이곳에서 노래 부른 적이 있다. 대개 공연들이 서녁 시간에 열리는데, 사람들은 별이 총총한 하늘을 보면서 공연을 감상한다.

Holmes, Sherlock 홈즈, 셜록

영국의 추리 작가 아서 코넌 도일Arthur Conan Doyle의 작품에서 명탐정으로 활약하는 주인공이다. 장편소설 4편, 단편소설 57편에서 주인공으로 등장한다. 홈즈 시리즈가 추리 소설로 대성공을 거두는 바람에 홈즈는 명탐정의 대명사가 되었고, 실재 인물로까지 생각되기도 하였다.

Holy Grail 성배(聖杯) (= Grail)

예수가 최후의 만찬(Last Supper)에서 사용했고, 그 뒤 십자가 밑에서 요셉Joseph이 예수의 피를 받았다는 잔을 말한다. 기독교가 성립되고 자연스럽게 성배에 관한 이야기는 무수한 세월을 거쳐 증폭되고 부풀려진 채 세상을 떠돌아 다녔다. 그중 가장 유명한 이야기는 물론 아더왕 전설이다. 아서왕 전설의 후반부가 원탁의 기사들이 성배를 찾아 나서는 내용으로 꾸며져 있는데, 결국 기사들 중에 가장 순수했던 갤러헤드(Sir Galahad)가 성배를 찾게 된다. 'Holy Grail'이라는 표현은 가끔 '찾기 힘든 아주 귀한 것'이라는 뜻으로 쓰이기도 한다.

Home Alone 〈나 홀로 집에〉

1990년에 출시된 미국 영화이다. 가족이 프랑스로 여행을 떠났는데, 어쩌다 혼자 집에 남게 된 주인공 어린이 케빈Kevin의 이야기를 그리고 있다. 부모님이 돌아올 때까지 도둑들과의 우여곡절 끝에 무사히 집을 지킨다는 내용이다.

Home Box Office (HBO) 에이치비오

세계 최대의 미국 케이블 TV 방송사이다. HBO와 Cinemax라는 두 개의 채널을 가지고 있다. 현재 두 채널이 미국에 2백만, 외국에 5백만의 가입자를 확보하고 있다. Cinemax는 영화만, HBO는 영화뿐 아니라 스포츠, 특집 다큐 등을 방영하고 있다.

Home Depot 홈 데포

미국의 가정용 건축 자재 유통 회사이다. 1979년 버니 마커스Bernie Marcus와 아서 블랭크Arthur Blank가 애틀랜타에 설립하였다. 1983년에는 업계 최초로 컴퓨터 정보 시스템을 도입하여, 바코드 하나만으로 상품의 입출고 및 재고 물량 분석에 따른 자동 주문 시스템을 갖추었다. 건축 재료, 주택 개선 제품, 잔디와 정원용 제품, 인테리어디자인 제품 등을 판매하고, 주방, 조명, 바닥재, 창문, 장식 등의 설비 서비스를 제공한다.

Home Guard 홈가드

제2차 세계대전 때 군대에 가지 않은 어린 청소년들과 중장년 남자들로 조직된 군대이다. 적군이 본국을 침략할 것에 대비해 고향을 지키기 위해 창설되었다. 우리나라의 향토예비군과도 비슷하다. 그래서 처음에는 지역방위자원대(Local Defence Volunteers)라고 불렀다.

Home rule 자치정부

아일랜드의 자치정부를 뜻한다. 1914년 영국 의회에서 자치정부법(Home Rule Bill)이 제정될 때까지도 아일랜드에는 자치정부를 향한 정치투쟁이 끊임없이 계속되었다. IRA가 조직되어 무장투쟁까지 벌이게 된다. 급기야 1920년에는 북아일랜드(Northern Ireland)가 아일랜드자유국가(Irish Free State, 현 아일랜드)로 분리되어 자치정부를 수립하게 되었다. 북아일랜드의 많은 주민들은 여전히 자치정부를 반대하고 있다. 웨일즈와 스코틀랜드에도 일부 자치정부를 원하는 사람들이 있다.

Home, Sweet Home 〈홈 스위트 홈〉

미국 극작가 J. H. 페인J. H. Payne이 작사한 유명한 대중가요의 제목이다. "초라하지만 내 집 만한 데는 없다"(Be it ever so humble, there's no place like home)는 유명한 구절이 이 노래 가사에 있다. 미국 영화에서 사람들이 자기 집이나 고향에 돌아와서 편안하고 기쁠 때, 'Home, sweet home'이라고 말하는 것을 종종 볼 수 있다.

homecoming 홈커밍

미국의 고등학교나 대학에서 해마다 열리는 동창회 성격의 모임을 말한다. 주로 미식축구부에서 많이 이루어진다. 'homecoming game'으로 축구를 한판 한 뒤에는 파티를 벌이고 인기 있는 남학생과 여학생을 'homecoming king'과 'homecoming queen'으로 뽑기도 한다. 주로 미식축구부원과 치어 리더들이 뽑힌다.

홈커밍 퍼레이드

homelessness 노숙

영국이나 미국에도 노숙자들이 늘어나서 사회 문제이다. 대개 직장을 잃고 집세를 내지 못할 때 노숙자로 전락하게 된다. 가정 파괴, 가족 관계 단절, 폭력, 정신질환 등도 노숙자가 생기는 원인이 된다. 노숙자들은 흔히 상점의 문 앞이나 다리 아래 같이 비바람을 피할 수 있는 곳에서 잠을 잔다. 영국에서는 대도시에 이들이 기거를 할 수 있는 판자나 비닐 같은 것으로 만든 판자촌(cardboard cities)이 있다. 센터포인트(Centre Point)나 구세군(Salvation Army) 등이 이들 노숙자들을 위한 일을 하고 있고, 노숙자들이 직접 《빅이슈》*Big Issue*라는 잡지를 팔게 하여 자립의 기회를 마련해 주고 있다.

노숙자 가족

homosexual 동성애

1960년대까지 영국에서도 남자들의 동성애는 불법으로 처벌을 받기도 했다. 현재는 18세 이상이면 용인된다. 미국에서도 몇몇 주가 반대하는 법을 가지고 있지만, 대부분은 용인하고 있다. 동성애가 범법은 아니지만, 아직 많은 사람들은 정상적인 일로 받아들이지 않는다. 여전히 동성애에 대한 차별도 있다. 동성애자 자신들은 '게이'gay라는 말을 쓴다. 미국의 군대에서는 동성애에 대해서 묻지 않는다. 자신들이 먼저 밝히지 않으면 묻지 않는다는 정책을 쓰고 있다.

Hong Kong 홍콩

1997년까지 '영국령 홍콩'이었으나 중국으로 반환하고서는 '중화인민공화국 홍콩특별행정구'(SAR: Special Administrative Region)로 바뀌었다. 인구의 99%가 중국인이고, 그중에도 대부분이 광동인(廣東人)이고, 다른 아시아인들과 영국인, 미국인, 유럽인들이 살고 있다. 영어와 베이징어(北京語)가 공용어지만 일상적으로는 광동어가 많이 통용되고 있다.

1842년 영국과 청나라가 홍콩의 영구할양을 인정하는 난징조약(南京條約)을 체결하여 영국령 식민지 홍콩이 되었다. 1941~1945년에는 일본군에게 점령되었으나 일본이 패망한 뒤 1946년 5월부터는 다시 영국의 식민지가 되었다. 1984년에 영국과 중국은 홍콩반환협정을 체결하여, 1997년에 155년의 식민지 역사를 청산하고 중국으로 반환되었다. 이로써 홍콩은 세계 사상 최초의 1국가 2체제가 이루어지게 되었다. 홍콩은 중국의 대(對) 서방(西方) 협력의 중계지로서 그리고, 근대화를 위한 남쪽 창구로서 기능해왔다. 영국령으로 있는 동안에는 영국 여왕이 임명한 총독이 홍콩을 통치하였다.

홍콩의 경제를 지탱하는 중추 기능은 홍콩의 '국제금융센터화'였다. 1973년부터 환관리(換管理)제도를 폐지하여, 아시아 달러, 아랍 달러, 화교 자금의 집산지였다. 이밖에 미국, 일본, 유럽 여러 나라의 관광객으로부터 거두어들인 관광 수입도 홍콩 경제에 큰 몫을 차지하였다. 최근까지도 홍콩은 중국의 달러 박스였다. 홍콩은 1972년 한 해에 중국으로부터 40억 달러를 수입하였으며, 이것은 중국 외화 수입의 1/4에 해당하는 것이었다. 이밖에도 중국 내의 친지들에 대한 송금, 홍콩 주재 중국계 기업의 수익도 무시할 수 없었다. 홍콩 사회는 영국적인 모습과 중국의 전통적 모습이 혼재해 있다. 영국식 법률·교육제도, 기독교·도교·불교 등의 신앙 및 제례가 혼재하고 있다.

honky-tonk 홍키통크

피아노로 연주하는 미국 흑인들의 래그타임ragtime 뮤직의 한 유형이다. 강렬한 비트의 피아노가 시끄럽게 들리는 음악으로, 전기기타와 베이스, 드럼을 기본으로 편성한다. 20세기 초에 뉴올리언스의 싸구려 바bar나 댄스홀에서 처음 연주되었다.

Honolulu 호놀룰루

미국의 50번째 주, Hawaii의 주도(州都)이다. 미국 태평양 함대의 기지가 있는 진주 만 (Pearl Harbor)이 있고, 와이키키 해변(Waikiki beach)을 비롯한 많은 볼거리들로 관광객들이 찾는 곳이다.

honor roll 오너롤

미국 학교에서 매학기 또는 매년 성적 우수 학생들의 명단이다.

honor society 오너 소사이어티

미국 학교의 성적 우수 학생들의 모임이다. 전국 규모 또는 지역 규모로 되어 있다.

Honourable 경칭의 하나 (= Hon.)

영국에서는 각료나 고등법원의 판사, 하원 의장, 백작 이하의 귀족을 부를 때 이름 앞에 붙여 부른다. 미국에서는 연방 의원이나 주의원 등에 경칭으로 붙인다. 약자는 Hon.이다.

Hooray Henry 후레이 헨리

영국에서 지성미는 좀 떨어져 보이면서도 목소리 크고 활발한 성격에 유행에 민감한 중상류층의 젊은 남자를 가리키는 말이다. 여자는, 후레이 헨리에타Hooray Henrietta라고 한다.

Hoover Dam 후버 댐

네바다Nevada주와 애리조나Arizona주 경계의 콜로라도 Colorado 강에 있는 대형 댐이다. 1935년에 완공되었고, 허버트 후버Herbert Hoover 대통령을 기려서 이름을 지었다. 네바다주와 애리조나주, 남부 캘리포니아주에 전력을 공급한다.

Hoover, John Edgar (1895~1972) **후버, 존 에드가**

FBI를 창설하여 훌륭한 과학 수사 조직으로 만든 사람이다. 1924년부터 50년 가까이 국장을 지내다 사망하였다. 막강한 권한을 가졌을 뿐 아니라 대중의 지지도 받았다. 어느 대통령도 그를 면직할 수 없었다. 많은 사람들에 대한 불법적인 개인 정보를 수집했다는 것이 사후에 밝혀져 인권 침해에 대한 논란이 있었다.

Hooverville 후버빌

미국의 대공황 시절에 도심 주변에 생긴 빈민촌이다. 당시의 대통령 허버트 후버Herbert Hoover의 이름을 따서 불렀다. 많은 실직자, 노숙자들이 기거한 임시 주거지였다.

HOPE(Health Opportunity for People Everywhere) **호프**

개발도상국에 대한 의료지원과 교육을 지원하는 미국의 자선단체이다. 의사와 간호사들의 자원봉사로 이루어지며 개인, 회사 및 정부의 지원을 받아 운영된다. 1958년 SSHOPE라는 병원선으로 활동을 시작한 이 단체는 지금 70여 개국에서 약 백사십만 명 이상의 전문 의료진을 교육하고 있다.

Hope, Bob (1903~2003) **호프, 밥**

영국 출신의 전설적인 미국 코미디언이다. 본명은 레슬리 타운스 호프Leslie Townes Hope이다. 70년 이상을 현역으로 공연을 가졌다. 그는 버라이어티쇼(vaudeville performance)와 라디오, 텔레비전, 영화를 종횡무진 누빈 스타였다. 1938년 영화에 처음으로 출연한 이후 1994년까지 75편의 영화, 475편의 텔레비전 프로그램, 1,000여 회의 라디오 프로그램에 출연하였다. 《빅 브로드캐스트 오브 1938》*The Big Broadcast of 1938*(1938), 《고스트 브레이커스》*The Ghost Breakers*(1940), 《길》*Road* 시리즈(1942~1962), 《창백한 얼굴》*The Paleface*(1948) 등, 수많은 코미디 영화에 출연하면서 '미국 코미디의 황제'라는 별명을 얻었다.

또 전세계를 다니며 해외에 주둔하고 있는 미군들을 위해 위문 공연을 가진 것으로 유명하다. 제2차 세계대전과 한국전쟁, 베트남 전쟁 등, 해외 위문 공연에도 앞장서 1,000만 명에 달하는 미군이 그의 위문 공연을 관람하였다고 한다. 연예 활동 외에 골퍼로서도 유명해 루스벨트Franklin Delano Roosevelt에서 클린턴Bill Cliton에 이르기까지 역대 미국 대통령들의 골프 친구이자 귀빈으로 대접받았고, 1950년대부터 자선 재단을 만들어 각종 자선 사업에도 힘썼다. 오스카상과는 인연이 없어 특별상만을 받았지만, 1969년에 '대통령 자유메달'(Presidential Medal of Freedom)을 받는 등, 2,000여 개의 메달을 받았고, 영국으로부터 명예 기사 작위를 받았다.

Hopkins, Anthony (1937~) **홉킨스, 앤서니**

영국 웨일즈Wales 출신의 영화배우이다. 1968년 〈겨울 사자〉*The Lion in Winter*로 영화에 데뷔하여 현재까지 약 90편의 영화에 출연했다. 1975년까지 알코올 중독으로 폐인이 되다시피 했으나 노력 끝에 다시 카메라 앞에 서게 되었다. 가장 유명한 주연 영화는 조나단 드미Jonathan Demme 감독의 〈양들의 침묵〉*The Silence of the Lambs*(1991)이다. 그는 살인마 한니발 렉터Hannibal Lecter 박사로 출연하여 조디 포스터Jodie Foster가 연기한 FBI 요원 클라리스 스털링Clarice Starling을 자유자재로 요리하는 카리스마적인 연기로 관객을 경악케 만들었고, 오스카 주연상을 거머쥐었다. 이후 시대극에 주로 출연했으며, 〈닉슨〉*Nixon*(1995)에서는 실존 인물 닉슨을 실감나게 연기해내기도 했다. 주요 출연 영화로는 〈엘리펀트 맨〉*The Elephant Man*(1980), 〈심판〉*The Trial*(1992), 〈하워즈 엔드〉*Howards End*(1992), 〈섀도우랜드〉*Shadowlands*(1993), 〈가을의 전설〉*Legends of the Fall*(1994), 〈아미스타드〉*Amistad*(1997), 〈한니발〉*Hannibal*(2001) 등이 있다. 1993년에 기사 작위를 받았다.

Hopkins, Gerard Manley (1844~1889) **홉킨스, 제러드 맨리**

19세기 영국의 시인이자 예수회 사제이다. '도약리듬'(sprung rhythm)이라는 운율 형식을 사용하여 종교적 이상과 자연의 아름다움을 노래하였다. 〈주여, 당신은 진정 옳으십니다〉*Thou Art Indeed Just, Lord*, 〈신의 장엄〉*God's Grandeur*, 〈펠릭스 랜들〉*Felix Randal*, 〈봄과 가을〉*Spring and Fall*, 〈황조롱이〉*The Windhover*, 〈별이 빛나는 밤〉*The Starlight Night*, 〈집 밖의 초롱〉*The Lantern Out of Doors* 등의 시들이 있다. 그의 모든 시는 살아생전에 출간되지 않았다. 친구였던 로버트 브리지스Robert Bridges에 의해 첫 시집이 1918년에 출간되었다. W. H. 오든W. H. Auden과 딜런 토마스Dylan Thomas 같은 20세기 시인들에게 영향을 주었다.

Hopper, Edward (1882~1967) **호퍼, 에드워드**

미국의 도시를 사실적으로 담은 사진으로 유명한 미국 미술가이다. 우울한 거리와 건물 사이에 있는 외로운 사람들의 모습을 자주 보여주었다. 〈이른 일요일 아침〉Early Sunday Morning(1930), 〈야간 근무자〉Nighthawks(1942) 등의 작품이 있다.

Hornby, Albert Sidney (1898~1978) **혼비, 앨버트 S.**

영어 교수로 영어를 배우려는 외국인을 위한 책을 쓴 학자이다. 소위, '혼비영영사전'으로 우리에게 알려진 *Oxford Advanced Learner's Dictionary*의 저자이다. 이 사전은 1948년에 옥스퍼드 대학에서 처음 출간되어 아직도 전세계에서 팔리고 있다.

Horse and Hound **《호스 앤 하운드》**

경마(horse racing)나 사냥 등, 말(horse)과 관련된 이벤트 정보를 싣는 영국의 잡지이다. 1884년에 창간된 주간지이다.

Horse Guards 왕실 근위기병 (= Royal Horse Guards)

1661년에 창설된 영국군 기병부대이다. 블루스 앤 로열(the Blues and Royals)라고도 한다. 매년 여왕의 생일에 군기분열식의 열병식을 거행하고 있다. 근무 교대식(Changing the Guard)이 거행되는 런던의 화이트홀Whitehall에 있는 건물을 가리키기는 말이기도 하다.

horse racing 경마

경마는 수백 년 전부터 현재까지 영국에서 가장 인기 있는 경기이고, 경마 경기가 미국에 도입된 것이 1664년이었으니, 미국에서도 최초로 조직화된 스포츠였다. 경마는 경주 거리, 방향, 기수, 중량 등이 정해진 조건에서 2마리 이상의 말을 달리게 하여 승부를 겨루는 경기에 관객이 돈을 걸어 즐기는 성인 레저이다.

오늘날과 같은 형태의 경마는 중세 영국에서 사냥(hunting)을 모체로 발전하였다고 한다. 말을 타고 들로 나가 여우나 토끼를 사냥하는 스포츠로, 절대주의 왕조가 확립된 후 왕족과 귀족들 사이에서 인기를 모았다. 그것은 각자가 가지고 있는 말의 능력을 겨루게 하였고, 자기의 기마술(horse riding)을 과시하는 방법이기도 하였다.

경마(horse racing)라는 용어는 1174년 영국의 헨리 2세 때 미스필드에서 개최된 경주에서 처음 사용되었다고 한다. 1540년에는 전용 시설인 경마장이 체스터Chester에 등장하였다. 찰스 2세는 경마를 참관하여 상금을 하사하였고, 스스로 말을 타고 달릴 정도로 경마에 열중하여 '경마의 아버지'라 할 정도였다. 1750년경 뉴마켓New Market을 본거지로 자키 클럽Jockey Club이 경마 관계자들에 의하여 조직되었고, 영국의 경마를 통괄하는 기관으로 자리잡아 갔다.

1780년대에 현대 경마의 기원인 더비Derby 같은 클래식 경기들이 차례로 창설되어, 19세기 초에는 오늘날과 같은 형태로 발전하였다. 영국에서 발전한 경마는 18세기 말부터 19세기 초에 프랑스를 중심으로 유럽을 거쳐 오스트레일리아, 남아프리카공화국, 미국 등지로 전해졌다.

the hostage crisis 인질 위기

이란 학생들이 테헤란에 있는 미대사관에서 66명의 미국인들을 납치해 1979년에서 1981년까지 열네 달 이상을 억류했던 사건으로 그들은 미국 법정에 선 전 이란 국왕의 반환을 요구했다. 그 당시 미국 대통령이었던 지미 카터Jimmy Carter는 억류된 자들을 구하기 위해 1980년에 미군을 파병했지만 작전은 실패하고 작전 도중 8명의 미군이 전사하였다. 이 사건을 계기로 1980년 미국 대통령 선거에서 지미 카터가 떨어지고 로널드 레이건Ronald Reagan이 당선되었다. 억류되었던 사람들은 레이건 대통령 취임식 날인 1981년 1월 20일 석방되었다.

hot dog 핫도그

빵 속에 소시지를 넣고, 양파나 겨자 등을 얹어 먹는 대중 음식이다.

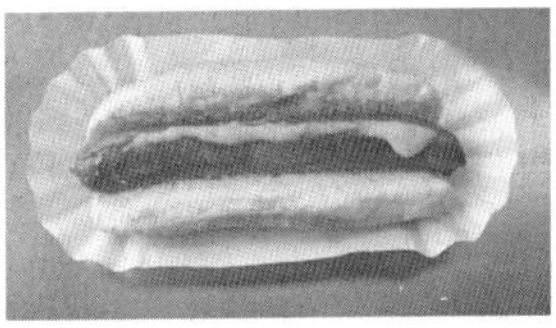

Hotline 핫라인

위급한 상황에서 전쟁을 막기 위해 두 나라의 정상간에 직통으로 연결되는 통신이다. 1963년 미국의 케네디(John F. Kennedy) 대통령과 구 소련의 후루시초프(Kikita Khrushchev) 서기장 사이에 처음 개설되었다. 이후 긴급 시를 대비한 직통 전화를 가리키는 일반 용어로 쓰였다.

House of Commons 영국 하원

입헌군주제인 영국은 사실상 하원의 다수 의석을 확보한 정당이 내각을 구성하여 행정을 담당하고 있다. 실질적으로 하원이 법제와 행정을 주도하고 있다. 현재 하원은 659개의 선거구에서 659명의 하원의원을 선출한다. 하원의 모든 의석을 새로 선출하는 총선은 적어도 5년에 한 번 있다.

House of Hanover 하노버 왕가

1701년의 '왕위계승법'에 의하여 앤Anne 여왕이 죽은 뒤, 독일의 하노버가(家)에서 영입한 조지 1세에서 시작되는 왕가이다. 조지 1세와 조지 2세는 독일 출생으로, 영국 정치에 관심이 적어 의회 정치의 발달을 촉진하였다. 다음의 조지 3세는 왕권의 회복을 도모하고 의회를 장악하였으나, 미국을 독립시켜 주게 된다. 그뒤 조지 4세, 윌리엄 4세를 거쳐 빅토리아 여왕이 즉위하면서 영국의 최고 번영기를 맞이한다. 다음 에드워드 7세가 즉위하면서 색스 코버그 고타Saxe-Coburg-Gotha 왕가라 개칭하였으나, 독일계 명칭인데다 제1차 세계대전으로 독일이 적국이 됨에 따라, 조지5세시대인 1917년에 윈저Windsor 왕가로 개칭하여 현재에 이르고 있다.

House of Lords 영국 상원

영국의 세습 귀족들, 일대 귀족들, 두 명의 대주교, 영국성공회 소속 24명의 주교 등으로 구성되어 있다. 현재 의원은 약 1,200명이고, 이 가운데 300명 정도가 통상적으로 출석하여 상원 업무에 관여하고 있다.

House of Representatives 미국 하원

미국의 연방의회(Congress)는 상하 양원으로 구성되어 있다. 하원의원은 총 435명으로, 임기가 2년이고, 피선거권은 25세 이상이다. 미국 시민이 된 지 7년 이상이어야 하며, 자기 주에 반드시 거주하는 사람이어야 한다. 각 주마다 2명씩 선출하는 상원과 달리 인구 비례로 선출하고 있다.

the House of Stuart 스튜어트 왕조

1371년에서 1714년까지 스코트랜드 왕과 여왕을 배출한 가문이다. 영국의 엘리자베스 1세가 후계자 없이 1603년에 죽었을 때 여왕의 친척인 스코트랜드의 제임스 6세가 영국의 왕인 제임스 1세가 되었다. 1714년 하노버(Hanover)왕조를 영국 왕조로 만든 왕위계승령(the Act of Settlement)이 내릴 때까지 스튜어트 왕조는 영국과 스코트랜드의 왕과 여왕의 직을 이어갔다.

House of Windsor 윈저 왕가

1917년부터 현재까지 영국 왕가의 이름이다. 1901년에 하노버 왕가의 여왕 빅토리아가 죽자, 장남인 에드워드 7세가 왕위를 이었는데, 1917년에 윈저 왕가로 이름을 지었다. 빅토리아의 남편은 앨버트 공(1819~1861)이다. 에드워드 7세(재위 1901~1910), 조지 5세(재위 1910~1936), 엘리자베스 2세(재위 1952~현재)로 이어지고 있다.

House of York 요크 왕가

1461년부터 1485년까지 에드워드 4세와 에드워드 5세, 리처드 3세까지 이어진 영국의 왕가이다. 에드워드 3세의 셋째 아들과 다섯째 아들의 계통으로, 넷째 아들로부터 나온 랭커스터 왕가(House of Lancaster)에 대해 왕위를 요구하며 '장미 전쟁'을 일으켰다. 전쟁 중이던 1461년에 제4대 공작 에드워드가 헨리 6세를 쓰러뜨리고 에드워드 4세로 왕위에 오르면서 요크 왕가를 창설하였다. 그뒤에 맏아들인 에드워드 5세가 왕위를 이었으나, 숙부 리처드 3세가 왕위를 빼앗았다. 그러나 리처드 3세는 보즈워스(Bosworth Field) 전투에서 랭커스터 왕가의 리치먼드Richmond 백작(나중에 헨리 7세로 즉위함)에게 패하고 죽음으로써, 요크 왕가의 지배는 끝났다.

Household Cavalry 영국 기병대 (= household division/troops)

근위병(Life Guards)과 근위기병(the Blues and Royals)으로 구성된 영국군 부대이다. 영국 여왕을 호위하는 임무를 맡고 있다.

houses in Britain 영국의 주택

영국의 전통적인 주거 형태는 2층이다. 아래층에는 거실과 부엌, 위층에는 침실과 기타 방, 그리고 화장실이 배치되어 있다. 대부분의 저소득층들은 '플랫'flat이나 '테라스 하우스'terraced house에 거주한다. 일반적으로 중산층은 세미디테치트semi-detached 주택 이상에 산다. 원룸형인 '스튜디오 플랫'studio flat을 제외하면 대개 침실(bedroom) 외에 거실이 따로 있다. 부동산 광고에서는 bedroom 개수를 기준으로 한다.

영국의 terraced house

플랫'flat'은 단층 구조의 다가구 주택을 가리키는 말이다. 한국의 아파트와 같다. 일반 private flat인 경우 한 건물에 대개 10가구 미만인 경우가 많다. 우리의 연립주택과 같은 테라스 하우스'terraced house'는 18-9세기 산업혁명 과정에서 노동자들을 대단위로 수용하기 위해 고안된 주거 형태이다. 대개 2-3층의 flat으로, 좌우로 길게 벌린 형태로 나란히 배치되어 있다. 'detached house'는 한국식으로 말하면 단독주택이다. 모두 2층 구조에 사방으로 창이 있다. 가장 고급 형태로 인식되며, 대개 정원도 갖추고 있다. 'semi-detached house'는 'detached house'의 변형된 형태로 두 가구가 나란히 붙어 있다. 'studio flat'는 우리나라의 원룸 형태의 집이다. 대개 가격이 저렴하지만, 직장인을 대상으로 시설을 고급화한 경우는 가격이 높다.

houses in the U. S. 미국의 주택

미국은 땅이 넓은 나라여서 그런지 사람들은 대도시보다는 중소도시나 전원에 살기를 선호한다. 그래서 미국에는 2층 구조의 단독주택인 'detached house'가 많다. 정원이 딸린 넓은 집이다. 영국의 'semi-detached house'와 비슷하게 두 가구가 붙은 단독주택인 'duplex house'도 있다. '랜치 스타일 하우스'ranch-style house는 단층으로 된 단독주택이고, 부자들은 맨션mansion이라고 하는 큰 저택에서 산다.

도시에서는 많은 사람들이 고층 아파트(apartment /apartment building)에서 산다. 하지만, 미국의 아파트는 소유주 한 사람이 아파트를 관리한다. 소위 월세 아파트이다. 한국의 아파트처럼 각 세대가 자기 집의 소유자인 것은 콘도미니엄condominium이라고 한다. 방이 하나 있는 아파트를 '스튜디오'studio 또는 '로프트'loft라고 한다. 소위 우리가 말하는 '원룸형' 아파트이다. 또 많은 사람들이 이동식 가옥인 '모바일 홈'mobile home를 가지고 있는데, 이름과는 달리 '트레일러 파크'trailer park에 세워두고 살면서 잘 옮기지 않는다.

이동식 가옥인 mobile home

Houses of Parliament 영국 의회

상원(House of Lords)과 하원(House of Commons)으로 구성된 양원제로 되어 있다. 양원이 들어 있는 의회 건물을 '웨스트민스터 궁전'(Palace of Westminster)이라고 하는데, 하원 쪽 선물의 시계탑 '빅벤'Big Ben으로 잘 알려져 있다. (Parliament 편에 더 자세한 설명을 보라.)

Housing association 주택협회

자력으로 주택을 구입할 능력이 안 되는 영세 가구와 노년층, 장애인, 독신들에게 임대주택을 공급하는 영국의 지방기관이다. 이 주택협회는 영국 전역에 약 2,800여 개가 있다. 미국에도 이와 같은 기관인 'housing authorities'가 있다. 미국의 주택도시개발부의 지원을 받고 있다.

housing benefit 주택 기금

저소득층에 주택 임대료를 지원해 주는 정부 기금이다. 가족 수와 실제 소득에 따라 지원금이 달라진다.

Houston 휴스턴시

미국 텍사스주의 가장 큰 주이자, 미국에서 4번째로 큰 도시이다. 멕시코 만 (Gulf of Mexico)과 연결되어 산업과 문화, 금융의 중심지이다. 특히 석유 산업의 중심이다. 라이스 대학(Rice University)와 휴스턴 대학(University of Houston)이 있고, 린든 B. 존슨 우주센터Lyndon B. Johnson Space Center가 있다.

Houston, Whitney (1963~) 휴스턴, 휘트니

배우로도 활동하는 미국의 흑인 인기 여가수이다. 어려서 교회의 성가대에서 활동했고, 어머니와 함께 나이트 클럽에서 노래를 부르기도 했다. 1985년에 데뷔 앨범 《휘트니 휴스턴》*Whitney Houston*을 발표했는데, 1천 3백만 장이 팔리면서 수록곡 〈유 기브 굿 러브〉 *You give good love*, 〈세이빙 올 마이 러브 포유〉 *Saving all my love for you*, 〈그레이티스트 러브 오브 올〉 *Greatest love of all* 등 3곡의 싱글을 빌보드Billboard 싱글차트 넘버 1에 올리는 성공을 거둬 일약 가요계의 검은 진주로 데뷔했다. 이런 성공으로 1986년에 그래미Grammy상을 받았다. 1987년 두 번째 앨범 《휘트니》*Whitney* 역시 차트 넘버 1에 올려 팝 역사상 유례없는 성과를 올리며 1980년대 최고의 가수가 되었다. 출연 영화로는 〈보디가드〉*The Bodyguard*(1993), 〈프리처스 와이프〉*The Preacher's Wife*(1997) 등이 있다.

Howards End《하워즈 엔드》

영국의 소설가 E. M. Foster가 1910년에 발표한 소설이다. 국왕 에드워드Edward시대에 두 중산층 가족의 이야기를 그리고 있다. 하워즈 엔드Howards End는 헨리 윌콕스Henry Wilcox 가족이 살고 있는 집인데, 이 집의 상속을 둘러싼 이야기가 메인 플롯이다. 1992년에 제임스 아이보리James Ivory 감독이 영화로 만들었다.

HP (Hewlett-Packard) 휴렛팩커드

컴퓨터, 인터넷 · 인트라넷 솔루션, 통신 제품 및 측정 솔루션 등, 여러 첨단 정보사업 분야에서 탁월한 성능과 서비스로 세계적인 명성을 얻고 있는 미국의 초우량 글로벌 기업이다. 1939년 스탠퍼드 대학과 매사추세츠 공과 대학 출신의 엔지니어 빌 휴렛Bill Hewlett과 대학 동창인 데이비드 패커드David Packard가 차고를 빌려 음향발진기(Resistance Capacity Audio Oscillator)를 생산해낸 데서부터 시작되었다. 1950년에는 종업원 150명에 생산 제품 70종으로 성장하였고, 1960년대에는 컴퓨터와 계측기를 접목시킨 첨단계측기를 개발하며 계속 발전하였다. 미국 실리콘밸리의 벤처 기업(벤처비즈니스) 1호로서, 휴렛과 패커드가 연구를 위해 처음 작업을 시작한 차고는 정보혁명의 산실로서 '실리콘밸리의 탄생지(Birthplace of Silicon Valley)'라는 이름으로 유적지가 되었다. 캘리포니아 주정부는 이곳을 사적지 제976호로 지정하여 보존하고 있다.

HSBC (Hongkong & Shanghai Banking Corp.) 홍콩상하이 은행

세계적인 종합 금융 그룹인 HSBC 그룹 최대의 자회사이다. 1865년에 홍콩에 진출한 스코틀랜드 상인들이 중심이 되어 설립하였다. 1950년대 중반까지는 홍콩을 거점으로 성장하다가 1965년부터 홍콩과 상하이에서 업무를 시작하였다. 1959년에 영국중동 은행(British Bank of the Middle East)과 상업 은행(Mercantile Bank)을 인수하였다. 1992년에 영국의 미들랜드 은행(Middleland Bank)을 인수하여, 세계 최대 규모의 은행 및 금융 서비스 기관 가운데 하나가 되었다. 2000년에는 프랑스의 주요 은행 가운데 하나인 프랑스신용상업 은행(CCF)을 인수하여 유럽 지역에도 확고한 기반을 마련하였다. 지주회사인 HSBC 그룹은 2000년 현재 80개 국가 및 영토에 6,500개 이상의 지점을 운영하고 있다. 은행 본사는 홍콩에, HSBC 그룹의 본사는 런던에 있다.

http (hypertext transfer protocol) 에이취티티피

인터넷 상에서 웹 서버와 클라이언트 브라우저 간의 문서를 전송하기 위해 사용되는 프로토콜로서, 인터넷에서 하이퍼텍스트hypertext 문서를 교환하기 위하여 사용되는 통신규약이다. 하이퍼텍스트는 문서 중간 중간에 특정 키워드를 두고 문자나 그림을 상호 유기적으로 결합하여 연결시킴으로써, 서로 다른 문서라 할지라도 하나의 문서인 것처럼 보이면서 참조하기 쉽도록 하는 방식을 의미한다. http는 1989년 팀 버너스 리Tim Berners Lee가 처음 설계하여 인터넷을 통한 월드 와이드 웹world wide web 기반에서 전세계적인 정보 공유를 이루는 데 큰 역할을 하였다. 인터넷 주소를 지정할 때 'http://www....'와 같이 쓰는 것은 'www로 시작되는 인터넷 주소에서 하이퍼텍스트 문서의 교환을 http 통신 규약으로 처리하라'는 뜻이다.

Hubble Space Telescope 허블 망원경

1990년 미국 우주센터 NASA에 설치된 대형 우주 망원경이다. 천문학자 에드윈 허블Edwin Hubble의 이름을 따서 지었다. 설치된 지 3개월만에 3억 개의 별들이 모인 블랙홀black hole을 발견했다.

Hubble Space Telescope

Hubble, Edwin (1889~1953) 허블, 에드윈

우주가 점점 커지고 있음을 처음 밝힌 미국의 천문학자이다. 1923년에 우리 은하계 저편에 다른 은하계들이 존재하고 있음을 발견하고, 1929년에는 우주의 은하계들이 일정하게 점점 멀어지고 있음을 발견한 것이다. 이것을 '허블의 법칙'(Hubble's Law)이라 한다.

Hudson, Henry (1550~1611) 허드슨, 헨리

영국의 항해 탐험가였다. 1609년 네덜란드 동인도 회사의 청탁으로 새 항로를 개척하면서 아메리카 대륙에 이르렀고, 이어 허드슨 강(Hudson River)을 발견하였다. 이듬해에는 캐나다 북방을 탐험해서 허드슨 만(Hudson Bay) 일대를 발견하여 영국의 북캐나다 지배의 기반을 닦았다. 그러나 승무원들의 반감을 사 12살 난 자신의 아들 존John, 7명의 동지들과 함께 작은 보트에 실린 후 행방불명이 되었다.

Hudson, Rock (1925~1985) **허드슨, 록**

할리우드 스타로는 최초로 자신이 에이즈AIDS 환자임을 대중에게 밝히고 사망한 배우이다. 그는 강인한 이미지의 배역을 많이 연기한 배우이다. 그가 주연한 〈자이언트〉*Giant*(1956)는 우리에게도 잘 알려진 명작이다.

Hughes, Langston (1902~1967) **휴스, 랭스턴**

뉴욕의 할렘 르네상스Harlem Renaissance를 주도한 흑인 시인이다. 흑인의 리듬을 시에 잘 표현하였다. 〈위어리 블루스〉*The Weary Blues*(1926), 〈원 웨이 티켓〉*One Way Ticket*(1949) 등의 시가 있다. 소설과 희곡도 썼다.

Hughes, Ted (1930~1998) **휴스, 테드**

영국의 시인으로 자연의 아름다움과 폭력성을 함께 그린 시들을 썼다. 〈빗속의 매〉*The Hawk in the Rain*(1957), 〈까마귀〉*Crow*(1970), 아동 시집 《철인》*The Iron Man*(1968)도 썼다. 1984년에 계관시인(Poet Laureate)이 되었다. 1960-70년대 미국 여성운동의 상징이었던 실비아 플라스Sylvia Plath가 그의 첫 부인이다.

Hume, David (1711~1776) **흄, 데이비드**

18세기 영국의 철학자이자 역사학자로, 영국 최고의 사상가로 꼽힌다. 스코틀랜드 에든버러에서 출생하여 에든버러 대학교 법학부를 졸업하였다. 졸업 후 기업에 근무하다 1734년에 사직하고 프랑스에서 문학과 철학을 공부하며 자신의 주 저서인 《인성론》*A Treatise of Human Nature*을 집필하여 1740년까지 3권을 완간하였다. 인간은 도덕의 밑바닥에 있는 공감(sympathy)을 바탕으로 상호간에 주고받는 쾌락이나 고통 같은 감성과, 상호간의 덕성을 판정하는 시인과 비난의 감정을 얻는다고 하였다. 1754년부터 1762년까지는 《잉글랜드의 역사》*History of England*를 집필하였다. 생전에 그의 사상은 많은 존경을 받았지만, 불가지론자(agnostic 不可知論者)로 의심을 받아 대학 교수직을 얻지 못한다.

Humor 유머

유머감각(sense of humor)은 인생의 즐거운 면을 보는 것인데, 영미인들은 유머감각을 필수적인 것으로 여긴다. 영미문화에서 풍자(satire)나 카툰(cartoons) 또는 코믹스트립(comic strips) 같은 '만화', 조크(jokes), 희극쇼(comedy show)가 발달한 것도 그런 맥락이다.

Humpty Dumpty 험프티 덤프티

《이상한 나라의 앨리스》*Alice in Wonderland*의 저자 루이스 캐럴Lewis Carroll의 또 다른 저서 《거울나라의 앨리스》*Through the Looking Glass*에서 소녀 주인공 Alice가 거울나라에서 만나는 '달걀 모양의 캐릭터'이다.

험프티 덤프티와 만나는 앨리스

Hundred Years War 백년 전쟁

1342년부터 1453년까지 백년 간에 걸친 영국과 프랑스의 전쟁이다. 프랑스 출신 노르망디 공이 영국을 정복한 이래 영국 왕은 프랑스 내에 광대한 영토를 소유하였고, 이를 회복하려는 프랑스 사이에서 언제나 전쟁과 대립이 그치지를 않았다. Edward 3세 때 크래시Crécy 전투(1346)를 영국이 승리하고, 헨리 5세 때는 아쟁쿠르Agincourt 전투(1415)에서도 승리하여, '왕태자 샤를르Charles의 왕위계승권을 부인하고, 헨리 5세가 샤를르 6세의 딸 캐더린 Catherine과 혼인하여 프랑스의 왕위 계승자가 되는' 트루아조약(Treaty of Troyes)을 체결하고 휴전한다. 1428년에 영국은 또 프랑스 전체를 지배하려고 남하하여, 프랑스군은 큰 위기에 처한다. 이때 나타난 사람이 잔다르크 Jeanne d'Arc였다. 잔다르크는 왕태자와 프랑스군 지휘관, 병사들에게 자신감을 주고, 샤를르 7세의 대관식을 거행하였다. 이후 그녀는 영국군의 포로가 되어 마녀로 규정되어 화형에 처해진다. 그녀가 죽은 뒤에도 전쟁은 프랑스군에 유리하게 되어갔으며, 마침내 프랑스는 1450년에 노르망디 Normandy에서 승리하고, 1453년에는 카스틸로Castillon 전투에서 승리하면서 백년 전쟁은 끝나게 된다. 이로써 영국은 칼레시Calais만 남기고 프랑스에서 철수하였다.

Hunt, Holman (1827~1910) **헌트, 홀만**

라파엘 전파(前派)의 영국 화가이다. 주로 전원풍경이나 성경에 나오는 이야기의 장면들, 도덕적 메시지들을 그렸다. 그의 두 그림 〈세상의 빛〉*The Light of the World*(1854)과 〈속죄양〉*The Scapegoat*(1855)는 유명하다.

Hush Puppies **허쉬 퍼피즈**

다양한 형태로 제작되는 영국의 캐주얼 가죽 신발 상표이다.

hush puppy **허쉬 퍼피**

미국의 남부 지역에서 주로 먹는 생선 요리이다. 옥수수 가루로 생선을 둥글게 덮어서 튀긴 것이다. 본래 'hush puppy'라는 개들이 시끄럽게 짖어대어 이 요리를 던져주니 조용해졌다는 데서 그 이름을 붙였다고 한다.

Huston, John (1906~1989) **휴스턴, 존**

미국의 영화감독이다. 영화배우 월터 휴스턴Walter Huston의 아들이다. 육군사관학교를 졸업하고, 권투 선수, 작가, 시나리오 작가 생활을 하다가 영화감독이 되었다. 데뷔작 〈몰타의 매〉*The Maltese Falcon*(1941)에 이어 〈시에라 마드르의 황금〉*The Treasure of the Sierra Madre*(1948)으로 오스카 감독상 · 각본상을 수상하면서 유명 감독이 되었다. 〈아스팔트 정글〉*Asphalt Jungle*(1950), 〈아프리카의 여왕〉*The African Queen*(1952), 〈백경〉*Moby Dick*(1956) 등이 대표작으로 꼽힌다. 〈프리지스 오너〉*Prizzi's Honor*(1985)에서는 그의 딸 알젤리카 휴스턴Anjalica Huston이 출연하여 오스카 여우주연상을 받았다.

Huxley, aldous (1894~1963) **헉슬리, 앨더스**

20세기 영국의 작가로 유명한 소설 《신세계》*Brave New World*(1932)를 썼다. 그의 집안은 영국에서도 유명한 명문가문이다. 할아버지인 토마스 헨리 헉슬리Thomas Henry Huxley(1825~1895)는 생물학자로 다윈의 진화론을 공개적으로 지지한 학자이다. '불가지론자'라는 뜻의 '애그노스틱'agnostic이라는 말을 지은 사람이다. 그의 아버지 레너드 헉슬리Leonard Huxley(1860~1933)도 작가였고, 형인 줄리안 헉슬리Julian Huxley(1887~1975)는 생물학자로 유네스코UNESCO 위원장을 역임하였다. 동생인 앤드류 헉슬리Andrew Huxley(1917~)는 1963년에 노벨상을 받은 과학자이다.

Hyde Park **하이드 파크**

영국 런던의 중심에 있는 큰 공원이다. 160헥타에 이르는 대규모의 공원이다. 공원의 중심부에는 보트놀이를 할 수 있는 서펜타인Serpentine 호수가 있고, 승마를 할 수 있는 트랙인 로튼 로우Rotten Row와 종교와 사상을 초월하여 자기 마음대로 아무 이야기나 자유롭게 할 수 있는 스피커스 코너Speakers Corner 등이 있다.

Hymns Ancient and Modern **찬송가**

영국국교 교회의 예배에서 사용되는 찬송가집. 1861년 공식적으로 첫 출판되어 오늘날 많은 교회에서 사용하고 있다.

I

I-9 form 고용확인서

미국에서 일자리를 얻었다는 증명서로, 고용주로부터 발급받는다. 미국 이민국은 미국에 취업을 하는 모든 외국인에게 이 '고용확인서'를 요구한다.

IBM (International Business Machines) 아이비엠

1911년에 설립된 미국의 컴퓨터, 정보기기 제조 업체이다. 전세계 164개 국에 진출하고 있는 다국적 기업으로 세계 컴퓨터 시장의 약 50%를 지배하고 있다. 1933년에는 세계 최초의 전동타자기를 개발하였고, 뉴딜정책으로 확대된 PCS 시장의 85%를 독점하였다. 제2차 세계대전 중에는 무기도 생산하여 비약적으로 발전하였다.

1960년에는 종래의 진공관(vacuum tube)식을 대신하는 제2세대의 트랜지스터transistor식 계산기를, 1964년에는 집적회로(IC)를 사용하는 제3세대 시스템/360을 발표하였다. 1981년에 IBM PC를, 1993년에는 '파워 PC 워크스테이션'Power PC Workstation을 발표하면서 정보처리, 기억, 재생 등에 필요한 장비들도 생산한다.

8년 연속 미국에서 특허 등록을 가장 많이 한 기업으로 선정되었으며, 9개 연구소에 3,000여 명의 박사급 연구원을 보유하고 있고, 5명의 노벨상 수상자가 나왔다. 2001년 현재 164개 국에 30만 명의 직원이 있다.

Icahn, Carl (1936～) 아이칸, 칼

미국 항공사 TWA(Trans World Airlines) 트랜스월드 항공의 회장이다. 기업 사냥꾼이라는 말을 들을 정도로 기업인수합병(M&A)을 통한 매매로 이익을 챙기는 데 귀재이다.

ID card 신분증 (= identification)

미국인들은 대체로 운전면허증(driver's license)이나 신분증(official ID)을 가지고 있다. 신분증이나 운전면허증에는 사진과 생년월일, 키, 몸무게, 눈 색깔, 머리 색깔, 본적, 서명 등이 들어 있다. 술을 살 때나 수표를 사용할 때, 이런 신분증 제시를 요구받는다. 영국인들은 공식 신분증이 없다. 정부에서 모든 개인들에게 신분증을 가지고 다니도록 강요하는 것은 옳지 않다고 생각한다. 신분을 증명할 필요가 있을 때는 보통 운전면허증이나 출생증명서(birth certificate), 여권(passport)을 보여준다.

Idaho 아이다호주

1803년에 프랑스로부터 구입한 미국 북서부 지역으로, 1890년에 주(state)가 되었다. 은(silver)을 비롯한 광물이 풍부해서 보석주(Gem State)라는 별명으로 불린다. 미국이 생산하는 감자의 1/4이 이 지역에서 난다.

Idylls of the King 〈왕의 목가〉

19세기 영국의 시인 알프레드 테니슨 경(Alfred, Lord Tennyson)이 1885년에 발표한 연작시이다. 전설의 아서 대왕과 원탁의 기사들 이야기를 노래하고 있다. 발표 당시(빅토리아여왕시대)에 상당히 인기 있었다.

If 〈이프〉

루드야드 키플링Rudyard Kipling이 1910년에 발표한 시이다. if로 시작하는 문장으로 소년에게 남자가 되는 법을 충고하고 있다. 빅토리아여왕시대의 관념에 비추어, 몸과 마음, 정신을 잘 다스리라고 권하고 있다. 이 시는 영국인들이 가장 좋아하는 시로 뽑힐 정도로 애송되고 있다.

Ike 아이크

미국 아이젠하워(Dwight D. Eisenhower) 대통령의 별명이다.

Illinois 일리노이주

미국 중서부의 주로, 최대 도시가 시카고이고, 주도는 스피링필드Springfield이다. 링컨 대통령이 스피링필드에서 변호사 활동을 했다. 석탄 산업이 발달하고, 옥수수와 밀을 많이 재배하고 있다.

Immigration 이민

미국은 이민의 나라이다. 아메리카 인디언을 제외하고 미국에 살고 있는 사람들은 모두 이민자들이다. 미국인들은 조상들이 '아메리칸 드림'American Dream을 꿈꾸며 전세계에서 모여들어 고생 끝에 이룩한 이민의 국가라는 자부심을 가지고 있다.

16세기 후반에 영국의 청교도들이 처음으로 북미 대륙에 건너가기 시작하여, 스페인 사람들이 남미 대륙으로 건너갔고, 이어 네덜란드, 독일 사람들도 북미로 건너갔다. 미국이 독립을 하면서 헌법으로 1808년까지 이민에 제한을 두지 않았다. 이민이 가장 많았던 시기는 1800년부터 1917년경까지인데, 초기에는 영국과 독일에서 많이 왔고, 중국인들도 캘리포니아로 쏟아져 들어왔다. 후반에는 이탈리아인, 아일랜드인, 동유럽 국가 사람들, 스칸디나비아 쪽 사람들이 주로 많이 왔다. 독일과 동유럽에 있던 유태인들도 이때 많이 왔다. 제1차 세계대전 직전까지 해마다 거의 백만 명씩 이민을 왔다.

1917년에 '이민법'(Immigration Act)이 제정되어 이민 국가와 이민자 수를 제한하게 된다. 이민국(INS)이 '그린카드'green card라고 하는 이민 비자(Immigrant visa)를 선별하여 발급하게 되면서, 이민자의 수는 급격히 감소하였다.

영국에는 역사적으로 많은 사람들이 유입되었으나, 이민이 사회 문제가 된 것은 1960년대 들어서였다. 제2차 세계대전이 끝나면서 노동자들이 많이 필요했고, 영연방 국가들의 시민들은 제한 없이 입국이 허용되었다. 주로 카리브해 지역, 인도, 파키스탄, 방글라데시 등지에서 많이 왔다. 이들은 주로 임금이 낮은 병원이나 섬유 업체, 운송 회사 같은 곳에서 일자리를 잡았다. 1962년까지 50여만 명이나 들어왔고, 나중에는 이들의 가족들까지 들어왔으니 수는 훨씬 불어났다. 더 이상 영국 내에 일자리가 없게 되자, 1962년에 '영연방이민법'(Commonwealth Immigration Act)이 제정되어 영연방 국가들의 영국 이민도 제한된다. 현재까지 영국의 이민은 엄격히 관리되고 있다.

영국과 미국의 사회는 이민에 있어서 정도의 차이는 있지만, 다양한 민족들이 함께 살아온 경험을 공통적으로 가지고 있어서, 문화의 다양성 또는 다원주의(pluralism)를 흔쾌히 수용하는 장점을 가지고 있다. 이것은 양국이 서로 역사적 시차를 두고 인류 발전에 이바지하고 있는 원동력이라고 볼 수도 있다. 물론, 소수민족 이민자들에 대한 인종 차별(racism)적인 모습들도 존재하고 있음을 간과할 수는 없다.

Impeachment 탄핵

미국에서 대통령을 포함한 모든 공직자가 법률에 위반되는 일을 했을 때 공직에서 물러나게 하는 절차를 말한다. 닉슨(Richard Nixon) 대통령이 워터게이트Watergate사건으로 하원법사위원회(House Judiciary Commission)가 탄핵을 결의하자 사임한 전례가 있다. 1868년에 앤드루 존슨 Andrew Johnson 대통령 때 상원이 처음으로 탄핵을 결의했지만 사임하지 않았고, 두 번째는 1999년 빌 클린턴 Bill Clinton 대통령 때 하원이 탄핵을 결의했지만, 무죄 판결로 사임하지 않았다.

Imperial College London 런던 임페리얼 칼리지

런던 대학(London University)의 단과 대학으로 1907년에 설립되었다. 임페리얼 과학기술 대학(Imperial College of Science and Technology)이라고도 한다. 기초과학과 의학, 공학 등의 전공 과정이 우수하다.

The Importance of Being Earnest 《진지함의 중요성》

19세기 영국의 극작가 오스카 와일드Oscar Wilde가 써서 1895년에 초연한 희극(comedy play)이다. 젊고 잘생긴 청년 잭(Jack Worthing)은 브랙크넬 부인(Lady Bracknell)의 딸과 결혼하기를 원하지만, 부인이 반대한다. 나중에는 잭의 진짜 이름이 '어네스트 존 몬크리프'(Earnest John Moncrief)이고, 명문가 출신임이 밝혀진다. '진지함'(Being Earnest)은 작품에서 아주 중요하다. 진지하지 못하고 타락한 사회를 비판하고 있는 것이다. 영국에서는 요즘도 아마추어 배우들 사이에 자주 공연되는 작품으로, 지적인 유머와 코믹한 상황으로 인해 많은 사랑을 받고 있다.

In Cold Blood 《인 콜드 블러드》

20세기 미국 소설가 트루먼 카포티Truman Capote가 1966년에 발표한 실화 소설이다. 1959년 캔자스주 한 농가의 4가족이 살해된 사건을 이야기하고 있다. 작가는 이들을 살해한 남자들을 감옥에 찾아가 이야기하고 있다. 소설은 이들이 교수형에 처해질 때까지의 이야기를 담고 있다. 이런 사건 실화가 장편소설로 쓰여진 건 처음이었다. 1967년에 리차드 브룩스Richard Brooks 감독이 같은 제목으로 영화로도 만들었다.

In Memoriam 〈인 메모리앰〉

1850년에 발표된 알프레드 테니슨 경(Alfred, Lord Tennyson)의 유명한 시이다. 22살에 요절한 친구 아서 헨리 핼럼Arthur Henry Hallam을 추억하며 쓴 시이다. 삶과 죽음에 대한 공포와 슬픔, 인생에 대한 회의 같은 것을 잘 표현하고 있다.

Inauguration Day 대통령 취임일

4년에 한 번씩 대통령에 당선된 사람이 취임하는 날이다. 1월 20일이다. 이날 대통령과 부통령은 취임 선서(Oath of Office)를 하고, 대통령은 취임 연설(Inaugural Address)을 한다. 이어서 취임식을 올린 워싱턴의 의사당 광장에서 '펜실바니아 에비뉴'Pennsylvania Avenue를 따라 백악관까지 퍼레이드를 한다.

Independence Day 미국 독립기념일 (= the Fourth of July)

미국이 영국으로부터 독립한 것을 기념하는 날인 7월 4일로 공휴일이다. 1776년 대륙의회(Continental Congress)가 독립 선언(Declaration of Independence)을 승인한 날이다. 전국에서 성조기를 올리고, 야외 파티를 하고, 행진을 하고, 불꽃놀이를 하며 자축한다.

7월 4일의 퍼레이드

Independence Hall 미국 독립기념관

미국 펜실베이니아주 필라델피아Philadelphia시에 있다. 1732년에 펜실바니아주 의사당으로 세웠는데, 전형적인 영국 건축 양식을 띠고 있다. 1776년 7월 4일에 이 건물에서 대륙의회(Continental Congress)가 독립선언문(Declaration of Independence)을 통과시켰고, 1787년에는 미국 헌법(U. S. Constitution)이 통과, 제정되었다. 미국 역사에서 가장 중요한 의미를 가진 건물이다. 영국에서 만들어 준 '자유의 종'(Liberty Bell)이 보관되어 있다. 1979년에 세계문화유산(World Heritage Site)으로 지정되었다.

미국 독립기념관

The Independent 《인디펜던트》

1986년에 창간된 영국의 일간지이다. 어떤 특정 정당에도 지지를 표방하지 않고 정치적 독립성을 유지하는 것이 특징이다.

Independent school 자립 학교

정부로부터 지원금을 받지 않고, 학부모로부터 학비를 받아 운영하는 영국의 사립 학교를 말한다. 퍼블릭 스쿨Public School과 그 예비 학교(preparatory school) 등이 여기에 속한다.

Indian reservation 인디언 보호구역

미국 정부가 원주민인 인디언들이 살도록 조성한 지역이다. 정부가 이곳을 보호하고 학교들도 설립하였다. 미국의 33개 주에 333개 보호구역이 있다.

주로 캘리포니아주와 오클라호마주에 많이 있다. 인디언 보호구역에 살고 있는 인디언들은 대체로 가난하여 정부의 보조금을 받아 살고 있다.

전통의상을 입은 인디언들

Indian War 인디언 전쟁

유럽에서 미국으로 이주해온 백인들 또는 그 자손들이 원주민인 아메리카 인디언들과 벌인 크고 작은 전투를 총칭해서 부르는 말이다.

Indianapolis 인디애나폴리스

미국 중서부 Indiana주의 주도이다. 대형 곡물 시장과 소 시장들이 모여 있는 농업의 중심지이다. 의료기기, 전기기기, 의약품, 화학 제품 등도 주로 생산된다. 'Indy 500'이라는 자동차 경주가 열리는 곳으로도 유명하다.

Indianapolis 500 인디애나폴리스 500 (= Indy 500, Indycar racing)

미국에서 가장 유명한 자동차 경주이다. 1911년부터 매년 현충일(Memorial Day)에 세계의 카레이서들이 인디애나폴리스의 '경주장'(Indianapolis Speedway)에서 500마일(805km)을 달린다. 여기 참가하는 경주용 자동차들을 '인디카스'Indycars라고 한다.

indie music 인디 뮤직 (= indie)

주로 영국에서 쓰는 말로서, 알려지지 않았지만 열성 팬들을 보유하고 있는 소위 언더그라운드 록 그룹들이 연주하고, 소규모의 영세한 음반 회사들이 녹음하여 제작한 팝 음악을 가리키는 말이다. 이 말은 소규모 음반 회사들이 많이 설립되었던 1980년대에 처음 사용되었다. 인디 뮤직은 나름대로의 순위차트도 만들어져 정기적으로 발행하고 있다.

Industrial Revolution 산업혁명

산업혁명이라는 말은 18세기와 19세기에 영국이 농업 국가에서 산업 국가 곧, 공업국으로 발전해가던 과정을 가리키는 말이다. 산업혁명이 가장 먼저 일어난 나라가 영국이다. 이 시기에 많은 산업기기들이 발명되었는데, 특히 증기기관(steam engine)이 발명된 것은 산업 발전에 획기적인 일이었다. 새로운 기계들이 발명되자 많은 공장들이 건설되었고, 기계들은 노동인력을 줄여주었고, 제품을 대량 생산할 수 있게 하였으며, 상품을 멀리까지 운송할 수 있게 하였다. 도시의 공장에서 일하기 위해 많은 사람들이 시골에서 도시로 몰려들어 도시 인구는 폭발하게 되었다. 산업 현장의 이런 혁명은 곧 전 유럽과 미국에도 파급되었다.

INF Treaty (Intermediate Nuclear Forces Treaty) 중거리핵무기감축조약

1987년에 당시 미국 레이건Reagan 대통령과 구 소련의 고르바초프Gorbachev 대통령이 핵무기 감축에 합의한 조약이다. 양국은 사정거리 483km에서 5,471km 사이의 핵미사일을 모두 폐기하기로 합의하였다. 세계 최초의 핵무기 감축이었다. 이로써 미국은 1,752기의 핵미사일을, 소련은 859기의 핵미사일을 폐기하였다.

Ingram Micro 잉그램 마이크로

미국의 과학기술 제품 판매 회사이다. 1989년에 잉그램 컴퓨터Ingram Computer와 마이크로 디Micro D.의 합병으로 탄생하였다. 잉그램 컴퓨터는 소프트웨어 배급 서비스(Software Distribution Services, SDS)로 출발한 회사이고, 마이크로 디사는 1986년부터 잉그램 컴퓨터에 매입되기 시작하여 1989년에 완전 인수되었다. 애플 컴퓨터(Apple Computer Corporation), 컴팩 컴퓨터(Compaq Computer Corporation), IBM(International Business Machines Corporation), NEC(Nippon Electric Company) 등, 전세계 1,500개 하드웨어 및 소프트웨어 제조 업체와 18만여 판매 업체에 제품과 서비스를 공급하고 있다.

inheritance 상속

옛날부터 가족의 유산은 맏아들에게 상속되어왔다. 왕가와 귀족 집안들은 아직도 유산의 대부분과 작위를 맏아들에게 물려주고 있다. 그러나 대부분의 일반 가정에서는 모든 자녀들에게 나눠주고 있다. 대개 유언장(will)을 작성한다. 유언장을 남기지 않고 죽었을 때는, 가장 가까운 식구가 유산을 물려받아 분배를 결정한다.

inner city 이너 시티

대도시의 저소득층이 사는 지역을 가리키는 말로, 1980년대 초부터 처음 쓰게 되었다. 실업률과 범죄율이 높고, 인종간의 갈등이 상존하고, 경찰과의 마찰이 자주 발생하는 대표적으로 생활 환경이 열악한 지역이다. 이 지역에서 가끔 폭력 사태가 발생하기도 한다.

Inner Wheel 이너 휠

자동차로 음식을 싣고 지역 사회의 독거 노인들이나 불우한 환자들의 가정을 찾아다니며 봉사하는 국제적인 여성 단체이다. 1923년 창립될 때는 로터리 클럽Rotary Club의 여성 단체로 출발하였으나 지금은 분리되었다.

INS (Immigration and Naturalization Service) 미국 이민국

미국 법무부 소속으로 외국인들의 미국 내 이민 업무를 담당하는 기관이다.

Intel 인텔

미국의 반도체 회사이다. 1968년 로버트 노이스Robert Noyce와 고든 무어Gordon Moore가 반도체 메모리 칩을 생산하는 회사로 창업하였다. 1971년 세계 최초로 마이크로프로세서(4004)를 개발함으로써 초창기의 집채만한 크기의 컴퓨터 에니악ENIAC과 맞먹는 컴퓨팅 능력을 손톱 크기에 집적할 수 있게 하였다. 이어서 1978년에 8비트의 8086 마이크로 프로세서와 1979년에 8088 마이크로 프로세서를 개발하여, 소형 컴퓨터 혁명의 길을 열었다. 특히, 8088 마이크로 프로세서를 탑재한 IBM PC의 폭발적인 인기에 힘입은 인텔은 이후 16비트의 80286, 80386 마이크로 프로세서와 32비트의 80486, 펜티엄(80586) 프로세서 등을 1~3년 간격으로 출시하여, 개인용 컴퓨터 분야에서 하드웨어 발전을 주도하였다. 1990년대부터는 '인텔 인사이드'intel inside라는 브랜드 전략으로 이미지를 더욱 굳혔다

internal market 인터널 마켓

모든 의사들이 보건 공무원 또는 병원과의 계약자 신분으로 사회주의적인 의료보장체계를 자랑하던 영국의 '국가의료보장체계'(NHS)가 1991년에 도입한 개편된 '의료보장체계'이다. 정부가 환자에게 지급해온 의료비를 이제 의사나 병원이 독자적으로 판단하여 쓸 수 있게 한 방식이다. 다시 말해, 의사들은 의원을 차려 자영업처럼 운영할 수 있게 되었다. 현재 영국의 의원과 병원은 대부분이 'internal market'라는 의료체계에 속해 있다. 이 체계에 속해 있는 의사를 '펀드홀더'fundholder라고 하고, 병원들은 'NHS Trusts'라고 한다. 1993년부터는 노인들이나 장애인들을 위한 의료기관들에는 더 많은 자율권을 허용해 주었다.

International Herald-Tribune 《인터내셔널 헤럴드 트리뷴》

신중하고 철저한 기사로 유명한 미국의 국제적인 신문이다. 1928년에 《파리헤럴드》*the Paris Herald*라는 이름으로 창간했지만, 1966년에 《뉴욕타임스》*New York Times*와 《워싱턴포스트》*Washington Times*에 매각되면서 현재의 이름으로 바뀌었다. 파리에 본부가 있고, 세계 180개 국에서 발간된다.

International Monetary Fund (IMF) 국제통화기금

세계의 경제 안정을 목적으로 1944년에 설립된 유엔 산하의 국제 금융기구이다. 가맹국은 182개 국이며, 본부는 미국 워싱턴에 있다. 세계 무역의 안정된 확대를 통하여 가맹국의 고용 증대, 소득 증가, 생산자원 개발에 기여한다. 주로 외환 시세를 안정시키고, 외채가 많거나 경제적 어려움을 겪고 있는 국가에 재정 지원을 하기도 한다. 가맹국은 일정한 할당액에 따라 25%를 금으로, 75%를 자국 통화로 출자한다. 할당액은 가맹국의 요청에 따라 조정할 수 있으며, 이것은 각 가맹국이 IMF의 자금을 이용할 때 대출 한도를 정하는 기준이 된다.

International Paper 인터내셔널 페이퍼

미국의 제지 회사이다. 1898년 미국 북동부에 있던 20개 제지 공장이 합병하여 설립되었다. 1941년에 인터내셔널 페이퍼 앤 파워(International Paper and Power Corporation)에 흡수되고 지금의 이름을 사용한다. 1986년에는 인쇄 용지 제조 및 판매 보급 업체인 해머밀 페이퍼(Hammermill Paper Company)를 인수하고, 1995년에도 경쟁 업체이던 페더럴 페이퍼 보드(Federal Paper Board Company)를 인수하였다. 펄프 및 일반 용지, 인쇄 용지, 특수 용지, 종이 상자, 포장지 등, 포장용 제품 및 목재, 인쇄 제품을 생산하여, 민간 기업으로서는 세계에서 가장 많은 삼림을 소유하고 있는 회사이다. 뉴욕에 본사가 있다.

Internet Explorer 인터넷 익스플로러

미국 마이크로소프트(MS)에서 개발한 인터넷 웹 브라우저이다. 월드 와이드 웹(WWW)에서 정보를 열람할 수 있게 해주는 검색용 프로그램이다. 1995년에 버전 1.0이 발표되었고, 1996년부터는 마이크로소프트의 운영체제인 윈도에 기본 내장되어 보급되기 시작하였다. 버전 3.0에서는 HTML 3.2 및 액티브 X 콘트롤러와 자바 애플릿의 실행 환경을 갖추는 등 경쟁 제품인 넷스케이프 내비게이터에 필적하는 기능을 갖추게 되었다. 1997년에 나온 버전 4.0부터는

컴퓨터를 기본적으로 통합 관리하는 사용자 인터페이스로 활용되기 시작하였다.

Internment 억류

전쟁 중에 적국 출신자나 테러 용의자로 판단되는 사람들을 정부가 재판 절차 없이 구금하는 관례를 말한다. 1942년에 일본이 하와이 진주만을 기습적으로 공격한 뒤에 미국 정부가 미국 내 모든 일본인들을 특별 캠프에 억류시킨 전례가 있다. 이것은 많은 비판을 받았고, 미국 정부는 일본계 미국인들에게 공식 사과하였고, 1988년에 보상법이 시행되었다. 1970년대에는 북아일랜드의 폭력 사태에 대처하면서 영국 정부가 '아일랜드 공화군'(IRA)으로 판단되는 사람들을 억류하였다. 이 역시 많은 비판을 받아 중단하였다.

Inuits 이누이족

북미 알래스카와 캐나다에서부터 그린란드Greenland, 시베리아 일대에서 어로와 수렵을 하며 살아 온 인종이다. 캐나다 인디언들이 '날고기를 먹는 인간'이라 해서 '에스키모'Eskimo라 이름 붙였지만, 그들 스스로는 '인간'이라는 뜻의 이누이Innuit라고 부른다. 그린란드에 약 25,000명, 캐나다에 약 11,000명, 알래스카에 약 17,000명, 시베리아의 베링해 연안에 약 1,600명으로, 전체 약 55,000명이다.

황색 피부, 검고 곧은 머리털, 어린이의 엉덩이에 나타나는 푸른 몽골반점 같은 몽골인종의 특색을 강하게 보인다. 근래에는 백인종과의 혼혈이 많아지고 있다. 이들의 선조는 인디언과 마찬가지로 아시아와 유럽으로부터 베링해를 건너왔다는 가설이 있는데, 부정할 만한 자료가 없다. 에스키모의 계통 기원은 여전히 수수께끼이다.

옷은 주로 순록의 모피로 만든 것을 입었다. 먹는 것은 주로 생선과 동물인데, 해안 지역 사람들은 바다표범을 중심으로 북극곰, 해마, 고래, 연어, 송어, 청어 등을 먹었고, 내륙 지역 사람들은 순록을 주식으로 먹었다. 동물의 고기는 날고기를 먹는 경우도 많았는데, 이것은 신선한 채소가 부족한 환경에서 비타민을 보충하는 방법도 되었다.

주거는 툰드라의 잔디 땅을 네모나게 잘라 쌓아 올린 작은 흙담집이 일반적이었다. 이글루Igloo라고 하는 얼음 움집은 적설량이 많은 지방에서만 가능할 뿐, 알래스카 이누이들은 그런 움집에서 살 기회가 없다. Igloo는 봄이나 가을에 이동할 때 급조해서 이용하고, 여름에는 대개 텐트에서 지낸다. 바다표범의 기름은 등불과 난방에 사용되었다. 이누이들의 전통적 가족은 일부일처제에 남자가 처가살이를 하는 모계 사회였다.

이누이들도 19세기 중엽 이후 탐험가나 모피 상인, 포경선원 같은 백인들과의 접촉을 가졌고, 기독교까지 전파되어 많은 전통의례나 신앙, 사회제도들이 변하였다. 학교 교육이 보급되어 이동하던 생활이 정착 생활로 바뀌고 있다. 카약이라는 가죽배 대신에 모터보트가 보급되고, 썰매 대신 설상차가 늘어나며, 밀가루, 버터, 홍차 등이 생활필수품으로 되는 등 1960년대를 고비로 전통적인 이누이족의 문화는 많은 변화를 맞았다.

얼음집 Igloo를 짓고 있는 이누이

The Invisible Man 《투명인간》

영국의 작가 허버트 조지 웰스Herbert George Wells의 대표적인 SF 소설이다. 1897년에 발표되었다. 인체의 세포에 유리와 같은 빛의 굴절도를 주어서 타인의 눈에 보이지 않게 하는 약품을 발명한 사나이가 자기 육체가 보이지 않게 되는 것을 이용하여 재산과 권력을 잡으려고 온갖 악행을 자행하여 사람들을 괴롭히는데, 끝내는 궁지에 몰려서 죽게 된다. 인간의 투명을 원하는 소망을 리얼하게 묘사한 SF적 착상의 기발함도 돋보이고, 소외된 인간의 고독을 그렸다는 점에서 문학적으로도 높이 평가된다.

IRA (Irish Republican Army) 아일랜드공화군

북아일랜드(Northern Ireland)가 아일랜드Ireland와 하나의 정부 아래 통일되어야 한다는 신념으로 1919년에 조직된 아일랜드 테러 조직이다. 1968년 영국 정부가 북아일랜드에 군대를 주둔시키면서 이들의 활동은 더욱 활발해져 북아일랜드와 잉글랜드 등 영국 전역에서 테러가 끊이지 않았다. 1994년과 1997년에 일시적으로 테러 중지가 선언되기도 했다.

Iran-Contra affair 이란콘트라사건

미국 로널드 레이건Ronald Reagan 대통령 때 '국가안보회의'(National Security Council) 관리들이 저지른 일련의 비밀 불법 행위에 붙여진 말이다. '이란게이트'Irangate라고도 한다. 이들은 당시 레바논에 잡혀 있던 미국 죄수들을 석방시키기 위해 이란에 무기를 팔았고, 무기 대금은 니카라과Nicaragua의 산디니스타Sandinista 정부를 전복시키려는 군사 조직인 콘트라Contra에 지급되었다. 1986년에 이 거래가 발각되어 관련자들이 처벌을 받았다.

Irish whiskey 아일랜드 위스키

아일랜드에서 생산되는 위스키를 말한다. 아일랜드나 미국에서 생산되는 위스키는 'whiskey'라고 쓰고, 스코틀랜드에서 생산되는 위스키는 'whisky'라고 쓴다.

Iron Curtain 철의 장막

과거 소련을 비롯한 동유럽 국가들의 공산주의 체제가 붕괴되기 전에 서유럽과 동유럽을 가르는 경계를 가리켜 붙인 이름이다. 왕래나 통신이 불가능했던 상황을 아울러 지칭한 말이었다. 1946년에 영국 총리 처칠(Winston Churchill)이 연설에서 사용한 말이 널리 쓰인 것이다.

Irving, Washington (1783~1859) 어빙, 워싱턴

1809년에 《뉴욕사》*History of New York*를 출간하여, 지적인 풍자와 유머러스한 필치로 유명해지기 시작하였다. 1815년에 영국으로 건너갔다 온 뒤, 1820년에 영국의 전통이나 미국의 전설을 그린 《스케치북》*The Sketch Book*을 출판하여 미국 작가로서는 처음으로 국제적 명성을 얻었다. 이 책에 그 유명한 〈슬리피 할로의 전설〉*The Legend of Sleepy Hollow*과 〈립 밴 윙클〉*Rip Van Winkle* 같은 단편소설들이 실려 있다.

Isherwood, Christopher (1904~1986) 이셔우드, 크리스토퍼

뮤지컬 《카바레》*Cabaret*의 원작자인 영국의 소설가 및 극작가이다. 《카바레》는 제2차 세계대전 전에 독일에서 경험했던 것을 바탕으로 엮은 《굿바이 베를린》*Goodbye to Berlin* (1939)의 이야기를 바탕으로 하고 있다. 1939년에 시인 오든W. H. Auden과 미국으로 건너와 시민이 되었다.

Isolationism 고립주의정책

다른 나라의 문제에 관여하지 않는 정책을 가리키는 말이다. 미국의 초대 대통령인 George Washington은 고별 연설(Farewell Address)에서 다른 나라들과 깊은 관계를 피하라는 충고를 한 바 있다. 미국은 20세기에 이 정책을 따른 적이 있는데, 세계대전에 참전하기를 늦춘 것도 이 때문이었다.

It Happened One Night 〈어느 날 밤에 생긴 일〉

1934년에 개봉된 프랭크 카프라Frank Capra 감독의 미국 영화이다. 오스카 영화상 5개를 휩쓸었다. 클라크 게이블Clark Gable과 클로디트 콜버트Claudette Colbert가 남녀 주연상을 받았고, 감독상과 각본상, 작품상을 받았다. 코미디 영화로는 작품상을 처음 받았다.

귀하게 자란 은행가의 딸이 아버지의 반대를 무릅쓰고 뉴욕의 바람둥이 비행사와 결혼할 거라고 도망 나오면서 시작된다. 아버지는 현상금까지 걸며 딸을 찾아 나서고, 딸은 대륙횡단 버스에 올라타서는 한 남자 옆자리에 앉게 되는데, 그 남자는 프리랜서 신문기자였다. 기자의 직감으로 '특종이다' 싶어 뉴욕까지 동행하게 된다. 그 와중에 아옹다옹 다투며 연민의 정이 사랑으로 바뀐다.

It's a Wonderful Life 〈멋진 인생〉

1946년에 개봉된 프랭크 카프라Frank Capra 감독의 미국 영화이다. 제임스 스튜어트James Stewart가 주연하였다. 태어나지 말았어야 한다고 생각하며 자살을 시도했던 남자가 날개 없는 천사의 도움으로 삶을 다시 보게 된다. 영화는 가족과 인생의 중요성을 일깨워준다. 미국의 크리스마스 특별 영화로 지정되었다.

ITV (Independent Television) 아이티비

영국에서 채널 3번으로 방송하는 상업 텔레비전 방송사이다. BBC와는 달리 ITV는 광고를 방송하고 상업방송위원회(ITC, Independent Television Commission)의 감독을 받는다.

Ivanhoe 《아이반호》

월터 스콧 경(Sir Walter Scott)이 1819년에 발표한 소설이다. 1066년에 '노르만 정복'(Norman Conquest) 직후 영국의 지배계급에 대한 앵글로 색슨계 국민들의 반항과 기백을 묘사한 작품이다. 역사적으로 틀린 데가 많고, 등장인물은 공허하며, 이야기에 박진감이 부족하다. 윌프레드 아이반호 경(Sir Wilfred Ivanhoe)의 모험과 로빈 후드(Robin Hood), 사자왕 리차드Richard 1세 등의 인물 묘사는 뛰어나다.

Ivory, James (1928~) 아이보리, 제임스

미국의 영화감독으로 많은 성공작을 만들었다. 다큐멘터리 제작자로 경력을 쌓은 그는 제작자 이스마일 머천트Ismail Merchant를 만나 함께 많은 작품을 만들었다. 세계에 이름을 알린 〈셰익스피어 월라〉*Shakespeare Wallah*(1965), 출세작 〈전망 좋은 방〉*Room with a View*(1986), 〈하워즈 앤드〉*Howards End*(1992), 〈남아 있는 나날〉 *Remains of the Day*(1994) 등의 영화가 있다.

Ivy League 아이비리그

미국 동부에 있는 8개 명문 사립 대학을 총칭하는 말이다. 브라운Brown 대학, 콜롬비아Columbia 대학, 코넬Cornell 대학, 다트머스Dartmouth 대학, 하버드Harvard 대학, 펜실베이니아Pennsylvania 대학, 프린스턴Princeton 대학, 예일Yale 대학 등이다. 이들 대학에 담쟁이덩굴(ivy)로 덮인 건물들이 많은 데서 이 명칭이 생겼으며, 1946년에 미식 축구 경기의 리그로 결성한 것이 그 사립 대학들을 가리키는 일반적인 말이 되었다.

이들 대학들은 미국에서도 상위의 명문 대학들로, 학비가 비싸지만, 장학금도 풍부하다. 그 대신 졸업 후 사회적 성공의 기회가 많이 주어진다. 미국 사회에서 성공적이고 영향력이 있는 정치인, 법률가, 의사, 기업 경영자 등의 전문직 종사자가 될 수 있는 기회가 높다. 실제로 많은 정치 지도자들이 아이비리그 출신들이다.

J

J & B 제이 앤 비

영국의 Justerrini & Brooks Ltd.사에서 만드는 스카치 위스키이다. 1749년 제이코모 저스테리니Jacomo Justerrini란 이태리 청년이 오페라 가수인 애인을 따라서 런던 공연에 가서 지내면서 새뮤얼 존슨Samuel Johnson이라는 무용단장과 합작하여, 존슨 앤 저스테리니Johnson & Justerrini란 회사를 차려 시작하였다.

J. P. Morgan Chase 제이 피 모건 채이스

미국의 종합 금융투자 은행이다. 1838년 미국의 기업가 조지 피바디George Peabody가 런던에 상업 은행을 개점하여 시작되었다. 1854년 뉴잉글랜드의 주니어스 S. 모건Junius S. Morgan이 피바디의 동업자가 되었다가 1864년에는 그가 인수하여 제이 에스 모건 앤 컴퍼니J. S. Morgan & Company로 이름을 바꾸었다.

1861년에는 주니어스의 아들 J. P. 모건John Pierpont Morgan이 제이 피 모건 앤 컴퍼니J.P. Morgan & Co.를 설립하여 부친의 회사에서 인수한 유럽의 증권을 뉴욕에서 판매하는 사무소 역할을 하였다. 1868년 파리의 은행 드렉셀 아르제 앤 컴퍼니Drexel, Harjes & Co.가 설립되자, 1871년에 피어폰트가 참여하여, 나중에 모건 아르제 앤 컴퍼니Morgan, Harjes & Co.로 이름을 바꾸었다.

1895년 피어폰트는 가문이 소유한 은행 지분을 통합하여 뉴욕, 필라델피아, 런던, 파리에 있는 4개 은행에 참여한다. 1910년 런던에 투자 은행 모건 그렌펠 앤 컴퍼니Morgan, Grenfell & Co.를 설립하였고, 이 은행이 J. S. Morgan & Company를 대신하여 모건 조직의 영국 본부가 되었다. 1935년에 미국 내에서 은행업과 증권업을 겸할 수 없게 한 은행법에 따라 J. P. Morgan & Company는 상업 은행 업무를 맡기로 하고, 별도의 증권 회사 '모건 스탠리 앤 컴퍼니'Morgan Stanley & Co.를 설립하였다.

1959년에는 뉴욕의 상업 은행인 개런티 트러스트 컴퍼니Guaranty Trust Company와 합병하여 모건 개런티 트러스트(Morgan Guaranty Trust Company of New York)를 설립하였고, 1969년에 J. P. Morgan & Company는 여러 중소 계열사들의 지주회사가 되었다.

2000년에 체이스맨해튼 은행(Chase Manhattan Bank)과 합병하여 지금의 이름으로 바꾸었고, 미국 최대의 담보 대출 제공 및 신용카드 발급 금융기관 가운데 하나가 되었다. 통합된 회사는 전세계의 고객들에게 다양한 은행 서비스 및 증권 중개, 자산 관리, 소유권 투자 등의 투자 금융 서비스를 제공한다. 본사는 뉴욕에 있다.

J. P. Morgan, John Pierpoint Morgan (1837~1913) 제이 피 모건

미국의 기업가이자 금융인이다. 미국 철강회사(United States Steel Corporation)을 창립하고 철도, 선박 같은 다양한 분야로 사업을 확장하여 큰돈을 벌었다. 1871년에 아버지의 은행에 투자하여 이름을 '제이 피 모건 앤 컴퍼니'(J. P. Morgan and Company)라고 바꾸고, 세계적인 투자 신탁 회사로 만들었다.

많은 예술품을 수집하여 뉴욕 현대미술관(New York's

Museum of Modern Art)에 기증하기도 했다.

Jack Daniels 잭 대니얼

미국산 '버본 위스키'Bourbon Whisky의 상품 이름이다. 미국에서 가장 오래된 주류 회사인 잭 대니얼 주조Jack Daniels Distillery가 1866년부터 생산한 위스키이다.

Kerouac, Jack (1922~1969) 케루악, 잭

1950년대 미국의 '비트 제너레이션'beat generation의 대변인으로 불리는 미국 소설가이자 시인이다. 1956년에 《노상(路上)》*On the Road*을 발표하여 일약 '비트 제너레이션'의 주도적 작가로서 주목을 받게 되었다. *One the Road*는 미국의 전통적 가치에 반항하는 젊은이들인 비트족들이 특별한 목적 없이 방랑하는 에피소드들 곧, 술, 음악, 섹스, 마약, 과속 운전 등의 이야기를 아무런 맥락 없이 묘사한 소설이다. 또 다른 대표작으로는 남녀의 성 문제를 다룬 《지하도 사람들》*The Subterraneans*(1958), 선(禪)의 구도 정신에 공감을 보이는 《달마 행자들》*The Dharma Buma*(1960) 등이 있다. 《멕시코시티 블루스》*Mexico City Blues*(1959)라는 시집도 있다.

Jackson, Andrew (1767~1845) 잭슨, 앤드루

미국의 7대 대통령이다. 인디언과 영국군과의 전투를 여러 차례 승리로 이끈 유명한 장군 출신이다. 그는 보통 사람들의 권리를 신뢰하여 서민들에게 인기가 있었다. 대통령이 되어서도 자신의 권한을 자신의 민주당 지지자들에게 많이 이양하였다.

Jackson, Janet (1966~) 잭슨, 자네트

그래미Grammy상을 수상한 미국 여가수로, 마이클 잭슨의 여동생이다.

Jackson, Jesse (1941~) 잭슨, 제시

미국 민주당 국회의원으로 흑인 지도자이다. 1984년과 1988년에 민주당 대통령 후보 경선에 나섰다가 실패하였다. 침례교회 목사이기도 하다.

Jackson, Michael (1958~) 잭슨, 마이클

세계적으로 유명한 미국의 흑인 가수이다. 어릴 때 형제들이 함께 만든 그룹 잭슨 파이브Jackson Five의 막내로 노래를 시작하였다. 1983년에 발표한 앨범 《스릴러》*Thriller*가 전 세계에 3천만 장이 팔리면서 세계적인 가수가 되었고, 1984년에 Grammy상을 8개나 휩쓸었다. 1996년에는 자신의 앨범 《히스토리》*History*를 홍보하기 위해 월드투어를 다녔다. 첫 부인은 엘비스 프레슬리Elvis Presley의 딸 리사 마리 프레슬리Lisa Marie Presley였다. 흑인인 자신의 피부를 백인의 피부로 수술하였다고 한다.

Jacobean 제임스1세시대 (재커비언)

영국이 최강의 전성기이던 엘리자베스 1세를 이어 제임스James 1세가 영국의 국왕이었던 시대(1603~1625)를 가리키는 말이다. 문화의 융성기로 윌리엄 셰익스피어William Shakespeare나 벤 존슨Ben Johnson 같은 위대한 극작가들과 형이상학(metaphysical) 시인들이 이때 활동했다. 오늘날까지 사용되는 《킹 제임스판 성경》도 이때 번역 출간된 것이다.

Jaguar 재규어

스포츠카를 생산하는 것으로 유명한 영국의 자동차 회사의 이름이자 생산 차종의 이름이기도 하다. 1989년에 미국 포드 자동차사에 인수되었다.

James I (1566~1625) 제임스 1세

스코틀랜드 여왕 메리 스튜어트Mary Stewart의 아들로, 한 살 때 스코틀랜드 왕에 즉위하였다. 1603년에 엘리자베스 여왕이 후계자 없이 서거하자, 혈연에 따라 잉글랜드 왕위에도 올라 1925년까지 재위하였다.

청교도와 가톨릭교도를 함께 탄압하여 영국국교를 절대왕정의 지주로 삼았다. 왕권신수설을 주창하여, 왕은 신 이외의 것에는 책임을 지지 않는다고 주장하며 의회 측과 대립하였다. 재위 22년 동안 4회밖에 의회를 개원하지 않았다. 1625년에 왕권 강화를 위해 사법 · 행정 · 교회 제도의 개혁을 추진하였으나, 귀족들의 반감을 사서 암살당하였다.

James II (1633~1701) 제임스 2세

재위 기간은 1685년부터 1688년까지 3년이다. 찰스 1세의 차남이며 찰스 2세의 동생이므로 1643년에 요크 공(Duke of York)에 봉해졌다. 청교도혁명 때에는 의회파에 의해 한때 유폐되기도 하였다가 대륙으로 망명하였고 1660년의 왕정 복고로 귀국하였다. 1685년에 형 찰스 2세의 뒤를 이어 즉위하여 가톨릭 복고를 꾀하고 절대주의적 경향을 강화하자, 1688년에 명예혁명이 일어나 프랑스로 망명하였다. 1689년에는 루이 14세의 원조로 프랑스군을 이끌고 아일랜드에 상륙하여 재기를 꿈꾸었으나, 다음해 '보인 강의 전투'(Battle of the Boyne)에서 패하고 프랑스로 돌아가 사망하였다.

James, Henry (1843~1916) 제임스, 헨리

미국의 소설가이다. 전통이 수립되지 않은 미국 문화에 비해 유럽과 영국의 문화적 전통을 좋아하여 1876년부터 영국에 정착하여 40년을 살다가 1915년에 영국에 귀화하였다. 주로 미국과 유럽을 비교하는 소설을 썼다. 《미국인》*The American*(1977), 《데이지 밀러》*Daisy Miller*(1879), 《여인의 초상》*The Portrait of a Lady*(1881), 《대사들》*The Ambassadors*(1903) 등의 작품이 있다.

Jane Doe 제인 도우

그냥 일반 여성을 지칭할 때 이름 대신에 쓰는 말이다. 우리의 모(某)양, 모(某)씨쯤에 해당하는 말이다. 주로 공식 문서나 법정에서 쓴다.

Jane Eyre 《제인 에어》

19세기 영국의 소설가 샬롯 브론테Charlotte Bront 가 1847년에 커러 베일Currer Beil이라는 필명으로 출판한 작품이다.

고아가 된 제인 에어는 심술궂은 숙모 집에서 자라다가 기숙 학교에서 힘든 생활을 겪으며 학교를 마친다. 평범한 외모이지만 똑똑하고 정직한 여성이 된 제인은 손필드Thornfield라는 저택에 가정교사로 들어간다. 그리고 저택의 주인 로체스터Edward Rochester와 사랑하는 사이가 되나, 그에게는 미친 부인이 있고, 밀실에 갇혀 있다는 사실을 안다. 제인이 그 길로 집을 뛰쳐나와 눈 쌓인 광야를 걷다가 지쳐서 빈사상태에 있는 것을 목사 세인트 존 리버스St. John Rivers가 구해준다. 그의 감화를 받고 그와 결혼하여 인도로 가기로 결심한다. 그런데 그녀는 환상 속에서 Rochester의 목소리를 듣고 그에게로 달려간다. 저택은 불타고 그의 부인은 불에 타 죽었으며, 그는 실명했지만 그의 반려자가 된다는 이야기이다.

낭만적인 내용과 격렬한 정열에 불타는 작중 인물, 당시의 인습적인 도덕에 대한 대담한 반항 등으로 일대 센세이션을 일으켰다. 더욱이 작자가 여성이라는 것이 밝혀져 당시 인기는 대단했었고, 오늘날에도 널이 읽히고 있다.

Jarrett, Keith (1945~) 재릿, 키스

미국의 재즈 피아니스트이다. 정통파 재즈 연주자로 탐미적인 성향이 강하다. 재즈에서 클래식 쪽으로도 연주 영역을 넓혔다. 연주 앨범 《헌정》*Tribute*(1989)이 널리 알려져 있다.

Jaws 〈죠스〉

스티븐 스필버그Stephen Spielberg 감독이 피터 벤츨리Peter Benchley의 동명 소설을 각색하여 만들었고, 1975년에 개봉한 영화이다. 사람을 잡아먹은 거대한 식인상어를 둘러싼 이야기이다. 대단한 성공을 거두어 후속 작들도 제작되었다.

Jaycee 제이씨

'청년회의소'로 알려진 '상공회의소 청년회'(Junior Chamber of Commerce)의 회원 또는 단체를 말한다. Jaycee는 지역의 젊은 상공인들이 지역 사회에 봉사하기 위해 만든 단체로, 1920년 미국에서 처음 조직되었다. Jaycee는 Junior Chamber의 약자 JC를 말한다.

jazz 재즈

미국 흑인의 민속 음악과 백인의 유럽 음악이 결합되면서 미국에서 생겨난 음악 장르이다. 재즈 스타들은 대부분 미국의 흑인들이다. 엘라 피체럴드Ella Fitzgerald, 카운트 베이지Count Basie, 듀크 엘링턴Duke Ellington, 루이 암스트롱Louis Armstrong 등이었다. 특히 전통적인 양식으로 연주한 윈턴 마설리스Wynton Marsalis는 세계적인 재즈 뮤지션이다.

본래 재즈의 리듬은 미국 남부 흑인들의 노동요(work songs)와 영가(spirituals)에서 나왔다. 20세기 들어와 뉴올리언스New Orleans의 흑인 브라스 밴드들이 흑인 특유의 리듬 감각으로 '래그타임'ragtime이나 '블루스'blues 등을 연주하게 되면서 재즈는 인기를 얻기 시작하였다. 래그타임 뮤지션들은 제리 롤 모션Jelly Roll Mortion, 스콧 조플린Scott Joplin 등이고, 블루스 뮤지션으로는 베시 스미스Bessie Smith, 빌리 홀리데이Billie Holiday 등이 있다. 래그타임과 블루스에서 발전된 '딕시랜드'Dixiland는 트럼펫이나 색소폰으로 연주되는 '즉흥성'(improvision)을 특징으로 하고 있다. 이 딕시랜드 뮤지션은 루이 암스트롱Louis Armstrong과 시드니 비체트Sidney Bechet 등이다.

1920년대에 많은 흑인 음악인들이 시카고와 뉴욕으로 진출하여 빅밴드시대big band ear를 열기 시작하였다. 1930년대에는 빅 밴드의 스윙swing 리듬이 인기를 얻으면서 사람들이 스윙 재즈에 맞춰 춤을 추게 되었고, 1940년대에는 비밥bebop 같은 새로운 스타일이 발전되었다. 1950년대에는 좀더 자유로운 프로그래시브 재즈progressive jazz가 생기고, 1960년대에는 쿨 재즈cool jazz가 뒤를 이었다. 오늘날까지 펑키 재즈funky jazz, 재즈록jazz-rock, 힙합 재즈hip-hop jazz 등으로 계속 이어지고 있다. 뉴욕의 코튼 클럽Cotton Club, 버드랜드Birdland, 뉴올리언스의 프레저베이션 홀Preservation Hall 같은 재즈 클럽도 많이 있다.

영국에서는 재즈가 광범하지는 않지만 1940년대와 1950

년대에 인기가 높았던 덕에 소수의 열정적인 팬들이 있다. 1960년대 들어서 팝과 록이 젊은이들의 음악으로 자리를 차지하는 바람에 빅 밴드는 사라지고, 비밥 재즈, 쿨 재즈, 아방가르드 재즈 등의 새로운 스타일을 추구하는 소규모 재즈 그룹들이 재즈를 발전시켜가고 있다.

Jazz Age 재즈시대

1920년대, 재즈 음악이 특히 대중에 인기가 있던 시대를 가리킨다. 당시 '재즈의 대변자'로 불리던 미국 소설가 프랜시스 스콧 피체럴드Francis Scott Fitzgerald가 저서 《재즈시대의 이야기》*Tales of the Jazz Age*(1922)라는 제목을 따서 붙인 말이다.

jazz funk 재즈 펑크

1960년대와 1970년대 제임스 브라운James Brown의 '쏘울 뮤직'soul music에서 발전한 댄스 뮤직의 한 스타일이다.

jeans 청바지

오늘날 세계인들이 입고 있는 블루진blue jeans이라고 하는 청바지는 원래 미국인들이 황금을 찾아 캘리포니아로 몰려가던 1840년대, 1850년대인 골드러시Gold Rush 때 처음으로 만들어 입었다. 이들은 천막에서 생활하며 거친 일을 했으므로 질기고 튼튼한 옷이 필요했다. 이때 데님denim이라는 원단으로 만든 튼튼한 면바지가 나온 것이다. 당시 나온 리바이스Levi's 청바지가 현재까지도 가장 많이 팔리고 있다. 값싸고 편안하고 실용적이라서 남녀노소 누구나 즐겨 입고 있다.

Jeep 지프

지프는 산악 지대나 거친 들판을 달릴 수 있도록 만든 4륜구동(four wheel drive) 소형 자동차이다. 앞 또는 뒤의 두 바퀴만 구동되는 일반 승용차와는 달리 4바퀴 모두 구동되는 것이다. 4륜구동 지프라면 우선 군용 지프를 연상하게 된다. 실제로 제2차 세계대전 때 미군이 처음 제작하여 야전에 사용하여 뛰어난 성능을 보여 주었다. Jeep라고 부른 것도 'General Purpose vehicle'(다목적 차량)이라는 말의 머리글자 GP에서 jeep라고 부르게 되었다고 한다. 현재도 크라이슬러Chrysler사에서 제작하고 있는데, 체로키Cherokee나 랭글러Wrangler 등이 인기 모델이다.

Jefferson, Thomas (1743~1826) 제퍼슨, 토마스

미국 '건국의 아버지들'(Founding Fathers) 가운데 한 사람으로, 미국의 3대 대통령을 지냈다. 1776년 미국의 독립선언문은 주로 그가 기초한 것이다. 1783년 연방의회 의원이 되어 달러 단위의 통화제도를 마련하기도 하였다. 1785년 프랑스 주재 공사에 임명되고, 1790년 조지 워싱턴 행정부의 초대 국무 장관도 역임하였다. 해밀턴이 주도하는 연방파에 대하여 민주공화당을 결성하고 지도자가 되었는데, 이것이 현재의 민주당의 기원이다.

1800년 제3대 대통령에 당선되어 새 수도 워싱턴에서 취임식을 거행한 최초의 대통령이다. 재임 중 문관의 무관에 대한 우위, 소수 의견의 존중, 종교와 언론, 출판의 자유 등을 확립하는 등에 주력하였다. 1803년에는 캐나다 국경에서 멕시코만에 이르는 광대한 지역을 프랑스로부터 구입하여 영토를 거의 두 배로 확장하는 한편, 나폴레옹 전쟁과 관련하여 국제 긴장에 휩쓸리지 않도록 고립주의(isolation) 외교정책을 유지하면서 중립을 지켰다.

재선 후 1809년에 은퇴하였고, 1819년에 버지니아 대학을 설립하였다. 독립선언 50주년 기념일에 사망하였다.

Jehovah's Witness 여호와의 증인

1872년 찰스 러셀Charles Russell이 미국 펜실베이니아주 피츠버그에 설립한 '국제성서연구자협회'(International Bible Students Association)가 그 기원이다. '여호와의 증인'이라는 이름은 1931년 조지프 러더퍼드Joseph Rutherford가 러셀의 뒤를 이으면서 사용하였다.

다른 교단과는 교류가 거의 없고, 세속의 모든 권력과 모임은 무의식중에 사탄을 돕는 동맹자라고 간주하여 철저히 분리하고 있다. 그러므로 어느 국가이든 국기에 대한 경례나 병역 의무를 거부하고, 선거에도 거의 참여하지 않는다. 예수 그리스도의 신성(神性)을 인정하지 않으며 성령의 인격성을 받아들이지 않는 등, 삼위일체 교리를 부정한다. '왕국회관'이라고 부르는 교회당에서 집회를 가지며 간음을 제외하고는 어떤 경우에도 이혼을 인정하지 않고, 수혈도 거부한다. 호별 방문 전도 역시 한 특징이다. 대표적인 출판물인 《파수대》*The Watchtower*와 《깨어라!》*Awake!*는 100여 개 언어로 번역 출간하여 1,500만 부 이상 보급되었다.

Jekyll and Hyde 제킬과 하이드

로버트 루이 스티븐슨Robert Louis Stevenson의 소설 《제킬 박사와 하이드》*The Strange Case of Dr. Jekyll and Mr. Hyde*(1886)에 나오는 등장인물의 이름이다. 한 인물이 선한 인격의 제킬Jekyll과 악한 인격의 하이드Hyde를 동시에 가지고 있다. 이야기 속에서 특수 약물을 마시면 다른 인물로 변한다.

Jeopardy 〈제퍼디〉

1964년에 시작되어 현재도 방영되는 미국 텔레비전의 인기

퀴즈쇼이다.

Bentham, Jeremy (1748~1832) **벤담, 제레미**

'최대 다수의 최대의 행복'(the greatest happiness for the greatest number)을 사회 목표로 하는 공리론을 주장한 영국의 철학자이다. 19세기 사상에 큰 영향을 끼쳤다.

Jerusalem **〈예루살렘〉**

윌리엄 블레이크William Blake의 유명한 시이다. 미래 영국 땅에 푸르고 기쁨이 넘치는 기독교사회가 건설되기를 바라는 희망을 노래하고 있다. 잘 알려진 '불의 전차'(chariot of fire)라는 말이 이 시에 나온다.

Jim Crow 짐 크로우

호텔, 식당 및 사업 등에서 이루어지는 미국인들의 흑인들에 대한 인종차별정책. 이 말은 민스트럴쇼(minstrel show)에서 불려진 〈남부는 많은 짐 크로우 법칙들이 있었다〉 *'The South and had many Jim-Crow laws'*라는 노래에서 유래한 것이다.

jitterbug 지터버그/지루박

본래 미국에서 시작된 빠른 템포에 남녀가 함께 추는 춤으로, 1940년대에 널리 유행하였다. 우리나라에서는 '지루박'이라고 발음하는데, 주로 뽕짝 가요에 맞춰 추는 춤을 가리킨다.

jobseeker's allowance 구직 수당

영국에서 실직자들에게 정부가 주는 수당이다. 단, 구직자들은 일할 수 있고, 일자리를 찾는 노력을 하고 있음을 증명해야 한다.

Jockey Club 자키 클럽

영국의 경마 대회를 주관하는 단체로, 현재 영국 경마위원회(British Horseracing Board)의 관리를 받고 있다.

Jodrell Bank 자드럴 뱅크 (= Nuffield Radio Astronomy Laboratories)

Jodrell Bank 천문대

영국 북서부의 체셔Cheshire에 있는 대형 방사선 망원경들이 있는 곳이다. 1957년에 가동할 때만해도 세계 최대의 천문대였다.

Joe Bloggs 조 블록스 (= Joe Soap, 미, Joe Blow, Joe Doakes)

영국에서 보통 남자를 가리키는 말이다. 미국에서는 Joe Blow 또는 Joe Doakes라고도 한다.

Joel, Billy (1949~) **조엘, 빌리**

피아노를 치며 작곡도 하는 미국의 팝 가수이다. 1973년 솔과 팝, 록이 결합된 앨범 《피아노맨》*Piano Man*(1973)을 발표하였는데, 바에서 피아노 연주자로 일하던 때의 경험을 바탕으로 만든 싱글곡 〈피아노맨〉 *Piano Man*이 크게 히트하면서 한국에서도 인기를 끌었다. 〈저스트 더 웨이 유 아〉 *Just the Way You Are*(1978), 〈57번가〉 *57th Street*(1979), 〈글래스 하우스〉 *Glass Houses*(1980) 등의 노래로 그래미상을 여러 번 받았다. 1999년에는 로큰롤 명예의 전당(Rock and Roll Hall of Fame)에 올랐다.

John Bull 존 불

전형적인 영국인을 대표하는 영국인 캐릭터에 붙여진 이름. 허구의 인물로 그는 붉은 얼굴에 중산모자를 쓰고 양복조끼를 입고 긴 부츠를 신은 뚱뚱한 남자로서 그림에서 많이 볼 수 있다. 그는 또한 불독과 같이 등장하는데 이것은 그의 성격이 불독처럼 용감하고 사나우며 독립적임을 암시하기 위해서이다.

John Doe 존 도우

그냥 일반 남성을 지칭할 때 이름 대신에 쓰는 말이다. 우리의 모(某)군, 모(某)씨쯤에 해당하는 말이다. 주로 공식 문서나 법정에서 쓴다. 미국에서는 전형적인 보통 남자를 가리키는 말로 쓰인다.

John Hancock Center 존 핸콕 센터

미국 시카고에 있는 높이 344m의 100층짜리 건물이다. 검은 철강으로 1969년에 건설된 매우 인상적인 건물이다.

John Q Public 존 큐 퍼블릭

미국에서 대중의 여론을 대표하는 보통 사람을 가리키는 말이다.

John, Elton (1947~) 존, 엘튼

영국의 팝 가수이자 피아노 연주자이다. 1970년대 많은 인기를 누렸다. 11살 때 런던의 왕립음악원Royal Academy of Music에 입학하여 공부했고, 16살부터 그룹 블루솔로지Bluesology 활동을 했는데, 이때 색소폰 연주자 엘튼 딘Elton Dean과 보컬 존 볼드리John Baldry의 이름을 합쳐 Elton John이라 이름지었다. 본명은 레지널드 케니스 드와이트Reginald Kenneth Dwight이다. 그는 다이애나 왕세자비의 친구로서 그녀의 장례식에서 〈캔들 인 더 윈드〉*Candle in the Wind*라는 노래를 만들어 불렀는데, 곧바로 세계적으로 인기를 얻었다. 그는 수익금을 다이애나 추모하여 설립한 자선단체에 기부하였다.

〈너의 노래〉*Your Song*(1970), 〈로켓 맨〉*Rocket Man*(1972), 〈돈 고 브레이킹 마이 하트〉*Don't Go Breaking My Heart*(1976), 〈희생〉*Sacrifice*(1989) 등의 노래가 히트하였고, 앨범 《굿바이 옐로 브릭 로드》*Goodbye Yellow Brick Road*가 유명하다. 그는 왓포드 축구 클럽Watford Football Club의 구단주이기도 하다. 1998년에 기사 작위를 받았다.

John, Olivia Newton (1948~) 존, 올리비아 뉴튼

1970년대와 1980년대에 세계적으로 인기를 모았던 영국의 여자 팝 가수이다. 1970년 대 초에 〈렛 미 비 데어〉*Let Me Be There*가 미국 차트에서 6위에 오르고, 〈해브 유 네버 빈 멜로우〉*Have You Never Been Mellow*, 〈플리즈 미스터 플리즈〉*Please Mr. Please* 등이 연달아 히트한다. 미국에서도 지명도를 얻은 올리비아는 존 트라볼타John Travolta와 뮤지컬 〈그리스〉*Grease*(1978)에 출연하고, 영화와 영화 음악의 성공으로 스타가 된다.

올리비아는 1980년에도 영화 〈제너두〉*Xanadu*에 출연하는데 영화는 그리 성공을 거두지 못했지만, 자기가 부른 영화 삽입곡 〈매직〉*Magic*은 미국 차트에 1위에 오른다. 1981년 발표한 앨범 《피지컬》*Physical*은 그녀의 최고 히트작이다.

Johnnie Walker 조니 워커

스카치 위스키scotch whisky의 하나로 미국에서 특히 인기가 있다. 1820년 존 워커John Walker가 잡화점을 매입하여, 술을 판매하면서 시작되었다. 1908년에 존 워커의 손자가 할아버지의 애칭을 새로운 위스키의 이름으로 사용한 것이 조니워커이다. 레드라벨Red Label, 블랙라벨Black Label, 블루라벨Blue Label 등의 종류가 있다.

Johns Hopkins University 존스 홉킨스 대학

미국 메릴랜드주 볼티모어Baltimore에 있는 사립 종합 대학이다. 퀘이커교도이자 은행가인 존스 홉킨스Johns Hopkins의 기부금을 바탕으로 1876년에 존스홉킨스 병원과 함께 설립되었다. 처음부터 대학 교육의 중심을 학부에서 대학원으로, 일반 교육에서 전문 교육으로 옮겼다. 이 대학 출신 또는 교수로서 노벨상을 수상한 사람이 27명이나 된다.

Johns, Jasper (1930~) 존스, 재스퍼

1950년대 후반에 미국 화단이 추상적 표현주의에서 대중 미술로 전이하는 데 영향을 미친 미국 화가이다. 두꺼운 천 캔버스에 성조기나 숫자 등을 이용한 회화로 유명하다.

성조기를 이용한 존스의 그림

Johnson & Johnson 존슨 앤 존슨

1886년에 로버트 우드 존슨Robert Wood Johnson이 창립하여 세계 50여 개 국에 지사를 두고 있는 의약품 생산 업체이다. 밴드 에이드Band-Aid나 타이레놀Tylenol 같은 제품은 널리 알려져 있다.

Johnson, Magic (1959~) 존슨, 매직

L. A. 레이커스Los Angeles Lakers팀에서 뛴 미국의 유명 농구 선수이다. NBA(National Basketball Association) 대회에서 세 번이나 최우수 선수(Most Valuable Player, MVP)가 되었다. 1991년에 자신이 에이즈AIDS에 걸렸음을 공개하고, 에이즈 연구 기금 조성에 많은 협조와 도움을 주었다.

Johnson, Samuel (1709~1784) 존슨, 새뮤얼

존슨은 18세기 후반에 영국 문학을 주도한 인물로, 영국 문학사에서 18세기 후반을 '존슨의 시대'(1750~1784)라고

할 정도이다. 그의 문학적 업적은 그만큼 대단한 것이었다. 그가 편찬한 《영어사전》*A Dictionary of the English Language*(1755)은 영어 단어에 대한 해박한 정의와 정확한 인용문을 사용하여 이후에 나오는 모든 영국 사전의 기초가 되었고, 시인 52명의 작품을 비판적으로 검토한 《영국 시인 평전》*The Lives of the Poets*는 문학비평을 문학의 한 형식으로 자리잡게 하는데 큰 공헌을 했다. 소설 《라슬라스》*Rasselas*(1759)는 행복을 쉽게 얻으려는 세태를 철학적으로 비판한 작품이다. 그는 작가로서뿐 아니라 논객으로도 유명했는데, 때로 격렬한 토론을 전개하면서 유명한 말들을 남기기도 하였다. 그의 글들은 성경과 셰익스피어 다음으로 많이 인용된다고 한다.

가정형편은 여의치 않았으나 아버지가 서점을 운영한 덕으로 어려서부터 책을 접할 수 있는 환경에서 자랐다. 옥스퍼드 대학에 다녔으나 가난해서 대학을 중퇴한 그는 학위는 물론 뚜렷한 자격도 없이 지방 문법 학교 교사로 잠시 근무하기도 했고, 불어와 영어 번역일도 하였다. 이후 부유한 부인과 결혼하여 사립 학교를 설립하지만 경영이 어려워 문을 닫고, 대신 문인으로 명성을 얻고 획기적인 '영어 사전'을 편찬하였다. 영어를 포함한 언어에 대한 존슨의 관심은 대단했다. 그는 언어의 생명을 한 국가의 흥망성쇠와 비교하기도 하고, "언어는 생각의 옷이다"(Language is the dress of thought.)라고 하면서 언어의 중요성을 강조하였다.

1765년에 존슨은 더블린Dublin의 트리니티 칼리시Trinity College에서 명예 박사학위를 받고, 10년 후에는 모교였던 옥스퍼드 대학에서 명예 박사학위를 받는다. 오늘날 그를 부를 때 존슨 박사라 칭하는 것은 이러한 명예 박사학위에 기인한 것이다. 사후에 그는 웨스트민스터 사원에 안치된다.

Joint Chiefs of Staff 합동참모본부(합참)

미국 육해공군과 해병 사령부들의 합동참모본부이다. 1942년에 창설되어 대통령과 국가안전보장회의(National Security Council), 국방 장관을 보좌한다. 부시 행정부의 국무 장관인 콜린 파월Colin Powell이 흑인으로는 최초로 합참 의장을 지냈다.

Joint resolution 상하원 합동 결의

미국의 상원과 하원이 합동으로 의결한 결정을 말한다. 대통령이 서명하면 곧바로 법률로 공포되고, 대통령이 거부하더라도 상하원이 합동으로 재의결하면 된다.

Jolly Roger 졸리 로저

해적 깃발이다. 검은색 바탕에 흰색으로 뼈를 2개 교차시키

고 그위에 해골을 그려놓았다. 그래서 'skull and crossbones'라고도 한다.

Jones, Bobby (1902~1971) 존스, 바비

미국의 가장 뛰어난 아마추어 골프 선수로, 끝내 프로로 전향하지 않았다. 그는 유에스 오픈U.S. Open 대회를 4번이나 우승하였다. 1930년에 미국과 영국의 아마추어와 Open 대회의 4대 메이저 대회를 석권한 유일한 선수였다.

Jones, Indiana 존스, 인디애나

한국에 〈인디애나 존스〉 영화 시리즈로 소개된 스티븐 스필버그Steven Spielberg 감독의 액션모험 영화의 주인공이다. 원제는 *Raiders of the Lost Ark*(1981), *Indiana Jones and the Temple of Doom*(1984), *Indiana Jones and the Last Crusade*(1989) 등이다. 이들 영화에서 인디애나 존스는 온갖 모험적인 상황에 처하는 고고학자로 나온다.

Jones, Inigo (1573~1652) 존스, 이니고

17세기 영국의 건축가이자 무대 디자이너이다. 16세기 이탈리아 건축가 안드레아 팔레이디아Andrea Palladia의 건축 양식을 영국에 소개한 사람이다. 퀸스 하우스Queen's House, 그리니치Greenwich, 코벤트가든Covent Garden 광장 등이 그가 설계한 건축물들이다. 당대 유명 극작가 벤 존슨Ben Jonson과 함께 가면극(masque)을 제작하기도 했다.

Jones, Quincy (1933~) 존스, 퀸시

대중 가요 가수 및, 작곡가이사 트럼펫 연주자이다. 앨범《두드》*The Dude*(1981)와 《백 온 더 블록》*Back on the Block*(1991)으로 각각 그래미상을 받았다. 마이클 잭슨Michael Jackson의 앨범 《스릴러》*Thriller*(1983)를 제작한 사람이다. 엘라 피츠제랄드Ella Fitzgerald나 레이 찰스Ray Charles 등의 재즈 가수들과도 작업을 했다.

Jones, Tom (1940~) 존스, 톰

굵직한 목소리에 영국 웨일즈 출신의 팝 가수이다. 〈그린그린 그래스 오브 홈〉 *Green Green Grass of Home*(1968), 〈키스〉 *Kiss*(1998) 등의 히트곡이 있다. 1970년대에 미국으로 건너가 클럽에서 공연을 가졌다.

Jones, Tommy Lee (1946~) **존스, 토미 리**

미국의 영화배우이다. 하버드 대학에서 영문학을 공부했다. 1970년 영화 〈러브스토리〉*Love Story*에 출연하며 배우로 데뷔했다.

〈광부의 딸〉*Coal Miner's Daughter*(1980), 〈언더씨즈〉*Under Siege*(1992), 〈도망자〉*The Fugitive* (1993, 1998), 〈맨 인 블랙〉*Men In Black*(1997, 2002), 〈헌티드〉*The Hunted*(2002), 〈실종〉*The Missing*(2003) 등의 영화에 출연하였다.

Jonson, Ben (1572~1637) **존슨, 벤**

17세기 영국의 극작가이자 시인이다. 동료 배우를 결투로 죽이고 투옥되기도 했다. 그의 희극《각인각색》*Every Man in His Humour*(1598)은 낭만적인 셰익스피어 희극에 대한 반항으로 '기질희극'(comedy of humours)을 유행시켰다. 《모두 언짢아》*Every Man Out of His Humour*(1599)는 당시의 극작가들을 통렬히 풍자하여 투옥당하기도 하였다. 제임스 1세의 총애를 받으며, 1616년 최초로 계관시인이 되면서, 고전의 깊은 학식과 매력 있는 인격으로 문단의 중심적인 존재로 각광받았다.

《볼포네》*Volpone*(1606), 《에피코이네》*Epicoene*(1609), 《연금술사》*The Alchemist*(1610), 《임도 보고 뽕도 따고》*Pleasure Reconciled to Virtue* (1618) 등은 그의 대표적 걸작이다. 강의 메모《숲 또는 발견》*Timber or Discoveries*(1640) 또한 뛰어난 문학평론으로 평가를 받는다.

Joplin, Scott (1868~1917) **조플린, 스콧**

래그타임ragtime 뮤직 발전에 이바지한 미국의 흑인 피아노 연주자이다. 〈메이플 리프 래그〉*Maple Leaf Rag* (1899)가 그의 대표곡이다. 흑인 최초로 오페라 〈트리모니샤〉Treemonisha(1911)를 작곡하기도 했다. 영화 〈스팅〉The Sting(1973)의 삽입곡 〈엔터테이너〉*The Entertainer* (1902)도 그의 곡이다.

Jordan, Michael (1963~) **조던, 마이클**

미국의 농구 선수이다. 노스캐롤라이나 대학교 재학시 1982년과 1983년 연속 대학 최우수 선수였다. 1984년에 대학을 중퇴하고 NBA 시카고 불스에 입단하여 데뷔 첫해 최우수 신인왕, 1986년에서 1993년까지 7년 연속 시즌 득점왕을 차지했고, 1987년과 1990년, 1991년, 1996년 네 차례 시즌 MVP, 1990년에서 1992년까지 3년 연속 챔피언 시리즈 MVP를 차지하며 '날으는 신동'으로 불린 NBA 최고의 스타였다.

1984년과 1992년 올림픽 대회에서 농구 대표팀 선수로 뛰어 미국에 금메달을 안겼다. 1990년대 2년 간 프로 야구 선수로 활동하기도 하였다.

Joyce, James (1882~1941) **조이스, 제임스**

아일랜드의 소설가로, 20세기 문학의 거장이다. 젊은 시절에 고향 더블린Dublin을 떠나 37년 간이나 국외를 방랑하였다. 빈곤과 고독 속에서 눈병에 시달리면서 전인미답의 문학 작품을 썼는데, 대부분이 아일랜드와 더블린, 더블린 사람들을 대상으로 한 것이었다.

1914년에는 단편집 《더블린 사람들》*Dubliners*을 출간하였다. 1917년에 출간한 《젊은 예술가의 초상》*A Portrait of the Artist as a Young Man*은 '의식의 흐름'(Stream of Consciousness)을 따른 심리묘사로 크게 주목받았다. 1922년에 《율리시즈》*Ulysses*가 출간되자, 그의 명성은 더욱 높아졌다. 마지막 작품 《피네간의 경야(經夜)》*Finnegan's Wake*(1939)는 진일보한 실험적 작품으로서, 《율리시즈》에서 사용된 '의식의 흐름'의 수법이 종횡으로 구사되었다.

Joyner, Florence Griffith (1959~) **조이너, 플로렌스 그리피스**

미국의 흑인 여성 육상 선수로 1988년 서울 올림픽에서 육상 100m, 200m, 400m 계주(relay)에서 3관왕을 차지했다.

Judicial activism 사법적 적극주의

헌법 조항을 문구대로 정확히 따르지는 않지만, 국가의 가치와 요구의 변화에 따라 새로운 법률을 적극적으로 인정하는 미국 대법원과 사법부의 가치관이다. '광의의 헌법 해석'이라 한다.

Judicial restraint 사법적 소극주의

헌법 조항과 일치하는 법률이 아니면 인정하지 않으려는 미국 대법원과 사법부의 가치관을 말한다. '협의의 헌법 해석'이라 한다.

Juilliard School of Music 줄리어드 음악 대학

클래식 음악의 연구를 위해 1905년에 설립한 미국의 세계적인 음악 학교이다. 현재 뉴욕의 링컨센터에 본부를 두고 있다.

***Julius Caesar* 《줄리어스 시저》**

윌리엄 셰익스피어의 1599년 작 비극이다. BC 44년에 폼페이를 격파하고 권력을 잡은 시저Caesar에 대하여 카시우스Cassius는 개인적인 혐오감을 가지고 있었다. 카시우스는 공화정치를 지지하는 이상주의자 브루투스Brutus를 자기편으로 끌어들이려고 한다. 브루투스는 시저의 친구이지만 시저가 왕위에 오르려는 야망을 가진 데 분노하고 카시우스와 함께 시저의 암살을 계획한다. 시저는 예언자의 불길한 예언을 무시하고 원로원에 등원하였다가 브루투스의 칼에 찔려 죽는다.

처음에 민중들은 브루투스에게 박수를 보냈지만, 시저의 부하 안토니우스Antony의 웅변에 감동되어 반기를 든다. 로마를 도망친 브루투스와 카시우스는 성격의 차이로 갈등이 생기나 결국 협력하여 안토니우스와 싸웠지만 패하여 자살한다. 정치인들의 성격을 잘 표현하였고, 정치 세계에서 이상주의자의 비극을 잘 묘사하였다.

The Jungle Book 《정글북》

19세기 영국의 시인이자 소설가인 루드야드 키플링Rudyard Kipling이 1894년에 펴낸 단편 동화집이다. 오늘날까지도 인기 있는 8편의 동화들이 들어 있다.

호랑이에게 쫓기는 소년 모굴리Moguli를 늑대가 살려주고 키운다. 모굴리를 중심으로 호랑이와 싸우고 빨간 개와 싸우며, 인간의 탐욕을 응징하는 늑대의 무리를 묘사한 8편의 이야기에서 동물의 특성을 살리면서도, 대담하게 동물을 의인화함으로써 자존심, 용기, 침착성, 삶의 환희 등 남성적 특성을 잘 표현하여 '동물 문학'이라는 새로운 분야를 개척하였다.

이듬해 《제2의 정글북》*The Second Jungle Book*도 7편의 동화를 담아 출판하였다.

junior college 전문 대학

미국의 2년제 대학이다. 졸업생은 '준(準)학사학위'(associate degree)를 받는다. 4년제 대학보다 학비가 싸서 형편이 부족한 학생들이 주로 지원한다. 4년제 대학으로 편입할 수 있다. 우리나라의 2년제 전문 대학과 같다.

junior high school 중학교

미국에서 초등학교(elementary school)와 미국의 고등학교(high school)의 중간 단계의 학교이다. 주로 특정 high school에 연계되어 있어서, high school이 4년일 경우, junior high school은 2년이 되어서 7학년(seventh grades)과 8학년(eighth grades)이 된다.

junior school 주니어 스쿨

7살에서 11살 사이의 어린이들이 다니는 영국의 공립 초등 학교이다.

Jurassic Park〈쥬라기공원〉

흥행의 귀재 스티븐 스필버그Steven Spielberg 감독이 1993년에 만든 공상과학 영화이다. 베스트셀러 작가인 마이클 크라이튼Michael Crichton의 소설을 원작으로 하였다. 쥬라기에 형성된 화석에 갇힌 모기의 피에서 추출한 공룡의 DNA을 첨단 기술로 복원한 공룡들이 일대 소동을 벌이는 내용이다. 거액의 제작비와 최첨단 컴퓨터그래픽을 이용한 대작으로 세계의 주목을 끌며, 공룡 붐을 일으켰다.

Jury 배심원단

영국과 미국의 법원에서 채택하고 있는 제도이다. 범죄 행위로 기소되어 무죄를 주장하는 피고인은 배심재판을 받게 된다. 민사사건도 배심재판에서 책임 소재를 판단해 준다. 미국에서도 주마다 규정이 다르지만 형사재판과 민사재판 모두 배심제도를 채택하고 있다.

영국에서는 사건마다 배심원들의 투표권이 있고, 13살부터 최소한 5년 이상 영국에 거주한 18세에서 65세까지 성인들의 명단에서 무작위로 선정한다. 군인이나 경찰, 법률가와 성직자들은 배심원이 되지 못한다.

배심원에 선정된 사람들은 2주일 정도 법정에 나간다. 잉글랜드와 웨일즈에서는 12명, 스코틀랜드에서는 15명으로 구성된다. 양측을 대표하는 변호사들은 특정 배심원에 대해 거부할 권리가 있다. 배심원단은 양측의 주장을 다 듣고 배심원실(jury room)에서 사건을 협의한다. 그리고 모든 배심원들은 재판정으로 입장하고 배심원장(foreman)이 기소인에 대한 유죄(guilty) 또는 무죄(not guilty)의 평결(verdict)을 발표한다. 평결은 주로 모든 배심원들의 만장일치로 하지만, 2인 이하가 반대하면 판사는 '다수결'(majority verdict)로 받아들인다. 배심원들이 평결을 내지 못할 경우, 그 공판은 취소되고, 새로운 배심원단을 구성해서 다시 열게 된다. 형량이나 형기를 정하는 처벌은 배심원의 일이 아니다.

미국의 배심원도 12명으로 구성하고, 나머지는 대부분 잉글랜드나 웨일즈와 비슷하다. 형사재판에서는 기소인의 유죄·무죄를 평결하고, 민사재판의 경우에는 배상액을 결정하기도 한다. 다수결도 인정된다.

Justice 정의

서구에서 정의는 흔히 '눈을 감은 채 한 손에 저울을, 다른 한 손에는 칼을 들고 있는 여인'으로 그려진다. 이것은 정의가 모든 사람을 동등하게 대하고, 모든 증거를 저울에 달고, 유죄와 무죄를 가려 유죄인 사람은 처벌한다는 것을 나타낸다.

런던의 형사재판소가 있는 올드베일리Old Bailey에는

'정의의 여신상'(Statue of Justice)이 있다.

정의의 여신상

Juvenile court 소년법원

youth court 편을 보시오.

K

K. Rowling, Joanne (1965~) **케이 롤링, 조앤**

세계적인 베스트셀러 <해리 포터 시리즈>를 쓴 영국 작가이다. 영국 웨일즈의 작은 촌락에서 태어난 그녀는 어린 시절부터 '몽상하는 기질'이 남달랐다고 한다. 상상하는 놀이를 즐겨 했고, 자기가 만든 이야기를 손수 글로 적어서 여러 편의 동화를 쓰기도 했다. 대학에서 불문학을 공부하였다. 졸업하고 일반 비서직에 취직했다가 해고된 그녀는 궁여지책으로 다시 맨체스터에 있는 회사에 취직하는데, 바로 집과 맨체스터를 오가는 기차 안에서 영감이 떠오른 것이다. 그후로 몇 달 동안 조앤은 시간이 날 때마다, 한 마법사 소년과 그를 둘러싼 여러 가지 모험에 관한 온갖 아이디어를 닥치는 대로 적기 시작했다.

이 무렵 조앤은 포르투갈로 건너가 영어 교사를 하였고, 거기서 사랑하는 사람을 만나 결혼을 한다. 딸 하나를 낳았지만, 그 결혼은 3년도 채 못 가 파경을 맞이하게 된다. 딸을 데리고 영국으로 돌아온 롤링은, 극도의 빈곤한 생활을 하며 어른과 아들이 함께 읽을 수 있는 소설 <해리 포터 시리즈>를 썼다.

K-12 케이-12

유치원부터 시작해서 고등학교까지 총 12학년의 미국 교육 체제를 가리키는 말이다.

Kansas 캔자스주

미국에서도 한가운데에 있는 주이다. 대평원을 형성하는 주이다. 해바라기주(Sunflower State)라는 별명이 있다. '루이지애나 구매'(Louisiana Purchase) 때 프랑스로부터 구매한 곳이다. 주도는 토페카Topeka이지만, 위치타Wichta나 캔자스 시티Kansas City 등이 주를 대표하는 대도시들이다.

Kazan, Elia (1909~) **카잔, 엘리아**

미국의 연극연출가이자 영화감독이다. 부모가 그리스인이며 터키에서 태어났다. 예일 대학 연극학과를 졸업하였고, 1930년대 그룹 시어터Group Theater에서 배우와 연출가로 활약하였다. 제2차 세계대전 후 극단 액터스 스튜디오Actors' Studio 설립에 참여하여 우수한 배우를 양성하고, 테네시 윌리엄스Tennessee Williams의 〈욕망이라는 이름의 전차〉*A Streetcar Named Desire*(1947)와 〈뜨거운 양철지붕 위의 고양이〉*Cat on a Hot Tin Roof*(1955), 아서 밀러Arthur Miller의 〈세일즈맨의 죽음〉*Death of a Salesman*(1948) 등을 연출하였다.

1944년부터 영화감독으로 활약하여 〈신사협정〉*Gentleman's Agreement*(1947)과 〈온 더 워터프론트〉*On the Waterfront*(1954) 등의 영화로 오스카 영화상을 수상하였다. 이외에도 〈브룩클린 횡로(橫路)〉*A Tree Grows in Brooklyn*(1945), 〈욕망이라는 이름의 전차〉*A Streetcar Named Desire*(1951), 〈혁명아 사파타〉*Vivai Zapata*(1952), 〈에덴의 동쪽〉*East of Eden*(1955), 〈초원의 빛〉*Splendor in the Grass*(1961) 등의 작품을 계속해서 발표하였다. 또, 〈아메리카, 아메리카〉*America, America*(1961)와 〈어레인지먼트〉*The Arrangement*

(1967) 등의 소설을 썼다. 두 편 모두 영화화되었다.

Keats, John (1795~1821) 키이츠, 존

19세기 영국의 낭만주의 5대 시인이다. 의학을 공부한 지 5년 만에 의사시험에 합격하기도 하였다. 1817년 22세 때 처녀 시집 《시집》*Poems*을 냈고, 이듬해에 야심적인 장시 〈엔디미온〉*Endymion*을 발표하여 큰 발전을 보였다. 중세 취미가 넘친 발라드ballade(담시) 〈성 아그네스의 전야〉*The Eve of St. Agnes*(1820), 〈무자비한 미인〉*La Belle Dame sans Merci* 등을 비롯하여 영국 문학 사상에 주옥같은 일련의 오드Ode(송시頌詩)들이 잇달아 발표되었다. 〈그리스 항아리에 부치는 노래〉*Ode on a Grecian Urn*, 〈나이팅게일에게〉*Ode to a Nightingale*, 〈가을에〉*To Autumn* 등은 모두가 명시들이다. 이어서 걸작 〈하이피리언의 몰락〉 *The Fall of Hyperion*을 썼다. 병고에 시달리면서, 연애의 기쁨과 괴로움을 경험하면서 많은 명저를 내고, 26살에 생애를 마쳤다. 사후인 1848년에 《편지들》*Letters*이 출간되었다.

Keller, Helen (1880~1968) 켈러, 헬렌

미국의 맹농아(盲聾啞) 저술가이자 사회사업가로 '삼중고(三重苦)의 성녀'라고 불린다. 생후 19개월에 열병을 앓은 뒤에 눈이 멀고, 들리지 않고, 말도 못하게 되었다. 7세 때부터 가정교사 앤 설리번Anne Sullivan에게 교육을 받고, 1900년에 하버드 대학 래드클리프 칼리지Radcliffe College에 입학하여, 맹농아자로는 세계 최초로 대학 교육을 받았고, 1904년 우등생으로 졸업하였다.

이 당시 마크 트웨인은 그녀에게 "삼중고를 안고 마음의 힘, 정신의 힘으로 오늘의 영예를 차지하고도 아직 여유가 있다"는 찬사를 보냈다. 그녀의 노력과 정신력은 전세계 장애인들에게 희망을 주었고, 다양한 활동으로 '빛의 천사'로도 불렸다.

미국 전역과 해외를 다니며 신의 사랑과 섭리, 노력을 역설하여 맹농아자의 교육, 사회복지 시설의 개선을 위한 기금을 모아 맹농아자 복지 사업에 크게 이바지하였다. 《나의 생애》*The Story of My Life*(1902), 《암흑에서 벗어나》*Out of the Dark*(1913), 《나의 종교》*My Religion*(1927), 《신앙의 권유》*Let Us Have Faith*(1940) 등의 저서가 있다.

Kellogg's 켈로그

아침 식사용 시리얼cereals 제품을 생산 판매하는 세계적인 미국 기업이다. 1906년에 윌 케이쓰 켈로그Will Keith Kellogg가 미시건주 배틀 크리크Battle Creek에서 설립하였다. 잘 알려진 콘플레이크Corn Flakes, 라이스 크리스피Rice Krispies, 애플잭Apple Jacks 등의 제품이 있다.

Kelly, Emmett (1898~1979) 켈리, 에머트

미국에서 가장 유명한 어릿광대(clown)였다. '링글링 브라더스 앤 바넘 앤 베일리 서커스'Ringling Brothers and Barnum and Bailey Circuses에서 너무나 슬픈 표정의 위어리 윌리Weary Willie(지친 윌리)라는 어릿광대 캐릭터로 유명하다.

Kelly, Grace (1928~1982) 켈리, 그레이스

미국 필라델피아의 명문가 출신의 영화배우로 모나코의 왕비가 되었다. 탁월한 개성과 연기로 인기를 모았으며, 데뷔작은 〈하이눈〉*High Noon*(1952)이다. 존 포드John Ford 감독에 의해 〈모감보〉*Mogambo*(1953)에 선발되었고, 이어 알프레드 히치콕Alfred Hitchcock 감독의 〈다이얼 M을 돌려라〉*Dial M for Murder*(1954), 〈이창(裏窓)〉*Rear Window*(1954)에서 주연하였다. 〈갈채〉*Country Girl*(1954)에서 주연하여 오스카 영화상을 받았다. 그밖에 〈녹색의 불〉*Green Fire*(1954), 〈상류사회〉*High Society*(1956) 등에 출연했다. 1956년 모나코 왕 레니에Rainier 3세와 결혼한 후에도 세계 뉴스의 관심에서 벗어나지 않았는데, 1982년 9월 모나코에서 교통사고로 사망하였다.

Kennedy Center 케네디 센터

미국 워싱턴에 있는 국립문화원(U. S. national cultural center)의 이름이다. 정식 명칭은 John F. Kennedy Center for the Performing Arts(케네디 공연예술센터)이다. 링컨 기념관(Lincoln Memorial) 옆에 있다. 1971년에 고 케네디 대통령을 기념하여 개관하였다. 콘서트 홀Concert Hall과 오페라 하우스Opera House, 아이젠하워 극장(Eisenhower Theater) 등으로 구성되어 있다.

Kennedy, Edward (1932~) 케네디, 에드워드

미국 케네디 가문의 정치인이다. 1954년 하버드 대학을 졸업하고, 1959년 버지니아 대학에서 법학 학위를 받았다. 1960년 대통령 선거에서 형인 존 F. 케네디John F. Kennedy의 선거를 도와 당선시켰으며, 1962년에 매사추세츠주 상원의원에 당선되었다. 사회복지정책과 인종차별 철폐정책 등을 펴면서 진보 정치계의 핵심 인물로 부각되었다. 1969년 상원의 민주당 원내총무가 되었고, 1970년과

1976년 상원의원에 선출되었다. 1980년 민주당 대통령 지명전에서 후보자로 나섰다가 카터에게 패배하였다.

Kennedy, Jackie (1929～1994) 케네디, 재키

그녀의 이름은 재클린 보뷔르 케네디 오나시스Jacqueline Bouvier Kennedy Onasis이지만 흔히 '재클린 케네디'Jacqueline Kennedy로 많이 알려져 있다. 미국 역사에서 정치적인 업적과 전혀 관계없이 가장 사랑받았던 First Lady이다. 미국 최고의 명문가인 케네디가의 며느리에서 대통령의 아내로, 다시 세계적인 대부호인 아리스토틀 오나시스Aristotle Onassis와 재혼했던 그녀의 화려하고 파란만장한 인생은 미국뿐만 아니라 전세계인의 이목을 집중시켰다. 재키는 1929년에 뉴욕의 명문가인 프랑스계 보뷔르 Bouvier 가문에서 태어나 어렸을 때부터 상류사회의 교육을 받고 자랐다. 그녀의 사교성과 지적인 아름다움이 많은 사람들을 매료시켰다. 퍼스트 레이디로서 활발한 활동을 했던 그녀는 존 F. 케네디가 암살당한 후, 1968년 그리스의 대부호인 선박왕 오나시스와 재혼했다. 오나시스 사망 후에는 뉴욕에서 지내면서 자선 활동 및 출판 사업에 열중하면서 노년을 보냈다.

Kennedy, John F. (1917～1963) 케네디, 존 에프.

미국 민주당 출신의 35대 대통령이었다. 하버드 대학에서 정치학을 공부하였고, 학위 논문 《영국은 왜 잠자고 있었나》*Why England Slept*(1940)는 베스트셀러가 되었다. 제2차 세계대전 때 해군에 복무하였는데, 그가 타고 있던 어뢰정이 일본 구축함의 공격을 받아 격침되었으나, 부하를 잘 구출하여 전쟁영웅이 되기도 하였다. 1946년 매사추세츠주 제11구에서 하원의원으로 당선되었고, 1952년 같은 주에서 상원의원으로 선출되었다. 1953년 사진기자 재클린 보뷔르Jacqueline Bouvier와 결혼하였고, 1957년에는 《용기 있는 사람들》*Profiles in Courage*로 퓰리처상을 받았다. 1958년 상원의원으로 재선되었으며, 1960년 대통령 선거에서 민주당 후보로 출마, 뉴 프런티어New Frontier를 슬로건으로 내걸고 공화당 후보 닉슨을 누르고 승리하였다. 1961년 미국 역사상 최연소이자 최초의 가톨릭 신자로서 미국 대통령이 되었다. 케네디와 닉슨 간의 텔레비전 토론은 미국의 대통령 선거운동에 새로운 장을 열어놓았으며, 대통령이 된 이후에도 웅변과 재기를 무기로 국민에게 호소하는 방법을 자주 이용하였으며, 또한 기자회견 등에서도 텔레비전을 유효하게 활용하였다. 그러나 내정에서는 의회와의 관계가 원활하지 못하여 두드러진 업적을 이룩하지 못하였다.

그러나 외교에서는 '쿠바 미사일 위기'(Cuban missile crisis)를 맞아 핵전쟁의 위험을 무릅쓰고 소련의 흐루시초프와 협상하여 미사일 등을 쿠바에서 철수하는 극적인 타협을 이룬다. 이를 계기로 소련과 부분적인 핵실험금지조약을 체결하였고, 미-소간의 해빙 무드가 형성되었다. 또한 중남미 여러 나라와 '진보를 위한 동맹'을 결성하였고, 평화봉사단(Peace Corps)을 창설하기도 하였다. 1963년 11월 22일 텍사스주 달라스Dallas시에서 자동차 퍼레이드 중 리 하비 오스왈드Lee Harvey Oswald의 총탄을 맞고 사망하였다.

Kennedy, Nigel (1959～) 케네디, 니겔

영국의 바이올린 연주자이다. 특이한 옷차림과 삶으로 유명하다. 그가 연주한 앨범 《비발디의 4계》는 많은 사랑을 받았다.

Kennedy, Robert F. (1925～1968) 케네디, 로버트 에프

미국 케네디 가문의 정치인이었다. 1948년 하버드 대학을 졸업하고, 1951년 버지니아 대학에서 법학 학위를 받고 변호사를 지냈다. 1960년 대통령 선거에서 형인 존 F. 케네디의 선거운동 사무장이었다. 1961년에는 케네디 행정부의 법무 장관과 대통령 고문을 지냈다. 케네디가 암살된 후에도 존슨 행정부에서 법무 장관으로 있었고, 1964년 뉴욕주에서 상원의원에 당선되었다. 1968년 3월 민주당의 유력한 대통령 후보가 되어 출마 성명을 하고, 6월 5일 캘리포니아주 예비 선거에서 승리를 거둔 직후 요르단계 이민자에게 저격당하여 사망하였다. 저서로 《내부의 적》*The Enemy Within*(1960), 《정의의 추구》*Pursuit of Justice*(1964) 등의 저서가 있다.

Kennel Club 애견 클럽

런던에 있는 영국의 애견 단체이다. 애견과 관련한 기록을 보관하고 있어, 개의 종(種)이나 혈통을 관리하고 증명한다. '크러프츠 도그쇼'Crufts dog show를 주최한다. 미국에도 같은 단체인 미국 애견클럽(American Kennel Club)이 있다.

Kensington Gardens 켄싱턴 가든

공원에 있는 피터팬 상

런던의 남서쪽 하이드파크Hyde Park 옆에 있는 공원이다. 켄싱턴궁의 정원(garden)이었다가 1830년대에 일반인들에 개방되었다. 앨버트 기념관(Albert Memorial)과 유명한 피터팬 상(statue of Peter Pan)이 서 있다.

Kensington Palace 켄싱턴 궁전

17세기 영국의 궁전이다. 빅토리아 여왕이 1819년에 여기서 태어났다.

Kent, William (1685~1748) 켄트, 윌리엄

영국의 18세기 화가이자 건축가로 많은 공원과 건물의 실내를 디자인하였다. 로마에서 공부하여 16세기 이탈리아 건축가 팔라디오Pallado의 건축 양식을 영국에 소개하였다. 대표적으로 '트라팔가 광장'(Trafalgar Square)의 로얄 뮤즈Royal Mews를 그가 설계하였다.

Kentucky 켄터키주

미국 남동부의 주로, 블루그래스 스테이트Bluegrass State라는 별명이 있다. 주도는 프랭크포트Frankfort이지만, 루이빌Louisville이 최대 도시이다. 농업과 석탄 생산이 주 산업이다. 링컨 대통령이 태어난 지역이다. 1981년에 세계자연유산(World Heritage Site)에 지정된 석회암 동굴인 '매머드 케이브 국립공원'(Mammoth Cave National Park)이 있다.

Kentucky Derby 켄터키 더비

미국에서 가장 유명한 경마 대회로, 1875년부터 시작되었다. 켄터키주 루이빌Louisville에서 매년 5월 첫째 토요일에 열린다. 3년된 말들로 2km를 달린다.

Kew Gardens 큐 가든

전세계의 온갖 식물과 나무를 모아놓은 런던의 공원으로, 식물 연구의 본산이다. 공식 명칭은 Royal Botanic Gardens(왕립 식물원)이다. 빅토리아 여왕 때인 1840년에 일반인들에게 개장되어, 영국 시민과 관광객들의 사랑을 받고 있다. 팜 하우스Palm House 같은 대형 온실들과 중국탑(Chinese Pagoda)이 인상적이다.

식물원 내의 대형 온실인 Palm House

Key West 키 웨스트

카리브해 상에 연결되어 있는 섬들인 플로리다 키스Florida Keys의 마지막 섬이자, 도시이다. 플로리다의 마이애미보다도 쿠바의 아바나Havana에 더 가까운 미국 최남단의 도시이다. 소설가 어네스트 헤밍웨이가 여기 살았고, 트루먼Truman 대통령도 이곳에 여름 별장을 가지고 있었다. 많은 예술가들과 동성애자들이 모여 산다고 한다.

Keynes, John Maynard (1883~1946) 케인즈, 존 메이나드

현대의 정치 경제에 커다란 영향을 미친 영국의 경제학자이다. 경제가 어려울 때는 정부가 도로나 댐 같은 국책 건설 사업을 추진하여 투자할 것을 주장하였다. 이 이론은 인플레이션을 불러온다는 주장이 제기되는 1980년대까지 세계적으로 인정을 받았다. 케인즈는 제1, 제2차 세계대전 이후에 영국을 대표하는 경제학자로 국제통화기금(IMF, International Monetary Fund) 설립을 주도하였다. 1942년에 남작(baron)이 되었다.

Keystone Kops 키스톤 캅스

키스톤 영화사(Keystone Film Company)에서 제작한 무성 영화 시리즈에 웃기는 경찰들로 등장하는 남자 배우들을 가리킨 말이다. 이들은 범인을 쫓는다는 것이 엉뚱한 시민을 잡는 등, 웃기는 장면들을 연출하였다.

KFC (Kentucky Fried Chicken) 켄터키 프라이드 치킨

주로 치킨을 파는 미국의 패스트푸드 레스토랑의 하나이다. 1930년에 커널 H. 샌더스Colonel H. Sanders라는 사람이 켄터키주 코빈에 있는 주유소에서 일하면서 여행객을 위한 음식을 만들어 주유소 내의 식탁에서 제공한 것으로 시작되었다고 한다. 사람들이 점점 모여들자 샌더스는 주유소 건너편에 140여 명이 앉을 수 있는 레스토랑으로 자리를 옮겼고, 그후 10년 동안 11가지 독특한 맛의 치킨 양념을 완성했으며, 그 비법이 오늘날까지 유지되어 오고 있다고 한다. 1986년에 KFC는 펩시코(PepsiCo, Inc)에게 인수되었다가, 1997년 1월 펩시코가 KFC, 피자헛(Pizza Hut), 타코벨(Taco Bell) 등 몇 개의 레스토랑을 개인 회사로 분배시킬 때, KFC는 트라이콘(Tricon Global Restaurants, Inc.)에게 다시 인수되었다.

Kidnapped 《납치》

《보물섬》의 저자 로버트 L. 스티븐슨Robert Louis Stevenson이 1886년에 발표한 모험 소설이다. 스코틀랜드의 집에서 납치당한 청년 데이비드 발포어David Balfour가 노예가 되고, 결국은 도망치는 과정의 모험을 그리고 있는 소설이다.

The Killing Fields 킬링 필드

롤랑 조페(Roland Joffe) 감독의 1984년도 작품으로 1970년대의 캄보디아 전쟁과 공산주의자 집단인 크메르 루즈(Khmer Rouge)가 저지른 수천 명의 캄보디아인 학살에 관한 내용의 유명한 영화이다. 현재 '킬링필드' 라는 표현은 전쟁에서 많은 사람들이 학살된 장소를 말할 때 자주 사용된다.

Kilroy was here '킬로이 여기 있었음'

'담벼락 같은 곳에 쓰는 낙서 같은 글귀'를 가리키는 말이다. 제2차 세계대전 때에 처음 있었다고 하는데, Kilroy가 누구인지는 알려지지 않았다.

Kim 《킴》

루드야드 키플링Rudyard Kipling이 1901년에 발표한 소설이다. 인도에서 영국의 스파이 활동을 하게 되는 소년 킴Kim의 모험을 그리고 있다.

Kimberly-Clark 킴벌리-클라크

미국의 제지 회사이다. 1872년 존 A. 킴벌리John A. Kimberly, 하빌라 H. 밥콕Havilah H. Babcock, 찰스 B. 클라크Charles B. Clark, 프랭크 C. 섀턱Frank C. Shattuck 등이 위스콘신주 니나Neenah에 '킴벌리, 클라크 앤 컴퍼니'Kimberly, Clark and Company라는 이름으로 설립하였다.

1880년에 지금의 이름으로 바꾸었고, 1995년에 대형 제지 업체인 스콧제지(Scott Paper Company)와 합병하였다. 화장지, 휴지, 종이 타월, 물 티슈, 여행용 티슈 등의 티슈 용품과 종이 기저귀, 여성 위생 용품 등의 개인 용품, 외과용 팩, 가운, 멸균 랩, 일회용 마스크, 호흡처치에 쓰이는 의료 용품, 특수 의료용 종이 등을 생산, 판매하고 있다.

King and Country debate 왕과 국가에 관한 토론

1933년 옥스퍼드 대학에서 있었던 학생들의 토론이다. 이들은 전쟁이 나도 국왕과 나라를 위해 싸우지는 않을 것이라고 하여 유명해졌다. 이것은 당시 전통적 가치관을 가지고 있던 많은 국민들을 놀라게 하였다.

King Arthur 아서 대왕

1,000년 전부터 내려오는 전설[Arthurian legend] 속의 인물로, 영국 뿐 아니라, 프랑스, 독일의 문학에도 나온다. Arthur가 바위에 꽂혀 있던 엑스칼리버Excalibur이라는 칼을 뽑음으로써 영국의 왕이 된다. 용감하고, 공정하고, 정직한 기사의 표상이다. 용감한 기사들과 함께 카멜롯Camelot의 원탁에 앉아 회의를 갖는 '원탁의 기사들'(Knights of the Round Table) 이야기로도 잘 알려져 있다.

King James Version 《킹 제임스판 성경》

Authorized Version (AV) 편을 읽을 것.

King King 〈킹콩〉

1933년에 개봉된 미국 영화로, 1976년에 두 번째 버전이 제작 개봉되었다. 킹콩은 거대한 고릴라로, 뉴욕의 엠파이어스테이트Empire State 빌딩 꼭대기에서 전투기들에 의해 죽는다.

King Lear 〈리어 왕〉

1605년에 초연된 윌리엄 셰익스피어의 비극이다. 리어 왕은 영국의 전설적인 국왕으로 16세기의 영국문학에서부터 가끔 등장하는데, 셰익스피어는 그와는 달리 독자적으로 썼다. 리어 왕은 너무 늙어 자신의 세 딸 리건Regan과 고네릴Goneril, 코딜리아Cordelia에게 국토를 나누어주기로 결정하고, 딸들이 자기를 얼마나 사랑하는지 물어본다. Regan과 Goneril은 그들의 사랑을 과장하여 표현하였으나, 성실한 Cordelia는 자식으로서 효성을 다할 뿐이라고 덤덤하게 대답하였다. 이에 분노한 국왕은 Cordelia를 추방하고 국토를 두 딸에게만 나누어준다.

그러나 국토를 물려받은 두 딸의 냉대를 참지 못한 리어 왕은 충신 켄트Kent와 어릿광대(clown)를 데리고 궁전을 나와 폭풍우가 몰아치는 황야를 헤매면서 불효한 두 딸을 저주하고 광란한다. 이윽고 리어 왕은 왕도 한 인간에 불과하며, 인간은 한낱 동물에 지나지 않음을 깨닫는다. 프랑스의 왕비가 된 Cordelia는 부왕의 참상을 전해 듣고, 아버지를 구하기 위해 군대를 이끌고 영국으로 진격하였으나 싸움에 지고, 아버지와 함께 포로가 되어 병사의 손에 살해된다. 리어 왕은 죽은 딸의 시체를 안고 슬픔에 못 이겨 절명한다.

King, B. B. (1925～) 킹, 비비

미국 흑인 블루스 가수이자 기타리스트이다. 본명은 라일리 B. 킹Riley B. King이다. 한때 네네시주 멤피스의 리디오 방송국에서 DJ로 일하며 연주 활동을 했는데, 그때 B. B. King이라는 이름을 얻었다. B. B.는 'Blues Boy'(블루스 보이)의 약칭이다.

1951년에 발표한 〈쓰리 어클락 블루스〉*Three O'Clock Blues*가 크게 히트하면서, 자신의 13인조 밴드와 함께 1년에 300일 이상 순회 공연을 하며 왕성하게 활동했다. 1968년에는 처음으로 유럽 투어를 했고, 1970년에 카네기홀 Carnegie Hall에서도 공연하였다. 대표곡으로 〈에브리데이 아이 해브 더 블루스〉*Every Day I Have the Blues*, 〈스위트 식스틴〉*Sweet Sixteen*, 〈더 쓰릴 이스 곤〉*The Thrill is Gone* 등이 있다. 백인들에게도 인기가 많아서 '블루스의 왕'이라 불리었다. 로큰 롤rock and roll에 큰 영향을 주었다. 1987년에 '로큰 롤 명예의 전당'(Rock and Roll Hall of Fame)에 올랐다.

King, Billie Jean (1943~) 킹, 빌리 진

미국의 여자 테니스 선수이다. 윔블던Wimbledon 대회에서 단식 6회, 복식 9회, 혼합복식 4회 우승하였다. 결혼한 후인 1967년에 프로 테니스에 들어가서, 세계 4대 타이틀 중 3개 타이틀을 두 번이나 획득하였다. 윔블던 대회서 단식 우승을 6회나 한 것은 제2차 세계대전 후의 신기록이다. 그녀는 또 여권운동의 투사이기도 하였는데, 프로 테니스에서도 실력에 따라, 여성도 남성과 동등한 상금이 주어져야 한다고 주장하였다.

King, Carole (1942~) 킹, 캐럴

미국의 여성 록 가수이자, 작곡가이다. 4세 때부터 피아노를 연주했으며 고등학교 시절에는 밴드를 결성하여 노래를 불렀다. 1971년에 솔로 앨범 《융단》*Tapestry*을 발표하여 큰 성공을 거두었다. 이 앨범의 수록곡 〈너무 늦었어요〉*It's Too Late*, 〈네겐 친구가 있다〉*You've Got a Friend* 등은 앨범 차트에서 15주나 1위를 차지했다. 이외에도 〈심플 씽스〉*Simple Things*(1977), 〈시티 스트리트〉*City Streets*(1989), 〈컬러 오브 유어 드림스〉*Colour of Your Dreams*(1993) 등의 앨범이 있다. 1990년에 로큰롤 명예의 전당(Rock and Roll Hall of Fame)에 올랐다.

King, Martin Luther (1929~1968) 킹, 마틴 루터

미국 침례교의 흑인 목사로, 제2차 세계대전 후의 미국 흑인해방운동의 지도자였다. 조지아주 애틀랜타에서 침례교회 목사의 장남으로 태어났다. 비폭력 저항과 인종 차별 철폐, 식민지 해방과 사해동포론 등을 주장한 간디의 사상에 깊은 영향을 받았다. 1954년에 앨라배마주 몽고메리의 침례교회에 목사로 있던 중, 1955년 12월에 시내 버스의 흑인 차별 대우에 반대하여 5만의 흑인 시민이 벌인, '몽고메리 버스 보이콧 투쟁'을 지도하여 1956년 12월에 승리를 거두었다.

그후 '남부 기독교도 지도회의'(SCLC, Southern Christian Leadership Conference)를 결성하여 1968년 4월 테네시주 멤피스시(市)에서 흑인 청소부의 파업을 지원하다가 암살당하기까지, 비폭력주의에 입각한 흑인 인권운동을 이끈다. 1963년에는 25만 명이 참가한 '워싱턴 대행진'을 이끌고 링컨 기념관(Lincoln Memorial) 앞에서 유명한 "나는 꿈이 있다" *I have a dream*라는 연설을 한다. 1964년에 노벨 평화상을 받았다. 사후에 미국은 그의 생일(1월 15일)을 공휴일로 지정하여 기념하고 있다. 《자유를 향한 위대한 행진》*Stride Toward Freedom: The Montgomery Story* (1958), 《우리 흑인은 왜 기다릴 수 없는가》*Why We Can't Wait*(1964), 《흑인이 가는 길》*Where Do We Go from Here? Chaos or Community*(1967) 등의 저서가 있다.

King, Rodney (1966~) 킹, 로드니

1991년에 로스앤젤레스에서 경찰에 심하게 구타를 당한 흑인이다. 이 사건은 미국 사상 최악의 인종폭동을 일으키게 하였다. 과속으로 운전하던 로드니 킹Rodney King의 차를 세운 경찰은 그를 심하게 구타했고, 길 가던 시민이 이것을 비디오로 촬영했다. 4명의 경찰이 재판에 회부되었으나 이들이 무죄판결을 받았다. 이에 흑인들이 분노하여 폭동을 일으켜 나흘 간 52명이 사망하고 건물 600여 채가 불에 탔다. 당시 클린턴 대통령이 군대를 파견하여 진압하였다. 경찰들은 다시 재판에 회부되어 2명이 2년 6개월의 형을 받았다.

King, Stephen (1946~) 킹, 스티븐

공포소설로 유명한 미국의 인기 작가이다. 그의 작품 20여 편이 영화로 만들어질 정도로 세계적으로 인기가 대단하다. 《캐리》*Carrie*(1974)를 시작으로, 《샤이닝》*The Shinning*(1977), 《미저리》*Misery*(1987), 《돌로레스 클레이본》*Dolores Claiborne*(1992), 《쇼생크 탈출》*The Shawshank Redemption*(1994), 《인섬니아》*Insomnia*(1994), 《그린 마일》*The Green Mile*(1996) 등 많은 소설이 영화로 만들어졌다.

Kings and Queens of England and Great Britain 잉글랜드와 영국의 국왕 연보

871~899 알프레드 대왕(Alfred)
899~924 에드워드(Edward)
924~939 이델스턴(Aethelstan)

939～946 에드먼드 1세(Edmund I)
946～955 이드레드(Eadred)
955～959 이드윅(Eadwig)
959～975 에드가(Edgar)
975～978 순교자 에드워드(Edward)
978～1016 이델리드(Aetheled)
1016 철갑왕 에드먼드(Edmund)
1016～1035 커누트(Canute)
1035～1040 헤럴드 1세(Harold I)
1040～1042 하대크너트(Harthacnut)
1042～1066 고백자 에드워드(Edward)
1066 헤럴드(Harold II)
1066～1087 정복자 윌리엄 1세(William I)
1087～1100 러푸스 윌리엄 2세(William II)
1100～1135 헨리(Henry I)
1135～1154 스티븐(Stephen)
1154～1189 헨리 2세(Henry II)
1189～1199 사자왕 리처드 1세(Richard I)
1199～1216 존(John)
1216～1272 헨리 3세(Henry III)
1272～1307 에드워드 1세(Edward I)
1307～1327 에드워드 2세(Edward II)
1327～1377 에드워드 3세(Edward III)
1377～1399 리처드 2세(Richard II)
1399～1413 헨리 4세(Henry IV)
1413～1422 헨리 5세(Henry V)
1422～1461 헨리 6세(Henry VI)
1461～1470 에드워드 4세(Edward IV)
1470～1471 헨리 6세(Henry VI)
1471～1483 에드워드 4세(Edward IV)
1483 에드워드 5세(Edward V)
1483～1485 곱추왕 리처드 3세(Richard III)
1485～1509 헨리 7세(Henry VII)
1509～1547 헨리 8세(Henry VIII)
1547～1553 에드워드 6세(Edward VI)
1553 제인(Jane)
1553～1558 메리 1세(Mary I)
1558～1603 엘리자베스 1세(Elizabeth I)
1603～1625 제임스 1세(James I)
1625～1648 찰스 1세(Charles I)
1653～1658 호국경 올리버 크롬웰(Oliver Cromwell)
1658～1659 호국경 리처드 크롬웰(Richard Cromwell)
1660～1685 찰스 2세(Charles II)
1685～1688 제임스 2세(James II)
1689～1702 윌리엄 3세(William III)
1689～1694 메리 2세(Mary II)
1702～1714 앤(Anne)
1714～1727 조지 1세(George I)
1727～1760 조지 2세(George II)
1760～1820 조지 3세(George III)
1820～1830 조지 4세(George IV)
1830～1837 윌리엄 4세(William IV)
1837～1901 빅토리아(Victoria)
1901～1910 에드워드 7세(Edward VII)
1910～1936 조지 5세(George V)
1936 에드워드 8세(Edward VIII)
1936～1952 조지 6세(George VI)
1952～현재 엘리자베스 2세(Elizabeth II)

Kinsey, Alfred (1894～1956) 킨제이, 알프레드

미국의 생물학자이다. 1920년 하버드 대학교에서 이학 박사 학위 취득하고, 1929년 하버드 대학에 동물학, 식물학 교수로 재임하다가 같은 해 인디애나 대학교 동물학 교수로 임용되었다. 록펠러 재단과 국립연구평의회의 후원으로 '인간의 성적(性的) 행위'를 연구하였다.

남성 5,300명과 여성 5,940명과의 개별 인터뷰를 바탕으로 한 자료 《남성의 성적 행위》*Sexual Behavior in the Human Male*(1948)와 《여성의 성적 행위》*Sexual Behavior in the Human Female*(1953)에서 미국 사회의 성행위에 대한 다양한 행태를 제시하였다. 이른바 '킨제이 보고서들'(Kinsey Reports)이다. 《생물학 개론》*New Introduction to Biology*(1933), 《생물학 방법론》*Method of Biology*(1937) 등의 저서가 있다.

Kipling, Rudyard (1865～1936) 키플링, 루드야드

인도에서 태어난 영국의 소설가이자 시인이다. 영국에서 대학을 마치고 1880년에 인도로 돌아와서 저널리스트로 활동하면서 시집 《무분별의 노래》*Departmental Ditties*(1886), 단편집 《산중야화(山中野話)》*Plain Tales from the Hills*(1887) 등을 발표하고, 1890년에 영국으로 귀국하였다. 인도, 해양, 정글, 야수 등을 소재로 《인생의 핸디캡》*Life's Handicap*(1891), 《정글북》*The Jungle Book*(1894) 같은 단편소설을 썼다.

시인으로서도 1902년에 발표한 〈이프〉*If*, 〈군가 딘〉*Gunga Din*, 〈만델레이〉*Mandalay* 등의 시는 요즘도 읽히고 있다. 1907년에 영국 작가로는 처음으로 노벨 문학상을 수상하였다. 이밖에도 《꺼져버린 불빛》*The Light that Failed*(1891), 《제2의 정글북》*Second Jungle Book*

(1895), 《킴》*Kim*(1901) 등의 소설이 있다.

kiss 키스

영미인들의 키스를 보면 다양하다. 연인 관계인 남녀는 입으로 키스를 하고, 부모와 자식간에는 뺨이나 이마에 한다. 만나거나 헤어질 때는 뺨에다 키스를 한다. 영국인들은 간혹 양쪽 볼에다 하기도 한다. 뺨에다 하는 키스는 엄격히 말해서 입맞춤이 아니다. 또 동성애자가 아니면 남자들끼리는 키스를 하지 않는다.

KISS 키스(가수)

1972년에 결성된 미국의 헤비메탈 밴드heavy metal band 이름이다. 머리를 물들이고 얼굴에 물감을 칠하여 무대에서 격렬하게 연주한다. 기타를 부수거나 불을 뿜기도 한다. 1982년부터는 활동이 뜸하다가 1997년에 재결합하여 연주를 시작했다. 주요 앨범은 《키스》*KISS*(1974), 《폭로》*Unmasked* (1980), 《영혼의 카니발》*Carnival of Souls*(1997) 등이 있다.

Kissinger, Henry (1923~) **키신저, 헨리**

미국의 정치가이자 정치학자이다. 독일에서 태어나 1938년 나치의 유대인 박해를 피하여 가족과 함께 미국으로 이주하였다. 제2차 세계대전에 종군하고, 1943년에 미국 국적을 취득하였다. 1954년 하버드 대학에서 정치학 박사 학위를 취득하였으며, 1962년 같은 대학 정치학 교수가 되었다. 저서 《핵무기와 외교정책》*Nuclear Weapons and Foreign Policy*(1956)으로 대량보복전략을 비판하면서, 전술핵무기의 제한적 사용에 의한 유연대응전략을 주장하면서 전략 연구가의 지위를 확립하였다.

1969년에 닉슨 행정부의 대통령 보좌관 겸 미국국가안전보장회의(NSC) 사무국장으로 임명되어 국무부의 통상적인 외교 경로를 무시하고, 이른바 '셔틀 디플로머시'shuttle diplomacy라는 '키신저 외교'를 전개하였다. 1971년에 중국을 비밀리에 방문하여 닉슨 방중(訪中)의 길을 열었고, 이어서 국무 장관이 되어 중동 평화를 위해 힘썼으며, 1973년에는 북베트남과 접촉하여 평화협정을 체결하는 등, 세계평화를 위한 노력으로, 그 해 노벨 평화상을 수상하였다. 포드 행정부에서도 유임되었으나, 1977년 국무 장관직에서 물러나면서 은퇴하였다. 저서에 《선택의 필요성: 미국 외교정책의 전망》*The Necessity for Choice: Prospects of American Foreign Policy*(1961), 《미국의 외교정책》*American Foreign Policy*(1969), 《백악관 시절》*The White House Years*(1979) 등이 있다.

kitchen-sink drama 키친싱크 드라마

1950~1960년대 영국 연극의 조류이다. 가정생활의 갈등과 바람직하지 못한 모습들을 사실적으로 보여주던 연극이었다. 존 오스본John Osborne의 〈성난 얼굴로 돌아 보라〉*Look Back in Anger*, 아놀드 웨스커Arnold Wesker의 〈뿌리〉*Roots* 등이 대표적인 희곡이다.

Kitemark 연 마크

모든 산업 제품에 부착하는 영국 표준협회의(BSI, British Standard Institute)의 공식 인증 마크이다.

Klein, Calvin (1942~) **클라인, 캘빈**

미국의 캐주얼 의상 패션 디자이너이다. 1968년에 코트나 정장을 만들기 시작하여 패션계에 입문하여, 1972년 스포츠웨어sportswear 부문에 진출하였다. 패션 청바지로 특히 유명하고, 과감하고 파격적인 제품 광고도 눈길을 끈다. 1982년에는 언더웨어를 제작하였으며, 1990년대에는 여성복이나 남성복뿐만 아니라 구두, 가방, 수영복, 스타킹, 안경 그리고 향수까지, 젊은층에 초점을 맞춘 토털 패션을 전개하였다. 1973부터 1975년까지 3년 연속 코티상(Coty American Fashion Critics Award)을 수상하였고, 1981과 1983, 1993년에는 미국 패션디자이너협회(CFDA) 상도 수상하였다.

K mart 케이마트

미국의 대형 할인점의 하나이다. 하드웨어 세일즈맨이던 세바스찬 S. 크레스지Sebastian S. Kresge와 존 G. 매커리 John G. McCory가 1880년에 처음 할인점을 열었다. 당시에는 모든 물건을 5~10센트 할인하여 판매하였다. 제1차 세계대전이 발발하여 물건 값이 1달러로 오르게 되자 매출도 아울러 늘어났고, 1916년에는 S. S. 크레스지(S. S. Kresge Co.)라는 이름으로 회사를 설립하였다. 1962년에 디트로이트 외곽에 '케이마트 1호점'을 차렸다. 이 점포의 성공에 힘입어 점포 수를 점차 늘렸다. 1977년 지금의 이름으로 회사명을 바꾸었고, 월마트Wal-Mart에 이어 미국에서 두 번째로 큰 규모로 발전하였다.

Knickerbocker 니커보커

뉴욕 출신의 사람을 일컫는 말로 작가 워싱턴 어빙(Washington Irving)이 『뉴욕사』*History of New York*(1809)의 저자로 추정하는 디트리히 니커보커 Diedrich Knickerbocker라는 네덜란드계 사람의 이름에서 나왔다. 이 말은 니커스(Knickers)라고도 불리우는데 무릎 아래를 딱 맞게 조인 느슨한 타입의 바지를 말하기도 한다.

knight 기사 작위 (= knight bachelor)

중세의 기사단(order of chivalry)을 가리키는 말이지만, 오늘날에도 영국에서는 훌륭한 업적을 쌓거나 봉사를 하여 국가의 명예를 높인 남자에게 왕실이 수여하는 작위이다. 이름 앞에 Sir라는 작위가 붙는다. 아내는 Lady 칭호를 얻게 된다. 자녀에게는 세습되지 않는다. 남자의 기사에 해당하는 여성의 작위는 dame이 있다.

Knights of Columbus 콜럼부스 기사단

미국의 로마가톨릭 단체이다. 1881년 코네티컷주 뉴 헤이븐New Haven에서 창설되었다. 처음에는 가톨릭교도의 장례식을 해주기 위해 시작되었으나 이제는 중요한 봉사단이 되었다. 회원만도 1백 5십만이 넘는다.

Knights of the Round Table 원탁의 기사들

영국의 전설적인 왕 아서Arthur에게 충성을 바치던 기사 중의 최고 기사들인 '원탁의 기사들'을 말한다. 갤러해드 경(Sir Galahad), 거웨인 경(Sir Gawain), 랜슬럿 경(Sir Lancelot) 등이다.

Kodak 코닥

카메라와 필름을 포함한 많은 사진 촬영 장비들을 생산하는 세계 최대의 미국 기업이다. 정식 명칭은 '이스트만 코닥' (Eastman Kodak Company)으로, 1880년에 사신 기술자였던 조지 이스트만George Eastman이 설립하였다. 1884년에 롤필름을 선보였고, 1888년에는 단순하고 휴대하기 편한 코닥 카메라를 내놓았다. 이 카메라는 필름이 든 채로 판매되었으며 필름을 다 사용한 뒤 카메라와 함께 본사로 우송하면 인화된 사진과 대체 제품을 다시 보내 주었다. 1900년에는 필름 넣는 곳을 분리할 수 있는 단순한 박스형 카메라를 선보이며, 이후 계속해서 신제품을 개발해 내놓았다. 현재 일회용 카메라와 디지털 카메라, 사진 필름, 인화지, 건판, 디지털 스캐너, 디지털 데이터 저장 장치, 복사기, 전문 사진가용 장비 등을 생산하고 있다.

Kraft Foods, Inc. 크래프트 푸드

미국의 식품 제조 및 판매 업체이다. 1903년 제임스 L. 크래프트James L. Kraft가 형제들과 시카고에서 조그만 치즈 도매 회사로 시작하였다. 방부 처리된 치즈의 특허를 얻어 제1차 세계대전 때 미 육군에 대량으로 납품하면서 성장하였다. 1930년에 내셔널 데어리 프로덕츠 코퍼레이션(National Dairy Products Corporation)에 인수되었고, 새 회사는 1969년 크래프트코(Kraftco Corporation)라는 이름을 거쳐 1976년에 지금의 이름으로 바꾸었다. 1988년에 필립모리스 컴퍼니스(Philip Morris Companies Inc.)로 넘어가 그 계열사가 되었다. 일리노이주 노스필드Northfield에 본사가 있다.

Kroger 크로거

미국의 식료품을 중심으로 하는 대규모 소매 기업이다. 1883년에 창립되어 크로거Kroger와 칼라/벨Cala/Bell, 퀄리티 푸드 센터스Quality Food Centers, 프라이스Fry's 등, 여러 상호로 전국적인 점포망을 운영하고 있다. 1999년에 미국 서해안 지역의 식품 유통 업체인 프레드 마이어(Fred Meyer Inc.)를 인수하여, 전국에 약 3,500개 점포(약 2,350개의 슈퍼마켓 포함)를 거느리는 미국 최대의 식품 판매 업체가 되었다.

Ku Klux Klan 케이케이케이단 (= Grand Wizard)

KKK단은 미국 남북 전쟁 때 남부군으로 참전했던 군인들의 친목 단체로 1866년에 출발했으나, 해방된 흑인들을 겨냥한 협박과 폭력으로 백인 우월주의를 확립하려는 테러 조직이 되었다. 그랜드 위저드Grand Wizard라고도 한다. 흰옷을 입고 얼굴을 가리는 모자를 쓴다.

KKK단의 폭력 행위들 때문에 의회는 1875년에 '상세시행법'을 제정하여 대통령에게 인신보호영장제도를 중지시키고, 소요를 물리력으로 억제하며, 테러 조직에 대해 중형을 내릴 수 있는 권한을 부여했다. KKK단의 불법 행위는 1880년대 자취를 감추었다가, 1915년에 이민 배척주의의 모습으로 다시 출현했다. 새로운 KKK단은 흑인은 물론이고, 로마가톨릭교도들, 유대인들, 외국인들, 조직화된 노동자들에 대해서도 편견을 가지고 있었다. KKK단은 흑인 인권운동이 한창이던 1960년대에도 악명을 날렸으나, 점차 세력이 약화되었다. 일부는 신(新)나치 운동과 동맹을 맺었고, 또 다른 일부는 극우 단체들과 동맹 관계를 결성했다.

Kubla Khan 〈쿠블라 칸〉

영국의 낭만주의 시인 새뮤얼 테일러 코울리지Samuel Taylor Coleridge가 쓴 시이다. 1816년에 발표되었다. 시인이 꿈에서 몽골의 쿠블라 칸Kubla Khan이 건설한 곳을 보고나서 썼다고 한다.

Kubrick, Stanley (1928~1999) **큐브릭 스탠리**

세부 묘사에 관심이 컸던 미국 영화 감독이다. 대표작으로 『스파타커스』 *Spartacus*(1960), 『롤리타』 *Lolita*(1962), 『닥터 스트레인지러브』 *Dr Strangelove*(1963), 『2001 스페이스 오디세이』 *2001:A Space Odyssey*(1968), 『시계태엽 오렌지』 *A Clockwork Orange*(1971), 『샤이닝』 *The Shining*(1980) 등이 있다.

L

L'Amour, Louis (1908~1988) 라무르, 루이스

미국 서부 생활에 관한 책을 1백여 권 써서 일생 동안 2억 부나 판매했다는 미국 작가이다. 1983년에 의회로부터 금메달을 받은 유일한 작가이다. 1984년에는 자유의 메달(Presidential Medal of Freedom)을 수상하기도 했다.

Labor Day 노동절

9월 첫째 월요일로 미국의 노동절이다. 1894년에 제정되었다.

Labour Party 노동당

영국의 3대 정당 가운데 하나로, 전통적으로 노동자들의 권익을 대변하고, 노동조합의 지원을 받고 있다. 1980년대와 1990년대로 오면서 산업의 국유화, 핵무기 포기 등의 전통적인 좌익정책에서 변화를 모색하면서 신노동당(New Labour)의 이미지로 알려지고 있다. 1997년부터 하원의 다수 의석을 차지하면서 토니 블레어Tony Blair가 총리를 맡고 있다.

Ladd, Alan (1913~1964) 래드, 앨런

1940~1950년대에 인기 있었던 미국 영화배우이다. 감정이 절제된 강인한 캐릭터의 배역을 많이 한 배우였다. 서부극 〈셰인〉*Shane*(1953)이 대표 출연작이다. 〈백주의 탈출〉*This Gun For Hire*(1942), 〈블루 달리아〉*The Blue Dahlia*(1946), 〈헤녀〉*Boy On A Dolphin*(1957), 〈딥 식스〉*The Deep Six*(1957) 등에 출연했다.

Ladies Home Journal 《레이디스 홈 저널》

1883년에 창간된 미국의 여성 잡지이다. 주로 식품점에서 판매된다. 구독자가 5백만이 넘는다.

Lady Chatterley's Lover 《차타레 부인의 사랑》

1928년에 이탈리아에서 출판된 영국 소설가 D. H. 로렌스 D. H. Lawrence의 소설이다. 영국 상류층의 부인인 차타레 부인(Lady Constance Chatterley)이 집안의 가축 사육인 올리버 멜러즈Oliver Mellors와의 불륜을 그린 소설이다. 상세한 성애 묘사로 인한 외설시비로 오랜 재판을 겪은 후, 미국에서는 1959년에, 영국에서는 1960년에야 비로소 완본 출판이 허용되었다. 영화화되기도 했다.

Lady Godiva 고다이바 부인

전설에 나오는 영국의 마르시아 백작(Earl Mercia)의 부인이었던 고다이바 부인(Lady Godiva)이다. 그녀는 남편에게 코벤트리Coventry 지역의 백성들에게 세금을 낮춰주기를 청하자, 남편은 부인에게 벌거벗은 채 말을 타고 거리를 지나가면 그리하겠다고 하자, 부인은 정말로 나체로 말을 타고 거리를 지나갔다고 한다. 그래서 백작은 세금을 내려줬다고 한다.

The Lady of Shalott 〈샬롯 부인〉

19세기 영국의 시인 테니슨 경(Lord Tennyson)이 1833년에 발표한 시이다. 어느 섬에 있는 성(castle)에 살고 있는 신비의 여인에 대한 이야기를 노래하고 있다.

The Lady of the Lake 호수의 여신

전설의 대왕이 될 아서Arthur에게 호수의 검 엑스칼리버 Excalibur를 주는 여주인공이다. 1810년에는 월트 스콧 경(Sir Walter Scott)이 같은 제목의 시도 발표하였다.

Ladybird 레이디버드

1940년에 설립된 세계적인 영국의 아동도서 출판사이다. 표지에 새겨진 무당벌레(ladybird) 마크가 잘 알려져 있다.

Lake Erie 에리호

미국과 캐나다 사이에 있는 오대호(Grate Lakes)의 하나이다. 인디언 부족 에리즈Eriez의 이름을 따서 지었다고 한다. 휴런호(Lake Huron), 온타리오호(Lake Ontario)와 연결되어 있다. 연안에는 버팔로Buffalo, 클리블랜드 Cleveland, 톨레도Toledo 등의 미국 주요 도시들이 있다.

Lake Huron 휴런호

오대호의 하나이다. 미국 미시간주와 캐나다 온타리오 지방을 나눈다.

Lake Michigan 미시간호

오대호(Great Lakes) 가운데 하나로, 전역이 미국 영토 내에 있는 유일한 호수이다.

Lake Ontario 온타리오호

북미의 오대호 가운데 가장 작고, 동쪽에 있는 호수이다. 미국 뉴욕주와 캐나다 온타리오의 경계가 된다.

Lake Poets 호반 시인 (= Lake School)

19세기 초 영국의 낭만파 시인인 윌리엄 워즈워스William Wordsworth, 새뮤얼 테일러 코울리지Samuel Taylor Coleridge, 로버트 사우디Robert Southey, 토마스 드 퀸시Thomas De Quency 등에 주어진 별칭이다. 이들은 잉글랜드 북서부의 호수와 산이 어우러져 경관이 아름다운 호수 지방에 살며 우정을 나누면서 시작 활동을 하였다.

Lake Superior 슈페리어호

5대호(Great Lakes)의 하나이다. 5대호 가운데 가장 서쪽에 있는, 세계 최대의 담수호이다. 수산업도 발달했고, 19세기 후반에 운하가 완성되어 철광석 같은 지하자원을 운송하지만, 겨울철에는 동결되어 운항이 정지된다.

Lamb, Charles (1775~1834) 램, 찰스

친구인 코울리지(Samuel Taylor Coleridge)의 시집에 4편의 시를 실으며, 시인으로 등단하였다. 1796년에 누나 Mary가 정신병 발작으로 어머니를 살해하는 비극을 겪었다. 그는 자신에게도 이러한 유전이 있음을 알고, 평생 독신으로 누나를 간호하며 살았다. 누나와 함께 어린이들을 위한 책으로 《셰익스피어 이야기》*Tales from Shakespeare*(1807)와 《율리시즈의 모험》*The Adventures of Ulysses*(1808)을 발표하였다.

이 책들은 유명한 아동도서로 오늘날에도 널리 읽히고 있다. 또 1823년에 제1집이, 1833년 제2집이 출간된 《엘리아의 수필》*Essays of Elia*이 있다. 자신의 신변을 멋진 유머와 페이소스pathos를 섞어가며 훌륭하게 문장화한 것으로, 영국 수필의 걸작으로 평가받고 있다. 만년에는 자신도 누이와 같은 정신병으로 괴로움을 겪으면서 지내다 생애를 마쳤다.

Lambeth Conference 램버쓰 회의

캔터베리 대주교(Archbishop of Canterbury)를 수장으로 하는 영국과 전세계의 영국국교(Church of England)의 주교들이 캔터베리 대주교가 있는 런던의 램버스 궁(Lambeth Palace)에서 10년마다 모여 가지는 회의다.

Lancaster, Burt (1913~1994) 랭카스터, 버트

1950년대와 1960년대에 할리우드 스타였던 미국 영화배우이다. 서커스 단원으로 시작하여 영화 〈엘머 겐트리〉*Elmer Gantry*(1960)로 유명해졌다. 이외에도 〈지상에서 영원으로〉*From Here to Eternity*(1962), 〈알카트레즈의 새〉*The Birdman of Alcatraz*(1962), 〈표범〉*The Leopard*(1963), 〈꿈의 구장〉*Field of Dreams*(1989) 등의 영화들이 있다.

Land Rover 랜드로버

영국의 로버Rover 자동차사에서 생산하는 다목적 차종의 하나이다.

Landers, Ann (1918~2002) 랜더스, 앤

신문에 사랑과 가족 문제에 자문을 해주는 칼럼을 써온 미국의 언론인이었다. 1955년 시카고의 《선타임즈》*Sun-Times*에서 시작하였다. 쌍둥이 자매인 애비가일 밴 뷰런Abigail Van Buren(1918~)도 〈디어 애비〉*Dear Abby*라는 제목으로 비슷한 내용의 칼럼을 썼다.

landlady 여주인

일반적으로는 하숙이나 여관의 여주인을 말하는데, 건물이나 아파트의 세를 놓고 있는 여자나 펍pub을 소유하거나 운영하는 여자를 말하기도 한다.

Landseer, Edwin (1802~1873) **랜드시어, 에드윈**

동물화로 유명한 19세기 영국의 화가이자 조각가이다. 스코틀랜드 고지를 배경으로 서 있는 사슴 그림인 〈글렌의 군주〉Monarch of the Glen(1850)가 대표작이다. 1850년에 기사 작위를 받았다.

Lang, Fritz (1890~1976) **랭, 프리츠**

호주 출신의 영화감독으로 할리우드에서 많은 영화를 만들었다. 독일에서 영화 작업을 시작했는데, 거기서 〈메트로폴리스〉*Metropolis*(1927), 〈엠〉*M*(1933) 등의 무성 영화(silent film)를 만들었다. 미국에서는 〈분노〉*Fury*(1936), 〈사형집행인도 죽는다〉*Hangmen also Die*(1943), 〈거인〉*The Big Heart*(1953) 등의 액션 영화들을 만들었다.

Larkin, Philip (1922~1985) **라킨, 필립**

20세기 후반의 영국의 대표적인 시인이다. 자연과 죽음, 사랑과 성 같은 주제를 유머와 슬픔을 섞어 전통적인 운율과 리듬으로 노래하였다. 《휘트선 웨딩》*The Whitsun Wedding*(1964), 《하이 윈도우스》*High Windows*(1974) 등의 시집이 있다. 《질》*Jill*(1946), 《겨울소녀》*A Girl in Winter*(1947) 등의 소설도 있다.

Las Vegas 라스베가스

미국 남동부 사막 한가운데에 있는 네비다주 최대의 도시이다. 인구 47만여 명의, 관광과 도박의 도시이다. 19세기 말까지는 소규모의 광업과 축산업을 하는 마을이었으나, 1905년에 사우스 캘리포니아South California와 솔트레이크시티Saltlake City를 잇는 철도가 완성되면서 현대적인 도시로 건설되기 시작하였다. 1911년에 시로 승격되었다. 1936년에 그 당시로서는 세계 최대의 후버 댐Hoover Dam이 완성되고, 도박장이 늘어나면서 관광과 환락지로서 각광을 받게 되어 네바다주의 최대 재원이 되었다.

또 상업과 광업의 중심지이기도 하고, 지형이 고립되어 있는 데다 물이 풍부해 주위에 원자력위원회의 핵폭발 실험장, 공군기지, 사격장 등이 입주하면서 방위 산업이 도시 경제에 큰 역할을 하고 있다. 또한 이곳은 이혼 수속이 간단한 것으로도 유명하여 이혼을 목적으로 전국에서 많은 사람이 찾아온다.

Lassie 래시

영화 『래시가 집에 돌아오다』 *Lassie Come Home*(1943)에 처음 등장한 후 어린이용 영화, 라디오, TV시리즈 및 TV 만화에 나온 개로 매우 영리하여 위험에 처한 사람들을 종종 구해준다.

Last Night of the Proms 프롬스의 마지막날 밤

런던의 앨버트홀Albert Hall에서 매년 열리는 콘서트의 마지막날 밤의 연주를 말하는데, 전통적으로 후반부에 〈희망과 영광의 땅〉*Land of Hope and Glory*, 〈룰〉*Rule*, 〈브리태니아〉*Britania*, 〈예루살렘〉*Jerusalem* 등, 주로 영국의 자존심과 긍지를 표현하는 노래들을 연주한다. 이때 청중들은 국기를 흔들며 합창을 하기도 한다.

***The Last of England* 〈잉글랜드의 최후〉**

19세기 영국 화가 포드 매독스 브라운Ford Madox Brown의 1855년 걸작이다. 배를 타고 영국을 떠나 새로운 삶을 찾아 외국으로 떠나는 부부의 모습을 담고 있다. 부인이 갓난 아기를 코트에 감싸 품에 안고 있는 모습이 인상적이다.

***The Last of the Mohicans* 《최후의 모히칸족》**

미국 소설가 제임스 페니모어 쿠퍼James Fenimore Cooper가 1826년에 발표한 작품이다. 18세기 미국 개척시대의 생활을 들려주는 그의 5권의 소설 시리즈《가죽 각반 이야기》*Leatherstocking Tales*의 하나이다. 유럽인 부모가 죽고 인디언 부족 모히칸족과 함께 자란 호크아이Hawkeye 라는 청년의 이야기이다. 1936년과 1992년에 영화로도 만들어졌다.

Laurel and Hardy 로렐과 하디

할리우드 역사상 가장 훌륭한 코미디 팀으로 불리는 코미디 영화 배우 두 사람, 스탠 로렐Stan Laurel(1890~1965)과 올리버 하디Oliver Hardy(1892~1959)이다. 두 사람은 홀쭉이(Stan Laurel)와 뚱뚱이(Oliver Hardy)로 함께 100여 편의 영화에 출연하였다. Hardy가 태어난 Georgia주 할렘Harlem에 '로렐과 하디 박물관'(Laurel and Hardy Museum)이 있다.

두 사람의 캐리커쳐

Lauren, Ralph (1939~) **로렌, 랠프**

세계적인 캐주얼 의류의 디자이너이다. 침구류나 가방, 영화 의상 등도 생산하고 있다.

law school 로스쿨

미국의 법학전문 대학원이다. 미국에서 변호사가 되기 위해서는 대학원 과정인 이 로스쿨을 거쳐야 한다.

Law Society 로 소사이어티

영국 잉글랜드와 웨일즈의 변호사들의 단체이다.

Law-making in the U. S. 미국의 입법 활동

법률안, 특히 예산과 관련된 법안은 관례상 하원에서 발의한다. 법률안을 심의하는 과정에서 상원과 하원에서 나온 법률안은 대개 서로 다르게 마련이다. 그래서, 양원 협의회에서 상하 양원의 법안들의 차이를 조정하여 단일안을 만들게 된다. 그 단일 법안을 상하 양원의 본회의에 다시 보내 통과가 되면, 다음에 대통령에게 보내지고 대통령이 거부권을 행사하지 않으면 통과가 되는 것이다. 양원제를 채택하는 나라 가운데, 입헌군주제인 영국이나 일본과 달리 미국은 상하 양원의 '법률안 관련 권한'이 동등하다.

위원회(청문회)에서 처리되어 올라온 법안들은 본회의에서 거의 통과될 정도로, 위원회의 권한은 막강하다. 위원회는 상임위원회(standing committee), 특별위원회(special committee), 합동위원회(joint committee) 등, 세 종류가 있다. 상임위원회는 상설 위원회이지만, 의원 구성은 매 회기마다 달라진다. 특별위원회는 필요에 따라, 또는 사건에 따라 설치되었다가, 업무가 종료되면 없어지는 위원회이다. 합동위원회는 상원과 하원이 동시에 설치하는 위원회이다.

가끔 소수당이 의회에서 법률안 통과를 저지하기 위해 합법적인 방해 행위를 하기도 하는데, 상원에서는 이를 허용하기도 하지만, 하원에서는 '토론 시간 제한규정'이 있어 허용하지 않는다.

Lawrence, D. H. (1885~1930) **로렌스, 디 에이취**

20세기 영국의 소설가이자 시인, 비평가이다. 할아버지 때부터 광부였던 집안의 아버지와 조선기사 딸로 교사를 지낸 중류계급 출신의 어머니와의 계급 차이에서 오는 계속적인 불화가 어린 시절 그의 성격 형성에 많은 영향을 끼쳤다. 교양 없는 주정뱅이 아버지와 격렬하게 대립하였던 어머니가 모든 애정을 그에게 쏟은 일이 사춘기의 그의 여성 관계를 복잡하게 만들었다. 이러한 사정들이 뒷날 그의 문학에 흐르는 주제의 한 원형(archtype)을 이루었다. 대학을 졸업하고 1909년부터 3년 간 초등학교에서 교편을 잡았다. 1910년에 어머니를 여의고 1912년에는 대학 시절 은사의 부인이며 6세나 연상인 독일 국적의 프리다 위클리 Frieda Weekley와 사랑에 빠져 둘이서 독일과 이탈리아를 전전하였는데, 《아들과 연인》*Sons and Lovers*(1913)은 이때에 쓴 것이다. 1914년에 영국으로 돌아와 그녀와 정식으로 결혼하였다. 1915년에는 《무지개》*The Rainbow*를 발표하였는데, 성 묘사가 문제되어 곧 판금당하였다. 다음해 발표된 《사랑하는 여인들》*Women in Love*은 《무지개》에서보다 윤리 문제를 더 철저히 파헤쳤다.

제1차 세계대전이 끝나고 세계 각처를 방랑하면서 썼던 《아론의 지팡이》*Aaron's Rod*(1922), 《캥거루》*Kangaroo*(1923), 《날개 있는 뱀》*The Plumed Serpent*(1926) 등의 장편에는 예언자적인 독특한 세계관이 담겨 있다. 만년에 피렌체에서 완성한 《차타레 부인의 사랑》*Lady Chatterley's Lover*(1928)은 《무지개》나 《사랑하는 여인들》에서 충분히 나타내지 못하였던 자신의 성 관념을 펼친 작품으로, 외설시비로 오랜 재판을 겪은 후, 미국에서는 1959년에, 영국에서는 1960년에야 비로소 완본 출판이 허용되었다.

Lawrence, T. E. (1888~1935) **로렌스, 티.이.**

영국의 군인이고, 고고학자이자, 아라비아 민족운동을 지원한 사람이다. 별칭이 '아라비아의 로렌스'이다. 옥스퍼드 대학 재학 중에 중동으로 답사 여행을 하였고, 졸업 후 1910부터 1914년까지 메소포타미아 유적 발굴에 종사하고 그 일대를 여행하였다. 제1차 세계대전이 일어나자 육군 정보 장교로 카이로Cairo에 파견되기도 하였다. 스스로 아라비아인으로 분장하고 사막의 유목민인 베두인족의 유격대를 지휘하여 철도를 폭파하는 등, 게릴라 활동을 벌였고, 터키군에 체포되었다가 탈출하기도 했으며, 1918년에는 다마스쿠스Damascus를 공격하여 점령하는 등, 그야말로 '아라비아의 로렌스'로 이름을 떨쳤다.

1919년 파리 강화회의에 참석하였고, 1921년 처칠 장관의 아랍 문제 고문으로서 아라비아의 독립에 힘을 기울였다. 이후 가명으로 전차부대 및 공군 사병으로 복무하다가 1935년에 제대한 후 오토바이 사고로 사망하였다. 《지혜의 일곱 기둥》*The Seven Pillars of Wisdom*(1926)이라는 저서가 있다.

L-driver 운전 교습자 (= learner driver)

아직 운전 면허가 없는, 운전을 배우는 사람을 말한다. 이들은 자동차 앞뒤에 흰 바탕에 붉은 글씨로 쓴 L자 판을 붙여야 한다.

Le Carre, John (1931~) 르 카레, 존

스파이에 대한 소설을 쓴 영국 작가. 『추운 나라에서 온 스파이』 *The Spy Who Came in from the Cold*(1963), 『땜쟁이, 선원, 군인, 스파이』 *Tinker, Sailor, Soldier, Spy*(1974) 등 그가 쓴 많은 소설에 조지 스마일리(George Smiley)라는 인물이 나온다. 그의 소설 대부분이 영화나 TV 방송물로 만들어졌다.

Leadbelly (1888~1949) 레드벨리

기타를 치며 블루스와 포크 음악을 노래한 미국의 흑인 가수이다. 본명은 허디 레드베터Huddie Ledbetter이다. 가수가 되기 전에 살인 혐의로 1919년부터 1939년까지 세 자례나 교도소에 있었던 경험이 있다. 〈록 아일랜드 라인〉 *Rock Island Line*, 〈하우 롱 블루스 앤 굿나잇〉 *How Long Blues and Goodnight*, 〈아이린〉 *Irene* 등의 노래가 있다.

League of Nations 국제연맹

제1차 세계대전이 끝나고 국제 평화를 위해 1920년에 결성된 국제 단체이다. 미국이 가입하지 않았고, 독일과 이탈리아, 일본의 파시즘 발흥을 막을 수 없어 와해되었다. 1946년의 국제연합(UN)의 결성에 기초가 되었다.

League of Women Voters 여성유권자연맹

여성들의 정치 참여에 관심을 가진 미국 여성단체이다. 여성들의 정치 참여를 장려하고, 중요한 문제에는 정부에 영향력을 행사하려고 한다. 어느 특정 정당이나 후보를 지지하지는 않지만, 대통령 후보들의 TV 토론을 주최하기도 한다. 처음에는 명칭이 미국 여성참정권협회(National American Women Suffrage Association)였으나, 여성들이 투표권을 획득한 1920년에 현재의 명칭으로 바꿨다. 1974년부터는 남성도 회원 가입이 허용되었다.

Leamington Spa 레밍턴 온천

잉글랜드 워위크셔Warwickshire에 있는 온천 도시로, 18세기부터 영국 상류층의 명소가 되었다. 1838년에 Victoria 여왕이 '로얄 레밍턴 스파'Royal Leamington Spa라고 명명하였다.

Lean, David (1908~1991) 린, 데이비드

영국의 영화감독이다. 1984년에 기사 작위를 받았다. 초기 작은 〈밀회〉 *Brief Encounter*(1946)와 디킨슨의 소설을 각색한 〈위대한 유산〉 *Great Expectations*(1946), 〈올리버 트위스트〉 *Oliver Twist*(1948) 등이다. 후기에는 스케일이 커져서 〈콰이강의 다리〉 *The Bridge on the River Kwai*(1957), 〈아라비아의 로렌스〉 *Lawrence of Arabia* (1962), 〈닥터 지바고〉 *Dr. Zhivago*(1965) 등의 영화를 만들었다. 마지막 작품은 E. M. Forster의 소설을 각색한 〈인도로 가는 길〉 *A Passage to India*(1984)이다.

leasehold 임대

영국에서는 대부분의 아파트와 주택이 임대이다. 영구 임차인(freeholder)에게 임대료를 내는 것이 일반적이다. 스코틀랜드에서는 거의 모든 부동산이 영구 임대(freehold)라고 한다.

Leatherstocking Tales 《가죽 각반 이야기》

미국 소설가 제임스 페니모어 쿠퍼James Fenimore Cooper가 18세기 개척시대의 개척자인 내티 범포Natty Bumppo의 삶을 소재로 쓴 5가지 소설 시리즈를 묶어서 부르는 말이다. 《개척자》*The Pioneer*(1823), 《최후의 모히칸족》*The Last of the Mohicans*(1826), 《대초원》*The Prairie*(1827), 《사냥길 안내자》*The pathfinder*(1840), 《사슴 사냥꾼》*The Deerslayer*(1841) 등이다.

Leaves of Grass 《풀잎》

19세기 미국의 시인 월트 휘트먼Walt Whitman의 대표적인 시집이다. 1855년에 12편의 시로 초판을 출판하였는데, 전통적인 시작법이나 어법, 소재 등을 무시하고 새로운 미국의 이상과 현실을 자유분방하게 노래하였다. 그후 계속해서 수정 · 증보판을 출간하였고, 1892년에 '임종판'이라고 불리는 제9판에는 400여 편의 시를 수록하였다. 이 시집은 일종의 신비주의를 바탕으로 인간의 생명을 찬미한 노래들인데, 그중에도 〈나 자신의 노래〉 *Song of Myself*는 형식면에서도 종래의 전통을 깨뜨렸을 뿐만 아니라, 기성 관념에 반대되는 육체와 생명을 대담하게 노래한 작품으로 유명하다.

Leavis, F. R. (1895~1978) 리비스, 에프. 알.

영국의 문학비평가로 20세기 영국 문학비평에 커다란 비중을 차지하는 인물이다. 1932년부터 1953년까지 문학잡지《스크루티니》*Scrutiny*의 편집장을 지냈고, 1936년부터 1962년에 퇴직하기까지 캠브리지 대학 교수를 지냈다. 자신의 저서《영시의 신경향》*New Bearings on English Poetry*(1932)과《위대한 전통》*The Great Tradition*(1948)을 통해서 G. M. 홉킨스G. M. Hopkins나 T. S. 엘리엇T. S. Eliot, 헨리 제임스Henry James, D. H. 로렌스D. H. Lawrence 같은 작가들의 작품에 현재적인 사상을 수립하려고 하였다.

Led Zeppelin 레드 제플린

1970년대에 인기를 누린 영국의 록 그룹이다. 강렬한 현대적 사운드를 특징으로 한다. 1969년에 낸 앨범《레드 제플린》Led Zeppelin의〈굿 타임스 배드 타임스〉*Good Times, Bad Times*가 미국에서 히트를 치면서 인기를 얻기 시작하였고, 이어《레드 제플린 2》*Led Zeppelin II*에서도 헤비메탈의 역사를 10년 앞당겼다는 평가를 받은 상징적인 노래〈하트 브레이크〉*Heart Break*를 포함한 몇 곡이 또 히트를 친다. 1974년에 뉴욕의 매디슨 스퀘어 가든Madison Square Garden의 실황 공연을 담은 라이브 앨범인《노래는 그래도 남아》*The Song Remains the Same*가 출시되었고, 같은 이름의 영화도 개봉되어 흥행에 성공을 거두는 등, 1970년대에 가장 각광을 받는 슈퍼스타가 되었다. 1980년에 그룹이 해체되었다. 1997년에는 한정 음반《천국으로 가는 계단》*Stairway to Heaven*이 나왔다.

Lee, Christopher (1922~) 리, 크리스토퍼

〈프랑켄슈타인의 저주〉*The Curse of Frankenstein*(1956),〈드라큘라〉*Dracula*(1958) 등의 공포영화에 출연하여 잘 알려진 영국의 영화배우이다. 1948년부터 120여 편의 영화에 출연하였다.

Lee, Robert E. (1807~1870) 리, 로버트 이.

미국 남북 전쟁 당시의 뛰어난 남군 사령관이었다. 1829년 웨스트포인트사관학교를 졸업하고, 1847년 멕시코 전쟁에 종군하였으며, 1852년에는 웨스트포인트의 교장을 역임하기도 했다. 남북 전쟁이 발발하자 남부 모든 주의 연방 탈퇴에 반대했고, 노예제도에는 관심이 없었으나, 고향인 버지니아주가 남부연합에 가담하자 합중국 연방군에서 퇴역하고, 남부군에 참가하여 버지니아주 군대의 지휘를 맡았다. 남부연합 대통령 제퍼슨 데이비스Jefferson Davis의 군사 고문으로 일하다가, 1862년에 군사령관으로 임명되어 각지를 전전하면서 분투하여 남부의 영웅으로서 미국 국민들에게 깊은 감명을 주었다. 1865년에 남군 총사령관이 되었으나, 게티스버그Gettysburg 전투에서 패하여 북군 총사령관 그랜트Grant 장군(후에 제18대 대통령)에게 항복하였다. 전쟁이 끝나고 워싱턴 대학(Washington College) 학장이 되어 교육에 헌신하여, 나중에는 대학 이름이 워싱턴 앤 리 대학(Washington and Lee College)이 되었다. 전쟁에 진 장군이었지만, 그의 명성은 오래 남았다.

Leeds 리즈시

영국 잉글랜드 웨스트 요크셔West Yorkshire에 있는 도시이다. 14세기에 플랑드르 지방에서 이주해온 기술자들이 양모 공업을 도입하였다. 원료 공급이 쉽고, 물이 풍부해서 18세기에는 영국 최대의 양모 공업 도시가 되면서 영국의 섬유・의류 산업의 중심지가 되었다. 부근의 풍부한 석탄과 철광석 또한 Leeds를 제조공업 도시로 발전시켜 산업혁명의 중심지 역할을 하였다. 현재도 섬유, 의류, 철강, 항공기 부품, 피혁, 기계 등의 산업이 활발하다.

Leeds는 또 중부 잉글랜드의 문화적 중심지이다. 시내에는 12세기의 노르만 교회를 비롯하여 많은 교회와 대성당이 있고, 19세기의 타운 홀Town Hall 외에도 미술관(City Art Gallery), 박물관, 도서관 등의 고색 창연한 공공 건축물이 있으며, 시민공원도 많다. 리즈 대학(Leeds University)은 자연과학, 공학 분야에서 특히 알려져 있다.

legal system in Britain 영국의 사법부

영국의 사법부는 다른 나라보다 상당히 제한되어 있었다. 전통적으로 의회 중심적인 통치 성향이 영국 사법부의 역할을 제한하고 있었던 것이다. 사법부는 입법부의 법령안에 대해 헌법적인 가치판단을 내릴 권한도 없었다.

2003년에 영국은 상원의원인 법률 귀족 중에서 총리가 임명해서 대법원장, 법무 장관(검찰총장 겸임), 상원 의장 역할을 모두 맡던 로드 챈슬러Lord Chancellor란 관직을 폐지하고 헌법부와 법관인사위원회를 신설해 검찰과 경찰, 법관의 인사권을 넘겨주기로 했다. 아울러 미국식 대법원을 새로 설치하여, 지금까지 상원의원을 겸한 법률 귀족들로 이뤄진 대법관 사무소가 맡던 대법원 역할을 이관한 것이다. 정치와 사법을 완전히 분리하는 사법개혁을 단행하였다. 삼권분립이 된 다른 민주 국가와 달리 영국은 그동안 총리가 임명하는 각료 신분의 Lord Chancellor가 사법부의 수장을 맡아 법관 임면권과 인사권을 가지는 등, 권한이 막강하였다.

legal system in the U. S. 미국의 사법부

미국의 사법제도는 다른 나라와 비교해서 독특한 성격을 지니고 있다. 첫째, 사법제도가 이원화되어 있다는 점이다. 연방제도를 채택하고 있는 다른 많은 국가들의 경우에도 법원은 대개 일원화되어 있는데, 미국은 연방법원과 주법원이 서로 다른 법률적 영역과 관할권을 가지고 있다. 재판 관할권이 다르기 때문에, 주법원의 판결은 주대법원까지 올라갈 수 있고, 주대법원의 판결은 최종적이다. 주법원의 판결 과정에서 연방법원의 관할권에 속하는 연방헌법규정의 위반이 발생했을 때, 연방법원이 주법원의 판결을 다룬다. 그러나 재판 관할권을 침범하지 않는 한 미국의 사법제도는 이론상 이원화되어 있고, 자기의 법적 관할권 내에서 최종적인 판결을 할 수 있다. 연방제도하에서는 중앙정부와 주정부의 권한이 분리되는 것과 마찬가지로 재판 관할권도 분리된다. 헌법에 의하면 연방법원은 헌법, 조약 그리고 연방규정에 관련된 사건이나 해군법과 해상법에 관련된 사건, 미국 정부가 소송의 당사자인 경우, 두 개 이상의 주정부가 소송당사자인 경우, 서로 다른 주 시민간의 민사사건으로 1만 달러 이상의 돈이 관련된 문제, 외국 대사나 외국 정부의 공식 대표와 관련된 사건, 같은 주 시민간에 두 개 이상의 주로부터 불하받은 토지에 관한 분쟁 등을 다룰 수 있다.

연방법원 판사는 종신제이고, 이들에 대한 지명권과 임명권은 대통령이 가지고 있으며, 인준권과 임명동의권 등은 상원이 가진다.

Leicester Square 레스터 광장

런던 중심가에 있는 광장으로 대형 극장들이 있어서 시민들과 관광객들이 많이 찾는다. 자동차의 통행이 제한된다. 광장 중앙에 윌리엄 셰익스피어William Shakespeare의 동상이 서 있고, 북쪽에는 찰리 채플린Charlie Chaplin의 동상이 서 있다.

Leigh, Mike (1943~) 리, 마이크

영국의 영화감독이자, 연극연출가이다. 런던 영화 학교에서 공부하고서, 연극연출을 하다가 영화 〈우울한 순간들〉*Bleak Moment*(1971)를 만들며 영화감독에 데뷔하였다. 〈커다란 희망〉*High Hopes*(1988)을 만들 때까지 방송국으로 옮겨 〈아비게일의 파티〉*Abigail's Party*(1977)를 비롯하여 많은 텔레비전 드라마를 만들었다. 그는 지난 20년 간 영국 사회와 정치적 상황에 관심을 가지고 자기 자신만의 제한된 주제를 탐구하여, 영국 시민의 삶의 애환을 스크린에 가장 잘 옮긴 감독으로 평가받는다. 〈인생은 향기로워〉*Life is Sweet*(1990), 〈네이키드〉*Nakid*(1993), 〈비밀과 거짓말〉*Secrets and Lies*(1996) 등의 영화가 있다.

Leigh, Vivien (1913~1967) 리, 비비안

영국의 영화배우이다. 본명은 비비안 메리 하틀리Vivian Mary Hartley로, 인도에서 출생하였다. 다섯 살에 영국으로 귀국하고, 파리에서 연극을 배운 다음, 런던 왕립 연극 학교에서 연기 공부를 하였다. 1934년 여학생 역으로 영화에 출연한 것을 시작으로 영국과 미국의 연극과 영화에 출연하였다. 미국 영화 〈바람과 함께 사라지다〉*Gone with the Wind*(1939)의 여주인공 스칼렛 오하라Scarlett O'Hara 역으로 오스카 여우주연상을 받으며 세계적인 스타가 된 후, 〈애수〉*Waterloo bridge*(1940), 〈시저와 클레오파트라〉*Caesar and Cleopatra*(1945), 〈욕망이라는 이름의 전차〉*A Streetcar Named Desire*(1951) 등, 많은 영화에 출연하였다. 1940년 로렌스 올리비에Lawrence Olivier와 결혼하였으나 이혼하였다.

Lemmon, Jack (1925~) 레몬, 잭

미국의 영화배우로, 주로 코믹 영화에 출연한 배우이다. 대표 출연작은 〈아파트〉*The Apartment*(1960), 〈와인과 장미의 날들〉*The Days of Wine and Roses*(1962), 〈올드 커플〉*The Old Couple*(1967) 등이다. 동료 연기자 월터 매듀Walter Matthau와 함께 〈그럼피 올드맨〉*Grumpy Old Men*(1993), 〈그럼피어 올드맨〉*Grumpier Old Men*(1995) 연작에 출연하였다.

Lennon, John (1940~1980) 레넌, 존

세계적인 팝 그룹 비틀즈Beatles의 멤버였다. 영국 리버풀Liverpool 출생으로 미술 학교를 나와 영국의 세계적인 4인조 록 그룹인 비틀스의 싱어이자 기타 연주자로 활동하였다. 1970년에 비틀즈가 해체된 후, 부인 오노 요코(Yoko Ono)와 함께 플래스틱 오노 밴드Plastic Ono Band를 만들어 음악 활동을 다시 시작하여, 〈이매진〉*Imagine*(1971)을 발표하였다. 1980년에 뉴욕에서 광적인 팬의 총탄에 맞아 쓰러졌다.

Leno, Jay (1950~) 리노, 제이

미국 NBC 방송의 〈투나잇 쇼〉*The Tonight Show*를 진행하는 방송인이다. 1977년에 코미디언으로 출발하여, 1992년부터 자니 카슨Johnny Carson을 대신해 《투나잇 쇼》를 진행하고 있다.

Leonard, Elmore (1925~) **레너드, 엘모어**

범죄 소설을 많이 쓰는 미국 작가이다. 작품으로는 《스틱》*Stick*(1983), 《프리키 디키》*Freaky Deaky*(1988), 《럼 펀치》*Rum Punch*(1992), 영화로 만들어진 《겟쇼티》*Get Shorty*(1995) 등이 있다.

Leonard, Sugar Ray (1956~) **레너드, 슈가 레이**

미국의 프로 권투 선수이다. 1976년 올림픽에서 라이트웰터급(Light-Welter weight)에서 금메달을 땄다. 권투 사상 5체급에서 챔피언에 오른 기록을 가지고 있다.

Lerner and Loewe 러너와 로우

브로드웨이 뮤지컬을 함께 만든 앨런 제이 러너Alan Jay Lerner(1918~1986)와 프레더릭 로우Frederick Loewe(1901~1988) 두 사람을 가리킨다. Lerner는 스토리와 대사를, Loewe는 음악을 작곡하였다. 작품으로는 〈브리거둔〉*Brigadoon*(1947), 〈페인트 유어 웨건〉*Paint Your Wagon*(1951), 〈마이 페어 레이디〉*My Fair Lady* (1964), 〈카멜롯〉*Camelot*(1960) 등인데, 모두 영화화되었다.

Lessing, Doris (1919~) **레싱, 도리스**

영국의 소설가이다. 이란에서 출생하였고, 부모와 함께 아프리카에 이주하여 1949년 런던에 정착할 때까지 약 25년을 로디지아Rohdesia(현재의 짐바브웨) 지방에서 지냈다. 1950년에 출간한 《초원은 노래한다》*The Grass is Singing*는 제2차 세계대전 전후의 로디지아 지방의 지배 민족과 원주민의 갈등을 사회·정치적 입장에서 묘사하였다. 그후에 시, 희곡, 장·단편소설을 포함한 많은 작품을 펴내, 1950년대의 '성난 젊은이들'(Angry Young Men)을 대표하는 작가로 활동하였다. 1962년에 페미니즘 소설의 고전 《소중한 비망록》*The Golden Notebook*을 발표하였다. 두 번 결혼해서 모두 이혼했는데, 레싱Lessing은 두 번째 남편의 성이다. 1994년에는 자서전 《나의 속마음》*Under My Skin*을 발표하였다.

Letterman, David (1947~) **레터맨, 데이비드**

미국 CBS 방송에서 자신의 이름을 붙인 〈레이트 쇼〉*The Late Show*를 진행하는 방송인이다. 에미Emmy상을 6번이나 받았다.

Levi's 리바이스

미국 샌프란시스코의 레비 스트러스사(Levi-Strauss Associates)가 만드는 세계적인 청바지 상표이다. 미국인들이 한창 캘리포니아로 황금을 캐러 몰려오던 골드러시Gold Rush 때 독일 출신의 레비 스트러스Levi-Strauss가 처음으로 청바지를 만들었다. 1853년 당시에는 천막을 만드는 회사로 시작했으나, 1874년에 질긴 작업복을 만들면서 청바지를 만들게 된 것이다. 오늘날 전세계에서 팔리고 있다.

Leviathan **《리바이어던》**

17세기 영국의 철학자 토마스 홉스Thomas Hobbes가 1651년에 펴낸 책이다. 서론과 결론을 제외하고 4부 47장으로 되어 있다. 리바이어던Leviathan이란 구약성경 〈욥기〉에 나오는 거대한 영생 동물의 이름인데, 이 책에서는 교회 권력으로부터 해방된 국가를 가리키며 그러한 국가의 성립을 논하고 있다. 인간은 태어나면서부터 평등하지만, 자연 상태에서는 모든 사람은 서로 싸우는 상태에 있다. 이 상태를 벗어나기 위해서는 이성이 스스로 발견하는 자연법에 의해서 자연권을 제한하고, '사회계약'에 의해 '절대주권'을 설립하여야 국가가 성립한다고 하였다. 홉스는 '전제군주제'를 이상으로 여기고 있으나, 그 주권의 기초를 국민의 '자기 보존권'에 두고 있어서 자연주의 입장을 엿볼 수 있다. 이 책은 당시 절대주의 확립에 영향을 미쳤다.

Lewis, Carl (1961~) **루이스, 칼**

미국의 남자 육상 선수로, 살아있는 전설로 불린다. 1984년 로스앤젤레스에서 개최된 제23회 올림픽 경기 대회의 4관왕을 시작으로, 서울, 바르셀로나, 애틀랜타대회에 이르기까지 4회 연속 올림픽에 출전하여, 9개의 금메달을 땄다. 1984년 L.A.올림픽 100m, 200m, 400m계주, 멀리뛰기에서 우승하였으며, 1988년 서울에서 개최된 제24회 올림픽 경기 대회 100m, 멀리뛰기에서 우승하였다. 1991년 도쿄 세계 선수권 대회 100m 경주에서 9초 86의 세계 신기록을 냈으며, 1992년 에스파냐의 바르셀로나에서 개최된 제25회 올림픽 경기 대회 400m계주, 멀리뛰기에서 우승하였다. 1996년 미국의 애틀랜타에서 개최된 제26회 올림픽 경기 대회 멀리뛰기에서는 8.5m를 뛰어 우승하여 올림픽 4연패를 이루었다. 1999년 IOC와 국제육상경기연맹(IAAF)에 의해 '20세기 최고의 선수'로 선정되기도 했다.

Lewis, Jerry (1926~) **루이스, 제리**

미국의 코미디 배우이자 영화감독이다. 1950년대에 딘 마틴Dean Martin과 짝을 이루어 많은 코미디 영화에 출연하여 인기를 얻었다. 1963년에는 영화 〈너티 프로페서〉*The Nutty Professor*에 출연하였고, 브로드웨이 뮤지컬 〈댐 양키스〉*Damn Yankees*에서도 연기하였다.

Lewis, Jerry Lee (1935~) **루이스, 제리 리**

피아노를 연주하면서 로큰롤과 컨트리 음악을 노래한 미국의 가수이다. 〈호울 로타 셰이킹 고잉 온〉 *Whole Lotta Shakin' Goin' On*(1957), 〈그레이트 볼스 오브 파이어〉 *Great Balls of Fire*(1957) 등의 히트곡이 있다. 당시 13살이던 사촌과 결혼하면서 음악 활동을 접었다가, 1960년대에 컨트리 가수로 다시 돌아왔다. 1980년대 초까지 30곡의 컨트리 히트곡을 냈으며, 로큰롤도 다시 불러 1995년에 로큰롤 앨범 《영 블러드》 *Young Blood*를 냈다. 1986년에는 로큰롤 명예의 전당(Rock and Roll Hall of Fame)에 올랐다.

Lewis, Sinclair (1885~1951) **루이스, 싱클레어**

미국의 소설가이다. 예일 대학 졸업 후 각지에서 여러 직업을 전전하다가 최초의 장편소설 《우리 직원 렌》 *Our Mr. Wrenn*(1914)을 발표하여 등단한다. 이후 젊은 여성을 주인공으로 미국 중서부의 인습적이고 독선적인 사고 방식과 규격화된 미국 생활을 풍자한 문제작 《메인 스트리트》 *Main Street*(1920)를 발표하여 유명해졌다.

계속해서 그는 부동산 중개업자를 묘사한 《배빗》 *Babbitt*(1922), 퓰리처상을 받은(루이스 자신은 상을 거절한) 《애로우스미스》 *Arrowsmith*(1925), 종교계의 위선을 폭로한 《엘머 갠트리》 *Elmer Gantry*(1927), 자동차 제조업자를 소재로 한 《도즈워스》 *Dodsworth*(1929) 등의 역작을 잇달아 발표하여, 1930년에 미국 작가로서는 처음으로 노벨 문학상을 받았다.

Lewis, Wyndham (1882~1957) **루이스, 윈덤**

영국의 소설가, 문예비평가이자 화가이다. 캐나다에서 출생하여 영국에서 자랐으며, 명문 럭비 학교 및 런던 대학교 부속 미술 학교에서 미술도 공부했다. 일찍부터 유럽의 전위예술운동의 영향을 받고 입체파(Cubism)의 투사로 등장하여 전위적 예술 잡지 《블라스트》 *Blast*(1914~1915)를 발간하였다. 이후 현대 대중사회의 저열한 미술 · 문학 · 정치에 대한 비난과 풍자의 비평을 전개하였다. 작품으로는 당대 영국 화가들의 속물성을 비웃은 풍자소설 《신을 흉내내는 원숭이들》 *The Apes of God*(1930)이 있다.

Liberal Democratic Party **자유민주당**

영국에서 현재 세 번째로 큰 정당이다. 1988년에 자유당(Liberal Party)과 사회민주당(Social Democratic Party)이 합당하면서 창당되었다. 지방 선거에서 호조를 보이고, 비례대표제를 주장하고 있다.

Liberty Bell **자유의 종**

미국 독립 전쟁 때 사용한 종이다. 본래 영국에서 만들어져서 1752년 필라델피아로 가져왔는데, 이때 갈라졌으나 수리하여 보스턴 차사건(Boston Tea Party), 독립선언문 낭독(Declaration of Independence) 때 울렸다. 자유의 상징으로 미국인들의 사랑을 받아 왔다. 이후 다시 갈라져 현재 '독립기념관'(Independence Hall)에 보관 중이다.

Liberty Bonds **자유 채권**

미국 정부가 제1차 세계대전 때 자금을 모으기 위해 발행한 채권이다. 당시 모금된 액수가 230억 달러에 달했다.

Lib-Lab **립랩**

1977년에 영국의 자유당(Liberal Party)과 노동당(Labour Party) 사이에 맺은 협정이다. 하원에서 보수당(Conservative Party)에 맞서 두 당이 협력하기 위해 합의한 것이었다.

Library of Congress **미국 의회도서관**

1800년에 미국 의회가 설립한 의회도서관이다. 8천만 권이 넘는 장서를 갖추고 있으며, 470여 개의 언어로 된 자료들이 소장되어 있다. 미국 전체에서 출판되는 모든 도서를 2권씩 공급받고 있다.

license plate 자동차 번호판

미국에서는 각 주마다 자체적으로 자동차 번호판을 만든다. 다른 주로 이사하면 자동차의 번호판을 바꿔야 한다. 어떤 주는 번호판이 자동차가 아니라 소유주인 사람에게 딸려 있어서 그 자동차를 팔더라도 다른 자동차에 자신의 번호판을 그대로 붙일 수 있다.

영국에서는 'number plate'라고 하는데, 자동차에 딸려 있어서 어디로 이사를 하든 번호판을 바꿀 필요가 없다. 다른 자동차를 구입하더라도 붙어 있는 번호판을 그대로 쓰면 된다. 번호에는 자동차가 제작된 연도가 나타난다.

영국과 미국에서 어떤 사람들은 자신의 이름이나 특별한 글자를 넣은 '개인 번호판'(personalized license plate)을 구입하기도 한다. 이런 사람들은 미국에 많은데, 별로 비싸지도 않다. 영국에서는 비싸서 부자들이나 구입한다.

미국의 자동차 번호판

licensing laws 주류거래허가법

영국에서 주류를 판매할 때는 '주류거래허가법'(licensing laws)에 의해 엄격히 통제를 받는다. 언제, 어디서, 누가 판매할 것인가를 규제하는 것이다. 펍pub이나 와인 바wine bar를 개업하려면, 지방자치단체장의 허가가 있어야 한다. 그리고 펍의 운영이 나쁜 방향으로 가면 면허가 취소될 수 있다. 사람들이 반드시 술집에서만 술을 마시지 않고, 흔히 슈퍼마켓이나 기타 매장에서도 주류를 구입하므로, 이때 이 매장들은 'off-license'라고 하는 주류판매면허를 받는다.

18세 이하의 미성년자는 펍이든, 매장에서든 술을 절대로 살 수 없다. 펍 역시 영업 시간 외에는 술을 팔 수 없다. 대개 오전 11시에서 오후 11시까지가 영업 시간이다. 밤 11시를 넘겨서 영업을 하려면 심야영업허가서(late license)를 받아야 한다.

미국에서도 주류를 언제, 어디서 판매할 것인지를 각 주마다 자체적으로 정한다. 보통 식당이나 바bar들도 맥주와 와인을 판매하는 허가를 받아야 한다. 어떤 주에서는 가정에서 마시는 술도 특정한 '주류 판매점'(liquor store)에서 사야 한다. 주류 판매의 시간 제한은 영국보다 느슨하다. 바들은 아주 늦게까지도 영업을 한다. 하지만 일요일 아침에는 술을 팔지 않는 것이 모든 주의 일반적인 규제관례이다. 미국도 미성년자에게는 엄격하다. 술을 살 수 있는 나이가 21살이다. 바나 주류 판매점에서도 반드시 나이를 확인한다. 21세 이하인 사람은 바나 레스토랑같이 술을 판매하는 곳에 입장이나 근로를 못하게 하는 주들이 많다.

Lichtenstein, Roy (1923~1997) 리히텐슈타인, 로이

미국의 화가이다. 팝 아트의 대표 주자이다. 1960년대 초 미국의 대중 만화를 주제로 만화의 이미지를 확대한 작품들을 발표하여 전형적인 팝 아티스트로 평가받았다. 1970년대에는 주제가 확대되어 고대 그리스의 신전 건축물과 정물화 등으로부터 피카소 같은 모던 아트의 명작에까지 영향을 주었다. 표현 방법은 인쇄미디어의 망점이나 사선을 전개시켜 추상적인 구상으로 접근하는 것이었다. 청동이나 철판에 에나멜로 채색한 조각도 다루었다.

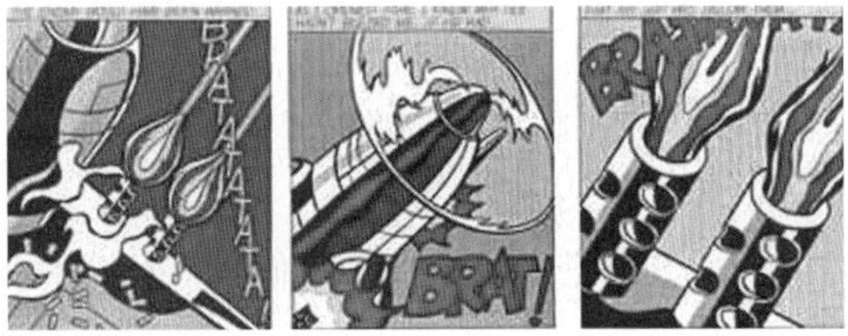

Life 《라이프》

1936년에 《타임》*Time*지의 소유자 헨리 루스Henry Luce가 창간한 미국 잡지이다. 사진이 뛰어나다는 평을 받았다. 1972년에 폐간되었다가 1978년에 복간되었다.

Life on the Mississippi 《미시시피강의 생활》

마크 트웨인Mark Twain의 1883년 소설이다. 《톰 소여의 모험》(1876), 《허클베리 핀의 모험》(1884)과 더불어 3부작을 구성하고 있다. 작가 자신의 미시시피강에서의 생활 체험이 작품 여러 곳에 배경으로 등장하고 있다.

life peer 종신 상원의원

영국의 상원(House of Lords)의원으로 봉직하고 있는 귀족들 가운데, 세습되지는 않는 의원들을 가리킨다.

lifeboat 구명정

영국에는 구명정(lifeboat)이나 구명 장비들을 보유하고 바다에 빠진 사람들을 구조하는 일을 담당하는 Royal National Lifeboat Institution(RNLI)라는 단체가 있다. 이곳은 자선 단체로, 일반인들의 모금을 통해서 운영된다. 구명정에서 근무하는 구조대원들도 대부분 자원봉사자들이다. 미국에서는 해안경비대(Coast Guard)에서 운영하고 있다.

The Light of the World 〈세상의 빛〉

19세기 영국 화가 홀만 헌트Holman Hunt가 그린 유명한 그림이다. 예수가 램프를 들고 어떤 집의 문을 두드리는 그림이다. 크리스마스 카드에 널리 쓰인다.

Lilliput 릴리푸트

18세기 영국 작가 조나단 스위프트(Jonathan Swift)의 『걸리버 여행기』(*Gulliver' s Travels*)에서 걸리버가 방문한 난쟁이 나라이다. 이 나라 사람들의 키는 6인치이며 이들이 이웃들과 벌이는 정치적 분쟁과 전쟁은 우스꽝스럽다.

Lincoln Center for the Performing Arts 링컨 공연예술센터

링컨 대통령을 기념하여 세운 뉴욕의 문화예술 센터로 센트럴파크와 브로드웨이 서쪽에 있는 세계 최대의 공연예술기관이다. 줄여서 그냥 링컨 센터Lincoln Center라고도 한다. 극장과 콘서트 홀을 갖추고 있으며, 메트로폴리탄 오페라단Metropolitan Opera, 뉴욕 필하모닉 오케스트라New York Philharmonic, 줄리어드 음대Juilliard School of Music 등의 여러 예술 단체들이 모여있다.

링컨센터

Lincoln Memorial 링컨 기념관

1922년에 헨리 베이컨Henry Bacon이 설계하여 지은 링컨 기념관은 고전적인 건축 양식에 따라 석회암으로 만들어진 그리스의 신전과 같은 외관이 우아하게 자리잡고 있다. 링컨이 사망한 해를 기념하여 36개의 기둥으로 구조를 지지하고 있으며, 내부에는 6m 크기의 거대하고 장중한 링컨의 동상이 앉아있고, 건물 벽면에는 링컨의 유명한 게티스버그Gettysberg 연설문이 새겨져 있다.

링컨 기념관에 있는 링컨 동상

Lincoln, Abraham (1809~1865) 링컨, 아브라함

미국의 제16대 대통령이다. 켄터키주에서 가난한 농민의 아들로 태어나 어려서부터 학교 교육은 거의 받지 않았지만, 독학으로 1837년 변호사가 되어 스프링필드Springfield에서 개업하였고, 1834~1841년 일리노이주 의회 의원으로 선출되었다. 1847년 연방 하원의원으로 당선되었으나, 미국 멕시코 전쟁에 반대하였기에 인기가 떨어져 차기에 낙선하여 변호사 생활로 돌아갔다.

1850년대에 노예 문제가 전국에 이슈화되자, 정계로 복귀하기로 결심하고, 1856년에 노예 반대를 표방하던 미국 공화당에 입당하였다. 1858년 일리노이주 상원의원 선거에 입후보하여 재선을 노리는 민주당의 스티븐 A. 더글러스Stephen A. Douglas와 치열한 논쟁을 전개함으로써, 선거 결과에서는 패하였으나 전국적으로 유명해졌다. 1860년 대통령 선거에서는 공화당의 대통령 후보로 지명받았고, 대통령에 당선되었다.

그가 당선되자 남부 여러 주들이 합중국을 이탈하여 남부연합국을 결성하였고, 마침내 남북 전쟁이 시작되었다. 전황은 처음에는 북군에게 불리하였으나, 1862년에 남부군이 수세로 몰린 때를 노려 노예제 폐지를 예고하고, 외국의 남부연합국 승인을 저지함으로써, 북부와 해외 여론을 자기편으로 유도하여 전황을 유리하게 전개하였다.

1863년 게티스버그Gettysburg 국립묘지 설립 기념연설에서 "국민에 의한, 국민을 위한, 국민의 정부는 지상에서 영원히 사라지지 않을 것이다"라는 유명한 말을 남겼다. 전쟁이 끝나고 관대한 조치를 하여 남부가 속히 연방에 복귀하기를 바랐으나, 남부군 항복 이틀 후에 워싱턴의 한 극장에서 연극을 관람하던 중에 남부인 배우 존 W. 부스John Wilkes Booth에게 피격되어 사망하였다.

Lindbergh, Charles (1902～1974) **린드버그, 찰스**

미국의 비행사였다. 1926년부터 우편 항공기 조종사가 되었고, 1927년 5월 20부터 이틀 간 스피릿 오브 세인트루이스Spirit of St. Louis라고 이름 붙인 비행기를 타고, 뉴욕에서 파리까지 대서양 무착륙 단독 비행에 처음으로 성공하여 국민적 영웅이 되었다. 소요 시간은 33시간 30분이었다.

Lindisfarne Gospels **〈린디스판 복음서〉**

700년경에 영국 린디스판Lindisfarne 섬의 수도원에서 만들어진 기독교 4대 복음서이다. 34×25cm 크기의 양피지 158장에 라틴어로 쓰여져 있다. 선명한 색채로 동물이나 선을 복잡하게 결합시킨 그림도 들어 있다. 영국 박물관에 소장되어 있다.

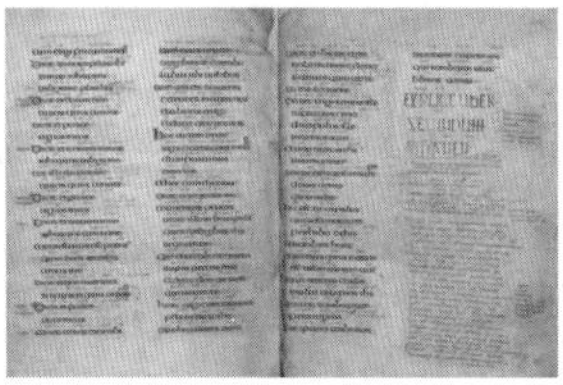

Lions Club 라이온스 클럽

지역 사회를 위한 봉사를 목적으로 만든 단체이다. 국제적인 단체가 되었다.

Lipton 립톤

영국의 식품 회사 토마스 J. 립톤사Thomas J. Lipton Company가 판매하는 차(tea)의 상품 이름이다.

listed building 등록 건물

영국 정부가 법률로서 보호하는, 너무 낡았지만 보존가치가 있는 건축물들을 말한다. 공식 명단에 등록되므로, 지방자치 단체의 허가 없이는 함부로 변경하거나 허물 수가 없다.

Lister, Joseph (1827～1912) **리스터, 조지프**

영국의 외과 의사로 무균 수술 또는 살균 수술(antiseptic system)의 창시자이다. 1852년에 런던 대학을 졸업하고, 1853년에 에든버러 대학 외과학 교실의 조수가 되어, 염증, 괴사, 혈액응고에 관한 연구를 한 뒤, 1860년에 글래스고 대학 교수로 임명되었다. 외과적 질환에서 떼어놓을 수 없는 화농문제에 대하여 파스퇴르의 발효, 부패에 관한 세균감염설을 토대로 연구를 진행시켜 1865년에 페놀에 의한 살균수술법을 고안하였다. 이듬해 실제적인 응용에도 성공하여 외과 치료에 획기적인 발전을 가져왔다. 1897년에 의사로서는 최초로 남작이 되었다.

Little House on the Prairie **〈초원의 집〉**

1974년에서 1983년까지 미국 텔레비전에서 방영된 인기 연속극이다. 19세기 미국 서부의 한 가족을 중심으로 마을 사람들의 생활을 담았다. 당시 한국에도 방영되어 인기를 끌었다.

Little Red Riding Hood 빨간 두건 아기

유럽의 여러 나라에 전해지는 이야기이다. 빨간 두건이라는 소녀가 숲 속에 사는 할머니를 방문하러 가지만 그녀가 도착했을 때 이미 늑대가 할머니를 잡아먹고 할머니 옷을 입고 있다. 할머니를 보고 놀란 빨간 두건은 "할머니 눈이 너무 커요."라고 말했더니 "너를 더 잘 보기 위해서란다."라고 늑대는 말했다. 소녀는 또 "할머니 이가 너무 커요."라고 말했고 늑대는 "너를 더 잘 잡아먹기 위해서지."라고 말하며 소녀를 잡아먹었다. 사냥꾼이 나타나 늑대의 배를 갈라서 소녀와 할머니를 구해주었다.

Little Rock 리틀록

미국 아칸소Arkansas주의 주도이자, 가장 큰 도시이다. 아이젠하워 대통령이 백인들과 함께 등교하는 흑인 학생들을 보호하기 위해 군대를 파견하여 널리 알려진 도시이다. 빌 클린턴 대통령이 이곳 출신으로 주지사를 지내다 대통령이 되었다.

Little Women **〈작은 아씨들〉**

루이자 메이 앨코트Louisa May Alcott가 자신의 가족 이야기를 바탕으로 쓴 소녀들을 위한 소설이다. 1868년에 출간되었다. 19세기 뉴잉글랜드New England에 살던 마치March씨네 가족의 메그Meg, 조Jo, 베쓰Beth, 에이미Amy 네 자매에 관한 이야기다. 1933년에 캐서린 헵번Katherine Hepburn을, 1949년에 엘리자베스 테일러Elizabeth Taylor를, 1994년에 위노나 라이더Winona Ryder를 각각의 주연으로 영화가 만들어졌다.

Liverpool 리버풀

영국 잉글랜드 북서부의 대도시이다. 아일랜드해를 마주하며, 머지 강(River Mersey) 하구에 있는 항구 도시이다. 1207년 존John 왕이 현재의 리버풀 중심에 도시를 건설하고 자치를 허용한 것이 시초이며, 주로 아일랜드와의 연락항 구실을 하였다. 유럽 각지와 아프리카에 이어 신대륙과의 교역이 시작된 18세기 이후 무역항으로서 중요성이 높아졌고, 노예무역의 중계항이 되면서 크게 발전하였으나, 오늘날은 많이 쇠퇴하였다.

시내에는 리버풀 대학, 도서관, 미술관, 박물관 같은 문화 시설과 오래된 건축물들이 많다. 그중에서도 18세기에 건설한 시 청사를 비롯해서, 19세기의 각종 공공 건축물, 20세기의 영국성공회나 로마가톨릭교의 성당 등이 돋보인다. 리버풀 교향악단도 유명하다.

Livingstone, David (1813~1873) **리빙스턴, 데이비드**

영국의 선교사이자 탐험가로 아프리카의 빅토리아 폭포(Victoria Fall)를 처음 발견한 유럽인이다. 글래스고 대학에서 그리스어 · 신학 · 의학을 배운 뒤, 1840년에 런던전도협회의 의료 선교사로 남아프리카에 파견되었다. 1841년부터 오지에까지 들어가 전도 사업에 진력하였는데, 뒤에는 교역루트 탐험으로 방향을 바꾸었다. 1852년부터 1856년까지 케이프타운Capetown을 출발하여 육로로 아프리카를 횡단하는 성과를 거두었다. 그때 빅토리아 폭포와 잠베지Zambesi 강을 발견하였다. 1856년에 귀국하여 《남아프리카 전도 여행기》*Missionary Travels and Researches in South Africa*(1857)를 출간하였다. 1858년에는 노예 사냥 실태를 폭로하여 노예 무역 금지에 이바지하였다. 1866년에는 나일 강의 수원 조사에 참가하였다. 아프리카에서 사망하였으나, 시신은 본국으로 이송되어 웨스트민스터 사원(Westminster Abby)에 묻혔다.

Lloyd, Harold (1893~1971) **로이드, 헤럴드**

미국의 코미디 배우이다. 찰리 채플린Charlie Chaplin, 버스터 키튼Buster Keaton과 더불어 무성 영화시대의 3대 코미디언의 한 사람으로 꼽힌다. 안경을 쓴 수줍은 모습의 캐릭터로 인기를 얻었다. 유성 영화시대로 접어들면서 점차 인기를 잃기 시작하여, 1946년에 은퇴하였다. 1952년에 오스카 영화상의 특별상을 받았다. 주연 작품으로 〈로이드의 영화광〉*Movie Crazy*(1932), 〈우유장수 로이드〉*The Milky Way*(1936) 등이 있다.

lobby 로비

로비lobby는 공공건물의 휴게실이나 응접실 등의 용도로 사용되는 공간을 말하는 것으로, 찾아온 손님과의 면담이나 휴게 장소로 쓰인다. 영국에서 하원의원이 외부 인사들과의 회견용으로 쓰는 대기실을 의미하는데, 여기서 파생하여 로비로 출입하며 의원들에게 특정 정책이나 입법에 영향을 줄 목적으로 각종 운동을 하는 로비스트lobbyist라는 말이 생겼다. 오늘날 영국과 미국에서는 의회를 상대로 하는 로비는 전문 로비스트(professional lobbyist)들이나 각종 사회 단체들로 이루어진 압력 단체(pressure group)들이 주로 하고 있다. 압력 단체들도 전문 로비스트를 고용하기도 한다. 로비스트들은 의원들이 특정한 방향으로 정책 결정을 하도록 설득 활동을 벌인다. 그리고 행정부처 공무원들의 정책 결정에도 영향력을 행사하려고 애쓴다. 이들은 어떤 정책이나 법률과 이해 관계가 있는 단체에 속해 있거나, 어떤 특정한 법안이 통과되거나 부결되기를 원하는 단체에 고용된 경우가 많다.

미국에서 연방정부에 로비를 하려는 로비스트는 등록하여야 한다. 1995년에 '로비공개법'이 제정된 후에는 등록은 물론, 누구를 위해서 어떤 목적으로 활동하는지 등, 활동 내역도 보고해야 할 의무가 있다.

local government in Britain 영국의 지방정부

잉글랜드와 웨일즈에서 가장 큰 지방자치단체는 카운티county이다. 스코틀랜드에서는 리전region이라고 한다. county나 region은 다시 디스트릭트district로 나뉜다. 가장 작은 지방자치단체는 본래 '교구'라는 뜻의 패리쉬Parish이다. 스코틀랜드에서는 가장 작은 것을 커뮤니티community라고 한다. county나 district는 지방의회(council)가 있다.

Loch Ness 로크 네스

스코트랜드 고지 지방 북부에 있는 길고 좁은 모양의 깊은 호수로 네시(Nessie)라는 괴물이 산다고 알려져 있다. 그 괴물은 공룡처럼 크고 물 속에 사는 것으로 여겨지며 많은 사람들이 이 괴물을 봤다고 주장하지만 과학적인 조사에도 불구하고 괴물의 존재여부는 밝혀지지 않았다. 호수 한 편에 관광객들을 위한 로트 네스 괴물 전시관(Loch Ness Monster Exhibition Centre)이 있다.

Locke, John (1632~1704) **로크, 존**

17세기 영국의 철학자이자 정치사상가이다. 계몽 철학 및 경험론 철학의 원조로 일컬어진다. 옥스퍼드 대학에서 철학, 자연과학, 의학 등을 배웠다. 《관용에 관한 서한》*A Letter Concerning Toleration*(1689), 《통치이론》*Two Treatises of Civil Government*(1690), 《인간오성론》*An Essay Concerning Human Understanding*(1690) 등을 출간하여 국내외에 이름을 떨쳤다. 그후 관직에 있었으나 1700년 이후 은퇴하여 에섹스Essex에서 사망하였다. 교육에 관한 저서 《교육론》*Some Thoughts concerning Education*(1693)도 있다.

Lockheed Martin 록히드마틴

항공우주 장비 및 방위 장비 제작을 주업무로 하는 미국의 방위 산업체이다. 1917년에 설립된 '글렌 L. 마틴사'(Glenn L. Martin Company)가 기원이다. 당시의 주요 사업은 미국 정부를 위한 미사일과 전자 장치, 원자력청을 위한 원자력 관련 제품 등의 설계, 개발, 제작이었다. 1980년대에 와서 주로 항공우주 및 방위 산업에 주력하였고, 우주 왕복선 프로그램의 주요 추진 업체로서 타이탄 로켓을 생산하였다. MX 미사일 계획 및 패트리어트 미사일과 퍼싱 미사일 등의 제작에도 관여하였다. 1995년 항공우주 산업체인 록히드(Lockheed Corporation)와 합병하여 지금의 이름으로 바꾸었다. 군용기, 미사일, 인공위성, 우주선 발사 장치, 정보 및 기술 용역, 전자 제품 등을 생산하는 미국의 대표적 항공우주 산업체이다.

log cabin 로그 케빈

미국의 개척시대에 흔히 볼 수 있었던 통나무로 만든 집이다. 아브라함 링컨이 켄터키주의 통나무집에서 태어나서 노력 끝에 대통령이 되었다. 많은 사람들이 가난하게 자란 것을 표현할 때 인용하게 되었다.

logrolling 로그롤링

미국인들이 농사지을 때 밭을 개간하면서 친구들끼리 서로 통나무를 굴리던 관습에서 유래된 말로, 정치인들이 서로 상대방의 법안에 투표하여 통과되도록 협력하는 관례를 말한다.

Lolita 〈로리타〉

러시아 출신의 미국 소설가 블라디미르 나보코프Vladimir Nabokov가 1958년에 발표한 소설이다. 주인공 험버트 Humbert와 그의 의붓딸인 12살난 로리타Lolita의 근친상간의 성애를 묘사한 작품이다. 1962년과 1998년에 영화로 만들어졌다. 이후, 'Lorita'라는 단어는 성욕을 품거나 성에 관심을 가진 소녀를 가리키는 말로 쓰이게 되었다.

Lombard Street 롬바르드가(街)

영국 주요 은행들의 본점이 모여 있는 런던 중심부의 금융가이다. 거리 이름은 13세기 이탈리아 북부 롬바르디 Lombardy의 사람들이 많이 건너와 런던에 정착하면서 붙여진 이름이다.

London 런던

영국의 수도로 정치 · 경제 · 문화 · 교통의 중심지이다. 뉴욕 · 상하이 · 도쿄와 더불어 세계 최대 도시의 하나다.

왕정복고시대인 1665년에는 영국 전역에 페스트가 창궐하여 9만 명의 런던 시민이 희생되었고, 감염을 피해 빠져나간 주민까지 합쳐 런던의 인구는 1/3로 격감하기도 했다. 이듬해 1666년에는 런던 대화재(Fire of London)로 시의 4/5가 소실되어 세인트폴 대성당(Saint Paul Cathedral)과 길드홀Guildhall을 비롯하여 13,000호 이상의 건물이 피해를 입었다고 한다. 이 화재 후 화재보험이 창시되었고, 목조 건축은 금지되어, 근대 런던의 기초가 형성된다. 1851년에 하이드 파크Hyde Park에서 제1회 만국 박람회(Great Exhibition)가 열려, 세계에 널리 알려졌다.

런던은 중심부인 '시티 오브 런던'City of London에서 해바라기 모양으로 동서남북으로 펼쳐져 있다. 남서쪽으로 정치적 중심부인 웨스트민스터Westminster가 있고, 서쪽으로 번화가인 웨스트엔드West End가 있다. 웨스트민스터는 버킹검 궁전(Buckingham Palace)과 국회의사당(Palace of Westminster), 화이트 홀(White Halls), 다우닝가(Downing Street) 등 관청가로 형성되어 있고, 웨스트엔드에는 고급 상점가들과 극장, 영화관, 레스토랑 등이 많다.

동쪽에 인접한 지역은 이스트엔드East End로 빈민가의 별명으로도 쓰였으나, 지금은 깨끗한 노동자 아파트 지구로 재건하여 예전의 모습은 사라졌다.

주요 교통수단은 택시와 버스, 지하철(underground)인데, 검은색 런던 택시와 빨간색 2층 버스, 튜브(the Tube)라고 하는 지하철은 세계적으로 유명하다. 런던 지하철은 총 길이 약 415km의 선로가 사방으로 뻗어 있어 특히 유명하다.

London Lighthouse 런던 등대

에이즈AIDS에 걸린 사람들에게 의료 지원이나 각종 정보, 자문을 해주기 위해 1986년에 결성된 영국의 자선 단체이다.

London Palladium 런던 팔라듐

뮤지컬을 공연하는 런던의 대형 극장으로 1910년에 개관했다.

London Philharmonic Orchestra (LPO) 런던 필하모닉 오케스트라

1932년에 토마스 비첨Thomas Beecham이 창단한 영국의 오케스트라이다. 아드리안 볼트Adrian Boult, 버나드 하이팅크Bernard Haitink, 게오르그 솔티Geor Solti 등의 유명 지휘자들이 지휘를 맡았다.

지방 순회 공연 중인 오케스트라

London School of Economics 런던 정경 대학

런던 대학(London University)의 한 단과 대학(college)으로, 경제학, 정치학, 법학 등이 우수한 유명한 대학이다. 1895년에 설립되었다.

London Stock Exchange (LSE) 런던 증권거래소

영국에서 증권 거래가 시작된 것은 17세기 후반, 동인도 회사의 주식 또는 국채를 거래하면서였다. 1773년 커피점을 중심으로 주식 중개업자가 비공식으로 영업을 한 것을 효시로 증권 거래소를 형성하였다.

1801년 이들 중개업자들이 모금하여 거래소 건물을 완성함으로써 현재의 런던 증권거래소가 정식으로 탄생하였다. 1986년 런던 증권거래소의 빅뱅Big Bang 조치 이후, 거래는 거래소 객장보다는 주로 컴퓨터나 전화로 이루어지고 있다.

London Symphony Orchestra (LSO) 런던 심포니 오케스트라

1904년에 창단된 영국의 오케스트라이다. 안드레이 프레빈Andr Previn, 클라우디오 아바도Caludio Abbado, 콜린 데이비스Colin Davis 등이 지휘를 맡아 왔다.

London Underground 런던 지하철

세계에서 최초로 19세기에 건설된 도시 지하철이다. 흔히 튜브Tube라고도 부르는 런던 지하철은 런던 인근 지역으로까지 뻗어나가 영국 철도와도 연결된다.

London University 런던 대학

1836년 유니버시티 칼리지University College와 킹스 칼리지King's College의 2개 대학 학생들을 대상으로 시험을 실시하여 학위를 수여하기 위한 기관으로 설립되었다. 자체적인 교육은 실시하지 않고 학위만을 수여하는 런던 대학의 기능은 이후 더욱 확대되어, 여러 대학의 학생들에게도 시험을 실시하고 학위를 수여하였고, 1878년부터는 여자에게도 학위를 수여하기 시작했다. 1900년부터는 자체적으로 연구와 교육을 실시하는 대학이 되었고, 이때부터 유니버시티 칼리지, 킹스 칼리지를 비롯하여 임페리얼 칼리지Imperial College, 런던 정경 대학(London School of Economics), 런던 시내 여러 대학들과 연구 시설을 흡수·통합하여 영국 최대의 대학이 되었다. 각 단과 대학은 자치적으로 운영되며, 규모와 전통은 물론 학과 과정도 서로 다르다. 재학생 수는 10만 명이 넘는다.

London Zoo 런던 동물원

런던의 리젠트 공원(Regent Park)에 있는 세계적으로 유명한 동물원이다. 1826년에 런던 동물학회(Zoology Society of London, ZSL)가 설립하였는데, 오늘날 동물학 연구의 중심이 되어 있다. 멸종 위기에 있는 동물들이 이곳에서 사육되는 것들도 있다.

London, Jack (1876~1916) 런던, 잭

미국의 소설가이다. 본명은 존 그리피스 채니John Griffith Chaney이다. 가난 때문에 신문 배달, 공장직공, 선원 등, 갖가지의 육체 노동과 방랑으로 소년 시절을 보내고, 18세 때 방랑 중에 붙잡혀 투옥된 일도 있다. 19세에 고등학교에 입학하였고, 이듬해에 캘리포니아 대학에 들어가 반 년 남짓 다니면서 다윈, 마르크스, 니체 등의 저서를 탐독하였다.

우체국에 근무하면서 단편소설을 써서 몇몇 잡지에 발표

하였고, 1900년에 최초의 단편집 《늑대의 아들》*The Son Of The Wolf*을 내어 문단의 주목을 받았다. 이어서 개를 주인공으로 하여 생존본능과 야성, 폭력이 지배하는 적자생존의 세계를 묘사한 《황야의 절규》*Call of the Wild*(1903), 바다표범 잡이 배 선장을 그린 《바다의 늑대》*The Sea Wolf*(1904), 《흰 엄니》*White Fang*(1906), 자본가의 독점을 그린 《강철군화》*The Iron Heel*(1908), 자살로 끝나는 한 작가의 기구한 생애를 그린 자전적 소설 《마틴 이든》*Martin Eden*(1909), 경제 문제를 다룬 《달의 계곡》*The Valley of the Moon*(1913) 등의 장편소설을 차례로 발표하여 작가로서의 위치를 확고히 하였다.

1904년에는 종군 기자로 조선에 온 그는 YMCA에서 대표작 《황야의 절규》*Call of the Wild*의 낭독회를 열기도 했다. 러일 전쟁을 취재하면서 조선에 대한 글들을 여러 곳에 기고하였는데, 그 글들이 1982년 프랑스에서 《조선 사람 엿보기》*La Core en feu*란 제목으로 출판되었다.

Long Beach 롱비치

미국 동해안과 서해안 모두 롱비치Long Beach시가 있다. 하나는 서부 로스앤젤레스Los Angeles 근처의 휴양 도시이자, 석유, 항공기, 전자 등의 산업도시이다. 또 하나는, 동부 뉴욕주 롱아일랜드Long Island에 있는 도시이다. 19세기부터 인기 있는 관광지였다.

Long Day's Journey into Night 《밤으로의 긴 여로》

미국 극작가 유진 오닐Eugene O'Neill의 자전적 작품으로, 작가가 사망한 3년 뒤 1956년에 초연되었다. 늙은 연극배우인 아버지 제임스 티론James Tyrone, 마약 중독자 어머니 메리Mary, 알코올 중독인 형 제이미Jamie, 병약하고 시인 기질을 가진 동생 에드먼드Edmund(청년시절의 작가) 등, 가족 4명이 애증 속에서 서로 공격하고 마음을 상하게 하면서도 이해하고 용서하는, 어느 하루 동안의 허무한 심리적 갈등을 묘사한 것이다. 작가는 가족의 비참한 과거를 폭로한 이 작품을 생존시에는 발표하지 않았다. 사후에 이 작품이 상연되자 관중의 감동을 불러일으켰고, 예일 대학에서 출간되어 작가 사후에 4번째로 퓰리처상을 받았다. 1936년에 노벨 문학상도 받았다.

Long Island 롱아일랜드

미국 뉴욕주 남단에 위치한 섬이다. 잘 발달된 교통망으로 뉴욕시의 교외 주택지를 이루며, 도시를 상대로 하는 야채, 감자 등의 재배와 양계, 어업 등이 섬의 주요 산업이다. 섬의 동쪽은 아직 도시화되지 않아, 농지와 삼림이 펼쳐져 있는 전원 풍경을 보이지만, 연안주가 발달된 남부 지역에는 유명한 코니아일랜드Coney Island를 비롯한 국립해양공원, 롱아일랜드 자동차 박물관, 포경 박물관 등 해안 휴양지와 관광지가 개발되어 있다. 그밖에 원자력 연구소를 비롯한 여러 연구소와 대학이 있으며, 케네디 국제 공항도 이곳에 있다. 맨해튼과는 교량, 터널, 페리로 연결된다.

Longfellow, Henry Wadsworth (1807~1882) 롱펠로, 헨리 워즈워스

오늘날까지 미국인들의 사랑을 받고 있는 시인이다. 18년 간 하버드 대학 교수직에 있으며 미국의 낭만적인 전설을 지어낸 많은 장시들을 발표하였다. 그중에서도 식민지 전쟁을 배경으로 한 비련의 사랑 이야기 《에반젤린》*Evangeline*(1847), 인디언의 신화적 영웅 이야기 시 《하이어워사의 노래》*The Song of Hiawatha*(1855), 청교도 군인의 연애 이야기 《마일즈 스탠디시의 청혼》*The Courtship of Miles Standish*(1858) 등의 장시들이 유명하다.

Look Back in Anger 《성난 얼굴로 돌아보라》

영국의 극작가 존 오스본John Osborne의 1957년 작품이다. 주인공 지미 포터Jimmy Porter는 노동계급 출신의 '성난 젊은이'(angry young man)로 상류계급 출신의 자기 아내 앨리슨Alison에게 영국 사회에 대한 분노를 표출한다. 이 희곡은 당시 1950년대 다른 작가들에게 대단한 영향을 주었고, 작가 자신은 '성난 젊은이'(angry young man)로 알려지게 되었다. 1959년에 영화로도 만들어졌다.

Lord' s Prayer 주기도문

성경에서 예수님이 제자들에게 가르친 기도로 '우리 아버지(Our Father)' 라는 말로 시작한다. 영국 국교교회에서 뿐아니라 영국과 미국의 대부분의 개신교도들도 주기도문을 외우고 있다.

Lord Byron (1788~1824) 바이런 경

영국의 유명한 시인으로, 정식 이름은 조지 로드 바이런 George Lord Byron이다. 낭만주의운동(Romantic Movement)의 주도적인 인물이다. 많은 여성들과 사랑을 나눴지만 불운했고, 부당한 정치적 · 사회적 상황에 분노하기도 했다. 이런 그의 감정은 《해롤드 공자의 순례》*Childe Harold's Pilgrimage*(1812~1818)나 《돈주앙》*Don Juan*(1818~1820) 같은 작품에 잘 나타나 있다. 이런 그의 성향은 영국 사회에 받아들여지지 않았고, 오래도록 외국 생활을 하게 했다. 그리스에서 터키 지배에 저항하는 전쟁을 돕다가 사망하였다.

Lord Chamberlain 로드 챔벌린

영국 왕실과 왕실 행사를 책임지는 관리이다.

Lord Chancellor 로드 챈슬러

영국의 검찰 총장 겸 법무부 장관이다.

***Lord Jim* 《로드 짐》**

영국 작가 조셉 콘래드Joseph Conrad가 1900년에 발표한 소설이다. 젊은 항해사 짐Jim은 배가 충돌할 때 자기도 모르게 승객들을 버려두고 바다에 뛰어들었으나, 배는 침몰을 면한다. 짐은 치욕감에서 벗어나기 위하여 배를 떠나 말레이 반도의 원주민 마을에 들어가 지배자가 된다. 그러나 그는 마음 속에 남아 있는 치욕감을 끝내 떨쳐버리지 못하고, 결국 백인 악당에게 속아 비명의 죽음을 당한다는 내용이다.

Lord Nelson (1758~1805) 넬슨 제독

영국의 해군 제독이었다. 흔히 넬슨 경(Lord Nelson)이라고 부르지만, 이름은 호레이쇼 넬슨Horatio Nelson이다. 1770년 해군에 입대하였고, 1780년에 미국 독립 전쟁에 참전하였고, 프랑스의 혁명 전쟁에 종군하여 지중해와 대서양에서 싸웠다. 1794년과 1797년의 전투에서 각각 오른쪽 눈과 오른쪽 팔을 잃었다. 1790년대 프랑스와의 해전을 승리로 이끌어 나폴레옹의 영국 침공을 막은 것으로 유명해졌다.

***Lord of the Flies* 《파리대왕》**

영국 작가 윌리엄 골딩William Golding의 대표적인 장편 소설이다. 1954년에 출간되었다. 무인도에 고립되어 야만 상태로 돌아간 소년들의 원시적 모험담을 통해 인간 내면에 잠재해 있는 권력과 힘에 대한 욕망을 우화적으로 그려낸 작품이다. 1983년 노벨 문학상을 수상하면서 전세계 독자들의 주목을 받았다. 여러 차례 영화로 제작되기도 했다.

핵 전쟁의 위험을 느낀 영국이 20여 명의 어린 소년들을 핵 전쟁으로부터 안전한 장소로 옮기려다 소년들을 태운 비행기가 그만 바다에 추락한다. 부상당한 조종사와 랠프Ralph, 잭Jack, 피기Piggy 등의 소년들은 무인도에 상륙한다. 이들은 구조를 기다리며 랠프의 지휘에 따라 질서를 유지하며 살아간다. 사냥을 강조하며 사사건건 랠프와 대립하던 잭은 결국 갱단을 만들어 무리를 이탈한다. 짐승을 찾아 나선 사이먼Simon이 잭 일당에게 살해되고, 섬에 괴물이 있다는 소문이 퍼지면서 소년들은 안전을 위해 잭의 갱단으로 들어가고 결국 랠프와 피기만 남는다. 문명 세계의 사회 관습은 붕괴되고, 인간 본성에 잠재한 권력욕과 야만성이 드러나 섬은 지옥으로 변한다. 광기에 찬 잭 일당은 점점 더 포악해지고 피기마저 살해한다. 몇 차례 죽을 고비를 넘긴 랠프와 소년들은 가까스로 영국 순양함에 의해 구조된다.

***The Lord of the Rings* 《반지의 제왕》**

영국의 작가 톨킨(John Ronald Reuel Tolkien)이 1954년에서 1955년까지 발표한 3부작으로 된 환타지 소설이다. 제1부 《반지 원정대》*The Fellowship of The Rings*, 제2부 《두 개의 탑》*The Two Towers*, 제3부 《왕의 귀환》*The Return of The Kings*으로 구성되어 있다.

출간 이후 세계 환타지소설의 바이블로 평가받을 만큼 전세계 독자들의 사랑을 받아 2001년까지 총 1억 권 이상이 판매되었다. 작가는 이 작품으로 20세기 판타지 소설이라는 새로운 장르를 발전시켰을 뿐 아니라, 치밀한 소설적 상상력과 섬세하고 탁월한 언어적 감수성으로 현대 영문학사에 큰 자취를 남겼다. 민간에 전승되는 유럽의 옛 설화를 바탕으로 중간 세계(The Middle Earth)를 설정하고, 그 속에서 벌어지는 신화적인 전쟁과 이 전쟁을 이끌어 가는 호빗Hobbit족의 영웅 프로도 베긴스Frodo Baggins의 영웅담을 그린 장대한 규모의 작품이다.

악의 군주인 사우론Sauron이 세계를 지배하기 위해 '절대 반지'를 만들었다가 요정과 인간 등, 중간세계의 공격을 받아 암흑 세계로 사라진 뒤, 절대 반지는 우여곡절 끝에 호빗족인 주인공 프로도 배긴스의 손에 넘어간다. 프로도 배긴스는 '절대 반지가 사우론의 손에 들어가면 세계는 멸망한다'는 얘기를 듣고, 이 반지를 파괴하기 위해 반지가 만들어진 '불의 산'을 찾아 인간계의 친구들과 함께 원정을 떠난다. 이 과정에서 선을 대변하는 프로도 배긴스와 친구들, 악을 대변하는 사우론과 부하들 사이에 일어나는 전쟁, 즉 선과 악의 전쟁을 그리고 있다. 《타임스》*The Times*지의 20세기 영미 문학 10대 걸작에 선정되었다.

《반지의 제왕》은 영화로도 만들어져 전세계인의 사랑을 받았다. 3부작 가운데 제1부 《반지 원정대》가 2001년 12월에, 제2부 《두 개의 탑》은 2002년 12월에, 제3부 《왕의 귀환》이 2003년 12월에 차례로 전세계에서 일제히 개봉되어 대단한 화제를 모았다. 영화 역시 소설의 장대한 스케일을 그대로 살리는 데 중점을 두고 세 편을 동시에 제작하였다. 촬영은 뉴질랜드에서 했고, 단일 영화 사상 최대 규모의 세트에서 2년 6개월에 걸쳐 촬영하였다. 피터 잭슨Peter Jackson이 감독을, 주연인 프로드 배긴스역은 엘리야 우드Elijah Wood가 맡았다.

Lord Protector 호국경/호민관 (= Protector, Lord Protector of the Commonwealth)

영국 내란 이후 올리버 크롬웰Oliver Cromwell과 그의 아들 리차드 크롬웰Richard Cromwell에게 주어진 관식이다. 호국경(護國卿) 또는 호민관(護民官)이라고도 한다. 의회와 더불어 입법권을, 국무회의와 더불어 행정권을 가질 뿐만 아니라, 관리임명권, 군통수권, 외교권 등도 가져, 사실상 국가원수였다. 올리버 크롬웰은 의회를 탄압하여 관계가 원활하지 못하였고, 독재에 가까운 권력을 휘둘렀다. 1658년 크롬웰이 죽고, 그의 지명에 따라 셋째 아들 리차드 크롬웰이 뒤를 이었으나, 군대와 의회와의 대립이 격화되는 사태를 수습하지 못하여 사임하였다. 그뒤 찰스 2세가 왕정복고를 이루었다. 크롬웰 부자 2대가 행한 5년 반의 이 정치를 '호국경/호민관 정치'(Protectorate)라고 한다.

Los Angeles 로스앤젤레스

뉴욕과 시카고 다음으로 미국을 대표하는 대도시이다. 인디언이 살던 이곳에 백인이 온 것은 1781년에 40여 명의 스페인 사람들의 거리가 생기면서부터이다. 1846년 미국 해군이 점령하여 미국 땅이 되었다. 19세기 말부터 농업 발전을 발판으로 도시 발전이 시작되고, 1891년의 석유 분출을 계기로 20세기에 들어서자 대규모의 유전이 개발되고, 1914년 파나마 운하의 개통으로 해운이 발달하며, 할리우드를 중심으로 영화 산업이 발전했고, 기계 · 화학 · 항공기 · 자동차 산업 등으로 급속히 발전하게 되었다.

로스앤젤레스는 아름다운 해안 풍경을 포함해 뛰어난 주변 여건들이 함께 연결되어 관광지로도 중요한 몫을 하고 있다. 캘리포니아 주립 대학을 비롯한 약 10개의 주요 대학 및 자연사 박물관, 미술 박물관, 경기장 등이 있고, 뮤직센터를 본거지로 하는 로스앤젤레스 필하모니 오케스트라Los Angles Philharmonic Orchestra가 있다. 태평양의 현관구실을 하여 한국, 중국, 일본, 필리핀 등의 동양계 이민자들이 많고, 과거 스페인과 멕시코 땅이었기 때문에 멕시코인, 흑인의 인구 비율도 높아, 인종 문제에 기인하는 사건들이 종종 있다.

시 북서부의 할리우드Hollywood에는 거대한 영화 스튜디오들이 있고, 비벌리힐스Beverley Hills는 영화배우와 유명 인사들의 고급 주택가로도 유명하며, 영화 산업이 쇠퇴되어 가는 오늘날에도 할리우드의 선셋 대로(Sunset Boulevard), 할리우드가(Hollywood Street) 등의 환락가는 여전히 몰락하지 않고 있다. 시 북동부의 윌슨 산(Mt. Wilson)에는 천체망원경으로 유명한 '윌슨산 천문대'Mount Wilson Observatory가 있고, 남쪽에는 디즈니랜드Disney Land가 있다. 1984년에는 제23회 올림픽을 개최하기도 했다.

The Los Angeles Times 《로스앤젤레스 타임스》

퓰리처상을 20번 이상이나 받은 미국 최고의 신문으로 평가받는 로스앤젤레스의 신문이다. 1881년에 창간되어 매일 3백만 부 이상을 발행하고 있다. 또 120개 국 3,000개의 신문과 잡지사에 기사를 공급하고 있고, 《워싱턴포스트》 *Washington Post*와 공동으로 전세계 650개의 신문과 잡지, 라디오, 텔레비전 방송에 기사를 공급하고 있다.

Losey, Joseph (1909～1984) 로지, 조지프

미국 출신으로 유럽에서 활동한 영화감독이다. 하버드 대학에서 영문학 석사학위를 받고 한동안 뉴욕에서 연극을 하였다. 1935년 연예 신문 《버라이어티》*Variety* 지의 유럽 통신원으로 일하다가 소련으로 건너가 영화감독 세르게이 아이젠슈타인Sergei Eizenshtein이 운영하는 영화 강습을 수강하였다. 1947년에 공연한 베르톨트 브레히트Bertolt Brecht의 〈갈릴레오 갈릴레이〉*Galileo Galilei*를 연출하여 성공을 거두었다. 1948년에 첫 장편영화 〈푸른 머리 소년〉*The Boy with Green Hair*을 개봉하였다. 1951년까지 로지는 모두 5편의 영화를 감독했는데 인종적 편견을 다룬 〈무법지대〉*The Lawless*(1950)와 경찰의 부패상을 다룬 〈좀도둑〉*The Prowler*(1951) 등, 정치적으로 다소 진보적인 작품들이었다. 1952년 매카시즘의 바람이 불면서 공산당 동조자로 몰려 블랙리스트에 오르자 로지는 할리우드를 떠나 유럽에서 활동하였다.

이후 로지는 영국의 극작가 해럴드 핀터Harold Pinter와 손잡고 3편의 영화를 발표하였는데, 그중에서 〈중개인〉*The Go-Between*은 1971년 칸 영화제에서 대상을 받으며, 그에게 국제적인 명성을 안겨주었다. 이후 〈트로츠키의 암살〉*The Assassination of Trotsky*(1972), 〈인형의 집〉*A Doll's House*(1973), 〈클라인씨〉*Mr. Klein*(1976) 등의 영화를 만들었다. 미국으로 돌아가고 싶어하였으나, 그러지 못하고 1984년에 세상을 떠났다.

lost generation 잃어버린 세대

제1차 세계대전 후에 환멸을 느낀 미국의 젊은 지식인들과 예술인들에게 붙은 별칭이다. 많은 청년 지식인들이 미국의 높은 실업률을 혐오하여 대거 파리에 건너가 쾌락적이고 허무적인 생활을 보냈다. 어네스트 헤밍웨이Ernest Hemingway가 그의 작품 《해는 또 다시 떠오른다》*The Sun Also Rises*(1926)의 서문에 "당신들은 모두 잃어버린 세대의 사람들입니다"(You are all a lost generation.)라는 거트루드 스타인Gertrude Stein이 한 말을 인용하여 유명해졌다. 이 세대의 작가들로는 E. 헤밍웨이E. Hemingway를 비롯하여 F. S. 피츠제랄드F. S. Fitzgerald, 존 도스 패소스John Dos Passos, E. E. 커밍스E. E. Cummings, W. 포크너W. Faulkner 등을 들 수 있다. 이들은 결코 허무적이지만은 않아서 1920년대 중반부터 의욕적이고도 우수한 작품들을 쓰기 시작하였다.

lottery 복권

복권의 효시는 고대 로마시대로 거슬러 올라간다. 고대 로마의 초대 황제인 아우구스투스Augustus가 로마의 복구 자금을 마련하기 위해 연회에서 복권을 팔고 그 돈으로 노예나 집, 배 등을 주었다는 기록이 있고, 네로Nero 황제가 로마를 건설할 때 자금 조달을 목적으로 발행하였다는 설도 있다. 1530년대에 이탈리아 피렌체 지방에서 세계에서 처음으로 '로또'라고 불리는 복권이 나와 오늘날 로또 게임의 효시가 되었다. 1500년대 이탈리아 제노바공화국은 매년 추첨에 의하여 90명의 정치가들 중에서 5명의 의원을 선출하였는데, 이에 착안하여 90개의 숫자 중 5개의 숫자를 추첨하는 로토 5/90게임이 복권으로 나왔고, 이것이 오늘날 세계적으로 가장 성행하는 전자식 복권인 로또Lotto의 효시가 되었다. 복권을 영어로 'lottery'(로터리)라 하는 것도 여기서 유래한 것이다. 이 Lot은 제비뽑기, 추첨, 운명, 상품, 경품 등의 다양한 의미가 있다.

영국은 1994년에야 National Lottery라는 복권을 정부가 허가하였다. 판매 금액은 로또위원회(Lottery Commission)가 공익을 위해 쓰고 있다. 미국에도 파워볼Powerball이나 Cash-4-Life 같은 복권들이 몇 개 주에서 운영되고 있다. 한국에서도 2003년부터 로또복권이 시행되고 있다. 요즘은 외국 복권도 인터넷으로 구입할 수가 있다.

Louisiana 루이지애나주

미국 남부 멕시코 만 가까이에 있는 주이다. 뉴올리언스New Orleans가 최대 도시이다.

Louisiana Purchase 루이지애나 구입

1803년 1에이커에 3센트씩, 총 1,500만 달러에 프랑스로부터 구입한 미국 중서부 지역을 말한다. 동서로 미시시피강에서 로키 산맥까지, 남북으로는 멕시코 만에서 캐나다까지 약 2,000,000㎢의 땅이라고 한다. 이 구매로 인해 미국의 국토가 2배 이상 확대되고, 많은 미국인들이 서부로 이주하는 계기가 된다. 지역 이름은 프랑스가 루이Louis 14세의 이름을 따서 지은 것이다.

Love's Labour's Lost 《사랑의 헛수고》

1595년에 초연된 것으로 추정되는 윌리엄 셰익스피어William Shakespeare의 희곡이다. 궁정에서의 사랑을 그리고 있는 희극(comedy)이다. 엘리자베스 1세 여왕에게 보이기 위한 궁정 희극으로서 재미있는 언어의 사용이 돋보인다.

나바르의 왕(King of Navarre)인 퍼드넌드Ferdinand는 세 명의 신하 비론Berowne, 롱거빌Longaville, 듀메인Dumaine과 함께 앞으로 3년 간 속세의 모든 욕망을 끊고 학문에만 전념하자고 맹세한다. 그러나 마침 프랑스의 공주가 세 명의 시녀 로잘린Rosaline, 마리아Maria, 캐서린Katherine을 거느리고 방문하는 바람에 네 명의 남자는 각각 이들에게 마음을 빼앗긴다. 프랑스 왕이 죽자 본국으로 돌아가게 된 공주 일행은 구혼자들에게 1년 동안 지시한 수련을 쌓게 하여 이를 지키면 남자들의 청혼을 받아들이겠다고 약속하는 비교적 단순한 줄거리이다.

Lovelace, Richard (1618~1658) 러브레이스, 리차드

17세기 영국의 시인이다. 영국 내란(English Civil War) 때 찰스 1세를 지원하였다가 투옥되어 〈감옥으로부터 엘시어에게〉 *To Althea, from Prison* 같은 시를 썼다.

Lowell, Amy (1874~1925) 로웰, 에이미

미국의 여류 시인이다. 에즈라 파운드Ezra Pound와 함께 현대 영미 시의 신시운동인 이미지즘(imagism)을 주창하여 그 지도자로서 중요한 역할을 하였고, 이미지즘의 선언을 써서 현대시 형성에 공헌하였다. 대표 시집으로 《칼날과 양귀비 씨》*Sword Blades and Poppy Seeds*(1914)가 있다.

Lowell, Robert (1917~1977) 로웰, 로버트

미국 시인이다. 2권의 시집 《위어리경의 성(城)》*Lord Weary's Castle*(1946)과 《돌고래》*The Dolphin*(1973)로 퓰리처상을 수상하였다. 그의 시는 어둡고 엄격한 윤리적인 진지성이 있고 강하고 풍부한 리듬이 뛰어나다. 다른 시집으로 《하나님과 닮지 않은 땅》*Land of Unlikeness*(1944), 《전기습작》*Life Studies*(1959), 번역-번안 시집 《모방》*Imitations*(1961) 등이 있다.

Lowry, L. S. (1887~1976) 로리, 엘. 에스.

루리의 그림

영국의 화가이다. 자신이 살았던 영국 북부의 빌딩이나 공장 등, 산업현장을 그린 회화로 유명하다.

loyal toast 국왕을 위한 건배

영국에서 공식 만찬 때 국왕에게 충성을 나타내는 건배를 '로열토스트'라고 한다. the Queen 또는 the King이라고 말하고 잔을 마신다.

loyalty card 로열티 카드

영국의 슈퍼마켓이나 상점들이 단골 확보 차원으로 고객들에게 발급하는 카드이다. 고객의 모든 구매 기록이 누적되어 그만큼의 가격 할인이나 어떤 혜택이 주어진다.

LPGA (Ladies Professional Golfers' Association) 여자프로 골퍼협회

미국의 여자 프로 골퍼협회이다. LPGA Tournament를 비롯한 메이저 골프 대회들을 주관한다.

LSAT (Law School Admission Test) 미국 법학 대학원 입학시험

미국의 법학 대학원(law school)에 입학하려는 학생들이 치러야 하는 시험이다. 미국에서는 법학 대학이 학부에는 없고, 대학원에만 있다.

Lucent Technologies 루슨트 테크놀로지스

미국 전화 사업의 80% 이상을 차지하던 전신전화 회사인 AT&T(American Telephone & Telegraph Co.)의 시스템 및 테크놀로지 부문이 1996년에 독립하여 이루어진 회사이다. 광학, 데이터, 무선 네트워킹, 커뮤니케이션 소프트웨어, 네트워크 설계 및 자문, 커뮤니케이션용 반도체와 광전자 공학 등의 분야에서 두각을 나타낸다. 어센드 커뮤니케이션스Ascend Communications를 필두로, 그동안 38개 업체를 인수하여, 데이터 네트워킹 장비를 공급하는 대표적인 기업이 되었다.

Lucky Jim 《럭키 짐》

영국 소설가 킹슬리 에이미스Kingsley Amis의 처녀작이자 대표작이다. 주인공 짐 딕슨Jim Dixon은 지위가 불안정한 젊은 대학 강사로 시골 대학에서 주위 사람들의 눈치를 보면서도 유쾌하게 실패를 거듭하는 모습을 직선적인 필치와 희극적인 플롯으로 묘사한 새로운 형식의 피카레스크 소설이다.

Lucky Strike 럭키 스트라이크 담배

미국 담배 회사(American Tobacco Company)가 생산하는 미국 담배로 1916년 처음 판매되었다. 이 담배 광고에 사용된 표현으로 '행운을 잡아라(Reach for a Lucky)', 'LS/MFT'(럭키 스트라이크는 좋은 담배를 의미한다 <Lucky Strike Means Fine Tobacco>) 및 'Be Happy, Go Lucky(행복해라, 행운을 잡아라)' 등이 있다.

Luddite 러다이트

노동 수단의 변화 또는 새로운 기계 및 기술 도입에 반대하는 사람을 일컫는 말이다. 최초의 러다이트는 19세기 초 노동자들인데 그들은 기계가 그들의 일자리를 빼앗고 있다고 생각해서 기계를 파괴했다. 그들 중 몇 명은 그 사건으로 인해 사형 당했다.

Ludlum, Robert (1927~) 러들럼, 로버트

주로 스파이 소설이나 국제 범죄에 관한 소설을 쓴 미국의 작가이다. 그가 쓴 20여 편의 소설이 2억 부나 팔렸다고 한다. 《매트록 페이퍼》*The Matlock Paper*(1973), 《본 아이덴티티》*The Bourne Identity*(1980), 《이카루스 아젠다》*The Icarus Agenda*(1988) 등이 대표작이다.

Lutyens, Edwin (1869~1944) 루티언스, 에드윈

영국의 건축가이다. 중세 건축 양식과 19세기 예술공예운동(Arts and Crafts Movement)의 영향을 받았다. 젊은 시절에는 주로 개인 주택을 건축했으나, 중년 이후에 설계한 런던에 있는 제1, 2차 세계대전 전사자 기념비인 세노타프Cenotaph 기념비나 인도 뉴델리의 정부 청사 등을 건축하였다.

Lux 럭스

영국과 미국에서 주로 많이 판매되는 비누 제품이다.

Lycos 라이코스

인터넷 웹 문서의 91%에 해당하는 색인을 가지고 있는 미국의 인터넷 검색 사이트이다. '스카우트 인덱서'scout indexer라는 자동 검색 로봇을 통해 하루 5,000여 개의 웹페이지가 올라온다. 키워드형 검색 엔진이면서 동시에 14개의 분류 목록 서비스를 제공하고 있고, 채팅, 전자우편, 쇼핑, 개인 뉴스 서비스 등의 서비스 제공을 통하여 포탈 서비스를 지향하고 있다.

Lycra 라이크라

스포츠웨어나 여성용 스타킹, 스커트 등의 소재로 많이 쓰이는 탄력 있는 원단 이름이다.

Lynn, Loretta (1935~) 린, 로레타

미국 컨트리 음악 여가수이다. 1988년에 '컨트리 음악 명예의 전당'(Country Music Hall of Fame)에 선정되었다.

《돈 컴 홈 어 드링킹》*Don't Come Home A Drinking*(1966), 《애프터 더 파이어 이스 곤》*After the Fire Is Gone*(1971) 등의 앨범이 있다.

Lyrical Ballads 《서정 담시집》

1798년에 윌리엄 워즈워스William Wordsworth와 새뮤얼 테일러 코울리지Samuel Taylor Coleridge가 함께 출간한 시집이다. 역사적으로 영국 '낭만주의 문학'(Romantic Literature)의 원년을 규정짓는 시집이다. Wordsworth의 〈틴턴 애비〉 *Tintern Abbey*나 Coleridge의 〈노수부의 노래〉 *The Rime of the Ancient Mariner* 등의 대표작들을 수록하고 있다. 2년 후인 1800년에 2판(second edition)을 발행하며, Wordsworth는 영미 비평문학 사상 가장 유명한 글인 서문(introduction)을 달았다. '시란 힘찬 감정의 저절로 넘쳐흐름'이라고 규정한 이 서문은 낭만주의를 출발시킨 선언문이 되었다.

M

M&Ms 엠엔엠스

1941년부터 생산 판매된 미국산 동그란 초콜릿이다.

Mac, Freddie 맥, 프레디

미국의 종합 금융 그룹이다. 연방주택담보대출공사(Federal Home Loan Mortgage Corporation)가 전신이다. 1970년에 설립된 이후 저렴한 비용으로 주택 금융을 제공하고 있다. 은행으로부터 주택담보 대출 증권을 사들여 이윤을 창출한다. 본사는 버지니아주에 있다.

MacArthur, Douglas (1880~1964) 맥아더, 더글라스

미국 아칸소Arkansas주 리틀록Little Rock 출신의 미국 장군이다. 미국-스페인 전쟁에서 무공을 세운 군인 아서 맥아더Arthur MacArthur의 아들로서, 1903년 웨스트포인트 사관학교를 수석으로 졸업하였다. 육군에 근무하여 1930년에 대장으로 승진하였고, 1937년 퇴역하였다. 1941년에 현역에 복귀하여 미국 극동군 사령관으로 필리핀에서 근무하다가 제2차 세계대전을 맞이하였다. 연합군 남서태평양 사령관으로서 대일본 작전을 지휘하여 1945년 8월에 일본을 항복시키고 일본 점령군 최고사령관이 되었다.

1950년 한국 전쟁이 일어나자 국제연합군(UN군) 최고 사령관으로 부임하여 인천상륙작전을 지휘하였으나, 당시 트루먼Truman 대통령과의 대립으로 1951년 4월에 사령관 직위에서 해임되었다. 정치적으로 공화당 보수파에 속하여 대통령 후보로 지명된 적도 있다. 의회에서의 이임 연설에서 "노병은 죽지 않고, 사라질 뿐이다"(Old soldiers never die, they only fade away.)라는 유명한 말을 남겼다.

***Macbeth* 《맥베스》**

1606년에 초연된 윌리엄 셰익스피어William Shakespeare의 비극 작품이다. Scotland 역사에 나오는 인물 Macbeth의 이야기를 극화하였다. 스코틀랜드의 장군인 맥베스는 마녀의 예언에 현혹되어 부인(Lady Macbeth)과 공모하여 자신의 성(castle)을 방문한 국왕 던컨Duncan을 살해하고 왕위에 오른다. 맥베스의 폭정을 저주하는 소리가 전국에 퍼지고 반란이 일어나자, 맥베스는 다시 마녀를 찾아가 예언해 줄 것을 요구한다. 마녀는 버넘의 숲(Burnham Wood)이 그의 성을 공격하지 않는 한 안전하며, 여성의 자궁으로 나온 사람은 결코 그를 패망시킬 수 없다고 예언하였다. 그러나 던컨 왕의 사생아 맬컴Malcolm을 추대한 맥더프Macduff가 인솔한 군대는 버넘 숲의 나뭇가지들로 위장하여 맥베스의 성을 공격한다. 부인이 미쳐서 죽었다는 소식에, 맥베스는 마지막 용기를 내어 싸우지만 맥더프가 어머니의 자궁이 아니라 배를 절개하고 태어났다는 사실을 알고는 절망적인 심정으로 싸우다 맥더프 손에 죽는다.

셰익스피어의 비극 중에서 가장 짧으며 템포도 빠르다. 베르디가 이 비극을 소재로 오페라를 만들었고, 슈트라우스가 교향시(작품 23)로 만들기도 했다.

Macintosh 매킨토시

미국의 애플 컴퓨터Apple Computer사가 1984년에 발표한 개인용 컴퓨터의 상품명이다. 맥Mac이라고도 한다.

IBM 컴퓨터와는 달리 타 기종과의 호환성이 떨어져, 출판 편집이나 녹음 편집 같은 특정 분야에서만 이용되고 개인용 컴퓨터로는 IBM 컴퓨터보다 점유율이 떨어진다. 처음 개발할 때만 해도 다른 컴퓨터들은 도스로 명령어를 입력하여 컴퓨터를 구동시키고 있었는데 비해, 아이콘, 메뉴, 마우스 등을 갖춘 매킨토시의 시스템은 컴퓨터의 사용을 확실히 쉽게 만들었다. 매킨토시의 그래픽에 의한 정보처리 방식은 출판 분야에 큰 변화를 주었으니, 탁상 출판(DTP)이 출판에 혁명을 일으킨 것이다.

Macintosh, Charles (1766~1823) **매킨토시, 찰스**

고무로 만들어진 방수 재료를 개발한 스코틀랜드의 발명가이다. 요즘도 '매킨토시'macintosh는 방수재료의 대명사로 쓰인다.

Mackenzie, Compton (1883~1972) **맥킨지, 컴프턴**

소설《위스키 갤로어》*Whiskey Galore*(1947)로 알려진 영국의 작가이다. 1952년에 기사 작위를 받았다.

Mackintosh, Charles Rennie (1868~1928) **매킨토시, 찰스 리니**

영국의 건축가이다. 스코틀랜드 출신으로 건축물과 가구, 장식품 등을 아르누보Art Nouveau 스타일로 만들면서 근대 건축의 선구적 역할을 하였다. 그는 1899년에 문을 연 글래스고 미술 학교(Glasgow School of Art)와 이 학교의 도서관(1909)을 설계하였으며, 완성 후에는 이 학교의 건축 학과장으로서 후진을 지도하였다. 1915년에 교직을 사임하고 프랑스에서 수채화가로서 여생을 보내다가 사망하였다.

MacLaine, Shirley (1934~) **맥레인, 셜리**

브로드웨이에서 댄서로 시작한 미국의 여배우이다. 〈보증기간〉*Terms of Endearment*(1983)으로 오스카 영화상을 받았다. 이외의 출연작으로 〈아파트〉*The Apartment*(1960), 〈터닝포인트〉*The Turning Point*(1977), 〈스틸 매그놀리아스〉*Steel Magnolias*(1989) 등이 있다. 배우 워렌 비티Warren Beaty의 누나이다.

MacMillan, Kenneth (1929~1992) **맥밀런, 케니스**

스코틀랜드 출신의 무용수이자 안무가(choreographer)이다. 로열 발레단(Royal Ballet) 부속 학교를 졸업하고, 1946년에 데뷔하였다. 1953년부터 안무를 시작하여 〈초대〉*The Invitation*(1960), 〈봄의 제전〉*The Rite of Spring*(1962), 〈로미오와 줄리엣〉*Romeo and Juliet*(1965) 등을 창작하였다. 1970년부터 1977년까지 로열 발레단Royal Ballet의 예술 감독을 역임하였다.

MacNeice, Louis (1907~1963) **맥니스, 루이스**

아일랜드 출신의 영국 시인이다. 옥스퍼드 대학을 졸업하고, 1930년대에 시단에 등단하였다. 좌익적인 성향의 '오든그룹'Auden Group에 속했으나, 마르크시즘과는 거리가 있었다. 그의 시풍은 스스럼없는 가벼운 구어체이며, 유머가 풍부한 현대적인 이미지나 관념을 구사하는 것이 특징이었다. 시집으로 《불장난》*Blind Fireworks*(1929), 《가을일지》*Autumn Journal*(1939) 등이 있다. 유명해진 것은 라디오 연속극 〈다크 타워〉*The Dark Tower*(1947) 덕분이다. 또 절친했던 시인 오든W. H. Auden과 합작한 이색적 기행시문집 《아이슬란드에서 온 편지》*Letters from Iceland*(1937)가 있고, 시론인 《현대시》*Modern Poetry*(1938)도 있다. 나머지 그의 시 대부분은 사후에 《선집》*Collected Poems*(1966)으로 엮어졌다.

Macy's 메이시스

세계 최대의 백화점이라고 부르는 뉴욕에 있는 유명한 상점이다. 다른 대도시에도 분점이 있고, 추수감사절(Thanksgiving)마다 뉴욕 시내로 퍼레이드를 벌이는 것이 종종 TV에 등장한다.

Mad **〈매드〉**

1952년에 창간된 미국의 월간 유머 잡지이다. 매월 250만 부 정도 나가며, 《매드 매거진》*Mad Magazine*이라고도 한다. 주로 영화 이야기나 광고를 만화로 과장되게 구성하고 있다.

mad cow disease 광우병

BSE(bovine spongiform encephalopathy) 편을 읽으시오.

Madison Square Garden 매디슨 스퀘어 가든

1969년에 완공한 뉴욕의 대형 건물이다. 2만석 규모로 각종 스포츠 경기나 콘서트 같은 문화예술 행사와 공연들이 열린다.

Madison, James (1751~1836) **매디슨, 제임스**

미국 3대 대통령이다. 1787~1788년 대륙의회(Continental Congress) 대표를 역임하였다. 1787년 헌법제정회의에는 버지니아주 대표로 참가하여, 주로 헌법 초안 기초를 맡아 '미국 헌법의 아버지'로 일컬어지고 있다. 1801년 토머스 제퍼슨Thomas Jefferson 행정부의 국무 장관을 지냈고, 1808년 공화당 소속으로 대통령 선거에서 당선되었다.

Madonna (1958~) 마돈나

미국의 팝 가수이자, 영화배우이다. 본명은 Madonna Louise Veronica Ciccone이다. 자신의 음악에서나 라이브 공연할 때, 의상이나 몸 동작에서 섹스를 표현하는 것으로 유명하다. 1992년 《섹스》*Sex*라는 누드집을 내면서 또 한번 이목을 끌었다. 1996년 〈에비타〉*Evita*라는 영화의 주연을 맡기도 했다. 앨범으로는 《베드타임 스토리》*Bedtime Stories*(1994), 《레이 오브 라이트》*Ray of Light*(1998) 등이 있다.

Mae West 메이 웨스트

제2차 세계대전 때 영국 공군(British Royal Air Force) 대원들이 입어서 유명해진 구명재킷(life jacket)의 이름이다. 이 재킷이 미국 배우 메이 웨스트Mae West의 큰 가슴을 연상하게 한다고 하여 그녀의 이름을 딴 것이다.

Mafia 마피아

범죄 조직의 별명으로 해석되기도 한다. 마피아는 원래 19세기 이탈리아의 시칠리아Sicily 섬을 주름잡던 산적(반정부 비밀결사) 조직이었다. 그 조직의 일부가 19세기 말부터 20세기 초에 미국으로 건너가 뉴욕이나 시카고와 같은 대도시에서 범죄 조직을 만들었으며, 1920년대의 금주법(Prohibition) 시행 당시에 밀주로 자금원을 확보하고, 급속히 세력을 확대해 나갔다. 1930년대에 들어서며 마피아도 위원회를 만들어 질서를 갖추고 조직을 운영하게 되었다. 주 수입원은 마약, 매춘, 도박 등이지만, 노동조합이나 회사와도 손을 잡고 보호라는 명목으로 이익을 올리고 있다. 잘 알려진 미국의 마피아 두목들로는 알 카포네Al Capone, 럭키 루치아노Lucky Luciano 등이 있다. 《대부》*The Gorfather*를 비롯하여 마피아를 다룬 많은 영화들이 제작되었다.

Magic Circle 매직 서클

1905년에 결성된 영국의 프로마술사협회이다. 최고의 마술사들만이 가입하고 회원들은 일반인들에게 마술의 비밀을 가르쳐주지 않도록 하고 있다.

Magna Carta 마그나카르타/대헌장

1215년에 영국의 존John 왕이 국민의 권리와 자유를 인정하여 서명한 헌장이다. 국왕 존의 실정에 견디지 못한 귀족들이 런던 시민의 지지를 얻어 왕과 대결하여, 템스Thames 강변의 러니미드Runnymede에서 왕에게 서명하도록 한 귀족조항을 기초로 작성되었다. 18세기 이후 63개 조로 정리되어 있다. 관습적으로 내려오는 모든 권리를 확인한 문서로서, 교회의 자유, 봉건적 부담의 제한, 재판 및 법률, 도시 특권의 확인, 지방 관리의 직권 남용 방지, 사냥, 당면한 애로 사항의 처리 등, 여러 규정을 포함하고 있다. 특히 일반 평의회(하원)의 승인 없이는 군역 대납금이나 공과금을 부과하지 못한다고 정한 제12조는 의회의 승인 없이 과세할 수 없다는 주장의 근거가 되었고, 또 자유인은 같은 신분을 가진 사람에 의한 재판이나 국법에 의하지 않으면 체포나 감금할 수 없다고 정한 제39조는 보통법재판소에서의 재판 요구의 근거로서 크게 활용되어, 현대 영국법의 기초가 되었다.

magna cum lauda 마그나 쿰 라우드

'아주 우수하다'(with great praise)는 뜻의 라틴어로, 미국의 대학에서 우등 졸업생들에게 주는 상 가운데 하나이다. 3개의 우등상(숨마 쿰 라우드summa cum laude, 마그나 쿰 라우드magna cum lause, 쿰 라우드cum laude) 가운데 중간의 상이다.

maid of honor 신부 들러리

미혼인 신부 들러리를 말한다. 신부 들러리가 기혼 여성인 경우는 Matron of honor라고 한다. 영국에서는 국왕의 시녀를 말한다.

Mailer, Norman (1923~) 메일러, 노먼

미국의 소설가이다. 하버드 대학을 졸업하고, 제2차 세계대전 때 종군하여 종전 후에는 점령군의 일원으로서 일본 도쿄에 주재하기도 했다. 전쟁 때 체험한 사실을 바탕으로 한 장편소설 《나자(裸者)와 사자(死者)》*The Naked and the Dead*(1948)를 발표하여, 우수한 전쟁문학으로 인정받아 세계적인 주목을 끌게 되었다. 이어 정치소설 《바르바리의 강변》*Barbary Shore*(1951), 할리우드 영화인의 사생활을 풍자한 《사슴동산》*The Deer Park*(1955) 등을 발표하였다. 1950년대 후반부터는 '비트족'(beat generation)에 근접하여 현대사회를 지배하는 획일주의를 부정하는 한편 성(sex)의 신비를 추구하였는데, 《하얀 흑인》*The White Negro*(1957)나 단편집 《나 자신을 위한 광고》*Advertisements for Myself*(1959) 등은 비트족의 대표작으로 꼽힌다. 1960년대에는 인간 문제와 베트남 전쟁을 다룬 《밤의 군대》*The Armies of the Night*(1968)로 퓰리처상을 받았다.

main street 중앙로

도시의 중심부에 있는 거리를 가리키는 말로, 우리나라 도시의 거리 이름 가운데 '중앙로'가 있는 것처럼 그냥 '메인 스트리트'Main Street라고 이름 붙이기도 한다. 주로 그 도시의 상업 중심지가 된다.

Major League Baseball (MLB) **메이저리그 야구**

미국 프로 야구연맹의 두 연맹 아메리칸리그American League와 내셔널리그National League를 묶어 일컫는 말이다. 빅리그big league라고도 한다. 각각 14개 팀들이 정규 시즌에서 경기를 가진 후 플레이오프Playoff와 월드 시리즈World Series를 통해 우승 팀을 가리게 된다.

the Majors 메이저 대회

골프 4대 대회(tournament)를 가리키는 말이다. 영국 오픈(British Open), 미국 오픈(U.S. Open), 미국 마스터스(US Masters), 미국 프로골프협회(US PGA) 등이다.

Major, John (1943~) **메이저, 존**

16세 때 가계를 도우려고 학업을 중단하고, 몇 년 간 은행에서 회계원으로 일한 후, 정계 입문을 결심하고 총선에 출마하였으나, 두 번씩 낙선하였다. 1979년 영국 보수당이 압승을 거두면서 하원 진출에 성공하였으며, 총리 마거릿 대처Margaret Thatcher를 비롯한 당 간부들의 후원에 힘입어 빠른 승진을 계속하였다. 1986년부터 재무위원회 간사와 위원장을 거쳐 1987년에 외무 장관으로 기용되었고, 3개월도 되기 전에 개각이 단행되어 재무 장관에 인명되었다. 1990년에 대처 총리가 사퇴 의사를 표명하자 메이저는 대처의 비공식적인 지원을 바탕으로 당수 경선에서 승리하였다. 그 해 11월에 총리에 취임하여 전직 총리의 정책기조를 수용하면서 실무에서는 보다 실질적이고 합의를 중시하는 자세로 일하였다. 1997년 5월 1일 총선에서 보수당이 노동당에 패하면서 총리에서 물러났다.

Malamud, Bernard (1914~1986) **맬러머드, 버나드**

유태계 미국 소설가로, 제2차 세계대전 후의 대표 작가이다. 천재 야구 선수의 인생역정을 그린 《내추럴》*The Natural*(1952)로 데뷔하였으나, 유태계 상점 주인과 점원의 관계를 다룬 《어시스턴트》*The Assistant*(1957)로 인정을 받았다. 유태계 교수를 주인공으로 하는 《또 하나의 인생》*A New Life*(1961), 혁명 전의 러시아를 무대로 한 역사 소설 《매수자(買收者)》*The Fixer*(1966), 유태인과 흑인과의 감정 대립을 다룬 《차용자(借用者)》*The Tenants*(1971), 자전적인 소설 《뒤뱅의 삶》*Dubin's Lives*(1979) 등을 통해 좌절하면서도 새로운 삶을 희구하는 인간상을 계속 추구하였다. 그밖에 단편집 《마법의 통》*The Magic Barrel*(1958), 《피델먼의 그림》*Pictures of Fiedelman*(1969), 《렘브란트의 모자》*Rembrandt's Hat*(1973) 등이 있다.

Malcolm X (1925~1965) **말콤 엑스**

미국의 흑인 무슬림muslim 지도자였다. 1952년에 무슬림에 가입하여 본래 이름이었던 말콤 리틀Malcolm Little을 노예 이름이라 하여 Malcolm X라고 바꾸고, 1963년에 무슬림 지도자가 되었다. 처음에는 미국 흑인들만의 독립된 국가 건설을 목표로 삼고, 폭력적인 방법으로라도 자신들을 보호해야 한다는 주장을 폈다. 하지만 이듬해에 인종간의 평화를 존중한다고 선언한다. 1965년 흑인 무슬림 손에 살해된다. 《말콤 엑스 자서전》*The Autobiography of Malcolm X*(1964)을 썼고, 덴젤 워싱턴Denzel Washington이 말콤 엑스 역을 맡고 스파이크 리Spike Lee가 감독한 영화 《말콤 엑스》*Malcolm X*가 1992년에 개봉되었다.

Malibu 말리부

미국 캘리포니아주 로스앤젤레스 근처 해변에 있는 번화한 도시이다. 많은 연예 스타들이 살고 있고, 아름다운 해변으로 유명하다.

***The Maltese Falcon* 《말타의 매》**

미국 소설가 대쉴 해미트Dashiell Hammet가 1930년에 발표한 소설이다. 고대 지중해 말타Maltese 섬의 기사단이 스페인 황제에게 바쳤던 순금 매(falcon)의 조각상을 둘러싼 수수께끼와 연속적인 살인, 피투성이의 보석 쟁탈전에 뛰어든 사립 탐정 새뮤얼 스페이드Samuel Spade의 터프한 활약상을 그리고 있다. 미스터리 소설사에 최고의 자리를 차지하는 작품이다. 1931년과 1941년에 각각 같은 이름의 영화로 만들어졌다.

Malthus, Thomas (1766~1834) **맬더스, 토머스**

1798년에 그는 소위 '인구론'으로 알려진 《인구의 원리에 관한 에세이》*Essay on the Principle of Population*를 발표하면서 인구 증가를 걱정한 영국의 경제학자이다. 인구의 증가가 식량의 공급보다 빨리 증가하기 때문에 인위적으로 인구를 조절하지 않으면, 가난과 기아로 이어져 사망률이 증가한다는 것이었다.

기하급수적인 인구 증가율은 산술적인 식량생산 증가율을 앞서게 될 것이라는 그의 주장은 자신의 계급과 문화, 시대에 국한되었다. 아소카 밴더리지Asoka Bandarage 같은 페미니스트 학자는 맬더스가 구빈법 같은 가난한 사람들을 도우려는 정부의 노력에 대해서도 반대했다고 주장한다. 맬더스는 가난한 사람들이 사회를 고갈시키기 때문에 가난한 사람들이 쉽게 죽을 수밖에 없는 자연의 이치를 따라야 한다고 믿었다는 것이다. 맬더스의 그런 의견은 영국의 상류계급을 안심시켰다. 프랑스혁명 이후 재산을 좀더 평등하게 나누자는 요구가 증가하던 가운데, 맬더스의 의견은 신선한 것이었다. 그는 모든 사람들의 행복을 위해 인간은 사유재산을 축적시킴으로써 부유해져야 하며, 사회적 지위를 잃을지도 모른다는 두려움은 출생률의 제어에 대한 유인이 되었다.

Manchester 맨체스터

영국 리버풀Liverpool 동북쪽에 있는 도시이다. 서기 79년에 로마의 군사 기지로 건설되었고, 14세기에 자치권을 얻어 시가 되었다. 중세 이후 직물 산업이 성하였으나, 18세기에 들어 방적 및 직조기계가 발명되자 풍부한 수력과 방적에 알맞은 기후 덕분에 면 공업이 크게 발전하였고, 산업혁명이 진전되면서 공업 도시로 성장하였다.

1830년에 철도가 개통되고, 1893년에 운하가 개통되면서 맨체스터와 리버풀이 연결되어 상공업이 더욱 발달하였다. 세계적으로 알려진 면 공업 외에도 식품, 기계, 화학, 전자 등, 각종 산업이 발달하였다. 현재 맨체스터는 공업보다는 상업, 금융, 보험 등의 상업 도시로서 런던에 버금가는 도시가 되었다.

맨체스터는 정치와 언론, 문화의 중심지로서 영국의 정치와 경제에 영향을 주어왔다. 19세기의 '맨체스터학파'(Manchester School)는 자유무역주의를 표방하였다. 맨체스터에서 발행되는 《가디언》*The Guardian*은 《더 타임스》*The Times*에 버금가는 고급 신문으로 자유주의를 표방하며, 특히 경제 기사에 특색이 있다. 오늘날에는 시내의 공장이 점차 외곽 지대로 이전하면서 주변에 많은 공업 도시가 새로 생겨 '그레이터 맨체스터'Greater Manchester를 형성하고 있다.

Manchester City 맨체스터 시티

1880년에 창단된 영국 프로 축구 1부 리그인 프리미어리그Premier League에 소속된 프로 축구 클럽이다. 정식 명칭은 맨체스터시티 축구 클럽Manchester City Football Club이고, 클럽 애칭은 시티즌스Citizens, 블루 문Blue Moon, 블루스Blues 등이다.

Manchester United 맨체스터 유나이티드

1878년에 창단된 영국 프로 축구 1부 리그인 프리미어리그Premier League에 소속된 프로 축구 클럽이다. 오랜 역사를 지닌 영국 최고의 명문클럽이다. 정식 명칭은 맨체스터 유나이티드 축구 클럽Manchester United Football Club이고, 애칭은 '붉은 악마들(Red Devils)'이다. 1950년대에 1부 리그에서 3회 우승하면서 전성기를 맞았고, 1970년대와 1980년대에는 부진하다가 1990년대부터 6회의 우승을 차지하면서 최고 황금기를 맞고 있다. 1958년 독일 뮌헨에서 일어난 항공기 충돌 사고로 선수들이 죽는 비극을 겪기도 하였으나, 1부 리그에서 한 번도 떨어진 적이 없으며, 구단의 자산 가치가 세계 클럽 가운데 최고일 정도로 경영이 우수하다.

Mancini, Henry (1924～1994) 맨시니, 헨리

미국의 줄리어드 음대 출신의 작곡가이자 지휘자로, 특히 영화 음악가로 가장 성공한 사람으로 꼽힌다. 영화와 TV 음악의 작곡가로서 40여 년 간 그는 4번의 오스카 영화상과 12번의 그래미상을 수상하였고, 대표작 중 하나인 1961년 영화 〈티파니에서 아침을〉*Breakfast at Tiffany's*에 나오는 노래 〈문 리버〉*Moon River*는 세계인에게 가장 아름다운 영화 음악으로 기억되고 있으며, 〈디어하트〉*Dear Heart*에서 들을 수 있었던 〈술과 장미의 나날〉*Days of wine and roses*는 1,000번 이상 녹음되기도 하였다. 두 곡 모두 오스카 영화상을 수상하며 세계에서 가장 성공한 작곡가로 알려졌다. 그밖에도 〈피터 건〉*Peter Gunn*, 〈핑크 팬더〉*The Pink Panther*, 〈톰과 제리〉*Tom and Jerry*, 〈투 포 더 로드〉*Two for the Road*, 〈하타리〉*Hatari* 등, 수많은 영화 음악들이 있다.

Manhattan 맨해튼

뉴욕시의 5개 자치구 가운데 가장 작지만, 시의 중심부이자 세계의 상업, 금융, 문화의 중심지를 이룬다. 1609년 영국인 허드슨Hudson이 뉴욕 만(灣)에 도달하여 맨해튼을 탐험하였고, 네덜란드의 서인도 회사가 교역의 거점으로 개설하였다. 1626년 네덜란드 신대륙 식민지의 초대 총독이 원주민인 인디언으로부터 맨해튼 섬을 매입하였다. 1653년에 시가 되었으며, 1664년에 영국령(領)이 되었다. Manhattan이라는 이름은 여기 살던 인디언들의 이름을 따서 지은 것이다.

맨해튼과 브룩클린을 연결하는 맨해튼 다리

시가는 동서남북으로 뻗은 도로로 구획되어 있고, 브로드웨이Broadway가 대각선으로 관통하고 있다. 북동부는 흑인 거주 지구로 알려진 할렘Harlem이며, 할렘 강(Harlem River)을 사이에 두고 브롱스Bronx 구가 이어진다. 맨하튼 섬 남쪽의 리버티Liberty 섬에 '자유의 여신상'(Statue of Liberty)이 서 있다. 뉴욕 증권거래소(NYSE)가 있는 금융 중심지 월스트리트Wall Street, 엠파이어스테이트 빌딩 Empire State Building, 예술가가 많은 그리니치 빌리지 Greenwich Village, 센트럴 파크Central Park, 국제연합 본부(UN) 외에도 메트로폴리탄 미술관, 메트로폴리탄 오페라단, 콜롬비아 대학 등이 모여 있다.

Manhattan Project 맨해튼 계획

1942년에 원자폭탄을 개발하기 위한 미국의 비밀 계획이었다. 로버트 오펜하이머Robert Oppenheimer를 중심으로 한 과학자들이 참여하여, 오크리지Oak Ridge, 테네시 Tennessee, 로스앤젤레스Los Angeles, 뉴멕시코New Mexico 등지에서 제작되었다. 1945년 7월 16일에 New Mexico에서 첫 원자탄 실험이 실시되었다.

Manilow, Barry (1946～) 매니로우, 베리

미국의 팝 가수 겸 작곡가이다. 그의 음악은 특히 나이 든 여성들에게 인기가 있다. 뉴욕 음대와 줄리아드 음대에서 공부하였고, 1978년에는 그의 노래 〈카파카바나〉Capacabana로 그래미상을 받았다. 그외에도 〈아이 라이트 더 송스〉*I Write the Songs*(1976), 〈룩스 라이크 위 메이드 잇〉*Looks Like We Made It*(1977) 등의 히트곡들이 있다.

Manners 예절

요즘은 세계가 지구촌이 되어 서구인들 또는 영미인들의 예절이 우리 예절과 그리 다르지 않다. 예의 또는 예절이란 다른 사람을 존중하고 배려하는 것이다. 영국에서 예절은 그 사람의 가치를 나타낸다. "예절이 사람을 만든다"(Manners make man.)는 속담도 있다. 사람은 태도와 행동으로 평가된다. 예의가 없다는 것은 무례하거나 다른 사람을 생각하지 않는 다는 것이다. 예를 들어, 사람들 앞에서 코를 푼다거나, 방귀를 뀌고, 입을 가리지도 않고 하품을 한다거나, 다른 사람에게 거칠게 말하는 것들이다. 반대로, 예의가 바르다는 것은 공손하고, 자기 자랑을 하지 않고, 다른 사람의 프라이버시를 지켜주는 것으로, 다른 사람들의 존중을 얻게 된다. 나라마다 약간의 차이는 있지만, 타인을 존중하고 배려하는 행동이 예절임은 공통적이다.

영국이나 미국에서는 어릴 때부터 'please'와 'thank you'라는 말을 강조해서 배운다. 남에게 무엇을 부탁하거나 호의를 받았을 때, 반드시 쓰고 또 공손한 말씨의 기본이기 때문이다. 또, 우편으로 어떤 것을 받았거나, 파티나 행사의 초대를 받고 다녀온 뒤에는 감사의 말을 짧게 적은 'thank you note'를 써보내는 것이 일반적인 예의이다. 선물을 받았을 때도 마음에 들어하는 말과 태도를 보이는 것이 예의바른 태도이다.

우리나라에서도 옛날부터 '밥상머리 예절'이 중요했듯이, 영미인들에게도 식탁에서 예의바른 태도는 아주 중요하다. 여러 사람들과 함께 식사를 할 때는 냅킨napkin을 무릎에 놓고, 음식은 입을 다물고 씹으며, 팔꿈치를 식탁 위에 올리지 않은 채, 천천히 점잖게 식사를 한다. 한꺼번에 많은 음식을 집어먹거나, 멀리 있는 소금이나 후추 같은 것을 팔을 뻗어 집어오는 태도들은 좋지 않다. 말로 건네 주기를 부탁하는 것이 좋다. 남의 집에 식사 초대를 받았을 때는 와인이나 초콜릿, 꽃 같은 것을 가져가는 것이 좋다. 물론, 잘 모르는 사람에게는 그렇게 하지 않아도 된다. 집주인의 허락도 없이 집안을 이리저리 돌아보는 것은 무례하다. 화장실도 직접 찾는 것보다는 물어보는 것이 좋다. 담배를 피고 싶을 때에도 물어보고 피는 것이 바른 예절이다. 친한 사이에는 술을 사가거나 설거지를 도와주는 것도 그리 허물이 되지 않는다.

예의바른 것은 형식적이 되라는 것이 아니고, 호의를 표현하는 것이다. hello, good morning 같은 인사말이나, please, thank you 같은 말을 많이 쓰는 것이 호의를 표시하는 데에 중요하다. 다른 사람에게 조금이라도 폐를 끼쳤으면, 꼭 사과를 할 필요가 있고, 조용한 목소리와 미소 띈 표정 또한 중요하다.

Mansfield Park 《맨스필드 파크》

19세기 영국의 작가 제인 오스틴Jane Austen의 소설이다. 1800년대 영국의 전원 생활과 여성과 남성의 지위와 결혼관, 가치관 등을 극적이고 사실적으로 묘사했다. 이 작품의 주제는 오로지 사랑과 결혼으로, 두 가지 유형의 사랑이 묘사되고 있다. 무조건적이고 순수하며, 그래서 가치가 있는 사랑이 한 가지 유형이라면, 물질적인 조건을 내세우며 현실적이고 세속적인 잣대로 사랑을 저울질하면서, 그 가치를 상실한 사랑이 두 번째 유형이다. 어느 시대, 어느 곳에서도 찾아볼 수 있는 유형인 것이다. 작가는 전면적으로 사회 문제를 다루기보다는 간접적으로 재치 있는 대사와 섬세한 묘사 그리고 은근한 풍자와 아이러니, 유머를 사용하면서 한 폭의 그림처럼 담담하게 그려냈다.

Mansfield, Katherine (1888～1923) 맨스필드, 캐서린

뉴질랜드의 출신으로, 영국에서 공부하고 작가 생활을 했던 소설가이다. 남성에게 버림받은 고독한 여성을 그린 《독일의 하숙에서》*In A German Pension*(1911)를 발표하여 특이한 감성과 섬세한 스타일의 작가로 주목을 받았다. 《행복》*Bliss*(1920), 《가든 파티》*The Garden Party*(1922), 《비둘기의 둥지》*The Dove's Nest*(1923), 《어린애다운 것》*Something Childish*(1924) 등의 작품으로, '의식의 흐름(Stream of Consciousness) 수법을 쓰는 단편소설의 명수'라 하여 자주 체호프(Anton Pavlovich Chekhov)와 비교되었다. 문체는 여성다운 감성에 바탕을 둔 시적 산문이었으나, 장르는 시와 산문의 경계선 위에 있는 것이었다.

Manson, Charles (1934~) 맨슨, 찰스

가족(family)이라 하는 일부 '히피 집단'의 지도자이다. 마약과 섹스를 통해 히피들에게 막강한 영향력을 가지고 있다. 그의 지시로 히피들이 살인을 하기도 했는데, 현재 그는 교도소에서 종신형을 받고 있다. 그 때문에 많은 사람들이 히피에 대한 반감을 가지게 되었다고 볼 수도 있다.

Marathon Oil 마라톤 오일

미국의 석유 회사로, 석유와 천연가스의 생산과 정유, 판매를 하고 있다. 1887년에 헨리 M 언스트Henry M. Ernst가 오하이오 석유 회사(Ohio Oil Company)를 세운 것이 시발이고, 2년 뒤에 록펠러(John D. Rockefeller)가 인수하였다. 1962년에 현재의 마라톤 오일사(Marathon Oil Company)로 사명을 바꾸었다.

macho 마초

부드러운 감수성보다는 이성적이고 강인하며 용감한, 전형적인 남성의 모습을 보이려고 하는 의식을 가리키는 말이다. 이런 마초 기질을 가진 남성들이 주로 가진 여성상은 나약하고 남성의 보조 역할을 하는 것이다.

Marciano, Rocky (1923~1969) 마르시아노, 로키

미국의 프로 권투 선수였다. 49승의 성적을 자랑하며 1952년에서 56년까지 세계 헤비급 챔피언으로 한 번도 진 적이 없는 유일한 선수였으나 비행기 사고로 죽었다.

Marcuse, Herbert (1898~1979) 마르쿠제, 허버트

독일 출신의 미국 정치철학자이다. 1933년 나치스 정권이 등장하자 스위스 제네바로 망명하고, 1934년에 미국으로 이주하였다. 프로이트와 마르크스를 연구하였고, 사상적으로 그들의 영향을 많이 받았다. 1941~1950년까지 미국 국무성에 근무하면서 러시아 문제 전문가로 일했고, 1952년부터는 콜롬비아 대학에서 러시아 연구에 참여하였다. 1965년에는 캘리포니아 대학 철학 교수를 지냈다.

고도 산업사회에서 인간의 사상과 행동이 체제 안에 완전히 내재화되어 변혁의 힘을 상실하였음을 예리하게 지적한 《일차원적 인간》*One-Dimensional Man*(1964)은 그의 최고 저서이다. 그밖에도 《에로스적 문명》*Eros and Civilization*(1955), 《소비에트 마르크스주의》*Soviet Marxism*(1958) 등의 저서가 있다. 그의 사회, 문화 이론은 사회 변화를 원하는 젊은이나 학생들의 공감을 얻어 1960년대에 인기가 있었으며, 신좌익운동의 정신적 지주가 되었다.

Mardi Gras 마르디 그라

매년 사순절 전의 1주일 동안 미국 뉴올리언스New Orleans에서 열리는 세계적인 축제이다. '마르디 그라'Mardi Gras라는 말은 '살찌는 화요일'(Fat Tuesday)이라는 뜻의 프랑스 말이다. 축제가 성회 수요일(Ash Wednesday)의 바로 전 화요일에 끝나고, 전통적으로 사순절이 시작되기 직전인 이날에 사람들이 많이 먹는 데서 붙은 이름이다. 외국 관광객들을 포함해서 많은 사람들이 구경하러 모여든다.

마르디 그라 축제가 한창인 거리

곳곳에서 퍼레이드와 파티가 벌어지고, 백인들과 흑인 사회에서 모두 왕과 여왕을 선발한다. 가톨릭 국가들에서 축전도 보낸다.

Marie Claire 《마리끌레어》

영국의 월간 여성 잡지이다. 패션, 미용, 여행, 예술 등의 기사를 주로 다룬다.

markets 시장

영국이나 미국도 대부분의 상설 시장이 지붕을 덮은 형태이거나 실내에 형성되어 있고, 일요일을 제외한 평일에 항상 열린다. 하지만, 일요일에만 열리는 '일요시장'(Sunday market)은 도시 외곽의 노천에서 아주 다양한 상품들을 가지고 사람들을 끌고 있다. 옷가지나 귀금속, 책, 도자기, 식기류 같은 값싼 중고 물품들을 판매하는 '벼룩시장'(flea market)도 있다.

'market'이라는 말이 미국에서는 종종 식료품점(food shop)을 가리키는 말로 쓰인다. 영국이나 미국에서 대형 식품점은 '슈퍼마켓'supermarket이라고 한다. 이보다 더 큰 '하이퍼마켓'hypermarket이라는 것도 있다. 영국에서 작은 식료품점을 미니마켓mini-market이라고도 한다.

미국의 한 벼룩시장

Markova, Alicia (1910～) 마르코바, 앨리샤

영국의 발레 댄서이다. 애나 파블로바Anna Pavlova에게서 교육을 받았고, 1925년 세르게이 디아길레프 발레단(Sergei Diaghilev's company)에 들어가 1929년 해체될 때까지 프리마돈나로 활약하였다. 1931년부터 1935년까지 현재의 로열 발레단(Royal Ballet)에 입단하여 영국 발레 발전에 크게 이바지하였으며, 〈지젤〉*Giselle*, 〈백조의 호수〉*Le lac des cygnes*에서 주역을 맡은 최초의 영국 발레리나가 되었다. 1962년에 은퇴하여 로열 발레단을 비롯한 여러 발레단의 감독으로 일했다. 1963년 데임Dame의 칭호를 받았다.

Marks & Spencer 마크스 앤 스펜서

영국 최대의 소매 기업이다. 백화점이면서도 전 상품을 자사 브랜드로 구성하고 있다.

Marlborough House 말보로 하우스

건축가 크리스토퍼 렌Christopher Wren이 말보로 공작 부인(Duke of Marlborough)을 위해 1711년에 지은 런던의 폴몰Pall Mall에 있는 저택이다. 그녀가 죽은 뒤 1962년까지 왕실의 다른 가족들이 거주해오다, 오늘날은 영연방 지도자들의 회의 장소로 쓰인다.

Marlowe, Christopher (1564～1593) 말로, 크리스토퍼

16세기 영국의 극작가이자 시인이다. 윌리엄 셰익스피어 이전의 영국 최고의 극작가로 인정받고 있으며, 셰익스피어 극의 스타일에도 큰 영향을 주었다. 케임브리지 대학을 다녔고, 29살의 짧은 인생을 격정적으로 살았다. 살인 혐의로 삼시 투옥되기도 했고, 주점에서 사소한 다툼 끝에 결투를 하다 칼에 찔려 죽었다.

희곡 작품으로는 한 목동이 유럽의 정복자로 성장하는 과정을 그린 비극 《탬벌레인》*Tamburlaine*(1590)과 파우스트 전설을 소재로 무한한 지식욕을 테마로 한 비극 《포스터스 박사》*Dr. Faustus*(1592)가 특히 유명하다. 그밖에도 비극 《몰타섬의 유태인》*The Jew of Malta*(1589), 영국 사극 《에드워드 2세》*Edward II*(1592), 프랑스 사극 《파리의 대학살》*The Massacre at Paris*(1593) 등이 있다. 정열적인 미완의 서사시 《히어로와 리앤더》*Hero and Leander*(1598)도 있다.

Marriner, Neville (1924～) 마리너, 네빌

1959년에 세인트 마틴 인 더 필드 아카데미(Academy of St. Martin-in-the-Fields)를 설립하고 지휘를 맡았던 영국의 지휘자이다. 미국에서 지휘를 맡기도 했다. 1985년에 기사 작위를 받았다.

Marsalis, Wynton (1961～) 마셀리스, 윈튼

트럼펫을 연주하는 미국 흑인 재즈 뮤지션이다. 14살에 뉴올리언스 필하모니 오케스트라New Orleans Philharmonic Orchestra와 협연하였고, 1981년에 자신의 재즈 그룹을 만들어 연주 활동을 시작했다. 1997년 〈블러드 온 더 필드〉 Blood on the Fields로 퓰리처상을 받았다. 재즈와 클래식 음악 두 가지로 그래미상을 수상한 최초의 뮤시션이다.

Marshall Fields' 마샬 필즈

시카고에 있는 유명한 미국 백화점이다. 1868년 미샬 필드Marshall Field가 그의 작은 가게를 스테이트 가(State Street)로 옮긴 후 그 역사는 시작되었고 1907년 그 규모가 커져 Marshall Fields' 는 사교 모임의 중심지가 되었다. 넓은 공간의 중심 부분이 천장까지 뚫려 있는 7층짜리 건물로 미국의 다른 도시에서도 Marshall Fields' 를 찾아볼 수 있다.

Marshall Plan 마셜 플랜

제2차 세계대전 후 유럽에 대한 미국의 경제 원조 계획을 가리키는 말로, 정식 이름은 유럽부흥계획(European Recovery Program)이다. 당시 국무 장관이던 조지 C. 마셜George C. Marshall이 1947년 하버드 대학에서 행한 강연에서 제안하여, 마셜 플랜Marshall Plan이라고도 한다. 미국은 제2차 세계대전 중에 생산 능력이 방대해졌고, 자본이 남아돌았으며, 또한 공산주의의 확산을 저지하기 위해 유럽에 대한 경제 원조를 계획하게 되었다. 서유럽 16개국이 이 원조를 받았고, 1951년까지 액수는 114억 달러에 달하였다.

Marshall, Thurgood (1908~1993) **마셜, 서굿**

흑인 최초로 미국 대법원(U. S. Supreme Court)의 판사가 된 사람이다. 대법원 판사가 되기 전에 공립 학교에서 흑백 분리를 종식시킨 1954년 재판의 장본인이다.

Martello Tower 마텔로 타워

19세기 영국에 건축된 12미터 높이의 원통형 석탑이다. 나폴레옹 전쟁 때 프랑스군의 침공에 대비해 영국 남해안을 방어하기 위해 쌓았다. 탑 안에 병사들이 들어갈 수 있는 원통 구조로, 현재 25개가 남아 있다.

Martin, Dean (1917~1995) **마틴, 딘**

미국의 팝 가수이자 영화배우이다. 여러 직업을 전전하다가 1946년에 코미디언 제리 루이스Jerry Lewis와 콤비가 되어, 1957년 독립할 때까지 많은 희극 영화에 출연하였다. 영화 작품으로 〈젊은 사자들〉*The Young Lions*(1958), 〈리오 브라보〉*Rio Brovo*(1959), 〈로빈과 7인의 건달들〉*Robin and the Seven Hoods*(1964) 등이 있다. 또 부드러운 바리톤 음성의 가수로 〈스웨이〉*Sway*(1954), 〈누구나 누군가를 사랑한다〉*Everybody loves somebody*(1964) 등의 히트곡들을 남겼다. 1965년부터 1973년까지는 NBC 방송에서 자신의 이름을 딴 〈딘마틴쇼〉*The Dean Martin Show*로도 인기를 끌었다.

Martin, John (1789~1854) **마틴, 존**

19세기 영국의 화가이다. 1811년경부터 창작 활동을 시작해 로열 아카데미에 풍경화 등을 출품하기 시작하였다. 〈바빌론의 붕괴〉*The Fall of Babylon* (1819), 〈대홍수〉*The Deluge*(1826), 〈소돔과 고모라의 파멸〉*The Destruction of Sodom and Gomorrah* 등, 성경의 이야기를 묘사한 작품들이 당시의 추세에 맞아 인기를 끌었다.

Marvell, Andrew (1621~1678) **마블, 앤드류**

17세기 영국의 형이상학파 시인이다. 목사 아들로 태어나 케임브리지 대학을 졸업하고, 유럽 대륙을 여행한 후부터 많은 서정시를 썼다. 〈수줍은 여인에게〉*To His Coy Mistress* (1681), 〈정원〉*The Garden*(1681), 〈사랑의 정의〉*The Definition of Love*(1681) 등이 대표작이다. 1657년에 라틴어 비서관으로 존 밀턴John Milton을 도왔으며, 이듬해부터 죽을 때까지 20년 간 고향인 헐Hull의 하원의원으로 활약하였다. 왕정 복고(Restoration) 후, 익명으로 정치적 풍자 문서를 발표하여 궁정과 의회의 지도자들을 통렬히 비판하였다. 전원의 우아하고 고요한 생활, 그 곳에서의 명상을 묘사한 시들을 많이 썼다.

the Marx Brothers 막스 브라더스

유머와 날카로운 조크로 많은 코미디 영화를 만들었던 미국 코미디팀 3형제의 이름이다. 그루초 막스Groucho Marx, 치코 막스Chico Marx, 하포 막스Harpo Marx 등이다. *Duck Soap*(1933), *A Day at the Races*(1937) 등의 영화를 만들었다.

Marx, Karl (1818~1883) **마르크스, 칼**

독일 출신의 경제학자이자 공산당 창시자이다. 1848년에 프리드리 엥겔스Friedrich Engels와 함께 《공산당선언》*Communist Manifesto*을 펴냈다. 이후 그는 영국 런던에서 남은 생을 살면서 자신의 이론을 발전시켰다. 1895년에는 마르크스주의 경제학의 결정판인 《자본론》*Das Kapital*을 출간하였다. 노동자들의 사회주의혁명이 필요하다는 그의 이론은 러시아와 중국, 동유럽 국가들이 공산화되는 등, 20세기 역사에 너무도 큰 영향을 주었다. 런던에서 사망하였고, 런던의 하이게이트 묘지(Highgate Cemetery)에 묻혔다.

Mary I (1516~1558) **메리 1세**

헨리 8세와 첫 왕비 캐서린의 딸이다. 부왕의 종교개혁시대에는 불운하였으나, 이복동생 에드워드 6세의 뒤를 이어 즉위하였다. 열렬한 구교도로서, 즉위한 뒤에 구교의 나라 스페인의 필립Philip 2세와 결혼하여, 아버지와 동생의 종교개혁 사업을 부정하고, 구교 부활에 주력하였으며 수많은 신교도를 처형하였다. 그래서 블러드 메리Bloody Mary(피의 메리)라고 불린다. 대외적으로도 남편과 협력하여 프랑스와 싸웠으나, 결국 영국이 대륙에 보유하고 있던 마지막 거점이던 칼레Calais마저 잃었다.

Maryland 메릴랜드주

미국 동부 해안에 있는 주다. 주도는 아나폴리스Annapolis이다. 주 최대의 도시는 중요한 무역항인 볼티모어 Baltimore이다. 1634년에 200명의 영국인이 이주하면서 식민지로 개발되었고, 1788년 미국의 7번째 주로 편입되었다. 노예제도를 폐지한 것은 1864년이며, 주의 이름은 찰스 1세의 왕비 메리Mary를 따서 이름지었다. 1782년에 설립된 워싱턴 대학(Washington College), 1807년에 설립된 메릴랜드 대학(University of Maryland), 1876년에 설립된 존스홉킨스 대학(Johns Hopkins University)과 해군사관학교(United States Naval Academy) 등이 있다.

Masefield, John (1878~1967) 메이스필드, 존

영국이 시인이다. 변호사의 아들로 태어났지만, 어려서 아버지를 여의고 13세에 선원이 되어 각지를 전전하였다. 17살 때 선원을 그만두고 뉴욕으로 건너가 노동을 하면서 인생의 밑바닥 생활을 체험하였고, 이 때부터 문학에 대한 관심도 깊어갔다. 19살이 되던 1897년에 귀국하여 언론에 종사하며 런던에 정착하였다. 1902년에 시집 《해수의 노래》*Salt-Water Ballads*로 인정을 받기 시작하여, 《영원한 자비》*The Everlasting Mercy*(1911), 《바이가(街)의 과부》*The Widow in the Bye Street*(1912), 《화가》*Dauber*(1913), 《여우 레이나드》*Reynard the Fox*(1919) 등의 서사시들을 차례로 발표하였다. 희곡으로 사회의 허위를 벗기며 인간애를 그린 《낸의 비극》*The Tragedy of Nan*(1909), 사극 《폼페이 대제의 비극》*The Tragedy of Pompey the Great*(1910) 등이 있고, 소설로는 《군중과 고독》*Multitude and Solitude*(1909), 《사드 하커》*Sard Harker*(1924) 같은 청소년들을 위한 작품들이 많다. 이외에도 자전적인 작품으로 《방앗간에서》*In the Mill*(1941), 《기나긴 배움의 길》*So Long to Learn*(1952) 등이 있다. 1930년에 계관시인이 되었다.

MASH 〈야전 병원〉

한국 전쟁 때, 야전 병원의 군의관들 이야기를 그린 리차드 후커Richard Hooker의 1968년 소설로, 영화와 텔레비전 드라마로 제작되어 인기를 끌었다. MASH(매쉬)란 Mobile Army Surgical Hospital(야전 병원)의 머리글자를 딴 것이다.

Mason jar 메이슨 병(甁)

미국 가정에서 흔히 쓰는 것으로, 과일을 재거나 과일잼 같은 것을 담아두는 유리병이다. 19세기 개발자 존 L. 메이슨John L. Mason의 이름을 따서 붙였다.

Mason-Dixon line 메이슨-딕슨 라인

펜실베니아Pennsylvania주와 메릴랜드Maryland주 사이의 주 경계선을 말한다. 두 주의 분쟁을 해결하기 위해 1763년부터 1767년까지 영국의 측량기사 찰스 메이슨Charles Mason과 제르마이아 딕슨Jeremiah Dixon이 측량하여 그렸다. 노예제를 유지하던 남부 주들과 북부의 자유 주들을 가르는 경계선이라는 상징으로 유명해졌다. 1997년 토마스 핀천Thomas Pynchon이 발표한 소설 《메이슨과 딕슨》*Mason and Dixon*에 당시의 이야기가 소개되어 있다.

masque 가면극

17세기 영국의 왕실과 귀족들 사이에 유행하였던 연극의 한 유형이다. 화려한 의상과 무대에 음악과 춤이 곁들여졌다. 당시 극작가 벤 존슨Ben Johnson의 극들이 가장 인기가 있었다. 오늘날 오페라와 발레에도 가면극의 모습이 많이 남아 있다.

Massachusetts 매사추세츠주

미국 동부 뉴잉글랜드 남부에 있는 주다. 주도는 보스턴Boston이다. 1602년 영국의 청교도들이 신앙의 자유를 찾아 메이플라워Mayflower호를 타고 건너와 미국의 기반을 구축한 역사적인 곳이다. 1773년 보스턴에서 일어난 '보스턴 차(茶)사건'은 독립 전쟁의 발단이 되었고, 남북 전쟁 때는 북부 공화당의 중심지로서 강력한 뒷받침이 되었다. 매사추세츠주는 미국에서도 손꼽히는 문화적인 주로, 보스턴과 그 위성 도시에는 하버드 대학과 MIT를 비롯한 많은 교육기관이 집결해 있어서 자연스럽게 문학, 사상, 교육의 중심이 되었고, 나다니엘 호손Nathaniel Hawthorne, 랠프 왈도 에머슨Ralph Waldo Emerson, 헨리 데이비드 쏘로우Henry David Thoreau, 루이사 메이 엘코트Louisa May Alcott, 헨리 워즈워스 롱펠로Henry Wadsworth Longfellow 등, 콩코드 그룹Concord Group이라 불리는 문학가, 사상가, 정치가들을 탄생시켰다. 보스턴은 출판의 중심지이자, 보스턴 교향악단(Boston Symphony Orchestra) 같은 문화 단체도 많다. 캠브리지Cambridge나 콩코드Concord 등지에는 사적(史蹟)이 풍부하고, 보스턴 미술관(Boston Museum of Fine Arts)은 동양 미술을 수집하는 것으로 유명하다.

Masters and Johnson 매스터스와 존슨

인간의 성행위를 연구하여 잘 알려진 미국의 두 의사 윌리엄 매스터스William Masters와 버지니아 존슨Virginia Johnson이다. 여성도 남성과 똑같이 섹스를 즐긴다는 것이 연구 결과의 요점이다. 두 사람은 1971년에 결혼하여 1993년에 이혼하였다. 공동 연구를 담은 저서 《인간의 성적 반응》*Human Sexual Response*(1966)이 있다.

Masters Tournament 마스터스 골프대회 (= US Masters, US Masters Tournament)

1930년 그랜드슬램의 위업을 달성하고 은퇴한 보비 존스 Bobby Jones가 1931년에 창설하였다. 국가적인 대회가 아니고, 골프 협회의 선수권 대회도 아니면서 메이저 대회로 꼽힌다. 미국 조지아Georgia주에 있는 오거스타 내셔널 골프 클럽Augusta National Golf Club의 광대하고 아름다운 골프 코스로도 유명하다. 잭 니클라우스Jack Nicklaus가 6회 우승의 마스터즈 기록을 갖고 있다. 입장객을 제한하기 때문에 입장 대기자 명단에 올라 10년을 기다리기도 한다.

Mather, Cotton (1663~1728) 메이더, 코튼

미국 보스턴에 살았던 청교도 목사였다. 종교와 역사, 과학 등, 다양한 분야에 400여 편의 글을 썼다. 그의 저서들은 마녀에 대한 공포를 불러일으켰고, 유명한 '세일럼 마녀재판'(Salem witch trail)에 일조를 하였다.

Maugham, Somerset (1874~1965) 모옴, 서머셋

영국의 소설가이자 극작가이다. 파리 주재 영국 대사관의 고문 변호사의 아들로 태어나, 8세 때 어머니가 죽고, 2년 뒤에 아버지마저 죽자, 영국에서 목사로 있던 숙부 밑에서 자랐다. 독일에 유학했다가, 런던의 의과 대학에 입학하였는데, 이 무렵부터 작가가 될 뜻을 세웠다. 1897년에 런던의 빈민굴을 무대로 한 자연주의 소설 《램버스의 라이자》*Liza of Lambeth*를 발표하였다. 의과 대학을 졸업하고는 작가 생활로 들어가 소설과 희곡을 쓰게 된다. 1907년부터 희곡 4편이 런던의 극장에서 동시에 상연되면서 이름을 떨치게 되었다.

1915년에 출간된 장편소설 《인간의 굴레》*Of Human Bondage*는 대표적 걸작이다. 제1차 세계대전 때에는 군의관으로 근무하다가 첩보부원이 되었으며, 1917년에는 중요 임무를 띠고 혁명하의 러시아에 잠입하여 활약하기도 하였다. 그의 심미적인 태도는 화가 고갱의 전기에서 암시를 얻어 쓴 소설 《달과 6펜스》*The Moon and Sixpence*(1919)에서 뚜렷이 나타났고, 이 작품으로써 그의 위치는 공고해졌다. 그밖에도 《과자와 맥주》*Cakes and Ale*(1930), 《극장》*Theatre*(1937), 《면도날》*The Razor's Edge*(1944) 등의 장편과 단편집 《나뭇잎의 하늘거림》*The Trembling of a Leaf*(1921), 《서밍업》*The Summing Up*(1938), 《어느 작가의 노트》*A Writer's Notebook*(1949), 희곡 《순환》*The Circle*(1921년 초연), 《높은 사람들》*Our Betters*(1923년 초연) 등의 대표작들이 있다.

Maundy money 몬디 머니

영국 국왕이 매년 '부활절(Easter) 전 목요일'(Maundy Thursday: 몬디 목요일)에 가난한 사람들에게 나누어 주는 은화(silver coin)이다. 이 행사는 중세 때부터 계속되는 전통이다. 당시에는 예수가 제자들의 발을 씻어주던 것을 본받아, 국왕이 가난한 사람들의 발을 씻어주는 행사였다.

Maupin, Armistead (1944~) 머핀, 아미스테드

1978년에 동성애를 다룬 시리즈 소설로 출간되었고, 영국과 미국의 텔레비전 방송에서 큰 반향을 일으킨 《도시 이야기》*The Tales of the City*의 저자이다.

Maxim, Hiram Stevens (1840~1916) 맥심, 하이어럼 S.

미국의 발명가이다. 총탄을 발사할 때의 반동을 이용하여 연속적으로 자동 장전되는 근대 기관총을 개발하였다. 14세부터 직공으로 일하였으며, 자전거, 가스, 수도, 전기에 관한 많은 발명을 하였다. 1884년 영국에 귀화하여 기관총을 완성하였으며, 기관총(machine gun)이라는 이름으로 특허를 받았다. 맥심 기관총(Maxim machine gun)이라고도 한다. 그가 발명한 기관총은 각국에서 제조되어 세계에 보급되었으며, 이 때문에 그를 '기관총의 아버지'라고 한다. 1901년에 기사 작위를 받았다.

Maxwell House 맥스웰 하우스

미국의 인스턴트 커피 메이커이다. 맥스웰은 호텔 이름으로, 1870년대 커피의 새로운 브랜드에 성공하여 당시 식도락가들의 중심지인 맥스웰하우스 호텔에서 호평을 받은 데서 그 이름이 유래되었다고 한다. 1925~1929년 대표적 식품 회사 10여 개가 합작하여 제너럴푸즈사(General Foods Corporation)가 창립되었는데, 1985년에 필립모리스(Philip Morris)에 매각되어, 그 자회사인 크래프트 푸드(Kraft Foods)사에서 제품이 나오고 있다. 현재의 제품은 약 250종이다.

Maxwell, Robert (1923~1991) 맥스웰, 로버트

체코 출신의 영국 사업가이다. 1940년에 영국에 건너와 제2차 세계대전에서 무공을 세워 훈장도 받았다. 출판사와 신문사를 소유하면서 노동당 소속의 의원직을 수행하였고, 영국 내 초대형 미디어 그룹의 오너로 막강한 영향력을 누렸다. 그는 배에서 떨어져 익사했는데, 사망 후에 자신의 그룹 직원들의 연금을 불법으로 횡령한 것이 드러나, 그의 명성은

허물어졌다.

May Day 메이데이

매년 5월 1일에 야외에서 벌이는 영국의 봄맞이 행사이다. 메이폴maypole을 중심으로 춤을 추고, 메이퀸May Queen(5월의 여왕)을 뽑는 수백 년 전통의 행사이다.

May Queen 메이퀸 (= Queen of the May)

메이데이May Day 행사 때에 마을에서 뽑힌 예쁜 소녀이다. 화관을 쓴 채, 무개차(open car)를 타고 거리를 행진하기도 한다.

Mayfield, Curtis (1942~) 메이필드, 커티스

미국의 흑인 가수이자, 작곡가, 기타 연주자이다. 1960년대와 1970년대 시카고를 중심으로 하는 쏘울뮤직soul music을 확립한 인물이다. 1958년 그룹 임프레션스The Impressions를 결성하여 보컬과 기타 연주를 하며 〈집시 우먼〉*Gypsy Woman* 같은 히트곡을 내놓았고, 많은 음악을 작곡하여 시카고의 쏘울 가수들에게 주는 등, 다른 음악가들에게 많은 영향을 주었다. 1970년에 The Impressions를 떠나 솔로로 활동하며 《커티스》*Curtis* (1970) 같은 앨범으로 상당한 인정을 받았고, 영화 〈슈퍼플라이〉*Superfly* (1972)의 사운드트랙을 녹음하여 큰 성공을 거두기도 했다. 1976년에 〈온리 유 베이브〉*Only You Babe*가 마지막으로 리듬앤드블루스의 톱 10에 오른 뒤, 디스코 시대에는 시련을 겪었으며 1980년대 중반 이후에는 인기 순위에 오르지 못했다. 1990년에 무대 사고로 불구의 몸이 되었다. 1991년에 임프레션스의 일원으로, 1999년에는 개인으로 또다시 로큰롤 명예의 전당(Rock and Roll Hall of Fame)에 올랐다.

The Mayflower 메이플라워호

1620년 영국의 청교도(Pilgrim Fathers)들이 종교의 자유를 찾아 영국을 떠나 미국 동부 플리마우스Plymouth에 상륙하기까지 타고 온 선박의 이름이다.

Mayo Clinic 메이요 클리닉

세계에서 가장 크고 최고 수준의 진료를 자랑하는 뉴욕 로체스터Rochester에 있는 병원이다. 윌리엄 제임스 메이요William James Mayo와 동생 찰스 호러스 메이요Charles Horace Mayo가 1889년에 설립하였다.

maypole 메이폴

요즘은 자주 보기 힘들지만, 매년 5월 1일 영국의 메이데이May Day 행사 때에 소녀들이 춤을 추면서 돌기 위해 장식하여 만든 높은 장대이다.

메이폴 주위를 돌며 춤을 추는 어린이들

MCAT (Medical College Admission Test) 미국 의과 대학원 입학시험

미국의 의과 대학원 입학을 원하는 학생들이 치는 시험이다. 미국은 학부에 의과 대학이 없고 대학원 과정에 있다.

McCarthney, Paul (1942~) 매카트니, 폴

영국의 팝 가수이자 작곡가이다. 영국 리버풀Liverpool 출신으로, 재즈 밴드의 리더였던 아버지의 영향으로 어릴 때부터 가족과 함께 피아노와 노래를 즐겼다. 1956년에 존 레넌John Lennon의 밴드인 쿼리멘(The Quarrymen)에 가담했고, 1960년에 존 레넌John Lennon, 조지 해리슨George Harrison 등과 함께 비틀즈(The Beatles)를 결성하여 활동하였다. 비틀즈의 대표곡인 〈예스터데이〉*Yesterday*와 〈헤이 주드〉*Hey Jude*를 작곡했다. 비틀즈를 탈퇴하고, 자신의 밴드 윙스Wings를 결성하여 솔로로서도 대단한 성공을 거두었다. 1979년 기네스북(The Guinness Book of Records)에 모든 시대에 걸쳐 가장 성공적인 작곡가로 올랐다. 1999년에 로큰롤 명예의 전당(Rock and Roll Hall of Fame)에 올랐다.

McCarthy, Joseph (1908~1957) 매카시, 조지프

50년대 미국에서 메카시즘McCarthyism이라고 하는 반공(反共) 선풍을 일으켰던 정치인이다. 제2차 세계대전에 해병대원으로 종군하였고, 변호사와 순회 판사 생활을 거쳐, 1946년 위스콘신주 미국 공화당 상원의원이 되었다. 1950년 상원에서 레드퍼지Red Purge(공산주의자를 공직이나 기업에서 추방하는 일)에 선봉으로 나서 반공 선풍을 일으켰다. 그러나 너무 극단적이었기 때문에 반발을 일으켰고, 1954년에 상원의 비난 결의로 영향력을 상실하였다. 매카시는 보기 드문 선동가였으나, 다른 대안이나 비전을 제시하지 못하였다.

McCarthy, Mary (1912~1989) 매카시, 메리

미국의 여류 소설가이다. 여섯 살 때 부모를 모두 여의고, 숙부의 도움으로 대학까지의 학업을 마쳤다. 처녀작 《그녀의 친구들》*The Company She Keeps*(1942)로 인정을 받았고, 이어진 《오아시스》*The Oasis*(1949), 《학원의 숲》*The Groves of Academy*(1953) 등에서 진보적 지식인이 저지르는 어리석은 일들을 아이러니컬하게 그렸다. 특히 《그룹》*The Group*(1963)은 배서 대학(Vassar College)을 졸업한 상류계급 여덟 여성의 생활을 신랄하게 추적한 내용으로, 이 작품으로 그녀는 세계적인 작가로 유명해졌다.

McCarthyism 매카시즘

1950년부터 1954년 사이에 미국을 휩쓴 일련의 반(反) 공산주의 선풍을 이르는 말이다. 위스콘신주 출신의 공화당 상원의원 조지프 R. 매카시Joseph R. McCarthy의 이름에서 딴 말이다. 1950년 2월 "국무성 안에 205명의 공산주의자가 있다"는 매카시의 폭탄적인 연설에서 발단한 것이다. 1949년부터 수 년에 걸쳐 매카시가 상원의 반미활동 특별조사위원회를 무대로 벌인 마녀사냥식의 공산주의자 적발과 추방의 선풍을 의미하는 것인데, 제2차 세계대전 후의 냉전과 공산주의 세력의 급격한 팽창에 위협을 느낀 미국 국민들의 폭넓은 지지를 받았다.

당시 정치인이나 공직자들을 비롯한 많은 사람들이 매카시즘의 공포에 떨었고, 그 때문에 미국의 외교정책이 필요 이상으로 경직된 반공노선을 걷게 되었다. 유력한 정치인이나 지식인들도 매카시즘에 두려움을 느끼고 반론을 제기하지 못하였다. 1954년 상원의 비난 결의로 영향력이 떨어지기 시작하였다. 그러나 매카시즘이 미국의 대외적 위신이나 지식 환경에 끼친 악영향은 막대한 것이었다.

McDonald's 맥도날드

미국의 세계적인 패스트푸드 기업이다. 햄버거나 음료수 같은 패스트푸드를 주로 판매하는 업체로, 1955년에 레이 크록Ray Kroc이 설립하였다. 2001년에 전세계 119개 국에 2만 8천여 개의 매장이 개설되었다고 한다.

McEnroe, John (1959~) 맥켄로, 존

1980년대 초반에 성공한 미국의 테니스 선수이다. 윔블던에서 세 번(1981, 1983-4), US오픈에서 네 번(1979-81, 1884) 우승했으나 경기 도중 침착성을 잃고 고약하게 행동하는 것으로 유명하다.

McEwan, Ian (1948~) 맥거원, 이안

인간본성의 낯설고 폭력적인 면에 대한 작품을 많이 쓴 영국 소설가이다. 《암스테르담》*Amsterdam*(1998)으로 부커상(Booker Prize)을 받았다. 주요 작품으로 《차일드 인 타임》*The Child in Time*(1987), 《이노센트》*The Innocent*(1990) 등이 있다.

McGill, Donald (1875~1962) 맥길, 도널드

재미있는 상황에 처한 사람들을 담은 그림엽서들로 유명한 영국의 만화가이다.

MCI WorldCom 엠씨아이 월드컴

미국의 글로벌 통신 회사이다. 1983년에 창업하였다. 미국 국내뿐 아니라 전세계의 기업과 소비자에게 인터넷과 음성통신, 데이터 통신 등, 광범위한 통신 서비스를 제공하고 있다. '온네트'on-net라는 사업을 통해 고객들은 전세계 어디에서나 데이터 및 음성을 주고받을 수 있다. 비디오나 오디오 데이터 정보를 전송하거나 변환할 수 있는 시스템, 항상 인터넷에 고속으로 접속할 수 있는 서비스, 기업의 직원들을 여러 사이트 사이를 접속시켜 주면서 보안을 유지하는 인터넷 서비스, 웹사이트 관리 및 관련 소프트웨어와 하드웨어 제품 공급, 커뮤니케이션 시스템의 설계 · 운영 · 관리 서비스, 상업적 음성 서비스, 국제 통신 서비스 등을 제공하고 있다.

McKellen, Ian (1939~) 맥켈런, 이안

세익스피어 연극에 정통한 영국의 유명 배우이다. 연극뿐 아니라 영화에도 많이 출연하여 우리에게는 영화배우로 더 알려졌다. 에이즈 환자들을 위한 모금에도 크게 기여하고, 동성애자들의 권익보호 운동에도 적극적인 것으로 알려져 있다. 1991년에 기사 작위를 받았다. 2001~2003년의 3부작 영화 〈반지의 제왕〉*The Lord of the Rings* 시리즈에 '간달프Gandalf' 역으로 출연하였다. 2부작 영화 〈엑스멘〉*X-Men* 시리즈에도 출연하였다.

McKesson Corporation 매케슨

미국의 보건 관리 의약품의 도매 회사이다. 1933년에 창업되어 현재 연 500억 달러 매출로 신장하여, 세계적인 건강 관리 기업이 되었다. 샌프란시스코에 본사가 있다.

McQueen, Steve (1930~1980) **맥퀸, 스티브**

영화 〈빠삐용〉*Papillon*(1973)의 주인공으로 잘 알려진 미국의 영화배우이다. 살기 위해 온갖 일을 하며 지내던 청년 시절 한 여배우의 권유로 연기를 배워 당대 최고의 스타가 되었다. 그는 태어난 지 6개월만에 아버지로부터 버림받았다. 어머니 역시 그가 아주 어렸을 때 멀리 떠나버려, 맥퀸은 열두 살이 될 때까지 홀로 자랐다. 가정 생활의 행복을 느끼지 못한 그는 L. A.에서 어머니와의 관계를 끊고 갱들과 어울리기 시작하여, 그의 어머니는 그를 비행청소년 수용시설인 '캘리포니아 청소년 리퍼블릭'(California Junior Boys Republic)에 보냈다. 그곳에서 맥퀸은 자주 탈출을 시도했다가 다시 잡혀오곤 했다. 맥퀸은 스타가 된 후에 자주 그곳을 방문하여 고마움을 표하였고, 1962년에는 그곳에 '스티브 맥퀸 재단'(Steve McQueen Fund)를 설립하여 학생들에게 장학금을 주었고, 유언으로 그곳에 20만 달러를 남겼는데, 1983년에는 그를 기려 '스티브 맥퀸 레크리에이션 센터'Steve McQueen Recreation Center라는 빌딩이 세워졌다. 주요 출연 영화로는 〈7인의 총잡이〉*The Magnificent Seven*(1963), 〈대탈주〉*The Great Escape* (1963), 〈불리트〉Bullitt(1968), 〈타워링〉*The Towering Inferno* (1974) 등이 있다. 1980년 50세의 나이에 폐암으로 사망하였다.

the me generation 나만의 세대

돈과 성공, 타인보다는 자신만을 생각하던 1970~80년대 젊은이들을 가리키던 말이다.

Mead, Margaret (1901~1978) **미드, 마가렛**

미국의 인류학자이다. 태평양 상의 섬에서 지내며 어린이들이 서로 다른 문화에서 어떻게 성장하는지를 연구하였다. 인간 행동은 사회의 영향을 크게 받는다고 주장하였다. 1925부터 1939년까지 사모아Samoa나 뉴기니New Guinea, 발리Bali 등, 태평양 상의 여러 섬에 사는 원주민들을 조사하였다. 인격 형성 과정에서 문화적 영향을 중시하였고, 각국의 국민성에 관한 비교 연구에서도 업적을 남겼다. 저서에 《사모아의 성년(成年)》*Coming of Age in Samoa*(1928), 《남성과 여성》*Male and Female*(1949), 《문화와 행동》*Culture and Commitment*(1951) 등이 있다.

meals on wheels 식당차

음식을 차에 싣고 가난한 사람들의 집으로 찾아다니며 음식을 제공하는 서비스를 말한다. 영국이나 미국 모두 자선 단체들이 나서서 이 일을 하고 있다.

Measure for Measure **《자에는 자로》**

1604년에 초연한 윌리엄 셰익스피어의 희극 작품이다. 《자에는 자로》Measure for Measure라는 제목은 성경에서 따온 것이며, '법에는 법으로'라고도 한다. 클로디오Claudio가 갑자기 구속되어 사형당하게 되자 그의 누이 이자벨라 Isabella는 오빠를 석방시키기 위해 공작 서리 안젤로 Angelo에게 탄원한다. 자리를 비운 비엔나 공작(Duke of Vienna)을 대신해 엄격한 법과 질서를 표방하고 나선 안젤로는 클로디오를 구하는 대가로 이자벨라에게 은밀하게 정조를 요구하여 정욕을 채우지만, 약속을 저버리고 결국 클로디오는 처형당한다. 수도승으로 변장하여 암행하던 비엔나 공작은 이 모든 정황을 몰래 살피다가 정체를 드러내고 수습에 나선다. 당시의 타락한 행정 판사에 대한 이야기를 다루고 있는 이 작품은 인간의 행동에 대한 법률적 · 도덕적 판단의 문제를 제시한다.

medallion man 메달리언 맨

근육질 몸매에 터프한 외모를 자랑하는 남자를 가리키는 말이다. 흔히 셔츠의 단추를 절반쯤 풀고, 털 난 가슴을 보이며, 목에 커다란 메달(medallion)을 걸고 있는 모습이다.

medals 훈장

미국의 '대통령 자유의 메달'

영국 최고의 훈장은 빅토리아 여왕 때, 크림 전쟁(Crimean War)이 한창이던 1856년에 나온 무공 훈장인 빅토리아 동(銅)십자 훈장(Victoria Cross, VC)이다. 일반인들에게 최고의 훈장은 1940년 조지 4세 때 나온 조지 은(銀)십자 훈장(George Cross, GC)이다.

또 다른 영국 훈장들로는 무공십자 훈장(Military Cross), 조지 훈장(George Medal) 등이 있다.

미국의 최고 훈장으로는 남북 전쟁 때인 1862년에 나온 무공 훈장인 명예 훈장(Medal of Honor, MH)이다. 또 다른 무공 훈장으로 전쟁에서 부상을 입은 군인에게 주는 명예상이 기장(Purple Heart, PH)이 있다. George Washington이 1782년에 만들었다. 그밖에도 브론즈스타 훈장(Bronze Star)이 있다. 민간인에게 주는 최고의 훈장은 1945년에 제정된 대통령 자유의 메달(Presidential Medal of Freedom)이다. 원래 무공 훈장이었으나 케네디 대통령이 일반 훈장으로 바꿨다. George Washington에게 처음 수여된 의회 황금 메달(Congressional Gold Medal), 용감한 시민상인 카네기 메달Carnegie Medal 등이 있다.

Medicaid 메디케이드

65세 미만의 저소득층 계층을 위한 미국의 의료 보장 프로그램으로 1956년에 시작되었다. 각 주정부에서 시행하되, 의료비와 의약품비 등은 연방정부나 주정부, 카운티 정부에서 지급한다.

Medicare 메디케어

65세 이상의 노인들을 위한 미국의 의료 보장 프로그램이다. 1965년에 사회보장체계(Social Security system)의 일환으로 시작되었다.

melting pot 인종의 도가니

전세계 모든 인종, 모든 민족 출신의 이민자들이 한데 어우러져 이루어진 미국을 가리키는 말이다. 영국 작가 이스라엘 장윌Israel Zangwill이 쓴 유태인 미국 이민자들에 관한 연극 〈인종의 도가니〉*The Melting Pot*(1903)에서 나온 말이다.

Melville, Herman (1819～1891) 멜빌, 허먼

19세기 미국의 소설가이다. 유년 시절에는 부족한 것 없이 살았으나, 13세 때 아버지가 파산상태에서 사망하여 학교도 중단하고, 은행이나 상점의 심부름, 농장일, 교사 등을 하며 전전하였다. 20세에 상선의 선원이 되어 영국의 리버풀까지 항해했고, 22세 때는 포경선의 선원이 되어 남태평양으로 나갔으며, 1844년에 해군 함정의 수병이 되어 귀국하였다. 그동안의 경험이 주로 작품의 소재가 되었다.

1846년에 《타이피족》*Typee*(1846)을 발표하며 작품 활동을 시작하여 《오무》*Omoo*(1847), 《마디》*Mardi*(1849), 《레드번》*Redburn*(1849), 《하얀 재킷》*White Jacket*(1850) 등을 차례로 발표하였다. 대표작인 《백경》*Moby Dick: or White Whale*(1851)과 《피에르》*Pierre*(1852), 《사기꾼》*The Confidence Man*(1857) 등의 장편이 있고, 단편 〈서기 버틀비〉*The Clerk Bartleby*, 〈베니토 세레노 선장〉*Benito Cereno*(1856) 등의 작품들을 남겼다.

Memorial Day 현충일 (= Decoration Day)

전쟁에서 사망한 미국인들을 추념하는 공휴일이다. 5월 마지막 월요일이다.

Memphis 멤피스

테네시Tennessee주의 가장 큰 도시이고 항구 도시이다. 블루스blues가 탄생한 곳이고, 엘비스 프레슬리Elvis Presley, 비비킹(Riley B. King) 같은 유명한 음악가들의 탄생지로도 잘 알려져 있다. 선사시대 인디언 마을을 재현한 '추칼리사 인디언 박물관'(Chucalissa Archaeological Museum), 엘비스의 저택과 묘가 있는 그레이스랜드Grace Land, 로큰롤을 처음으로 녹음한 선 스튜디오Sun Studio가 있다. 1968년 민권운동 지도자 마틴 루터 킹Martin Luther King 목사가 이곳에서 암살되었다. 1931년부터 매년 5월 목화 축제를 개최하고 있다.

Mennonite 메논교파

주로 미국과 캐나다에 있는 개신교파이다. 1683년에 스위스에서 건너와 주로 펜실바니아주와 중서부에 정착하였다. 16세기 독일인 종교 지도자였던 메노 사이먼스Menno Simons의 이름을 따서 교파의 이름으로 불렀다. 성경의 교리에 엄격하고 어른만 세례를 받는다. 일체의 공직을 맡지 않고, 군대에 가지 않는다.

Mensa 멘사

1946년 영국에서 설립된 지식인들의 단체로, 1960년대에 국제적인 단체로 확대되었다. 가입을 원하는 사람은 특별한 지식 테스트를 받아 자기 나라에서 상위 2% 안에 드는 지식인이라야 입회가 가능하다.

Menuhin, Yehudi (1916～1999) 메뉴인, 예후디

미국의 바이올린 연주자이자 지휘자이다. 5살 때부터 바이올린을 배워, 8살 때 샌프란시스코에서 데뷔하였다. 그후 독일과 프랑스에 유학하면서 게오르그 에네스코Georges Enesco에게 사사하기도 하였다. 15살이던 1931년부터 세계 각지로 연주 여행을 하여 어린 나이에 1급 연주자로 평가받았다. 제2차 세계대전 중에 전쟁터를 돌아다니며 연주회를 열어 영국 여왕으로부터 기사 작위를 받았다. 1959년부터는 런던을 근거지로 지휘자로도 활약하는 한편, 현존 작곡가의 작품을 소개하고, 바이올린 협주곡이나 멘델스존의 라단조 협주곡 등, 별로 연주되지 않거나 재발견된 곡들을 연주하여 화제를 모았다. 런던과 스위스 등에 음악 학교를 설립하여 음악 교육자로서도 유명하다.

Mercer, Johnny (1909～1976) 머서, 조니

미국의 대중 음악 작곡가로 무려 1,000여 곡을 작곡하였고, 오스카 영화상 음악상을 4번이나 받았다. 주요 곡으로는 〈지퍼스 크리퍼스〉*Jeepers Creepers*(1938), 〈댓 올드 블랙 매직〉*That Old Black Magic*(1942), 〈로라〉*Laura*(1945), 〈컴 레인, 컴 샤인〉*Come Rain or Come Shine*(1946), 〈문 리버〉*Moon River*(1961) 등이 있다.

The Merchant of Venice 《베니스의 상인》

1600년에 초연된 윌리엄 셰익스피어의 희극이다. 이탈리아의 옛 이야기에서 스토리를 가져왔다. 베니스의 상인 안토니오Antonio는 친구 바사니오Bassanio로부터 포샤Portia에게 구혼하러 벨몬트Belmont로 갈 여비를 마련해 달라는 부탁을 받아, 자신의 선박을 담보로 유대인 고리대금업자 샤일록Shylock에게서 돈을 빌린다. 그리고 돈을 갚을 수 없을 때에는 자기의 살덩어리 1파운드를 제공한다는 증서를 써 준다. 포샤는 구혼자들에게 금, 은, 납의 세 가지 상자를 내놓고 자기의 초상이 들어 있는 것을 선택하게 하였다. 바사니오는 납으로 된 상자를 골라잡아 구혼에 성공한다. 안토니오는 배가 돌아오지 않아 생명을 잃을 상황에 처하게 되는데, 남장을 한 포샤가 베니스 법정의 재판관이 되어, '살은 주되 피를 흘려서는 안 된다'고 판결하여 샤일록은 패소하여 재산을 몰수당하고, 안토니오의 배는 돌아온다. 로맨틱한 줄거리와 감미로운 장면이 많은 희극이지만, 당시 런던 시민들이 가지고 있던 증오심과 반 유태인 감정을 담고 있다.

Merck 머크

미국의 보건 및 제약 회사이다. 1889년 뉴욕에서 설립되었다. 1936년 비타민 B 합성에 성공하였고, 1948년에 20세기 최고 신약의 하나로 손꼽히는 부신피질 스테로이드제(劑)를 개발하였다.

Mercury Program 머큐리 계획 (= Project Mercury)

인간을 지구 궤도에 올려보내려는 1961~1963년 미국의 우주 계획이었다. 존 글렌John Glen이 1962년 2월 20일에 궤도에 처음으로 올라가면서 이 우주 계획은 성공을 거두었다.

Meredith, George (1828~1909) 메러디스, 조지

영국의 소설가이자 시인이다. 주지주의 작가로 불렸다. 아버지와 아들의 대립을 주제로 한 소설 《리처드 페버럴의 시련》*The Ordeal of Richard Feverel*(1858)과 장시 〈현대의 사랑 및 영국 노변의 시〉*Modern Love, and Poems of the English Roadside*(1862)를 발표하면서 인정을 받았다. 대표작은 《에고이스트》*Egoist*(1879), 《크로스웨이스의 다이애나》*Diana of the Crossways*(1885) 등이 있다.

Merrill Lynch 메릴린치

1914년에 설립된 미국의 금융기관이다. 산하에 세계 최대의 증권 회사인 메릴린치 피어스 페너 앤 스미스(Merrill Lynch, pierce, Fenner & Smith Inc.)가 있고, 보험, 부동산, 금융 등의 자회사들이 있다. 1959년 주식회사로 개편하면서 크게 성장하였다. 1969년 투자신탁에 진출하여, 이 분야에서도 미국 최대의 업체가 되면서 점차 영업 활동을 다각화하였다. 주요 업무는 증권 중개업, 상품선물거래, 기업이나 자치체, 연방정부의 증권 딜러, 투자 금융 등이다. 본사는 뉴욕에 있다.

The Merry Wives of Windsor 《윈저의 즐거운 아낙네들》

1600년에 윈저 궁전에서 초연된 것으로 추정되는 윌리엄 셰익스피어의 희극이다. 자신의 사극 《헨리 4세》*Henry IV*에 등장하는 호색한 폴스타프(Sir John Falstaff)가 사랑으로 번민하는 모습을 보고 싶다는 엘리자베스 여왕의 분부에 따라 쓰여진 것이라 한다. 노병 폴스타프는 이 극에서 쾌활한 두 유부녀 포드Ford 부인과 페이지Page 부인에게 같은 내용의 연애편지를 보낸 탓으로 아낙네들한테 큰 창피를 당하고, 큰 바구니에 담겨서 더러운 강물에 던져지기도 하며, 숲의 요정으로 분장한 사람들에게 희롱을 당하기도 한다. 가벼운 희극이지만, 당시 영국의 시민 생활을 그린 셰익스피어의 유일한 희곡이다.

Messiah 〈메시아〉

1742년에 초연된 헨델Handel의 오라토리오Oratorio이다. 헨델의 대표작일 뿐 아니라 고금의 종교음악의 백미로 꼽힌다. 대본은 성서를 바탕으로 영어로 쓰여졌다. 예수 그리스도의 생애에 대한 서사적 묘사라기보다도 전인류의 구세주로서의 그리스도의 존재를 강력히 호소한 작품이다. 헨델이 죽기 전부터 자주 자선 단체를 위해 공연되었기 때문에 지금도 크리스마스 시즌에는 세계 각처에서 자선연주회를 개최하는 것이 관습처럼 되어 있다. 〈할렐루야 합창〉 *Hallelujah Chorus*이 특히 유명하며, 런던 초연 때에 국왕 조지 2세가 너무나도 감동한 나머지 자리에서 일어선 전례에 따라 오늘날도 그 대목에서 청중이 일어서는 관례를 가지고 있다.

Met Life (Metropolitan Life Insurance Co.) 메트 라이프

미국의 생명보험사이다. 1863년에 군인의 생명보험과 상해보험을 취급하면서 설립된 내셔널유니언 생명보험(National Union Life Insurance)이 전신이다. 1868년 생명보험으로 전환하면서 현재의 이름으로 바꾸었다. 취급 상품은 개인 보통생명보험, 단체 생명보험, 개인 및 단체 재해건강보험, 고액 의료보험, 각종 의연금 등이다. 1972년 원가 절감을 위하여 가정 방문에 의한 수금을 폐지하였으며, 대리점을 대폭적으로 증설하는 획기적 방법을 채택하였다. 본사는 뉴욕에 있다.

Metallica 메탈리카

펑크punk와 헤비메탈heavy metal을 접목한 음악을 연주하는 미국의 팝 밴드이다. 덴마크 출신의 라스 울리히Lars Ulrich가 1981년에 결성하였다. 《킬 뎀 올》*Kill 'Em All*(1983),《메탈리카》*Metallica*(1991), 《유스네시아》*Youthanasia*(1995) 등의 앨범이 있다.

metaphysical poets 형이상학 시인들

존 던John Donne, 조지 허버트George Herbert, 앤드류 마블Andrew Marvell 등, 17세기 영국 시인들을 일컫는 말이다. 새뮤얼 존슨Samuel Johnson이 야유적으로 명명한 이름인데, 20세기에 엘리엇T. S. Eliot이 훌륭하게 평가하면서 폭발적으로 재평가를 받았고, 현대시에도 큰 영향을 미쳤다. 지적이고 논리적이며 구어적인 표현을 많이 쓰고, 대담한 이미지와 비유를 사용했고, 심리 분석이 정교한 점들이 형이상학 시들의 특징이다.

Metheny, Pat (1954~) **매시니, 팻**

미국의 재즈 기타리스트이다. 흔히 '클래식 기타'라고 하는 나일론 줄 기타인 '어쿠스틱 기타'를 즐겨 연주한다. 서정미가 있는 기타 연주로 평가받는다. 대표 연주 앨범으로 《여행》*Travels*(1981)이 있다.

method acting 방법론 연기

러시아 연극연출가 콘스탄틴 스타니슬라브스키Constantin Stanislavsky의 이론에 바탕을 둔 연기 방법이다. 배우는 자신이 연기하는 캐릭터와 완전히 합일되려고 노력해야 한다는 것이다. 그의 방법론 연기는 리 스트라스버그Lee Strasberg에 의해 뉴욕의 액터스 스튜디오Actors Studio에서 발전되었다. 유명한 배우 말론 브란도Marlon Brando, 더스틴 호프만Dustin Hoffman, 로버트 드니로Robert De Niro 등이 방법론 연기에 충실한 배우들이다.

Methodist Church 감리교

1729년 영국에서 존 웨슬리John Wesley가 시작한 기독교 교파이다. 처음에 신성 클럽(Holy Club)을 조직하여 종교적 의무를 다하기 위해 규칙적이고도 조직적으로 행동하여 격식주의자(Methodist)라고 불린 것이 교파의 명칭이 되었다. 감리교는 실제 생활과 성경의 진리를 실천하는 데 중점을 둔다. 18세기에 미국으로 건너가 오늘날 전세계에 5천만 명의 신도가 있다.

Metropolitan Museum of Art 메트로폴리탄 미술관

1880년 뉴욕에서 문을 연 세계적인 박물관이다. 고대 이집트나 중세의 작품들을 비롯해서 전세계 예술품 350만여 점을 소장하고 있다.

Metropolitan Opera 메트로폴리탄 오페라

뉴욕에 있는 세계 최대의 공연예술기관인 '링컨공연예술센터'(Lincoln Center for the Performing Arts)에 본부를 두고 있는 세계 최고의 오페라단이다. 루돌프 빙Rudolf Bing이 단장을 역임했고, 구스타프 말러Gustav Mahler나 아투로 토스카니니Arturo Toscanini 같은 지휘자들, 엔리코 카루소Enrico Caruso, 마리아 칼라스Maria Callas, 조안 서덜랜드Joan Sutherland, 루치아노 파바로티Luciano Pavarotti 등의 성악가들을 비롯해, 세계 최고의 음악가들이 이 오페라단에서 공연을 했다.

링컨센터의 한 공연장

Metropolitan Police 메트로폴리탄 경찰 (= Met)

런던 경찰의 공식 명칭이다.

Mexican War 멕시코 전쟁

1846년부터 1848년까지 미국이 멕시코와 벌였던 전쟁이다. 1845년에 텍사스Texas가 미국의 주로 병합된 뒤에, 당시 제임스 K. 포크James Knox Polk 대통령은 목화 재배 확대를 바라는 농장주들의 요구에 따라 멕시코 정부와 영토 매수 교섭을 벌였으나 실패하였다. 텍사스주와 멕시코 국경에서는 양국 군대간에 충돌이 계속되었다. 결국 미국 의회는 1846년에 멕시코에 전쟁을 선포하였다. 전쟁은 미국의 승리로 끝나고, 1848년에 과달루페 이달고조약(The Treaty of Guadalupe Hidalgo)을 체결하면서, 미국은 원하던 서부 영토 확장 목표를 이루어 거의 현재의 영토를 확보하였다.

MGM (Metro-Goldwyn-Mayer) 엠지엠 영화사

1924년에 설립된 할리우드의 유명 영화사이다. 특히 대작 영화를 제작하고 어떤 영화사보다 스타들을 많이 보유한 영화사로 유명하다. 많은 극장을 소유하고 있고, 라스베가스에서는 엠지엠 그랜드 호텔MGM Grand Hotel과 테마 파크Theme Park를 운영하고 있다.

Miami 마이애미

플로리다주 남동부의 항구 도시이다. 따뜻한 기후와 아름다운 해변[Miami Beach]으로 휴양 도시로 유명하다. 16세기에 스페인 사람들이 발견하였고, 1821년에 미국인들이 점령하였다. 1896년 철도가 개통되면서부터 급속히 발전하였고, 같은 해에 시로 승격되었다. 1959년 이후 30만여 명의 쿠바 난민들이 이주하여 쿠바인 거주지를 형성하였다. 시 이름은 인디언 부족인 마이애미족에서 유래한다. 육군과 해군의 기지이자, 중미와 남미로 가는 항공 중계지로도 비중이 크다.

Michael, George (1963~) 마이클, 조지

영국의 팝 가수 겸 작곡가이다. 1980년대 초에 그룹 웸!Wham!의 멤버로 알려지기 시작하여 1985년부터 솔로로 활동을 시작하였다. 《페이스》*Faith*(1987), 《리슨 위드아웃 프레주디스 1편》*Listen Without Prejudice Volume I*(1990) 등의 앨범이 있다.

Michener, James (1907~1997) 미처너, 제임스

미국 뉴욕 출신의 소설가이다. 제2차 세계대전에 종군한 경험을 바탕으로 쓴 《남태평양 이야기》*Tales of the South Pacific*(1947)로 퓰리처상을 수상하였다. 이 작품은 뮤지컬 《남태평양》*South Pacific*으로 제작되어 호평을 받았다. 그밖에 한국 전쟁과 헝가리 동란에서 취재한 작품도 발표했는데, 《도곡리의 다리》*The Bridge of Toko-Ri*(1953), 《하와이》*Hawaii*(1959), 《알래스카》*Alaska*(1988) 등이 있다.

Michigan 미시간주

미국 북부의 오대호를 끼고 캐나다와 접하고 있는 주이다. 미시간주의 가장 중요한 산업은 공업이다. 특히 자동차 공업이 유명한데, 디드로이드Detroit에는 제너럴모터스General Motors, 포드Ford, 크라이슬러Chrysler 등, 3대 자동차 회사의 본사와 공장이 집결해 있다. 또, 철강, 금속, 기계, 식품가공, 가구제조, 제지 등의 공업도 성하다. 북부에는 광물 자원이 풍부하여 철과 구리 산지가 있고, 남부에는 각지에 유전이 있는데, 1950년대 이후로 감산되었지만, 그 대신 천연가스를 산출하고 있다. 농업은 남부가 중심이며, 특히 낙농이 성하여 도처에서 큰 목장을 볼 수 있다. 미시간호 동쪽 연안에서는 멜론, 포도, 배, 사과, 복숭아 등을 대량으로 생산하고 있다. 관광객도 연간 1,000만 명을 넘는다. 미시간 대학(University of Michigan)을 포함해 약 90개의 대학들이 있다.

Mickey Mouse 미키마우스

월트디즈니가 개발한 유명한 만화 캐릭터이다. 전세계적으로 너무나 유명해져 이 캐릭터 자체가 디즈니사를 나타내기도 한다. 여자 친구 미니마우스Mini Mouse, 개인 Pluto 역시 함께 알려졌다.

Microsoft (MS) 마이크로소프트

1975년 빌 게이츠Bill Gates와 폴 앨런Paul Allen이 설립한 미국의 컴퓨터 소프트웨어 기업이다. 1980년대 초 IBM의 개인용 컴퓨터 PC가 대중의 폭발적인 인기를 얻으며, 마이크로소프트사가 그 운영체계인 MS-DOS(Microsoft - Disk Operating System)를 제작하여 급성장하였다. MS-DOS는 이전에 등장한 개인용 컴퓨터의 운영체계보다 사용이 편리하고 배우기 쉬워서 초창기의 수많은 경쟁 업체들을 제압하고 PC 운영체계의 대명사가 되었다. 이어지는 하드웨어 발달에 힘입어 등장한 그래픽 운영체계에 맞추어 출시한 윈도Windows 시리즈도 계속 성공을 거두어 창업자인 빌 게이츠를 40대 초반에 세계 최대 갑부 중의 한 사람으로 만들었다.

현재 Microsoft는 컴퓨터 운영체계인 윈도뿐만 아니라, Microsoft Office 같은 종합 소프트웨어를 개발, 보급하고 있으며, 인터넷 익스플로러Internet Explorer를 개발하여 인터넷 통신의 선발 업체인 넷스케이프Netscape를 추월하고 있다.

Middle Ages 중세

'중세'라고 하면 유럽 역사에서 1100년대에서 1400년대까지의 기간을 말한다. 십자군(Crusades)과 봉건제도(Feudalism)로 대표된다. 기독교가 모든 것을 지배하던 시대로, 문화나 사회의 발전이 정체되었던 시기라고 알려져 있다. 이런 가운데서도 영국에서는 초서Chaucer의 《캔터베리 이야기》*Canterbury Tales*가 나왔고, 로마네스크 양식(Romanesque style)이나 고딕 양식(Gothic style)의 아름다운 건축물들이 이 시기의 것들이다.

Middle America 미들 아메리카

여러 가지 뜻이 있는데, 첫째는 전통적 가치관과 온건 보수적인 정치 성향을 가진 중산 계급의 미국인들을 가리킨다. 다음으로 지리적으로 미국의 중서부(Middle West)를 가리킨다. 또, 멕시코와 중미, 서인도 제도, 미국의 남부 지역을 가리키는 말로도 쓰인다.

Middle England 미들 잉글랜드

영국 남부에 살며 정치나 사회적으로 전통적인 가치관을 가지고 있는 중산 계급의 영국인들을 가리킨다.

Middle English 중세 영어

중세시대인 대략 1150년대부터 1500년경까지 영국에서 사용되었던 언어를 말한다. 1066년 노르만 정복(Norman Conquest) 이후 노르만 왕조가 이어지는 동안 영국의 정치, 사회, 문학 등, 많은 방면에 불어가 널리 쓰이게 되자, 노르만 정복 이전에 영국에서 쓰이던 고대 영어(Old English)에서 발전한 중세 영어(Middle English)는 서민들의 언어로 쓰이게 되었다. 이때 영어는 많은 변화를 거치면서 문법은 단순해지고, 고대 영어의 어휘들이 일부 사라지고 불어와 라틴어의 어휘들이 많이 포함되어 문학 언어로 다시 등장하게 된다. 고대 영어에 비해 중세 영어는 요즘도 해독이 쉽다. 중세 영어로 씌어진 작품 가운데 체프리 초서Geoffrey Chaucer가 쓴 유명한 《캔터베리 이야기》*The Canterbury Tales*가 있다.

middle name 미들 네임

말 그대로 이름의 가운데에 들어가는 이름이다. 잘 쓰지 않거나 머리글자만 쓰는 경향이 있다. 아버지나 할아버지같이 다른 가족의 이름(first name)을 아이에게 middle name으로 주기도 한다. middle name이 여러 개인 사람들도 있다.

Middlemarch 《미들마치》

19세기 영국 작가 조지 엘리엇George Eliot이 1872년에 발표한 소설이다. 영국 중부의 상업도시 미들마치 Middlemarch를 무대로, 이 도시에 사는 세 가족의 이야기를 중심으로 19세기 후반기의 영국 지방 도시에서 일어나는 여러 가지 문제들을 파노라마처럼 엮은 작품이다. 지식욕에 불타 새시대의 여성으로 살아가려는 작가의 분신과 같은 도로시아Dorothea, 의사로서의 인도주의가 자칫 주위의 세속성에 상처받을 수 있는 리드게이트Lydgate, 부잣집 외아들과 농장주 딸의 연애 이야기이다.

Midnight Cowboy 〈미드나이트 카우보이〉

오스카 최고 영화상을 수상한 존 슐레진저John Schlesinger 감독의 1969년 작 미국 영화이다. 제임스 레오 헐리James Leo Herlihy의 원작 소설을 각색하였다. 텍사스 출신의 젊은이가 뉴욕 뒷거리로 가서 남창이 되는 이야기이다. 미국의 도시 젊은이들의 소외와 고독을 그린 영화이다. 존 보이트 John Voight와 더스틴 호프만Dustin Hoffman이 출연하였다.

Midtown 미드타운

미국 도시의 중심가나 쇼핑 지구를 가리킨다. 뉴욕의 미드타운 맨해튼Midtown Manhattan이 대표적인 미드타운이다.

The Mikado 〈미카도〉

영국의 오페라 작곡가들인 윌리엄 S. 길버트William S. Gulbert와 아서 설리반Arthur Sullivan이 작곡한 사보이 오페라Savoy Opera의 하나이다. 1885년에 런던의 사보이 극장에서 초연되었다. 이 작품에 나오는 일본은 가상의 나라, 꿈의 나라로, 당시 유럽에서 유행하던 이국풍 선호를 반영하여 설정한 작품이다. 미카도는 일본의 국왕이다. 메이지 유신 무렵 일본의 티티푸Titipu라는 한 마을을 무대로 이야기가 전개된다.

Militant Tendency 밀리턴트 텐던시

1960년대 트로츠키 사상에 기반을 두고 정책을 주도한 영국 노동당 내 극좌파 집단을 가리키는 말이다. 1980년대까지 선거와 노동조합에 영향력을 행사하였다. 1980년대 중반에 노동당 당수였던 닐 키노크Neil Kinnock가 이들을 축출하여 실질적 영향력은 거의 없어졌다.

milkman 밀크맨

영국에서 매일 아침에 집집마다 우유를 배달하는 사람을 말한다. 최근에는 사람들이 우유를 슈퍼마켓에서 사먹는 경향이 늘어나면서 이들은 우유 외에도 다른 음료수나 달걀이나 빵, 감자 등을 배달하고 있다. 옛날에 남편들이 직장에 나가고 없는 시간에 주부들이 집안에서 밀크맨과 관계를 가진다는 우스갯소리도 있어서, 가족 가운데 얼굴이 딴판인 아이에게 아빠가 '밀크맨'이라고 놀리기도 하였다.

The Mill on the Floss 《플로스강의 방앗간》

19세기 영국 작가 조지 엘리엇George Eliot이 1860년에 발표한 소설이다. Floss강가에 있는 방앗간 집에 사는 톰 툴

리버Tom Tulliver와 매기 툴리버Maggie Tulliver 남매의 이야기를 담고 있다. 남매의 어린 시절과 둘 사이를 갈라놓은 다툼을 그리고 있다.

Mill, John Stuart (1806~1873) **밀, 존 스튜어트**

19세기 영국의 경제학자이자 철학자이다. 자신의 말에 의하면 3세에 라틴어, 8세에 그리스어, 12세에 논리학을 터득하였다고 한다. 1865~1868년에 하원의원으로 일했고, 사회개혁운동에도 참가하였다. 대표적인 경제학 저서인 《경제학원론》*Principles of Political Economy*(1848) 외에도 《논리학체계》*A System of Logic*(1843), 종래의 공리주의적 자유론을 대신하여 인간 정신의 자유를 해설한 《자유론》*On Liberty*(1859), 《공리주의》*Utilitarianism*(1863), 《해밀턴 철학의 검토》*Examination of Sir William Hamilton's Philosophy*(1863) 등의 철학서와, 영국의 여성해방운동 사상 기념비적 저서가 된 《여성의 종속》*The Subjection of Women*(1869) 등이 있다.

Millais, John Everett (1829~1896) **밀레이, 존 에버리트**

19세기 라파엘 전파(Pre-Raphaelites)라고 하는 영국 화가 집단의 한 사람이다. 사실적 화법을 주장한 단테 가브리엘 로세티Dante Gabriel Rossetti, 홀만 헌트Holman Hunt, 존 E. 밀레이John E. Millais 등이 함께 라파엘 전파(前派)(Pre-Raphaelite Brotherhood)를 결성하였다. 그의 대표작으로는 〈오필리아〉*Ophelia*(1852), 〈눈먼 소녀〉*The Blind Girl*(1856) 등이 있다.

Millennium Dome 밀레니엄 돔

20세기를 보내고 21세기를 맞이하면서 영국의 '밀레니엄 위원회'(Millennium Committee)가 그리니치Greenwich에 건립한 세계 최대의 돔Dome 건축물이다.

Miller 밀러 맥주

1855년 프레더릭 J. 밀러Frederick J. Miller가 밀러 양조사(Miller Brewing Company)로 창업하였다. 병맥주 시판의 선구적인 역할을 하였고, 1900년대에 들어서부터 미국 최고의 인기를 구가하였다. 2002년에 남아프리카 양조사(South African Breweries)에 합병되어 SAB Miller plc.라는 이름으로 세계 최대의 양조사의 하나가 되었다. 세계 40여 개 국가에 수백 개의 브랜드를 운영하게 되었다.

Miller, Arthur (1915~) **밀러, 아서**

미국의 극작가이다. 유태인계 가정에서 태어나, 고학으로 미시간 대학 연극학과를 졸업했다. 재학 중에 쓴 몇 편의 희곡으로 상을 받은 것으로 자신감을 얻었다. 졸업 후 뉴욕에 가서 라디오 드라마를 쓰면서 희곡 창작을 계속했는데, 제2차 세계대전 때 군수산업체 경영자와 아들의 대립을 다룬, 전쟁 비판 심리극 《모두가 나의 아들》*All My Sons*(1947)이 비평가와 관객들의 칭찬을 받았다. 이어서 발표한 걸작 《세일즈맨의 죽음》*Death of a Salesman*(1949)으로 퓰리처상 및 비평가 단체상을 받고, 브로드웨이에서 2년 간의 장기 공연에 성공했다. 이 작품으로 그는 전후 미국 연극계의 제1인자의 위치를 획득했다. 그밖에 17세기 뉴잉글랜드 세일럼 Salem에서의 마녀 재판을 주제로 당시 전 미국을 휩쓸었던 매카시McCarthy 선풍을 풍유한 희곡 《도가니(시련)》*The Crucible*(1953), 퓰리처상을 수상한 《다리에서 바라본 풍경》*A View from the Bridge*(1955), 여배우 마릴린 먼로 Marilyn Monroe를 모델로 한 《전락(轉落) 후에》*After the Fall*(1964) 등의 희곡들이 있고, 소설, 라디오 드라마, 평론 등도 있다. 그는 테네시 윌리엄스Tennessee Williams와 함께 미국 연극의 발전과 실험에 크게 이바지했으며, 그의 희곡은 대부분 미국인 삶의 공통된 비극을 주제로 하여 큰 공감을 불러일으켰다. 마릴린 먼로와 두 번째 결혼을 했다가 이혼했다.

Miller, Glenn (1904~1944) **밀러, 글렌**

미국의 재즈 트롬본 연주자이자 편곡자, 지휘자이다. 콜로라도 대학을 졸업하고, 1926년에 벤 폴락 악단(Ben Pollack Orchestra)에서 연주하다가, 레드 니콜스Red Nichols, 노르시 브라더스Dorsey brothers의 악단 등에 들어가 편곡자로서도 활약하였다. 1938년 자신의 악단을 결성하여 색소폰과 다른 관악기들을 절묘하게 배합한 신선한 감각의 연주로 유명해졌다. 1942년부터 병역으로 공군 밴드를 지휘하다가 1944년 영국해협에서 비행기 사고로 사망하였다. 오늘까지 독창적인 '밀러 스타일'은 많은 후계자에 계승되어 재즈 팬들을 즐겁게 하여 주고 있다. 그의 연주곡 〈달빛 세레나데〉*Moonlight Serenade*, 〈인 더 무드〉*In the Mood* 등의 노래가 특히 유명하다.

Miller, Henry (1891~1980) **밀러, 헨리**

미국의 소설가이다. 뉴욕 시립 대학을 중퇴한 뒤에 온갖 직업을 거치면서 미국 각지를 방랑하다가 소설을 쓰기 시작했으나, 작품은 모조리 출판을 거절당했다. 1930년에 거의 무일푼으로 파리로 건너가 초현실파의 흐름을 따르는 무명 작가들과 사귀며, 절망적인 기분으로 쓴 소설 《북회귀선》*Tropic of Cancer*(1934)이 파리에서 출판되어 뜻밖에도 호평을 받았다. 단편집 《어두운 봄》*Black Spring*(1936)과 자신의 자전 소설의 발단이랄 수 있는 《남회귀선》*Tropic of*

Capricorn(1939)을 발표하여 세계적인 주목을 끌고, 확고한 지위와 명성을 얻었다. 그의 작품은 유연한 필치로 남녀의 성생활을 적나라하게 그려내는 점이 특징인데, 그 때문에 대부분 영국이나 미국에서 발매가 금지되어, 현대문학사에서 가장 논쟁의 대상이 된 작가이다. 1949년부터 《섹서스》*Sexus*(1949), 《플렉서스》*Plexus*(1953), 《넥서스》*Nexus*(1960)로 이어지는 3부작을 발표하였는데, 이 시리즈는 그의 여성 관계, 교우 관계가 적나라하게 묘사되는 동시에 그의 예술관과 인생관이 들어 있다.

Milne, Alan Alexander (1882~1956) **밀른, 앨런 에이.**

영국의 극작가이자 동화작가이다. 케임브리지 대학을 졸업하고, 유머 잡지 《펀치》*Punch*의 편집자가 되면서 수필을 집필하였다. 제1차 세계대전 후에는 《핌씨 지나가시다》*Mr. Pim Passes By*(1919), 《블레이즈의 진실》*The Truth about Blayds*(1921), 《도버 가도(街道)》*The Dover Road*(1922) 등, 풍자적이고 해학적인 희곡을 많이 썼다.

또 《어린 시절》*When We Were Very Young*(1924), 《곰돌이 푸》*Winnie-the-Pooh*(1926) 같이 어린이들에게 널리 읽히는 동요, 동화집이 있다.

Milton Keynes 밀턴 케인스

1960년대 버킹엄셔주(Buckinghamshire)에 조성된 영국 최대 규모의 신도시이다. 많은 사람들과 사업들이 이 곳으로 이주하여 도시는 발전하였음에도 불구하고 영국인들은 이 도시를 인공도시라고 조롱하기도 한다. 이 곳에 개방대학교(Open University)의 본부가 있다.

Milton, John (1608~1674) **밀턴, 존**

17세기 영국의 시인이다. 서사시 《실낙원》*Paradise Lost*의 저자로 셰익스피어에 버금가는 대시인으로 평가된다. 밀턴의 생애는 뚜렷이 3기로 나뉜다. 첫째, 유럽을 여행하고 교육과 습작을 하며 《침사(沈思)한 사람》*Il Penseroso*(1631), 《코머스》*Comus*(1634), 《리시더스》*Lycidas*(1637)를 발표한 청년시기이다. 그 다음은 정치적이고 사회적인 문제에 관심을 가지고 산문을 쓰고 논쟁을 벌이던 20년의 장년시기이다. 유럽 여행을 마치고 귀국한 뒤에는 학교를 열고 집필도 시작하다가, 시민의 자유를 수호하기 위해 청교도혁명과 크롬웰의 공화제를 옹호하는 글을 썼다. 이때 나온 산문들이 《아레오파지티카》*Areopagitica*(1644), 《우상파괴자》*Eikonoklastes*(1649) 등이다. 이 산문들로 그의 이름은 전 유럽에 알려졌으나, 과로로 1652년에는 시력을 잃게 된다. 1660년에는 공화제가 좌절되고 왕정이 복고되자 신변이 위험해지고 불행한 처지에 놓인다. 이후가 다소 비참하지만 성숙한 모습으로 다시 문학으로 돌아와 3편의 대작을 내놓은 만년시기이다. 인간의 원죄와 그 죄로 인한 낙원 상실의 비극적 사실을 다룬 대서사시 《실낙원》*Paradise Lost*이 1667년에 출간되었다. 이어서 《복낙원》*Paradise Regained*과 《투사 삼손》*Samson Agonistes*이 1671년에 출판되었다.

Milwaukee 밀워키

위스콘신Wisconsin주 최대의 상공업 도시이다. 1800년부터 개발되어 1830년대에 프랑스인들이 도시로 건설하였다. 남북 전쟁을 계기로 산업이 발전하여 금속, 자동차, 건설기계, 의류 외에도, 특히 맥주 산업은 전통적으로 유명하다. 현재 독일계와 폴란드계 사람들이 주민의 대다수를 차지하며, 이주민들이 전한 맥주, 소시지, 치즈가 유명하다. 메이저리그 프로 야구팀 밀워키 브루어스Milwaukee Brewers와 NBA 프로 농구팀 밀워키 벅스Milwaukee Bucks의 연고지이기도 하다. 서쪽의 밀워키 카운티Milwaukee County에는 미국에서 가장 큰 동물원의 하나인 밀워키 카운티 동물원(Milwaukee County Zoo)이 있다.

MIND 마인드

정신 장애자들을 돕는 영국의 자선 단체이다. 기금도 마련하고 본인과 가족들에게 자문을 해주며 사회에도 문제점을 알리는 일들을 한다.

Minneapolis 미니애폴리스

미국 미네소타Minnesota주 최대의 도시이다. '미니애폴리스'라는 지명은 다코타Dakota족 언어의 '물(minne)'과 그리스어 '도시'(polis)를 합친 것이다. 미국 최대의 곡물 거래 시장이 있고, 중서부의 밀 제분업 중심지였으나, 제1차 세계대전이 끝나고 오대호를 이용한 운송이 발달하면서 밀가루 출하는 상당 부분 버팔로Buffalo로 이전하였다. 미네소타 대학(University of Minnesota)이 있고, 인근의 블루밍턴Bloomington에는 미국 최대의 쇼핑몰인 몰 오브 아메리카Mall of America가 있다. NBA의 미네소타 팀버울브스Minnesota Timberwolves의 홈구장, 메이저리그의 미네소타 트윈스Minnesota Twins와 NFL의 미네소타 바이킹스Minnesota Vikings의 홈구장이 있다.

Minnelli, Liza (1946~) **미넬리, 라이자**

미국의 가수이자 댄서, 배우이다. 영화 〈캬바레〉*Cabaret*(1972)로 오스카 영화상을 받는 등, 1970년대에 인기가 있었다. 다른 출연 영화로는 〈뉴욕, 뉴욕〉*New York, New York*(1977), 〈아서〉*Arthur*(1981) 등이 있다.

Minnesota 미네소타주

미국 중서부에 있는 주이다. 주도는 세인트 폴St. Paul이다. 프랑스인들이 탐험하여 개발하였다. 주 이름은 다코타Dakota족의 말로 미네소타 강을 가리키는 '미니소타'minisota에서 유래한다. 미국 본토에서 캐나다와 접하는 최북단에 위치한다. 주 전체가 대륙 빙하의 영향을 받아 빙하호, 소택, 하천이 많으며, 호수가 1만 2000여 개에 이른다. 농업과 목축업이 주의 주요 산업으로, 농경지와 목축지가 전 면적의 63%에 이른다. 미네소타 주립 대학을 비롯하여 80여 개의 대학이 있다. 북부의 삼림 지대와 호수는 캠프, 낚시, 뱃놀이 등의 레크리에이션을 즐기는 사람들이 많이 찾는다.

minstrel show 민스트럴 쇼

백인들이 흑인처럼 분장을 하고 흑인들의 노래를 부르며 연주하던 쇼로, 영국에서 한 때 인기가 있었다. 흑인들을 모욕한다는 인식이 생겨서 요즘은 사라졌다.

Miranda decision 미란다 판결

1966년에 미국 연방대법원에서 내린 역사적으로 중요한 판결이다. 〈미란다와 애리조나주 재판〉Miranda vs. State of Arizona에서 나온 말이다. 내용은 범죄 행위로 체포되는 피의자가 미국의 헌법에 따른 자신의 권리를 고지받아야 한다는 것이다. 묵비권과 변호사를 선임할 수 있는 권리, 자신의 말이 재판에서 불리하게 적용될 수 있다는 것 등을 알려주어야 한다.

1963년 3월, 미국 애리조나Arizona주 피닉스Phoenix 시 경찰은 당시 21세였던 멕시코계 미국인 어네스토 미란다 Earnest Miranda를 납치와 강간 혐의로 체포했다. 경찰서로 연행된 미란다는 피해자에 의해 범인으로 지목되었고, 변호사도 선임하지 못한 상태에서 2명의 경찰관에 의해 조사를 받았다. 처음에는 그가 무죄를 주장했으나, 약 2시간 가량의 신문 과정 후 범행을 인정하는 구두 자백과 범행 자백 자술서를 제출했다. 그러나 재판이 시작되자 미란다는 자백을 번복하고, 진술서를 증거로 인정하는 것에 이의를 제기했다. 애리조나 주법원은 그의 주장을 받아들이지 않고 최저 20년, 최고 30년의 중형을 선고했다. 미란다는 애리조나 주대법원에 상고했지만 역시 유죄가 인정되었다. 그는 최후 수단으로 연방대법원에 상고를 청원했다. 상고청원서에서 미란다는 미국 수정헌법 제5조에 보장된 '불리한 증언을 하지 않아도 될 권리'와 제6조에 보장된 '변호사의 도움을 받을 권리'를 침해당했다고 주장했다.

연방대법원은 1966년에 5대 4의 표결로 미란다에게 무죄를 선고했다. 이유는 그가 '진술거부권', '변호인선임권' 등의 권리를 고지(告知)받지 못했기 때문이라는 것이다. '미란다 판결'이라고 불린 이 판결은 보수적인 미국인들로부터 1960년대의 다른 인권 판결과 마찬가지로, 대법원이 범죄 예방이나 범죄 피해자의 권리보다는 범죄자의 권리를 더 존중한다는 비난을 받았다. 그러나 대부분의 주정부 경찰들은 '미란다 판결' 이후, 연방대법원의 판결 취지에 따라 '미란다 경고문'을 만들어, 수사관들이 피의자를 체포하거나 신문할 때는 이 경고문을 미리 읽어 주도록 했다. 미란다 판결 이후 '미란다 경고'가 수사에 미친 영향에 대한 조사가 이루어졌는데, 결과는 미란다 판결로 인해 범죄자들이 무죄 석방된 경우는 거의 없었다는 것이다.

Miss American Pageant 미스아메리카 선발대회

1922년부터 매년 미국 뉴저지New Jersey주 애틀랜틱 시티 Atlantic City에서 열리는 미인 대회이다. 노래와 춤과 연기를 통해 미국 최고의 미녀를 선발한다.

Mississippi 미시시피주

미국 남부의 주이다. 최대 도시이자 주도는 잭슨Jackson이다. 16세기에 스페인 사람들이 처음 개발하였다. 농업이 주요 산업이다. 특히 미국의 코튼벨트Cotton Belt(목화 지대)의 중심에 위치하며, 목화 재배가 가장 중요한 전통적 산업이다. 목화 생산량은 텍사스와 캘리포니아주에 이어 미국 3위를 차지한다. 미국에서 흑인이 가장 많이 살아서, 제2차 세계대전 전에는 인구의 50%를 차지했으며, 그들은 주로 목화 지대에서 일해왔다. 전후에는 흑인들이 북부로 많이 이주하는 바람에, 30%대로 감소되었으나, 아직도 다른 어느 주보다도 흑인 비율이 높다. 흑인들의 사회적 지위도 낮아서, 미국에서 가장 늦은 1964년에 공립 학교에서의 흑백 공학이 인정되었다. 흑인들의 낮은 소득이 반영되어서인지, 1인당 연평균 소득이 미국에서 최하위에 머무르고 있다.

Mississippi mud pie 미시시피 머드 파이

초콜릿 아이스크림으로 만든 음식이다.

Mississippi River 미시시피 강

나일Nile 강, 아마존Amazon 강에 이어 세계에서 세 번째로 긴 미국의 강이다. 유역 면적도 아마존 강 콩고 강에 이어 역시 세계 세 번째이며, 캐나다와 미국의 31개 주를 걸쳐 흐르는 큰 강이다. '미시시피'라는 이름은 인디언 말로 '위대한 강'이라는 뜻이다.

미시시피 강이 미국 발전에 기여한 바는 대단히 크다. 국토의 1/3에 이르는 유역에 물을 공급하였고, 개척시대에는 중요한 교통수단으로서 주변 지역 발전에 이바지하였다. 1711년에 피츠버그Pittsburgh에서 뉴올리언스New Orleans에 이르는 수로가 개통되어, 증기선 전성기인 1757년에는 1,100척 이상의 배가 하구에서 3,500km 상류에 위치한 세인트 폴St. Paul까지 취항하고, 유역 전체에서는 3,000척 이상의 크고 작은 배가 운항하면서, 연안의 뉴올리언스New Orleans, 멤피스Memphis, 세인트 루이스St. Louis, 미니애폴리스Minneapolis, 세인트 폴St. Paul, 신시내티Cincinnati, 피츠버그Pittsburgh 등을 상공업 도시로 발전시켰다.

Missouri 미주리주

미국 중서부의 주이다. 최대 도시는 캔자스시티Kansas City이고, 주도는 제퍼슨시티Jefferson City이다. 주요 산업은 공업이다. 우주선 캡슐, 로켓엔진, 항공기 등의 항공우주 산업이 발달하였다. 그밖에 자동차 조립, 식품 가공, 화학, 인쇄, 금속, 기계, 신발 등의 제조업도 활발하다. 가축 사육도 대단위라 돼지는 미국 내 4위, 소와 칠면조는 6위의 생산을 올리고 있다. 광업 부문에서도 납 생산이 미국 내 1위이고, 석탄과 철도 산출된다. 이곳은 마크 트웨인Mark Twain의 소설 《톰 소여의 모험》*The Adventures of Tom Sawyer*의 무대이기도 하며, 개척시대에는 서부로 가는 입구로서 중요하였다. 주 내에 60여 개의 대학이 있다.

Missouri Compromise 미주리 대타협

'미주리협약'이라고도 한다. 미국의 남부 노예주(slave states)들과 북부 자유주(free states) 간의 분쟁을 종식시키기 위한 타협으로 1821까지 제정된 법률들을 통틀어 가리키는 말이다. 당시 양진영 모두 새로 주가 생길 때마다 자기 진영으로 가입하기를 원했지만, 이 타협으로 Maine주는 자유주로 인정하고, Missouri주를 노예주로 인정하였다.

MIT (Massachusetts Institute of Technology) 매사추세츠 공과 대학

미국 매사추세츠주에 있는 이공계 사립 대학이다. 1865년에 개교하였다. 19세기 말에는 과학적 교육과 연구를 하는 공과 대학으로, 20세기에 들어서는 여러 영역에 걸친 교육과 연구를 포함하는 종합 대학으로, 또 뛰어난 이공계 대학원으로 두각을 나타냈다. 1980년대에 들어와서는 이공계뿐만 아니라 인문사회과학계 학부의 육성에도 힘을 기울이고 있으며, 하버드 대학이나 보스턴 대학 등 인근의 대학들과 공동 수업, 단위 교환, 학생 교환 등을 행하고 있다. 국제적인 이공계 대학의 모델이 되고 있다.

Mitchum, Robert (1917~1997) 미첨, 로버트

미국의 영화배우이다. 1937년 롱비치에서 아마추어 연극단에 들어가 연기 생활을 시작하기 전까지 광부, 갑판원, 인부, 권투 선수 등을 전전하였다. 1943년에 서부 영화 〈마약 중독자가 영장을 송달하다〉*Hoppy Serves a Writ*에서 단역을 맡으며 할리우드 생활을 시작하였다. 1945년 작품 〈미군 조의 이야기〉*The Story of G. I. Joe*에서 조연으로 빛을 발한다. 50여 년 간 서부 영화, 전쟁 영화, 멜로 영화, 범죄 영화, 코미디 등, 100편 이상의 작품에 출연하였다.

대표 출연작으로는 마릴린 먼로Marilyn Monroe와 출연한 〈돌아오지 않는 강〉*River of No Return*(1954), 존 웨인 John Wayne과 함께 출연한 〈엘도라도〉*El Dorado*(1967), 〈사냥꾼의 밤〉*The Night of the Hunter*(1955), 〈라이언의 딸〉*Ryan's Daughter*(1970), 〈마리아의 연인들〉*Maria's Lovers*(1984), 〈노스씨〉*Mr. North*(1988), 〈데드맨〉*Dead Man*(1995) 등이 있다.

Mobil Corporation 모빌사

미국의 종합 석유 회사인 모빌석유(Mobil Oil Corp.)의 지주회사이다. 창업 시에는 유전이나 원유 생산 부문을 가지고 있지 않았으나, 1918년 이후 멕시코 만 및 캘리포니아 연안에 유전을 가지고 있는 중소 석유 회사를 매수하여 유전·원유 생산 부문을 설립하고, 1960년부터는 석유화학에도 진출하였다. 세계 도처에서 유전 개발에 참여하고 있다. 1999년에 세계 1위의 석유 회사인 엑슨(Exxon)에 합병되어 엑슨모빌(Exxon Mobil Corporation)이 되었다.

Moby-Dick 《백경》

미국 소설가 허먼 멜빌Herman Melville이 1851년에 발표한 장편소설이다. 모비딕Moby-Dick이라는 거대한 흰 고래에게 한쪽 다리를 잃은 포경선 선장 아합Ahab의 복수 이야기이다. 복수심에 찬 아합은 그 고래를 찾아 대서양에서 희망봉을 돌아 인도양으로, 태평양으로 항해를 계속하다 어느 날 나타난 백경과 3일을 사투한 끝에 작살을 명중시켰으나, 결국 고래에게 끌려 바다 밑으로 빠져 들어가고 배도 침몰한다. 이 비극의 내용을 살아남은 유일한 선원 이슈마엘Ishmael이 전하는 형식의 소설이다.

mod 모드

세련된 옷을 입고 유행을 좇던 1960년대 영국의 젊은이들을 가리키는 말이다. 머리를 짧고 단정하게 다듬고, 작은 오토바이를 타고, 쏘울 음악을 좋아했다. 로커rocker들과 라이벌 의식이 있어서 휴일에 해변 같은 데에 모여 싸우곤 했다.

Model T **모델 T카**

1908년에서 1927년까지 포드Ford 자동차사에서 일관 조립체제(assembly line)로 조립 생산하여 일반 대중들도 살 수 있는 저렴한 가격에 팔리던 최초의 자동차 모델이다. 약 1천 5백만 대가 생산되었다고 한다.

Modern Times **〈모던 타임스〉**

찰리 채플린Charlie Chaplin이 만들어 1936년에 개봉한 영화이다. 자본주의의 인간성 무시에 대한 격렬한 분노를 표현하였다. 제작, 각본, 감독, 주연, 음악을 채플린이 담당하였다.

유성 영화에 맞서 무성 영화의 아성을 지키며, 한마디의 대사 없이, 이미 오늘날의 자동화 문명을 70년 전에 간파한 영화이다. 시계에 지배되는 기계 문명에 대한 도전과, 자본주의의 인간성 무시에 대한 분노를 잘 표현하고 있다.

Mohawk **모호크족**

미국 뉴욕주, 캐나다 온타리오Ontario주에 주로 살고 있던 미국 인디언 부족이다. 이들이 오늘날 철강업에 많이 종사하고 있다.

Mojave Desert **모하비 사막** (= Mohave Desert)

미국 캘리포니아주 남동부와 네바다주, 애리조나주, 유타주 일부에 걸쳐 있는 사막이다. 전형적인 사막 기후로, 연중 따뜻한 편이나 일교차가 심하고, 오후와 밤에는 건조하고 강한 바람이 분다. 연평균 강우량은 127㎜ 이하이며 주로 겨울에 비가 온다. 북미에서 가장 낮은 지대인 데쓰 밸리 국립공원(Death Valley National Park)과 조슈아 나무 국립공원(Joshua Tree National Park)이 있고, 군사 기지가 몇 군데 있다.

Moll Flanders **〈몰 플랜더스〉**

18세기 영국의 언론인이며 소설가인 대니얼 디포Daniel Defoe의 1722년 소설이다. 도둑을 어머니로 하여 교도소에서 태어난 기구한 운명의 여인의 일생을 자서전 형식으로 서술한 영국 소설의 선구적 작품이다. 의지할 곳 없는 미모의 몰Moll은 결혼을 하여 안정을 얻으려고 하지만, 불운이 계속되어 다섯 번이나 결혼을 하게 된다. 한번은 모르고 오빠와 결혼하여 버지니아에 있는 시어머니를 찾아갔다가 남편이 오빠라는 사실을 알게 된다. 때로는 남의 첩이 되기도 하고, 소매치기 · 도둑질을 하기도 하는 곡절을 겪다가 결국 체포되어 마지막 남편과 함께 버지니아에 유형당하지만, 그 곳에서 과거를 뉘우치고 성공하여 행복한 만년을 보낸다는 내용이다.

Monday morning quarterback **월요일 아침 쿼터백**

사건이 일어난 뒤에야 의견이나 비판을 내는 사람을 말한다. 미식축구 경기가 주로 일요일에 있어서 다음날인 월요일에야 사람들이 모여 경기 결과를 이야기하는 데서 붙인 말이다.

money **돈**

미국과 영국의 화폐를 정리하면 다음과 같다. 먼저 미국의 화폐로, 동전(coin)에는 1센트cent짜리 동전 페니penny와 5센트짜리 니켈nickel, 10센트짜리 다임dime, 25센트짜리 쿼터quarter가 있다. 지폐로는 100센트에 해당하는 1달러dollar, 5달러, 10달러, 20달러, 50달러, 100달러짜리 지폐들이 사용되고 있다.

영국의 화폐로는 동전에 1펜스pence짜리 동전 페니penny와 2펜스, 5펜스, 10펜스, 20펜스, 50펜스, 1파운드pound(£)짜리 동전이 사용되고 있으며, 지폐로는 5파운드, 10파운드, 20파운드, 50파운드짜리 지폐들이 사용되고 있다.

Monroe Doctrine **먼로 독트린**

1823년 미국의 5대 대통령 제임스 먼로James Monroe가 의회에 제출한 연두교서에서 밝힌 외교 정책이다. 유럽으로부터의 간섭을 배제하기 위한 먼로 독트린은 조지 워싱턴George Washington 초대 대통령 이래의 고립주의(isolationism)를 더욱 명확하게 한 것으로, 미국의 유럽에 대한 불간섭의 원칙, 유럽의 미국 대륙에 대한 불간섭의 원칙, 유럽 제국에 의한 식민지 건설 배격의 원칙 등 3개 원칙을 밝혔다.

Monroe, James (1758~1831) **먼로, 제임스**

19세기 미국의 정치인이다. 버지니아주 출생으로 미국 독립 전쟁에 참전하였고, 버지니아주 의원, 연합의회 의원, 상원의원, 프랑스 주재 공사, 버지니아 주지사를 거쳐, 1803년 루이지애나 구입(Louisiana Purchase) 교섭을 위해 프랑스에 특파되기도 했고, 이어 런던에 건너가 대통령 토마스 제퍼슨Thomas Jefferson의 중립정책 유지를 위해 노력하였다. 그후 제임스 매디슨James Madison 행정부의 국무 장관이 된 후, 1816년과 1820년 두 차례 대통령에 당선되었다. 대통령 재임 시 내정에서는 지역간의 화해에 노력하였고, 외교에서는 스페인으로부터 플로리다를 매수하여 미주리협정을 맺었고, 캐나다와의 국경 확정에 성공하였다. 1823년에 먼로주의(Monroe Doctrine)를 선포하여 미국 외교의 기본 정책으로 삼아, 유럽 제국의 신대륙에 대한 간섭을 저지하였다.

Monroe, Marilyn (1926~1962) **먼로, 마릴린**

로스앤젤레스 출생의 세계적으로 유명한 미국 여배우이다. 본명은 노마 제인 모텐슨Norma Jeane Mortenson이다. 영화 〈아스팔트 정글〉*The Asphalt Jungle*(1950)에서 인정을 받았고, 〈나이아가라〉*Niagara*(1953)에서 주연을 맡아 폭발적인 인기를 얻었다. 아름다운 금발과 푸른 눈, 전신에서 발산하는 독특한 성적 매력이 그녀를 순식간에 세계적인 섹시 심벌로 만들었다. 하지만 야구 선수 조 디마지오 Joe DiMaggio, 극작가 아서 밀러Arthur Miller를 포함한 세 번의 결혼이 실패하면서 사생활은 불행하였다. 약물 중독과 의문의 자살로 인생을 마감했다.

주요 출연 영화로 〈신사는 금발을 좋아한다〉*Gentlemen Prefer Blondes*(1953), 〈돌아오지 않는 강〉*River of No Return*(1954), 〈7년 만의 외출〉*The Seven Year Itch*(1955), 〈왕자와 무희〉*The Prince and the Showgirl*(1957), 〈버스 정류장〉*Bus Stop*(1956), 〈뜨거운 것이 좋아〉*Some Like It Hot*(1959) 등이 있다.

Montana 몬태나주

미국 서부의 주이다. 주도는 헬레나Helena이다. Montana라는 주 이름은 라틴어로 '산악 지방'이라는 뜻이다. 주의 동부에 있는 대평원(Great Plains)이 60%를 차지하고, 나머지 40%는 서부의 로키 산맥이다. 북서부에는 로키 산맥과 함께 얼음에 덮인 산악과 호수가 아름다운 글레이셔 국립공원(Glacier National Park), 옐로스톤 국립공원(Yellowstone National Park) 등이 있어서 로키 산맥과 함께 관광레저 산업이 활발하다.

Montgomery 몽고메리

미국 앨라배마Alabama주의 주도이다. 지명은 미국 독립 전쟁 때의 장군 리처드 몽고메리Richard Montgomery의 성을 땄다. 남북 전쟁 당시에는 이곳에서 아메리카연방(남부연합)이 결성되어 남군의 수도였다. 1960년대에 마틴 루터 킹 목사를 중심으로 한 흑인 인권운동(Civil Rights Movement)이 주로 이곳에서 벌어졌다. 예로부터 목화 재배가 활발하였고, 주민의 46%가 흑인이다.

Montgomery, Field Marshal (1887~1976) **몽고메리, 필드 마셜** (= Bernard Law Montgomery)

영국의 군인이다. 1908년에 육군사관학교를 졸업하고 군에 투신하였다. 1910~1914년에 인도에서 근무하였고, 1914년에 제1차 세계대전에 종군하였고, 전쟁이 끝난 후에는 아일랜드, 팔레스타인에서 근무하였다.

제2차 세계대전 때에 제8군(8th Army) 사령관으로 북아프리카 작전을 맡아 롬멜Rommel 휘하의 독일군을 엘 알라멩El Alamein 전투에서 격파한 것으로 유명하다. 1944년의 노르망디 상륙작전에서는 영국군 총사령관으로서 활약하였다.

Monticello 몬티첼로

미국의 3대 대통령인 토머스 제퍼슨Thomas Jefferson이 직접 지은 집이다. 1987년에 유네스코에서 세계문화유산(World Heritage Site)으로 지정하였다. 5센트짜리 니켈 nickel 동전에 이 건물과 제퍼슨의 얼굴이 새겨져 있다.

the Monument 런던 대화재 추모비

1666년에 있었던 런던 대화재(Great Fire of London)를 기념하여 런던 중심가에 세운 추모비이다. 높이가 61m이고, 관광객이 꼭대기까지 올라가는 계단이 311개라고 한다.

Moonie 통일교도

한국인 문선명이 창시한 통일교(Unification Church)의 교인들을 가리키는 말이다. 무니Moonie라는 말은 문선명의 영문 성인 Moon에서 붙인 것이다. 미국에 본부를 두고 있다.

The Moonstone 《월장석》

영국 최초의 형사 추리 소설(detective novel)로 간주되는 윌키 콜린스Wilkie Collins의 1868년 작품이다. 커프Cuff 경사가 범죄를 해결해 나가는 이야기다.

Moore, Demi (1962~) 무어, 데미

미국 할리우드의 영화배우이다. 브루스 윌리스Bruce Willis와 결혼했다가 이혼하였다. 출연작에는 〈사랑과 영혼〉Ghost(1990), 〈어 퓨 굿 멘〉*A Few Good Men*(1992), 〈은밀한 유혹〉*Indecent Proposal*(1993), 〈폭로〉*Disclosure*(1994), 〈주어러〉*The Juror*(1996), 〈지 아이 제인〉*G. I. Jane*(1997) 등이었다.

Moore, Henry (1898~1986) 무어, 헨리

국제적인 명성을 가진 영국의 조각가이다. 1919년부터 리즈Leeds의 미술 학교에서 조각을 공부하였고, 1921년에는 런던 왕립 미술 학교에서 공부하였다. 1925년에 장학금으로 파리와 이탈리아를 여행하며 전위 조각을 접할 수 있었다. 1930년대에는 초현실주의 작가들의 영향으로 지극히 보수적인 영국 조각계에서 전위적 작가로서 추상적 형체를 조각하면서 세계적으로 명성을 떨치게 되었다. 1948년에 베네치아 비엔날레에서 국제 조각 대상을 받았다.

헨리 무어의 작품

Moore, Julianne (1960~) 무어, 줄리안

미국의 영화배우이다. 보스턴 대학에서 공연예술을 공부했다. 출연작으로는 〈쥬라기공원 2: 잃어버린 세계〉*The Lost World: Jurassic Park*(1997), 〈매그놀리아〉*Magnolia*(1999), 〈한니발〉*Hannibal*(2001), 〈디 아워스〉*The Hours*(2002) 등이 있다.

Moore, Marianne (1887~1972) 무어, 마리앤

미국의 여류 시인이다. 뉴욕의 한 공공도서관의 사서로 있다가, 1925년에 문예 잡지 《다이얼》*The Dial*의 편집에 참여하였다. 이미지즘의 영향에서 출발하여 사물주의(Objectivism)을 표방하는 독특한 시풍을 수립하였다. 명확한 이미지를 나타내고, 섬세하면서도 냉정하여 잘 억제되어 있으며, 기지와 역설이 풍부하다. 그중에서도 《시선집》*Selected Poems*(1935)과 퓰리처상을 받은 《시전집》*Collected Poems*(1951)이 유명하다. 이밖에도 《시집》*Poems*(1921), 《관찰》*Observations*(1924) 등이 있다.

Moral Re-Armament (MRA) 도덕재무장운동

미국 복음 선교사 프랭크 부크만Frank Buchman이 1938년부터 시작한 기독교운동이다. 1921년에 영국을 방문했을 때 조직한 옥스퍼드 그룹(Oxford Group)에서 발전되었다. Buchman 자신이 해석한 성경의 말씀대로, 하나님의 의지에 맞는 엄격한 도덕적 기준을 장려하였다. 공산주의와 동성애를 강하게 반대하여 1950년대와 1960년대에 특히 활발하였다.

More, Thomas (1478~1535) 모어, 토마스

16세기 영국의 인문주의자이자 정치가이다. 링컨 법학원 재학 중에 대륙의 르네상스 문화운동의 영향을 받아, 일찍부터 에라스무스와 친교를 맺었다. 그의 《우신예찬》*Praise of Folly*(1511)도 모어의 집에 묵으면서 쓴 것이다. 법학원 졸업 후 변호사가 되었고, 의회에서도 의석을 차지하였다. 1515년에는 통상 문제로 네덜란드에 건너가 통상 문제 교섭에 수완을 발휘하였다. 여행 중에 이상적 국가상을 서술한 명저 《유토피아》*Utopia*를 시작하여 이듬해인 1516년에 기국하여 완성하였다. 탁월한 수완과 식견으로 헨리 8세의 신임을 얻어 1529년에는 대법관에 임명되었으나, 왕의 이혼에 끝내 동의하지 않고 1532년 관직에서 물러났다. 1534년에 반역죄로 런던 탑에 갇혔다가, 1535년에 단두대의 이슬로 사라졌다. 《유토피아》 외에도 《리처드 3세전》*The History of King Richard III*(1518) 등의 저서를 남겼다. 1935년에 로마 교황은 그에게 성인(聖人)의 칭호를 내렸다.

Morgan Stanley Dean Witter & Co. 모건 스탠리 딘 위터

미국의 금융 투자 은행으로, 일반 고객뿐 아니라 기업, 정부, 다른 금융기관들에 종합 투자 금융 서비스를 제공하는 글로벌 금융기관이다. 1935년에 증권 회사 '모건 스탠리 앤 컴퍼니'Morgan Stanley & Co.로 설립되었는데, 1997년에 딘 위터Dean Witter, 디스커버 앤 컴퍼니Discover & Co., 모건 스탠리 그룹Morgan Stanley Group, Inc.등, 세 회사가 합병하여 전세계적인 금융 서비스 회사가 되었다. 증권 부문에서는 증권 인수, 합병 및 인수와 관련된 서비스, 기타 기업 금융 및 개인 재산가를 위한 중개 및 알선 서비스를 제공한다. 자산 관리 부문에서는 개인 및 기관 투자가들에게 투자 상품 및 서비스를 제공하며, 여신 서비스 부문에서는 디스커버 카드Discover card 사업을 관장한다. 전세계 25개 국에 600개 지점이 있다. 외부의 홍보에는 모건 스탠리 Morgan Stanley라는 이름으로 한다.

Mormon 말일성도 예수그리스도교도 / 몰몬교도

기독교의 한 종파인 말일성도 예수그리스도의 교회(Church of Jesus Christ of Latter-Day Saints)의 신자를 가리키는 말이다. 1830년 미국 뉴욕주의 맨체스터에서 조지프 스미스Joseph Smith가 창립하였다. 이 종파는 스미스가 하나님의 계시에 따라 만들었다는 《몰몬경》*The Book of Mormon*을 기본 경전으로 삼고 있다. 삼위일체의 하나님과 그리스도에 의한 구원을 믿는 점은 기독교와 같으나, 스미스에게 나타난다는 하나님과 그리스도의 특수한 현현, 《몰몬경》, 시간 및 공간을 무한한 것이라 하고, 물질은 영원한 것이지만 하나님에 의한 피조물이 아니라는 것 등이 다르다. 몰몬교도는 12세가 지나야 안수를 받는데, 전문적인 성직자는 없다. 1843년에 스미스는 계시에 따라 일부다처제를 인정한다 하여 곳곳에서 중혼을 규탄하는 여론이 비등하였다. 미국 대법원이 개입하여 중혼을 금하였고, 교회에서도 1895년 중혼을 금지하는 결의를 함으로써 중혼 문제는 일단락되었다. 스미스의 후계자가 된 브리검 영Brigham Young이 1847년에 본부를 유타Utah주 솔트레이크시티Saltlake City로 옮긴 후에 30년 간 교세를 크게 확장하여, 유타주는 몰몬주로 불릴 만큼 인구의 70% 이상이 신자가 되었다. 현재 전세계 140여 개 국에 1,000만 명이 넘는 교도가 있다.

morris dance 모리스 댄스

영국의 민속 무용 중에 하나이다. 이 춤은 남성들만 추며 '로빈후드 이야기'나 영국 전설에 나오는 인물들로 분장하고 익살스럽게 꾸민다. 춤을 추는 사람은 발목 장식(anklet)이나 팔찌 또는 허리띠에 '모리스 벨'morris bell이라는 작은 방울들을 달고 음악에 맞추어 춤을 춘다. 노래를 부르면서 출 때도 있다. 2박자 또는 4박자의 음악에 따르며 간혹 3박자의 음악에 따를 때도 있다.

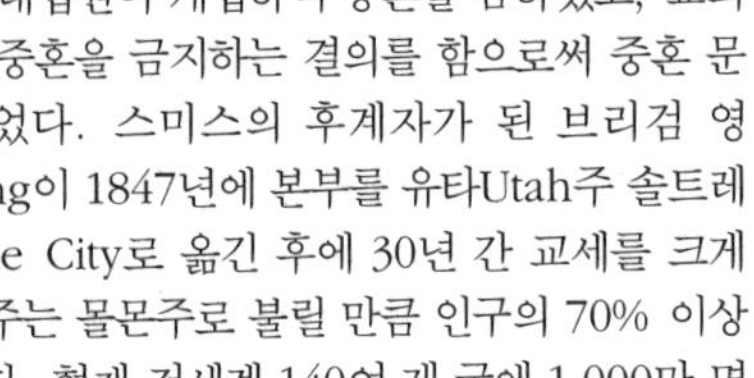

Morris, William (1834~1896) 모리스, 윌리엄

19세기 영국의 시인이자 공예가이다. 시인과 예술가로서는 라파엘 전파(Pre-Raphaelites)의 영향을 받은 가구와 실내 디자이너로 유명했다. 그는 당시의 대량생산 방식에 거부감을 가지고 전통적인 공예방식을 고집하였다. 수공예 가구를 제작하고 전통적인 방식으로 실내 장식을 하는 회사를 설립하기도 했다. 1880년대에 들어 모리스의 영향으로 공예가들이 조직을 형성하여, 근대 디자인 운동의 발단이 된 예술공예운동Arts and Crafts Movement이 전개되기고 했다. 당시의 벽지와 직물들은 아직도 쓰이고 있다. 또 전통적인 방식의 인쇄를 하기 위해 켈름스콧 인쇄소(Kelmscott Press)를 차려 《캔터베리 이야기》*The Canterbury Tales*를 인쇄하기도 했다. 또한, 영국의 초기 사회주의자의 한 사람으로 1884년에 사회주의연맹(Socialist League)에 가입하여 산업혁명이 노동자들에게 가져다 준 끔찍한 현실에 대항하여 거리시위를 하는 등 사회 변화를 위해 열심히 일하기도 했다.

윌리엄 모리스가 디자인한 벽지 문양

Morrison, Toni (1931~) 모리슨, 토니

미국에서 흑인 여성으로 최초로 노벨 문학상을 받은 소설가이다. 주로 미국 남부 지역 흑인 여성들의 삶을 소설로 썼다. 본명은 클로이 앤터니 워포드Chloe Anthony Wofford이다. 하워드 대학Howard University와 코넬 대학Cornell University에서 공부하였고, 현재 프린스턴 대학Princeton University 교수로 있다. 금발 머리와 파란 눈이 미의 기준으로 생각되는 사회에서 흑인 소녀가 겪는 소외감을 그린 소설 《가장 푸른 눈》*The Bluest Eye*(1970)을 처녀작으로 등단하였다. 《슐라》*Sula*(1973)와 《솔로몬의 노래》*Song of Solomon*(1977)를 발표하고 전국적인 관심을 끌고, 사랑하는 딸이 노예가 되는 것을 막기 위해 딸을 죽이는 한 여인의 이야기를 다룬 《사랑받은 사람》*Beloved* (1987)으로 퓰리처상을 수상했다. 1992년에는 《재즈》*Jazz*를 출간해 베스트셀러가 되었다. 1993년에 노벨 문학상을 수상했다.

Morse, Samuel (1791~1872) 모스, 새뮤얼

미국의 화가이자 전신(telegraph) 발명가이다. 예일 대학에서 공부하고 초상화가가 되었고, 내셔널 디자인 아카데미 National Design Academy의 초대 교장과 뉴욕 대학의 미술 교수도 지냈다. 1832년 이탈리아에 유학하여 미술 공부를 하고 돌아오던 배에서 최신 전자기학에 관한 내용을 알게 되어, 전신기를 만들어 보기로 결심하고, 1837년에 독자적인 알파벳 기호와 자기장치를 완성하였다. 이때의 기호가 개량된 것이 모스부호(Morse code)이다. 1844년 워싱턴

Washington에서 볼티모어Baltimore 간의 첫 시험 통신에서 유명한 "What hath God wrought!"(하나님이 만드신 것)이라는 말을 처음으로 송신하였다. 그의 발명은 남북 전쟁 때 통신으로 중요한 역할을 하였다.

모스의 전신기

Morton, Jelly Roll (1885~1941) 모턴, 젤리 롤

미국의 재즈 피아노 연주자이고, 최초의 재즈 음악 작곡가로 인정받는다. 재즈 밴드 연주에 미리 편곡된 음악을 사용하여 오케스트라와 같은 효과를 내는 방법을 도입한 인물이다. 래그타임Ragtime 피아노 연주의 선구자 가운데 한 사람이다. 1930년대로 오면서 루이 암스트롱Louis Armstrong 같은 음악인들의 명성에 가려졌다. 〈젤리 롤 블루스〉*Jelly Roll Blues*(1905), 〈킹 포터 스톰프〉*King Porter Stomp*(1923), 〈블랙 보텀 스톰프〉*Black Bottom Stomp*(1925), 〈죽은 자의 블루스〉*Dead Man Blues*(1926), 〈구두닦이의 여자 친구〉*Shoe Shiner's Drag*(1928) 등의 재즈곡을 작곡하였다. 1998년에 공로를 인정받아 로큰롤 명예의 전당(Rock and Roll Hall of Fame)에 선정되었다.

Mother Cabrini (1850~1917) 성모 카브리니

미국 최초로 가톨릭 성자가 된 수녀이다. 이탈리아 롬바르디Lombardy에서 태어나, 수녀가 된 뒤에 Missionary Sisters of Sacred Heard라는 수녀회를 시작하였다. 1889년에 미국으로 건너와 활동을 계속하다 사망하였다. 1946년에 성인이 되었다.

Mother's Day 어머니날

영국에서 사순절(Lent)의 넷째 주 일요일에 어머니들이 자녀들로부터 선물과 카드를 받는 관습이 있었다. 본래는 하인들이 휴가를 받아 가족을 찾아가 꽃이나 케이크 같은 선물을 받는 날이었다. 미국에서는 1910년경에 한 여성이 어머니를 추모하기 위해 교회에서 흰 카네이션을 교인들에게 나누어 준 일에서 비롯되었다. 그러다 1914년에 28대 대통령 토머스 우드로 윌슨Thomas Woodrow Wilson이 5월의 둘째 주 일요일을 어머니날로 정하면서 정식 기념일이 된 이후 지금까지도 미국에서는 5월 둘째 주 일요일에 어머니가 생존한 사람은 빨간 카네이션을, 어머니가 돌아가신 사람은 흰 카네이션을 가슴에 달고, 가정에서는 자녀들이 어머니에게 선물을 한다.

Motorola 모토롤라

미국의 전기전자 통신기기 제조 업체이다. 1928년에 폴 V. 갤빈Paul V. Galvin이 시카고에서 갤빈 매뉴팩처링(Galvin Manufacturing Corporation)이라는 이름으로 설립하여 처음에는 카오디오만을 전문적으로 생산하였다. 1930년대에 카오디오의 브랜드명을 '모토롤라'Motorola라 하여 큰 성공을 거두었다. 제2차 세계대전 후 텔레비전 제조 업체로 성장하였고, 1947년에는 카오디오의 브랜느넹을 회사명으로 바꾸었다. 1950년대 후반에는 반도체 분야에도 진출하였다. 1959년 갤빈이 죽고 그의 아들 로버트 W. 갤빈Robert W. Galvin이 회장이 된 후부터는 전자기술 쪽에 초점을 두고 제품을 생산하여 국제 시장으로 사업 영역을 확장시켜 나갔다. 1980년대에는 휴대용 전화기를 생산하였고, 1996년에는 포켓 사이즈 전화기인 스타택StarTAC을 개발하여 휴대용 전화기의 혁신을 일으키기도 하였다. 2000년대에 들어서 통신기기 분야는 미국 최대 규모이고, 반도체 분야에서도 미국 국내 시장 최대의 점유율을 가지고 있다. 일리노이주 샤움버그Schaumburg에 있다.

Motown 모타운

1. 미국인들이 디트로이트(Detroit)와 미시건(Michigan)을 부르는 대중적인 이름으로 '자동차 도시(motor town)' 즉 미국 자동차 산업의 중심지를 의미한다.
2. 흑인 소울 음악의 한 양식. 1959년 설립된 모타운 레코드사는 모타운 사운드라 불리우는 음악으로 유명해졌고 이러한 음악의 유명한 가수로는 슈프림스(Supremes)와 스티비 원더(Stevie Wonder)가 있다.

Mount McKinley 멕킨리 산

미국 알래스카에 있는 6,198m 높이의 산으로, 북미 대륙에서 가장 높다. 미국 대통령 윌리엄 맥킨리William McKinley의 이름을 붙였다. 1913년에 첫 등정이 이루어졌다.

Mount Rushmore 러시모어 산

미국 사우스다코타South Dakota주에 있는 산이다. 이 산의 암벽에는 역대 미국 대통령 조지 워싱턴George Washington, 토마스 제퍼슨Thomas Jefferson, 아브라함 링컨Abraham Lincoln, 시어도어 루즈벨트Theodore Roosevelt가 새겨져 있다. 우리에게 '큰바위 얼굴'로 알려진 이 안면 조각상은 세계에서 가장 큰 조각이다. 이 기념물은 조각가인 것촌 보어글럼Gutzon Borglum의 작품이다. 1927년에 작업을 시작하여 14년이 걸렸나. 보어글럼Borglum은

작업이 완료되기 바로 얼마 전에 사망하고, 그의 아들이 작업을 완수한 것이다. 1941년에 이 기념물은 대중에 공개되었다.

Mount Vernon 버넌산

미국의 초대 대통령 조지 워싱턴George Washington의 고향집을 가리키는 말이다. 버지니아Virginia주에 있다. 1747년부터 대통령 퇴임 후 1799년에 죽을 때까지 여기서 살았고, 아내와 함께 이곳에 묻혔다.

Mountain Daylight Time (MDT) 로키 산맥 서머타임

미국의 로키 산맥을 끼고 있는 주들이 4월 초에서 10월 말까지 적용하는 시간이다. 로키 산맥 표준시보다 1시간 늦다.

Mountain Standard Time (MST) 로키 산맥 표준시 (= Mountain Time)

미국의 로키 산맥을 끼고 있는 주들이 10월 말에서 4월 초까지 적용하는 시간이다. 그리니치 표준시보다 7시간 빠르다.

***The Mousetrap* 〈쥐덫〉**

영국 추리작가 애거서 크리스티Agatha Christie의 추리극이다. 1952년 런던의 앰배서더Ambassador 극장에서 초연된 이후 22개 국어로 번역되어 공연되고 있다. 현재도 런던의 극장가 웨스트 엔드West End에서 계속 공연되고 있다. 폭설로 교통이 마비된 어느 겨울날 한 여인숙에 손님들이 찾아오고, 이와 때를 같이 하여 인근에서 살인사건이 발생한다. 이때 라디오에서 발표된 살인 용의자는 여인숙의 남자 주인과 생김새가 비슷하다. 형사의 추측대로 또 한 여자가 여인숙에서 살해되고, 세 번째 피살자는 누굴까 하는 긴장감이 손님들을 사로잡는다. 사건은 관객의 예상을 뒤엎는 방법으로 해결된다. 바로 형사가 범인으로 밝혀지며, 손님으로 등장하여 관객들로 하여금 사건의 용의자로 의심받은 평범한 신사가 형사로 드러난다.

Mr, Mrs, Ms, and Miss 미스터, 미세스, 미즈, 미스

'미스터'Mr.는 미혼이든 기혼이든 남자에게 붙이는 말로, 이름 전체(full name)나 성(last name) 앞에 붙인다. 이름만으로는 Mr.를 함께 쓰지 않는다.

'미세스'Mrs.는 결혼한 여자에게 붙여주는 호칭이다. 영미인들은 남편의 성(last name)을 따르므로, 자신의 이름(first name)은 빼고 성(last name)만 함께 써도 된다. 요즘에는 영미 여성들도 결혼해도 자신의 성을 계속 가지려는 사람들이 많아져서 미세스Mrs. 대신에 미즈Ms를 붙이기도 한다. 또, 여배우 파멜라 앤더슨Pamela Anderson처럼 자신의 성과 남편의 성을 함께 가지려는 사람들도 있다. 그녀는 Tommy Lee와 결혼하여 자신의 이름을 Pamela Anderson Lee로 바꾸었다.

'미즈'Ms.는 페미니즘feminism의 영향으로 1970년대부터 쓰기 시작하였는데, 미혼이냐 기혼이냐 구분되는 것이 싫은 여성들이 많이 쓰고 있다.

Miss는 전통적으로 나이에 상관없이 미혼 여성들에 붙이는 호칭이었으나, 요즘에는 젊은 처녀들에게만 붙이는 경향이 있다.

Mr. Bean 미스터 빈

영국의 텔레비전에 나오는 코미디 캐릭터로, 배우 로완 앳킨슨Rowan Akinson이 연기한다. 그가 나오는 극은 주로 말보다는 재미있고 황당한 행동을 보여준다.

Mr. Big 미스터 빅

어떤 집단, 특히 범죄 집단의 리더를 가리키는 말이다.

Mr. Chips 미스터 칩스

제임스 힐튼James Hilton의 소설 《굿바이 미스터 칩스》 *Goodbye Mr. Chips*의 주인공인데, 흔히 학생들의 사랑을 받는 남자 교사를 가리키는 말로 쓰인다.

Mr. Clean 미스터 클린

아주 정직하고 도덕적인 사람 특히, 정치인이나 유명 인사 가운데 그런 사람을 일컫는 말이다.

Mr. Fixit 해결사

일을 꾸미고 문제를 해결하는데 능한 사람을 가리키는 말이다.

Mr. Nice Guy 미스터 나이스 가이

사람이 너무 좋아서 다른 사람들이 함부로 대하는 그런 사람을 말한다.

MRE 즉석 식품

통조림처럼 바로 먹을 수 있도록 미리 조리한 음식을 말한다. 'meal ready to eat'의 머리글자를 딴 말이다. 본래 미군들에게 지급된 식품인데, 맛없는 음식을 가리켜 농담으로 쓰기도 한다.

MRP 권장소비자가격

영국에서 제조업자가 제품의 포장에 표시해 둔 소비자 가격을 말한다. 'manufacturer's recommended price'의 머리글자이다.

Mrs. Mop 청소부 아줌마

전형적인 여성 청소부를 가리키는 말이다. 지저분하고 머리에는 수건을 쓰고, 걸레를 담은 바케스를 들고 돌아다니며 담배를 피는 아주머니 모습이다.

MTV 엠티비

뮤직비디오나 음악 관련 프로그램을 방송하는 미국의 텔레비전 방송이다. 위성을 이용해 24시간 동안 전세계에 방송을 보내고 있다. 1981년에 창립하였다.

***Much Ado About Nothing* 《헛소동》**

1600년에 초연된 셰익스피어의 희극이다. 대조적인 두 이야기가 동시에 진행되는 플롯으로 클라우디오Claudio와 헤라Hera의 행동이 베네디크Benedick와 베아트리체Beatrice의 코믹한 말다툼과 서로 엮인다.

전쟁을 마치고 돌아온 클라우디오 백작은 헤라와 사랑에 빠진다. 한편, 돈 페드로Don Pedro 역시 헤라에게 구혼하고, 페드로의 형 돈 존Don John은 하인들과 함께 음모를 꾸민다. 클라우디오는 헤라의 부정을 믿게 된다. 한편, 군인 베네디크Benedick와 헤라의 사촌 베아트리체Beatrice는 돈 페드로의 속임수에 빠져든다. 베네디크와 베아트리체는 서로 상대방이 자신을 사랑한다고 믿고 결국은 사랑을 고백하는데, 이 베네디크와 베아트리체의 관계는 클라우디오와 헤라의 관계와 대조적인 모습을 보여 준다. 결국, 헤라의 순결함을 믿는 신부 프란시스Francis는 그녀가 죽었다는 소문을 퍼뜨린다. 이로써 헤라는 자신의 정조를 증명하고, 클라우디오는 다시 레오나토의 질녀로 위장한 헤라에게 구혼하여 결국 결혼에 이른다.

muckraker 폭로 문학인

언론 활동을 선봉으로 개인과 기업의 비리, 각종 사회악을 파헤쳐 폭로하였던 1900년대 초 미국 문인들을 일컫는 말이다. 시어도어 루스벨트Theodore Roosevelt 대통령이 붙인 말이다. 이들의 활동은 대중의 관심을 끌어 많은 사회 변화를 유도하였다. 대표적인 작가가 《정글》*The Jungle*(1906)을 쓴 업톤 싱클레어Upton Sinclair이다.

mugwump 머그웜프

정치적인 문제에 의식이 없는 사람이나 정당 정책에 관심이 없는 사람을 가리키는 말이다. 1884년 대통령 선거에서 공화당원이면서 민주당 대통령 후보인 그로버 클리브랜드 Grover Cleveland를 찍은 사람을 가리키는 말에 쓰였다.

Muir, John (1838~1914) **뮈어, 존**

미국인 최초의 환경 보호론자였다. 캘리포니아주의 요세미티 국립공원(Yosemite National Park), 세쿼이아 국립공원(Sequoia National Park) 등을 만드는 데 헌신하였다.

the Muppet show 머펫 쇼

1976년에서 81년까지 방영된 커밋 개구리Kermit the frog와 미스 피기Miss Piggy, 포지 베어Fozzy Bear 등의 인형 캐릭터들이 펼치는 영국의 인기있었던 TV코미디물이다. 머펫(팔과 손가락으로 조작하는 인형)은 1950년대에 짐 헨슨(Jim Henson)과 프랑크 오즈(Frank Oz)에 의해 미국에서 만들어졌으며 미국 어린이 프로 『시새미 스트리트』(*Sesame Street*)에서 처음으로 인기를 모았다.

Murdoch, Iris (1919~1999) **머독, 아이리스**

영국의 소설가이자 철학자이다. 아일랜드 Dublin에서 출생하여 옥스퍼드 대학을 졸업하였다. 영국 재무성과 UN 등에서 근무한 뒤에 옥스퍼드 대학에서 철학을 강의하였다. 장편 《그물 속에서》*Under the Net*(1954)로 문단에 데뷔하였다. 이어서 《종》*The Bell*(1958), 《적(赤)과 녹(綠)》*The Red and the Green*(1965), 《천사들의 시대》*The Time of The Angels*(1966) 등, 다양한 작품을 발표하였다. 앵그리 영 멘 Angry Young Men의 한 사람이었다. 부커상(Booker Prize)을 수상하였고, 1987년에 데임dame 작위를 받았다.

Murdoch, Keith Rupert (1931~) **머독, 루퍼트**

오스트레일리아 출신의 세계적인 미디어 사업가이다. 영국의 《뉴스 오브 더 월드》*News of the World*, 《선》*The Sun*, 《더 타임스》*The Times*, 미국의 20세기 폭스20th Century Fox, 폭스방송Fox Television Network, 《TV가이드》*TV Guide*, 홍콩의 스타 티비Star TV 등, 전세계에서 700여 종의 사업을 펼치고 있는 미디어 재벌이다. 1990년대에는 영국과 일본의 위성 방송 BskyB, JskyB의 지분을 인수하기도 했다.

Murphy, Eddie (1961~) **머피, 에디**

미국의 코미디 영화에 많이 출연한 흑인 배우이다. 텔레비전 탤런트로 배우 생활을 시작하였다. 〈비버리힐스 캅〉*Beverley Hills Cop*(1984), 〈너티 프로페서〉*The Nutty Professor*(1996), 〈닥터 두리틀〉*Doctor Dolittle*(1998) 등의 영화에 출연하였다.

Murrow, Edward R. (1908~1965) **머로우, 에드워드 알.**

미국에서 'TV 저널리즘의 아버지'(the father of the television journalism)로 불리는 라디오와 텔레비전 언론인이다. 제2차 세계대전 때 CBS 방송의 유럽 지국장을 지냈고, 1950년대에는 CBS의 여러 프로그램을 맡았다. 미국 정보원(U. S. Information Agency) 원장을 지냈다.

Museum of Modern Art (MOMA) **뉴욕 현대미술관**

세계 최대의 현대 미술 및 사진 박물관이다. 1880년부터 작품 수집을 시작하여, 1939년에 뉴욕에 개관하였다.

Museum of the Moving Image (MOMI) **영국 영상 박물관**

영화, 텔레비전, 비디오, 기타 영상물의 발전상을 보여주는 영국의 박물관이다.

musical 뮤지컬 (= musical comedy)

뮤지컬 코미디musical comedy 또는 뮤지컬 플레이 musical play의 약칭이다. 뮤지컬은 19세기 미국에서 탄생하였는데, 근원은 유럽의 대중연극과 오페라, 오페레타 등이다. 당시 미국에서 성행한 해학희극(Burlesque)과 유럽의 오페레타를 섞은 것이었다. 작곡가 제롬 컨Jerome Kern, 대본에 리차드 로저스Richard Rodgers, 작사자 오스카 해머스타인Oscar Hammerstein 등이 미국인의 꿈과 향수를 소재로, 미국의 민요와 흑인 음악의 멜로디, 그리고 리듬으로, 미시시피 강을 왕래하는 쇼보트Showboat를 무대로 인생의 애환을 그린 〈쇼보트〉*Showboat*(1927)를 만들어 오늘날 뮤지컬의 기초를 다졌다. 이들은 이후에도 〈오크라호마!〉*Oklahoma!*(1943), 〈남태평양〉*South Pacific*(1949), 〈왕과 나〉*The King and I*(1951), 〈사운드 오브 뮤직〉*The Sound of Music*(1959) 등을 만들었다. 또 조지 거쉰George Gershwin은 〈랩소디 인 블루〉*Rhapsody in Blue*(1925), 퓰리처상을 받은 〈나는 너를 위해 노래한다〉*Of Thee I Sing*(1931), 〈포기와 베스〉*Porgy and Bess*(1935) 등을 내놓았고, 콜 포터Cole Porter가 〈키스 미 케이트〉*Kiss Me Kate*(1948)를 발표하였다.

이후에는 작사가 A. J. 러너A. J. Lerner와 작곡가 F. 로우F. Loewe가 등장하여 〈마이 페어 레이디〉*My Fair Lady*(1956), 〈웨스트 사이드 스토리〉*West Side Story*(1957), 〈지붕 위의 바이올린〉*Fiddler on the Roof*(1964), 〈헤어〉*Hair*(1967) 등을 만들었다. 1970년대에 들어와서는 줄거리가 미약한 〈코러스라인〉*Chorus Line*(1975), 〈그리스〉*Greece* 등이 뮤지컬의 새로운 바람을 일으켰고, 앤드류 로이드 웨버Andrew Lloyd Webber가 〈지저스 크라이스트 슈퍼스타〉*Jesus Christ Superstar*(1970), 〈에비타〉*Evita*(1978), 〈캐츠〉*Cats*(1981), 〈오페라의 유령〉*Phantom of the Opera*(1986), 〈선셋대로〉*Sunset Boulevard*(1993) 등의 브로드웨이 뮤지컬을 히트시켰다.

Mutiny on the Bounty **〈바운티호의 반란〉**

1789년 영국 군함 바운티호(the Bounty)에서 일어난 실화를 소재로 한 미국 영화이다. 선원 44명이 승선한 영국 군함 바운티호는 타히티Tihiti섬에서 나무를 싣고 돌아가다가 1등 항해사 크리스찬Christian 등 25명이 포악한 블라이 Bligh 함장에 반항하여 반란을 일으켜 함장 등 19명을 보트에 태워 해상으로 추방하고 타히티섬으로 돌아간다. 블라이 선장 일행은 48일 간의 표류 끝에 본국으로 생환하여 다시 배를 타고 반란자들을 잡으러 타히티섬으로 간다. 2년여의 세월이 흘러 크리스찬은 추장의 손녀와, 바이엄Byam은 아름다운 섬 색시와 결혼하여 살고 있다. 블라이 함장 역의 찰스 로턴Charles Laughton, 크리스찬 역의 클라크 게이블 Clark Gable, 바이엄 역의 프랜초트 톤Franchot Tone 등, 3명은 아카데미 남우주연상 후보에 올랐다.

mutual fund 뮤추얼펀드

미국에서 보급되고 있는 투자 신탁의 형태이다. 유가증권 투자를 목적으로, 회사의 주식을 투자가가 갖는 형태여서 투자가는 수익자인 동시에 주주가 된다. 투자가는 언제라도 주식을 매각할 수도 있다. 1940년에 투자회사법이 생긴 이후 급속히 성장하였다. 미국 투자 신탁의 주류일 뿐만 아니라, 세계 투자 신탁의 절반 이상을 차지한다. 국제적으로 회사형, 계약형을 불문하고 개방형의 투자 신탁을 뮤추얼펀드라고 하는 경우가 많다.

My Fair Lady 〈마이 페어 레이디〉

버나드 쇼George Bernard Shaw의 희곡《피그말리온》Pygmalion을 번안하여 만든 미국의 뮤지컬이다. 1956년에 브로드웨이에서 초연되었다. 언어학자 히긴스Higgins 교수가 런던의 꽃 파는 소녀를 6개월 만에 귀부인으로 만들고 말겠다는 친구와의 내기에서 이기고, 그녀와 맺어진다는 이야기이다. 2,717회의 장기 공연을 기록하였고, 20개 국 이상에서 공연되었다. 1964년에 영화화되어 작품상, 감독상 등 8개 부문의 오스카상을 수상하였다.

the My Lai Massacre 밀라이 학살

1968년 3월 16일 베트남 전쟁 중에 발생한 사건이다. 미군들이 베트남의 밀라이에서 어린이와 여자를 포함한 347명의 양민을 학살하였다. 1971년 그 학살을 지시한 윌리엄 캘리(William Calley) 중위는 무기징역을 선고받았으나 후에 10년 형으로 줄어들었고 1974년 석방되었다. 많은 미국인들이 이 사건에 경악했으며 이 사건을 계기로 월남전 반대의 목소리가 증가하였다.

N

NAACP (National Association for the Advancement of Colored People) **미국 흑인인권협회**

미국 흑인들의 인권을 옹호하기 위한 일을 하는 단체이다. 1909년에 설립되어 1960년대의 흑인 인권운동(civil rights movement)에 중요한 역할을 하였다. 그동안의 성과 가운데 가장 중요한 것은 흑백 분리 학교에 반대하는 1954년 대법원 판결을 받아낸 것이다.

nabisco 나비스코

미국의 대형 종합 식품 회사이다. 리츠Ritz 크래커, 오레오Oreo 비스킷 등을 생산한다.

Nabokov, Vladimir (1899~1977) **나보코프, 블라디미르**

러시아 출신의 미국 소설가이다. 러시아혁명으로 1919년에 유럽으로 망명하였다. 1922년에 캠브리지 대학Cambridge University을 졸업하였다. 1940년에 미국에 이주하였다. 이후 뛰어난 영어로 쓴 소설 《로리타》*Lolita*(1955)로 유명해졌다. 코넬 대학Cornell University에서 교수를 지내다 1958년 이후 스위스에서 살았다. 《로리타》 외에도 《창백한 불》*Pale Fire*(1962), 《선물》*The Gift*(1963), 《절망》Despair(1966), 《아다》*Ada*(1969) 등의 작품이 있다.

NAFTA (North American Free Trade Agreement) **북미 자유무역협정**

미국과 캐나다, 멕시코 3국의 자유무역을 허용하는 것을 골자로 1989년에 체결한 협정이다.

names 성명

영국이나 미국 사람들의 이름은 대개 '성'(surname 또는 last name)과 함께 하나 또는 둘 이상의 '이름'(first name 또는 middle name)을 가지고 있다. 이 '이름'을 통칭해서 '기븐 네임'given name 또는 '크리스천 네임'Christian names라고도 한다. 이름은 대개 유명 인사들의 이름을 따서 짓거나, 성경에 나오는 인물의 이름을 그대로 가져오는 경우가 많다. 제이콥Jacob, 매튜Matthew, 메리Mary, 새라Sarah 등은 성경에 나오는 인물의 이름들이다. 또, 영국 찰스Charles 왕세자의 왕자들에게 William과 Harry라고 지어준 뒤에는 William과 Harry라는 이름이 부쩍 많아졌고, 아주 드물었던 첼시Chelsea라는 여자 이름도 미국 빌 클린턴Bill Clinton 대통령의 딸의 이름인 것으로 알려지자 아주 흔해진 것 등은 좋은 예다.

맏아들에게 아버지나 할아버지의 이름을 따서 senior(Sr.) 또는 junior(Jr.), the third(III) ... 등으로 지어주는 집안도 있다. 예를 들면, 빌 클린턴 시니어Bill Clinton Sr.의 아들은 빌 클린턴 주니어Bill Clinton Jr.로, 그리고 손자는 빌 클린턴 3세Bill Clinton III로 짓는 것이다.

친구나 친척, 심지어 부모에게도 퍼스트 네임first name을 부르는 경우가 많은데, 이것은 친근함과 격의 없음을 나타내는 것이다. 성명을 모두 쓰는 것은 아주 드물게 공식 서류 같은 데나 쓰고, 대개는 George W. Bush처럼 '미들 네임'middle name은 머리글자(initial)로 쓴다. 때로는 first name까지도 이니셜로 쓴다.

nanny 유모

주로 19세기에서 20세기 초까지 영국의 상류층 가정에서 기거하며 자녀를 돌봐주던 나이 든 유모를 말한다. 요즘은 주로 젊은 아가씨들, 특히 영어를 배우려는 외국 여학생들이 유모(nanny)의 자리를 차지했다. 이들은 '오 페어'au pair 라고 한다. 미국 가정에서 흔히 볼 수 있다.

NASA (National Aeronautics and Space Administration) **미국 항공우주국**

흔히 약칭 그대로 나사NASA라고 부른다. 1958년에 아젠하워Eisenhower 대통령에 의해 설립된 정부기관으로, 미국의 모든 우주 개발을 총괄하고 종합적인 우주 계획을 추진한다. 1969년 달 착륙을 실현한 아폴로 계획(Apollo Project)도 이곳에서 추진하였다. 그후 유인 우주선으로 지구 궤도에서 과학실험을 하는 스카이랩 계획(Skylab Program)을 실시하였고, 현재 우주 왕복선을 중심으로 우주 개발에 힘쓰며 대규모 우주 정거장 건설을 계획하고 있다. 본부는 워싱턴 D.C.에 있지만, 플로리다주 케이프 커내버럴Cape Canaveral에 있는 우주선 발사기지 케네디 우주센터(John F. Kennedy Space Center), 캘리포니아주 파사데나Pasadena의 제트추진 연구소(Jet Propulsion Laboratory), 텍사스주 휴스턴Huston의 존슨 우주센터(Lyndon B. Johnson Space Center) 등의 산하 기관들을 두고 있다.

Nash, John (1928~) **내쉬, 존**

미국의 수학자이다. 21세 때부터 10년 동안 눈부신 연구 업적을 내놓고 제2의 아인슈타인으로 불렸지만, 그는 정신분열증에 걸리고 말았다. 30여 년 동안 망상에 사로잡힌 채 프린스턴 대학을 배회하는 슬픈 유령 같은 존재가 되고 말았다. 내쉬는 1950년에 프린스턴 대학 박사학위 논문으로 제출한 합리적 갈등과 협력의 균형이론인 '비협력게임'(Non-Cooperative Games)으로 거의 반세기만인 1994년에 노벨 경제학상을 수상했다. 수학자가 노벨 경제학상을 받은 것은 이례적인 일이다. 그의 논문은 신경제학의 새로운 패러다임을 제시하였다. 그의 이야기는 《뷰티플 마인드》*A Beautiful Mind*라는 제목으로 영화로도 제작되었다.

Nash, John (1752~1835) **내쉬, 존**

영국의 건축가이다. 조지George 4세가 된 리젠트Regent 왕자를 위해 리젠트 공원(Regent Park)를 설계하였다. 트라팔가 광장(Trafalgar Square)과 성 제임스 공원(St. James Park)도 설계하였다.

Nashville 내쉬빌

테네시Tennessee주의 주도이다. 컨트리 음악의 중심지로, 전 미국의 레코드 절반 이상이 생산되고 있는 음악 산업의 도시이다. 아테네의 파르테논 신전을 실물 그대로 복원한 파르테논 등 시내에 그리스풍 건축물이 많아서 남부의 아테네라 불리기도 한다. 라이브 쇼로 인기 있는 그랜드 올 오프리 Grand Ole Opry, 밴더빌트 대학(Vanderbilt University)을 비롯해 16개의 대학을 보유한 교육 도시이자, 700여 개의 교회와 많은 종교 관계 출판사 등이 모여 있다.

Natchez 내치스

미시시피주의 도시 이름이자, 이 내치스Natchez시 근처 Mississippi 강 유역에 살았던 인디언 부족 이름이다.

Nation, Carry (1846~1911) **내이션, 캐리**

미국의 사회운동가였다. 술집에 들어가 술병이나 술통을 부수며 금주운동을 벌인 여성으로 유명하다. 그래서 여러 차례 구속되기도 하였다. 술 외에도 담배나 외국 식품, 여성 누드화 등도 그녀에게는 파손의 대상이었다.

National Air and Space Museum 미국 항공우주박물관

워싱턴에 있는 스미스소니언 박물관(Smithsonian Institute)의 일부이다. 라이트Wright 형제의 비행기, 찰스 린드버그Charles Lindbergh의 비행기 스피릿 오브 세인트 루이스Spirit of St. Louis, 아폴로 11호Apollo 11 등의 잔해 등이 전시되어 있다.

national anthems 국가(國歌)

영국의 국가 제목은 〈신이시여 여왕을 구하소서〉*God Save the Queen/King*이다. 작사와 작곡가가 알려지지 않았다. 세계에서 가장 오래된 국가로 알려져 있다. 18세기에 국가로 지정되었다고 한다. 6절까지 있는데, 1절의 가사는 다음과 같다.

God save our gracious Queen,
Long live our noble Queen,
God save the Queen!
Send her victorious,
Happy and glorious,
Long to reign over us;
God save the Queen!
신이시여 우리의 자비로운 여왕을 구원하시고
고귀한 우리의 여왕이 만수무강하게 하소서
신이시여 우리의 여왕을 구원하시고

승리와 행복과 영광을 주소서
그리하여 오래도록 우리를 통치하게 하소서
신이여 여왕을 구원하소서

미국의 국가 제목은 〈성조기여 영원하라〉 *The Star Spangled Banner*이다. 영국과의 독립 전쟁을 치르던 중에 만들어진 이야기가 전해진다. 1931년에 국가로 지정되었다. 앞 부분의 가사는 다음과 같다.

Oh, say can you see by the dawn's early light,
What so proudly we hailed at the twilight's last gleaming?
Whose broad stripes and bright stars thru the perilous fight,
O'er the ramparts we watched were so gallantly streaming?
And the rocket's red glare, the bombs bursting in air,
Gave proof thru the night that our flag was still there.
Oh, say does that star-spangled banner yet wave
O'er the land of the free and the home of the brave?

동이 트는 오늘 새벽에도 어젯밤 우리가 석양 빛 속에도
가슴깊이 환호하고 있던 깃발을 우리는 자랑스럽게 본다.
그 누구의 광활한 띠이며 빛나는 별들이기에
우리를 감싸는 성조기는 치열한 전투 중 우리가
사수한 성벽 위에서도 의연히 나부끼고 있었다.
붉게 타오르며 작렬하는 포화와 치열한 폭탄 속에서도
우리의 성조기가 우뚝 서 있음을 우리는 보았다.
오! 자유의 땅, 용감한 백성의 땅 위에
성조기는 지금도 휘날리고 있다.

National Archives 국가기록보관소

미국의 역사기록, 문서, 필름, 지도 등을 보관하는 정부기관이다. 워싱턴 D.C.에 있다. 독립선언문(Declaration of Independence), 미국 헌법(American Constitution), 권리장전(Bill of Rights) 등도 이곳에 보관되어 있다.

National Book Award 전국도서상

미국 출판협회(Association of American Publishers)가 해마다 수여하는 문학상이다. 소설, 비소설, 시, 청년문학 등의 각 부문별 수상자는 1만 달러의 상금을 받는다.

National Book Critics Circle 미국 출판평론가협회

1974년에 결성되어 현재 700여 명의 회원이 가입되어 있다. 결성하면서 미국출판평론가협회상National Book Critics Circle Awards을 제정하여 소설・비소설・전기・자서전・시・비평 부문에 상을 수여하고 있다.

National Consumer Council 전국소비자회의

영국 정부가 1975년에 설립한 독립기관으로 소비자를 대신하여 기업과 제품의 불만을 해결하고 품질을 향상시키는 데 도움이 되는 일을 한다.

National Consumers League (NCL) 전국소비자연맹

1899년에 결성된 미국의 비영리 소비자 단체이다. 소비자의 권익을 보호하기 위한 입법에 영향력을 행사하기도 한다.

National Curriculum 국가교육과정

1988년에 영국의 잉글랜드와 웨일즈에 전국적인 교육 과정이 도입되었다. 5세에서 16세까지의 아동 교육이 5-7세의 1단계, 7-11세의 2단계, 11-14세의 3단계, 14-16세의 4단계로 나뉘었다. 1～2단계의 어린이들은 영어, 수학, 과학, 기술, 역사, 지리, 음악, 미술, 체육을 배우고, 3단계에서는 외국어가 추가되고, 4단계에서는 영어, 수학, 과학, 체육, 기술, 외국어를 필수로 하여 몇 과목이 선택으로 추가된다. 웨일즈에서는 웨일즈어가 추가된다.

그리고 7세, 11세, 14세마다 표준학력평가시험(standard assessment tasks, SATs)을 본다. 체육, 음악, 미술을 제외하고 8등급으로 평가된다. 4단계의 마지막 학년인 16세에는 학력고사 'GCSE'를 본다. 이 시험은 16세까지의 교육 과정을 총평한다.

미국에서는 전국적인 교육 과정이 없다. 초중등학교의 교육은 각 주정부가 책임을 지고 있다. 다양한 민족들이 모여 사는 미국에서는 학교의 교육 과정에 논란이 많다. 읽기와 쓰기, 수학 등 기본 교과목에 중점을 두고 가르치자는 의견과 흑인들처럼 자신들의 문화와 역사를 존중하자는 의견이 분분하다.

National Exhibition Centre (NEC) 영국 종합전시장

영국 버밍햄Birmingham 근처에 있는 종합 전시장이다. 1976년에 개장했는데, 모터쇼Motor Show 같은 전시 행사가 1년에 100여 건씩 열린다.

National Farmers' Union (NFU) 전국농민연합

잉글랜드와 웨일즈의 농민 단체이다. 노동조합은 아니고, 농민들에게 필요한 자문과 지원을 하는 단체이다.

National Film Theatre (NFT) **영국 국립영화관**

런던의 사우스 뱅크South Bank에 있는 영화관이다. 영국 영화원(British Film Institute)이 운영하고 있다. 영국과 외국의 우수 영화들을 상영하고, 런던 영화제(London Film Festival)가 해마다 이곳에서 개최된다. 1988년에 영국 영상박물관(Museum of Moving Image)이 극장 옆에 문을 열었다.

National flag 국기

미국인들에게 국기(national flag)는 대단히 중요한 상징물이다. 미국의 국기는 성조기(Stars and Stripes)라고 하는데, 초등학교에서부터 '국기에 대한 맹세'(pledge of allegiance)를 하고, 국기 다루는 법을 배운다. 예를 들어, 국기를 접는 방법이나 비가 오거나 눈이 내리는 날에는 국기를 달지 않고, 해지기 전에 국기를 내려야 한다는 것 등이다. 1960년대 베트남전에 항의하는 사람들이 성조기를 불태운 적이 있어, 많은 사람들이 강한 반감을 가졌다. 그러나 1990년대에 대법원이 국기를 불태우는 것도 헌법이 보장하고 있는 언론 자유의 행위로 판결을 내렸다.

성조기를 불태우는 시위 군중

National Football Conference (NFC) **미식축구 내셔널컨퍼런스**

미식축구 NFL 산하의 두 컨퍼런스 중 하나이다. NFC에는 동부 그룹Eastern Division의 달라스 카우보이Dallas Cowboy, 뉴욕 자이언츠New York Giants, 필라델피아 이글스Philadelphia Eagles, 애리조나 카디널스Arizona Cardinals, 워싱턴 레드스킨스Washington Redskins, 중부 그룹(Central Division)의 시카고 베어스Chicago Bears, 디트로이트 라이언스Detroit Lions, 그린베이 패커스Green Bay Packers, 미네소타 바이킹스Minnesota Vikings, 탬파베이 부커니어스Tampa Bay Buccaneers, 서부 그룹(Western Division)의 애틀랜타 팰컨스Atlanta Falcons, 세인트루이스 램스St. Louis Rams, 뉴올리언스 세인츠New Orleans Saints, 샌프랜시스코 포티나이너스 San Francisco 49ers, 캐롤라이나 팬더스Carolina Panthers 등 3개 그룹의 15개 팀이 소속되어 있다. 정규 시즌이 끝나고 각 그룹의 우수 2개 팀씩 6개 팀이 경기를 벌여 최종 우승 팀을 뽑고, NFC의 우승 팀은 아메리칸 컨퍼런스 American Football Conference(AFC)의 우승 팀과 겨루는 슈퍼볼Super Bowl 경기에 나간다.

National Football League (NFL) **미식축구연맹**

미국의 프로 미식축구 팀들의 단체이다. 1933년에 결성되어 경기를 가져오고 있다. NFL은 각각 15개 팀들이 소속되어 있는 아메리칸 컨퍼런스(American Football Conference, AFC)와 내셔널 컨퍼런스(National Football Conference, NFC) 두 컨퍼런스로 나뉜다. 정규 시즌이 끝나고 두 컨퍼런스의 우승 팀이 슈퍼볼Super Bowl에 나가 경기를 펼친다.

National Gallery 영국 국립 미술관

런던의 트라팔가 광장(Trafalgar Square)에 있는 국립 미술관이다. 14세기부터 20세기 초까지 모든 양식의 국가 소유 미술 작품들을 소장하고 있다.

National Gallery of Art 미국 국립 미술관

미국 정부가 관리하는 워싱턴 D.C. 소재 국립 미술관이다. 스미스소니언 박물관(Smithsonian Institution)의 일부이다. 앤드류 멜런Andrew Mellon이 사망하면서 자신의 소장 미술품들을 국가에 기증한 1937년에 설립되었다. 서쪽 건물에는 라파엘Raphael, 루벤스Reubens, 렘브란트 Rembrandt, 엘 그레코El Greco 등, 유명 화가들의 작품들이 소장되어 있고, 동쪽 건물은 1978년에 지어져 20세기 현대 미술품들을 소장하고 있다.

National Geographic 《내셔널 지오그래픽》

미국 국립지리학회(National Geographic Society)가 발행하는 월간 잡지이다. 1888년에 창간되었다. 처음에는 지리 관련 지식을 보급하기 위하여 발간되었으나, 현재는 지구에 관한 진실을 흥미롭게 전하는 세계적인 잡지로 발전하였다. 1,000만 부가 넘는 발행부수를 자랑하고 있다. 컬러 사진을 풍부하게 싣는 것이 특색이고, 지구가 둥글다는 것을 증명한 사진, 수중 촬영, 공중 촬영 등의 사진을 처음 게재한 잡지이기도 하다. 학회는 이 잡지를 비롯한 도서 외에도 텔레비전 시리즈로 제작하여 방영하고 있다.

National Guard 미국 주방위군

미국 각 주에서 모병제로 보유하는 병력이다. 전국에 약 50만 명 정도 된다. 환란이나 천재지변이 발생했을 때 소집된다. 1960년대 흑인 인권운동(civil rights movement) 때, 반대하는 주들과 지지하는 연방정부가 각각 소집하였다. 1970년대에는 베트남 전쟁 반대 시위를 하던 켄트 대학(Kent University) 학생 4명을 주방위군이 사살한 사건도 있었고, 1990년의 걸프전에 참전하기도 했다.

National Health Service (NHS) 영국 국가의료보장체계

의료비를 정부가 거의 부담하는 영국의 의료보장체계이다. 1946년에 노동당 정부가 복지국가체계의 일환으로 도입하였고, 국민들도 중요성을 크게 인식하고 있으나, 1990년대부터 민감한 정치적 이슈가 되었다. 처음 제도를 도입할 당시에는 모든 사람들에게 치과를 비롯한 모든 병의원의 의료비를 무료로 하였으나, 1960년대에는 약품이나 치과 진료가 제외되었다. 그래도 계속되는 의료비의 정부 부담이 늘어나자, 마가렛 대처Margaret Thatcher 정부는 1991년에 인터널 마켓internal market이라는 개편안을 마련하였다. 중앙 정부가 환자들의 진료비로 지급하는 의료 비용을 가지고 의사들이 독자적으로 운영할 수 있는 여지를 준 것이다. 다시 말해, 의사들이 개인 병원이나 의원을 열어 경영하는 것을 장려한 것이다.

National Insurance (NI) 영국 국가보험

영국의 모든 근로자들이 지불하는 연금보험 성격의 비용이다. 실업자들에게 지불하는 실업 수당이나 국가의료보장체계(NHS)의 의료 비용 등에 지출된다. 복지 국가로서의 중요한 부분을 담당한다. 성인이 되면 국가보험번호(National Insurance number)라고 하는 한국의 주민등록번호와 같은 역할을 하는 보험 번호가 모두에게 부여된다.

National League (NL) 내셔널 리그

아메리칸리그American League와 함께 미국 프로 야구 양대 연맹의 하나이다. 캐나다 팀을 포함해 14개팀이 속해 있으며, American League 우승 팀과 월드 시리즈World Series에서 경기를 갖는다. 동부 그룹(Eastern Division)에 애틀랜타 브레이브스Atlanta Braves, 플로리다 말린스Florida Marlins, 몬트리올 엑스포스Montreal Expos(캐나다), 뉴욕 메츠New York Mets, 필라델피아 필리스Philadelphia Phillies, 중부 그룹(Central Division)에 시카고 컵스Chicago Cubs, 신시내티 레즈Cincinnati Reds, 휴스턴 애스트로스Houston Astros, 피츠버그 파이어레이츠Pittsburgh Pirates, 세인트루이스 카디널스St. Louis Cardinals, 서부 그룹(Western Division)에 콜로라도 로키스Colorado Rockies, 로스앤젤레스 다저스Los Angeles Dodgers, 샌디에고 파드레스San Diego Padres, 샌프란시스코 자이언츠San Francisco Giants 등의 팀들이 소속되어 있다.

National Lottery 영국 복권

1994년 영국 정부에서 도입한 복권이다. 카멜롯Camelot이라는 회사가 운영한다. 예술, 스포츠, 사회복지 등의 기금을 모으기 위해 만들었다.

National Motto 미국 국가 모토(표어)

미국의 국가인 〈성조기여 영원하라〉 *The Star-Spangled Banner*에 나오는 가사를 따서 1955년부터 미국의 공식 모토로 삼았다. "In God We Trust"(우리는 신을 믿습니다.)이다. 미국의 모든 지폐나 동전에 이 글귀가 들어가 있다. 물론 각 주는 나름대로의 모토를 따로 가지고 있다.

National Organization for Women (NOW) 전국여성단체

1966년 미국의 여성운동가 베티 프리단Berry Friedan이 설립하여 초대 회장을 지낸 미국의 여성 단체이다. 현재 회원이 25만 명을 넘는다.

National Portrait Gallery 국립 초상화 박물관

영국사에서 유명한 수천 명의 인물들의 초상화 및 사진을 소장하고 있는 런던의 박물관으로 국립 갤러리 옆에 있으며 1896년에 문을 열었다.

National Railway Museum 영국 철도박물관

런던의 과학 박물관(Science Museum)의 분관으로 1975년에 요크York에서 개관하였다. 증기기관에서부터 객차 등

세계적인 철도 관련 자료들을 소장하고 있다.

National Rifle Association (NRA) **미국 총기협회**

1871년에 창립된 미국의 총기 사용자 단체로, 사냥과 스포츠, 자기 방어 등을 위한 총기 사용을 지원하고 있다. 회원이 3백 4십만이나 된다. 총기의 개인 소유로 말미암아 미국 사회에 발생하는 많은 문제점들 때문에 개인의 총기 소지를 제한하려는 의회의 움직임을 미국 헌법 정신을 들어 제동을 걸고 있다.

national scenic area 국가 풍치지구

스코틀랜드에서 시행하고 있는 뛰어난 자연 경관 보존 지역이다. 잉글랜드와 웨일즈의 국립공원제도와 비슷한 것으로, 국토의 15%나 차지한다.

National Security Council (NSC) **국가안보회의**

미국의 국가 안보와 국방과 관련한 정책에서 대통령에 자문을 해주는 위원회이다. 1947년에 설치하였다. 대통령이 의장이고, 부통령(Vice-President)과 국무 장관(Secretary of State), 국방 장관(Secretary of Defence) 등이 NSC의 위원으로 참여한다. 합참 의장(Chairman of the Joint Chiefs of Staff)과 CIA 국장(Director of the CIA) 등의 자문을 받는다.

National Theatre 영국 국립극장 (= Royal National Theatre)

런던의 사우스뱅크South Bank에 있는 영국의 국립극장이다. 3개의 극장을 보유하고 고전과 현대를 넘나드는 광범위한 영역의 연극들을 공연하고 있다.

National Trust (NT) **내셔널 트러스트**

영국의 역사적인 건축물이나 뛰어난 자연 경관 지역의 보존을 목적으로 하는 민간 단체이다. 시민들의 자발적인 모금이나 기부, 증여를 통해 보존 가치가 있는 자연 자원과 문화 자산을 확보하여 시민 주도로 영구히 보전하고 관리하는 시민 단체이다. 정식 명칭은 National Trust for Places of Historic Interest and Natural Beauty(사적지와 자연 명승지를 위한 내셔널 트러스트)이다. 1895년에 변호사 로버트 헌터Robert Hunter, 여성사회운동가 옥타비아 힐Octavia Hill, 목사 캐논 하드윅 론슬리Canon Hardwicke Rawnsley 등이 설립하였다. 이들은 산업혁명으로 인해 파괴되고 훼손되던 영국의 오래된 기념물이나 사적, 토지 등을 구매하여 법률의 결함과 맞서 싸웠다. 1907년에는 '내셔널트러스트법'이 만들어져 단체의 기초를 확립하였다. 이 법은 아름답고 역사적으로 중요한 토지와 건물을 국민의 이익을 위해 영구히 보존해야 하고, 취득한 대상물에 대해서는 양도 불능을 선언할 수 있다고 규정하였다. 제2차 세계대전 후에는 산업혁명 당시의 공장이나 운하를 산업 기념물로 보전하였고, 1965년에 해안선 매수 계획인 넵튠Neptune 계획을 추진하였다. 이 계획으로 1982년에 잉글랜드, 웨일즈, 북아일랜드에서 아직 파괴되지 않은 해안선 1/3가량을 보호할 수 있었다. 미국과 캐나다, 오스트레일리아에서도 이 제도를 도입해 해안선을 매입하고 법적으로 보호하고 있다.

재정은 대부분 회원들이 부담하는 회비와 기부금으로 조달한다. 1895년에 조그만 민간 단체로 출발했으나, 현재 회원이 260만 명에 이르고, 영국 최대의 토지 소유 단체가 되었다. 영국 전체 토지의 1.5%, 해안 지역의 17%를 소유하고 있다. 미국, 일본, 뉴질랜드 등 24개 국에서 내셔널 트러스트가 활동한다.

Native Americans 네이티브 아메리칸 / 토착 미국인

유럽인들이 아메리카 대륙에 건너오기 전에 이미 살고 있던 사람들인 '아메리카계 인디언'American Indians을 북미 지역에서 부르는 말이다. 미국에서는 오랫동안 인디언들과의 전쟁을 방지하고, 여러 방면에서 생활 개선을 위해 노력하여 지금은 농업, 산업, 보건, 교육 등에 관한 지원이 성공을 거두고 있다. 최근 수십 년 사이에 남부에서 유전이 발견되어 남부의 인디언은 매우 유복해졌으며, 지금도 가난한 북부의 부족들과는 많은 차이가 생겼다. 미국 시민들은 다른 유색인종들보다는 인디언들에 많은 동정심을 가지고 있으며, 미국 땅의 본래 소유자라는 점에서 그들을 인정하려고 한다. 그러나 시민권은 1924년에야 주어졌다. 인디언 보호구역은 대부분 미시시피 강의 서쪽에 있는데, 200개가 넘는다.

***Native Son* 《토박이》**

미국 흑인 작가 리차드 라이트Richard Wright가 1940년에 발표한 소설이다. 피부색 때문에 천대를 받는 시카고의 한 가난한 흑인 청년의 이야기를 다루고 있다. 그는 백인 소녀를 살해하고 사형을 받는다. 인종 문제와 관련하여 큰 반향을 일으키고, 다른 작가들에게도 영향을 주었다.

Natural History Museum 영국 국립 자연사박물관

식물과 동물, 곤충, 화석, 광물 등에 관한 정보를 소장하고 전시하고 있는 런던의 박물관이다. 소장 품목이 너무 많아서 아직 알려지지 않은 곤충들을 발견하는 일이 흔하다고 한다. 본래 영국 박물관(British Museum)의 일부였으나, 1963년부터 독립하였다.

Navajo 나바호 (= Navaho)

미국 최대의 인디언 부족이다. 약 10만 명으로 추산되며, 대부분 애리조나주, 뉴멕시코주, 유타주의 인디언 보호구역(reservations)에 살고 있다. 주로 농업과 목축(양)업을 하며 살고 있다. 유전이 개발되어 소득이 향상된 사람들이 많다. 카펫이나 담요를 짜는 부족으로 잘 알려져 있다.

Navratilova, Martina (1956~) **나브라틸로바, 마르티나**

체코 태생의 미국 테니스 선수이다. 여자 테니스 역사상 가장 우수한 선수로 평가받는다. 윔블던Wimbledon 대회에서 9번 우승하고, 유에스 오픈US Open 대회에서 4번 우승한 것을 비롯하여 많은 대회에서 우승을 거두었다.

NBA (National Basketball Association) **미국 프로농구협회**

1949년에 27개 프로 농구팀으로 결성되었다. 뒤에 캐나다 팀이 합세하여, 현재 동부와 서부로 나뉜 2개의 컨퍼런스conference가 또 4개의 지역 그룹(division)으로 나뉘어 모두 29개 팀을 산하에 두고 있다. 매년 11월에 정규 시즌을 시작하여 시즌 중간이 되는 2월경에 올스타전을 하고, 5월에 챔피언을 가리는데 정규 시즌 MVP와 결승전 MVP를 따로 뽑는다. 이스턴 컨퍼런스Eastern Conference에는 대서양 그룹(Atlantic Division)의 보스턴 셀틱스Boston Celtics, 마이애미 히트Miami Heat, 뉴저지 네츠New Jersey Nets, 뉴욕 닉스New York Knicks, 올랜도 매직Orlando Magic, 필라델피아 세븐티식서스Philadelphia 76ers, 워싱턴 위저즈Washington Wizards 등의 7팀과, 중부 그룹(Central Division)의 애틀랜타 호크스Atlanta Hawks, 뉴올리언스 호니츠New Orleans Hornets, 시카고 불스Chicago Bulls, 클리블랜드 캐벌리어스Cleveland Cavaliers, 디트로이트 피스톤스Detroit Pistons, 인디애나 페이서스Indiana Pacers, 밀워키 벅스Milwaukee Bucks, 토론토 랩터스Toronto Raptors(캐나다) 등 8개 팀이 소속되어 있고, 웨스턴 컨퍼런스Western Conference에는 중서부 그룹(Midwest Division)의 달라스 매버릭스Dallas Mavericks, 덴버 너겟츠Denver Nuggets, 휴스턴 로케츠Houston Rockets, 미네소타 팀버울브스Minnesota Timberwolves, 샌 안토니오 스퍼스San Antonio Spurs, 유타 재즈Utah Jazz 등 6개 팀과, 태평양 그룹(Pacific Division)의 멤피스 그리즐리스Memphis Grizzles, 골든스테이트 워리어스Golden State Warriors, 로스앤젤레스 클리퍼스Los Angeles Clippers, 로스앤젤레스 레이커스Los Angeles Lakers, 피닉스 선스Phoenix Suns, 포틀랜드 트레일 블레이저스Portland Trail Blazers, 새크라멘토 킹스Sacramento Kings, 시애틀 슈퍼소닉스Seattle SuperSonics 등 8개 팀이 소속되어 있다.

NBC (National Broadcasting Company) **엔비씨 방송**

미국의 3대 방송사 가운데 가장 먼저 1926년에 RCA사가 설립한 방송사이다. 텔레비전 방송은 1940년에 방송을 시작했다. 현재 제너럴일렉트릭General Electric사가 소유하고 있고, 록펠러센터Rockefeller Center에 본사가 있다.

NCAA (National Collegiate Athletic Association) **미국 대학스포츠협회**

미국의 대학 스포츠를 관장하고, 대학간의 스포츠 경기의 규정을 제정하는 단체이다. 1906년에 창립되어 현재 1,000개가 넘는 대학들이 소속되어있다. 선수와 경기에 대한 정보를 제공하기도 한다.

NEA (National Education Association) **전국교육협회**

학교제도나 교사들의 근무 조건을 향상시키는 것을 목적으로 하는 미국 교사들의 노동조합이다. 1857년에 설립되어 2백 30만이 넘는 교사들이 조합원으로 가입하고 있다. 임원들이 대부분 현직 교사들이어서 임기가 끝나면 교직으로 다시 돌아간다. 교육자로서 노동자는 아니라는 입장을 견지하고 있다. AFT(American Federation of Teachers, 미국 교사연맹)과 더불어 미국의 양대 교원노조 가운데 하나이다.

Nebraska 네브라스카주

미국 중서부의 주이다. 주도는 링컨Lincoln이고, 주 최대 도시는 오마하Omaha이다. 농업과 산업기계, 전기 제품 등이 주산업이다.

Neighbourhood Watch 주민자경체제

지역 주민들이 범죄를 예방하기 위해 조직한 영국의 자치 체제이다. 이 체제에 가입한 이웃집에 수상한 사람이나 사물을 보면 경찰에 알리도록 하고 있다. 이웃에 의해 감시당한다는 생각에 가입을 하지 않는 사람들도 있다. 이 지역에는 거리에 '주민 자경 표지판'(Neighbourhood Watch Sign)이 세워져 있다.

주민 자경 간판

Nelson's Column 넬슨 탑

런던의 트라팔가 광장(Trafalgar Square) 한가운데 넬슨 경을 기념하여 세운 큰 탑이다. 꼭대기에 넬슨 경의 동상이 얹혀 있다. 런던의 관광 명소의 하나이다.

neoclassicism 신고전주의

고대 그리스와 로마의 양식에 영향을 받은 미술과 건축, 디자인의 양식을 말한다. 18세기 후반에 유럽과 북미 대륙에서 유행하였다. 이 시내 많은 건축물들이 기하학적인 형태와 직선, 그리스식 기둥으로 설계되었다.

Ness, Eliot (1902~1957) 네스, 엘리엇

미국에서 금주법(Prohibition)이 시행되던 당시 법무부의 공무원이다. '언터처블스'Untouchables라는 팀을 이끌고 시카고의 알 카포네Al Capone가 운영하던 불법 주류 제조 공장을 기습하였다. 엘리엇 네스의 활동을 바탕으로 〈언터처블스〉 *The Untouchables*라는 제목의 텔레비전 연속극과 영화가 제작되기도 했다.

Netscape 넷스케이프

인터넷에 접속하여 월드 와이드 웹 서비스를 이용하게 해주는 프로그램의 한 종류이다. 웹 브라우저, 전자우편 및 뉴스그룹 프로그램, 홈페이지 제작 툴 등을 포함하고 있는 강력한 인터넷 도구로, 현재 사용하고 있는 인터넷 접속 프로그램의 기법을 처음 고안한 넷스케이프 커뮤니케이션스 Netscape Communications라는 회사에서 만든 인터넷 접속 프로그램이다. 인터넷을 지금과 같이 널리 활용될 수 있도록 하는데 크게 기여한 최초의 월드 와이드 웹 서비스용 프로그램이라 할 수 있다. 인터넷 익스플로러보다 전송 속도가 더 빠르다고 알려져 있기 때문에, 사용자층에서는 인터넷 익스플로러보다는 넷스케이프 커뮤니케이터를 선호하는 경향이 있다. 그러나 인터넷 익스플로러에게 여러 모로 시장을 추월당하는 입장에 처해 있어 무료 배포로 정책을 바꾸고 개발자들을 위해 소스 프로그램을 공개하고 있다.

현재 넷스케이프 커뮤니케이션스사는 AOL에 인수되었지만, 회사명과 제품들의 이름은 유지한 채 그 영향력을 키워가고 있다. 넷스케이프 커뮤니케이터는 네트워킹 프로그램 언어인 자바JAVA에 대해서 비교적 호환성이 좋고, 인터넷을 운용하는 도구라는 본래 기능에 충실한 프로그램이라는 특징을 가지고 있다. 버전 3.0까지는 넷스케이프 내비게이터Netscape Navigator라고 불렀으며, 버전 4.0 이후로는 넷스케이프 커뮤니케이터Netscape Communicator라고 이름을 바꾸었다. 4.0 이전 버전에는 웹 브라우저와 뉴스 그룹, 전자 우편 기능이 있었고, 4.0에서는 웹 제작 도구, 알람 기능 등과 같이 다양한 종류의 프로그램들이 추가되었다. 최근에 개발된 4.5에서는 인터페이스 측면에서 상당한 발전을 이루었다.

Neumann, Johann von (1903~1957) 노이만, 요한 본

헝가리 출신의 미국 수학자이다. 1927년 베를린 대학 강사로 있다가, 1930년 미국으로 건너가 프린스턴 대학 강사, 이어 수리물리학(Mathematical Physics) 교수를 거쳐, 1933년 프린스턴 고등연구소 교수가 되었다. 1937년에 미국 시민권을 획득하고, 1943년 이후에는 미국 원자력위원회에서 활약하였다. 그의 연구는 수학 기초론에서 시작하여 양자역학(Quantum Mechanics)의 수학적 기초설정, 수리경제학이나 게임이론에 이르기까지 다양하였다. 저서에 《게임의 이론》*Theory of Games*(1928), 《양자역학의 수학적 기초》*The Mathematical Foundations of Quantum Mechanics*(1932), 《게임이론과 경제행동》*Theory of Games and Economic Behaviour*(1944) 등이 있다. 고속도 전자계산기(MANIAC: 기상 연구에 이용된 초기의 컴퓨터)의 연구 및 제작과 수치해석에 기여한 공로로 페르미상(Fermi Award)을 수상하기도 했다.

Nevada 네바다주

미국 서부의 주이다. 주도는 카슨시티Carson City이다. 주의 대부분은 사막과 고원 산악 지대로 구성되어 있다. 남부는 사막 기후로 미국에서 가장 건조한 지역이나, 산지에는 삼림도 있고, 겨울에는 눈이 많아 스키가 성행한다. 대륙 횡단 철도와 자동차 도로가 발달되었다. 최대 산업은 관광 산업으로, 라스베가스Las Vegas와 리노Reno가 유명하며, 도박과 이혼이 쉬운 곳으로 알려졌다. 도박에 대한 세금은 주의 중요한 재원이 된다. 자연미로 알려진 타호호(Lake Tahoe)와 후버 댐Hoover Dam, 고스트 타운ghost town 등, 풍부한 관광 자원을 가지고 있다.

Never Never Land 네버네버랜드

《피터팬》*Peter Pan*에 나오는 상상의 낙원이다. 피터팬과 어린이들이 해적과 동물들과 함께 성장하지 않은 채 날아다니며 여러 가지 모험을 하는 곳이다.

New Age Movement 뉴에이지운동

현대 서구사회가 지닌 물질문명의 가치와 문화에 회의를 가지고 전통적인 것에서 정신적인 자각을 찾으려는 신문화운동이다. 무신론과 물질주의가 만연했던 20세기 후반에 캘리포니아에서 시작되었는데, 미국 전역과 유럽으로 급속히 퍼져나갔다. 뉴에이지 사람들은 종교적 인간(homo religious)에 대한 인식을 새롭게 하게 되었다. 기존의 사회, 문화, 종교에서 더 이상 가치를 발견하지 못하여 영적 공허감을 느낀 사람들이 이를 탈피하려는 움직임을 보인 것이다. 이 운동은 종교적 영역과도 밀접한 관계가 있다. 개개인의 영성적 변화, 즉 인간의 내적 능력을 개발시켜 우주의 차원에 도달하는 것이 바로 구원이라고 확신하기도 한다. 인간 의식을 확장시켜 신비적인 것에 도달하는 것에 주된 관심을 보이면서 의식 확장을 위해서 여러 종교에서 나타나는 다양한 요소와 과학, 심리, 기술, 정신분석 등을 혼합시킨다. 영적인 면에서는 방랑자적 성격을 가지며, 여러 그룹으로 분산되어 정확하게 정의하기가 어렵다.

뉴에이지운동은 인간의 초월 능력에 대한 흥미를 돋구어 현대 종교 사회의 신(神) 중심 사상에서 벗어나 인본주의, 특히 우주적 인본주의를 낳았다. 이 운동의 주된 관심사는 종교의 진리 추구가 아니라, 인간 안에 있는 무한한 잠재력과 신적 능력을 개발시켜 자기의 무지에서 해방되고 치유받으며, 결과적으로 종교를 인간의 필요와 상황에 따른 치료 방법으로 생각하였다. 이런 뉴에이지 흐름은 현대인의 생활 속에도 자연스럽게 확산되는 측면이 있다. 예를 들면, 클래식과 팝뮤직의 조화를 이루고 있는 뉴에이지 음악은 심리 치료, 스트레스 해소, 명상 음악 등으로 사용되고 있으며, 인간 의식의 무한한 가능성을 확장하고 개발하였다.

New Deal 뉴딜정책

1930년대 미국의 경제대공황(Great Depression)을 끝내기 위해 미국의 프랭클린 D. 루스벨트Franklin D. Roosevelt 대통령이 계획한 프로그램이다. 정부가 적극적으로 개입하여 자유주의 경제에 대한 수정을 하였던 점에서 미국 사상 획기적 의의를 가진다. 1933년에 입법화된 뉴딜정책은 구제, 부흥, 개혁 등을 목적으로 하고 연방정부의 기능과 대통령의 권한 확대를 실현하면서 적극적으로 구제 정책을 전개하여 많은 성과를 올렸다. 또한 대공황으로 마비 상태에 빠진 미국의 자본주의와 혼란해진 사회를 재건하기 위하여 새로운 정책을 잇달아 실험하였다. 미국의 전통적인 자유방임주의가 포기되고, 정부 권력에 의한 경제 통제가 행하여졌으며, 케인스의 경제학을 받아들여 미국 자본주의를 수정하게 되었다. 7년에 걸친 뉴딜은 단순한 경제 정책에 그치지 않고, 미국의 정치, 사회 전체에도 커다란 영향을 미쳤다.

New England 뉴잉글랜드

미국 동북부의 메인Main, 뉴햄프셔New Hampshire, 버몬트Vermont, 매사추세츠Massachusetts, 코네티컷Connecticut, 로드아일랜드Rhode Island 등, 6개 주에 걸친 지역을 통칭해서 말한다. 지리적 · 역사적 · 통계적인 명칭으로 사용하기도 한다. 뉴잉글랜드는 명칭대로 영국계의 이주민이 많이 살아온 곳이다. 버지니아가 남부 식민의 중심이 된 것과 같이 뉴잉글랜드는 북부 식민의 중심이었다. 1620년 메이플라워호를 타고 온 102명의 청교도가 현재의 보스턴 남쪽에 상륙하여 그곳에 플리머스Plymouth 식민지를 형성한 것이 뉴잉글랜드의 기원이다.

역사적인 면에서 이 지역 이민의 대부분은 신교도 중에서도 가장 엄격한 청교도로, 풍속 · 습관 · 사회제도에 있어 근면 검소하고 도덕을 준수하는 생활을 하였다. 더구나 교양 있는 중산 계급이 많아 교육에 열의가 있어, 하버드 대학을 비롯하여 예일, 브라운, 매사추세츠 공과 대학 등의 유명한 대학을 일찍부터 설립하였다. 18세기 이후에는 이주자가 적어 영국계 이민을 중심으로 특유의 뉴잉글랜드 기질이 조성되었고, 이후 여기서 다른 지역으로 이주하는 사람이 많아지면서 뉴잉글랜드 기질은 전국으로 전파되어 미국인의 정신적 지주가 되었다. 오늘날에도 많은 미국인들은 뉴잉글랜드를 마음의 고향으로 여긴다.

New English Bible 《새 영어 성경》

영국의 개신교도들이 현대 영어로 번역한 성경이다. 1961년에 구약(Old Testament)이, 1970년에 신약(New Testament)이 출간되었다.

New Forest 뉴 포레스트

숲과 들판으로 이루어진 잉글랜드 남부의 아름다운 전원 지역을 말한다. 1079년에 정복자 노르망디 공 윌리엄이 이곳에서 사냥을 한 뒤부터 왕실 땅으로 속했다. 관광객들이 많이 찾는다.

New Frontier 뉴프론티어

미국의 존 F. 케네디John F. Kennedy 대통령이 자신의 정책 목표를 설명하며 쓴 말이다. 1960년 민주당의 대통령 후보 지명 수락 연설에서 그는 과학, 우주, 교육, 사회개발 분야의 새로운 목표를 향해 미국인들이 '새로운 개척자' 정신으로 동참해 줄 것을 요청하면서 뉴프론티어new frontier라는 말을 썼다.

New Hampshire 뉴햄프셔주

미국 북동부의 뉴잉글랜드 지역에 있는 주이다. 주도는 콩코드Concord이다. 최대 도시는 맨체스터Manchester이다. 미국 최초의 영국 식민지였고, 독립 당시 13개 주의 하나였다. 동해안의 군항 도시 포츠머스Portsmouth는 조선업이 발달하였다.

New Jersey 뉴저지주

미국 동부 대서양 연안에 있는 주이다. 주도는 트렌턴Trenton이고, 최대 도시는 뉴아크Newark이다. 독립 13주의 하나이다. 여름에는 허리케인hurricane이 자주 온다. 작은 주인데도 공업이 크게 발달하였다. 약품을 중심으로 한 화학 공업은 미국 제1위의 생산을 올리고, 정유 산업과 섬유 산업도 예로부터 성하다. 근래에는 중공업도 발달하여, 전기기구 · 금속 · 자동차 공업이 성하다. 부근에 뉴욕, 필라델피아Philadelphia 등의 대도시가 있어서, 채소 · 과일 재배와 양계 · 낙농 등 근교 농업이 활발하다. 프린스턴 대학(Princeton University)이 있다.

New Labour 신노동당

영국 총리를 지낸 토니 블레어Tony Blair가 1990년대에 노동당(Labour Party)을 쇄신하기 위한 목표를 내세우면서 쓴 말이다. '신노동당, 신영국'(New Labour, new Britain)이라는 구호로 1997년 총선에서 노동당이 승리하였고 Tony Blair는 총리를 지냈다.

New Left 신좌파

구 소련과는 별개로 1960년대에 미국을 비롯한 많은 민주국가들에서 좌파적 정치사상을 발전시킨 지식인들과 학생들을 가리키는 말이다. 이들은 노동자들의 열악한 조건을 개선하거나 베트남 전쟁에 반대하였다.

New Mexico 뉴멕시코주

미국 남서부에 멕시코와 국경을 맞대고 있는 주이다. 주도는 산타페Santa Fe이다. 멕시코 전쟁(Mexican War)이 끝나고 1848년에 미국 영토로 편입되었다. 1945년에 최초의 원자탄 실험이 뉴멕시코주 알라모고르도Alamogordo에서 실시되었다. 남부의 사막 지대의 애리조나주와 멕시코에 걸친 지역에는 선인장이 많아 특이한 경관을 볼 수 있다. 칼스배드 종유동굴(Carlsbad Caverns)과 화이트샌즈 천연기념물(White Sands National Monument) 등의 아름다운 자연 경관이 관광객들을 끌고 있다.

***New Musical Express* (NME)** 《뉴 뮤지컬 익스프레스》

대중 음악에 관한 기사를 주로 다루는 영국의 주간지이다. 새로운 음악 스타일의 신인 발굴로 명성이 높다.

New Orleans 뉴올리언스

미시시피 강 상류에 위치한 루이지애나Louisiana주의 최대 도시이다. 1812년 '루이지애나 구매'(Louisiana Purchase)에 의하여 미국의 영토가 되었고, 1849년까지 주도였다. 그래서 오늘날도 프랑스 식민지시대의 모습이 많이 남아 있으며, 재즈의 발상지로서 세계에 널리 알려져 있다.

The New Republic 《뉴리퍼블릭》

미국의 정치와 문화 관련 주간지이다. 존 스타인벡John Steinbeck, 토마스 울프Thomas Wolfe, 메리 매카시Mary McCarthy 등의 많은 문인들이 기고를 했다.

New Right 신우파

1980년대 이후 미국의 우익 정치인들을 부르는 말이다. 낙태와 동성애자를 반대하고, 주정부의 권리 회복을 주장한다. 공화당의 로널드 레이건Ronald Reagan과 조지 부시George Bush 등을 대통령으로 지지하여 당선시켰다.

The New Statesman 《뉴 스테이츠맨》

정치, 사회, 예술 관련 기사를 싣는 영국의 주간 잡지이다. 1913년에 창간되어, 영국에서 가장 오래되고 유명한 좌파적 성향의 잡지이다.

new town 뉴타운

20세기 후반에 영국에서 계획 도시로 건설된 32개 도시를 말한다. 대도시의 인구와 산업을 분산시키려는 취지로 정부에서 추진하였다. 당초 계획과 예상과는 달리 대부분의 도시가 국민들에게 매력을 주지 못했다.

New Year 신년

영국에서는 1월 1일이 공휴일이다. 영국과 미국에서는 12월 31일인 섣달그믐밤(New Year's Eve)에 사람들이 파티를 하고, 대도시에는 많은 군중이 모여 밤을 새워 새해를 맞이한다. 전통적으로 스코틀랜드에서 시작된 신년맞이 행사를 호그머네이Hogmanay라고 한다.

New York 뉴욕

미국 최대의 도시로 'Big Apple'이라는 별명이 있다. 맨해튼 남쪽 바다에 있는 자유의 여신상(Statue of Liberty)으로 너무나 잘 알려진 뉴욕은 1624년에 네덜란드인들이 건설하여 뉴 암스테르담New Amsterdam이라 지었다. 1664년에 영국 함대가 뉴 암스테르담을 점령하여, 영국 요크 공(公)의 이름을 따서 뉴욕이라고 개칭하였다. 1700년 시청이 건립되어 본격적인 발전기를 맞게 되었으나, 독립 전쟁 당시에는 격전지였다. 1783년 독립군에 의하여 재탈환되었으며, 1789년 워싱턴이 초대 대통령 취임 선서를 이곳에서 하고 이듬해까지 미국의 수도였다.

1790년부터 수도는 워싱턴이 되었지만, 미국의 상업, 금융, 무역의 중심지이자, 공업 도시로 '경제 수도'라 할 수 있다. 또 대학, 연구소, 박물관, 극장, 영화관 등도 모여 있어서 미국 문화의 중심지이기도 하다. 교외를 포함하여 1,600만 명이 넘는 방대한 인구를 수용하면서 미국 내에서도 독자적인 세계를 이루는 독특한 도시이다. 또, 국제적인 무역항으로서 대서양 항로의 가장 중요한 항구이며, 1920년대 이후 현재까지 런던을 대신하여 세계 금융의 중심지가 되었다. 특히 제2차 세계대전 후에는 미국의 국제적 영향력과 세계 경제 지배력은 한층 강화되어, 1946년에 국제연합(UN) 본부가 설치된 이후 국제 정치의 각축장이 되었다.

시는 맨해튼Manhattan, 브롱스Bronx, 브룩클린Brooklyn, 퀸스Queens, 스태튼섬Staton 등 5개 구(boroughs)로 이루어져 있다. 맨해튼은 시의 중심부로 월가(Wall Street), 브로드웨이Broadway, 그랜드 센트럴역(Grand Central Station), UN 본부 등이 있다. 도심에는 자동차가 너무 많아 교통이 불편한 대신 지하철과 버스 교통이 발달하였다. 콜롬비아 대학(Columbia University), 뉴욕 대학(NYU), 뉴욕 시립 대학 등의 명문 대학들도 많다.

New York Life Insurance 뉴욕 생명보험

1845년에 설립된 미국의 생명보험 회사이다. 연금보험, 생명보험, 건강보험 등이 주요 사업 분야이다.

New York Philharmonic 뉴욕 필하모닉

미국에서 가장 오랜 역사를 자랑하는 오케스트라이다. 1842년에 창단되어 12,000회가 넘는 콘서트를 가졌다. 1986년 센트럴파크Central Park에서 가진 무료 콘서트에서 80만 명이 넘는 관중이 모여, 클래식 음악 공연 사상 최대 관중 동원을 기록하였다. 구스타프 말러Gustav Mahler, 아르투로 토스카니니Arturo Toscanini, 레너드 번스타인Leonard Bernstein, 주빈 메타Zubin Mehta 등의 세계적인 지휘자들이 뉴욕 필하모니를 이끌었다.

New York Public Library 뉴욕 시립 도서관

뉴욕에 있는 세계 최대의 도서관이다. 맨해튼Manhattan구, 브롱스Bronx구, 스테이튼Staten 섬 등에 82개의 지역 도서관을 거느리고 있다. 5천만 권의 장서를 자랑하면서, 매주 1만여 권씩 도서를 구입한다.

New York School 뉴욕파

1940~50년대에 뉴욕에서 활동했던 미국의 추상화가들에 붙여진 이름이다. 윌름 드 쿠닝Willem de Kooning, 잭슨 폴락Jackson Pollock, 마크 로스코Mark Rothko 등이 주도적인 화가들이다.

New York State 뉴욕주

미국 북동부의 주이다. 뉴욕시가 속해 있는 주이지만, 주도는 올버니Albany이다. 캘리포니아California주 다음으로 인구가 많다. 미국 독립 당시의 최초 13개 주 중 하나로서, 개척시대와 독립 전쟁, 남북 전쟁 당시의 많은 사적과 나이아가라 폭포(Niagara Falls) 등의 자연 경관이 관광객들의 발길을 많이 끌고 있다. 대학이 180개나 되어 미국의 문화 중심지 역할을 하고 있다.

New York Stock Exchange (NYSE) 뉴욕 증권거래소

미국뿐 아니라 세계 최대의 증권 거래소이다. 1792년에 24명의 증권 브로커들이 월가(Wall Street)에 모여서 연방정부 채권 매매 위탁수수료율을 협의한 것이 시발점이 되어, 1817년에 정식으로 뉴욕 증권거래위원회로 발족하였고, 1863년 현재의 이름으로 승인받았다. 제2차 세계대전이 끝나고, 1960년대의 미국 경제 성장을 배경으로 주식 붐을 일으키고, 1975년 수수료 자유화로 증권계의 재편성을 거치면서, 세계 증권 시장의 흐름을 주도하고 있다. 뉴욕 증권거래소에 상장된 기업 수는 3,000여 개 사이다.

***New York Times* 《뉴욕타임스》**

뉴욕에서 발행되는 세계적으로 유명한 미국의 일간 신문이다. 평일 110만 부, 일요판 190만 부의 발행부수를 자랑하고 있다. 1851년에 《뉴욕 데일리 타임스》*The New York Daily Times*라는 이름으로 창간되었다. '인쇄에 알맞은 모든 뉴스'(All the News That's Fit Print.)를 '공평하고도 대담하게, 그리고 골고루 제공한다'는 사시를 걸고 개혁하여, 국제적으로 이름 높은 일간지로 만들었다. 1912년에 타이타닉Titanic호의 침몰 장면을 온갖 위험을 무릅쓰고 취재 보도하여 신문의 권위를 드높였고, 제1, 2차 세계대전 때도 탁월한 취재로 신속 정확한 보도를 해 외신기사의 우수성을 발휘하면서 명성을 높여 나갔다. 지금까지 퓰리처상을 110차례를 넘게 수상하여, 최다 수상 언론이라는 기록을 가지고 있다. 《인터내셔널 헤럴드 트리뷴》*International Herald Tribune*, 《워싱턴 포스트》*Washington Post* 등 많은 신문과 잡지들을 자매지로 가지고 있으며, 텔레비전 · 라디오 방송국도 경영하고 있다.

New York University (NYU) 뉴욕 대학

1831년에 설립된 뉴욕시에 있는 사립 대학이다. 재학생 수가 35,000여 명으로, 미국에서도 손꼽히는 규모의 큰 사립 대학이다. 첨단 예술을 자랑하고 각종 화랑과 공연장들이 밀집되어 있어 연중 활기가 넘치는 뉴욕의 중심부 맨해튼 남부에 위치해 있다.

NYU의 상징인 정문

***The New Yorker* 《뉴요커》**

뉴욕에서 매주 발행되는 유명한 잡지이다. 8백만이 넘는 독자를 자랑하고 있다. 소설이나 유머, 만화 등을 싣고 있다. 도로시 파커Dorothy Parker, 제임스 더버James Thurber 등의 작가들이 글을 실었다.

Newbery Medal 뉴베리 메달

해마다 미국에서 최우수 아동 도서 작가에게 수여하는 문학상이다. 아동 도서를 출판한 18세기 영국인 존 뉴베리John Newbery의 이름을 따서 상의 이름을 정했다. 1922년에 제정된 상이다.

Newman, Paul (1925~) 뉴먼, 폴

미국의 영화배우 겸 제작자 및 감독이다. 그가 출연한 작품으로는 『사내같은 캐시디와 태양춤 추는 아이』 *Butch Cassidy and the Sundance Kid*(1969)가 제일 많이 알려졌으며 다른 작품으로는 『뜨거운 양철 지붕 위의 고양이』 *Cat on Hot Tin Roof*(1958), 『허슬러』 *The Hustler*(1961), 『냉혈한 루크』 *Cool Hand Luke*(1967), 『스팅』 *The Sting*(1973), 『아무도 바보가 아니다』 *Nobody's Fool*(1994), 『트윈클』 *Twinkle*(1998) 등이 있다. 그는 1985년에 오스카 특별상을 받았고 1986년에는 『돈의 색깔』 *The Color of Money*(1986)로 오스카 남우주연상을 받았다. 뉴먼은 종종 함께 출연했던 여배우 조앤 우드워드(Joanne Woodward)와 결혼하였다. 그는 내스카(NASCAR) 미국개조자동차대회에 드라이버로 참가하기도 하며 Newman's Own이라는 식품회사를 갖고 있다.

***News of the World* 《뉴스 오브 더 월드》**

루퍼트 머독Rupert Murdoch이 소유한 영국의 타블로이드판 일요 신문이다. 1843년에 창간되어 현재 영국에서 가장 많이 팔리는 주간 신문이다. 스포츠, 범죄, 영화배우, TV 탤런트, 왕실 가족에 대한 기사들을 주로 싣는다.

Newsweek 〈뉴스위크〉

미국의 주간 잡지이다. 정치, 사회, 과학, 문화 등의 기사를 싣는다. 1933년에 창간되어 현재 워싱턴 포스트Washington Post 소유이다. 독자가 3백만이 넘는다고 한다.

Newton, Isaac (1642~1727) 뉴턴, 아이작

18세기 영국의 과학자이다. 힘(force)과 질량(mass), 운동(movement)의 역학관계를 설명하는 '뉴턴의 법칙'(Newton's Law)을 발견하였다. 페스트가 창궐한 1664년~1666년 사이에 고향에 돌아와 사색과 실험을 하며 보내던 시기에 나무에서 떨어지는 사과에서 '만유인력'(Universal Gravitation)을 발견하는 등, 많은 위대한 업적이 이때 싹트게 된다. 또 그는 독일의 라이프니츠Leibniz와 거의 동시에 '미적분'(differential calculus)을 발견하였다. 역학, 수학뿐 아니라 광학에도 관심이 많아서 빛(light)과 색(colour)에 관한 중요한 발견도 하였다. 1703년에는 왕립협회 회장으로 추천되고, 1705년에 기사 작위를 받았다. 평생을 독신으로 보냈으며, 웨스트민스터 사원에 묻혔다.

Niagara Falls 나이아가라 폭포

캐나다와 미국 국경 사이에 있는 대폭포이다. 5대호 중에서 에리Erie호와 온타리오Ontario호로 통하는 나이아가라 강에 있다. 이과수 폭포와 빅토리아 폭포 다음으로, 북미 제1의 폭포이다.

폭포 주변은 경치가 아름다워 공원화되어 있으며, 교통과 관광 시설이 정비되어 있어 세계의 관광객들이 많이 찾고 있다.

Nicholas Nickleby 〈니콜라스 니클비〉

영국의 소설가 찰스 디킨스Charles Dickens가 1839년에 발표한 소설이다. 아버지가 돌아가셔서 가장이 된 19세의 청년 니콜라스 니클비가 어머니와 여동생을 데리고 런던으로 온다. 큰아버지의 소개로 두더보이스 홀Dotheboys Hall 기숙 학교 교사로 취직한다. 하지만 그 학교는 아이들을 굶기고 학대하는 무서운 소굴 같은 곳으로, 니콜라스는 기숙 학교를 운영하는 웩포드 스퀴어스Wackford Squeers씨 부부의 가혹한 처사에 맞서다가, 학교에서 학대를 받고 있던 일꾼 스마이크Smike와 함께 기숙 학교를 빠져 나와 떠돌이 극단을 만나 함께 생활하면서 새로운 경험을 한다. 소설은 빅토리아 시대 많은 학교들의 비참한 상황을 잘 보여주고 있다.

Nicholson, Jack (1937~) 니콜슨, 잭

영화 〈이지 라이더〉*Easy Rider*(1969)로 얼굴이 알려지기 시작하여, 〈뻐꾸기 둥지 위로 날아간 새〉*One Flew Over The Cuckoo's Nest*(1975)로 오스카 영화상을 수상한 미국의 영화배우이다. 이밖에도 〈어 퓨 굿 맨〉*A Few Good Men*(1992), 〈블러드 앤 와인〉*Blood And Wine*(1996), 〈이보다 더 좋을 순 없다〉*As Good As It Gets*(1997) 등, 수많은 영화에 출연하였다.

Nicklaus, Jack (1940~) 니클라우스, 잭

골프의 제왕이라고 하는 미국의 프로 골퍼이다. 아버지의 지도로 10세 때부터 골프를 시작하여, 오하이오 주립 대학 재학 중인 1959년과 1961년 2차례 전미 아마추어 골프 선수권 대회에서 우승하였다. 그후 프로로 전향하여 1962년에 유에스 오픈US Open 골프 선수권대회에서 우승하였다. 세계 4대 메이저 대회인 PGA를 비롯해서, 영국 오픈British Open을 세 번, 유에스 오픈US Open을 네 번, 유에스 마스터스US Masters 토너먼트를 6번이나 석권하였다. 골든 베어Golden Bear라는 별명을 가지고 있고, 1988년에는 '20세기 골퍼'(Golfer of the century)에 선정되었다.

Nightingale, Florence (1820~1910) 나이팅게일, 플로렌스

영국의 간호사로 의료제도와 병원체제를 개혁하는데 이바지하였다. 1854년 크림 전쟁(Crimean War)의 참상에 관한 보도에 자극받아 34명의 간호사를 데리고 이스탄불로 가서 야전 병원장으로 활약하였다. 간호사 직제의 확립과 의료 보급의 집중 관리, 오수 처리 등으로 의료 효율을 개혁하여 '광명의 천사'(Lady with the Lamp)로 불렸다. 귀국하여 1856년에 빅토리아 여왕에게 병원 개혁안을 건의하였고, 1860년에는 나이팅게일 간호사 양성소(Nightingale Home)를 설립하여 각국의 모범이 되었다.

Nike 나이키

미국의 스포츠 용품 제조 회사이다. 운동화, 운동복 등 각종 스포츠 용품을 디자인하고 판매하는 회사로서, 1972년 필립 나이트Philip Knight와 빌 보워먼Bill Bowerman이 설립하여, 가장 혁신적인 신발 제조 업체로 명성이 높았다. 세계적인 농구 선수 마이클 조던Michael Jordan을 위하여 '에어 조던'Air Jordan이라는 운동화를 디자인하였고, 조던에 의

한 나이키의 광고 효과가 엄청난 성공을 거둠으로써, 1980년대 말에는 신발 업계의 정상을 차지하였다.

900 number **900번 전화**

국번이 900인 미국의 전화번호를 말한다. 주로 기업들이 제품 마케팅을 위한 상담 전화로 이용한다.

999 call **999 전화**

영국에서 비상시에 경찰서나 소방서, 구급차를 부를 때 거는 전화번호이다.

911 call **911 전화**

미국에서 비상시에 경찰서나 소방서, 구급차를 부를 때 거는 전화번호이다.

nine o'clock watershed **9시 분수령**

영국의 텔레비전들이 어린이들에게 부적절한 섹스나 폭력 장면을 방영하지 않기로 한 저녁 9시대를 가리키는 말이다. 특별한 법률적인 규제는 없지만 방송사들이 공동으로 지키는 자율적인 방침이다.

Nineteen Eighty-Four **《1984년》**

영국의 소설가 조지 오웰George Owell이 1948년에 발표한 미래소설이다. 스탈린 치하의 구 소련을 풍자한 작품이다. 1984년에 가공할 초강대국 오세아니아에서 자행되는 전체주의적 지배의 양상을 묘사한 작품이다. 권력이 집중된 당(黨, the Party)이 대중을 지배하고, 지배수단으로서 항시 전쟁 상태를 유지하며, 거의 신격화한 지도자 빅 브라더Big Brother에 대한 숭배, 개인 생활의 감시, 사상 통제를 목적으로 한 언어의 간략화, 역사의 개조 등의 지배 기조가 안고 있는 위험성을 미래소설의 형태로 경고하였다. 반공산주의 작품으로 또, 1984년이라는 시점이 현재에 와서는 과거라고 말할 수도 있으나, 현대사회에 나타나는 전체주의적 풍토와 그로 인해 미래에 나타날 무서운 현상을 경고한 작품으로 평가된다.

Nirvana **너바나**

미국의 록 그룹이다. 보컬과 기타에 커트 코베인Kurt Cobain, 베이스기타에 크리스트 노보셀릭Krist Novoselic, 드럼에 데이브 그롤Dave Grohl 등의 3인조로 1986년에 결성한 록 밴드로서 '얼터너티브'alternative라는 장르를 발전시켰다. '너바나'는 열반 또는 해탈을 뜻하는 산스크리트 '니르바나'의 영어식 발음이다. 1989년에 데뷔 앨범 《블리치》*Bleach*를 발표하여 평론가들로부터 음악성을 인정받았다. 2집 《네버마인드》*Nevermind*의 앨범 재킷은 물 속에서 아기를 낳는 텔레비전 다큐멘터리에서 착안하여 디자인하였는데, 3백만 장이 넘는 판매 기록을 세웠다. 2집 발표 후 투어 공연을 가진 너바나는 거의 모든 공연 때마다 악기를 던지고 장비를 부수는 등, 거칠고 과격한 행동을 보이며 그룹 이미지를 굳혔다. 1994년에 보컬인 Kurt Cobain이 자살함으로써 너바나 그룹도 해체되었다.

Nixon, Richard **(1913~1994) 닉슨, 리처드**

미국의 제37대 대통령이다. 1960년 대통령 선거에 공화당 후보로 출마하였으나, 민주당 후보 케네디(John F. Kennedy)에게 패하였고, 1962년 캘리포니아의 주지사 선거에서도 실패하여 한때 정계에서 물러나 변호사 생활을 하였다. 1968년 대통령 선거에서 당선되었고, 1972년 재선되었다. 미국과 중국의 관계 개선을 위하여 미국 대통령으로는 처음으로 중국을 방문하여 외교적 성과를 올렸고, 1969년 아시아 여러 나라에 대하여 발표한 닉슨독트린Nixon Doctrine은 유명하다. 그러나 워터게이트사건(Watergate Scandal)으로 말미암아 1974년에 대통령직을 사임하여, 미국 사상 처음으로 임기 중에 사임한 대통령이 되었다.

Nonconformist **비국교도**

영국에서 국교를 따르지 않는 모든 개신교도를 가리키는 말이다.

Norman **노르만인**

노르만Norman이란 말은 노르웨이Norway나 덴마크 Denmark, 아이슬란드Iceland 등지의 출신이라는 뜻인 북부인(Northman)이라는 프랑스어에서 나왔다. 1066년에 노르만 정복(Norman Conquest)으로 영국에 건너온 프랑스 북부에 살던 사람들이다. 이들로 인해 영국의 행정이 개혁되었고, 프랑스어가 널리 쓰여 오늘날까지 영어에 프랑스 어휘가 많이 남아 있다.

Norman Conquest **노르만 정복** (= the Conquest)

1066년에 프랑스 북쪽에 살던 노르만족이 영국을 침략하여 정복한 사건을 말한다. 노르만디의 공작 윌리엄(William, Duke of Normandy)이 영국에 상륙하여 헤이스팅스 전투(Battle of Hastings)에서 영국왕 헤럴드Herald 2세의 군대를 쳐부수고, 윌리엄William 1세로 영국 왕위에 등극하여 영국 전체를 지배한다.

Normandy landings **노르망디 상륙작전**

제2차 세계대전 당시 1944년 6월 6일(D-Day)에 영국과 미국, 캐나다 군대가 프랑스 북부의 노르망디Normandy에 상륙한 군사 작전이다. 이 작전이 성공하여 프랑스에서 독일군을 몰아내는 작전이 전개되었다.

North Carolina 노스캐롤라이나주

미국 남동부 대서양 연안에 있는 주이다. 최대 도시는 샬롯Charlotte이고, 주도는 럴리Releigh이다. 미국 독립 당시 13개 주의 하나였고, 남북 전쟁 때에는 남부연합이었다. 스모키 산맥(Great Smoky Mountains), 블루릿지 국립공원(Blue Ridge National Parkway), 키티 호크Kitty Hawk의 라이트 형제 기념관(Wright Brothers National Memorial) 등의 관광지가 있다.

North Dakota 노스다코타주

미국 중북부에서 캐나다와 국경을 접하고 있는 주이다. 주 최대 도시는 파고Fargo이고, 주도는 비스마크Bismarck이다. 밀과 보리, 아마 등의 농사는 전국 1~2위의 생산량을 올리고 있고, 석탄과 석유, 가스도 생산하고 있다. 서쪽에 루스벨트 기념 국립공원(Theodore Roosevelt National Park)이 있어 관광객들이 꾸준히 방문한다.

North Sea gas 북해산 가스

영국의 스코틀랜드 해안과 이스트 앵글리아East Anglia 해안의 북해에서 주로 생산되는 천연가스를 말한다. 전통적으로 영국은 석탄에서 가스를 생산했으나, 1960년대부터는 북해산 가스가 국내 가스 소비를 완전히 대체하였다.

North Sea oil 북해산 석유

잉글랜드 북동부 해안과 스코틀랜드 동해안 북해에서 생산되는 석유이다. 1969년에 유전이 발견되어 1975년부터 생산되면서 세계 8번째 산유국으로 자리잡았다.

Northanger Abby 《노오든거 사원》

19세기 영국의 소설가 제인 오스틴Jane Austen이 1818년에 발표한 소설이다. 캐서린 몰랜드Catherine Morland가 젊은 목사 헨리 틸니Henry Tilney를 사랑하여 끝내 결혼하는 이야기다. 헨리의 아버지는 그녀가 부자인 줄 알고 자신의 집인 '노오든거 사원'으로 초대하지만, 그녀가 부자가 아닌 것을 알고 떠나라고 한다. 하지만 Catherine은 결국 Henry와 결혼하게 된다. 당시의 취향인 감수성 숭배와 고딕Gothic적 공포를 조롱하듯 풍자한 작품이다.

Northern Ireland 북아일랜드

아일랜드 북부 지역의 얼스터Ulster라고 하는 지방에 자리잡은 영국의 주이다. 주도는 벨파스트Belfast이다. 6개 카운티county로 이루어져 있는데, 북부의 3개 주는 스코틀랜드계 주민이 많고, 남부의 3개 주는 약 절반을 켈트계 주민이 차지하여, 아일랜드와 분쟁이 자주 있는 지역이다. 언어는 영어 외에 일부 켈트계의 게일어를 사용하고, 종교는 주민의 약 2/3가 개신교이다. 1922년에 영국-아일랜드조약에 따라 아일랜드공화국이 수립되었고, 이후 영국령으로 남게 된 북아일랜드는 소수 가톨릭계 주민에게 취업 차별, 불평등 선거 같은 차별 정책을 취하여 신·구교도 사이에 분쟁이 일어났다. 북아일랜드의 분쟁은 남북 아일랜드의 통일을 주장하는 '아일랜드 공화국군'(IRA)의 활동으로 격화되어 1980년대 중반까지 계속되었다. IRA는 폭탄 테러, 게릴라전 등으로 영국군과 경찰에 맞섰으나, 1985년 11월 영국과 아일랜드 사이에 북아일랜드 분쟁의 평화적 해결을 위한 협정이 체결됨에 따라 소강 상태에 들어갔다. 정치는 78명의 의원으로 구성되는 양원제 의회 아래 의원내각제를 채택하고 있으며, 영국 하원에 13의석을 확보하고 있다.

North-west Passage 북서 항로

태평양에서 알래스카를 지나 북해를 접하고 있는 북미 대륙 꼭대기인 캐나다 북쪽 해안을 통과하여 대서양으로 이어지는 바닷길을 말한다. 1906년에 노르웨이 탐험가 로널드 아문젠Ronald Amundsen이 이 항로를 처음으로 항해하였다. 빙하가 많아서 아직은 많은 선박들이 이용하지 못한다.

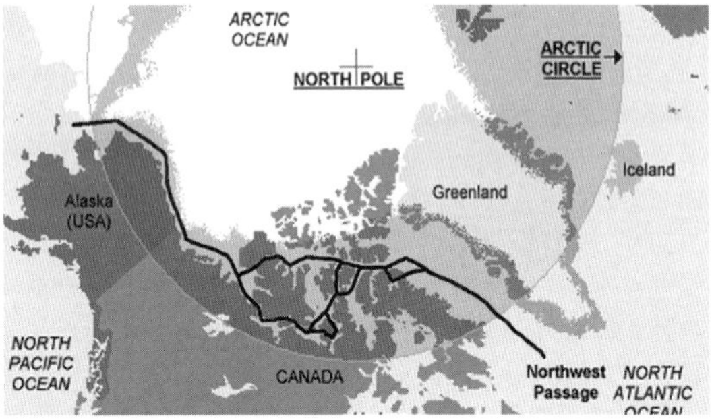

Notting Hill 노팅힐

런던에서 서인도 제도 출신의 주민들이 많이 살고 있는 서부 지역이다. 노팅힐 카니발Notting Hill Carnival로 유명하다. 매년 하절기 공휴일 때 화려한 거리 축제가 열린다.

노팅힐 카니발의 한 장면

NUM (National Union of Mineworkers) **전국탄광노조**

영국 탄광 노동자들의 조합이다. 석탄 생산이 영국 경제에 큰 몫을 차지하던 20세기에는 탄광노조의 영향력도 대단했으나, 1980년대를 기점으로 전국의 탄광들이 속속 폐광하면서 조합의 힘도 크게 약해졌다.

Number Ten (No. 10) **넘버 텐**

영국의 총리 관저가 있는 런던의 다우닝가(Downing Street) 10번지를 가리킨다. 또 영국 총리와 그를 자문하는 사람들을 총칭하는 말로 쓰이기도 한다.

NUT (National Union of Teachers) **전국교원노조**

잉글랜드와 웨일즈 교사들의 노동조합이다.

NVQ (National Vocational Qualification) **국가취업자격제도**

직업 교육을 통해 기술을 습득하려는 사람들에게 자격을 부여하는 제도이다. 기술 분야의 취업 자격에 대한 국가적인 기준을 마련하기 위해 1980년대부터 실시하였다. 이 자격을 따기 위한 직업 교육은 학교나 직장에서 이루어진다.

O

O' Hare 오헤어 공항

미국 시카고에 있는 국제공항이다. 매년 사용자수가 7천만 명에 이르는 세계에서 가장 복잡한 공항이다.

O'Hara, Scarlett 오하라, 스칼렛

미국 소설가 마가렛 미첼Margaret Mitchell의 소설 《바람과 함께 사라지다》*Gone with the Wind*의 여주인공이다. 애쉴리 윌키스Ashley Wilkes를 사랑하지만 유부남이라서, 대신 레트 버틀러Rhett Butler와 결혼하였으나, 그는 그녀를 떠난다. 영화에서 비비안 리Vivien Leigh가 스칼렛Scarlett 역을 맡아 세계적인 배우가 되었다.

O'Neill, Eugene (1888~1953) 오닐, 유진

미국의 극작가이다. 1912년 폐병으로 요양 중에 스웨덴의 극작가 스트린드버그(Johan August Strindberg)의 작품을 읽고 근대 극의 본질을 깊이 이해하고서 극작가를 지망하게 되었다고 한다. 1920년에 《지평선 너머》*Beyond the Horizon*가 브로드웨이에서 상연되었고, 《밤으로의 긴 여로》*Long Day's Journey into Night*가 이어 상연되면서 그 해에 퓰리처상을 받았고, 오닐은 극작가로서의 지위를 확고히 하였다. 그는 또 《안나 크리스티》*Anna Christie*(1922), 《기묘한 단막극》*Strange Interlude*(1928) 등을 차례로 발표하여 두 번에 걸쳐 퓰리처상을 받았으며, 1936년에는 노벨문학상을 수상하여 미국 문학을 세계적 수준으로 끌어올리는 데 크게 공헌하였다. 이밖에도 《황제 존스》*The Emperor Jones*(1920), 《느릅나무 밑의 욕망》*Desire under the Elms*(1924), 《상복이 어울리는 엘렉스타》*Mourning Becomes Electra*(1931), 《빙인(氷人) 오다》*The Iceman Cometh*(1946) 등의 작품이 있다.

oast house 오스트 하우스

맥주 원료로 쓰이는 호프hop를 건조시키는 특수 오븐을 갖춘 건물이다. 지붕이 원뿔형으로 되어 있다. 영국 켄트Kent 지방에 많이 있다.

Obie 오우비

해마다 오프 브로드웨이Off-Broadway에서 공연된 작품 가운데 최우수 작품을 선정해 수여하는 상 가운데 하나이다. Obie라는 이름은 Off-Broadway의 머리글자를 딴 OB를 소리나는 대로 쓴 것이다. 1955년에 제정되었다.

The Observer 《옵저버》

영국의 일요판 유력 신문이다. 1791년에 창간된 영국에서 가장 오래된 신문이다. 1993년에 《가디언》*The Guardian*

지에 인수되었다.

Ode on a Grecian Urn 〈그리스 항아리에 부치는 노래〉

영국 낭만파 시인 존 키츠John Keats가 1820년에 발표한 장시이다. 그리스 항아리(a Grecian Urn)가 상징하는 예술 작품 또는 완전한 아름다움이 어떤 것인지를, 변화하고 늙어가는 인간이나 평범한 자연물과 비교하여 묘사하고 있다.

Ode to a Nightingale 〈나이팅게일에 부치는 노래〉

영국 낭만파 시인 존 키츠John Keats가 1820년에 발표한 장시이다. 시인이 작은 새인 나이팅게일Nightingale의 아름다운 노래 소리를 듣고서 그 감동을 노래하고 있다.

Ode to the West Wind 〈서풍에 부치는 노래〉

영국 낭만파 시인 퍼시 비쉬 셸리Percy Bysshe Shelley가 1820년에 발표한 시이다. 시인은 가을에 영국에 몰아쳐서 많은 파괴를 일으키지만, 동시에 새로운 봄의 삶을 준비하게 하는 서풍(west wind)의 폭력성과 생명성을 노래하고 있다.

OECD 오이씨디

경제협력개발기구(Organization for Economic Cooperation and Development)이다.

Office Depot 오피스 데포

1986년 설립된 미국의 사무 용품 판매 업체이다. 설립 이후 2000년 현재까지 판매점, 직접 판매, 납품, 인터넷, 기업간 전자상거래 등 모든 공급 채널에서 업계 선두를 유지하고 있다. 1998년에는 바이킹 오피스 프로덕츠Viking Office Products를 인수하여 해외로 사업을 확장하였다. 전세계 850개 이상의 점포에 제품을 공급하며, 인터넷을 통해서 판매하고 있다. 제품은 소형 문구류에서부터 컴퓨터 하드웨어 및 소프트웨어, 가구, 인쇄 및 복사 서비스, 미술 및 기술 관련 용품 등에 이르기까지 다양하다.

office party 오피스 파티

성탄절 직전에 같은 회사에 근무하는 사람들이 사무실이나 근처 식당이나 클럽에서 여는 파티이다. 함께 술도 마시고 즐겁게 지낸다.

Official Birthday 국왕 생일

영국 국왕의 생일을 공식적으로 경축하는 날로, 6월 둘째 토요일이다. 이날 버스데이 오너Birthday Honours라는 훈장을 수여하기도 한다.

Ohio 오하이오주

미국의 북서부에 있는 주이다. 콜럼버스Columbus가 주도이자 주 최대의 도시이다. 북미 중앙 평원에 속하여 평야와 산지로 이루어져 있다. 풍부한 천연 자원, 비옥한 토지, 편리한 교통으로 남북 전쟁을 치르면서 급속도로 산업화되었다. 토지의 2/3가 농경지로서 다양한 곡물과 과일이 생산되고 목축업도 발달하였다. 로큰롤 명예전당, 프로 미식축구 명예전당 등이 이곳에 있다.

OHMS 공문서 무료 배달 표시

공문서의 무료 배달 표시로 On Her/His Majesty's Service의 약자이다. 영국 정부의 관공서나 군대의 공문서 및 봉투에 주로 표기한다.

Oil, Standard 스텐더드 오일사

1870년에 미국의 존 D. 록펠러John D. Rockefeller가 설립한 석유 회사이다. 1911년에 대법원이 기업 독점으로 판결을 내려 34개 계열사로 쪼개졌다. 이때 모기업이 오하이오주의 스텐더드 오일(Standard Oil)이 되었고, 1987년에 영국 석유 회사(British Petroleum)에 인수되었다. 인디애나주의 Standard Oil Company는 1985년에 아모코Amoco사가 되었다.

Ojibwa 오지브와 부족

북미 오대호 주변에 살던 인디언의 한 부족으로, 현재 미국의 미시건주, 위스콘신주, 미네소타주, 캐나다의 온타리오주의 인디언 보호구역에 10만 명 정도 살고 있다.

OK Corral 오케이 목장

애리조나Arizona주 툼스톤Tombstone에 있는 목장이다. 1881년 10월 26일, 유명한 보안관 와이어트 어프Wyatt Earp가 동생 버질Virgil과 모건Morgan, 친구인 도크 홀리데이Doc Holliday 등과 함께 세 명의 클랜턴Clanton 갱들을 사살한 유명한 결투가 있었던 곳이다. 어프Earp 형제들은 체포되었으나 곧 풀려났다. 이 사건은 《오케이 목장의 결투》*Gunfight at the OK Corral*라는 제목의 영화로도 제작되어 유명하다.

Okie 오키

미국에서 일터를 찾아 이 농장에서 저 농장으로 떠돌아다니는 사람을 가리키는 말이다. 본래는 1930년대 가뭄으로 토지가 황폐화되면서 고향을 떠난 오클라호마주의 농부들을 가리키는 말이었다.

Oklahoma 오클라호마주

미국 중남부의 주이다. 주도는 오클라호마시티Oklahoma City이다. 1907년에 미국의 46번째 주가 되었다. 석유, 가스, 석탄 등의 지하 자원과 밀, 면화가 많이 생산된다.

명소로는 오클라호마시티에 있는 국립 카우보이 명예의 전당(National Cowboy Hall of Fame), 윌 로저스 기념관(Will Rogers Memorial), 체로키 마을을 재현해 놓은 체로키 문화센터(Cherokee Cultural Center) 등이 있다.

Oklahoma 〈오클라호마〉

리처드 로저스Richard Rodgers가 작곡하고 오스카 해머스타인Oscar Hammerstein이 작사와 대본을 써서 1943년에 브로드웨이에서 초연된 뮤지컬이다. 1900년대 오클라호마의 농촌을 무대로 목동과 농부, 처녀들의 사랑을 노래하고 있다. 브로드웨이에서 총 2,248회를 연속 공연하여 당시 최고 기록을 세웠다. 1955년에 뮤지컬 영화로도 만들어졌다.

Oklahoma City bombing 오클라호마시티 폭파 참사

1995년 4월 19일 티모시 맥베이Timothy McVeigh와 테리 니콜스Terry Nichols가 폭탄을 가득 실은 트럭을 오클라호마 연방 청사 건물로 돌진시켜 폭발하게 함으로써, 1백 68명이 사망하고 5백여 명이 부상하였으며, 9층짜리 건물이 완전히 파괴된 대형 참사이다. 이후 맥베이는 사형을 당했다.

Old Bailey 올드 베일리

런던의 중앙형사법원(Central Criminal Court)을 일반적으로 부르는 이름이다. 주로 대형 강력 범죄가 심리된다. 건물 꼭대기에 한 손에 칼을 들고, 한 손에 저울을 든 '정의의 여신상'(Statue of Justice)이 서 있다.

Old English 고대 영어

400년경 스칸디나비아의 게르만German 민족이 영국에 침입하여 정착한 뒤부터 대체로 1150년경까지 사용한 영어이다. 앵글로색슨Anglo-Saxon어라고도 한다.

켄티시Kentish, 색슨Saxon, 앵글리안Anglian 등, 세 방언이 주류를 이룬다. 이중에도 색슨 방언이 문학적 가치가 있는 문헌을 많이 가지고 있어서 고대 영어의 대표적인 것으로 간주된다. 특히, 명사, 형용사, 동사의 용법과 활용 체계를 보존하고 있는데, 주요 특징은 다음과 같다. 첫째, 명사가 현대 영어의 대명사처럼 4가지 격이 있는데, 단어마다 자연성(姓)과는 관계없이 문법적 성이 있었다. 둘째, 형용사가 정관사처럼 현대 영어보다는 훨씬 복잡하였다. 수식되고 있는 명사의 성, 수, 격에 일치하는 굴절어형이 사용되었다. 셋째, 동사는 강변화동사, 약변화동사 두 종류가 있었다. 약변화동사란 과거형태소 -ed가 붙는 동사로 현대 영어의 규칙동사이고, 강변화동사는 동사어간의 모음이 바뀌는 불규칙동사를 말한다.

Old Faithful 올드 페이스플

미국의 옐로스톤 국립공원(Yellowstone National Park)에 있는 유명한 간헐천(geyser)이다. 한 시간에 한 번 정도 45m 정도의 높이로 더운물과 김을 뿜어 올린다. 관광객들이 많이 찾는다.

Old Moore's Almanack 〈올드 무어 연감〉

해마다 다음해에 예측되는 중요한 일이나 사건들을 책으로 담아 펴내는 일종의 연감이다. 1700년 런던의 의사이자 점성가였던 프랜시스 무어Francis Moore가 처음 출간하기 시작하였다. 어떤 일들이 미래에 정말 일어날지도 모른다는 대중들의 일반적인 심리 때문인지, 이 책은 인기가 많다.

Old Parr 올드 파

스카치 위스키의 하나이다. 맥도널드 그린리스MacDonald Greenlees Ltd.에서 생산한다. 술 이름은 152세까지 장수한 농부, 토머스 파Thomas Parr에서 따온 것이다. 올드 파는 향이 진하고 맛이 깊고 부드럽다고 한다.

Old Vic 올드빅

런던 남쪽에 있는 유명한 극장이다. 1818년에 지어졌는데, 1833년에 로열 빅토리아 극장(Royal Victoria Theatre)으로 명명되었고, 20세기 후반에 와서 올드빅Old Vic이란 별칭을 얻었다.

Oldenburg, Claes (1929~) 올던버그, 클로스

스웨덴 태생의 미국 조각가이다. 팝예술운동(pop art

movement)의 주도적인 인물이었고, 부드러운 재료로 일상의 물건들을 작품으로 표현하였다. 주요 작품으로 〈소프트 텔레폰〉*Soft Telephone*(1963), 〈립스틱 기념탑〉*Lipstick Monument*(1969) 등의 작품이 있다.

올덴버그의 작품

Oldsmobile 올즈모빌

1897년부터 2004년까지 존속한 미국의 자동차 제조회사 및 그 브랜드이다. 현재 제너럴 모터스에 합병되었다.

Oliver Twist 《올리버 트위스트》

19세기 영국의 소설가 찰스 디킨스Charles Dickens가 1838년에 발표한 소설이다.

주인공 올리버Oliver는 아버지를 모르며 어머니도 고아원에서 그를 낳고 사망한다. 고아가 된 올리버는 고아원에서 심한 학대를 받고 자라나, 런던으로 가게 된다. 거기서 올리버는 빈민굴의 아이들에게 소매치기를 시키는 유대인 악당 페긴Fagin 일파에 끌려가 소매치기를 하려다가 동료의 죄를 뒤집어쓰고 체포되나, 다행히도 친절한 부자의 도움으로 악당들의 유혹과 협박을 물리친다. 뒤에 그 부자가 그의 아버지의 친구라는 것이 밝혀져 그의 양자가 되어 행복하게 살게 된다.

1834년에 시행된 신빈민구제법에 항의하고, 런던 뒷거리의 도둑의 세계를 소재로 한 작품이다. 당시 영국 사회의 이면을 사실적으로 묘사하고 있다. 사회악에 대한 작자의 강력한 분노가 서린 작품이다. 1948년에 영화로 만들어졌고, 1960년에는 《올리버》*Oliver!*라는 제목으로 뮤지컬로도 만들어졌다.

Olivier, Laurence (1907～1989) 올리비에, 로렌스

영국의 세계적인 연극배우이자 영화배우이며, 영화 연출과 프로듀서 일을 하기도 했다. 옥스퍼드 대학을 졸업하였다. 1922년 셰익스피어 연극제에서 처음 무대를 밟고 연기 생활을 시작하였다. 1937년 셰익스피어 희곡을 중점적으로 상연하는 런던의 올드빅Old Vic 극단에 들어가 〈햄릿〉*Hamlet*을 비롯하여 〈맥베스〉*Macbeth*, 〈오델로〉*Othello* 등에서 위엄 있는 비극의 주인공을 하며, 셰익스피어극의 명배우로 위치를 굳혔고, 1944년에는 올드빅의 공동 감독이 되기도 하였다. 영화에서도 〈폭풍의 언덕〉*Wüthering Heights*(1939), 〈레베카〉*Rebecca*(1940) 등을 비롯한 많은 영화에 출연하여 호평을 받았다. 〈헨리 5세〉*Henry V*(1945), 〈리처드 3세〉*Richard III*(1955) 등의 영화를 감독·주연하였고, 직접 감독·제작·주연을 한 영화 〈햄릿〉*Hamlet*은 1948년 오스카 작품상을 받았다. 1963년부터 1973년까지 영국 국립극장(National Theatre)의 연출가를 지냈다. 1947년에 기사 작위를, 1970년에는 남작의 칭호를 받았다.

One Flew Over the Cuckoo's Nest 《뻐꾸기 둥지 위로 날아간 새》

미국의 소설가 켄 키지Ken Kesey가 1962년에 발표한 장편소설이다. 정신병원에 들어온 환자가 그 인간성이 억압되어 병세가 더욱 악화되는 사실에 격분하여 병원 관리체제에 대하여 과감히 도전한 청년의 이야기를 그리고 있다. 1963년에 뮤지컬로 각색되어 브로드웨이 무대에 상연되었고, 1975년에는 밀로스 포먼Milos Forman 감독이 영화화하여 오스카 작품상을 받았다. 제목은 인디언의 전래동화의 한 구절에서 따온 것이다.

007

영화로도 유명한 이안 플레밍Ian Fleming의 소설에 나오는 영국 첩보원 제임스 본드James Bond의 암호(code name)이다. 소설에서 '더블 오'(00)로 시작하는 숫자는 살인 면허를 가진 비밀요원에게 붙여지는 암호라고 한다.

Operation Desert Shield 사막의 방패작전

조지 부시George Bush가 미국 대통령으로 재임 중이던 1990년 이라크가 쿠웨이트를 침공했을 때, 사우디아라비아를 방어하기 위해 참전한 영미 연합군의 군사 작전 명칭이다. 이 작전은 그대로 걸프전(Gulf War)으로 확전되었다.

Operation Desert Storm 사막의 폭풍작전

걸프전이 한창이던 1991년 1월 16일, 영미 연합군이 이라크를 공격하면서 명명한 군사 작전 이름이다. 전투는 100일간이나 지속되었다.

Oppenheimer, Julius Robert (1904～1967) 오펜하이머, 줄리어스 로버트

미국 최초의 원자폭탄을 만든 맨해튼 계획(Manhattan Project)의 책임자였던 과학자이다.

Oracle 오라클

미국의 컴퓨터 소프트웨어 제작 기업이다. 1977년 로렌스

J. 엘리슨Lawrence J. Ellison이 설립하였다. 오라클Oracle이란 말은 고대 그리스어의 '신탁(神託)'에서 유래한다. 마이크로소프트(MS) 다음 가는 규모의 소프트웨어 기업이다. 전세계 145개 국에 지사가 있다.

인터넷에 오라클의 데이터베이스를 접목시켜, 부담스러운 저장 장치 없이도 중앙처리장치(CPU)와 적은 양의 메모리만으로 운영할 수 있는 네트워크 컴퓨터(NC)를 창안함으로써 성장의 발판을 마련하였다. 오라클은 인터넷 서버를 통해 정보를 공유하는 포스트 PC 시대에 핵심 기술로 부상한 데이터베이스 분야에서 독보적인 위치를 확보하였다. 기업용 데이터베이스 분야에서 세계 시장의 절반 이상을 장악하고 있다.

Orange Prize 오렌지상(賞)

영국의 이동전화 통신사인 오렌지Orange사가 1996년부터 해마다 여성 작가의 소설 가운데 최우수 작품을 선정하여 수여하는 문학상이다.

Orangeman 오렌지맨

영국 북아일랜드에 있는 개신교도들의 정치 단체인 오렌지 소사이어티Orange Society의 일원을 말한다. 개신교도인 윌리엄(William) 3세가 구교도인 제임스(James) 2세에게 거둔 승리를 경축하며 매년 7월 12일에 거리 행진을 벌인다.

order of chivalry 기사 훈장

영국의 모든 훈장을 총칭해서 가리키는 말이다.

Order of Merit (OM) 공로 훈장

영국의 기사 훈장의 하나이다. 예술과 문학, 과학 분야에서 큰 업적이 있는 사람에게 수여된다. 24명의 영국인과 1명의 외국인 수상자가 제한되어 있다. 수상자는 이름 뒤에 OM이라고 붙여도 된다.

ordination of women 여성의 안수(서품)

영국교회에서 여성의 성직자 서품을 말한다. 여성이 목사(priest)로 안수를 받은 것은 1974년 미국성공회(Episcopal Church)에서였고, 이후 1989년에는 주교(bishop)도 나왔다. 영국에서는 1994년에 처음으로 여성들이 목사로 안수를 받았다.

Ordnance Survey (OS) 육지측량부

지도 제작을 담당하는 영국의 정부기관이다. 1791년에 군사적인 목적의 지도를 만들기 위해 설립되었다. 영국 여행을 좋아하는 사람들에게 잘 알려져 있다.

Oregon 오리건주

미국 태평양 연안 북쪽에 있는 주이다. 주도는 세일럼Salem이고, 주 최대 도시는 포틀랜드Portland이다. 주 최대의 산업은 벌목, 제재, 펄프, 제지 등과 같이 풍부한 임산자원에 의존한다. 크레이터호수 국립공원(Crater Lake National Park), 오리건 듄스 국립휴양지(Oregon Dunes National Recreation Area) 등이 있어서 관광이 오리건주의 주요 수입원이 된다.

Oregon Trail 오리건 이주로

19세기 미국인들이 새 땅에 정착하기 위해 서부로 이동하는 데 이용되었던 길이다. 약 만 명의 사람들이 1840년대에 이 길을 지나갔는데 이 길은 200마일(3218km)이나 되었고 포장마차로 가는 데 여섯 달 걸렸다. 미주리주(Missouri) 인디펜던스(Independence)로부터 네브라스카주(Nebraska)와 와이오밍주(Wyoming)를 거쳐 록키 산맥을 넘고 콜로라도 강에 이르는 길이다. 이 이주로는 1978년에 오리건 내셔널 히스토릭 트레일(Oregon National Historic Trail)이 되었다.

The Origin of Species 《종의 기원》

19세기 영국의 생물학자 찰스 다윈Charles Darwin이 1859년에 발표한 생물의 진화론에 관한 저서이다. 정식 명칭은 On the Origin of Species by Means of Natural Selection이다. 생물 변이의 법칙, 생존경쟁, 본능, 잡종, 화석, 지리적 분포, 분류학 및 발생학 등의 여러 면에서 자연선택(Natural Selection)설을 전개하고 있다. 창조적 신앙에 대해 최대의 타격을 가한 저서로, 간행 직후부터 종교계의 심한 공격을 받았으나, 오랫동안 생물학에서 확고부동한 지위를 차지하였다.

Orwell, George (1903~1950) 오웰, 조지

영국의 소설가이다. 본명이 에릭 아서 블레어Eric Arthur Blair로 인도에서 출생하였다.

이튼 학교Eton College를 졸업하고, 미얀마의 경찰관이 되었다가 식민지 악을 통감하고 사직하였다. 1927년에 유럽으로 돌아와 불황 속의 파리 빈민가와 런던의 부랑자 생활을 실제로 체험하였다.

이 경험을 담은 처녀작 《파리와 런던의 바닥 생활》*Down*

and Out in Paris and London(1933)에 이어 식민지 백인 관리의 잔혹상을 묘사한 소설 《버마의 나날》*Burmese Days*(1934)로 인정을 받았다. 그후 사회주의로 전향하여 1937년에 스페인 내전에 참전하였다가 부상당하고, 좌익 내부의 격심한 당파 싸움에 휘말렸다가 박해를 벗어나 귀국하였는데, 이 환멸의 기록이 《카탈루냐(카탈로니아) 찬가》*Homage to Catalonia*(1938)가 되었다. 러시아혁명과 스탈린의 배신에 바탕을 둔 정치 우화 《동물농장》*Animal Farm*(1945)으로 일약 명성을 얻게 되었고, 결핵으로 입원 중에 걸작 《1984년》*Nineteen Eighty Four*(1949)을 완성하였다.

Osage 오세이지 부족

미국 인디언의 한 부족이다. 본래 오하이오Ohio 강변에 살다가, 오클라호마주의 보호구역으로 이주당해 살았는데, 이들의 보호구역에 석유가 개발되어 모두 부자가 되었다.

Osborne, John (1929～1994) 오스본, 존

소위 '성난 젊은이들'(angry young men) 계열의 영국 극작가이다. 주로 노동자계급의 삶을 사실적으로 묘사한 작품들을 썼다. 대표작인 《성난 얼굴로 돌아보라》*Look Back in Anger*(1957), 《엔터테이너》*The Entertainer*(1957) 등은 발표될 당시 1950년대에는 새롭고 충격적인 작품들이었다.

Osbourne, Ozzy (1949～) 오스본, 오지

영국의 헤비메탈heavy metal 뮤지션이다. 블랙 새버스Black Sabbath의 싱어로 활동하다가, 오지 오스본 그룹Ozzy Osbourne group이라는 밴드를 만들어 1980년대와 1990년대 성공을 거두었다. 《토크 오브 더 데블》*Talk of the Devil*(1982)이라는 히트 앨범이 있다.

Oscar 오스카 영화상

미국의 아카데미 영화상(Academy Award)의 다른 이름이다. 시상식 자체를 '오스카'Oscars라고도 한다.

Hammerstein, Oscar (1895～1960) 해머스타인, 오스카

미국이 뮤지컬 작가로서, 많은 브로드웨이 뮤지컬을 썼다. 《쇼보트》*Show Boat*, 《오클라호마》*Oklahoma!*, 《사운드 오브 뮤직》*The sound of Music* 등의 작품을 썼다.

Osmonds 오스몬즈

7남매(남자 6명, 여자 1명)의 식구가 모여 만든 팝 그룹이다 이들 가운데 도니 오스몬드Donny Osmond(1957～)와 마리 오스몬드Marie Osmond(1959～)의 이름이 잘 알려져 있다. 몰몬교도들로 종교적이고 도덕적인 생활로도 유명하다. 〈원 배드 애플〉*One Bad Apple*(1971)이라는 히트곡이 있다.

Oswald, Lee Harvey (1939～1963) 오스왈드, 리 하비

1963년에 미국의 존 F. 케네디John F. Kennedy 대통령을 암살한 사람이다. 범행 직후에 체포되었으나, 이틀 뒤에 잭 루비Jack Ruby라는 사람의 총탄에 사살되는 바람에, 재판에 회부되지도, 공모 여부나 연루자를 확인하지도 못했다. 오스왈드의 단독 범행이라는 당국의 발표에도 어떤 음모가 있었을 것으로 생각하는 사람들이 많다.

Othello 《오델로》

1603년에 초연된 윌리엄 셰익스피어William Shakespeare의 비극 작품이다. 아프리카 북부 출신의 무어Moor인으로 베니스 해군의 존경받은 장군인 Othello는 자신의 아내 데스데모나Desdemona와 장교인 카시오Cassio가 내연 관계라고 말하는 부관 이아고Iago의 거짓말에 점점 속아넘어간다. 그래서 아내를 죽이지만, 결국 아내가 결백했다는 것을 알고는 자살하고 만다. 질투로 인해 파괴되는 남자의 이야기를 다루고 있다.

Our Mutual Friend 《우리들의 친구》

영국 소설가 찰스 디킨스Charles Dickens의 마지막 소설이다. 1865년에 발표되었다. 돈이 인간을 어떻게 파괴하는지를 보여주는 코미디와 사회풍자를 담고 있다.

Our Town 《우리 읍내》

미국의 극작가 손튼 와일더Thornton Wilder의 1938년 작품이다.

그로버스 코너스Grover's Corners라는 작은 도시를 무대로 평범한 사람들의 생활을 이야기하고 있다. 스테이지 매니저State Manager라고 하는 극중 인물이 관객에게 직접 스토리를 이야기하는 형식이다. 요즘도 아마추어 극단들이 많이 공연하는 연극이다.

OutRage! 아웃레이지!

동성애자들의 권리와 사회적 이슈화를 위해 일하는 영국의 단체이다. 1990년에 시작되어 급속히 알려졌다.

Oval Office 오벌 오피스

미국 대통령의 집무실인 백악관(the White House) 내의 집무실의 별칭이다. 방의 모양이 타원형이라서 그렇게 불렸다. 대통령을 지칭하는 말로도 쓰인다.

overseas territory 영국령 (= dependent territory, Crown Colony)

영국 정부로부터 임명을 받는 관리가 있는 해외의 영토를 말한다. 포클랜드 군도(Falkland Islands), 지브롤터(Gibraltar), 세인트 헬레나(St. Helena) 등이 있다. 이들 영토의 안보와 치안, 행정에 책임을 지고 있다.

Owens, Jesse (1913~1980) **오웬스, 제시**

미국 흑인 육상 선수로, 1936년 독일 베를린 올림픽에서 육상 4관왕을 차지하였다.

100m, 100m, 400m계주, 그리고 멀리뛰기의 4종목을 석권하여, 독일 민족의 우월성을 자랑하려던 히틀러의 코를 납작케 만들며 대회의 영웅이 되었다. 미국의 대통령 자유메달(Presidential Medal of Freedom)을 수상하였다.

Oxbridge 옥스브리지

영국의 두 명문 대학인 옥스퍼드 대학(Oxford University)와 캠브리지 대학(Cambridge University)를 묶어 부르는 말이다.

영국 내에서도 가장 오래된 학교이지만, 영국 사회에서 차지하는 특권도 상당하다. 두 학교가 학문 분야에서도 라이벌로 경쟁하고 있지만, 매년 부활절에 벌이는 조정경기(Boat Race)는 전국민의 관심을 끌고 있다.

***The Oxford Book of English Verse* 《옥스퍼드 영시 선집》**

1900년에 처음 출판된 영시(English poetry) 선집이다. 영국에서 가장 인기 있는 시집 가운데 하나이면서 영국 시를 대중에게 알리는 데 큰 이바지를 하였다.

***The Oxford English Dictionary* (OED) 《옥스퍼드 영어 사전》**

옥스퍼드 대학 출판부가 출간한 영어 사전이다. 세계에서 가장 유명한 영어사전으로, 많은 어휘와 예문, 용례, 어휘 발달사 등을 수록하고 있다. 1858년부터 사전 편찬 작업이 시작되어 1928년에 초판이 출간되었다. 많은 새로운 어휘들을 첨가한 2판(the second edition)이 1989년에 나왔다.

Oxford Group 옥스퍼드 그룹

도덕재무장운동인 Moral Re-Armament(MRA)를 발전시킨 단체이다. MRA 운동의 선구자 프랭크 부크만Frank Buchman이 영국에 있을 때 만들었다.

Oxford Movement 옥스퍼드운동

로마가톨릭의 교리와 의식을 영국교회에서 받아들이자며 1830년대와 1840년대에 일어났던 운동이었다. 추기경이었던 존 뉴먼John Newman과 에드워드 퍼시Edward Pusey, 존 키블John Keble 같은 교수들이 참여하여 영국교회의 발전에 중요한 영향을 끼쳤다.

Oxford Street 옥스퍼드가(街)

런던의 웨스트엔드West End에 있는 번화한 상가이다. 백화점들과 명품점들이 즐비하여 런던의 명물 거리이다.

Oxford University 옥스퍼드 대학 (= University of Oxford)

1249년에 영국 옥스퍼드시(市)에 설립된 영국에서 가장 오래된 대학이다. 대학은 가장 오래된 유니버시티 칼리지 University College와 올 쏘울스All Souls, 발리올Balliol, 크라이스트 처치Christ Church, 뉴 칼리지New College, 세인트 존스St. John's 등, 약 30개의 칼리지로 이루어져 있다. 대학 부속 보들리언 도서관(Bodleian Library)과 애슈몰린 박물관(Ashmolean Museum), 셰도니언 극장(Sheldonian Theatre) 등이 유명하다.

옥스퍼드 대학의 전경

Oxford University Press (OUP) **옥스퍼드 대학 출판부**

옥스퍼드 대학의 출판부로, 17세기 후반부터 책을 출간한 대형 출판사이다. 《옥스퍼드 영어 사전》*The Oxford English Dictionary*을 비롯한 많은 사전과 학술서, 교재 등을 출간하였다.

Oz 오즈

아동도서 《오즈의 마법사》*The Wizard of Oz*에서 도로시Dorothy가 태풍에 실려간 상상 속의 장소이다. 또 호주인들이 자기 나라인 오스트레일리아Australia를 일반적으로 간단히 '오즈'Oz라고 부른다.

Ozymandias **《오지만디아스》**

영국의 낭만파 시인 퍼시 비쉬 셸리Percy Bysshe Shelley가 1818년에 발표한 유명한 시이다. 잊혀진 고대 왕의 거대한 조각상이 부서진 채 사막에 묻혀 있는 모습을 보고 노래한 시이다.

P

P & G (Procter & Gamble) **피 엔 지**

광범위한 생활 용품을 생산 판매하고 있는 미국의 국제적인 기업이다. 1837년 미국 오하이오주 신시네티Cincinnati에서 윌리엄 프록터William Procter와 제임스 갬블James Gamble이 비누와 양초 회사로 시작하였다.

P & O 피 앤 오

영국의 선박 회사이다. 대형 유람선으로 유명하다. 1837년에 설립되어 주로 스페인이나 포르투갈로 운항하였으나, 인도와 홍콩까지 운항하는 중요한 선박 회사가 되었다. 20세기 후반에는 영국 해협을 운항하는 최대의 선박 회사로 자리잡았다.

Pacific Daylight Time (PDT) **태평양 여름시간**

알래스카를 제외한 미국의 서부에서 4월 초부터 10월 말까지 사용하는 시간이다. '태평양 표준시간'보다 1시간 빠르다.

Pacific Standard Time (PST) **태평양 표준시간**

알래스카를 제외한 미국의 서부에서 10월 말에서 4월 초까지 사용하는 시간이다. '그리니치 표준시'(GMT, Greenwich Mean Time)보다 8시간 빠르다.

Pacino, Al (1940~) **파치노, 알**

미국의 배우이다. 1992년 개봉된 〈여인의 향기〉*Scent of a Woman*에서 주연하여 오스카 영화상을 받았다. 14살에 무대에 서며 연기 학교에 진학했지만 17살에 학교를 그만둔다. 이후 여러 가지 일을 전전하던 알 파치노는 다시 연극 무대에서 연기 활동을 하다가 프랜시스 포드 코폴라Francis Ford Coppola 감독의 3부작 〈대부〉*Godfather*(1972, 1974, 1990)에 마이클 콜레오네Michael Corleone 역으로 출연하여 세계적으로 유명해진다. 그밖에 〈허수아비〉 *Scarecrow* (1973), 〈스카페이스〉*Scarface*(1983), 〈딕 트레이시〉 *Dick Tracy*(1990), 〈히트〉*Heat*(1995), 〈데블스 에드버킷〉*The Devil's Advocate*(1997), 〈도니 프레스코〉 *Donnie Brasco*(1997), 〈애니 기븐 선데이〉*Any Given Sunday*(1999), 〈인썸니아〉*Insomnia*(2002) 등, 수많은 영화에 주연하였다. 또 〈뉴욕 광시곡〉*Looking for Richard*(1996)을 감독 · 주연 · 제작하기도 했다.

Paine, Thomas (1737~1809) **페인, 토마스**

영국 출신의 미국 작가이자 정치사상가이다. 자유와 민주주의에 관한 글을 많이 쓰고 연설도 많이 했다. 영국에서 출생하였지만, 미국 독립 전쟁과 프랑스혁명에 참가하였다. 1774년에 미국으로 이민을 하였고, 1776년에 《상식》 *Common Sense*을 출간하여, 미국의 독립이 가져오는 이익을 주장하였고, 큰 영향을 끼쳤다. 독립 전쟁이 시작되자 종군하였고, 《위기》*The Crisis*(1776~1783)를 간행하여 민중의 사기를 고무하였다. 1787년에는 프랑스로 건너가 혁명을 목격하였다. 1791년에 《인간의 권리》*Rights of Men* 제1부를 쓰고, 이듬해 런던에서 제2부를 썼으나, 반란선동 혐의를 받아 프랑스로 피신하였다. 프랑스에서 그는 혁명 정부의 의원이 되기도 하였으나, 국왕 처형에 반대하여 투옥되었다. 그곳에서 그는 《이성의 시대》*The Age of Reason*(1부 1794, 2부 1796)를 썼는데, 무신론을 담고 있다는 오해를 받게 되어, 1802년 다시 미국으로 건너갔다. 하지만 미국에서도 지난날 독립 전쟁의 영웅으로서가 아니라, 무신론자로 비난을 받다가 빈곤과 고독 속에서 생애를 마쳤다.

Paiute 파이우트 부족

미국 남서부에 살고 있는 인디언 부족이다. 현재 약 4000여 명이 네바다Nevada주, 캘리포니아California주, 유타Utah주, 애리조나Arizona주 등지의 보호구역에서 살고 있다.

Paki 파키

영국에 사는 파키스탄 출신의 사람 또는 파키스탄인 조상을 둔 사람. 그러나 인도나 방글라데시 등의 남 아시아계 사람들을 구분하지 않고 일반적으로 경멸적인 의미로 파키라 부르기도 한다.

Palace of Westminster 웨스트민스터 궁전

영국의 의회의사당(House of Parliament)의 공식 명칭이다. 정식 명칭은 웨스트민스터 신궁전(New Palace of Westminster)이다. 1834년에 대화재로 Old Palace of Westminster가 파괴되었다가 이후 12년에 걸쳐 현재의 모습으로 재건했다. 템즈(Thames)강가에 위치한 이 의사당은 1,000개 이상의 방을 갖춘 고딕식 건물이다. 95m 높이의 시계탑 빅벤Big Ben은 15분 간격으로 종소리를 울리며, 아직도 손으로 태엽을 감는 전문 시계지기가 있다.

pale ale 페일 에일

주로 영국의 펍pub에서 팔리는 약간 독한 맥주이다.

Palgrave, Francis (1824~1897) **팰그레이브, 프랜시스**

영국의 시인이자 교육자였다. 옥스퍼드 대학의 시학 교수를 지냈는데, 자신이 편찬한 영시 선집 《골든 트레저리》*The Golden Treasury*로 유명하다. 사람들은 그의 이름을 따서 《팰그레이브 트레저리》*Palgrave's Treasury*라고도 부른다.

Pall Mall 팰맬

런던 중심가의 트라팔가Trafalgar 광장에서 서쪽으로 뻗어 있는 거리이다. 클럽이 많은 거리로 유명하다. Pall mall은 크로키croquet와 비슷한 옛날 경기로, 그 Pall mall 경기가 벌어지던 장소라고 그 이름이 붙여졌다고 한다.

Palladianism 팔레디아니즘

전형적인 팔레디아니즘 양식의 영국 건축물

고대 그리스 로마의 건축물에 영향을 받은 16세기 이탈리아 건축가 안드레아 팔레디오 Andrea Palladio의 건축 작품들을 바탕으로 하는 건축 양식을 가리키는 말이다. 이 양식의 건축물들은 입구에 큰 삼각형의 박공벽을 만들고 기둥이 많은 것이 특징이다. 18세기에 이니고 존스Inigo Jones가 영국에 소개하여 유행하였고, 신고전주의(neoclassism)로 발전되었다.

Palladium 팰러디움 (= London Palladium)

런던 중심가에 위치한 유명한 극장이다. 뮤지컬이나 코미디, 콘서트 등을 주로 공연한다.

Palm Sunday 팜 선데이

부활절(Easter) 전 일요일이다. 이날에 교회에 오는 사람에게는 십자가 모양으로 접은 야자나무 잎사귀를 받았다. 이 전통은 성경에서 예수가 예루살렘에 왔을 때 사람들이 예수 앞 땅바닥에 야자수 잎을 놓았다는 이야기에서 비롯한다.

Palmer, Arnold (1929~) **파머, 아놀드**

1960년대를 주름 잡았던 미국의 프로 골퍼이다. 골프로 1백만 달러를 벌어들인 최초의 선수였다. 1954년에 미국 아마추어 골프 선수권대회에서 우승한 뒤에 프로로 전향하여, 마스터스Masters대회 4회, 유에스 오픈US Open대회 1회, 영국 오픈British Open 2회를 우승하였고, 그밖에 프로골프협회(PGA) 주최의 수많은 경기에서 우승하였다. 사업가로서도 수완이 뛰어나 아놀드파머사Arnold Palmer Company를 경영하기도 했다.

Pan American World Airways (Pan Am) **팬암 항공**

1927년에 설립된 미국의 대형 항공사이다. 1958년 세계 최초로 제트 여객기를 운항시킨 항공사로, 점보제트기Jumbo jets를 정기 취항시킨 최초의 항공사이기도 하다. 1988년 스코틀랜드에서 기내에 폭발물이 터지는 사고가 있은 뒤로 고전하다가 1991년에 파산하였다.

Panama Canal 파나마 운하

남북아메리카 대륙을 나누는 지점의 파나마 지협(地峽)을 횡단하여 태평양과 대서양을 잇는 운하이다. 연평균 이용 선박은 1만 5000척, 운하를 통과하는 데에는 약 8시간이 걸린다. 1914년에 운하가 완성되어 8만 1237톤의 퀸 엘리자베스Queen Elizabeth호가 사상 최초로 이 운하를 통과하였다. 이후 85년 동안 미국이 관리해 온 관리권은 1999년 12월 31일을 기해서 파나마로 이양되었다.

pancake 팬케이크

밀가루에 달걀, 버터, 설탕 등을 섞어 프라이팬에 얇게 구운 케이크의 일종이다. 영국에서는 전통적으로 따뜻하게 해서 레몬이나 설탕을 쳐서 먹는다. 미국에서는 버터나 팬케이크용 시럽을 얹어 아침 식사로 먹는다.

Pancake Day 팬케이크 데이 (= Pancake Tuesday)

참회 화요일(Shrove Tuesday)의 다른 말이다. 이날은 영국에서 모두 팬케이크를 먹는다. 전통적으로 이날은 사순절(Lent)을 앞두고 음식을 많이 먹는 마지막 날이었다.

pancake race 팬케이크 레이스

'팬케이크 데이'라고 하는 참회 화요일(Shrove Tuesday)에 영국 도처에서 열리는 대회이다. 요리사들이 달리면서 후라이팬frying pan의 팬케이크를 공중에 던졌다가 뒤집어 받기를 반복하면서 운반하는 경주이다.

panhandle 팬핸들

두 가지 뜻이 있다. 첫째, 지형이 후라이팬의 손잡이 모양으로 좁고 길게 나온 지역을 가리키는 말이다. 미국에서 플로리다 팬핸들Florida panhandle과 텍사스 팬핸들Texas panhandle 등지를 예로 들 수 있다. 둘째는 길거리에서 후라이팬 비슷한 것을 내밀고 길가는 사람들에게 돈을 구걸하는 행위를 말한다. 이런 사람을 팬핸들러panhandler라고 한다.

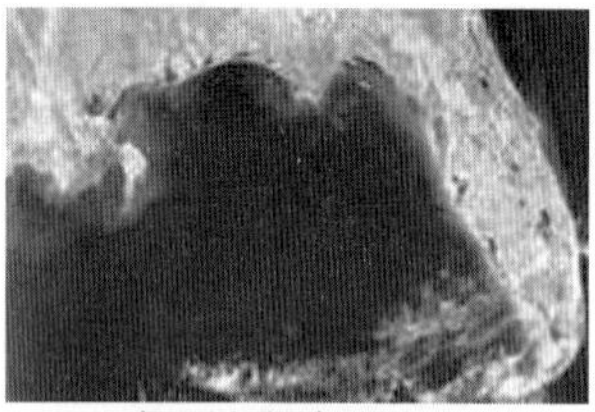

'플로리다 팬핸들'의 위성 사진

Pankhurst, Emmeline (1858~1928) **팬허스트, 에멀라인**

영국의 대표적 여성 참정권론자(suffragette)였다. 1903년에 여성사회정치동맹(Women's Social and Political Union)이라는 정치 단체를 결성하여 여성의 참정권을 위해 적극적으로 운동을 벌였다. 자주 투옥되기도 했다.

pantomime 판토마임

본래 얼굴 표정과 몸짓만으로 표현하는 '무언극'이지만, 오늘날 영국에서는 고전동화나 동요를 바탕으로 한 '아동극'(play for children)으로 널리 대중화되어 있다. 화려한 무대를 배경으로 노래와 춤으로 구성되어 있다. 주로 크리스마스를 전후하여 전국에서 공연된다. 〈신데렐라〉*Cinderella*, 〈잭과 콩나무〉*Jack and the Beanstalk*, 〈알라딘〉*Aladdin* 같은 동화들이 판토마임의 소재가 된다. 전통적으로 영국 판토마임에 자주 나오는 세 유형의 캐릭터가 있다. 첫째, 프린시펄 보이Principal Boy라는 남자 캐릭터가 있는데, 예쁜 여자가 연기를 한다. 둘째, 여자 캐릭터인 데임Dame은 우스꽝스러운 차림의 뚱뚱한 아줌마로, 남자가 연기한다. 셋째, 판토마임 말(Pantomime Horse)이라고 하는 우스꽝스러운 동물 캐릭터가 자주 나온다. 어린이들은 판토마임을 관람하면서 배우들과 함께 노래를 따라 부르기도 한다. 영국 대부분의 도시에서 판토마임을 공연하고, 유명 가수나 TV 탤런트들이 주인공으로 출연하기도 한다.

pantomime horse의 그림

Paolozzi, Eduardo (1924~) **파올로치, 에드와도**

Paolozzi의 작품

스코틀랜드 조각가인데, 부모님이 이탈리아인들이다. 대중 예술(pot art)의 선구자로서, 그의 작품들은 기계의 금속 조각들로 제작한 것들이 많다. 판화나 섬유디자인도 했다. 1989년에 기사 작위를 받았다.

Parachute Regiment 공수여단

1940년에 창설된 영국의 공수부대이다. 빨간 베레모로 알려져 있다.

***Paradise Lost* 《실락원》**

영국의 대시인 존 밀턴John Milton이 1667년에 발표한 장시이다. 아담Adam과 이브Eve가 하나님에게 복종하지 않아 낙원(paradise)인 에덴동산(Garden of Eden)에서 쫓겨나는 이야기를 쓰고 있다.

***Paradise Regained* 《복락원》**

존 밀턴John Milton이 1671년에 출간한 시이다. 하나님이 인간에게 낙원을 돌려주기 위해 예수를 보내는 이야기를 쓰고 있다.

Paramount Pictures 파라마운트 영화사

미국 할리우드의 메이저 영화사이다. 1914년에 W. W. 호드킨슨W. W. Hodkinson이 파라마운트Paramount라는 이름의 영화 배급사로 설립하였다. 세실 B. 드밀Cecil B. DeMille이 감독한 〈십계〉*The Ten Commandments*(1923)를 필두로 〈선셋대로〉*Sunset Boulevard*(1950), 〈셰인〉*Shane*(1953), 〈이창〉*Rear Window*(1954), 〈러브스토리〉*Love Story*(1970), 〈대부 1, 2, 3〉*The Godfather* 1, 2, 3, 〈스타트렉〉*Star Trek*(1979) 등, 수많은 히트 작을 제작하였다.

parish 교구

교회나 목사의 관할 구역을 말한다. 주민들은 해당 교구 교회(parish church)에 나가고, 주민들의 출생과 결혼, 사망 등이 모두 교구 등록부(parish register)라고 하는 교인 등록부에 기록된다. 또 영국의 지방자치단체 가운데 가장 작은 행정 단위가 parish이다. 어떤 parish는 교구 의회를 선출하기도 한다.

parish pump 교구 물 펌프

영국 시골마을에서 물을 길을 수 있는 펌프pump가 있는 곳으로, 우리의 시골마을 우물가와 같은 역할을 하였다. 사람들이 이 물 펌프에 모여서 마을의 문제를 이야기하고, 소식을 듣곤 하였다.

Parker, Charlie 'Bird' (1920~1955) **파커, 찰리 '버드'**

현대 재즈에 큰 영향을 미친 미국 흑인 뮤지션이다. 그는 비밥bebop 스타일의 창안에도 크게 일조하였다. 색소폰을 연주하고 작곡도 하였다. 약물 복용, 알코올 중독 등으로 일찍 사망하였다.

Parker, Dorothy (1893~1967) **파커, 도로시**

미국의 시인이자 단편소설 작가이다. 《뉴요커》*The New*

*Yorker*지의 비평가로 활동하였다. 대표작으로 단편 〈빅 블론디〉 *Big Blondi*(1933)가 있다.

Parks, Rosa (1913~) 파크스, 로사

미국에서 흑인 인권운동(civil rights movement)의 불을 지핀 장본인이다. 1955년 앨라배마Alabama주 몽고메리Montgomery시에서 흑인들은 버스의 뒤쪽 좌석에 앉아야 했던 당시 주법을 거부하고 앞자리에 앉았다. 그녀는 체포되었고, 마틴 루터 킹Martin Luther King은 흑인들에게 버스 이용을 거부하게 하여, 시가 이 법을 수정하게 되었다.

Parliament 영국 의회

영국의 의회는 13세기에서 14세기 초에 탄생하였다. 국왕과 상하 양원으로 되어있고, 입법을 위해서는 형식상 3자의 합의가 필요하다. 성문헌법이 없으므로, 이론상으로는 의회가 어떤 입법도 제한 없이 할 수 있으며, 사법부는 의회가 제정한 입법에 대해서 심사할 수 없다. 실제로는 정당정치제도가 확립되어 있으므로, 의회는 입법 행위를 함에 있어서 일반 국민의 여론 동향을 의식하며, 관례 및 전통(Common Law)에 따르고 있다. 정부의 행정 및 예산 집행을 감독하고, 관례에 따라 중요한 국제 조약 및 협정의 비준 전에 정부와 협의를 한다. 조약의 비준은 이론상 의회의 동의가 불필요하며 정부의 권고에 따라 국왕이 시행한다.

회기는 보통 1년 단위로 10월 말~11월 초에 시작된다. 매 회기 중에 개회 기간은 평균 하원 160일, 상원 140일 정도이다. 매 회기 초에 국왕은 상원에 출석하여 상하원의원 전체가 참석한 가운데 정부의 정책 개요 및 회기 중 입법 예정 사항을 설명하는 국정 연설을 한다.

상원(House of Lords)은 현재 개혁 작업 중에 있지만 구성은 다음과 같다. 성직 귀족(Lords Spiritual)과 세속 귀족(Lords Temporal), 법률 귀족(Lords of Appeal in Ordinary, 대법관)으로 구성되며, 이들은 종신직으로 현재 710명 정도의 의원이 있다. 성직 귀족으로는 캔터베리 대주교, 요크 대주교 및 기타 주교 24명을 합쳐 25명이고, 세속 귀족은 세습 귀족(Hereditary Peers and Peeresses)이 92명, 종신 귀족(Life Peers and Peeresses) 565명, 법률 귀족(Lords of Appeal in Ordinary)은 고등법원 판사 중에 대법관으로 임명된 종신 귀족 28명이다. 세속 귀족 중에 종신 귀족은 정치, 경제, 사회, 과학 등 각 분야에서 국가에 크게 기여한 자를 수상 제청에 따라 여왕이 임명하며, 과거 세습 귀속과는 달리 지위가 자손에게 세습되지 않는다.

상원은 민사 사건에 관해서는 영국 전체, 형사 사건에 관해서는 스코틀랜드를 제외한 영국 전체를 관장하는 최고 법원의 역할을 하고 있다. 전통에 따라서 대법관인 상원의원들이 재판에 참여한다.

조세 및 재정지출 관계 법안을 제외한 모든 법률안은 원칙적으로 상하 양원을 통과해야 하지만, 입법권에 있어서의 하원 우위 원칙은 확고하여 하원은 상원의 동의를 받지 못한 법안이라도 1년을 기다리면 국왕의 재가를 요청할 수 있다. 조세 및 재정지출 관계 법안은 하원 통과 후 상원에 회부되어 1개월이 지나면 상원의 동의 여부와 관계없이 입법화된다.

현재 노동당 정부는 1999년 중에 제1단계 상원개혁으로 상원의원 가운데 세습 귀족(hereditary peers)의 상원 출석권 및 투표권 박탈(사실상 상원의원 자격 박탈)을 위한 입법 조치를 완료하였다. 새로운 상원의원 선출 방법이 확정될 때까지 세습 귀족 92명의 상원의원 자격은 유지하고 있다.

하원(House of Commons)은 국민의 직접선거에 의해 659개 지역 선거구에서 각 1인씩 선출되는 659명의 의원으로 구성된다. 이 가운데 529명은 England, 40명은 Wales, 72명은 Scotland, 18명은 Northern Ireland에서 선출된다. 임기(Term)는 최장 5년이나, 보통 임기 만료 1, 2년 또는 수개 월 전에 총선이 실시된다. 하원 해산 및 총선은 총리 권고에 따라 여왕이 명령한다.

입법 기능에서는 1911년의 회의법에 따라 하원 우위가 성립되어 있다. 입법 권한 외에 국정 전반에 걸쳐 총리를 포함한 정부 각료들에게 질문하고, 토의하는 기능을 가진다. 법안은 보통 정부에서 의회에 제출되나, 의원들이 개별적으로 법안을 제출할 수도 있다.

의회의 기능 가운데는 각종 위원회 활동도 중요하다. 상임위원회(Select Committee)는 대부분 회기 존속 기간 동안 계속 유지되며, 관련 정부 부처에 관계자 출석 및 자료 제출을 요구할 수 있고, 필요시 특별 자문을 임명할 수 있다. 의결 정족수는 40명이고, 모든 표결은 단순 과반수로 처리한다. 하원의장(Speaker)은 1377년이래 존속하는 직책으로, 새로운 의회가 구성되면 여당은 야당과 협의하여 후보를 내세우고 하원에서 선출한다. 의장으로서의 가장 중요한 자질은 불편부당성이며, 소수파의 권한을 보호하는 의무가 가장 중요한 임무 중의 하나이다. 상원의장과는 달리 내각의 일원이 아니고, 표결에도 참가하지 않으나, 가부 동수인 경우에는 해당 사안에 대해서 자신의 의견을 표명하지 않는다는 전제하에 캐스팅보트Casting Vote를 행사한다. 일단 의장에 선출되면 차기 의회에서도 계속 의장으로 선출되는 것이 관례라서, 본인이 은퇴(또는 사망)할 때까지 평생 의장직을 맡게 된다.

현재 하원의장은 노동당 출신으로 부의장을 지낸 마이클 마틴Michael Martin이다. 전 하원의장인 노동당의 베티 부스로이드Betty Boothroyd는 700년 영국 의회 사상 최초의 여성 하원의장이었는데, 2차 대전 이후 야당 출신으로

서는 최초로 1992년에 하원의장에 선출되었으며, 2000년에 은퇴하여 상원의원으로 재직 중이다.

Parton, Dolly (1946~) **파튼, 돌리**

미국의 컨트리 음악 가수이자 작곡가이고, 영화에도 출연하였다. 금발에 큰 가슴, 쾌활한 성격의 여가수로 잘 알려져 있다. 〈히어 유 컴 어게인〉*Here You Come Again*(1978)과 〈나인 투 파이브〉*Nine to Five*(1981)로 그레미상을 받았다. 1987년에는 테네시Tennessee주 피존 포지Pigeon Forge에 자신의 이름을 붙인 놀이공원 돌리파크Dollypark를 개장하였다.

Pathfinder 패스파인더

1997년에 화성에 안착한 미국의 왕복 우주선이다. 화성 표면을 찍은 많은 사진을 가지고 지구로 돌아왔다.

Patton, George (1885~1945) **패튼, 조지**

제2차 세계대전 때 미군의 장군이다. 노르망디 상륙작전이 성공한 뒤에 패튼은 미육군 3군단을 이끌고 프랑스를 거쳐 독일로 신속히 진입하였다. 혹독한 훈련으로 병사들로 애증을 동시에 받았다. 그의 이야기는 《패튼 대전차 군단》*Patton*(1970)이란 제목의 영화로 만들어져 오스카 영화상을 받기도 했다.

Paul Revere's Ride **〈폴 리비어스 라이드〉**

미국 시인 헨리 워즈워스 롱펠로Henry Wadsworth Longfellow가 1861년에 발표한 시이다. 미국 독립 전쟁이 발발할 때, 말을 타고 돌아다니며 영국군의 상륙을 미국인들에게 알렸던 폴 리비어Paul Revere를 노래하고 있다.

Pauling, Linus (1901~1994) **폴링, 라이너스**

미국의 화학자로 노벨 화학상(1954)과 노벨 평화상(1962)을 받았다. 오리건 주립 농과 대학을 졸업하고 캘리포니아 공과 대학에서 구조화학을 공부한 후, 1925년 박사학위를 받고, 장학생으로 유럽에 유학하여 양자역학(量子力學, quantum mechanics)을 공부하였다.

대학을 졸업할 무렵에 X선회절(X-ray Diffraction)을 이용하여 광물의 무기결정(無機結晶)구조를 연구하였고, 전자회절(電子回折, Electron Diffraction)로써 기체분자의 구조를 연구하였다. 화학 결정에 관한 이론을 연구하여 1931년부터 논문을 발표하기 시작하였다. 그는 수소분자에 관한 연구밖에 없었던 이 영역의 이론을 다전자분자(多電子分子)로 확장하여 현재의 화학결합론의 기초를 구축하였고, 양자역학적 공명(共鳴, Resonance), 전기음성도(電氣陰性度, Electronegativity), 공유결합반지름(Covalent bond Radius), 이온반지름(Ionic Radius) 등 많은 유용한 개념을 창출하였다. 그는 화학 결합의 이론적 연구를 계속하면서, 이 이론을 모든 물질에 적용하려는 시도를 계속하였다.

1954년에는 항원 · 항체반응이론에 관한 업적으로 노벨 화학상을 수상하였다. 제2차 세계대전이 끝나고 아인슈타인이 조직한 '원자과학자 긴급위원회'의 원자폭탄, 수소폭탄 금지운동에 참가한 뒤에 평화운동을 추진하여, 1962년에는 노벨 평화상을 수상하였다.

Pawnee 포니 부족

오클라호마주 보호구역에 살고 있는 인디언 부족이다. 현재 약 3,000명 정도 된다. 본래는 캔자스Kansas주와 네브래스카Nebraska주의 대평원에서 농사와 버팔로 사냥으로 살았다고 한다.

pay television (pay-TV) 상업 방송

일반인들이 수신료를 내고 시청하는 미국의 상업 텔레비전 방송을 말한다. subscription television이라고도 한다.

PBS (Public Broadcasting Service) **미국 공영방송**

광고를 싣지 않고 이윤을 추구하지 않는 지역 방송국들과 협력하여 프로그램을 방송하는 텔레비전 방송을 말한다. 1967년 공영방송법이 제정되면서 정부나 기업, 공공기관의 출연금을 지원받아 프로그램을 제작 방송한다. 〈세스미 스트리트〉*Sesame Street*, 〈내셔널 지오그래픽 스페셜〉*National Geographic Special* 시리즈 같은 좋은 프로그램으로 호평받고 있다.

Peace Corps 평화봉사단

개발도상국의 교육, 농업, 기술 향상, 위생 상태의 개선 등을 목적으로, 미국 정부가 국내에서 모집한 청년 중심의 자원봉사자를 훈련하여 파견하는 단체이다. 1961년 존 F. 케네디John F. Kennedy 대통령의 뉴 프런티어New Frontier 정책의 일환으로서 제정된 평화봉사단법에 의해 창설되었다. 활동 목표는 봉사를 필요로 하는 나라의 사람들을 만나서 돕는 것, 봉사를 통해서 다른 사람들에 대한 미국인의 이해를 증진하는 것, 봉사를 통해서 미국인에 대한 다른 나라 사람들의 이해를 증진하는 것이다.

1961년 16개 국에 1,000명의 자원봉사자를 파견하는 것으로 시작되어, 1966년에 52개 국에서 1만여 명이 활동하는 전성기를 맞았다. 1970년대부터는 봉사 프로그램을 상대국과 협의하고, 단원을 전문 인력으로 구성하는데 중점을 두며, 가족도 함께 파견하는 등, 새로운 정책이 시행되었다. 단원은 대부분 대학 졸업생 또는 재학 중인 자원봉사자로, 교육, 농업 기술, 지역 개발, 공중 위생, 가내 공업 등의 분야에서 현지인과 생활을 같이하면서 활동한다. 또한 봉사자는 그 나라의 말을 쓰며, 그 나라 사람들의 문화와 관습에 적응해야 한다. 임기는 2년이지만, 연장도 가능하다.

1980년대에 들면서 대상국은 늘고 봉사자는 감소하는 추세를 보여, 2000년 현재 약 7,000명의 평화봉사단이 76개 국에서 일하고 있으며, 활동 분야는 환경, 어린이 교육, 중소기업, 에이즈 예방과 퇴치 등, 다양하다.

peace pipe 평화의 파이프

미국 인디언들이 평화협의와 협정을 경축하며 담배를 피웠던 전통의 긴 담뱃대이다. 이 담뱃대는 소유자의 권위를 상징한다. 이 담뱃대로 담배를 핀다는 말은 미국에서 논쟁을 끝낸다는 의미로 쓰였다.

Peanuts 〈피너츠〉

많은 신문에 연재되어 전세계에 알려진 미국의 신문 만화이다. 찰스 슐츠Charles Schulz가 그렸다. 찰리 브라운Charlie Brown이나 스누피Snoopy, 루시Lucy, 라이너스Linus 등이 주요 캐릭터이다.

Pearl Harbor 진주 만

미국 하와이주의 오아후Oahu 섬에 있는 군항이다. 인근에 미국 태평양 해군 기지와 공군 기지, 해군 비행장, 미국 태평양함대사령부 등, 군사 시설들이 많이 있다. 1941년 12월 7일에 일본군 비행기와 잠수함이 진주 만에 정박 중이던 태평양함대를 기습 공격함으로써 미국이 제2차 세계대전에서 연합군에 가담하는 직접적인 동기가 되었다. 이로 인해 8척의 전함과 13척의 해군 선박이 침몰하고, 188척의 비행기가 파괴되었으며. 수천 명의 사상자가 발생하였다. 현재는 국립 사적지가 되어 함대 애리조나호(號)가 침몰하였던 곳에 기념비가 건립되었다. 일본이 항복 문서에 조인했던 미주리호(號) 역시 기념물로 보존되어 있다. 《진주만》*Pearl Harbour*이란 이름으로 일본군의 기습 침공을 묘사한 영화가 제작되어 2001년에 개봉되었다.

Peasants' Revolt 농민 반란

1381년 켄트(Kent)와 에섹스(Essex) 지방의 소작인들이 그들의 삶의 조건과 높은 세금에 항의하며 캔터베리를 거쳐 런던까지 시위행진을 한 사건으로 그들은 런던탑을 포함해 중요 건물들을 점령하였다. 어린 왕 리차드 2세가 소작인 대표 와트 타일러(Wat Tyler) 에게 그들을 도와주겠다고 약속한 후 대부분의 사람들이 집으로 돌아갔다. 결국 타일러는 살해당했고 이 반란은 아무 것도 얻지 못한 채 실패로 끝나버렸다.

Peck, Gregory (1916~2003) 펙, 그레고리

의학을 공부하다가 포기하고 배우가 되었다. 1942년 브로드웨이에서 연극 〈샛별〉*The Morning Star*에 출연하여 호평을 받으며 연극무대에 섰다. 1944년 처음으로 영화 〈영광의 나날〉*Days of Glory*과 〈천국의 열쇠〉*The Keys of the Kingdom*에 출연하고, 이어서 〈스펠바운드〉*Spellbound*(1945), 〈백주의 결투〉*Duel in the Sun*(1946), 〈연정〉*The Yearling*(1946), 〈신사협정〉*Gentleman's Agreement*(1947), 〈12시 정각〉*Twelve O'clock High*(1949) 등의 영화에 출연하여 연기력이 뛰어나고, 의식 있는 연기자라는 명성을 얻었다. 이후에도 〈건파이터〉*The Gunfighter*(1950), 〈앨라배마에서 생긴 일〉*To Kill a Mockingbird*(1962) 등에 계속 출연하며 인기를 얻는다. 그밖에도 〈로마의 휴일〉*Roman Holiday*(1953), 〈백경〉*Moby Dick*(1956), 〈빅 컨트리〉*The Big Country*(1958), 〈나바론 요새〉*The Guns of Navarone*(1961), 〈아라베스크〉*Arabesque*(1966), 〈오멘〉*The Omen*(1976), 〈맥아더〉*MacArthur*(1977), 〈브라질에서 온 소년들〉*The Boys From Brazil*(1978), 〈시 울브스〉*The Sea Wolves*(1981) 등의 출연작이 있다. 1962년 〈앨라배마에서 생긴 일〉*To Kill a Mockingbird*은 그의 오스카상 남우주연상 수상작이다.

Peeping Tom 피핑 톰

다른 사람의 은밀한 행동을 훔쳐보는 사람을 가리키는 말이다. 옛날에 고다이바 부인Lady Godiva이 코벤트리Coventry 지역 백성들의 세금을 낮춰주기 위해, 남편인 백작이 내건 조건대로 벌거벗은 채 말을 타고 거리를 지나갈 때, 지역 백성들은 아무도 밖을 내다보지 말라는 지시를 받았다. 하지만 유일하게 '코벤트리의 피핑 톰'(Peeping Tom of Ceventry)이라는 사람이 그녀를 훔쳐보았고, 그는 장님이 되었다고 하는 전설에서 가져온 이름이다.

peerage 영국 귀족

영국 귀족 계급에서도 최상위인 왕족(royal family)와 공작(duke), 후작(marquis), 백작(earl), 자작(viscount), 남작(baron)으로 이어지는 세습 귀족 그룹을 peerage라고 한다. aristocracy(귀족) 편에 좀더 자세하게 기술되어 있다.

penalty points 벌점제도

자동차 운전자들의 과속이나 난폭 운전 등에 대해 영국 정부가 해당 운전면허 소지자에 부과하는 벌점제도를 말한다.

Penguin Books 펭귄 북스

페이퍼백paper back 도서를 출판한 영국 출판사이다. 좋은 책들을 작은 규격의 종이 표지로 만들어 많은 사람들이 싼 가격에 사서 읽을 수 있도록 1935년부터 출간하였다. 이후 '펭귄북스'는 주머니에 들어 갈 정도로 작은 책들의 대명사가 되었다.

Penn, Sean (1960~) 펜, 숀

미국의 영화배우이자 감독이다. 〈엣 클로스 레인지〉*At Close Range*(1985), 〈인디언 러너〉*The Indian Runner*(1991), 〈데드 맨 워킹〉*Dead Man Walking*(1996) 등의 영화에 출연하였다. 가수 겸 배우인 마돈나Madonna와 5년 가까이 결혼 생활을 했었다.

Pennsylvania 펜실바니아주

미국 북동부의 주이다. 최초로 독립한 13개 주의 하나로 주도는 해리스버그Harrisburg이고, 필라델피아Philadelphia가 최대의 도시이다. 1781년에 윌리엄 펜William Penn이 퀘이커교도들을 위해 개척하고 자신의 이름을 붙여 윌리엄 펜의 작은 숲(Penn's small forest)이라는 뜻인 펜실바니아Pennsylvania라고 이름 붙였다고 한다. 남북 전쟁 때 '게티스버그 전투'(Battle of Gettysburg)로 유명하다.

pensions 연금

연금은 퇴직자들이 정기적으로 지급받는 금액을 말한다. 대개 60세나 65세부터 지급받는다. 지급 액수는 자신들이 부은 액수와 연금 방식에 따라 달라진다.

영국의 연금은 국가와 고용주, 사적 연금 제공자라는 3층 연금체계가 구축되어 있다. 즉, 'state basic pension'이라는 국가 기초 연금이 제1층을 이루고, 국가 소득비례 연금이나 기업연금이 제2층을, 임의적 사적 급여가 제3층을 이루고 있다. 1986년과 1995년의 연금법 개정으로 급여액이 축소되는 추세에 있다.

미국은 고용주와 피고용자, 자영업자가 납부하는 사회보장세(payroll tax)를 통해 공적 연금 재원을 조달하고 있다. 보험료율은 노사가 각각 6.2%씩 부담하고, 자영업자는 본인이 12.4% 전액을 부담한다. 최근에 수급 연령을 65세에서 67세로 연장하고, 급여 중 85%를 대상으로 과세와 환수 조치를 시행하고 있다.

Pentagon 미국 국방부/펜타곤

미국의 육·해·공 3군을 총괄하여 국방을 담당하는 연방정부기관 또는 그 청사를 말한다. 건물의 모양이 5각형이라고 펜타곤이라고도 한다. 수도 워싱턴에 있다. 기관의 공식 명칭은 U. S. Department of Defense(미국 국방부)이다.

1947년의 국가안전보장법에 따라 그동안 분리되어 있던 육군과 해군, 공군의 방위 기능을 일원화하기 위하여 3군을 총괄하는 국가군사부를 창설하였다. 1949년 조직을 능률적으로 운영할 목적으로 국가안전보장법을 개정하면서 현재 형태로 설치하였다. 조직은 육군·해군·공군의 3부와 합동참모본부, 군사참의원, 군수위원회, 연구개발위원회로 구성되어 있다. 국방 장관은 합동참모본부를 통하여 3군을 지휘하고, 합동참모본부는 3군 작전의 기본 전략 조사와 실시를 담당한다. 군사참의원은 군사정책면에서 전 부문을 통괄한다.

***Penthouse* 《펜트하우스》**

미국의 남성 잡지이다. 젊은 여성의 나체 사진이나 섹스에 관한 기사들로 유명하다. 최근의 인터넷의 등장으로 고전하다가 2003년에 폐간되기도 했다.

***People* 《피플》**

미국의 인기 주간지이다. 뉴스 기사 외에도 영화 배우나 TV 탤런트들에 관한 기사와 사진들을 싣고 있다. 1974년에 창간되었다.

***The People* 《더 피플》**

1881년에 창간된 영국의 일요일판 잡지이다.

Pepsi-Cola **펩시콜라**

미국의 펩시사(PepsiCo Inc.)가 만드는 세계적인 콜라 이름이다. 그냥 펩시Pepsi라고도 하는데 코카콜라Coca Cola 다음으로 세계에서 많이 팔리는 음료이다. 패스트푸드 업체인 피자헛Pizza Hut, 타코벨Taco Bell, 켄터키 프라이드 치킨Kentucky Fried Chicken 등을 소유하고 있다.

perpendicular architecture **수직양식 건축**

14세기와 15세기 영국에서 많은 유행했던 고딕식(Gothic)의 건축 양식이다. 커다란 창과 수직선, 돌로 된 천장 패턴 등이 특징이었다. 캠브리지 대학 킹스 칼리지King's College의 교회가 대표적인 수직양식의 건축물이다.

캠브리지 대학 킹스칼리지의 교회

personal space **개인 공간**

영미인들에게서 '개인 공간'이라는 것은 개인의 프리이비시privacy를 보호하는 공간이다. 이 공간은 '개인간의 거리'(personal distance)라고도 볼 수 있다. 개인 공간의 크기 또는 개인간의 거리는 상황이나 성별, 친밀도에 따라 다르다. 이성간은 동성간보다 좀 더 거리를 둔다. 잘 아는 사람보다 낯선 사람은 거리가 좀 더 떨어져야 한다.

대화를 할 때, 미국인들은 대개 최소한 30센티 이상의 거리를 요구하고, 영국인들은 좀 더 떨어지기를 원한다. 가장 편안한 거리는 1.5미터 정도라고 한다. 또 영국인이나 미국인들은 가족이 아니면 만지거나 물리적으로 접촉하기를 꺼린다. 굳이 비교하면 미국인들이 약간 덜 하다. 하지만 가족이나 친척, 친한 친구를 만나면 껴안거나 키스도 한다.

Persuasion **《설득》**

19세기 영국의 소설가 제인 오스틴Jane Austin이 1818년에 발표한 소설이다. 그녀 사후 1년 뒤에 출간되었다. 여주인공 제인 엘리엇Anne Elliot은 프레더릭 웬트워스Frederick Wentworth의 청혼을 거절하고서 후회하다가 몇 년 뒤에 그가 다시 청혼하여 결혼하는 이야기를 담고 있다.

Peter Pan **《피터 팬》**

영국의 소설가이자 극작가인 J. M. 베리J. M. Berrie의 아동극이자 동화이다. 1904년에 5막의 크리스마스 아동극으로 상연돼 폭발적인 인기를 얻었다. 상상의 나라인 네버 네버 랜드Never Never Land에 사는 아이인 피터 팬Peter Pan은 영원히 자라지 않는 어린이다. 피터는 어느 날 밤에 런던을 찾아가 세 어린이를 데려온다. 아이들은 피터와 함께 팅커벨Tinkerbell이라는 요정이나 동물들과 놀기도 하고, 해적 후크Hook 일당과 싸우기도 하고, 여러 가지 신나는 모험을 한 뒤에 집으로 돌아온다. 그리고 매년 한 번씩 피터에게 놀러 가도 된다는 부모의 허락을 받는다. 월트디즈니사가 애니메이션 영화로 만들어 세계의 어린이들의 사랑을 받고 있다.

Peter Rabbit **피터 래빗**

영국의 아동 작가 비트릭스 포터Beatrix Potter의 동화에 나오는 토끼 캐릭터이다.

Peterloo Massacre **피털루학살**

1819년 영국 맨체스터에서 발생한 사건. 선거법 개정(Reform Bill) 등의 정치 개혁을 요구하며 성(聖) 베드로 광장에 모인 비무장의 평화 시위대가 기마대의 공격을 받아 시위대 중 11명이 죽고 50여 명이 다치는 민중운동탄압사건이다. 피털루라는 말은 성 베드로 광장(St. Peter's Fields)과 그 당시 많은 사람들이 죽었던 전투 워털루(Waterloo)의 합성어이다.

Peterson, Oscar (1925~) **피터슨, 오스카**

미국의 흑인 재즈 피아니스트이다. 캐나다에서 태어나 6살 때부터 클래식 피아노를 배웠다. 10대 후반 재즈로 전향하여 캐나다 재즈계에서 인기를 얻고, 1949년 미국에 진출하였다. 세계 각지를 순회 공연하여 강한 스윙swing 감과 지적인 구성력에 의한 박력 있는 연주로 국제적인 평가를 받았다. 1986년 연주회 실황 앨범 《오스카 피터슨 실황!》*Oscar Peterson Live!*이 대표작으로 평가받고 있다.

Petition of Right **권리청원**

1628년 영국 하원에서 기초하여 국왕 찰스 1세의 승인을 얻은 국민의 인권에 관한 선언이다. 권리장전(Bill of Right)이 명예혁명의 결과로 이루어진 인권 선언인 데 비해, 권리청원은 청교도혁명과 관련을 가지는 인권 선언이다. 1625년에 즉위한 찰스 1세는 부왕인 제임스 1세의 절대군주제를 답습하여 과중한 과세와 강제 공채, 군대의 민가에의 강제 숙박, 군법의 일반인에의 적용 등을 통하여 계속적인 전제정치를 행하였다. 1628년 에스파냐 등과의 대외 전쟁 비용에 재정이 어려워진 찰스 1세가 의회를 소집하자, 의회는 강제 공채와 불법 투옥 문제를 둘러싸고 왕과 대립을 하게 되었고, 하원의원은 국왕에게 청원이라는 형식으로 권리 선언을 한 것이 곧 권리청원이다.

주요 내용은 의회의 동의 없이는 어떠한 과세나 공채도 강제되지 않는다는 것, 법에 의하지 않고는 누구도 체포나 구금되지 않는다는 것, 육군 및 해군은 인민의 의사에 반하여 민가에 숙박할 수 없다는 것, 민간인의 군법에 의한 재판은 금지한다는 것, 각종의 자유권을 보장한다는 것 등이었다. 권리청원은 역사적으로 주권이 국왕으로부터 의회로 옮겨지는 첫걸음이 되는 중요한 의의를 가진다. 그러나 1629년 국왕은 이 권리청원을 무시하고 의회를 해산함과 동시에 의회의 지도자를 투옥한 뒤 11년 간 의회를 소집하지 않고 전제정치를 하였다. 이것이 청교도혁명의 직접적인 원인이 되었다.

Pfizer 파이저

미국의 제약 회사이다. 독일에서 미국으로 이주한 찰스 파이저Charles Pfizer와 찰스 에르하르트Charles Erhart가 1849년 뉴욕 브루클린에서 화학 약품 회사인 찰스 파이저 앤 컴퍼니Charles Pfizer & Company를 설립한 것이 시초이다. 처음 100년 동안은 다른 회사에 납품하는 방식으로 경영해오다가, 1940년대 후반에 새로운 항생 물질이 발견되자 자체 브랜드를 만들었다. 1942년 페니실린의 양산화에 성공하고, 1946년 스트렙토마이신, 1950년 테라마이신, 1967년 비브라마이신을 개발하여 항생 물질을 주력으로 하는 의약품 제조 회사로 발전하는 한편, 동물용 백신, 사료 첨가제를 중심으로 하는 농업용 각종 제품, 안료, 광물 금속 분야로 사업을 확장하였다. 2000년에 경쟁 업체이던 워너-램버트(Warner-Lambert Company)와 합병하여, 세계 5대 제약 회사 가운데 하나가 되었다. 이어 발기부전 치료제 비아그라Viagra, 심장혈관 치료제 노바스크, 콜레스테롤을 감축하는 리피토르와 같은 약품뿐 아니라 비진, 벤게이, 잔탁 등의 수많은 약품을 생산하였다. 뉴욕에 본사가 있다.

PG (Parental Guidance) **부모시청지도 관람가**

영국과 미국의 영상물 등급제(film rating)에 따라 부모의 시청 지도를 요하는 영상물을 말한다. 우리의 '미성년자관람가' 등급과 비슷하다.

PGA (Professional Golfers' Association) **프로 골퍼협회**

미국의 남자 프로 골퍼협회이다. 1916년에 설립되었다. PGA Tournament를 포함한 메이저 골프 대회들을 주관한다.

PGA Championship 피지에이 선수권대회

1916년에 미국 프로 골퍼협회(PGA, Professional Golfer Association)가 창설되고, 이듬해에 프로 골퍼만을 위한 대회로 프로 골퍼협회 선수권대회(PGA Championship)이다. 뉴욕에서 처음 열렸다. 프로 선수만 참가하는 대회로는 유일하게 4대 메이저에 속한다.

Phi Beta Kappa 파이 베타 카파

미국 대학의 문리대(colleges of arts and sciences) 우등생들의 동아리이다. 1776년 버지니아주의 윌리엄 앤 메리 대학(College of William and Mary)에서 결성되어, 이름이 라틴어로 된 것으로는 가장 오래된 동아리이다. 주로 대학 3~4학년 가운데 우등생들이 선발된다.

Philip Morris 필립 모리스

미국의 담배 회사이다. 유명한 담배 말보로Marlboro와 버지니아 슬림Virginia Slim 등을 생산한다. 1997년에 담배 회사로는 처음으로 담배로 인해 사람이 사망한 것을 인정하였다.

Phillips Petroleum 필립스 석유

1905년 프랭크 필립스Frank Phillips와 L. E. 필립스L. E. Phillips 형제가 오클라호마주와 캔자스주에서 시작한 정유 회사이다. 1917년에 오클라호마 앤 캔자스 오일(Oklahoma and Kansas oil-producing)이라는 법인을 설립하였다. 1927년에 정유 공장을 인수하면서 종합 석유 회사로서 발전하여, 오늘날에는 석유 탐사 및 개발, 운송, 정유 및 가공, 판매 및 배급 등 석유 산업의 모든 단계에 걸쳐 사업을 전개하고 있다. 북해, 나이지리아, 인도네시아에 석유 및 가스 채굴권을 갖고 있으며 자체의 정유 시설, 송유관, 유조선, 유조차 등을 확보하고 있다. 필립스 66Phillips 66이라는 상표로 주로 미국 중서부와 해외에 제품을 판매하고 있다.

Piccadilly Circus 피카딜리 광장

런던의 서쪽 끝에 있는 번화가로, 피카딜리Piccadilly, 리젠트Regent, 샤프츠베리Shaftesbury 등의 도로가 만나는 광장이다. 에로스像(statue of Eros)이 있고, 각종 네온사인과 광고판들로 번화가의 휘황찬란한 풍경을 연출하고 있다. 관광객들이 많이 모인다.

The Pickwick Papers 〈피크위크 페이퍼스〉

찰스 디킨스Charles Dickens의 1837년 소설이다. 새뮤얼 피크위크Samuel Pickwick라는 사람이 만든 클럽 사람들의 이야기를 담고 있다. Pickwick는 뚱뚱한 체격에 친절하고 호의적인 사람인데, 가끔 좋은 마음씨와 오해로 인해 곤경에 빠지기도 한다.

The Pied Pipers of Hamelin 〈햄린의 피리 부는 사람〉

19세기 영국 빅토리아여왕시대의 시인 로버트 브라우닝Robert Browning이 1842년에 발표한 시이다. 독일의 햄린Hamelin이라는 마을에서 백파이프를 연주하여 모든 쥐를 몰아낸 어떤 남자의 전설을 이야기하고 있다. 마을의 모든 쥐들이 백파이프의 연주 음악을 따라 나가고 없어져도 마을 사람들이 그에게 약속한 사례금을 주지 않자, 그는 다시 백파이프를 연주하여 마을의 아이들을 데리고 가버렸다는 내용이다.

The Pilgrim's Progress 〈천로역정〉

17세기 영국의 작가 존 번얀John Bunyan의 종교적 우화소설이다. 작가 자신의 꿈 이야기를 하는 형식으로 되어 있다. 1부는 작가가 12년 간의 감옥 생활을 마치고 나서 1675년에 다시 투옥되었을 때 집필하여 1678년에 출간되었고, 2부는 1684년에 출판되었다.

제1부는 주인공 크리스천Christian이 처자를 버리고 등에 무거운 짐(죄)을 지고, 손에는 한 권의 책(성서)을 들고 고향을 떠난다. 도중에 많은 인물들을 만나며, '낙담의 늪'(Slough of Despond), '죽음의 계곡'(Valley of the Shadow of Death), '허영의 거리'(Vanity Fair) 등을 지나, 천신만고 끝에 '천상의 도시'(Celestial City)에 당도하는 여정을 그렸다. 제2부에서는 그의 처자가 뒤를 좇아가는 여정을 그렸다.

Pilgrim Fathers 필그림 파더스 (= Pilgrims)

1620년에 메이플라워Mayflower호를 타고 미국에 건너가 플리마우스Plymouth에 식민지를 개척한 102명의 영국인들을 가리키는 말이다. 그 해 첫 겨울을 지나면서 이 가운데 절반이 혹한 속에 사망하지만 이듬해 풍작으로 무사히 추수감사절을 보낸다. 이 가운데 신대륙에 자신들의 종교가 자유롭게 보장되는 사회의 건설을 꿈꾸는 청교도(puritans)들이 35명이었다.

pillar box 우편함 (= postbox, letter box)

영국의 우편함(postbox)을 부르는 말이다. 시민들이 우편물을 부칠 수 있도록 길거리에 기둥(pillar)처럼 세워놓은 편지함이다. 눈에 잘 띄도록 빨간색으로 칠해져 있다.

Pima 피마 부족

미국 애리조나주 남부에 있는 보호구역에 살고 있는 인디언 부족이다. 아파치Apache족과 자주 싸웠으며, 백인들과는 우호적이었다고 한다.

Pink Floyd 핑크 플로이드

1965년에 결성된 영국의 인기 팝 그룹이다. 《더 다크 사이드 오브 더 문》*The Dark Side of the Moon*(1973), 《더 월》*The Wall*(1979) 등의 히트 앨범이 있다.

The Pink Panther 〈핑크 팬더〉

블레이크 에드워드Blake Edwards가 감독한 1963년도 코미디 영화이다. 핑크 팬더Pink Panther는 범인의 별명이다. 프랑스 형사 클루소Clouseau가 범인을 잡으려고 하는 내용이다. 텔레비전 연속극과 만화 영화로도 제작되었다. 영화를 비롯해 모두 헨리 맨시니Henry Mancini가 음악을 만들었다.

Pinter, Harold (1930～) 핀터, 헤럴드

유대인계 출신으로 런던 출생의 영국 극작가이다. 처음에는 배우로 활동하였다. 1957년에 첫 희곡 《방》*The Room*(1957)은 희극적 분위기의 단막극이고, 5막극인 《생일파티》*The Birthday Party*(1958)는 1주일 간 공연한 뒤에 텔레비전으로 방영되었고, 그후 무대에 다시 상연되어 성공을 거두었다. 1960년에 《관리인》*The Caretaker*이 크게 히트하여 세계적인 극작가로 위치를 굳혔다. 그밖에 《귀향》*The Homecoming*(1965), 《풍경》*Landscape*(1968), 《침묵》*Silence*(1969), 《지난 세월》*Old Times*(1970) 등이 있다.

Piper, John (1903～1992) 파이퍼, 존

영국의 화가이자 디자이너이다. 제2차 세계대전 때 파괴된 건물의 벽화, 교회 스테인드 글래스, 오페라 무대 디자인 등, 그의 작품은 다양하다.

The Pirates of Penzance 〈펜잔스의 해적들〉

길버트(W. S. Gilbert)와 설리반(Arthur Sullivan)의 코믹

오페라이다. 그들의 '사보이 오페라'Savoy Operas 가운데 하나이다. 해적이 된 귀족들과 용감하지 않은 경찰들에 관한 이야기를 노래하고 있다.

Pitt, Brad (1964~) 피트, 브래드

1990년대 세계적인 스타가 된 미국의 인기 영화배우이다. 매력적인 남성 배우로 세계 여성들에게 인기가 높다. 출연 영화로는 〈델마와 루이스〉*Thelma and Louise*(1991), 〈뱀파이어와의 인터뷰〉*Interview with the Vampire* (1994), 〈가을의 전설〉*Legends of the Fall*(1994), 〈세븐〉*Seven*(1995), 〈슬리퍼스〉*Sleepers*(1996), 〈데블스 오운〉*The Devil's Own*(1997), 〈티벳에서의 7년〉*Seven Years in Tebet*(1997), 〈조 블랙의 사랑〉*Meet Joe Black* (1998), 〈존 말코비치 되기〉*Being John Malkovich* (1999), 〈스파이 게임〉*Spy Game*(2001), 〈오션스 일레븐〉*Ocean's Eleven*(2002) 등이 있다.

Pitt, William (1759~1806) 피트, 윌리엄

영국 역사상 최연소인 24세 때 총리가 된 사람이다. '젊은 피트'(Pitt the Younger)라고도 자주 불렸다. 케임브리지 대학을 졸업하고 1781년 하원의원이 되었다가, 이듬해 재무 장관이 되었다. 1783년 24세의 나이로 총리직에 올라, 이듬해 총선거에서 압승을 거두어 정권을 공고히 하였다. 신흥계급 출신의 청년 총리로서, 재정의 건전화 및 관세의 경감에 의한 산업 진흥을 실행하였고, 의회제도의 개혁과 노예제도의 폐지를 제창하는 등, 토리당(Tory)으로부터의 탈피에 노력하였다. 프랑스혁명이 발발하자 혁명의 파급을 방지하려는 중심 인물이 되어 국내에서의 혁명 태동을 억제하였다.
1800년 국내 통일 강화의 관점에서 아일랜드와의 합병을 실현하였으나, 종교 문제를 둘러싸고 국왕과 의견이 상충하여 이듬해 사임하였다. 1804년에 다시 총리가 되었으나, 건강이 좋지 않아 1806년에 사망하였다. 20년 가까이 재임하면서 애매하던 총리의 지위를 확립한 공적이 높이 평가된다.

Pizza Hut 피자헛

펩시콜라 회사가 소유하는 피자 외식 업체이다. 미국뿐 아니라 전세계에 체인점이 있다.

Plain English Campaign (PEC) 쉬운영어운동

일반 대중이 쉽게 의사소통을 할 수 있도록 일상에서 쉽고 단순한 말과 글을 쓰자는 취지에서 영국의 크리시 마허 Chrissie Maher가 1970년대부터 시작하였다. 이 운동의 영향으로 유럽연합이 상거래나 각종 약관을 비롯한 공문서를 쉬운 영어로 쓰기로 했고, 미국 정부도 모든 공문서를 쉬운 영어로 쓰기로 하는 성과를 거두었다.

'쉬운영어운동'의 학습 과정에는 공무원, 회사원, 학생 등의 개인들뿐 아니라, 은행, 보험 회사, 전기 회사 같은 일반 기업체와 정부 부처, 지방자치단체, 의료기관 등의 공공기관들도 쉬운영어운동에 참여하고 있다.

쉬운영어운동의 인증 마크인 크리스털 마크

Plains Indians 대평원 인디언

미국 중서부 대평원(the Great Plains)에 살았던 인디언 부족들을 가리키던 말이다. 대표적으로 아라파호Arapaho, 블랙푸트Blackfoot, 코만치Comanche, 크로우Crow, 수 Sioux 등의 부족들이다. 이들 대부분은 현재 서부의 인디언 보호구역에서 살고 있다.

Planet of the Apes 〈혹성탈출〉

프랭크린 J. 섀프너Franklin J. Schaffner가 감독하고 1968년에 개봉한 미국의 SF 영화이다. 2673년 3월 26일, 테일러Taylor 일행을 태운 우주선이 미국의 케이프 케네디 Cape Kennedy에서 발사되어, 1년 6개월 만에 어느 행성의 바다에 불시착한다. 이 행성은 바로 원숭이들이 다스리는 곳이고, 인간의 모습과 거의 비슷한 원시인들은 야생 동물처럼 살고 있었다. 2001년에도 팀 버튼Tim Burton이 감독한 리메이크 작품이 나왔다.

Platoon 〈플래툰〉

미국 올리버 스톤Oliver Stone 감독의 1986년 베트남 전 영화이다. 감독 자신이 베트남 전에 참전했고, 시나리오를 완성하는 데 8년, 영화화하는 데 10년이 걸렸다. 오스카 영화상 작품상을 수상하였다.

Playboy 《플레이보이》

나신의 젊은 여성 사진을 실어 세계적으로 유명해진 미국의 대중 잡지이다. 1953년에 휴 헤프너Hugh Hefner가 창간하였다. 섹스에 관한 기사 외에도 뉴스 기사나 단편소설도 실었다. 1997년에는 독자가 300만 명에 달하기도 했다.

Pledge of Allegiance 국기에 대한 맹세

미국인들의 국기와 국가에 대한 맹세이다. 전문은 "I pledge allegiance to the flag of the United States of

America and to the republic for which it stands, one nation under God, indivisible, with liberty and justice for all."(나는 미국의 국기와 그 국기가 상징하는, 하나님의 보호 아래 나누어질 수 없으며 모든 사람에게 자유와 정의를 베푸는, 공화국에 충성을 맹세합니다.)로 되어 있다. 어린이들은 학교에서 국기에 대한 경례를 할 때 이 맹세를 하고, 성인들도 공식 행사 때 하기도 한다.

Plymouth Colony 플리머스 식민지

1620년 영국의 필그림스 파더스Pilgrims Fathers들이 메이플라워Mayflower호를 타고 신대륙인 미국 땅에 맨 처음 도착한 곳이다.

Pocahontas (1595~1617) 포카혼타스

1607년에 자신의 아버지인 인디언 추장 포화탄Powhatan에 의해 처형당하려던 영국 선박의 선장 존 스미스John Smith의 목숨을 구해준 인디언 추장의 딸이다. 그녀는 1613년에 기독교 신자가 되었고, 자신의 이름도 레베카Rebecca로 바꾸었다. 그리고 1년 뒤에는 영국인 존 롤프John Rolfe와 결혼하여 1616년에 영국으로 갔고, 대중의 많은 관심을 불러일으켰다. 하지만 다시 고향으로 돌아오는 길에 병을 얻어 사망하고 만다. 1995년에 그녀의 이야기가 월트디즈니사의 만화 영화로 제작되어 세계에 알려졌다.

Poe, Edgar Allan (1809~1849) 포우, 에드거 앨런

19세기 미국의 단편 작가이자 시인, 비평가를 겸했다. 괴기 소설(mystery story)을 많이 썼고, 탐정 소설(detective story)을 개척한 천재 작가이다. 그의 많은 소설은 영화로도 제작되었다. 연극배우였던 부모에게서 태어났다. 26세의 나이로 당시 아직 13살이라는 어린 나이의 사촌동생 버지니아와 결혼하고 수많은 괴기 소설과 탐정 소설을 썼다. 〈윌리엄 윌슨〉 *William Wilson*(1839), 〈어셔가의 몰락〉 *The Fall of the House of Usher*(1839), 〈모르그가의 살인사건〉 *The Murder in the Rue Morgue*(1841), 〈붉은 죽음의 가면〉 *The Mask of the Red Death*(1842), 〈마리 로제의 수수께끼〉 The *Mystery of Mary Roget*(1842), 〈함정과 추〉 The *Pit and the Pendulum*(1842), 〈검은 고양이〉 *The Black Cat*(1843), 〈고자질 쟁이의 마음〉 *The Tell-Tale Heart* (1843), 〈황금벌레〉 *The Gold-Bug*(1843), 〈도둑맞은 편지〉 *The Purloined Letter*(1844) 등을 차례로 발표하였다. 이런 단편뿐 아니라, 〈갈가마귀〉 *The Raven*(1845)을 비롯한 수많은 주옥 같은 시도 아울러 발표하였는데, 1847년에 사랑하던 아내 버지니아가 24세의 젊은 나이로 죽자, 아내를 생각하며 지은 〈애니를 위하여〉 *For Annie*(1849), 〈애너벨 리〉 *Annabel Lee*(1849) 등의 시를 남기고 그해 사망하였다.

Poet Laureate 계관시인(桂冠詩人)

영국 왕실이 영국의 가장 명예로운 시인에게 내리는 칭호이다. 계관시인이라는 명칭은 고대 그리스와 로마시대에 명예의 상징으로 월계관을 씌워준 데서 유래한다. 영국의 계관시인은 종신제이며, 궁내관으로 연봉을 받으며, 왕실의 경조사 때 시를 지어 바치는 등 특정한 의무가 주어졌지만, 지금은 그렇지 않다. 지금은 총리의 추천으로 임명된다.

제임스James 1세 때인 1616년에 벤 존슨Ben Johnson에게 수여한 것이 최초이고, 1670년에 존 드라이든John Dryden이 처음으로 연봉 300파운드와 카나리아제도에서 생산된 포도주 1통을 받았다. 이 관행은 1790년 헨리 제임스 파이Henry James Pye가 포도주 대신 현금을 원하면서부터 바뀌었다. 1984년 테드 휴스Ted Hughes가 계관 시인으로 임명되었다.

Poets' Corner 시인 코너

런던의 웨스트민스터 사원(Westminster Abby)에서 영국의 대표적 작가와 시인들이 많이 묻혀 있는 묘역을 가리키는 말이다. 문인들의 기념비도 많이 세워져 있다. 대표적으로 제프리 초서Geoffrey Chaucer, 로버트 브라우닝Robert Browning, 알프레드 테니슨Alfred Tennyson, 찰스 디킨스Charles Dickens, 토마스 하디Thomas Hardy, 루드야드 키플링Rudyard Kipling 등의 묘가 있고, 윌리엄 셰익스피어William Shakespeare, 존 밀턴John Milton, 조지 고든 바이런George Gordon Byron, 퍼시 비쉬 셸리 Percy Bysshe Shelley 등의 기념비가 세워져 있다.

Polaroid Corporation 폴라로이드사

미국의 발명가이자 물리학자였던 에드윈 H. 랜드Edwin H. Land와 조지 휠라이트George Wheelwright가 1932년 '랜드-휠라이트 연구소'(Land-Wheelwright Laboratories)라는 이름으로 광학기기 회사를 설립하였다. 1937년부터는 '폴라로이드사'(Polaroid Corporation)이라는 이름으로 바꾸었다. 1947년에 셔터를 누르면 바로 인화되는 '폴라로이드 랜드 카메라'Polaroid Land camera와 전용 필름의 생산과 판매를 시작하였다. 폴라로이드는 암실 조작이 필요 없고, 카메라 내에서 현상과 정착이 이루어져 촬영한 장소에서 바로 인화가 되는 즉시성이 특징으로, 사진 기술의 일대 혁명을 일으켰다.

police 경찰/치안 (= law enforcement)

영국은 세계에서 가장 먼저 자치경찰제를 확립한 국가이다. 앵글로색슨시대부터 경찰의 원형인 프랭크플레지(frankpledge)가 있었다. 이것은 '부락책임제'로서 12세 이상의 자유인 남자가 10인조의 구성원이 되어 평화유지의 책임을 졌는데, 10인조는 10가족의 주민으로 이루어지고, 그중 1명을 조장으로 선출하였다. 이 10인조에서 다시 발전한 것이 100인조였다. 1285년부터 윈체스터법(Statute of Winchester)에 의한 컨스터블constable 제도가 500년 이상 영국의 경찰 조직으로 치안을 담당하였다. 종래의 부락책임제를 유지하면서 치안 판사의 지휘, 감독을 받는 '컨스터블(경무관)'이 치안을 담당하는 제도였다. 16~17세기에 컨스터블의 자질 저하와 비능률로 치안이 악화되어, 18세기 중엽 이후 개혁운동이 일어났고, 1829년에 '수도경찰법'이 제정되어 근대적인 직업적 자치경찰제도가 성립하였다.

영국의 경찰관은 모두 비무장이 원칙이고, 순찰도 경찰봉만을 가지고 행한다. 범인 체포에 있어서도 수갑을 사용하지 않고, 총기를 사용하는 경우에도 특별히 지명된 자 이외에는 소지하지 못하도록 되어 있다.

미국의 경찰은 영국의 경찰제도를 본받은 자치제 경찰이지만, 세계에서 가장 복잡한 경찰제도이다. 합중국 전역에 걸쳐 경찰권의 행사가 인정되어 있는 것은 연방수사국(FBI)만이고, 각 주에는 주 경찰, 시에는 시 경찰, 카운티에는 카운티 경찰이 있어 각각 독립된 자치제 경찰이다. 또 작은 도시나 카운티에는 아직까지 셰리프Sheriff(보안관)나 컨스터블(경무관) 등의 제도가 남아 있고, 시장이나 치안 판사, 시의회(city council) 등에 의한 임명제로 되어 있다. 시 경찰은 관리감독권이 시의회에 속하는 것과 시의 경무위원회 또는 공안위원회에 속하는 것이 있다. 주 경찰은 주로 주 내의 하이웨이 패트롤highway patrol(간선도로 순찰)을 하며, 간선도로상에 있어서의 범죄와 교통 단속 등을 행한다. 미국의 경찰관은 대부분 권총을 항상 휴대하고, 사용도 자유로운 편이다.

Political correctness 비차별성 표현

간단하게 PC라고도 부르는데, 특정한 태도 및 행동 특히 선입견을 낳거나 공격을 야기하기 쉬운 표현 등을 피하는 것과 관련이 있다.

즉 남성과 여성, 노인, 피부 색, 인종적 배경 및 육체적 장애 등에 대한 표현을 쓰는 것에 반대한다. 이 말은 1980년대와 90년대 미국과 영국의 지식인들과 페미니스트들의 이상으로 발전되었지만 현재 이 말은 너무 급진적인 이상 및 특히 단어를 바꿈으로써 언어를 바꾸려는 시도를 가리키는 부정적인 의미로 사용되고 있다. 많은 사람들이 단어를 바꾸는 것으로 사람들의 마음이나 사회 시스템에 내재해 있는 편견을 제거할 수 있을지에 대해 회의적이다.

1960년대와 70년대에 차별은 옳지 못하다는 생각에 대한 공론이 있었으며 학교와 사무실에서 여러 종류의 변화를 시도했다. 한때 크리스마스 같은 기독교 기념일만 지켰던 학교에서 현재는 다른 종교 및 인종의 기념일에 대해 배우기 시작했으며 백인 위주의 역사 교육에서 탈피해 다른 공동체의 역사와 문화에 대해서도 배우고 있다. 사무실에서도 성희롱 및 인종적 편견이 금지되었다.

PC운동은 또한 여성과 흑인에 대한 고정관념과 소수자그룹에 대한 농담에 반대하고 있다. 비차별성 표현의 주된 관심은 특정 그룹을 공격하는 인종 및 성적 편견을 가진 언어를 피하는 것이다. PC운동 이전에 이미 언어 변화에 대한 움직임이 있었다. 결혼여부를 따지지 않고 여성을 부르는 호칭인 미즈(Ms)라는 단어가 이미 오랫동안 사용되고 있으며 의장이란 표현을 chairman에서 chairperson으로 바꿔 사용하는 것도 흔한 일이 되었다.

미국에서의 최근 단어 사용의 변화를 보면 흑인(Black)을 아프리칸 어메리칸(African American)으로, 인디언(Indian)을 네이티브 어메리칸(Native American)으로 쓰고 있다. 그러나 예를 들어 시각장애자(blind)와 청각장애자(deaf)라는 단어를 시각적으로 손상을 입은(visually impaired), 청각에 손상을 입은(hearing impaired)로 바꿔 부르자는 의견은 널리 받아들여지고 있지 않다. 또한 vertically challenged(키가 작은), differently sized(뚱뚱한), physically challenged(장애인), economically exploited(가난한), involuntarily leisured(실업의), domestic operator(주부) 등의 단어들도 잘 사용되지 않는다.

결론적으로 많은 사람들은 비차별성 표현이 바람직하더라도 그와 관련된 어떤 단어들은 어색하다는 생각을 한다.

political parties in Britain 영국의 정당

영국의 정당은 보수당(Conservative Party)과 노동당

(Labour Party)이 지배적인 위치를 양분하는 가운데, 자유민주당(Liberal Democrats)이 중간에 있다. 보수당은 17세기 말 토리당(Tory)에서 유래되었으며, '보수'라는 단어는 1830년대에 처음 사용되었다. 노동당은 1890년대로 소급되며, 자유민주당은 1850년대에 설립된 자유당과 1981년 설립된 사회민주당(Social Democratic Party)의 합병으로 탄생되었다.

보수당(The Conservative Party)은 17세기 후반에 국교 단일화를 주장하면서 국왕 편에 섰던 인사들을 중심으로 형성된 토리당(Tory)이 1832년의 의회개혁법으로 참정권이 확대되면서 근대적 의미의 정당으로 발전하였다. 보수당이라는 표현은 1830년부터 사용되어 점차적으로 Tory라는 말을 대체하게 되었다. 현재 지지기반은 전문직 종사자를 비롯한 중산계층을 주요 지지기반으로 하고 있다. 지역별로는 중부와 남부 잉글랜드가 주요 지지기반이다. 당 재정 수입은 개인 헌금과 기업 헌금으로 충당하고 있다.

노동당(The Labour Party)은 1832년에 제정된 일련의 의회개혁법안으로 일반 노동자 및 여성들에게까지 참정권이 확대됨에 따라, 이들의 정치적 욕구를 충족시킬 수 있는 새로운 정치 집단이 필요하였고, 19세기에 들어와 영국 사회에 확산된 사회주의적 정치경제사상을 대변할 정치 단체의 필요성도 함께 대두되었다. 이에 1906년 총선 이후 의회 내에서 노동자 대표권을 조정하기 위하여 노동자 대표위원회를 중심으로 노동당이 창립된 것이다. 1924년에 소수 정부로 첫 집권을 하였고, 그후에도 1929~31년까지 소수 정부로 재집권하였으며, 1945년 이후에는 여러 차례에 걸쳐 집권함으로써 영국 내 양대 정당의 하나로서 자리를 굳히게 되었다. 노동조합, 협동조합, 사회주의자협회 등의 기관들이 지지기반이다. 현재의 토니 블레어Tony Blair 총리의 집권당이 노동당이다.

자유민주당(Liberal Democrats)은 1987년에 사민당(Social Democratic Party)과 자유당(Liberal Party)이 합당하여 탄생하였다. 자유민주당은 현재 50여 석을 확보하고 있으면서, 보수당이 두 차례 연속 총선 참패의 충격에 빠져 있는 상황에서 야당 역할을 자임하고 있다.

political parties in the U. S. 미국의 정당

미국의 정당체제는 양당제로 시작된 이래 1860년 이후부터 민주당과 공화당이 서로 대결하고 있다. 제3당은 1912년(혁신당), 1924년(혁신당), 1968년(독립당)의 선거에서 10% 이상의 표를 획득한 것을 제외하면 그 세력은 매우 약하다. 양당은 구체적 정책에서 약간의 차이가 있으나, 이데올로기적인 차이는 없어 근본적으로 성질이 같다.

공화당은 1854년 북부와 서부에서 노예제의 확대를 반대하는 운동과 함께 결집되어 창당되었다. 남부 노예제의 확대를 반대하는 방향을 명확히 내걸고 민주당과 대립하였던 것이다. 1860년에는 자유토지주의와 보호관세를 정강으로 내세워 링컨을 대통령에 당선시켰다. 그후 약 50년 간 미국 정치를 주도하였지만, 1929년 세계 공황이 닥쳤을 때 대통령이었던 공화당의 허버트 C. 후버Herbert C. Hoover가 불황 극복을 위한 정책을 세우지 못했고, 결국 32년에 민주당의 프랭클린 D. 루스벨트Franklin D. Roosevelt에게 대통령직을 넘겨주게 되었다. 이후 공화당은 자본 옹호, 보호관세, 반공산주의 등을 주장하며 민주당에 비해 보수적인 성향을 띠어 왔다.

민주당은 1792년에 남부의 농업 지대를 지지기반으로 창당되었다. 노예를 소유한 남부 농장주들이 당의 주도권을 장악하게 되자, 민주당은 노예제 지지 기관으로 변질되었고, 남북 전쟁에서 남부가 패하면서 민주당도 남부의 정당, 소수 정당에 머무르게 되었다. 그러나 1929년의 세계 대공황으로 32년 선거에서 뉴딜정책(New Deal)을 내세운 루스벨트가 대통령에 당선되었고, 그뒤 민주당은 정부의 적극적인 경제개입정책, 사회복지정책, 게다가 제2차 세계대전이 미국에 가져다준 번영 등으로 흑인을 비롯한 저소득층의 지지를 받게 된다.

Pollack, Sydney (1934~) 폴락, 시드니

미국의 배우이자 영화감독이다. 뉴욕에서 연기 수업을 받은 뒤 한동안 배우로 활동하다가 1950년대 후반 군 복무를 마치고 LA로 건너가서 TV 연출자로 새로운 인생을 시작하였다. 1965년 감독 데뷔작 〈가는 실〉*Slender Thread*이 호평을 받으며 계속해서 〈추억〉*The Way We Were*(1973), 〈콘돌〉*Three Days of the Condor*(1975) 등을 만들었다. 1985년에 오스카 영화상 7개 부문을 수상한 〈아웃 오브 아프리카〉*Out of Africa*의 성공으로 최고 감독의 자리에 올랐지만, 다음 작품 〈하바나〉*Havana*(1990)의 흥행 참패로 몇 년 간 연출에서 손을 놓고 다시 배우 활동을 하였다. 1993년 〈야망의 함정〉*The Firm*으로 다시 감독에 복귀하여, 〈사브리나〉*Sabrina*(1995), 〈랜덤 하트〉*Random Hearts*(1999) 등을 연출하였다. 이후 〈슬라이딩 도어즈〉*Sliding Doors* (1998)의 제작자, 〈시빌 액션〉*A Civil Action* (1998), 〈아이즈 와이드 셧〉*Eyes Wide Shut*(1999) 등에 배우로 출연하며 활발한 활동을 펼치고 있다.

Pollock, Jackson (1912~1956) 폴락, 잭슨

현대 미국 화단의 거목으로 '추상적 표현주의'(abstract expressionism)의 대표 화가이다. 그는 무의식적인 감정을 직접 표현하는 방법으로, 붓을 사용하지 않고 캔버스에 물감을 던지거나 붓기도 하는 전위적인 회화 양식인 '행동회화'(action painting)를 개척하였다. 때로는 붓 대신에 막대기나 칼을 이용하기도 했다. 술을 많이 마셨고, 교통사고로 사망하였다. 그에 관한 이야기가 《폴락》Pollock(2000)이라는 제목으로 영화로도 제작되었다.

작업 중인 잭슨 폴락

Polo Ralph Lauren 폴로 랄프 로렌

미국의 세계적인 패션 비즈니스 업체이다. 1967년 랄프 로렌Ralph Lauren이 '폴로 패션'Polo fashions이라는 브랜드로 넥타이 사업을 시작하여, 1968년 고급 남성복으로 확장하며 기업으로 발전시켰다. 랄프 로렌은 미국 디자이너로는 최초로 1971년 비벌리힐스에 매장을 열었고, 1981년에는 런던에 매장을 열면서 유럽에 매장을 소유한 최초의 미국 디자이너가 되었다. 1986년에 파리와 뉴욕에 매장을 열었다. 1993년에 폴로스포츠 브랜드를 출시하면서, 남성복, 여성복, 아동복, 액세서리, 향수에 이르기까지 영역을 확대시켰다. 폴로Polo, 랠프Ralph, 퍼플 라벨Purple label, 콜렉션Collection, 폴로 스포트Polo Sport, 로렌Lauren, 폴로 진스Polo Jeans 등의 브랜드를 보유하고 있다.

Pontiac 폰티악

미국 GM 자동차사가 만든 자동차 제품명이다. 18세기 아메리카 인디언 추장의 이름을 따서 지었다.

Pooh 곰돌이 푸 (= Winnie-the-Pooh, Pooh Bear)

Winnie-the-Pooh를 참조할 것.

Poor Richard's Almanack 《푸어 리차드 연감》

1933년에서 1958년까지 매년 출간된 책이다. 미국 '건국의 아버지'(Founding Fathers)의 한 사람인 벤자민 프랭클린 Benjamin Franklin이 써서 리차드 손더스Richard Saunders라는 이름으로 출간하였다. 일년 중에 중요한 날이나 기념일 등에 관한 정보를 명언명구와 함께 실었다.

pop art 대중 예술

광고나 만화 같은 대중 문화의 재료나 기술을 사용하여 일상의 사물이나 사람을 표현하는 예술 양식이다. 1950년대 영국의 에두와도 파올로치Eduardo Paolozzi나 미국의 재스퍼 존스Jasper Johns 같은 예술가들이 개척하여, 1960년대에 데이비드 하키David Hockey, 앤디 워홀Andy Warhol, 로이 리히텐쉬타인Roy Lichtenstein 등의 대중 예술가들의 작품으로 'pop art'라는 말이 널리 알려졌다.

pop chart 팝 차트 (= chart)

팝송의 레코드 판매 순위를 매긴 리스트이다. 차트charts라고도 한다. 예전에는 히트 퍼레이드hit parade라고 했다.

Pope, Alexander (1688~1744) 포우프, 알렉산더

18세기 영국 시인이다. 고전주의시대(Augustan Age)의 가장 위대한 시인으로 평가받고 있다. 당대에는 호머Homer의 《일리아드》Iliad와 《오디세이》*Odyssey*를 번역하여 명성을 얻었지만, 〈머리카락 훔치기〉 *The Rape of the Lock*(1712), 〈아버스노트 박사에게 보내는 편지〉 *An Epistle to Dr. Arbuthnot*(1735) 등의 풍자시들이 오래도록 호평을 받고 있다. 그밖에 《비평론》*Essay on Criticism*(1711), 《인간론》*An Essay on Man*(1734), 《던시아드 제4권》*The Dunciad: Book the Fourth*(1742) 등의 운문들이 있다.

Popeye 뽀빠이

1929년 E. C. 시거E. C. Segar 원작의 만화 주인공이다. 착한 선원(sailor)으로 시금치를 먹으면 힘이 세 진다. 여자친구 올리브Olive와 나쁜 블루토Bluto 역시 잘 알려져 있다. 만화영화로 전세계에 알려졌고, 1980에는 실제 배우들이 출연하는 영화로도 만들어졌다.

Popper, Karl (1902~1994) 포퍼, 칼

오스트리아 출생의 영국 철학자이다. 유태계로서 1937년에 뉴질랜드에 망명했다가 1946년 영국으로 이주하였다. 런던대학 강사를 거쳐 논리학, 과학방법론 교수를 지냈다. 1965년에 기사 작위를 받았다. 최초의 저서 《탐구의 논리》*The Logic of Scientific Discovery*(1934)에서, 과학(지식)은 합리적인 가설의 제기와 그 반증(비판)을 통하여 시행착오적으로 성장한다는 '비판적 합리주의'의 인식론을 제창하였다. 그후 이런 사상을 바탕으로 사회과학론, 역사론, 인간론 등을 전개하였는데, '실수로부터 배움'으로써 진리에 접근한다는 생각은 현대의 지식 세계에 광범한 영향을 미쳤다. 이밖에 《열린 사회의 철학과 그의 적(敵)》*Open Society and its Enemies*(1945), 《추측과 논박: 과학적 지식의 성장》*Conjectures and Refutations: The Growth of Scientific Knowledge*(1963), 《객관적 지식》*Objective Knowledge*(1972) 등의 저서가 있다.

population of the UK and the US 영국과 미국의 인구

영국 본토의 인구는 지난 2000년 기준으로 5,970만 명이고, 미국 인구는 2000년 기준으로 2억 7500만 명 정도이다. 인구 구성 비율을 따져보면 백인이 71.3%, 흑인이 12.2%, 인디언이 0.7%, 아시아계가 3.8%, 히스패닉이 11.9%의 비율을 보인다. 이중에서 영국 이민의 영향을 받은 동부 지역의 앵글로색슨족이 영국민의 후예라고 할 수 있는데, 미국 각지에 흩어져 있는 백인 중 약 23%에 해당하는 사람들이 앵글로색슨의 후예라고 한다. 숫자로 따져보면 약 4,427만 명 정도 된다.

그런데 재미있는 통계를 내보자. 오스트레일리아의 인구는 2000년 기준으로 2,000만 명이 되고, 이중에 앵글로색슨이 약 80%를 차지한다고 하니, 1,530만 명이 영국계인 셈이다. 또, 캐나다의 인구가 2000년 기준으로 3,000만 명이고, 이중 약 28%가 영국계라고 하니 따져보면 860만 명이 된다. 뉴질랜드 인구는 2000년에 383만인데 이중 백인이 72%이고, 그중에 영국계가 90%를 차지하고 있다고 한다. 인구로 따져보면 248만 명이 영국계가 된다. 또, 남아프리카공화국의 인구는 2000년 기준으로 4,342만 명인데, 그중 백인은 10%를 차지하고, 이중 영국계가 약 4% 정도 된다고 하니, 숫자로 따져보면 약 173만 명 정도 된다. 그외 영연방을 구성하는 40여 개 국가에 살고 있는 영국인의 후손들을 대략 200만 명으로 추산한다고 하니, 넓은 의미의 영국인 인구는 모두 1억 3천이 넘어간다.

Porgy and Bess 〈포기와 베스〉

1935년에 초연된 미국 최초의 포크 오페라이다. 듀보스 헤이워드Dubose Heyward의 소설 《포기》*Porgy*(1925)를 바탕으로 조지 거쉰George Gershwin과 이라 거쉰Ira Gershwin 부부가 작곡하여 보스턴에서 초연되었다. 사우스캐롤라이나South Carolina주의 찰스턴Charleston에 사는 흑인들의 이야기를 노래하고 있다. 하역부 크라운Crown의 정부인 베스Bess는 포기Porgy에 대한 애정을 끊지 못한다. 분노한 크라운은 Bess를 찾으러 갔다가 도리어 Porgy에게 살해된다. 체포된 Porgy는 얼마 가지 않아 출소하나 Bess는 뉴욕으로 떠나고 만다. Porgy는 Bess를 찾아 뉴욕으로 떠난다. 한 사람의 단역을 제외하고는 등장인물이 모두 흑인이고, 흑인 영가와 민요가 많이 들어 있으며, 유럽의 전통을 대담하게 탈피한 미국적인 오페라이다. 〈서머타임〉*Summertime*이란 노래가 여기서 나왔다.

porridge 포리지 죽

주로 아침 식사로 먹는 오트밀oatmeal로 우리의 죽과 같다.

post box 우체통 (= letter box, pillar box)

pillar box를 찾아볼 것.

Post, Emily (1873~1960) 포스트, 에밀리

미국인으로 사회생활에 긴요한 예절과 행동규범의 전문가이다. 1922년에 그녀가 쓴 《에티켓》*Etiquette*이라는 책을 미국인들은 아직도 읽고 있다. 라디오 프로그램과 수많은 신문에 칼럼을 썼다.

postal services 우편 행정

영국의 우편제도는 사설로 운영되는 점을 제외하면, 우리나라와 별로 차이가 없다. 지역마다 개인이 운영하는 조그마한 우체국(Post Office)들이 많이 있다. 우표는 우체국이 아니더라도 작은 구멍가게나 슈퍼 같은 곳에서 살 수 있다. 우체국은 우표를 취급할 뿐만 아니라 카드나, 전화카드, 기타 우편용품을 판매하고 있으며, 우표는 크게 퍼스트 클래스(1st class - 1일 소요)와 세컨드 클래스(2nd class - 2~3일 소요)로 나눠져 있으며, 우리나라처럼 '빠른 우편'에 해당되는 것으로 special delivery, record in delivery라는 것들이 있다. 우체국은 월요일에서 금요일까지는 오전 9시에 업무를 시작해서 오후 5시 30분에 문을 닫으며, 토요일은 12시 30분에 문을 닫는다. 월요일은 노인복지연금을 지급하는 날이기 때문에 노인들이 돈을 찾기 위해 우체국으로 몰리는 복잡한 날이다. 영국의 거리에서는 빨간 우체통(post box)을 쉽게 볼 수 있다.

미국의 우편 업무 담당은 정부기관인 USPS(US Postal Service, 미국 우정국)에서 한다. 미국의 우편 서비스를 보면 국가 수준을 다시 한번 생각하게 할 정도로 대단하다. 우체국 직원들의 친절은 물론이고, 정확성, 편리성 등, 시민 편의를 위한 다양한 서비스가 제공된다. 대표적인 예로, 이사를 가게 되면 이전 주소로 보내진 우편물을 자동으로 새 주소로 보내주는 '포워딩 서비스'forwarding service가 있다. 물론, 이사 가기 전에 forwarding service 신청 엽서를 보내야 하는데, 이 엽서는 어느 우체국에나 비치되어 있다. 이밖에 장기간 집을 비우는 경우에도 '홀드 메일 서비스'hold mail service를 통해 우편물을 우체국에 보관할 수 있다. 최대 기간은 30일이다. 우체국의 업무 시간은 지역마다 약간씩의 차이가 있지만, 보통 월요일부터 금요일까지는 오전 8시에서 오후 5시이고, 토요일도 오후 1~2시까지 업무를 본다. 우표는 우체국에서도 살 수 있지만, 슈퍼마켓, 약국, 또는 우편이나 인터넷으로도 살 수 있다. 대개 자동판매기 형식으로 되어 있어서 그림을 보고 고를 수 있다. 소포는 크게 퍼스트 클래스 메일First-Class Mail, 프라이오리티 메일Priority Mail, 익스프레스 메일Express Mail로 나뉜다. 말 그대로 익스프레스 메일이 제일 빠르고 비싸다.

Post-it 포스트잇

1970년대 미국 3M사에서 만든 문구이다. 접착용 메모용지이다. 오늘날 책상 위에 없어서는 안 되는 필수품으로 자리잡게 되었다.

Potter, Beatrix (1866~1943) 포터, 비트릭스

영국의 아동문학가이다. 피터 래빗Peter Rabbit, 톰 키튼Tom Kitten, 벤저민 바니Benjamin Bunny, 지미마 푸들-덕Jemima Puddle-Duck 등의 세계적인 동물 이야기를 직접 삽화도 그리면서 썼다. 오늘날도 여전히 세계의 어린이들에게 사랑받고 있다.

Pound, Ezra (1885~1972) 파운드, 에즈라

미국의 시인이다. 대학을 졸업하고 1909년에 영국으로 건너가, 이미지즘Imagism과 신문학운동을 이끌며 T. S. 엘리엇T. S. Eliot, 로버트 프로스트Robert Frost, W. B. 예이츠W. B. Yeats 등의 현대 영미 시인들에 커다란 영향을 주었다. 제임스 조이스James Joyce를 세상에 소개하였다. 시집으로 《가면》*Personae*(1909), 《휴 셀윈 모벌리》*Hugh Selwyn Mauberley*(1920), 《캔토스》*The Cantos*(1925~1959) 등이 있다. 특히 《캔토스》는 엘리엇의 《황무지》*The Waste Land*(1922)와 마찬가지로, 과거와 현재를 자유롭게 그리고 동시에 구사한 신화적 방법으로 장편 시를 시도한 것이다.

Powell, Colin (1937~) 파월, 콜린

조지 부시George Bush 미국 대통령 당시 미국의 합참의장(Joint Chief of Staff)으로 걸프전(Gulf War)에서 연합군을 지휘하여 걸프전의 영웅이 된 미국인이다. 다음 대통령이 된 조지 W. 부시George W. Bush 대통령 정부에서 국무 장관을 지냈다. 미국 역사상 군에서 기장 높은 지위에 오른 흑인이다. 미국인들 사이에서도 인기가 높다.

The Power and the Glory 《권력과 영광》

20세기 영국의 소설가 그레이엄 그린Graham Greene이 1940년에 발표한 대표작이다. 무신론의 혁명 정부가 들어선 직후의 멕시코에서 박해를 받는 한 신부의 기구한 모험과 순교를 그린 소설이다. 가톨릭교가 박해를 받고 신부들이 순교를 당하는 상황에서 한 신부가 탈출에 성공한다. 그는 술을 너무 좋아하여 '위스키 신부'Whisky priest라는 별명을 얻었고, 사생아를 낳게도 했다. 그러나 그는 한 살인범의 임종을 앞둔 고해성사를 듣기 위하여 멕시코로 되돌아와 체포되어 결국 총살당하고 만다.

Premier League 프리미어 리그

영국 프로축구협회(Football Association, FA)가 운영하는 잉글랜드와 웨일즈의 상위 24개 팀으로 구성된 1부 리그를 가리킨다. 영국의 프로 축구는 4부의 리그로 운영된다. 참고로 영국의 축구 리그는 크게 프로 리그, 세미프로 리그, 아마추어 리그로 나뉘며, 1888년에 12개 클럽으로 시작된 영국 프로 축구 리그(The Football League)가 모체인 프로 리그는 1부에서 4부까지 각각 24개 클럽이 소속되어 총 92개 팀으로 이루어져 있다.

preparatory school (prep school) 예비 학교

7세에서 13세의 어린이들이 다니는 영국의 사립 초등학교이다. 주로 사립 고등학교인 퍼블릭 스쿨public school에 입학하기 위한 예비 학교의 성격이다. 일부 기숙 학교도 있다. 사립이므로 학비가 매우 비싸다.

Pre-Raphaelites 라파엘 전파(前派)

14세기 초 화가인 라파엘Raphael 이전의 이탈리아 회화의 영향을 받은 화풍으로 작업을 한 19세기 영국 화가들을 총칭하는 말이다. 존 에버리트 밀레이John Everett Millais, 단테 가브리엘 로세티Dante Gabriel Rossetti, 홀만 헌트Holman Hunt 등이 이 그룹에 속하는데, 이들은 1848년에 사실적 화법을 주창하며 라파엘 전파(Pre-Raphaelite Brotherhood, PRB)를 결성하였다. 공예가 윌리엄 모리스William Morris, 에드워드 번-존스Edward Burne-Jones 등도 교류를 하였다. 대개 문학이나 성경에서 그림의 주제를 가져왔고 사실적으로 그렸다.

Presbyterian 장로교

장로들(elders/Presbyters)에 의해 운영되는 교회를 말한다. 창시자는 프랑스의 신학자이자 종교개혁가인 칼뱅

(Jean Calvin)이다. 16세기에 유럽 전역으로 확산되기 시작해, 1559년에는 프랑스에서만 2,000여 교회가 장로제도를 채택하였고, 이어 네덜란드와 스코틀랜드에서도 많은 장로교회가 생겨났다.

특히, 스코틀랜드는 1560년 이후 장로교회를 국교로 지정해, 이후 잉글랜드와 미국으로 전파하는 데 중심 역할을 하였다. 1660년 청교도혁명이 끝나고 왕정 복고가 이루어진 뒤, 잉글랜드에서는 세력이 약화되었다.

미국에서는 1706년 필라델피아에서 처음으로 장로회가 조직되고, 1789년에는 최초의 장로교 총회가 개최되었다. 18세기 이후 미국 장로교회는 아시아, 아프리카 등 해외 선교에 앞장서 많은 선교사들을 파견함으로써 장로교의 세계화에 이바지하였다.

president 미국 대통령

미국 대통령의 임기는 4년이고, 1947년 이후 3선이 금지되어 있다. 대통령에 입후보자는 미국에서 출생하여 미국에 14년 이상을 거주한 35세 이상의 미국 시민이어야 한다. 각 주의 대통령 선거는 4년마다 11월의 첫째 월요일 다음의 화요일에 실시하도록 되어 있고, 선거인단에 의한 투표는 12월에 시행되는데 과반수를 획득한 대통령 · 부통령 후보가 당선자가 된다.

대통령은 연방정부의 최고책임자이자 국가원수로서 형(刑)의 집행 연기와 특별사면권을 행사할 수 있고, 연방의회의 법률안에 대한 일정한 거부권을 갖는다. 외교에 있어서 조약의 제안, 교섭, 체결을 하고, 대사를 비롯한 외교사절의 임명과 외국의 외교사절을 접수할 권한을 가진다. 국방에서도 군의 최고사령관이기도 하다.

Presidents' Day 대통령의 날

2월 셋째 월요일로, 미국의 공휴일이다. 초대 대통령 조지 워싱턴George Washington의 생일인 2월 22일과 16대 대통령 아브라함 링컨Abraham Lincoln의 생일인 2월 12일을 함께 경축하는 날이다. 어떤 주는 두 사람의 생일을 따로 지내기도 있다.

Presley, Elvis (1935~1977) 프레슬리, 엘비스

'로큰롤 제왕'(King of Rock and Roll)이라 불리는 미국 가수이다. 1950년대와 1960년대 전세계를 열광시킨 스타였다. 1956년 〈하트브레이트 호텔〉*Heartbreak Hotel*이라는 노래가 대히트를 치면서 단번에 젊은 세대의 인기를 모았다. 컨트리Country와 리듬앤드블루스Rhythm and Blues를 융합시킨 새로운 로큰롤Rock and Roll의 1인자였다. 소위 흑인 음악으로 백인들에게서 널리 인기를 얻은

Presidents of the U. S. 미국의 역대 대통령

1	조지 워싱턴 (George Washington)	1789~1797	Federalist (연방당)
2	존 애덤스 (John Adams)	1797~1801	Federalist
3	토마스 제퍼슨 (Thomas Jefferson)	1801~1809	Democratic Republican (민주공화당)
4	제임스 매디슨 (James Madison)	1809~1817	Democratic Republican
5	제임스 먼로 (James Monroe)	1817~1825	Democratic Republican
6	존 퀸시 애덤스(John Quincy Adams)	1825~1829	Democratic Republican
7	앤드류 잭슨 (Andrew Jackson)	1829~1837	Democrat (민주당)
8	마틴 밴 뷰런 (Martin Van Buren)	1837~1841	Democrat
9	윌리엄 H. 해리슨 (William H. Harrison)	1841	Whig (휘그당)
10	존 타일러 (John Tyler)	1841~1845	Democrat
11	제임스 녹스 포크 (James Knox Polk)	1845~1849	Democrat
12	재처리 테일러 (Zachary Taylor)	1849~1850	Whig
13	밀러드 필모어 (Millard Fillmore)	1850~1853	Whig
14	프랭클린 피어스 (Franklin Pierce)	1853~1857	Democrat
15	제임스 부캐넌 (James Buchanan)	1857~1861	Democrat
16	아브라함 링컨 (Abraham Lincoln)	1861~1865	Republican (공화당)
17	앤드류 존슨 (Andrew Johnson)	1865~1869	Democrat

18	율리시즈 S. 그랜트 (Ulysses S. Grant)	1869~1877	Republican
19	러더포드 B. 헤이스 (Rutherford B. Hayes)	1877~1881	Republican
20	제임스 A. 가필드 (James A. Garfield)	1881	Republican
21	체스터 A. 아서 (Chester A. Arthur)	1881~1885	Republican
22	그로버 클리브랜드 (Grover Cleveland)	1885~1889	Democrat
23	벤저민 해리슨 (Benjamin Harrison)	1889~1893	Republican
24	그로버 클리브랜드 (Grover Cleveland)	1893~1897	Democrat
25	윌리엄 맥킨리 (William McKinley)	1897~1901	Republican
26	시어도어 루스벨트 (Theodore Roosevelt)	1901~1909	Republican
27	윌리엄 H. 태프트 (William H. Taft)	1909~1913	Republican
28	우드로우 윌슨 (Woodrow Wilson)	1913~1921	Democrat
29	워렌 G. 하딩 (Warren G. Harding)	1921~1923	Republican
30	캘빈 쿨리지 (Calvin Coolidge)	1923~1929	Republican
31	허버트 후버 (Herbert Hoover)	1929~1933	Republican
32	프랭클린 D. 루스벨트 (Franklin D. Roosevelt)	1933~1945	Democrat
33	해리 S. 트루먼 (Harry S. Truman)	1945~1953	Democrat
34	드와이트 D. 아이젠하워 (Dwight D. EisenHower)	1953~1961	Republican
35	존 F. 케네디 (John F. Kennedy)	1961~1963	Democrat
36	린던 B. 존슨 (Lyndon B. Johnson)	1963~1969	Democrat
37	리처드 M. 닉슨 (Richard M. Nixon)	1969~1974	Republican
38	제럴드 R. 포드 (Gerald R. Ford)	1974~1977	Republican
39	제임스 E. 카터 (James Earl Carter)	1977~1981	Democrat
40	로널드 W. 레이건 (Ronald W. Reagan)	1981~1989	Republican
41	조지 부시 (George Bush)	1989~1993	Republican
42	빌 클린턴 (Bill Clinton)	1993~2000	Democrat
43	조지 W. 부시 (George W. Bush)	2000~	Republican

것은 그가 최초이고, 비틀즈Beatles와 롤링 스톤스Rolling Stones 같은 가수들에게도 크게 영향을 주었다. 〈러브 미 텐더〉*Love Me Tender*(1956), 〈제일하우스 록〉*Jailhouse Rock*(1957), 〈비바 라스베가스〉*Viva Las Vegas*(1964) 등, 여러 편의 영화에도 출연하였다. 히트곡으로는 〈러브 미 텐더〉*Love Me Tender*(1956), 〈하운드 독〉*Hound Dog*(1956), 〈올 쇼크 업〉*All Shock Up* (1957), 〈이츠 나우 오어 네버〉*It's Now or Never* (1960) 등이 있다. 1998년에 컨트리 음악 명예의 전당(Country Music Hall of Fame)에 올랐다.

Prevention of Terrorism Act 테러방지법

북아일랜드의 테러를 방지하기 위해 1984년에 영국이 제정한 법률이다. IRA 단원 같은 테러 활동 혐의자를 체포할 수 있고, 48시간 구금할 수도 있게 하였다.

Previn, Andr (1929~) 프레빈, 안드레이

독일 태생의 미국 지휘자(conductor)이다. 피아노 연주와 작곡도 하였다. 클래식 음악의 대중화에 크게 기여하였다. 〈포기와 베스〉*Porgy and Bess*나 〈마이 페어 레이디〉*My Fair Lady* 같은 영화 음악도 많이 작곡하였다.

Price is Right 『가격 맞추기』

1956년 미국에서 시작된 상품 가격의 가장 근사치를 알아맞추는 사람이 이기는 TV의 게임 쇼로 현재 'The New Price is Right' 로 개편되어 밥 바커(Bab Barker)의 진행으로 NBC 방송국에서 방영된다. 여러 나라에 이와 유사한 쇼가 있으며 영국에서 제작된 프로그램의 제목은 『브루스의 가격은 맞다』 '*Bruce' s Price is Right*(1995~)' 이다.

Price, Leontyne (1927~) **프라이스, 레온틴**

미국의 흑인 오페라 가수이다. 이탈리아 밀라노Milan의 라스칼라 오페라단(La Scala Opera Company)과 함께 공연한 최초의 미국 흑인 여가수이다. 뉴욕의 메트로폴리탄 오페라Metropolitan Opera의 수석 가수를 지냈다. 특히 베르디Verdi 오페라 공연으로 유명하다.

Pride and Prejudice **《오만과 편견》**

19세기 영국의 소설가 제인 오스틴Jane Austin의 1813년 소설이다. 주인공은 작가 자신을 연상케 하는 시골 중류지주의 딸 엘리자베스 베니트Elizabeth Benet이다. 그녀에게 구혼해 오는 한 청년 신사의 자부심에 대한 그녀의 편견이 점차 해소되어 두 사람이 결혼하게 된다는 내용이다. 작가 자신도 작중 인물 엘리자베스를 아주 좋아했다고 한다. 예리한 인간 관찰, 교묘한 구성과 재치 있는 유머로 다듬어져 세계 문학에서도 인정받고 있다.

primary election 예비 선거 (= primary)

정당의 후보자 지명을 일반 유권자의 투표에 의하여 결정하는 미국의 선거제도이다. 대다수의 미국 공직 후보자가 이 예비 선거에서 지명된다. 특히 민주, 공화 양 정당의 대통령 후보지명을 위해 미국의 많은 주에서 장기간 실시되는 예비 선거는 미국 정치의 축제 마당이다. 두 정당은 선거가 실시되는 해의 7~8월에 각 전당 대회를 통해 대통령 후보를 지명하는데, 이 지명에 참가하는 사람들이 바로 각 주에서 선출된 대통령 선거인(delegate)이다. 대통령 선거인의 선출 절차는 주에 따라 다르지만, 대체로 주의 예비 선거에 의한 경우와 주의 당 대회에서 결정한다. 예비 선거를 실시하는 곳은 워싱턴 D.C.와 35개 주 정도인데, 예비 선거의 결과가 선거인단의 투표를 구속하지 않는 주도 많다. 미국의 대통령 선거는 예비 선거 결과에 크게 좌우되므로 미국의 대통령 선거는 예비 선거로 시작된다고 할 수 있다.

primary school 초등학교

5살에서 11살까지의 어린이들이 다니는 영국의 공립 초등학교이다. 초등학교는 다시, 5~7세까지의 인펀트 스쿨infant school과 7~11세까지의 주니어 스쿨junior school로 나누어진다. 5살에서 10살까지의 어린이들이 다니는 퍼스트 스쿨First school이라는 것도 초등학교의 한 유형이다.

prime minister 영국 총리

영국의 총리는 전통에 따라 하원 다수당 당수를 국왕이 임명한다. 총리가 재무부 수석 장관(First Lord of Treasury)과 공직 장관(Minister for Civil Service)을 겸직하는 행정부 수반이 된 것은 18세기 이후이다. 또 총리는 하원에 의석을 갖는 것이 전통으로 되어 있다. 총리는 정부 업무 전반에 걸쳐 국왕에게 보고하며, 각료회의를 주재하고 각료들의 업무를 분장하는 책임을 지고 있으며, 일상 행정 업무 이외에 하원 내 다수당의 지도자로서 하원에 정기적으로 출석하여 의원들의 질의에 답하고 있다.

Prime Minister's Questions 총리에 대한 국정 질의

영국 하원에서 총리에게 물어보는 국정 질의를 말한다. 총리는 매주 한 차례 수요일에 하원에 출석하여 의원들의 질의에 답해야 한다.

Prince Albert (1819~61) **알버트 공**

빅토리아 여왕의 남편이자 사촌. 독일인 알버트 공작의 아들로 1840년에 빅토리아 여왕과 결혼하여 1857년에 여왕의 부군(prince consort)이란 칭호를 받았다. 그는 상업, 과학 및 기술 뿐 아니라 예술에 관심이 컸으며 1851년 런던에서 처음 열린 대영박람회(Great Exhibition)로부터 강한 영향을 받았다. 그는 42세 때 갑자기 죽었는데 그가 죽자 빅토리아 여왕은 이후 40년 동안 그에 대한 애도를 표시하는 의미로 검은 옷만 입었다고 한다.

The Prince and the Pauper **《왕자와 거지》**

미국 소설가 마크 트웨인Mark Twain의 1881년 소설이다. 나중에 에드워드Edward 6세가 되는 영국의 에드워드 왕자가 한날 한시에 태어난 얼굴이 똑같은 거지의 아들 톰 캔티Tom Canty와 옷을 바꿔 입고, 왕자는 거지가 되고 거지는 왕자가 되어 각기 이상한 체험을 하는 이야기이다. 우스운 사건과 심각한 사건의 연속으로 파란 많고 재미있는 이야기인데, 권력자의 횡포를 풍자하는 비판 정신이 강하게 흐르고 있다.

Prince of Wales 웨일즈 왕자

영국에서 다음 왕위 계승권자인 왕세자에게 주어지는 칭호이다. 이 칭호는 1301년부터 사용되었는데, 콘월 공작(Duke of Cornwall), 체스터 백작(Earl of Chester)이라는 칭호도 함께 주어진다. 현재 찰스Charles 왕세자가 웨일즈 왕자이다.

Prince's Trust 프린스 트러스트

영국의 찰스 왕세자가 1976년에 설립한 단체이다. 청소년들을 위한 직업 교육을 실시하고 취업을 도와준다.

Prime Ministers of Great Britain 영국의 역대 총리

1721~1742	로버트 월풀 경 (Sir Robert Walpole)	Whig (휘그당)
1742~1743	윌밍턴 백작 (Earl of Wilmington)	Whig
1743~1754	헨리 펠험 (Henry Pelham)	Whig
1754~1756	뉴캐슬 공작 (Duke of Newcastle)	Whig
1756~1757	데본셔 공작 (Duke of Devonshire)	Whig
1757~1762	뉴캐슬 공작 (Duke of Newcastle)	Whig
1762~1763	뷰트 백작 (Earl of Bute)	Tory (토리당)
1763~1765	조지 그렌빌 (George Grenville)	Whig
1765~1766	로킹햄 후작 (Marquis of Rockingham)	Whig
1766~1768	채담 백작 (Earl of Chatham)	Whig
1770~1782	노스 경 (Lord North)	Tory
1782	로킹햄 후작 (Marquis of Rockingham)	Whig
1782~1783	쉘번 백작 (Earl of Shelburne)	Whig
1783	포틀랜드 공작 (Duke of Portland)	Coalition (연립내각)
1783~1801	윌리엄 피트 (William Pitt)	Tory
1801~1804	헨리 애딩턴 (Henry Addington)	Tory
1804~1806	윌리엄 피트 (William Pitt)	Tory
1806~1807	윌리엄 그렌빌 (Lord William Grenville)	Whig
1807~1809	포틀랜드 공작 (Duke of Portland)	Tory
1809~1812	스펜서 퍼시벌 (Spencer Perceval)	Tory
1812~1827	리버풀 백작 (Earl of Liverpool)	Tory
1827	조지 캐닝 (George Canning)	Tory
1827~1828	비스카운트 고드리치 (Viscount Goderich)	Tory
1828~1830	웰링턴 공작 (Duke of Wellington)	Tory
1830~1834	그레이 백작 (Earl Grey)	Whig
1834	비스카운트 멜번 (Viscount Melbourne)	Whig
1834	웰링턴 공작 (Duke of Wellington)	Tory
1834~1835	로버트 필 경 (Sir Robert Peel)	Conservative (보수당)
1835~1841	비스카운트 멜번 (Viscount Melbourne)	Whig
1841~1846	로버트 필 경 (Sir Robert Peel)	Conservative
1846~1852	존 러셀 경 (Lord John Russell)	Whig
1852	더비 백작 (Earl of Derby)	Conservative
1852~1855	애버딘 백작 (Earl of Aberdeen)	Coalition
1855~1858	비스카운트 팔머스턴 (Viscount Palmerston)	Liberal (자유당)
1858~1859	더비 백작 (Earl of Derby)	Conservative
1859~1865	비스카운트 팔머스턴 (Viscount Palmerston)	Liberal
1865~1866	러셀 백작 (Earl of Russel)	Liberal
1866~1868	더비 백작 (Earl of Derby)	Conservative
1868	벤저민 디스레일리 (Benjamin Disraeli)	Conservative
1868~1874	윌리엄 E. 글래드스톤 (William Ewart Gladstone)	Liberal

1874~1880	벤저민 디스레일리 (Benjemin Disraeli)	Conservative
1880~1885	윌리엄 E. 글래드스톤 (William Ewart Gladstone)	Liberal
1885~1886	샐리스베리 후작 (Marquis of Salisbury)	Conservative
1886	윌리엄 E. 글래드스톤 (William Ewart Gladstone)	Liberal
1886~1892	샐리스베리 후작 (Marquis of Salisbury)	Conservative
1892~1894	윌리엄 E. 글래드스톤 (William Ewart Gladstone)	Liberal
1894~1895	로즈베리 백작 (Earl of Rosebery)	Liberal
1895~1902	샐리스베리 후작 (Marquis of Salisbury)	Conservative
1902~1905	아서 제임스 밸포어 (Arthur James Balfour)	Conservative
1905~1908	헨리 캠벨-배너맨 경 (Sir Henry Campbell-Bannerman)	Liberal
1908~1916	허버트 헨리 애스퀴스 (Herbert Henry Asquith)	Liberal
1916~1922	데이비드 로이드 조지 (David Lloyd George)	Coalition
1922~1923	앤드류 보나 로 (Andrew Bonar Law)	Conservative
1923~1924	스탠리 볼드윈 (Stanley Baldwin)	Conservative
1924	제임스 램지 맥도널드 (James Ramsay MacDonald)	Labour (노동당)
1924~1929	스탠리 볼드윈 (Stanley Baldwin)	Conservative
1929~1935	제임스 램지 맥도널드 (James Ramsay MacDonald)	Coalition
1935~1937	스탠리 볼드윈 (Stanley Baldwin)	Coalition
1937~1940	네빌 챔버튼 (Neville Chambertain)	Coalition
1940~1945	윈스턴 처칠 (Winston Churchill)	Coalition
1945~1951	클레멘트 아틀리 (Clement Attlee)	Labour
1951~1955	윈스턴 처칠 경 (Sir Winston Churchill)	Conservative
1955~1957	앤서니 이든 경 (Sir Anthony Eden)	Conservative
1957~1963	헤럴드 맥밀런 (Harold Macmillan)	Conservative
1963~1964	알렉산더 더글러스-홈 (Sir Alexander Douglas-Home)	Conservative
1964~1970	헤럴드 윌슨 (Harold Wilson)	Labour
1970~1974	에드워드 히스 (Edward Heath)	Conservative
1974~1976	헤럴드 윌슨 (Harold Wilson)	Labour
1976~1979	제임스 캘러건 (James Callaghan)	Labour
1979~1990	마가렛 대처 (Margaret Thatcher)	Conservative
1990~1997	존 메이저 (John Major)	Conservative
1997~	토니 블레어 (Tony Blair)	Labour

Princess Anne (1950~) **앤 공주**

현 엘리자베스 여왕(Queen Elizabeth II)과 필립 공(Prince Phillip) 사이의 외동딸이다. 승마를 즐기고 '국제아동기금'(Save the Children Fund)의 회장이다.

Princess of Wales 웨일즈 왕자비

영국의 '웨일즈 왕자'의 부인에게 주어지는 칭호이다. 다이애나Diana 왕세자비가 살아 있을 때 이 칭호를 가지고 있었다.

Princeton University 프린스턴 대학

미국 뉴저지New Jersey주 프린스턴Princeton에 있는 명문 사립 대학이다. 1746년에 설립되었다. 노벨 평화상 수장자인 우드로 윌슨Woodrow Wilson이 1930년에 설립한 공공국제문제 학부(studies of international affairs)가 유명하다. 윌슨을 비롯하여 30여 명의 노벨상 수상자들을 배출하였다.

privacy 프라이버시

'프라이버시'는 다른 사람에게 알리기 싫은 자신만의 삶을 말한다. 영국인이나 미국인들은 프라이버시를 중요하게 여기고, 모든 사람은 자신만의 '사생활'(private life)을 가질 권리가 있다고 생각한다. 자신의 문제를 비롯하여 가족 문제, 수입, 건강, 개인간의 관계, 정치적 견해 등이 모두 포함된다. 서로 잘 아는 사이일지라도 상대방의 사생활을 묻는 것은 실례이다. "영국인의 가정은 자신만의 성이다" (Englishman's home is his castle.)라는 말이 있다. 가정은 자기 맘대로 할 수 있는 지극히 개인적인 공간이라는 말이다. 창에 커튼이나 블라인드를 달고, 정원에 나무를 심는 것도 다른 사람들이 들여다보지 못하게 하기 위한 것이다. 남의 집에 방문할 때는 사전에 알려야 하고, 남의 방에 들어갈 때 노크를 하는 것도 프라이버시 존중의 문화에서 나온 것이다. 현대에는 자동차 안도 개인적인 공간이다.

미국에서는 헌법으로 프라이버시의 권리를 보장하고 있다. 범죄를 저지르지 않는 한 경찰이 길 가던 개인을 붙잡고 심문할 수 없다. 개인에 대한 정보 열람도 사전에 허락을 받거나 특수 상황이어야 한다. 정치인이나 연예인 같은 유명 인사들의 가정생활에 대한 언론 기사가 종종 '프라이버시 침해'와 '대중의 알 권리'라는 문제로 이슈가 되기도 한다. 영국 왕실의 사생활에 대한 보도가 어디까지 허용되어야 하는지도 늘 논쟁이 된다.

private limited company 비상장 회사

주식을 공개하지 않은 기업을 말한다. 주로 영국에서 쓰는 표현이다. 회사 이름 뒤에 Limited를 줄여서 흔히 Ltd.라고 표기한다.

Privy Council 추밀원

영국 국왕의 자문기관이다. 주로 정치인들이나 법률기관, 교회, 영연방의 고위 인사들로 이루어진다. 현재 400여 명이 종신직으로 있다. 14세기에는 실권이 있었으나, 1688년부터는 내각으로 권한이 넘어갔다. 현재 행정적인 역할은 거의 없고, 개인의 명예로만 남아 있다.

Prohibition 금주법

1919년에서 1933년까지 미국에서 법률로 술의 제조 판매를 금지하던 것을 말한다. 금주법이 시행되면서 당초의 목적과 달리 불법으로 술을 제조하여 판매하는 알 카포네Al Capone 같은 범죄 조직을 불러왔다.

Proms 프롬스

1895년 헨리 우드Henry Wood가 시작한 콘서트인데, 지금은 런던의 앨버트 홀Albert Hall에서 열린다. 본래 이름은 프로미네이드 콘서트promenade concerts로, 홀 내부에 의자를 두지 않고 공연 중에 청중들이 바닥에 주저앉거나 그냥 서서 관람하는 공연이라는 의미가 있다. 공연은 8주 정도 계속되고, BBC에 방송되기도 한다. 프롬스 콘서트의 마지막날 밤은 청중들이 다함께 유명한 노래들을 부르는 특별 행사가 있다. 영국 젊은이들이 열광하는 음악 축제이다.

프롬스의 한 연주회

Protestant 개신교

16세기에 로마가톨릭교회(Roman Catholic Church)에서 갈라져 나간 기독교의 종파를 말한다. 오늘날 영국과 미국의 대부분의 기독교는 개신교회이다. 성공회인 영국교회(Church of England)와 스코틀랜드교회(Church of Scotland)를 포함하여, 감리교(Methodist), 침례교(Baptist), 장로교(Presbyterian), 퀘이커교(Quaker) 등이 모두 개신교회이다. 구교인 로마가톨릭교회와 개신교 간의 갈등이 북아일랜드의 충돌로 이어지고 있다.

Prudential 프루덴셜

1848년 영국에서 설립된 국제적인 보험 · 금융 · 부동산 기업이다. 영국 최대의 보험 회사이자, 왕실과 영국교회 다음으로 큰 부동산 소유 기업이다.

Psycho 〈사이코〉

알프레드 히치콕Alfred Hitchcock 감독이 연출한 1960년 미국 영화이다. 앤서니 퍼킨스Anthony perkins가 주연을 하였다. 10년 전 어머니와 그 애인을 살해하고, 어머니의 시체를 묘에서 파내어 시체와 함께 생활하는 아들의 '이상 심리'에 의한 살인사건을 묘사한 스릴러thriller 영화이다. 샤워하는 여자가 삽사기 나이프로 참실당하는 욕실 장면은 잔인성과 에로티시즘을 표현한 잊혀지지 않는 장면이다.

PTA (Parents Teacher Association) **학부모교사협회**

미국의 학부모 단체이다. 교사라는 말이 있지만, 교원노조가 따로 있기 때문에 실제로 학부모 단체로 봐야 한다. 1897년에 처음 조직되어 전국의 학군과 개별 학교에서 활동하고 있다. 교육 재정을 모금하고 학교의 여러 가지 일을 도와준다. 현재 회원은 약 650만 명 정도이고, 진보적 정치 성향을 보인다.

Public Enemy 공공의 적

미국의 랩rap 음악 그룹이다. 〈돈 빌리브 더 하이프〉*Don't Believe the Hype*(1988), 〈피어 오브 어 블랙 플래닛〉*Fear of a Black Planet*(1990) 등의 노래는 공격적인 가사로 유명하다.

Public Enemy No. 1 공공의 적 1호

1930년대 미국 FBI가 강력범으로 여겨지던 범인들을 지칭한 말이다. 실제로 1934년에 존 딜링거John Dillinger와 베이비 페이스 넬슨Baby Face Nelson이 '공적(公敵) 1호'로 이름 붙여졌다. 요즘도 FBI는 종종 이 말을 쓰고 있다.

public footpath 공공 보행로

영국에서 사람들이 다닐 수 있도록 영국 전역의 마을이나 들과 산에 만들어 놓은 산길이다. 특히 시골에 많이 만들어져 있다. 문을 만들어 놓기도 했다. 잉글랜드나 웨일즈에는 이 길의 지도도 만들어져 있다.

Public Record Office 공공기록 보존소

런던에 있는 잉글랜드와 웨일즈의 정부 공식 기록이나 문서를 보관하는 기관이다. 30년 이상 된 것에 한해서 일반인들에게 무료로 공개된다. 스코틀랜드에는 스코틀랜드 기록 보존소(Scottish Record Office)가 따로 있다.

public schools 퍼블릭 스쿨

영국의 사립 중등학교이다. 대부분이 기숙 학교이며, 정부의 관리로부터 독립되어 있다. 지역이나 출신 계층의 제한 없이 누구나 평등하게 입학시켰기 때문에 퍼블릭 스쿨public school이라는 이름이 붙었으나, 차차 상류층의 자제를 위한 학교로 바뀌어 많은 졸업생이 영국의 지배층을 형성하게 되었다. 남학교는 13세부터 18세까지, 여학교는 11세부터 18세까지 재학하는데, 남학생은 예비 학교(preparatory school)를 거친 후 입학 시험에 합격해야만 입학할 수 있다. 교육 내용은 대학 진학의 준비를 위한 인문과 고전 교과를 중심으로 구성되어 있다.

잉글랜드와 웨일즈에 약 200개 되는 퍼블릭 스쿨은 대부분 오래되었다. 남자 학교인 이튼Eton, 해로우Harrow, 윈체스터Winchester, 여자 학교인 첼튼햄(Cheltenham Ladies' College), 로딘Roedean 등이 대표적인 명문 학교이다. 스코틀랜드와 미국에서는 'public school'이 일반 '공립 학교'를 가리키고 있어, 영국과는 전혀 다른 뜻으로 사용된다.

publish or perish 출간이냐 퇴출이냐

미국의 대학 교수들이 자신들의 연구 결과를 저술로 출간하지 못하면 불이익을 받을 수 있다는 표현이다. 교수들이 학생들을 가르치기보다는 연구에 더 몰두해야 하는 현실은 종종 비판받기도 한다.

pubs 펍

퍼블릭 하우스public house를 줄여서 부른 말이다. 어떤 펍은 숙식을 제공하는 인inn이라고도 한다. 영국의 전통적인 선술집이라고 할 수 있다. 펍은 영국의 나이트라이프 nightlife(저녁 문화)를 대표하는 곳으로, 영국 사람들의 사회생활에 중요한 부분을 차지한다. 술집이지만 단순히 술만 마시는 것이 아니라, 지역의 사랑방으로, 또는 문화가 교류되는 장으로 역할해 왔다. 도시나 시골 없이 어느 동네를 가나 pub이 하나씩은 있다. 동네 사람들이 이곳에 모여 맥주 한잔을 시켜놓고 이런저런 일상이나 정치를 말하기도 했던 것이다. 대도시의 펍 역시 그런 역할에서 크게 다르지 않았다. 문인들은 펍에 앉아 예술을 이야기했으며 대학생들은 토론을 일삼았다. 오늘날 런던 같은 대도시의 펍은 옛날의 사랑방도 아니고, 문화 교류의 장은 아니지만 여전히 영국인들의 'nightlife'를 대표하는 곳이다.

Pueblo 푸에블로 부족

미국 애리조나Arizona주와 뉴멕시코New Mexico주에 살고 있는 인디언 부족이다.

Puerto Rico 푸에르토 리코

플로리다 동남쪽 서인도 제도에 있는 섬나라로 수도는 산후안(San Juan)이다. 푸에르토 리코 사람들은 미국 시민이지만 자치권을 가지고 있으며 미국에 세금을 내지 않고 미국의 선거에도 참여하지 않는다. 이 섬의 주요 생산물은 금속, 화학제품, 설탕 및 담배이다. 1493년 콜럼버스가 이 섬을 발견하였고 1508년 후안 폰세 레온(Juan Ponce Leon)이 개발권을 위임받아 개척하였다. 1898년 미국~스페인 전쟁 후에 미국이 점령하여 1952년 푸에르토 리코 공화국(Puerto Rico Commonwealth)이 되었다. 일부 푸에르토 리코 사람들은 푸에르토 리코가 미국에 포함되기를 원하고 있으며 많은 사람들이 뉴욕으로 이주했다.

Puffin Books 퍼핀북스

영국의 아동도서 출판사이다. 1941년에 펭귄북스penguin books의 자회사로 설립되었다.

Pugin, Augustus (1812~1852) 퓨진, 오거스트스

19세기 영국의 건축가이자 디자이너이다. 19세기 영국에서 유행했던 고딕 리바이벌Gothic Revival 양식의 대표적인 건축가로서, 예술공예운동Arts and Crafts Movement에 중요한 영향을 끼쳤다. 로마가톨릭교도로 많은 가톨릭 교회나 성당을 건축하였다. 찰스 배리Charles Barry와 함께 영국의회(House of Parliament) 의사당의 실내장식을 디자인하였다.

Pulitzer Prize 퓰리처상(賞)

미국에서 가장 권위 있는 언론 · 문학 · 음악 분야의 상이다. 저명한 신문인 조지프 퓰리처Joseph Pulitzer의 유산 100만 달러를 기금으로 하여 1917년에 창설되었다. 신문(journalism) 분야의 뉴스와 보도사진 등 8개 부문, 문학(literature)은 소설, 연극 등 6개 부문, 음악(music) 1개 부문에서 해마다 우수한 업적을 올린 사람에게 수여한다. 퓰리처 자신이 설치한 콜롬비아 대학Columbia University 신문학과(School of Journalism)의 선정위원회가 주관하여, 1918년부터 매년 5월에 수상자를 발표한다.

***Punch* 《펀치》**

영국에서 발행된 정치 · 사회 풍자 만화 위주의 주간 잡지이다. 1841년에 창간하였다. 평론과 함께 실린 신랄한 정치 · 사회 풍자는 당시의 중산지식층의 인기를 끌었다. 이들 만화는 신문 · 잡지 만화의 시초라고 할 수 있다. 만화가 존 테니얼John Tenniel이 《펀치》*Punch*에서 그린 영국의 존 불John Bull, 미국의 엉클 샘Uncle Sam, 러시아의 베어Bear 같은 국가 심벌은 오늘날에도 각국의 정치 만화에 이용된다. 1992년 창간 150년 만에 폐간되었다가 1996년에 격주간지로 부활하였다.

punctuality 시간 엄수

영국인과 미국인은 모두 약속 시간을 잘 지키는 것이 좋은 매너라고 생각한다. 다른 사람을 기다리게 하는 것은 큰 실례이기 때문이다. 비즈니스 미팅이나 인터뷰에 시간을 엄수하는 것은 아주 중요하다. 특히, 콘서트 같은 곳에는 시작 시간에 도착하지 못하고 늦었다면, 쉬는 시간이 될 때까지 입장할 수 없다.

punk 펑크

1970년대 영국에서 음악과 패션에서 유행하였던 운동이다. 섹스 피스톨스Sex Pistols, 더 클래쉬The Clash 같은 록 그룹들이 사회에 대한 불만을 표출하는 내용에 빠르고 시끄러운 음악을 연주하여 펑크punk 또는 펑크록punk rock이라 했다. 펑크 패션은 찢어진 옷과 염색한 머리 등으로 표현된다.

Purdue University 퍼듀 대학

미국 인디애나주에 있는 주립 대학이다. 1874년에 개교하여 5개 캠퍼스에 6만 5,000명 가까운 학생과 200분야 6,700학과를 개설한 초대형 대학이다. 메인 캠퍼스인 웨스트 라파예트West Lafayette 캠퍼스는 재학생은 학부 2만 7,000명, 대학원 6,593명 규모이다. 신입생의 17%는 1학년을 마치지 못하고 65%만이 졸업하는 정도이다.

Puritan 청교도

16~17세기 영국과 미국 뉴잉글랜드에서 프로테스탄트 종교개혁파를 일컫는 말이다. 영어 그대로 '퓨리턴'이라고도 한다. 1559년의 엘리자베스 1세가 내린 통일령(Act of Uniformity)에 순종하지 않고 영국교회 내에 존재하고 있는 로마가톨릭적인 제도나 의식(儀式) 일체를 배척하며, 캘빈주의에 투철한 개혁을 주장하였다. 엄격한 도덕과 주일(일요일) 엄수, 향락의 제한을 주창하였다. 제임스 1세와 찰스 1세 때 비국교도라고 심한 박해를 받고 네덜란드 등지

로 피신을 갔다. 그중에서도 미국 신대륙의 플리머스 Plymouth에 식민지를 개척한 메이플라워Mayflower호의 '필그림 파더스'Pilgrim Fathers는 유명하다. 청교도는 점차 의회에서 힘을 가지며, 1642년에 일어난 청교도혁명의 주체가 되었다.

Puzo, Mario (1920~1999) 푸조, 마리오

《대부》*The Godfather*(1969)를 쓴 미국의 작가이다. 《대부》는 이탈리아계 미국 마피아 돈 콜레오네Don Coleone 집안의 이야기를 담은 소설로, 출간된 후 67주 동안 《뉴욕타임스》*The New York Times*에 베스트셀러로 올랐으며, 전세계적으로 2,100만 부가 넘게 팔렸다. 1972년, 1974년, 1990년에 개봉된 같은 이름의 영화 시리즈 3편의 각본도 썼다.

PX (post exchange) 피엑스

미국 육군(army) 부대의 상점을 가리키는 말이다. 세금이 없어서 일반 상점보다 많이 싸다. 공군(Air Force)의 상점은 비엑스(BX, base exchange)라고 하고, 해군(Navy)의 상점은 커미셔리(commissary)라고 한다.

Pygmalion 〈피그맬리언〉

영국의 극작가 조지 버나드 쇼George Bernard Shaw의 1913년 초연 연극 작품이다. 생기 넘치고 예민한 젊은 여성 일라이자 두리틀Eliza Doolittle에게 상류사회의 언어를 가르치는 극도로 현학적이고 정서적으로 메마른 헨리 히긴스Henry Higgins라는 언어학자를 그리고 있다. 〈마이 페어 레이디〉*My Fair Lady*라는 제목으로 뮤지컬 영화로 제작되어 대성공을 거두었다. Shaw는 자신이 만든 조각상에 사랑에 빠지는 그리스 조각가 피그맬리언Pygmalion의 이야기에서 제목을 따왔다.

Pynchon, Thomas (1937~) 핀천, 토마스

미국 소설가이다. 블랙유머black humour와 환타지fantasy를 엮어 현대사회의 혼돈 속에 인간 소외를 묘사하는 소설을 주로 썼다. 코넬 대학Cornell University 영문과를 졸업한 그는 보잉 항공사(Boeing Aircraft Corporation)에 잠시 취직했다가 전업 작가로 나섰다. 1963년에 첫 소설 《브이》*V*를 발표하여 포크너 재단상(Faulkner Foundation Award)를 수상하며 등단하고, 이어서 《제49호 품목의 경매》*The Crying of Lot 49*(1966)를 출간한다. 1973년에 발표한 《중력의 무지개》*Gravity's Rainbow*는 현대 세계의 인간의 딜레마를 탐색한 작품으로 전국도서상(National Book Award)를 받으며 평론가들의 극찬을 받았다. 이후에도 《바인랜드》*Vineland*(1990), 《메이슨과 딕슨》*Mason & Dixon*(1997) 등의 작품을 발표하였다. 〈엔트로피〉*Entropy*(1960), 〈더 시크리트 인테그레이션〉*The Secret Integration*(1964) 등의 단편들이 1984년에 출간된 그의 단편집 《늦게 깨닫는 사람》*Slow Learner*에 실려 있다.

Q

QE2 (Queen Elizabeth II) **퀸엘리자베스2세호(號)**

1967년에 건조된 영국의 호화 여객선이다. Queen Elizabeth II를 줄인 'QE2'로 약칭되는 이 여객선은 '바다의 여왕' 또는 '떠 있는 호화 호텔' 등의 애칭을 갖고 있다. 내부에는 600명을 수용할 수 있는 2개의 식당, 500명이 관람할 수 있는 영화관, 도박장, 수영장, 바 등을 갖추고 있다. 900명에 이르는 승무원의 훌륭한 서비스를 자랑한다.

Quaker 퀘이커교

1647년 영국에서 조지 폭스George Fox가 창립한 개신교 파이다. '소사이어티 오브 프렌즈'Society of Friends라고도 한다.

1650년대 이후 미국으로 건너갔다. 윌리엄 펜William Penn이 미국에 펜실베이니아 식민지를 건설한 것은 영국과 독일에서 박해를 받고 있던 퀘이커 교도에게 신앙의 자유 천지를 약속한 점에서 중요한 의의를 가진다. 그들은 신앙의 내용과 형식에 있어서나 인디언과의 우호, 흑인 노예무역과 노예제도의 반대, 전쟁 반대, 양심적 징병 거부, 십일조 반대 등, 일반 개신교와 달라 특별한 사람들로 간주되었다.

미국과 캐나다에 약 13만 이상의 교도가 있는 것으로 추정되고 있다. 한국의 대표적인 퀘이커교도는 함석헌으로, 그는 1960년 이후 퀘이커교 한국 대표로서 활발한 활동을 벌였다.

Qualcomm 퀄컴

미국의 정보통신 기업이다. 코드분할다중접속방식(CDMA)의 원천기술 보유 업체로서, CDMA 기술을 기반으로한 디지털 무선 통신과 서비스를 개발하고 제공하고 있다. 1985년 캘리포니아주 샌디에이고San Diego에서 설립하였다. 퀄컴의 CDMA 기술은 cellular, PCS, WLL 등의 단말기 제품 및 기간 장비 등을 포함하는 디지털 무선 통신 제품 및 서비스의 기반을 제공하고 있다.

Quant, Mary (1934~) **퀀트, 메리**

영국의 패션 디자이너로 1960년대 유명하였다. 그녀의 패션은 짧은 스커트에 짧은 머리, 짙은 화장이 특징이다. 런던의 킹스 로드King's Road에 있던 그녀의 점포 바자Bazzar는 세계적인 패션 기업으로 성공하여 화장품과 의류, 기타 패션 잡화를 판매하고 있다.

Queen 퀸

1971년에 결성된 영국의 팝 그룹이다. 이들의 앨범 《오페라의 밤》*A Night at the Opera*(1975), 《더 게임》*The Game*(1980), 《풍자》*Innuendo*(1991) 등은 출시 당시 모두 영국에서 최고의 히트 앨범이 되었다.

Queen Anne 퀸 앤

스카치 위스키의 하나이다. 18세기 초에 잉글랜드와 스코틀랜드를 통일시킨 영국 여왕 퀸 앤의 이름을 딴 것이다. 1793년부터 제조하였는데, 1978년부터 씨그램사에 인수되었다. 덕분에 고급 몰트를 사용하여 고품질의 위스키를 생산하게 되었다. 부드러운 맛을 자랑하고, 고급품인 썸싱 스페셜 Something Special은 영국 왕실에 납품한다.

Queen Anne (1665~1714) 앤 여왕

1702년에서 1714년까지의 영국 여왕으로 제임스 2세의 딸이며 스튜어트 가의 마지막 왕이다. 여왕은 18명의 자식을 낳았으나 그들은 11세가 되기 전에 모두 죽었다. 그래서 여왕이 죽자 독일 하노버에 있던 사촌 조지가 왕위를 이어 조지 1세가 되었다. 앤 여왕은 의회가 법을 통과시킬 때 왕으로서 거부할 권리를 행사할 수 있었던 영국의 마지막 통치자이기도 했다.

Queen Elizabeth 퀸엘리자베스호(號)

1938년에 건조된 영국의 초대형 선박이다. 제2차 세계대전 때 병력을 수송하면서 처음 이용되어, 전후에는 영국과 미국 간의 여객선으로 쓰였다. 1971년에 화재로 침몰되었다.

Queen Mary 퀸메리호(號)

영국의 대형 여객선이다. 당시 조지George 5세의 왕비 Mary의 이름을 따서 붙였다. 호화 여객선으로 1936년과 1938년에 북대서양 횡단 신기록을 수립했고, 제2차 세계대전 중에는 병력을 수송하기도 했다. 1967년 미국에 팔려, 오늘날은 롱비치에서 해사 박물관(海事博物館)으로 사용되고 있다.

Queen Mary (1867~1953) 메리 여왕

영국의 두 국왕 에드워드 8세와 조지 6세의 어머니이다. 요크 공작(Duke of York)과 결혼하여 1910년에 그를 국왕으로 만들었다. 현재 여왕 엘리자베스 2세의 할머니이기도 하다.

Queen Victoria (1819~1901) 빅토리아 여왕

1837년부터 1901년까지 재위한 영국의 국왕이다. 조지 3세의 손녀딸로 큰아버지인 윌리엄 4세 사망 후에 즉위하였다. 하노버Hanover 왕가의 마지막 군주이다.

1840년에 앨버트Albert 공과 결혼하였다. 앨버트는 고결한 인격과 풍부한 교양을 가진 사람으로, 여왕에게 좋은 조언자와 이해자가 되어, 국무와 사생활에서 그녀를 두루 뒷받침하였다. 그녀가 국민이 자랑하고 존경하는 여왕으로 자라날 수 있었던 것은 그에게 힘입은 바가 컸으며, 여왕도 차차 그의 인품에 감화되어 깊이 사랑하게 되었다. 1861년에 앨버트가 42세의 나이로 죽자, 그녀는 너무 슬퍼하였고, 버킹검 궁전에 틀어박힌 채 모든 국무에서 손을 떼기도 했다.

하지만, 그녀는 영국의 국왕 가운데서 가장 오래 재위하였고, 재임 중에 산업 발전과 세계 최강의 국력을 이루었다. 그래서 그녀의 재임 기간을 특별히 빅토리아시대(Victorian Age)라고 한다.

Queen's Awards 퀸스 어워드

수출(export)과 기술(technology), 환경(environment)의 3분야에 업적이 있는 영국 기업에게 수여하는 상이다. 해마다 100여 개의 상이 시상되는데, 수상 기업은 5년 간 특별한 수상 마크인 엠블렘(emblem)을 붙일 수 있다.

퀸스 어워드 엠블렘

Queen's Counsel (QC) 퀸스 카운슬

대법관(Lord Chancellor)이 임명하는 원로 변호사를 말한다. 이들은 법정에서 실크 가운을 입는다. 국왕이 King이 되면 명칭도 킹스 카운슬King's Counsel로 된다.

Queen's English 퀸스 잉글리시

영국에서 사용되는 표준어라고 할 수 있는 바른 영어를 말한다. 국왕이 King이라면 King's English(킹스 잉글리시)라고 해야 한다.

Queen's Speech 퀸스 스피치

영국 상원에서 공식 회기가 시작할 때 여왕이 행하는 연설을 말한다. 새해의 국정 계획을 밝히는 연두교서를 읽는다. 물론 이 연설문은 정부에서 작성하고, 텔레비전과 라디오로 방송된다. 국왕이 King이면 킹스 스피치King's Speech라고 한다.

Question Time 질의 시간 / 퀘스천 타임

영국 하원에서 월요일에서 목요일까지 매일 의원들이 내각의 장관들에게 국정 질의를 하는 오후 2시 30분에서 3시 30분까지의 시간대를 말한다. 질문의 일부는 내각에 미리 알려주지만 일부는 알려주지 않는다. 질문에 대한 답변은 서면으로 제출되기도 한다.

R

R and R 알 앤 알

rest and recreation(레스트 앤 레크리에이션) 또는 rest and relaxation(레스트 앤 릴렉세이션), rest and recuperation(레스트 앤 리쿠퍼레이션) 등의 약칭으로, 공휴일을 뜻하는 말로 쓰인다. 원래는 미국 군대에서 전투나 힘든 일을 끝낸 후에 주어지는 휴식 시간을 뜻하는 말로 쓰였다. 또는 rock and roll의 준말로 쓰기도 한다.

rackets 라케츠

2명 또는 4명이 실내 코트에서 작은 공을 라켓racket으로 치는 경기로, 18세기 영국에서 유행하였다. 오늘날도 영국의 남자 퍼블릭 스쿨public school에서 주로 하고 있다. 스쿼시squash가 이 '라케츠'에서 발전하였다.

Rackham, Arthur (1867~1939) 랙컴, 아서

영국의 화가로 아동 도서의 섬세한 삽화를 많이 그렸다. 〈그림 형제의 동화〉*Fairy Tales of the Brothers Grimm*(1900), 〈피터팬〉*Peter Pan*(1906) 등의 작품이 있다.

racquetball 라켓볼

직육면체의 공간에서 볼을 라켓으로 벽면에 치고, 튀어나오는 볼을 번갈아 치는 실내 스포츠이다. 1940년대 후반 미국에서 생겨났다.

경기는 코트 중앙에 마련된 서비스 지역에서 한 사람이 먼저 정면 벽을 향해 공을 바닥에 1번 튀긴 뒤 서비스하면, 상대방은 이 공이 벽에 맞고 튀어나와 2번 튀기기 전에 맞받아치는 형식으로 진행된다. 서비스 다음에는 6개 벽면 어디를 향해 공을 쳐도 되지만 반드시 1번은 정면 벽을 맞혀야 한다. 테니스처럼 코트 밖으로 나간 공을 주울 필요도 없고, 네트도 필요하지 않아 운동량이 매우 많다. 1996년 애틀랜타 올림픽에서 시범 종목으로 채택되었다.

Radio 1 비비씨 제1 라디오

팝 음악과 뉴스를 주로 방송하는 BBC 라디오 채널이다. 젊은이들이 주된 청취자들이다. 1967년에 설립되어 24시간 방송을 내보낸다.

Radio 2 비비씨 제2 라디오

팝 음악과 재즈, 뉴스와 스포츠를 방송하는 BBC 라디오 채널이다. 장년층이 주 청취자들이다. 1967년에 설립되어 24시간 방송을 내보내고 있다.

Radio 3 비비씨 제3 라디오

클래식 음악과 뉴스, 연속극, 토크 프로그램, 단편소설이나 시 낭송 프로를 주로 방송하는 BBC 라디오 채널이다. 1967년에 설립되어 24시간 방송을 내보내고 있다.

Radio 4 비비씨 제4 라디오

뉴스와 날씨 외에 연속극, 코미디, 생방송 등을 주로 방송하는 BBC 라디오 채널이다. 1967년에 설립되었고, 아침 6시부터 새벽 1시까지 방송된다.

Radio 5 Live 비비씨 라이브 제5 라디오

스포츠, 음악, 토크 프로그램을 주로 방송하는 BBC 라디오 채널이다. 1990년에 설립되어 24시간 방송을 내보내고 있다.

Radio City Music Hall 라디오시티 뮤직 홀

세계 최대의 영화관 및 공연 극장으로 뉴욕의 록펠러 센터 Rockefeller Center에 있다. 6,000석이 넘는 좌석을 자랑한다. 영화 상영 시간마다 로케츠Rockettes 무용단이 번갈아 공연하는 것으로 잘 알려졌다.

Radio Free Europe / Radio Liberty 자유 유럽 라디오 방송 / 자유 라디오 방송

미국 정부의 지원하에 러시아를 포함하여 전 유럽에 방송을 내보내는 미국의 라디오 방송이다. 방송국을 독일에 두고 23개 국어로 방송을 한다.

1950년에 설립된 자유 유럽 라디오 방송Radio Free Europe은 유럽인들을 대상으로, 1951년에 설립된 자유 라디오 방송Radio Liberty은 구 소련을 대상으로 방송하다가, 1976년에 통합되었다. 방송 프로그램은 주로 미국 소식과 월드 뉴스, 정치, 예술 등이다.

Radio Shack 라디오 샥

컴퓨터, 비디오, 오디오 장비 등의 모든 전자제품을 취급하는 전국적으로 6,800여개의 상점을 갖춘 미국 내 판매 업체이다.

Raeburn, Henry (1756~1823) 레이번, 헨리

18~19세기 스코틀랜드 화가이다. 당대의 스코틀랜드의 주요 인물들 모습을 많이 그렸다. 〈더딩턴 호수에서 스케이트를 타는 로버트 워커 경〉 *The Reverend Robert Walker Skating on Duddington Loch*(1784)이 대표작이다. 1822년에 기사 작위를 받았다.

ragtime 래그타임

재즈의 한 요소가 되는 피아노의 연주 스타일이다. 래그타임 ragtime은 신코페이션syncopation(분절법)을 구사한 리듬이라는 뜻으로 붙인 말이다. 1890년대 중반에서 1910년대에 걸쳐 피아노 곡, 대중 가요, 재즈 밴드 연주에 많은 영향을 끼쳤으며, 일반적으로 악보대로 연주한다. 특히 흑인 피아니스트들 사이에서 발달되었으며, 스콧 조플린Scott Joplin, 젤리 롤 모턴Jelly Roll Morton 등이 대표적인 래그타임 뮤지션들이다.

Railcard 레일카드

학생이나 60세 이상 노인, 장애인들이 역에서 구입할 수 있는 카드이다. 이 카드로 일정한 기간에 열차표를 할인된 가격으로 구입할 수 있다.

railroads 철도

세계 최초로 여행객들이 열차로 여행한 것은 1825년 영국에서 증기기관차(steam locomotive)가 이끄는 기차였다. 1900년대까지는 철로(railway track)가 모두 3만 7천km로 연장되면서 최고의 인기를 누렸다. 빅토리아시대 많은 건설 기술자들이 철도를 위한 다리를 만들고 건축가들은 멋진 역사(驛舍 station building)를 지었다. 철도는 19세기에서 20세기 초까지 영국 산업 발전에 중요한 역할을 하였다. 내연기관(internal combustion engine)이 개발되자 철도는 화물 운송과 여객 운송에 모두 중요한 수단이 되었다. 1947년에 각 지역의 철도 회사들이 국유화되어 British Rail(현재의 BR)이 되면서 비용 절감을 이유로 많은 노선이 폐쇄되었다. 1994년에 영국 정부는 철도를 다시 민영화하기로 결정하고, 국민들에게도 연료를 절감하고, 환경오염을 줄이자는 취지로 철도 이용이 장려되었다. 영국의 철로는 프랑스와 벨기에까지 연결된다.

미국에서 중국인 쿨리Cooly의 피와 땀의 결정이라 일컬어지는 '대륙 횡단 철도'가 개통된 것은 1869년이다. 대륙 횡단 철도의 완성으로 단시간에 동서가 이어지고, 철도가 중요한 구실을 하게 되었다. 전성기였던 1916년에는 철로의 총 연장거리가 약 40만km에 달했다. 미국 철도는 1951년에 디젤 기관차가 개발되면서 증기기관차는 모습을 감추었다. 그러나 이 무렵 항공기와 자동차가 비약적으로 발달하여 장거리는 항공기에, 근거리는 자동차에 손님을 빼겨 사양길을 걷게 되었다. 1987년에는 총 연장거리가 약 26만km로 줄어들었다. 이후 여객보다는 화물 수송에 역점을 두었지만, 그것마저 대형 트럭이나 컨테이너 트럭의 발달에 밀려 물량이 줄고 있다. 1970년에는 미국 철도여객수송공사(Amtrak: American's National Railroad Passenger Corporation)가 발족되었다. 현재 미국의 철도는 주요 도시들 간의 통근 여객의 수송을 맡고 있다.

Rain Man 〈레인맨〉

배리 레빈슨Barry Levinson 감독 작품의 1988년 미국 영화이다. 더스틴 호프만Dustin Hoffman과 톰 크루즈Tom Cruise가 주연하였다. 자폐증 환자이며 암기력이 뛰어난 형의 유산을 가로채려는 이기적인 동생이 점차 형제애를 깨닫게 되는 과정을 묘사한 영화이다. 4개 부문의 오스카 영화상을 수상하였다.

Rainbow Bridge 레인보우 브리지

미국 유타Utah주에 있는 바위 다리이다. 세계에서 가장 큰 천연 바위 다리이다. 1916년에 미국의 천연기념물(U.S. national monument)이 되었다.

Rainbow Warrior 레이보우 워리어

레인보우 워리어 2호

세계적인 환경 단체 그린피스Greenpeace 소유의 선박 이름이다. 해상 환경을 보호하는 데 쓰였다. 1985년에 남태평양에서 프랑스의 핵실험에 항의하는 해상 시위 도중에 침몰되었다. 1989년부터 다시 레인보우 워리어2호 Rainbow Warrior II가 쓰이고 있다.

Raj 라지

영국이 인도를 식민지로 지배한 기간을 말한다. 의상, 가구, 건축 등의 양식에서 20세기 전반 인도의 영국식 취향을 가리키는 말로도 쓰였다.

The Raj Quartet 《라지 콰르테트》

영국의 소설가 폴 스코트Paul Scott가 쓴 소설로, 영국의 인도 식민 지배 후반기를 그린 4부작 소설이다. 1983년에 《주얼 인 더 크라운》*Jewel in the Crown*이란 제목의 텔레비전 연속극으로 제작되었다.

Raleigh International 랠리 인터네셔널

17세에서 25세까지 젊은이들의 국제 단체로 영국에 본부를 두고 있다. 회원들의 해외 여행에 도움을 주고 있다.

Raleigh, Walter (1552～1618) 랠리, 월터

16～17세기 영국의 탐험가이자 정치가, 군인이었다. 스페인과 아일랜드 전투에 참가하였고, 엘리자베스Elizabeth 1세에게서 기사 작위를 받았다. 여왕의 지원으로 남북 아메리카를 탐험하여 담배와 감자를 영국으로 가져왔다. 여왕 사망 후에는 반역죄로 13년 간 투옥되기도 했으나, 제임스James 1세 때 남미에서 황금을 찾아오라며 풀려나지만, 실패하고 귀국하여 목이 잘리는 사형을 받는다.

Ralston Purina 롤스턴 퓨리나

애완동물 용품이나 사료를 판매하는 미국 기업이다. 1902년에 설립되었다.

Rambert Dance Company 램버트 무용단

마리 램버트Marie Rambert가 1920년 런던에 세운 발레 학교에서 발전한 무용단이다. 1926년부터 학생들이 정기공연을 하였고, 1934년에 발레 램버트Ballet Rambert라는 이름으로 무용단이 공식 창단되었다. 이후 대부분 현대 무용을 전세계에 순회하며 공연하였다. 1987년부터 현재의 이름으로 바뀌었다.

Rambert, Marie (1888～1982) 램버트, 마리

영국의 발레 무용가이자 안무가이다. 폴란드에서 태어났다. 무용단에서 활동하다가 런던에 발레 학교를 열었고, 램버트 무용단(Rambert Dance Company)을 창단하였다. 1962년에 데임dame 작위를 받았다.

Rambo 람보

미국 영화 〈람보〉*First Blood*(1982), 〈람보 2〉*Rambo: First Blood Part II*(1985), 〈람보 3〉*Rambo III*(1988) 등, 3편의 소위 '람보 영화' 시리즈에 나오는 주인공이다. 악당 군사들을 만나 전투를 훌륭히 하는 근육질의 건장한 신체의 람보 역으로 실베스터 스탤론Sylvester Stallon이 연기를 하였다.

ranch house 랜치하우스

단층으로 된 단독주택의 한 유형이다. 원래는 미국 서부의 농가 주택의 유형이었으나, 오늘날은 도시근교에서 흔히 볼 수 있다.

Range Rover **레인지로버**

영국의 로버Rover 자동차사가 만든 자동차 제품이다. 험한 지형에도 달릴 수 있게 만든 고급 지프형 자동차이다.

rap **랩**

미국 뉴욕의 흑인과 스페인계 젊은이들 사이에서 1970년대 후반부터 퍼진 문화이다. 힙합(hiphop)으로 알려진 청소년 문화의 중요한 요소가 되는 것으로, '랩'이라는 명칭은 1980년대 초에 생겼다. 일상생활의 이야기나 느낀 생각을 리듬에 맞추어서 이야기하는 '랩'과 기계체조, 판토마임, 흑인 댄스 음악을 결합한 곡예 같은 '브레이크 댄스'(break dance) 등이 그 표현 방식이다. 랩은 1980년대에 음악의 한 장르로 사리잡았는데, 레코드 음반을 손으로 앞뒤로 움직여 소리를 내는 스크래치scratch나 브레이크믹스break-mix 등의 방식도 유행했다.

The Rape of the Lock **《머리카락 훔치기》**

18세기 영국의 시인 알렉산더 포우프Alexander Pope가 1712년에 발표한 풍자 서사시이다.

피터 경(Lord Peter)이라는 사람이 아름다운 아라벨라 파아머Arabella Farmor에게서 한 타래의 머리카락을 잘라낸 사소한 사건으로 두 집안이 원수로 싸운 실제 이야기를 소재로 썼다. 미인 벨린다Belinda는 여러 요정들에게 보호를 받고 있는데, 못된 귀족이 그 미인의 머리카락을 잘라가서 아무리 간청해도 그것을 돌려주지 않는다. 마침내 Belinda는 친구들과 함께 그 귀족을 책망하며 논쟁을 한창 벌어지고 있을 때, 갑자기 잘라 간 머리카락이 하늘의 별에 끌려서 달나라로 올라갔다는 이야기이다.

Belinda를 통해서 18세기의 우아하고 사치스러운 여인의 화장, 궁정의 모임, 놀음판, 수면 등을 풍자하였다. 모두 5부로 구성되어 있다.

Rapid Deployment Force **신속배치군**

미국 플로리다주에 기지를 두고 있는 특수 부대로, 국제 분쟁지로 신속하게 이동하여 대처하는 것이 주임무이다. 1980년 중동 지역의 원유 수송을 보호하기 위해 창설되었다. 1991년 걸프전(Gulf War) 때의 사막 작전에도 투입되었고, 1992년 소말리아Somalia 내전에서 식량 공급로를 보호하는 임무를 맡기도 했다.

Rattigan, Terence (1911～1977) **래티건, 테렌스**

영국의 극작가이다. 《비정한 프랑스인》*French With Tears*(1936), 《윈슬로 보이》*The Winslow Boy*(1946), 《브라우닝 버전》*The Browning Version*(1948) 등의 작품이 있다. 여러 작품이 영화로 제작되기도 했다. 1971년에 기사 작위를 받았다.

Rattle, Simon (1955～) **래틀, 사이먼**

영국의 클래식 지휘자이다. 1980년에 버밍햄 시티 심포니 오케스트라City of Birmingham Symphony Orchestra의 지휘를 맡아 현대와 전통을 넘나드는 클래식 음악을 연주하여 유명해졌다. 1981년부터는 로스앤젤레스 필하모니 Los Angeles Philharmonic의 지휘를 맡고 있다. 1994년에 기사 작위를 받았다.

Rauschenberg, Robert (1925～) **라우션버그, 로버트**

대중 예술(pop art)의 중심 인물인 미국의 화가이다. 병이나 손톱, 보도 사진 등의 실물을 회화와 합성한 그림으로 1950년대에 유명했다.

rave **레이브**

테크노techno 같은 빠르고 시끄러운 전자 음악에 맞춰 춤을 추는 젊은이들 또는 그 문화를 말한다. 레이브는 1980년대와 1990년대에 영국에서 '레이브 파티'rave party라는 이름으로 급속히 확산되었다. 큰 건물이나 야외에서 대규모 댄스 파티로 시작된 '레이브 파티'는 인적이 드문 계곡이나 골짜기에 앰프 시설과 대형 캠프파이어를 설치하고 새벽까지 즐기는 새로운 문화 접촉의 장이자 젊은이들이 넘치는 에너지를 교감할 수 있는 놀이문화의 장으로 발전했다. 당시 영국 정부는 마약의 일종인 엑스터시Ecstasy의 과다복용을 이유로 대규모 레이브 파티를 막기 시작했다. 이에 따라 레이브 파티는 점점 위축되어 요즘은 클럽 위주의 언더그라운드 파티로 유지되고 있다.

The Raven 〈갈가마귀〉

19세기 미국의 소설가이자 시인인 에드거 앨런 포Edgar Allan Poe가 1845년에 발표한 시이다. 한 남자에게 갈가마귀가 찾아오고, 남자는 옛사랑을 언제 다시 만날 수 있을지를 계속 물어보지만, 갈가마귀는 "끝이야!"(Nevermore!)라고만 대답하는 내용이다.

RCA (Radio Corporation of America) 알시에이

라디오나 텔레비전, 오디오기기 등, 전자 제품을 주로 생산하는 미국 기업이다. 현재 General Electric사가 소유하고 있다.

Reader's Digest 《리더스 다이제스트》

세계적인 미국의 월간 잡지이다. 1922년에 드위트 월리스 DeWitt Wallace가 창간하였다. 전세계 20여 개 국 언어로 번역되고, 1억 명의 독자들이 읽고 있다. 세계의 중요한 잡지나 단행본 속에서 일반적인 흥미가 있는 것을 골라 요약하여 소개함으로써 성공을 거둔 이 잡지는, 1930년부터는 독자적인 기사도 게재하게 되었는데, 다이제스트라는 이미지를 깨뜨리지 않기 위해 자체 준비한 원고를 먼저 타 잡지에 무료로 제공하여 발표하게 한 후 그것을 요약하여 게재하는 방법까지 채택하였다.

Reagan, Ronald (1911～2004) 레이건, 로널드

미국의 40대 대통령이다. 대학을 졸업한 후 아나운서로 일하다가 1937년 할리우드에 들어가 1964년까지 약 50편의 영화에 출연하였으나, 특별한 주목을 받지 못하였다. 1947년에 미국 노동총연맹 산하 영화배우협회 회장에 선출되었다. 처음에는 민주당의 대통령 프랭클린 D. 루스벨트 Franklin D. Roosevelt를 지지하였으나, 1950년대 초부터 차츰 보수적 입장으로 기울어졌다. 1962년 미국 공화당에 가입하고, 1966년에 캘리포니아 주지사로 당선되어 조세 감면, 복지제도의 확대, 고등교육 정책에 힘을 쏟았고, 주 재정을 적자에서 흑자로 바꾸었다. 1980년에 공화당 후보로 대통령에 당선되었다.

그는 '강하고 풍족한 미국'을 구호로 내걸고, 보수적이고 강경한 국내외 정책을 펼쳤다. 그러나 조세 감면과 사회복지 지출을 억제한 레이거노믹스Reaganomics가 재정 및 무역 적자를 초래하였고, 대외 정책에서 레바논 파병, 리비아 폭격, 그라나다 침공, 니카라과 반군 지원 등으로 제3세계에 위협을 주었다. 1986년 이란-콘트라사건(Iran-Contra Affair)으로 비난을 받기도 했다.

Reaganomics 레이거노믹스

미국의 로널드 레이건Ronald Reagan 대통령이 추진한 경제 정책이다. 'Reagan'과 'economics'의 복합어이다. 경제의 재활성화를 통하여 '힘에 의한 위대한 미국'의 재건을 꾀한 국가 정책이다. 세출 삭감, 소득세 대폭 경감, 기업에 대한 정부 규제의 완화, 안정적인 금융 정책 등으로 요약된다. 그러나 사상 최대의 군비 증강이 재정 적자의 한 원인이 되기도 했다.

Rebel Without a Cause 〈이유 없는 반항〉

니콜라스 레이Nicholas Ray가 감독하고, 제임스 딘James Dean과 나탈리 우드Natalie Wood가 주연을 맡은 1955년 미국 영화이다. 생전에 단 3편의 영화를 남긴 제임스 딘의 2번째 작품으로 사회와 부모로부터 이해받지 못하고 떠도는 청소년들의 이야기를 그렸다.

Received Pronunciation (RP) 표준 영어 발음

표준 발음(Received Pronunciation, RP)은 영국 영어의 표준 억양(standard accent)을 말한다. 영국 사람들이 5% 정도만 표준 발음의 억양을 쓰지만, 정확한 발음이라는 데에는 이견이 없다. 표준 발음은 영국의 정치, 경제, 행정의 중심지인 런던 지역의 상류층과 교육받은 사람들의 억양에서 발전하였다. 표준 발음의 억양을 습득하는 것이 사회적 출세에 도움이 되기도 하여, 19세기까지 퍼블릭 스쿨public school 체제를 통해 중상류층에 널리 퍼졌다. 퍼블릭 스쿨 출신들이 또 옥스퍼드 대학으로 진학하면서 옥스퍼드 대학에서도 채택하게 되었다. 그러다 BBC 방송이 표준 발음으로 방송하면서 위치가 더욱 확고해졌다. 아나운서들이 표준 발음으로 방송을 계속하면서 'BBC 액센트'로도 널리 알려진 것이다. 표준 발음으로 말하는 영어를 흔히 비비씨 잉글리시 BBC English, 옥스퍼드 잉글리시Oxford English, 퀸스 잉글리시Queen's English 또는 킹스 잉글리시King's English라고도 한다.

Reconstruction 재건 기간

미국에서 남북 전쟁이 끝나고 남부연합(Confederate States)이 다시 미국합중국(United States)에 복귀하던 10여 년의 기간을 말한다. 합중국이 정치, 군사적으로 남부를 통제하였다. 노예제를 불법화하고, 흑인들에게 투표권을 부여하고, 공직에 나갈 수 있도록 하였다. 이 시기에 많은 남부 백인들이 반감을 가지게 되는데, 백인 우익 테러 단체인

Ku Klux Klan(KKK단)이 태동되는 것도 이 시기다.

the Red Cross 적십자사

원래 International Movement of the Red Cross and the Red Crescent(비 이슬람 국가에서 사용하는 명칭)의 줄인 말로 1864년 전쟁과 자연 재해로 인해 고통 받는 사람들을 도와줄 목적으로 생긴 국제조직이다. 이슬람 국가에서는 붉은 초승달(the Red Crescent)로 알려져 있다. 흰 바탕에 붉은 십자가가 상징이며 세계 많은 나라에 적십자회가 있어 음식, 옷, 장비 및 각종 서비스를 필요한 나라에 제공하고 있다.

Red Devils 붉은 악마 / 레드 데블스

영국의 낙하산 부대 이름이다.

Redding, Otis (1941~1967) 레딩, 오티스

미국 흑인 쏘울 뮤직soul music 가수이다. 당대 최고의 가수였다. 《아이빈 러빙 유 투 롱》*I've Been Loving You Too Long*(1965), 《마이 걸》*My Girl*(1966) 등의 앨범이 있다. 비행기 사고로 사망하였다.

Redford, Robert (1936~) 레드포드, 로버트

미국의 영화배우이자 감독, 제작자이다. 1962년 반전 영화 〈워 헌트〉*War Hunt*로 영화에 데뷔하였다. 그후 〈내일을 향해 쏴라〉*Butch Cassidy And The Sundance Kid*(1969), 〈스팅〉*The Sting*(1973), 〈추억〉*The Way We Were*(1973), 〈대통령의 음모〉*All The President's Men*(1976), 〈아웃 오브 아프리카〉*Out of Africa*(1985) 등 영화들에 출연하였다.

1980년에 영화 〈보통 사람들〉*Ordinary People*을 연출하여 오스카 감독상을 수상하면서 성공적인 감독 데뷔를 하였다. 그후 〈흐르는 강물처럼〉*A River Runs Through It*(1992), 〈퀴즈쇼〉*Quiz Show*(1994), 〈호스 위스퍼러〉*The Horse Whisperer*(1998) 등의 영화들을 연출하여 호평을 받았다. 주로 휴머니티 넘치는 연기를 많이 펼쳤고, 감독한 영화에서도 휴머니즘을 강조하였다. 1978년부터 영화 〈내일을 향해 쏴라〉*Butch Cassidy And The Sundance Kid*의 주인공 이름을 따서 독립영화제인 '선댄스 영화제(Sundance Film Festival)'를 유타주에서 개최해오고 있다.

Reebok 리복

영국의 세계적인 운동화와 스포츠웨어 제조 업체이다. 1895년 최초로 스파이크 러닝화를 만든 영국의 젊은 스포츠맨 포스터(J. W. Foster)가 설립하여, 세계 최고의 운동화 및 의류를 개발하는 데 지속적인 연구와 투자를 해 온 스포츠 전문 기업이다. 리복 제품은 세계 140개 국 이상에서 판매되고 있으며, 특히 유럽에서는 1등 브랜드의 위치를 굳히고 있다.

Reed, Carol (1906~1976) 리드, 캐럴

영국의 영화감독으로 그래이엄 그린Graham Greene의 소설을 영화로 만든 〈제3의 사나이〉*The Third Man*를 감독하였다. 찰스 디킨스의 소설 〈올리버 트위스트〉*Oliver Twist*의 뮤지컬 영화 〈올리버!〉*Oliver!*도 감독하였다.

Reeve, Christopher (1952~) 리브, 크리스토퍼

〈슈퍼맨〉 영화 시리즈의 주인공 역으로 잘 알려진 미국의 영화배우이다. 〈보스토니안〉*The Bostonians*(1984), 〈남아 있는 나날〉*Remains of the Day*(1993) 등의 영화에 출연하였다. 1995년에 말에서 떨어져 전신마비 장애인이 된 후에는 자선단체를 설립하여 많은 장애자 기금을 기부하였다.

Reeves, Jim (1924~1964) 리브스, 짐

미국의 컨트리 뮤직 가수이다. 부드러운 목소리에 젠틀맨 짐 Gentleman Jim이라는 별명이 있었다. 1955년에 〈그랜드 오울 오프리〉*The Grand Ole Opry*에 출연하였고, 1967년에 컨트리 음악 명예의 전당(Country Music Hall of Fame)에 올랐다. 비행기 사고로 사망하였다. 《포 월스》*Four Walls*(1957), 《히 윌 해브 투 고》*He'll Have to Go*(1959), 《디스턴트 드럼스》*Distant Drums*(1966) 등의 음반이 있다.

Reeves, Keanu (1964~) 리브스, 키아누

미국의 영화배우이다. 어머니가 캐나다 출신이고 아버지는 중국계 하와이인으로 레바논에서 태어났다. '키아누'Keanu란 '산 위의 시원한 바람'이라는 뜻의 하와이 말이다. 〈아이다호〉 *My Own Private Idaho*(1991), 〈폭풍 속으로〉*Point Break*(1991), 〈드라큘라〉*Bram Stocker's Dracula*(1992), 〈스피드〉*Speed*(1994), 〈구름 속의 산책〉*A Walk In The Clouds*(1995), 〈필링 미네소타〉*Feeling Minnesota* (1996), 〈매트릭스 시리즈〉*Matrix*(1999, 2003) 등의 영화에 출연하였다.

Reform Acts 개혁 법안

19세기 영국 국회가 의원 선출 방식을 바꾸면서 입법한 일련의 3가지 개혁 법안을 가리키는 말이다. 1832에 1차 개혁법안(1st Reform Act)이 나오고, 1867년과 1884년에 2, 3차 개혁 법안이 나왔다.

Reformation 종교개혁

16세기 유럽에서 마르틴 루터Martin Luther 등이 주도하여 로마가톨릭교의 개혁을 주도한 운동을 말한다. 영국에서는 1534년 헨리 8세가 교황 대신에 자신을 개신교인 영국교회의 수장으로 발표하였다.

regae 레게 음악

1960년대 카리브해의 자메이카Jamaica에서 발생한 대중음악의 한 유형이다. 전통적인 흑인 댄스 뮤직에 쏘울 음악soul music 등의 요소가 곁들여진 것이다. 밥 말리Bob Marley가 한창 활동하고, 더 웨일러즈The Wailers가 앨범 《캐치 어 파이어》*Catch a Fire*를 발표한 1972년은 레게 음악이 성숙해진 해로 본다. 이때 미국의 대중 음악에도 레게의 영향을 받은 음악이 나타나기 시작했고, 영국의 록 기타리스트 에리 클랩턴Erie Clapton이 말리의 작품 〈나는 보안관을 쏘았다〉I shot the Sheriff를 연주한 것이 계기가 되어, 미국과 유럽에서 말리의 인기가 급상승하였고, 레게는 국제적으로 각광을 받게 되었다. 때마침 런던에는 자메이카 이민이 증가하여 1970년대 후반부터 영국을 본거지로 한 레게 음악인들이 잇달아 등장한다. 1980년대로 접어들어 레게는 다양화하여 세계의 대중 음악에 폭넓은 영향을 끼쳤다. 밥 말리Bob Marley, 더 웨일러즈The Wailers 외에도 애스워드Aswad, 버닝 스피어Burning Spear 등의 레게 그룹이 있다.

Regency 리젠시

조지George 3세를 대신하여 아들 웨일즈의 왕자(Prince of Wales, 나중에 조지 4세가 됨)가 '리젠트 왕자'(Prince Regent)로서 영국을 통치했던 1811년에서 1820년까지의 기간을 말한다. 당시의 건축과 디자인은 고대 클래식 양식에 기반을 둔 단순하고 우아한 분위기가 주를 이루었다. 리젠트街Regent Street, 리젠트 공원Regent Park 등을 설계한 존 내쉬John Nash가 리젠시의 대표적인 건축가이다.

리젠시街

Reliant Energy 릴라이언트 에너지

전기와 가스를 공급하는 미국의 전력 에너지 회사이다. 1866년 텍사스주 휴스턴에서 휴스턴 가스 라이트Houston Gas Light라는 이름으로 사업을 시작하였다. 1930년 텍사스와 루이지애나, 미시시피 등의 중소 기업들을 인수하여 유나이티드 가스 코퍼레이션United Gas Corporation이 되었고, 1970년에는 펜조일Pennzoil과 합병하고, 공급 부문은 따로 유나이티드 가스(United Gas, Inc.)로 분리시켰다. 분리 후 1974년에 엔텍스(Entex, Inc.)로 이름을 바꾸었다. 1976년 엔텍스는 휴스턴 내추럴가스(Houston Natural Gas Corporation)의 가스 공급처를 인수하여 사업을 확대하였다. 1988년에는 노람NorAm과, 1996년에는 휴스턴 인더스트리스(Houston Industries, Inc.)와 합병한 뒤, 1999년에 지금의 이름으로 바꾸었다. 현재 전기 사업, 천연가스 공급, 파이프라인 및 채굴, 에너지 도산매 등의 분야에서 북미와 서유럽에서 에너지 사업을 전개하고 있다.

Remembrance Sunday 영국 현충일

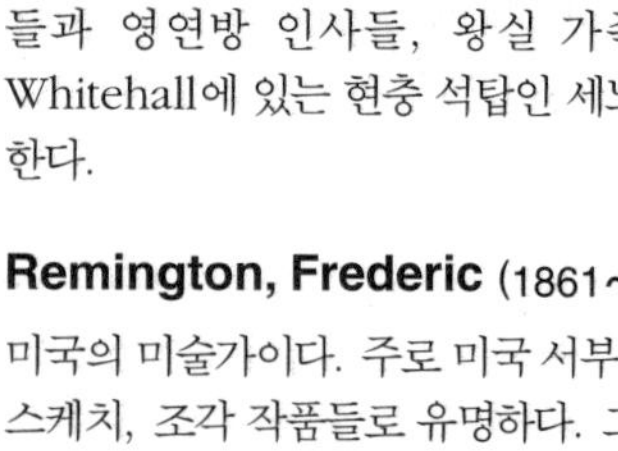

제1, 2차 세계대전과 여타 전쟁에서 전사한 사람들을 추모하는 기념일로, 구 현충일 11월 11일(Remembrance Day)에 가장 가까운 일요일이다. 이날 정치인들과 영연방 인사들, 왕실 가족들이 런던 화이트홀Whitehall에 있는 현충 석탑인 세노타프Cenotaph에 헌화한다.

Remington, Frederic (1861～1909) 레밍턴, 프레더릭

미국의 미술가이다. 주로 미국 서부에 대한 사실적인 회화와 스케치, 조각 작품들로 유명하다. 그의 작품 소재는 주로 카우보이cowboys나 인디언, 말 탄 병사들이다.

Reno, Janet (1938～) 리노, 자네트

1993년에 미국 최초로 여성 법무 장관(Attorney General)이 된 사람이다.

Republican 공화당원

미국 공화당원 또는 공화당 지지자를 가리키는 말이다.

Republican Party 공화당

미국의 양대 정당 중의 하나이다. 코끼리가 상징물이다. 1854년 노예제를 반대하며 결성되었다. 주로 북부 상공업자, 서부의 농민, 노동자의 지지를 받았다. 1860년 대통령 선거에서 노예제 폐지론자인 아브라함 링컨Abraham Lincoln이 당선되어 공화당 최초의 대통령이 되었다. 남북 전쟁 기간에는 신흥 자본가계급이 당의 주도권을 장악하여 이후 50년 간 민주당을 누르고 미국의 집권당이 되었다. 그러다 1929년 경제 대공황이 발생하자 공화당에 대한 지지가 격감하면서 노동자, 농민의 복지를 내세운 민주당의 인기가 상승하였다. 1932년 대통령 선거에서 민주당의 프랭클린 D. 루스벨트Franklin D. Roosevelt가 당선된 후 1960년대 말까지 공화당은 민주당에 주도권을 내주었다. 그러나 1970년대 미국 사회가 보수화되고, 베트남 전쟁이 실패하면서, 공화당에 대한 지지가 증가하여 리처드 닉슨Richard Nixon, 제럴드 포드Gerald Ford으로 이어지는 공화당 정부에 이어, 1980년에 보수파의 지도자를 자임하는 로널드 레이건Ronald Reagan과 조지 부시George Bush 등으로 공화당의 집권이 이어져 왔다.

Rostart 리스타트

6개월 이상 실직 상태인 사람들에게 취업 정보나 교육을 부여하는 영국 정부의 프로그램이다.

Restoration 왕정복고

일반적으로 혁명이나 기타의 사정으로 폐지되었던 왕정(王政)이 복고되는 일을 말하는데, 영국에서는 1660년에 영국의 스튜어트 왕조가 부활한 것을 말한다. 1658년에 호국경(Lord Protector) 올리버 크롬웰Oliver Cromwell이 죽은 뒤 그의 아들 리처드 크롬웰Richard Cromwell이 호국경을 이어 받았으나, 그는 군대와 종교계로부터 불신을 받아 물러났고, 프랑스에 망명 중인 찰스Charles 2세가 귀국하여 국왕으로 즉위하였다. 이 시기에 문학(특히 연극)과 예술의 활발한 발전이 있었다.

Restoration comedy 왕정복고시대 희극

청교도혁명으로 1642년에 극장들이 문을 닫고 연극 활동이 금지된 후에 1660년 크롬웰이 사망하고, 공화정이 무너지고, 왕정이 복고되면서 연극 활동도 부활하였다. 연극 활동이 부활하면서 공연 레퍼토리에 먼저 올라간 작품들은 물론 셰익스피어 작품들이다. 하지만 공연 양상과 연극 풍토는 르네상스시대와는 많이 달라졌다. 새로운 극작품들이 상류층의 관객을 위해 창작되었다. 이 당시의 연극을 '풍속희극'(Comedy of Manners)라고 한다. 주요 주제는 사랑이었는데, 청교도혁명 이전의 도시희극의 형태를 모방한 것이다. 젊은 연인을 찾아다니는 나이든 남자와 여자들, 중산층의 현실적 가치관과 대조되는 상류층의 가치관, 시골의 생활과 대조되는 도시 생활이 연극의 소재가 되었다. 남녀간의 성이 주제로 부각되었는데 희극적 기법으로 풍자적으로 묘사되었다. 이 당시의 주요 극작가와 작품들은 다음과 같다. 존 드라이든John Dryden의 《현대식 결혼》*Marriage-a-la-Mode*(1672), 《사랑을 위해 모든 것을》*All for Love*(1678), 조지 에더리지George Etherege의 *The Comical Revenge*(1664), 《유행신사》*The Man of Mode*(1676), 윌리엄 위철리William Wycherley의 《촌뜨기 아내》*The Country Wife*(1675), 윌리엄 콩그리브William Congreve의 《사랑에는 사랑이》*Love for Love*(1695), 《세상의 풍습》*The Way of the World*(1700) 등이 대표적이다. 여성 배우의 출현과 함께 여성 극작가의 활동도 두드러졌다. 왕정복고시대는 희극의 전성기였지만, 전반적으로 런던 사교계의 한정된 삶을 그리는 데에 치중된 면이 있다.

Retail Price Index (RPI) 소비자물가지수

정부가 매월 모든 제품과 서비스의 전체 가격 변동을 조사하여 발표하는 소매 물가지수이다. 인플레이션율을 계산하는데 사용되기도 한다.

Reuters 로이터통신

전세계 수많은 신문과 텔레비전, 라디오 방송에 뉴스를 공급하는 영국의 국제적인 통신사이다.

Revere, Paul (1735~1818) 리비어, 폴

미국 독립 전쟁의 영웅이다. 1775년 4월 19일 밤에 보스턴Boston에서 렉싱턴Lexington까지 말을 타고 달리며 영국군이 상륙했다는 사실을 사람들에게 알렸다. 이 이야기는 롱펠로Longfellow의 시 〈폴 리비어스 라이드〉*Paul Revere's Ride*에 잘 묘사되어 있다. 그는 일찍이 보스턴 차사건(Boston Tea Party)에 연루되기도 했다. 그는 은제품 공예가였고, 보스턴사건을 판화로 그려 미국인들에게 독립의식을 고취시키는 데 일조를 하였다.

reverse discrimination 역차별

미국의 대학 입학이나 취업에서 여성이나 유색 인종 등, 소수파들을 보호하여 우대해 주는 정책인 '소수파우대정책'(affirmative action)에 대해 백인들이 부당하다고 느끼는 것을 가리키는 말이다.

Revised Standard Version (RSV) **《개정 표준판 성경》**

1946년에서 1957년까지 영국과 국제성경협회가 개정 작업을 하여 발간한 현대 성경을 말한다. 킹 제임스판(Authorized Version)을 바탕으로 하고 있다.

Revised Version (RV) **《개정판 성경》**

1881년에서 1895년까지 영국에서 개정 작업을 통해 발간한 성경이다. 킹 제임스판을 바탕으로 하고 있다.

Rex 렉스

재임 국왕을 뜻하는 라틴어이다. 공식문서나 포고문 등에 국왕의 이름 뒤에 붙여 쓴다. 즉, 국왕 조지(George Rex)라고 표기한다. 또, 정부가 관련된 재판 등에서도 영국 정부를 나타내는 단어로도 쓰인다. 예컨대, Rex v. James(정부 대 제임스 사건)처럼 표기되는 것이다.

Reynolds, Burt (1936~) **레이놀즈, 버트**

미국의 영화배우이다. 1972년 《코스모폴리탄》 *Cosmopolitan* 잡지에 옷을 벗은 사진을 실은 최초의 남자 배우이다. 출연 영화로는 〈서바이벌게임〉*Deliverance*(1972), 〈허슬〉*Hustle*(1975), 〈스모키 밴디트〉*Smokey And The Bandit*(1977), 〈캐논볼〉*The Cannonball Run*(1981), 〈스트립티즈〉*Striptease*(1996), 〈부기 나이트〉*Boogie Nights*(1997) 등이 있다.

Reynolds, Debbie (1932~) **레이놀즈, 데비**

미국의 영화배우이다. 밝고 활달한 이미지의 여배우로, 가수와 댄서로도 활약하였다. 출연 영화로는 〈사랑은 비를 타고〉*Singing In The Rain*(1952), 〈여형사 세이디〉*Detective Sadie and Son*(1987), 〈스위트 마마〉*Mother*(1996), 〈인 앤 아웃〉*In & Out*(1997) 등이 있다.

Reynolds, Joshua (1723~1792) **레이놀즈, 조슈아**

18세기 영국의 초상 화가이다. 이탈리아로 유학하여 미켈란젤로, 라파엘로, 베네치아파(派) 대가들의 모사에 힘쓰고, 고전 작가들의 기교에 대해 연구하였다. 영국 미술계에 새로운 초상화 스타일과 기법을 확립시키고, 18세기 후반의 영국 미술계에 제1인자로 군림하였다. 1768년 로열 아카데미 Royal Academy가 창설되자 초대 위원장이 되고, 이어서 기사 작위를 받고 1784년 궁정 화가가 되었다. 그의 초상은 신화나 전설 속의 영웅이나 여신들로 꾸며지고, 남성은 언제나 고귀하고 용감하며 여성은 우아하고 아름답게 그렸다. 천진난만한 어린이의 초상도 즐겨 그렸다. 〈넬리 오브라이언양〉*Miss Nelly O'Brien*(1762), 〈상 레제 대령〉*Colonel St. Leger*(1778), 〈케펠 제독의 초상〉*Portrait of Admiral Viscount Keppel*(1780), 〈비극의 뮤즈로 분장한 시돈즈 부인〉*Portrait of Mrs. Siddons as the Tragic Muse*(1784) 등의 작품이 있다.

조슈아 레이놀즈의 그림
〈기도하는 어린 사무엘〉

Rhapsody in Blue 〈랩소디 인 블루〉

미국의 작곡가 조지 거쉰George Gershwin의 피아노와 관현악을 위한 작품이다. 클래식과 재즈를 결합시킨 작품으로, 거쉰Gershwin의 피아노 연주로 폴 화이트맨Paul Whiteman의 밴드가 초연하였다. 재즈로서는 교향악적 성격을 띤 최초의 성공작으로 꼽힌다. 조지 거쉰George Gershwin 일생을 다룬 〈랩소디 인 블루〉*Rhapsody in Blue*라는 제목의 영화가 있다.

Rhode Island 로드아일랜드

미국 북동부 대서양 연안에 있는 주로, 미국에서 가장 작은 주이다. 주도는 프로비던스Providence이다. 1776년의 독립선언에 앞서 영국에 대하여 독립을 선언한, 최초 독립 13개 주의 하나이다. 그러나 13주 가운데서 연방 헌법은 가장 늦게 비준하였다.

Rhode, Cecil (1853~1902) **로드, 세실**

19세기 영국의 정치인이자 사업가이다. 1870년에 남아프리카에 건너가 드 비어스 광업사(De Beers Mining Company)를 차리고 다이아몬드와 금광을 개발하여 많은 돈을 벌었다. 그는 아프리카 대륙 전체를 영국의 지배하에 넣으려는 야심을 가지고 남아프리카에서 라이벌 제국들을 몰아내는 데 주도적인 역할을 하였다. 1889년에는 영국령 남아프리카 회사(British South Africa Company)를 설립하였는데, 이 회사가 나중에 로디지아Rhodesia가 되었고, 오늘날 짐바브웨Zimbabwe 또는 잠비아Zambia라고 부르는 나라가 되었다.

Rhodes Scholar 로드 장학생

영국 옥스퍼드 대학에서 공부할 수 있는 상을 받은 미국과 독일, 영연방 국가들의 학생들을 가리키는 말이다. 장학금은 영국 정치인이자 사업가였던 세실 로드Cecil Rhode가 남긴 기금에서 나온다. 장학금 이름도 그의 이름을 딴 것이다.

rhythm and blues (R and B) 리듬 앤 블루스

1950년대와 60년대에 미국 흑인들이 주로 연주했던 대중 음악의 한 장르이다. 전통적인 블루스blues 음악에 재즈와 로큰롤(rock and roll)이 결합되어 발전한 것이다.

대표적인 연주자로는 루이스 조던Louis Jordan과 에리머스 밀번Amos Milburn, 로이 밀턴Roy Milton, 지미 리긴스Jimmy Liggins, 조 리긴스Joe Liggins, 플로이드 딕슨Floyd Dixon, 위노니 해리스Wynonie Harris, 빅 조 터너Big Joe Turner, 머디 워터스Muddy Waters, 찰스 브라운Charles Brown 등이 있었다. 이들의 레퍼토리에 포함된 많은 곡들은 고전적인 12마디 A-A-B 블루스 형식이었다. 1950년대 중반에 이르러서는 미시시피 출신의 아이크 터너Ike Turner가 등장하는데, 부인이 된 티나 터너Tina Turner와 함께 아이크 앤 티나 터너 레뷔Ike and Tina Turner Revue를 조직하여 'rhythm and blues'의 발전에 크게 이바지했다. 1960년대 후반에 쏘울soul이 등장하면서 이 음악은 점차 쇠퇴했지만, 제2차 세계대전 후에 나온 모든 흑인 음악의 장르를 가리키는 말로 여전히 사용되었다. 그러나 '비틀즈'를 비롯한 여러 영국 출신의 밴드 덕분에 'rhythm and blues'라는 말은 새로운 의미를 지니게 되었는데, 롤링스톤스Rolling Stones 같은 그룹은 대부분 시카고 블루스와 흑인 로큰롤이 혼합된 음악을 연주하면서 자기들의 음악을 rhythm and blues라고 주장했다.

rice pudding 라이스 푸딩

쌀과 설탕, 우유로 만드는 영국의 전통적인 푸딩이다.

Rice University 라이스 대학

미국 텍사스주 휴스턴에 있는 사립 대학이다. 1912년 휴스턴의 사업가 윌리엄 M. 라이스William M. Rice의 유언에 따라 설립된 사립 명문 대학이다. 재학생 수는 학부가 2,700명이고, 대학원은 1,500명 정도이다. 졸업률은 88% 정도이다.

Rice, Tim (1944~) 라이스, 팀

영국의 극작가이자 연기자이다. 앤드류 로이드 웨버Andrew Lloyd Webber와 함께 작업한 뮤지컬 〈지저스 크라이스트 슈퍼스타〉*Jesus Christ Superstar*(1976), 〈에비타〉*Evita*(1976) 등으로 유명해졌다. 〈라이언 킹〉*Lion King*(1994) 같은 애니메이션 영화의 음악을 작사하기도 했다. 1994년에 기자작위를 받았다.

Richard I 리처드 1세

1189년에서 1199년까지 영국 국왕으로 재위하였다. 헨리Henry 2세의 셋째 아들이다. 그는 1190년에 3차 십자군을 원정에 출전하였다. 1191년 Richard는 성지 예루살렘 근처에서 살라딘Saladin을 격파하여 3년의 휴전을 맺고(1192), 그의 용맹성으로 사자왕(Richard the Lionheart)이라는 별명을 얻었다. 귀국 후에 다시 프랑스로 건너가 필립Phillip 2세와 싸우다 1199년에 전사하였다. 그는 재위 10년 가운데 본국에는 반 년밖에 있지 않았으며, 나머지는 프랑스에서 또는 십자군 원정으로 허비하여 막대한 전비를 지출하였고, 정치에도 무능하였으나, 전투에서의 영웅적인 행위로 중세기의 전형적인 기사로서 좋은 평을 받았다.

Richard II 《리처드 2세》

1595년에 초연된 셰익스피어의 사극이다. 정치 권력자들을 제대로 통제하지 못하는 리처드 2세의 말년을 이야기하고 있다.

Richard II 리처드 2세

1377년에서 1399년까지 재위한 영국 왕이다. 할아버지인 에드워드Edward 3세의 뒤를 이어 어린 나이에 국왕이 되었고, 숙부 랭커스터Lancaster 공의 후견을 받았다. 이때 군비 조달과 인두세를 중과하여 민심을 잃었다. 성년이 되어 숙부를 물리치고 친정을 실시하여, 조세를 경감하여 인민의 신망을 얻었으며, 의회에서도 호평을 받았다. 아일랜드 원정 중에 프랑스에 쫓겨가 있던 Henry(뒤에 헨리 4세)가 귀국하여 의회의 추대를 받고, 왕위에 올랐다. 리처드 2세는 잡혀서 유폐되었다가 이듬해 암살되었다.

Richard III 《리처드 3세》

1594년에 초연된 셰익스피어의 사극이다. 왕위에 대한 야망에 사로잡힌 꼽추이자 절름발이인 리처드 3세의 복잡한 성격이 잘 묘사된 셰익스피어의 초기 비극의 걸작이다. 많은 명배우들이 공연하였다.

Richard III 리처드 3세

1483년에서 1485년까지 재위한 영국 요크 왕조의 마지막 왕이다. 에드워드 4세의 동생으로 형이 죽은 후 어린 조카 에드워드 5세를 대신해 섭정을 하였다. 몸이 불구였고, 의심이 많고 음흉한 야심가였으며, 음모로 정적을 처형하고 어린 왕과 왕의 아우를 런던 탑에 유폐시켜 왕위를 찬탈하였다. 전임 국왕 형제를 런던 탑 내에서 살해하였다는 소문이 퍼져 신망을 잃었다.

이 시기에 랭카스터Lancaster파의 리치먼드Richmond

백작 헨리Henry가 1485년 망명지인 프랑스에서 귀국하자 유력한 귀족들이 다수 백작을 도왔으며, 리처드 3세는 보즈워스Bosworth에서 백작과 싸우다 전사하였다. 이것으로 장미 전쟁은 끝나고, 백작은 헨리Henry 7세로 즉위하여 튜더 왕조의 시조가 되었다.

Richard, Cliff (1940~) **리처드, 클리프**

영국의 팝 가수이다. 1958년에 더 섀도스The Shadows라는 밴드를 결성하면서 음악 활동을 시작하여 앨범 《리빙 돌》 *Living Doll*(1959)이 성공을 거두었다. 이어서 〈섬머 홀리데이〉*Summer Holiday*(1962) 같은 뮤지컬 영화도 선보이면서, 그해 영화 〈영 원스〉*The Young Ones*의 타이틀 곡으로 영국에서 골드 레코드를 받았다. 1950년대 영국 최고의 스타였다. 1995년에 기사 작위를 받았다.

Richards, I. A. (1893~1979) **리처즈, 아이 에이**

영국의 문학비평가이다. 모교인 케임브리지 대학과 미국의 하버드 대학에서 영어와 문학론을 가르쳤다. 언어학 방면에서 오그던C. K. Ogden과 공저 《의미의 의미》*The Meaning of Meaning*(1923)를 펴내면서 '기본영어 개념'을 발전시켰다. 대표 저서로 《문예비평의 원리》*The Principles of Literary Criticism*(1924), 《실천적 비평》 *Practical Criticism*(1929) 등이 있다. 이 저서들은 이른바 신문학비평인 뉴크리티시즘New Criticism의 방향을 제시하여 현대 영미비평의 한 축이 되었다.

Richardson, Samuel (1689~1761) **리처드슨, 새뮤얼**

18세기 영국의 소설가로 영국 근대 소설의 개척자이다. 17세에 런던으로 나가 인쇄소에서 일하다 주인집 딸과 결혼하였으며, 30세에 독립하여 인쇄출판업을 경영하였다. 어릴 때부터 편지 쓰기를 좋아하여 때때로 이웃 처녀들의 연서를 대필해 주었던 경험을 살려서, 서간체 소설의 처녀작 《파멜라》 *Virtue Rewarded Pamela*(1740)를 출판하였다. 하녀로 일하게 된 하층계급의 처녀 파멜라Pamela가 현명한 처신으로 상류계급의 젊은 주인의 아내가 된다는 줄거리로 베스트셀러가 되었다. 이외에도 《클라리사 할로》*Clarissa Harlowe: the History of a Young Lady*(1748), 《찰스 그랜디슨 경》*Sir Charles Grandison*(1754) 등의 작품이 있다.

Richie, Lionel (1949~) **리치, 라이어닐**

쏘울soul 음악 앨범으로 5천만 장 판매를 기록한 미국 흑인 가수이다. 1967년에 그룹 코머더스Commodores를 결성하였고, 히트곡 〈쓰리 타임스 어 레이디〉*Three Times a Lady*(1978)를 발표하였다. 1982년에 코머더스 그룹을 떠난 후에, 그래미상을 두 번이나 수상하였다. 마이클 잭슨Michael Jackson과 함께 〈위아더월드〉*We Are the World*(1986)를 작곡하기도 했다.

Ride, Sally (1951~) **라이드, 샐리**

미국 최초의 여성 우주 비행사이다. 1983년과 1984년에 우주 왕복선 챌린저Challenger호를 타고 우주를 비행하였다.

Right Honourable (Rt. Hon) **라이트 오너러블**

영국 내각의 장관들이나 추밀원(Privy Council) 위원들의 공식 직함이다.

***The Rights of Man* 《인간의 권리》**

미국의 작가이자 정치사상가인 토마스 페인Thomas Paine이 1792년에 출간한 책으로 프랑스혁명에 대해 서술하고 있다. 그는 "프랑스혁명이 모든 인간의 평등만을 보장한 것이 아니라, 진정한 개인적 가치의 고양에 이바지했다"고 주장하면서 인권의 중요성을 쉬운 문체로 역설하였다. 또한 군주정치와 귀족정치의 폐지, 국가 교육시스템의 완비, 누진세 적용을 통한 부의 재분배를 요구하였다. Paine은 공화제를 옹호한 이 책의 제2부 내용으로 반란선동죄의 혐의를 받게 되자, 프랑스로 탈출해 귀화하였다.

Ringling Brothers, Barnum and Bailey 링글링 브라더스-바넘 앤 베일리 서커스단

미국 최고의 서커스단이다. 전국를 순회하면 공연하여 매년 2천5백만 명이 관람한다고 한다. 1884년에 링글링 브라더스Ringling Brothers 5명이 서커스를 시작하여, 1907년에 라이벌이던 바넘Barnum과 베일리Bailey 서커스단을 합병하였다.

RIP '편히 잠드소서'

라틴어 requiescat/requiescant in peace의 머리글자를 딴 말로, 'may he/she/they rest in peace'(편히 잠드소서)라는 뜻이다. 간혹 묘지에서 볼 수 있고, 만화 같은 데서 누군가 죽었음을 나타내는 표현으로 등장하기도 한다.

Rip Van Winkle 립 밴 윈클

웨싱턴 어빙Washington Irving의 단편집 《스케치북》 *Sketch Book*의 한 단편소설에 나오는 인물이다. 산 중에서 25년을 잠을 자다 깨어나 보니 세상은 식민지시대가 지나고 미합중국이 된 것에 놀란다.

The Rivals 《라이벌》

리처드 브린슬리 셰리단Richard Brinsely Sheridan이 쓴 희극 작품이다. 두 남자가 한 여자 리디아 랭귀시Lydia Languish를 사랑하는 라이벌이 되어 전개되는 이야기다.

road movie 로드 무비

주인공들이 경찰의 추적을 피해 먼 길을 여행하며 겪는 갖가지 에피소드를 담은 영화의 한 장르이다. 폭력과 액션이 등장하기도 한다. 대표적인 로드 무비로는 〈이지 라이더〉*Easy Rider*(1973), 〈배드랜즈〉*Badlands*(1973), 〈델마와 루이스〉*Thelma and Louise*(1977), 〈내추럴 본 킬러〉*Natural Born Killer*(1994) 등이 있다.

roads 도로

미국의 도로 체계는 세계에서 가장 거대하다. 1956년에 주간 고속도로시스템(Interstate highway system)을 건설하기 시작하여 미국 전체 도로의 42%, 교통량의 21%를 담당하고 있다. 국가 경제에 큰 역할을 담당하고 있다. 교외 지역에는 편도 2-3차선, 도시에 들어서면 8차선 이상으로 늘어나는데, 복잡한 지역은 12차선까지 있다. 붉은색과 푸른색의 표지판에 I(interstate의 머리글자)자로 시작하는 도로 번호가 붙는다. 이밖의 간선도로에는 슈퍼하이웨이 superhighway, 프리웨이freeway, 익스프레스웨이 expressway, 스루웨이thruway, 파크웨이parkway 등이 있고, 지방도로로는 아트리얼 로드arterial road, 피더 로드 feeder road, 팜 로드farm road 등이 있다. 톨게이트인 톨웨이tollway나 턴파이크turnpike가 있는 수도 있다.

영국에는 도시간 고속도로로 모터웨이motorway라고 하는 도로가 있다. 편도 3차선에 제한속도 112km/h인 도로이다. M(motorways의 머리글자)자로 시작하는 도로 번호가 붙는다. 그 다음으로 A로드A-road와 B로드B-road가 있다. 차선은 흰색이고 가운데에 캐츠아이cat's eye(중앙선을 구분하기 위해 도로 바닥에 박아놓은 야간 반사경)를 깔아 놓았다.

영국의 motorway

Robbins, Jerome (1918~1998) 로빈스, 제롬

미국의 무용가이자 안무가이다. 1949년에 뉴욕 시립 발레단(New York City Ballet)에 입단하여 40여 년을 공연하였고, 〈왕과 나〉*King and I*(1951), 〈웨스트사이드 스토리〉*West Side Story*(1957), 〈지붕 위의 바이올린〉*Fiddler on the Roof*(1996) 등, 여러 편의 브로드웨이 뮤지컬을 안무하기도 했다.

Roberts, Julia (1967~) 로버츠, 줄리아

할리우드 최고 스타인 여배우이다. 〈귀여운 여인〉*Pretty Woman*(1990), 〈적과의 동침〉*Sleeping with the Enemy*(1990), 〈펠리칸 브리프〉*the Pelican Brief*(1993), 〈내 친구의 결혼식〉*My Best Friend's Wedding*(1997) 등의 영화에 주연을 하였다.

Robeson, Paul (1898~1976) 로브슨, 폴

미국 흑인 가수이자 배우이다. 영화 〈쇼보트〉*Show Boat*(1928), 연극 〈황제 존스〉*Emperor Jones*, 〈오델로〉*Othello* 등에 출연하였다. 친 공산주의 견해를 표현하고, 흑인 차별에 항의하기도 했다.

Robin Hood 로빈후드

중세 영국의 전설에 나오는 영웅이다. 문학에서는 14세기 후반 윌리엄 랭글랜드William Langland의 장시 〈농부 피어스의 환상〉*The Vision of Piers the Plowman*에 나타난 것이 가장 오래되었다. 14세기 초반부터 유명해져서 15세기 후반 이후 널리 서민의 사랑을 받아온 문학상의 인물이 되었다. 아동문학에서는 18세기 영국의 행상인들이 팔고 다닌 값싼 책이었는데 그후 거듭 출판되었다. 현대에 와서는 영화로도 많이 만들어지고 있다.

Nottingham에 있는 로빈후드의 동상

Robinson Crusoe 《로빈슨 크루소》

18세기 영국의 소설가 다니엘 디포Daniel Defoe가 1719년에 발표한 장편소설의 주인공 이름인데, 한국에는 《로빈슨 크루소》라는 제목으로 소개되었다. 원제는 《요크의 선원 로빈슨 크루소의 생애와 이상하고 놀라운 모험》*The Life and Strange Surprising Adventures of Robinson Crusoe of York*이다. 작가가 60세 가까운 나이에 처음 쓴 이 소설은 발표되자마자 그에게 큰 명성을 안겨 주었다. 바다에서 난파하여 홀로 무인도에 도착하여 지낸다. 오두막을 짓고 불을 지피며 배를 만들어 탈출을 꾀하며 지낸다. 그러다 무인도에 상륙한 식인종의 포로 프라이데이Friday를 구출하여 충실한 하인으로 삼고, 마지막에는 무인도에 기착한 영국의 반란선을 진압하여 선장을 구출, 28년 만에 고국에 돌아온다는 이야기이다.

Robinson, Bill Bojangles (1878~1949) 로빈슨, 빌 보잰글즈

미국의 흑인 배우이자 탭 댄서이다. 5세 때부터 춤을 배웠고, 미국 흑인 연예인 중에서 최고의 탭 댄서로 알려졌다. 1935년 영화에 처음으로 출연하여 〈소(小)연대장〉*The Little Colonel*(1935), 〈그리운 켄터키〉*In Old Kentucky*(1935), 〈스토미 웨더〉*Stormy Weather*(1943) 등의 영화에 출연하였다.

Robinson, Jackie (1919~1972) 로빈슨, 재키

미국 최초의 메이저리그 야구 선수였다. 1947년에 현재 LA Dodgers의 전신인 브루클린 다저스Brooklyn Dodgers에 입단하여, 1949년에 내셔널리그National League의 MVP가 되었다. 1962년에 흑인으로는 처음으로 야구 명예의 전당(National Baseball Hall of Fame)에 올랐다.

Robinson, Smoky (1940~) 로빈슨, 스모키

미국의 흑인 가수이자 작곡가이다. 그룹 스모키Smoky와 미라클스The Miracles에서 활동하며 〈숍 어라운드〉*Shop Around*(1960), 〈유브 리얼리 갓 어 홀드 오브 미〉*You've Really Got a Hold of Me*(1962), 〈더 티어스 오브 어 클라운〉*The Tears of a Clown*(1970) 등, 부드러운 가성으로 발라드를 불러 큰 인기를 끌었다. 1972년에는 미러클스와 결별하고 솔로로 활동하여 〈크루이진〉*Cruisin*(1979), 〈비잉 위드 유〉Being With You(1987) 등이 히트 차트에 올랐다. 1988년 모타운 레코드Motown Records가 MCA에 매각될 때까지 부사장으로 일했기도 했다. 1987년에 로큰롤 명예의 전당(Rock and Roll Hall of Fame)에 올랐다.

rock 록

전기기타와 드럼으로 연주하는 강한 비트의 대중 음악의 한 장르이다. 1960년대 로큰롤(rock and roll)에서 발전하였다. 유명한 록 그룹으로 롤링 스톤스Rolling Stones, 제네시스Genesis, 키스KISS 등이 있다. 록은 나중에 포크록folk rock, 헤비메탈heavy metal 등으로 발전한다.

rock and roll (rock'n'roll) 로큰롤

전기기타와 드럼 등으로 연주하는 대중 음악의 한 장르이다. 1950년대에 처음 등장하였는데, 재즈와 컨트리, 웨스턴 뮤직으로부터 발전하였다. 빌 헬리Bill Haley, 엘비스 프레슬리Elvis Presley, 척 베리Chuck Berry, 버디 홀리Buddy Holly 등의 뮤지션들이 있다.

rockabilly 로커빌리

로큰롤rock and roll과 힐빌리hillbilly(컨트리 송의 다른 말)가 결합된 말이다. 1950년대 중반에 인기를 누렸다. 비록 로큰롤을 노래할지라도 컨트리적 스타일이 강하여 힐빌리와 로큰롤이 뒤섞인 유형의 노래를 로커빌리라고 부른 것이 점차 음악 용어로 정착되었다. 엘비스 프레슬리Elvis Presley, 칼 퍼킨스Carl Perkins, 에벌리 브라더스The Everly Brothers, 콘웨이 트위티Conway Twitty, 브렌다 리Brenda Lee 등이 있다.

Rockefeller Center 록펠러 센터

록펠러 재단(Rockefeller Foundation)이 자본을 대어 1931과 1939년 사이에 건조된 빌딩 군이다. 처음에는 지상 70층으로 옥상에 전망대가 있는 높이 259m의 RCA 빌딩을 중심으로 주위에 13개 동의 고층 빌딩이 세워졌으나 제2차 세계대전 후에 2개 동이 더 늘어났다.

한 지구의 건축 군을 종합적으로 계획한 것으로서 고층 시가지의 환경 개선을 지향한 획기적인 것으로 손꼽힌다. 영화와 쇼를 위한 세계 최대의 극장인 라디오시티 뮤직홀Radio City Music Hall도 이곳에 자리잡고 있다.

Rockefeller Foundation 록펠러 재단

록펠러가 인류 복지 증진을 위해 1913년 뉴욕에 설립한 재단법인이다. 인류 복지 증진을 목적으로 하는 이 재단은 카네기 재단(Carnegie Trust), 포드 재단(Ford Foundation)과 더불어 미국 최대 규모로 손꼽힌다. 설립 이후 무려 20억 달러 상당의 자금을 전세계 수천 명의 수혜자에게 제공하였으며, 1만 3천 명에 가까운 록펠러 재단 특별 연구원에게 보조금을 지급했다. 재단이 내걸고 있는 주요한 과제는 기아 근절, 인구 문제, 대학의 발전, 개발도상국 원조, 미국 국내의 기회균등 및 문화적 발전이다. 최근에는 아시아 · 아프리카 등지의 신흥국가들에 대한 원조를 확대하고 있다.

Rocket 로켓

1820년대에 로버트 스티븐슨(Robert Stephenson)이 만든 초기 증기 기관차(기차 형태)의 이름이다. 리버풀(Liverpool)과 맨체스터(Manchester) 사이를 정기적으로 왕복한 최초의 기관차이며 영국 런던 과학박물관에 전시되어 있다.

Rockettes 로케츠

뉴욕 라디오시티 뮤직홀Radio City Music Hall의 유명한 여성 댄스 그룹이다. 한 줄로 길게 서서 음악에 맞춰 춤을 추면서 공중에 발을 차올리는 춤이 잘 알려져 있다. 연중 영화가 상영되는 사이사이에 공연한다. 부활절이나 성탄절에는 특별 공연도 펼친다.

로케츠 공연모습

Rocky 록키

실베스터 스탤론Sylvester Stallone 주연의 권투를 소재로 한 영화 제목이자 주인공이다. 영화는 1976년에 1편을 시작으로 1985년까지 4편이 나왔다.

The Rocky Horror Picture Show 〈록키 호러 픽쳐 쇼〉

한 쌍의 연인이 외딴 성에서 겪는 기괴하고 황당무계한 일을 그린 컬트 영화이다. 1975년 '20세기 폭스 필름'이 제작과 배급을 맡았다. 짐 샤먼Jim Sharman이 감독하고 팀 커리 Tim Curry와 수잔 서랜든Susan Sarandon, 베리 보츠윅 Barry Botswick 등이 출연하였다. 영국의 리처드 오브라이언Richard O'Brien이 작곡한 록 뮤지컬 〈그들은 덴턴에서 왔다〉 *They Came From Denton*를 원작으로 하였다. 개봉 초에는 관객들로부터 외면당해 2주만에 개봉관 상영이 중단되었으나, 일부 도시의 변두리 극장에서 주말 심야 영화로 계속 상영되면서, 일부 관객들의 열광적인 호응을 얻게 되는 놀라운 일이 일어났다. 관객들은 영화가 상영되는 동안 등장인물의 대사와 노래를 따라할 뿐 아니라 배우들과 똑같은 옷을 입고 무대에 올라가 춤을 추기도 하는 등 춤과 퍼포먼스를 벌이며 영화 관람을 일종의 종교적 의식처럼 즐기기 시작했는데, 이로부터 소수의 집단들이 광적으로 숭배하는 영화를 의미하는 '컬트 영화(cult film)'의 원조로 일컬어지게 되었다. 성도착과 난교, 화려한 시각 효과를 중시하는 등, 1970년대의 하위문화가 얽혀 있고, 황당한 상황 설정과 과장된 대사, 기괴한 의상과 분장, 여러 장르에 대한 기발한 패러디 등이 기성 질서와 도덕 관념에 대한 도발적인 도전으로 해석되기도 한다.

Rocky Mountain states 로키 산맥주

미국 로키 산맥 주변에 자리잡고 있는 주들을 가리키는 말이다. 몬태나Montana, 아이다호Idaho, 와이오밍Wyoming, 콜로라도Colorado, 유타Utah, 네바다Nevada, 애리조나 Arizona, 뉴멕시코New Mexico 등이다.

Rocky Mountains 로키 산맥

북미 최대의 산맥이다. 캐나다에서 미국 서부를 지나 멕시코 국경까지 남북으로 이어지는 4,800km 길이를 자랑한다. 산맥 최고봉은 콜로라도주의 엘버트 산(Mount Elbert)으로 높이 4,402m이다.

로키 산맥의 콜로라도 지역

rodeo 로데오

미국 서부의 카우보이들이 길들이지 않은 말이나 소를 타고 솜씨를 겨룬 데서 발단한 서부적인 놀이 경기이다. 입장료도 받고 홍행을 목적으로 하며, 승패에 상금을 걸어 도박 행위를 하는 일이 많다. 로데오가 언제 시작되었는지는 확실하지 않으나 1888년 애리조나Arizona주 프레스콧Prescott에서 처음으로 공식적인 경기가 열렸다. 1945년 로데오 홍행을 목적으로 하는 로데오 카우보이협회가 결성되었고, 1975년 프로 로데오 카우보이협회로 개칭되었다.

로데오 경기의 한 장면

Rodeo Drive 로데오 드라이브

캘리포니아California주 비벌리 힐스Beverly Hills의 유명한 거리이다. 고급 상점들이 즐비한 번화가로 유명 배우들과 부자 관광객들이 많이 찾는다.

Rodgers, Jimmie (1897~1933) 로저스, 지미

미국의 가수이자 기타 연주자이다. 철도 노동자로 일하면서 기타와 밴조를 익혔으며, 블루스, 노동, 방랑생활, 카우보이의 노래 등을 결합한 독특한 음향을 만들어 노래하는 브레이크맨(Singing Brakeman)으로도 불렸다. 1927년 RCA 빅터 음반사(RCA Victor recording company)에서 음반을 발표했다. 대표곡으로 〈블루 요들 제1번〉*Blue Yodel No. 1*, 〈브레이크맨의 블루스〉*Brakeman's Blues*, 〈미시시피 리버 블루스〉*Mississippi River Blues*, 〈마이 타임 에인트 롱〉*My Time Ain't Long* 등이 있다. 컨트리 앤드 웨스턴 country and western 장르의 성립에 기여했다. 1986년 로큰롤 명예의 전당(Rock and Roll Hall of Fame)에 올랐다.

Rodgers, Richard (1902~1979) 로저스, 리처드

미국의 뮤지컬 작곡가이자 피아노 연주자이다. 콜롬비아 대학 재학 중에 알게된 작사가 로렌츠 하트Lorenze Hart와 콤비가 되어 1930년대의 뮤지컬 걸작을 많이 작곡하였다. 1943년부터는 오스카 해머스타인Oscar Hammerstein 2세와 콤비가 되어 뮤지컬 〈오클라호마〉*Oklahoma*(1943), 〈남태평양〉*South Pacific*(1949), 〈왕과 나〉*The King and I*(1951), 〈사운드 오브 뮤직〉*The Sound of Music*(1959) 등의 걸작을 작곡하여 발표하였다. 1960년에 해머스타인이 죽고 혼자서 작사, 작곡한 〈노 스트링스〉*No Strings*(1962)를 발표하여 세계적인 명성을 얻었다. 〈오클라호마〉*Oklahoma*, 〈남태평양〉*South Pacific* 등으로 퓰리처상을 받았다.

Roe v. Wade 로우-웨이드사건

1973년 미국 연방대법원의 여성들의 낙태 인정을 판결한 사건을 말한다. 임신 3개월 이내에 여성이 원하면 낙태를 할 수 있도록 하였다. 이 판결은 미국 전역에 논쟁을 불러일으켰다.

Rogers, Richard (1933~) 로저스, 리처드

이탈리아 출생의 영국 건축가이다. 파리의 퐁피두 Pompidou 센터와 런던의 로이드Lloyd 빌딩을 설계하였다. 1991년에 기사 작위를 받았고, 런던 그리니치의 밀레니엄 돔Millenium Dome을 설계하기도 했다.

Rogers, Roy (1912~) 로저스, 로이

미국의 가수이자 배우이다. 1940년대 할리우드 카우보이 스타로 유명하다. 〈언더 더 웨스턴 스카이스〉*Under the Western Skies*(1938), 〈나이트 타임 인 네바다〉*Night Time in Nevada*(1949) 등 100여 편의 서부영화에 출연하였고, 컨트리 송도 많이 불러 1988년에 컨트리 음악 명예의 전당에 올랐다.

Roget's Thesaurus 로제트 동의어사전

피터 마크 로제트(Peter Mark Roget:1779~1869)가 1852년 출판한 동의어 사전. 단어와 구를 뜻에 따라 정리해 놓아 글쓰기 할 때 적절한 단어나 표현을 찾기에 유용하다. 현재 신판이 정기적으로 발행되고 있다.

Rolling Stone 《롤링 스톤》

미국의 록 음악 잡지이다. 유명 가수들이나 뮤지션들과의 인터뷰를 싣는 것이 특징이다. 1967년에 샌프란시스코에서 창간되었다.

Rolling Stones 롤링 스톤스

영국의 록 그룹이다. 1962년 런던에서 믹 재거Mick Jagger, 키스 리처드Keith Richards, 브리이언 존스Brian Jones, 빌 와이먼Bill Wyman이 모여 결성했다. Rolling Stones라는 이름은 미국의 블루스 가수 머디 워터스Muddy Waters의 노래에서 따왔다. 《베거스 뱅큇》*Beggar's Banquet*(1968), 《렛 잇 블리드》*Let It Bleed*(1969), 《스티키 핑거스》*Sticky Fingers*(1971), 《엑사일 온 메인 스트리트》*Exile On Main Street*(1972) 등의 앨범으로 1960년대 말과 1970년대 초에 최고의 인기를 누렸다. 비틀즈와 1960년대의 다른 고전적인 록 밴드들이 오래 전에 해체된 데 비해 20세기 말까지 연주 활동을 계속했으며 힘있는 비트, 풍자적인 가사, 단순하면서도 표현이 풍부한 기악 반주, 블루스의 영향을 받은 창법 등이 두드러진다. 1989년 로큰롤 명예의 전당(Rock and Roll Hall of Fame)에 부문에 올랐다.

Rolls-Royce 롤스로이스

1906년 맨체스터에서 수공으로 자동차를 만들고 있던 전기 기사 헨리 로이스Henry Royce와 런던의 귀족 출신 자동차 레이서 찰스 롤스Charles Rolls가 함께 설립한 자동차 회사 이름이자 이 회사에서 만든 고급 자동차들을 가리키는 말이다. 견고하고 아무리 빨리 달려도 차 속의 커피 잔이 흔들리지 않는 자동차를 만들어 이름을 떨쳤다.

1915년에 항공기 엔진 생산을 시작하여, 고급 승용차를 제조와 항공기 엔진 제조를 병행하여 발전하였다. 1949년에는 제트 엔진을 개발하였고, 1960년대에는 세계 제2위의 항공기 엔진 회사로 성장하였으나, 초음속 여객기 콩코드용 엔진 개발비 등이 예상보다 증대하면서 경영난에 빠져 1971년 도산하였다.

롤스로이스 자동차

Romanticism 낭만주의

18세기 후반에 유럽에서 시작된 문학 · 미술 · 음악 분야의 사조이다. 프랑스혁명과 미국 독립의 영향을 받았는데, 주요한 특징은 상상과 감성을 중요시하고, 자연을 사랑하고, 과거를 동경하는 것들이었다. 영국에서 낭만주의는 특히 문학에서 꽃피었는데, 워드워스Wordsworth, 코울리지Coleridge, 키츠Keats, 셸리Shelley, 바이런Byron 등의 낭만주의 대시인들이 나왔고, 소설 작품으로는 《폭풍의 언덕》*Wüthering Heights*, 《프랑켄쉬타인》*Frankenstein* 등이 있다. 영국 낭만주의 화가로는 존 콘스터블John Constable과 조지프 M. 윌리엄 터너Joseph M. William Turner 등이 있다.

Romberg, Sigmund (1887~1951) 롬버그, 시그먼드

헝가리 태생의 미국 작곡가이다. 70여 편의 브로드웨이 뮤지컬과 오페라를 작곡하였다. 주요 작품으로 〈메이타임〉*Maytime*(1917), 〈스투던트 프린스〉*The Student Prince*(1924), 〈데저트 송〉*The Desert Song*(1926) 등이 있다.

Romeo and Juliet 《로미오와 줄리엣》

셰익스피어의 1597년 비극이다. 이탈리아 베로나Verona의 두 원수 집안인 몬테규Montegue 가문과 캐풀렛Capulet 가문의 로미오와 줄리엣이 사랑하다 함께 죽음에 이르는 이야기다. 셰익스피어 극 가운데서 가장 강렬한 운명적 연애 비극으로, 청년 극작가 셰익스피어의 명성을 일시에 떨치게 한 대표작이다.

Romney, George (1734~1802) 롬니, 조지

18세기 영국의 최고 초상 화가였다. 에머 해밀턴Emma Hamilton을 모델로 많은 초상을 그렸다.

Roosevelt, Franklin D. (1882~1945) 루스벨트, 프랭클린 디.

미국의 32대 대통령이다. 변호사로 일하다 1910년에 뉴욕주 민주당 상원의원으로 당선되어 정계에 진출하였다. 1921년 39세의 나이에 소아마비에 걸렸다. 치료 후 체력이 회복되자 정계로 복귀하여 1928년 뉴욕 주지사에 다시 당선되었다. 그후 1932년에 민주당 대통령 후보로 지명되어 뉴딜(New Deal)정책을 선언하자, 1929년부터 몰아닥친 대공황으로 천수백만에 달하는 실업자를 배출하고 있던 당시 미국은 뉴딜을 대환영하였고, 마침내 그는 대통령에 당선되었다. 대통령이 되어 강력한 내각을 조직하고 뉴딜정책을 추진하여 경제 공황을 극복하였다. 1936년에 대통령 재선, 1940년에 3선되었다. 1941년에는 일본의 진주만 공격을 계기로 제2차 세계대전에 참전하였다. 1944년 대통령에 4선되고 국제연합(UN) 구상을 구체화하는 데 노력하였으나, 1945년 4월에 제2차 세계대전의 종결을 보지 못하고 뇌

출혈로 사망하였다.

Roosevelt, Theodore (1858~1919) **루스벨트, 시어도어**

미국의 26대 대통령이다. 하버드 대학을 졸업하고, 23세 때 뉴욕 주의원으로 정치를 시작하였다. 1901년에는 공화당의 윌리엄 매킨리William McKinley 대통령 정부의 부통령으로 있다가 매킨리 대통령의 암살로 대통령으로 취임하여, 1904년에 재선되었다. 1907년에는 노벨 평화상을 받았다.

Roots **《뿌리》**

미국의 흑인 작가 알렉스 헤일리Alex Haley가 1976년에 발표한 세미 다큐멘터리 소설이다. 작가가 자신의 7대조 할아버지까지 거슬러 올라가 1767년 아프리카의 감비아에서 노예로 팔려 미국으로 건너온 후, 신대륙에서 온갖 박해를 견디며 살아온 모습을 10여 년에 걸친 현지 답사를 통해 사실적으로 기록한 작품이다. 이 작품은 100만 부가 판매되었고, 텔레비전에서도 1억 명이 시청할 정도로 높은 시청률을 기록하였다. 1977년에 퓰리처상 특별상을 수상했는데, 특별상은 이 책이 역사와 소설의 중간에 속하기 때문이다. roots(뿌리)는 '조상'을 뜻하는 말로 유행어가 되기도 하였다.

Rose Bowl 로즈보울

미국에서 가장 오래되고 유명한 대학 미식축구 경기이다. 매년 1월1일에 캘리포니아주 파사데나Pasadena의 로즈보울 스타디움Rose Bowl Stadium에서 열린다. 이 경기장은 좌석이 10만2천석이나 된다. 경기가 끝나고 화려한 로즈보울 퍼레이드Rose Bowl Parade가 이어진다.

로즈보울 스타디움

Rosetta Stone 로제타석

1799년 나폴레옹의 이집트 원정군이 나일강 하구의 로제타 마을에서 발굴한 흑색 현무암의 비석 조각이다. 영국 박물관(British Museum)에 소장되어 있다.

Ross, Diana (1944~) **로스, 다이애나**

미국의 흑인 여성 가수이자 배우이다. 히트곡은 〈에인트 노 마운틴 하이 이너프〉*Ain't No Mountain High Enough*(1970), 〈엔드리스 러브〉*Endless Love*(1982) 등이 있다. 영화 〈레이지 싱스 블루스〉*Lady Sings the Blues*(1970)에서 빌리 홀리데이Billie Holliday 역을 연기하였다.

Rossetti, Dante Gabriel (1828~1882) **로제티, 단테 가브리엘**

19세기 이탈리아 출신의 영국 화가이자 시인이다. 홀먼 헌트Holman Hunt와 존 E. 밀레John Everett Millais와 함께 라파엘전파(Pre-Raphaelite Brotherhood)를 만들었다. 초기 작품으로는 〈성모 마리아의 소녀 시절〉*The Girlhood of Mary Virgin*(1849)가 있고, 대표작으로 〈백일몽〉*The Daydream*(1880)이 있다. 몇 권의 시집도 내었고, 단테의 작품이나 다른 시인들의 시작들도 번역하였다.

Rotary Club 로터리 클럽

Rotary International
로터리 클럽 마크

사회 봉사와 세계 평화를 표방하는 실업가와 전문 직업인들의 민간 단체이다. 1905년에 시카고의 변호사였던 폴 해리스Paul Harris라는 사람이 친구들과 모임을 가진 것이 로터리 클럽의 첫 회합이었다. 1905년 말에는 클럽의 회원 수는 30명에 달했고, 1908년 두 번째 로터리 클럽이 샌프란시스코에 구성되었고, 세 번째 클럽이 오클랜드에 생겼다. 이어서 시애틀, 로스앤젤레스, 뉴욕 등지에도 구성되었다. 1910년에는 캐나다에도 클럽이 생겨 국제화되었고, 1921년에 이르러 각 대륙에 걸쳐 조직되어 1922년 드디어 국제 로터리 클럽(International Rotary Club)이라는 명칭이 채택되었다. 전세계 153개 국에 2만 7000여 개의 클럽이 있으며, 총 120만여 명이 회원으로 활동하고 있다.

ROTC (Reserve Officers' Training Corps) **학군단**

미국 대학 재학 중에 군 장교 교육을 받는 학생 집단을 가리키는 말이다. 미 육군에서 교육을 담당하고 졸업 후에는 4년여 장교로 군 복무를 한다. 미 해군과 공군도 비슷한 프로그램이 있다.

Roth, Phillip (1933~) **로스, 필립**

폴란드계 유대인 출신의 미국 소설가이다. 시카고 대학 졸업 후 모교 및 기타 대학에서 교편을 잡으며 창작을 계속하였다. 유대인의 풍속을 묘사한 단편집 《안녕 콜럼버스》*Goodbye Columbus*(1959)로 미국도서상(National Book Award)을 수상하여 유명해졌다. 가족 의식이 강한 유대인 사회에서 신구세대간의 대립을 예리하게 묘사하였다. 이것 외에 대학 마을의 젊은 지식인들을 묘사한 《자유를 찾아서》*Letting Go*(1962), 어느 여인의 짧고 불행한 일생을 묘사한 《그녀가 아름다웠을 때》*When She Was Good*(1967), 어느 변호사의 성생활을 고백한 《포트노이씨의 불만》*Portnoy's Complaint*(1969) 등이 있다.

Round Table 원탁

아서 대왕의 원탁의 기사를 가리키는 말이다. 원탁에 앉은 기사 모두가 동등하다는 것을 의미한다.

Rover 로버사(社)

랜드로버Land Rover, 레인지로버Range Rover 등의 지프형 자동차를 생산하는 영국의 자동차 회사이다. 1904년에 잉글랜드 코벤트리Coventry에서 창업했으나, 1994년에 독일 BMW사에 인수되었다.

Rowlandson, Thomas (1756～1827) **롤런드슨, 토머스**

19세기 영국의 화가로, 영국의 사회상과 정치를 보여주는 커리커처caricature로 유명하다. 초상화도 그렸고, 토비아스 스몰렛Tobias Smollet과 로렌스 스턴Laurence Sterne의 책에 삽화도 그렸다.

Roy, Rob (1671～1734) **로이, 롭**

스코틀랜드의 실존 인물 로버트 로이 맥그리거Robert Roy MacGregor의 약칭이다. 그가 죽은 뒤 250년 후 영웅으로 평가받는다.

그는 명예를 생명으로 여기는 유명한 왕족인 맥그리거 클란Macgregor Clan 가문에서 태어났다. 1689년에 부친이 두옥되면서 대신 부족의 대표로 발탁되었다. 1712년에 그는 자신의 씨족에게 보다 나은 생활을 제공하기 위하여 몬트로스 백작에게서 1천 기니를 융자하지만 그가 꾼 돈은 원인도 모르게 사라지고 엄청난 채무에 시달리게 된다. 롭 로이는 감옥에 들어가게 되어 북쪽으로 피신을 하였으나, 모든 것은 그의 뜻대로 되지 않았다. 오히려 몬트로스 백작은 땅을 차지하였고, 아내와 아이들을 학대하며 집을 불태우게 하였다. 마침내 롭 로이는 몬트로스 백작에게 전쟁을 선포하지만 그들에게 3번이나 생포되고 또 탈출하였다. 1734년 세상을 떠났지만 그의 생애는 처음부터 끝까지 전설적인 인물로 기억되었다. 월터 스코트 경(Sir Walter Scott)이 그의 생애를 소설로 썼고, 1995년에 《롭 로이》*Rob Roy*라는 제목으로 영화로도 제작되었다.

Royal Academy of Arts 왕립 미술원 (= Royal Academy)

영국의 회화와 조각, 건축을 장려하기 위해 1768년에 설립된 예술기관이다. 조슈아 레이놀즈Joshua Reynolds가 초대 원장을 지냈다. 런던 벌링턴 하우스Burlington House에 본부가 있다. 미술 학교와 화랑들을 운영하고 있는데, 매년 여름에 전시회를 연다. 유명 미술인들이 회원으로 있다.

Royal Academy of Dramatic Art 왕립연극원

전문 배우들을 교육하는 런던 중심가에 있는 대학이다. 1904년에 배우였던 허버트 비어봄 트리 경(Sir Herbert Beerbohm Tree)이 설립하였다. 학생들이 연극을 공연하는 밴브루 극장(Vanbrugh Theatre)을 소유하고 있다.

Royal Academy of Music 왕립 음악원

런던 메리레본Marylebone에 있는 음악 대학이다. 1822년에 설립된 런던에서 가장 오래된 음악 대학이다.

royal arms 왕실 문장

영국 국왕을 상징하는 문장이다. 사자와 유니콘이 방패를 잡고 있는 문양이다.

Royal Ascot 로열 에스코트 (= Ascot)

대회장을 찾은 여성들의 전통적인 모습

매년 6월에 에스코트Ascot에서 열리는 호화로운 경마 대회이다. 왕실 가족들도 관람을 하고, 많은 사람들이 경마 경기 자체보다는 사교를 이유로 찾는다. 대회 3일째는 '여성의 날'(Lady's Day)로 많은 여성들이 큰 모자를 쓰고 대회장을 찾는다.

Royal Automobile Club (RAC) 영국 자동차클럽

영국의 자동차 운전자들의 협회로, 회원들에게 다양한 자동차 서비스를 제공한다. 1897년에 창립되었다.

Royal Ballet 로열 발레단

영국의 국립 발레단이다. 영국 발레 발전에 큰 영향을 준 아일랜드 무용가이자 안무가였던 니네트 드 벨르와Ninette de Valois가 1931년에 설립한 발레 학교가 1956년에 Royal Ballet로 되었다. 엘리샤 마르코바Alicia Markova, 안톤 돌린Anton Dolin, 로버트 헬프만Robert Helpmann, 마고 폰테인Margot Fonteyn, 루돌프 뉴리예프Rudolf Nereyev 등의 무용가들이 거쳐갔다.

Royal College of Art 왕립 미술 대학

1837년에 설립된 런던의 미술 대학이다. 1950년대와 60년대 유명했던 데이비드 호크니David Hockney, 브리지트 라일리Bridget Riley 등의 화가들이 이곳에서 공부했다.

Royal College of Music 왕립 음악 대학

1883년에 설립된 런던의 음악 대학이다. 악기 박물관도 보유하고 있다.

Royal College of Nursing 영국 간호협회

영국 최대의 간호 노동조합이다. 회원들에게 간호 교육을 하기도 한다.

Royal College of Physicians 영국 의사협회

1518년에 조직된 영국의 의사 단체이다.

Royal Enclosure 로열 인클로저

영국의 유명 경마 대회인 로열 에스코트Royal Ascot가 열리는 경마장이다. 입장이 까다로워서 입장권이 있어야 하고, 의상도 갖춰 입게 한다. 남자는 정장을 입고, 여성은 무릎 아래 오는 치마를 입어야 한다.

Royal Family 영국 왕실

현재 영국의 왕실은 여왕 엘리자베스Elizabeth 2세와 남편인 필립Phillip 공, 또 이들의 자녀인 찰스Charles 왕세자, 앤Anne 공주, 앤드류Andrew 왕자, 에드워드Edward 왕자가 있고, 이 자녀들의 아내와 남편들, 그 자녀들이 포함된다. 찰스 왕세자의 두 아들, 윌리엄William과 헨리Henry가 알려져 있다. 여기다 여왕의 모후인 Queen Mother와 여동생 마가렛Margaret과 그 자녀들이 포함된다. 현재 왕위 계승 순서는 찰스Charles 왕세자, 윌리엄William 왕자, 헨리Henry 왕자, 요크York 공작 순이다.

Royal Film Performance 왕실 영화 시사회

해마다 런던에서 왕실 가족과 관객들에게 새 영화들을 개봉하는 시사회 행사를 말한다. 이 행사의 수익금은 자선기금으로 돌아간다.

Royal Free Hospital 왕립 무료 병원

런던의 햄스테드Hampstead에 있는 병원으로, 환자들을 무료로 진료해 주는 최초의 병원이다. 윌리엄 마스던William Marsden이 1828년에 설립하였다.

Royal Greenwich Observatory 로열 그리니치 천문대 (= Royal Observatory)

런던 그리니치Greenwich에 있는 천문대이다. 원래는 선원들이 항해하면서 선박의 좌표를 찾는 것을 도와주기 위해 설립하였으나, 그리니치 표준시(Greenwich Mean Time), 그리니치 자오선(Greenwich Meridian) 등의 기준으로 이용되었다. 국제표준시간대(international time zone)는 여전히 그리니치 자오선에서 출발한다. 천문대의 과학 연구 업무는 1990년에 캠브리지 대학으로 이관되었고, 건물은 국립 해양 박물관(National Maritime Museum)이 되었다.

경도와 시간의 출발 지점인 그리니치 자오선

Royal Institute of British Architects 영국 건축연구원

영국 건축가들과 건축 동호인들의 단체이다. 건축 관련 다양한 전시회나 이벤트, 좌담회를 개최한다. 런던에 본부가 있다.

Royal Opera House 로열 오페라 하우스

로열 오페라단(Royal Opera)과 로열 발레단(Royal Ballet)이 주로 공연을 하는 런던의 대형 극장이다. 1858년에 건축되었는데, 지명을 따서 코벤트 가든Covent Garden 이라고도 한다.

Royal Pavilion 로열 파빌리언 (= Brighton Pavilion)

잉글랜드의 브라이튼Brighton에 있는 인도 양식의 유명한 건축물이다. 존 내쉬John Nash가 설계하였다. 1820년에

완공되었는데, 실내는 중국식으로 되어 있고, 조지Geroge 4세가 아꼈던 건물이다. 현재는 박물관으로 쓰인다.

Royal Philharmonic Orchestra 로열 필하모닉 오케스트라

1946년에 토마스 비첨Thomas Beecham이 창단한 오케스트라이다.

Royal Shakespeare Company (RSC) **로열 셰익스피어 극단**

주로 Shakespeare 극을 공연하는 영국의 극단이다. 1961년에 창단된 이래, 런던과 스트레트포드 어폰 에이본Stratford-upon-Avon, 뉴캐슬 등지에서 정기 공연을 펼친다.

Royal Shakespeare Theatre 로열 셰익스피어 극장

로열 셰익스피어 극단이 정기적으로 공연을 하는 스트레트포드 어폰 에이본Stratford-upon-Avon에 있는 극장이다. 1879년에 셰익스피어 기념 극장으로 건립되었다.

Royal Society 왕립학회

1660년에 창립된 영국에서 가장 오래되고 권위 있는 학술원이다. 초대 회원들로는 로버트 보일Robert Boyle, 크리스토퍼 렌Christopher Wren 등이 있고, 아이작 뉴튼Isaac Newton이나 어네스트 러더포드Ernest Rutherford 등이 회장을 지냈다. 현재도 각종 학술 서적을 출간하거나 학술상을 수여하고 있다. 로열 소사이어티의 회원(fellow 펠로)으로 선출되는 것은 영국 학계의 최고 영광이다. 본부는 런던의 벌링턴 하우스Burlington House에 있다.

THE ROYAL SOCIETY

왕립학회 마크

Royal Ulster Constabulary (RUC) **북아일랜드 경찰**

19세기 초에 북아일랜드에서 창설된 경찰이다. 영국군과 협조하여 북아일랜드의 정치적 소요를 담당한다.

Rubinstein, Arthur (1888～1982) **루빈스타인, 아서**

폴란드 태생의 미국 피아니스트이다. 12살에 연주회를 시작해 90살까지 연주 활동을 하였다. 1946년에 미국 시민이 된 이래 쇼팽Choppin의 전작과 베토벤Beethoven과 브람스Brahms의 많은 작품을 연주하고 녹음하였다.

Ruby, Jack (1911～1967) **루비, 잭**

1963년에 존 F. 케네디John F. Kennedy 대통령을 암살한 리 H. 오스왈드Lee Harvey Oswald가 범행 이틀 후에 체포되어 달라스Dallas의 교도소로 이송 중에 그를 저격하여 살해한 사람이다. 텔레비전 취재 카메라가 촬영하는 가운데, 지켜보던 많은 군중들을 제치고 가까이서 오스왈드를 저격하여 살해하였다. 많은 사람들은 그 역시 케네디 암살에 연루되어 있어서 오스왈드가 전모를 누설할 것을 막기 위해 살해하였다고 생각했으나, 입증된 것은 없었다. 교도소에서 복역하다 사망하였다.

Rudolph, Wilma (1940～1994) **루돌프, 윌마**

미국의 여자 육상 선수이다. 1960년 로마 올림픽에서 100m, 200m, 400m 릴레이에서 금메달 3관왕이 된 최초의 미국 여자 육상 선수이다. 윌마 루돌프는 들사슴이란 별명을 가진 미국의 흑인 여자 선수였다. 4살 때 소아마비로 3년여 치료를 받아, 11살 때까지 제대로 걷지 못했으나, 고등학교에 진학한 그녀는 농구부에 들어가 본격적으로 운동을 시작했다. 얼마 가지 않아 고등학교 육상 대회에서 신풍을 일으켰고, 각종 육상 대회를 석권했다. 그리고 20세이던 대학 재학 중에 미국 여자 육상 사상 처음으로 올림픽에서 3개의 메달을 따냈다.

Rugby 럭비

15명이나 13명으로 구성된 두 팀이 일정한 시간 안에 타원형 공을 상대방 진지의 문에 가져감으로써 득점을 얻는 경기이다. 고대 그리스 로마에서 처음 시작되었고, 근대 럭비는 영국에서 12세기경부터 청소년들 사이에 성행되던 풋볼에서 유래되었다. 19세기에는 영국에 '럭비 스쿨'이 생겨 특색 있는 풋볼을 하였다. 잉글랜드의 럭비Rugby시에 있는 사립 중등학교인 이 럭비 스쿨에서 지금의 럭비 룰의 기초가 만들어졌고, 이것이 각 학교 사이에 급속도로 보급되었다. 팀의 수도 자연히 늘어남에 따라 규칙의 통일도 필요해졌다. 또 발만으로 하는 축구 경기를 위한 런던 풋볼협회(London Football Association, LFA)가 1863년에 설립되었고, 손과 발을 모두 사용할 수 있는 럭비 경기를 위한 럭비풋볼협회(Rugby Football Union, RFU)가 1871년 설립되었다.

1890년에는 영국과 영연방 국가들을 중심으로 국제럭비

연맹(International Rugby Board, IRB)이 결성되었으며, 그 후 1958년에 국가마다 2명씩의 임원으로 구성된 기구가 설립되었다. 세계적으로 권위 있는 대회로는 15인제의 아마추어 경기인 럭비유니언대회와 13인제의 프로 경기인 럭비리그대회가 있다. 럭비 경기는 국제적인 선수권 대회보다는 팀간의 초청 및 원정 경기를 위주로 한다.

Rushdie, Salman (1947~) **루시디, 샐먼**

인도 출생의 영국 작가이다. 첫 장편인 《자정의 아이들》*Midnight's Children*(1981)이 부커상(Booker Prize)을 받았다. 이어진 《악마의 시》*The Satanic Verse*(1988)가 이슬람교에 관한 내용으로 무슬림Muslim들의 분노를 사기도 했다. 이란 호메이니Khomeini는 그의 살해를 천명했고, 루시디는 한 동안 경찰의 보호를 받으며 지내야 했다.

Ruskin, John (1819~1900) **러스킨, 존**

19세기 영국의 작가이자 화가이다. 낭만파의 풍경 화가인 터너(J. M. W. Turner)와 라파엘전파(Pre-Raphaelites)를 옹호하였고, 고딕 리바이벌Gothic Revival의 주도적인 인물이었다. 1869년에 옥스퍼드 대학 미술 교수로 임명되어 미술관을 설치하였다. 《근대 화가론》*Modern Painters*(1843~1860), 《베니스의 돌》*The Stones of Venice*(1851~1853) 등의 저서가 있다.

Russell, Bertrand (1872~1970) **러셀, 버트런드**

영국의 철학자이자 작가이다. 명문 귀족의 아들로, 수학에 관한 저서인 《수학 원리》*Principia Mathematica*(1910~1913)로 널리 알려졌다. 캠브리지 대학에서 철학을 가르쳤고, 1950년에 노벨 문학상을 받았다. 철학과 교육, 사회 문제 등에 대한 많은 책을 썼는데, 그중에서도 《서양철학사》*History of Western Philosophy*(1945)는 특히 유명하다. 1960년에는 '반핵운동'(Campaign for Nuclear Disarmament)의 대표로 농성을 주도하다가 금고형을 받기도 하였다.

Russell, Ken (1927~) **러셀, 켄**

영국의 영화감독이다. 〈위민 인 러브〉*Women in Love*(1969), 〈뮤직 러버스〉*The Music Lovers*(1971), 〈토미〉*Tommy*(1975) 등의 영화를 만들었고, 텔레비전 연속극 〈차타레부인의 사랑〉*Lady Chatterley's Lover*(1993)을 연출하기도 했다. 섹스와 폭력 장면이 지나치다는 비평도 있다.

Rust Belt 러스트 벨트

미국의 북동부와 중서부의 주들을 통칭해서 부르는 말이다. 예전에 이 지역에 철강 공장들이 많았지만, 지금은 문을 닫고 다른 지역으로 떠나버려 노동자들은 일자리가 늘어나는 남부의 선벨트Sunbelt 지역으로 이주를 했다고 하여 붙은 이름이다.

Ruth, Babe (1895~1948) **루스, 베이브**

미국 야구 역사상 가장 유명한 선수이다. 별명이 밤비노Bambino였다. 뉴욕 양키스New York Yankees에서 뛰었는데, 1927년에 60홈런을 기록했고, 통산 714개의 홈런을 쳤다. 1936년에 야구 명예의 전당(National Baseball Hall of Fame)에 올랐다.

Rutherford, Ernest (1871~1937) **러더포드, 어네스트**

뉴질랜드 태생의 영국 과학자이다. 원자 구조에 관한 연구로 업적을 남겼다. 캠브리지 대학 연구소에서 많은 연구를 했는데, 1902년에 방사능 붕괴 과정(process of radioactive decay)을 설명하였고, 이 연구로 1908년에 노벨상을 받았다. 알파선(alpha rays), 베타선(beta rays), 감마선(gamma rays)을 확인했다. 그의 연구는 핵기술의 발전에 큰 영향을 주었다.

Ryan, Nolan (1947~) **라이언, 놀런**

미국의 유명 야구 선수이다. 투수로 1973년 시즌에 383개의 스트라이크 아웃strike outs을 잡았고, 통산 5714개의 스트라이크 아웃을 잡아냈다.

Ryle, Martin (1918~1984) **라일, 마틴**

영국의 천문학자이다. 빅뱅(big bang)이론의 수립에 이바지하였다. 1966년에 기사 작위를 받고, 1974년에 노벨상을 받았다.

S

Sacks, Oliver (1933~) 색스, 올리버

영국의 신경정신과 의사이다. 《아내를 모자로 착각한 남자》*The Man Who Mistook His Wife for a Hat*(1985), 《화성에 간 인류학자》*An Anthropologist on Mars*(1995) 등을 포함하여, 정신이상증세에 관해서 30여 권의 저술을 남겼다. 저서 《각성》*Awakenings*(1973)는 영화로도 만들어졌다.

Sadie Hawkins Day 새디 호킨스 데이

새디 호킨스 캐릭터

미국에서 여자들이 사교 모임에 남자를 초대하는 날이다. 특히 새디 호킨스 데이 댄스 파티Sadie Hawkins Day dance에 초대한다. 주로 고등학생이나 대학생들 사이에 이어지는 관습이다. 새디 호킨스Sadie Hawkins는 만화 〈릴 애브너〉 *Li'l Abner*의 주인공으로, 결혼하지 않고 남자들과의 관계를 간절히 바라는 여자이다.

Safeway 세이프웨이

미국의 슈퍼마켓 체인이다. 1915년 스캐그스(S. M. Skaggs)가 미국 아이다호주 아메리칸 폴스American Falls에서 소규모 잡화점으로 시작하였다. 당시의 박리다매 원칙을 지금까지 유지하고 있다.

1926년에 스캐그스 컴퍼니Skaggs company로 법인화하였고, 샘 실리그Sam Seelig에 의해 설립된 세이프웨이 Safeway 체인을 매입한 후에 그 상호를 사용하기 시작하였다. 그후에도 여러 차례 흡수합병이 이어지고, 1980년대에 들어와 미국 동서부, 캐나다, 유럽 및 오스트레일리아에도 점포를 갖추었다.

saguaro 사구아로

미국의 대형 선인장 이름이다. 주로 애리조나Arizona주나 캘리포니아California주, 멕시코 북부에서 발견된다. 약 15m까지 자라고 200년까지 산다고 한다. 애리조나주에 사구아로 국립공원(Saguaro National Park)이 있다.

사구아로 국립공원의 사구아로 선인장들

Said, Edward W. (1935~2003) 사이드, 에드워드

팔레스타인 출신의 미국 영문학자이자 문학평론가, 문명비평가이다. 예루살렘에서 태어나 나치의 박해를 피해 가족과 함께 이집트로 이주한 뒤, 카이로의 빅토리아 대학교에서 공부하였다. 1950년대 말에 미국으로 건너간 뒤에는 프린스턴 대학을 거쳐 하버드 대학에서 박사학위를 받았다.

이후 콜롬비아 대학 영문학 · 비교문학 담당 교수와 하버드 대학교 비교문학 객원교수로 있으면서, 문학평론과 문명비평 활동을 활발히 하였다. 특히 문명비평가로서 서구인들의 동양관을 비판해 온 대표적인 학자로 꼽힌다. 1978년에 《오리엔탈리즘》*Orientalism*을 출간하면서 세계적인 명성을 얻기 시작하였는데, 서구인들이 말하는 동양의 이미지가 그들의 편견과 왜곡에서 비롯된 허상에 지나지 않음을 체계적으로 비판하고 있다.

이어 《문화와 제국주의》*Culture and Imperialism*(1993)을, 2001년에는 《도전받는 오리엔탈리즘》*The Crisis of Orientalism*을 출간하였다. 1994년부터 백혈병으로 투병하다 2003년에 사망하였다.

Salem witch trials 세일럼의 마녀재판

1692년에 미국 매사추세츠Massachusetts주 세일럼Salem에서 많은 사람들이 마녀로 기소되었던 일련의 재판이다. 어린 소녀들이 이상한 의식을 한 뒤로 신이 내린 것처럼 말하기 시작하고, 마을 사람들은 서로를 마녀로 지목하게 되었다. 어이없는 사건으로 20명이 처형된 뒤에 이 재판은 끝났다. 극작가 아서 밀러Arthur Miller의 희곡 작품 《도가니/시련》*The Crucible*은 이 재판 사건을 그리고 있다. 이 이야기는 같은 제목의 영화로도 제작되었다.

Salinger, Jerome David (1919～) 샐린저, 제롬 D.

미국의 소설가이다. 아버지가 유대인이다. 1940년부터 잡지 《뉴요커》*The New Yorker*를 무대로 작품을 발표하였다. 장편 《호밀밭의 파수꾼》*The Catcher in the Rye*(1951)은 전후 미국 문단의 걸작으로 평가되고 있다. 단편들을 모은 《9개의 단편》*Nine Stories*(1953), 《프래니와 주이》*Franny and Zooey*(1961), 《목수여, 지붕의 대들보를 높이 올려라 및 시모어의 서장》*Raise High the Roof Beam, Carpenters, and Seymour: an Introduction*(1963) 등을 발표했다.

Salisbury steak 솔즈브리 스테이크

잘 다진 고기를 계란, 양파와 버무려 튀기고 굽거나 하는 요리이다. 19세기 영국의 요리 전문가 J. H. 솔즈브리J. H. Salisbury의 이름을 딴 요리이다.

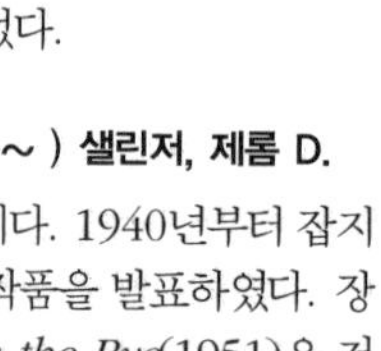

Salvation Army 구세군

1865년에 윌리엄 부스William Booth가 런던에서 조직한 기독교 단체이다. 많은 자선활동을 한다. 브라스밴드의 음악과 함께 공공장소에서 예배를 올리기도 한다. 군복 같은 유니폼을 입고, 계급도 있다. 공공 장소에서 모금을 하기도 한다. 전세계 많은 나라에 구세군의 지파가 조직되어 있다.

거리에서 연주하는 구세군 밴드

Samaritans 사마리탄스

1953년에 시작된 영국의 자선 단체이다. 심한 우울증을 앓거나 살인 충동을 느끼는 사람들을 상담하고 도와준다. 사람들은 전화로 이들의 도움이나 상담을 요청할 수 있고, 회원들은 무료로 도움을 준다. 영국 전역 80여 곳에 사무실이 있다.

Sampras, Pete (1971～) 샘프라스, 피트

미국의 유명 테니스 선수이다. 테니스 역사상 가장 위대한 선수로 평가받는다. 1998년까지 윔블던Wimbledon 5번과 미국 오픈(US Open) 3번을 우승하는 등, 그랜드슬램grand slam을 달성하였다.

Samson Agonistes 《투사 삼손》

17세기 영국의 시인 존 밀튼John Milton의 시극이다. 성경에 나오는 인물인 삼손Samson의 이야기를 다루고 있다. 그리스 희곡 스타일로 썼다. 1671년에 출간되었다.

San Francisco 샌프란시스코

미국의 태평양 연안의 도시로 로스앤젤레스에 이은 제2의 대도시이다. 늦게 형성된 로스앤젤레스가 샌프란시스코를 앞지르기 전까지 오랫동안 태평양 연안 제1의 항구였으며, 지금도 세계적인 항만 도시와 국제 도시로서의 면모를 갖추고 있다. 골든게이트 브리지Golden Gate Bridge, 차이나타운China Town, 케이블카 등이 이색적이다.

San Simeon 샌 시미언 성(城)

미국의 신문인 윌리엄 R. 허스트William Randolph Hearst가 건설한 호화로운 성이다. 미국 서부의 샌프란시스코와 로스앤젤레스 사이의 해안에 서 있다. 1919년에 건설을 시작하여 1951년 그가 사망할 당시까지 계속 보강 공사를 했다. 고대 그리스 로마와 고딕 양식을 모두 결합한 건축양식이다. 매년 100만 명의 관광객들이 다녀간다.

Sandburg, Carl (1878~1967) **샌드버그, 칼**

미국의 시인이다. 1914년에 시 전문지 《시》*Poetry*에 〈시카고〉*Chicago*라는 작품을 발표하여 시인으로 등단하였다. 시카고라는 대도시를 대담하고 솔직하게 취급하였다. 부두 노동자나 트럭 운전사들이 쓰는 비속어까지도 시에 도입하여, 전통적인 시어(詩語)에 집착하는 사람들에게 충격을 주었다. 1916년에 시집 《시카고 시집》*Chicago Poems*을 출판하고, 뒤이어 《옥수수 껍질을 벗기는 사람들》*Cornhuskers*(1918)로 퓰리처상을 수상하였다. 《연기와 강철》*Smoke and Steel*(1920), 《시 전집》*Complete Poems*(1950, 퓰리처상 수상) 등을 출간하였다. 그는 또 링컨 연구자로도 유명하여 링컨에 관한 책을 써서 역시 퓰리처상을 수상한다. 이 밖에 각지의 민요와 전설을 모은 《미국 민요집》*The American Songbag*(1927), 자서전 《언제나 젊은 이방인들》*Always the Young Strangers*(1953) 등을 남겼다.

sandwich 샌드위치

두 조각의 식빵 사이에 버터나 치즈, 고기, 채소를 넣어 손으로 먹는 음식이다. 주로 점심으로 인기가 있다. 샌드위치 백작이 도박을 하면서 간편하게 먹을 수 있도록 고안하여 만들었다고 한다.

sandwich boards 샌드위치 보드

가슴과 등 양쪽에 보드판에 글씨를 써서 광고를 하거나 시위를 하는 용도로 쓰인다. 이때 샌드위치 보드판을 어깨에 매는 사람을 샌드위치 맨 sandwich man이라 한다. 요즘은 광고를 위해서 사람이 메고 있는 경우는 드물다.

Sanger, Frederick (1918~) **생거, 프레더릭**

영국의 화학자로, 1956년과 1980년에 두 번씩이나 노벨 화학상을 받은 최초의 과학자이다. 그의 연구는 유전공학(genetic engineering) 발전에 큰 영향을 미쳤다. 1986년에 공로 훈장(Order of Merit)을 받았다.

Santa Claus 산타클로스

크리스마스 이브에 착한 아이들에게 선물을 가져다 준다는 전설로 전세계 어린이들이 잘 아는 이름이다. 산타클로스라는 말은 4세기경 소아시아 지방에 살았던 성 니콜라스St. Nicholas의 이름에서 유래되었다. 그는 자비심이 지극히 많았던 사람으로 후에 대주교가 되어, 남몰래 많은 선행을 베풀었는데, 생전의 이런 자선 행위에서 유래하여 산타클로스 이야기가 생겨났다고 한다. 그는 가톨릭교의 성인으로, 그의 이름은 라틴어로 상투스 니콜라우스Santus Nicholaus이다. 네덜란드 사람들은 산 니콜라우스San Nicholaus라고 불렀는데, 아메리카 신대륙에 이주한 네덜란드인들이 산테 클라스Sante Claus라고 불러, 자선을 베푸는 자의 전형으로 삼았다. 이 발음이 그대로 미국에서 영어로 되었고, 19세기에 크리스마스가 전세계에 알려지면서 착한 어린이들에게 선물하는 상상의 인물이 되어, 정답게 불리다가 산타클로스Santa Claus란 이름으로 정착된 것이다. 산타클로스의 복장은 미국에서 1937년대 코카콜라 광고의 그림에서 유래한 것이다.

Santa Fe Trail 샌타 페이 통로

19세기 미국의 중요한 통상로. 미주리(Missouri)주 인디펜던스(Independence)에서 뉴 멕시코(New Mexico)주의 샌타 페이(Santa Fe)까지 780마일(1255km)의 길이에 달하는 길을 말한다. 공장에서 생산된 상품들이 동쪽에서 서쪽으로 이동하였고 반대로 모피와 금이 서쪽에서 동쪽으로 이동하였다. 이 길은 샌타페이 철도가 개통된 후 무역로로 사용되지 않았으며 1987년부터 샌타페이 국립 역사 트레일이 되었다.

Sargent, John Singer (1856~1925) **사전트, 존 싱어**

시어도어 루스벨트Theodore Roosevelt 대통령이나 작가인 로버트 L. 스티븐슨Robert Louis Stevenson 같은 유명인사나 사업가들의 초상을 많이 그린 것으로 유명한 미국의 화가이다. 이탈리아에서 태어나서 파리에서 미술을 공부하고 활동하였다. 1884년에 성적 표현이 심한 그림 〈마담 엑스〉*Madame X*로 인해 그의 명성에 금이 갔다.

Saroyan, William (1908~1981) 사로얀, 윌리엄

미국의 소설가이자 극작가이다. 400여 편의 단편을 썼다. 15세 때 학교를 중퇴하고, 독학으로 문학 공부를 하여, 26세 때 첫 단편집 《공중 그네를 탄 용감한 젊은이》*The Daring Young Man on the Flying Trapeze*로 등단하였다. 1939년에 첫 희곡 《내 마음은 고원에》*My Heart's in the Highlands*를 발표하였다. 그는 주로 보통사람들을 작품의 소재로 썼는데, 희곡 작품 《네 인생의 한 때》*The Time of Your Life*(1939)로 수상하게 된 퓰리처상을 부자들이 지원하는 예술은 원치 않는다는 이유로 수상을 거부하기도 했다. 단편집 《내 이름은 아람》*My Name Is Aram*(1940), 장편소설 《인간희극》*The Human Comedy*(1943), 《록 워그럼》*Rock Wagram*(1951) 등으로 유명해졌다.

Sassoon, Siegfried (1886~1967) 사순, 지그프리드

영국의 소설가이자 시인이다. 제1차 세계대전에 참전하였고, 전쟁의 참사를 그린 시들로 알려졌다. 무공십자 훈장(Military Cross)을 수상하게 되었으나, 전쟁을 반대하는 이유로 수상을 거부하였다. 1918년에 시집 《반격》*Counterattack*을 냈다.

SAT (Scholastic Aptitude Test) 학력적성시험

미국 대학에 입학하려는 고등학생들이 보는 시험이다. 영어와 수학을 고등학교 마지막 학년에서 주로 본다.

SAT (Standard Assessment Task/Test) 표준학력평가

영국의 학교에서 교육 과정에 있는 과목들에 대한 학생들의 학력을 측정하기 위한 시험이다.

The Satanic Verses 《악마의 시》

인도 출신의 영국 작가 샐먼 루시디Salman Rushdie의 1988년 소설이다. 유럽 세계의 이슬람관을 바탕으로 마호메트를 풍자하고 《코란》*Koran*을 악마의 계시로 빗대어 소설화하였다. 이 작품은 유럽에서 문학적 평가를 받기도 했으나, 이슬람 세계의 분노를 일으켜, 파키스탄을 선두로 한 이슬람 여러 나라가 즉각 발간중지를 촉구하였고, 많은 나라들도 이 소설의 판매 및 번역 금지 등을 표면화하였다. 이어 1989년 당시 이란의 최고 지도자 호메이니가 작가 루시디에게 사형을 선고하고, 그의 암살에 대해 100만 달러의 현상금을 걸어, 세계에 충격을 주었다. 루시디는 오랫동안 피신 생활을 하였다.

Satchmo 사치모

재즈의 거장 루이 암스트롱Louis Armstrong의 애칭이었다. 입이 크다는 데서 붙은 별명이다.

Savoy Hotel 사보이 호텔

런던의 고급 호텔이다. 1889년에 사보이 극장Savoy Theatre 소유자인 리처드 D. 카트Richard D. Carte가 세웠다. 유명한 식당 사보이그릴Savoy Grill이 들어 있다.

Savoy Operas 사보이 오페라

주로 런던의 사보이 극장(Savoy Theatre)에서 공연되었던 길버트Gilbert와 설리반Sullivan의 오페라들을 모두 지칭하는 말이다. 1880년대부터 1960년대까지 공연되었다. 〈펜잔스의 해적들〉*The Pirates of Penzance*, 〈미카도〉*The Mikado* 등이 있다.

SBC Communications 에스비씨 커뮤니케이션스

미국의 통신 회사이다. 1983년 AT & T(American Telephone & Telegraph Co.)의 지역 전화 회사들을 유지하기 위한 지역적 지주회사의 하나로 설립되었으나, 독점 규제법에 따라 1984년에 AT & T로부터 분리되어 독립적인 텔레커뮤니케이션 서비스 공급 업체가 되었다. 여러 계열사를 통하여 미국 내에 포괄적인 커뮤니케이션 서비스와 제품을 제공하고 20개 국 이상에 투자하고 있다. 현재 유선 전화 부문, 무선 전화 부문, 디렉토리 부문, 국제 부문 등의 사업을 하고 있다.

The Scarlet Letter 《주홍글씨》

19세기 미국 소설가 나다니엘 호손Nathaniel Hawthorne의 1850년 소설이다. 청교도의 식민지 보스턴에서 일어난 간통사건을 다룬 작품이다. 늙은 의사와 결혼한 헤스터 프린Hester Prynne이라는 젊은 여인은 남편보다 먼저 미국으로 건너와 살고 있는데, 남편으로부터 아무런 소식도 없는 동안 펄Pearl이라는 사생아를 낳는다. 헤스터는 간통한 벌로 공개된 장소에서 간통(adultery)의 머리글자인 'A'자를 가슴에 붉은색(red=scarlet)으로 새기고 일생을 살라는 형을 선고받는다. 상대는 그곳의 목사 아서 딤스데일Arthur Dimmsdale이지만 그녀는 끝내 이름을 밝히지 않는다. 17세기 뉴잉글랜드의 어둡고 준엄한 청교도사회를 배경으로, 죄지은 자의 고독한 심리를 묘사하였다.

Schindler's List 〈쉰들러 리스트〉

오스트레일리아의 토마스 케닐리Thomas Keneally의 원작 소설을 영화화한 작품이다. 스티븐 스필버그Steven Spielberg가 감독하였다. 리암 니슨Liam Neeson이 연기한 오스카 쉰들러Oskar Schindler는 나치당원으로 거물들과의 인맥을 바탕으로 돈을 벌어들이는 사업가이다. 광기 어린 친위대의 젊은 장교와 개인적인 친분을 두텁게 한 뒤, 전시(戰時)이지만 식기 공장을 다시 운영할 수 있게 한다. 쉰들러는 고민하다가 유대인을 살려내려는 결단을 내린다. 전쟁 동안 축적한 재력을 바탕으로 유대인 한 사람당 값을 쳐주고 장교와 협상한다. 자신의 고향인 체코에 공장을 세우는 데 필요한 노동력을 산다는 명목이다. 전에 자신의 공장에서 일했던 사람, 그 가족 등 모두 1,100명의 유대인 명단을 작성한다. 이들은 체코의 공장에서 일하면서 종전을 맞기까지 인간적인 생활을 한다. 전쟁이 끝난 뒤 유대인들은 자신들의 금니를 뽑아 만든 반지와 전범으로 몰릴 쉰들러를 염려해 모두의 서명이 된 진정서를 써서 고마움을 표시한다. 이 반지를 받아든 쉰들러는 더 많은 유대인을 구해내지 못한 것을 아쉬워하며 울음을 터뜨린다. 출연자 모두 폴란드와 이스라엘의 무명 배우들이고, 장소도 실화의 현장인 폴란드의 크라쿠프Krakuw에서 실제 그때의 공장을 사용해 촬영한 흑백 영화이다. 1993년 오스카 작품상, 감독상 등 7개 부문을 수상하였다.

The School for Scandal 〈염문 학교〉

18세기 영국의 극작가 리처드 B. 셰리던Richard B. Sheridan의 1777년 희극 작품이다. 같은 여자와 결혼하려는 두 형제의 이야기를 희극으로 다루고 있다.

Schools in Britain 영국의 학교

영국은 5세부터 공교육을 실시하고 있으나, 2-3살 때부터도 '유아원'(nursery school)이라는 데에 아이들을 보내기도 한다. 대부분 집 근처의 공립 학교(state school)에 다니는데, 영국의 학제는 좀 다양하다. 주거지에 따라 5-7세 아이들이 다니는 유치원(infant school), 이후 11살까지 다니는 주니어 스쿨(junior school)이 있고, 어떤 아이들은 5살부터 11살까지 초등학교(primary school)에 다니기도 한다. 초등학교는 대부분 남녀공학이다.

11살부터 중등 교육(secondary education)이 시작되는데, 본인의 실력이나 적성, 지역 환경에 따라 그래머 스쿨(grammar school)이나 종합 학교(comprehensive school) 또는 하이스쿨(high school)에 다닌다. 중등학교는 남녀가 분리되기도 한다. 어떤 지역의 아이들은 또 산업체가 지원하는 기술 학교에 가기도 하는데, 일부 아이들은 16살에 학교를 마치지만 대부분 2년 더 공부를 한다. 지역에 따라 아이들은 5살에 초등학교(first school)에, 8살에 중학교(middle school), 13살에 고등학교(upper school)에 가기도 한다. 장애인들을 위한 특수 학교(special school)도 있고, 음악 학교(music school)나 외국어 학교(language school) 등도 있다.

부유층은 자녀들을 대입 예비 학교 성격의 예비 학교(preparatory school, prep school)에 보낸다. 이 학교들은 정부의 지원을 받지 않는 사립 학교로 학비가 매우 비싸고, 기숙 학교인 경우가 많다.

Schools in the US 미국의 학교

미국에서도 대부분의 아이들은 일찍 유아원(nursery school)에 보낸다. 5살이 되어야 유치원(kindergarten)에 입학하여 공교육인 K-12를 시작한다. K-12학제는 학년에 따라 교육이 실시되는데, 초등학교(elementary school)는 유치원(kindergarten)부터 6학년까지 담당하고, 7~8학년은 중학교(junior high school)에서, 고등학교(high school)은 9학년에서 12학년까지 담당한다.

Schulz, Charles (1922~) 슐츠, 찰스

인기 만화 〈피넛츠〉*Peanuts*를 그린 미국 만화가이다. 주인공 찰리 브라운Charlie Brown은 작가 자신을 나타낸다.

Schwarzenegger, Arnold (1947~) 슈왈츠제네거, 아놀드

액션 영화에서 근육질의 우람한 몸을 자랑하며 연기하여 알려진 할리우드 배우이다. 3편의 〈터미네이터〉*Terminator*(1984, 1991, 2003) 시리즈는 그를 전세계에 알렸다. 〈트루 라이즈〉*True Lies*(1994), 〈이레이저〉*Eraser*(1996) 등의 영화가 있다. 2003년 캘리포니아 주지사 선거에 공화당 후보로 나와 당선되었다.

Science Museum 과학 박물관

1909년에 설립된 영국 최대의 과학기술 박물관이다. 런던 사우스 켄싱턴South Kensington에 있다. 과학사의 많은 유물들과 관객들이 직접 만지고 조작해 볼 수 있는 많은 전시회를 연다. 대형 영화 상영관도 2000년에 문을 열었다.

Scientology 사이온톨로지

1954년 미국의 과학 소설 작가 허바드(L. R. Hubbard)에 의해 만들어진 국제종교철학. 그의 책 『다이어네틱스』 *Dianetics*(1950)의 내용에 기반을 두고 있으며 1965년에 공식적으로 사이언톨로지 교회(Church of Scientology)

가 되었다. '생의 에너지(Life Energy)'를 믿으며 자신을 더 잘 이해하기 위해 영적인 삶을 향상시키려 노력한다. 이 조직은 사람들을 모으고 유지하기 위한 방법에 대해 비난을 받아왔다. 탐 크루즈Tom Cruise와 존 트라볼타John Travolta 등 유명한 배우들이 참여하고 있다.

SCOPE 스코우프

뇌성마비 장애아들을 돌보는 영국의 자선 단체이다. 학교도 몇 개 가지고 있으며 영국에 몇 군데 지사도 있다.

Scorsese, Martin (1942~) **스코시즈, 마틴**

미국의 영화감독이다. 주요 작품으로는 〈좋은 친구들〉 *Good Fellas*(1990), 〈예수의 마지막 유혹〉 *The Last Temptation of Christ*(1988), 〈순수의 시대〉 *The Age of Innocence*(1993), 〈카지노〉 *Casino*(1995), 〈쿤둔〉 *Kundun*(1997) 등이 있다.

Scotch 스카치

스코틀랜드에서 생산되는 위스키whisky를 말한다.

스카치 위스키

Scotch tape 스카치 테이프

접착용 투명 테이프의 상표 이름이다.

Scott, George Gilbert (1811~1878) **스코트, 조지 길버트**

19세기 영국의 건축가였다. 영국에서 고딕 리바이벌Gothic Revival 건축의 주도적인 인물이었다. 앨버트 기념관Albert Memorial과 세인트 판크라스St. Pancras 역을 설계하였고, 많은 오래된 교회들도 재건하였다.

Scott, Paul (1920~1978) **스코트, 폴**

영국의 소설가이다. 제2차 세계대전에 종군하였다. 영국의 인도 통치 후반기를 배경으로 하는 4편의 소설 시리즈 《라지 콰르테트》*The Raj Quartet*를 썼다. 또 다른 인도를 소재로 한 소설 《스테잉 온》*Staying On*으로 1977년에 부커상(Booker Prize)을 수상하였다.

Scott, Peter (1909~1989) **스코트, 피터**

영국의 작가이자 화가이다. 스코트 대위Captain Scott의 아들이다. 1946년부터 조류를 포함한 야생동물 보호운동을 벌인 공로로 1973년에는 기사 작위를 받았다. 새들을 그린 그의 그림들은 널리 알려져 있다.

Scott, Randolph (1903~1987) **스코트, 랜돌프**

주로 1930년대부터 1950년대까지 서부영화에 많이 출연한 미국의 영화배우이다. 〈최후의 모히칸족〉 *Last of Mohicans* (1936), 〈웨스턴 유니언〉 *Western Union* (1941), 〈산타페〉 *Sante Fe*(1951) 등의 영화에 출연하였다.

Scott, Walter (1771~1832) **스코트, 월터**

스코틀랜드 소설가이자 시인이다. 그의 시와 역사 소설은 대부분 스코틀랜드의 역사에 바탕을 둔 것이다. 알려진 시로는 〈최후의 음유 시인의 노래〉 *The Lay of the Last Minstrel* (1805), 〈마미온〉 *Marmion*(1808), 〈호반의 여인〉 *The Lady of the Lake*(1810) 등이 있고, 소설로는 《웨이벌리》 *Waverley*(1814), 《롭 로이》 *Rob Roy*(1818), 《아이반호》 *Ivanhoe*(1819), 《수도원》 *The Monastery*(1820) 등이 있다. 대부분 익명으로 출판되었다. 옥스퍼드와 캠브리지 두 대학으로부터 명예학위를 받았다.

Scottish FA Cup 스코틀랜드 FA컵

스코틀랜드 축구협회컵(Scottish Football Association cup)을 다투는 스코틀랜드 축구 팀들의 매치이다. 1873년부터 시작되었다.

Scottish Opera 스코틀랜드 오페라

스코틀랜드 국립 오페라단이다. 1962년에 글래스고 Glassgow에서 창단되어 스코틀랜드와 잉글랜드에 정기 순회 공연을 한다.

Scout 스카우트 (= Scout Association)

1907년에 영국의 로버트 베이든-포얼Robert Baiden-Powell 경이 창설하였다. 기병대 장교로 보어 전쟁(Boer War)에 참전한 경험을 통하여 규율 있는 사회와 진정한 애국자를 육성하는 데는 소년 시절의 훈련이 필요함을 통감하고, 퇴역 후 소년단을 결성하였다. 1906년에 20명의 소년을 모아 실험적으로 훈련을 실시한 후 이듬해에 정식으로 발족시켰는데, 책임감과 모험심, 연대의식을 기르고 사회의 척후 역할을 수행한다는 뜻에서 보이 스카우트Boy Scout라 명명했다. 1920년에 국제 조직인 보이스카우트 국제사무국이 설치되었다. 국제 협력을 도모하기 위해 4년마다 세계잼버리대회, 2년마다 세계회의를 개최한다. 단원은 연령에 따라 6살에서 8살까지는 비버 스카우트Beaver Scouts, 8살에서 10살까지는 컵 스카우트Cub Scouts, 10살에서 14살까지는 스카우트Scouts(성별로 보이 스카우트와 걸 스카우트로 나뉨), 14살에서 18살까지는 익스플로러 스카우트Explorer Scouts로 그룹이 나뉜다. 여학생들은 1990년부터 가입이 허용되었다.

서바이블 캠프에 참가한 보이스카우트 대원들

Scrooge 스크루지

찰스 디킨스Charles Dickens의 소설 〈크리스마스 캐럴〉*A Christmas Carol*에 나오는 구두쇠 영감이다.

Sealed Knot Society 실드 노트 소사이어티

모의 전투를 하는 회원들

영국 내전(English Civil War)을 재연하는 민간 단체이다. 회원들은 당시 병사들의 복장을 입고 전투 장면을 재연한다.

Sears Roebuck 시어스 로벅

미국의 종합 유통 업체이다. 북미와 남미에 점포망이 있으며, 우편 주문 사업도 병행하고 있다. 1886년 리처드 W. 시어스Richard W. Sears가 미니애폴리스에서 R.W. 시어스 워치 컴퍼니R. W. Sears Watch Company를 설립하여 우편 주문으로 시계를 판매한 것이 시작이었다. 다른 유통 업체를 손쉽게 찾아갈 수 없는 농장이나 시골을 상대로 광범위한 제품을 염가로 판매함으로써 급속히 성장하였다. 미국 연방 우체국에서 1896년과 1913년에 벽지 무료 배달과 소포 업무를 각각 개시함으로써 벽지의 고객들에게도 상품을 우송할 수 있게 되었다. 1980년대에 케이마트Kmart가 앞지를 때까지 오랫동안 미국 최대의 유통 업체였다. 한편 1920년부터 브리태니커 백과사전을 보유하였다가 1943년에 시카고 대학교에 넘긴 바 있다.

Sears Tower 시어스 타워

미국 시카고에 있는 110층의 초고층 빌딩이다. 1970년에 착공해 1974년에 완공되었다. 타워 주변의 보도가 얼어붙지 않도록 열선 시공을 하였다. 고속 승강기를 이용해 1층부터 103층 높이에 있는 전망대까지 오르는 데 1분이 약간 더 걸리며, 전망대에서는 시카고는 물론 주변 먼 거리까지 한눈에 내려다볼 수 있다.

Secretary of State 미국 국무 장관

미국 정부의 외교 정책을 담당하는 외교부의 수장이다. 헨리 키신저Henry Kissinger, 마델린 올브라이트Madelene Albright 등이 국무 장관을 지냈다.

Sedaka, Neil (1939~) 세다카, 닐

미국의 팝 가수로 500여 곡의 노래를 작곡하였다. 《해피버스데이, 스위트 식스틴》*Happy Birthday, Sweet Sixteen*(1961), 《래프터 인 더 레인》*Laughter in the Rain*(1974) 등의 앨범이 있다.

segregation 분리주의

미국의 남부 여러 주에서 흑인들과 백인들을 분리하였던 정책을 가리키는 말이다. 학교나 식당, 영화관, 호텔, 버스 등을 이용할 때 흑인들이 백인들과 함께 자리하지 못하게 분리하였다. 1950년대 흑인 인권운동으로 분리주의 정책이 많이 줄었다.

Seinfeld 『사인필드』

1990년부터 98년까지 NBC에서 방영된 코미디물로 큰 인기를 얻었다. 실제 코미디언 제리 사인필드(Jerry Seinfeld)가 뉴욕의 무대 코미디언으로 나오며 그와 그의 친구들 코스모 크래머(Cosmo Kramer), 조지 코스탄자(George Costanza), 일레인 베네스(Elaine Benes)가 펼치는 익살맞은 상황들을 소재로 한다.

Seles, Monica (1973~) 셀레스, 모니카

유고 태생의 미국 테니스 선수이다. 1991년 18살에 최연소로 세계 테니스계의 1인자에 올랐다. 프랑스 오픈 3차례, 호주 오픈 4차례, 미국 오픈 2차례를 우승하였다. 독일 함부르크에서 경기 도중에 독일 선수 그라프Graf의 열성 팬이 찌른 칼에 부상을 입기도 했다.

Sellers, Peter (1925∼) 셀러스, 피터

영국의 희극 배우이다. 유명인들의 성대모사로 1960년대에 유명하였다.

Seminole 세미놀

플로리다 지역에 살았던 인디언 부족이다. 오클라호마주의 인디언 보호구역으로 이주하였다.

Seneca 세네카

이로쿠 부족연맹(Iroquois League)을 구성하는 인디언 부족의 하나이다. 미군에 의해 부락이 불타고서는 독립 전쟁 때 영국을 지원하였다. 오하이오주나 뉴욕주 서쪽의 인디언 보호구역에서 살고 있다.

senior citizen 시니어 시티즌

60세 이상 되는 노인들을 가리키는 말이다. 영어로 '노인연금 수혜자'(old age pensioner)라는 말보다는 듣기 좋은 말로 널리 쓴다.

Sense and Sensibility 《센스 앤 센서빌리티》

19세기 영국 소설가 제인 오스틴Jane Austen의 첫 작품이다. 19세기 영국 상류층의 결혼과 돈의 중요성을 희극적으로 그렸다. 지적인 여성 엘리노어Elinor와 감성적인 마리안 Mariannne 두 자매의 이야기이다. 둘은 각기 남자들을 사랑하지만 이들이 다른 여자와 약혼했음을 알게 된다. Elinor가 사랑한 에드워드Edward는 약혼녀도 잃고 돈을 잃지만, 자신이 정말 사랑하던 Elinor와 결혼하게 되어 행복하다. 하지만, Marianne이 사랑한 남자 존John은 그녀를 떠나 부잣집 여자와 결혼한다. Marianne은 슬퍼하다 다른 남자와 결혼한다. 두 자매는 첫사랑의 실패로 보다 성숙해진다. 1995년에 영화로도 나왔다.

separation of church and state 정교분리

정부가 종교 문제에 간섭하지 않는다는 미국 헌법상의 원칙이다. 이 원칙에 의거하여 1960년대부터 공립 학교에서 예배를 금지하였다.

Sequoia 세쿼이아

미국 삼나무라고 하는데, 붉은 색깔이라 레드우드redwood라고도 한다. 높이 수십 미터에 둘레도 10미터가 되는 것들도 있는 거대한 나무다. 캘리포니아 산지의 요세미티 국립공원Yosemite National Park 지역에 남북으로 길게 분포한다. 체로키 인디언 추장이었던 세쿼이아Sequoyah의 이름을 따서 이 나무의 이름을 지었다고 한다.

Sequoia National Park 세쿼이아 국립공원

미국 캘리포니아주에 있는 삼림 위주의 국립공원이다. 1890년에 자이언트 세쿼이아Giant Sequoia를 보호하기 위하여 지정하였다. 세쿼이아의 숲으로 유명하다. 특히 '셔먼 장군(General Sherman)'이라고 부르는 세쿼이아 나무는 높이가 83m, 줄기 지름이 약 10m나 된다. 높이 수십 미터의 세쿼이아들이 곳곳에 있으며, 자동차로 달리면서 구경할 수 있다.

셔먼 장군 세쿼이아 나무의 모습

Sequoyah (1765∼1843) 세쿼이아

미국 체로키Cherokee 인디언의 추장을 지낸 사람이다. 19세기 초에 86글자의 문자를 창안하여 체로키 역사를 기록하였다. 어머니는 체로키 인디언이지만, 아버지는 유럽인이라고 한다.

Sergeant Pepper 《서전트 페퍼》

비틀즈Beatles가 1967년에 펴낸 앨범이다. 정식 명칭은 《서전트 페퍼 론리 하츠 클럽 밴드》*Sergeant Pepper's Lonely Hearts Club Band*이다. 비틀즈의 최고 앨범이다. 비틀즈를 세계적인 팝 스타로 만든 이전의 인기 곡들과는 완전히 다른 주제와 형식의 노래들을 담았다. 《타임》지로부터 '팝의 역사를 바꾼 예술품'이라는 평을 들은 새로움의 극치를 보여주었다. 〈삶의 하루〉*A Day In the Life*, 〈루시 인 더 스카이 위드 다이아몬즈〉*Lucy in the Sky with Diamonds*, 〈사랑스런 리타〉*Lovely Rita*, 〈친구의 조그만 도움으로〉*A Little Help from My Friend*, 〈그녀가 집을 떠나네〉*She's Leaving Home* 등의 명곡들을 수록하고 있다.

Sesame Street 〈세서미 스트리트〉

미국 공영 방송 PBS가 제공하는 인기 어린이 프로그램이다. 1969년에 처음 방영되어 현재 세계 50여 개 국에서 방영된다. 짐 헨슨Jim Henson이 제작하여 연기자의 연기와 인형극이 함께 진행된다. 빅버드Big Bird, 쿠키Cookie, 몬스터Monster 등의 캐릭터가 등장한다.

Seuss, Dr. (1904~1991) 수스, 닥터

미국의 인기 아동 도서 '닥터 수스 시리즈'의 작가이자 삽화가이다. 본명은 시어도어 수스 가이절Theodore Seuss Geisel이다. '닥터 수스 시리즈'는 어린이들이 읽기 연습을 하기 알맞게 운문으로 만들어졌다. 《성탄절을 훔친 그린치》*How the Grinch Stole Christmas*(1957), 《모자 쓴 고양이》*The Cat in the Hat*(1957) 등이 있다.

7 UP 세븐 업

우리의 사이다와 같은 음료이다. 미국에서 1929년부터 생산하였다.

Seven Sisters 세븐 시스터스

미국에서 역사가 오래된 7개의 명문 사립 여자 대학을 말한다. 뉴욕시의 버나드Barnard 여대, 펜실바니주의 브린 모어Bryn Mawr 여대, 매사추세츠주의 마운트 홀리요크Mount Holyoke 여대와 래드클리프Radcliff 여대, 스미스Smith 여대, 웰리슬리Wellesley 여대, 뉴욕주의 베사Vassar 여대 등이다.

Seventh-Day Adventist 제7일 예수재림교

1860년에 설립된 기독교 교단이다. 일요일 대신 토요일을 안식일로 쉰다. 교리가 엄격하고, 예수가 곧 지상에 재림할 것으로 믿는다.

Seward, William H. (1801~1872) 수어드, 윌리엄 H.

미국의 국무 장관을 지낸 사람으로 1867년에 알래스카Alaska를 러시아로부터 7백2십만 달러에 구입하게 한 사람이다. 당시 사람들은 얼음으로 덮인 불모지인 알래스카를 많은 돈을 주고 구입한다는 것을 바보짓이라 했다. 링컨 대통령 때 암살을 모면하여, 다음 앤드류 잭슨Andrew Jackson 대통령 때도 국무 장관을 지냈다.

Sex Discrimination Act 남녀차별금지법

1975년 영국에서 제정된 남녀 차별 금지에 관한 법률이다. 남자와 여자는 교육과 고용에서 균등한 기회를 가질 권리가 있고, 같은 일에 대한 남녀의 급여도 같아야 한다는 내용이다. 이 법률을 어기면 처벌을 받게 되어 있다.

Sex Pistols 섹스 피스톨스

영국의 펑크 그룹이다. 영국에서 펑크 음악을 한 초기 그룹으로 1970년대 유명하였다. 괴상한 차림과 물들인 머리, 과격한 메시지를 담은 노래 가사, 소음 일색의 사운드, 무례한 무대 매너, 해괴한 그룹 이름 등은 반(反)예술, 반(反)슈퍼스타를 주창한 새로운 세대의 고함이었다. 《영국의 무정부상태》*Anarchy in the UK*(1976), 《신이시여 여왕을 구하소서》*God Save the Queen*(1977), 《네버 마인드 더 볼록스》*Never Mind the Bollocks*(1978) 등의 앨범이 있다.

Shadow Cabinet 예비 내각

영국 의회의 야당이 집권을 대비하여 미리 구성해 놓은 내각 구성원들을 가리키는 말한다. 이들 각자는 국정 현안에 대해 당을 대표해 자신의 분야를 정부와 집권당에 질의와 협의를 한다.

Shaffer, Peter (1926~) 셰퍼, 피터

영국의 극작가이다. 런던의 웨스트 엔드West End나 뉴욕 브로드웨이Broadway 극장가에서 성공을 거둔 작품들이 여러 편 된다. 《에쿠우스》*Equus*(1973), 《아마데우스》*Amadeus*(1979) 등이 있다.

Shakers 셰이커교도

예수의 재림을 믿고 공산공유의 종교적 사회를 형성하며 독신으로 지내는 미국 기독교의 한 종파이다. 17세기 후반 프랑스에서 조직되었으나 박해를 받아 영국으로 이주하여 퀘이커교(Quakers)와 제휴하여 발전하였다. 이후 미국으로 건너가 자리잡았다. 셰이커Shaker란 '몸을 흔드는 사람'이라는 뜻인데, 예배의식 때 몸을 흔든다는 데서 이 이름이 붙여졌다. 기성 교단들로부터 이단시되어 현재는 쇠퇴하였지만, 그들이 제작한 공예 작품과 가구 등은 미국 미술사에 큰 영향을 끼쳤다.

Shakespeare, William (1564~1616)셰익스피어, 윌리엄

영국이 낳은 위대한 극작가이자 시인이다. 희극과 비극, 사극 등, 37편의 희곡과 많은 시를 남겨 영어 발전에 크게 기여하였다. 잉글랜드 중부의 스트랫퍼드어폰에이번Stratford-upon-Avon에서 출생하였다. 중산계급 가정의 장남으로 풍족한 소년 시절을 보낸 것으로 짐작된다. 그는 Stratford-upon-Avon의 초·중등학교에서 라틴어를 중심으로 한 기본적 고전 교육을 받았고, 필요한 고전 소양도 이때 얻은 것으로 볼 수 있다. 1580년대 후반에 런던으로 와서 극단에서 일하기 시작하여 1590년에는 이미 유수한 극작가의 한 사람이 되었다. 1592~1594년 2년에 걸쳐 페스트가 창궐하자 극장들이 폐쇄되었고, 런던 극단도 전면적으로 개편되었다. 이때부터 신진 극작가인 셰익스피어가 본격적으로 활동하였다.

극작가로서 셰익스피어의 활동기는 1590~1613년까지의 대략 24년 간으로 볼 수 있다. 이 기간에 그는 모두 37편의 작품을 발표하였다. 역사극에 집중하던 초기와 중복되지만 낭만희극을 쓰던 시기, 대표적인 비극이 발표된 시기, 만년의 화해의 경지를 보여주는 이른바 로맨스극 시기로 나눌 수 있다. 1599년부터 템스강 남쪽에 글로브 극장(The Globe Theatre)을 신축하고 연극 활동을 하였다.

그의 작품을 연대순으로 정리하면 다음과 같다.

1589~1590 《헨리 6세 1부》*Henry VI, Part* 1
1590~1592 《헨리 6세 2, 3부》*Henry VI, Part* 2 *and* 3
1590~1594 《실수연발》*The Comedy of Errors*
《타이터스 앤드로니커스》*Titus Andronicus*
《사랑의 헛수고》*Love's Labour's Lost*
1592 《말괄량이 길들이기》*The Taming of the Shrew*
1592~1593 《리처드 3세》*Richard III*
《베로나의 두 신사》*The Two Gentlemen of Verona*
1595 《한 여름밤의 꿈》*A Midsummer Night's Dream*
《리처드 2세》*Richard II*
1595~1596 《로미오와 줄리엣》*Romeo and Juliet*
1595~1597 《존 왕》*King John*
1596 《헨리 4세 1부》*Henry IV, Part* 1
1596~1598 《베니스의 상인》*The Merchant of Venice*
1597 《윈저의 즐거운 아내들》*The Merry Wives of Windsor*
《헨리 4세 2부》*Henry IV, Part* 2
1598 《헛소동》*Much Ado About Nothing*
1599 《줄리어스 시저》*Julius Caesar*
《헨리 5세》*Henry V*
1600~1601 《햄릿》*Hamlet*
1600~1602 《십이야》*Twelfth Night*
1601~1602 《트로일러스와 크레시다》*Troilus and Cressida*
1602~1603 《끝이 좋으면 다 좋아》*All's Well That Ends Well*
1604 《오델로》*Othello*
1604~1605 《자에는 자로》*Measure for Measure*
1605~1606 《리어왕》*King Lear*
《맥베스》*Macbeth*
1605~1609 《아테네의 타이먼》*Timon of Athens*
1606~1607 《안토니와 클레오파트라》*Antony and Cleopatra*
1607~1608 《코리올레이너스》*Coriolanus*
《타이로의 왕자 페리클레스》*Pericles, Prince of Tyro*
1609~1610 《심벌린》*Cymbeline*
1611 《겨울이야기》*The Winter's Tale*
1613 《헨리 8세》*Henry VIII*
《태풍》*The Tempest*

Shane 〈셰인〉

미국 서부를 유랑하는 총잡이 셰인Shane이라는 인물을 둘러싼 이야기를 그린 서부 영화이다. 조지 스티븐스George Stevens 감독, 랠런 래드Alan Ladd가 주연하였다. 서부 개척 농민들의 소박한 생활이 잘 그려졌다. 서부극의 명작의 하나로 꼽힌다.

Sharman, Helen (1963~) 셔먼, 헬렌

소련 우주선을 타고 8일 간이나 우주 비행을 한 영국 최초의 여성이다.

Sharon and Tracy 새론 앤 트레이시

배운 것이 부족한 여자를 대표하는 두 여성 이름이다. 말투도 거칠고, 태도 또한 숙녀답지 못한 여성들을 가리키는 말로, 케이스 워터하우스Keith Waterhouse라는 사람이 신문기사에 연재하면서 사용된 이름이다.

Shaw, George Bernard (1856～1950) 쇼, 조지 버나드

아일랜드 더블린Dublin 출신의 극작가 · 소설가이다. 헨리 입센Henrik Ibsen을 연구하여 《입센주의의 정수》*Quintessence of Ibsenism*(1891)를 내었으며, 이어 영국 극단에서 최초의 문제작이 된 《홀아비의 집》*Widower's Houses*(1892)을 써서 극단에서 인정을 받았다. 1893년에 여성의 입장을 옹호한 《워렌 부인의 직업》*Mrs. Warren's Profession*(1893)으로 극작가로서의 지위를 확립하였다. 그후 희극 《캔디다》*Candida*(1894), 《시저와 클레오파트라》*Caesar and Cleopatra*(1898) 등, 10여 편의 희극을 썼다. 20세기에 들어와서는 그의 최대 걸작인 《인간과 초인》*Man and Superman*(1903)을 써서 세계적인 극작가가 되었다. 1923년에 쓴 사극 《성녀 조앤》*Saint Joan* 또한 만년의 걸작이다. 1925년에 노벨 문학상을 받았다.

Shawnee 쇼니

북미 인디언의 한 부족이다. 백인들에 맞서 싸웠으나, 결국 보호구역으로 이주하였다. 주로 오클라호마 지역에 살고 있다.

She 〈쉬〉

영국의 월간 잡지이다. 건강, 패션, 성, 음식 같은 주제를 기사로 다루는 여성 잡지이다. 1955년에 창간하였다.

She Stoops to Conquer 《지는 것이 이기는 것》

18세기 영국의 극작가 올리버 골드스미스Oliver Goldsmith가 쓴 희극이다. 오해를 소재로 하는 연극이다. 수줍은 청년 말로Marlow가 자기 딸과 결혼해 주기를 원하는 하드캐슬Hardcastle의 집을 친구와 방문하게 된다. 도중에 길을 잃고 여관을 찾아 들어가는데, 이곳이 실제로 Hardcastle의 집이다. Marlow는 여관인 줄 알고, 부인을 하녀로 오해한다.

Sheen, Martin (1940～) 쉰, 마틴

미국의 영화배우이다. 본명은 레이먼 에스테베즈Ramon Estevez이다. 브로드웨이에서 연극배우로 연기를 시작하였다. 출연 작품으로는 〈배드랜즈〉*Badlands*(1973), 〈지옥의 묵시록〉*Apocalypse Now*(1979), 〈미국 대통령〉*The American President*(1995) 등이 있다. 〈플래툰〉*Platoon*(1986), *Wall Street*(1987), 〈메이저리그〉*Major League*(1989) 등의 영화에 출연한 찰리 쉰Charlie Sheen이 그의 아들이다.

Sheldon, Sidney (1917～) 셸던, 시드니

소설과 영화 시나리오, 희곡, 텔레비전 드라마 등을 많이 쓴 미국의 작가이다. 《윈드밀스 오브 더 갓》*Windmills of the Gods*(1987), 《아침, 정오, 그리고 밤》*Morning, Noon and Night*(1995) 등의 많은 소설이 있는데 여러 편이 영화로 제작되었다. 브로드웨이 연극도 여섯 편을 썼는데, 그중에 《레드헤드》*Redhead*는 토니상(Tony Award)을 받았다. 영화 시나리오도 20여 편을 써서, 그 가운데 《애니 겟 유어 건》*Annie Get Your Gun*은 오스카 영화상을 받기도 했다.

Shell 셸

영국의 세계적인 석유 회사이다. 1890년대 네덜란드의 Royal Dutch 석유 회사와 합병하였다. 현재 아시아, 중동, 북해, 남아프리카 등지에서 석유와 가스의 생산에 참여하고 있다.

Shelley, Mary (1797～1851) 셸리, 메리

영국의 소설가로 유명한 《프랑켄슈타인》*Frankenstein*의 저자이다. 16살 때 낭만파 시인 셸리Shelley와 사랑의 도피를 떠났다. 자살한 첫 부인 뒤로 그와 결혼하여 두 번째 부인이 되었다.

Shelley, Percy Bysshe (1792～1822) 셸리, 퍼시 비쉬

영국의 낭만주의 시인의 한 사람이다. 섬세한 감정을 노래한 전형적인 서정시인으로, 영국 낭만주의 시인 중에서 가장 이상주의적인 비전을 그렸다. 작품이나 생애가 압제와 인습에 대한 반항, 이상주의적인 사랑과 자유의 동경으로 일관하여 바이런과 함께 낭만주의시대의 가장 인기 있는 작가였다. 영국 남부 시골 귀족의 아들로, 이튼 칼리지Eton College에서 옥스퍼드 대학으로 진학하였으나 《무신론의 필연성》*The Necessity of Atheism*이라는 소책자를 출판, 배포한 이유로 퇴학 처분을 받았다. 1811년에 당시 16세의 소녀였던 해리엇 웨스트브룩Harriet Westbrook과 결혼하였다. 《매브 여왕》*Queen Mab*(1813)을 발표할 무렵, 철학자이자 건축가였던 윌리엄 고드윈William Godwin의 딸 메리Mary와 친해졌고, 애정 생활의 파탄을 비관한 해리엇Harriet은 1816년에 자살했다. 그해 메리 W. 고드윈Mary W. Godwin과 정식 결혼하고서 유럽을 여행하며, 시인 바이런Byron을 사귄다.

자유를 사랑하고, 신을 부정하고, 좌익적 성향의 무정부주의자였던 그의 성향은 대작 《사슬에서 풀려난 프로메테우스》*Prometheus Unbound*(1820)를 낳았다. 이 무렵 셸리 부부는 이탈리아에 정착하였고, 《서풍의 노래》*Ode to the West Wind*(1820), 《종달새에 부쳐》*To a Skylark* 등의 탁월한 서정시를 발표하였다. 1822년에 요트로 항해 중에 익사하였다.

Shelter 셸터

1966년에 설립된 집이 없어 갈 곳 없는 사람들을 도와주는 민간 단체이다. 집이 없는 사람들에게 잠잘 곳을 찾아주거나 거처를 마련하도록 도와준다.

Shepard, Earnest Howard (1879~1976) **셰퍼드, 어네스트 H.**

영국의 화가이다. 《곰돌이 푸》*Winie-the-Pooh*의 삽화를 그린 사람이다. 잡지 《펀치》*Punch*에 만화를 많이 그렸다.

Shephard, Sam (1943~) **셰퍼드, 샘**

미국에서 영화배우이자 영화감독, 극작가, 시나리오작가, 연극연출가 등으로 다양하게 활동하고 있다. 1979년에 희곡 《매장된 아이》*Buried Child*로 퓰리처상을 받았으며, 시나리오를 쓴 〈파리 텍사스〉*Paris, Texas*(1984)는 칸 영화제 그랑프리를 수상하였다.

배우로 출연한 영화로는 〈천국의 나날〉*Days of Heaven*(1978), 〈필사의 도전〉*The Right Stuff*(1983), 〈파리 텍사스〉*Paris, Texas*(1984), 〈베이비붐〉*Baby Boom*(1987), 〈사랑과 슬픔의 여로〉*Homo Faber*(1991), 〈붉은 사슴비〉*Thunderheart*(1992), 〈펠리칸 브리프〉*The Pelican Briefs*(1993), 〈삼나무에 내리는 눈〉*Snow Falling on Cedars*(1999) 등이 있다.

shepherd's pie 셰퍼드 파이 (= cottage pie)

다진 고기 위에 으깬 감자를 얹어 익힌 영국의 요리이다. 원래 셰퍼드 파이shepherd's pie는 양고기나 송아지고기를 쓰고, 카티지 파이cottage pie는 쇠고기를 주로 쓴다.

Shepperton Studios 셰퍼톤 스튜디오

런던 근처의 영화 촬영 스튜디오이다. 1930년대부터 영국의 주요한 영화 제작소였다. 〈아프리카 여왕〉*African Queen*, 〈제3의 인간〉*The Third Man* 등의 영화가 이곳에서 제작되었다.

Sheraton 쉐라톤

국제적인 호텔 그룹이다. 중국의 만리장성 쉐라톤, 모로코의 카사블랑카 쉐라톤 등, 전세계의 주요 도시에 쉐라톤 호텔이 있다.

Sheridan, Richard Brinsley (1751~1816) **셰리던, 리처드 비.**

18세기 아일랜드 태생의 영국 극작가이다. 인기 희극 《라이벌》*The Rivals*과 《염문 학교》*School of Scandal*를 썼다. 재빠르고 지적인 유머로 유명하다. 왕세자와 정치인들과의 친분으로 1780년에 휘그당(Whig)으로 의회 의원이 되고, 이후 중요한 공직을 맡기도 했다. 그러나 말년에는 빚에 시달리다 죽었다.

Shetlands 셰트랜즈

스코틀랜드 북부의 100여 개가 넘는 섬들이 모여 이룬 지역을 가리키는 말이다. 주로 수산업과 농업, 모직 의류 등이 주산업이었으나, 1970년대부터 북해 석유 생산의 중심지가 되었다.

Shirley Temple 셜리템플

칵테일처럼 보이지만 알코올이 들어 있지 않은 미국의 음료이다. 레몬 주스나 붉은 석류 시럽 등으로 만드는데, 얼음을 넣거나 체리를 하나 얹어서 마시기도 한다. 아역 배우였던 셜리 템플Shirley Temple의 이름을 따서 지었는데, 어린이들이 좋아한다.

Shoemaker, Willie (1931~) **슈메이커, 윌리**

미국에서 가장 유명한 프로 경마기수이다. 1949년부터 1990년까지 캔터키 더비Kentucky Derby 4번을 포함해서 총 40,351회의 대회에 출전하여 8,833회나 우승한 기록을 가지고 있다. 1991년에 자동차 사고로 하반신 불구가 되었다.

shopping days to Christmas 크리스마스 쇼핑 날

성탄절까지 남아 있는 쇼핑할 수 있는 날을 꼽을 때 쓰는 말이다. 영미인들에게 최대의 명절이자 휴가철인 크리스마스가 가까워 갈수록 모든 상점들이 붐벼서 자칫 쇼핑 기회를 놓칠 수도 있어서 상점들은 쇼윈도에 남은 날을 써 붙이기도 한다.

Shoshone 쇼쇼니

미국 캘리포니아 지역에서 사냥을 주로 하며 살았던 인디언 부족이다. 현재도 약 8,000여 명이 이 지역의 보호구역에서 살고 있다.

Show Boat **〈쇼보트〉**

1927년에 초연된 브로드웨이의 뮤지컬 작품이다. 에드나 퍼버Edna Ferber의 원작 소설을 오스카 해머스타인Oscar Hammerstein이 대본과 작사를, 제롬 컨Jerome Kern이 작곡하였다. 19세기 말 미시시피강을 오르내리며 선객을 상대로 쇼를 공연하던 선박, 즉 쇼보트Showboat를 무대로 하여, 사랑과 당시의 세태, 흑인 차별의 비극을 그렸다. 1929년, 1936년, 1951년에 각각 영화로 제작되었다.

Shredded Wheat 슈레디드 휘트

밀가루 반죽을 길게 뽑아 감은 뒤에 파삭파삭하게 튀긴 아침 식사이다. 시리얼처럼 우유에 타서 먹거나 설탕을 뿌려 먹을 수 있다.

Shrewsbury School 셔루스베리 스쿨

셔루스베리Shrewsbury에 있는 명문 사립 고등학교 퍼블릭 스쿨public school이다. 1552년에 설립되었다.

Shrove Tuesday 참회 화요일

사순절(Lent) 전에 좋은 음식을 많이 먹는 마지막 날이다. 영국에서는 팬케이크 데이Pancake Day라고 하여 기념하고, 미국에서는 마르디 그라Mardi Gras라고 하여 축제를 벌이며 기념한다.

Shylock 샤일록

세익스피어의 희곡『베니스의 상인』(*The Merchant of Venice*)에 나오는 등장인물로 빌린 돈을 갚지 못하는 사람에게 1파운드의 살을 요구한 유태인 고리대금업자이다. 세익스피어는 그를 단순히 악역으로만 그리지 않고 비극적으로 그리지만 그의 이름은 주로 돈 욕심이 많은 탐욕스러운 인물로 묘사된다.

Sidney, Phillip (1554~1586) **시드니, 필립**

16세기 영국의 시인이자, 군인, 평론가였다. 네덜란드에서 스페인 군대와의 전투에 참전하여 치명상을 입고 사망한다. 생전의 그는 에드먼드 스펜서Edmund Spencer 등의 문인들과 사귀면서 그들의 후원자 역할만 하였지만, 사후에 유고들이 발표되자 일약 시인과 평론가로서 존경을 받았다. 그의 작품은 2편의 시를 제외하고 모두 사후에 출판되었다. 주요 작품으로는《아케이디아》*Arcadia*(1590),《아스트로펠과 스펠라》*Astrophel and Stella*(1598),《시의 옹호》*Defense of Poetry*(1595) 등이 있다.

The Silence of the Lambs **〈양들의 침묵〉**

토머스 해리스Thomas Harris의 소설을 원작으로, 조나단 드미Jonathan Demme가 감독한 1991년 작 미국 영화이다. 앤서니 홉킨스Anthony Hopkins가 잔인한 살인마 한니발 렉터Hannibal Lecter를 연기하고, 조디 포스터Jodie Foster가 FBI 형사를 연기한다. 홉킨스의 무시무시한 엽기적인 살인자 연기, 나무랄 데 없는 대사 등이 조화되어 우수한 작품으로 평가받았고, 컬트 영화의 진면목을 보여주었다. 1992년 오스카 영화상 5개 부문을 수상하였다.

silent majority 침묵하는 다수

한 국가에서 정치적, 도덕적 이슈에 대해 극단적인 의견은 가지고 있지 않고, 또 자신들의 의견을 내놓고 표현하지 않는 사람들을 말한다. 흔히 구세대이거나 비개혁적이라고도 생각되기도 한다.

Silicon Valley 실리콘밸리

미국 캘리포니아주 샌프란시스코 반도 초입에 위치하는 샌타클래라Santa Clara 일대의 첨단기술 연구 단지를 말한다. 이 지역은 겨울을 제외하고는 연중 비가 내리지 않아 전자 산업에 가장 이상적인, 습기 없는 환경을 갖추었고, 가까운 곳에 스탠포드 대학, 캘리포니아 버클리 대학, 샌타클래라 대학 같은 명문 대학들이 있어 우수한 인력 확보가 쉬운 입지 조건을 갖추었다. 또 캘리포니아 주정부의 전자 회사 유치를 위한 초기의 세제상 특혜 등으로 인하여 세계 유수의 반도체 업체들이 한데 모여 첨단기술의 전진기지가 되었다.

Silverstone 실버스톤

잉글랜드 남부의 노스앰프턴Northampton 근처 자동차 경주 트랙의 명칭이다. 해마다 브리티시 그랑프리(British Grand Prix) 자동차와 오토바이 경주가 열린다.

simnel cake 심널 케이크

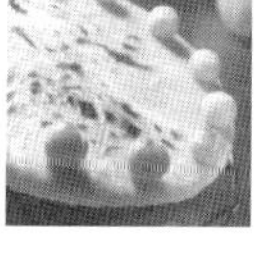

과일을 풍부하게 넣는 케이크이다. 영국에서 전통적으로 부활절이나 어머니날에 먹는다.

Simon and Garfunkel 사이먼 앤 가펀클

폴 사이먼Paul Simon과 아트 가펑클Art Garfunkel로 이루어진 미국의 듀엣 가수이다. 1964년에 내놓은 최초의 앨범의 곡 〈사운드 오브 사일런스〉*Sound of Silence*가 히트하고, 1968년에는 영화 〈졸업〉*The Graduate*의 주제곡 〈미시즈 로빈슨〉*Mrs. Robinson*을 불러서 유명해졌다. 1975년경부터 두 사람은 따로 활동하기 시작했으나, 가끔 듀엣으로 공연할 때도 있다. 이밖에도 히트곡으로 〈스카보로의 추억〉*Scarborough Fair*(1966), 에미상(Emmy awards)을 받은 〈험한 세상에 다리가 되어〉*Bridge Over Troubled Water*(1970) 등이 있다.

Simon Says 사이먼 가라사대

아이들의 언어 게임이다. 술래가 '사이먼 가라사대…' (Simon says…)로 시작하여 어떤 동작을 지시하면 나머지 아이들은 그대로 따라하되, '사이먼 가라사대'를 말하지 않고 지시를 할 때, 그대로 동작을 따라하면 안 되는 놀이이다.

Simon, Neil (1927~) **사이먼, 닐**

주로 희극을 쓰는 미국의 극작가이다. 《이상한 부부》*The Odd Couple*(1965)로 토니상(Tony Award)을 받았고, 《로스트 인 용커스》*Lost in Yonkers*(1991)로 퓰리처상을 받았다. 뉴욕의 유진오닐 극장(Eugene O'Neill Theater)의 소유주이다.

Simple Simon 심플 사이먼

바보 같은 남자나 소년들을 가리키는 말이다.

Simpson, O. J. (1947~) **심슨, 오 제이**

미식축구 선수였다. 아내와 아내의 친구를 살해한 혐의로 기소되었다. 텔레비전에 중계까지 되는 긴 재판 끝에 1995년 무죄 판결을 받았다. 이 재판 결과는 미국의 여론을 흑백으로 갈라놓았다. 그러나 나중에 피해자 가족들에 의해 다시 민사재판에 기소되어 유죄 판결을 받고 850만 달러를 벌금으로 냈다. 이후 그는 영화에도 출연하였다.

***The Simpsons* 〈심슨 가족〉**

1990년부터 방영된 미국 폭스 텔레비전 네트워크Fox Television Network의 인기 만화 시리즈이다.

Sinatra, Frank (1915~1998) **시나트라, 프랭크**

팝송의 명곡 〈마이 웨이〉*My Way*로 널리 알려진 미국의 대중 가수이자 영화배우이다. 감미로운 목소리로 압도적인 인기를 얻어 명실상부한 미국의 대표적인 가수가 되었다. 1943년 영화에 데뷔하여 배우로도 활동하였으며, 1953년에는 영화 〈지상에서 영원으로〉*From Here to Eternity*로 오스카 영화상 조연상을 받았다. 1961년 리플리스 레코드 회사를 설립하였으며 1971년 은퇴하였다. 주요 출연 영화로 〈황금 팔을 가진 사나이〉*The Man with the Golden Arms*(1956), 〈자부심과 정열〉*The Pride and the Passion*(1956), 〈80일 간의 세계일주〉*Around the World in Eighty Days*(1956), 〈상류사회〉*High Society*(1956), 〈텍사스의 4인〉*Four for Texas*(1963) 등이 있다. 〈사랑과 결혼〉*Love and Marriage*, 〈사랑은 달콤한 덫〉*The Tender Trap* 등의 인기곡이 수록된 음반《클래식 트랙》*The Classic Track*(1959)이 널리 알려졌다.

Sinclair, Upton (1878~1968) **싱클레어, 업톤**

미국의 소설가이자 사회비평가이다. 사회악을 고발하는 소설과 평론을 발표하고, 정치 활동에도 참여하였다. 대표작에는 《석탄왕》*King Coal*(1917), 《오일!》*Oil!*(1927), 《보스턴》*Boston*(1928) 외에도, 《세계의 종말》*World's End*(1940)로 시작하여 《래니 버드의 귀환》*The Return of Lanny Budd*(1953)으로 끝나는 11권의 연작소설이 있다.

Sing Sing 싱싱 교도소

뉴욕주에 있는 교도소이다. 엄격한 규율로 중범죄자들이 수감된다. 1969년에 지명을 따라 오시닝 주립 교도소(Ossining State Correction Facility)로 정식 명칭이 바뀌지만 아직도 '싱싱 교도소'라 부른다.

Singer, Issac (1811~1875) **싱어, 아이작**

1851년에 세계 최초로 재봉틀(sewing machine)을 고안하여 상업적으로 성공한 미국인이다. 그의 재봉틀은 오늘날도 세계에서 가장 유명하다.

***Singin' in the Rain* 〈사랑은 비를 타고〉**

1952년에 MGM 영화사가 제작한 미국의 뮤지컬 영화이다. 진 켈리Gene Kelly와 스탠리 도넌Stanley Donen이 공동으로 감독하였고, 뮤지컬의 명배우로 춤과 노래와 연기력을 고루 갖춘 진 켈리와 도널드 오코너Donald O'Connor, 데비 레이놀즈Debbie Reynolds, 진 하겐Jean Hagen 등이 출연하였다. 무성 영화에서 유성 영화로 넘어가는 할리우드의 화려한 변신을 주된 내용으로 젊고 발랄한 뮤지컬 스타들의 사랑 이야기가 그려진다.

Sinn Fein 신페인당(黨)

아일랜드의 공화주의 정당이다. 1905년에 창당하였다.

1913년에 국민의용군을 창설하였고, 1914년에는 영국 의회를 통과한 아일랜드 자치법안에 반대하였다. 1916년에는 아일랜드의 더블린Dublin에서 무장봉기를 하였다. 1주일 동안 영국군과 싸워서 진압되었지만, 그후 더욱 세력을 확대하여 1918년의 총선거에서는 대승을 거두었다. 하지만 영국 의회에 출석을 거부하고, 1919년 1월에 아일랜드 의회를 창설하여 독립을 선언하였다. 이로 인해 영국 정부의 대대적인 탄압을 받게 되자, 의용군을 조직하여 영국의 군대와 경찰에 저항하면서 아일랜드는 내전 상태가 지속되었다. 그후 영국과의 교섭 과정에서 다수를 점령한 우파가 영국 정부와 타협하여, 1922년 아일랜드 자유국의 승인을 받게 되었으나, 좌파는 완전 독립을 요구하여 저항을 계속함으로써 분열하였다. 우파가 '통일당'(Ulster Unionist Party)으로 정권을 잡았으나, 좌파는 1924년 '공화당'(Irish Republican Socialist Party)을 조직하여 1932년 선거에 승리하면서 정권을 잡았다. 두 당은 제각기 신페인당의 전통을 계승하였다고 주장하며 오늘날까지 번갈아 정권을 잡고 있다.

Sioux 수우 부족

사우스다코타주에 많이 살고 있는 미국 인디언 부족이다.

Sir 경

기사(knight)나 남작(baronet)의 이름 앞에 붙는 칭호이다.

Sir Lancelot 랜슬럿 경

전설의 아서Arthur 대왕이 가장 아끼던 기사였다. 아서 대왕의 왕비인 귀네비어Guinevere와 연인 관계였다.

Sirhan, Sirhan (1944~) 서한, 서한

1968년 로스앤젤레스에서 로버트 F. 케네디Robert F. Kennedy를 암살한 범인이다. 요르단 출신의 미국인으로 이스라엘을 옹호하는 케네디의 정책을 싫어하는 것이 이유였다. 체포되어 교도소에 복역 중이다.

site of special scientific interest (SSSI) 특별과학 보존구역

영국 정부가 보호하는 희귀한 야생동물이나 식물들이 서식하는 지역이거나 과학적으로 중요한 지역을 말한다. 경작을 하거나 건축물을 지어 훼손하는 것을 막기 위함이다. 영국 전역에 약 6,000군데 있다.

sixties 60년대

1960년대를 일반적으로 가리키는 말이다. 서구 여러 나라에서 커다란 사회 변혁의 시대이다. 당시 많은 젊은이들이 부모들의 전통적인 가치관과 다른 가치와 견해를 표출하였다. 학생들은 정치적인 집회에 참여하여 전쟁 특히, 베트남 전쟁을 반대하였다. 사람들은 여성과 유색 인종의 평등한 권리에 크게 관심을 가졌다. 미국과 영국에서는 젊은이들이 마약을 하고, 피임약이 나오면서 부모 세대보다 섹스에서도 더 자유로웠다. 여러 가지 부정적인 측면도 있지만, 1960년대는 자유와 사회 진보의 시대였다.

60 minutes 〈60분〉

1968년부터 미국 CBS 텔레비전에서 방영된 뉴스 프로그램이다. 에미상(Emmy awards)을 60여 차례 수상하였고, 거의 매년 미국 텔레비전의 10대 인기 프로그램으로 선정되었다.

skiffle 스키플

본래 1920년대와 1930년대에 미국에서 블루스blues와 래그타임ragtime, 포크 음악folk music을 내포한 재즈 스타일이었다. 이후 1950년대 영국에서 유행한 재즈와 포크 음악이 결합된 음악 장르를 가리키기도 했다. 당시 뮤지션들은 손수 만든 기타를 연주하기도 했다.

skinhead 스킨헤드족(族)

1960년대 장발족에 대항하여 머리를 빡빡 깎은 영국의 우익 청년들을 가리킨 말이다. 정치적으로 우익 단체를 지지하며 폭력적인 활동으로 유명했다.

1960년대 스킨헤드 청년들의 모습

Skinner, B. F. (1904~1990) 스키너, 비 에프

미국의 심리학자이다. 스키너상자Skinner Box, 티칭머신teaching machine의 고안으로 유명하다. 인간과 동물은 학습 과정이 비슷하고, 따라서 행위를 예측하고 통제하는 것이 가능하다고 주장하였다. 하버드 대학 교수를 지냈다. 가설의 구성이나 설명보다도 조작적 분석에 의해, 선행조건과 귀결과의 관계만을 기술하는 입장을 주장하여 스키너학파를 이루었다. 주요 저서로는 《과학과 인간행동》*Science and Human Behavior*(1953), 《언어적 행동》*Verbal Behavior*(1957), 《자유와 권위를 넘어》*Beyond Freedom and Dignity*(1971) 등이 있다.

Sky 스카이

영국 최초의 위성 텔레비전 방송이다. 루퍼트 머독Rupert Murdock이 소유주이다. 위성 수신용 접시 안테나(satellite dish)나 특수 케이블이 필요하다. 스카이 스포츠Sky Sports나 스카이 무비스Sky Movies 등의 프로그램들을 방영한다.

Skylab 스카이랩

최초의 미국 우주 정거장이다. 1970년대에 과학 탐사용으로 사용되었으나, 1979년에 지구상으로 떨어졌다.

skyscrapers 마천루

미국에서 고층 건물들이 세워진 것은 1910년대 시카고에서 시작된다. 1930년에 뉴욕시에 크라이슬러 빌딩Chrysler Building이 319미터 높이의 세계 최고층 빌딩으로 지어졌고, 이듬해 1931년에는 역시 뉴욕에 381미터의 엠파이어 스테이트 빌딩Empire State Building이 기록을 바꾸었다. 이 건물은 수십 년 간 세계 최고층 건물로 자리잡고 있었다. 1973년에 뉴욕에 412미터짜리 세계무역센터(World Trade Center)가 건립되어 최고층 건물의 위치를 차지하였으나, 이듬해 시카고에서 443미터의 시어스 타워Sears Tower가 등장하여 최고층의 기록을 경신하였다. 하지만, 1996년에 말레이시아에 452미터짜리 페트로나스 타워Petronas Towers가 건립되고, 2001년에는 중국 상하이에 460미터짜리 세계금융센터(World Financial Center)가 잇따라 세워지면서 미국은 마천루 기록을 넘겨주었다. 영국에는 미국 같은 높은 건물들이 없다.

slang 슬랭/비속어

일부 또는 많은 대중들에게 통용되지만 표준어에서 많이 벗어난 비속한 언어를 말한다. 슬랭도 세월이 흐르면서 표준어로 자리잡기도 한다. clever(똑똑한)나 naughty(음탕한)라는 말도 옛날에는 슬랭이었으나 오늘날에는 표준어로 자리잡았다. 주로 젊은이들이나 길거리에서 쓰는 말들이 많은데, exciting(흥분되는, 훌륭한)이라는 뜻으로 cool(근사한) 또는 massive(훌륭한)라고 말하는 것이 좋은 예이다. 한국식으로 하자면 '끝내준다'가 된다. 요즘 영국과 미국의 길거리에서 쓰는 슬랭들을 보면, 고지식하다(old fashion)는 뜻으로 naff, 나쁘고 고약한 것(anything bad)을 rank, 엉덩이(buttocks)를 prat, 멍청하다(stupid)는 뜻으로 dweeb 또는 geek라는 말을 쓴다. '술 취한다'는 말로는 get pissed, get smashed, off your face 등이 있다. '굉장하다'는 뜻으로 쓰는 great, super, fab(fabulous의 준말), smashing, square 등에서 어느 말을 쓰는지를 보면, 그 사람의 나이를 알 수 있을 정도로 슬랭은 시대와 함께한다.

Slavery history in the U. S. 미국의 노예제도 역사

유럽인들이 아메리카 대륙을 발견한 이후에 북미에서는 사금 채취와 탄광 작업, 농사일 등을 위한 많은 노동력이 필요하였다. 식민지 경영자들은 유럽인들을 데려와 예속적인 노동자로 활용하기도 했지만, 유럽인들만으로 증가하는 신대륙의 노동력을 충당하기에 한계가 있었다. 따라서 백인 노예보다 훨씬 값이 싸고 평생 부려먹을 수 있는 흑인 노예들이 아메리카로 유입되기 시작하였는데, 플랜테이션plantation이 발달함에 따라 노예 무역이 본격화되었다. 영국도 1663년에 찰스 2세 때부터 아프리카 노예 무역에 참가하였다. 18세기 말 무렵에는 북미 대륙에서의 식민지 확장과 해상 세력의 성장으로 영국이 주요한 노예 무역 국가로 등장하게 되었다. 아프리카에서 노예로 끌려간 흑인들은 오로지 상품으로 취급되었다. 그들은 두 사람씩 쇠사슬에 묶인 채 몇 달 동안의 항해 끝에 아메리카 대륙으로 이송되었는데, 초기에는 항해 도중의 사망률이 40%에 달하기도 하였다. 미국의 초대 대통령인 워싱턴도 1786년에 노예제도를 점진적인 폐지를 원했고, 1808년에 와서야 노예 무역은 의회의 금지조치로 사라졌지만, 그 이후에도 남부 지역에서는 노예의 중요성이 점점 더 커졌다. 왜냐하면 면화와 사탕수수 농업이 남부 지방의 경제에서 차지하는 비중이 컸고, 이런 농업 분야에서 비용이 적게 드는 흑인 노예가 사용되었기 때문이다. 그러나 미국도 1830년대부터는 노예제도 폐지운동을 맞게 된다. 소수의 백인들이 주축이 되어 사회개혁과 인종 편견에 대한 투쟁으로서 노예제 폐지운동을 벌인 것이다. 뉴잉글랜드 지방을 중심으로 일어난 이 운동은 남북의 대립이 격화되면서 일어난 남북 전쟁 때까지 계속되다가 북부가 승리하면서 마침내 흑인 노예는 해방을 맞이한다.

Smith, Adam (1723~1790) 스미스, 애덤

18세기 영국의 경제학자이자 철학자이다. 고전 경제학의 창시자이다. 옥스퍼드 대학에서 공부한 후에 글래스고대학 교수가 되어 도덕철학을 강의하면서 《도덕감정론》*Theory of Moral Sentiments*(1759)를 펴내 유럽에 명성을 떨쳤다.

1764~66년 프랑스 여행을 마치고 귀국 후에 《국부론》*An Inquiry into the Nature and Causes of the Wealth of Nations* 집필에 몰두하여 1776년에 발표하였다. 그후 1787년까지 글래스고 대학 총장으로서 평생 연구 생활을 계속하였다. 《국부론》으로 그의 경제학 연구는 완성을 보았다. 나중에 '경제학의 아버지'로 불리게 되었으며, 근대 경제학, 마르크스 경제학은 스미스의 이 《국부론》으로부터 출발하였다. 《국부론》은 경제학을 처음으로 이론과 역사, 정책에 도입하여 체계적인 과학으로 자리매겼다. 또, 중상주의 비판을 통하여, 부(富)는 금・은만이 아닌 모든 생산물이라고 규정하고, 노동의 생산성 향상이 국민의 부의 증대라고 보고, 생산에서의 분업을 중시하였다. 그는 근대인의 이기심을 경제 행위의 동기로 보고, 이에 따른 경제 행위는 '보이지 않는 손(invisible hand)'에 의해 궁극적으로는 공공복지에 기여하게 된다고 생각하였다. 또, 생산과 분배에는 자연적 질서가 작용하여 저절로 조화되어 간다고 하였다.

Smith, Bessie (1895~1937) **스미스, 베시**

미국의 흑인 여자 블루스 가수이다. 수 년 간 술집과 작은 극장 등에서 노래를 불러오다가 1923년에 처음으로 레코드를 취입하였다. 1920년대에 블루스의 여왕(The Empress of the Blues)으로 불렸으며, 풍부한 성량과 소박한 창법은 후진에게 많은 영향을 끼쳤다. 1937년 지방 순회 중 교통사고로 숨졌다. 히트곡으로 〈다운하티드 블루스〉*Downhearted Blues*(1923)가 있다.

Smith, Joseph (1805~1844) **스미스, 조지프**

미국 몰몬교(Mormon Church of Jesus Christ of Latter-Day Saints)를 창설한 사람이다.
자서전적 저서 《몰몬경》*The Book of Mormon*(1830)을 출판한 뒤에 새로운 교회를 창립하였다. 이것이 몰몬교의 시작이다. 반대파들에 의해 옥중에서 사살되었다.

Smith, Margaret Chase (1897~1995) **스미스, 마가렛 체이스**

미국 하원의원과 상원의원에 모두 당선된 최초의 여성이다. 미국의 공화당과 민주당의 정치사를 통털어 1964년에 여성으로서는 처음으로 대통령 후보가 된 사람이다.

Smithfield Market 스미스필드 마켓

12세기부터 내려온 런던의 오래된 육류 시장이다.

Smithsonian Institution 스미스소니언협회

영국의 화학자이자 광물학자인 제임스 스미스슨James Smithson의 유산을 기금으로 하여 1846년에 설립한 학술기관이다. 제임스 스미스슨은 당초 영국 왕립학술원(Royal Society)에 기부하려 했지만 오해가 생겨, 당시 액수로 50만 달러가 넘는 큰 유산은 1935년에 미국에 기증되었다. 미국 부통령, 대법원장, 상원의원 3명, 하원의원 3명, 일반인 6명으로 구성되는 이사회가 협회의 최고 책임자인 소장을 임명한다. 산하에 많은 박물관, 미술관, 연구소가 있어, 세계적으로도 엄청난 문화 시설이다. 대표적인 것으로 국립 자연사박물관(National Museum of Natural History), 국립 항공우주박물관(National Air and Space Museum), 국립 미술관(National Gallery of Art), 국립 미국미술박물관(National Museum of American Art), 국립 초상화미술관(National Portrait Gallery), 국립 미국사박물관(National Museum of American History) 등의 박물관이 12개에다, 스미스소니언 천체물리학연구소(Smithsonian Astrophysical Observatory, SAO), 과학정보교환소(National Science Resources Center), 스미스소니언 열대연구소(Smithsonian Tropical Research Institute, STRI), 아프리카 예술박물관(African Art Museum), 동물원(National Zoo) 등도 있다. 스미스소니언 출판국은 학술서와 전문적 서적, 잡지 등을 많이 출판한다.

Smithsonian Institution

협회 마크

Smokey the Bear 스모키 더 베어

1. 미국 삼림협회(US Forest Service)가 만든 산불예방 공익광고에 나오는 상징인 협회 모자를 쓴 친근한 곰이나. '당신만이 산불을 예방할 수 있어요.' 라는 메시지를 담은 포스터나 TV광고에서 볼 수 있다.
2. 고속도로 경찰관들을 비공식적으로 부르는 이름으로 어떤 주의 경찰관 모자가 스모키 더 베어의 모자와 비슷한 데서 유래했다.

Smollet, Tobias (1721~1771) **스몰렛, 토비아스**

스코틀랜드 출신의 소설가이다. 친근한 주인공들의 여행과 모험을 담은 작품들이 주를 이룬다. 《로더릭 랜덤의 모험》*The Adventures of Roderick Random*(1748), 《페리그린 필클의 모험》*The Adventures of Peregrine Pickle*(1751), 《험프리 클린커의 탐험》*The Expedition of Humphry Clinker*(1771) 등의 작품들이 있다.

Snead, Sam (1912~) **스니드, 샘**

1940년과 50년대 미국의 유명 프로 골퍼이다. 장타로 특히 유명하다. 프로골프협회 선수권대회(PGA Championship) 3회, 마스터스 대회(Masters Tournament) 3회를 우승하였다.

snooker 스누커

당구와 비슷한 게임이다. 당구대와 비슷한 테이블 위에서 빨간 공 15개와 여러 가지 색의 7개 공을 큐cue라고 하는 스틱으로 쳐서 6곳의 구멍(pocket)에 넣는 게임이다.

Snow Belt 스노우 벨트

미국의 여러 주들 가운데 겨울에 춥고 눈이 많이 내리는 북동부와 중서부의 주들을 가리키는 말이다.

Snow White 《백설공주》

독일의 그림Grimm 형제의 동화집에 수록된 이래 전세계 어린이들에게 애독되는 설화이다. 눈처럼 흰 피부, 붉은 입술, 검은 머릿결을 가진 아름다운 공주를 심술궂은 계모가 여러 차례 죽이려 하나 그때마다 숲 속의 일곱 난쟁이들이 살려내는데, 마지막에는 계모가 보낸 독이 든 사과를 먹고 죽은 것을, 왕자가 나타나서 살려내고 계모는 벌을 받게 된다는 줄거리이다. 미국의 월트 디즈니Walt Disney사가 1937년에 처음 애니메이션 영화로 만들어 전세계 어린이들이 즐겨 보고 있다.

The Snowman 〈스노우맨〉

그림으로만 구성된 레이먼드 브릭스Raymond Briggs의 원작 동화를 1982년에 극장용 단편 애니메이션 영화로 제작한 것이다. 감독은 다이안 잭슨Dianne Jackson이 맡았다. 대사 없이 캐릭터의 동작과 런던 심포니 오케스트라의 음악으로 스토리가 전개되며, 한컷 한컷을 파스텔 톤의 색연필로 그림을 그려서 부드럽고 따뜻한 느낌을 주었다. 1984년 시카고 아동국제 영화제에서 최우수 작품상을 수상했다.

눈이 내린 어느 날 한 소년이 눈사람을 만든다. 소년은 눈사람에게 눈, 코, 입 등을 만들어 주고 모자와 목도리를 입혀준다. 그날 밤 소년과 눈사람은 집안 곳곳을 돌아다니며 재미있게 놀다가 눈사람에게 이끌려 하늘을 날아서 북극으로 간다. 거기에서 여러 나라에서 온 눈사람과 산타클로스를 만나 즐거운 한때를 보내고 선물도 받는다. 새벽이 되어 집으로 돌아온 소년은 눈사람과 작별 인사를 한다. 다음날 아침에 소년은 눈사람이 녹아버려 목도리와 모자만 남아있는 것을 보게 된다.

Soane, John (1753~1837) 숀, 존

19세기 영국의 신고전주의(neo-classicism) 건축가이다. 잉글랜드 은행(Bank of England)을 설계하였다.

social security 사회 보장

실직자나 저소득층, 노인, 질병이나 부상으로 노동을 하지 못하는 환자들에게 정부가 생계를 보조하는 것을 말한다. 영국과 미국 모두 이 제도를 시행하고 있는데, 미국에서는 특히 1935년 뉴딜New Deal정책에서부터 시작되었다.

social security number 사회보장번호

미국의 모든 시민이 가지고 있는 한국의 주민등록번호와 같은 신분 번호(identity number)이다. 본래는 사회보장이나 근로를 위한 자격으로 주어졌으나, 1987년부터 어린이들에게도 부여하였다. 이 번호가 이제는 가계수표나 운전면허증, 학생증 등으로 다양하게 활용된다.

Society of Friends 친우회(親友會)

퀘이커교(Quakers)의 공식 명칭이다.

softball 소프트볼

미국에서 만든 야구 비슷한 스포츠이다. 남녀노소 누구나 즐길 수 있다. 시합은 7회이고, 투수는 공을 아래로부터 던지는 투구를 해야한다. 주자는 베이스에서 떨어져 있다가도 투수가 투구 자세에 들어가면 베이스에 발을 붙이고 있어야 하고, 공이 투수의 손에서 떨어졌을 때 뛸 수 있다. 1991년 IOC 총회에서 올림픽 정식 종목으로 채택되었다.

Soho 소호

런던의 웨스트 엔드West End의 한 지역이다. 카페나 나이트 클럽, 극장, 식당, 섹스 숍이나 스트립 클럽, 사창가 등으

로 유명한 곳이다. 1980년대부터는 영화나 텔레비전 · 음악 관련 기업들, 광고 회사들이 많이 몰려들었다.

SoHo 소호

뉴욕 맨해튼Manhattan 남부의 번화가이다. 패션과 전위예술의 중심지로 예술가들이 많이 산다. SoHo는 **So**uth of **Ho**uston(휴스턴 남쪽)을 줄인 말이다.

Sojourner 소저너호(號)

1997년 미국 나사NASA가 만든 작은 화상 탐사선이다. 무게가 11kg이다. 화성 표면에 착륙하여 많은 사진을 찍고, 암석들을 분석하였다.

Solomon Islands 솔로몬 군도

태평양 남서부의 여러 섬으로 된 나라이다. 1890년대에 영국령이 되었다가 1978년에 영연방으로 독립하였다.

솔로몬 군도의 한 해안

Solti, Georg (1912~1997) 숄티, 게오르그

영국의 세계적인 클래식 음악 지휘자이다. 헝가리 태생이다. 시카고 교향악단(Chicago Symphony Orchestra)과 로열 오페라 하우스(Royal Opera House) 오케스트라를 포함한 많은 유명 오케스트라를 지휘하였다.

Sondheim, Stephen (1930~) 손드하임, 스티븐

미국의 브로드웨이 뮤지컬 작사가이다. 그의 많은 작품이 영화로 만들어졌다. 〈웨스트사이드 스토리〉*West Side Story*(1959), 〈집시〉*Gypsy*(1959) 등의 작품이 있다.

Songs of Innocence and of Experience 《순수와 경험의 노래》

영국 시인 윌리엄 블레이크William Blake의 1794년 시집이다. 1789년에 발표한 〈순수의 노래〉*Songs of Innocence*와 5년 뒤에 발표한 〈경험의 노래〉*Songs of Experience*를 묶은 것이다. 〈순수의 노래〉*Songs of Innocence*는 지상의 모든 것에 충만한 하나님의 사랑과 자비를 노래하고, 〈경험의 노래〉Songs of Experience는 사랑의 힘과 악의 힘을 노래한다. 〈호랑이〉*The Tyger*를 비롯하여 유명한 시들이 이 시집에 수록되어 있다.

The Sonnets 《소네트》

윌리엄 셰익스피어의 소네트 시집이다. 소네트는 14행으로 된 시를 가리키는 말이다. 1590년대에 지어진 것이 많다. 많은 시편들이 어느 젊은 청년에게 보내는 충고와 아름다운 여인에게 바치는 글로 되어 있다.

Sons and Lovers 《아들과 연인》

20세기 영국의 작가 D. H. 로렌스D. H. Lawrence가 1913년에 발표한 장편소설이다. 자서전적인 소설로 자기 가족의 인물들이 작중에 투영되어 있다. 장남 윌리엄William과 차남 폴Paul은 모렐 부인(Mrs. Morel)의 아들인 동시에 정신적 연인이기도 하였다. 그녀는 광부의 아내가 되었으나, 단순히 육체적인 부부관계로 결합된 부부애에 만족을 느끼지 못하고 장남 윌리엄에게 사랑을 쏟았다. 윌리엄은 오히려 어머니의 사랑에 희생되어 요절한다. 어머니의 맹목적인 사랑 속에서 성장하는 폴은 자기 중심적인 인물이 된다. 폴에게 애인 미리엄Miriam이 생기자 어머니는 그녀를 혐오한다. 미리엄과 헤어지고 어머니도 사망하자, 폴은 정신적 지주를 잃어버리고 유부녀인 클라라(Mrs. Clara)에게서 성의 만족을 찾는다. 폴은 어머니에게서 느끼는 것과 같은 평온한 애정을 미리엄과 클라라에게 기대하지만, 미리엄의 정신에서도 클라라의 육체에서도 그것은 메워질 수 없었다. 작가는 자신의 체험을 통하여, 폴을 중심으로 한 어머니와 미리엄 사이의 사랑의 갈등을 비극적으로 묘사하고 있다.

sorority 여대생 클럽

미국 대학에 재학 중인 여학생들의 클럽이다. 대개 같은 기숙사에 있는 학생들이다. 클럽 명칭이 주로 그리스어로 되어 있다. 자선 활동을 하거나 지역사회 봉사 활동을 하기도 하고, 일부는 학문이나 전문 분야의 단체로 활동하기도 한다.

Soros, George (1930～) 소로스, 조지

미국의 투자가이자 자선 사업가이다. 헝가리에서 태어나 런던 정경 대학(London School of Economics)을 졸업하고 1956년에 미국으로 이민을 왔다. 1979년에 자선단체인 오픈 소사이어티 펀드(Open Society Fund), 1984년에 헝가리 소로스 재단(Soros Foundation-Hungary), 1987년에 소련 소로스 재단(Soros Foundation-Soviet Union)을 설립하여 유럽 지역에서 자선 사업을 해오고 있다. 1990년에 헝가리 부다페스트Budapest와 체코의 프라하Prague, 폴란드 바르샤바Warsaw에 센트럴 유러피언 유니버시티(Central European University)를 설립하였다. 현재까지 투자 회사인 소로스 펀드 메니지먼트(Soros Fund Management)의 회장과 유명한 투자 펀드인 퀀텀펀드(Quantum Fund)의 투자 자문역을 맡고 있으며 역대 최대의 투자 실적을 올렸다.

Sotheby's 소더비 경매 회사

런던에 본사가 있는 세계적인 미술품 및 골동품 경매 회사이다. 1744년 영국의 서적 판매업자인 S. 베이커S. Baker가 설립하였는데, 1778년에 그가 사망하여 J. 소더비J. Sotheby가 승계하였다. 런던의 본사 외에 1964년 뉴욕에도 본사를 두면서 국제화의 기틀을 마련하였고, 현재 전세계에 100여 개의 지점과, 10여 개의 상설 경매장을 갖고 있다. 주요 고객인 각국의 중앙 박물관, 고미술품 수집가, 공공재단 등의 관심을 끌기 위하여 미술 교육을 실시할 뿐만 아니라, 고성(古城)·가구·보석·화폐·우표·악기·자동차·무기·포도주 등도 수집하여 목록을 작성하고 고객들에게 우송한다. 라이벌인 크리스티 경매 회사(Christie's)와 함께 세계 경매 시장의 80%를 장악하고 있다.

soul 쏘울 (= soul music)

1950년과 1960년대에 가스펠Gospel과 리듬 앤 블루스 rhythm and blues에서 발전한 애잔한 흑인 음악의 한 장르이다. 뉴욕의 할렘Harlem을 중심으로 발전하여, 할렘은 '쏘울 시티'Soul City라고도 한다. 유명한 쏘울 뮤지션은 제임스 브라운James Brown, 레이 찰스Ray Charles, 마빈 게이Marvin Gaye, 아리사 프랭클린Aretha Franklin, 오티스 레딩Otis Redding, 로버타 플랙Roberta Flack, 스티브 원더Stevie Wonder 등이다.

The Sound of Music 〈사운드 오브 뮤직〉

리처드 로저스Richard Rogers가 작곡하여 오스카 해머스타인Oscar Hammerstein이 작사와 대본을 써서 1959년에 초연된 브로드웨이 뮤지컬이다. 나치가 점령한 스위스를 탈출한 오스트리아 트랩Trapp씨 가족의 실화를 바탕으로 하였다. 영화로도 만들어졌는데, 줄리 앤드류스Julie Andrews가 주인공 마리아 트랩Maria Trapp을 연기하였고, 6개 부문의 오스카 영화상을 수상하였다.

Sousa, John Phillip (1854～1932) 수자, 존 필립

'행진곡의 왕'(March King)이라고 불리는 미국의 행진곡 작곡가이다. 그가 작곡한 군대 행진곡만 140여 곡이 된다. 유명한 〈워싱턴포스트 마치〉*The Washington Post March*(1889), 〈성조기여 영원하라〉*The Starts and Stripes Forever*(1897) 등이 그의 작품이다. 그는 미해병군악대(US Marine Band)를 오래 이끌었고, 자신의 밴드를 만들어 유럽과 세계를 순회하며 공연하기도 했다. 큰 악기인 수자폰Sousaphone이 그의 이름을 딴 것이다.

the South 남부

영국과 미국 모두 남부라고 지칭되는 지역이 있다. 우선, 미국에서는 정치·역사적으로 남부 주들을 가리킨다. 역사적인 메이슨-딕슨 라인Mason-Dixon Line의 남부의 14개 주들이다. Maryland, Virginia, West Virginia, Kentucky, Tennessee, North Carolina, South Carolina, Georgia, Florida, Alabama, Mississippi, Arkansas, Louisiana, Texas 등으로 특히 동부에 치우쳐 있다. 전통적으로 노예제를 유지하며 농업에 기반을 두어왔다. 1950～60년대 흑인 인권운동이 남부에서 일어났다. 대체로 전통적인 가치들을 유지하며, 보수적이고, 종교적으로도 교리에 충실한 엄격한 침례교와 가톨릭교도가 많다. 말투도 느리다.

영국에서 남부라 하면 잉글랜드 남부를 가리키는데, 영국의 다른 지역에 비해 부유하고, 정치적으로 우익 성향이다.

South Bank 사우스뱅크

런던의 템즈Thames 강 남쪽 지역이다. 런던의 주요 문화 중심지이다. 많은 문화 관련 본부들이 1950～1960년대에 들어섰다. 헤이워드 미술관(Hayward Gallery), 영상 박물관(Museum of the Moving Image), 국립 영화관(National Film Theatre), 로열 페스티벌홀(Royal Festival Hall), 로열 네셔널시어터(Royal National Theatre) 등이 모여 있고, 시민들이 산책을 하거나 야외 공연을 할 수 있는 공원들이 있다.

South Carolina 사우스캐롤라이나주

미국의 남동부 대서양 연안에 있는 주이다. 1670년부터는 영국의 식민이 시작되었고, 1788년 8번째로 독립한 최초

13주의 하나였고, 남북 전쟁의 도화선이 된 곳이다. 주도 콜롬비아는 불에 탔고, 1868년 연방 복귀 후에도 오랫동안 재정난과 정쟁에 시달렸다. 예전부터 미국의 대표적인 목화 재배지였으나, 오늘날에는 잎담배 재배도 큰 비중을 차지한다. 면 공업이 공업 생산의 절반을 차지하며, 국내 3대 면 공업 주의 하나로 꼽힌다.

South Dakota 사우스다코타주

미국 중앙 대평원 북부에 있는 주이다. 주도는 피어Pierre이다. 주의 대부분이 높이 300~900m의 광활한 초원 지대이다. 미주리Missouri 강에 관개·치수·발전용 다목적 댐이 건설되어 동부를 중심으로 농업과 목축업이 발달했다. 블랙힐스Black Hills 산지 북부의 금광산은 전국 1위이다. 최초의 백인인 프랑스인에 의해서 1743년 프랑스령이 되었다가 1803년 미국이 루이지애나와 함께 프랑스로부터 구입하였다. 1831년에 미주리 강에 증기선이 취항하였다. 관광의 중심은 러슈모어 산(Mount Rushmore), 블랙힐스Black Hills, 윈드동굴 국립공원(Wind Cave National Park) 등이 관광의 중심이 되고 있다. 특히 블랙힐스의 러슈모어 산은 화강암으로 구성된 아메리카 인디언의 성지이자, 4명의 저명한 미국 대통령의 상이 조각되어 있다.

South Pacific 〈남태평양〉

남태평양의 조그만 섬을 무대로 펼쳐지는 두 쌍의 사랑 이야기를 그린 미국의 뮤지컬이다. 리처드 로저스Richard Rogers가 작곡을 맡고, 오스카 해머스타인Oscar Hammerstein이 대본과 작사를 맡은 1949년 초연 작품이다. 제임스 미체너James Michener의 《남태평양 이야기》*Tales of the South Pacific*(1947)를 원작으로 하였다. 브로드웨이에서 1,925회 연속 상연되었다. 태평양 전쟁 때, 남태평양의 조그만 섬을 무대로 펼쳐지는 프랑스인 농장 주인과 종군 간호사, 젊은 장교와 섬 처녀, 이들 두 쌍의 사랑 이야기이다. 1558년에 영화로도 제작되었다.

South-East 사우스이스트

런던을 포함하는 잉글랜드의 남동부를 가리키는 말이다. 다른 지역에 비해 인구밀도가 높고, 기업들의 본사가 이곳에 많이 있다. 부자들도 많이 살고 있다.

south-west 사우스웨스트

멕시코와 인접하는 미국의 여러 주를 가리키는 말이다. 애리조나Arizona, 뉴멕시코New Mexico, 텍사스Texas 일부, 유타Utah, 콜로라도Colorado 등이다. 사막과 선인장들이 많이 눈에 띄고, 주황색 건물과 장식, 요리 등에서 인디언과 멕시코의 영향을 받은 모습이 많이 보인다.

southern belle 서던 벨

미국 남부 출신의 미인을 일컫는 말이다. 19세기에 사용된 말인데, 특히 《바람과 함께 사라지다》의 스칼렛 오하라Scarlet O'Hara처럼 가문 좋은 집안의 젊은 미인을 가리키는 말이었다.

space race 우주 경쟁

1960년에서 1970년대에 미국과 구 소련이 서로 경쟁적으로 우주 개발에 박차를 가하던 것을 말한다. 이 경쟁은 1957년에 소련이 먼저 스퓨트닉Sputnik 위성을 우주에 쏘아 올리는 바람에 자극을 받은 미국이 본격적으로 우주 연구와 개발에 박차를 가했고, 아폴로 계획(Apollo Project)의 결과, 미국의 아폴로우주선이 1969년에 달에 착륙하였다. 우주 개발은 군사적으로도 큰 중요성을 가지나, 오늘날 미국과 러시아는 우주 정거장 개발에 공동으로 노력하고 있다.

space shuttle 우주 왕복선

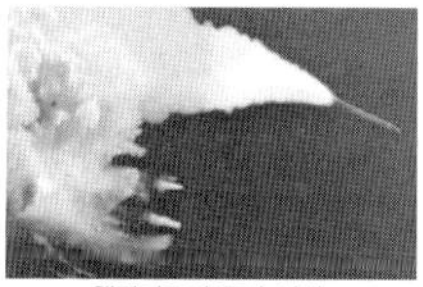
챌린저호의 폭발 장면

미국의 우주운항시스템(Space Transportation System)의 일환으로 제작된 우주선으로, 승무원을 태워 우주에 갔다가 지구에 다시 복귀하도록 만든 왕복선이다. 처음으로 만든 것들이 콜롬비아Columbia, 챌린저Challenger, 디스커버리Discovery, 아틀란티스Atlantis 등인데, 챌린저호는 1986년에 폭발하여 6명의 승무원이 사망하여, 2년 뒤에 발사를 중지하였다. 이후 엔데버Endeavor호가 새로 제작되었다.

spaghetti junction 스파게티 교차로

주요 도로가 서로 스파게티 국수 가닥처럼 이리저리 많이 교차하는 지역을 말한다.

spaghetti western 스파게티 웨스턴

1960년에서 1970년대 미국의 서부 영화 가운데 특히, 이탈리아 영화사들이 만든 영화들을 가리키는 말이다. 복잡한 스토리와 많은 폭력 장면이 특징이었다. 세르지오 레오네 Sergio Leone 감독이 처음으로 만들었고, 배우로는 클린트 이스트우드Clint Eastwood가 최초로 스파게티 웨스턴 영화에 출연하여 유명해졌다.

Spam 스팸

제2차 세계대전 때 미군들에게 지급된 통조림으로 만들어진 햄으로 유명하다. 오늘날도 전세계에서 여전히 많이 팔린다.

Spanish-American War 스페인-미국 전쟁

1898년에 미국과 스페인간에 벌어진 전쟁이다. 1898년에 쿠바의 아바나Habana 항에 있던 미국의 전함이 폭발하는 사건이 발생하며 양국이 전쟁을 시작하였다. 미국이 승리하여 쿠바는 스페인으로부터 독립하였고, 푸에르토리코 Puerto Rico와 괌Guam, 필리핀(the Philippines)이 미국으로 넘어갔다. 이 전쟁의 승리는 미국을 세계의 강국으로 확인시켜 주었다.

the Speaker 영국 하원의장

영국 하원(House of Commons)의 의장이다. 전체 하원 의원들이 선출한다.

the Speaker of the House 미국 하원의장

미국 하원(House of Representatives)의 의장이다. 하원의 다수당에서 뽑힌다.

Speaker's Corner 스피커스 코너

런던의 하이드파크Hyde Park에 있는 한 지점이다. 시민들이 자유로이 연설하던 공원 안의 이곳을 애칭으로 부른 말이다.

하이드 공원에서 시민 연사의 연설을 듣고 있는 사람들

special prosecutor 특별 검사

미국에서 정치인과 고위 공직자의 불법 행위를 조사하기 위해 법무 장관(검찰 총장)이 특별히 임명하는 검사를 말한다. 1973년 닉슨Nixon 대통령 때와 1998년 클린턴Clinton 대통령 때 특별 검사가 임명되었다.

***The Spectator* 《스펙테이터》**

사회, 정치, 예술에 관한 기사를 싣는 영국의 주간 잡지이다. 1828년에 창간되었고, 우익 성향의 논조를 보인다.

Spencer, Herbert (1820～1903) **스펜서, 허버트**

영국의 철학자이다. 독학으로 공부하여 교사와 철도기사, 신문기자를 거쳐 1848년에 경제지 《이코노미스트》 *Economist*의 편집차장이 되었다. 1853년에 큰아버지의 유산을 상속받게 되어 퇴직하고 저술 생활로 들어갔다. 평생을 독신으로 지냈고, 대학 강단에 서지 않고 민간학자로 지냈으며, 대학이나 학회에서 주는 명예 칭호도 모두 거절했다고 한다. 《종합철학체계》*The Synthetic Philosophy* 전 10권은 별의 생성에서부터 인간사회의 도덕 원리 전개에 이르기까지 모든 것을 진화(evolution)의 원리에 따라 조직적으로 서술하였다. 그밖에도 《교육론》*Education*(1861), 《사회학 연구》*The Study of Sociology*(1873), 《자서전》*An Autobiography*(1904) 등이 있다.

Spencer, Stanley (1891～1959) **스펜서, 스탠리**

영국의 화가이다. 미술 학교를 졸업한 후에 제1차 세계대전에 적십자 요원으로 참전하였다. 전쟁 체험을 바탕으로 종교화 제작에 몰두하여 〈십자가를 진 그리스도〉*Christ Carrying the Cross*(1920), 〈부활〉*The Resurrection, Cookham*(1927) 등을 발표하였다. 사실적인 풍경화나 풍속화에도 종교적인 내용이 숨어 있다. 1959년에 기사 작위를 받았다.

Spender, Stephen (1909～1995) **스펜더, 스티븐**

영국의 시인이다. 옥스퍼드 대학을 졸업하고, 1930년대 W. H. 오든W. H. Auden과 C. D. 루이스C. D. Louis, F. L. 맥니스F. L. MacNeice, 프레더릭 루이스Frederick Louis 등과 더불어 좌익적인 시를 발표하여, T. S. 엘리엇T. S. Eliot 이후의 새로운 시단 세력으로 주목을 받았다. 그의 시들은 《시전집》*Collected Poems*(1955)에 대부분 수록되어 있다. 1953년에 종합 잡지인 《인카운터》*Encounter*를 창간하였다. 제2차 세계대전 후 1959년 캘리포니아 대학 교수를 비롯하여 미국의 여러 대학에서 강의하였다. 《파괴적인 요소》*The Destructive Element*(1935), 《자유로부터의 전진》*Forward from Liberalism*(1937), 《창조적 요소》*The Creative Element*(1953), 《현대인의 투쟁》*The Struggle of the Modern*(1963) 등의 평론집과 자서전《세계 속의 세계》*World Within World*(1951)가 있다.

Spenser, Edmund (1552~1599) **스펜서, 에드먼드**

16세기 영국의 시인이다. 장편 서사시 《선녀 여왕》*The Faerie Queene*을 남겼다. 후세 시인들에게 큰 영향을 끼쳤기 때문에 '시인 중의 시인'이라 불린다. 1579년에 첫 시집 《양치기의 달력》*Shepherd's Calender*을 출판하여 유명해졌다. 이외에도 《축혼곡》*Epithalamion*(1595), 연애시의 걸작이라 불리는 《연가소곡》*Amoretti*(1595) 등의 시집이 있다.

Spice Girls 스파이스 걸스

영국의 5인조 젊은 여성들의 댄스 가수들이다. 〈워너비〉 *Wannabe*, 〈세이 유윌 비 데어〉 *Say You'll Be There*, 〈투비컴 원〉 *2 become 1* 등의 히트곡이 있다.

Spider-Man 스파이더맨

원래는 미국에서 출간된 1962년 만화의 주인공이다. 주인공 피터 파크Peter Parker라는 사진기자는 악당을 만나면 거미인간으로 변하여 싸운다. 영화로도 제작되었다.

Spielberg, Steven (1947~) **스필버그, 스티븐**

미국의 영화감독이자 제작자이다. 유태계 출신으로 UCLA 대학을 졸업하고 텔레비전 영화감독으로 활동하였다. 1974년 〈슈거랜드 특급 열차〉*The Sugarland Express*를 감독하며 영화에 데뷔하였다. 1975년에 식인상어와의 혈투를 그린 〈죠스〉*Jaws*가 세계적인 성공을 거두면서 미국 영화계의 대표적인 흥행 감독으로 떠올랐다. 그후 〈클로스 엔카운터〉 *Close Encounters Of The Third Kind*(1977), 〈레이더스〉 *Raiders Of The Lost Ark*(1981) 〈이티〉*E. T.*(1982), 〈인디애나 존스〉*Indiana Jones* 시리즈(1984, 1989, 2004), 〈컬러 퍼플〉*Color Purple*(1985), 〈후크〉*Hook*(1991), 〈쥬라기 공원〉*Jurassic Park* 시리즈(1993, 1997), 〈쉰들러 리스트〉*Schindler's List*(1993), 〈아미스타드〉*Amistad*(1997), 〈라이언 일병 구하기〉*Saving Private Ryan*(1998), 〈에이 아이〉*A. I. Artificial Intelligence*(2001) 등의 영화를 연출했는데, 대부분 흥행에서 큰 성공을 거두었다. 특히 〈쉰들러 리스트〉는 1994년 오스카 영화상에서 7개 부문의 상을 받아, 흥행성은 높지만 작품성 있는 영화를 만들지는 못한다는 평가를 바꾸게 하였다.

spiritual 영가(靈歌)

전통적으로 미국 남부의 흑인들이 불렀던 영가(靈歌)이다. 18세기 미국의 흑인 노예들이 자기들의 흑인 리듬을 백인 기독교인들의 찬송가와 접목하여 부르면서 생겨났다. 가사는 구약성경에서 따온 것이 많고, 노예 생활의 고통스런 현실에서 신앙과 상상의 세계로 도피하려는 소망을 노래하고 있다. 처음에는 흑인들만 불렀으나, 흑인 학교 연주 단체의 활동이 활발해지며 유럽 각지에까지도 널리 퍼졌다. 오늘날에는 연주회나 일반 합창단에서도 많이 불린다. 널리 알려진 영가는 〈스위트 로, 스위트 채리엇〉*Sweet Low, Sweet Chariot*, 〈스틸 어웨이〉*Steal Away*, 〈아무도 모르는 나의 괴로움〉 *Nobody Knows the Trouble I've Seen* 등이 있다.

Spitz, Mark (1950~) **스피츠, 마크**

미국의 수영 선수로, 세계 신기록을 26번이나 경신하여 '물의 지배자'라는 별명이 있다. 통산 금메달 수가 9개에다 전무후무한 7관왕 기록을 갖고 있다. 올림픽 한 대회 최다관왕의 기록도 있다. 1972년 뮌헨 올림픽 경기대회 수영에서 자유형 100m와 200m, 접영 100m와 200m, 계영 400m와 800m, 혼계영 400m에서 4개의 세계 신기록과 함께 7개의 금메달을 따냈다. 은퇴 후 연예계로 진출하여 인기 스타가 됐다.

Sports Illustrated **《스포츠 일러스트레이티드》**

스포츠 관련 기사를 싣는 미국의 주간 잡지이다. 타임Time사가 발행한다.

spotted dick 스포티드 딕 (= spotted dog)

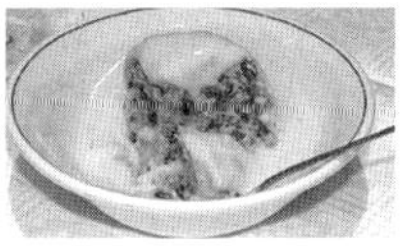

영국의 전통적인 음식이다. 건포도 같은 과일과 푸딩으로 되어 있다.

square dance 스퀘어 댄스

미국의 대표적인 포크 댄스이다. 레크리에이션용으로 일반 대중의 사랑을 받는 춤이다. 4쌍의 남녀가 서로 마주서서 정사각형을 이루면서 춤을 추기 때문에 이 이름이 붙었다. 스

퀘어 댄스는 미국 개척시대 초기에 시작되었다. 춤추는 사람들은 개척 당시의 의상을 입고 바이올린의 포크송 연주를 반주로 콜러(caller)의 유머 섞인 즉흥적인 리드에 의해서 춤춘다.

squash 스쿼시

테니스와 월 핸드볼wall handball을 혼합한 운동이다. 스쿼시 라케츠squash racquets와 스쿼시 테니스squash tennis가 있는데, 보통 스쿼시라고 하면 전자를 말한다. 18세기 영국의 교도소에서 고안된 것으로 전해지는 라케츠racquets가 19세기 영국의 학교에 보급되면서 '스쿼시 라케츠'가 생겼다. 이것이 미국으로 건너가 스쿼시 테니스를 탄생시켰으며, 1950년대에 라켓볼racquet ball이 고안되었다. 벽으로 둘러싸인 코트에서 벽을 향해 공을 쳐서 주고받는다. '스쿼시'란 '으스러진다'는 뜻으로, 고무로 된 속이 빈 공이 벽에 세게 부딪쳤을 때에 으스러지는 듯한 소리가 나는 데서 비롯되어, 그대로 경기의 명칭이 되었다.

squatter 무단 거주자

영국의 대도시에는 빈 건물에 무단으로 거주하는 사람들이 꽤 있다. 주로 젊은 사람들이 많다. 곧 철거나 다른 계획이 있는 공공 건물인 경우에는 시 당국에서도 묵인한다. 하지만, 사유재산인 개인 건물인 경우에는 건물주들이 쫓아내는 조치를 취한다.

St. Andrew's Cross 스코틀랜드 국기

푸른 바탕에 X자 모양의 흰색 십자가로 된 스코틀랜드의 국기이다. 세인트 앤드류(St. Andrew)는 스코틀랜드의 성자이다.

St. Augustine (~604년 사망) 성 어거스틴

앵글로 색슨족에게 기독교를 전파하기 위해 40명의 성직자들과 함께 로마에서 영국으로 파견된 기독교 성자이다. 그는 켄트(Kent)왕과 에텔베르트(Ethelbert)왕을 개종시켰으며 수도인 캔터베리에 교회를 세워 초대 캔터베리 대주교가 되었다.

St. George's Cross 잉글랜드 국기

흰 바탕에 붉은 십자가로 된 잉글랜드의 국기이다. 세인트 조지(St. George)는 잉글랜드의 성자이다.

St. Patrick (c.389~c.461)성 패트릭

아일랜드 민족의 대표적인 성인. 원래 아일랜드인이 아니었지만 로마 신부의 아들로 웨일즈에서 태어난 것으로 추정된다. 패트릭은 골 지방 Gaul(프랑스)에서 성직자가 되었고 432년에 아일랜드로 돌아왔다. 그는 많은 사람들을 신자로 개종시켰으며 그의 위대한 힘에 대한 이야기들이 많이 전해지는데 그 중 하나는 아일랜드에 뱀이 없는 이유를 설명하는 이야기이다. 패트릭이 뱀을 속여 바다에 빠뜨려 익사시켰다는 이야기가 전해진다. 그가 삼위일체라는 개념을 설명하기 위해 한 줄기에서 잎이 세 개 나는 토끼풀(shamrock)에 비유한데서 오늘날 성 패드릭의 날 (3월 17일)에 아일랜드인들이 토끼풀 색깔의 옷을 입는 전통이 생겨난 것이다.

St. Patrick's Cross 북아일랜드의 국기

흰 바탕에 X자 모양의 붉은 십자가로 된 깃발로, 북아일랜드의 국기였다. 영국 국기인 유니언 잭Union Jack에 합쳐졌다.

St. Patrick's Day 성 패트릭의 날

3월 17일은 아일랜드의 국경일이고, 북아일랜드에서는 공휴일이다. 아일랜드에는 이날 클로버clover 잎을 달고 다니는 사람들이 많다. 미국에서도 보스턴Boston, 시카고Chicago, 뉴욕New York 등에서 '성 패트릭의 날 퍼레이드'를 하기도 한다.

St. Paul's Cathedral 성 바울 성당

런던의 대성당이다. 런던 대화재 때 소실되어 17세기 후반에 옮겨지으며 크리스토퍼 렌Christopher Wren이 설계하여 1710년에 완공하였다. 돔dome 형으로 되어 있고, 유명한 속삭이는 회랑(Whispering Gallery)이 있다. 건축가 크리스토퍼 렌Christopher Wren 자신을 비롯해서, 넬슨 경

(Lord Nelson), 웰링턴 공작(Duke of Wellington) 등 유명 인사들의 무덤이 있다.

St. Valentine's Day 발렌타인 데이

기독교의 성인 발렌타인Valentine을 기념하는 날이다. 2월 14일이다. 로마시대에 원정하는 병사의 결혼 금지를 반대한 사제 발렌타인이 처형된 270년 2월 14일의 기념일과 이 날부터 새들이 발정을 시작한다고 생각한 유럽의 속설이 결합한 풍습이라고 한다. 처음에는 부모와 자녀가 사랑의 교훈과 감사를 적은 카드를 교환하던 풍습이, 20세기에는 남녀가 사랑을 고백하고 선물을 주고받는 날이 되었다.

Stallone, Sylvester (1946~) 스탤론, 실베스터

근육질의 몸매를 자랑하는 미국의 영화 배우이자 감독이다. 영화 〈록키〉*Rocky* 시리즈(1976, 1979, 1982, 1985)와 〈람보〉*Rambo* 시리즈(1982, 1985, 1988)로 유명하다. 주연 영화로는 〈클리프행어〉*Cliffhanger*(1993), 〈데몰리션 맨〉*Demolition Man*(1993), 〈저지 드레드〉*Judge Dread*(1995), 〈데이라이트〉*Daylight*(1996), 〈캅 랜드〉*Cop Land*(1998) 등의 영화가 있다.

Stamp Act 인지조례

1765년 영국 의회가 제정하여 미국 식민지에 부과한 인지조례이다. 미국 식민지에서 발행되는 모든 출판물과 공식 문서에는 영국 정부가 발매하는 인지를 붙이도록 한 것이다. 미국의 식민지인들의 반발을 불러와서 이듬해에 철회하였다.

stamp duty 인지세

영국의 모든 공식 문서에 부과되는 세금이다. 주택이나 아파트를 사고 팔 때 부과되는 것이 가장 일반적인 인지세이다. 1990년대에 와서는 시가 6만 파운드가 넘는 모든 부동산의 인지세를 1%로 정하였다.

Stanford University 스탠퍼드 대학교

미국 캘리포니아주 팰러앨토(Palo Alto)에 있는 명문 사립 대학이다. 철도 건설업자이자 캘리포니아 주지사와 상원의원을 지낸 릴랜드 스탠퍼드Leland Stanford가 15세에 죽은 외아들을 기리기 위하여 설립한 학교이다. 1891년에 개교하였다. 재학생은 학부 6,500여 명, 대학원 7,200여 명이다. 이탈리아 · 프랑스 · 독일 · 오스트리아 · 영국 등지에 분교가 있다.

Stanley Kaplan 스탠리 카플란

미국의 대학 입학 시험인 SAT, GRE 등을 준비시키는 사설 학원이다. 미국 국내에만 1,200여 군데 교육센터가 있다. 외국에도 많이 있다. 1930년대에 뉴욕의 스탠리 카플란 Stanley Kaplan이 설립하였다. 현재는 워싱턴포스트 Washington Post사가 소유하고 있다.

Star Wars 〈스타워즈〉

1977년에 개봉된 조지 루카스George Lucas 감독의 미국 공상과학 영화이다. 할리우드 액션 영화의 주류를 서부극에서 SF로 바꾸어 놓은 영화이다. 우주 전쟁을 다루는 이 영화는 〈조스〉*Jaws*의 흥행 기록을 깨고, 1982년에 〈이티〉*E. T.*가 나올 때까지 역대 흥행 성적 1위를 차지할 만큼 성공을 거두었다. 1980년과 1983년에 속편 〈스타워즈-제국의 역습〉*Star Wars-Empire Strikes Back*, 〈스타워즈-제나이의 복수〉*Star Wars-Return of the Jedi*가 차례로 나왔다.

Starbucks 스타벅스

미국 스타벅스 커피사(Starbucks Coffee Company)가 판매하는 커피 제품이다. 미국과 다른 많은 나라에 커피숍을 운영한다.

Stars and Stripes 성조기 (= Old Glory)

미국의 국기(national flag)이다. Star-Spangled Banner라고도 부른다. stars는 별을, stripes는 줄무늬를 가리킨다. 여러 민족의 집합체인 국민을 통합하고 독립성이 강한 각 주를 하나로 뭉치기 위한 통일국가의 상징으로 성조기는 중요한 역할을 해왔다. 독립 당시 13주를 나타내는 적색(7줄)과 백색(6줄)으로 된 13개의 가로 줄과 기의 왼쪽 위에 청색 바탕에 주의 수에 해당하는 50개의 백색 별로 이루어져 있다. 초등학교에서는 국가에 대한 충성심과 자유의 마음을 가르치며, '국기에 대한 맹세'를 매일 아침 교실에 걸려 있는 성조기 앞에서 가슴에 손을 얹고 한다.

Star-Spangled Banner 미국 국가(國歌)

National Anthem(국가 國歌) 편에서 찾아볼 것.

Star-Trek 〈스타트렉〉

1960년대에 미국의 NBC 방송에 처음 방영된 텔레비전 연속극이다. 우주선 엔터프라이즈Enterprise에서 벌어지는 일들을 영화로 만들었다. 1979년부터 2002년까지 10여 편의 영화로 제작되었다.

State Farm Insurance Companies Foundation 스테이트 팜 보험

농민이던 조지 J. 메헐George J. Mecherle이 1922년에 설립한 미국의 보험 회사이다. 처음에는 가입자들이 소유주가 되는 상호 부금 형식의 자동차보험 회사였으며, 오늘날 전세계적인 대규모 금융기관으로 발전하였다. 일리노이주 블루밍턴Bloomington에 본사가 있다.

State of the Union Address 대통령 연두교서

미국 대통령이 해마다 연초에 의회에 나가 행하는 연설이다. 정부의 새해 정책들을 의회에 발표하는데, 방송으로 전국에 중계된다.

State Opening of Parliament 영국 의회 개회식

영국 의회가 회기를 공식적으로 시작하는 개회식을 말한다. 개회식은 매년 10월이나 11월에 있는데, 국왕이 특별석에 앉아 상하 양원의 의원들에게 연설을 한다.

state school 영국 공립학교

정부나 교육위원회로부터 재정 지원을 받아 무상 교육을 실시하는 공립 학교이다.

state trooper 고속도로 순찰대

미국의 고속도로를 순찰하는 주 경찰관을 가리키는 말이다.

state university 주립 대학

미국의 각 주정부가 재정 지원을 하는 대학을 말한다. 대개 주의 이름을 붙인다. 여러 대학을 운영하는 주들이 많다.

States of the United States 미국의 주

앨라배마(Alabama, AL), 알래스카(Alaska, AK),
애리조나(Arizona, AZ), 아칸소(Arkansas, AR),
캘리포니아(California, CA), 콜로라도(Colorado, CO),
코네티컷(Connecticut, CT), 델라웨어(Delaware, DE),
플로리다(Florida, FL), 조지아(Georgia, GA),
하와이(Hawaii, HI), 아이다호(Idaho, ID),
일리노이(Illinois, IL), 인디애나(Indiana, IN),
아이오와(Iowa, IA), 캔자스(Kansas, KS),
켄터키(Kentucky, KY), 루이지애나(Louisiana, LA),
메인(Maine, ME), 메릴랜드(Maryland, MD),
매사추세츠(Massachusetts, MA), 미시건(Michigan, MI),
미네소타(Minnesota, MN), 미시시피(Mississippi, MS),
미주리(Missouri, MO), 몬태나(Montana, MT),
네브래스카(Nebraska, NE), 네바다(Nevada, NV),
뉴햄프셔(New Hampshire, NH), 뉴저지(New Jersey, NJ),
뉴멕시코(New Mexico, NM), 뉴욕(New York, NY),
노스캐롤라이나(North Carolina, NC),
노스다코타(North Dakota, ND), 오하이오(Ohio, OH),
오클라호마(Oklahoma, OK), 오리건(Oregon, OR),
펜실바니아(Pennsylvania, PA),
로드아일랜드(Rhode Island, RI),
사우스캐롤라이나(South Carolina, SC),
사우스다코타(South Dakota, SD),
테네시(Tennessee, TN), 텍사스(Texas, TX),
유타(Utah, UT), 버몬트(Vermont, VT),
버지니아(Virginia, VA), 워싱턴(Washington, WA),
웨스트버지니아(West Virginia, WV),
위스콘신(Wisconsin, WI), 와이오밍(Wyoming, WY)

Statue of Liberty 자유의 여신상

미국 뉴욕 항의 리버티 섬(Liberty Island)에 세워진 거대한 여신상이다. 프랑스 국민이 미국 독립 100주년을 기념해서 기증한 것으로, 1875년에 조직되었던 프랑스-아메리카 연맹이 기금을 모금하고, 프레데리크-오귀스트 바르톨디 Frederic-Auguste Bartholdi가 동상의 고안을 맡았다. 여신상은 오른손에 횃불을 치켜들고, 왼손에는 '1776년 7월 4일'의 날짜가 적힌 독립선언서를 들고 있다. 내부에는 엘리베이터가 설치되어 머리 부분 가까이까지 오를 수 있다. 1984년에 세계문화유산에 등록되었다.

steak and kidney pie 스테이크 앤 키드니 파이

쇠고기와 콩팥을 밀가루 반죽을 발라 구운 영국의 전통 요리이다. 펍pub 같은 데서 먹을 수도 있다.

steak and kidney pudding 스테이크 앤 키드니 푸딩

쇠고기와 콩팥에 기름을 발라 훈제한 영국의 전통 요리이다.

Steele, Richard (1672~1729) 스틸, 리처드

아일랜드 출신의 18세기 극작가이자 언론인이다. 1709년에 《태틀러》*The Tatler*지를 창간하였다가 271호를 끝으로 폐간하였다. 이후 조지프 애디슨Joseph Addison과 함께 《스펙테이터》*The Spectator*지와 《가디언》*Guardian*지를 발간하며 에세이를 많이 썼다. 1715년에 기사 작위를 받았다. 여러 편의 희극도 썼다.

Stein, Gertrude (1874~1946) 스타인, 거트루드

미국의 여류 시인이자 소설가이다. 명문 여대인 래드클리프Radcliff 여대를 졸업하고 런던으로 건너갔다가, 파리로 옮겨 생애의 대부분을 프랑스에서 보냈다. 윌리엄 제임스William James와 앙리 베르그송Henry Bergson의 영향을 받아, 소설이나 시에서 대담한 언어적인 실험을 시도했을 뿐만 아니라, 새로운 예술운동의 옹호자가 되었다. 앙리 마티스Henry Matisse, 파블로 피카소Pablo R. Picasso, 앙드레 지드Andre Gide를 비롯한 많은 젊은 작가나 화가와 교우 관계를 맺었다. 제1차 세계대전 전후에 '모더니스트'로서 활약하였고, '잃어버린 세대'(Lost Generation)란 말을 처음 사용한 사람이다. 셔우드 앤더슨Sherwood Anderson이나 어네스트 헤밍웨이Ernest Hemingway 등과 교우하며 제1차 세계대전 후의 미국 문학에 미친 영향은 크다. 단편집 《3인의 생애》*Three Lives*(1908), 시집 《텐더 버튼스》*Tender Buttons*(1915), 소설 《미국인의 형성》*The Making of Americans*(1925) 등이 있다.

Steinbeck, John (1902~1968) 스타인벡, 존

20세기 미국의 소설가이다. 기계화 농업의 압박으로 농토에서 쫓겨난 이동 농민들의 비참한 생활을 변천하는 사회 양상과 함께 힘차게 그린 이 작품은 자본주의사회의 모순과 결함을 고발한 대표작 《분노의 포도》*The Grapes of Wrath*(1933)로 퓰리처상, 1962년에 노벨 문학상을 수상하였다. 잃어버린 세대(Lost Generation)를 이은 30년대의 사회주의 리얼리즘을 내표하는 작가로, 사회 의식이 강렬한 작품과 온화한 휴머니즘이 넘치는 작품들을 썼다. 《승부없는 싸움》*In Dubious Battle*(1936), 《생쥐와 인간》*Of Mice and Men*(1937) 등으로 명성을 확고히 하였다. 1938년에는 단편집 《긴 골짜기》*The Long Valley*를, 1942년에 《달이 지다》*The Moon is Down*, 1944년에 《통조림 골목》*Cannery Row*, 1947년에 《변덕스런 버스》*The Wayward Bus*와 《진주》*The Pearl*, 1950년에는 《벌겋게 타오르다》*Burning Bright*(1950) 등을 차례로 발표한다. 《분노의 포도》를 출간한 후 1952년에는 대작 《에덴의 동쪽》*East of Eden*을 발표하였다.

Steinem, Gloria (1934~) 스타이넘, 글로리아

미국의 언론인이자 작가이다. 1060년대 이후로 미국 여성운동의 핵심 인물로 활동해 왔다. 1971년 여성행동동맹(Women's Action Alliance)(1971)과 전국여성정치회의(National Women's Political Caucus)의 창설에 주도적인 역할을 하였고, 1972년 여성 잡지 《미즈》*Ms* 창간에 일조를 하고 편집장을 하였다.

Stephenson, George (1781~1848) 스티븐슨, 조지

19세기에 증기 기관차를 발명한 영국인이다. 탄광 기관부의 아들로 태어나 14세 때 아버지의 조수가 되고, 이어 기관공이 되어 여러 가지 기관의 기능에 통달하였다. 1823년 뉴캐슬New Castle에 세계 최초의 기관차 공장을 설립하고, 1824년 스톡턴Stockton-달링턴Darlington 간에 세계 최초의 여객용 철도가 부설되어, 1825년 그의 공장에서 제작한 개량형 기관차 로커모션Locomotion호를 달리게 함으로써 철도 수송의 시대를 개막하였다. 1824년부터 리버풀Liverpool-맨체스터Manchester 간의 철도를 부설하고, 1826년 그의 로켓Rocket호를 달리게 하였다. 이후 1830년대부터 많은 선진국에 증기 철도가 건설되자, 그 자신도 벨기에, 스페인 등에 진출하여 많은 철도 건설 사업에 참여하였다. 1847년 버밍엄Birmingham에서 창설된 세계 최초의 기계 학회(Institution of Mechanical Engineers)의 초대 회장으로 선출되었다.

Stern, Isaac (1920~2001) 스턴, 아이작

러시아 출신의 미국 바이올린 연주자이다. 1921년에 부모를 따라 미국으로 이주하였다. 1935년에 독주회와 로스앤젤레스 교향악단과의 협연으로 데뷔하고, 1937년 뉴욕에서도 데뷔하였다. 카네기홀 협회, 미국-이스라엘 문화재단 단장으로서 젊은 예술가 육성에도 힘쓰고 있다.

Sterne, Laurence (1713~1768) 스턴, 로렌스

18세기 영국의 소설가이나. 소설 《트리스트럼 섄디》

Tristram Shandy(1760~1767)를 썼다. 1760년에 1권과 2권이 출간되어 많이 팔리면서 런던 사교계의 총아가 되었다. 1767년에 제9권을 마지막으로 미완성으로 끝냈다. 이밖에도 기행문 《풍류여정기》*A Sentimental Journey through France and Italy*(1768)가 있다.

Stetson 스텟슨 모자

서부에서 주로 쓰는 챙이 넓은 카우보이 모자의 상표이다.

Stevens, Wallace (1879~1955) **스티븐스, 월러스**

미국의 시인이다. 하버드 대학 뉴욕 법과 대학에서 공부하고 변호사가 되었고, 이후 보험 회사로 옮겨 1934년에는 부사장까지 되었다. 직장 생활을 하는 틈틈이 시 전문지 《포이트리》*Poetry*에 시를 발표하였다. 40세가 넘어 처녀 시집 《하모니엄》*Harmonium*(1923)을 발표하였는데, 프랑스의 상징주의 영향을 많이 받은 작품으로 평가된다. 1935년 시집 《질서의 관념》*Ideas of Order*, 1937년에 《푸른 기타를 든 사나이》*The Man with the Blue Guitar*(1937)를 출간하였다. 1954년에는 《시전집》*Collected Poems*(1954)으로 퓰리처상을 수상하였다.

Stevenson, Robert Louis (1850~1894) **스티븐슨, 로버트 루이스**

스코틀랜드 출신의 소설가 · 시인이다. 1883년에 대표작의 하나인 《보물섬》*Treasure Island*을 출간하여, 이야기꾼(storyteller)으로 그의 명성이 알려졌고, 이어서 《납치》*Kidnapped*(1886), 《지킬 박사와 하이드》*The Strange Case of Dr. Jekyll and Mr. Hyde*(1886), 《발란트레 경》*The Master of Ballantrae*(1889) 등의 화제작을 계속 발표하였다. 동요집 《어린이의 노래화원》*Child's Garden of Verses*(1885)이 있다.

Stewart, James (1908~1997) **스튜어트, 제임스**

미국의 영화배우이다. 1935년 영화는 〈살인자〉*The Murder Man*로 데뷔하였고, 〈스미스씨 워싱턴에 가다〉*Mr. Smith Goes to Washington*(1939)에서 선량한 미국청년을 연기하였고, 〈필라델피아 이야기〉*The Philadelphia Story*로 오스카 영화상을 수상하였다. 제2차 세계대전에 참전하였다가 전후에 〈글렌 밀러 이야기〉*The Glen Miller Story*(1953)로 컴백하였다. 그밖에 〈이창(裏窓)〉*Rear Window*(1954), 〈세인트루이스의 정신〉*The Spirit of St. Louis*(1957) 등에서 주연하였다.

Stewart, Rod (1945~) **스튜어트, 로드**

영국의 가수이자 작곡가이다. 높은 음정과 스코틀랜드를 사랑하는 노래로 1970년대 인기 절정이었다. 1971년에 발표한 〈에브리 픽처 텔스 어 스토리〉Every Picture Tells a Story가 영국과 미국의 인기 순위에서 동시에 1위에 오르면서 세계적인 스타가 되었다. 《항해》*Sailing*(1975), 《투나이츠 더 나이트》*Tonight's the Night*(1976) 등의 앨범이 있다. 1994년에 로큰롤 명예의 전당(Rock and Roll Hall of Fame)에 올랐다.

Stieglitz, Alfred (1864~1946) **스티글리츠, 알프레드**

사진을 예술로 발전시킨 미국의 사진 작가이다. 뉴욕의 여러 화랑들을 경영하면서 자신의 사진과 미술품들을 발표하였다.

Stilton 스틸턴

냄새가 강하고 초록색 무늬가 그려진 영국산 하얀 치즈이다. 특별한 날에 식사를 한 뒤에 포도주와 함께 먹는 것이 전통이다.

Sting (1951~) **스팅**

영국의 팝 가수이다. 본명은 고든 서머Gordon Summer이다. 1970년대 그룹 폴리스(The Police)의 멤버로 인기를 끌었다. 1980년대와 1990년대에 인기를 누렸다. 《올 디스 타임》*All This Time*(1991), 《필즈 오브 골드》*Fields of Gold*(1993) 등의 앨범이 있다. 남아프리카에서 환경보호 운동을 벌이기도 하였다.

Stirling, James (1926~1992) **스털링, 제임스**

영국의 현대 건축가이다. 직선과 밝은 색의 건축으로 유명하다. 고전적인 건축관을 가진 많은 사람들은 그를 별로 인정하지 않지만, 옥스퍼드 대학과 캠브리지 대학의 새로운 건물을 설계하였고, 테이트 갤러리Tate Gallery, 클로어 갤러리 Clore Gallery 등의 신관을 설계하였다. 1992년에 기사 작위를 받았다.

stock company 스톡 컴퍼니

미국의 레퍼터리repertoire 극단이다. 고유의 극장과 전속 배우들을 보유하고 일정한 레퍼터리(상연목록)에 따라 공연을 계속하는 극단을 말한다. 서머 스톡Summer stock은 미국 전역의 중소 도시에서 '스톡 컴퍼니'들이 여름마다 연극을 발표하는 것을 말한다.

Stokowski, Leopold (1887~1977) **스토코프스키, 레오폴드**

영국 출신의 미국 작곡가이다. 클래식 음악을 주제로 한 월트디즈니사의 애니메이션 영화 〈환타지아〉*Fantasia*의 음악을 담당하는 등, 미국에서 클래식 음악의 대중화에 공이 크다. 오랫동안 필라델피아 오케스트라Philadelphia Orchestra를 지휘하였고, 아메리칸 심포니 오케스트라American Symphony Orchestra를 창단하였다.

Stone, Oliver (1946~) **스톤, 올리버**

미국의 영화감독이자 시나리오 작가, 영화 제작자이다. 예일대학을 중퇴하고 베트남 전을 경험한 뒤에 뉴욕 대학 영화과에 입학하면서 영화 인생을 시작하였다. 〈미드나잇 익스프레스〉*Midnight Express*(1978), 〈코난〉*Conan: The Barbarian*(1981), 〈스카페이스〉*Scarface*(1983), 〈이어 오브 더 드래곤〉*Year of the Dragon*(1985) 등의 시나리오작가로 명성을 먼저 얻었다. 1986년에 정치 영화 〈살바도르〉 Salvador가 성공하면서 감독의 능력을 인정받았다. 같은 해 〈플래툰〉*Platoon*으로 오스카 영화상 4개 부문을 수상하였다. 이후 〈7월 4일생〉*Born of the Fourth of July*(1989)으로 오스카 감독상을 수상하고, 이어 〈하늘과 땅〉*Heaven & Earth*(1993)을 만들어 '베트남 3부작'을 완성하였다. 이밖에도 〈월 스트리트〉*Wall Street*(1987), 〈도어스〉*The Doors*(1991), 〈제이 에프 케이〉*JFK*(1991), 〈올리버 스톤의 킬러〉*Natural Born Killers*(1994), 〈닉슨〉*Nixon* (1995), 〈애니 기븐 선데이〉*Any Given Sunday*(1999) 등의 영화들이 있다.

Stone, Sharon (1958~) **스톤, 샤론**

1992년 영화 〈원초적 본능〉*Basic Instinct*으로 세계에 알려진 미국의 여배우이다. 〈토탈 리콜〉*Total Recall*(1990), 〈스페셜리스트〉*Specialist*(1994), 〈카지노〉*Casino*(1995), 〈디아볼릭〉*Diabolique*(1996) 등의 영화에 출연하였다.

Stonehenge 스톤헨지

잉글랜드 남부의 솔즈브리 평원(Salisbury Plain)에 있는 고대 선사시대의 거석주(巨石柱)이다. 1986년에 세계문화유산으로 등록되었다.

Stopes, Marie (1880~1958) **스토프스, 마리**

스코틀랜드 과학자로 최초로 섹스와 피임을 강의하고 저술한 사람이다. 그녀는 1918년에 《부부의 사랑》*Married Love*과 《현명한 부모》*Wise Parenthood* 두 권의 책을 발간하였는데, 대단한 인기를 누렸다.

Stout, Rex (1896~1975) **스타우트, 렉스**

미국의 추리소설 작가이다. 명탐정 네로 울프Nero Wolfe를 주인공으로 하는 70여 편의 추리소설을 썼다. 《이상한 나라의 맬리스》*Malice in the Wonderland*(1940), 《로열 플러시》*Royal Flush*(1965) 등이 대표작이다.

Stowe, Harriet Beecher (1811~1896) **스토우, 해리엇 비처**

19세기 미국의 소설가이다. 유명한 소설 《톰 아저씨의 오두막》*Uncle Tom's Cabin*(1852)을 써서 북부의 흑인 노예해방운동을 뒷받침하였다. 신학자의 딸로 자라면서 흑인 노예들의 비참한 상황을 잘 알고 있었다. 《톰 아저씨의 오두막》은 노예제도에 대한 인도주의적이고도 격렬한 탄핵의 기백으로 가득 차 있다는 평가를 받게 되었고, 동부에 사는 미국인들을 감동시켜 남북 전쟁을 일으키는 하나의 계기가 되었다. 이외에도 《목사의 구혼》*The Minister's Wooing*(1859), 《올드 타운의 사람들》*Old Town Folks*(1869) 같은 뉴잉글랜드New England의 생활을 소재로 한 많은 작품들을 써, 지방 문학의 원조로 평가받는다.

Strachey, Lytton (1880~1932) **스트레치, 리튼**

영국의 작가로, 영국 예술가들의 모임인 '블룸스브리 그룹'Bloomsbury group의 멤버이다. 새로운 스타일의 전기를 썼는데, 여왕 엘리자베스 1세와 빅토리아에 대한 전기도 썼다. 저서에 《빅토리아시대 유명인들》*Eminent Victorians*가 있다.

Strasberg, Lee (1901~1982) **스트라스버그, 리**

오스트리아 출신의 미국 배우이자 연극연출가이다. 오랫동안 뉴욕의 액터스 스튜디오Actors Studio의 감독을 지내면서 '방법론 연기'(method acting)를 발전시켰다. 말론 브란도Marlon Brando, 제임스 딘James Dean, 마릴린 먼로Marilyn Monroe, 알 파치노Al Pacino, 로버트 드 니로Robert De Niro, 더스틴 호프만Dustin Hoffman, 잭 니컬슨Jack Nicholson, 제인 폰다Jane Fonda 등의 쟁쟁한 배우들이 모두 그의 제자들이다.

Strategic Arms Limitation Talks (SALT) **전략무기 제한회담**

미국과 구 소련이 가졌던 핵무기 제한 회담이었다. 미국의 닉슨Nixon 대통령과 소련의 브레즈네프(Leonid Brezhnev) 서기장이 1972년에 처음으로 협정을 맺었다. 이후 1979년에 2차 협정을 맺고 더 많은 핵무기를 감축하기로 합의했지만, 소련이 아프가니스탄을 침공하는 바람에 미국 상원에서 비준을 받지 못했다.

Strategic Arms Reduction Talks (START) **전략무기감축회담**

미국과 구 소련이 벌였던 핵무기 수량 감축 회담이었다. 미국의 레이건Reagan 대통령과 소련의 미하일 고르바초프Mikhail Gorbachev 대통령은 1987년에 중거리핵무기감축조약(INF Treaty)에 서명한 뒤에 양국은 핵무기들을 실제로 감축시켰다. 고르바초프는 이어서 부시Bush 대통령과도 회담하여 'START Treaty'를 합의하였다.

Strategic Defense Initiative (SDI) **전략방위계획**

미국 레이건 대통령이 1983년에 수립하여 발표한 핵전쟁에 대비한 우주 방위 계획이다. 명칭은 유명한 영화 《스타워즈》*Star Wars*에서 따왔다. 그러나 엄청난 비용과 냉전(cold war)의 종식으로 실행되지 못하다가 1993년에 폐기되었다.

Stratford-upon-Avon 스트래트포드-어폰-에이본
(= Stratford)

영국의 대문호 윌리엄 셰익스피어William Shakespeare가 태어난 고향이다. 이곳에 있는 로열 셰익스피어 극장(Royal Shakespeare Theatre)에서 공연하는 셰익스피어 연극을 관람하고 그의 생가, 그가 묻힌 교회를 구경하기 위해 전세계에서 관광객들이 모여든다.

셰익스피어의 생가

Stravinsky, Igor (1882~1971) **스트라빈스키, 이고르**

20세기 최고의 작곡가의 한 사람으로 인정받는 러시아 출신의 발레 음악 작곡가이다. 러시아에서 니콜라이 림스키-코르사코프Nikolai Rimsky-Korsakov에게 사사하였다. 1908년 관현악곡 〈불꽃〉*Feu d'artifice(Fireworks)*으로 러시아 발레단 프로듀서였던 디아길레프Diaghilev에게 인정을 받고, 그의 의뢰로 발레곡 〈불새〉*L'oiseau de feu(Firebird)*(1910)와 〈페트루슈카〉Petrushka(1911)를 작곡하여 성공을 거두었다. 그후 〈봄의 제전〉*Le Sacre du printemps(The Rite of Spring)*(1913)으로 전위파 기수의 한 사람으로 주목받게 되었다. 러시아혁명으로 조국을 떠나고, 제1차 세계대전 후에는 신고전주의로 전환하여, 발레곡 〈풀치넬라〉*Pulcinella*(1919), 〈병사 이야기〉*Histoire du soldat*(1916), 〈결혼〉*Les noces*(1912~1923) 등을 작곡하였다. 〈오이디푸스왕〉Oedipus Rex(1927), 〈시편교향곡〉*Symphony of Psalms*(1930) 등의 오페라 오라토리오도 작곡하였다.

1945년에는 미국으로 귀화하여 〈제3악장의 교향곡〉*Symphony in 3 Movements*(1945), 〈미사〉*Mass* (1948) 등으로 재기한다. 이후 〈칸타타〉*Cantata* (1952), 〈아곤〉*Agon*(1957), 〈트레니〉*Threni*(1958) 등을 차례로 발표하며 12음작법을 구사하기도 하였다. 1960년대부터는 종교 음악에 관심을 두어 〈설교, 설화 및 기도〉*A Sermon, a Narrative and a Prayer*(1961), 칸타타 〈아브라함과 이삭〉*Abraham and Isaac*(1963), 합창곡 〈케네디의 추억을 위하여〉*la mmoire de Kennedy*(1995) 등을 남겼다. 저서로 《음악의 시학》*Poetics of Music*이 있다.

Strawberry Hill 스트로베리 힐

런던의 템즈Thames강변에 있는 저택이다. '고딕 리바이벌'Gothic Revival 양식의 대표적인 건축물로 유명하다. 호러스 월풀Horace Walpole이 이 집을 사서 수리하고 장식하였다.

Streep, Meryl (1949~) **스트립, 메릴**

미국의 인기 여배우이다. 영화 〈크레이머 대 크레이머〉*Kramer vs. Kramer*(1979)와 〈소피의 선택〉*Sophie's Choice*(1982)의 주연으로 차례로 오스카상을 받으며 널리 알려졌다. 이밖에도 〈아웃 오브 아프리카〉*Out of Africa*(1986), 〈메디슨 카운티의 다리〉*The Bridges of Madison County*(1995), 〈비포 앤 애프터〉*Before and After*(1996), 〈디 아워스〉*The Hours* (2002) 등의 주연 영화가 있다.

street names 도로 이름

영어에서 도로는 road 또는 street라고 하는데, 영국에서 도로의 명칭은 대개 지역 특색이나, 명소, 큰 건물, 역사적으로 유명한 사람의 이름을 따서 붙인 것이 대부분이다. 브릿지 스트리트Bridge Street, 밀 스트리트Mill Street, 크롬웰 로드Cromwell Road, 트라팔가 로드Trafalgar Road, 워털루 스트리트Waterloo Street 등이 흔한 예이다. 미국에서도 도로는 유명인이나 지역특색, 역사, 자연의 이름을 따서 붙인 것이 많다. 미국의 많은 도시는 탄생 때부터 계획적으로 설계하여 반듯하고 길게 이어지는 대로를 스트리트street라 하고 street를 일정 간격으로 가로지르는 도로를 에브뉴avenue라고 한다. 42th Street, 7th Avenue처럼 대개 숫자를 붙여놓았다. 큰 street를 일정한 간격으로 avenue가 나누어 놓은 건물 구역을 블록block이라 한다. 또 어떤 도로는 불바드boulevard라고도 하는데, 할리우드의 선셋대로Sunset Boulevard가 유명하다. 도로 이름으로 avenue 또는 boulevard가 생긴 이유로는, 옛날에 가로수가 있는 도로를 avenue 또는 boulevard라고 불렀다는데, 요즘 가로수 있는 도로가 흔치 않은 것을 보면, 뚜렷한 이유는 없는 것 같다.

street와 avenue가 교차하는 뉴욕의 도심

Streisand, Barbra (1942~) **스트라이샌드, 바바라**

미국의 팝 가수이자 영화배우이다. 고등학교를 졸업하고 1961년 아마추어 가수 경연대회에서 우승하여 이듬해 브로드웨이로 진출하였다. 1964년 뉴욕에서 뮤지컬 〈화니 걸〉*Funny Girl*에 주역으로 출연하였고, 1966년에 런던에서도 공연하였다. 1968년에는 영화로도 제작되어 오스카 영화상 여우주연상을 받았다. 이외에도 〈추억〉*The Way We Were*(1973), 〈화니 레이디〉*Funny Lady*(1975), 〈스타 탄생〉*A Star Is Born*(1977) 등의 영화에 출연하였다. 히트곡으로는 〈피플〉*People*(1964), 〈추억〉*The Way We Were* 등이 있다.

strip-mining 노천 채굴 (= opencast mining)

광산 깊이 파들어 가지 않고 지표면 가까이서 바로 석탄을 캐내는 채굴 방식을 말한다. 이런 채굴 방식은 주변 환경을 흉물로 만들게 되어 반발이 많다.

노천 채굴로 흉해진 산의 모습

Styrofoam 스타이로폼

미국 다우 화학사Dow Chemical Company가 만든 소위 '스치로폼'을 말한다. 상품을 보호하는 포장제로 쓰인다.

Styron, William (1925~) **스타이런, 윌리엄**

미국의 소설가이다. 첫 소설 《어둠 속에 눕다》*Lie down in Darkness*(1951)는 '의식의 흐름' 기법을 구사하여, 현대 남부의 한 가족의 붕괴를 아름답고 중후하게 묘사하여 주목을 끌었다. 제임스 조이스James Joyce와 윌리엄 포크너William C. Faulkner의 영향이 크다. 그후 《긴 행진》*The Long March*(1953)에 이어, 《이 집을 불태워라》*Set This House on Fire*(1960)에서 실존주의의 경향을 강하게 나타냈다. 흑인 노예의 반란을 소재로 한 역사 소설 《냇 터너의 고백》*The Confessions of Nat Turner*(1967)으로 1968년에 퓰리처상을 수상하였다.

subscription television 상업 방송 (= pay television)

정기적으로 수신료를 내고 시청하는 미국의 상업 방송 서비스이다.

suburbia 서버비아

도심을 벗어난 교외에 주택가나 그곳에 사는 사람들 또는 그곳 생활을 가리키는 말이다. 영국이든 미국이든 주로 보수적인 백인 중산층들이 많다.

Suez Crisis 수에즈 운하 사태

1956년에 이집트가 수에즈 운하의 국유화를 단행하자, 수에즈의 소유권을 가지고 있던 영국과 프랑스가 이집트를 공격하여 수에즈 전쟁을 일으켰고, 운하는 몇 개월 간 운항이 불가능하였다. 수에즈 전쟁은 국제 여론을 움직였으며, UN은 영국과 프랑스의 공격에 반대하였고, 영국과 프랑스는 UN의 결의에 따라 군대를 철수시켰다. 이 전쟁으로 영국과 프랑스는 국제적 영향력을 상당히 상실하는 결과를 가져왔다.

suffrage 투표권

영국에서 여성에게 투표권이 허용된 것은 1918년이다. 미국에서도 1869년까지는 백인 성인남성들만 투표를 할 수 있었다. 1869년 14차 헌법 수정을 통해 흑인 성인남성들에게 투표권이 주어졌고, 1920년 19차 헌법 수정을 통해 인종을 불문하고 성인남녀 모두에게 투표권이 주어졌다.

Sugar Puffs 슈가 펍

퀘이커 오츠 컴퍼니Quaker Oats Company에서 만든 유명한 아침 식사용 시리얼이다. 주로 우유에 타서 먹는다.

Sullivan, Arthur (1842~1900) 설리반, 아서

19세기 영국의 작곡가이다. 작가 윌리엄 S. 길버트 William S. Gilbert와 함께 작곡한 오페레타operettas, 소위 '사보이 오페라'Savoy Operas로 유명하다. 두 사람은 함께 〈미카도〉 *The Mikado*, 〈펜잔스의 해적들〉 *The Pirates of Penzance*등, 아직도 영국에서 정기적으로 공연되고 있는 인기 오페레타들 14편을 만들었다. 1883년에 기사 작위를 받았다.

Sullivan, John L. (1858~1918) 설리반, 존 엘.

글러브 없이 권투 경기를 한 미국의 마지막 권투 선수이다.

summa cum laude 숨마 쿰 라우드

'가장 우수하다'(with highest praise)는 뜻의 라틴어로, 미국의 대학에서 우등 졸업생들에게 주는 상 가운데 하나이다. 3개의 우등상(숨마 쿰 라우드summa cum laude, 마그나 쿰 라우드magna cum lause, 쿰 라우드cum laude) 가운데 최고상이다.

summer camp 여름 캠프

미국에서 여름방학 때 학생들이 스포츠 행사나 야외 활동으로 몇 주일씩 떠나는 캠프를 말한다. 20세기 미국에서 전통으로 자리잡았다. 비용이 만만찮다.

여름 캠프에서 보트를 타보는 아이들

summer pudding 섬머 푸딩

딸기나 포도류 같은 여름 과일을 짜서 주스가 빵 속으로 스며들게 하여 물들인 푸딩이다. 차게 해서 크림과 함께 먹는데, 여름 음식으로 최고로 치는 영국의 전통 음식이다.

The Sun 《선》

영국의 타블로이드(tabloid)판 일간 신문이다. 여자 연예인들의 사진과 스캔들을 싣는 것으로 잘 알려져 있다. 주 독자들은 수준이 낮은 우익의 성향의 사람들이라 평이 있다. 루퍼트 머독Rupert Murdoch이 소유주이다.

Sun Micro Systems 선 마이크로 시스템스

미국의 컴퓨터와 사무기기 제작 회사이다. 1982년 4명의 직원들이 창립하였다. 창립부터 '네트워크가 컴퓨터다(The Network Is The Computer)'라는 비전을 통해 인터넷을 구현하는 하드웨어, 소프트웨어, 서비스를 제공하는 대표적인 기업으로, 전세계 기업들의 업무를 현대화하는 데 앞장서 왔다. 유닉스를 기반으로 하는 워크스테이션 컴퓨터, 저장 장치, 기업의 컴퓨터 네트워크와 웹사이트를 위한 서버 등의 대표적인 제조 업체이다. 가장 유명한 제품은 자바Java로서, 어느 컴퓨터에도 변화 없이 구동할 수 있는 소프트웨어를 만들 수 있도록 한 프로그래밍 언어이다. 전기통신 업체, 금융기관, 건강관리 업체, 정부기관, 제조 업체, 교육기관 등에 제품을 판매하고 있다.

Sunbelt 선벨트

미국의 Virginia주에서 California주에 이르는 남부와 남서부 주들을 통칭해서 부르는 말이다. 따뜻한 기후로 상대적으로 추운 지역인 스노우 벨트Snow Belt 지역에서 일자리를 찾아 이주해오는 사람들이 늘어나면서 1960년대부터 경제적 · 정치적 영향력이 강해지고 있다.

Sunday lunch 선데이 런치

전통적으로 영국에서 일요일 오후에 온 가족이 모여 먹는 푸짐한 점심이다. 쇠고기, 닭고기, 양고기 같은 고기 요리에다 채소, 푸딩, 감자 등에다 맛있는 후식까지 푸짐하게 먹는다. 요즘은 과거와 같이 챙겨 먹는 가정이 별로 없지만, 아직도 펍이나 레스토랑에서는 일요일에 선데이 런치를 먹을 수 있다.

Sunday papers 일요판 신문

영국에서 일요일에만 판매되는 신문들을 말한다. 일요판 신문들은 일간지보다 지면이 많아서 다양한 섹션으로 기사를 다루고, 컬러 화보도 많이 싣고 있다. 《선데이 익스프레스》*Sunday Express*, 《선데이 미러》*Sunday Mirror*, 《선데이 스포트》*Sunday Sport*, 《선데이 텔레그래프》*Sunday Telegraph*, 《선데이 타임스》*Sunday Times* 등이 있다.

Sunday roast 선데이 로스트 (= Sunday joint)

영국의 전통 식사인 선데이 런치Sunday lunch의 주 요리이다. 쇠고기나 양고기 등을 오븐에 구운(roast) 요리이다.

영국식 로스비프roast beef

Sunday school 주일 학교

일요일에 교회에서 어린이들을 위해 열리는 학급을 말한다. 최초의 주일 학교는 1780년대 영국에서 열렸다.

Sunset Boulevard 선셋 대로

미국 할리우드의 유명한 번화가이다. 미국의 영화사들의 본사가 초창기에 이곳에 많았기에, 영화인들이 많이 살았다.

SUNY (State University of New York) **뉴욕 주립 대학**

뉴욕주가 운영하는 주립 대학으로, 올버니Albany, 빙햄턴Binghamton, 버팔로Buffalo, 뉴 팔츠New Paltz, 오스웨고Oswego, 스토니 브룩Stony Brook 등, 6개 도시에 산재해 있다.

Super Bowl 슈퍼보울

미식축구연맹(National Football League) 우승 팀을 가리는 경기를 가리키는 말이다. 미식축구연맹 산하 두 컨퍼런스인 아메리칸 컨퍼런스(American Football Conference, AFC)와 내셔널 컨퍼런스(National Football Conference, NFC)의 두 우승 팀이 해마다 1월에 최종 우승 팀을 가리는 경기이다.

superhighway 슈퍼하이웨이 (= expressway)

고속도로(expressway) 편에 기술되어 있다.

Superman 슈퍼맨

미국의 작가 제리 시걸Jerry Siegel과 화가 조지프 슈스터Joseph Shuster가 펴낸 1938년 만화의 주인공이다. 필요할 때 나타나 악당과 싸워 물리치는 초능력자 영웅이다. 1978년에 크리스토퍼 리브Christopher Reeve 주연의 영화로 나와 전세계에 유명해졌다.

Superstitions 미신

서구인들이 과학적이라서 스스로도 미신적이지 않다고 하지만, 실제로 생활 속에는 미신적인 것들이 많다. 우리에게 잘 알려진 것으로는 13이라는 숫자가 좋지 않다는 것이다. 이것은 예수의 최후의 만찬 때 13명이 있었다는 것에서 나온 것이다.

그밖에도 소금을 엎지르면 불길하고, 집 안에서 우산을 펴면 재수 없다거나, 나무로 된 물건을 두드리면 액운이 없어지고, 사다리 밑을 지나가면 나쁜 일이 생긴다거나, 거울을 깨뜨리면 재수 없고, 보도블록의 이어 댄 틈을 밟으면 재수가 없다거나, 길을 가다 검은 고양이가 지나가면 재수가 없다는 등의 불운을 말해주는 것들이 많다.

또 행운을 일러주는 것들도 있다. 신랑이 신부를 안고 신혼집의 문지방을 넘어 들어가야 행운이 따른다거나, 왼쪽 어깨 너머로 소금을 뿌리면 나쁜 운을 피할 수 있고, 초승달은 왼쪽 어깨 너머로 보아야 좋다거나, 유성이 떨어질 때 소원을 빌면 진짜로 이루어진다는 것 등이 있다. 또 네 잎 클로버나 토끼의 발, 말발굽 등은 행운의 상징이다.

Supreme Court 연방대법원

미국 사법부의 최고 재판소이다. 9명의 재판관이 있는데, 대통령이 임명하고, 상원이 인준하게 되어 있다. 일반 재판 사건의 최종 판결을 내리는 재판소로, 연방대법원의 판결은 하나의 판례(precedent)로 남는다. 이곳에서 내린 판결들은 미국 국민들의 삶을 좌우하는 중요한 결정이 되어 왔다. 연방대법원의 권한 가운데 또 다른 중요한 권한은 일반 법률이 헌법에 일치하는지를 판단하는 일이다. 어떤 법률이 헌법에 부합하지 않으면 법률적 효력을 상실한다.

Surgeon General (미) 공중위생국장

미국 공중위생국(Public Health Service)의 대표 겸 미국 최고 의무 장교. 국민들의 건강을 보호할 책임과 흡연의 위험에 대한 경고문을 담배 갑에 인쇄하는 것에 대한 책임이 있다.

surname 성씨 (= last name, family name)

유럽 국가들이 그렇듯이, 영국과 미국은 전통적으로 아내는 남편의 성을 따르는 것이 통례다. 그러나 법률로 정해진 것은 아니라서, 여자는 결혼 전의 성을 그대로 가질 수도 있고, 남편의 성을 사용할 수도 있다. 미국에서는 결혼이나 다른 사유로 성을 바꾸는 과정이 주(state)마다 조금씩 다르지만, 비교적 간단해서 본인이 원하면 새로운 성을 사용할 수 있다. 그러나 가족의 역사가 수세기에 걸쳐 내려오기 때문에 결혼 말고는 성을 바꾸는 일이 흔하지 않다. 대부분의 성은 1300년대까지 거슬러 올라간다. 당시의 성이 오늘날까지 사용되는 것들이 많다.

성을 보면 씨족의 살던 지역의 특색이나 직업을 나타내는 것들이 많다. Ford(개울), Hill(언덕), Wood(숲) 등은 지역을, Baker(빵 장수), Miller(방앗간 주인), Shepherd(목동), Smith(대장장이) 등은 직업을 나타낸다. Black, Blake, Brown 등은 머리카락이나 피부의 색깔에서 붙은 별명이 성씨로 굳어진 것들이다. 또, Mac 또는 Mc으로 시작하는 이름들이 많이 있는데, 이것은 '~의 아들'이라는 뜻으로, 스코틀랜드 말에서 온 것이다. McGrady는 Grady의 아들이라는 뜻인데, 원래 이름이 Grady였으므로 Mc뒤에도 대문자로 시작한다. 그렇다고 현재도 McGrady의 아버지가 Grady는 아니다. 아주 오래 전에 지어진 이름이라서 지금은 그 자체도 하나의 성씨가 된 것이다. McDonald(맥도널드), MacAuther(맥아더), MacIntosh(매킨토시), MacCloud(맥클라우드) 등이 그렇다. 큰 의미는 없지만, 이름이 Mac 또는 Mc로 시작하면 조상이 스코틀랜드에 살았다고 추측할 수 있다. 11세기 때의 노르만 정복으로 인해 프랑스 이름에서 온 성씨도 많다.

Sutherland, Graham (1903~1980) 서덜랜드, 그레이엄

영국의 화가이다. 초상화, 풍경화, 종교화 등으로 유명하다. 제2차 세계대전에 관한 그림도 많이 그렸다.

swan-upping 백조 조사

여름에 런던의 템즈 강(River Thames)에서 사람들이 배를 타고 백조의 부리에 소유자 표시를 하는 연례 행사이다. 원래 영국의 백조는 모두 국왕의 소유였으나, 15세기에 템즈강의 일부 백조를 런던의 두 길드guild 조합에 하사하였고, 이것들의 새끼가 나면서 해마다 여름에 국왕의 백조와 구별하여 표시를 하는 행사가 열렸던 것이다.

swear words 욕설

욕설은 배드 랭귀지bad language 또는 더티 랭귀지dirty language라고 하는데, 대개 4자의 철자로 되어 있다고 해서 four-letter words라고도 한다. 우리와 마찬가지로 대개 성기와 관련된 표현들이 많다. 자세히 조사해 보면 다음과 같다. 번역은 생략한다.

Ass-fucker.
Ass.
Asshole.
Bastard.
Bitch.
Bullshit.
Cock
Cock-sucker
Crap, Bullshit.
Damn it all.
Damn.
Dirty bastard.
Dirty old man, pervert.
Do you want to fuck or what?
Don't give me that shit.
Fuck You!
Fuck.
Get out.
Go fuck your mother.
Go to hell.
God Damn it.
Hell.
Hooker.
Horny.
I don't give a shit.
I don't give a shit about it.
I think you're shit.
I want to fuck you.

Idiot, Jerk.
Idiot.
It's fucked.
Kiss my ass.
Liar.
Lick me on the ass.
Lick my ass.
Lick my balls.
Mother-fucker.
Piss off!
Pussy.
Shit.
Son of a bitch
Stupid asshole.
Stupid cunt
Suck my balls.
Sucker.
That's none of your goddamn business.
That's not your fucking business.
What the fuck are you doing?
Whore.
Will you kindly shut up.
Would you like a blowjob?
You have no balls.
You lazy bastard.
You make me sick.
You're a pain in the ass.
You're an asshole.
You're shittin' me.
Your mother is a whore.

Swift, Jonathan (1667~1745) **스위프트, 조나단**

18세기 영국의 소설가이자 성직자, 정치인이었다. 아일랜드 출신으로 아일랜드에서 영국교회의 목사가 되어 1713년에는 더블린의 성패트릭 성당(St. Patrick's Cathedral)의 사제장(dean)으로 임명되기도 했다. 그러나 런던에서 많은 시간을 보내며 많은 작가들과 정치인들을 사귀었다. 영문학에서 위대한 풍자 작가로 손꼽힌다. 주요 저서로《걸리버 여행기》*Gulliver's Travels*(1726)를 비롯하여, 《통 이야기》*A Tale of Tub*(1704), 《책의 전투》*The Battle of the Books*(1704) 등이 있다.

Swinburne, Algernon (1837~1909) **스윈번, 앨저넌**

영국의 시인이자 문학평론가이다. 옥스퍼드 대학에서 그리스어와 라틴어를 공부하였고, 이탈리아와 프랑스 문학을 많이 접했다. 대표작으로 영국 속물주의에의 반항을 표시한 이교도적이고 관능적인《시와 발라드》*Poems and Ballads*(3권, 1866~1889), 이탈리아 독립 운동에 자극된《일출 전의 노래》*Songs before Sunrise*(1871), 가장 완벽한 기법의 장시 《라이어네스의 트리스트람》*Tristram of Lyonesse* (1882) 등이 있다. 이밖에 셰익스피어와 빅토르 위고, 벤 존슨 등에 대한 비평과 그리고 시론, 소설론 등도 있다.

swing 스윙

1930년대와 1940년대에 미국에서 유행하였던 밴드가 연주하는 재즈댄스 음악이다. 당시의 대표적인 스윙 뮤지션으로는 '스윙의 왕'(King of Swing)이라고 했던 베니 굿맨 Benny Goodman과 글렌 밀러Glenn Miller 등이 있다. 1930년대에는 모든 재즈 음악을 그냥 '스윙'이라고 부를 정도였다.

Swing Low, Sweet Chariot 스윙 로, 스위트 채리엇

미국의 대표적인 흑인 영가(spiritual)이다. 영국을 필두로 전세계에 잘 알려져 있다.

Synge, John Millington (1871~1909) **싱, 존 밀링턴**

아일랜드의 극작가이다. 더블린의 트리니티 칼리지(Trinity College)를 졸업하고, 유럽으로 건너가 독일에서 음악을, 프랑스에서 문학을 공부하였으며, 1896년에 파리에서 만난 예이츠(William B. Yeats)의 권유로 아일랜드 농어민들의 삶을 작품으로 쓰게 된다. 아일랜드 토착민의 일상적인 언어와 그들의 생활, 전설을 소재로 독자적인 세계를 개척하였다. 《골짜기의 그림자》*The shadow of the Glen*(1903), 《바다로 달려가는 사람들》*Riders to the Sea*(1904), 《성자의 샘》*The Well of the Saints*(1905), 《서양의 플레이보이》*The Playboy of the Western World*(1907), 《땜장이의 결혼식》*The Tinker's Wedding*(1909) 등의 희곡 작품이 있다.

Sysco Corporation 시스코

미국의 식품 도매 회사이다. 식품 및 식품 관련 제품을 요식업체나 학교, 호텔, 건강 관리 업체 등의 식당에 공급하는 회사로 1969년 설립되었다. 현재 북미 최대의 식품 기업으로 성장하여 전국에 알려진 브랜드 제품이나 자체 브랜드로 포장된 27만 5000종의 제품을 보유하고 있다. 신선육과 냉동육, 가금류, 해물, 과일, 채소, 통조림, 건제품, 지류, 일회용 제품, 세제, 주방 용품, 의료 용품 등을 공급하고 있다. 텍사스주 휴스턴Houston에 본사가 있다.

T

tabloid 타블로이드

일반 신문의 절반 크기의 신문인데, 《선》*The Sun*, 《미러》*The Mirror*, 《익스프레스》*The Express* 등, 영국의 많은 인기 신문은 이 타블로이드판이다. 다 그런 것은 아니지만, 타블로이드 신문들의 이미지는 섹스나 스포츠, 유명인의 인터뷰 같은 좀 덜 진지한 기사를 싣는 것으로 되어 있다.

Taco Bell 타코벨

멕시코 음식을 판매하는 미국의 패스트푸드 체인 식당이다. 1962년부터 시작하였다.

talk show 토크쇼

일반인들이 패널로 나와서 청중들 앞에서 자신들의 생활이나 특정 주제를 이야기하는 텔레비전 프로그램이다. 청중들은 패널들에게 질문을 하기도 한다.

***The Taming of the Shrew* 《말괄량이 길들이기》**

윌리엄 셰익스피어의 희극 작품으로, 1594년 초연되었다. 파듀아Padua의 부호 밥티스타Baptista의 큰딸 캐서린Katherine은 성격이 거친 데 비해 동생 비앤카Bianca는 온순하여 아버지의 사랑을 한 몸에 받는다. 그 때문에 언니 캐서린의 성격은 더욱더 거칠어지고 난폭한 행동을 거듭하여 접근해오는 남성도 없었다. 베로나Verona의 한 신사 페트루치오Petruccio가 그녀에게 구혼하고 그녀보다 더 난폭한 언동으로 그녀를 길들인다. 한편, 루센시오Lucentio는 동생인 비앤카를 사랑하여 가정교사로 변장하여 목적을 달성한다. 또한 페트루치오의 친구인 호르텐쇼Hortensio는 미망인과 결혼하는데, 세 사람의 신부 중에서 남편에게 가장 잘 순종하는 것은 캐서린이라는 이야기이다.

Tarantino, Quentin (1963~) 타란티노, 퀸틴

미국의 영화 감독이자, 배우이다. 직접 영화 시나리오를 쓰기도 한다. 고등학교를 중퇴하고 연기 공부와 각본을 썼다. 〈저수지의 개들〉*Reservoir Dogs*(1991), 〈펄프 픽션〉*Pulp Fiction*(1994), 〈재키 브라운〉*Jackie Brown*(1997) 등의 폭력성 영화를 감독하였다. 〈펄프 픽션〉은 오스카 각본상을 받았고, 칸 영화제(Cannes Film Festival)에서 작품상(황금종려상)을 받았다. 또 영화 〈트루 로맨스〉*True Romance*(1993), 〈올리버 스톤의 킬러〉*Natural Born Killer*(1994) 등의 시나리오를 썼다. 〈황혼에서 새벽까지〉*From Dusk Till Dawn*(1996)에서는 제작, 각본, 주연을 겸했다.

tartan 타르탄

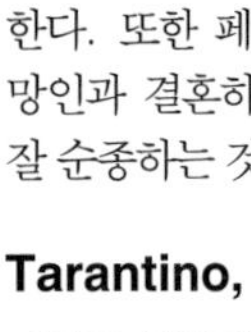
타르탄 무늬의 스커트

스코틀랜드의 전통적인 체크 무늬 모직 원단 이름이다. 스코틀랜드 사람들은 스커트나 숄, 바지, 모자 등의 의상뿐 아니라, 핸드백, 무릎덮개 등 각종 액세서리도 타르탄 체크 무늬로 즐겨 만들어 쓴다.

Tarzan 타잔

미국의 작가 에드거 R. 버로스Edgar Rice Burroughs가 쓴 소설 시리즈의 주인공이다. 1914년에 첫 소설 《유인원 타잔》*Tarzan of the Apes*이 베스트셀러가 되자, 시리즈로 《돌아온 타잔》*The Return of Tarzan*(1915) 등을 계속 발표하였다. 타잔은 본래 영국 귀족의 아들이었으나, 비행기 사고로 아프리카 밀림에 불시착하여 동물들에게 양육된다. 성장하여 야생동물과 함께 평화롭게 지내고 있을 때, 문명인들이 찾아와 밀림을 해치자 그들을 응징한다. 1931년부터 MGM사를 비롯한 많은 영화사에서 영화로 만들어 전세계인의 인기를 얻었다.

Tate Gallery 테이트 갤러리

런던의 템즈강변 북쪽에 있는 유명한 미술관이다. 영국의 유명 미술품뿐 아니라 현대 국제 미술 작품들을 많이 소장하고 있고, 특히 영국 화가 J. M. 윌리엄 터너J. M. W. Turner의 작품을 소장하고 있어 널리 알려졌다.

The Tatler 《태틀러》

영국의 월간지이다. 상류층 사람들과 상류층 사회의 행사나 패션, 예술 등에 대한 기사를 주로 싣는다. 1901년에 창간되었다.

tax disc 자동차세 납세필증

영국의 자동차 앞 유리의 한 구석에 일정 기간의 자동차세(교통세)를 냈다는 표시로 붙이는 납세필증을 말한다.

taxi dancer 택시 댄서

댄스홀 같은 데서 손님들에게서 돈을 받고 함께 춤을 추어주는 여자를 가리키는 말이다. 택시처럼 불러서 같이 춤춘다고 해서 붙은 말이다.

Taxi Diver 〈택시 드라이버〉

상처 입은 영혼의 어설픈 영웅심을 그린 1976년 미국 영화이다. 마틴 스코시즈Martin Scorsese가 감독하고 로버트 드 니로Robert De Niro와 조디 포스터Jodie Foster가 주연하였다.

영화의 배경은 뉴욕이다. 베트남 전쟁 참전 용사 트래비스 비클Travis Bickle(로버트 드 니로)은 불면증이라 심야 택시 운전을 한다. 그가 뉴욕의 밤거리에서 깨달은 것은, 세상은 창녀, 포주, 마약 중독자, 검둥이, 호모, 레즈비언 같은 인간 쓰레기로 가득하다는 것이다. 그래서 이 악을 청소해야 한다는 강박관념에 시달린다. 그는 열두 살짜리 창녀 아이리스Iris(조디 포스터)의 포주를 죽인다. 그가 살인하기까지 표출되는 가치관의 혼란은 베트남 전쟁의 증후군이라 할 수 있는데, 결국 살인을 저지름으로써 자신이 빠져 있던 혼란에서 벗어나 영웅이 된다.

1976년 칸 영화제(Cannes Film Festival)에서 황금종려상을 수상했다.

Taylor, Elizabeth (1932~) 테일러, 엘리자베스

런던 출신의 세계적인 미국 영화배우이다. 제2차 세계대전 직후에 미국으로 이주하였다. 11세 때 영화 〈귀로(歸路)〉*Lassie Come Home*(1943)에 첫 출연하였고, 이어 〈제인 에어〉*Jane Eyre*(1944), 〈신부의 아버지〉*Father of the Bride*(1950) 등을 거쳐, 〈젊은이의 양지〉*A Place in the Sun*(1951)에서부터 수려한 미모와 연기력이 돋보여 〈자이언트〉*Giant*(1956), 〈클레오파트라〉*Cleopatra* (1963) 등에 출연하였다. 〈버터필드 8〉*Butterfield* 8(1960), 〈누가 버지니아 울프를 두려워하랴?〉*Who's Afraid of Virginia Woolf?*(1966)로 아카데미 여우주연상을 받았다.

tea 차

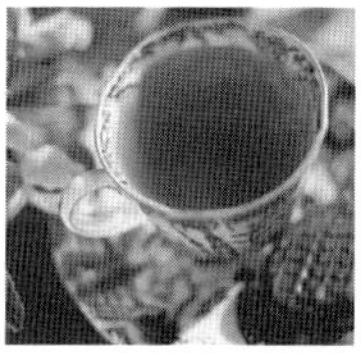

영국인들은 차를 아주 즐겨 마신다. 주로 아침에 마시지만, 하루 중에 아무 때나 마신다. 일터에서도 티 브레이크tea break라고 해서 잠시 시간을 내서 차를 마신다. 예쁜 차 주전자와 찻잔에다 우유나 설탕을 곁들여 마시기도 한다. 영국인들에게 차(tea)는 우리가 생각하는 녹차가 아니고, 발효된 홍차이다.

teaching hospital 교육 병원

흔히 의과 대학의 교육 병원을 말한다. 미국에서는 의과 대학원이 있는 대학의 병원을 말한다. 훌륭한 의사들과 좋은 의료 장비를 갖추고 있는 것으로 여겨진다.

Teamsters 팀스터스 (= Teamsters Union)

미국 최대의 노동조합이다. 정식 명칭은 International Brotherhood of Teamsters이다. 1903년에 설립되었는데, 조합원이 1백 4십만 명이나 된다. 팀스터teamster란 트럭 운전자(truck driver)를 뜻하는 말로, 처음에는 트럭 운전자들만의 운송조합이었으나, 나중에 다른 직종의 조합원들도 가입하였다. 1957년부터 미국 최대의 노동조합인 AFL-CIO에서 운송조합원들이 떨어져 나와 지미 호파 Jimmy Hoffa를 중심으로 세를 불렸다.

techno 테크노

빠르고 요란한 댄스 음악의 한 장르이다. 1990년대 미국과 영국에서 유행하였는데, 주로 나이트 클럽에서 젊은이들에게 인기가 있었다.

teddy bear 아기 곰

영국과 미국에서 아기들에게 선물로 많이 주는 아기 곰 인형이다. 별명이 '테디Teddy'였던 미국 대통령 시어도어 루스벨트Theodore Roosevelt의 이름을 따서 만들어, 역사가 오래된 곰 인형이다.

teddy boy 테디보이

당시 테디보이들의 모습

1950년대 영국에서 유행하던 패션이나 음악을 좇던 청년들을 가리키는 말이다. 머리는 기름을 발라 앞으로 세우고, 착 달라붙는 바지와 길고 헐렁한 재킷을 입고, 앞이 뾰족한 구두를 신었다. 로큰롤 음악을 좋아했고, 반항적이고 폭력적인 이미지를 가지고 있었다.

TEFL (Teaching of English as a Foreign Language) 외국어로서의 영어 교육

1970년대 영국의 사설 학원을 중심으로 시작된 외국인들에게 영어를 가르친 교육 방법이다. 현재는 하나의 거대한 산업이 되었다.

Telecom Tower 텔레컴 타워

전화, 텔레비전, 라디오 전파를 송신하는 런던의 높은 통신탑이다. 높이 189m으로 런던의 명물 가운데 하나이다.

Teletext 텔레텍스트

영국의 ITV(Independent Television)와 채널4에서 제공되는 TV정보서비스이다. 일기예보, 경기결과, 경제뉴스 및 광고 등의 정보를 소리 없이 문자로 내보낸다. 대부분의 현대 TV에서는 리모콘 사용으로 정보를 제공받을 수 있다.

Teletubbies 텔레토비

1997년부터 영국 BBC 방송에서 방영된 어린이 프로그램이다. 아기들처럼 단순한 말밖에 못하는 팅키윙키Tinky Winky, 딥시Dipsy, 라라Laa-Laa, 포Po라는 4명의 캐릭터가 인기를 끌었다.

televangelist 텔레반젤리스트

텔레비전 프로그램에 나와서 선교 활동을 하는 복음선교사(evangelist)를 말한다. 미국의 제리 폴웰Jerry Falwell, 오럴 로버츠Oral Roberts, 팻 로버트슨Pat Robertson 등은 유명하다. 이들은 많은 후원자들의 지원으로 큰돈을 벌기도 했다. 1980년대에 짐 베이커Jim Baker라는 선교사가 금융 사기와 창녀촌을 다녔다는 폭로가 나온 뒤에는 후원자들이 많이 감소하였다.

television licence (= TV licence) 텔레비전 수신증서

영국에서 텔레비전을 보유할 때 수신료를 내고 받는 증서이다. 해마다 정부가 수신 요금을 부과하는데 1년 간씩 유효하다. 이렇게 거두어들인 수신료는 공영 방송인 BBC 텔레비전과 라디오 방송을 운영하는 데 쓰인다.

Teller, Edward (1908∼) 텔러, 에드워드

'수소 폭탄의 아버지'라 불리는 미국의 과학자이다. 헝가리에서 태어나 1941년에 미국으로 이주하였다. 제2차 세계 대전 때 원폭 제조 계획인 '맨해튼 프로젝트'Manhattan Project에 참여하였고, 이후에는 최초의 수소 폭탄 제작팀을 이끌었다. 이 수소 폭탄은 1952년에 처음 실험하였다.

The Tempest 《태풍》

윌리엄 셰익스피어의 1611년 희곡으로, 생애 마지막 작품이다. 알론소Alonso 왕과 함께 나폴리Naples 왕국의 권력자들이 태풍을 만나 무인도에 오른다. 사실, 태풍은 왕국의 충신 프로스페로Prospero가 마법의 신비를 터득하여 계획적으로 일으킨 것이다. 프로스페로는 섬의 요정 에이리얼Ariel을 이용하여 자신의 순결한 딸 미란다Miranda와 풍랑으로 섬에 유배된 왕자 퍼디넌드Ferdinand를 사랑하게 만들어, 지난날 구세대의 정치적 음모와 반목을 청산하고 새시대의 화해와 희망을 꿈꾼다. 결국 희망의 상징인 미란다와 왕자의 사랑은 섬에 유배되어서도, 반란과 음모를 위해서 서로 총을 겨누는 권력자들에게 화해의 빛을 던져준다. 그리고 프로스페로는 이제 젊은이들이 세상을 새로 건설하길 바라며 마법의 지팡이를 던져버린다.

셰익스피어의 다른 작품들과 다른 점은 시간 · 장소 · 액션의 통일을 말하는 3일치의 원칙을 사용한 형식과, 스펙터클

하고 환영적인 요소가 많은 점, 내면심리를 묘사하기 위해 지문을 치밀하게 기술하고, 지문의 문체 또한 시적인 운치가 있다는 점들이다.

The Ten Commandments 〈십계〉

1956년 작 미국의 종교 영화이다. 당시로서는 최대의 제작비를 들인 영화였다. 세실 B. 드밀Cecil B. De Mille 감독이 연출하고, 찰튼 헤스턴Charlton Heston이 모세Mose를, 율 브린너Yul Brynner가 이집트 왕 람세스Rameses 2세로 출연하였다. 유태민족을 인도하여 이집트를 탈출하는 성경에 나오는 모세의 이야기를 다루었다.

Tender Is the Night 〈밤은 아름다워〉

미국 소설가 프랜시스 스콧 피츠제럴드Francis Scott Fitzgerald의 1934년 작품이다. 1920년대 프렌치 리비에라 French Riviera에 살고 있는 부유한 부부 딕Dick과 니콜 다이버Nicole Diver의 불행한 결혼생활을 담고 있는 장편소설이다. 피츠제럴드 자신의 결혼 이야기를 담은 이야기라고도 한다. 1962년에 영화로도 만들어졌다.

ten-gallon hat 텐-갤런 햇

미국의 카우보이들이 강한 햇빛을 가리기 위해 쓰는 챙이 넓은 모자이다.

1066 1066년

헤이스팅스 전투(Battle of Hastings)에서 영국이 노르만인들에 패하여 노르만 정복(Norman Conquest)을 당했던 해를 가리킨다. 영국이 드물게 외국인에게 정복당한 역사적인 연도이기도 하거니와, 이로써 영국은 행정과 문화적인 측면에서 획기적인 변화와 발전을 하는 기점이 되는 해라서 많은 영국인들이 기억하고 있다.

Tennessee 테네시주

미국 남동부의 주이다. 주도는 내슈빌Nashville이고, 멤피스Memphis가 최대 도시이다. 주의 중심부를 테네시 강이 흐른다. 농업이 주산업으로 오랫동안 뒤떨어져 있었으나, 뉴딜정책이 실시되면서 테네시 강 유역 개발 계획(TVA)에 따라 지역 종합 개발이 추진되어 지금은 공업이 주요 산업이 되었다. 그레이트 스모키 산(Great Smoky Mountains), 그레이스랜드Graceland, 그랜드 올 오프리Grand Ole Opry 등은 많은 관광객을 끌어들인다.

Tenniel, John (1820~) 테니얼, 존

영국의 화가이자 만화가이다. 루이스 캐럴Lewis Carroll의 《이상한 나라의 앨리스》*Alice in the Wonderland*, 《동화나라의 앨리스》*Through the Looking Glass*의 삽화를 그려 유명해졌다. 오늘날까지도 출간되고 있다. 오랫동안 《펀치》*Punch*지에서 만화를 연재하였다.

Tennyson, Alfred Lord (1809~1892) 테니슨, 알프레드 로드

19세기 영국의 시인이다. 1930년에 시집 《서정시집》*Poems, Chiefly Lyrical*을, 1933년에 《시집》*Poems*을 차례로 내고서, 친구인 아서 핼럼Arthur Hallam과 함께 유럽을 여행했는데, 이듬해 핼럼이 죽자 애도의 시를 쓰기 시작하였다. 1842년의 2권짜리 《시집》*Poems*에는 〈율리시즈〉*Ulysses*, 〈록슬리 홀〉*Locksley Hall*, 〈두 목소리〉*Two Voices*, 〈고다이바〉*Godiva* 등을 비롯하여 주옥 같은 전원시들이 실렸다. 1847년에 나온 《프린세스》*The Princess*로도 명성을 떨쳤다. 1850년에는 걸작 《인 메모리엄》*In Memoriam*을 출간하였고, 윌리엄 워즈워스William Wordsworth의 후임으로 계관시인(Poet Laureate)이 되었다. 그해에 그는 결혼하였다. 〈인 메모리엄〉은 사후 17년간 그리워하던 그의 친구 핼럼에게 바치는 애가로, 빅토리아 시대의 대표 시이다. 그후에도 〈모드〉Maud(1855), 대삭〈왕의 목가〉*Idylls of the King*(1859~1885), 담시(譚詩)〈에노크 아든〉*Enoch Arden*(1864) 등을 써서 애송되었으며, 여왕으로부터 남작(Baron)의 작위를 받고, 빅토리아시대의 국보적 존재가 되었다.

Tesco 테스코

영국의 최대 슈퍼마켓 체인이다. 1930년대부터 시작하였다.

TESL (Teaching of English as a Second Language) 제2 언어로서의 영어 교육

이민의 나라 미국에서 각기 다른 모국어를 가진 이민자들에게 영어를 가르친다는 개념에서 나온 영어 교육 방법이다. 영어를 모국어 다음의 제2 언어로서 배워야 한다는 의미로 붙인 말이다.

Tesla, Nicola (1857~1943) 테슬라, 니콜라

미국의 전기 공학자이다. 무선 통신, 전력 수송 분야에 중요한 업적을 남겼다. 크로아티아 출생으로, 프라하 대학에서 공부하였다. 오스트리아 정부의 전신국에 근무하다가, 후에 부다페스트 및 파리에서 전기 기사로 일하였다. 1884년에 미국으로 건너가 에디슨 회사에서 수 년 간 발전기(generator)와 전동기(electric motor)를 연구한 뒤, 뉴욕에서 테슬라 연구소를 설립하고, 1888년에 최초의 교류유도 전동기를, 1891년에 테슬라 변압기(Tesla transformer) 등을 만들었다. 1895년에 그가 개발한 2상 교류 방식은 웨스팅하우스 Westinghouse에 의하여 나이아가라 수력 발전소에 이용되었다. 자기력선속밀도(magnetic flux density)의 단위인 테슬라tesla는 그의 이름을 붙인 것이다.

TESOL (Teaching of English to Speakers of Other Languages) **외국인을 위한 영어 교육**

미국의 많은 어학원들이 TESL 개념에 따라 개설하고 있는 영어교사자격 교육과정이다.

Tess of the D'Urbervilles **《테스》**

19세기 영국 소설가 토마스 하디Thomas Hardy의 1891년 장편이다. '순결한 여성'(A Pure Woman)이라는 부제가 붙어 있다. 가난한 농가의 딸 여주인공 테스Tess는 명문가의 후예라는 청년 알렉Alec에게 유혹되어 사생아를 낳지만, 곧 죽게 되어 몰래 매장한 다음, 타향으로 도망가 농장에서 젖 짜는 일을 하며 살길을 찾는다. 몇 년이 지나, 목사의 아들 엔젤Angel과 사랑하게 되어 그와 결혼한다. 결혼 첫날밤, 남편이 자기의 과오를 고백하자 테스도 자기의 과거를 고백하지만, 엔젤은 이를 용납하지 못하고, 그녀를 버리고 브라질로 가버린다. 그후 테스는 알렉을 다시 만나 동거하지만, 뜻밖에 엔젤이 돌아와 격정에 사무친 테스는 알렉을 살해하고 처형된다. 19세기 후반 영국 소설의 대표작이다.

Texaco 텍사코

미국의 석유 회사이다. 전세계에 많은 지사를 가지고 있어, 세계 최대의 석유 판매 회사의 하나로 꼽힌다. 1902년에 Texas Company로 창업하였다. 1928년에는 미국 내 48개 주 전지역에 석유를 파는 최초의 회사가 되었다. 1930년대에는 해외로 진출하여, 콜롬비아, 캐나다, 베네수엘라 등지로 영업 범위를 넓혀갔으며, 1936년에는 캘리포니아 스탠더드 석유 회사와 공동으로 중동 등지에 공동 판매 회사를, 또 칼텍스 계열사와 함께 아람코ARAMCO(아라비안-아메리칸 석유 회사) 등의 지주회사를 설립하였다. 1980년대에는 국내 유전을 확보하면서, 1984년에 유력한 석유 회사인 게티오일Getty Oil Co.을 매입하였다.

Texas 텍사스주

미국 남서부의 주이다. 주도는 오스틴Austin이지만 휴스턴Houston이나 달라스Dallas 같은 대도시를 보유하고 있다. 1836년에 멕시코에서 독립하였다가 1845년 미국의 주로 편입되었다. 텍사스는 광업이 주산업이다. 특히 석유는 미국 내 총생산량의 35%를 차지할 정도로 큰 산업이다. 휴스턴과 달라스를 비롯한 여러 곳에 대규모 유전이 있고, 근해에도 많은 해저 유전이 있다. 천연가스 역시 제1위의 생산량을 올린다. 로켓 · 비행기 · 자동차 제조와 식품가공업도 활발하다. 전통적으로 농업과 목축업도 중요한 산업인데, 목화 · 쌀 · 옥수수 생산량은 미국 내 1위이다. 목축이 특히 발달하여 소가 약 1,000여 만 마리로 텍사스 인구와 거의 맞먹는 수이고 양(sheep)도 미국에서 가장 많이 기른다.

Texas Instruments 텍사스 인스트루먼츠

미국의 전자 회사이다. 1938년 존 클래런스 카처John Clarence Karcher와 유진 맥더못Eugene McDermott이 텍사스에 지오피지컬 서비스Geophysical Service Inc.라는 이름으로 설립하였는데, 1951년에 지금의 이름으로 바꾸었다. 세계적인 반도체 제조 기업의 하나로서, 아날로그 칩과 '디지털 시그널 프로세서'(DSP) 분야의 시장을 주도하고 있다. 전세계에 판매되고 있는 무선 전화기의 과반수가 이 회사의 DSP를 장착하고 있으며, VCR, 자동 시스템, 컴퓨터 모뎀 등의 장치에도 사용된다.

Texas Rangers 텍사스 레인저스

인디언과 멕시코 범죄자들의 공격에 대처하기 위해 텍사스 경찰의 한 부서로 창설되었다. 서부개척시대에 활약을 하며 막강해졌다. 지금은 텍사스의 고속도로 순찰대가 되었다. 텍사스 레인저스Texas Rangers는 현재 메이저리그 야구팀의 이름이기도 하다.

TGI Friday's 티지아이 프라이데이스

1965년에 개업한 미국의 대규모 프랜차이즈 패밀리 레스토랑이다. 미국과 영국, 유럽의 주요 국가의 대도시에 자리잡고 있다. TGI Friday's는 Thank God. It's Friday!를 줄인 말이다. 이 말은 미국인들이 주말인 금요일이 되면 인사로 주고받는 이디엄으로, '하나님, 감사합니다. 금요일이 왔네요.'라는 뜻이다.

TGWU (Transport and General Workers Union) **운송 및 종합 노동조합**

영국에서 영향력이 큰 대표적인 산업별 노동조합(trade union)이다. 운송 노동자, 엔지니어, 공장 노동자, 사무 노동자 등, 다양한 직종을 대표하는 14개의 조합들이 1922년에 연합하면서 결성되었다. 노동당(Labour Party)을 지원하고 있다.

Thackeray, William Makepeace (1811~1863) **대커리, 윌리엄 메이크피스**

찰스 디킨스Charles Dickens와 함께 19세기 영국 문학을 대표하는 소설가이다. 인도 캘커타에서 태어났다. 케임브리지 대학을 중퇴하였다. 신문의 삽화를 그리다가 세상 물정에 어두운 그는 어떤 부실한 신문사를 매수하였다가 파산하면서 아버지의 유산을 22세에 탕진해버렸다. 결혼한 아내가 정신병에 걸려 그녀를 돌보며 살았다. 그 뒤 화가를 단념하고 문필에 전념하여 몇 편의 소설을 쓰다가, 대작 《허영의 시장》*Vanity Fair*(1848)과 《헨리 에즈먼드》*Henry Esmond*(1852)를 차례로 내놓으며 작가의 지위를 확립했다. 이어서 《펜더니스 이야기》*The History of Pendennis*(1850), 《뉴컴 일가》*The Newcomes*(1855)을 내놓았고, 1860년부터 잡지의 편집장으로 활동하다 병으로 52세에 사망했다.

the Thames 템즈 강

잉글랜드 중남부를 흐르는 강이다. 영국을 대표하는 가장 긴 강이다. 템즈 강은 런던의 발전에서 역사적으로 중요한 역할을 해왔는데, 현재도 다른 공업 지대와 연결되어 국내 물자 수송의 중요한 수로(水路)와 상수도원 등으로 이용되고 있다. 상류 지역에서는 요트와 보트 놀이를 많이 하며, 런던 시내에 걸려 있는 런던 브리지London Bridge, 타워 브리지Tower Bridge, 웨스트민스터 브리지Westminster Bridge 등도 유명하다.

런던 도심을 흐르는 템즈 강

Thanksgiving 추수감사절

메이플라워Mayflower호를 타고 신대륙에 이주한 필그림 파더스Pilgrim Fathers들이 무사히 첫 수확을 거둔 것을 하나님께 감사드린 데서 비롯된 미국의 국민적 축제일이다. 크리스마스와 함께 양대 명절이다. 11월 넷째 목요일로, 일요일까지 계속 논다. 이날은 칠면조(Turkey) 고기와 함께 푸짐하게 식탁을 준비하고, 선물을 주고받곤 한다.

추수감사절의 칠면조 요리

Tharp, Twyla (1942~) **샤프, 트와일러**

미국의 무용가이자 안무가이다. 1965년부터 〈에즈 타임스 고 바이〉*As Times Go By*(1973), 〈푸시 컴스 투 쇼브〉*Push Comes to Shove*(1976) 등, 70여 편의 무용을 공연하였다. 〈헤어〉*Hair*(1978), 〈아마데우스〉*Amadeus*(1984) 같이 여러 편의 영화에서 무용을 연출하기도 했다. 아메리칸 발레단(American Ballet Theater), 조퍼리 발레단(Joffrey Ballet), 뉴욕 시립 발레단(New York City Ballet), 파리 오페라 발레단(Paris Opera Ballet), 마사 그레이엄 발레단(Martha Graham Dance Company) 등에서 공연하였다.

Thatcher, Margaret (1925~) **대처, 마가렛**

영국의 총리를 지낸 여성 정치인이다. 옥스퍼드 대학을 졸업하고 변호사로 일하다, 1959년에 보수당 소속으로 하원의원에 당선되었다. 이후 장관과 차관을 지내다 1975년에 영국 최초의 여성 당수(보수당)가 되었다. 1979년에 총선거에서 보수당이 승리하면서 영국 최조의 여성 총리에 취임하였다. 집권 후에는 긴축재정을 실시하여 영국의 경제 부흥을 이룩하였고, 1982년 포클랜드 전쟁에서도 뛰어난 정치적 역량을 발휘하였다. 1983과 1987년에 실시된 총선거에서도 보수당이 승리하여, 3차례나 총리를 연임하면서 영국 사상 최장기 집권의 총리가 되었다. 그후 과감한 기업 민영화, 노조의 와해, 교육이나 의료 같은 공공분야에 대한 대폭적인 국고 지원 삭감 등, 획기적인 정책 추진과 독단적인 정부 운영으로 '철의 여인(Iron Lady)'이라 불렸다. 1990년에 유럽 통합 반대 입장을 고수하다가 당 지도부의 반발을 사게 되어 자진 사임하였고, 1991년에 정계를 은퇴하였다. 1992년 남작 작위를 받고, 귀족회의인 상원의원으로 활동을 하였다.

Thatcherism 대처리즘

영국 경제의 회생을 도모하기 위한 대처 수상의 사회경제 정책을 총칭하는 말이다. 1979년 총선거에서 보수당의 승리로 집권한 대처 수상은 노동당 정부가 고수해 왔던 각종 국유화와 복지정책 등을 포기하고, 민간의 자율적인 경제 활동을 중시하며 강력한 경제 개혁을 추진했던 대처의 정책을 '대처리즘'이라고 불렀다.

내용은 복지를 위한 공공지출의 삭감과 세금 인하, 국영기업의 민영화, 노동조합의 활동 규제, 철저한 통화정책에 입각한 인플레이션 억제, 기업과 민간의 자유로운 활동 보장, 금융시장의 활성화 등이었다. 그외에도 작은 정부의 실현, 산학협동의 교육정책, 유럽 통합 반대 등의 정책을 추진하였다. 뿐만 아니라, 당시의 영국 사회의 침체되고 무기력한 상황을 '영국병(British disease)'이라고 진단하고, 이를 극복하기 위해서는 전 사회적인 의식 개혁이 필요하다고 하였다. 결과적으로 인플레이션을 극복하고 경기를 회복하는 데는 성과가 있었으나, 더욱 심각해진 실업 문제로 국민들의 불만이 고조되고 대처리즘을 비판하는 소리가 높아지기도 했다.

The Third Man 〈제3의 사나이〉

영국 소설가 그레이엄 그린Graham Greene의 1949년 작품이다. 제2차 세계대전 직후의 빈을 배경으로 친구의 죽음에 관련된 비밀을 파헤치는 3류 작가의 이야기를 그렸다. 영화가 먼저 나오고 나중에 소설로 출간되었다. 영화는 캐럴 리드Carol Reed가 감독하고, 조지프 코튼Joseph Cotten, 알리다 발리Alida Valli, 오슨 웰스Orson Welles 등이 출연하였다.

thirteen colonies 식민지 13개 주

애초에 영국이 식민지로 지배하고 있던 미국 동부의 13개 주를 불렀던 말이다. 이 13개 주는 나중에 미국 독립 전쟁을 선포한 최초의 13개 주이기도 하다. 뉴햄프셔New Hampshire, 매사추세츠Massachusetts, 로드아일랜드 Rhode Island, 코네티컷Connecticut, 뉴욕New York, 뉴저지New Jersey, 펜실바니아Pennsylvania, 델라웨어 Delaware, 메릴랜드Maryland, 버지니아Virginia, 노스캐롤라이나North Carolina, 사우스캐롤라이나South Carolina, 조지아Georgia 등이다.

thirties 30년대

미국 사람이나 영국 사람들은 1930년대를 생각하면, 경제대공황을 떠올린다. 미국과 영국을 포함한 유럽, 세계 여러 나라의 경제가 어렵던 시절이다. 많은 사람들이 일자리를 잃고, 가난에 허덕였다. 미국에는 가뭄으로 중남부의 농업 지대가 상당히 피폐해지기도 했다.

Thomas, Dylan (1914~1953) 토머스, 딜란

영국의 시인이다. 첫 시집 《18편의 시》*18 Poems*(1934)로 젊은 천재 시인으로 인정받으며 폭발적인 인기를 모았다. 이어서 《25편의 시》*Twenty-Five Poems*(1936), 《사랑의 지도》*The Map of Love*(1939), 《죽음과 입구》*Deaths and Entrances*(1946)를 내어 1930년대를 대표하는 시인이 되었다. 음주와 기행(奇行), 웅변, 충격적인 이미지들이 그의 시와 겹쳐서 일종의 전설적 인물이 되었다. 그러나 실제로는 언제나 가난에 시달리고, 온갖 위선과 대항하며 전쟁을 증오하고, 생명이 넘치는 시를 쓰기를 갈망한 시인이었다. 제2차 세계대전 후에 미국에서 강연과 시 낭독을 하며 인기는 더욱 높아졌지만, 과로와 음주로 뉴욕에서 죽었다. 죽음을 앞둔 1952년에 《딜란 토머스 시전집》*Collected Poems of Dylan Thomas*이 간행되었다. 그밖에 자전적 단편집 《강아지 같은 예술가의 초상》*Portrait of the Artist as a Young Dog*(1940)이 있다.

Thomas, Edward D. (1920~) 토머스, 에드워드

미국의 의학자이다. 하버드 대학 의과 대학을 졸업한 뒤에 콜롬비아 대학과 워싱턴 대학에서 외과 대학 교수를 지냈다. 골수이식 전문 병원인 시애틀의 프레스 허치슨 암연구 센터에서 골수세포 이식수술에 따른 부작용을 줄임으로써 백혈병 치유율을 높였으며, 재생불량성 빈혈 등의 면역체계 질병의 치료법을 개발하였다. 혈액학, 암 연구, 방사선 생물학, 생화학 분야 등의 연구 저서가 있다. 1990년 골수이식을 통해 백혈병의 치유율을 높인 공로로 노벨상 생리의학상을 받았다.

Thomas, Michael T. (1944~) 토머스, 마이클 티.

미국의 클래식 음악 지휘자이다. 보스턴 교향악단 런던 교향악단 등, 여러 오케스트라를 지휘하였다. 르네상스부터 전자음악에 이르기까지 다양한 레퍼토리를 자랑하며, 특히 현대음악을 좋아한다.

Thompson, Daley (1958~) 톰슨, 데일리

영국의 육상 선수이다. '10종 경기'(decathlon)에서 4번이나 세계 신기록을 수립한 선수이다. 1980년과 1984년 올림픽에서 금메달을 따고, 1983년 세계선수권대회(World Championships), 1982년 유럽선수권대회(European Championships) 등을 석권하였다.

Thompson, Emma (1959~) 톰슨, 엠마

영국의 인기 여배우이다. 일찍이 텔레비전에서 연기하였는데, 영화 〈하워즈 엔드〉*Howards End*(1992)로 오스카 영화상을 받았다. 1995년에는 영화 〈센스 앤 센서빌리티〉 *Sense and Sensibility*를 연출하기도 했다. 〈남아 있는 나날〉 *The Remains of the Day*(1993), 〈캐링턴〉 *Carrington* (1995), 〈프라이머리 컬러스〉 *Primary Colors* (1998) 등에 출연하였다.

Thomson, Elihu (1853~1937) **톰슨, 엘리후**

영국의 과학자이다. 어릴 때 미국으로 건너가 학교를 마치고 화학 교수가 되었다. 톰슨-휴스턴 전기 회사를 창업하여 전기를 실험하고 전등을 개발하였다. 나중에 에디슨의 회사와 합병하여 제너럴일렉트릭General Electric Company으로서 지금까지 존속하고 있다. 반발교류전동기, 전기용접기, 삼상교류발전기, 원심분리기, 적산전력계, 가두용 아크등(燈) 등 700종 이상의 발명 특허를 냈다.

Thomson, Joseph John (1856~1940) **톰슨, 조지프 존**

영국의 물리학자이다. 케임브리지 대학 교수, 왕립연구소 교수 등을 지냈다. 1903년에 출간된 《기체 내의 전기전도》 *Conduction of Electricity through Gases*에는 전자에 관한 그의 연구가 총괄되어 있다. 양극선에 관한 연구로 전기장과 자기장을 작용시킴으로써 입자를 질량에 의해 분리시키는 방법을 창안하여 분석기를 제작하였고, 1912년에 네온의 동위원소 분리에 성공하였다. 1906년에 노벨 물리학상을 받았다.

Thomson, Roy Herbert (1894~1976) **톰슨, 로이**

영국의 신문 경영자이다. 캐나다 토론토에서 출생하였다. 1931년에 온타리오Ontario에서 작은 라디오 방송국을 처음 열었고, 1933년에 두 번째의 방송국을 개국하고, 1934년 주간지를 인수하고, 일간 신문을 발행하는 등, 신문 경영에 흥미를 가지고 북미에서 30여 개의 신문사를 매수하였다. 1944년경에는 라디오 방송국도 8개로 늘었다. 1952년에 영국으로 건너가 역시 신문과 방송을 인수하여 운영하였다. 1959년에는 영국 《선데이타임스》*The Sunday Times*를 인수하고, 1963년에 영국 시민권을 얻고, 1967년에 《더 타임스》*The Times*를 매입하였다. 1976년에 그는 마침내 전세계에 148개 신문사와 138개 잡지사를 운영하는 '신문왕'이 되었다. 1964년에 남작의 작위를 받았다.

Thomson, William (1824~1907) **톰슨, 윌리엄**

영국의 물리학자이자 발명가이다. 열역학(thermodynamics) 연구에 관한 많은 업적이 있다. 1848년에 온도계를 제작했는데, 이것이 나중에 켈빈온도계(Kelvin Scale)가 되었다. 자기(magnetism)와 전기 분야에도 중요한 연구 업적을 남겼다. 1892년에 남작의 작위를 받았다.

Thoreau, Henry David (1817~1862) **쏘로우, 헨리 데이비드**

미국의 사상가이다. 하버드 대학을 졸업하고 토지 측량을 하기도 하고, 가업인 연필 제조의 일을 돕다가, 에머슨(Ralph Waldo Emerson)을 알게 되어, 초절주의자(transcendentalist) 그룹인 '콩코드 그룹'Concord Group에 가담하고, 그들이 발간하던 《다이얼》*Dial*에 글을 기고하였다. 1845년 여름부터 2년 간 월든Walden 호반에서의 생활을 바탕으로 쓴 《월든》*Walden*(1854)은 미국 문학의 고전으로 널리 읽혀지고 있다. 그는 사회문제에 대해서도 민감한 반응을 보였다. 1846년 멕시코 전쟁에 반대하여 인두세의 납부를 거절한 죄로 투옥당했을 때의 경험을 기초로 쓴 《시민불복종》*One Civil Disobedience*(1849)은 후에 간디의 비폭력 저항운동에 커다란 영향을 주었다. 1850년에는 의회에서 제정한 '도망노예법'에 반대하여 보스턴에서 여러 차례 강연을 하기도 하였다.

Thorpe, Jim (1887~1953) **쏘프, 짐**

미국의 육상 선수로, 1912년 스웨덴의 스톡홀름 올림픽 대회에서 처음으로 채택된 10종 경기에서 4종목을 석권하고 나머지 여섯 종목에서도 높은 점수를 올려 우승하였다. 이 대회에서 가장 뛰어난 스타였다. 5종 경기에도 출전하여 금메달을 차지했다. 그가 세운 10종 경기 기록은 합계 8,412점으로, 2위와 700점 가까운 차이가 나는 대단한 기록이었다. 이 기록은 20년이 지난 1932년 로스앤젤레스 올림픽에 와서야 경신됐다.

쏘프는 미국으로 돌아와 국민적인 영웅으로 환대를 받았다. 그러나 1년 뒤 미식축구 선수로 활약하던 쏘프에게 날벼락 같은 사건이 터졌다. 뉴잉글랜드 지방에서 발행되는 신문의 체육 기자가 '짐 쏘프가 올림픽이 열리기 전인 1910년에 직업 야구 선수였다'고 폭로했다. 그는 사실을 부인하지 않은 채, "야구가 좋아서 했지, 돈 때문에 하지는 않았다"고 말했다. I.O.C는 미국 올림픽위원회의 동의 아래 쏘프가 획득한 2개의 금메달을 박탈하고 올림픽 기록에서 그의 이름을 지워버렸다. 그러나 1950년 AP 통신의 스포츠 기자 투표단은 20세기 상반기의 가장 위대한 선수로 짐 쏘프를 선정했다. 짐 쏘프는 이후 비참한 생활을 하다 1953년에 죽었다. 짐 쏘프가 금메달을 반환한 뒤 미국 언론은 줄기차게 그의 명예회복 운동을 벌였고, 나중에는 포드 대통령까지도 '잃어버린 금메달'을 찾기 위해 노력했다. 마침내 1984년 제23회 로스앤젤레스 올림픽이 열리기 직전인 1982년에 I.O.C는 정식으로 짐 쏘프의 명예를 회복시키고, 그의 유족에게 2개의 금메달을 진

달했다. 스톡홀름에서 영웅으로 탄생한 지 72년, 그리고 비참한 모습으로 죽음을 맞은 지 31년만의 명예를 회복했다.

Thousand Guineas (1000 Guineas) **원 사우전드 기니즈**

해마다 4~5월에 잉글랜드 동부 뉴마켓Newmarket에서 열리는 경마대회이다. 생후 3년된 암말들이 출전하여 1.6km 코스를 달린다. 1814년부터 열렸다.

Thousand Island dressing 사우전드 아일랜드 드레싱

마요네즈와 케첩, 달걀, 고추, 피클 등으로 만든 미국의 샐러드용 드레싱 소스이다.

3M 3엠

스카치테이프scotch tape와 포스트잇post it(메모지)으로 유명한 미국의 회사이다. 1902년에 창업한 기업인데, 약 50,000가지의 생활 용품과 문구 제품을 생산한다.

***Three Little Pigs* 《아기 돼지 삼형제》**

영국의 전래 동화이다. 아기 돼지 세 마리와 늑대를 소재로 한 이야기다. 아기 돼지 삼형제는 늑대가 들어오지 못하도록 각기 튼튼한 집을 지어보지만, 한 마리만 튼튼한 벽돌로 안전한 집을 짓는다.

Three Mile Island 스리 마일 섬

1979년 3월 28일 원자력발전소에서 사고가 있었던 펜실베니아(Pennsylvania)주 해리스버그(Harrisburg)의 남쪽에 있는 섬. 이 사고로 방사능이 유출되어 지역주민들을 공포에 떨게했으며 원자력 생산 프로그램에 대한 비판을 가져오는 계기가 되었다.

three page-girl 쓰리 페이지 걸

영국의 일부 타블로이드판 신문들의 3페이지에 큰 가슴에 거의 나체인 사진으로 실리던 젊은 여성을 말한다. 1970년에 《선》*Sun*지(誌)가 이런 사진을 싣기 시작하여, 1970년대와 1980년대 다른 신문들도 가세하였으나, 1990년대에 들어서는 인기가 없어져, 이젠 《선》지도 거의 싣지 않는다.

Thriller〈스릴러〉

미국 팝 가수 마이클 잭슨Michael Jackson이 1982년에 발매한 음반이다. 2천 6백만 장이나 팔려 음악 역사상 최다 판매량을 기록한 음반이다. 〈비트잇〉*Beat it*, 〈빌리진〉*Billie Jean* 등 음반에 수록된 5곡이 히트를 쳤다. 마이클 잭슨은 이것을 또 《더 메이킹 오브 스릴러》*The Making of Thrillier* 라는 제목으로 뮤직 비디오를 만들어 1백만 장이나 팔았다.

***Through the Looking Glass* 《거울 나라의 앨리스》**

영국의 동화 작가 루이스 캐럴Lewis Carroll의 1872년 동화이다. 《이상한 나라의 앨리스》*Alice in Wonderland*의 속편이다.

Thunderbird 선더버드

1954년에 포드 자동차Ford Motor Company가 제작한 유명한 미국의 스포츠카 이름이다.

ticker-tape parade 티커-테이프 퍼레이드

미국의 대도시에서 중요한 인물이나 행사를 크게 경축할 일이 있을 때, 가끔 열리는 전통적인 퍼레이드이다. 퍼레이드가 지나가는 도로 주변의 고층 건물들에서 형형색색의 수많은 작은 종이 조각들을 날린다. ticker-tape는 전신 수신기에서 수신 내용이 기록되어 나오는 종이 테이프이다. 여러 가지 색깔의 이 종이 테이프 조각들을 퍼레이드에 사용하는 것이다.

Tiffany's 티파니

뉴욕 5번가(Fifth Avenue)에 있는 유명한 보석 상점이다. 1839년에 찰스 티파니Charles Tiffany가 창업하였는데, 현재 런던과 파리 같은 세계의 대도시에 지점을 두고 있는 유명한 보석상이다.

***Time* 《타임》**

미국의 유명 시사 주간지이다. 1923년에 신문 기자였던 헨리 루스Henry Luce와 브리턴 해이든Briton Hadden이 창간하였다. 현재는 타임워너Time Warner사가 소유하고 있다. 《타임》의 성공으로 《포춘》*Fortune*(1930), 《라이프》*Life*(1936) 등을 잇달아 발행하였다. 표지 인물로 실리는 것은 개인의 영광이 되었고, 전세계에서 해마다 올해의 인물을 뽑기도 한다. 세계 각지에 수백 명의 특파원들이 활동하고 있으며, 여러 외국어판으로도 발행되고 있어 전세계 독자들이 구독하고 있다.

***The Time Machine* 《타임머신》**

19세기 영국의 소설가 허버트 조지 웰스Herbert George

Wells가 1895년에 발표한 공상과학 소설이다. '타임머신'time machine이란 시간이라는 차원의 세계에서 과거나 미래로 여행하는 공상으로 만든 기계이며, '타임트래블'time travel(시간 여행)이란 SF 용어도 이 책에서 생겼다. 주인공이 먼저 80만 년 뒤 미래의 퇴화한 인류의 모습을 보고, 그 다음 3,000만 년 뒤, 인류가 멸망하고 갑각류와 같은 생물들이 살고 있는 세계를 보고 돌아온다. 이후의 많은 공상과학 소설에 영향을 주었다.

Time Warner 타임워너

수많은 잡지사와 방송사, 영화사를 소유하고 있는 미국의 초대형 종합 미디어 그룹이다. 잡지만도 《타임》*Time*, 《피플》*People*, 《라이프》*Life*, 《스포츠 일러스트레이티드》*Sports Illustrated* 등, 30여 개이다. 1989년에 잡지사인 타임Time Inc.이 영화사 워너브라더스Warner Brothers와 합병하면서 탄생하였다. 1996년에는 다시 CNN 방송을 소유하고 있던 터너 방송Tuner Broadcasting System을 인수하였고, 이어 아메리칸 온라인(AOL)도 인수하였다.

The Times 《타임스》

영국에서 가장 오래된 일간 신문이다. 세계 10대 신문 중 하나로 꼽히고, 영국에서도 가장 영향력 있는 신문이다. 1785년에 존 월터John Walter가 《데일리 유니버설 레지스터》*Daily Universal Register*라는 이름으로 창간하였다가, 1788년에 《타임스》*The Times*로 이름을 바꾸었다. 1822년에는 주간 신문 《선데이 타임스》*The Sunday Times*도 창간하였다. 현재는 루퍼트 머독Ruppert Murdoch이 소유하고 있다. 구독자들은 보수당을 지지하는 성향을 보인다.

Times Square 타임스 광장

뉴욕시 맨해튼Manhattan의 중심가에 있는 번화한 광장이다. '타임스스퀘어'란 《뉴욕타임스》*New York Times* 본사 건물이었던 타임스 타워Times Tower의 이름을 따서 붙인 말이다. 극장과 영화관들이 즐비하고 수많은 네온사인이 거리를 밝힌다. 매년 12월 31일 밤에 많은 시민들이 이 광장에 모여 새해를 맞이하는 카운트다운 행사를 벌인다.

신년맞이 행사를 벌이는 타임스 광장의 야경

Tintern Abbey 틴턴 사원

잉글랜드와 웨일즈의 경계에 있는 와이 강(River Wye)변에 있는 아름다운 사원이다. 12세기에 건설되었으나 지금은 폐허가 되어 있다. 영국 낭만파 시인 윌리엄 워즈워스William Wordsworth의 서정 시집에서 이 사원을 노래하는 시가 실려 있고, 많은 화가들이 이 사원을 그렸다.

tip 팁

특정한 서비스를 받을 때 주는 약간의 사례를 말한다. 영국이나 미국 모두 관례로 되어 있으나, 미국에서 더욱 일상화되어 있다. 식당 같은 데서 보통 10% 정도를 팁으로 주지만, 미국에서는 조금 더 주기도 한다. 서비스가 좋지 않으면 주지 않기도 한다. 공항이나 호텔의 포터porter들이나 택시기사들, 이발사들에게도 팁을 준다.

Tippett, Michael (1905~1998) 티피트, 마이클

영국의 클래식 음악 작곡가이다. 1941년에 오라토리오 〈우리 시대의 어린이〉*A Child of Our Time*로 명성을 얻었다. 〈한여름의 결혼〉*The Midsummer Marriage*(1955), 〈노트 가든〉*The Knot Garden*(1970), 〈아이스 브레이크〉*The Ice Break*(1977), 〈신년〉*New Year*(1989) 등, 몇 편의 오페라를 작곡하였다.

Titanic 타이타닉호(號)

영국의 대형 호화 여객선이었다. 1912년에 대서양을 건너 뉴욕항으로 처녀 항해 중에 뉴펀드랜드Newfoundland 해역에서 빙산(iceberg)과 충돌하여 침몰하였다. 이 사고로

승선자 2,208명 중 1,513명이 희생되어 세계를 놀라게 한 사상 최대의 해난 사고였다.

Titanic 〈타이타닉〉

1912년의 타이타닉호 침몰사건을 배경으로, 신분의 차이에도 불구하고 사랑을 이루어 가는 두 남녀의 이야기를 그린 1997년 미국 영화이다. 제임스 카메론James Cameron이 감독하고, 레오나르도 디카프리오Leonardo Dicaprio와 케이트 윈슬렛Kate Winslet이 주연을 맡았다. 2억 8,000만 달러의 제작비를 들였고, 세계적으로 10억 달러 이상의 수입을 올렸다. 1998년 오스카 영화상 11개 부문을 수상하면서, 1959년의 〈벤허〉*Ben Hur*와 공동으로 오스카 역사상 최다 수상 기록을 세웠다.

Titus Andronicus 《타이터스 앤드로니커스》

1951년경에 초연된 윌리엄 셰익스피어의 비극이다. 다른 작가가 썼다는 설도 있다. 로마를 배경으로 한 복수극이다. 등장인물의 대부분이 죽고 죽이는 내용으로, 흔히 '피로 쓰여진 이야기'라고 한다. 주인공 타이터스Titus의 24명의 아들과 1명의 딸, 그의 사촌형, 왕자 2명, 적군의 여왕과 그녀의 아들 2, 그녀의 정부, 정부 사이에 낳은 아기 등, 주요 인물들이 모두 사망한다.

To a Skylark 〈종달새에게〉

영국의 낭만파 시인 셸리(Percy Bysshe Shelley)가 쓴 유명한 시이다. 시인이 이탈리아를 여행하였을 때에 들은 종달새 소리를 듣고 영감을 얻어 지은 시이다.

To Autumn 〈가을에〉

영국의 낭만파 시인 키이츠(John Keats)가 쓴 유명한 시이다. 가을을 예찬한 노래이다. 〈가을에 부치는 노래〉*Ode to Autumn*라고 하기도 한다.

To Kill a Mockingbird 《앵무새 죽이기》

미국 작가 하퍼 리Harper Lee의 1960년 소설이다. 퓰리처상을 수상했고, 미국인들이 20세기 미국의 최고 소설이라고 평하기도 하는 작품이다. 미국의 앨라배마Alabama주를 배경으로 백인 소녀를 성폭행했다는 누명을 쓴 흑인을 변호하는 백인 변호사 이야기를 그렸다. 1962년에 로버트 멀리건Robert Mulligan이 감독하고, 그레고리 펙Gregory Peck이 백인 변호사 역의 주연을 맡아 영화를 만들었다.

toby jug 토비잔

맥주 같은 것을 마실 때 쓰는 자기로 된 영국의 전통적인 큰

술잔이다. 뚱뚱한 노인들이 앉아 있는 자세가 재미있다. 흔히 골동품으로 수집하며, 오래된 것은 아주 비싸다.

TOEFL (Test of English as·a Foreign Language) 토플

미국의 대학에 입학하려는 외국 학생들이 치는 영어 시험이다. 미국 교육평가원(ETS)에서 출제하고 주관한다. 영어를 모국어로 하지 않는 외국 학생에게 영어로 수업을 받을 수 있는지를 평가하는 시험으로, 현재 미국뿐 아니라, 캐나다, 오스트레일리아, 영국 같은 영어권 국가의 대학이나 대학원들이 이 시험을 요구하고 있다.

TOEIC (Test of English for International Communications) 토익

ETS에서 외국인들의 의사소통 능력을 측정하기 위해 만든 영어 시험이다. 주로 아시아권의 직장인과 학생들이 많이 친다. 토익은 상업 및 국제적 공용어로서의 영어 숙달 정도를 측정한다.

Toffler, Alvin (1928～) 토플러, 앨빈

미국의 미래학자이다. 뉴욕 대학을 졸업한 뒤에 중서부 공업지대에서 용접공으로 일하면서 노동조합 관련 잡지에 글을 기고하며 문필가로 두각을 나타내기 시작하면서 저널리스트가 되었다. 1970년 《미래의 충격》*Future Shock*을 출간하여 널리 알려졌다. 1980년에 나온 대표 저서 《제3의 물결》*The Third Waves*에서 제3의 물결인 정보화혁명을 예견하면서 재택 근무, 전자정보화 가정 등의 용어를 처음 사용하였다. 1991년에 출간한 《권력이동》*Powershift*에서는 21세기에 지식이 진정한 권력의 수단이 될 것이라고 전망하였다. 뉴욕 대학, 마이애미 대학 등, 5개 대학에서 명예 박사학위를 받았다.

Tolkien, John Ronald R. (1882～1973) 톨킨, 존 로널드 알.

영국의 영문학자이자 소설가이다. 남아프리카공화국에서 출생하였다. 네 살 때 영국으로 이주해 옥스퍼드 대학교에서 영문학을 전공하고, 졸업 후 문헌학자이자 언어학자로서 1925년부터 1959년까지 같은 대학 교수로 재직하였다. 1925년부터 북유럽의 신화 연대기인 《잃어버린 이야기들》*The book of Lost Tales*을 집필하였고, 1936년에 《베오울프》*Beowolf*를, 이듬해에 고대 북유럽에서 민간 전승되어 온 신화학적 상상력을 가정적인 주제와 연결시킨 환상적 동화 《호빗》*The Hobbit*을 출간하였다. 이후 《호빗》에서 영감

을 얻어 《반지의 제왕》*The Lord of the Rings*을 기획하여 1954년에 제1부 《반지 원정대》*The Fellowship of The Rings*와 제2부 《두 개의 탑》*The Two Towers*을 펴내고, 이듬해 제3부 《왕의 귀환》*The Return of The Kings*을 출간하였다. 《반지의 제왕》 3부작은 '판타지 소설의 바이블 또는 고전'으로 불릴 정도로 작가 톨킨을 20세기 영문학사에 큰 발자취를 남긴 거장의 한 사람으로 꼽히게 하였고, 영화로도 제작되어 전세계에서 인기를 얻었다.

toll road 유료 도로 (= tollway, turnpike)

미국에서 통행료를 내야하는 도로를 말한다. 대개 프리웨이 freeway나 motorway가 유료 도로이다.

toll-free call/number 통화료 무료 전화/번호

미국의 통화료 무료 전화를 말한다. 주로 기업들이 자사가 통화료를 부담하며 고객들에게 서비스하는 전화이다. 미국에서는 1-800번으로 시작한다.

Tom and Jerry 톰과 제리

미국의 만화 영화의 주요 캐릭터들이다. 만화에서는 멍청한 고양이 Tom이 영리한 쥐 Jerry를 잡으러 다닌다.

***Tom Brown's Schooldays* 〈톰 브라운의 학창시절〉**

19세기 영국 소설가 토머스 휴스Thomas Hughes가 쓴 자전 소설이다. 1857년에 출간되었다. 자신이 다녔던 사립 고등학교 럭비 스쿨Rugby School에 다니는 주인공 톰 브라운Tom Brown의 힘든 학창시절 이야기를 쓰고 있다.

***Tom Jones* 〈톰 존스〉**

18세기 영국의 소설가 헨리 필딩Henry Fielding의 대표작이다. 1749년에 출간되었다. 주인공인 Tom은 영국 명문가인 스콰이어 올워시Squire Allworthy의 집에서 업둥이로 발견된다. 활달하고 의협심이 강한 소년으로 자란 톰은 근처의 지주 웨스턴Western의 무남독녀 소피아 웨스턴Sophia Western과 서로 사랑한다. 그러나 나쁜 친구 때문에 집안의 노여움을 사서 쫓겨난다. 톰은 런던으로 방랑의 길을 떠나고, 소피아가 그의 뒤를 따른다. 나중에는 톰이 올워시의 조카임이 밝혀져 톰은 소피아와 결혼한다.

Tomb of the Unknowns 무명 용사의 묘

전쟁터에서 발견된 신원을 알 수 없는 유골이나 유물을 한데 모아 합장한 묘지로, 흔히 기념비 형식으로 되어 있다. 제1차 세계대전 이후에 유럽과 미국에서 세워지기 시작하였다. 미국 버지니아주 알링턴 국립묘지(Arlington National Cemetery)의 공동묘지, 영국 런던의 웨스트민스터 성당Westminster Abbey에 무명 용사의 묘가 있다.

***Tommy* 〈토미〉**

1969년 초연된 미국의 록 오페라Rock Opera이다. 피트 타운셴드Pete Townshend가 썼다. 듣지도 보지도 말하지도 못하지만 핀볼 게임pinball game만은 잘하는 토미Tommy라는 소년의 이야기다. 1974년에는 영화로도 제작되었다.

***The Tonight Show* 〈투나잇 쇼〉**

1954년부터 미국의 텔레비전에 방영되는 토크쇼이다. 자니 카슨Johnny Carson이 30년 간 방송하다가 1992년부터 제이 리노Jay Leno가 맡아서 하고 있다.

Tony Awards 토니상

미국 브로드웨이의 연극상이다. 브로드웨이의 유명한 여배우 앙트와네트 페리Antoinette Perry를 기념하기 위하여 미국의 극장 및 제작자 연맹 등이 1947년에 제정한 상이다. '토니'Tony는 페리Perry의 애칭이었다. 지금도 그녀는 토니라고 불린다. 수상식은 매년 봄 5~6월에 거행된다. 영화의 아카데미상에 비교하여 '연극의 아카데미상'이라고도 불린다. 연극과 뮤지컬 분야로 나누어, 각각 작품상, 남녀배우상, 연출상 등 모두 21개 부문에 대하여 상을 수여한다.

***Top Gun* 〈탑건〉**

미국 영화배우 톰 크루저Tom Cruiser를 세계적인 배우로 만들어준 1986년 미국 영화이다. 캘리포니아주 샌디에고 San Diego의 미 해군 비행 학교 생도를 주인공으로 많은 비행 장면을 담은 영화이다. 주제가인 〈테이크 마이 브레스 어웨이〉 *Take My Breath Away*가 오스카상을 받았다.

Torvill and Dean 토빌과 딘

1980년대 국제 아이스 댄싱 대회에서 함께 출전하여 좋은 성적을 올린 영국의 아이스 댄서ice dancer들이다. 제인 토빌Jayne Torvill과 크리스토퍼 딘Christopher Dean이다.

이들은 1984년 올림픽에서 금메달을 땄고, 1981년과 1984년 세계선수권대회를 석권했다.

Tory 토리당

1670년대부터 1830년대까지 영국의 양대 정당으로 활동했던 당의 이름이다. 1679년 요크 공(Duke of York, 나중에 제임스 2세가 됨)에 대한 왕위배제법안에 반대한 파의 의원들의 그룹을 '토리'Tory라고 불렀다. 명예혁명 때는 휘그당(Whig)에 협력하였으나 이후로는 별 활동이 없었다. 특히 하노버 왕조(House of Hanover)가 시작된 뒤 약 50년 간은 명맥만 유지할 정도로 약화되어 휘그당에 정권을 넘겨주었다. 그러다가 조지 3세 때부터 1830년까지 정권을 잡았다가, 이후에 근대 정당인 보수당(Conservative Party)으로 발전하였다.

Tower Bridge 타워브리지

런던의 템즈강에 있는 유명한 다리이다. 1894년에 완공되었다. 탑은 고딕 양식(Gothic style)이고, 다리는 선박이 지나갈 수 있도록 들어올리게 되어 있다.

Tower of London 런던탑

런던의 명물인 고성이다. 17세기 제임스 1세가 마지막으로 지냈고, 이후로는 감옥으로도 쓰였다. 템즈강변 북쪽에 있으며 관광객들에게 인기가 있는 건축물이다. 11세기에 정복자인 윌리엄 1세가 건축을 시작해서 13세기에 완성되었다. 1988년에 세계문화유산(World Heritage Site)에 지정되었다.

Townswomen' s Guild 도회지 여성 조합

영국에서 여성들 간의 우애를 증진시키기 위해 설립된 협회로 2,000개 이상의 지부가 있다. 사회적인 이벤트를 열고 공동체에 이로운 활동을 조직하며 여성들에게 영향을 끼칠 이슈들에 대하여 여성의 의견을 대표한다. 1929년 조직되었으며 여성의 참정권을 위한 법 개정을 이끈 초기의 여성그룹들에 의해서 발전되어왔다.

Toy Story 〈토이 스토리〉

미국의 월트디즈니사가 처음 컴퓨터 그래픽으로 만든 3D 애니메이션 영화이다. 1995년에 개봉하여 세계적으로 선풍을 일으켰다. 장난감 인형들의 이야기를 담았다.

Tracy, Spencer (1900~1967) 트레이시, 스펜서

미국의 영화배우였다. 대학을 졸업하고, 미국 연극 아카데미에서 연기를 배우고 1922년부터 브로드웨이 무대에 섰다. 1930년 유성영화시대로 들어선 할리우드 영화계의 초청으로 〈강가의 별장〉*Up the River*에 첫 출연하였다. 이후 〈우리는 바다의 아들〉*Captains Courageous*(1937)과 〈소년의 거리〉*Boys Town*(1938)에서 연속 오스카 남우주연상을 수상하였다. 이밖에도 〈신부의 아버지〉*Father of the Bride*(1950), 〈노인과 바다〉*The Old Man and the Sea*(1958) 등이 있다.

Trade Descriptions Act 상품설명법

1968년에 제정된 영국의 법규이다. 모든 제품과 서비스는 고객에게 정확하고, 자세하고, 정직하게 설명되어야 함을 규정하는 법이다. 제품이나 서비스의 광고나 판매에서 기짓 주장을 하는 것이 불법이 되었다.

Trade unions and labor unions 노동조합

일반적으로 노동조합을 영국에서는 산업별 노동조합인 트레이드 유니언trade union이라 하고, 미국에서는 레이버 유니언labor union이라 한다. 영국에서 노동운동이 시작된 것은 19세기이다. 산업혁명이 완수되면서 노동자들은 노동조건과 임금을 향상시키기 위한 압력 단체(pressure group)로 노동조합(union)을 결성하게 된다. '산업별 노동조합'(trade union) 역시 자체적으로 노조를 결성하는데, 세월이 지나면서 관련 업종들과 연합하여 점점 규모와 세력이 커진다. 대표적인 노동조합이 TGWU(Transport and General Workers Union, 운송 및 종합노조), AEEU(Amalgamated Engineering and Electrical Union, 기계전기 연합노조), NUM(National Union of Mineworkers, 전국탄광노조), Unison(유니슨) 등이다.

이들 노동조합들도 각 직장위원회가 직접 협상하는 것보다는 전체적으로 대의원들의 협의체로서 노동조합운동을 대변하는 TUC(Trades Union Congress, 노동조합회의)를 통해서 노조 활동을 하는 것을 선호하고 있다.

미국에서는 초기의 '직능별 노동조합'(craft union)들이 연합하여 오늘날의 노동조합(labor union)으로 발전하였다. 직능별 노조들이 연합하여 탄생한 최초의 노동조합이 1905년의 IWW(Industrial Workers of the World, 세계산업노동자)이었다. 당시 10만 명이 가입하였으나, 사회변혁을 주장하며 과격한 주장을 펼치다가 제1차 세계대전을 거치면서 와해되었다. 이후로는 뉴딜정책과 맞물려 점차 노동조건이나 임금의 향상을 원하는 노동자들의 요구에 맞추게 되는 조합이 탄생하게 되었다. 현재 미국의 대부분의 노동조합은 1955년에 AFL(American Federation of Labor, 미국 노동연맹)과 CIO(Congress of Industrial Organizations, 산업체회의)가 합쳐서 결성된 AFL-CIO에 소속되어 있다. 이밖에도 International Brotherhood of Teamsters(팀스터스), American Federation of State, County, and Municipal Workers' International Union(미국 공무원노조연맹), NEA(National Education Association, 전국교육협회) 등의 노동조합들이 활동하고 있다.

Trafalgar Square 트라팔가 광장

영국 런던 중심부에 있는 광장이다. 1841년 완성되었으며, 1805년의 '트라팔가르 해전'(Battle of Trafalgar)의 승리를 기념하여 지어진 이름이다. 중앙에 높이 약 50m의 넬슨 탑(Nelson's Column)이 서 있다. 분수와 그 주변에 모이는 수많은 비둘기 또한 명물이다. 크리스마스에 세워지는 거대한 트리와 12월 31일 밤의 합창 등도 유명하다.

Trail of Tears 눈물의 행렬

1838년 미국의 체로키Cherokee 부족을 비롯한 인디언 부족들이 조지아Georgia주에서 오클라호마Oklahoma주까지 이주했던 긴 여행에 붙은 이름이다. 미국 정부가 인디언 보호구역으로 강제로 이주를 시킨 이동이었는데, 도중에 수천 명이 죽었다.

Train-spotting 트레인 스포팅

열차를 알아맞히는 놀이다. 기관차의 종류나 번호, 열차가 오는 방향 등을 알아맞히는 것이다. 영국의 남자들이 어릴 때 많이 하지만, 어른이 되면 하지 않는다.

Trainspotting 〈트레인스포팅〉

1996년에 개봉된 대니 보일Danny Boyle 감독, 이완 맥그리거Ewan McGregor 주연의 영국 영화이다. 영국 에딘버러Edinburgh를 무대로 마약을 하고 범죄나 일삼는 젊은이들의 이야기를 다루었다. 유머와 사실적인 장면들이 인상적인 영화이다. 어빈 웰쉬Irvine Welsh의 동명 소설을 원작으로 하였다.

transcendentalism 초절주의(超絕主義)/초월주의(超越主義)

하나님의 본성(Soul)이 모든 인간과 사물에까지 다 깃들어 있다는 사상으로, 19세기 미국의 철학과 종교에 큰 영향을 끼쳤다. 1836년에 에머슨(Ralph Waldo Emerson)이 《자연론》*Nature*을 펴내서 새로운 시대의 사상을 설파하였고, 같은 해 보스턴에서 초절주의자(transcendentalist) 그룹인 '콩코드 그룹'Concord Group이 형성되었다. 이들은 잡지 《다이얼》*Dial*을 발간하고, 농장을 운영하며 새시대의 선구로서 활동을 전개하였다. 에머슨과 쏘로우(Henry David Thoreau) 등이 주축이었다. 20세기까지 미국의 사상에 큰 흐름으로 자리하였다. 에머슨의 에세이집들과 쏘로우의 《월든》*Walden* 등에 잘 나타나 있고, 나다니엘 호손Nathaniel Hawthorne, 허먼 멜빌Herman Melville, 월트 휘트먼Walt Whitman 등의 문인들에게도 큰 영향을 미쳤다.

Travelcard 여행 카드

영국을 여행하는 사람들이 2일, 3일, 4일, 1주일 단위로 할인된 가격에 이 티켓을 끊으면, 기간 내에 어디든지 영국의 지하철, 열차, 버스 등을 마음대로 타고 다닐 수 있다.

Travers, Ben (1886~1980) 트레이버스, 벤

영국의 극작가이다. 주로 소극(farce, 笑劇)을 많이 썼다. 그의 작품들은 1920년대와 1930년대에 인기가 있었는데, 요즘도 정기적으로 극장에서 그의 소극을 상연한다. 《둥지 속

의 뻐꾸기》*A Cuckoo in the Nest*(1925), 《루커리 누크》*Rookery Nook*(1926), *Thark*(1927) 등의 작품이 있다.

Travolta, John (1954~) **트라볼타, 존**

미국의 영화배우이다. 1970년대 뮤지컬 영화 〈토요일 밤의 열기〉*Saturday Night Fever*(1977)와 〈그리스〉*Grease*(1978)에 출연하면서 스타가 되었다. 〈펄프 픽션〉*Pulp Fiction*(1994), 〈겟 쇼티〉Get Shorty(1995), 〈페노메논〉*Phenomenon*(1996), 〈페이스 오프〉*Face Off*(1997), 〈프라이머리 컬러스〉*Primary Colors*(1998), 〈씬 레드 라인〉*The Thin Red Line*(1999), 〈디스터번스〉*Domestic Disturbance*(2001) 등의 영화에 출연하였다.

Treasure Island **〈보물섬〉**

19세기 영국의 소설가 로버트 루이스 스티븐슨Robert Louis Stevenson이 1883년에 펴낸 모험 소설이다. 소년 짐 호킨스Jim Hawkins는 해적으로부터 보물섬의 지도를 얻어 선원들과 함께 보물섬을 찾아간다. 타고 있는 배의 요리사가 사실은 해적 롱 존 실버Long John Silver였고, 우여곡절 끝에 결국은 착한 사람들이 보물을 찾아낸다는 이야기이다. 흥미 있는 줄거리와 뛰어난 성격 묘사, 실감나는 묘사가 있는 아동 문학의 고전이다.

Treasure of the Sierra Madre **〈시에라 마드레의 보물〉**

존 휴스턴John Huston 감독이 연출한 1948년 미국 영화이다. 멕시코에서 황금을 발견하고는 원수가 되는 세 친구의 이야기를 담았다. 월터 휴스턴Walter Huston, 험프리 보거트Humphrey Bogart, 팀 홀트Tim Holt 등이 출연하였고, 오스카 영화상을 3개 받았다.

the Treasury 영국 재무부

영국의 재무부로, 장관은 Chancellor of the Exchequer라고 한다.

treasury bill 미국 국채 (= t-bill)

미국 정부의 재무부(Department of the Treasure)가 발행하는 채권(bond)을 말한다.

Treaty of Versailles 베르사이유조약

1919년 6월에 파리의 베르사이유Versailles 궁전에서 조인된 연합국(the Allies)과 독일간의 평화조약이다. 패전국인 독일은 알자스와 로렌 두 지방을 프랑스에 돌려주고, 폴란드와 덴마크 등에도 약간의 땅을 나누어주며, 많은 배상금을 지불하고, 군비 개발에도 제한을 받았다. 그러나 나찌 정권이 대두되자 독일은 1936년에 이 조약의 군사조항 파기를 선언하고 오스트리아와 체코, 폴란드 등을 침공함으로써 조약의 효력은 상실되었다.

Trevelyan, George Macaulay (1876~1962) **트레벨리언, 조지 맥컬리**

영국의 역사학자이다. 《잉글랜드 역사》*History of England*(1926), 《잉글랜드 사회사》*English Social History*(1942) 등의 저서를 남겼다.

Trevithick, Richard (1771~1883) **트레비디크, 리처드**

증기 기관차를 여객 운송을 위한 열차로 개발한 최초의 영국인이다. 1804년에 최초의 증기 기관차를 철로에 운행시켰다.

Tribune **〈트리뷴〉**

영국의 노동당의 입장을 대변하는 좌익 주간 신문이다.

Tribune company 트리뷴 컴퍼니

미국의 대표적인 미디어 그룹이다. 《시카고 트리뷴》*Chicago Tribune*, 《로스앤젤레스 타임스》*Los Angeles Times*, 《뉴스데이》*Newsday*, 《볼티모어 선》*The Baltimore Sun* 등, 일간지 11개, TV방송국 16개, 라디오 방송국 3개 등을 소유하고 있다. 그외에도 텔레비전 프로그램 제작 업체인 트리뷴 엔터테인먼트Tribune Entertainment Company, 인터넷 회사, 메이저리그 야구팀 시카고 커브스Chicago Cubs를 소유하고, 인터넷 신문 사이트 11개를 포함해 다양한 인터넷 사이트도 운영하고 있다. 시카고에 있는 1925년에 지어진 고딕식 건축 양식의 본사 건물 트리뷴타워Tribune Tower 역시 유명하다.

trick or treat 트릭 오어 트리트

할로윈Hallowe'en 밤에 어린이들이 귀신 복장을 하고 집집마다 찾아다니며 과자나 돈을 얻으며 하는 말이다. 1930년대 미국에서 시작된 놀이인데, 요즘은 영국에서도 많이 한다. 'trick or treat'는 어린이들이 이웃집을 방문하였을 때, 과자나 돈을 '대접'(treat)하지 않으면, '장난'(trick)을 치겠다고 협박하는 말이다. 어린이들의 방문을 받은 어른들은 장난을 당하는 대신 과자나 약간의 돈을 주고 보낸다.

할로윈에 이웃집을 방문하는 어린이들

Trinity House 트리니티 하우스

영국의 해안에서 등대나 부표(buoy) 등을 관리하는 정부기관이다. 1514년에 설립되었다.

triple crown 3관왕

어떤 스포츠에서 3번의 중요한 경기를 우승한 것을 말한다. 본래는 영국에서 대표적인 3가지 경마 경기인 더비Derby, 세인트 리거St. Leger, 투 사우전드 기니즈Two Thousand Guineas를 석권한 경우를 가리키는 말이었는데, 나중에는 럭비 경기에서도 썼고, 미국의 경마 경기에서도 이 말을 썼다.

Tristram Shandy 《트리스트럼 섄디》

18세기 영국의 소설가 로렌스 스턴Laurence Sterne이 1760년부터 1767년까지 발표한 연작소설이다. 영국 최초의 소설 군에 속한다. 원제는《신사, 트리스트럼 섄디의 생애와 의견》*The Life and Opinions of Tristram Shandy, Gentleman*이다.

총 9권으로 된 미완성 작품이다. 영국 문학에서뿐만 아니라 세계 문학 사상 특이한 작품이다. 주인공인 트리스트럼의 수태로부터 이야기가 시작되는데, 3권의 끝장에 가서야 겨우 주인공이 탄생하고, 6권에서도 아직 어린아이로 나와, 그 '생애'도 '의견'도 거의 다루지 않는다. 이야기의 줄거리도 무엇을 이야기하려는지 파악할 수가 없고, 다만 많은 기발한 전개가 동원되어 있다. 19세기까지 이 작품이 무시되었으나, 20세기에 들어와 재조명되었다.

Troilus and Cressida 《트로일러스와 크레시다》

윌리엄 셰익스피어의 비극이다. 1602년에 초연되었다. 고대 그리스시대 '토로이 전쟁'(Trojan War) 당시 두 연인의 비극적인 사랑을 그리고 있다.

Trollope, Anthony (1815~1882) 트롤로프, 앤서니

19세기 영국의 소설가이다. 빅토리아여왕시대의 중산층의 생활을 주로 썼다. 《워든》*The Warden*(1855), 《바체스터 타워》*Barchester Towers*(1857), 《닥터 쏜》*Doctor Thorne*(1858), 《앨링턴의 작은 집》*The Small House at Allington*(1864), 《바르셋의 최후 연대기》*The Last Chronicle of Barset*(1967), 《피니어스 핀》*Phineas* Finn(1869), 《피니어스 리덕스》*Phineas Redux*(1876), 《영국 총리》*The Prime Minister*(1876), 《공작의 아이들》*The Duke's Children*(1880) 등의 작품을 썼다. 그의 일부 작품은 1970년대와 1980년대 BBC의 인기 드라마로 제작되기도 했다.

Trooping the Colour 기수단 분열식

매년 여왕의 생일에 런던 중심가에서 영국 근위대가 벌이는 분열식과 행진을 말한다. 각 부대의 기수단이 부대기를 앞세우고 분열과 행진을 한다.

Truman Doctrine 트루먼 독트린

1947년 미국 대통령 해리 S. 트루먼Harry S. Truman이 선언한 미국 외교 정책의 원칙이다. 요지는 공산주의 세력의 확대를 저지하기 위하여 자유와 독립의 유지에 노력하며, 소수자의 정부 지배를 거부하는 의사를 가진 여러 나라에 대하여 군사적 · 경제적 원조를 제공한다는 것이었다. 이 원칙에 따라 당시 공산 세력의 직접적인 위협에 직면하고 있던 그리스와 터키의 반공 정부에 대해 미국은 경제적 · 군사적 원조를 제공하였다. 이후 미국 외교 정책의 기조가 되었으며, 유럽부흥계획(European Recovery Program)과 북대서양조약기구(North Atlantic Treaty Organization)로 구체화되어 갔다.

Truman, Harry S. (1884~1972) 트루먼, 해리 S.

미국 제33대 대통령이다. 미주리Missouri주의 농부의 아들로 태어나 가족과 함께 농장에서 일하였다. 제1차 세계대전에 포병 소위로 참전하였다. 전후에는 법대를 나와 판사 생활을 하기도 했다. 1934년에 미주리주에서 연방 상원의원으로 선출되었고, 1944년에 프랭클린 D. 루스벨트Franklin D. Roosevelt 대통령의 부통령으로 선출되었고, 1945년에 루스벨트의 서거로 대통령직을 승계하였다. 1947년의 반소 · 반공을 내세운 '트루먼 독트린'은 제2차 세계대전 후 국제 정치의 방향을 결정한 것으로서 중요하다. 1948년 대통령에 재선되어 한국 전쟁에 파병하였고, 재임 중에 한국 전쟁에 참전한 중국군을 공격하자고 주장했던 유엔군 총사령관 더글러스 맥아더Douglas MacArthur를 해임시키기도 했다.

Truth, Sojourner (1797~1883) 트루스, 소저너

19세기 미국의 흑인 여성운동가였다. 본명은 이사벨라 밴 와그너Isabella Van Wagener이다. 종교적 열정을 바탕으로 노예제폐지와 여성해방운동에 힘썼다. 노예로 태어나 어린 시절 주인들의 학대를 받으며 자랐다. 1810년부터 1827년까지 같은 노예인 토머스와의 사이에 5명의 아이를 낳았다. 1827년에 노예제가 폐지되기 직전에 아이작 밴 와그너Isaac Van Wagener에게 노예로 팔렸다가 해방되었다. 퀘이커교도 친구들의 도움을 받아 불법적으로 남부에 팔려간 아들을 찾기 위해 법정 투쟁을 벌였고, 이후 어린 두 아이와 함께 뉴욕으로 가서 가정부로 생계를 유지했다. 1843년에 뉴욕을 떠난 뒤부터는 소저너 트루스Sojourner Truth라는 이름을 사용하였다. 전국을 순회하며 교회나 야외의 집회에서 전도를 하였다. 이때 인종차별폐지운동을 접하면서 인종 차별 폐지를 주제로 순회 설교를 했다. 1864년에는 워싱턴 D.C.의 흑인과 백인이 따로 승차하는 것을 폐지하는 데 앞장선 공로로 링컨 대통령으로부터 백악관에 초대도 받았다. 집회 연설 중에 흑인 해방을 반대하는 청중들이 그녀를 향해 남자일 거라고 야유를 보내자, 즉석에서 자신의 검은 젖가슴을 열어제치며 "댁들도 내 젖을 먹고 싶으시오?"라고 말했던 당찬 여성이었다. 그녀의 연설들은 《소저너 트루스의 설교》*The Narrative of Sojourner Truth*라는 제목으로 출간되었다. NASA에서는 화성 탐사선 이름을 그녀의 이름을 따서 소저너Sojourner라고 지었다.

Tube 튜브

런던 지하철London Underground을 흔히 부르는 이름이다.

Tubman, Harriet (1821~1913) 튜브먼, 해리엇

노예로 태어나 도망을 쳐서 나중에 흑인노예해방운동에 참여하여 활동한 미국의 흑인 여성이다. 비밀 조직(Underground Railroad)을 통해 300여 명의 흑인 노예들을 탈출시켜 '모세'Moses라는 별명이 붙었다. 남북 전쟁 때는 북군을 도와 스파이 활동을 하기도 했다.

TUC (Trades Union Congress) 노동조합회의

영국 노동조합들의 협회이다. 1868년에 설립되어 임금이나 노동 조건 같은 노조원들의 이익을 보호하는 일을 하고 있다. 해마다 9월에 모든 노동조합의 대표들이 모여 여러 가지 이슈를 논의한다. 사무총장(General Secretary)이 대표이고, 런던에 노조회관(Congress House)이 있다. 스코틀랜드 TUC는 1897년에 설립되었다. TUC는 1906년에 영국 노동당(Labour Party)을 창당하였고, 최초의 노동당 출신 의원들에게 급여를 지급하기도 했다. 노동당에 재정적 지원을 하고, 정책에 큰 영향을 미치고 있는 등, 전통적으로 노동당과 TUC는 강한 유대관계를 가져왔다. 하지만 최근에는 유대가 느슨해지고, 노동당은 TUC의 영향으로부터 자유로워지려고 한다.

Tudor 튜더

1.1485년에서 1603년까지 '영국을 지배했던 왕조의', '왕조와 관련된' 이라는 형용사.

2.16세기 영국의 보편적인 건축 양식. 튜더 건물의 특징은 흰색 벽에 검은 색 나무 프레임을 사용한 점이다.

Turner Broadcasting System (TBS) 터너 방송

테드 터너Ted Turner가 1976년에 설립한 텔레비전 방송이다. TBS를 기반으로 CNN과 터너 네트워크 텔레비전 Turner Network Television, 카툰 네트워크Cartoon Network 등도 설립했다. 1996년에 타임워너Time Warner와 합병했다.

Turner Prize 터너상(賞)

런던의 유명한 테이트 갤러리Tate Gallery가 50세 미만의 영국 화가의 작품을 선정하여 주는 상이다. 이 상은 영국에서 중요한 문화 행사이다. 상을 발표하기 전에 4명의 후보작을 테이트 갤러리에서 전시한다.

Turner, Joseph M. William (1775~1851) 터너, 조지프 M. 윌리엄

그의 대표작 Peace: Burial at Sea

19세기 영국의 화가이다. 14세 때부터 로열 아카데미Royal Academy에서 수채화를 공부한 그는 주로 수채화와 판화 제작으로 일생을 보냈다. 20세에 유화를 시작하여 풍경 유채화를 전람회에 출품하기도 하였다. 리처드 윌슨 Richard Wilson을 비롯하여 17세기 네덜란드의 풍경화가들의 영향을 받았다. 1802년에 유럽으로 건너가, 프랑스를 중심으로 풍경화의 소재를 모아 500점이나 되는 스케치를 남겼다. 〈전함 테메레르〉*The Fighting Téméraire*(1838), 〈수장(水葬)〉*Peace: Burial at Sea*(1842), 〈비와 증기, 속력〉*Rain, Steam, and Speed*(1844) 등의 대표작은 그의 낭만주의 완성을 보여 준다. 인상파에 큰 영향을 끼쳤다.

Turner, Nat (1800~1831) 터너, 네트

1831년에 미국의 버지니아주 사우스앰프턴 카운티 Southampton County에서 흑인 노예들을 이끌고 50명이 넘는 백인들을 살해한 흑인 노예이다. '사우스앰프턴 폭동'(Southampton Insurrection)이라 부른다. 터너와 16명의 노예들이 교수형에 처해졌다. 이 사건은 남부에서 노예폐지론을 소멸시키키고, 노예를 통제할 더 엄격한 법률을 가져왔다.

Turner, Ted (1938～) **터너, 테드**

터너 방송(Turner Broadcasting System, TBS)과 CNN 방송을 설립한 미국의 미디어 사업가이다. 미디어 황제(media mogul)라고 불린다. 뿐만 아니라, 스포츠를 좋아하여 메이저리그 야구팀 애틀랜타 브레이브스Atlanta Braves, NBA 농구팀 애틀랜타 호크스Atlanta Hawks, NHL 하키리그 트래셔스Thrashers 등도 소유하고 있다. 유명 여배우 제인 폰다Jane Fonda와 결혼했다가 이혼하였다.

Turner, Tina (1939～) **터너, 티나**

미국의 흑인 여가수이다. 부부가 함께 취입한 앨범《깊은 강, 높은 산》*River Deep, Mountain High*(1966)과 그래미상을 수상한 〈자랑스런 메리〉*Proud Mary*(1972) 등이 히트하여 인기를 얻었다. 1976년에 이혼했고 5번이나 그래미상을 수상했다. 라이브 공연에 나서 최고의 인기를 누렸다. 1991년 로큰롤 명예의 전당(Rock and Roll Hall of Fame)에 올랐다.

turnpike 유료 도로

tollroad 편을 읽으시오.

TV Code 티비 규정

미국에서 텔레비전 프로그램의 섹스나 폭력, 언어를 규제하는 규정이다. 미국 방송협회(National Association of Broadcasters)가 1952년에 자율적으로 제정하였다. 허위광고도 허용하지 않는 것을 포함하고 있다. 강제적인 규정은 아니지만 대부분의 방송이 이를 준수하고 있다. 라디오 규정(Radio Code)도 있다.

TV Guide **《TV 가이드》**

미국에서 인기 있는 텔레비전 주간 잡지이다. 1953년에 창간되어 구독자가 1,300만 명이나 된다. 텔레비전의 프로그램들을 채널별로 안내하고, 연예인이나 이벤트 같은 텔레비전 관련 기사들을 싣고 있다.

TV Times **《TV 타임스》**

영국의 텔레비전이나 라디오 프로그램을 소개하는 주간지이다. 탤런트들의 기사도 싣고 있다. 1968년에 창간되었다.

TWA (Trans World Airlines) **트랜스월드 항공**

1930년에 설립된 미국 항공사이다. 국제 노선은 1946년에 파리로 처음 취항하였다. 기내에서 처음으로 영화를 보여준 항공사이다. 1992년에 파산하였으나, 재건하였다. 1996년에 롱아일랜드 상공에서 폭발하여 230명의 승객이 사망하였다.

Twain, Mark (1835～1910) **트웨인, 마크**

미국의 소설가이다. 본명이 새뮤얼 롱혼 클레멘스Samuel Langhorne Clemens이다. 미주리Missouri주에서 태어나 12세 때 아버지를 여의었다. 그후 미시시피 강의 수로 안내인이 되었는데, 이 시기까지의 생활과 경험이 작가가 되는데 큰 영향을 주었다. 《캘러버러스 카운티의 명물 튀는 개구리》*The Celebrated Jumping Frog of Calaveras County*(1867)가 첫 단편집이다. 유럽 여행을 마치고《철부지의 해외 여행기》*The Innocents Abroad*(1869)도 출간하였다. 결혼 후에《톰 소여의 모험》*The Adventures of Tom Sawyer*(1876), 《미시시피강의 생활》*Life on the Mississippi*(1883), 《허클베리 핀의 모험》*The Adventures of Huckleberry Finn*(1884) 등의 걸작을 펴냈다. 특히, 《허클베리 핀의 모험》은 문명에 오염되지 않은 자연아의 정신과 영혼을 노래한 미국적인 작품으로 평가받는다. 이밖에도《도금시대》*The Gilded Age*(1873), 《왕자와 거지》*The Prince and Pauper*(1881) 등이 있다.

Twelfth Night **《십이야》**

윌리엄 셰익스피어의 대표적인 희극으로, 1601년에 초연된 작품이다. '십이야'(Twelfth Night)란 크리스마스로부터 12일째에 해당하는 1월 6일의 전날 밤을 의미하는데, 이 작품은 1601년 1월 6일 이탈리아의 오시노Orsino 공작을 환영하기 위하여 엘리자베스 여왕 궁정에서 초연된 것으로 추측된다. 똑같이 닮은 남녀 쌍둥이인 세바스찬Sebastian과 바이올라Viola는 배가 난파하여 서로 헤어지게 된다. 바이올라는 남장을 하고 세자리오Cesario라는 이름으로 오시노 공작의 집에서 일을 하게 되는데, 사랑의 사자가 되어 올리비아Olivia 공주에게 심부름을 가게 된다. 공주는 그녀를 남자로 알고 사모의 정을 보낸다. 그러나 바이올라는 공작을 사랑한다. 그런데 세바스찬이 나타나자 공주는 그를 바이올라로 잘못 알고 결혼식을 올린다. 나중에는 모든 것이 드러나 바이올라는 공작의 아내가 된다. 극 중에서 청교도적 위선자인 말볼리오Malvolio를 주정뱅이 기사 토비 벨치(Sir Toby Belch) 등이 퍼붓는 유머들이 유명하다.

Twelfth Night 십이야

성탄절이 지나 12일이 되는 1월 6일의 전날(5일) 밤이다. 교회에서 예수가 탄생 후 12일째 날에 동방박사들을 통해 자신이 메시아임을 드러낸 현현(顯現)축일(Epiphany, 에피파니: Twelfth Day)로 지내는 날의 전날 밤이다. 옛날부터 성탄절의 마지막날 밤이라고 하여 자축하고, 성탄절의 장식들을 떼어낸다.

2001: *A Space Odyssey* 〈2001 스페이스 오디세이〉

아서 C. 클라크Arthur C. Clarke의 원작의 우주 여행 소설을 영화화한 SF 영화의 걸작이다. 스탠리 큐브릭Stanley Kubrick 감독이 연출하였다. 우주선 디스커버리Discovery호는 인류에게 지혜를 가르쳐준 돌기둥의 실체를 밝혀내기 위해 목성을 향해 떠난다. 우주를 순항하던 중에 디스커버리호에서 반란이 일어난다. 우주선 통제컴퓨터인 핼Hal과 로봇이 인간의 지능을 능가하게 되고, 감성도 갖게 되어 인간에 대항하려고 반란을 일으킨 것이다. 인간과 우주의 기원 및 소멸, 인류의 영원한 과제인 인간성과 과학 사이의 도덕적 갈등을 암시하는 공상과학 영화이다. 주제 설정과 기술적인 완성도 측면에서 SF 영화사에 기념비적인 영화이다. 우주선 Discovery호는 10여 년 후 미국 항공우주국(NASA)이 우주왕복선의 이름으로 붙였다. 1969년 오스카 영화상 특수효과(special effects)상을 받았다.

20th Century Fox 20세기 폭스사

1935년에 설립된 할리우드의 메이저 영화사이다. 〈분노의 포도〉*The Grapes of Wrath*, 〈클레오파트라〉*Cleopatra*, 〈사운드 오브 뮤직〉*The Sound of Music*, 〈스타워즈〉*Star Wars*, 〈나 홀로 집에〉*Home Alone*, 〈인디펜던스 데이〉*Independence Day* 등, 수많은 영화를 만들었다. 1985년에 루퍼트 머독Rupert Murdoch에게 매각되었다.

twenties 20년대

영국과 미국에서 1920년대는 흔히 '광란의 20년대'(Roaring Twenties)라고 불렀다. 그만큼 1920년대는 역동적이고 흥미진진했던 시기이다. 미국에서는 금주법(Prohibition)이 시행되면서 갱(gangsters)들이 활개를 쳤고, 플래퍼flapper라고 하여 유행을 좇던 젊은 신여성들도 그들끼리 모여 술 마시고 춤을 추러 다녔다.

Twin Cities 트윈시티

미국 미네소타(Minnesota)주의 두 도시 미니애폴리스Minneapolis와 세인트 폴St. Paul을 일반적으로 부르는 말이다. 미시시피Mississippi 강을 사이에 두고 가까이 붙어 있어서 그렇게 불렀다.

The Two Gentlemen of Verona 《베로나의 두 신사》

윌리엄 셰익스피어의 희극 작품으로, 1593년에 초연되었다. 이탈리아를 배경으로 두 친구의 사랑과 우정을 그리고 있다. 프로티어스Proteus와 발렌타인Valentine은 서로에게 헌신적인 친구 사이이다. 밀라노에서 만난 두 친구는 공작의 딸 실비아Silvia를 사이에 두고 연적 관계가 된다. 우여곡절 끝에 발렌타인과 실비아, 프로티어스와 줄리아Julia 두 쌍의 연인들은 서로의 잘못을 용서하고 사랑을 맺는다.

Two Thousand Guineas (2000 Guineas) 투 사우전드 기니즈

해마다 봄에 영국 뉴마켓Newmarket에서 열리는 유명한 경마대회이다. 1809년부터 시작되었다.

two-minute silence 2분 묵념

영국의 현충일인 Remembrance Sunday의 오전 11시에 가지는 2분 간의 묵념시간이다. 공식 기념식에서 거행된다.

TXU Corporation 티엑스유

전력을 생산하고 판매하는 미국의 에너지, 정보통신 회사이다. 미국과 오스트레일리아에서 500만 가구의 가정과 업소, 산업체에 에너지를 공급하고 있다.

Tylenol 타이레놀

아스피린aspirin이 포함되지 않은 미국산 진통제의 이름이다.

Tyler, Anne (1941～) 타일러, 앤

미국의 소설가이다. 《뜻밖의 여행자》*The Accidental Tourist*(1985)로 미국 출판평론가협회(National Book Critics Circle)상을, 《살아 있는 교훈》*Breathing Lessons*(1988)으로 퓰리처상을 수상하였다. 이밖에도 《세월의 사다리》*Ladder of Years*(1995), 《한달음 인생》*A Slipping Down Life*(1997) 등의 작품이 있다.

Tylor, Edward Burnett (1832～1917) 타일러, 에드워드 비.

인류학의 아버지로 불리는 영국의 인류학자이다. 옥스퍼드 대학의 박물관 관리자를 거쳐 초대 인류학 교수를 지냈다. 진화론적, 심리주의 입장에서 원시 문화를 비교 연구함으로써 인류문화 발전의 양상을 밝히려고 하였다. 영적인 존재의 신념을 종교의 기본 정의로 삼는 애니미즘animism을 제창하였다. 이후 많이 수정이 가해지기는 하였으나, 애니미즘은 원시 종교를 연구하는 중요한 개념으로 현재까지 이어지고 있다. 그는 인간의 문화도 자연의 일부로서, 과학의 대상이 되어야 한다고 주장하였다. 저서에 《인류학》*Anthropology*(1881), 《인류의 초기 역사 연구》*Researches into the Early History of Mankind*(1865) 《원시 문화》*Primitive*

Culture(1871) 등이 있다.

Tyson, Mike (1966~) **타이슨, 마이크**

세계 헤비급 챔피언을 오랫동안 지낸 미국의 권투 선수이다. 성폭행사건으로 4년 간 투옥되기도 했다. 교도소를 출소한 뒤 1996년에 다시 챔피언에 올라 재기하지만, 그해 에반더 홀리필드Evander Holyfield에게 패하여 챔피언을 내어준다. 다음해 가진 그와의 재경기에서 홀리필드의 귀를 물어뜯고 실격패를 당하여 세계를 놀라게 하였다.

U

U-2 Incident 유투기 사건

1960년 5월 미국의 정찰기 U-2(적지의 사진을 몰래 찍는 비행기)가 소련의 상공에서 격추된 사건을 말하며 비행사 개리 파워스(Gary Powers)는 살아남았다. 러시아 대표 니키타 후르시초프(Nikita Khrushchev)는 미국 대통령 아이젠하워가 사과를 거부한 지 11일 후에 회담을 끝냈다. 1926년 파워스는 소련의 간첩 로돌프 아벨(Rudolf Abel)과 교환되었다.

UA (United Airline) **유나이티드 항공**

미국에서 가장 오래된 항공 회사이다. 1934년 4개의 항공 회사가 합병하면서 탄생하였다. 세계 28개 국에 노선을 가지고 있다.

UAW (United Automobile Workers, United Auto Workers) **미국 자동차노조**

자동차, 항공우주, 금속 분야에 종사하는 미국의 노동조합이다. 1935년에 설립하여 조합원이 1백30만명이다. AFL-CIO에 소속되어 있다가 1968년에 탈퇴하였다.

UC (University of California) **캘리포니아 주립 대학**

캘리포니아주가 운영하는 주립 대학으로 8곳에 있다. 버클리(UC Berkeley), 데이비스(UC Davis), 로스앤젤레스(UCLA), 어바인(UC Irvine), 리버사이드(UC Riverside), 샌디에고(UC San Diego), 샌프란시스코(UC San Francisco), 산타바바라(UC Santa Barbara) 등이다. 8개의 주립 대학 모두 세계 100대 대학에 들어갈 정도로 주정부가 많은 지원을 하고 있다.

UC Berkeley 유씨 버클리

캘리포니아주 버클리에 있는 주립 대학이다. 노벨상 수상자를 15명이나 배출해 낸 명문 주립 대학 중 하나이다. 1960년대에는 학생운동의 발생지였다.

UCLA 유씨엘에이

캘리포니아 주립 대학 로스앤젤레스 캠퍼스(University of California at Los Angeles)를 말한다. 1919년에 설립되었다. 8개 캘리포니아 주립 대학 가운데 규모가 가장 커서, 현재 재학생이 35,000명이나 된다. 영화학이 유명하다.

Ulster 얼스터

북아일랜드(Northern Ireland)를 이르는 다른 말이다. 아일랜드공화국에도 Ulster라는 지역이 있지만, 영국의 언론이나 정치권에서는 북아일랜드를 Ulster라고 부른다.

***Ulysses* 《율리시즈》**

아일랜드의 소설가 제임스 조이스James Joyce의 1922년 장편소설이다. 1918부터 1920년까지 뉴욕의 문예지 《리틀 리뷰》*Little Review*에 연재 중에 금지를 당하여 1922년 파리에서 출판하였다. 의식의 흐름과 내면의 독백을 종횡으로 활용하였다. 신문의 제목, 음악적 요소, 영화나 연극의 대화, 고전작품의 패러디 등을 종합적으로 채택하였다. 종래의 소설 형식을 근본적으로 뒤엎은 작품으로서 세계의 주목을 끌었다. 전체 구성은 호머Homer의 《오디세우스》*Odysseus*를 모방하였다. 작가의 고향인 아일랜드의 더블린Dublin을 무대로 1904년 6월 16일 아침 8시부터 그 다음날 오전 2시까지 일어난 일을 서술하였다. 조이스의 팬들은 1904년 6월 16일을 주인공인 레오폴드 블룸Leopold Bloom의 이름을 따서 '블룸의 날'(Bloom's day)로 정하여 기념하고 있다. 그의 솔직한 묘사를 외설이나 부도덕이라 하여 영국과 미국에서는 오랫동안 발행 금지 조치를 취하였으나, 1967년 영국에서 영화화되었다.

Uncle Sam 엉클 샘

미국이나 미국 정부를 뜻하는 가상의 사람 이름이다. 성조기의 색깔인 빨강, 파랑, 하얀 색의 옷을 입고, 별이 그려진 모자를 쓰고 있다. 영국과 미국간의 '1812년 전쟁' 때 미국 군대를 도왔던 샘 윌슨 아저씨(Uncle Sam Wilson)의 이름을 따서 지었다. 전쟁 때는 미국의 젊은이들이 군대에 입대할 것을 홍보하는 포스터에 엉클 샘의 얼굴을 싣기도 했다.

Uncle Ton's Cabin 《톰 아저씨의 오두막》

19세기 미국의 소설가 헤리엇 비처 스토Harriet Beecher Stowe의 장편소설이다. 당시 노예제도 폐지운동 기관지였던 《내셔널 이어러》*The National Era*에 연재했다가 1852년에 출간되었다. 흑인 노예의 비참한 생활을 목격하고, 그리스도교적인 휴머니즘의 입장에서 쓴 작품으로, 당시 미국 내에서 커다란 반향을 일으켰다.

Underground 런던 지하철

London Underground(런던 지하철) 편을 읽으시오.

Underground Railroad 지하철도

미국의 남북 전쟁이 일어나기 전에 남부에서 북부나 캐나다로 탈출하는 흑인 노예들을 도와주던 비밀 조직 또는 방법을 가리키는 말이었다. 도망친 흑인 노예를 승객(passenger)이라 불렀고, 도와주는 백인은 차장(conductor), 흑인들이 숨어 있는 안전가옥을 역(station)이라 불렀다.

unicorn 유니콘

영국의 문장에 자주 등장하는 상상의 동물이다. 이마에 뿔이 하나 있다.

영국 왕실의 문장에 있는 사자와 유니콘

Unification Church 통일교

한국인 문선명이 창시한 기독교 일파이다. 미국에 본부가 있고, 영국과 호주, 일본 등지에 많은 교인들이 있다. 교인들은 무니Moonie라고 부른다.

Unilever 유니레버

영국과 네덜란드 합작의 식품, 음료, 생활 용품 제조 회사이다. 영국의 레버 브라더스Lever Brothers사와 네덜란드의 마가린 유니Margarine Unie사가 합친 것이다. 유명한 럭스Lux 비누를 만드는 회사이다.

the Union 유니언

미국 남북 전쟁 당시에 북부를 가리키는 말이었다.

Union Jack 유니언 잭 (= Union Flag)

영국의 국기 이름이다. 잉글랜드의 국기였던 세인트 조지 크로스(St. George Cross), 스코틀랜드의 세인트 앤드류 크로스(St. Andrew's Cross), 아일랜드의 세인트 패트릭 크로스(St. Patrick's Cross)를 합쳐서 만들었다.

Union Square **유니온 스퀘어**

뉴욕 맨하탄에 있는 공원으로 브로드웨이Broadway, 파크애비뉴Park Avenue와 이스트 17가East 17th, 이스트 14가East 14th Street사이에 있다. 남북전쟁 전에 부유층 사람들이 살았고 1960년대에 이 공원은 불법마약과 폭력으로 얼룩졌으나 시당국의 노력으로 현대적이고 쾌적한 공간으로 변모했다.

Unison **유니슨**

영국 최대의 노동조합이다. 1993년에 3개의 노조가 합쳐서 탄생하였다. 조합원의 대부분은 지방 정부의 공무원이나 보건 종사자, 공기업 종사자들이다.

United Artists (UA) **유나이티드 아티스트**

1913년에 찰리 채플린Charlie Chaplin, 매리 픽포드Mary Pickford, 더글러스 패어뱅크스Douglas Fairbanks, 데이비드 W. 그리피스David W. Griffith 등이 함께 설립한 할리우드의 영화사이다.

〈아프리카 여왕〉*The African Queen* (1951), 〈하이 눈〉*High Noon*(1959), 〈로키〉*Rocky*(1976) 등, 수많은 영화들을 제작하였다.

United Health Group **유나이티드 헬스 그룹**

미국의 의료보건 서비스 그룹이다. 미국 전역을 커버하는 의료보험 서비스 망을 갖추고 있다.

United Kingdom (UK, United Kingdom of Great Britain and Northern Ireland) **영국**

영국의 공식적인 국가 명칭이다. 일반적으로는 브리튼 Britain이라고 한다.

United Nations (UN, United Nations Organization, UNO) **국제연합**

뉴욕에 본부가 있는 국제 연합 기구이다. 제2차 세계대전이 끝난 1945년에 창설되었다. 이전의 국제연맹(League of Nations)을 대체하여, 세계 평화를 유지하고 국제 문제를 조정하기 위해 창설하였다.

United States Air Force Academy **미국 공군사관학교**

미국의 공군 장교를 양성하는 4년제 대학 과정의 학교이다. 콜로라도주 콜로라도 스프링스Colorado Springs에 있다. 미국의 육해공군 사관학교 가운데 가장 늦은 1954년에 설립되었다. 생도(cadet)가 4,000명이 넘는다.

졸업하는 생도들

United States Coast Guard **미국 해안경비대**

조난 구조 훈련 중인 해안 경비대

미국 교통부(Department of Transportation) 소속으로, 미국 동서부 양 해안의 경비를 맡고 있는 부대이다.

해양 관련 법규에 따라 해안을 보존하고, 조난 구조 활동을 하며, 해상 범죄를 막기 위해 마약이나 불법 제품을 수송하는 선박을 감시하고 수사하기도 한다.

United States Forest Service **미국 산림관리단**

미국 농림부(Department of Agriculture) 소속으로, 미국의 산림을 보호하고 관리하는 기관이다. 1905년에 설립되었다. 산림 보호를 위한 각종 교육 프로그램을 운영하고, 산림 소유주들에게 교육 정보를 제공하기도 한다.

United States Information Agency (USIA) **미국 문화원**

1948년에 설립되어 세계 여러 나라에 미국에 관한 정보를 소개하는 미국 정부기관이다. 각국에 문화원을 두고 도서관과 풀브라이트 장학제도(Fulbright scholarship program), 각종 문화 프로그램을 운영하며 미국을 알린다. 미국의 세계정책에 관한 현지 국가의 의도를 파악하여 미국 국가안보회의(National Security Council)에 자문하기도 한다.

United States Marine Corps **미국 해병대**

1798년에 미국 해군 소속으로 창설되었다. 육지와 바다, 공중에서도 전투를 할 수 있도록 훈련한다. 제2차 세계대전 때 일본군이 점령하고 있던 태평양의 여러 섬들을 성공적으로 공략하면서 유명해졌고, 한국 전쟁과 베트남 전쟁에서도 활약을 했다.

United States Military Academy 미국 육군사관학교 (= West Point)

미국의 육군 장교를 양성하는 4년제 대학 과정의 학교이다. 뉴욕주의 웨스트포인트West Point에 있어서, 그냥 '웨스트포인트'라고도 부른다. 1802년에 설립되었다. 생도는 4,000명 정도이다. 로버트 E. 리Robert E. Lee를 비롯해서, 율리시즈 S. 그랜트Ulysses S. Grant, 드와이트 D. 아이젠하워Dwight D. Eisenhower, 조지 패턴George Patton, 더글러스 맥아더Douglas MacArthur 같은 유명한 장군들을 배출하였다.

United States Naval Academy 미국 해군사관학교 (= Annapolis)

미국의 해군과 해병대 장교를 양성하는 4년제 대학 과정의 학교이다. 1845년에 설립되었고, 메릴랜드Maryland주 애너폴리스Annapolis에 있다. 생도는 4,000명이다.

United States Senate 미국 상원 (= the Senate)

양원제인 미국 의회의 상원을 말한다. 50개 주에서 각각 2명씩 선출하여 의원이 100명이다. 임기는 6년이다. 모든 법률안이 상하 양원을 통과해야 하지만, 상원은 특히 외교 정책을 많이 다룬다.

United Technologies 유나이티드 테크놀로지스

세계적인 미국의 항공기 엔진 및 기계 제조 그룹으로, 1925년에 창업하였다. 산하에 약 50개의 기계 제작 회사를 두고 있다. 항공기용 엔진 및 교환 부품과 액체 및 고체 연료용 로켓 부스터 등을 생산한다. 미국 1위의 엘리베이터 제조 기업인 오티스 엘리베이터Otis Elevator, 헬리콥터 제조 기업인 시코르스키 항공Sikorsky Aircraft, 에어컨 제조 기업 캐리어Carrier 외에도, 전동기어 제조 업체, 선박용 레이더 제조 업체, 반도체 제조 업체, 디젤엔진 제조 업체 등을 소유하고 있다.

Universal Pictures 유니버설 영화사 (= Universal)

1912년에 설립된 할리우드의 영화사이다. 유니버설 스튜디오Universal Studio라고 하는 넓은 영화 촬영소가 미국 서부 시역의 관광 명소로 유명하다. 1990년에는 동부 플로리다Florida주 올랜도Orlando에도 스튜디오를 개장하였다. 스피븐 스필버그Steven Spielberg가 〈죠스〉*Jaws*(1975), 〈이티〉*E. T.*(1992), 〈쥬라기공원〉*Jurassic Park*(1993) 등의 영화를 제작하였다.

유니버설 스튜디오

Universities and Colleges Admissions Service (UCAS) **대학입학관리단**

영국에서 대학 입학 업무를 담당하는 기관이다. 전국 모든 대학의 교육 과정과 정보를 담은 책자를 발행한다.

Universities and Colleges in the UK and the US 영국과 미국의 대학

영국에서 대학 입학을 원하는 학생들은 대학입학관리단(USAS)을 통해서 최대 군데의 대학을 지원할 수 있다. 영국에서는 옥스퍼드Oxford와 캠브리지Cambridge가 가장 역사가 오래된 명문 대학이다. 그리고 런던 대학(London University), 더럼 대학(Durham University), 세인트앤드류 대학(St. Andrew University) 등이 그 뒤를 잇고, 다음으로 19세기에 생긴 버밍햄 대학(Birmingham University), 맨체스터 대학(Manchester University) 등이 있다. 학부에서는 문학사(BA, Bachelor of Arts)와 이학사(BS, Bachelor of Science) 학위를 받고, 대학원에서는 석사 과정(master's degree)과 박사 과정(doctorate)을 밟게 된다.

미국에서는 학생들이 대학수학능력시험인 SAT(Scholastic Aptitude Test)나 ACT(American College Test)를 거쳐야 대학에 지원할 수 있다. 외국 학생들은 토플TOEFL을 봐야 한다. 각 대학마다 요구하는 점수가 다르다. 미국에는 한 학기에 15주간씩, 1년에 두 학기제를 채택하는 대학도 있고, 10주간씩 3학기제를 채택하는 대학들도 있다. 학부에서는 주로 교양 중심의 기초 학문을 공부하고, 의학이나 법학, 경영학 같은 전문 직업 과정은 대학원에서 공부한다.

University College Hospital 런던 대학 병원

런던 대학(London University)의 부속 병원으로, 1833년

에 개원하였다.

University College London 런던 유니버시티 칼리지

런던 대학(London University)의 단과 대학으로, 1826년에 설립되었다. 설립 초기에는 비국교도(Nonconformist) 학생들이 다녔다.

University of California (UC) 캘리포니아 주립 대학

UC (캘리포니아 주립 대학) 편을 읽을 것.

University of California at Berkeley (UC Berkeley) 캘리포니아 주립 대학-버클리

UC Berkeley(유씨 버클리) 편을 읽으시오.

University of California at Los Angeles (UCLA) 캘리포니아 주립 대학-로스앤젤레스

UCLA(유씨엘에이) 편을 읽으시오.

University of Chicago 시카고 대학

미국 일리노이주 시카고에 있는 명문 사립 대학이다. 1892년에 록펠러(John D. Rockefeller)가 설립하였다. 졸업자나 교수를 지낸 사람으로서 노벨상 수상자는 2000년까지 물리학상 24명, 화학상 14명, 생리 · 의학상 11명, 문학상 2명, 경제학상 22명 등 모두 73명에 이르는 명문 대학이다.

University of Manchester Institute of Science and Technology 맨체스터 과학기술 대학

영국 맨체스터에 있는 과학기술 분야의 특화 대학이다. 1824년에 설립되었다. 현재 20%가 넘는 재학생들이 외국 학생들이다.

University of Washington at Seattle 워싱턴 주립 대학-시애틀

1861년에 개교하였다. 1989년 이후로 4명의 교수는 물리학과 의학에서 노벨상을 수상했으며 다섯 번째도 의학 분야에서 나왔다. 공학, 임업, 항공우주, 선박, 보건 분야가 강하다.

the Untouchables 언터쳐블스

미국에서 금주법(Prohibition)이 시행되어, 알 카포네Al Capone가 전성기를 구가하고, 대부분의 경찰이 갱들로부터 뇌물을 받아 부패가 극에 달하던 1920년대에 갱들을 소탕하기 위해 조직된 법무부 소속의 특수 수사반을 부르던 별명이다. 엘리엇 네스Eliot Ness 반장이 이끌던 수사반은 강직한 성품의 경관들로 조직하여 갱들과의 싸움을 시작했다. 이들은 뇌물과는 거리가 멀었기에, 갱들은 그들을 가리켜 '손댈 수 없는 사람들'(the Untouchables)이라고 불렀고, 이 조직은 후에 FBI의 모체가 된다. 지금도 FBI의 수사관을 상징하는 말로 넓게 쓰이고 있기도 하다. 이들의 활약상은 1987년에 같은 이름의 영화로 제작되어 나왔다.

Updike, John (1932~) 업다이크, 존

미국의 시인이자 소설가로, 현대 미국 중산층의 희망과 고민, 공포를 주로 그렸다. 하버드 대학을 수석으로 졸업하고, 옥스퍼드 대학에서 회화를 공부했는데, 귀국하여 잠시 《뉴요커》*New Yorker*지에서 편집 일을 하며 여러 편의 시와 단편을 발표하였다. 현대 미국 문화의 환멸을 그린 장편소설 《양로원의 축제일》*The Poorhouse Fair*(1959)로 미국 예술원상을 받으며 작품을 쓰기 시작하여, 《달려라 토끼》*Rabbit, Run*(1960), 《비둘기의 깃털》*Pigeon Feathers and Other Stories*(1962), 《켄타우로스》*The Centaur*(1963), 《농장》*Of the Farm*(1965), 《이즈트윅의 마녀들》*The Witches of Eastwick*(1984) 등의 작품을 썼다. 퓰리처상도 수상하였다.

UPI (United Press International) 유피아이

세계 각지에서 뉴스를 취재하여 각국의 신문과 방송에 제공하는 미국의 국제적인 통신사이다. 1958년 유나이티드 프레스United Press와 국제 뉴스 서비스International News Service가 합병하면서 탄생하였다.

upper class 상류층

영국 사회에서 상류층은 대개 부동산을 포함한 재산이 많은 부잣집 사람들이다. 이들은 대체로 Lord나 Lady 같은 귀족 작위를 가지고 있으며, 자녀들은 퍼블릭 스쿨public school에 보낸다. 많은 땅을 가지고 있어서 승마나 사냥 같은 야외 스포츠를 즐기는 것이 영국 상류층의 전형적인 이미지이다.

upper middle class 중상류층

영국 사회에서 중상류층이라 하면 상류층과 중산층 사이의 사람들을 가리킨다. 대개 기업의 이사나 교수, 변호사 같이 높은 사회적 지위와 수입이 많은 사람들이 속한다.

Uptown 업타운

뉴욕시 맨해튼Manhattan 59번가 지역을 부르는 말이다. 센트럴파크Central Park 일대가 여기에 해당한다. 메트로폴리탄 미술관(Metropolitan Museum of Art), 구겐하임 박물관(Guggenheim Museum), 블루밍데일 백화점

(Bloomingdale's), 링컨 공연예술센터(Lincoln Center of Performing Arts) 등이 있다.

US News and World Report 《유에스 뉴스 앤 월드 리포트》

미국의 주간 잡지이다. 보수적인 논조에다 경제와 기업, 정치, 사회, 문화 관련 기사를 많이 싣는다.

US Open Golf Championship 미국 오픈 골프선수권 대회

1895년 뉴포트 컨트리 클럽(Newport CC)에서 시작되었다. 당시는 프로 선수가 대접을 받지 못했기 때문에 3일 간의 아마추어 경기 후에 프로 경기가 하루 동안 열렸다. 10명의 프로와 1명의 아마추어가 같이 경기를 했다. 50년 이상 된 컨트리 클럽에서만 열리며, 같은 타수의 우승자를 가리는 연장전이 '서든 데스'sudden death 방식이 아니고 18홀 라운드로, 다음 월요일에 끝난다.

USA Today 《유에스에이 투데이》

1979년에 창간한 미국의 일간 신문이다. 2백만이 넘는 구독자를 자랑하고 있다.

Ustinov, Peter (1921~) 유스티노프, 피터

영국의 배우이자 영화감독, 극작가로 활동하였다. 영화 〈프라이빗 안젤로〉*Private Angelo*(1949) 〈빌리 버드〉*Billy Budd*(1962) 등의 시나리오와 연출을 하였고, 연극 〈죄와 벌〉*Crime and Punishment*(1946), 영화 〈쿼바디스〉*Quo Vadis*(1951), 〈스파르타쿠스〉*Spartacus*(1962), 〈나일강의 살인사건〉*Death on the Nile*(1978) 등에 배우로 출연하였다. 텔레비전 영화 〈나사렛 예수〉*Jesus of Nazareh*(1977)를 제작하기도 했다. 희곡 〈회한의 집〉*House of Regrets*(1943), 〈대령 4인의 사랑〉*The Love of Four Colonels*(1951) 등을 썼다.

Utah 유타주

미국 중서부의 주이다. 주도는 솔트레이크시티Salt Lake City이다. 북부에는 염분 호수인 그레이트 솔트호(Great Salt Lake)가 있고, 서쪽에는 세계 최대의 염분 사막인 그레이트 솔트레이크 사막(Great Salt Desert)이 있다. 1847년에 몰몬Mormon교도들이 동부에서 들어와 본격적인 개발에 착수했는데, 그들은 솔트레이크시티를 중심으로 주로 북부에서 대규모의 관개농업을 성공시켰다. 1896년 미국의 45번째 주가 되었다. 몰몬교도가 주 인구의 약 70%를 차지한다.

Ute 유트 부족

콜로라도주와 유타주의 보호구역에 살고 있는 미국 인디언 부족이다. 농사를 지었으나, 지역에 석유와 가스가 생산되어 많은 돈을 벌었다.

Utilitarianism 공리주의

'최대 다수의 최대 행복'(the greatest happiness for the greatest number of people) 즉, 사회의 최대 다수 구성원의 최대한의 행복을 추구하는 철학이다. 19세기 영국에서 유행한 제러미 벤담Jeremy Bentham과 존 스튜어트 밀John Stuart Mill의 사상이다. 두 사람은 행복과 쾌락을 동일시하였는데, 벤담은 '양적(量的) 쾌락주의자'였고, 밀은 쾌락의 질적 차이를 인정하여 '질적 쾌락주의'의 입장을 취하였다.

Utopia 《유토피아》

현실 세계에도 존재하지 않는 이상의 나라 또는 이상향을 가리키는 말인데, 영국의 정치가이며 인문주의자인 토머스 모어Thomas More가 1516년에 펴낸 정치적 공상 소설이다. 원래는 라틴어로 썼는데, 1551년에 영역판이 나왔다. 저자가 들은 이상의 나라인 유토피아Utopia의 제도와 풍속 등을 기록하는 형식이다. 이 공화국에서는 모든 시민이 교대로 농사를 짓는데, 노동 시간은 6시간, 여가는 교양 시간으로 돌리며, 필요한 물품은 시장이 창고에서 자유로 꺼내 쓸 수 있다. 르네상스 휴머니즘의 정신을 반영하고 있으며 종교적 관용과 평화주의, 남녀 교육의 평등 등을 주장하고 있다.

V

valedictorian 고별사 낭독자

미국의 고등학교나 대학의 졸업식에서 대표로 고별사를 낭독하는 학생을 말한다. 전통적으로 최우수 졸업생이 맡는다.

Valentino, Rudolph (1895~1926) 발렌티노, 로돌프

이탈리아 출생의 미국 영화배우였다. 18세에 미국으로 건너가 카페의 탱고 댄서로 있다가 영화계에 들어갔다. 1921년 〈묵시록의 4기사〉*The Four Horsemen of the Apocalypse*에 출연하여 스타가 되었고, 〈시크〉*The Sheik*(1921), 〈피와 모래〉*Blood and Sand*(1922) 등에서도 주연을 맡았다. 특히 여성에게 높은 인기가 있었는데, 인기 절정인 31세의 젊은 나이로 생을 마감하였다. 그의 장례식에는 10만 명이 참석하였다.

Valli, Frankie (1937~) 밸리, 프랭키

미국의 팝 가수이다. 1956년에 결성한 그의 그룹 포시즌Four Seasons과 함께 아직도 공연을 하고 있다. 〈셰리〉*Sherry*, 〈캔트 테이크 마이 아이스 오프 유〉*Can't Take My Eyes Off You* 등의 히트곡이 있다. 1990년에 로큰롤 명예의 전당(Rock and Roll Hall of Fame)에 올랐다.

vampire 뱀파이어/흡혈귀

흡혈귀는 원래 슬라브 또는 헝가리 전설이며, 1730년대의 헝가리의 문헌에 흡혈귀에 대한 기록이 많다. 영국 작가 브람 스토커Bram Stoker의 소설 《드라큘라》*Dracula*(1897)가 인기를 끌면서 현재까지도 관심은 이어지고 있다. 실재했던 인간 드라큘라 백작이 역사상 가장 잔혹한 행위를 일삼았던 인물로, 흡혈귀의 대표적인 유형이 되어 있다. 수많은 영화가 드라큘라를 소재로 흡혈귀의 이야기를 다루었다.

Vanbrugh, John (1664~1726) 밴브루, 존

17세기 영국의 건축가이자 극작가였다. 일찍이 희곡을 써서 《재연》*The Relapse*(1696), 《흥분한 아내》*The Provoked Wife*(1697) 등의 왕정 복고 후기의 희극들을 썼다. 30대가 되면서 건축가로서 여러 건물들을 설계하였다.

Vanity Fair 《베니티 페어》

영국과 미국에서 발행되는 월간 잡지이다. 정치, 사회, 문화 분야의 기사들을 싣는다.

Vanity Fair 《허영의 시장》

19세기 영국의 소설가 윌리엄 메이크피스 대커리William Makepeace Thackeray의 장편소설이다. '허영의 시장'(Vanity Fair)이란 존 번연John Bunyan의 《천로역정》*The Pilgrim's Progress*에 나오는 지명이다. 19세기 상류사회의 허영이 가득한 속물근성을 폭로하고 풍자하면서 이런 제목을 붙였다. 가난한 무명 화가의 딸로 똑똑하고 야심적인 베키 샤프Becky Sharp와 부유한 주식 중개인의 딸로 착하고 예쁜 애밀리아 세들리Amelia Sedley가 같은 학교를 졸업하는 데서부터 이야기가 시작된다. 베키는 돈 많은 남자와 결혼하려고 애밀리아의 오빠를 유혹하지만 실패하여, 무일푼인 귀족의 아들과 결혼한다. 애밀리아는 워털루

전투에서 남편이 전사하여 미망인이 되지만, 전남편의 친구인 중령과 재혼한다. 한편, 베키는 어느 늙은 귀족과의 불륜이 발각되어 남편과 이혼하고, 처음 마음먹었던 조지프와 결합한다. 그후 조지프를 독살하고, 그의 재산을 차지하여 귀부인 행세를 한다.

Variety 《버라이어티》

연극이나 영화를 포함하여 주로 연예계 기사를 주로 싣는 미국의 신문이다. 1905년에 창간되었다.

Vaseline 바셀린

건성 피부를 치료하고, 통증을 완화시키는 연고와 같은 제품이다.

vaudeville 보더빌

19세기 후반에서 20세기 초까지 미국에서 유행했던 쇼의 한 장르이다.

Vauxhall 복스홀

중저가의 다양한 자동차를 생산하는 회사로 1903년 영국에서 설립되었으나 1925년 제너럴 모터스(General Motors Corporation)에 합병되었다.

V-chip 브이칩

텔레비전 수상기에 내장하여 수신되는 방송 중에 폭력(Violence)및 섹스 프로그램을 걸러주는 기능을 하게 만든 칩이다. 미국의 경우 방송사가 방영하는 폭력과 섹스 프로는 모두 0~5단계의 등급으로 구분되어 있는데, 텔레비전에 브이칩을 장착하기 전에 미리 일정한 등급의 한도를 정해놓으면 그 등급을 넘어서는 방송이 수신될 경우 자동으로 해당 프로그램을 차단하는 역할을 하게 만들어져 있다. 1996년에 제정된 미국통신법(Telecommunications Act)은 모든 텔레비전이 브이칩을 내장할 것을 의무 규정으로 하고 있으나, ABC, CBS, NBC 등, 미국의 방송사들은 언론 자유를 해친다며 반대하고 있다.

Verizon Communications 버라이존 커뮤니케이션스

미국의 종합 정보통신 서비스 회사로, 인터넷과 시내외 유무선 전화 등의 서비스를 한다. 1984년에 AT & T(American Telephone & Telegraph Co.)가 해체될 때 벨 애틀랜틱Bell Atlantic Corporation이라는 이름으로, 미국 내에서 9,800만의 접속 라인을 구축하여 유 · 무선 통신 사업을 하였다. 2000년에 지티이GTE Corporation를 합병하여 지금의 이름으로 바꾸면서 세계 최대의 커뮤니케이션 서비스 공급 업체 가운데 하나가 되었다. 계열 회사 모두 미국 30개 주에 걸쳐 1억 1200만의 유선 전화 회선 및 2,700만 무선 전화 가입자를 보유하고 있다. 남북 아메리카, 유럽, 아시아, 태평양 지역 등, 44개 국에서 유 · 무선 전화 서비스를 공급하고 있다. 뉴욕에 본사가 있다.

Vermont 버몬트주

캐나다와 국경이 닿은 미국 북동부의 주이다. 주도는 몬트필리어이다. 뉴잉글랜드 지역의 유일한 내륙 주로서 주도는 몬트필리어Montpelier이다. 낙농이 발달하여 뉴욕시의 우유 공급원이다. 노예제도 폐지를 담은 미국 최초의 주 헌법을 제정한 주이다.

Verrazano-Narrows Bridge 베라자노-내로우즈 브리지

뉴욕의 브룩클린Brooklyn과 스테이튼 아일랜드Staten Island를 연결하는 미국에서 가장 긴 다리이다. 1964년에 개통된 이 다리는 길이가 1,300m로 세계에서 가장 긴 현수교(suspension bridge)이다.

Vespucci, Amerigo (1454~1512) 베스푸치, 아메리고

이탈리아의 항해가로, 아메리카 대륙 초기의 탐험자이다. 아메리카라는 지명은 그의 이름 아메리고에서 따온 것이다. 그는 콜럼부스의 2, 3차 항해에 쓰일 신박 건조 작업에 참여했고, 1497~1503년에 걸쳐 신대륙에 여러 번 항해하였다. 1505년에는 스페인의 시민이 되었다.

Veterans' Day 재향 군인의 날

군복무를 마친 사람들을 기리기 위해 제정한 미국 재향 군인의 날이다. 11월 11일이다. 본래는 제1차 세계대전이 끝난 것을 기념하며 1926년에 휴전기념일(Armistice Day)로 출발했는데, 1954년부터 현재의 이름을 썼다. 가정에서는 국기를 달고, 재향 군인들이 거리에서 퍼레이드를 벌이기도 한다.

Viacom 비아콤

미국 최대의 엔터테인먼트와 커뮤니케이션, 미디어 기업 가운데 하나이다. 1971년에 CBS 방송의 케이블 텔레비전 시스템을 운영하고, CBS의 인기 프로그램을 배급하기 위하여 설립되었다. 1976년 쇼타임Showtime 영화 네트워크를 설립하고, 1985년에는 MTV를 인수하였다. 이후 여러 라디오 및 텔레비전 방송국과 케이블 채널 등을 인수하고 텔레비전 프로그램들을 제작하면서 성장하였다. 1994년에는 파라마운트 커뮤니케이션스Paramount Communications를 인수하면서 파라마운트 영화사Paramount Pictures, 출판사 사이먼 앤 슈스터Simon & Schuster 등도 함께 넘겨받았다. 현재 비디오 대여 및 음악 유통업까지 관여하게 되어 영화, 케이블, 텔레비전, 출판 등의 계열 기업을 소유함으로써, 전세계에서 사업 다각화가 가장 많이 이루어진 엔터테인먼트 그룹이 되었다.

Viagra 비아그라

미국의 제약 회사인 파이저Pfizer사가 개발한 남성 발기부전 치료제의 이름이다. 미국 식품의약국(FDA)은 비아그라를 전문의 처방에 의해서만 판매하도록 하고 있다.

The Vicar of Wakefield 《웨이크필드의 목사》

18세기 영국의 소설가인 올리버 골드스미스Oliver Goldsmith의 1766년 작품이다. 평온한 생활을 하던 웨이크필드Wakefield의 목사 프림로즈Primrose 일가에 잇달아 재난이 일어난다. 고약한 지주 때문에 목사와 장남이 투옥되고, 두 딸도 농락당하고 유괴된다. 화재로 집마저 잃고 파산하게 될 판에 지주의 죄악이 탄로되어 목사 일가가 행복을 되찾게 된다는 내용이다.

Victoria Cross (VC) 빅토리아 무공 훈장

영국 최고의 무공 훈장이다. 1856년 빅토리아 여왕 때 처음 수여되었다. 십자가에 왕관과 사자가 함께 새겨져 있다.

Victorian Age 빅토리아시대

영국의 빅토리아 여왕이 재위하던 1837~1901년의 기간을 특별히 부르는 이름이다. 이 시기에는 윌리엄 E. 글래드스톤William E. Gladstone이 이끈 자유당과, 벤저민 디즈레일리Benjamin Disraeli가 이끈 보수당의 양대 정당이 의회정치를 실시하여 민주주의가 발전하였고, 제국주의 정책에 의한 식민지 지배의 황금시대를 이룩하여 영국은 세계의 대제국으로 등장하였다. 또 과학이 발달하면서 물질문명이 발전한 것도 들 수 있다.

18세기 후기에 일어났던 산업혁명은 절정에 이르러 도시는 공장 지대가 되고, 인구가 집중되었고, 산업과 과학의 발달과 국제 무역에 의하여 영국은 사상 최대의 부강한 나라가 되었다. 그러나 정치와 경제의 급성장에 따른 빈부의 격차와 불평등의 문제로 여왕이 왕위에 오른 후 계속 전국에서 노동자들의 폭동이 일어났다. 대표적인 것이 차티스트운동(Chartist Movement)이라고 하는 '국민헌장운동(1837~1948)'이다. 6개항의 '국민헌장'을 요구한 민권평등운동이다. 이후 1867년에 2차 선거법 개정안(Reform Bill)이 통과되어 국민의 권한을 평등하게 보장받을 수 있는 민주주의가 확립되게 되었다. 1871년에는 초등교육법이 발표되어 국민 교육이 보급되었으며, 노동조합법이 발표되어 노동조합운동이 합법적으로 승인되기도 하였다. 또, 과학의 발달로 산업혁명이 절정에 달했다. 1830년에 리버풀Liverpool과 맨체스터Manchester 사이에 철도가 개통되었고, 1837년에 전화, 전신, 무선 등이 개설되었으며, 1838년에는 대서양에 대형 증기선이 운항하게 되었다. 국가는 더욱 부강해졌고, 국민의 의식은 물질주의에 빠졌다. 학교가 많이 설립되었고, 값싼 책들이 출판되어 일반 교양 교육이 확대되었다. 특히 찰스 다윈Charles Darwin의 《종의 기원》*The Origin of Species*(1842)의 출판은 종교와 사회에 많은 파문을 일으켰다. 청년과 지식인들은 그의 과학적인 진화론에 호감을 가지고 기독교에 회의를 느끼게 되었으며, 전통과 도덕보다는 물질주의적인 인생관을 더 갖게 되었다. 라파엘전파(Pre-Rapaelite Brotherhood, PRB)운동도 이 시기에 일어났다. 빅토리아시대의 문학은 낭만주의 문학과는 달리 인생과 사회 문제에 직접 개입하여 이를 도덕적인 의도로 다루었다. 사실주의가 유행하면서도 위선과 허영에 대한 풍자적 비판이 특징을 이루었다.

Vidal, Gore (1925~) 비달, 고어

미국의 소설가이자 극작가이다. 군복무 경험을 바탕으로 한 전쟁 소설 《폭풍》*Williwau*(1946)을 시작으로 작품 활동을 시작하였다. 동성애를 소재로 한 《도시와 기둥》*The city and the pillar*(1948), 《마이러 브레킨리지》*Myra Breckenridge*(1968), 정치풍자 소설 《줄리안》*Julian*(1964), 《워싱턴》*Washington D. C.*(1967) 등의 소설이 있고, 희곡 《소행성 여행》*Visit to a Small Planet*(1957)이 있다.

Vietnam Veterans Memorial 베트남 전 참전용사 기념비

베트남 전에서 사망한 미군을 추모하기 위해 V자 형태의 긴 벽으로 만든 기념비이다. 수도 워싱턴 D. C의 링컨 기념관

(Lincoln Memorial) 옆에 있다. 벽에는 58,000명이 넘는 사망자, 실종자의 명단이 적혀 있다. 베트남 참전용사들과 가족들이 많이 찾는다.

Vietnam War 베트남 전쟁

베트남 전쟁은 한국 전쟁과 함께 미국이 소련과 중국의 공산주의가 미국의 안보에 위협이 된다고 믿었던 소위 냉전(Cold War)시대 미국 정치의 결과물이다. 베트남 전쟁은 프랑스로부터의 독립 전쟁과 남북 베트남간의 전쟁이라는 두 시기로 분류한다. 베트남은 1945년에 프랑스령 식민지에서 벗어나 독립을 선언하고 '베트남민주공화국'을 수립하였다. 그러나 프랑스군은 1946년부터 '베트남 독립동맹군'과 전쟁을 전개하였고, 1954년에 프랑스군의 거점이 함락되면서 '제네바협정'(Geneva Accords)을 체결한다. 이 전쟁을 1차 인도차이나 전쟁이라 한다. 제나바협정으로 베트남은 북위 17°선을 군사경계선으로 공산주의 북베트남, 민주주의의 남베트남으로 분단되었다. 그러나 1955년 남베트남에 정부가 수립되자 이에 반대하는 공산분자들은 테러 공격을 감행하였고, 1960년에는 남베트남에서 '남베트남 민족해방전선'이란 이른바 '베트콩'을 결성하였다. 이들은 호치민(胡志明)이 이끄는 북베트남(베트남 민주공화국)의 원조를 받아 세력을 확장하였고, 선거를 통해 베트남 전역을 장악할 수 없게 된 공산 측은 군사적인 수단을 사용하게 된다.

이에 1961년 미국 대통령 존 F. 케네디John F. Kennedy는 처음으로 군사 고문단 자격으로 미국 정규군을 파견하여 베트남에서 전쟁을 전개하였다. 남베트남의 공산화는 동남아시아 전체의 공산화를 가져온다는 생각에서 취해진 미국의 공산주의 봉쇄전략의 일환이었다. 이어 린든 B. 존슨Lyndon B. Johnson 정부는 1964년 북베트남의 어뢰정이 미국 구축함을 공격한 '통킹만 사건'을 계기로 미군을 직접 전투에 참가시켰다. 1968년까지 미 지상군의 투입이 54만 명으로 확대되었고, 전비 또한 54억 달러에서 288억 달러로 늘어났다.

한편 1968년부터 평화 교섭을 위해 '파리회담'을 계속하였으나, 전황은 캄보디아(1970)와 라오스(1971)로 확대되어 제2차 인도차이나 전쟁의 양상을 띠기에 이르렀다. 또, 한국과 태국, 오스트레일리아, 필리핀, 뉴질랜드 등의 우방국이 참전하였으나, 승리를 거두지 못했다. 결국 북베트남과 이들의 지원을 받은 베트남 남부 임시혁명정부는 1975년 사이공을 점령하면서 베트남을 적화 통일하였다. 베트남 전쟁은 제2차 세계대전 이후 최대의 전쟁으로, 사망자가 약 120만 명, 부상자가 약 400만 명에 달하였다. 베트남 전쟁의 영향으로 캄보디아도 공산화되었고, 라오스도 베트남과 캄보디아의 공산화에 영향을 받아 1975년에 공산정권이 들어섰다.

베트남 전쟁이 계속되는 동안 미국 사회는 반전 물결로 들끓었다. 특히 대학생들을 중심으로 하는 젊은 층의 반전 운동은 징병제 반대운동으로 이어졌다. 한편, 베트남전에 참전하고 돌아온 사람들은 전쟁을 겪은 후유증과 미국 사회의 반전 물결로 인해 정신적인 공황을 겪기도 했다. 수많은 젊은이들의 희생을 겪은 베트남 전쟁의 패배로 인해 미국은 큰 충격과 함께 많은 교훈을 얻기도 했다. 자국민의 목숨을 희생으로 하는 군사력의 효용성에 한계를 느끼는 계기가 되었다. 이후 〈디어헌터〉*The Deer Hunter*(1978), 〈굿모닝 베트남〉*Good Morning, Vietnam*(1987), 〈7월 4일생〉*Born on the Fourth of July*(1989) 같은 수많은 베트남 전쟁을 소재로 한 미국 영화들이 나왔다.

Viking 바이킹호

1975년에 지구를 떠나 이듬해 화성에 도착하여 화성 표면에서 생명체의 흔적을 탐사했던 미국 NASA의 두 우주 왕복선(spacecraft)의 이름이다. 이때 처음으로 화성 표면의 사진을 지구로 보냈으나, 아무것도 찾아내지는 못했다.

Viking 바이킹

8세기경부터 북유럽과 영국, 아일랜드를 포함한 서유럽을 자주 침략했던 스칸디나비아 사람들을 가리키는 말이다. 영국에서는 '덴마크 사람'이라는 뜻의 데인Dane 또는 '북쪽에서 온 사람'이라고 하여 노스맨Norseman이라 하였나. 바이킹들은 스코틀랜드 섬들과 잉글랜드 동부 지역에 진출하였는데, 덴마크 국왕은 1016년부터 잉글랜드를 통치하기도 했다. 바이킹들은 난폭하고 잔인했으며, 선박 건조와 항해에 능숙했던 것으로 알려져 있다. 그들은 배로 아이슬랜드, 그린랜드, 북아메리카까지 항해했다고 한다. 바이킹들은 영국 문화와 영어에 큰 영향을 끼쳤다.

Virginia 버지니아주

미국 동부의 대서양 연안에 있는 주이다. 주도는 리치먼드Richmond이다. 다른 산업에 비해 농업이 발달하였다. 1607년 미국에서 최초로 제임스타운Jamestown에 영국인 개척 식민지가 건설되었다. 독립 전쟁 때까지는 신대륙에서 지도적인 역할을 해오다가, 독립 13주의 하나가 되었다. 그리고 남북 전쟁 때에는 남부의 중심이었으므로 전적지(戰迹地)가 많은데, 특히 제임스타운Jamestown, 윌리엄스버그Williamsburg, 요크타운Yorktown 등지에는 개척 초기에서 독립 전쟁 무렵까지의 사적이 많이 남아 있어 관광객들로 붐빈다. 조지 워싱턴George Washington, 토머스 제퍼슨Thomas Jefferson, 제임스 매디슨James

Madison, 제임스 먼로James Monroe, 윌리엄 해리슨 William H. Harrison, 존 타일러John Tyler, 재처리 테일러Zachary Taylor, 우드로 윌슨Woodrow Wilson 등의 대통령을 배출한 곳이다. 알링턴 국립묘지(Arlington National Cemetery)도 이곳에 있다.

vocational school 실업계 학교

사진이나 요리 같은 특정 직업을 위한 기술을 가르치는 미국의 고등학교이다. 일반 인문계 고등학교에서도 직업 교육 과정을 열고 있다.

Vodafone 보다폰

영국의 유무선 통신 기업체이자, 이동 전화 이름이다. 1985년에 영국 최초로 이동 통신 사업을 시작하여, 현재 세계 28개 국의 이동 통신 사업에 참여하고 있다.

Vogue 《보그》

영국과 미국에서 발행되는 월간 여성 잡지이다. 패션과 미용, 예술 등의 기사를 주로 싣는다. 1892년 미국에서 먼저 창간되어 1916년에 영국에서도 발간되었다.

Voice of America (VOA) '미국의 소리' 방송

미국 정부의 미국 문화원(United States Information Agency)에서 운영하다 1999년부터 방송위원회(Broadcasting Board of Governors) 소속으로 독립되어 있다. 제2차 세계대전 중이던 1942년에 독일어 뉴스로 첫 방송을 시작하여, 현재 50여 개의 언어로 전세계에 방송하고 있다. 텔레비전과 인터넷 방송도 함께 서비스하고 있다.

Volpone 《볼포네》

17세기 영국의 극작가 벤 존슨Ben Johnson의 1606년 희극 작품이다. 주인공인 볼포네는 부유한 이탈리아 장사꾼인데, 사람들로부터 성금을 얻기 위해 죽어가는 체하다가 친구의 배신으로 처벌받는 내용이다. 극중의 모든 캐릭터가 동물 이름을 땄다. 주인공의 이름인 볼포네Volpone는 여우라는 뜻의 이탈리아 말이다.

Voluntary Service Overseas (VSO) 해외봉사단

1958년에 설립된 영국의 봉사 단체이다. 미국의 평화봉사단(Peace Corps)과 같은 것이다. 가난한 국가에 의사나 교사, 엔지니어 같은 전문 기술자들을 파견하여 봉사 활동을 하게 한다. 적은 급여를 받으며 2년 간 활동한다.

Vonnegut, Kurt (1922~) 보니거트, 커트

미국의 소설가이다. 1960~1970년대 대학생들 사이에 인기 있었던 작가이다. 대학에 재학 중이던 1943년에 제2차 세계대전에 참전하였다가 독일군에 포로가 되었는데, 이때 연합군의 독일 폭격으로 드레스덴Dresden의 수많은 시민이 몰살당하는 광경을 목격한 경험을 담은 《제5 도살장》*Slaughterhouse Five*(1969)은 유명하다. 인류 멸망의 이야기를 담은 《고양이의 요람》*Cat's Cradle*(1963)과 《갈라파고스》*Galapagos*(1985), 《호커스 포커스》*Hocus Pocus*(1990) 등의 작품들이 있다.

Vorticism 보르티시즘/소용돌이파

1913년에 시작되어 제1차 세계대전 초기까지 계속된 영국의 예술운동이다. 당시 소설가이자 화가이던 윈덤 루이스 Wyndham Lewis가 중심 인물이었다. 입체파(Cubism)와 미래파(Futurism)의 영향을 받았다.

Voyager 보이저

미국 NASA의 우주 탐사 계획으로, 1977년에 우주 탐사선을 발사하였다. 보이저Voyager 1호는 1979년에 목성(Jupiter) 둘레의 띠를 발견하였고, 다음해에 토성(Saturn)을 탐사하여, 두 혹성의 근접 촬영 사진을 지구로 전송하였다. 보이저Voyager 2호는 우주선 역사상 가장 오랜 탐사를 했는데, 1979년에 목성을 지나 1981년에 토성을, 1986년에는 천왕성(Uranus), 1989년에 해왕성(Neptune)을 여행하였다.

V-sign 브이-사인

손가락 두 개를 V자형으로 들어 보여 승리(Victory)를 표시하고 다짐하는 손짓이다. 제2차 세계대전 때 영국 처칠 Winston Churchill 수상이 처음 사용하여, 1960년대 히피들이 평화의 상징으로 이 손짓을 썼다.

W

Waiting for Godot 〈고도를 기다리며〉

극작가 새뮤얼 베케트Samuel Becket의 1953년 초연 작품이다. 1969년에 노벨 문학상을 받은 현대 부조리 연극(absurd drama)의 고전이다. 해질 무렵, 어딘지도 모르는 시골길에서, 블라디미르Vladimir와 에스트라공Estragon이라는 두 사람이 고도Godot라는 인물을 기다리며 부질없는 대사와 동작을 주고받으며 시간을 보낸다. 거기에 노예 럭키Lucky를 데리고 포조Pozzo가 등장하여 역시 두서없는 대화를 나누다가 떠났는데, 심부름하는 양치기 소년이 와서 '고도는 내일 온다'고 알려 준다. 관객은 고도가 누구인지 갈수록 알 수 없게 되지만, 두 사람은 여전히 기다리고 막이 내린다. 기다리는 행동을 통해 일상생활의 그늘에 숨어 있는 현대인의 존재론적 불안을 독창적으로 그렸다. 베케트가 프랑스로 귀화하여 이 작품도 프랑스어로 썼다.

Waits, Tom (1949~) 웨이츠, 톰

음유시인이라고 하는 미국의 가수이자 작곡가이다. 데뷔작은 〈클로징 타임〉*Closing Time*(1973)이다. 그의 음악은 술취한 부랑자 같은 목소리로 하층민의 삶을 노래하는 것이 특징이다. 또한 평단의 찬사를 받았고, 컬트 팬을 만들었다. 〈토요일 밤의 심장〉*The Heart of Saturday Night*(1974), 〈만찬장의 밤도둑〉*Nighthawks at the Diner*(1975), 〈작은 변화〉*Small Change*(1976), 〈우울한 발렌타인〉*Blue Valentine*(1978) 등이 모두 그런 음악이다. 1970년대 말부터는 영화배우와 영화 음악 작곡가로서도 활동을 한다. 〈럼블피시〉*Rumble Fish*(1983), 〈아웃사이더〉*The Outsiders*(1983), 〈코튼클럽〉*The Cotton Club*(1984) 등의 영화에도 출연하였다. 〈본 머신〉*Bone Machine*(1992)으로 그래미상을 받기도 한다.

Walden 《월든》

미국의 사상가 헨리 데이비드 쏘로우Henry David Thoreau의 에세이집이다. 1854년에 출간되었다. 1845년 여름~1847년 초가을까지 작가가 월든Walden 호숫가에서 홀로 지낸 생활을 기록한 것이다. 사실과 직면하려는 진지한 태도로 일관되었고, 자연과 인간을 정확하게 파악하려는 그 엄격함이 문학으로 밀도 있게 그려져 있다.

Walgreen 월그린

미국의 의약품 및 잡화 판매 회사이다. 1901년 찰스 R. 월그린 Charles R. Walgreen 1세가 약국으로 출발하였다. 점포 수는 다른 회사와 비교하여 많지 않지만 매출액에서는 창립 이후 계속 1위를 차지하고 있다. 처방전에 의한 조제가 매출액의 절반 이상을 차지하고, 나머지는 잡화 및 일반 의약품, 화장품, 식품 등이 차지한다. 점포의 절반 정도가 자동차를 탄 채 이용할 수 있어 편리하며, 1시간 내의 사진 현상과 인화 서비스도 제공하고 있다.

Walker, Alice (1944~) 워커, 앨리스

미국의 흑인 여성 작가이다. 1982년에 출간한 소설《컬러 퍼플》*The Color Purple*로 퓰리처상(Pulitzer Prise)과 전국도서상(National Book Award)을 받았다. 이 작품은 영화로도 제작되어 세계에 알려졌다. 다른 소설로는 《즐거운 비밀 간직하기》*Possessing the Secret of Joy*(1992), 《아버지 미소의 빛으로》*By The Light of My Father's Smile*(1998) 등이 있고, 시집도 여러 권 냈다.

Walker, William Hultz (1869~1934) 워커, 윌리엄

'화학 공학의 아버지'로 불리는 미국의 화학 공학자이다. 1894년부터 매사추세츠 공과 대학(MIT) 교수로 재직하였다. 1915년에 MIT에 최초로 화학공학과를 설치하였다. 이어 자신의 강의를 바탕으로 《화학 공학의 원리》*Principles of Chemical Engineering*(1923)를 출판하였다. 이 책은 단위 조작의 개념을 구체화하였고, 화학 공학 발전에 주춧돌이 되었다.

Wall Street 월스트리트

미국 뉴욕 맨해튼섬 남쪽 끝에 있는 금융가이다. 1792년에 설립된 세계 제일의 규모를 자랑하는 뉴욕 증권거래소(NYSE)를 비롯하여, 증권 회사와 은행들이 집중되어 있어, 세계 자본주의 경제의 본산이라 할 수 있다.

The Wall Street Journal 《월 스트리트 저널》

1889년에 창간된 미국의 경제신문이다. 다우존스Dow Jones & Company가 발행하며, 세계 10대 신문에 속하는 영향력이 큰 경제지이다. 창간 때부터 대공황 초기까지는 기업과 금융 관계 기사만을 다루었으나, 1941년부터 일반 정치외교나 특집 기사도 실었다.

Wallace and Gromit 월러스와 그로밋

닉 파크Nick Park가 만든 미국 단편 애니메이션 영화 시리즈의 두 캐릭터인 남자와 개의 이름이다. 한국에는 이 애니메이션 영화들이 〈월러스와 그로밋〉이라는 제목으로 개봉되었다. 애니메이션 시리즈의 원제는 첫 작품이 〈그랜드 데이 아웃〉*A Grand Day Out*(1989)이고, 뒤에 나온 〈롱 트라우저스〉*The Wrong Trousers*(1993), 〈클로스 쉐이브〉*A Close Shave*(1995) 등은 오스카 영화상을 수상했다.

Wallace, Edgar (1875~1932) 월러스, 에드거

영화 《킹콩》*King Kong*(1933)의 시나리오를 쓴 미국의 작가이다. 《4명의 의인》*The Four Just Men*(1905), 《링어》*The Ringer*(1926) 등의 범죄와 모험의 소설을 남겼다.

Wallace, Lew (1827~1905) 월러스, 루

소설 《벤허》*Ben-Hur*(1880)를 쓴 미국의 작가이다. 《의로운 하나님》*The Fair God*(1873), 《인도의 왕자》*Prince of India*(1893) 등의 소설이 있다. 변호사, 군인, 주지사 등을 지냈다.

Wallace, William (1270~1305) 월러스, 윌리엄

1297년 스코틀랜드를 점령한 잉글랜드 국왕 에드워드Edward 1세의 군대와 싸워 물리친 스코틀랜드의 군인이었다. 하지만 이듬해 전투에서 패배하고 사로잡혀 처형되었다. 스코트랜드의 영웅으로 남아 있다. 그의 이야기는 영화 〈브레이브하트〉*Braveheart*(1995)로 제작되었다.

Waller, Fats (1904~1943) 월러, 팻츠

미국의 재즈 피아노 연주자이자, 가수, 작곡가이다. 15세부터 카바레와 극장에서 피아노를 연주했다. 1934년 이후 자신의 밴드와 함께 수백 곡의 레코드를 취입했는데, 작품에 훌륭한 재즈 음악이 익살과 특이하게 결합되어 있다. 히트곡은 〈잘못 처신하는 것은 아니야〉*Ain't Misbehavin*, 〈넝쿨장미〉*Honeysuckle Rose*, 〈껴안아주오〉*Squeeze Me* 등이 있다.

Wal-Mart 월마트

1962년에 1호점을 개장하며 창업한 미국의 대형 할인점이다. '저렴한 가격으로 고객들이 많은 돈을 절약할 수 있다'는 신념으로 샘 롭슨 월튼Same Robson Walton이 창업하였다. 그의 상속자들인 자녀 5명이 모두 미국의 10대 부자에 들어간다.

Walpole, Horace (1717~1797) 월폴, 호러스

18세기 영국의 작가로, 영국의 초대 총리를 지낸 로버트 월폴Robert Walpole의 아들이다. 고딕 소설(Gothic novel) 《오트란토 성》*The Castle of Otranto*(1764)이 알려져 있다. 유명한 성 스트로베리 힐Strawberry Hill의 소유주였다.

Walpole, Robert (1676~1745) 월폴, 로버트

영국의 초대 총리를 지낸 휘그당(Whig) 출신의 정치인이었다. 초대뿐 아니라 최장수 총리로 '다우닝가 10번지'(Number 10, Downing Street)를 관저로 처음 사용하였다. 그의 재임 기간에 영국은 평화롭고 부강하였다.

Walters, Barbara (1931~) 월터스, 바라라

미국의 언론인으로, 자신의 이름을 붙인 대담 프로그램인 〈바바라 월터스 스페셜〉 *Barbara Walters Special*, 〈바바라 월터스 쇼〉 *Barbara Walters Show* 등으로 유명하다. 〈투데이〉 *Today*, 〈ABC 저녁뉴스〉 *ABC Evening News*, 20/20 등의 뉴스 프로그램도 진행하였다. 1990년에 '텔레비전 명예의 전당'(Television Hall of Fame)에 올랐다.

Walton, Isaak (1593~1683) 월튼, 아이작

17세기 영국 작가이다. 시를 포함해 낚시 방법과 영국의 전원 생활을 담은 《낚시대전》 *The Compleat Angler*(1653)으로 유명하다.

The Waltons 〈월튼네 사람들〉

1972년부터 1981년까지 미국 TV에 방영되어 인기를 모았던 연속극이다. 경제공황 시절 버지니아Virginia주의 한 가족 이야기를 보여주었다. 당시 한국에도 방영되어 인기가 있었다.

War of 1812 1812년 전쟁

1812년부터 1815년까지 영국과 미국이 벌였던 전쟁이다. 나폴레옹 전쟁 때 미국은 중립을 선언했으나, 영국과 프랑스의 해상 봉쇄 작전이 강화되면서 미국 선박과 선원이 영국 해군에 나포되는 일이 자주 생기자, 영국에 대한 감정이 악화되었다. 영국은 미국 북서부 인디언들에게 무기를 주어 미국의 서부개척을 막으려는 태도를 보였다. 마침내 1812년 영국에 선전포고를 하였다. 처음에는 캐나다에 침공 작전이 실패하고 해상권도 영국에 빼앗겼으나, 미국군은 격렬한 반격을 벌여 영국군을 캐나다로 몰아냈다. 나폴레옹 전쟁이 영국 측에 유리하게 전개됨에 따라, 영국은 많은 병력을 대미 전투에 투입하여 워싱턴을 함락하였다. 이때 백악관과 의사당이 불탔다. 그러다 나폴레옹 전쟁이 끝나고 평화 분위기로 인해 조약을 체결하고 전쟁을 끝냈다. 이 전쟁을 계기로 미국인들은 하나로 뭉치게 되었고, 유럽 문제에 개입하지 않는 경향으로 흘렀다.

War of the Worlds 〈우주전쟁〉

영국의 소설가 웰스(Herbert George Wells)의 1898년 공상과학 소설이다. 화성에 사는 고등생물이 신병기를 이용하여 지구를 침략하려는 내용이다. 문어를 닮은 모습의 화성인을 설정한 것은 지구 이외에도 고등생물이 존재하며 환경에 따라 그 형체와 지성도 달라진다는 견해를 밝힌 것으로, 공상과학 소설의 역사상 기념비적인 작품이다.

Warhol, Andy (1928~1987) 워홀, 앤디

1960년대 대중 예술운동(pop art movement)의 주도적 인물이었던 미국 화가이다. 피츠버그의 카네기 공과 대학을 졸업하고, 뉴욕에서 상업 디자이너로 일하다가 화가가 되었다. 만화의 한 컷, 신문 보도 사진의 한 장면, 영화배우의 브로마이드 같은 매스미디어의 매체를 실크 스크린으로 캔버스에 전사 확대하는 수법으로 현대의 대량소비 문화를 찬미하는 동시에 비판하여 유명해졌다. 실험 영화를 제작하고 소설도 출판하는 등, 1960년대 미국 예술계를 대표하였다.

앤디 워홀의 자화상

Warner Brothers 워너브라더스

미국의 워너Warner 4형제가 1923년에 설립한 할리우드 메이저 영화사이다.

1927년에 최초의 유성 영화 〈재즈 싱어〉 *The Jazz Singer*를 만들었다. 〈카사블랑카〉 *Casablanca* (1973), 〈마이 페어 레이디〉 *My Fair Lady* (1973), 〈엑소시스트〉 *The Exorcist*(1973), 〈슈퍼맨〉 *Superman*(1989), 〈용서받지 못한 자〉 *Unforgiven* (1992), 〈도망자〉 *The Fugitive* (1998) 등의 영화를 만들었다.

Warren, Earl (1891~1974) 워런, 얼

미국 대법원의 수석 판사였다. 캘리포니아주의 검사장과 지사를 역임하였고, 1953년 아이젠하워Eisenhower 대통령에 의해서 대법원 판사로 임명되었다. 이듬해에 공·사립 학교에서 흑백 아동을 차별하는 것은 위헌이라는 판결을 내려, 인종 문제에 새로운 계기를 마련하였다. 그후에 공립 학교에서의 기도(pray)를 위헌이라고 판결하여, 보수파로부터 "흑인을 학교로 끌어들이고 신을 내쫓았다"는 비난을 받기도 했다.

Warren, Robert Penn (1905~1989) 워런, 로버트 펜

미국의 소설가 · 시인 · 비평가이다. 테네시주에서 남부의 농민 문화를 강조하는 일파의 시인과 비평가 그룹에 참여하여 잡지 《퓨지티브》*The Fugitive*에 시를 실어 주목을 끌었다. 후에는 계간지 《서던 리뷰》*The Southern Review*를 내며 시인으로서의 위치를 확립하였다. 1950년부터 예일 대학의 영문학 교수가 되었다. 작가로서 그는 현대 미국 문단을 대표하는 한 사람이며, 남부를 주제로 한 작품이 많다. 비평가로서는 '신비평파'라고 불리는 비평가의 한 사람으로 치밀한 작품 분석을 하는 한편, 대학의 문학 교육에 큰 영향을 준 《시의 이해》*Understanding Poetry*(1938)를 편집하였다. 작품으로는 퓰리처상을 받은 소설 《모두가 왕의 신하》*All the King's Men*(1946), 시집 《약속》*Promises*(1957) 외에 《복면기사단》*Night Rider*(1939), 《충분한 세계와 시간》*World Enough and Time*(1950), 《천사의 무리》*Band of Angels*(1955), 《동굴》*The Cave*(1959), 《홍수: 현대의 로맨스》*Flood: a Romance of our Time*(1964) 등이 있다.

Wars of the Roses 장미 전쟁

1455년부터 1485년까지 영국의 랭커스터가(House of Lancaster)와 요크가(House of York) 양 가문이 벌였던 내란을 가리키는 말이다. '장미 전쟁'이라는 이름은 랭커스터 왕가의 붉은 장미 문장, 요크가의 흰장미 문장에서 붙은 이름이다. 랭커스터 왕조를 시작한 헨리 4세가 리처드 2세로부터 왕위를 찬탈한 것이므로, 3대째인 헨리 6세 때 요크공 리처드Richard가 랭커스터 왕조 이상으로 왕위계승권이 있다고 주장하고 궐기하여, 귀족간의 싸움이 되면서 내란이 되었다. 왕위를 놓고 서로 싸우면서 양가는 30년 간 왕위를 주거니받거니 한다. 1471년에 헨리 6세가 사망하고 랭커스터 왕가가 먼저 멸망하였다. 요크가의 에드워드 4세는 중상주의정책을 추진하며 절대왕정의 경향을 나타내다 1483년 사망했는데, 12세 된 장남이 에드워드 5세로서 즉위하였으나 왕통이 확립되지 못하고, 전왕의 아우 글로스터 공 리처드가 에드워드 5세를 투옥하고 리처드 3세로 즉위하고 에드워드 5세를 살해한다. 이무렵 유럽에 망명해 있던 랭커스터계의 리치먼드 백작 헨리 튜더Henry Tudor가 1485년 웨일스에 상륙하여 리처드 3세를 무찔러 죽임으로써, 요크 왕조 역시 멸망하여 30년에 걸친 장미 전쟁은 끝난다. 헨리 튜더는 헨리 7세로 즉위하여 튜더 왕조(House of Tudor)를 열었다.

Washington 워싱턴주

미국 서북부 태평양 연안에 있는 주이다. 캐나다와 국경을 접하고 있다. 주도는 올림피아Olympia이며, 최대 도시는 시애틀Seattle이다. 1853년에 미국령이 되었다가, 1889년에 42번째 주로 승격되었다. 공업 중심의 주이다. 특히 항공기 산업의 비중이 크고, 자동차나 선박, 알루미늄 등의 공업도 성하다. 미국에서 가장 살기 좋은 주의 하나로 꼽힐 정도로 경치와 기후가 좋다.

Washington D.C. 워싱턴시

정식 명칭은 Washington District of Columbia이다. 1790년에 미국의 수도로 지정되어, 연방 직할구역으로 어느 주에도 속하지 않는다. 계획 도시로 백악관과 워싱턴 몰을 중심으로 도시 자체가 하나의 정원과도 같은 아름다움을 간직하고 있다. 시가지는 국회의사당과 대통령 관저인 백악관을 중심으로 넓은 도로들이 방사형으로 뻗어 있고, 바둑판 모양으로 교차되어 있다. 미국 입법 · 행정 · 사법부의 중심으로, 산업체는 거의 없다. 주로 관공서 관련 업무 시설이고, 교통 시설은 지하철이 많은 외곽 지역과 연결되어 있어 이웃한 메릴랜드주와 버지니아주에서 통근하는 사람들이 많다. 워싱턴은 인구 구성원의 70% 이상이 흑인이다. 연방정부의 수도이지만, 정치 · 경제 · 사회적 문제를 안고 있기도 하다. 관공서를 비롯하여 수많은 명소들이 있다.

Washington Monument 워싱턴 기념탑

조지 워싱턴George Washington을 기려 수도 워싱턴에 세운 기념탑이다. 높이 169m의 대리석으로 만든 기다란 모양이다. 898개의 계단이 있어 꼭대기까지 걸어올라 갈 수 있다. 1888년에 완성하기까지 40년이 걸렸다.

The Washington Post 《워싱턴포스트》

미국 워싱턴에서 발행되는 일간 신문이다. 1877년에 스틸슨

허친스Stilson Hutchins가 민주당 관련 기관지로 창간하였다. 1933년에 금융업자인 유진 마이어Eugene Meyer가 인수하여, 건전하고 독립적인 논설과 철저하고 정확한 보도기사를 실으면서 위상을 쌓아 나갔다.

1946년에 마이어의 사위인 필립 그레이엄Philip Graham이 경영권을 넘겨받아 급속하게 발전하여 미국의 유력지가 되었다. 1954년에는 《워싱턴 타임스 헤럴드》*The Washington Times-Herald*를 합병하였고, 1961년에는 《뉴스위크》*Newsweek*를 인수하기에 이르렀다. 1963년에 그가 죽자, 부인 캐서린 마이어 그레이엄Katharine Meyer Graham이 경영권을 계승하여 국내외적으로 위상을 새롭게 정립해 《뉴욕타임스》*The New York Times*에 버금가는 미국 최고의 신문으로 발전시켰다. 닉슨Nixon 대통령을 사임하게 한 워터게이트사건(Watergate Affair) 보도로 1973년에 퓰리처상을 받았다.

Washington University 워싱턴 대학

미국 미주리주(州) 세인트루이스에 있는 사립 종합 대학이다. 워싱턴이라는 이름의 학교가 너무 많아, 1970년에 학교명에 세인트루이스를 붙였다. 17명의 교수와 동문이 노벨상을 수상하였다.

Washington, B. T. (Booker Taliaferro Washington 1865~1915) 워싱턴, 비. 티

버지니아 노예가족에서 태어난 흑인 교사로 1881년 흑인 학생들을 위한 터스키지 학교(Tuskegee Institute, 현 터스키지 대학)를 설립하였다. 흑인들의 동등한 권리를 찾기 위한 투쟁에 앞서 흑인들의 경제적 독립을 우선시하였기 때문에 때로 비판받기도 한다. 잘 알려진 그의 저서로는 자서전격인 『노예로부터의 성공』(*Up From Slavery*, 1901)이 있다.

Washington, Denzel (1954~) 워싱턴, 덴젤

미국의 흑인 영화배우이다. 1977년 NBC의 TV 영화 〈윌머〉*Wilma*를 통해 배우로 데뷔하여 1981년부터 영화에 출연하였다. 〈자유의 절규〉*Cry Freedom*(1987), 〈영광의 깃발〉*Glory*(1989), 〈말콤 엑스〉*Malcolm X*(1992), 〈펠리칸 브리프〉*The Pelican Brief*(1993), 〈크림슨 타이드〉*Crimson Tide*(1995), 〈히 갓 게임〉*He Got Game* (1998), 〈다크 엔젤〉*Fallen*(1998), 〈허리케인 카터〉*The Hurricane* (1999), 〈트레이닝 데이〉*Training* Day (2001), 〈존 큐〉*John Q*(2002) 등이 있다. 2002년에 〈트레이닝 데이〉*Training Day*로 오스카상 남우주연상을 받았다.

Washington, George (1732~1799) 워싱턴, 조지

미국의 초대 대통령으로, '건국의 아버지'로 불린다. 미국 독립 전쟁에서 군대를 지휘하였다. 버지니아주에서 부유한 지주의 아들로 태어나 독학으로 토지 측량관이 되었다. 버지니아주 의회 의원으로서 대륙회의(Continental Congress)에 참석하고, 이 회의에서 무력항쟁이 결의되자 그는 독립혁명군 총사령관에 임명되었다. 1781년에 프랑스군의 원조를 받아 요크타운Yorktown 전투에서 결정적인 승리를 거두고 독립 전쟁을 성공으로 이끌었다. 그리고 1789년 대통령에 당선되어 초대 대통령에 취임하였다. 그는 국내 여러 세력의 단합을 이끌고, 헌법을 실제 정치에 반영시키는 한편, 여러 나라와의 국교를 조정하는 일에 주력하였다. 1793년에 발발한 프랑스와 영국과의 전쟁에 대해서는 중립을 선언하고, 유럽의 분쟁에는 개입하지 않는다는 전통적인 고립주의 외교 정책을 수립하였다. 1796년에 3선 대통령으로 추대되었으나, 민주주의 전통을 세워야 한다는 이유로 끝내 사양하였다. 신생 국가 미국의 기반을 굳건히 다진 그의 공적은 높이 평가되고 있다.

WASP (White Anglo-Saxon Protestant) 와스프 / 영국계 개신교도 백인

조상이 영국과 북유럽 출신의 개신교 백인 가문의 미국 사람을 가리키는 말이다. 이들은 미국에서 최고의 사회적 지위와 정치적 권력을 가지고 있는 것으로 분류된다. 가끔 넓게는 모든 백인들이 와스프Wasp로 불리기도 한다.

The Waste Land 〈황무지〉

영국의 시인 T. S. 엘리엇T. S. Eliot이 1922년에 발표한 장시이다. 제1차 세계대전 후 유럽의 신앙 부재와 정신적 황폐를 상징적으로 표현한 작품이다. 현대시에 큰 영향을 주었다.

watchdog 사회 감시자

기업이나 정부기관을 감시하여 시민의 권리를 보호하는 일을 하는 개인이나 단체를 가리키는 말이다. 1980년대부터 영국 시민 단체들이 만들어지면서 쓰기 시작했다.

Water Music 〈수상 음악〉

영국의 작곡가 헨델(George Frederic Handel)이 오케스트라를 위해 작곡한 음악이다. 1717년 템즈강의 선박 위에서 열린 조지George 1세의 파티에서 초연되었다.

Watergate Affair 워터게이트사건

1972년에 닉슨(Richard Nixon) 대통령의 재선을 위해 비밀 공작반이 워싱턴의 워터게이트 빌딩에 있는 민주당 전국 위원회 본부에 침입하여 도청장치를 설치하려다 발각되어 체포된 사건이다. 이 사건으로 닉슨 정권의 선거 방해, 정치 헌금의 부정과 수뢰, 탈세 등이 드러났고, 1974년 하원 법사위원회에서 대통령 탄핵 결의가 가결되면서 닉슨은 대통령직을 사임하게 되었다. 당초 닉슨은 도청 사건과 백악관과의 관계를 부인하였으나, 대통령 보좌관 등이 관계하고 있었음이 밝혀졌고, 대통령 자신도 무마 공작에 나섰던 사실이 폭로되어, 국민 사이에 불신의 여론이 높아져 갔다. 임기 도중에 대통령이 사임한 것은 미국 역사상 최초의 일이었으며, 미국 역사에 오점을 남기는 사건이었다.

Watson, James Dewey (1928～) 왓슨, 제임스 듀이

미국의 분자생물학자이다. 시카고 대학을 졸업하고 인디애나 대학에서 박사학위를 취득하였다. 케임브리지 대학 캐번디시연구소(Cavendish Laboratory) 연구원으로 있으면서 1953년에 DNA 구조에 관하여 2중나선 모델을 발표하였다. 이후 캘리포니아 공과 대학(CALTEC)과 하버드 대학에서 생물학 교수를 역임하였다. 1962년에 DNA의 분자구조 해명과 유전정보 전달에 관한 연구 업적으로 노벨상 생리의학상을 공동 수상하였다.

Watt, James (1736～1819) 와트, 제임스

영국의 발명가이다. 증기기관의 발전에 중요한 역할을 한 기계 기술자이다. 1768년에 버밍엄의 기계 사업자 매튜 볼턴Matthew Boulton을 알게 되었고, 1769년 화학 기술자 존 로벅John Roebuck의 원조를 받아 '증기기관'에 관한 최초의 특허를 받았다. 1773년에 로벅이 파산하자, 1774년 볼턴이 와트기관의 특허 소유권을 획득하였다. 1775년에 볼턴은 와트와 세계 최초의 증기기관 제조 기업 '볼턴 앤 와트'Boulton & Watt를 창업하였다. 최초의 증기기관은 1767년에 운전을 시작하여 5년 후에 상용화되었다. 팽창 작동, 복동기관, 유성기어 장치의 회전기관, 평행운동, 보일러의 매연방지 장치, 원심조속기, 압력계 등의 발명과 마력(hp)의 단위에 의한 동력의 측정 등은 그의 주요 업적이다.

Waugh, Evelyn (1903～1966) 워, 이블린

영국의 소설가이며 평론가이다. 옥스퍼드 대학을 졸업한 뒤 얼마 동안 미술 학교를 다녔다. 1928년에 발표한 소설 《쇠퇴와 타락》*Decline and Fall*(1928)으로 유명해졌다. 1930년에는 가톨릭으로 개종하고 《타락한 사람들》*Vile Bodies*(1931)을 냈다. 이후 사실적이고 보수적인 경향으로, 우아한 문체의 많은 작품을 썼다. 《모략》*Black Mischief*(1932), 《한줌의 먼지》*A Handful of Dust*(1934), 《특종》*Scoop*(1938), 《에드먼드 챔피언》*Edmund Champion*(1935), 《브라이즈헤드의 재방문》*Brideshead Revisited*(1945), 《헬레나》*Helena*(1950), 《무장한 사람들》*Men at Arms*(1952), 《사관과 신사》*Officers and Gentlemen*(1955), 《무조건 항복》*Unconditional Surrender*(1961) 등이 있다.

Waverley Novels 웨이벌리 소설

영국 소설가 월터 스코트 경(Sir Walter Scott)의 소설에 붙은 이름이다. 그는 소설을 출간할 때마다 자기 이름 대신에 'by the author of Waverley'(웨이벌리의 작가가)라고 써 놓아서 그런 별칭이 붙었다. 나중에야 자신임을 밝혔다.

Wayne, John (1907～1979) 웨인, 존

미국의 영화배우이다. 할리우드의 스타로 많은 서부극과 전쟁 영화에 출연하였다. 대학 시절부터 연극을 지망하여 1929년 영화계에 발을 들여놓았다. 1939년 존 포드John Ford 감독의 명작 〈역마차〉*Stagecoach*에 출연하여 스타가 되었다. 그로부터 〈아파치 요새〉*Fort Apache*(1948), 〈황색 리본〉*She Wore a Yellow Ribbon*(1949), 〈리오그란데의 요새〉*Rio Grande*(1950), 〈조용한 사나이〉*The Quiet Man*(1952) 등 포드 감독의 영화에서 계속 주연을 맡았다. 〈알라모〉*The Alamo*(1960)는 직접 감독하였고, 〈진정한 용기〉*True Grit*(1969)로 1970년 오스카 남우주연상을 수상하였다.

We Shall Overcome 『우리는 이겨내리라』

인종차별에 맞서 투쟁하는 흑인 및 지지자들이 자신들의 의지를 보여주기 위해 시민운동기간에 부른 노래이다. 마할리아 잭슨(Mahalia Jackson)이 집회 때 자주 불렀으며 원래 복음성가였다. '가슴 속 깊이 나는 믿는다. 우리는 반드시 이겨내리라(Deep in heart, I do believe/ We shall overcome someday).' 라는 가사가 포함되어 있다.

The Wealth of Nations 《국부론》

영국 고전주의 경제학파의 시조인 애덤 스미스Adam Smith가 1776년에 발간한 저서이다. 원제는 《국가의 부의 성격과 원인에 관한 고찰》*An Inquiry into the Nature and Causes of the Wealth of Nations*(5편)이다. 10년에 걸쳐 완성한 이 책에서 스미스는 부의 원천은 노동이며, 부의 증진은 노동생산력의 개선으로 이루어진다고 주장하고, 생산의 기초를 분업에 두었다. 그는 분업과 이에 수반하는 기계의 채용을 위해서는 자본의 축적이 필요하며, 자유 경쟁에 의해서 자본 축적을 꾀하는 것이 국부 증진의 정도라고 역설하였다. 《국부론》은 단편적인 정책 주장을 해온 것과는 달리 경제학을 처음으로 성립함과 동시에 고전 경제학의 출발점이 되었다.

Webber, Andrew Lloyd (1948~) **웨버, 앤드류 로이드**

유명한 영국의 뮤지컬 작가이다. 초기에는 팀 라이스Tim Rice와 함께 〈지저스 크라이스트 슈퍼스타〉*Jesus Christ Superstar*(1976), 〈에비타〉*Evita*(1976〉 같은 *Rock Opera*(록 오페라)를 주로 만들었고, 후반에는 뮤지컬 〈캐츠〉*Cats*(1986), 〈오페라의 유령〉*The Phantom of the Opera*(1986), 〈선셋대로〉*Sunset Boulevard*(1993) 등을 썼다. 1992년에 기사 작위를 받았다.

Webster, John (1578~1632) **웹스터, 존**

17세기 영국의 극작가이다. 그의 삶에 대해서는 제대로 알려져 있지 않다. 대표작은 요염한 정열을 간직한 창녀의 죄와 아름다움을 그린 《백색 악마》*The White Devil*(1608)와 비밀리에 결혼을 하였기에 박해를 받는 공작 부인의 비운을 그린 복수극인 《몰피 공작 부인》*The Duchess of Malfi*(1614) 등이 있다.

Webster, Noah (1758~1843) **웹스터, 노아**

미국의 사전 및 교과서 편찬자이다. 예일 대학을 졸업하고서, 한때 변호사로 활동하고 신문사를 경영하기도 하였다. 1783년에 《영어문법규칙》*Grammatical Institute of the English Language*을 저술하였는데, 그 가운데 《표준철자서》*Elementary Spelling Book*는 미국의 표준 영어 교과서로 널리 쓰이면서 영어 교육의 권위자가 되었다. 그후 우리에게 '웹스터사전'으로 알려진 7만 단어 규모의 《미국영어사전》*American Dictionary of the English Language*(1828)을 출간하여, 미국의 사전 발전에 큰 영향을 끼쳤다.

wedding 결혼

20세기 후반에 오면서 결혼에 대한 생각도 많이 변해서, 영국이나 미국에서도 결혼하지 않고 함께 사는 동거가 많아졌다. 그래도 아직 동거는 널리 받아들여지는 것은 아니다. 보통 결혼은 18세부터 할 수 있다. 부모의 동의가 있다면 16세부터도 할 수 있다. 미국에서는 판사나 목사, 신부들이 주례를 하기도 한다. 흔히 교회에서 하지만, 두 사람이 원하는 곳이면 아무데서나 할 수 있다. 영국 사람들은 교회에 나가지 않더라도 교회에서 하기를 원한다. 전통적으로 신부집에서 결혼식 비용을 부담했는데, 요즘은 함께 부담한다.

전통적으로 결혼식 3주일 전부터 교회에서는 결혼 예고(reading of the banns)라는 것을 하는데, 만약 두 사람 가운데 한 사람이라도 결혼한 적이 있다는 의의가 제기되면 교회에서 결혼을 허락하지 않는다. 결혼식 전날 밤에는 신랑과 신부는 각각 친구들이 열어주는 파티에 참석한다. 이때 신랑측 남자들만의 파티[stag party]에서는 신랑을 놀리기도 하고, 스트립댄스를 구경하기도 한다. 신부측 여자들만의 파티[hen party]는 비교적 조용하다.

결혼식에서는 신랑의 친한 친구 한 명이 들러리(best man)가 되어 신랑의 옆에 선다. 다른 친구들은 하객들을 안내하는 안내인(usher)들이 된다. 신부의 들러리는 chief bridesmaid(미국 maid of honour, 기혼녀라면 marton of honour)라 하고, 다른 친구들과 어린이들은 bridesmaids가 된다. 대부분의 신부는 하얀색 드레스와 면사포(veil)를 웨딩드레스wedding dress로 입는다. 신부 들러리들은 부케bouquet를 들고, 신부의 웨딩드레스에 맞춰 입는다. 영국에서 신랑은 대개 뒤가 제비꼬리처럼 길게 내려오는 재킷의 연미복(morning dress)을 입었고, 미국에서는 흔히 검은 재킷에 하얀 셔츠의 턱시도tuxedo를 입었다. 요즘은 복장이 비슷하다. 신부는 가족들과 교회에 조금 늦게 도착하여 신랑에게로 인도된다. 이때 웨딩마치wedding march가 울린다. 그리고 두 사람은 맞절을 하고, 신랑이 신부의 왼손 약지에 반지를 끼워준다. 이윽고 두 사람이 부부가 되었음이 선언되고, 두 사람은 혼인신고서에 서명한다. 신랑 신부가 교회를 나설 때 하객들은 쌀을 뿌리거나 색종이를 뿌려 축하한다. 그리고 하객들과 부부는 결혼 리셉션wedding reception이 벌어지는 신부집이나 호텔로 가서 웨딩케이크 wedding cake를 자르며 파티를 가진다. 그리고 부케를 공중에 던지고는 신혼 여행(honeymoon)을 떠난다. 그 부케를 받는 여성은 곧 결혼하게 된다는 속설이 있다.

wedding cake 웨딩 케이크

보통 3단 정도로 만들어지는데, 결혼식 리셉션 때 신랑 신부가 케이크를 잘라 친구들에게 나눠준다. 영국에서는 전통으로 케이크의 맨 꼭대기 단의 장식을 신혼부부가 첫 아이를 낳아 유아 세례를 받을 때까지 보관하는 경우도 있다. 미국에서는 신랑 신부가 케이크를 서로의 얼굴에다 뭉개기도 한다.

wedding march 결혼행진곡

신랑 신부가 교회에 입장하고 퇴장할 때 들려주는 음악이다. 입장할 때는 독일 작곡가 와그너Wagner의 오페라 〈로엔그린〉 *Lohengrin*의 3막에서 연주되는 행진곡이고, 퇴장 때는 멘델스존Mendelssohn의 〈한여름 밤의 꿈〉 *A Midsummer Night's Dream* 속의 행진곡이 일반적이다.

Weights and measures 도량형

영국과 미국은 '영국식'(imperial system)을 따르고 있다. 그러나 영국은 유럽연합(EU) 국가들에서 널리 사용하고 있는 국제도량형법(International System)인 '미터법'(metric system)이 도입되어 사용되고 있다. 많은 국민들이 미터법에 저항감이 있기도 하다. 거의 모든 도량형이 미터법으로 교체되었지만 마일mile(1.6093kilometers)만은 그대로 사용한다. 도로 표지판이 아직도 마일로 표기되고 있다. 사람들의 거리감이나 속도감이 마일로 생각되기 때문이다. 미국은 여전히 파운드pound(453.59grams)나 인치inch(2.54 centimeters), 마일mile 등, 영국식 도량형법을 사용하고 있다. 미터법은 일부 과학기술 분야에만 쓰이고 있다. 도로 표지판은 외국인들을 위해 미터법인 킬로미터kilometer를 표기하는 지역도 있다. 1970년대 미터법을 쓰기 위해 학교에서 미터법을 가르치기도 했지만, 호응이 적어 지금은 거의 쓰지 않는다.

영국식 도량형법은 19세기에 발전했다. 액체를 측정하면서 갤런gallon(3.7853liters)을 사용했고, 길이측정에는 야드yard(0.9144meters), 피트foot(0.3048meters), 인치 inch 등을 썼다. 면적에는 에이커acre(0.4047hectare)를 쓰는데, 영국인들은 미터법인 헥타르hectare 대신에 에이커를 여전히 선호한다. 무게는 파운드pound와 온스 ounce(28.35grams), 톤ton 등으로 쓴다. 미국인들은 편하게 컵cup이나 스푼spoon 등으로 표기하기도 한다.

세계적으로 널리 쓰고 있는 미터법은 국제도량형법(International System/Syst m International)이라고 하여, '에스 아이 단위'(SI unit)라고 한다. 길이, 무게, 부피 등을 모두 미터meter, 그램gram, 리터liter 등으로 단순하게 쓴다. 100단위, 1,000단위로 배가된다. 미터는 원래 적도에서 북극점까지 거리의 1천만분의 1의 단위로 규정한 것이라고 한다.

Weill, Kurt (1900~1950) 와일, 커트

독일 출신의 미국 작곡가이다. 〈서푼짜리 오페라〉 *The Threepenny Opera*(1928)를 작곡한 것으로 유명하다. 1935년에 나치정권의 독일을 탈출하여 미국으로 이주하였다. 이후 〈니커보커 홀리데이〉 *Knickerboker Holiday* (1938), 〈레이디 인 더 다크〉 *Lady in the Dark*(1941), 〈스트리트 신〉 *Street Scene*(1947) 등의 브로드웨이 뮤지컬을 작곡하였다.

Weissmuller, Johnny (1904~1984) 와이즈뮬러, 조니

미국의 수영 선수이자 영화배우이다. 1924년 파리 올림픽에서 릴레이를 포함하여 금메달 3개, 다음 1928년 암스테르담 대회에서도 릴레이를 포함하여 금메달 2개를 획득하였다. 1931년에는 영화배우로 전향하여 타잔 역으로 활약하였다.

Welfare to work 복지에서 노동으로

1997년 영국 총선거 때 노동당에서 사용한 표어로 실업자 및 정부보조금을 받는 사람들에게 일거리를 제공하거나 취업교육을 제공하는 생산복지 정책을 의미한다. 이 표어는 빌 클린턴이 1992년 대선에서 당선될 때 미국 민주당에서 사용했었다.

Welles, Orson (1915~1985) 웰즈, 오손

미국의 배우이자 영화감독이다. 3세 때 처음 무대에 섰다. 1936년에 모두 흑인이 배역을 맡은 셰익스피어 극 〈맥베스〉 *Macbeth*를 상연하여 인기를 끌었다. 1938년 10월 30일 밤 8시에 공상과학 라디오 드라마 〈우주 전쟁〉 *The War of the Worlds*을 방송하여 화성인 침공을 사실로 오해한 미국인을 공포의 도가니에 몰아넣었던 일은 유명하다. 무엇보다 그의 가장 유명한 영화는 자신이 직접 각본과 감독, 출연, 제작을 맡은 〈시민 케인〉 *Citizen Kane*(1941)이다. 이어 제작한 〈앰버슨가(家)의 사람들〉 *The Magnificent Ambersons* (1942)도 기대에 어긋나지 않았다. 그밖에도 〈맥베스〉 *Macbeth*(1948), 〈오델로〉 *Othello*(1952), 〈극비 보고〉 *Confidential Report*(1955) 등을 감독, 주연, 제작하였고, 〈제인 에어〉 *Jane Eyre*(1944), 〈제3의 사나이〉 *The Third Man*(1949) 등에서 연기하였다.

Wells Fargo 웰스 파고

미국의 은행이다. 1852년에 헨리 웰스Henry Wells와 윌리엄 조지 파고William George Fargo가 캘리포니아의 골드러시로 인해 활성화된 은행 및 특송 업무를 취급하기 위하여 설립하였다. 처음에는 캘리포니아와 동부 사이, 나중에는 다른 서부 지역 및 남미까지 범위를 넓혀 운송 및 은행 업무를 하였다. 1855년부터 미주리주에서 중서부를 지나 로키 산맥과 서부 끝까지 역마차 사업을 확대하여, 1866년에는 서부 역마차 노선 전체를 '웰스 파고'로 통합시켰다. 그러나 대륙횡단 철도가 완성되면서 역마차 사업은 사양길로 접어들었다. 1954년에 회사 이름을 웰스 파고 뱅크Wells Fargo

Bank로 줄였다. 1960년에 다시 아메리칸 트러스트 컴퍼니 American Trust Company와 합병하면서 지주회사로 웰스 파고 앤드 컴퍼니Wells Fargo and Company가 설립되었다. 본사는 캘리포니아주 샌프란시스코에 있다.

Wells, Herbert George (1866~1946) 웰스, 허버트 조지

영국의 소설가이자 문명비평가이다. 고학을 하여 런던 대학 이학부를 졸업하였다. 교사를 거쳐 문필 생활에 뜻을 두고, 일생 동안 100권이 넘는 책을 저술하였다. 처음에는 자연과학적인 넓은 교양과 상상력을 결합하여, 과거와 미래를 여행한 시간 여행가의 보고 형식으로 된 《타임머신》*The Time Machine*(1895), 《투명인간》*The Invisible Man*(1897) 등과 같은 공상과학 소설을 썼고, 이어 원자폭탄을 예언한 《우주전쟁》*The War of the Worlds*(1898)을 썼다. 그러다가 차차 풍자와 유머가 넘쳐흐르는 인생 소설 《연애와 루이섬씨》*Love and Mr. Lewisham*(1899), 《킵스》*Kipps* (1905) 등을 썼다. 제1차 세계대전으로 세계에 대한 관심을 집중하면서 '단일한 세계 국가'의 구상을 낳게 하여 《세계사 대계》*The Outline of History*(1920)와 《생명의 과학》*The Science of Life*(1931), 《인류의 노동과 부, 행복》*The Work, Wealth and Happiness of Mankind*(1932) 등의 3부작을 내놓았다. 이밖에도 《존과 피터》*Joan and Petter*(1918), 《꺼지지 않는 불》*The Undying Fire* (1919), 《윌리엄 클리솔드의 세계》*The* World of *William Clissold*(1926), 《다가올 세계》*The Shape of Things to Come*(1933), 《사람의 운명》*Fate of Homo Sapiens* (1939), 《정신의 한계》*Mind at the End of It's Tether* (1945) 등이 있다.

Welsh 웰시어(語)

웨일즈 지방의 고대 켈틱(Celtic)언어를 말한다. 지금도 웨일즈 주민의 20%는 웰시어를 쓴다. 웨일즈에서는 영어와 동등한 대접을 받고 있다. 많은 학교에서 웰시어를 가르치고, 교통 표지판에도 웰시어가 표기되기도 한다. 라디오와 텔레비전에서도 웰시어 프로그램이 있다.

Welty, Eudora (1909~) 웰티, 유도라

미국의 소설가이다. 주로 남부와 고향인 미시시피주를 소재로 소설을 썼다. 《낙천가의 딸》*The Optimist's Daughter* (1972)로 퓰리처상을 받았다. 단편 〈황금사과〉*The Golden Apples*(1949)를 담은 단편집이 있다.

Wembley 웸블리 스타디움 (= Wembley Stadium)

런던 북서쪽에 있는 유명한 스포츠 스타디움이다. 잉글랜드의 국가 경기장이다. 1923년에 개장하여 1948년에 올림픽 경기가 열렸다. 해마다 영국 축구협회(FA)의 결승전이 여기서 열린다.

Wendy's 웬디스

햄버거 같은 패스트푸드를 파는 미국의 체인 식당이다. 1969년에 데이브 토머스Dave Thomas가 창업하면서 딸의 이름을 따서 이름지었다. 전세계에 5,000여 군데 체인점을 두고 있다.

Wesley, John (1703~1791) 웨슬리, 존

영국의 종교개혁자이자 신학자이다. 영국 감리교(Methodist Church)의 창시자이다. 영국성공회 주교의 15째 아들로 태어나, 옥스퍼드 대학에서 공부한 뒤, 아버지의 일을 돕다가, 1729년에 대학으로 돌아가, 동생 찰스 웨슬리Charles Wesley가 중심이 된 학생 종교단체에 참여하여 감리교운동을 하였다. 기도와 학습의 정형화된 방법(method) 때문에 사람들은 메서디스트Methodist라 불렀다. 그는 사람들에게 종교적 체험과 성결한 생활을 역설하며, '기독교인의 완전'을 설교하였다. 당시 전 영국 사회에서 번지던 산업혁명을 배경으로 하여 대규모적인 신앙운동을 전개하였으나, 영국교회(Church of England)가 교회에서 메서디스트의 설교를 허용하지 않아, 영국 전역으로 말을 타고 다니며 옥외 설교를 다녔다. 이 운동이 그가 죽은 뒤 감리교회로 정착되었다.

West Coast 미국 서부 해안

미국의 서부는 아름다운 해안으로 유명하다. 특히 캘리포니아주는 날씨가 맑고 따뜻하다. 사람들은 전통적인 가치보다는 자신의 생각과 행동을 중시하고 실용적인 경향이 있다. 의복도 청바지나 티셔츠 같이 편하고 자유로운 것을 즐겨 입고, 자연과 환경에 관심이 많다.

West End 웨스트엔드

런던의 서부 중심가로, 쇼핑센터, 극장, 영화관, 식당 등이 즐비하여 아주 번화한 곳이다. 소호(Soho), 옥스퍼드가(Oxford Street), 차이나타운(Chinatown), 리젠트가(Regent Street), 피카딜리 광장(Piccadilly Circus) 등이 이곳에 있다.

the West Indies 서인도 제도

카리브해(Caribbean Sea)를 둘러싸고 있는 미국 남부와 남미 북부 사이의 바다에 있는 섬들을 가리키는 말이다. 섬들이 모두 1,200여 개나 된다고 한다. 쿠바Cuba, 자메이카Jamica, 히스패뇰라Hispaniola, 푸에르토리코Puerto Rich, 도미니카Dominica, 바르바도Barbados, 그레나다Grenada, 토바고Tobago 등이 모두 서인도 제도에 속한다. 대부분 영국의 식민지였다가 지금은 독립하여 영연방으로 있다.

West Point 웨스트포인트

United States Military Academy(미국 육군사관학교) 편을 읽으시오.

West Side 웨스트사이드

뉴욕 맨해튼의 서쪽 5번가(Fifth Avenue)에서 허드슨 강(Hudson River)까지의 지역이다. 록펠러 광장(Rockefeller Center), 타임스 광장(Times Square), 매디슨 스퀘어 가든(Madison Square Garden), 카네기홀(Carnegie Hall) 등이 이곳에 있다. 뮤지컬 〈웨스트 사이드 스토리〉 *West Side Story*의 무대이기도 하다.

West Side Story 〈웨스트사이드 스토리〉

셰익스피어의《로미오와 줄리엣》을 현대적으로 각색한 미국의 뮤지컬이다. 아서 로렌츠Arthur Laurents가 대본을, 레너드 번스타인Leonard Bernstein이 작곡을, 제롬 로빈스Jerome Robbins가 연출과 안무를 맡은 1957년 초연 작품이다. 브로드웨이 734회 장기 공연의 흥행 기록을 세웠다. 뉴욕시의 웨스트 사이드를 무대로, 대결하고 있는 미국계와 푸에르토리코계의 청소년 건달 집단 간의 세력 다툼에 말려든 토니Tony와 마리아Maria의 비극적인 사랑을 노래하면서 현대 미국 사회의 한 단면을 표현하였다.

West Virginia 웨스트버지니아주

미국 중동부의 주이다. 주도는 찰스턴Charleston이다. 지형적으로 애팔래치아 산맥에 속한다. 1861년에 남부연방(Confederate States)에 가입하지 않으려는 주민들의 여론으로 버지니아주에서 떨어져 나와 2년 뒤에 미합중국의 주가 되었다. 지역의 75%가 숲으로 덮여 있다.

West, Mae (1892~1980) 웨스트, 메이

1930년대 섹스 심벌이었던 유명한 미국의 여배우이다. 〈그녀는 그에게 나쁜 짓을 했다〉 *She Done Him Wrong* (1933), 〈나는 천사가 아니에요〉 *I'm No Angel* (1933), 〈마이 리틀 치커디〉 *My Little Chickadee*(1940) 등의 출연작이 있다.

Westinghouse Electric Corporation 웨스팅하우스 전기 회사

미국의 종합 전기기기 제조 회사이다. 1886년에 발명가였던 조지 웨스팅하우스George Westinghouse가 교류전기 시스템을 구축하고 판매하기 위하여 설립하였다. 전기의 생산으로부터 송전, 배전, 제어 등에 사용되는 일체의 기기 및 제품을 생산함으로써 전기 산업의 주요 공급 업체가 되었으나, 가전 제품의 판매에서는 줄곧 제너럴 일렉트릭General Electric Company에 뒤져 가전 제품 생산은 중단하였다. 제2차 세계대전 후 상업용 원자로의 대표적인 제조 업체가 되었고, 미해군 잠수함용 원자로를 생산하였다. 군용기, 잠수함, 군수품에 사용되는 레이더 및 기타 전자 장치들도 생산하였다. 1990년대에 들어와서는 텔레비전 및 라디오 방송국도 인수하였는데, 1995년에는 미국의 메이저 방송국인 CBS(Columbia Broadcasting System)를 매입하였다. CBS의 본사는 뉴욕주 뉴욕에, 웨스팅하우스 전기의 본사는 펜실베이니아주 피츠버그에 있다.

Westminster Abbey 웨스트민스터 사원

런던의 영국 국회의사당과 마주보고 서 있다. 이 건물은 8세기경에 처음 세워졌으며, 11세기 때 참회왕 에드워드와 13세기에 헨리 3세에 의해 개축되었다. 원래 노르만 양식의 건

물이었으나 헨리 3세가 고딕 양식으로 개축하고, 그후 18세기 중반에 지금의 모습을 갖추었다. 1066년 정복왕 윌리엄 1세가 왕위 대관식을 이곳에서 가진 이래 역대 왕들의 대관식을 거행한 장소가 되었다. 유명 인사들의 묘와 무명 용사의 묘비가 있는 국립묘지를 겸하고 있다. 유명인의 묘와 기념비로는 엘리자베스 1세, 윌리엄 셰익스피어, 찰스 디킨스Charles Dickens, 조지 프레더릭 헨델George Frederic Handel, 에드워드 1세 등이 있다.

Westminster Bridge 웨스트민스터 다리

런던의 템즈강에 있는 가장 유명한 다리이다. 다리 북쪽 끝에 의사당(House of Parliament)이 있다. 많은 관광객들이 이곳에서 사진을 찍곤 한다.

Westminster Cathedral 웨스트민스터 성당

영국 로마가톨릭교의 본당이다. 19세기 말에 네오-비잔틴neo-Byzantine 양식으로 지어졌다. 런던의 빅토리아역(Victoria Station) 근처에 있다.

Westminster School 웨스트민스터 스쿨

웨스트민스터 사원 근처에 있는 영국의 유명한 퍼블릭 스쿨public school이다. 12세기에 로마가톨릭 학교로 설립되었으나, 나중에 종교개혁 후에는 영국교회 학교가 되었다.

Westwood, Vivienne (1941~) 웨스트우드, 비비안

영국의 패션 디자이너이다. 1970년대 런던에서 펑크punk 패션을 소개하고 판매하면서 유명해졌다.

wetback 웨드백

불법으로 미국에 들어와 일자리를 잡으려는 멕시코인들을 가리키는 말이다. 특히 리오그랜데Rio Grande 강을 헤엄쳐 건너는 멕시코인 노동자를 가리킨다.

Wham! 웸!

1982년에 결성된 영국의 팝 그룹이다. 〈웨이크 미 업 비포 유 고〉*Wake Me Up Before You Go*(1984), 〈아임 유어 맨〉*I'm Your Man*(1985) 등의 노래로 1980년대에 인기를 끌었다. 리드싱어였던 조지 마이클George Michael이 그룹을 떠나 1986년에 솔로로 독립하였다.

Wharton, Edith (1862~1937) 워튼, 에디스

미국의 소설가이다. 미국 상류사회의 이야기를 주로 썼다. 퓰리처상을 받은 《순수의 시대》*The Age of Innocence*(1920)가 그녀의 대표작이다. 이 작품은 1993년에 영화로 만들어지기도 했다. 《즐거운 집》*The House of Mirth*(1905), 《에단 프롬》*Ethan Frome*(1911) 등의 작품이 있다.

Wheat Belt 밀 벨트

미국에서 대부분의 밀이 생산되는 중서부 지역을 가리킨다. 대평원(Great Plains)이 포함된다.

Wheaties 휘티스

미국에서 인기 있는 밀로 만든 아침 시리얼 상품이다.

Wheel of Fortune 〈휠 오브 포춘〉

1970년대에 처음 방영된 미국 텔레비전의 게임 프로그램이다. 출연자들이 낱말을 알아 맞춰 상금을 타는 게임이다.

Whig 휘그당

영국 최초의 근대적 정당이다. 휘그Whig란 말은 본래 17세기 중반 스코틀랜드의 폭도라는 뜻으로서, 1679년 요크 공(Duke of York, 나중에 제임스 2세)을 가톨릭교도란 이유로 왕위계승권에서 제외하려고 하는 왕위배제법안이 상정되었을 때, 이에 찬성한 의원들을 경멸하여 가리킨 말이다. 이것이 토리당(Tory)과 더불어 영국 정당의 시초였으나, 당시에는 근대 정당 이전의 한 정치 그룹에 불과하였다. 귀족을 지도자로 하면서도 상인이나 비국교도의 지지를 받아 반왕권적 성격이 강하였다. 명예혁명 때에 토리당과 협력하였으나, 그후에는 거의 우세를 유지하였으며, 특히 1714년에 하노버 왕가(House of Hanover)가 성립된 뒤로 약 50년 간은 전성기를 누렸다. 19세기에 들어서면서 신흥 시민계급과 제휴하여 자유주의적 개혁을 목표로 선거법도 개정하였으며, 이후 자유당으로 변해 갔다.

whisky 위스키

스코틀랜드 위스키이다. 가장 유명한 것이 스카치Scotch이다. 많은 사람들이 물이나 사이다(soda), 콜라, 얼음 등과 섞어 마신다. 스트레이트로 마시는 사람들도 있다.

whiskey 위스키

아일랜드나 미국에서 만들어진 위스키를 가리키는 것으로 철자로 구분해 쓴다.

Whispering Gallery 속삭이는 회랑(回廊)

런던의 성 바울 성당(St. Paul Cathedral)에 있는 유명한 회랑(回廊, gallery)이다. 소리의 반향으로, 속삭이는 소리라도 먼 곳까지 전해지는 구조로 되어 있는 회랑이다.

Whistler, James McNeill (1834~1903) 휘슬러, 제임스 맥닐

미국의 화가이다. 파리에 유학을 하며 쿠르베(Gustave Courbet)의 사실주의에 끌렸고, 마네(Edouard Manet)나 모네(Claude Monet) 같은 인상파 화가들과 교유하면서 점차 독자적인 화풍을 개척하였다. 그뒤 '예술 지상주의'(art for art's sake)를 표방하고 회화의 주제 묘사로부터의 해방을 주장하였다. 〈피아노 옆에서〉 *At the Piano*(1859), 〈흰옷 입은 소녀〉 *The White Girl*(1863), 〈녹턴 연작〉 *Nocturne* 등의 작품이 있다.

whistle-stop campaign 휘슬스톱 선거유세

미국에서 선거유세 여행을 하는 도중에 열차가 운행되는 작은 도시의 역에서 후보자가 열차의 맨 뒤칸 플랫폼에서 하는 짧은 선거유세를 말한다. 트루먼Truman 대통령이 지방을 다니며 수많은 작은 도시에서 이 '휘슬스톱 유세'를 한 것으로 유명하다. 휘슬스톱whistle stop이란 역에서 신호가 있어야만 기적을 울리며 정거하는 작은 역 또는 그런 역이 있는 작은 도시를 뜻하는 말이다.

Whitaker's Almanack 《위테커 연감》

영국의 유명한 연감이다. 매년 12월에 발간된다. 영국과 다른 여러 나라에 대한 다양한 정보를 싣고 있다. 지난 한해의 주요 행사를 자세히 소개하고, 각종 단체와 공직자, 유명 인사, 별자리까지 자세히 소개한다.

Whitbread Book of the Year 올해의 위트브레드 도서상

영국의 맥주 회사 위트브레드Whitbread사가 제정한 문학상이다. 매년 1월에 영국과 아일랜드의 문학도서 가운데 최우수 소설, 최우수 신간 소설, 최우수 시집, 최우수 전기 4권을 선정하여 이 가운데 한 권을 올해의 도서로 선정한다. '올해의 위트브레드 아동도서상(Whitbread Children's Book of the Year Award)'도 별도로 운영한다.

White Christmas 〈화이트 크리스마스〉

어빙 벌린Irving Berlin이 부른 노래인데, 성탄절에 눈이 오기를 기대하는 사람들의 바람으로 성탄절 전통의 노래가 되었다. 1942년의 〈홀리데이 인〉 *Holiday In*이라는 영화에서 빙 크로스비Bing Crosby가 처음 불러 소개되었다.

white flight 백인탈출

미국의 도시 백인 중산층 주민들이 도시 중심지에서 교외 지역으로 빠져나가는 운동을 일컫는 말이다. 1950년대부터 시작되었는데, 대도시 중심가에 흑인의 거주가 늘어가고, 범죄가 증가하면서 촉발되었다.

White House 백악관

미국의 대통령 관저이다. 수도 워싱턴에서 가장 오래된 건물로, 1800년 제2대 대통령 존 애덤스John Adams 때 완성되었다. 1814년 영국과의 전쟁 때 불타서 재건 후 외벽을 하얗게 칠한 데서 '화이트하우스'라고 불렀다. 대통령은 가족과 함께 이 관저의 2층에서 산다. 대통령 집무실은 타원형이어서 '오벌 룸'Oval Room이라 부르며, 이 방에서 방문객을 접견한다. 방의 수는 130개가 넘으며 댄스 파티와 리셉션 등이 거행되는 동관(East Wing)은 일반인의 관람이 허용된다. 백악관은 관저로서의 기능을 수행할 뿐만 아니라 예산국 같은 직속 기관도 이 건물 안에 있기 때문에 대통령직 그 자체를 의미하기도 한다.

White Paper 백서(白書)

특정한 사안에 대해 정부 정책을 설명하면서 영국 의회에 제출하는 공식 보고서이다.

White, Elwyn Brooks (1899~1985) 화이트, 엘윈 브룩스

미국 사회에 대한 유머러스한 풍자로 잘 알려진 작가이다. 《섹스가 필요한가요?》*Is Sex Necessary?*(1929)와 아동도서 《샬롯의 그물》*Charlotte's Web*(1952)이 대표작이고, 작문 기술을 소개한 《문체의 요소》*The Elements of Style*(1959)는 미국 학교에서 교과서로 쓰일 정도이다.

Whitehall 화이트홀

영국 런던의 트라팔가 광장(Trafalga Square)과 국회의사당(Houses of Parliament) 사이의 거리로 정부 관청들이 이 거리에 모여 있어 '화이트홀'은 정부를 가리키는 말로 사용된다.

Whiteman, Paul (1890~1967) 화이트맨, 폴

'재즈의 왕'(King of Jazz)이라 불리는 미국의 재즈 뮤지션이다. 그는 자신의 오케스트라 밴드를 이끌고 클래식과 재즈를 융합한 '심포니 재즈'symphonic jazz를 연주하였다. 조지 거쉰George Gershwin이 그의 오케스트라에게 〈랩소디 인 블루〉*Rhapsody in Blue*를 작곡해주어 1924년에 초연하였다. 1926년에는 영국과 유럽을 순회하며 연주하였다.

Whitman, Walt (1819~1892) 휘트먼, 월트

미국의 시인이다. 주로 개인의 자유와 평등권, 조국애, 사랑 등을 소재로 시를 썼다. 당시에는 그의 시를 비도덕적이라고 했으나, 나중에 '비트 세대'(beat generation)에 영향을 주었다. 그는 각운(rhyme)이 없는 새로운 형식의 자유시(free verse)를 썼다. 대표 시집인 유명한 《풀잎》*Leaves of Grass*(1855)은 전통적인 시의 형식을 크게 벗어난 자유시로, 미국을 찬미한 시이다. 에세이집 《민주주의 미래상》*Democratic Vistas*(1871)에는 미국 사회의 물질주의적인 경향을 비판하는 글들이 많이 실려 있다.

Whittier, John Greenleaf (1807~1892) 휘티어, 존 지.

19세기 미국의 시인이자 언론인이다. 남북 전쟁 전부터 열렬한 노예해방론자로서 활발한 논조를 폈다. 저서로 《뉴잉글랜드의 전설》*Legends of New England*(1831), 《바바라 프리치》*Barbara Frietchie*(1864), 《신을 찬미하라!》*Laus Deo!*(1865) 등을 남겼다. 만년에는 퀘이커교도로서 종교시를 주로 썼다.

Who's Afraid of Virginia Woolf? 《누가 버지니아 울프를 두려워하랴?》

1962년에 초연된 미국 극작가 에드워드 올비Edward Albee의 첫 장편 희곡이다. 뉴잉글랜드 지방의 작은 대학에 재직하는 중년의 교수 부부가 주인공들이다. 남편은 조지George이고 아내는 대학 총장의 딸인 마사Martha이다. 이들은 지칠 줄 모르고 고함을 지르며 싸워댄다. 이들에게 젊은 교수 닉Nick과 하니Honey 부부가 초대된다. 잡담이 시작되고 조지의 역사학과 닉크의 생물학이 언쟁으로 치닫는다. 이성을 상실하여 불안한 부부는 밤의 유희에 빠져들고 인간의 허위와 악마성을 노출한다. 이 작품은 영화로도 만들어졌다.

Who's Who 《후스 후》

일 년에 한 번 영국에서 발행되는 세계적인 인명 사전이다. 1849년에 처음 발행되었다. 세계적으로 저명한 각 분야의 인사들에 대한 상세한 정보를 싣고 있다.

Wild West 와일드 웨스트

19세기 후반 개척시대에 법과 질서가 아직 완비되지 않아 수많은 범죄가 들끓었던 무법천지의 서부를 가리키는 말이다. 서부 영화에 많이 등장하는 바로 그 시대의 서부이다.

Wilde, Oscar (1864~1900) 와일드, 오스카

아일랜드의 시인이자, 소설가, 극작가, 평론가였다. 더블린의 대학을 거쳐 옥스퍼드 대학에서 공부하면서 '예술을 위한 예술'(art for art's sake)을 표어로 하는 탐미주의를 주창하면서 그 운동을 이끌었다. 1888년에 동화집 《행복한 왕자》*The Happy Prince and Other Tales*를, 1891년에는 유일한 장편소설 《도리언 그레이의 초상》*The Picture of Dorian Gray*(1891)을 발간하였다. 한편 《윈더미어 부인의 부채》*Lady Windermere's Fan*(1892), 《보잘것없는 여인》*A Woman of No Importance*(1893), 《이상적인 남편》*An Ideal Husband*(1895), 《진지함의 중요성》*The Importance of Being Earnest*(1895) 등, 당시 세태를 배경으로 한 희극을 차례로 발표하여 절찬을 받았다. 1892년에는 괴기한 미와 환상의 시극 《살로메》*Salome*가 프랑스어로 발표되고, 1894년에 영역되어 런던에서 발표되었다. 이듬해에는 동성 연애 혐의로 기소되어 유죄 판결을 받고 2년 동안 교도소 생활을 하였다. 출옥해서는 파리에서 몇몇 친구의 도움을 받으며 어렵게 살다가 죽었다.

Wilder, Billy (1906~2002) 와일더, 빌리

미국의 영화감독이다. 베를린에서 신문기자로 있으면서 시나리오를 썼다. 1933년에 나치스를 피하여 미국으로 건너왔다. 〈파란 수염의 여덟 번째 아내〉*Bluebeard's Eighth Wife*(1938), 〈니노치카〉*Ninotchka*(1939) 등의 각본을 썼고, 〈잃어버린 주말〉*The Lost Weekend*(1945), 〈선셋

대로〉*Sunset Boulevard*(1950) 등의 문제작을 연출하였다. 계속해서 〈제17 포로수용소〉*Stalag 17*(1953), 〈하오의 정사〉*Love in the Afternoon*(1957), 〈정부(情婦)〉*Witness for the Prosecution*(1958), 〈뜨거운 것이 좋아〉*Some Like is Hot*(1959), 〈아파트 열쇠를 빌려드립니다〉*The Apartment*(1960), 〈셜록 홈즈의 사생활〉*The Private Life of Sherlock Holmes*(1970) 등, 특이한 소재로 영화를 만들었다.

Wilder, Thornton (1897~1975) 와일더, 손톤

미국의 소설가이자 극작가이다. 예일 대학을 졸업하고, 고등학교와 시카고 대학에서 교편을 잡으며 소설과 희곡을 썼다. 소설 《산 루이스 레이의 다리》*The Bridge of San Luis Rey*(1927)로 퓰리처상을 받았다. 희곡으로 《긴 성탄절 만찬》*The Long Christmas Dinner*(1931), 《우리 읍내》*Our Town*(1938), 《위기일발》*The Skin of Our Teeth*(1942), 《중매인》*The Matchmaker*(1954) 등의 걸작이 있다. 《중매인》은 뮤지컬 《헬로, 돌리!》*Hello, Dolly!*의 원작이다.

William I 윌리엄 1세 (1027~1087)

노르만 왕조의 시조로 영국의 기초를 확립한 국왕이다. 재위 기간은 1066년~1087년이다. 정복자 윌리엄(William the Conqueror)이라고도 한다. 아버지에 이어 어린 나이에 프랑스 북부의 노르망디 공국(公國)을 다스렸다. 1066년에 잉글랜드에서 웨섹스 왕가의 '참회왕 에드워드'(Edward the Confessor)가 죽자, 그의 동생이 헤럴드Herold 2세로 왕위에 올랐다. 이에 윌리엄은 자신이 에드워드의 사촌형제의 아들에 해당되고, 에드워드 생전에 자기에게 왕위 상속을 약속하였고, 또 헤럴드가 이전에 신하가 될 것을 맹서한 일 등을 이유로 들어, 교황 알렉산드르 2세의 지지를 받아, 수천 명의 노르만 기사를 이끌고 잉글랜드에 침입하여 헤이스팅스 전투(Battle of Hastings)에서 헤럴드 2세를 죽이고 왕위에 올라 노르만 왕조를 창건하였다. 그는 잉글랜드의 토지를 휘하의 노르만 기사들에게 나누어주어 노르만식 봉건제도로 통치하였다. 1086년에는 전국적인 토지조사를 실시하여 토지대장인 '둠스데이북'Domesday Book을 작성하고 징세를 효율화하고 행정을 확립하면서 봉건국가의 기초를 다졌다. 노르망디에서 프랑스 국왕 필립 1세와 싸우다 죽었다.

William II 윌리엄 2세 (1056~1100)

영국 노르만 왕조의 두 번째 왕으로, 재위 기간은 1087년~1100년이다. 윌리엄 1세의 셋째 아들이다. 붉은 머리(Rufus 루푸스)라고 불렸다. 아버지의 총애를 받았고, 큰형이 죽고, 둘째형이 노르망디 공이 됨으로써 아버지가 죽은 뒤 즉위하였다. 1090년에 노르망디의 귀족 반란을 진압하고, 1091년에는 스코틀랜드에 침공하고 굴복시켜 신하의 예를 갖추게 하였다. 1093년에 안셀무스Anselmus를 캔터베리 대주교로 임명하였으나, 그의 교회개혁 개념을 회피하고 추방하였다. 무단정치로 귀족과의 대립을 격화시켰으며, 로마교회에 반하는 태도와 중과세 등으로 인심을 잃었다. 사냥을 하다가 화살에 맞아 죽었는데, 암살 의혹도 있지만, 확실하지 않다.

William III 윌리엄 3세 (1650~1702)

스튜어트 왕조(House of Stuart)의 국왕으로, 1689년부터 1702까지 재위하였다. 1672년부터 네덜란드 총독을 겸하였다. 영국에서 의회를 중심으로 제임스 2세에 대한 비판이 높아져, 1688년에 국왕이 되어 달라는 토리와 휘그 양당이 요청함에 따라 군대를 이끌고 영국에 상륙하였다. 다음 해에 아내 메리Mary와 함께 즉위하여 명예혁명(Bloodless Revolution)을 달성하였다. 즉위 뒤에는 영국 내정을 오로지 의회에 맡기고, 루이 14세의 유럽 지배 실현을 저지하는 데 힘을 기울였다. 프로테스탄트 진영의 지도자로서 명성이 높다.

William IV 윌리엄 4세 (1765~1837)

영국 하노버 왕조(House of Hanover)의 왕으로, 1830년에서 1837년까지 재위하였다. 조지 3세의 셋째 아들이다. 해군에서 근무하고, 나폴레옹 전쟁에서 활약하였다. 1828년에는 해군 총사령관이 되었고, 형 조지 4세의 죽음으로 즉위하였다. 정치는 우유부단하다는 빈축을 샀고, 선거법 개정 문제에도 갈피를 못 잡고 동요하다가, 1832년에 개정안을 통과시켰다. 조카딸 빅토리아Victoria가 왕위를 계승하였다.

William the Conqueror 정복자 윌리엄 (= William I 윌리엄 1세)

William I(윌리엄 1세)편을 읽으시오.

Williams, Andy (1930~) 윌리엄스, 앤디

미국의 대중 가수이다. 소년 시절부터 형 세 사람과 보컬 그룹을 만들어 노래를 불렀다. 1953년에 독립하여 〈버터플라이〉*Butterfly*(1950), 〈문 리버〉*Moon River*(1963), 〈본 프리〉*Born Free*(1967) 등의 많은 히트곡을 냈다. 1961년에는 NBC 텔레비전에서 자신의 프로그램 〈앤디 윌리엄스 쇼〉*The Andy Williams Show*를 진행하여 인기를 모으기도 했다.

Williams, Hank (1923~1953) 윌리엄스, 행크

미국 컨트리 음악 가수이자 작곡가였다. 1961년에 컨트리 뮤직 명예의 전당(Country Music Hall of Fame)에 올랐다. 대표곡으로 〈사랑의 블루스〉*Lovesick Blues*(1949), 〈유어 치팅 하트〉*Your Cheating Heart*(1953) 등이 있다.

Williams, Robin (1952~) 윌리엄스, 로빈

미국의 유명 영화배우이다. 텔레비전 탤런트로 연기 생활을 시작하였다. 〈굿모닝 베트남〉*Good Morning, Vietnam*(1987)으로 골든글러브상(Golden Glove Awards)을, 〈굿윌 헌팅〉*Good Will Hunting*(1998)으로 오스카상을 수상하였다. 〈피셔 킹〉*The Fisher King* (1991), 〈미세스 다웃파이어〉*Mrs. Doubtfire*(1993), 〈죽은 시인의 사회〉*Dead Poets Society*(1989), 〈플러버〉*Flubber*(1997), 〈제이콥의 거짓말〉*Jakob The Liar*(1999), 〈인썸니아〉*Insomnia*(2002) 등의 영화에 출연하였다.

Williams, Tennessee (1914~1983) 윌리엄스, 테네시

아서 밀러Arthur Miller와 더불어 현대 미국의 대표적인 극작가이다. 아이오와 주립 대학에서 연극을 전공하였다. 할리우드에서 시나리오 작가로 일하면서 쓴 《유리 동물원》*The Glass Menagerie*(1944)이 시카고에서 상연되어 큰 성공을 거두었다. 다음 작품인 《욕망이라는 이름의 전차》*A Streetcar Named Desire*(1947)로 퓰리처상을 받아, 전후 미국 연극계를 대표하게 되었다. 《여름과 연기》*Summer and Smoke*(1948), 《장미의 문신》*The Rose Tattoo*(1950), 《카미노 리얼》*Camino Real*(1953) 등을 계속 발표하였고, 이어 성공작 《뜨거운 양철 지붕 위의 고양이》*Cat on a Hot Tin Roof*(1955)로 다시 퓰리처상을 받았다. 《지옥의 오르페우스》*Orpeus Descending*(1957), 《지난 여름 갑자기》*Suddenly Last Summer*(1958), 《청춘의 달콤한 새》*Sweet Bird of Youth*(1959), 《적응기간》*Period of Adjustment*(1960), 《이구아나의 밤》*The Night of the Iguana*(1962) 등의 작품을 남겼다. 작품의 대부분이 영화화되었고, 한국 극단들은 아직도 그의 작품들을 종종 상연하고 있다.

Willis, Bruce (1955~) 윌리스, 브루스

미국의 유명 영화배우이다. 텔레비전 탤런트로 연기 생활을 시작했다. 〈다이하드 1, 2, 3〉*Die Hard 1, 2, 3*(1988, 1990, 1995), 〈펄프 픽션〉*Pulp Fiction*(1994), 〈자칼〉*Day of the Jackal*(1997), 〈아마게돈〉*Armageddon*(1998), 〈식스 센스〉*The Sixth Sense*(1999), 〈하트의 전쟁〉*Hart's War*(2002) 등의 영화에 출연하였다.

Wilson, Woodrow (1856~1924) 윌슨, 우드로

제28대 미국 대통령이다. 웨슬리언 대학과 프린스턴 대학의 교수를 거쳐, 프린스턴 대학 총장을 지냈다. 1911년에 민주당 뉴저지 주지사로 당선되면서 정계에 나섰고, 1912년에 민주당 대통령 후보로 나서 신자유주의(New Freedom)라는 혁신 정책을 내걸고 출마하여 당선되었다. 그의 정책은 대자본에 반대하는 대중의 지지를 받았고, 특히 관세를 인하하는 조치인 '언더우드관세법안' (Underwood Tariff), 개인 금융기관의 횡포를 방지하는 통화개혁법안인 '연방준비법안'(Federal Reserve Act), '클레이턴 트러스트 방지법안'(Clayton Antitrust Act) 등을 통과시킨 것은 임기 중의 업적이다. 제1차 세계대전이 발발하자 중립주의를 내세웠고, 1916년 대통령 선거에서는 미국이 참전하지 않을 것을 약속하고 재선되었다. 전쟁이 시작되면서 미국은 전쟁에서 이익을 추구하게 되었다. 그러나 1917년 독일이 무제한 잠수함 공격을 감행하면서 공격에 대항한다는 명분으로 연합국 측에 가담하였다. 1918년 1월에 비밀외교의 폐지와 민족자결주의를 제창하며 '14개조 평화원칙'(Wilson's Fourteen Points)을 발표하였다. 그리고 파리평화회의(Paris Peace Conference)에서는 지도적인 위치에서 국제연맹(League of Nations) 창설을 위하여 노력하였다. 1919년에 노벨 평화상을 받았다.

Wimbledon 윔블던

런던 남서쪽의 교외 도시였는데, 1965년에 런던에 편입되었다. 고대 로마 시저Caesar의 진지로 알려진 토성이 남아 있고, 골프 코스, 크리켓 그라운드, 테니스 코트 등이 많다. 19세기 후반에는 전국 소총협회의 연차 대회 개최지로 유명했고, 지금은 윔블던 테니스 선수권대회(Wimbledon Championship)라고도 하는 전영오픈 테니스 선수권대회(All-England Championship)의 개최지로 세계에 널리 알려져 있다. 이 대회가 열리는 6월 중순은 영국에서 가장 아름다운 계절이며, 여성복 패션쇼도 화려하게 열린다.

window tax 창문세금

1675년부터 1851년까지 영국에 존재했던 세금이다. 주택에 창문의 수만큼 세금을 내야 했다. 세금을 절약하기 위해 창을 벽돌로 막은 흔적이 있는 주택을 지금도 볼 수 있다.

Windows 윈도우

미국의 컴퓨터 회사 마이크로소프드Microsoft사가 개발한 컴퓨터 프로그램을 운영하는 시스템이다. 이 시스템상에서 모든 프로그램은 스크린에 각각의 창(window)을 가지게 된다. 1990년에 처음 개발된 뒤에 여러 버전으로 향상시켜오고 있다.

Windsor Castle 윈저 성

영국 국왕의 관저로 사용되는 궁성이다. 11세기 윌리엄 1세가 쓰기 시작하여, 후대의 국왕들이 증축하였다. 현재의 모습은 19세기 초에 증축되고 장식되었다. 궁성의 일부는 국왕이 출타하고 비웠을 때 일반에 공개된다.

wine bar 와인바

가벼운 식사와 함께 와인을 먹을 수 있는 바이다. 펍pub과는 달리 고급스러운 분위기다. 중산층과 전문직 종사자들에 인기가 있다.

Winfrey, Oprah (1954~) 윈프리, 오프라

미국 텔레비전의 인기 대담 프로인 The Oprah Winfrey Show를 진행하는 흑인 여성 방송인이다. 토크쇼 인행자로 에미상Emmy awards을 여러 번 받았다.

Winnie-the-Pooh 곰돌이 푸 (= the Pooh, the Pooh Bear)

1977년 월트디즈니사에서 앨런 A. 밀른Alan A. Milne이 쓴 동화 《곰돌이 푸》*Winnie-the-Pooh*(1926)를 원작으로 하여 제작한 애니메이션 영화이자, 그 주인공이다. 그후 곰돌이 푸를 소재로 많은 단편들이 제작되었다. 전세계의 많은 어린이들로부터 사랑받고 있는 이 캐릭터는 국제연합(UN)으로부터 우정의 대사로 임명되기도 하였다.

The Winter's Tale 《겨울 이야기》

윌리엄 셰익스피어의 희곡으로, 1610년에 초연된 희극 작품이다. 비극적으로 시작하지만 행복한 결말을 맺는다. 시칠리아Sicilia의 왕 레온테스Leontes는 왕비 헤르미온Hermione이 자신의 친구인 보헤미아Bohemia의 왕과 부정한 것으로 오해하여 감옥에 가두고, 아기 공주 페르디타Perdita는 바닷가에 내다 버린다. 왕은 왕비와 공주가 죽은 것으로 생각하고 후회한다. 그런데 어린 공주는 양치기에게 발견되어 그의 손에 커서 양치기 소녀가 되었다. 소녀는 보헤미아Bohemia의 왕자 플로리젤Florizell과 사랑에 빠져 함께 시칠리아로 도망쳐 왔는데, 거기서 레온테스 왕은 그 소녀가 자신의 딸이고, 왕비도 아직 살아 있음을 알게 된다. 결국 젊은 연인은 결혼하고, 왕과 왕비도 재결합한다는 이야기다.

Wisconsin 위스콘신주

미국 중북부의 오대호 서쪽에 위치하는 주이다. 주도는 매디슨Madison이고, 공업 도시 밀워키Milwaukee가 최대의 도시다. 8,500개가 넘는 크고 작은 호수가 있다. '미국 속의 낙농국'이라고 할 만큼 낙농업이 활발하여 농지의 대부분이 낙농에 이용된다. 주민은 스위스, 스칸디나비아, 독일 계통이 많다.

The Wizard of Oz 《오즈의 마법사》

1896년에 미국인 프랭크 봄Frank Baum이 19세기 말 미국의 화폐제도와 관련한 정치 현실을 풍자한 소설을 토대로 하여 만든 미국의 뮤지컬 영화이다. 1939년 작품이다. 이 영화가 성공하면서 소설은 동화의 고전으로 자리잡았다. 캔자스Kansas의 한 농장에 살던 도로시Dorothy와 그녀의 개 토토Toto는 회오리바람에 휩쓸려 오즈Oz라는 마술 나라로 가게 된다. 도로시는 마술 나라에서 수많은 캐릭터를 만나 우여곡절 끝에 마녀를 없애고 고향으로 돌아가게 된다. 삽입곡 가운데 〈무지개 너머〉 *Over the Rainbow*, 〈딩동, 마녀는 죽었네〉 *Ding Dong, The Witch is Dead*, 〈내게 두뇌가 있다면〉 *If I Only Had a Brain* 등이 잘 알려져 있다.

Wolfe, Thomas (1900~1938) 울프, 토머스

미국의 소설가이다. 뉴욕 대학에서 강의를 하면서, 여러 차례 유럽을 방문하는 사이에 제임스 조이스James Joyce, 마르셀 프루스트Marcel Proust 등의 영향을 받고 시정이 넘쳐흐르는 독특한 문체로 소설을 쓰기 시작하여, 1929년에

《천사여 고향을 보라》*Look Homeward, Angel*를 펴내 등단하였다. 1935년에는 그의 최대 장편인 《때와 흐름에 관하여》*Of Time and the River*를 발표하며, 38세에 죽을 때까지 많은 작품을 썼다. 앞의 두 작품과 사망 후에 발표된 《거미줄과 바위》*The Web and the Rock*(1939), 《그대 다시는 고향에 가지 못하리》*You Can't Go Home Again* (1940)은 연작으로 구상한 자전소설들로, 그의 4대 걸작이다.

Wollstonecraft, Mary (1759~1797) 울스턴크래프트, 메리

18세기 영국의 작가이자 여성해방운동의 선구자이다. 가정교사, 출판사원 등을 지내고, 학교를 경영하기도 했다. 1792년에 여성 자신의 자각을 호소하는 《여성의 권리옹호》*Vindication of the Rights of Woman*을 저술하여 기존의 사회 관념에 도전하며, 여성의 교육적 · 사회적 평등을 주장하였다. 20세기 말에 여성의 권리에 대한 관심이 고조되면서 그를 재평가한 많은 저서가 나왔다.

Woman's Weekly 『우먼즈 위클리』

1911년 창간된 영국의 여성 주간지로 사람들의 삶과 허구적인 사랑이야기, 영화배우 및 유명인사들에 관한 기사, 실화, 주택이나 요리 같은 실용적인 기사 등으로 구성되어 있으며 주 독자층은 중 · 장년 여성들이다.

women's lib (women's liberation) 여성해방운동

영국과 미국의 여성들이 남성과 동등한 기회와 권리를 요구하던 1960년대에 페미니즘feminism을 가리켜 부르는 말이다.

Wonder, Stevie (1950~) 원더, 스티비

미국의 쏘울soul과 록rock 음악 가수이자, 피아노 연주자이다. 선천적 시각 장애인이지만, 어릴 때부터 여러 악기를 능숙하게 다루었다. 12세 때인 1963년에 《리틀 스티비 원더》*Little Stevie Wonder*라는 이름으로 첫 음반을 냈는데, 이 가운데 〈핑거팁스 2부〉*Fingertips (Part 2)*가 인기 순위 1위에 오르며 히트했다. 1966년에는 자신이 작곡한 〈업타이트 (에브리싱스 올라이트)〉*Uptight (Everything's Alright)*라는 쏘울 곡을 통해 실력 있는 가수로 인정받았다. 이어서 〈아이 워즈 메이드 투 러브 허〉*I Was Made to Love Her*(1967), 〈포 원스 인 마이 라이프〉*For Once in My Life*(1968) 등이 차례로 히트하였다.

이후에도 1970년대에 〈슈퍼스티션〉*Superstition* (1972), 〈그대는 내 인생의 태양〉*You Are the Sunshine of My Life*(1973), 〈리빙 포 더 시티〉*Living for the City* (1974), 〈아이 위시〉*I Wish*(1976), 1980년대에 〈아이 저스트 콜 투 세이 아이 러브 유〉*I Just Called to Say I Love You*(1984), 〈파트 타임 러버〉*Part-Time Lover* (1985) 등이 히트했다.

재즈 가수를 연상시키는 독창적인 창법과 함께 피아노, 오르간, 하모니카, 드럼 등을 능숙하게 연주하며, 전자 키보드 악기를 연주한 선구자이기도 하다. 1989년에 로큰롤 명예의 전당(Rock and Roll Hall of Fame)에 올랐다.

Wonderbra 원더브라

1968년 미국에서 처음 나와 인기를 모은 브레지어 상품이다. 착용하면 가슴이 커 보이게 하는 제품이었다. 1990년대에 영국에서도 소개되어 인기를 끌었다.

Woods, Tiger (1975~) 우즈, 타이거

골프천재, 골프 황제라고 불리는 미국의 프로골프 선수이다. 베트남 전쟁에 출전한 아버지 친구의 이름을 따서 보통 '타이거'라는 별명으로 부른다. 어릴 적부터 아버지에게 골프를 배워, 16세 때인 1991년부터 3년 연속 '미국 주니어 아마추어 챔피언십'에서 우승하였다. 1996년에 스탠퍼드 대학을 중퇴하고, 프로로 전향하여 같은 해 처음으로 PGA 투어에 참가하여 여러 대회에 우승하며 PGA 투어 1996년 신인상을 받았다. 이후 2000년에 최연소 그랜드슬램을 달성하는 등, 해마다 골프 역사에 남을 여러 기록을 올렸다.

Woodstock 우드스톡

미국 뉴욕주 남동부에 있는 도시의 이름인데, 이 도시의 이름을 딴 록 음악 축제이다. 당초 우드스톡에서 열리기로 했던 록 음악 페스티벌이 실제로는 우드스톡의 남서쪽에 있는 Bethel베셀이라는 곳에서 1969년에 처음 열렸다. 당시 지미 헨드릭스Jimi Hendrix, 조안 바에즈Joan Baez 등, 당대 최고의 가수들이 참가했던 이 행사는 1960년대 격변의 시기를 살았던 젊은이들의 문화적 갈증을 해소시키는 역할을 하였다. 이 축제에는 45만 명이 몰려 1960년대 반문화운동의 정점을 이루었다. 1994년에 25주년 기념 페스티벌로 다시 부활되었다.

Woolf, Virginia (1882~1941) 울프, 버지니아

20세기 영국의 소설가이다. 빅토리아시대 최고의 지성들이 모이는 환경 속에서 아버지로부터 교육을 받았다. 부모가 돌아가신 뒤에는 남동생과 함께 캠브리지 출신의 학자 · 문인 · 비평가들이 그녀의 집에 모여 '블룸스브리 그룹'Bloomsbury Group이라는 지적(知的) 집단을 만들어 예술과 사회개혁을 논의하였다. 1915년에 처녀작 《출항》*The Voyage Out*을, 1919년에 《밤과 낮》*Night and Day*

을 발표하였다. 이들은 다 같이 전통적 소설 형식을 따랐으나 1922년에 나온《야곱의 방》*Jacob's Room*에서는 주인공이 주위 사람들에게 주는 인상과 주위 사람들이 주인공에게 주는 인상을 대조시키는 새로운 소설 형식을 시도하였고, 《댈러웨이 부인》*Mrs. Dalloway*(1925)에서 새로운 형식은 완숙해진다. 1927년에는 소녀시절의 체험을 서정적으로 승화시킨《등대로》*To the Lighthouse*를 발표하였다. '의식의 흐름'(Stream of Consciousness)의 기법으로 인간 심리의 가장 깊은 곳까지 추구하며 시간과 진실에 대한 새로운 관념을 제시하였다. 전기(biography)인《올랜도》*Orlando*(1928)도 같은 수법을 따랐다. 이밖에 문예평론집《일반 독자》*The Common Reader*(1925, 1932), 여성론집《나만의 방》*A Room of One's Own*(1929) 등이 있다. 1941년 3월 28일에 강에 투신하여 자살하였다.

Worcester sauce 우스터 소스 (= Worcestershire Sauce)

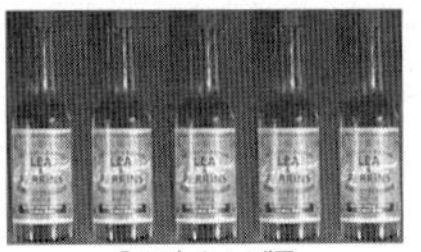
우스터 소스 제품

강한 맛의 인기 있는 조미료이다. 채소와 고추, 육계, 후추, 육두구, 샐비어 같은 각종 향신료 삶은 국물에 소금, 설탕, 빙초산 기타 조미료를 첨가하여 만든다. 1850년경부터 영국의 우스터Worcester시에서 판매되었기 때문에 이런 이름이 붙었다. 병조림 소스로서 장기간 보존할 수 있다. 식탁용 조미료로서 널리 보급되었고, 소스라 하면 거의 이것을 가리킬 정도가 되었다.

Wordsworth, William (1770~1850) 워즈워스, 윌리엄

코울리지(Samuel Taylor Coleridge)와 함께 19세기 영국 시단의 낭만주의운동을 일으킨 시인이다. 캠브리지 대학을 졸업하고, 프랑스로 건너가 절정기에 있던 프랑스혁명의 이상(理想)에서 깊은 감명을 받았다. 프랑스혁명으로 영국과 프랑스 사이의 관계가 악화되자 그는 공화주의에 대한 정열과 조국애 사이의 갈등으로 고뇌하기도 했다. 그때 쓴 비극《변경 사람들》(1796~1797)에는 혁명과 급진주의에 대한 반성이 엿보인다. 이후 오랫동안 여동생 도로시Dorothy와 전원에서 지내며 안정을 찾는데, 이때 코울리지와 친교를 맺으면서 영향을 받는다. 1798년 두 시인은 함께《서정 시집》*Lyrical Ballads*을 출간하였다. 이 시집에서 코울리지는 초자연의 세계를, 워즈워스는 영국의 자연과 사람들을 노래하면서 새로운 시 영역을 개척하였다. 1800년에 개정판을 내면서 영문학 사상 최초의 '낭만주의 문학 선언'이라고 하는 서문에서 시를 "힘찬 감정의 자연발생적인 넘쳐흐름"(the spontaneous overflow of powerful feelings)이라고 규정하여 18세기 고전주의적인 기교적 시어를 반대하고 나섰다. 이후 10년 간 왕성하게 시작 활동을 하여 대표작 〈서곡〉*Prelude*(1805)을 발표하고, 2년 후에는《시집》*Poems*(1807)을 출간한다. 1843년에 계관시인(Poet Laureate)이 되었다. 〈틴턴 사원〉*Tintern Abbey*, 〈수선화〉*The Daffodils*, 〈영혼 불멸을 깨닫는 노래〉*Intimations of Mortality*, 〈외로운 추수꾼〉*The Solitary Reaper*, 〈종달새에게〉*To the Skylark* 등, 주옥 같은 시들을 남겼다.

workhouse 워크하우스

19세기 영국에서 가난한 사람들을 수용해서 일을 시킨 곳이었다. 정부가 운영했는데, 여건이 너무도 열악하여 이곳의 사람들은 심한 노동과 엄한 규정에 시달렸다고 한다. 가난한 사람들은 이곳에 수용되는 것을 오히려 두려워했다고 한다. 찰스 디킨스Charles Dickens의 소설에 묘사되어 있다.

working class 노동자 계급

전통적으로 영국에서 육체 노동에 종사하면서 사회적으로 중산계급 아래의 사람들을 일컬어왔다. 그러나 중산계급보다 돈을 많이 버는 사람들이 많아져서 노동자계급에 대한 자부심을 가진 사람도 많다.

working men's club 직장인 클럽

영국의 직장인들이 서로 만나 술도 한잔 마시고, 카드나 빙고 같은 게임을 하거나 노래와 춤, 코미디를 관람하기도 하는 클럽이다. 산업혁명이 한창이던 1850년대부터 생기기 시작하였다. 1960년대부터 영국의 유명한 연예인들이 이곳에서 경력을 쌓았다.

workmen's compensation 산재 보상

노동자가 작업 도중에 다치거나 작업으로 인해 질병이 생겼을 때 지급되는 보상금이다. 고용주는 미국 정부가 운영하는 산재보상보험(workmen's compensation insurance)에 가입해야 한다. 1908년부터 시행되었다.

The World Almanac 《세계 연감》

1868년부터 미국에서 발간되는 가장 역사가 오래된 세계 연감이다.

World Series 월드 시리즈

미국 프로 야구 아메리칸리그American League와 내셔널리그National League의 두 우승 팀이 펼치는 챔피언 결정전이다. 1904년부터 시작되었는데, 1921년까지 9전 5선승제로 치르다가 이후부터 7전 4선승제로 실시하고 있다.

2002년까지 최다 우승 팀은 26회 우승을 차지한 아메리칸리그의 뉴욕 양키스New York Yankees이다.

World Trade Center 세계무역센터

뉴욕시 맨해튼Manhattan에 있었던 세계적인 높이의 고층 쌍둥이 빌딩이었다. 110층에 높이 412m인 건물이었다. 2002년 9.11테러로 완전히 폭파되었고 많은 사람들이 사망하였다.

폭파 전의 빌딩 모습

World War I 제1차 세계대전

1914년부터 4년 간 계속되었던 세계 전쟁이다. 독일 · 오스트리아 · 터키의 주축국(Central Powers)에 맞서 영국 · 프랑스 · 러시아 · 이탈리아 · 미국 등의 연합국(Allies)이 벌인 전쟁이다. 전쟁의 대부분이 유럽에서 벌어졌고, 1천만 명의 사망자를 냈다. 전후에 국제 분쟁을 막기 위해 국제연맹(League of Nations)이 창설되었나, 미국이 불참했다.

World War II 제2차 세계대전

1939년 9월 1일에 독일이 폴란드를 침공하고, 이에 영국과 프랑스가 독일에 선전포고를 하면서 시작되어, 1941년에는 독일이 소련과도 개전하고, 이어 태평양 전쟁이 발발하여 1945년 8월 15일 일본이 항복하면서 끝난 세계 전쟁이다. 그 사이에 독일과 이탈리아, 일본은 주축국(Axis Powers)으로 관계를 맺고, 여기에 미국, 영국, 프랑스, 소련, 중국이 연합국(Allies)으로 대항하는 관계가 되었다. 전쟁이 끝나고 국제연합(United Nations)이 창설되어 현재까지 오고 있다.

Wounded Knee 운디드 니 (다친 무릎)

1890년 미국 군대가 인디언 수우Sioux족 주민 200명을 몰살시킨 사우스다코타South Dakota주의 작은 강 이름이다. 이것이 인디언들과의 마지막 전투였다.

Wren, Christopher (1632~1723) 렌, 크리스토퍼

성 바울 대성당

영국의 유명한 건축가이다. 자연과학의 연구에 뛰어난 재능을 보여 당시 아이작 뉴턴Isaac Newton이 그를 과학자로 높이 평가하기도 했다. 1657년 런던 대학, 1661년 옥스퍼드 대학의 천문학 교수가 되었으나, 1663년에 건축가로 방향을 바꾸었다. 1665년에는 파리에서 독학으로 건축을 배웠는데, 때마침 1666년에 런던 대화재가 일어나자, 곧바로 런던 재건 계획을 국왕에게 제출하였다. 계획안은 받아들여지지 않았으나, 1667년에 대화재 부흥 활동의 감독자로 임명되었고, 1669년에는 왕실 관련 건설 총감이 되었다. 그는 시내의 50여 개 교회와 대표적인 성 바울 대성당(St. Paul Cathedral)을 재건하였다. 1673년에 기사 작위를 받았고, 하원의원을 지냈다.

Wright brothers 라이트 형제

미국의 비행기 제작자이자, 항공계의 개척자 형제이다. 윌버 라이트Wilbur Wright가 형이고 오빌 라이트Orville Wright가 아우이다. 형제가 공동으로 기계 완구와 자전거점을 경영하다가, 비행기 연구를 시작하여 1900년과 이듬해에 노스캐롤라이나주의 키티호크Kitty Hawk에서 글라이더의 시험 비행을 하였다. 그후로도 키티호크에서 1,000회에 이르는 글라이더 시험 비행을 하였다. 그리고 형제가 직접 만든 가솔린기관을 기체에 장치하여 1903년 12월 17일 키티호크에서 역사상 처음으로 동력 비행기를 조종하여 지속적인 비행에 성공하였다. 플라이어Flyer로 명명된 이 비행기는 동생 오빌

Orville의 조종으로 12초 동안 36m를 날았고, 두 번째 비행은 59초 동안 243.84m를 날았다. 1904년에는 45분 동안 비행하였고, 상하 좌우로 조종하는 문제도 해결하였다. 1908년에는 유럽 각지를 순회하면서 그들의 비행을 공개하기도 하였다. 1908년에 미국 연방정부는 그들의 비행기 1대를 구입하였고, 같은 해 그들이 설계한 비행기를 조립하겠다는 프랑스 회사가 나타나면서 비행기 제작 회사를 설립하여, 유럽에서의 비행기 제작에 선구적인 역할을 하였다.

Wright, Frank Lloyd (1869~1959) 라이트, 프랭크 로이드

현대 건축을 발전시킨 미국의 건축가이다. 뉴욕의 구겐하임 미술관(Guggenheim Museum, 1959)이 그의 대표작이다. 위스콘신 대학을 졸업하고, 근대 건축의 선구자 루이스 헨리 설리번Louis Henry Sullivan의 설계 사무소에서 일했는데, 주택 건축을 중심으로 자신의 설계 활동을 시작하였다. 그는 유기적 건축(organic building) 이론으로 '초원주택'(prairie-style house 프레이리 하우스)' 시리즈의 걸작 주택들을 지었다. 동양 건축에 자극을 받아, 여러 방면으로 뻗은 유동적인 공간구성, 대지의 수평선에 동화된 외형 등을 훌륭하게 통일하여 독창적인 세계를 구축하였다. 마틴 저택(Martin House, 1904), 쿤리 저택(Coonley House, 1908), 로비 저택(Robie Residence, 1909), 모우 저택(Moe House, 1910), 와이넌트 저택(Wynant House, 1916) 등의 주택 이외에도 라킨사(社) 빌딩(Larkin Building, 1904), 유니테리언 교회(Unitarian Meeting House, 1906) 등을 건축하였다. 1910년에 라이트의 작품집이 베를린에서 출판되자, 유럽 건축계에 큰 반향을 불러일으켰다. 이후 개인적인 어려움이 겹쳐 20여 년 간 이렇다 할 활동을 하지 않다가,

낙수장

1936년에 '낙수장'(Fallingwater 폴링워터)을 훌륭하게 건축하면서 부활하였다. 하나 저택(Hanna Residence, 1937), 탤리에신 웨스트(Taliesin West, 1938) 등에서 시작된 30~60°각도의 평면 구성의 건축을 전개해 나갔다. 제2차 세계대전 후에도 제이콥스 저택(Jacobs House, 1948), 헤이건 저택(Hagan House, 1954), 프라이스 타워(Price Tower, 1956) 등의 작품이 있고, 1959년 뉴욕의 구겐하임 미술관을 완성하기 직전에 사망하였다. 그는 광활한 미국의 국토를 배경으로, 고도의 기술 문명을 구사하면서도 토양과 조화되는 유기적인 건축 설계를 전개시켜 20세기의 위대한 건축가 중 한 사람으로 꼽힌다.

Wright, Richard (1908~1960) 라이트, 리처드

미국의 흑인 소설가이다. 《토박이》*Native Son*(1940)와 자전 소설인 《흑인 소년》*Black Boy*(1945)로 유명하다. 단편집 《톰 아저씨의 아이들》*Uncle Ton's Children*(1938)도 있다. 잠시 공산주의자로 활동하기도 했고, 제2차 세계대전 후에는 파리에서 살다가 그곳에서 죽었다.

Wrigley's 리글리즈

주시 프루트 껌

미국의 윌리엄 리글리즈 회사William Wrigley Jr. Company가 생산하는 껌의 이름이자, 그 회사를 뜻한다. 페퍼민드Peppermint, 스피어민트Spearmint, 더블민트 Doublemint, 주시 프루트Juicy Fruit 등, 다양한 맛을 가진 다양한 제품이 있다.

Wuthering Heights 《폭풍의 언덕》

19세기 영국의 소설가 에밀리 브론테Emily Brontë의 1847년 작품이다. 그녀가 남긴 유일한 작품이다. 작가인 브론테 자매가 살았던 요크셔(Yorkshire Moors)를 무대로 펼친 이야기다. 외딴집 폭풍의 언덕(Wuthering Heights)의 주인 언쇼Earnshaw는 아들 힌들리Hindley, 딸 캐서린Catherine과 살고 있다. 언쇼는 어느 날 버려진 아이를 데려와 히스클리프Heathcliff라 이름짓고 가족과 함께 키운다. 세월이 흘러 언쇼가 죽자 히스클리프는 힌들리에게서 심한 학대를 받는다. 같이 사는 동안 사랑하게 된 캐서린마저 근처의 지주 린튼Linton가의 아들 에드거Edgar와 결혼하게 되자 히스클리프는 집을 나간다. 그는 3년 후 '폭풍의 언덕'으로 돌아와 복수를 결심하고, 힌들리를 유혹하여 타락시키고 힌들리의 아들 헤어턴Hareton을 추방한다. 에드거의 누이동생 이사벨라Isabella와 결혼하여, 그녀를 학대한다. 한편 캐서린은 같은 이름의 딸을 낳고 죽는다. 히스클리프도 죽어 캐서린의 묘 옆에 묻힌다. 1939년에 윌리엄 와일러

William Wyler 감독이 영화로 만들었다.

www (world wide web) 월드 와이드 웹

인터넷 망에서 쉽게 정보를 찾을 수 있도록 고안된 방법 또는 세계적인 인터넷 망(網)이다.

www는 유럽 입자물리학연구소(CERN, European Laboratory for Particle Physics)에서 얻어지는 엄청난 양의 연구 결과와 자료를 효율적으로 공유하기 위해 1989년 팀 버너스Tim Berners의 제안으로 연구가 시작되어 개발되었으며, 덕분에 인터넷이 급속도로 발전하였다. 메뉴 방식으로 서비스를 하던 기존의 인터넷 서비스에 비해, 하이퍼텍스트를 기반으로 이루어진 웹은 문서 활용에 엄청난 편리성을 제공하였다.

Wycherley, William (1640~1716) 위철리, 윌리엄

영국의 왕정복고(Restoration)시대 극작가이다. 법률을 배웠으나 문학으로 전향하여 왕정복고기의 풍속 희극의 대표 작가가 되었다. 《신사 댄스 교사》*Gentleman Dancing-Master*(1676), 《시골 아낙네》*The Country-Wife*(1675), 《솔직한 사나이》*The Plain-Dealer*(1676) 등이 대표작이다. 당시의 다른 극작가와 마찬가지로 작품이 적게 썼을 뿐이지만, 예리한 기지로 영국 희극사에 큰 위치를 차지하였고, 풍속희극의 선봉을 지킨 기수로서 윌리엄 콩그리브 William Congreve와 나란히 꼽힌다.

Wycliffe, John (1330~1384) 위크리프, 존

14세기 영국의 종교개혁가이자 작가이다. 옥스퍼드 대학을 졸업하고, 같은 학교 신학 교수를 거쳐, 국왕 에드워드 3세의 궁정 사제로 서임되었다. 신앙과 구원에 관한 최고의 권위는 성서에 있다고 확신하고, 교황권으로부터 영국의 정치적 · 종교적 독립을 표방하고 반 교황정책을 취하며, 왕자인 랭커스터 공(Duke of Lancaster)의 협조에 힘입어 교회 개혁운동에 앞장섰다. 1378년의 교회 분열을 계기로 가톨릭의 교리도 비판하고, 이른바 롤라즈Lollards(가난한 신부)를 각지에 보내어 민중 속에서 복음을 설교하게 하였다. 1379년 이후에는 성직자의 악덕을 비판하고, 교회의 성사(聖事, sacrament 새크라멘트) 가운데 특히 성찬설을 성서에 의하여 비판하고, 참된 복음을 설교하며, 성서의 번역 사업도 벌이고, 백 수십 편의 저술을 남겼다. 1415년 이단으로 단죄되어 그의 유해는 저서와 함께 불태워졌다. 일설에는 유해가 템즈 강에 던져졌다고도 한다.

Wyeth, Andrew (1917~) 와이어스, 앤드류

미국의 화가이다. 리얼리즘에 의한 정교한 인물화와 풍경화로 인기를 모았다. 일러스트 화가였던 아버지의 가르침을 받았다. 처음에 수채화를 그려, 1948년 〈크리스티나의 세계〉*Christina's World*로 주목을 받았다. 미국의 동부 시골을 무대로 인간의 삶과 죽음을 주로 그렸다.

Wyler, William (1902~1981) 와일러, 윌리엄

독일 출생의 미국 영화감독이다. 유명한 〈로마의 휴일〉*Roman Holiday*(1953)과 〈벤허〉*Ben-Hur*(1959)를 연출한 감독이다. 이외에도 〈사막의 영웅〉*Hell's Heroes*(1931), 〈거인 등장〉*Counsellor-at-Law*(1933), 〈착한 신녀〉*The Good Fairy*(1935), 〈이 세 사람〉*These Three*(1936), 〈데드 엔드〉*Dead End*(1937), 〈거짓의 화원〉*The Little Foxes*(1941), 〈우리 생애 최고의 해〉The *Best Years of Our Lives*(1964), 〈여상속인〉*The Heiress*(1949), 〈탐정 이야기〉*Detective Story*(1951), 〈필사의 도망자〉*The Desperate Hours*(1955), 〈화제의 두 사람〉*The Children's Hour*(1961), 〈콜렉터〉*The Collector*(1965), 〈화니 걸〉*Funny Girl*(1968) 등, 여러 가지 장르의 작품을 만들었다.

Wynette, Tammy (1942~1998) 위네트, 태미

미국의 컨트리 여가수이다. 가장 알려진 노래가 〈스탠 바이 유어 맨〉*Stand by Your Man*(1968)이다. 〈위아 고너 홀드 온〉*We're Gonna Hold On*(1973), 〈골든 링스〉*Golden Rings*(1976) 등도 히트곡이다. 1998년에 컨트리 음악 명예의 전당(Country Music Hall of Fame)에 올랐다.

Wyoming 와이오밍주

미국 중서부의 로키 산맥에 있는 작은 주이다. 주도는 샤이엔Cheyenne이다. 1869년에 미국 최초로 여성에게 투표권을 부여한 주이다. 주요 산업은 광업으로 석유와 천연가스, 우라늄, 석탄 등이 생산된다. 탄산석회는 세계 최대의 매장량을 자랑하고, 우라늄은 세계 2위이다. 양모 생산도 텍사스에 이어 2위를 차지하고 있다. 서부에는 산수가 아름다운 옐로우스톤 국립공원(Yellowstone National Park), 그랜드티턴 국립공원(Grand Teton National Park) 등이 관광객들을 많이 불어들이고 있다.

X

The X-file 〈엑스파일〉

1993년부터 미국 텔레비전에서 방영되어 전세계에서 인기를 끌었던 연속극이다. 외계인과 미국인 또는 정부와의 교류나 음모를 다룬 스토리나 초자연적 현상을 다룬 스토리가 주를 이루었다. FBI 요원 멀더Mulder와 스컬리Scully가 사건들을 파헤쳐가는 역할을 한다. X-file이란 FBI(미연방수사국)에서 미해결 사건들을 정리한 파일을 가리키는 말이다.

Xerox 제록스

복사기, 팩스, 스캐너, 인쇄기 등을 생산하는 미국 회사이다. 워낙 유명해서 제록스Xerox를 바로 '복사'라는 뜻의 명사로 쓰거나, '복사한다'는 동사로 써서 'to xerox'로 표기하기도 한다.

Y

Yahoo 야후

1994년 스탠포드 대학의 대학원생이었던 데이비드 필로David Filo와 제리 영Jerry Young이 인터넷 사이트를 관리하는 데이터베이스를 만들었고, 이들이 학교를 졸업하면서 학교 사이트를 이용할 수 없게 되자, 넷스케이프Netscape를 만든 회사에서 1995년에 리스트를 관리하는 데 필요한 서버Server와 네트워 라인Network Line을 제공하여 현재의 야후닷컴yahoo.com으로 발전하게 되었다.

Yahoo 야후

조나단 스위프트Jonathan Swift의 《걸리버 여행기》*Gulliver's Travels*에 나오는 인간의 모습을 한 상상의 동물이다. 흔히 무례하고 폭력적인 짐승 같은 인간을 가리킬 때 쓰기도 한다.

Yale University 예일 대학

미국 코네티컷Connecticut주 뉴헤이번New Haven에 있는 명문 사립 대학이다. 1701년에 설립되었다. 영국식 교육 형태를 유지하며, 하버드 대학과 라이벌인 명문 대학이다. 1천만 권이 넘는 도서와 500만 점이 넘는 마이크로폼 자료, 18만여 점의 시청각 자료, 6만 종의 정기간행물을 자랑하는 43개의 도서관, 예일 미술관(Yale Art Gallery), 피바디 자연사 박물관(Peabody Museum of Natural History) 등의 시설이 유명하다.

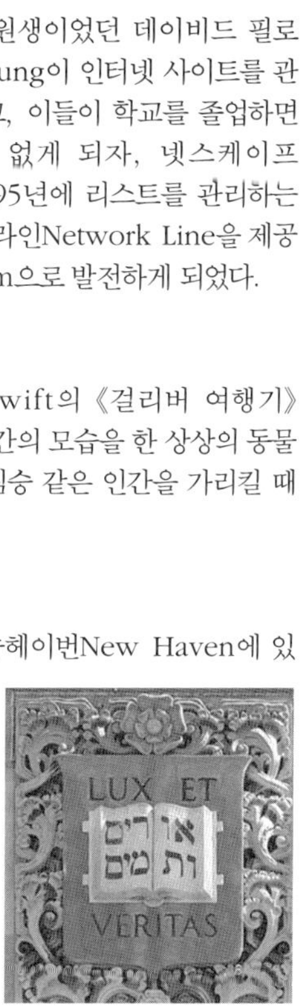

예일 대학 마크

Yankee 양키

미국인을 얕잡아 부르는 말이다. 원래는 뉴잉글랜드 지방 사람들을 가리키는 말이었으나, 남북 전쟁 당시에는 남부 사람들이 북군 병사에 대한 모멸적 칭호로 썼으며, 그것이 다시 널리 미국인 일반을 가리키는 속칭이 되었다.

Yeats, William Butler (1865~1939) 예이츠, 윌리엄 버틀러

아일랜드의 시인이자 극작가이다. 화가의 아들로 태어나 더블린Dublin과 런던에서 화가가 되려고 공부했으나 전향하여 시를 썼다. 최초의 시집 《오이진의 방랑기》*The Wandering of Oisin and other Poems*(1889)가 당시 시인들의 호평을 받으며 등단하였다. 1891년에는 동지들과 더불어 아일랜드 문예협회를 창립하여 아일랜드 문예부흥운동에 참가하였다. 1899년에 더블린에 아일랜드 국립극장인 애비 극장(Abby Theatre)을 설립하고, 《욕망의 땅》*The Land of Heart's Desire*(1894), 《캐서린 백작부인》*Cathleen Ni Houlihan*(1899), 《녹색 헬멧》*The Green Helmet*(1910) 등의 희곡을 발표하였고, 존 밀링턴 싱John Millington Synge 등과 협력하여 아일랜드 연극 발전을 위하여 힘쓰는 한편, 아일랜드 독립운동에도 참가하여 아일랜드 자유 국가가 수립된 뒤에는 원로원(Irish Parliament)의 의원(Senator)을 지냈다. 〈이니스프리의 호도〉 *The Lake Isle of Innisfree*나 〈쿨 호수의 백조〉*The Wild Swans at Coole* 등의 시는 한국에도 소개되어 있다. 시집으로 《일곱 개의 숲에서》*In the Seven Woods*(1903), 《책임》*Responsibilities* (1914), 《환상》*A Vision*(1925), 《탑》*The Tower*(1928), 《나선형 계단》*The Winding Stair*(1933), 《시선집》*Collected Poems*(1933) 등의 시집을 남겼다.

Yellow Brick Road 옐로우 브릭 로드

좋은 일이 생길 것을 믿고 따르는 일련의 행동을 가리키는 말이다. 《오즈의 마법사》*The Wizard of Oz*에서 도로시 Dorothy와 친구들이 에메럴드시티Emerald City로 가는 노란 벽돌길(Yellow Brick Road)에서 따온 말이다.

yellow journalism 옐로우 저널리즘

건전하지 못한 인간의 감정을 자극하는 범죄나 괴이한 사건, 성 추문 등을 지나치게 크게 보도하는 언론의 경향을 말한다. 1895년에 조지프 퓰리처Joseph Pulitzer가 《뉴욕월드》*New York World*의 일요판에 만화 〈옐로우 키드〉*Yellow Kid*를 게재하자, 이를 흉내낸 윌리엄 R. 허스트William Randolph Hearst의 신문 《뉴욕저널》New York Journal이 서로 치열한 선정주의(sensationalism) 경쟁을 전개하면서 이 말이 생겼다. 선정적 기사를 싣는 신문을 옐로우 프레스yellow press 또는 옐로우 페이퍼yellow paper라 부르게 되었다.

Yellow Pages 옐로우 페이지

영국과 미국의 전화번호부를 말한다. 모든 업체의 전화번호와 주소 등의 정보를 알파벳 순서로 담고 있다. 노란색 종이에 인쇄된다고 그렇게 불렀다.

yellow ribbon 노란 리본

미국인 가정에서 집을 떠나 군대에 가 있는 아들을 잊지 않는다는 뜻으로 나무에 둥글게 달아두는 노란 리본을 말한다. 베트남 전쟁 때 처음 생긴 관습인데, 이후 걸프전 같은 다른 전쟁 때에도 계속 이어지고 있다.

Yellowstone National Park 옐로우스톤 국립공원

미국에서 가장 크고 오래된 국립공원이다. 와이오밍주와, 몬태나주, 아이다호주에 걸쳐 있다. 서부에 있는 경이로운 대자연으로서 동부 주민들의 주목을 끌었으며, 1872년에 미국 최초의 국립공원으로 지정되었다. 공원에는 1만 개가 넘는 간헐천, 온천, 화산 등이 있다. 옐로우스톤 강과 옐로우스톤 호수가 있다. 공원 내에서는 수렵이 금지되어 있기 때문에 야생동물의 천국이 되어 곰, 여우, 사슴, 영양, 들소 등과 각종 조류가 서식한다. 1978년에 세계자연유산(World Heritage Site)에 등록되었다.

The Yeomen of the Guard 국왕위병대

행사 때마다 영국의 국왕을 호위해온 부대 이름이다. 1485년에 헨리 7세가 즉위할 때 창설되었다. 아직도 당시의 붉은 유니폼을 입고 있다.

Yeoman Warders 위병

영국의 런던 탑(Tower of London)을 지키는 위병을 가리키는 말이다. 11세기부터 있었다고 한다. 붉은 유니폼을 입는다.

YMCA (Young Men's Christian Association) **기독교청년회**

세계적인 기독교 평신도운동 단체이다. 1844년에 영국의 조지 윌리엄스George Williams가 12명의 청년들과 함께 산업혁명 직후의 혼란한 사회 속에서 젊은이들의 정신과 영혼을 개선하고자 설립하였다. 1855년에는 프랑스 파리에서 '세계YMCA연맹'(The World Alliance of YMCAs)을 결성하였다. 제1, 제2차 세계대전을 치르면서 전쟁 포로를 위한 사업과 난민 구호 사업을 펼쳤다. 회원들은 YMCA운동의 정신에 따라 정신적 각성, 만인사제론에 입각한 평신도성의 자각, 선교에 대한 정열과 봉사정신을 발휘하고 있다.

Yorick 요릭

옛날의 궁중광대로 셰익스피어의 비극『햄릿』에서 오필리어의 무덤을 파던 사람들에 의해 그의 두개골이 발견되었다. 햄릿이 그 두개골을 들어 올리고 다음의 유명한 대사를 한다. "아! 불쌍한 요릭, 나는 그대를 알고 있었다, 호라시오; 무한한 익살의 친구(Alas, poor Yorick. I knew him, Horatio; A fellow of infinite jest)…."

Yorkshire pudding 요크셔 푸딩

밀가루와 달걀, 우유 등으로 반죽하여 구운 영국의 음식이다. 주로 선데이 런치Sunday lunch를 먹을 때 로스비프roast beef와 함께 먹는다.

Yosemite National Park 요세미티 국립공원

1890년에 국립공원으로 지정되었다. 캘리포니아주의 시에라네바다 산맥(Sierra Nevada Mountains)에 있는 유명한 국립공원이다. 샌프란시스코에 근접해 있어 찾는 사람이 많다. 740m로 미국에서 제일 높은 요세미티 폭포(Yosemite Falls)가 있다. 공원의 서쪽과 남쪽의 입구 일대에는 세쿼이아Sequoia의 거목들이 늘어서서 장관을 이룬다. 1984년에 세계자연유산(World Heritage Site)에 등록되었다.

Young, Andrew (1932~) **영, 앤드류**

1960년대 미국의 인권운동 지도자였고, 하원의원을 지냈다. 흑인으로는 처음으로 미국의 유엔 대표를 지냈다. 애틀랜타Atlanta 시장을 지내기도 했다.

Young, Brigham (1801~1877) **영, 브리검**

미국의 몰몬Mormon교 지도자였다. 32세 때 몰몬교 성경을 읽은 후 감리교에서 몰몬교로 전향하였다. 미국 동부의 여러 주와 영국에서 전도 활동을 하다가, 1844년에 교조인 조지프 스미스Joseph Smith가 살해되자, 지도자가 되어 교도들을 이끌고 네브래스카주로 이주하였다. 1847년에 다시 유타주 솔트레이크시티로 이주하여 이곳을 중심으로 몰몬 공동체를 건설하였다. 또 미국 내에서 가장 큰 사립 종교대학인 브리검영 대학(Brigham Young University)의 전신인 브리검영 아카데미(Brigham Young Academy)를 비롯한 여러 대학을 설립하였다. 일부다처주의자였던 그는 총 27명의 아내와 56명의 자녀를 두었다고 한다.

Young, Cy (1867~1955) **영, 사이**

미국의 전설적인 프로 야구 선수이다. 1900년대 초 메이저리그에서 활약한 전설적인 투수로, 공이 태풍처럼 빨라서 사이클론cyclone과 같다고 하여 '사이 영'이란 애칭으로 알려졌다. 1891년부터 14년 간 매년 20승 이상을 올리는 신화적인 기록을 수립하였고, 1892과 1893년에는 36, 32승을 거두었다. 1904년 5월 5일 생애 최초로 꿈의 기록인 퍼펙트 게임을 수립하고, 41세가 되던 1907년도 자신의 세 번째 노히트노런을 기록한 뒤, 1911년 은퇴하였다. 1937년에 야구 명예의 전당에 올랐다. 22년 간의 메이저리그 선수로 활동하며 세운 511승(내셔널리그 289승, 아메리칸리그 222승)과 7,377이닝 투구 기록은 불멸의 기록으로 남아 있다. 통산 방어율 2.63과, 20승 이상 16회(14회 연속), 30승 이상 5회, 노히트노런 3회, 24이닝 연속 무실점, 탈삼진 2,819개를 기록하였으며, 메이저리그 최다 완투(749경기), 최다 선발 출장(815경기) 기록도 보유하고 있다. 1901년에는 투수 부문 3관왕(다승, 방어율, 승률 1위)을 세웠다. 1957년부터 리그별로 시즌 최우수 투수를 선정하여 사이영상(Cy Young Award)을 수여하고 있다.

youth court 소년법원 (= juvenile court)

18세 미만의 청소년 범죄자를 재판하는 법원이다. 여성 1명을 반드시 포함하는 3명의 치안 판사가 맡아서, 비공개로 유·무죄의 심리를 한다. 명단도 공개하지 않는다.

Youth Hostels Association (YHA) **유스호스텔협회**

전세계에 저렴한 숙박 시설인 유스호스텔youth hostels을 제공하는 단체로, 1930년에 창립되었다. 많은 나라에서 유스호스텔을 운영하며 적은 비용으로 여행하는 젊은이들에게 저렴한 숙박을 제공하고 있다.

YWCA (Young Women's Christian Association) **기독교 여성청년회**

세계적인 기독교 여성운동 단체이다. 1855년 영국 런던에서 여성들을 위해 기도하는 프레이어 유니언Prayer Union이 조직된 것이 시초이다. 아서 킨나드Arthur Kinnarrd 여사를 중심으로 젊은 여성들을 위해 기숙사를 마련하고 직업 교육을 시작한 모임과 에마 로버츠Emma Roberts 여사를 중심으로 여성들을 위해 기도하는 모임이 연합하여 1877년 영국에서 최초로 YWCA가 설립되었다. 성부 · 성자 · 성신을 기본 신조로, 여성들로 하여금 지, 덕, 체, 봉사정신으로 사랑을 실천하게 하고 있다.

Z

Zappa, Frank (1940～1993) 재퍼, 프랭크

1960년대 히피들에게 인기 있었던 미국이 록 음악 가수이자, 작곡가였다. 그룹을 만들어 활동하며 앨범 《프레이크 아웃》*Freak Out*(1966)을 냈다. 요란한 공연으로 '사이코록'psychedelic rock이라고 불렸다. 솔로로 나와서 음반 《핫 래츠》*Hot Rats*(1970)를 냈다.

Zebra crossing 횡단보도 (= crosswalk)

도시 아스팔트 도로에 하얀색의 페인트로 넓은 줄무늬 모양으로 칠해놓은 횡단보도를 가리키는 말이다. 횡단보도의 모양이 얼룩말 무늬 같다고 쓰는 말이다.

Zenith Electronics Corporation 제니스 전자

라디오나 텔레비전 같은 전자 제품을 생산하는 미국의 기업이다. 1918년에 창업하였다. 세계 최초의 휴대용 라디오와 텔레비전 리모컨을 생산하였다.

zero tolerance 제로 톨러런스

1990년대 미국과 영국에서 범죄를 줄이기 위한 대책으로 실시한 정책이다. 비록 경미한 범죄일지라도 범행을 저지른 사람은 반드시 체포하여 기소한다는 정책이다.

Zinnemann, Fred (1907～1997) 지네만, 프레드

오스트리아 출신의 미국 영화감독이다. 〈지상에서 영원으로〉*From Here to Eternity*(1953)를 연출하여 오스카 영화상을 받았다. 〈백주의 결투〉*High Noon*(1952), 〈오클라호마〉*Oklahoma*(1959), 〈자칼〉*The Day of the Jackal*(1973) 등의 영화를 연출하였다.

ZIP code 우편번호

미국의 우편번호이다. ZIP는 지역개선계획(Zone Improvement Plan)의 약자로, 1963년 미국 우편국(US Postal Service)에서 우편물의 신속한 배달을 위해 실시한 계획이다.

Zorro 조로

1919년 연재만화에 처음 등장한 미국의 서부인(스페인어로 '여우' 라는 뜻). 조로는 악과 싸울 때 자신의 진짜 모습을 감추기 위해 검은 색 가면을 쓴다. 그는 검으로 싸우며 공중이나 적의 셔츠에 Z자를 새긴다. 조로는 영화나 디즈니 TV물로 많이 제작되었다.

참고문헌

- Balderston, Daniel et als. Eds. *Encyclopedia of Contemporary Latin American and Carribean Cultures.* Vols Ⅰ-Ⅲ. London: Routledge, 2000.
- Bambrick, Susan Ed. *The Cambridge Encyclopedia of Australia.* Cambridge. ambridge University Press, 1994.
- Bernard, J. R. L. Ed. *The Penguin Macquarie Dictionary of People and Places.* (Australia). Ringwood, Victoria: 1987.
- Campbell, Neil and Alasdair Kean. *American Cultural Studies: An Introduction.* 2nd Edition. London: Routledge, 2006.
- Childs, Peter and Mike Storry, Eds. *Encyclopedia of Contemporary British Culture.* London: Routledge, 1999.
- Christopher, David. *British Culture : An Introduction*, London: Routledge, 1999.
- Crowther, Jonathan Ed. *Oxford Guide to British and American Culture*, Oxford : Oxford University Press, 1999.
- Crystal, David. *The Cambridge Encyclopedia of the English Language.* Cambridge: Cambridge University Press, 1995.
- DcDonogh, Gary W. et al. Eds, *Encyclopedia of Contemporary American Culture.* London : Routledge, 2001.
- Duchak, Alicia, *A-Z of Modern America.* London : Routledge, 1999.
- Falk, Randee, *Spotlight on the U. S. A.* Oxford : Oxford University Press, 1993.
- Frow, John and Meaghan Morris. Eds. *Australian Cultural Studies : A Reader.* Urbana :

University of Illinois Press, 1993.

- Garwood, Christopher, Gugliemo Gardani and Edda Peris, *Aspects of Britain and the U.S.A.* Oxford: Oxford University Press, 1992.
- Giles, Judy and Tim Middleton. *Studying Culture : A Practical Introduction.* Oxford : Blackwell, 1999.
- Harvey, Paul and Rhodri Jones. *Britain Explored.* Exxex. Pearson Education Limited, 2002.
- Hirsch, E. D. Jr. *A First Dictionary of Cultural Literacy,* Boston : Houghton Mifflin Co., 1989.
- ________________. et als. *The New Dictionary of Cultural Literacy : What Every American Needs to Know.* Boston : Houghton Mifflin Co., 2002.
- Kwame, Anthony A. and Henry Louis Gates, Jr. Eds. *The Dictionary of Global Culture.* New York: Knopf, 1997.
- *Longman. Dictionary of English Language and Culture.* (New Edition). Essex: Pearson Education Limited, 1998.
- *Merriam-Webster' s Encyclopedia of Literature.* Springfield: Merriam Webster, 1995.
- O' Driscoll, James. *Britain : the Country and It people,* Oxford : Oxford University Press, 2002.
- Ousby, Ian. Ed. *Companion to Literature in English,* Cambridge: Cambridge University Press, 1992.
- Payne, Michael. Ed. *A Dictionary of Cultural and Critical Theory.* Oxford: Blackwell, 1966.
- Sauve, Virginia and Monique Sauve, *Gateway to Canada.* Oxford: Oxford University Press, 1996.
- Turner, Graeme. *British Cultural Studies.* 2nd Edition, London : Routledge, 1996.
- Wintle, Justin. Ed. *Makers of Modern Culture.* London: Routledge, 1981.

영어권에서 가장 많이 쓰이는

격언 · 금언 · 속담

Absence makes the heart grow fonder.
떨어져 있을 때 마음에 그리움이 더 커진다.

Actions speak louder than words.
행동이 말보다 더 확신을 준다.

All for one and one for all.
하나를 위한 모두, 모두를 위한 하나.

All roads lead to the Rome.
모든 길은 로마로 통한다.

All that glitters is not gold.
반짝이는 모든 것이 금은 아니다.
*Appearances are deceptive. (외모는 미덥지 못하다.)
*Beauty is but skin deep.
(아름다움이란 껍데기에 불과하다.)

All work and no play makes Jack a dull boy.
일만 하고 놀지 않는 것은 사람을 멍청이로 만든다.

All' s fair in love and war.
사랑과 전쟁에서는 모든 것이 정당하다.

All' s well that ends well.
끝이 좋으면 다 좋다.

Any port in a storm.
폭풍을 만나면 아무리 빈약한 항구라도 의지가 되는 법.

An apple a day keeps the doctor away.
하루에 사과 한개 먹으면 병원에 갈 필요가 없다.

April showers bring Mayflowers.
고생 끝에 낙이 온다.

An army marches on its stomach.
군대는 배가 든든해야 전진한다. [금강산도 식후경]

Bad news travels fast.
나쁜 소식은 빨리 전달된다.

A bad penny always turns up.
실수는 반복된다. (역겨운 사람은 다시 나타난다.)

The bad workman always blames his tools.
서투른 목수 연장 나무란다.
*A bad workman quarrels with his tools.
(서투른 노동자 연장과 다툰다.)

[His] bark is worse than his bite.
짖는 것이 물어뜯기보다 더 나쁘다.
[그의 본성은 입만큼 고약하지 않다.]

Beauty is only skin deep.
아름다움이란 껍데기에 불과하다.

Beggars can' t be choosers.
궁한 사람이 무엇을 가리랴.
[얻어먹는 놈이 이밥 보리밥 가리나.]

The best friends must part.
아무리 좋은 친구일지라도 헤어질 때가 있다.

The best things in life are free.
삶에서 가장 좋은 것들은 공짜다.

The best-laid plans of mice and men often go awry.
생쥐와 인간이 아무리 정교하게 계략을 꾸민다 해도, 그 계략은 자주 빗나가기 일쑤다.

Better late than never.
안하는 것 보단 늦게라도 하는 게 좋다.

Better safe than sorry.
나중에 후회하는 것보다는 안전한 것이 낫다.

Beware of Greeks bearing gifts.
선물을 는 그리스인을 조심하라.
→ 호의를 베푸는 적을 조심하라.

The bigger they come, the harder they fall.
크면 클수록 그만큼 더 심하게 넘어진다.

A bird in the hand is worth two in the bush.
손에 든 새 한 마리가 숲 속의 새 두 마리 가치가 있다.

Birds of a feather flock together.
같은 깃털의 새들은 함께 모인다. [유유상종]

Blood is thicker than water.
피는 물보다 진하다.

Boys will be boys.
애들은 애들다운 행동을 한다.

Brevity is the soul of wit.
간결은 재치의 생명.

The buck stops here.
모든 책임은 내가 진다.

Business before pleasure.
일이 우선이다.

Carpe diem
기회를 잡아라. (현재를 즐겨라.)
*Seize the day.

The chickens have come home to roost.
병아리들은 쉬려고 제 보금자리로 돌아온다.

Cleanliness is next to godliness.
청결이란 거룩(하나님) 다음으로 중요한 것이다.

Close, but no cigar.
아슬아슬하게 실패한.

Cold hands, warm heart.
손이 차가운 이유는 마음이 따뜻하기 때문.

The course of true love never did run smooth.
진정한 사랑은 과정이 험난하다.

Curiosity killed the cat.
호기심이 신세를 망친다

De gustibus non est disputandum.
취향은 제각각이다.
*There' s no disputing about taste.
(취향은 논쟁거리가 아니다.)
*There' s no accounting for taste.
(취향은 설명할 수 없다.)

The devil can cite Scripture for his purpose.
악마도 제 뜻을 이루려면 성경 구절을 인용한다.

Discretion is the better part of valor.
최상의 용기는 분별력이다.

Do not cast your pearls before swine.
돼지에게 진주를 던져 주지 마라. [개발에 편자]

Do unto others as you would have them do unto you.
무엇이든지 남에게 대접을 받고자 하는 대로 너희도 남을 대접하라.

A dog is a man' s best friend.
개는 사람의 가장 좋은 친구이다.

Don' t count your chickens before they hatch.
병아리가 부화하기 전에 수를 세지 마라.
[떡 줄 사람에게 물어보지도 않고 김치 국부터 마신다.]

Don' t cry over spilt milk.
이미 엎질러진 물이다.
[소 잃고 외양간 고쳐봐야 소용없다.]

Don' t cut off your nose to spite your face.
화난다고 돌부리를 걷어차면 발만 더 아픈 법이다.

Don' t fire until you see the whites of their eyes.
눈의 흰자위를 보기 전에 총을 쏘지 마라.
→ 일을 너무 서두르지 마라.

Don' t give up the ship.
포기하지 마라.

Don' t hide your light under a bushel.
기껏 등불을 켜서 감추지 마라.
→ 필요 이상으로 자기의 재능을 감추지 마라.

Don' t judge a book by its cover.
겉만 보고 판단하지 마라.

Don' t lock the stable door after the horse has been stolen.
소 잃고 외양간 고치기

Don' t look a gift horse in the mouth.
선물로 받은 말의 입을 보지 말라.
→ 받은 선물에 불평하지 마라.

Don' t put all your eggs in one basket.
한 바구니에 모든 계란을 한꺼번에 담지 마라.
→ 한 가지에 모든 것을 걸지 마라.

Don' t put the cart before the horse.
본말을 전도하지 말라.

Don' t throw out the baby with the bath water.
목욕물과 함께 아기까지 버리지 말라.
→ 귀중한 것을 하찮은 것과 함께 버리지 말라.

The early bird catches the worm.
새도 일찍 일어나야 벌레를 잡는다.

Early to bed and early to rise makes a man healthy, wealthy, and wise.
일찍 자고 일찍 일어나는 사람은 건강, 부귀, 지혜를 두루 갖는다.

East is East, and West is West, and never the twain shall meet.
동(아시아의 문화)은 동이고 서(유럽과 북, 남미의 문화)는 서다, 그 둘은 영원히 만나지 못할지니.

Easy come, easy go.
쉽게 얻은 것은 쉽게 잃는다.

Eat, drink, and be merry, for tomorrow we die.
먹고, 마시고 즐겨라. 내일은 없다.

Every cloud has a silver lining.
궂은일에도 좋은 면이 있다.

Every dog has his day.
쥐구멍에도 볕들 날 있다.

Everybody will be world famous for fifteen minutes.
모든 사람은 15분 동안 세계적으로 유명해질 것이다.
(앤디 워홀 Andy Warhol의 말)

Experience is the best teacher.
경험이 최고의 스승이다.

Familiarity breeds contempt.
친밀함은 무례를 낳는다. → 친할수록 예의를 지켜라.

Feed a cold; starve a fever.
감기에는 먹는 게 좋고 열병에는 굶는 게 좋다.

Finders keepers, losers weepers.
찾은 사람이 갖고 잃은 사람은 운다.
→ 줍는 사람이 임자다.

Fish or cut bait.
낚시를 하든지, 미끼를 자르든지.
→ 어느 쪽을 택하는 지를 명백히 해라.

Fish out of water.
물을 떠난 물고기.

A fool and his money are soon parted.
어리석은 자의 돈은 금방 사라진다.

A foolish consistency is the hobgoblin of little minds.
훌륭한 사람은 계속해서 한 가지 생각을 하지 말아야 한다.

Fools rush in where angels fear to tread.
바보는 천사도 발 디디기를 두려워하는 곳을 돌진한다.
→ 무식하면 용감하다.

For want of a nail the kingdom was lost.
매우 중요한 것도 아주 사소한 것에 의존하고 있다.

Forewarned is forearmed.
미리 경고 받는 것은 미리 무장하는 것이다. [유비무환]

Frailty, thy name is woman.
약한 자여, 그대 이름은 여자.

A friend in need is a friend indeed.
어려울 때의 친구가 참된 친구다.

From the sublime to the ridiculous is but a step.
인생에서 귀한 것이나 우스꽝스러운 것은 별 차이 없다.

The game is not worth the candle.
수고나 노력에 비해 수지가 맞지 않다.

Genius is one percent inspiration and ninety-nine percent perspiration.
천재는 1%의 영감과 99%의 노력으로 만들어진다.

Give him enough rope and he' ll hang himself.
그가 제멋대로 하게 내버려두면 자업자득의 꼴을 당하게 될 거다.

Give the devil his due.
싫은 사람이라도 인정할 것은 인정하다

God helps those who help themselves.
하늘은 스스로 돕는 사람을 돕는다.

Good fences make good neighbors.
좋은 울타리는 선한 이웃을 만든다.

A good man is hard to find.
믿고 의지할 만한 사람은 찾기 어렵다.

The grass is always greener on the other side of the fence.
울타리 반대편의 잔디가 더 푸르러 보인다.
[남의 떡이 커 보인다.]

Half a loaf is better than none.
조금이라도 있는 것이 없는 것보다 낫다.

Haste makes waste.
서두르면 일을 그르친다.

He who laughs last, laugh best.
최후에 웃는 자가 진짜 웃는 자다.

Hell hath no fury like a woman scorned.
지옥도 실연당한 여자가 지닌 분노를 갖고 있지 않다.
[여자가 한을 품으면 오뉴월에도 서리가 내린다.]

Here today, gone tomorrow.
오늘 다르고 내일 다르다.

Hitch your wagon to a star.
큰 포부를 가져라.

Honesty is the best policy.
정직이 최선의 방책이다.

Hope springs eternal.
인간은 언제나 낙관한다.

If at first you don' t succeed, try, try again.
처음에 안 되더라도 계속 시도하라.

If the mountain will not come to Muhammad, then Muhammad will go to the mountain.
산이 마호메트에게 가지 않으면 마호메트가 산으로 가야 한다.

If the shoe fits, wear it.
맞으면 받아들여라.

If wishes were horses, then beggars would ride.
바램이 말이라면 거지가 탈 것이다.

If you can' t stand the heat, get out of the kitchen.
만약 네가 더운 걸 참을 수 없다면 부엌에서 나가라.

Ignorance is bliss.
모르는 게 약이다.

Imitation is the sincerest form of flattery.
모방은 최대의 칭찬이다.

In the spring a young man' s fancy lightly turns to thoughts of love.
봄은 사랑의 계절이다. (알프레드 로드 테니슨 Alfred, Lord Tennyson의 「록슬리 홀」 "Locksley Hall" 중에서)

In this world nothing is certain but death and taxes.
이 세상에는 확실하다고 말할 수 있는 것이 없지, 죽음과 세금 말고는.

It ain' t a fit night out for man or beast.
지독하게 춥고 폭풍이 부는 밤.

It takes a heap o' livin' in a house t' make it home.
집이란 우리가 "가정" 이라 느끼기 전까진 그저 건물일 뿐이다.

It takes a thief to catch a thief.
도둑을 잡으려면 도둑을 부려라.

It takes two to tango.
탱고를 추려면 두 사람이 필요하다.

It' s never over till it' s over.
너무 빨리 포기하지 마라.

It' s never too late to mend.
잘못을 고치는 데는 때를 가리지 마라.

It' s not whether you win or lose, it' s how you play the game.
이기고 지는 가는 중요하지 않고, 어떻게 하느냐가 중요하다.

Knowledge is power.
아는 것이 힘이다.

Laugh, and the world laughs with you; weep, and you weep alone.
웃어라, 그러면 만인이 더불어 웃어줄 것이요, 울어라, 그러면 혼자 울고 있음을 알리라.

Leave well enough alone.
그냥 내버려두는 정도면 충분히 좋다.
[긁어 부스럼 만들지 말라.]

The leopard cannot change its spots.
세살 버릇 여든까지 간다.

Let bygones be bygones.
지나간 일은 잊어라.

Let sleeping dogs lie.
잠자는 개를 건드리지 마라.

Let them eat cake.
그들이 케이크를 먹게 하십시오.
(마리 앙뜨와네트Marie Antoinette가 백성들이 빵을 먹지 못한다는 말을 듣고 했다는 말)

Let' s cross that bridge when we come to it.
공연히 미리 걱정하지 마라.

Life is short; art is long.
인생은 짧고 예술은 길다.

Lightning never strikes twice in the same place.
똑같은 불행을 두 번 겪는 일은 없다.

A little learning is a dangerous thing.
선불리 아는 것은 위험한 일이다.

Little pitchers have big ears.
어린아이들은 귀가 밝다.

Little strokes fell great oaks.
열 번 찍어 안 넘어가는 나무 없다.

Live and learn.
경험에서 배워라.

Live and let live.
나도 살고 남도 살게 하자. [공존공영]

Look before you leap.
돌다리도 두드려보고 건너라.

Love conquers all.
사랑은 모든 장애를 극복한다.
(로마 시인 버질Virgil의 시의 구절)

Love makes the world go 'round.
사랑이 세상을 돌아가게 만든다.

The love of money is the root of all evil.
돈을 사랑하는 마음은 백악의 근원이다.

Make haste slowly.
급할수록 천천히 가라.

Make hay while the sun shines.
볕이 들 때 건초를 말려라.
→ 기회를 놓치지 말라.

Man does not live by bread alone.
사람은 빵만으로 살 수 없다.

A man is known by the company he keeps.
친구를 보면 그 사람을 알 수 있다.

Man proposes, God disposes.
인간은 계획할 뿐 결정은 하나님이 한다.

A man' s home is his castle.
사람의 집은 그의 성곽이다.

Many hands make light work.
손이 많으면 일이 쉽다.
[백지장도 맞들면 낫다.]

Marry in haste, repent at leisure.
서두른 결혼은 두고두고 후회한다.

The meek shall inherit the Earth.
온유한 자들이 땅을 차지 할 것이다.

Misery loves company.
동병상련

A miss is as good as a mile.
약간 빗나가도 빗나가기는 매일반. [오십보백보]

Money is the root of all evil.
돈은 백악의 근원이다.

The more the merrier.
사람이 많을수록 더 재밌다. [다다익선]

Murder will out.
살인(악행)은 탄로나기 마련이다.

Music has charms to soothe a savage breast.
음악은 야만인의 가슴을 어루만져주는 놀라운 힘이 있다.

Necessity is the mother of invention.
필요는 발명의 어머니이다.

Never give a sucker an even break.
어리석은 자를 이용하는 것에 머뭇거리지 말라.

Never put off until tomorrow what you can do today.
오늘 할 일을 내일로 미루지 말라.

Never say die.
절대로 포기하지 말라.

A new broom sweeps clean.
새 비가 깨끗이 쓸린다.
→ 신임자는 묵은 폐단을 바로잡는데 열심이다.

Nice guys finish last.
사람이 좋으면 꼴찌.

No man can serve two masters.
두 명의 주인을 섬길 순 없다.

No man is an island.
아무도 섬처럼 고립되어 혼자 살 수 없다.

No news is good news.
무소식이 희소식이다.

No one ever went broke underestimating the intelligence of the American people.
사람들은 어리석은 생각이나 쓸모없는 물건에 쉽게 현혹된다.

No rest for the weary.
아무리 힘든 일이라도 견뎌내야 한다.

Nothing succeeds like success.
성공은 성공으로 이어진다.

Nothing ventured, nothing gained.
모험이 없으면 얻는 것도 없다.

Nothing will come of nothing.
투자하지 않으면 얻는 것도 없다.

Oil and water don' t mix.
기름과 물은 섞이지 않는다.

Old soldiers never die; they only fade away.
노병은 죽지 않는다. 다만 사라질 뿐이다.

Once bitten, twice shy.
자라보고 놀란 가슴 솥뚜껑보고 놀란다.

Once good turn deserves another.
친절을 베풀면 돌아온다.

One man' s meat is another man' s poison.
어떤 사람에게 좋은 일이 다른 사람에게는 나쁜 일일 수 있다.

One [or A] picture is worth a thousand words.
백문이 불여일견.

One rotten(or bad)apple spoils the barrel.
하나의 썩은 사과가 한통의 사과를 상하게 한다.
→ 미꾸라지 한 마리가 온 웅덩이를 흐린다.

The one who pays the piper calls the tune.
고용주가 서비스의 질을 결정한다.

An ounce of prevention is worth a pound of cure.
예방이 치료보다 낫다.

Out of sight, out of mind.
눈에서 멀어지면 마음도 멀어진다.

Out of the frying pan, into the fire.
작은 재앙을 피하려다 더 큰 재앙을 만난다.

The pen is mightier than the sword.
펜은 칼보다 강하다.

A penny saved is a penny earned.
절약하는 것이 버는 것이다.

People who live in glass houses shouldn' t throw stones.
약점이 있는 사람이 남을 비난해선 안 된다.

A place for everything and everything in its place.
물건마다 제자리가 있는 법이다.

Poets are born, not made.
시인은 태어나는 것이지 만들어지는 것이 아니다.

Politics makes strange bedfellows.
정치는 뜻하지 않는 동료를 만들곤 한다.

Practice makes perfect.
연습하는 것이 최고다.

Practice what you preach.
설교하는 바를 스스로 행하라.

Pride goeth before a fall.
교만이 멸망 앞에 있다.

Procrastination is the thief of time.
미루는 버릇은 시간의 도둑이다.

The proof of the pudding is in th eating.
푸딩의 맛은 먹어봐야 안다. [백문이 불여일견]

Render unto Caesar the things which are Caesar' s.
케사르의 것은 케사르에게 바쳐라.
→ 정치는 종교와 분리해서 생각해라.

The road to hell is paved with good intentions.
지옥 길은 선의로 포장되어 있다.

A rolling stone gathers no moss.
구르는 돌에는 이끼가 안 낀다.

Rome wasn' t built in a day.
로마는 하루아침에 이루어지지 않았다.

Seeing is believing.
보는 것이 믿는 것이다.

The show must go on.
쇼는 계속되어야만 한다.
(연예인들의 기본 원리로 기대하는 사람들을 실망시키지 말아야한다는 의미)

Sic transit gloria mundi.(=Thus passes away the glory of the world.)
이 세상의 영화는 이처럼 사라진다.

Silence is golden.
침묵은 금이다.

Slow but steady wins the race.
더디 가도 꾸준히 하면 이긴다.

A soft answer turneth away wrath.
부드러운 대답은 노여움을 가시게 한다.

Step on a crack, break your mother' s back.
불운은 보도의 틈새를 걷는 것으로부터 온다.

Still waters run deep.
고요한 물은 깊다. → 생각이 깊은 사람은 조용하다.

A stitch in time saves nine.
제때 한번 꿰매는 것이 나중에 아홉 번 꿰매는 일을 덜어 준다. (제때 조치를 취해야 나중의 수고를 덜 수 있다는 의미)

Stone walls do not make a prison.
외적인 압박이 사람의 정신과 생각까지 가두어둘 수는 없다. (17세기 영국시인 리차드 러블레이스Richard Lovelace의 시 「감옥에서, 알티아에게」 "To Althea: From Prison" 중에서.)

Strike while the iron is hot.
쇠는 달구어졌을 때 쳐라.
[쇠뿔도 단김에 빼라. → 기회를 놓치지 마라.]

Take the bitter with the sweet.
인생의 쓴맛도 인생의 단맛처럼 받아들여라.

There are plenty of fish in the sea.
길에 깔린 게 여자(남자)이다.

There' s many a slip' twist the cup and the lip.
컵과 입술은 잘 미끄러진다. → 말실수 하지 말라.

There' s more than one way to skin a cat.
고양이 가죽 벗기는 데도 한 가지 이상의 방법이 있다.
→ 목표를 달성하는 데는 한 가지 방법만 있는 것은 아니다.

There' s no accounting for taste.
사람마다의 취향을 다 설명할 수는 없다.
[제 눈에 안경; 각인각색]

There' s no fool like an old fool.
오래된 바보같이 진짜 바보는 없다.

There' s no place like home.
역시 집이 최고다.

Those who cannot remember the past are condemned to repeat it.
과거를 기억하지 못하는 사람들은 그것을 반드시 되풀이하는 운명에 처한다.

Time and tide wait for no man.
시간과 조류는 사람을 기다리지 않는다.

Time heals all wounds.
세월이 약이다.

Time is money.
시간은 돈이다.

To err is human, to forgive divine.
죄를 짓는 것은 인간의 속성이고 죄를 용서하는 것은 하나님의 속성이다. (알렉산더 포프Alexander Pope의 「비평에 관한 에세이」An Essay on Criticism의 한 구절)

Too many cooks spoil the broth.
요리사가 지나치게 많으면 수프를 망친다.
[사공이 많으면 배가 산으로 올라간다.]

Truth is stranger than fiction.
사실은 소설보다 더 기묘하다.

Truth will out.
진실은 언젠가 밝혀진다.

Turnabout is fair play.
받은 대로 돌려주는 것이 정당하다.

Two heads are better than one.
둘이 함께 머리를 쓰는 것이 혼자 보다 좋다.
[백지장도 맞들면 낫다.]

Two wrongs don' t make a right.
잘못된 행동을 더 잘못된 행동으로 바로잡을 수 없다.

Two' s company, three' s a crowd.
둘은 좋지만 셋은 불편하다.
(연인들이 둘이만 있고 싶을 때 주로 사용한다.)

Uneasy lies the head that wears a crown.
왕관을 쓴 머리는 쉬지 못한다. (세익스피어Shakespeare의 『헨리 4세』King Henry the Fourth 중에서)

Variety is the spice of life.
변화는 인생의 양념이다.

Walls have ears.
벽에도 귀가 있다.
[밤 말은 쥐가 듣고 낮말은 새가 듣는다.]

Waste not, want not.
낭비하지 않으면 부족함이 없다.

A watched pot never boils.
주전자도 지켜보면 끓지 않는다.
→ 서두른다고 일이 되는 것은 아니다.

We have met the enemy, and they are us.
적은 내부에 있다.

Well begun is half done.
시작이 반이다.

What will be, will be.
일어날 일은 일어난다.

What' s good for the goose is good for the gander.
너에게 좋은 것은 다른 사람에게도 좋다.

When in Rome, do as the Romans do.
로마에 가면 로마의 법을 따라라.

When it rains, it pours.
비가 올 때는 폭우가 온다. [설상가상]

When the cat' s away, the mice will play.
고양이가 없으면 쥐가 활개친다.
[호랑이 없는 골에 토끼가 왕 노릇 한다.]

When the going gets tough, the tough get going.
역경을 이겨내려면 더 열심히 해라.

Where are the snows of yesteryear?
인생은 왜 이리 빨리 지나가는가?

Where there' s will, there' s a way.
뜻이 있는 곳에 길이 있다.

Where there' s smoke there' s fire.
아니 땐 굴뚝에 연기 나랴?

While there' s life, there' s hope.
삶이 있는 한 희망도 있다.

Win this one for the Gipper.
존경하는 사람을 기억하며 이것을 해라.

Winning isn' t everything; it' s the only thing.
이기는 것이 전부라고는 할 수 없어도 유일한 것이라고는 할 수 있다.

The wish is father of the deed.
욕망이 행동하게 한다.

A woman' s work is never done.
여자의 일은 결코 끝나는 법이 없다.
→ 여자가 남자보다 일하는 시간이 더 많다.

A word to the wise is sufficient.
현명한 자에게는 한 마디로 족하다.

Work expands to fill the time available for its completion.
업무는 그에 할당된 시간만큼 늘어나는 경향이 있다.

The worm turns.
행운은 변한다.

Yes, Virginia, there is a Santa Claus.
그래, 버지니아, 산타클로스는 있어. (1897년에 당시 여덟 살이었던 버지니아Virginia가 뉴욕의 한 신문사에 진짜 산타클로스가 있는가 물어보는 편지를 띄워 "그래요, 버지니아, 산타클로스는 있어요(Yes, Virginia, there is a Santa Claus.)."라는 제목의 답장이 신문에 실린 것에서 나온 표현)

You can catch more flies with honey than with vinegar.
식초보다는 꿀로 더 많은 파리를 잡을 수 있다.
→상냥한 게 무례한 것보다 효과적이다.

You can lead a horse to water, but you can' t make him drink.
말을 물가에 데려 갈 수는 있어도, 강제로 물을 먹일 수는 없다. →억지로 강요할 순 없다.

You cannot serve God and mammon.
돈에 탐닉하면서 하나님을 믿을 수 없다.

You can' t fit a round peg in a square hole.
어울리지 않는 자리에 억지로 앉힐 수는 없다.

You can' t go home again.
다시는 고향에 가지 못한다. (과거를 되돌릴 수 없다; 미국 작가 토마스 울프Thomas Wolfe 소설의 제목)

You can' t have your cake and eat it too.
두 마리 토끼를 잡을 수는 없다.

You can' t make a silk purse from a sow' s ear.
암퇘지 귀로 비단 주머니를 만들 수는 없다.
[콩 심은 데 콩 나고, 팥 심은 데 팥 난다.]

You can' t make an omelet without breaking eggs.
달걀을 깨뜨리지 않고 오믈렛을 만들 수 없다.
→희생 없이는 목적을 달성할 수 없다.

You can' t squeeze blood from a turnip.
무에서 피를 얻을 수는 없다. [벼룩의 간을 빼 먹는다.]

You can' t take it with you.
죽을 때 갖고 갈수 있는 건 없다.

You can' t teach an old dog new tricks.
늙은 개에게 새 재주를 가르치기 어렵다. (나이를 먹어 이미 타성에 젖어 버린 사람이 새로운 걸 배우거나 받아들이기란 어렵다.)

You can' t unscramble an egg.
이미 엎질러진 물이다.

You' ve made your bed, now lie in it.
결정했으면 이제 그 결과를 받아들여야만 한다.

찾아보기
Index

ㄴ

ㄹ

ㅂ

ㅅ

ㅇ

ㅈ

ㅍ

정정호

서울대학교 사대 영어교육과졸
서울대학교 대학원 영어영문학과 석사 박사과정 수료
미국, 위스컨신(밀워키)대학교 영문학박사학위(Ph.D.) 취득
영국, 리즈대학교 연구교수 (1983-84)
호주, 그리피스대학교 방문교수(1996-97)
한국영어영문학회 부회장
중앙대학교 중앙도서관장
중앙대학교 호주학연구소장

현재 :
중앙대학교 영어영문학과 및 문화연구학과 교수
한국영미문화학회장

주요저역서

『문화와 제국주의』(에드워드 사이드저, 공역) (1995)
『호주문화학 입문』(공편역) (2000)
『문화의 타작』(저서) (2002)
『현대문학이론 용어사전』(제레미 호손 저, 공역) (2003)
『미국문화의 이해』(닐 캠벌 外 저, 공역) (2002) 外

A Dictionary of Modern Culture in English
현대 영어권 문화사전

발행일
1판 1쇄 찍음 • 2007년 6월 20일
1판 1쇄 펴냄 • 2007년 6월 30일

편저자
정정호

펴낸이
정현걸

펴낸곳
신아사

찍은곳
남양인쇄

ISBN
978-89-8396-571-4

정 가
29,000원

출판등록 • 1956년 1월 5일 (제9-52호)
서울특별시 은평구 녹번동 28-36번지 2F
TEL : 02)382-6411 • FAX : 02)382-6401
홈페이지 • www.shinasa.co.kr
이메일 • shinasa@chol.com

Australia

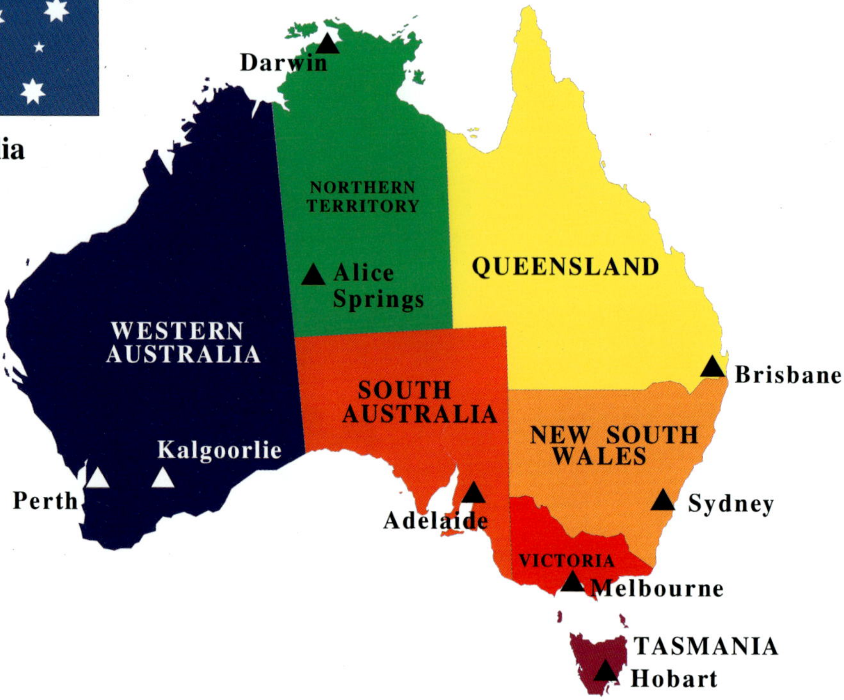

New Zealand

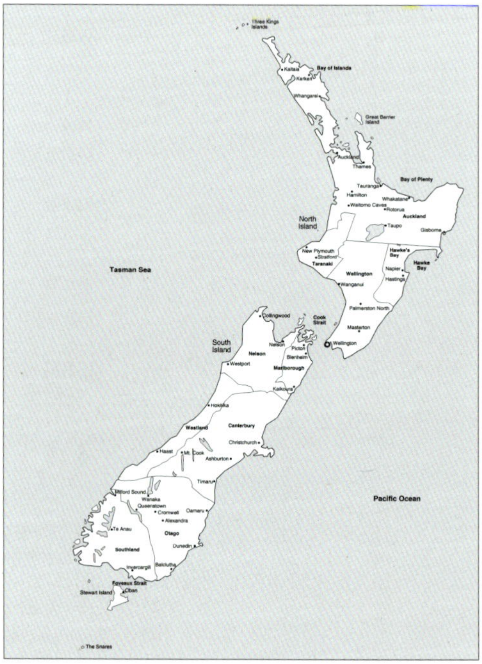